KB215451

회의적 환경주의자

the Skeptical Environmentalist
Measuring the Real State of the World

The Skeptical Environmentalist
by Bjørn Lomborg

First published in Danish under title *VerDens Sande Tilstand* (Forlaget Centrum, 1998).
This edition translated from the revised and updated English edition
The Skeptical Environmentalist (Cambridge University Press, 2001).

회의적 환경주의자

초판 1쇄 발행일 2003년 8월 25일 **초판 3쇄 발행일** 2004년 2월 5일

지은이 비외른 롬보르 | **옮긴이** 홍욱희 김승욱
펴낸이 박재환 | **편집** 유은재 이지혜 이정아 | **관리** 조영란
펴낸곳 에코리브르 | **주소** 서울시 마포구 서교동 468-15 3층(121-842) | **전화** 702-2530 | **팩스** 702-2532
이메일 ecolivre@korea.com | **출판등록** 2001년 5월 7일 제10-2147호
종이 대림지업 | **인쇄** 상지사 | **제본** 상지사

ISBN **89-90048-22-2 03330** **책값은 뒤표지에 있습니다.** **잘못된 책은 바꿔드립니다.**

회의적 환경주의자

| 비외른 롬보르 지음 | 홍욱희 · 김승욱 옮김 |

에코리브르

주류 환경 담론에 던지는 과감한 도전장

환경 단체들의 우울한 미래 비관론

지난 3월 우리나라에서 재빠르게 번역된 월드워치연구소의 《지구 환경 보고서 2003》은 제1장에서 미래의 역사학자들이 현재 우리가 살고 있는 시대를 과연 어떻게 규명할 것인지를 전망하고 있다. 여기에서 진단하는 현실은 대략 다음과 같다.

> 첫째, 급속한 인구 증가로 최소한의 생활 수준조차 유지할 수 없을 지경이다. 개발도상국의 인구 증가는 심각하며, 이미 심각한 자원 부족을 겪고 있다. 현재 5억 명 이상이 만성적인 기근에 시달리고 있으며, 2025년에는 그 수가 24억~34억 명에 이를 것이다.
>
> 둘째, 심각한 지구 화학적 변화가 전세계적으로 진행되고 있다. 인류의 이산화탄소 과다 방출로 탄소의 지구 화학적 순환 구조가 크게 변화되었으며, 그 결과 지구 온난화의 가속으로 급격한 기후 변화가 일어나고 있다. 질소와 인의 과다 방출로 식물 생산에 지장이 초래되고 하천과 호수에서는 부영양화가 만연하며 산성비는 삼림과 토양에 심각한 위협이 되고 있다.
>
> 셋째, 유독성 화학물질의 사용으로 인한 장기적 위험이 나타나고 있다. 유해

폐기물의 연간 총 생산량은 3억~5억 톤에 이르며, 그것들의 상당 부분이 폐기물과 폐수로 방출되면서 토양 오염과 지하수 오염을 만연시키고 있다. 그 결과 암, 면역 결핍증, 호르몬 이상, 기형아 출산 등을 유발하고 있다. 이런 독성 물질은 먹이사슬을 따라 생체 내 농도가 점점 더 높아지기 때문에 수백 년이 지나면 생명체는 오염 물질 창고가 되고 말 것이다.

넷째, 전세계적으로 전례가 없던 생물 혼합이 일어나고 있다. 교통의 발달과 국제 무역의 증대로 외래 종이 세계 도처에서 서식지를 확대하고 있다. 그 결과 공격적인 외래 종은 필수 자원을 놓고 토착 종과의 경쟁에서 이길 수 있으며, 전염병을 퍼뜨릴 수도 있고, 토착 종을 직접 잡아먹기도 한다.

마지막으로, 전세계 생물 종의 수가 급격히 줄어들고 있다. 열대 원시림은 매년 14만 평방킬로미터씩 사라지고 있으며(남한 면적의 1.5배에 달하는 규모이다) 현재 남아 있는 산림의 약 30% 정도는 심각한 파편화와 파괴의 위험에 처해 있다. 1990년대에만도 전세계 산림 면적이 4% 이상 줄어들었으며 습지는 지난 100년 동안 50% 이상 사라졌다.

월드워치연구소의 현실 진단은 명백하다. 지구 환경은 인구의 증가, 인류의 무분별한 환경 파괴, 오염 물질 증가 등으로 심각한 위기 상황에 처해 있으며, 따라서 21세기 인류의 미래는 대단히 비관적이라는 것이 그들 주장의 핵심이다. 어찌 월드워치연구소뿐이랴. 언론을 통해 밤낮으로 전해지는 대부분의 환경 관련 보도도 범주에서 크게 벗어나지 않는다. 그리고 지난 수십 년 동안 전세계적으로 널리 유포된 나머지 이제 교양인이라면 누구나 현실의 환경은 물론 21세기 미래의 환경에 대해서도 지극히 우려하는 입장을 갖게 되었다.

환경 비관론 유포의 약사

인류 역사에서 환경 문제가 지금처럼 범지구적인 중대한 관심사로 부각된 기간은 겨우 지난 수십 년 동안이다. 1960년대는 미국과 소련의 냉전이 첨예화되고 월남전이 최고조에 이르는 등 국제 정치적으로는 불안과 혼돈의 시기였지만, 다른 한편으로는 미국을 비롯한 서방 세계의 산업 생산이 비약적으로 증대되고 녹색혁명이 시작되는 풍요의 시대였다. 그리고 이런 물질적 풍요에 힘입어 전세계적으로 인구 증가의 가속이 뚜렷해졌다. 산업 국가들에서는 수질 오염과 대기 오염이 본격적인 사회 문제로 등장하기 시작했으며, 쓰레기와 산업 폐기물의 발생도 더 이상 방치하기 어려운 상황에 접어들었다.

이렇게 해서 물질적 풍요와 그에 따른 인구 증가, 그리고 이 두 가지 요인에 힘입어서 환경 오염과 환경 파괴가 심각해지자 사람들은 본격적으로 인류의 미래에 대해 생각하기에 이르렀는데, 1972년에 로마클럽이 발간한 《성장의 한계(The Limit to Growth)》가 그 도화선이 되었다. 《성장의 한계》는 당시까지만 해도 최첨단 과학적 도구였던 컴퓨터를 이용해서 시뮬레이션 기법으로 인구 · 자원 · 에너지 · 쓰레기 등 몇 가지 요인을 분석했다. 그 결과는 21세기 중반에 이르면 전세계가 심각한 위협에 직면하리라는 것이었다.

1960년대와 70년대를 지나면서 《성장의 한계》식의 비관적 견해가 쏟아졌다. 폴 에를리히가 1968년에 발간한 《인구 폭탄(Population Bomb)》과 1990년에 다시 발간한 《인구 폭발(The Population Explosion)》, 월드워치연구소의 레스터 브라운이 1984년부터 매년 발간하고 있는 《지구 환경 보고서》 등은 이런 경향을 보이는 대표적인 저작이다. 에를리히와 브라운을 비롯한 많은 인구 위기론자들은 이미 21세기에 들어선 현재까지도 여전히 식량 생산이 인구 증가를 따라가지 못하기 때문에 머지않아 전세계가 기아에 직면할 것임을 공언하고 있다.

그런가 하면, 《성장의 한계》에 명시된 자원 고갈에 대한 우려는 1980년대에 들어서 지속 가능한 개발(sustainable development)의 개념을 발전시키는 근간이 되었다. 지속 가능한 개발이란 요컨대 현재 세대가 다음 세대를 위한 자원까지 마구잡이로 사용하고 있다는 점을 강조해서 화석 에너지, 광산 자원, 임산 자원, 수산 자원 등 각종 자원을 가능한 절약하자는 사회 발전 전략이다. 1988년 UN 산하 브룬트란트 위원회가 《우리 모두의 미래(Our Common Future)》에서 처음 제안했으며, 이후 1992년 리우 환경정상회의에서 중심적인 의제가 되었다.

인구 위기론, 자원 고갈론에 덧붙여서 환경 위기론도 지난 반세기 동안 끊임없이 제기되었다. 그 효시는 DDT 등의 유기 합성 농약류 사용의 위험성을 강조한 레이철 카슨의 《침묵의 봄(The Silent Spring)》 이라고 할 수 있다. 그 후 환경 위기를 야기하는 대상 실체는 유기 화학물질에서 수질 오염과 토양 오염(1970년대), 핵겨울과 산성비, 오존층 파괴(1980년대), 지구 온난화(1990년대), 유전자 조작과 생명 복제(1990년대 후반) 등으로 변화하면서 그 끈질긴 생명력을 이어왔다. 최근에는 환경 호르몬의 과다 노출로 인해 인류가 절멸될 수도 있다는 경고를 담은 《도둑맞은 미래(Our Stolen Future)》가 발간되어 다시 한번 환경 위기론을 부추긴 바 있다.

그러면 이런 우울하고 불길한 전망은 과연 그 근거가 확실하며 과학적으로도 증명될 수 있는 것일까? 이런 전망이 쏟아지기 시작한 지 거의 반세기가 흐른 만큼 이제는 이런 비관론에 대해 그 타당성을 냉정히 따져볼 수 있게 되었다.

환경 낙관론의 등장

1960년대부터 전세계적으로 환경 위기론과 미래 비관론이 대세를 주도하는 가운데, 다른 한편에서는 그것이 지니는 비과학성과 불합리성을 지적하는 주장이 조금씩 자라나기 시작했다. 미국의 저명한 경제 전문지 〈포브스〉에서 오랫동안 과학기자 생활을 한 로널드 베일리(Ronald Bailey)는 1980년대 중반 환경 위기론과 그에 따른 미래 종말론이, 연구비가 필요한 일단의 과학자, 대중 선동을 위한 '위기 의식'의 구호가 절실한 환경 운동가, 그리고 끝없이 새로운 뉴스거리를 추구해야 하는 언론, 이렇게 삼자가 만들어낸 합작품에 지나지 않는다는 주장을 펼쳤다.

베일리가 작성한 미래 종말론자의 목록에는 스탠퍼드 대학의 폴 에를리히(Paul Ehrlich)와 스티븐 슈나이더(Stephen Schneider), 월드워치연구소의 레스터 브라운(Lester Brown), MIT의 제이 포레스터(Jay Forrester) 등이 포함된다. 또한 그는 1980년대 중반 핵폭탄의 사용이 지구의 기온을 크게 낮춰 인류 멸망을 초래할 것이라는 '핵겨울' 논리를 발표한 당대의 대표적 과학 전도사 칼 세이건(Carl Sagan)도 미래 종말론자라고 고발한다. 베일리는 이런 자신의 생각을 《에코스캠(Ecoscam)》(1993), 《지구 보고서(Earth Report 2000)》(2000), 《지구 온난화와 기타 환경 신화들(Global Warming and Other Eco Myths)》(2002) 등으로 꾸준히 발표하고 있는데, 《에코스캠》은 1999년 우리나라에서도 번역되었다.

줄리언 사이먼(Julian Simon)과 폴 로머(Paul Romer) 등 일단의 경제학자들도 경제 성장이 자원을 고갈시키고 환경을 오염시킨다는 환경 위기론을 적극 부인하고 나섰는데, 이들의 미래 낙관론적인 주장을 '신성장 이론(New Growth Theory)'이라고 부른다. 신성장 이론은 다음과 같이 요약할 수 있다(이상돈, 《한국의 환경비전 2050》, 그물코, 2002, p.303).

- 많은 사람이 더 많은 물리적 자산을 축적해야만 부유해지는 것으로 알고 있는데 그것은 잘못이다. 물리적 자산만 증가시키면 돌아오는 소득은 감소하기 마련이다.
- 세상에는 두 가지 다른 형태의 산물이 있다. 하나는 '생각(idea)'이고 다른 하나는 '물건(thing)'이다. 경제 성장은 생각과 물건이라는 두 요소를 가지고 설명이 가능하다. 예를 들어, 올리브 열매는 값싼 재료에 불과하지만 가공해서 올리브 오일을 만들 수 있으며 요리법에 따라서는 아주 값비싼

요리로 변화될 수도 있다.

- 경제 성장은 사람들이 자원을 더 값진 방법으로 재조합하는 과정에서 일어난다. 인류 역사를 돌이켜보면 경제 성장은 항상 더 좋은 가공 방법을 발견했을 때 일어났다. 새로운 가공법은 부작용이 적고 재료에 비해 더 많은 경제 가치를 창출한다.
- 좋은 가공 방법을 사용함으로써 인간은 더 많은 소득을 올릴 수 있다. 이렇게 해서 인류는 멜서스의 덫에 빠지지 않고 이 세상을 안전하고 유쾌한 장소로 변화시키는 데 성공했다. 처음에 컴퓨터 프로그램을 고안할 때는 많은 비용이 들어가지만 일단 완성된 후에는 CD롬 제작 비용만 들기 때문에 많은 이익을 창출할 수 있는 것도 마찬가지 이유이다.

따라서 신성장 이론에 의하면 경제 성장과 환경 보전은 얼마든지 양립이 가능하다. 오히려 경제 성장은 환경 보전을 위한 견인차이며 경제 성장 없이 환경 보전을 달성할 수 있는 가능성은 거의 전무하다. 이런 환경 낙관론자의 주장은 "경제 성장은 질병이며 결코 치료약이 아니다"고 주장하는 폴 에를리히와 같은 종말론자의 견해와 그야말로 천양지차다.

1998년에 타계한 메릴랜드 대학의 줄리언 사이먼은 생전에 수많은 저작을 남겼다. 1996년에 수정 발간한 《궁극적인 자원 II(Ultimate Resources II)》를 비롯해서 여러 출판물에서 환경 위기와 인류 종말의 가능성을 과장하고 부추기는 주류 환경운동의 문제점을 논리적으로 공박하는 데 크게 공헌했다.

베일리, 사이먼, 로머 이외에도 〈뉴리퍼블릭〉지의 선임 편집자인 그래그 이스터부룩(Gregg Easterbrook), 허드슨 연구소의 마이클 퍼멘토(Michael Fumento), 〈뉴욕타이스〉의 컬럼니스트 존 티어니(John Tierney) 등도 기존의 환경 위기론에 반박하는 대표적인 저술가이다.

한 젊은 통계학자의 발칙한 도전

하지만 기존의 환경 비관론과 미래 종말론에 대한 가장 위협적인 도전장은 1998년 덴마크의 한 젊은 통계학자 비외른 롬보르(Bjørn Lomborg)에 의해 던져졌다. 이 해에 롬보르는 무려 500여 쪽이 넘는 본서의 덴마크어판을 발간했는데, 이 책은 발간되자마자 유럽 전역에서 언론의 집중적인 조명을 받는 이변을 낳았다. 이 덴마크어 판 성공에 힘입어서 롬보르는 즉각 영어판 저술에 착수했다. 2001년까지의 최신 자료가 보강된 영어판 《회의적 환경주의자》는 영국의 권위 있는 학술전문 출판사인 케임브리지 대학 출판부에서 출간되었다.

영어판이 출판되자마자 이 책은 즉각 엄청난 화제를 불러일으키면서 전세계 언론의 집중적인 조명을 받았다. "2001년에 가장 큰 논란을 불러일으킨 과학 저서"(〈타임〉), "공공정책과 환경정책 분야에서 지난 10년 동안 출간된 책 중에서 가장 귀중한 저술"(〈이코노미스트〉), "위대한 성취"(〈워싱턴 포스트〉) 등 최고의 찬사가 이어졌다.

본서가 그 동안 출판된 동류의 여러 저서들과는 달리 언론의 집중적인 조명을 받은 데는 본문만 730여 쪽(200자 원고지 4,000매)에 달하는 방대한 저작일뿐만 아니라 일반 대중서로서는 보기 드물게 2,930개의 주와 1,800여 개의 참고 문헌이 첨부된, 그야말로 치밀하게 준비된 환경 저서라는 점이 크게 작용했던 것으로 보인다. 하지만 이 책의 진가는 무엇보다도 젊은 통계학자의 야심적인 저술이라는 점이 두드러지는 만큼 인구 · 자원 · 대기 오염 · 수질 오염 · 쓰레기 · 유해 화학물질 · 환경 호르몬 · 산성비 · 생물 다양성 · 지구 온난화 · 유전자 변형 농산물 등 거의 모든 환경 현안에 대해 충실한 통계 자료에 근거해서 그 전체적인 실상을 독자들에게 전달하는 데 성공했다는 데서 찾을 수 있다.

롬보르는 먼저 환경 위기론과 인류 종말론을 유포하고 있는 환경 단체와 환경운동가들이 자신의 주장을 뒷받침하는 데 즐겨 인용하는 바로 그

통계 자료들을 철저히 점검했다. 그리고 그런 주장이 통계 자료를 크게 왜곡하거나 과장한 데서 비롯되었으며, 그 결과 세계의 실제 상황을 지나치게 극단적으로 묘사하고 있다는 결론에 도달하였다. 다시 말해서, UN · OECD · 세계은행 등 권위 있는 국제 기구의 통계 자료만 인용하더라도 현재 세계의 상황은 그린피스와 월드워치연구소가 주장하는 것처럼 그렇게 비관적이지 않으며, 따라서 21세기의 미래 전망도 결코 부정적이지 않다는 것을 논리적으로 증명했던 것이다.

여기에서 한걸음 더 나아가서 롬보르는 에를리히, 브라운, 피멘텔 등 환경 위기론자와 주요 환경 단체들이 제반 환경 문제에 대해 지나치게 비관적인 태도를 취함으로써 빚어지는 문제점을 지적하고 있다. 즉 환경 위기론자들의 과장되고 편향된 주장을 그대로 일반 대중에게 전달하는 무책임한 언론 때문에 결국 환경 문제보다 더 중요하고 긴박한 문제의 해결에 쓰여야 할 귀중한 자원이 낭비되고 있다는 것이다. 롬보르는 이런 대표적인 낭비 사례의 하나로 선진국이 개발도상국의 열악한 식수와 위생 문제 등에는 별로 관심을 두지 않으면서 그야말로 별로 실익을 기대하기 어려운 지구 온난화 문제에 몇 배나 더 많은 노력을 기울이고 있다고 비판하고 있다.

2002년 8월 남아프리카공화국의 요하네스버그에서 열린 '지속 가능한 발전을 위한 세계정상회의(WSSD)'에서는 이런 롬보르의 주장이 가시적인 결과로 나타났다. 1992년 리우 환경정상회의에서의 주요 의제가 지구 온난화와 오존층 훼손 등 범지구적 환경 문제에 집중되었던 반면, 2002년의 요하네스버그 회의에서는 바로 세계 정상들이 깨끗한 식수와 위생적인 하수 시설 없이 살아가는 수십억 개발도상국 주민을 돕기 위한 구체적인 계획에 합의했던 것이다. 이런 회의 진행 과정을 지켜본 서구의 주요 언론은 롬보르를 가리켜 "요하네스버그 회의 결과에 만족한 웃음을 지을 수 있는 거의 유일한 사람"이라고 대서특필했다.

롬보르, 논쟁에서 마침내 승리하다

2001년 본서의 영어판이 발간되면서 전세계 주요 언론의 극찬이 쏟아졌던 반면, 그에 못지 않게 롬보르는 전세계 환경 단체의 비난을 한몸에 받게 되었다. 이는 본서의 내용으로 볼 때 당연히 예상할 수 있는 일이다. 하지만 과학계에서도 본서의 과학성 여부에 대해 심각한 논쟁이 제기되기 시작했는데, 특히 미국의 주류 과학계가 롬보르와 본서를 공격하는 데 발벗고 나섰다.

2001년 12월 영국의 〈네이처〉와 쌍벽을 이루는 미국의 과학 전문 주간지 〈사이언스〉가 본서를 신랄하게 비판했는가 하면, 급기야 〈사이언티픽 아메리칸〉 2002년 1월호는 무려 11쪽에 걸쳐서 본서의 과학적 논리성을 맹렬히 공박했다. 잡지 발간 150여 년의 역사를 자랑하는 권위 있는 과학 전문 잡지 〈사이언티픽 아메리칸〉이 한 개인이나 그의 저서에 대해 이 같은 장문의 비평문을 게재한 적이 이제까지 한번도 없었다는 데에서도 본서에 대한 주류 과학계의 비판이 얼마나 통렬했는지를 가히 짐작할 수 있다.

그런데 2003년 덴마크에서 또 한번 언론의 주목을 받는 사건이 일어났다. 덴마크 정부 산하의 '과학적 부정직성 검토 위원회(The Danish Committees on Scientific Dishonesty, DCSD)'가 본서의 과학적 부적합성을 고발하는 세 건의 고발장을 접수하고, 심사숙고 끝에 2003년 1월 7일 다음과 같은 평결을 내렸던 것이다.

> 객관적으로 판단해서 본서는 과학적 부정직의 범주에 포함된다. 그러나 그 저술의 의도나 저자의 주관적인 입장을 존중할 때 본서는 과학적 부정직성을 남용할 의도를 지니고 있지 않다고 보인다. 하지만 결과적으로 본서는 바람직한 과학 저술의 기준에 명백히 부합하지 않는다고 판단된다.

이런 평결에 대해 롬보르와 그를 지지하는 진영에서 즉각 반박하고 나선 것은 당연한 일이었다. 2003년 한해 동안 그 논쟁은 온라인과 오프라인을 모두 뜨겁게 달구었는데, 가장 대표적인 예로 덴마크의 300여 대학 교수들이 위의 평결을 내린 DCSD의 상위 기관인 국가과학기술혁신부에 연명으로 재심의를 청원한 것이다. 본서에 대한 논쟁이 얼마나 첨예했는지는 인터넷 영문 Yahoo 포털에서 'Skeptical Environmentalist'를 키워드로 검색할 때 2003년 7월까지 무려 2만 2,000개나 되는 사이트를 찾아볼 수 있었다는 데서도 여실히 엿볼 수 있다(2004년 1월 현재 3만 개를 넘어섰다).

그리고 지난 2003년 12월 17일, 마침내 덴마크 정부는 DCSD의 앞서 평결을 뒤집는 역사적인 결정을 내리기에 이르렀다. 덴마크 과학기술혁신부는 앞서 DCSD가 롬보르의 저서를 "객관적으로 부정직하고 바람직한 과학 저술의 기준에 명백히 상반된다"는 판단을 부정하기로 결정한 것이다. DCSD를 관할하는 과학기술혁신부는 이 위원회의 평결이 공정한 기록에 의거하지 않았으며, 본서가 "과학적으로 부정직하고 바람직한 과학 저술의 기준에 부합하지 않았다"는 고발인들의 주장에 대한 반대 의견은 전혀 경청하지 않았다는 사실을 발견했다. 따라서 이런 상황 속에서 본서에 내려졌던 DCSD의 평결은 "크게 불만족스럽고 비난의 여지가 있으며 심지어 감정적이기까지 하다"고 결론지었다. 이와 함께 그 평결을 내리는 과정에서 많은 실수를 발견했으며 이런 점들을 모두 감안하여 DCSD의 평결을 거부하기에 이르렀던 것이다.

이런 덴마크 정부의 공식적인 재결정에 대해 언론은 어떻게 반응했을까? 이 해제를 쓰고 있는 2004년 1월 15일 현재, 인터넷을 통해서 엿보는 세계 언론의 주류는 "이제서야 제대로 된 결정이 내려졌다"는 칭찬 일색이다.

과도한 생태주의가 범람하는 우리 사회

지난 수십 년 동안 우리나라는 급격한 경제 성장의 혜택과 그로 인해 파생된 심각한 환경 오염의 피해를 동시에 경험했다. 이 과정에서 급속한 인구 증가와 도시화, 산업화 등으로 불가피하게 많은 자연 환경이 파괴되었는가 하면, 잘못 설정된 정부 정책과 국민의 무관심 등으로 정도 이상의 환경이 손상되고 오염되는 불행한 사례도 적지 않았다.

이런 불필요한 환경 오염과 환경 훼손의 사례가 그나마 일정 수준에서 멈출 수 있었던 데는 1980년대부터 본격화하기 시작한 시민 환경 단체들의 적극적인 노력이 지대한 공헌을 한 것이 사실이다. 이들의 열성적인 활동에 힘입어 환경 보전에 대한 국민의식이 전반적으로 고양되고, 동시에 그 동안 이룩한 경제 발전의 성과로서 환경 오염의 방지와 예방에 투여할 수 있는 자원 확보가 가능해져서 이제 우리나라 환경의 질이 서서히 개선되는 단계에 이르렀다.

그런데 언제부터인가 우리나라에서도 롬보르가 주장하듯 주류 환경 단체와 그들에 편승하는 일부 환경 전문가, 그리고 몇몇 언론이 환경 문제의 심각성을 지나치게 과장하고 있으며, 또 환경제일주의의 입장에서 국가 정책에 관여하고자 하는 걱정스러운 경향이 나타나고 있다. 이처럼 오직 환경 보전만을 최고의 선으로 삼는 논리를 학문적으로는 생태주의라고 한다. 간단히 요약하면 생태계를 구성하는 다른 생물 역시 우리 인간에 못지않게 중요한 존재임을 강조하면서 인간과 자연이 함께 살 수 있는 공존의 길을 모색해야 한다는 주장이다. 이런 생태주의는 그 동안 시민 환경 단체나 또는 이들의 입장을 지지하는 일반 시민들이 환경 보전 운동을 펼치는 데 든든한 이론적 뒷받침이 되어왔다. 과거 개발 독재 시대의 관행이다시피 했던 마구잡이식 대단위 토목 공사를 중단시키는 논리로서 국민을 설득하는 데 톡톡히 구실을 했기 때문이다.

그러나 과도한 생태주의의 범람은 자칫 우리 사회를 잘못된 길로 오도

할 수도 있다. 일부 시민 환경 단체가 새만금 사업은 거의 무조건적인 반대 의사를 표명하면서 청계천 복원 사업은 처음부터 지지 의사를 표명하고 나섰던 태도가 그 대표적인 사례다. 과도한 생태주의란 결국 인간보다 다른 생물을 더 우선시하는 사고 방식이다. 또 일부 생태계의 복원을 위해 지나치게 많은 비용과 노력도 마다하지 않겠다는 낭비적인 사고 방식을 의미하는 것이기도 하다. 우리나라 일부 시민 단체가 이런 함정에 빠져서 헤어나지 못하고 있는 나머지 국민의 건전한 판단을 가로막고 있으며, 나아가서 합리적이고 미래 지향적인 국가 정책의 수립에도 좋지 않은 영향을 미치고 있다는 것은 적이 유감스러운 일이 아닐 수 없다.

본서는 바로 우리 사회 일각에서 만연하고 있는 과도한 생태주의의 세태에 경종을 울려주는 저작이라고 할 수 있다. 이 책을 통해 과도한 생태주의가 조금이라도 구태를 벗을 수 있다면 역자로서는 더할 나위 없는 보람이라고 하겠다.

21세기 우리 환경을 낙관한다

롬보르는 본서의 여러 곳에서 우리나라에 대해 언급하고 있다. 1965년 필리핀과 비슷한 수준이었던 한국이 세계 최고 수준의 인구밀도(3장)에도 불구하고 불과 30여 년 만에 경이적인 경제 성장을 이룩한 사례와 세계 최고 수준의 근로 시간(6장), 세계 최고 수준의 쌀 생산성(9장) 등을 들고 있다. 비록 그가 우리나라를 구체적인 연구의 사례로 지적하고 있는 것은 아니지만 본서에서 주장하는 바를 고려할 때 우리나라 환경의 미래상도 결코 비관적이지 않다.

그렇다! 우리의 생활 수준이 선진국권에 진입하면서 우리나라 환경의 질 역시 선진국형으로 변모하고 있다. 어느 사이에 산들은 놀랄 만큼 푸르러졌고 고층 아파트 숲과 거미줄 같은 고속도로망이 우리 국토의 상징처럼 되었다. 아직은 우리 주머니가 그리 풍족한 형편이 아니기 때문에 심각한 수질 오염과 쓰레기 문제, 국토의 난개발 문제 등 해결하고 개선해야 할 환경 문제가 산적한 것이 사실이지만, 20세기의 역사는 구미 선진국이 국토의 환경 오염 문제를 무난히 해결하고 21세기를 맞았다는 사실을 우리에게 새삼 일깨워주고 있다. 우리라고 해서 그런 환경 문제들을 앞으로 해결하지 못할 이유가 전혀 없다. 우리의 경제가 지속적으로 발전하는 한, 그리고 환경 보전과 환경 보호에 대한 국민적 열망이 시들지 않는 한, 쾌적한 21세기를 기대해도 좋을 것처럼 보인다.

다시 한번 강조하건대, 우리 환경의 미래는 밝다. 21세기 말에 이르면 세계 인구는 안정되고 빈부 격차는 줄어들 것이다. 인류는 과학 기술의 선용과 환경 윤리의 정착으로 제반 환경 문제를 극복할 수 있을 것이다. 21세기가 환경의 세기라는 말은 인류의 노력으로 머지않아 모든 환경 문제를 무난히 극복할 수 있다는 뜻일 것이다. 이런 여정에서 우리나라는 가장 축복받은 나라가 될 것인 바, 그 동안 축적한 경제 성장의 과실을 일정 부분 환경 보호와 보전에 돌릴 수 있을 때 통일된 한반도의 자연 환경은 우리에게 무한한 축복을 안겨줄 것이라 기대한다.

이 책에서 롬보르가 전하고자 했던 메시지가 바로 이것이라는 것이 역자 나름대로 본서에 붙이는 해석이다.

2004년 1월

홍욱희(세민환경연구소 소장)

* 2003년 1월 7일 '과학적 부정직성 검토 위원회(The Danish Committees on Scientific Dishonesty, DCSD)'는 본서를 "객관적으로 부정직하고 바람직한 과학 저술의 기준에 명백히 상반된다"는 평결을 내렸다. 그러나 2003년 12월 17일 DCSD의 상위 기관인 국가과학기술혁신부가 이를 뒤집는 결정을 내렸다. 이에 2004년 1월 3쇄에 이 사실을 추가했다.

다음은 내가 예측하는 장기적 추세를 간단하게 요약한 것이다.

삶의 물질적 여건은 대부분의 사람과 대부분의 국가에서,대부분의 경우, 언제까지나 개선될 것이다. 앞으로 한두 세기 안에 모든 국가와 인류는 오늘날 서구 사회의 생활 수준과 같거나 또는 더 높은 수준에 도달할 것이다.

그런데도 상당수의 사람들은 앞으로도 계속해서 삶의 여건이 점점 더 나빠지고 있다고 믿고 말할 것이라고 나는 전망한다.

줄리언 사이먼(Julian Simon 1932～1998, Regis 1997:198)

나의 어머니 비르기트 롬보르에게 이 책을 바친다

차 례

2부:인류 복지

5부 : 내일의 문제들

6부: 세계의 실제 상황

도표 목록

표 목록

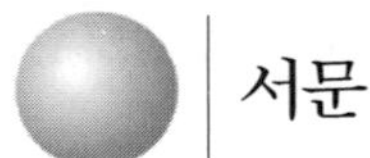

서문

이 책을 써야겠다는 아이디어는 1997년 2월, 로스앤젤레스의 한 서점에서 떠올랐다. 나는 서점에 서서 〈와이어드(Wired)〉 지를 뒤적이다가 미국인 경제학자 줄리언 사이먼 교수(메릴랜드 대학교)의 인터뷰 기사를 읽게 되었다. 그는 환경에 대해 우리가 알고 있는 전통적인 지식 중 많은 부분이 선입관과 한심한 통계 자료에 기초하고 있다고 주장했다. 환경 파괴 때문에 세상이 멸망할 것이라는 식의 주장이 옳지 않다는 것이다. 그러면서 그는 자신은 공식적인 통계만을 사용했으며 누구든지 이 통계를 쉽게 구해서 자신의 주장을 확인해볼 수 있다고 강조했다.

오래 전부터 좌익 성향의 그린피스 회원으로 활동했고 또 환경 문제에도 커다란 관심을 가지고 있던 나는 약이 올랐다. 그리고 나는 통계학을 가르치는 사람이었다. 따라서 사이먼의 자료를 쉽게 확인할 수 있을 터였다. 게다가 나는 학생들에게 통계학이란 바로 우리의 오랜 사회적 신념들이 면밀한 조사를 견뎌낼 수 있는지 아니면 근거 없는 통념에 불과한 것인지를 확인하는 데 가장 유용한 과학적 수단의 하나라고 늘 말하지 않았던가. 그런데도 사실 나는 환경이 날로 악화되고 있다는 신념에 진정으로 의문을 가져본 적이 그 동안 한번도 없었다. 그런데 여기 사이먼이라는 경제학자가 통계학이라는 현미경으로 내 신념을 조사해보라고 말하고 있었다.

1997년 가을, 나는 가장 우수한 학생 10명으로 연구 그룹을 만들어 사이먼의 주장을 철저히 조사하기로 했다. 솔직히 우리는 사이먼의 주장이 미국 우익 집단을 대변하는 단순한 선전에 불과하다는 것을 증명할 수 있으리라 기대했다. 그리고 그가 지적한 내용이 모두 다 사실은 아니라는 것을 알 수 있었다. 그러나 기대와는 달리 그의 주장 중 놀라울 정도로 많은 부분이 우리의 주도면밀한 조사를 견뎌냈으며 우리 자신이 잘 알고 있다고 믿었던 사실들과 적지 않게 대치되었다. 선진국의 대기 오염은 심화되는 것이 아니라 개선되고 있다, 개발도상국에서는 굶주리는 사람의 수가 더 많아지는 것이 아니라 지속적으로 감소하고 있다, 등등이.

현실이 이러할진대 나는 왜 이제까지 지구 환경이 그렇게 열악한 상태에 있으며 또 계속 악화되고 있다고 믿고 있었는지 자문해보았다. 그리고 만약 환경에 대한 내 신념이 틀렸다면 분명 그런 사람이 나 혼자만은 아니라고 생각하기에 이르렀다. 그래서 나는 덴마크의 최고 신문 중 하나이자 영국의 〈가디언(Gurdian)〉 지와 비슷하게 중도 좌파의 논조를 띠는 〈폴리티켄(Politiken)〉에 연락해서 환경 문제에 대해 몇 편의 기사를 쓰겠다고 제안했다. 나는 4편의 기사를 썼는데, 그 글들은 덴마크에서 엄청난 논란을 불러일으켰으며 이어서 모든 신문으로 번져나갔고 같은 주제를 다룬 기사, 논평, 비평 등이 400편을 훨씬 넘어섰다. 그 뒤 나는 그런 논쟁을 이어받음과 동시에 환경과 관련해서 훨씬 더 넓은 범위에 걸쳐서 우리가 주로 걱정하는 점들을 새롭게 검토하고자 책을 쓰기로 작정했다.

그렇지만 내 글과 관련된 논쟁 전체가 이상할 정도로 불완전해 보였다. 우선, 나는 많은 환경 단체가 무조건적인 부정이라는 충동적인 반응밖에 보이지 않았다는 사실에 깜짝 놀랐다. 물론 나도 처음에는 그런 반응을 보였다. 하지만 나라면 무조건 부정하는 대신 논의가 진행되면서 새롭게 제시된 수많은 자료들을 꼼꼼히 검토해보고 결국 환경에 대한 우리의 시각을 진정으로 재평가하게 되었을 것이다. 그러나 놀랍게도 많은 사람은 내 주장에 대한 비판적인 논평만을 읽고서 내 생각이 틀렸다고 쉽게 결론을 내렸다. 그리고 지구 멸망의 날이 임박했다는 믿음을 계속 유지해도 된다고 마음 편하게 생각해버렸다. 심지어 내 친한 친구 중에도 그런 사람이 있었다. 인류가 파국을 향해 나아가고 있다는 시각이 그토록 철저하게 뿌리박혀 있었던 것이다.

나는 오르후스 대학에서 통계학을 가르치고 있으며, 나의 기본적인 능력은 국제적인 통계 문제를 다룰 수 있는 지식에서 기인한다. 대체로 사람들은 통계학이라고 하면 끝없이 늘어선 숫자를 지루하게 검토하는 일을 연상한다. 그래서 나조차도 매 학기마다 통계학이 반드시 그런 것만은 아니라고 새로운 학생들을 납득시켜야 한다. 사실, 통계학은 조사 자료를 가지고 근거 없는 속설에 맞선다는 점에서, 그리고 이 세상을 더 선명하게 볼 수 있도록 해준다는 점에서 정말로 손에 땀을 쥐게 하는 학문이다. 나는 이런 흥분감이 이 책에서도 분명히 드러나기를 희망한다. 비록 이 책 속에는 많은 정량적인 정보가 담겨 있지만 우리가 사는 이 세상이 처해 있는 상황을 제대로 파악하고자 하는 일은 틀림없이 자극적이고 여러분의 기운을 북돋는 일이 될 것이다. 기존의 주류 세계관에 도전해보는 일 자체가 건전하고 보람 있는 일이라고 하겠다.

내가 모임에서 내 직업을 말하면 거의 항상 듣는 얘기가 있는데 대영제국의 수상을 지낸 벤저민 디즈레일리(Benjamin Disraeli, 1804~1881)가 처음 한 말이라고 한다. 과연 그의 말을 제대로 옮긴 것인지 나로서는 알 길이 없지만 디즈레일리는 다음과 같이 말했다고 전해진다. "세상에는 세 종류의 거짓말이 있다. 거짓말, 터무니없는 거짓말, 그리고 통계학이다."[1] 통계학이 진실을 조작하는 데 이용될 수 있는 것은 사실이다. 그러나 통계학을 현명하게 이용한다면 세상에 대한 최고의 정보를 얻을 수 있다.

왜냐고? 우리가 알고 있는 사람들이나 친구, 또는 언론 매체를 통해 접하게 되는 세상의 작은 한 부분이 세상의 전체 모습을 균형 있게 보여주는 경우란 거의 없기 때문이다. 여러 가지 이유로 우리가 아는 사람이나 친구는 평균적인 다른 사람보다 우리 자신과 더 흡사하다. 따라서 오로지 친구를 통해 얻은 인상을 기초로 이 세상을 판단하고자 한다면 우리의 시각은 당연히 한쪽으로 치우칠 수밖에 없을 것이다. 마찬가지로 TV에만 의존하면 그 내용이 왜곡되고 선정적으로 바뀐 나머지 결국은 뻔한 결말을 엿볼 수 있는 그런 얘기만을 듣게 된다(진실을 왜곡하는 언론 매체의 문제점에 대해서는 제2장을 참조할 것).

이런 의미에서 통계학은 우리에게 이 세상을 더 선명하게 엿볼 수 있는 방법을 제시한다. 사실, 통계학은 많은 영역에서 우리가 이 세상을 과학적으로 온전히 기술할 수 있도록 하는 유일한 방법이다.

나는 환경 문제 전문가가 아니지만 이 책의 모든 내용을 전문가들이 검토할 수 있도록 했다. 내가 이 책에서 원하는 목표는 전문가들이 관련 서적과 학술지에서 문제를 제기할 때 그 문제에 어떻게 접근했는지 설명하는 것, 그리고 여러 가지 사회적 문제의 우선순위를 정할 때 각각의 문제가 얼마나 중요한지 알아볼 수 있도록 여러 주제를 조사해보는 것이다.

이 책의 요점은 환경 단체나 기업 로비스트 그룹 또는 언론 매체만이 진실과 문제 해결의 우선순위를 제시하도록 방치해서는 안 된다는 것이다. 그것보다는 우리 스스로가 이 세상이 처해 있는 실제 상황을 바르게 인식해서 제반 환경 논쟁에 신중하게 민주적인 검증을 수행할 수 있는 주체가 되어야만 하겠다. 즉, 우리가 사는 세상의 필수적인 영역에서 가장 중요한 사실이 서로 어떻게 연결되어 있는지 알아야 하는 것이다. 이 책이 그런 이해를 북돋우는 데 기여했으면 하는 것이 나의 바람이다.

언어와 도량형

이 책은 많은 자료를 제시하고 있다. 특정한 자료를 설명할 수 있는 완벽한 표현을 이끌어내기가 어려운 경우에 나는 지루하게 정확성을 고집하는 대신 읽어내기 쉬운 문장을 선택했다. 그렇지만 이런 약점은 주와 도표를 통한 설명에서 충분히 벌충될 것이다. 이 책에서 내가 '오늘날'이라고 쓴 것은 대체로 현재 입수 가능한 자료 중에서 가장 최근의 것을 의미하며, 자료 수집 속도와 자료에 포함된 시간 간격에 따라서 달라질 수는 있지만 대체로 1997년에서 2001년 사이의 어느 시점에 해당한다.

영어권 출판 시장에서 통계 자료를 다루는 모든 책은 도량형 문제를 반드시 고려해야 한다. 이 책은 주로 미터법을 사용하고 있지만 '인간'과 관련된 자료일 때는 미국 독자를 위해 영국식 옛 도량형도 함께 표시하고자 노력했다.[2)] 따라서 미국의 쓰레기 발생량을 논의할 때(도표 114) 전국적인 폐기물 발생량은 100만 톤 단위로 표시했다(쓰레기 매립장에서 처리되는 쓰레기의 양이 1억 5,000만 톤이라고 하면 그 양을 제대로 감지할 수 있는 사람이 과연 얼마나 되는지 의심스럽다. 설령 그것을 3,300억 파운드로 표기한다고 해도 그 규모를 이해하는 데는 별로 도움이 되지 않을 것이다). 여기에서 중요한 비교 대상이 되는 것은 1960년의 통계 수치나 2005년의 예상치인데, 이런 수치 역시 이해하기 어렵기는 마찬가지다. 그렇지만 미국인이 배출하는 쓰레기를 논의할 때 1인당 1일 평균 쓰레기 발생량이 1985년에는 3파운드였던 것이 2000년에는 2.5파운드로 감소했다고 하면 금방 이해할 수 있을 것이다.

이 책 전체를 통해 연대 표기는 서기(AD)와 기원전(BC) 연도를 채택했다. 에너지 단위는 줄(J) 또는 킬로와트시(kWh)로 표기했다. 지수는 큰 수를 표기하기 위해 사용했는데, 예를 들어 5e6은 5×10^6, 즉 5에 0이 여섯 개 붙어 있는 수(500만)를 의미한다. 이 책 전체에서 전통적인 접두사도 사용하고 있는데, k(킬로, 1,000), M(메가, 100만), G(기가, 10억) 등이 그것이다. 정말로 커다란 수에는 E(에타, 1e18)와 Z(제타, 1e21)를 사용했다.[3] 온도는 섭씨로 표기했다. 1℃는 1.8°F에 해당하며, 0℃는 32°F이다.

감사의 글

이 책을 쓰면서 나는 많은 사람들로부터 도움과 영감을 받는 행운을 누렸다. 우선 나를 도와준 학생들에게 감사한다. 그들은 통계 자료를 입력하고 도표를 작성하며 잘 알려지지 않은 연구 보고서를 찾아내고 참고 자료를 요청하고 또 인터넷을 검색하는 등 헤아릴 수 없이 많은 일에 항상 협력을 아끼지 않았다. 이런 일은 그리 흥미롭지 않고 또 쉽게 지루해질 수 있는 작업이다. (그래, 나도 모르는 게 아니다!) 자료를 구하는 데 한결같이 헌신해준(그리고 〈스타트렉〉에 대한 모든 추가 정보를 제공해준) 데이비드 니콜라스 호프만(David Nicolas Hopmann)에게 감사한다. 헬레 담 쇠렌센(Helle Dam Sørensen)은 내 괴상한 요구를 잊어버리지 않는 놀라운 능력을 보여주었다(또한 그녀는 엄청난 분량의 자료 복사에 무한한 인내심을 발휘했다). 예스페르 스트란스비에르그 페데르센(Jesper Strandsbjerg Pedersen)은 끈기 있게 자료를 입력해서 훌륭한 모양의 그래프로 출력해주었다(심지어 그는 잘 알려지지 않은 CD롬을 구하기 위해 1시간 반 동안 자전거를 타고 다녀오기까지 했다). 이다 파테르 크리스텐센(Ida Pagter Kristensen), 시기 브란트 크리스토페르센(Siggi Brandt Kristoffersen), 울리크 라르센(Ulrik Larsen), 케네트 투에 닐센(Kenneth Thue Nielsen) 등에게도 그들의 커다란 도움과 능력에 역시 감사한다.

이 책의 여러 부분을 각자 꼼꼼히 읽어준 수많은 연구자에게도 감사의 뜻을 표하고자 한다. 그들 중에는 여러 가지 이유로 이름이 언급되기를 바라지 않는 사람도 있지만, 그들의 건설적인 제안과 유용한 정보가 커다란 도움이 되었다. 비록 모든 사람이 나의 전체적인 결론에 동의한 것은 아니지만 말이다. 당연히 책의 내용에 책임져야 할 사람은 오직 필자뿐이라는, 관례적인 말이 여기에서도 적용된다.

나는 특히 다음 분들에게 깊이 감사한다. 개발연구센터의 연구책임자 야니크 보에센(Jannik Boesen), 오덴세 대학병원의 행정 컨설턴트 아르네 회스트 박사(Dr. Arne Høst), 지질학 교수인 헤닝 쇠렌센(Henning Sørensen), 덴마크 임업협회의 마르틴 에인펠트(Martin Einfeldt)와 쇠렌 포고르(Søren Fodgaard), 덴마크 독성학 연구센터의 수석 컨설턴트 헬레 부샤르츠 보이드(Helle Buchardt Boyd), 사회 · 환경연구센터의 스테판 브렌스트루프(Stefan Brendstrup), 덴마크 기상학연구소의 물리학자 페테르 타일(Peter Thejll), 덴마크 국립환경연구소의 예스 펭에르(Jes Fenger) 등은 이 책의 많은 부분에서 의견을 주었다.

가장 크게 감사해야 할 사람은 대학과 연구소에 근무하는 이 분야의 모든 학자들이다. 이들은 갖가지 방법을 사용해서 이 세계를 사실상 측정하고 있다. 또한 정부 기관과 국제 기구에 근무하는 통계학자들에게도 감사한다. 그들은 온갖 정성을 다해 정보의 파편을 끌어모으고 그것을 정리해서 발간하는 작업을 떠맡고 있다. 이 책에 실린 내용은 바로 그런 정보의 결정체이다. 좀더 구체적인 제안으로 나를 도와준 다음의 학자들에게는 특별한 감사의 뜻을 표하고 싶다. 세계환경보호감시센터(WCMC)의 마크 앨드리치(Mark Aldrich), 미국 에너지부 산하 에너지 정보국의 척 앨런(Chuck Allen)과 마이클 그릴로트(Michael Grillot), 해리어트 매클레인(Harriet McLaine), 미국 국립해양대기국(NOAA) 기후 감시 · 진단 연구소의 에드 들루고켄키(Ed Dlugokencky)와 P. 탠스(P. Tans), 미국 농무부(USDA)의 존 H. 다이크(John H. Dyck), 막스 플랑크 화학 연구소의 요한 골대머 박사(Dr. Johann Goldammer), 하버드 대학교 위험분석센터의 보건정책 · 관리부 짐 해미트 박사(Dr. Jim Hammitt), 코펜하겐 인구전망연구센터의 아네테 페르닐레 회위에르 박사(Dr. Annette Pernille Høyer), 사스카체완 대학교의 선임 연구원 알란 맥휴겐(Alan McHughen), 덴마크 국립환경연구소의 코레 켐프(Kåre Kemp), 로마에 있는 식량농업기구(FAO) 본부의 수석 사서 패트리샤 메리킨(Patricia Merrikin), 국제미작연구소(IRRI)의 곡물생리학자인 샤오빙 펭(Shaobing Peng), 덴마크 국립연구병원의 닐스 스카케베크 박사(Dr. Niels Skakkebæk), 덴마크 우주연구소의 헨리크 스벤스마르크 박사(Dr. Henrik Svensmark), 캘리포니아 주 보건국의 샤나 H. 스원(Shanna H. Swan) 등이 그들이다.

수많은 좋은 친구들이 엄청난 시간을 들여서 이 책의 여러 부분과 발췌문을 읽어주었다. 캐롤 앤 옥스버러(Carol Anne Oxborrow)는 산더미처럼 쌓인 자료를 읽어주었으며, 여러 부분에서 나의 설명을 날카롭게 다듬어 주면서 영국식 영어의 미묘한 특징을 잘 파악할 수 있게 도와주었다. 빌 제프리(Bill Jeffrey)는 세 살배기 두 아이가 자꾸 방해하는 것도 무릅쓰고 이 책의 초고를 모두 읽어주었다. 그의 조언 덕분에 나는 내 주장을 더 분명하게 다듬고 강화할 수 있었다. 그는 미국식 영어에 통달하는 것이 얼마나 어려운지 보여주기도 했다. 또 라르스 뇌르고르(Lars Nørgaard), 마르틴 오게루프(Martin Ågerup), 시몬 헨릭센(Simon Henriksen), 헨리크 키에르시(Henrik Kjærsig), 헨리크 키에르고르(Henrik Kjærgaard), 톰 위오 키에르 닐센(Tom Yoo Kjær Nielsen), 야코브 헤이데 페데르센(Jacob Heide Pedersen), 울리크 비텐도르프(Ulrik Wittendorff)에게도 감사를 표하고 싶다. 그들의 훌륭한 제안과 건설적인 비판, 그리고 정직한 반응 덕분에 이 책을 훨씬 더 잘 다듬을 수 있었다. 특히 내 오랜 친구이자 동료이며 정신적 스승인 외르겐 포울센(Jørgen Poulsen)에게 감사한다. 그의 생각은 내게 새로운 아이디어가 떠오르게 해주었으며, 늘 과제를 던져주었다. 같은 이유로 나는 니콜라이 비베 미셸센(Nikolaj Vibe Michelsen)에게도 감사한다. 그는 내 수많은 주장의 형체를 다듬는 데 커다란 도움을 주었으며 내가 (항상 현명한 것은 아닐망정) 새로운 아이디어를 실제로 시험해보도록 기꺼이 허락해주었다. 마지막으로 참을성 많은 내 학생들과 훌륭한 동료들에게 감사하며, 특히 오르후스 대학교 정치학과의 쇠렌 리스비에르 톰센(Søren Risbjerg Thomsen) 교수에게 감사한다. 그들은 내 연구를 지지해주고 내게 계속 앞으로 나아갈 수 있는 힘을 불어넣었으며, 또한 내가 회의에 늦게 나타나거나 마감 시간을 아예 잊어버렸을 때에도 너그럽게 용서해주었다.

줄곧 나를 지지해준 출판사를 만난 것도 행운이었다. 이 책의 편집을 맡은 크리스 해리슨(Chris Harrison)은 줄곧 이 책에 신뢰를 보여주었으며 책을 출판할 때 겪을 수 있는 온갖 복잡한 변덕과 변화를 끝까지 이겨냈다. 그리고 그런 와중에서도 훌륭한 질문과 유용한 충고로 이 책에 크게 기여했다. 책 제작 과정의 관리를 맡은 캐롤라인 머레이(Caroline Murray), 수석 디자인 관리자 피터 더커(Peter Ducker)와 데이비드 배럿(David Barret), 그리고 서비스 필름 세팅사와 그의 동료들은 이 책을 훌륭하게 편집해주었으며, 컴퓨터 화면상에서 디자인한 그래프들을 인쇄된 상태에서도 정확하고 아름답게 보이게끔 하는 고도로 복잡한 작업을 모두 처리해주었다. 마케팅 담당자인 슬론 레더러(Sloane Lederer)와 다이앤 고다드(Diane Goddard) 역시 이 책의 홍보를 위해 열심히 일해주었다.

이 책의 모든 정보가 다 정확한 것인지 확인하는 데 온갖 노력을 기울이기는 했지만 그래도 틀림없이 잘못된 부분이 있을 것이다. 과거에는 책이 (혹시 그것이 가능하다면) 2쇄를 찍게 될 때까지 기다렸다가 오류를 바로잡아야 했지만 인터넷이 있는 지금은 이런 작업이 즉시 이루어질 수 있다. 따라서 오류가 발견되는 대로 이 책의 웹사이트인 www.lomborg.org에 공시할 것이다.

1997년 2월에 로스앤젤레스에서 줄리언 사이먼의 인터뷰 기사를 처음 읽었을 때에는 그의 주장을 확인하는 작업에 내 인생 중 4년이 넘는 기간을 바치게 되리라고는 상상도 하지 못했다. 그러나 그 동안의 작업은 활기 넘치고 의욕적인 경험이었으며 나는 그 과정에서 우리가 사는 이 세상과 내 자신이 가졌던 근거 없는 믿음에 대해 많은 것을 배울 수 있었다.

이 세상이 정녕 아무 문제도 없는 것은 아니지만 거의 모든 부분에서 점점 더 나아지고 있으며 미래에도 계속 나아질 것이다. 이 책에 제시된 모든 자료와 정보는 우리로 하여금 비생산적인 걱정을 떨쳐버리고 더 중요한 주제에 집중할 수 있는 기회를 제공할 것이다. 그래서 우리가 더 나은 세상을 만드는 데 더욱 많은 노력을 기울일 수 있게 되기를 바란다.

2001년 5월 22일

오르후스

the Skeptical Environmentalist
Measuring the Real State of the World

1부 너무나 뻔한 이야기들

I 상황은 개선되고 있다

현재 우리는 정말로 어떤 상태에 처해 있는 것일까?

낙관주의자들은 결국 우리가 상정할 수 있는 가장 바람직한 형태의 세상이 도래할 것이라고 선언한다. 반면에 비관주의자들은 세상이 점차 쇠퇴하고 있으며 세상의 종말이 멀지 않았다고 간주한다. 세계의 현재 상태를 정확히 파악하는 일은 매우 중요하다. 왜냐하면 그렇게 해야만 인류가 직면한 문제들을 밝힐 수 있고, 또 우리가 도대체 어떤 일을 최우선적으로 해야 할지 알 수 있기 때문이다. 이와 동시에 세계의 현재 상태는 곧 인류 문명의 성적표라 할 수 있는데, 그것은 우리가 이제까지 자신의 능력껏 최선을 다해왔는지, 그리고 이 세상이 후손에게 남겨주고자 하는 바로 그런 세상인지를 보여주기 때문이다.

이 책은 회의에 빠져 있는 한 환경주의자의 저작이다. 나는 다른 대부분의 사람들과 마찬가지로 지구를 사랑하고, 우리 후손의 건강과 안녕을 크게 염려한다는 점에서 환경주의자이다. 그러나 내가 회의에 젖어 있는 것은 이 세상을 위해 낙관주의자나 비관주의자들의 근거 없는 얘기에만 의존해서 실제 행동에 나서서는 안 된다고 생각하기 때문이다. 그 대신 우리는 더 나은 미래를 만든다는 인류 공통의 목적을 위해서 가능한 한 최선의 정보를 활용해야 할 것이다.

따라서 이 책에서는 세계의 현재 상태를 있는 그대로 살펴보고자 한다. 물론 전체 세계의 상황을 살펴보는 일은 단 한 권의 책으로, 또는 여러 권의 책이라 해도 절대로 가능한 일이 아니다. 또 그것이 내 의도도 아니다. 다만 나는 세계의 현 상황을 규정짓는 가장 중요한 속성들, 즉 기본 요소들만을 계측하고 싶다. 물론 그 계측은 근거 없는 통념에 의해서가 아니라 우리가 구할 수 있는 가장 정확한 자료에 근거해서 이루어져야만 한다. 그것이야말로 현재 세계의 실재 상황이기 때문이다.

뻔한 이야기의 반복

이 책의 부제 '세계의 실제 상황(the Real State of the World)'은 환경 문제를 다루는 책으로 가장 널리 알려져 있는 《지구 환경 보고서(The State of the World)》에서 따온 것이다. 《지구 환경 보고서》는 1984년부터 매년 월드워치연구소(Worldwatch Institute)와 이 연구소를 이끌고 있는 레스터 브라운(Lester Brown)이 주도해 출판하고 있으며,[4] 지금까지 전세계적으로 100만 부 이상 팔렸다. 이 시리즈는 세계가 직면하고 있는 가장 중요한 문제들을 전문적이고 정확하게 파악하려 시도한다. 그렇지만 불행하게도, 이 책들은 시리즈가 추구하는 목표를 제대로 따라잡지 못하는 경우가 왕왕 있다. 하지만 여러 가지 면에서 《지구 환경 보고서》는 환경 정책을 다루는 간행물 중에서 학문적으로 가장 뛰어나고 또 가장 야심찬 저작이다. 따라서 이 책이 지구 환경 논의의 필수적인 동반자임은 분명하다.[5]

전체적으로 이 책은 환경을 바라보는 우리의 일반적인 이해에 장단을 맞추고 있다. 즉 환경이 점점 악화되고 있다는 주장을 무작정 반복하고 있는 것이다. 이런 주장은 텔레비전이나 신문에서, 정치가들의 발언에서, 그리고 직장과 가정의 대화에서 매일 마주하는 관념과 메시지에 그대로 반복된다. 이런 반복이 환경에 대한 그릇된 시각을 갖게 하는 것이다. 바로 이런 시각 때문에 〈타임〉 지조차 2000년에 한 기사의 첫머리에서 너무나 뻔한 이야기를 하듯이 "지구가 열악한 상태에 놓여 있다는 것은 누구나 다 알고 있다"고 말했다.[6)]

심지어 아이들조차 이와 똑같은 이야기를 듣는다. 옥스퍼드 대학교 출판부에서 발간한 《어린 독자를 위한 옥스퍼드 시리즈(Young Oxford Books)》에는 이렇게 씌어 있다. "자연계의 균형은 매우 미묘하지만 모든 생명을 위해 필수적이다. 인간은 육지에서 삼림과 초원을 훼손하고 공기를 오염시키고, 바다를 더럽힘으로써 이런 균형을 깨뜨렸다."[7)]

이와 마찬가지로 〈타임〉 지의 또 다른 기사는 "40년이 넘는 지난 세월 동안 지구는 줄곧 조난 신호를 보내고 있었다. …… 우리가 지구의 날 기념 행진을 진행하는 동안에도 …… 지구 생태계의 쇠퇴 추세는 전혀 약해지지 않고 있다"[8)]고 지적했다. 저명한 과학 주간지 〈뉴 사이언티스트(New Scientist)〉의 2001년 4월 지구 환경 증보판은 임박한 '파국'을 거론하면서, 우리가 감히 "인류 문명을 진화 역사의 쓰레기통 속으로" 몰아넣고 있다고 강조했다. 이 잡지는 인류가 환경에 미치는 영향을 '자기 파괴(Self-destruct)'라는 제목 아래 다음과 같이 요약했다.

> 우리 인간은 과거에 공룡을 전멸시켰던 소행성만큼이나 위험스러운 존재다. …… 우리가 가하는 피해는 증가 일로에 있다. 앞으로 20년 동안 세계 인구는 15억 명이 더 늘어날 것이다. 이 사람들에게는 음식 · 물 · 전기 등이 새로이 필요하겠지만, 이미 지구의 표토는 사라지고 있으며 물고기들은 멸종되고 있다. 우물은 말라붙고 화석연료의 연소는 수백만 명의 목숨을 위협하고 있다. 우리는 대재앙을 향해 나아가고 있는 것이다.[9)]

이런 환경 인식은 너무나 널리 퍼져 있다. 우리는 지구 환경이 매우 심각한 상태에 놓여 있다[10)]는 뻔한 이야기에 너무나 익숙하다.[11)] 지구의 자원은 고갈 일로에 있고, 인구가 늘어나서 먹을 것은 점점 줄어들고 있으며, 대기와 수자원도 계속 오염되고 있다. 또한 멸종되는 생물 종의 수효도 엄청나다. 우리는 매년 4만 종 이상을 멸종시키고 있다. 삼림은 사라지고 어장은 붕괴되며 산호초는 죽어가고 있다.

우리는 지구를 더럽히고 있다. 비옥한 표토가 사라지고, 사람들은 자연 위에 아스팔트를 깔고 황야를 파괴하며 생물권(生物圈)을 말살하고 있다. 결국 우리는 이런 만행을 저지르는 가운데 우리 스스로를 죽게 할 것이다. 지구 생태계가 무너지고 있다. 우리는 자생력의 절대 한계에 빠르게 접근하고 있으며, 성장의 한계는 점점 더 분명해지고 있다.[12)]

우리는 이런 이야기들을 잘 알고 있다. 너무나 자주 듣다보니 누가 또 다시 반복하면 차라리 마음이 놓일 지경이다. 그렇지만 여기에는 한 가지 중요한 문제가 있다. 그런 주장을 뒷받침할 만한 증거가 사실상 거의 없다는 점이다.

상황은 개선되고 있다 – 그러나 아직 좋다고 할 수는 없다

나는 이 책을 통해 과거 · 현재 · 미래에 걸쳐 인류의 잠재력과 그 앞에 놓인 과제, 그리고 그에 따르는 문제점을 결정짓는 핵심적인 요소를 설명할 것이다. 나는 그것들이 중요하다는 사실을 누구나 다 즉각 알아챌 수 있기 때문에(예를 들어, 세계 인구), 또는 컴퓨터 모델에서 그런 요소가 인류 발전에 결정적인 영향을 미칠 것이라 예측하기 때문에(대기 오염이나 지구 온난화), 혹은 세계 상황을 논의하는 데서 자주 언급되기 때문에(농약과 같은 화학물질의 위협), 그런 핵심적인 요소들을 선택했다.[13)]

이 책에서 나는 "생태계가 붕괴되고 있다"는 말과 같이 우리가 일상적으로 너무 쉽게 받아들이는 개념에 도전장을 던지고자 한다. 이런 개념들은 현실과 동떨어져 있기 때문이다.

에너지나 천연 자원은 고갈되지 않았다.[14)] 인구 1인당 허용되는 식량 규모는 더욱 더 늘어날 것이다. 굶주리는 사람의 수도 점점 줄어들고 있다. 1900년에 인류의 평균 수명은 30세였지만 오늘날에는 67세다. 유엔에 따르면 지난 50년 동안 인류는 그 전 500년 동안보다 훨씬 더 많은 빈곤을 퇴치했다. 현재도 사실상 모든 나라에서 빈곤 퇴치가 진행되고 있다.

지구 온난화는, 그 규모와 미래 전망에 비록 비현실적으로 비관적인 부분이 있기는 하지만, 현재 진행되고 있는 것만은 거의 확실하다. 그렇지만 화석연료의 사용량을 지나치게 빨리, 그것도 급속히 줄여나간다는 전형적인 처방은 화석연료 사용에 따르는 실제 피해보다 훨씬 더 많은 손해를 가져올 것이다. 뿐만 아니라 화석연료 사용에 따르는 악영향을 모두 고려한다고 해도 그것이 우리 미래를 위협할 정도로 심각한 문제를 일으키지는 않을 것이다. 우리가 살아 있는 동안 생물 종의 25~50%가 사라지는 일도 일어나지 않을 것이다. 사실 멸종되는 생물 종은 아마 0.7% 정도에 불과할 가능성이 크다. 산성비가 삼림을 고사시키는 일도 없고, 우리 주위의 공기와 물의 오염도는 점점 개선되고 있다.

우리가 측정할 수 있는 거의 모든 환경 지표에서 인류의 운명은 사실상 밝아지고 있다.

그렇지만 여러분의 세심한 주의가 필요하다. 나는 여기에서 대다수 지표에 의하면 인류의 운명이 엄청나게 개선되고 있다고 말하고 있다. 그러나 이 말이 곧 모든 것이 충분히 좋다는 뜻은 아니다. 엄청나게 개선되고 있다는 것은 현재 지구의 모습을 가리키는 얘기인 반면, '충분히 좋다'는 말은 지구가 마땅히 지녀야 하는 모습을 뜻한다.[15]

나는 순회 강연을 통해 이런 차이점을 강조하는 것이 얼마나 중요한지 절실히 깨달았다. 많은 사람들이 내 주장이 틀렸음을 증명할 수 있다고 확신하면서 수많은 사람들이 지금도 굶주리고 있다고 지적하며 이렇게 묻는 것이다. "개발도상국 국민의 18%가 아직도 굶주리고 있는데 어떻게 세상이 계속 좋아지고 있다고 말할 수 있습니까?"

그렇지만 중요한 것은 굶주리는 사람의 수가 전세계적으로 계속 줄어들고 있다는 점이다. 1970년에는 개도국 국민의 35%가 굶주림에 시달렸다. 1996년에는 그 수치가 18%였으며, 유엔은 2010년까지 이 수치가 12%로 줄어들 것이라고 전망한다.[16] 굶주리는 사람의 수가 2억 3,700만 명 줄어든다는 사실은 놀라운 발전이다. 오늘날까지 20억 명이 음식을 충분히 구할 수 있는 사람들의 대열에 추가로 합류했다.

식량 사정이 이렇듯 엄청나게 개선되었지만 2010년에도 여전히 6억 8,000만 명은 굶주리고 있을 텐데, 이는 분명히 '충분히 좋은' 상황은 아니다.

하지만 이런 구분은 매우 중요하다. 아직까지 사정이 충분히 좋지는 않다 해도 미래에 대한 전망을 내놓을 수는 있는 법이다. 앞으로 굶주리는 사람의 수를 반드시 줄여야 한다는 전망 말이다. 이것이 인류의 정치적인 목표이다.

'상황이 개선되고 있다'는 것은 우리가 방향을 제대로 잡아서 나아가고 있다는 뜻이다. 설령 그 개선 속도가 마음에 들지 않더라도 말이다. 식량 사정의 개선을 위해 우리가 할 일이 많이 남아 있는 것 같기는 하지만, 적어도 기본적인 접근 방법은 틀리지 않았다. 실제로 우리는 굶주리는 사람의 생명을 점점 더 많이 구하고 있으며, 미래에는 굶주리는 사람의 수가 더 줄어들 것이라고 기대할 수 있다.

사실의 과장과 바람직한 관리

뻔한 이야기의 계속적인 반복과 환경 문제를 과장해 부풀린 이야기들을 자주 들으면 심각한 결과가 생길 수 있다. 우리가 겁을 먹은 나머지 어쩌면 환경과 관계가 없을 수도 있는, 현실적으로 시급한 문제를 무시하고 가상의 문제를 해결하는 데 더 많은 자원과 관심을 쏟게 될 수 있기 때문이다. 이것이 바로 현재 세계가 정말로 어떤 상황에 처해 있는지를 알아야 하는 중요한 이유이다. 우리는 최선의 결정을 내리기 위해서 사실들을 수집하고 또 얻을 수 있는 한 최고의 정보를 구해야 한다. 널리 알려진 환경 보고서인 《우리 모두의 미래(Our Common Future)》의 대표 저자인 그로 하를렘 브룬트란트(Gro Harlem Brundtland)는 권위 있는 과학 잡지 〈사이언스(Science)〉에서 이렇게 표현했다. "과학과 지식을 무시하는 정치는 시간의 시험을 이겨내지 못할 것이다. 건실한 정치적 결정을 내릴 때 근거가 될 수 있는 것은 최고의 과학적 증거밖에 없다. 특히 자원 관리와 환경 보전 분야의 결정이 그렇다."[17)]

우리에게 가장 널리 유포된 두려움이 실제로는 사실에 기반을 두지 않았다는 점을 지적한다고 해서, 그것이 곧 환경을 개선하는 데 아무런 노력도 기울이지 말아야 한다는 뜻은 아니다. 오히려 전혀 그렇지 않다. 천연 자원을 잘 관리하고, 삼림 · 수자원 관리 · 대기 오염 · 지구 온난화 같은 분야에서 우리가 직면한 문제를 해결하고자 노력하는 것은 사려 깊은 행동이다. 여기에서 말하고자 하는 핵심은 우리가 최선의 노력을 기울여야 하는 분야가 과연 어디인지를 결정할 때, 최대한 많은 정보를 고려할 수 있도록 최고의 증거를 확보해야 한다는 점이다. 이 책을 통해서 내가 보여주고자 하는 것은 우리가 가진 문제들이 점점 더 커지고 있는 것이 아니라 사실상 줄어들고 있으며 이미 제시된 해결책들이 매우 비효율적인 경우가 많다는 점이다. 그렇다고 환경 개선 노력을 전적으로 포기하자는 것이 아니라 가장 중요한 문제에 관심을 더 집중하고, 또 진실에 의거해서 확증된 만큼의 노력을 기울이는 것이 바람직하다는 것이다.

기본 요소 : 진행의 추세

만약 우리가 정말로 이 세계의 실제 상태를 이해하고자 한다면 기본 요소에 초점을 맞춰야 하고, 또 근거 없는 낭설이 아니라 현실에 주목할 필요가 있다.

그럼 먼저 기본 요소부터 살펴보도록 하자.

세계 상황을 있는 그대로 평가하려면 마땅히 비교를 통해 평가해야 한다.[18] 전해오는 얘기에 따르면 누군가가 볼테르에게 "인생은 힘든 것"이라고 말하자, 그는 "무엇과 비교해서?"라고 응수했다고 한다.[19] 기본적으로 어떤 비교 대상을 선택하느냐가 매우 중요하다. 나는 비교를 할 때는 반드시 '과거의 상황'과 비교해야 한다고 생각한다. 이런 비교는 우리가 어느 정도 발전했는지, 예전과 비교해서 더 개선되었는지, 아니면 더 열악해졌는지를 여실히 보여준다. 다시 말해, '추세'에 초점을 맞춰야 한다는 뜻이다.

19세기에 선진국의 여러 도시에서 상수도 설비와 공중 위생 서비스가 개선되면서 건강 증진과 기대 수명 향상에 극적인 진전이 이루어졌다.[20] 이와 마찬가지로 19세기 초부터 오늘날까지 학교 교육 보편화 같은 교육 확대 조치 덕분에 선진국에서는 문맹 퇴치와 민주적 체제가 확립될 수 있었다.[21] 이런 추세는 20세기에 들어와 개발도상국에서 그대로 반복되었다. 1915년경에 태어난 개도국 젊은이들의 75%가 문맹이었던 반면에 오늘날 젊은이들은 겨우 16%만이 문맹이다(도표 41). 그리고 1970년에는 깨끗한 식수를 먹을 수 있는 개도국 국민이 전체의 30%에 불과했던 반면, 오늘날에는 80%로 증가했다(도표 5). 이런 변화는 인류 복지가 크게 개선되고 있음을 의미한다. 실제로 세계 상황은 엄청나게 나아졌다. 인류의 기대 수명과 문자 해독률에 커다란 진전이 이루어졌기 때문이다.

같은 맥락에서, 선진국과 개도국 모두에서 깨끗한 식수를 이용할 수 있는 사람이 극적으로 늘어났다는 사실은 '엄청난 개선'을 의미한다. 그러나 이는 모든 것이 충분히 나아졌다는 뜻은 아니다. 제3세계에서는 깨끗한 식수를 구할 수 없는 사람이 지금도 10억 명을 넘는다. 만약 현실 세계를 이상적인 상태와 비교한다면 아직도 개선의 여지가 많다는 것이 분명해진다. 게다가 이상적인 상황과 비교한다는 것은, 만약 선진국에서 깨끗한 식수가 보편화되었다면 역시 개도국에서도 이를 달성할 수 있을 것이라는 점을 보여줌으로써 건설적인 정치적 목표를 설정하게 해준다.

그러나 이런 비교가 정치적 판단과 관련되어 있다는 점을 인식해야 한다. 만약 누군가 묻는다면 우리는 분명 더 많은 제3세계 사람들이 깨끗한 식수를 마실 수 있길 바란다고 말할 것이다. 그리고 더 나아가 제3세계 사람들이 더 나은 학교 교육과 보건 서비스, 식량의 안정적 공급 등을 보장받기 바랄 것이다. 마찬가지로, 선진국에 사는 사람들 역시 노인들을 위한 더 좋은 양로원 시설, 더 나은 유치원, 지방 정부의 더 많은 환경 투자, 개선된 사회 기반 시설 등을 바랄 것이다. 그런데 문제는 이런 모든 일에 돈이 든다는 점이다. 만약 어느 한 가지를 개선하고 싶다면, 예를 들어 제3세계 사람들에게 깨끗한 식수를 더 많이 공급하고 싶다면, 개선이 필요한 또 다른 부문에서 그 자원을 끌어와야만 한다. 물론 이것이 바로 정치의 본질이다. 자원 투자에 우선순위를 정하고 실행 가능한 여러 프로젝트 중에서 반드시 일부만을 선택해야 한다. 그런데 만약 우리가 현재의 세계 상황을 이상적인 상태와 비교한다면, 그것은 어떤 프로젝트에 우선순위를 두어야 하는지 은연중에 정치적 판단을 내리는 것이다.

따라서 나는 이 책에서 세계 상황에 대한 평가를 제공하기는 하지만 과연 우리가 어디에 노력을 집중해야 하는지에 대한 정치적 판단은 독자 여러분 개개인에게 맡기고 싶다. 그 대신, 이 세상이 얼마나 진보했으며 또 앞으로 얼마나 발전할 수 있을지에 대해 최선의 정보를 제공함으로써 민주적 의사 결정의 과정이 건실한 토대 위에서 이루어지도록 하자는 것이 나의 의도이다.

이 말은 곧 세계의 추세에 주목해보자는 것이다.

기본 요소 : 범지구적 추세

《지구 환경 전망 보고서 2000(Global Environment Outlook Report 2000)》은

아프리카의 참상에 대해 많은 것들을 알려준다.[22] 아프리카, 특히 사하라 사막 이남 지역이 다른 어느 대륙보다 힘든 과정을 겪어왔다는 점에는 의문의 여지가 없겠지만, 이 문제는 나중에 다시 다루도록 하겠다(제5장 후반부). 사하라 사막 이남 지역에는 현재 세계에서 가장 많은 사람들이 굶주리고 있는데, 1996년 현재 기아에 허덕이는 인구는 전체 인구의 거의 33%나 된다. 그러나 이 수치는 1970년의 38%보다는 낮아진 것이며, 2010년에는 이보다 더 낮아져 30%까지 떨어질 것으로 기대된다.[23]

미래에 닥칠 수 있는 여러 문제에 충격적인 예언을 내놓고 있는 《지구 환경 전망 보고서 2000》은 토양 표층의 침식 문제가 널리 퍼져 있으며, 특히 아프리카의 상황이 심각하다고 밝히고 있다. 실제로 "지금도 이미 너무 많은 사람들이 영양 실조에 시달리고 있는 대륙에서 농경지 황폐화가 현재와 같은 속도로 계속된다면 앞으로 40년 안에 곡물 수확량이 절반으로 줄어들 수도 있다"고 이 보고서는 지적했다.[24] 물론 이렇게 되면 엄청난 비극이 일어나서 아프리카 대륙에 대규모 기아가 발생할 것이다. 그렇지만 이런 충격적인 전망은 1989년 남아프리카 공화국의 농경지를 대상으로 한 단 한 건의 미발표 연구 결과에 기초한 것이다.[25] 더욱이 이 보고서에서 제시한 전망은 유엔 식량농업기구(FAO)와 국제식량정책연구소(IFPRI)가 발표하는 주요 식량생산 모델들의 추정치와는 완전히 반대이다. 이 두 기관의 모델들은 앞으로 20~25년 동안 곡물 수확량이 매년 1.7%씩 증가할 것으로 예상했다.[26] 또한 1990년대의 수확량이 소폭이긴 하지만 그래도 확실히 늘어났고, 그 결과 곡물 생산의 절대치는 20% 이상 증가했다.[27]

여러 가지 면에서 이런 보고는 1헥타르당 17톤이라는, 가장 많이 인용되는 유럽 표토층 침식 추정치를 연상시킨다.[28] 그런데 이 추정치는 벨기에의 불과 0.11헥타르밖에 되지 않는 비탈진 경작지를 대상으로 실시한 연구 결과에 근거했던 것으로 판명되었다. 이러한 사실이 밝혀진 것은 줄지어 나온 논문들을 통해서였는데, 이들은 각각 원래의 논문을 약간씩 부정확하게 언급하고 있었다. 그런데 처음의 논문을 저술한 원저자는 자신의 연구 결과를 일반화하지 말아달라고 이미 경고한 바 있다.[29]

두 가지 사례 모두 단 하나의 예만을 전체 주장의 논거로 삼았다. 불행히도 이런 식의 결함 있는 논증 방식이 널리 퍼져 있으며, 앞으로 이 책에서도 더 많은 예를 보게 될 것이다. 그런데 문제는, 손가락 하나만 움직이면 인터넷에서 대량의 정보를 불러낼 수 있는 오늘날은 좋은 이야기든 나쁜 이야기든 무한히 많은 이야기를 만들어낼 수 있다는 점이다.

만약 그럴 의도만 있다면 누구라도 끔찍한 예만을 인용해 이 세계가 정말로 참담한 상태에 처해 있다고 결론내리는 책을 얼마든지 쓸 수 있다. 또는 지구 환경이 얼마나 잘 유지되고 있는지 보여주는 좋은 얘기들로만 가득 찬 책을 쓸 수도 있다. 이런 종류의 책들은 모두 절대적으로 사실에 입각한 예만을 인용하겠지만, 논증이라는 측면에서 보면 두 가지 주장 모두 쓸데없는 것에 불과하다. 이것들은 "내 할아버지는 평생 담배를 피우셨지만 97세로 돌아가실 때까지 건강하셨다. 따라서 흡연은 위험한 것이 아니다"는 식의 전형적인 오류와 닮은 점이 많다. 수많은 예를 제시한다고 해서 이런 잘못된 주장이 결코 정당화되는 것은 아니다. 우리는 담배를 심하게 피우고도 90대 후반까지 산 할아버지들을 쉽게 찾아낼 수 있다. 그러나 그렇다고 해서 그것이 흡연이 위험하지 않다는 주장의 논거가 될 수는 없다. 이 주장이 잘못된 것은 담배를 피우다가 40대 후반에 폐암으로 사망한 많은 사람들을 모두 고의적으로 무시했기 때문이다.[30] 따라서 흡연의 문제점을 제대로 증명하려면 포괄적인 통계를 사용해야 한다. 즉 비흡연자들과 비교했을 때 흡연자들이 과연 폐암에 더 많이 걸리는지 아니면 덜 걸리는지를 조사해봐야 하는 것이다.[31]

똑같은 관점에서 범지구적인 문제를 논의하고자 할 때에는 전세계적인 통계 수치를 이용해서 설명해야만 설득력을 가질 수 있다. 만약 중부 아프리카 내륙에 위치한 부룬디 공화국의 인구 1인당 1일 칼로리 섭취량이 지난 10년 동안 21%나 감소했다는 얘기를 듣는다면,[32] 사람들은 적지 않은 충격을 받을 것이다. 그리고 이런 정보로 인해 개도국의 식량 문제가 절박하다는 신념을 더 확신할 것이다. 그러나 부룬디 인근의 차드라는 나라에서는 칼로리 섭취량이 26%나 늘어났다는 얘기를 듣는다면 완전히 생각을 바꿔버릴 수도 있다.[33] 물론 비관주의자라면 이라크 사람들의 칼로리 섭취량이 28% 감소했고, 쿠바에서는 19% 감소했다고 얘기할 것이다. 마찬가지로 낙관주의자는 가나 사람들의 칼로리 섭취량이 34%나 증가했고 나이지리아에서는 33% 증가했다고 열거할 것이다. 그런데 아직도 인용할 수 있는 나라가 120개국이나 더 남아 있기 때문에 이런 직관에 호소하는 '전투'는 정보의 홍수 속에서 길을 잃고 말 것이다.[34] 그렇지만 평균적으로 개도국 사람들의 1일 식량 섭취량은 지난 10년 동안 2,463칼로리에서 2,663칼로리로 8% 늘어났다.[35]

여기에서 핵심은 비관적인 얘기는 물론 낙관적인 얘기까지 모두 포함하는 전세계적 통계 수치만이 지구 전체 상황이 얼마나 심각한지 평가할 수 있게 한다는 점이다. 범지구적 통계 수치에는 부룬디의 문제뿐만 아니라 나이지리아 사람들의 칼로리 섭취량 증가도 포함될 것이다. 물론 나이지리아가 식량 공급이라는 과제를 성공적으로 해결했다고 해서 부룬디의 식량 문제가 완화되지는 않는다. 따라서 평균치를 제시할 때는 서로 비교될 수 있는 나라, 이를테면 개도국만을 포함시키도록 조심할 필요가 있다. 그러나 만약 인구 1억 800만 명인 나이지리아의 식량 사정이 매우 좋아진 반면 인구 650만 명에 불과한 부룬디의 식량 사정이 매우 나빠졌다면, 이것은 나이지리아인 17명이 더 나은 음식을 얻게 되는 동안 부룬디인 1명이 더 열악한 상황에 놓이게 되었음을 의미한다. 다시 말해, 세계 전체로 보아서는 인류의 식량 사정이 더 좋아진 셈이다. 여기에서 중요한 점은 지난 세월 동안 좋은 일이 더 많아지고 나쁜 일은 줄었는지, 아니면 그 반대인지를 묻는 질문에 대해서 범지구적인 통계 수치만이 그 답을 줄 수 있다는 것이다.

바로 이런 점 때문에 전세계적인 동향 또는 관련된 지역의 발전 상황을 제대로 살펴보기 위해 다음 장들에서는 가장 포괄적인 통계 수치를 제시하려 노력할 것이다. 우리에게 절실히 필요한 것은 바로 세계적인 추세를 살펴보는 일이다.

기본 요소 : 장기적 추세

환경 문제를 토론하는 자리에서 지극히 단기적인 추세에 근거한 일반론을 듣는 경우가 있다. 이것은 매우 위험한 일이다. 제비 한 마리가 날아왔다고 해서 벌써 봄이 찾아온 것은 아니기 때문이다.

지난 몇 세기 동안 식품 가격은 급격하게 낮아졌다(도표 25). 그러나 1998년 초, 레스터 브라운은 밀 가격의 역사적인 상승 추세가 시작되었음을 감지할 수 있다고 말했다. 1994년부터 1996년까지 밀 가격이 점점 더 비싸졌으며 이제 그 심연을 향해 나아가고 있다고 주장했던 것이다. 그렇지만 여러분은 도표 49에서 그의 말이 틀렸음을 알 수 있을 것이다. 2000년의 밀 가격은 과거 그 어느 때보다도 낮았다.

불행히도 단기적으로 나타나는 역(逆)추세를 들여다보는 관행은 월드워치연구소가 1984년 펴낸 첫 번째 《지구 환경 보고서》에서 이미 확고하게 확립되었다. 이 책에서 그들은 국제 무역의 침체를 걱정했다. "앞으로 국제 무역이 빠르게 성장할 것 같지는 않다. 국제통화기금(IMF)에 따르면 전세계 수출액은 1980년에 1조 8,680억 달러로 정점에 이르렀다가 1983년에는 1조 6,500억 달러로 떨어졌다. 거의 12%나 감소한 것이다."[36] 이 주장은 도표 1에서 검토해볼 수 있다. 그 당시 12%의 무역량 감소가 발생한 것은 주로 제2차 석유 위기가 발생했기 때문이었다. 그런데 이때에도 타격을 입은 것은 상품 무역이지 서비스 분야는 아니었다. 그렇지만

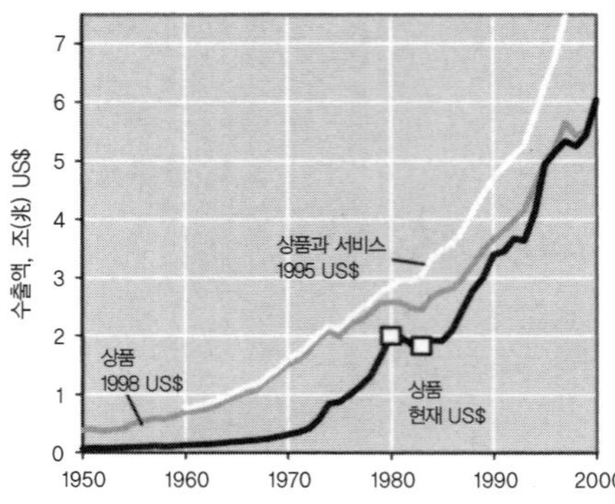

도표 1 세계 상품 수출량. 1950~2000년은 현재의 달러 가치로 환산, 1950~1998년은 1998년의 달러 가치로 환산. 1960~1997년은 상품과 서비스의 수출량. 월드워치연구소가 우려했던 1980~1983년의 무역량 감소의 근거는 따로 표시하였다. 출전:WTO 2000:27, IMF 2000d:226, 2000e, WI 2000b:75, 2000c, World Bank 2000c.[38]

월드워치연구소는 오직 상품 교역량만을 계산했으며, 더욱이 인플레이션율을 고려하지 않은 통계 수치에 의존했던 것이다. 인플레이션율을 감안한다면 상품과 서비스 분야 모두에서 무역량 감소는 거의 없었던 것이나 마찬가지였다. 1983년 이후에는 국제 무역의 규모가 연간 3조 1,000억 달러에서 1997년 7조 5,000억 달러에 이르기까지 무려 2배 이상 증가했다. 《지구 환경 보고서》가 언급한 1980~1983년은 1950년 통계 작성을 시작한 이래 유일하게 수년 동안 무역 침체 현상이 나타난 시기였다.[37]

또한 레스터 브라운은 곡물 수확량이 예전만큼 크게 증가하지 않으며, 어쩌면 아예 증산이 멈춰버렸는지도 모른다고 말한다. 우리가 식물들의 생리적 한계에 점점 더 가까이 다가가고 있기 때문이라는 것이다(제9장에서 더 자세히 살펴볼 것이다).[39] 그는 세계은행이 내놓은 곡물 수확량 전망치를 불신하면서 "세계은행 20년 전망의 처음 3년인 1990년부터 1993년까지 전세계적으로 1헥타르당 곡물 수확량이 실제로 감소했다"[40]고 지적한다. 도표 2를 보면, 브라운의 주장이 이론적으로는 사실이지만(곡물 수확량은 1헥타르당 2.51톤에서 2.49톤으로 줄었다), 그가 장기적인 곡물 증산 추세를 무시했음은 물론 심지어 왜곡하고 있음이 분명히 드러난다. 게다가 그의 주장은 사정이 훨씬 열악한 개발도상국에서는 그런 감소 추세가 나타나지 않았다는 사실을 무시하고 있다. 사실상 개발도상국에서는 곡물 수확량이 꾸준히 증가했다. 브라운이 1990년대 초 곡물 수확량 감소를 인지할 수 있었던 것은 구소련이 붕괴하면서 그곳의 곡물 수확량이 곤두박질친 데 그 주요한 원인이 있다. 따라서 이런 증산 정체 현상을 식물의 생리학적 한계에 근접하고 있는 지표로 해석해서는 안 될 것이다.

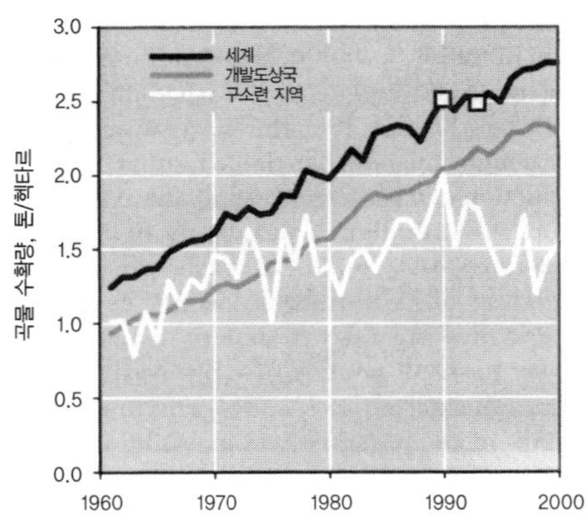

도표 2 전세계 · 개발도상국 · 구소련 지역의 곡물 수확량. 1961~2000년. 1990~ 1993년 전세계적으로 곡물 수확량이 감소했다는 브라운의 주장에 대한 근거는 따로 표시하였다. 출전: FAO 2001a.

공상과학 소설가로 유명한 아이작 아시모프(Isaac Asimov)는 지구 온난화로 허리케인이 더 많이 발생할 것을 염려했다(제5부에서 이 문제를 자세히 살펴볼 것이다). 그리고 언뜻 보기에도 걱정스러운 통계를 인용했다. "1947년부터 1969년까지 23년 동안 과격한 허리케인이 발생했던 날은 연평균 약 8.5일이었으나, 1970년부터 1987년 사이에는 4분의 3이나 감소해서 연간 2.1일밖에 되지 않았다. ……그리고 1988~1989년에는 다시 그 수치가 연간 9.4일로 늘어났다."[41)]

이런 지적은 가히 위협적이다. 현재 허리케인의 발생 빈도는 그 어느 때보다 높다. 그러나 시간 간격에 주목해보자. 23년에서 17년, 그리고 마지막에는 불과 2년이다. 혹시 마지막 2년은 뭔가 극적으로 보이게 만들 수 있다는 점 때문에 선택된 것이 아닐까? 글쎄, 그 직전의 2년 동안에는 과격한 허리케인이 발생했던 날이 각각 0과 0.6일에 불과했다. 그리고 그 이후의 2년 동안에는 각각 1과 1.2일이었다.[42)] 원래 이 통계를 발표한 전문가는 과격한 허리케인의 연간 발생 일수가 "시간이 흐를수록 상당한 감소 추세를 보이고 있다"고 지적했다.[43)] 그 이후로는 단순히 허리케인 발생 일수만 조사하고 있는데, 이 수치 역시 10년마다 1.63일씩 감소하

고 있음을 보여준다.[44)]

1996년 세계자연보호기금(WWF)은 아마존 열대우림 지역의 삼림 감소율이 1992년 이후 34%나 증가해서 매년 148만 9,600헥타르의 삼림이 사라지고 있다고 밝혔다.[45)] 그러나 그들은 1994~1995년에 벌목이 절정에 이르러서 그 해의 삼림 감소율 추정치가 1977년 이후 최고치인 0.81%를 기록했다는 사실은 정작 지적하지 않았다.[46)] 1998~1999년에는 추정치가 0.47%였는데, 이는 1994~1995년의 최고치와 비교해서 거의 절반에 불과하다.

오늘날과 같이 상호 긴밀히 연결되어 있는 세계에서는 장기적인 추세에 거역하는 단기적인 통계적 역전 현상이 발생하기 마련이다. 만약 의도적으로 교묘하게 선택한 2년 혹은 3년 동안의 확인되지 않은 추세에 근거한 환경 관련 주장들을 허용한다면, 비록 좋은 의도라 해도 갖가지 주장이 쏟아져 나오게 된다. 따라서 실질적인 변화 추세를 평가하고자 한다면 장기간에 걸쳐서 면밀한 조사를 수행해야만 한다. 흔히 사용하는 2년 내지 5년 정도의 단기간 자료가 아니라 통계 수치가 존재하는 한 가장 먼 과거까지 거슬러 올라가서 검토해야 하는 것이다. 물론 새로운 추세가 생겨날 수도 있다는 가능성을 충분히 인지해서 가장 최근의 통계 수치까지 포함해 분석하도록 각별히 주의를 기울여야 한다. 이렇게 장기적인 추세를 강조함으로써 통계 자료 속에 숨어 있는 갖가지 오류들을 밝혀내고 지나치게 과장된 경향성을 교정할 수 있다.

앞으로 이 책에서 나는 가장 오래된 추세와 가장 최근의 추세를 모두 제시하려고 노력할 것이다.

기본 요소 : 왜 중요한가

어떤 일에 대해서 뭔가 문제가 있다는 얘기를 들으면, 먼저 그 문제가 다른 문제들과 비교해서 얼마나 중요한지를 알아볼 필요가 있다. 우리는 자원을 할당하는 데 있어서 항상 우선순위를 매길 수밖에 없으며, 또 좋은 프로젝트임에도 어쩔 수 없이 퇴짜를 놓을 수밖에 없는 경우도 빈번하다. 인류에게 유일한 희귀재는 돈이라 할 수 있는데, 바로 그 돈이 있어야만 문제를 해결할 수 있지 않은가. 그런데 환경에 대해서 너무나 뻔한 얘기를 늘어놓을 때는 대체로 어딘가에 문제가 존재한다고 지적하는 것만으로도 충분한 경우가 많다. 문제점의 지적만으로도 투자를 정당화할 수 있는 것이다.

우리는 농약이 지하수로 유입된다는 말을 자주 듣는다. 농약은 암을 유발할 수 있으므로 문제가 되는 것은 당연하다. 따라서 농약 사용을 반드시 금지시켜야 한다. 이것이 환경주의자들의 주장이다. 그러나 다른 분야에서라면 이런 식의 논리가 그대로 받아들여지지는 않을 것이다. 이를테면 누가 이런 주장을 편다고 가정해보자. "X국이 이른바 Y6 미사일을 개발했는데 그것이 문제가 될 수 있다는 점을 우리 국방부가 밝혀냈다. 따라서 우리는 미사일 방어 시스템을 개발해서 배치해야 할 것이다." 이런 정황에 직면했을 때 대부분의 사람들은 X국이 공격을 가할 확률이 과연 얼마나 되는지, 또 Y6 미사일이 얼마나 많은 피해를 입힐 수 있는지, 그리고 방어 시스템을 구축하는 데 얼마나 많은 비용이 드는지 등에 대해 먼저 질문을 던질 것이다. 마찬가지로 농약과 관련해서도 그것이 우리에게 실제로 어느 정도나 피해를 입히는지, 그리고 농약 사용을 억제하는 데 필요한 경비는 얼마나 되는지 등을 반드시 물어야 할 것이다. 그런데 최근의 연구 결과에 의하면 농약이 암을 유발할 가능성은 매우 희박하다고 한다. 게다가 농약 사용을 포기하면 암 예방에 도움이 되는 과일과 채소 생산이 크게 감소할 것이므로 실제로는 더 많은 암 발생을 유발할 수 있다. 농약 사용이 억제되면 과일과 채소류의 가격이 올라서 소비가 줄 것이기 때문이다.

이와 마찬가지로, 아마존 열대우림 지역의 삼림이 매년 148만 9,600헥타르씩 감소하고 있다는 세계자연보호기금의 발표에 대해서도 그것이 과연 얼마나 넓은 면적인지를 물어보아야 할 것이다.[47] 그 면적이 정말로 대단히 넓은 것인가? 물론 사라지는 숲의 면적이 "시간당 축구장 몇 개 규모에 해당한다"는 식으로 전형적인 계산을 할 수도 있을 것이다. 그렇지만 아마존 지역의 총 면적이 축구장 규모 몇 개에 해당하는지 알고 있는 사람이 과연 있을까?[48] 그보다 더 중요한 정보는 인간이 아마존 유역에 첫발을 들여놓은 이후 사라진 삼림의 면적이 전체 면적의 겨우 14%에 불과하다는 사실일 것이다.[49]

저명한 환경 잡지 〈환경(Environment)〉의 2000년 5월호는 우리가 재활용이 가능한 칫솔을 사용하면 어떻게 '쓰레기 매립지의 면적을 조금이나마 줄일 수 있는지'를 보여준 바 있다.[50] 칫솔 4개를 한 묶음으로 17달러 50센트에 구입할 수 있는 이 칫솔 세트에는 우편 요금을 이미 지불한 반송 봉투가 딸려 있다. 이렇게 해서 공장으로 반송된 폐칫솔들을 야외용 플라스틱 가구를 만드는 데 재활용한다는 것이다. 이 칫솔을 만드는 회사의 사장은 다음과 같이 말했다. "나는 플라스틱 제품을 도저히 쓰레기장에 던져버릴 수 없습니다. 죄책감 때문에 내 손이 얼어붙어 꼼짝도 하지 않는 것이지요. ……매립지에 던져버린 플라스틱류가 유해 가스를 내뿜고 있는 모습을 상상하면 가만히 있을 수가 없습니다."[51]

대다수 플라스틱 제품이 분해되지 않고 유해 가스를 방출한다는 점[52]에 대해서는 너무 신경 쓰지 말자. 이보다 더 중요한 질문은 그처럼 재활용 칫솔을 쓰고자 하는 노력이 쓰레기 매립지의 면적을 줄이는 데 과연 얼마나 기여할 수 있는가 하는 것이 아니겠는가?

〈환경〉지는 만약 모든 미국인이 치과의사들이 권하는 대로 1년에 4번씩 자신의 칫솔을 재활용 칫솔로 바꾼다면(사실 미국인들의 칫솔 교체 횟수는 연평균 1.7회에 불과하다), 연간 4만 5,400톤의 쓰레기를 줄일 수 있을 것으로 추정했다. 재활용 칫솔 제조 회사는 이를 근거로 "쓰레기 매립지 면적을 감소시키는 데 상당한 영향을 미칠 것"이라 평가했다.[53] 그런데 지난 해 미국 내에서 발생한 쓰레기 총량은 2억 2,000만 톤[54]에 달했으므로, 만약 미국인 모두가 1년에 4번씩 새 칫솔로 바꾸고, 그들이 모두 재활용 칫솔을 산다면 약 0.02%의 쓰레기 감축을 기대할 수 있을 것이다. 그리고 이렇게 재활용 칫솔을 사용하는 데 필요한 비용은 매년 40억 달러 이상이 될 것이다. 마찬가지 계산으로, 미국 국민 한 사람이 하루에 평균 4.44파운드(2킬로그램)의 쓰레기를 만들어내고 있으므로 칫솔을 재활용할 때 감소하는 쓰레기 양은 매일 0.001파운드(1온스의 60분의 1)가 되어서 1인당 쓰레기 발생량이 4.439파운드로 줄어든다.[55] 다 쓰고 난 칫솔을 공장으로 보내기 위해 우편 시스템이 1년에 10억 개의 소포를 추가로 배달하는 데 따르는 환경에의 악영향은 감안하지 않는다고 해도 칫솔 재활용에 필요한 사회적 비용은 가히 엄청난 규모라 하겠다. 반면에 그로부터 얻을 수 있는 혜택은 기껏해야 아주 미미한 정도이다. 더욱이 폐기물을 다루는 장(제20장)에서 다시 검토하겠지만, 쓰레기 매립을 위한 공간이 크게 부족한 형편도 아니다. 설령 21세기가 끝날 때까지 미국에서 발생하는 모든 쓰레기를 다 모은다고 해도 그것이 차지하는 매립지의 면적은 한 변의 길이가 18마일(29킬로미터)이 채 안 되는 정사각형으로 충분하다(도표 115).

다음의 예에서 월드워치연구소가 단기적인 역추세만을 참조하면서 동시에 정말로 중요한 것이 무엇인지를 묻지 않는 데서 발생하는 문제점을 엿볼 수 있다. 이 연구소는 1995년에 화학 비료의 사용량이 감소하고 있음을 지적했다. 그들의 주장을 그대로 옮기면 다음과 같다. "토지를 화학 비료로 치환하던 시대는 1990년으로 끝났다. 화학 비료를 대량 사용해서 식량 생산을 증진시킬 수 없다면 앞으로 어떻게 식량 증산을 기대할 수 있을까? 인구 1인당 화학 비료 사용량과 가용 농경지 면적을 나타내는 그래프는 21세기 인류가 직면한 딜레마를 다른 어떤 도표보다 더 선명하

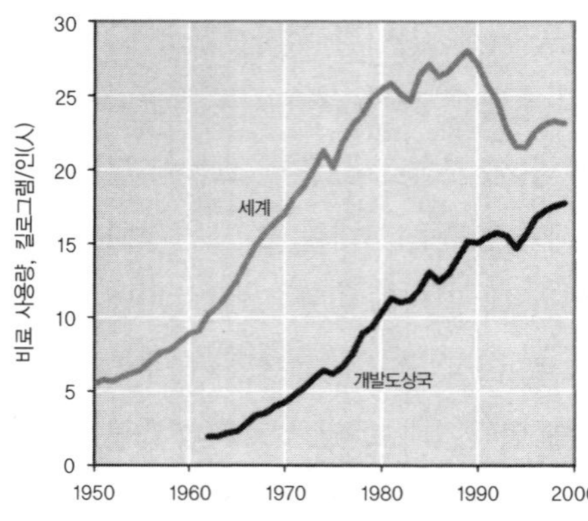

도표 3 전세계(1950~1999년)와 개발도상국(1962~1999년)의 인구 1인당 비료 사용량. 출전:IFA 2000, WI 1999b.

게 보여준다."[56] (농경지 면적의 문제는 아래에서 다시 다루겠다.) 그들이 제시하는 그래프는 도표 3의 전세계 화학 비료 사용량(위쪽 선)이다.

첫째, 만약 식량 생산을 염려한다면 마땅히 세계 평균이 아니라 잠재적으로 식량 문제가 발생할 수 있는 지역인 개발도상국의 평균치에 초점을 맞춰야 할 것이다. 도표 3을 보면 개발도상국의 인구 1인당 비료 사용량은 거의 지속적으로 증가해왔으며, 그 결과 1999년에는 17.7킬로그램으로 사상 최고치를 기록했다는 사실을 알 수 있다. 월드워치연구소가 그런 걱정을 하게 되었던 것은 어떤 정보가 정말 중요한지를 고려하지 않았기 때문이다. 둘째, 그들이 지적한 '인류의 딜레마' 역시 그들이 단기적 추세만을 들여다보았기 때문에 나타난 결과물이다. 1994년에 이르러 단기적 추세가 정지하면서 월드워치연구소는 분명한 추세의 반전을 발견했다. 하지만 왜? 그 주된 이유는 구소련의 붕괴 때문이었으며 월드워치연구소도 다른 곳에서 이 점을 인정했다.[57]

다른 좋은 예는 많은 시사평론가들이 한 가지 환경 문제의 해결책을 단순히 또 다른 문제의 시작으로 간주한다는 데서 찾아볼 수 있다.[58] 아이작 아시모프는 이렇게 말했다. "대기오염 문제와 관련해서 생겨난 현상들은 대다수 세계적인 환경 문제에서 나타난 일들의 반복에 지나지 않는다. 문제가 해결되는 것이 아니다. 한 문제가 뜻하지 않게 훨씬 더 심각한 새로운 환경 문제를 불러오기 때문에 사람들은 단지 문제를 옆으로 밀어놓는 것뿐이다."[59]

물론 이런 포괄적인 발언에는 적어도 실제적인 예를 바탕으로 한 훌륭한 근거가 있어야 한다. 그런데 아시모프는 이렇게 말한다. 영국인들이 런던의 대기 오염 문제를 해결하기 위해 "높은 굴뚝을 설치했지만 그 결과 오염된 분진이 대기 중으로 높이 날아 올라가 수백 마일 떨어진 곳에서 검댕이가 되어 다시 땅으로 떨어졌다. 대부분의 과학 기술적 해결책들이 그렇듯이 그 방법 역시 대기 오염 문제를 정말로 해결해주지 못했다. 단지 문제를 다른 장소로 옮겨놓았을 뿐이다. 결국 런던 시가 한 일이라고는 산성비라는 형태로 스칸디나비아의 호수와 삼림에 스모그를 수출한 것뿐이다."[60]

미국의 전 부통령 앨 고어도 이와 똑같은 얘기를 들려준다. "런던 시민들이 스모그라는 이름으로 저주를 퍼붓곤 했던 것 중 일부가 이제는 스칸디나비아 지방에서 나뭇잎을 말라죽이고 있다."[61]

영국을 비롯해 그 밖의 대부분 선진국에서는 굴뚝 연기에서 유황을 제거하기 시작했기 때문에, 환경주의자들은 이제 그렇게 제거한 유황 슬러리(slurry, 고체를 액체에 넣었을 때 만들어지는 걸쭉한 죽 모양의 혼합물 – 옮긴이)를 매립하면 또 다른 건강상의 문제를 일으킨다고 지적하고 있다.[62]

여기에서 핵심은 바로 이것이다. 처음에 우리는 한 가지 환경 문제에 직면했는데(런던의 대기 오염), 이어서 다른 문제(스칸디나비아의 산성비)를 갖게 되었고, 그 다음에 세 번째 문제(슬러리 폐기물)가 나타났다. 우리는 여전히 문제를 안고 있는 것이다. 따라서 상황은 좋아지지 않고 있다. 아니 아시모프의 판단에 따른다면 문제는 틀림없이 훨씬 더 악화되었다. 그러나 이런 주장은 "과연 얼마나 중요한가?"라는 질문을 전적으로 회피하고 있다. 런던의 대기 오염 문제는 1930년 이래로 90% 이상 감소했다.[63] 예전의 도시 대기 오염은 영국에서 매년 적어도 6만 4,000명의 목숨을 앗아간 것으로 추정된다.[64] 그런데 슬러리 폐기물 매립으로 암에 걸려 사망하는 사람은 50년마다 1명도 채 안 된다.[65] 따라서 하나의 문제에서 또 다른 문제로 옮겨간 것을 단순히 앞의 한 문제와 뒤의 다른 문제를 뒤바꾸는 것으로 보는 설명은 요점을 완전히 놓치고 있는 것이다. 이제는 매년 6만 3,999명 이상이 더 오래 살게 되었다는 사실을 말이다.

"과연 얼마나 중요한가"라는 핵심 질문을 던지지 않는다면, 가용 자원을 가장 효과가 큰 곳에 먼저 사용할 수 있도록 우선순위를 정하는 일 자체가 불가능해진다.

기본 요소 : 인간의 판단

각각 다른 환경 문제로 인한 인명 손실을 헤아리는 것 또한, 인류의 욕구와 욕망이야말로 현재 세계의 상태를 판단케 해주는 요점이라는 나의 가정을 더욱 강조해준다. 그렇다고 해서 여타 동식물의 권리가 중요하지 않다는 것이 아니다. 다만 평가의 초점을 늘 인간에 맞추겠다는 뜻이다.[66)]

이것은 세상에 대한 나의 윤리 개념이자 (이 점에 대해서 독자들은 당연히 나와 의견이 다를 수 있다) 세상을 대하는 현실 개념이라 하겠다. 여기에서 현실 개념이란, 사람들은 토론을 벌이고 의사 결정 과정에 참여하지만 펭귄과 소나무는 그렇게 할 수 없다는 의미다.[67)] 따라서 펭귄과 소나무를 얼마나 고려할지는 마지막 순간에 그들을 대신해서 행동할 준비가 된 일부 사람들(민주주의 사회에서는 그들의 수가 전체의 절반 이상이어야 한다)에게 달려 있다. 우리가 어떤 프로젝트를 평가할 때 그 결과를 좌우하는 것은 결국 사람들의 판단인 것이다. 동식물의 가치를 매우 높이 평가하는 사람도 분명히 있겠지만, 그렇다고 해서 그 동식물에게 일정 정도 이상의 특정 권리를 줄 수는 없다.[68)]

이것은 당연히 인간의 입장에서 바라보는 이기적인 접근 방법이다. 그러나 이것이 의사 결정의 현황을 가장 현실적으로 설명하는 주장임은 물론 방어가 가능한 유일한 주장인 것 같다. 우리가 가진 대안이 달리 없기 때문이다. 과연 펭귄에게 투표권을 줄 수 있겠는가? 그렇게 할 수 없다면 그들을 대신해서 누구에게 발언권을 주어야 하는가? 그리고 그런 대표자들을 어떻게 선정해야 하는가?

그러나 이런 인간 중심적인 시각이 반드시 다른 생명체들을 무시한다거나 혹은 제외시키는 결과를 자동적으로 가져오는 것은 아니라는 점을 지적해야겠다. 인류가 너무나 많은 부분에서 너무나 분명하게 다른 생물들에게 의존하고 있다는 이유 하나만으로도 우리는 그들을 보존해야 하고 또 그들의 복지에 신경을 써야 한다. 대부분의 장소에서 사람들은 실제로 동식물과 똑같은 이해 관계를 공유하고 있다. 예를 들면, 인간이나 동식물 모두 깨끗한 공기를 마시고 싶어하는 것이다. 그러나 인간에게 좋은 것과 동식물에게 좋은 것 사이에서 선택해야 하는 경우도 많다는 사실 역시 분명하다. 만약 우리가 삼림에 전혀 손을 대지 않기로 결정한다면, 이는 그 숲에 사는 많은 동물들에게 커다란 이점이 되겠지만 인간은 목재를 가꾸고 식량을 재배할 수 있는 기회를 잃을 것이다.[69] 우리가 원래 상태 그대로 전혀 손상되지 않은 숲을 원하는지 아니면 작물을 재배할 수 있는 농경지를 원하는지는 식량과 자연림 중에서 인간이 어느 쪽을 선택하는지에 달려 있다.

결론은 우리가 결국 인간의 입장에서 판단 기준을 세울 수밖에 없다는 것이다. 그렇게 하지 않으면서 윤리적 딜레마를 피할 수 있는 다른 방법이 과연 있겠는가. 미국이 북부 멕시코 만 해역에서 해저 생물의 질식사를 막기 위해 질소 배출을 줄이자고 주장할 때, 결국 이것은 바다 밑바닥에 서식하는 동물군을 보호하려는 인간의 욕망 또는 선택을 의미한다. 질소 방출을 줄이는 것이 해저 생물을 구하기 위해 우리에게 부여된 임무는 아니다. 해저 생물이 어떤 의미에서 천부의 권리를 지니고 있다는 이유로 이런 결정을 내리는 게 아니라는 뜻이다. 만약 동식물에게 이런 천부의 권리가 있다는 주장을 내세운다면, 우리가 쇠고기를 먹기 위해 소를 도살하면서 다른 한편으로는 해저에 사는 일부 생물을 구하고자 노력하는 이유를 설명할 수 없을 것이다. 이 소들이 멕시코 만 해저의 동물들과 똑같은 생존권을 갖지 못할 이유가 없지 않은가

현실 대 허구

이 세계의 상황을 논의할 때 기본 요소들을 고려하는 것은 사실상 대단히 중요하다. 이를 위해서는 전세계적으로 진행되고 있는 장기적인 추세를 검토해야 하고, 특히 그것들이 인류의 복지와 관련해서 어떤 중요성을 갖는지도 신중히 고려해야 한다.

그러나 정확한 통계 수치와 추세를 인용하는 일 역시 매우 중요하다.

이런 주장이 불을 보듯 뻔한 얘기로 들릴지 모르지만, 불행하게도 지금까지 환경 문제에 대한 대중적인 논의에서 진실을 경시하는 풍조가 적지 않았다. 그 동안 환경비관론적인 뻔한 논리들이 너무나 깊숙이 오랫동안 퍼져 있던 탓에 아무런 참고 자료도 없는 거짓 주장이 노골적으로 되풀이 되었으며, 아직도 사람들은 그런 주장을 믿고 있다.

그러나 이런 상황에 놓인 것이 환경 분야의 일차적인 연구 결과 때문이 아니라는 점에 주의하라. 연구 결과들은 대체로 충분히 전문적이며 균형이 잘 잡혀 있는 것이 보통이다.[70] 문제는 환경 관련 지식을 전달하는 방식에 있다. 종말의 날이 멀지 않았다는 믿음을 이용하는 방식 말이다. 주로 월드워치연구소, 그린피스, 세계자연보호기금 등과 같은 많은 환경 단체와 각 분야의 수많은 시사평론가들이 그런 선동적 주장을 유포하며 언론은 이것을 기다렸다는 듯이 확산시킨다.

이런 잘못된 사례들은 너무나 많아서 그것만으로도 책 한 권을 쉽게 채울 수 있을 정도이다. 나는 이 책에서 그런 사례들을 많이 참고할 것이며, 다음 장에서는 특히 그런 사례들이 언론과 어떻게 연결되어 있는지를 살펴볼 것이다. 그러나 여기서 환경 문제에 대한 '신화 만들기'의 두드러진 사례 몇 가지를 살펴보기로 하자.

현실 : 월드워치연구소

환경비관론적인 뻔한 이야기의 적지 않은 부분이 레스터 브라운과 그가 운영하는 월드워치연구소에서 직간접적으로 유래했다. 이 연구소의 출판물에는 다음과 같은 주장들로 넘쳐난다. "핵심적인 환경 지표들은 점점 더 부정적인 쪽으로 기울고 있다. 삼림은 줄어들고 지하수면은 낮아지고 있으며, 표토층은 침식되고 습지는 사라지고 있다. 어장은 붕괴되고 농경지는 피폐해지고 있으며, 하천은 말라가고 기온은 상승하고 있다. 산호초는 죽어가고 여러 동식물 종도 사라지고 있다."[71] 대단히 강렬한 주장이지만 이 주장을 뒷받침하는 참고 자료는 전혀 언급되지 않았다.[72]

월드워치연구소는 삼림에 대해 설명하면서 "최근 몇십 년 동안 전세계 숲의 면적과 질은 모두 크게 쇠퇴했다"[73]고 단언한다. 그런데 이 책의 삼림을 다룬 부분(제10장)에서 알 수 있겠지만, 이제까지 가장 오랫동안 삼림 자료를 축적해온 유엔 식량농업기구 통계에 의하면 전세계 숲의 면적은 1950년에 전체 육지 면적의 30.04%였다가 1994년에는 30.89%로 '증가'했다. 지난 44년 동안 0.85% 증가한 것이다(도표 60).[74] 그러나 월드워치연구소 주장에는 이런 세계적 통계 수치가 언급되지 않았다. "매년 1,600만 헥타르의 숲이 사라지고 있다"[75]는 얘기뿐이다. 그런데 이 수치는 가장 최근의 유엔 통계 수치보다 40%나 높다.[76] 그들은 삼림의 질에 대한 통계 수치 역시 언급하지 않고 있다. 그런 것에 대해서는 세계적인 통계 자료가 존재하지 않기 때문이다.

불행하게도 뻔한 오류 역시 너무나 자주 반복되고 있다. 월드워치연구소는 "종이 수요의 급증이 특히 북반구 중부 기후대에서 삼림 남벌을 부추기고 있다. 캐나다에서는 매년 20만 헥타르의 숲이 사라지고 있다"[77]고 주장한다. 그러나 이 자료의 출처인 유엔 식량농업기구의 《세계의 삼림 실태 1997(State of the World' s Forests 1997)》를 직접 살펴보면, 캐나다에서는 매년 17만 4,600헥타르의 숲이 새로 조성되었음을 알 수 있을 것이

다.[78]

월드워치연구소는 2000년도 《지구 환경 보고서》를 준비하면서 1984년에 발간한 첫 번째 《지구 환경 보고서》에서 적시했던 환경 문제의 목록을 제시한 바 있다. 전체 목록은 "기록적인 인구 성장률, 치솟는 유가, 나라가 휘청거릴 정도의 외채 수준, 산성비라는 새로운 현상으로 인한 상당한 삼림 피해"[79]로 구성되었다.

새로운 천 년이 시작하는 시점에서 이 목록을 평가해보는 일은 중요한 환경 이슈들을 되돌아보고, 우리가 그런 문제들을 극복했는지 자문해볼 수 있는 좋은 계기라 하겠다. 그런데 월드워치연구소는 우리가 그런 문제들을 전혀 해결하지 못했다고 즉각적으로 단언한다.

"문제를 해결한 것과는 거리가 멀다. 열일곱 번째 《지구 환경 보고서》를 마무리하는 지금 우리는 이 문제들을 거의 해결하지 못한 상태로 새로운 세기에 진입하고 있다. 더욱이 세계 경제의 미래는 훨씬 더 심각한 도전에 직면해 있다. 새로운 천 년을 기대하는 밝은 소망은 인류 미래에 대한 사상 유례없는 위협이라는 구름에 가려져 있다."[80]

월드워치연구소는 진지하게 과거를 되돌아보면서 상황을 검토하지 않은 채, 단지 모든 환경 문제가 아직 해결되지 않았으며 우리가 더 많은 문제를 양산하고 있다고 주장한다. 그러나 우리가 자료를 꼼꼼히 확인해본다면 과연 그런 뻔한 주장들이 끝까지 버틸 수 있을까? 상황이 별로 개선되지 못했음을 확인할 수 있는 유일한 분야는 아마 외채 수준일 것이다. 외채는 1990년대에 꾸준히 감소했지만 그 감소폭은 아주 작아서 수출액 대비 외채의 비율이 1984년에 144%에서 1999년에는 137%로 줄었을 뿐이다.[81]

그러나 산성비의 경우, 일부 호수에 해를 끼쳤지만 삼림에는 거의 손상을 입히지 않았다. 게다가 산성비의 원인 물질인 유황 배출량은 유럽과 미국에서 모두 크게 감소했다. 유럽연합에서는 유황 배출량이 1984년 이

후 확실히 60%가 줄었다(도표 91).[82)]

치솟는 유가는 1970년대부터 1980년대 중반까지 10년 동안 전세계적으로 경제 성장을 더디게 했다. 그러나 1990년대에는 유가가 지속적으로 하락해 석유 위기 이전의 가격과 비슷하거나 오히려 더 낮은 수준에 이르렀다(도표 64). 1998년 중반에 사상 최저치를 기록한 이후 유가가 2배로 뛰어오르기는 했지만, 그래도 2001년 1/4분기의 유가는 1990년과 거의 같은 수준이었다. 또한 배럴당 25달러라는 2001년 3월의 유가는 1980년대 초의 최고 가격이었던 60달러와 비교할 때 한참 낮았다.[83)] 더욱이 대부분의 사람들은 유가가 근래에 그렇게 치솟은 것을 단기적인 현상으로 보고 있으며, 미국 에너지정보국(US Energy Information Agency)은 앞으로 20년 동안 유가가 배럴당 22달러 수준을 꾸준히 유지할 것이라 예상하고 있다.[84)]

마지막으로, 기록적인 인구 성장률이라는 얘기도 전적으로 틀리다. 도표 13에서 볼 수 있듯이 그 기록은 연간 인구 성장률이 2.17%였던 1964년에 세워진 것이기 때문이다.[85)] 그 이후 인구 성장률은 꾸준히 감소하고 있으며 2000년에는 1.26% 수준을 유지했다. 그리고 2016년에는 1% 이하로 떨어질 것으로 예상된다. 심지어 새로 늘어나는 인구의 절대치도 1990년에 8,700만 명으로 절정에 이르렀다가 2000년에는 7,600만 명으로 떨어졌으며, 지금도 계속 감소하고 있다.

따라서 월드워치연구소가 1984년 이후 세계의 환경 상황을 대충 평가해서 작성한 목록의 문제들은 모두 개선되었다. 특히 한 가지 문제를 제외한 모든 문제가 크게 개선되었고, 지적한 문제 중 하나는 전적으로 잘못 선정한 것이었다. 월드워치연구소가 지난 16년 동안 꼼꼼히 조사를 했다고 주장하고 있음을 감안하면 이것은 그리 좋은 성적표가 아니다. 이런 문제가 발생한 것은 물론 자료 부족 때문이 아니다. 월드워치연구소는 훌륭한 자료집을 발간하고 있으며, 그 자료들은 이 책에서도 사용하고 있다. 문제의 핵심은 뻔한 논리에 대한 믿음이 머릿속에 깊이 각인된 나머지 저지른 부주의에서 찾을 수 있겠다.

월드워치연구소가 내놓은 미래 전망에서도 그런 믿음을 발견할 수 있다. 그들은 2000년도 보고서에서 인류의 미래를 어둡게 만드는 '훨씬 더 심각한 도전'과 '사상 유례없는 위협'에 직면할 것이라고 단언했다.[86] 이런 식의 위협은 이제 거의 월드워치연구소의 상징이 되다시피 한 주장, 즉 팽창 일변도의 경제가 결국은 지구 자연계의 손상을 불러일으킬 것이라는 주장으로 요약할 수 있다. 2000년도 보고서에서 월드워치연구소는 다음과 같이 주장했다. "세계 경제가 팽창함에 따라 국지적 생태계는 점점 더 빠른 속도로 붕괴하고 있다."[87] 그렇다면 당연히 우리는 붕괴 일로에 있는 상황을 목격할 수 있어야 한다. 그러나 월드워치연구소는 즉시 이렇게 말을 잇는다.

> 다우존스 지수가 1990년대에 줄곧 신기록을 세우며 치솟을 때에도 생태학자들은 계속 증가하기만 하는 인간의 욕망이 결국은 국지적인 붕괴로 이어질 것이라고 말하고 있었다. 이렇게 국지적 붕괴가 일어나면 진보 대신 퇴보가 초래될 것이다. 퇴보가 과연 물 부족, 식량 부족, 질병의 만연, 종족 분쟁으로 인한 내전, 정치적 원인에 의한 전쟁 등 어떤 형태로 발생할지에 대해서는 그 누구도 장담하지 못했다.[88]

붕괴 현상을 입증할 만한 자료를 전혀 제시하지 않았다는 점에 주목하자. 더욱이 이름을 밝히지 않은 생태학자들이 붕괴 현상을 확신함에도 불구하고 그것이 어떤 형태로 발생할지는 '아무도' 알지 못한다. 그리고 마지막으로, 종족 분쟁과 생태계 붕괴와의 연관성을 전혀 설명하지도 않고 자세히 기록하지도 않으면서, 내전까지를 포함한 광범위한 목록을 작성하는 것은 내기에서 손해를 보지 않기 위해 양다리를 걸치는 행위처럼 보인다.

그런데 이런 주장을 내놓은 직후, 월드워치연구소는 팽창 일변도의 경제가 지역 생태계를 파괴함으로써 발생한 중요한 붕괴 사례를 제시했다. "진보 대신 퇴보가 가장 먼저 시작되고 있는 지역은 사하라 사막 이남의 아프리카이다. 8억 명의 인구가 사는 이 지역에서는 폭발적인 인구 성장률에 압도당한 각국 정부가 에이즈 바이러스의 확산을 억제하는 데 실패함으로써 인구의 기대 수명—진보의 파수병과 같은 지표—이 급속히 감소하고 있다."[89] 월드워치연구소는 이 주장에 내포된 의미를 좀더 철저히 그리고 분명히 밝히기 위해서 에이즈 확산 추세는 "일부 국가들이 이미 퇴보와 몰락의 문턱을 넘었음을 시사한다"고 지적했다.[90]

생태계 붕괴의 가장 중요한 사례로 제시한 이 이야기는 아무리 잘 봐주려 해도 그저 놀라울 뿐이다. 아프리카 사하라 사막 이남에서 HIV와 에이즈가 기대 수명을 감소시켰으며, 지금도 감소시키고 있음은 사실이다. 그리고 일부 국가에서는 기대 수명의 감소폭이 충격적일 만큼 큰 것도 사실이다(제3부에서 이 문제를 살펴보겠다). 그러나 이것이 진정 계속 팽창하는 경제 때문에 생태계가 파괴되어 발생한 문제인가? 아프리카의 에이즈 실태에 대한 최근의 보고서에는 가장 중요한 원인을 상당히 정확히 밝히고 있다.

> 아프리카에서 에이즈 감염률이 높은 것은 아프리카의 정치 지도자들과 종교 지도자들이 사회적 · 성적 현실을 제대로 인식하지 못하기 때문이다. 에이즈를 억제하고 정복하는 수단이 이미 알려져 있으므로, 만약 정치 지도자들을 설득해서 그런 수단을 채택하게 만든다면 효과를 발휘할 수 있을 것이다. 사람들의 성적 행동에 변화가 없고 효과적인 정부 방침이 제대로 시행되지 않는 데는 아프리카인들이 죽음을 대하는 태도와 이 전염병에 대한 침묵이 그 근원이다. 그들은 이 전염병의 본질과 죽음의 시기에 대해 나름대로의 믿음

을 갖고 있다.[91]

마찬가지로 영국의 의학 전문지 〈랜싯(The Lancet)〉의 논평도 똑같은 주장을 펼친다.

> (개발도상국에서 에이즈가 만연하는 원인에 대해서는) 두 가지 중요한 요인을 들 수 있다. 첫째는 HIV 감염 예방을 책임지고 나서기를 꺼리는 각국 정부의 태도 때문이다. 둘째 이유로는 자원이 빈약하고 국정 수행 능력이 부족한 나라에서 전염병 확산을 방지할 수 있는 실현 가능한 정책의 우선순위를 결정하는 데 각국 정부와 국제 기구 모두가 실패했다는 점을 들 수 있다.[92]

달리 표현하면, 아프리카에서 에이즈가 급속히 번지는 이유는 일차적으로 정치 · 사회적인 요인 때문이라는 것이다. 그 비극은 분명한 현실이며 선진국들의 관심과 노력을 요구하고 있다. 그러나 그것이 경제가 지속적으로 팽창하기 때문에 야기된 생태계 붕괴를 보여주는 징후는 아니다. 더욱이 월드워치연구소가 그런 예를 찾아서 진보 대신 실질적인 퇴보가 진행되는 사례로 삼고자 하는 것은 분명히 잘못된 일이며 아무런 근거도 찾아볼 수 없는 행위다.[93]

그럼에도 불구하고 월드워치연구소는 복잡한 상호 작용이 초래하는 위험성을 지적하면서 생태계 붕괴의 구체적인 예를 또 하나 제시한다. 그들이 자신의 주장을 강요하기 위해 포괄적인 관점에서 구체적인 사례로 말을 바꾸는 비상한 과정을 엿보기 위해 문단 전체를 인용해보도록 하자.

> 매년 거의 8,000만 명이 새로 늘어나는 세계가 지닌 위험성은, 그런 인구증가로 말미암아 환경에 피해를 주지 않고 계속 유지될 수 있는 생산량의 한계치를 아주 짧은 기간에 초과해버림으로써 통제 불능의 결과를 초래할

수 있다는 점이다. 역사적으로 보았을 때, 초기 문명권들이 대부분 고립되어 존재하던 시기에는 한계치를 초과해도 그 결과는 철저하게 국지적인 현상에 불과했다. 그러나 세계적으로 경제가 통합된 오늘날에는 한 주요 국가의 한계치 초과가 다른 나라의 자원에 추가적인 압박이 될 수 있다. 한 예로, 1998년 중국 정부가 양쯔 강 상류 지역에서 벌채를 금지하자 이웃 동남아시아 국가에서는 목재 수요가 증가했고 지역 삼림에 더욱 강한 압박을 가하게 되었다.[94)]

월드워치연구소가 통제 불능의 생태계 붕괴의 예로 제시할 수 있는 최고의 사례는 목재 생산량의 변화였는데, 그나마도 규모에 대한 기록은 전혀 없다. 대부분의 경제학자들은 중국 정부의 그런 결정에 대해 효율적인 생산 정책이라고 할 것이다. 양쯔 강 상류의 삼림을 홍수 조절에 이용하는 편이 낫기 때문에 중국 정부는 그 지역에서의 목재 생산이 전체적으로 나쁜 정책임을 깨달았던 것이다. 월드워치연구소가 이 벌채 금지 조치를 가리켜 "국유림 관리에서 생태학적 원칙이 기본적인 경제 원칙을 대신한"[95)] 증거라고 주장한 점은 지극히 역설적이다. 이 연구소는 중국 정부가 지금은 "단순히 삼림의 수자원 저장 능력과 홍수 조절 역할만을 고려해도 베어내지 않은 나무가 베어낸 나무보다 3배나 더 가치 있다"[96)]고 판단한 때문이라고 지적했다. 물론 이것은 아주 명백하고 간단한 (그리고 아마도 올바른) 사회비용 편익 분석의 결과이다. 여기에 적용한 것은 훌륭한 경제학적 원칙이지 생태학적 원칙이 결코 아니다.

따라서 월드워치연구소의 거듭된 주장을 분석해보면, 생태계 붕괴에 대한 그들의 뻔한 주장이 매우 허약한 사례에 기초하고 있거나 아니면 그냥 믿으라는 식임을 알 수 있다. (또한 위의 예는 어떤 주장을 펼치는 데 있어서 세계적인 추세가 아닌 어느 한두 가지 국지적인 현상만을 근거로 할 때 그것이 얼마나 위험할 수 있는지를 여실히 보여준다.)

물론, 앞에서 인용한 내용은 《지구 환경 보고서》가 뻔한 주장의 가장 강력한 논거로 내세운 것 중 일부일 뿐이다. 월드워치연구소는 그 밖에도 여러 분야에서 수많은 사례와 분석 결과를 제시하고 있는데 그것에 대해서는 앞으로 차차 살펴보기로 하겠다.

현실 : 세계자연보호기금

세계자연보호기금은 1997년 말에 발생한 인도네시아 삼림 화재에 많은 관심을 쏟았다. 그 화재는 동남아시아 대부분 지역을 두꺼운 연기 구름으로 뒤덮을 정도로 심각했다. 물론 그 화재가 도시 거주자들에게 아주 불쾌한 일이었음에는 의심의 여지가 없지만, WWF는 그것을 전세계 삼림이 '균형을 잃고 있는' 징조라는 점을 크게 강조했다. 그리고 월드워치연구소 역시 그 사태를 1997년에 발생한 생태계 붕괴의 가장 중요한 조짐 중 하나라고 선언했다.[97)]

WWF는 1997년을 '전세계가 화재에 휩싸인 해'라고 선포했는데, 이유는 "1997년에 화재로 불탄 숲이 역사상 그 어느 때보다 많았다"[98)]는 것이었다. WWF의 클로드 마틴(Claude Martin) 회장은 1997년 상황을 요약해서 "이것은 단순히 응급 상황이 아니라 지구 전체의 재앙"[99)]이라고 강한 어조로 선언했다. 그러나 이 책의 삼림 부분(제10장)에서 제시했듯이 좀 더 자세히 살펴보면 어떤 통계 자료도 그런 주장을 전혀 실증해주지 못하고 있다. 1997년의 기록은 최고 기록보다 훨씬 아래였다. 1997년 인도네시아 삼림 화재가 특히 주목을 끈 것은 다만 도시 거주자들이 처음으로 크게 불편을 겪었기 때문이다.[100)] 그 화재는 모든 피해를 감안할 때 인도네시아 삼림의 약 1%에 영향을 미쳤다.

마찬가지 맥락에서 WWF는 1997년 '세계 삼림의 3분의 2가 영원히 사라졌다'는 제목의 보도자료를 발표한 적이 있다.[101)] 이 보도자료와 《세계 삼림 연례 보고서 1997(Global Annual Forest Report 1997)》에서 그들은

"WWF의 새로운 연구 결과는 전세계 삼림의 거의 3분의 2가 영원히 사라졌음을 보여주고 있다"[102]고 설명했다. 이것은 다소 놀라운 주장이다. 대부분의 자료에서는 사라진 삼림의 면적을 20~25% 정도로 추정하고 있기 때문이다.[103] 그래서 나는 영국 WWF 본부에 전화를 걸어서 이 보도자료 담당자인 레이첼 새크레이(Rachel Thackray)와 앨리슨 루카스(Alison Lucas)에게 WWF 연구 보고서를 보여달라고 요청했다. 그러나 그들의 대답은, 사실 그런 연구 보고서는 이제까지 만들어진 적이 한 번도 없었으며, 세계자연보호감시센터(WCMC)의 마크 앨드리치(Mark Aldrich)가 통계 수치를 제공해주었다는 게 고작이었다. 그들은 통계 수치의 최대치만을 보았던 것이 분명하다. 그리고 용어의 정의를 잘못 설정했기 때문에 현재의 자료가 아니라 삼림 분포를 조사한 원래 보고서의 북반구 수치만을 인용했던 것이다.[104]

WWF는 이 보고서답지 않은 보고서에서 이렇게 말했다. "이제 우리는 얼마나 넓은 면적의 삼림이 사라져버렸는지에 대해 확실한 증거를 갖게 되었다. …… 무서운 사실은 지난 15년 동안 삼림 파괴가 극적으로 가속되고 있으며, 이런 추세가 현재도 계속 진행되고 있다는 점이다."[105] 그런데 유엔은 연간 삼림 소실률이 1980년대에는 0.346%였지만 1990~1995년 사이에는 0.32%로 떨어졌다고 전해주고 있다. 삼림 파괴 속도가 급증한 것이 아니라 '감소'한 것이다.[106]

WWF는 전세계 어떤 곳보다 브라질의 삼림 파괴가 가장 심각하다고 털어놓는다. 브라질은 "지금도 세계에서 가장 빠른 속도로 삼림이 훼손되고 있다"[107]는 것이다. 그렇지만 브라질의 연간 삼림 소실률은 사실상 열대우림 지역의 삼림 중에서 가장 낮은 편에 속한다. 유엔에 의하면 브라질의 삼림 소실률은 연간 0.5%인데 비해 세계 평균 연간 소실률은 0.7%이다.[108]

WWF는 좀더 최근의 자료들에서 원래 지구를 덮고 있던 삼림 면적의 추정치를 80억 8,000만 헥타르에서 67억 9,300만 헥타르로 낮춰 잡은 반면(약 16% 감소), 현재의 삼림 면적 추정치를 30억 4,400만 헥타르에서 34억 1,000만 헥타르로 늘려 잡았다(약 12% 증가). 그렇지만 이 추정치는 유엔의 추정치보다 약 1억 헥타르나 낮은 수치다.[109] 그런 사정이야 어떻든 새로운 추정치는 WWF가 지구에서 사라져버린 삼림 비율의 추정치를 62.3%에서 49.8%로 낮췄음을 의미한다.[110]

그러나 그것 역시 일반적으로 통용되는 추정치 20%보다 훨씬 높은 수치다. WWF와 WCMC, 그리고 다른 환경 단체들이 엄청난 삼림 감소율을 보이는 그런 우울한 추정치를 작성할 때 사용한 통계 자료들에 대해 런던 대학교와 서섹스 대학교의 연구자들[111]이 각기 독립적으로 평가를 시도한 적이 있다. 그들은 필요한 자료의 양이 엄청나다는 점을 고려해서 서아프리카의 삼림 감소 현황만을 평가하는 데 초점을 맞췄는데, WWF와 WCMC는 이 지역의 삼림 소실율이 87%, 즉 약 4,860만 헥타르에 달한다고 추정한 바 있다.[112] 그런데 기록을 살펴본 결과 이 추정치는 주로 문제가 가장 심각했던 생물 기후대의 삼림 지역을 바탕으로 한 것이며, 본질적으로 오늘날의 삼림 분포와 과거 '있었을 수도 있는' 삼림 분포 지역을 비교했다는 것이 밝혀졌다. 이 연구자들은 전반적으로 "오늘날 일반적으로 통용되는 삼림 감소율 통계는 20세기의 삼림 벌채 현황을 크게 과장하고 있다는 것"을 발견했다.[113] 그들의 연구 결과에 의하면 서아프리카 지역의 실제 삼림 소실 면적은 약 950만~1,050만 헥타르로 WWF와 WCMC가 내놓은 추정치보다 약 5배나 적었다.[114]

마지막으로, WWF는 다른 수치와 삼림 감소율 추정치를 이용해서 이른바 '살아 있는 지구 지수(Living Planet Index)'를 만들었는데, 이 지표에 의하면 지난 25년 동안 약 30%의 삼림이 감소했다고 한다. 이는 "불과 한 세대 동안에 지구가 원래부터 지니고 있던 자연적 부의 30%를 잃어버렸다는 의미"[115]다. 살아 있는 지구 지수는 세 가지 수치를 사용한다. 천연 삼림의 면적 변화(인공 조림지는 제외)와 바다와 민물에 사는 일부 선택된 척추동물 종들의 개체수 변화를 보여주는 두 가지 지표 등이다.

그런데 살아 있는 지구 지수 자체가 적지 않은 문제점을 갖고 있다.

첫째, 인공 조림지를 제외하기 때문에 삼림 면적이 당연히 줄어들 수밖에 없다(조림 면적이 증가하고 있기 때문이다). 하지만 인공 조림이 자연계에 전체적으로 나쁜 영향을 미치는지는 아직 불문명하다. 사실 조림지는 우리에게 필요한 삼림 자원의 상당 부분을 생산해냄으로써 천연 삼림 훼손을 감소시킨다. 아르헨티나에서는 전체 삼림 면적의 2.2%밖에 되지 않는 인공 조림지가 목재의 60%를 생산함으로써 나머지 97.8%의 삼림을 보호하는 구실을 하고 있다.[116] WWF는 인공 조림지가 "현재 삼림 면적의 상당 부분을 차지하고 있다"[117]고 주장하지만, 사실상 인공 조림지는 전세계 총 삼림 면적의 3%에 지나지 않는다.[118]

둘째, 바다에 사는 생물 102종과 민물에 사는 70종을 선정해 조사한다고 하지만, 그것들이 과연 헤아릴 수 없이 많은 생물 종의 대표라는 것을 확인할 방법이 없다. 사실 연구라는 것은 문제가 된다고 알려진 생물에 대해서 실시하는 것이 보통이기 때문에 그런 연구 결과로 얻은 추정치는 십중팔구 나쁜 쪽으로 편향되게 마련이다(이 주제에 대해서는 다음 장에서 다시 설명하겠지만, 이런 식으로 연구를 실시하는 것은 기본적으로 우리가 행동에 나서기 위해서는 위기에 놓인 생물들에 대한 정보를 먼저 수집해야 하기 때문이다).

셋째, 세계 상황을 제대로 평가하기 위해서는 더 좋은 척도들을 더 많이 살펴볼 필요가 있다. WWF가 제시한 전세계 생태계의 총 가치가 연간 33조 달러에 달한다는 새 연구 결과에서도 이런 점은 매우 분명히 드러난다(이 수치는 전세계 연간 경제 생산액 추정치 31조 달러보다 더 크다. 이 의심스러운 연구에 대해서는 제5부에서 다시 이야기하겠다).[119] WWF의 주장대로 살아 있는 지구 지수가 30% 감소했다고 하면, 우리가 생태계로부터 얻는 연간 이익도 30%나 줄게 된다. 즉 우리가 매년 약 11조 달러씩을 잃고 있다는 의미다.[120] 물론 이런 주장은 거의 말이 안 된다.[121] 1970년 이후 현재까지 삼림 생산량은 줄어든 것이 아니라 약 40%나 증가했다.[122] 그리고 해양과 연안 지역이 지니는 엄청난 가치의 대부분은 영양 물질의 재순환 기능 덕분이다. 그런데 살아 있는 지구 지수는 이 부분에 대해서는 전혀 고려하지 않고 있다. 또 해양에서의 식량 생산량은 1970년 이후 거의 60%나 늘었다(도표 57). 따라서 그들이 제시하는 수치를 통해 판단하더라도 생태계의 기여도는 감소한 것이 아니라 오히려 증가했다.

현실 : 그린피스

그 동안 나는 덴마크 언론을 통해 우리가 오래 전부터 듣고 있는 생물 멸종 관련 수치들이 너무 높다는 점을 지적하곤 했다. 그런 수치에 따르면, 우리는 한 세대 안에 모든 생물 종의 약 절반 정도를 잃게 될 것이다. 그러나 실제 멸종률은 50년 동안에 약 0.7% 정도이다. 이렇게 되자 덴마크의 그린피스 회장인 닐스 브레스도르프(Niels Bredsdorff)는 그린피스가 이미 오래 전에 0.7%라는 수치를 받아들였음을 지적하고 나섰다.[123] 그러나 그린피스의 공식 생물 다양성 보고서는 여전히 "앞으로 75년 이내에 지구 생물 종의 절반 정도가 사라질 가능성이 있는 것으로 전망한다"[124]고 밝히고 있다. 브레스도르프 회장은 그 보고서에 대해 한번도 공식적으로 언급한 적이 없지만, 그린피스 세계 본부를 어렵게 설득하여 마침내 그 보고서를 인터넷에서 삭제하는 데 성공했다. 그 보고서에는 과학적인 참고 자료가 전혀 포함되어 있지 않았기 때문이다.

노르웨이 텔레비전도 그 보고서와 관련해 그린피스 노르웨이 지부와 맞서 당시 그들을 상당히 궁지에 몬 적이 있다. 4일 후 마침내 그들은 기자회견을 열기로 결정했다. 이 기자회견에서 그들은 내가 언급했던 전반적인 사항들을 모두 거론하면서 자신들의 노력을 재평가했다. 노르웨이의 일간지 〈베르덴스 강(Verdens Gang)〉은 이렇게 보도했다.

> 그린피스의 칼레 헤스트베트(Kalle Hestvedt)는 이 단체가 새로운 현실에 적응해서 환경 운동을 펼치는 데 어려움을 겪어왔다고 말했다. 그는 일방적인 비관론이 환경 단체들의 신뢰성을 약화시켰다고 보고 있다. 헤스트베트는 이 세계가 금방이라도 무너질 것 같은 상태에 놓여 있다는 점을 대부분의 사람들이 심각하게 느끼지 못하는 현실에서 환경 단체의 주장을 진지하게 받아들이기가 어려울 것이라고 주장했다.[125]

그린피스는 자신들의 신념을 다음과 같이 간략히 요약하고 있다.

"사실 지난 10년 동안 우리가 투쟁했던 대부분의 환경 문제들이 이제 거의 해결되었다고 할 만큼 개선되었다. 그렇더라도 우리 전략은 '모든 것이 파국으로 나아가고 있다'는 가정에 계속 초점을 맞추어야 한다."[126]

현실 : 그릇된 통계와 경제학

다른 여러 주장에서도 잘못된 점을 놀라울 만큼 많이 발견할 수 있다. 이제부터는 그 중에서 몇 가지만 요약해보자. 또 경제와 관련된 주장 중에서도 그런 부주의한 점들을 살펴보기로 하자.

크게 인기를 끈 대중 과학 서적 《도둑맞은 미래(Our Stolen Future)》가 출간되면서 인간과 동물 등의 호르몬과 유사한 합성 화학물질에 대한 불안이 새롭게 부상하고 있다.[127] 이 책의 주장에 대해서는 제5부에서 살펴보겠지만, 그 내용 중 상당한 분량이 합성 호르몬과 유방암이 서로 관련되어 있다는 확인되지 않은 주장을 기반으로 하고 있다는 점에 대해서는 여기에서 논의하기로 하자.

이 책은 "여성 건강과 관련해서 현재 가장 주의가 필요한 부분은 여성에게 가장 흔한 암인 유방암 발생 빈도의 증가"[128]라고 언급했다. 그러면 합성 화학물질과 유방암 사이의 관계는? "화학 시대의 여명기였던 1940년 이후 유방암으로 인한 사망자 수는 미국에서 매년 1%씩 꾸준히 증가했으며, 다른 산업 국가에서도 비슷한 증가 추세가 보고되었다. 이런 발병률은 연령대를 감안해 조정한 수치로서 노령 인구의 증가와 같은 인구 분포의 변화에 영향 받지 않은 진정한 발병률 변화 수치다."[129] 1940년 이후 유방암으로 인한 사망자 수가 매년 1%씩 증가했다는 것은 이 책이 발간된 1996년까지 사망자가 75% 정도 늘었음을 의미한다.[130] 그러나 도표 119에서 볼 수 있듯이 이런 주장은 전적으로 잘못된 것이다. 《도둑맞은 미래》가 쓰인 시점에서 연령대를 감안하여 조정한 유방암 사망률은 1940년 이후 약 9% '감소'했다. 또 가장 최근에 나온 1998년 통계에 따르면 18%나 감소했다.[131]

《지구 환경 전망 보고서 2000》은 전세계의 수많은 물 문제를 논의하고 있다.[132] 이 점에 대해서는 제5부에서 다시 살펴보겠지만, 《지구 환경 전망 보고서 2000》은 수치를 인용하는 와중에서 그만 혼란에 빠져버렸다. "오염된 물 때문에 전세계적으로 약 12억 명이 건강을 해치고 있으며, 5세 이하 어린이 약 1,500만 명이 매년 사망하는 것으로 추정된다."[133] 그러나 WHO의 추정에 의하면 5세 이하 어린이의 연간 총 사망자 수는 약 1,000만 명이다.[134] 또 《지구 환경 전망 보고서 2000》은 "도시와 산업계의 물 수요가 증가하면서 수리권 배분을 둘러싼 분쟁이 일어나고 있다. 수자원은 이제 정책 입안자들이 구상한 경제 성장과 경제 활동 증가를 억제하는 중요한 요인이 되고 있는데, 특히 미국 서부와 남서부의 건조 지역에서 그런 현상이 두드러진다"[135]고 주장한다. 그러나 이 보고서가 밝힌 유일한 참고 자료에서는 미국에서 물이 제한 요인으로 작용해서 경제 성장에 악영향을 미친다는 얘기를 언급조차 하지 않았다.[136]

거의 매년 월드워치연구소는 재생 가능 에너지원 사용량이 전통적인 연료 사용량보다 훨씬 더 빠르게 증가한다는 사실을 애써 강조하고 있다. 예를 들어, 1990년대에 재생 가능 에너지의 사용량이 22% 증가한 데 비해 석유 사용량은 2% 증가에 머물렀다는 식이다.[137] 그러나 이런 비교는 잘못된 결론을 이끌어낸다. 전체 에너지에서 풍력이 차지하는 비율이 겨우 0.05%밖에 안 되는 마당에 두 자리 수 증가율을 달성하는 것은 그리 어려운 일이 아니기 때문이다. 1998년의 석유 사용량 2% 증가분은 풍력 에너지 증가분 22%와 비교할 때 무려 323배나 되는 양이다.[138] 설령 풍력 에너지 증가 추세가 매년 22%씩 증가하는 가망 없는 일이 실제로 일어난다 해도 풍력이 석유 에너지 사용을 능가하기 위해서는 앞으로 46년 동안 그런 추세가 계속 이어져야만 가능하다.[139]

환경운동가들은 재생 가능 에너지의 가격이 화석연료 가격보다 더 낮아진다면 아주 좋아할 것이다. 그러나 경제성과 관련한 그들의 주장은 놀라울 정도로 부정확한 경우가 많다. 사람들은 석탄 공해와 화석연료 사용 후 남는 폐기물 처리 등 제반 비용을 고려하면, 재생 가능 에너지의 가격이 사실 더 싸다는 신념만을 근거로 그런 주장을 펼치는 경우가 보통이다.[140] 전력 생산과 관련해서 거기에 부가되는 모든 비용을 조사하려고 했던 대단위 프로젝트가 이제까지 유럽에서 한 차례, 미국에서 두 차례 시도되었다. 연구자들은 석탄을 채굴할 때 감수해야 하는 인명 손실의 위험과 수송 과정에서의 위험, 발전소 직원들의 건강 피해, 그리고 산성비 · 분진 · 아황산가스 · 질소산화물 · 오존 등의 각종 대기 오염 물질이 호수 · 농작물 · 건물 · 어린이 · 노인 등에게 미치는 제반 영향은 물론 세법, 석탄 생산과 사용에 관련한 모든 직업적 위험 부담, 그 밖에 수많은 다른 고려 사항과 추가 비용 등을 일일이 조사했다.[141] 그렇지만 그런 세밀한 조사에도 불구하고 프로젝트 참가자들은 오염으로 인한 추가 비용이 재생 가능 에너지와 화석연료 가격의 차이보다 적다는 사실을 발견했다(제3부의 내용 참조).[142] 그러나 단기적으로 또는 중기적으로는 재생 가능 에너지의 가격이 지금보다 더 내려갈 것임에는 의심의 여지가 없다. 그리고 바로 이런 점이 장기적인 관점에서 지구 온난화에 대해 덜 걱정해도 되는 커다란 이유가 될 수 있을 것이다(제5부).

월드워치연구소가 "풍력 발전이 화석연료 발전에 대해 이제 경제적 경쟁력을 갖고 있다"[143]고 한 것도 역시 경제적인 평가가 제대로 이루어지지 않은 발언임이 분명하다. 그런데 그들은 "차세대 에너지 패러다임의 윤리성은 지나친 낭비를 대신해서 자족하는 데 있음"[144]을 강조한다. 월드워치연구소의 주장에 따르면 이런 제안은 에너지 사용량을 크게 줄이자는 얘기가 아니기 때문에 설득력이 있다는 것이다. "예를 들어, 승용차와 주택의 크기를 조금 줄인다든지, 자가용을 덜 이용하는 대신 자전거를 더 많이 타는 등의 작은 변화를 감수해도 역사적 기준으로 볼 때 우리는 여전히 사치스러운 생활을 누리는 셈이다."[145] 그러나 설령 이 얘기가 사실이라 해도, 이는 곧 우리가 지금보다 좀 못살게 될 것이라는 의미다. 우리가 그런 생활을 선택한다면 아마도 환경은 더 개선될 것이고, 사회도 더 지속 가능한 형태를 갖게 될 것이다. 그러나 이런 대안을 제시할 때는 적어도 취사 선택의 조건을 분명히 밝혀야 한다.

한편, 월드워치연구소는 지구 온난화를 막기 위해 이산화탄소 배출량을 억제하는 데 필요한 비용도 깎아 내리려 하고 있다. 그들은 재생 가능 에너지를 생산하는 작은 기업체의 최고경영자인 토머스 캐스튼(Thomas Casten)의 말을 인용하여 "그 회사가 판매하는 탁월한 효능의 소형 발전 설비들은 오래되어 낡고 비효율적인 발전소보다 에너지 효율이 3배나 높다. 그는 중요한 것은 탄소 배출을 줄이는 데 필요한 비용이 얼마인가 하는 것이 아니라 배출을 감축했을 때 얻는 엄청난 이윤을 과연 누가 거둬들일 것인가 하는 점이라고 말한다"[146]고 지적한다.

그러나 이와 동시에 월드워치연구소는 21세기에 닥칠 기후와의 전쟁이 과거 20세기에 인류가 겪었던 "일반적인 전쟁과 냉전처럼 전략적으로 중요해질지도 모른다"고 전망한다.[147] 월드워치연구소는 저명한 과학 주간지 〈네이처(Nature)〉에 기고한 탁월한 여러 과학자들의 지지에 힘입어 기후 변화와의 싸움에 필요한 기술을 개발하려면 제2차 세계대전 당시 원자탄 개발을 목적으로 진행한 맨해튼 프로젝트처럼 대규모 연구 사업을 시급히 시행해야 할 필요가 있다고 단언한다.[148] 그런데 아무래도 냉전 시절의 경험이나 맨해튼 프로젝트 모두 상당히 비싼 프로젝트였다는 점을 여기에서 지적해야 할 것 같다.

현실 : 물 문제

물과 관련한 문제를 걱정하는 사람들이 많다. 과연 물이 충분한가? 물 부족 때문에 혹시 전쟁이 일어나지는 않을까? 몇 년 전부터 물 부족 문제는 월드워치연구소가 가장 즐겨 지적하는 미래 문제 중 하나였다. 제13장에서 물과 관련한 문제들을 더 철저히 살펴보겠지만, 여기에서는 먼저 가장 흔한 주장 두 가지를 살펴보기로 하자.

대학에서 가장 널리 사용하는 환경 교재 중 하나인 《환경 속에서의 삶(Living in the Environment)》은 "1995년 세계은행이 실시한 조사에 따르면 전세계 인구의 40%(23억 명)를 차지하는 30개국이 현재 만성적인 물 부족을 경험하고 있으며 이로 인해 농업과 산업, 국민 건강이 위협받고 있다"[149]고 주장했다. 다른 많은 환경 관련 문헌들에서도 이 연구 결과를 조금씩 다른 수치로 언급하고 있다.[150] 그러나 불행하게도 그 어디에서도 이 자료의 출처를 발견할 수 없다.

나는 세계은행의 도움을 받아 이 유명한 자료를 찾아내는 데 성공했다. 알고 보니 이 근거없는 얘기의 근원은 급하게 작성한 한 보도자료였다. 그 보도자료의 제목은 '물 위기에 직면한 세계:전세계 인구의 40%가 만성적 물 부족에 시달리고 있다'[151]였다. 그러나 이 자료를 계속 읽다보면, 여기에서 언급한 40%의 사람 중 대다수는 물을 과도하게 사용하는 사람이 아니라 상하수도 시설을 아예 이용할 수 없는 사람이라는 것이 명백해진다. 환경 단체들이 지적하듯이 과도하게 물을 사용하기 때문에 물이 부족해진 것이 절대로 아닌 것이다. 그리고 이 보도자료가 인용한 메모를 읽어보면, 레스터 브라운을 비롯한 여러 사람들이 걱정하는 그런 세계적인 물 위기에 영향받는 사람은 전세계 인구의 40%가 아니라 4%라는 것을 알 수 있다.[152] 또 한 가지, 세계은행이 인용한 수치는 30개국이 아니라 80개국이었다.

사실, 오늘날 물과 관련해서 인류가 겪고 있는 가장 중요한 문제는 우리가 물을 너무 많이 쓰고 있는 것이 아니라, 너무나 많은 사람들이 필요한 물을 구할 수 없다는 것이다. 만약 우리가 전세계 모든 사람들에게 깨끗한 식수와 하수도 시설을 제공할 수 있다면 매년 수백만 명의 인명을 구할 수 있고, 또 5억 명이 심각한 질병에 걸리는 것을 막을 수 있을 것으로 추정된다.[153] 그런데 단 한 번만 투자하면 될 이 일에 필요한 비용은 2,000억 달러 이하로, 전세계적으로 매년 개발도상국에 지원하는 개발원조비의 4배가 채 되지 않는다.[154]

따라서 물과 관련한 가장 중요한 문제는 물과 하수처리 시설을 사용할 수 있는 여건이 더 좋아지고 있는가, 아니면 나빠지고 있는가 하는 것이다. 최고의 물 전문가 중 한 사람인 피터 글릭(Peter Gleick)은 《위기의 물(Water in Crisis)》이라는 저작의 편집을 맡은 바 있는데, 옥스퍼드 대학교 출판부에서 발간한 이 역저는 거의 500쪽 분량의 깊이 있는 저작물이다. 그런데 글릭은 상하수도 시설 사용 여건을 평가하는 과정에서 도표 4에 나와 있는 것처럼 그만 뻔한 이야기의 논리에 빠져든 것처럼 보인다.

1980년부터 1990까지에 대해서는 글릭도 전반적으로 나와 똑같은 지적을 하고 있다. 즉 상황이 점점 나아지고 있어서 전세계적으로 물을 사용할 수 없는 인구가 줄어들었다는 것이다. 사실 이 기간 동안 개발도상국의 인구가 7억 5,000만 명 정도 늘어난 것을 감안한다면, 실제로는 13

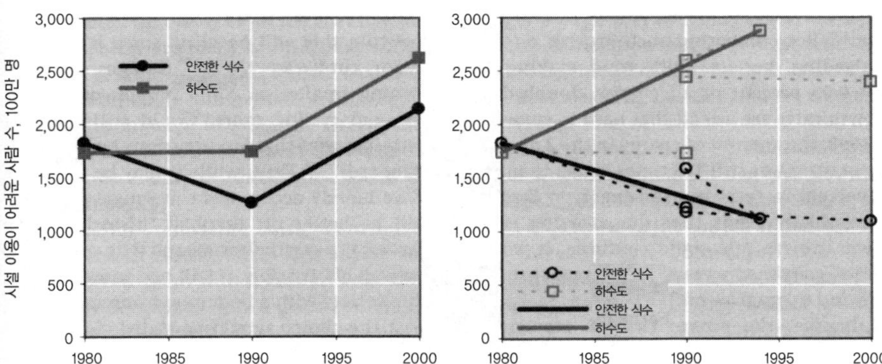

도표 4 안전한 식수의 확보와 하수도 시설의 이용 실태. 왼쪽 그래프는 1980~2000년 사이 이런 시설을 이용하기 어려운 사람 수를 나타낸 것이다. 1990~2000년의 수치는 잘못되었다. 오른쪽 그래프에서는 1980~1990년, 1990~1994년, 1990~2000년 사이에 이런 시설을 사용하지 못한 사람들의 수를 점선으로 표시했다. 실선으로 표시한 1980~1994년의 자료는 잘못된 것이다. 출전:Gleick 1993:10, 187~9, 1998:262, 264, 1999, Annan 2000:5.

억 명이 물을 사용하는 데 불편함이 없게 된 것이다. 따라서 개도국 국민 중에서 물을 사용할 수 있는 사람의 비율은 44%에서 69%로 25% 증가했다. 하수처리 설비와 관련해서는 이런 시설을 이용하지 못하는 사람의 수에 별로 변동이 없었다(약 600만 명 정도 증가했다). 그렇지만 이번에도 역시 인구 성장률을 감안한다면 거의 7억 5,000만 명 정도가 새로이 하수 처리 시설을 이용할 수 있게 되었다. 하수도 시설을 이용하는 사람의 비율이 46%에서 56%로 늘어난 것이다.[155] 그런데 도표 4의 왼쪽 그림에서, 1990년에서 2000년 사이의 그래프를 보면 상황이 앞으로 크게 나빠질 것 같다. 상하수도 시설을 이용할 수 없는 사람의 수가 앞으로 크게 늘어날 것이라는 얘기다. 그러나 사실 그런 사람의 비율은 다시 10~12% 정도 하락할 것으로 기대된다. 도표 4를 자세히 살펴보면 글릭이 한 일이라고는 기껏해야 1990년대에 8억 8,200만 명이 더 태어나는 것을 예상한 것에 불과하다는 사실을 알 수 있다. 이 새로 태어나는 사람들을 처음부터 상하수도 시설을 이용하지 못하는 인구로 간주하여 그냥 합산한 것이다.[156]

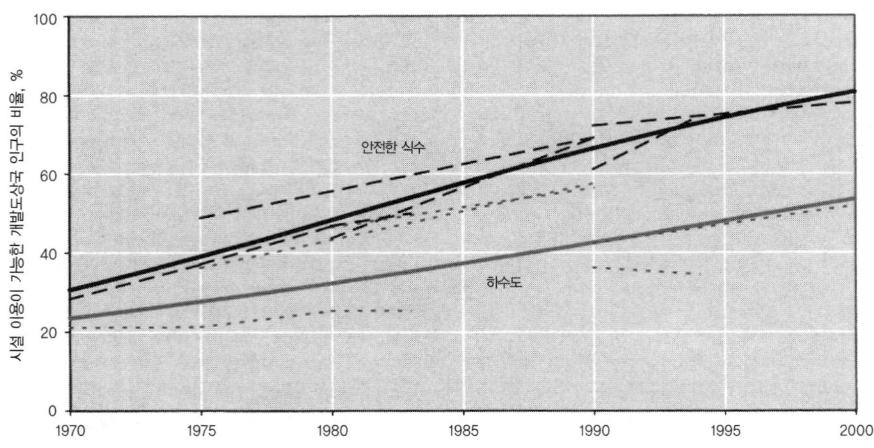

도표 5 안전한 식수와 위생적인 하수도 시설 이용이 가능한 제3세계권 인구의 비율. 점선은 비교가 가능한 개별적인 추정치를 나타내며 실선은 그런 추정치를 모두 감안해서 그린 로지스틱 곡선이다. 이 곡선은 각기 다른 정의를 적용해서 개별 추정치들을 비교하기 어려울 때 변화 추세를 가장 합리적으로 판단할 수 있게 한다.[158] 출전: World Bank 1994:26(1975~1990), WHO 1986:15-18(1970~1983), Gleick 1998:262, 264(1980~1990, 1990~1994), Annan 2000:5(1990~2000).

물론 이런 예측은 전적으로 비합리적인 가정이다. 핵심을 말하면, 글릭은 1980년부터 1990년까지 10년 동안 개발도상국 국민 13억 명이 새로 상수도 시설을 갖게 되었다고 했는데, 어째서 1990년부터 2000년까지 10년 동안에는 그런 혜택을 받는 인구가 갑자기 0으로 떨어지리라 가정한단 말인가? 그렇지만 여러 곳에서 이 도표를 인용하면서, 물 부족 문제를 다룬 중요한 글을 통해 널리 유포되었다.[157]

1996년 유엔은 1990부터 1994년까지 상하수도 이용 여건에 대한 공식 추정치를 발표했다.[159] 이때 상하수도 이용 여건이라는 말이 과연 무엇을 의미하는지 그 정의를 묻는 것은 당연하다. (거주지에서 얼마나 가까운 곳에 펌프가 있어야 하는가? 또 고작 땅에 파놓은 물구덩이 하나를 하수도 시설이라 할 수 있을까?) 1996년, 유엔은 1990년과 1994년 통계를 작성하면서 이 말을 가장 제한적으로 정의했다.[160] 이 때문에 1990년 물을 충분히 이용할 수 없는 인구에 대한 유엔 추정치는 크게 증가했다.[161] 따라서 도표 4의 오른쪽 표에서 보듯 1990년 상수도를 이용하지 못하는 인구는 12억 명이 아니라 16억 명이 되었다. 그리고 이 수치는 1994년에 11억 명으로 줄어들었다. 이와 마찬가지로 하수처리 시설을 갖추지 못한 사람들의 수 역시 17억 명이 아니라 26억 명이었으며, 1994년에는 29억 명으로 증가했다. 글릭은 앞에서 소개한 자신의 학구적인 책에서 이 두 가지 통계 수치를 모두 제시했다.[162] 그러나 대중 잡지에 증거를 제시할 때는 1980년의 원래 수치(글릭의 추정치 – 옮긴이)와 1994년의 수정된 수치(유엔 추정치 – 옮긴이)만을 제공했다.[163] 물론 이 두 수치는 서로 절대 비교할 수 없는 성질의 것이다. 그 결과 상수도를 이용할 수 없는 인구의 감소 폭이 실제보다 훨씬 축소되었으며, 하수처리 설비를 이용하지 못하는 인구의 증가 폭은 실제보다 훨씬 더 과장되었다.

2000년 4월, 유엔이 발표한 1990~2000년 추정치는 상하수도 시설을 이용할 수 없는 인구가 이 기간 동안 실제로 감소했음을 보여주었다.[164] 10년 동안 개도국 인구가 약 7억 5,000만 명 증가했으므로 실제로는 7억 5,000만 명 이상이 새로 깨끗한 물과 하수처리 설비를 이용할 수 있게 되었음을 의미한다. 따라서 상하수도 시설을 이용할 수 있는 인구의 비율도 크게 증가했다. 도표 5를 보면 개도국에서 식수를 사용할 수 있는 인구의 비율이 1970년에는 30%였다가 2000년에는 80%로 늘었음을 잘 알 수 있다. 하수도 시설 이용 인구의 비율도 역시 1970년의 23%에서 2000년에는 53%로 증가했다.

아직도 갈 길이 멀고, 특히 하수도 시설 분야에서는 할 일이 많지만, 가장 중요한 물 문제에 있어서 사정이 점점 개선되고 있음은 사실이다.

현실 : 피멘텔 교수와 인류의 건강 문제 I

대부분의 환경 관련 기본 연구서들은 탄탄하며, 어느 한쪽에 편향된 시각을 지니고 있지 않다. 그리고 월드워치연구소의 《지구 환경 보고서》나 내가 쓰고 있는 이 책처럼 평가를 위한 글에 이용할 수 있는 통계 수치와 경향을 제시하고 있다. 그러나 동료 연구자들의 심사를 받아야 논문을 실을 수 있는 권위 있는 학술지에서조차 뻔한 이야기에 경도된 신념으로 가득 찬 논문을 상당수 발견할 수 있다. 이런 논문들은 연구 대상의 범위를 좀더 확대하려다가 그런 신념에 압도당하고 마는데, 그 결과 지나치게 독자들의 불안감을 조장하거나 심지어는 전혀 실속 없는 논문으로 전락하는 경우가 적지 않다. 그런 형편없는 주장의 상당 부분을 이 책에서 논의하고 있는데, 자세히 해부해보면 그런 주장에서도 어떤 교훈을 얻을 수 있을지 모르겠다. 나는 독자 여러분에게 단 하나의 예만 제시하거나 단 하나의 실수 사례만을 지적하는 것보다 그런 양두구육(羊頭狗肉)의 주장들이 얼마나 넓고 깊게 스며들어 있는지를 보여주고 싶다. 따라서 여기에서는 이런 주장들의 근간이 되는 몇 가지를 잠시 살펴보고, 좀더 자세한 내용은 뒤에서 다시 다루겠다.

미국 코넬 대학교의 데이비드 피멘텔(David Pimentel) 교수는 여러 글에서 자주 인용하는 유명한 환경주의자이다. 어떤 연구자보다 전세계 표토의 침식 추정치를 높게 잡고 있는 그는(제3부에서 다시 다룰 것이다), 지속 가능한 생존을 위해 가장 이상적인 미국 인구는 4,000만~1억 명 수준이라고 주장했다. 즉 현재 미국 인구의 63~85%가 감소해야 한다는 얘기다.[165]

1998년 10월, 피멘텔 교수는 논문심사를 철저히 하는 학술지 〈바이오사이언스(BioScience)〉에 자신을 제1 저자로 하여 '질병 증가의 생태학'이라는 제목의 논문을 발표했다.[166] 이 논문의 기본적인 전제는 인구 증가가 환경 파괴와 오염을 심화시키고, 그 결과 질병도 늘어난다는 것이었다. 이런 주장을 펼치는 과정에서 많은 부정적인 사건과 경향을 언급했는데, 그 상당 부분은 논문의 주제와 별로 상관이 없는 것이었다.

피멘텔 교수의 논문은 앞에서 우리가 논의한 실수들을 되풀이하고 있다. 그러나 가장 중요한 점은 논문의 주장이 잘못되었으며, 모든 핵심적인 결론의 방향이 크게 어긋났다는 사실이다. 그럼에도 불구하고 그 논문은 지구 파멸을 강조하는 글에서 자주 인용하고 있다.[167)]

피멘텔 교수는 추세 진단에 매우 단기적인 기록들을 기꺼이 사용한다. 그는 가장 많은 인명을 앗아간 전염병인 결핵을 예로 들면서 1990년에는 이 병으로 목숨을 잃은 사람이 250만 명이었는데 1995년에는 300만 명으로 늘었다고 주장했다. 그리고 2000년에는 350만 명이 사망할 것으로 예상한 자료를 인용했다.[168)] 그러나 1999년 결핵으로 인한 사망자 수는 166만 9,000명이었으며, 피멘텔이 자주 인용한 WHO 자료는 1990년대에 결핵으로 인한 사망자 수가 연간 200만 명 정도에 머물렀다고 추정했다.[169)]

예측이 틀린 것은 용납할 수 있다고 해도 미국의 결핵 현황을 설명하는 피멘텔의 주장은 심각한 문제점을 내포하고 있다. 그는 "미국의 결핵 감염 패턴은 세계적인 상황과 유사하다고 할 수 있는데, 세계적으로 결핵 발병 사례는 1985년에서 1991년까지 약 18% 증가했다"[170)]고 주장한다. 이 말 자체는 분명히 사실이다. 그러나 도표 6을 보면 이 주장이 얼마나 잘못된 방향으로 향하고 있는지 분명해진다. 피멘텔은 결핵 발병률이 가장 낮았던 해(1985년의 2만 2,201건)를 선택해서 그 수치를 결핵 발병률이 절정에 이르렀던 1991년(2만 6,283건)과 비교하고 있다. 그러나 그 밖의 다른 해를 비교 대상으로 삼았다면 결핵 발병률이 감소하고 있다는, 더 올바른 결과가 나왔을 것이다. 피멘텔의 논문이 발표되기 2년 전인 1996년에도 총 결핵 발병 건수는 1985년보다 낮았다. 통계로 나와 있는 가장 최근의 수치인 1999년의 발병 건수는 1만 7,531건이었다.

게다가 피멘텔 교수처럼 발생 건수를 단순 비교하는 것도 문제다. 1985년부터 1991년 사이에 미국 인구가 약 6% 증가했으므로[171)] 결핵 발병 건수도 거기에 상응해서 증가했을 것으로 보아야 한다. 인구 10만 명

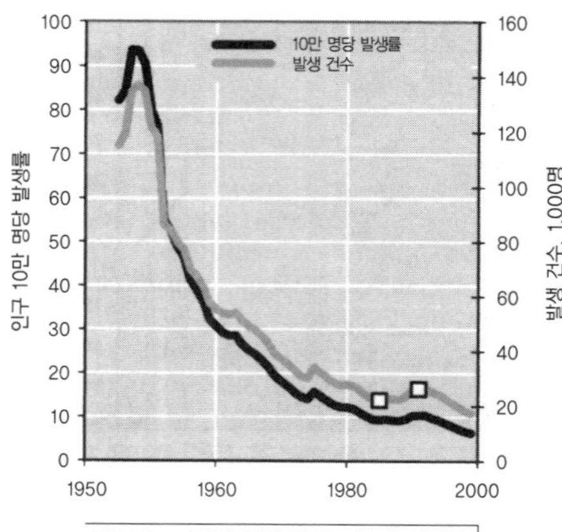

도표 6 미국의 결핵 발생 건수와 발생률. 피멘텔이 선택한 1985년과 1991년이 별도로 표시되어 있다. 출전:CDC 1995:69-79, CDC 1999g:79, 2000a:858, USBC 2000c.

당 발생률을 살펴보면 1985년부터 1991년 사이에 증가 추세가 거의 사라졌고(증가율은 12%가 조금 안 되는 수준이다) 1985년 이후 지금까지는 약 31%나 감소했다. 또 1991년 이후만 따졌을 때는 약 38%나 줄었다. 결핵으로 인한 사망률 역시 1985년 이후 40% 이상 크게 감소했다.[172] 피멘텔 교수가 결핵 발병 건수의 증가 추세를 발견할 수 있었던 유일한 이유는 그가 역추세를 보여주는 가장 정확한 연도를 골랐다는 데 있다.

피멘텔은 화학약품과 농약의 위험성을 얘기할 때도 "미국에서 갖가지 원인으로 인한 암 관련 사망자 수가 1970년에 33만 1,000명이던 것이 1992년에는 52만 1,000명으로 늘었다"[173]고 지적하면서 그 연관성을 찾으려 고심했다. 그러나 이 주장 역시 그 동안의 인구 증가(24%)와 인구 노령화(암 발생률 증가)를 전혀 고려하지 않은 것이었다. 연령 분포를 감안하여 조정한 미국의 암 사망률은 1996년의 경우 실제로 1970년보다 낮았다. 그 동안 과거의 흡연 경험에서 기인한 암 사망자 수가 늘었는데도 말이다. 흡연에 따른 사망률을 고려해 새로 조정했을 때, 미국의 암 사망률은 1970년 이후 꾸준히 감소하여 17% 정도 낮아졌다. 이 문제에 대해서는 제5부에서 더 자세히 살펴볼 예정인데, 이 자료들도 거기에 실려 있다(도표 117).

피멘텔 교수는 상황이 나빠지고 있음을 보여주기 위해 많은 통계 수치를 선택적으로 제시했다. 아프리카를 제외한 지역의 말라리아 발병률이

1980년까지 감소하다가 그 후로는 안정세를 유지한 사실을 인정하면서도 말라리아 발병률이 증가한 나라들만을 열거한 것이 그 한 예다.[174] 그리고 말라리아 발병률이 급격히 감소한 중국 같은 나라는 이상할 정도로 언급하지 않았다. 중국은 그 발병률이 1980년대 초 이후 90~99% 감소했다.[175]

때로는 피멘텔이 인용한 수치가 완전히 잘못된 경우도 있었다. "태국에서는 남성들의 HIV 감염률이 1988년부터 1992년 사이에 1%에서 40%로 늘었다"[176]는 주장이 한 예다. 그러나 1989년 HIV 감염 현황 조사가 시작된 이래, 이른바 매매춘 종사자들조차 40% 감염률을 보인 적이 없다.[177] 1989년 이후 조사한 대상 중에서 원래 감염율이 가장 높게 마련인 남성 성병 환자의 경우도 '단지' 8~9% 정도에 이를 뿐이다.[178] 유엔 에이즈퇴치계획(UNAIDS)은 성인 인구의 감염률을 2.15%로 추정하고 있으며 젊은 남성의 경우에는 이보다 약간 낮은 것으로 보고 있다.[179]

또 피멘텔 교수는 "1985년 이후 미국에서 휘발유에 납 성분을 첨가하는 예가 줄고 있지만 다른 발생원으로부터 대기 중으로 방출되는 납의 양은 지금도 매년 20억 킬로그램이나 된다"[180]고 주장했다. 그러나 미국의 총 납 배출량은 1985년 이후 83% 감소해서 지금은 연간 3,600톤 규모이다. 피멘텔이 주장한 수치의 500 분의 1도 채 안 되는 셈이다.[181] 알고 보니 피멘텔이 인용한 자료(바로 1985년의 것)는 당시 전세계의 납 배출량이었다.[182]

현실 : 피멘텔 교수와 인류의 건강 문제 II

지금까지 낮은 수준의 개별적 주장들을 살펴보았다. 우리가 일부러 시간을 들여 그런 주장들을 살펴본 것은 핵심적인 주장을 지탱하는 데 그것들이 어떻게 이용되고 있는지 지적하기 위해서였다.

피멘텔 교수가 위와 같은 온갖 주장, 때로는 잘못된 주장을 내놓은 것은 인류의 질병 감염률이 증가하고 있음을 보여주기 위해서이다.[183] 그리고 이런 증가 추세의 원인이 인구 증가에 있다는 것이다. 인구가 늘어나면서 영양 부족 문제는 물론 "모든 유기성 폐기물과 화학 폐기물을 비롯해서, 대기 · 물 · 토양 오염이 전례없이 증가하고 있다"고 그는 지적한다.[184] 피멘텔은 현재 30억 명 이상이 영양 실조에 시달리고 있는데, 이것은 "역사상 가장 많은 수이며 가장 높은 비율"[185]이라고 주장한다. 그리고 모든 사망자의 40%가 "다양한 환경 요인, 특히 유기성 폐기물과 화학 폐기물 오염"[186]으로 목숨을 잃는다고 주장한다. 영양 실조와 오염의 증가는 더 많은 질병과 전염병을 불러오는 결과로 이어진다.[187] 그런데 놀랍게도 피멘텔 교수가 논문에서 제시한 이런 모든 핵심적 주장들은 사실이 아니거나 아니면 심각한 오해의 소지를 안고 있다.

먼저 피멘텔 교수가 밝힌 중간 단계의 연구 결과를 살펴보기로 하자. 그는 영양 부족 문제가 계속 악화되고 있다고 주장한다. "1950년에는 5억 명(세계 인구의 20%)이 영양 실조에 시달리고 있다고 생각했다. 그런데 오늘날에는 30억 명 이상(거의 세계 인구의 절반)이 영양 실조에 시달리고 있다. 이는 역사상 가장 많은 수이며 가장 높은 비율이다."[188] 이것이 그가 제시한 주장의 전부이다. 피멘텔 교수는 2000년에도 똑같은 주장을 반복하면서 영양 실조에 걸린 사람 수가 "매년 증가하고 있다"[189]고 덧붙였다. 그런데 그가 제시한 1950년 통계 수치의 출전은 데이비드 그리그(David Grigg)의 《세계 식량 문제(The World Food Problem)》(1993)인 반면 1996년의 통계 수치는 WHO의 보도자료에서 따온 것이다.

그런데 이 두 자료는 식량 부족에 대해 서로 너무나 상이한 정의를 내리고 있다. 그리그는 가장 흔하게 적용하는 칼로리 수치를 이용한다. 그는 최소 신체 요구량에서 20% 이상을 넘지 못하는 칼로리만을 섭취하는 것을 영양 실조 또는 기아로 간주했다. 도표 7은 1949년부터 1979년까지 그런 사람의 수를 제시하고 있다. 영양 부족인 사람들의 수가 처음에는 5

억 5,000만 명에서 6억 5,000만 명으로 증가하다가 후에는 5억 3,400만 명으로 감소했다. 1949년부터 1979년 사이에 개발도상국 인구가 16억 명 이상 늘어났으므로 이것은 훨씬 많은 개도국 국민이 영양 섭취를 잘하게 되었음을 의미한다. 다시 말해, 기아에 시달리는 사람의 비율이 34%에서 17%로 떨어진 것이다.

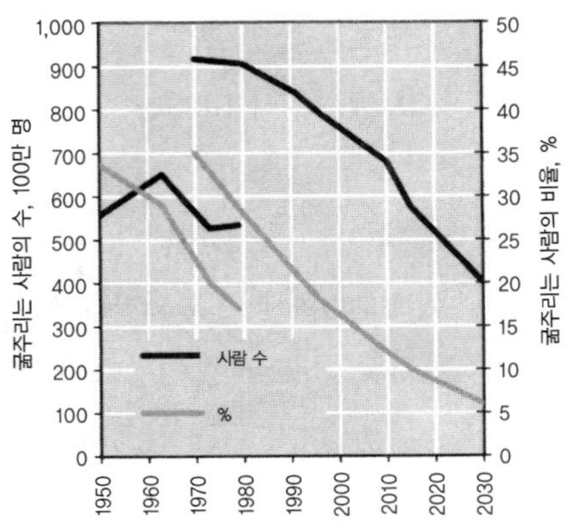

도표 7 굶주리는 사람의 수와 인구 비율(개발도상국). 1998~2030년의 예측. 1949~1979년 추정치는 굶주리는 사람의 정의를 최소 신체 요구량 대비 20% 이상(1.2BMR)을 섭취하지 못하는 사람으로 적용한 반면, 1970~2030년의 추정치는 55% 이상(1.55BMR)을 섭취하지 못하는 사람으로 정의했다. 출전: Grigg 1993:50, WFS 1996:1:표3, FAO 1999:29, 2000c:27, 2000d:20.

1970년 이래로 유엔 식량농업기구도 비슷한 통계를 내놓고 있는데, 여기에서는 최소 신체 요구량보다 55% 이상을 섭취하지 못하는 경우를 영양 실조로 정의하는 좀더 포괄적인 정의를 사용했기 때문에 그 수치가 더 높게 나왔을 뿐이다. 그래서 도표 7에서 보는 것처럼 영양 부족에 시달리는 사람의 수는 1970년에 9억 1,700만 명에서 1997년에는 7억 9,200만 명으로 줄었으며, 2010년에는 6억 8,000만 명, 그리고 2030년에는 4억 100만 명으로 줄 것으로 전망된다. 그런데 1970년 이후 개발도상국 인구는 전체적으로 약 19억 명 늘었으므로 영양 부족을 겪는 사람의 비율은 35%에서 1996년 18%로 훨씬 더 빠르게 감소했다. 이 비율은 2010년에는 12%, 그리고 2030년에는 6%로 더욱 떨어질 것이다. 따라서 만약 1949년부터 현재까지 전 기간 변화를 비교하고 싶다면, 도표 7의 왼쪽 선 전체를 위로 밀어올려서 오른쪽의 선에 맞닿아 연결하면 될 것이다. 그러면 영양 실조에 걸린 사람의 수는 계속 줄어들고 있으며, 특히 영양 실조 인구의 비율은 극적으로 감소하고 있음을 확연히 알 수 있다.

그리그는 영양 부족 인구를 측정하는 다른 두 가지 방법을 검토하고서는 "1950년부터 1980년 사이에 1인당 식품 공급량이 선진국과 개발도상국 모두에서, 세계 전체적으로는 물론 모든 주요 지역에서 공히 증가했다"[190]는 사실을 밝혀냈다.

세계보건기구는 보도자료에서 미량 영양소 결핍으로 인한 영양 실조를 다룬 바 있다. 미량 영양소 결핍이란 주로 요오드, 철, 비타민 A의 결핍을 말한다.[191] 그런데 칼로리와 미량 영양소는 인간의 수명에 똑같이 중요한 역할을 하지만,[192] 완전히 상이한 척도이기도 하다. 미량 영양소 결핍 문제는 칼로리 부족 문제보다 훨씬 더 적은 비용으로 해결이 가능하다. 영양 상태에 대한 기본적인 정보를 제공하고 식품이나 비타민제를 통해 영양소를 보충하는 것으로 충분하기 때문이다.[193] 그런데 겨우 지난 10년 사이에 사람들이 미량 영양소 결핍 문제에 관심을 갖기 시작했기 때문에 우리가 가진 정보는 대체로 그 10년 동안에 대한 것이 전부이다.[194] 이 기간 동안 비타민 A 결핍증에 걸린 사람의 수는 40%나 감소했으며, 지금은 모든 식용 소금의 60% 이상에 요오드가 첨가되어 있다.[195]

따라서 피멘텔 교수가 영양 부족 상태에 있는 5억 명과 단순히 미량 영양소 결핍을 겪고 있는 30억 명을 단순 비교한 것은 완전히 잘못된 것이다. 더욱이 영양 실조에 걸린 사람이 점점 더 늘고 있다는 주장도 틀렸다. 사실 칼로리 섭취량 통계와 미량 영양소 통계 모두 조사가 시작된 이래 상황이 크게 개선되고 있음을 보여준다.

피멘텔의 논문은 처음부터 "전세계 사망자의 약 40%가 다양한 환경 요인, 특히 유기성 폐기물과 화학물질 오염으로 인해 발생했다는 계산 결과를 얻었다"[196]고 주장한다. 이 부분은 이 논문의 내용 중에서 가장 널리 인용하는 부분으로, 환경 오염이 우리를 죽이고 있다는 주장을 확실히 뒷받침해주기 때문이다.[197] 실제로 미국 질병통제센터(CDC)의 한 회보는 이 주장을 다음과 같은 단 한 문장으로 짧게 요약했다. 공해의 증가는

"도저히 회피할 수 없는 결론, 즉 지구에서의 삶이 우리를 죽이고 있다는 결론을 향하고 있다."[198)]

매년 약 5,000만 명이 사망한다는 추정치를 사용한다면(피멘텔의 논문에는 심지어 사망자 수에 대한 추정치조차 없다), 40%라는 수치는 곧 환경 오염으로 인한 사망자 수가 연간 2,000만 명에 이르고 있음을 뜻한다.[199)] 그런데 이상하게도 그 40%의 계산 과정이 한번도 분명하게 밝혀진 적이 없다. 더욱이 지금까지 가장 심각하게 인체에 영향을 미치는 것으로 알려진 실외 공기 오염으로 인한 총 사망자 수가 연간 50만 명을 약간 상회한다는 세계보건기구의 추정치[200)]를 생각하면 한층 더 이상해진다. 그렇지만 그 다음 쪽에서 피멘텔 교수는 자신의 주장을 거의 그대로 되풀이하고 있다. "대기 오염, 수질 오염, 토양 오염 등이 전세계적으로 증가하고 있음에 비추어서, 우리는 전체 사망자의 40%가 그런 환경 오염과 영양 실조에 기인한다고 추정하고 있다."[201)] 놀랍게도 40% 사망자론은 이제 환경 오염 물질뿐만 아니라 영양 부족에도 연결되었다. 논문의 마지막 결론 부분에는 모든 요인들이 다 포함되었다. "현재, 전체 사망자의 40%는 화학물질 오염, 담배, 영양 결핍 등을 비롯한 다양한 환경 요인로 인해 발생하고 있다."[202)] 한 인터뷰에서 피멘텔 교수는, 담배가 사실은 "담배나 장작 등 다양한 원인으로 발생하는 연기"[203)]를 의미한다는 점을 분명히 했다.

피멘텔에 따르면 매년 영양 실조가 약 600만~1,400만 명의 생명을 앗아가고 있으며, 장작을 때서 요리할 때 발생하는 연기가 제3세계 사람 약 400만 명의 목숨을, 그리고 흡연은 300만 명의 목숨을 앗아가고 있다고 한다.[204)] 영양 실조로 인한 사망자 수는 그 추정치가 높은 쪽인 1,400만 명에 더 가까울 가능성이 크므로,[205)] 결국 이 세 가지 요인을 합치면 전체 사망자의 40%가 되는 셈이다. 따라서 자료가 너무 애매하다고 해서 피멘텔 교수의 주장이 전적으로 틀렸다고는 말하기 어렵다. 그러나 한편 전체 사망자의 40%가 환경 오염으로 인해 발생한다는 주장이 심각한 오해의 소지를 안고 있음은 분명하다.

이제 마지막으로 질병 감염률이 증가했으며 앞으로도 계속 증가할 것이라는 피멘텔의 핵심 주장에 대해 살펴보자. 이 두 주장은 모두 틀린 것이다. 그가 때로는 부정확한 이야기들을 들려주면서 갖가지 새로운 질병 발생의 예를 제시한 것은 질병의 발생 빈도가 증가하고 있다는 인식을 분명히 하기 위해서이다. 결국, 그렇게 많은 질병 이름을 제시하는 것을 보면 피멘텔의 주장이 사실임에 틀림없으리라. 그렇지 않은가? 다른 사람들도 이런 식의 주장을 내놓은 바 있다.[206] 그런데 만약 환경 오염으로 인해 점점 더 많은 환자들이 생겨나고 있다면, 과연 어떻게 기대 수명이 지속적으로 증가할 수 있을까. 마땅히 이 점에 대해서 생각해보아야 할 것이다. (기대 수명과 질병에 대해서는 제2부에서 살펴보겠다.) 또 질병의 총 발생률을 직접 살펴본다면 상황을 훨씬 더 쉽게 확인할 수 있지 않겠는가?

피멘텔은 다음과 같이 주장한다.

> 질병의 증가 추세는 계속될 것으로 전망된다. 머레이(Marray)와 로페즈(Lopez)(1996)에 따르면, 질병 감염률은 1990~2020년 사이에 77% 증가할 것으로 예측된다. 전세계 사망 원인의 37%를 차지하는 전염성 질환 역시 증가할 것으로 전망된다. 미국에서 전염병으로 인한 사망자 수는 1980~1992년 사이에 58% 증가했으며, 이런 추세는 지속될 것으로 전망된다.[207]

질병이 증가할 것이라는 이 주장은 사실이 아니다. 머레이와 로페즈에 따르면, 사실 사망자 수는 1990년 인구 10만 명당 862명에서 2020년에는 764명으로 감소할 것이라고 한다.[208] 그리고 만약 인구 노령화를 고려해서 자료를 수정한다면 질병 발생률은 10만 명당 862명에서 599명으로 훨씬 더 크게 감소할 것이다.[209] 피멘텔은 질병 발생이 77% 증가할 것이라고 말했는데, 그것은 머레이와 로페즈의 책을 잘못 이해했고(머레이와 로페즈는 전염성 질환을 무시하고 비전염성 질환만을 고려했는데, 사회가 계속 노령화되면서 노인성 질환으로 죽어가는 사람이 늘고 있으므로 비전염성 질환은 앞으로도 계속 늘어날 것이다), 또 질병의 실제 발생 건수에 의존했기 때문이다(세계 인구가 약 25억 명 증가할 것이므로 이 수치도 당연히 증가한다).[210]

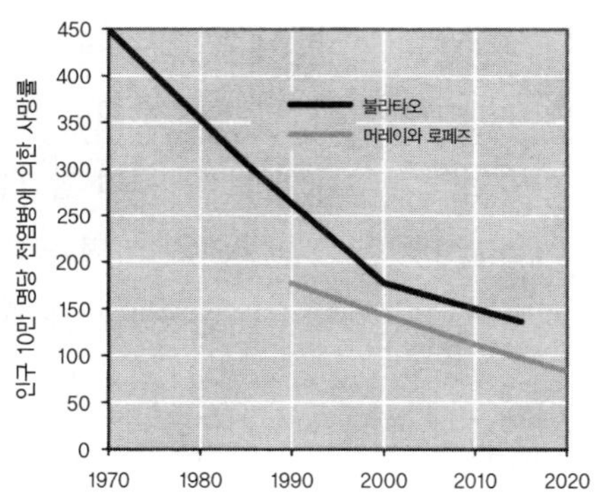

도표 8 전염병에 의한 사망률. 출전:Bulatao 1993:50, Murray and Lopez 1996:465, 648, 720, 792.3

도표 8에서 볼 수 있듯이 전염성 질환의 증가에 대한 주장도 전적으로 틀린 것이다. 전염성 질환은 1970년 이래 계속 줄고 있다. 뿐만 아니라 비록 현재 우리에게는 일부 국가들의 증거 자료밖에 없지만 이러한 감소 추세는 1970년보다 훨씬 더 먼 과거까지 거슬러 올라가는 것 같다(도표 20에서 20세기 전반에 걸친 미국의 전염성 질환 발생률을 볼 수 있다).[211] 전염병은 앞으로 적어도 2020년까지는 계속 줄어들 것으로 예상된다. 실제 사망자 수를 따지더라도 전염성 질병으로 인한 인명 손실은 연간 930만 명 수준에서 650만 명 수준으로 감소할 것으로 전망된다.[212]

미국에 대한 마지막 주장 역시 틀린 것이다. 이 주장이 그럴 듯하게 들리는 것은 그가 1980년을 절대적인 하한선으로 선택했고, 이후의 사망자 수 증가 추세가 대부분 인구 노령화와 폐렴 증가에 기인하는 것이었기 때문이다. 이 수치를 연령 구조에 맞게 조정하면 1980년과 1997년의 사망 위험도는 거의 비슷하다.[213]

피멘텔은 "질병, 빈곤, 영양 실조 등이 더욱 악화되는 것을 막으려면" 인구 조절과 "효과적인 환경 관리 프로그램"이 필요하다고 결론짓는다. 만약 그렇게 하지 않으면 "질병 감염률이 전세계적으로 계속 급격히 증가할 것이며 모든 인류의 삶의 질을 감소시킬 것"[214]이라 말한다.

물론, 피멘텔 교수는 빈곤 문제가 계속 심화될 것인지의 여부를 논하지는 않았다. 그런데 도표 33은 사실상 빈곤 발생률이 감소하고 있음을 보여준다. 마찬가지로 우리는 질병, 특히 전염성 질병과 영양 실조 문제가 피멘텔의 주장과는 정반대로 감소하고 있음을 앞에서 이미 살펴보았다.

몇몇 효과적인 환경 개선 프로그램이 바람직한 정책 결정의 좋은 구성 요소가 될 수는 있을 것이다. 하지만 그렇다고 해서 그런 프로그램을 채택하는 데 잘못된 정보로 가득 찬 뻔한 이야기를 근거로 삼아서는 안 될 것이다.

현실 대 현란한 수사법, 형편없는 예측

어떤 주장을 제시할 때, 그 주장에 수반되는 모든 가정을 서술하고 또 필요한 모든 자료를 포함시키고 추론을 보충할 수 있는 충분한 시간적, 공간적 여유가 있는 경우는 별로 없다. 따라서 모든 주장은 어느 정도 은유와 수사학적인 요약에 의존하기 마련이다. 그러나 어떤 경우에도 현란한 수사가 현실을 가리는 일이 없도록 항상 주의를 기울여야 할 것이다.

환경운동가들이 사용하는 중요한 수사법 중 하나는 임시 변통의 논리를 환경 악화의 중요한 지표로 통용시키는 것이다. 월드워치연구소의 문서에서 따온 다음의 인용문을 보면서 여러분의 머릿속에 곧바로 떠오르는 생각이 무엇인지 한번 살펴보라. "한정된 면적의 경작지를 점점 더 많은 사람과 나누게 됨으로써, 결국 더 이상 모든 사람이 먹고살기 곤란한 정도로까지 그 면적이 줄어들고 있다."[215]

이 문장은 앞으로 닥칠 문제에 대한 올바른 예언처럼 보인다. 그리고 이 주장은 분명한 사실이다. 경작지 규모가 한계치(1평방인치 혹은 흙 한 줌) 이하로 작아지면 당연히 우리는 살아남을 수 없다. 그러나 여기에는 중요한 정보가 완전히 빠져 있다. 즉 그런 한계치가 어느 정도인지, 우리가 그런 한계치에 얼마나 근접해 있는지, 그리고 과연 언제 그 한계치를 넘어서게 될 것인지에 대해서는 아무런 말도 없는 것이다.[216] 밭에 인공 조명을 설치한다면 1인당 필요한 경작지 면적이 36평방미터(한 변의 길이가 6미터인 정사각형) 정도라는 것, 그리고 그보다 훨씬 적은 토지에서도 수경 재배 방식을 도입해 식량을 상업적으로 생산하는 회사들이 있다는 사실을 알게 되면 대부분의 사람들은 깜짝 놀랄 것이다.[217] 게다가 유엔 식량농업기구는 2030년까지의 식량 생산을 분석한 최근 보고서에서 "식량 생산을 위한 경작지는 부족해진 것이 아니라 점점 덜 부족해진 것으로 보인다"[218]는 사실을 밝혀냈다. 따라서 앞에서 인용한 문장은 우리로 하여금 "아, 그래. 상황이 점점 나빠지고 있음에 틀림없어"라고 생각하게 만들기 위한 수사학적인 속임수에 불과하다.

월드워치연구소는 이런 수사법을 아주 많이 사용한다. 레스터 브라운은 점점 증가하고 있는 곡물 수확량에 대해 얘기하면서(이 문제는 제3부에서 다룰 것이다), "세계 각국에서 각각의 곡물에 대해 농부들이 더 이상 수확량 증산을 달성할 수 없는 시기가 결국 도래할 것"[219]이라고 말한다. 이 말 역시 분명한 사실이다. 그러나 문제는 그런 상황이 언제쯤 찾아올 것인가 하는 점이다. 브라운은 이 질문에 답을 제시하지 않은 채, 조금은 상상력이 결핍된 듯한 은유를 다시 한번 되풀이하면서 결론을 내린다. "궁극적으로 곡물 수확량은 세계 도처에서 더 이상 증가하지 않는 상태에 이르겠지만, 각 나라가 정확히 언제 그런 상황에 놓일지 예측하기는 어렵다."[220]

마찬가지로 레스터 브라운은 "만약 환경 파괴가 충분히 진행된다면 식량 가격의 상승으로 경제적 불안이 야기될 것이다. 그리고 이런 경제적 불안은 다시 정치적 불안으로 이어질 것이다"[221]고 말한다. 이 예측 역시 옳을 가능성이 크지만, 예측의 바탕이 된 조건들은 언급되어 있지 않다. 다시 말해, 환경 파괴가 실제로 일어나고 있는지, 그리고 그것이 그런 상황을 초래할 만큼 심각하게 진행되고 있는지에 대한 정보가 전혀 제시되지 않은 것이다.

그린피스는 1991년 걸프전을 평가하면서 이와 똑같은 수사법을 사용했다. "모든 환경 시스템이 다수의 복잡하고 역동적인 상호 작용으로 구성되어 있지만, 일단 파괴의 문턱을 넘어서고 나면 그 시스템은 점진적으로, 때로는 거의 알아차릴 수 없을 만큼 서서히 붕괴된다. 걸프 지역에서 과연 그런 일이 벌어지고 있는지의 여부는 오직 시간만이 말해줄 것이다."[222]

이 주장은 확실히 불길하게 들린다. 그러나 우리가 정말로 그런 환경 파괴의 문턱을 넘어섰는지, 혹은 그 문턱에 얼마나 가까이 다가서고 있는지에 대한 중요한 정보는 제외되어 있다. 제4부에서 여러분은 역사상 최악의 기름 누출 사고에도 불구하고 걸프 지역의 생태계가 거의 완벽하게 복원되었음을 알게 될 것이다.

이 밖의 다른 수사학적인 언급들도 자주 사용된다. 수자원에 대한 유엔 평가 보고서의 참고 자료용 문서에서는 건조 기후대의 최빈국들을 위한 두 가지 '특히 불편한' 대안을 다음과 같이 설명했다. "수자원 수요와 수자원에 의존적인 식량 생산의 수요를 충족시키지 못해서 발생하는 기근 · 질병 · 재앙 등을 감수할 것인가, 아니면 정반대로 수자원이 별로 필요하지 않은 다른 생산품을 외국에 팔고 그 대가로 식량을 수입해서 필요한 수요를 충당할 것인가? 둘 중의 하나를 선택해야 한다."[223]

이것은 페스트 아니면 콜레라를 선택하라는 말처럼 들린다. 그러나 곰곰이 생각해보면 건조 지역의 가난한 나라들에게 굶주림을 택할 것인지, 아니면 세계 경제에 동참할 것인지를 묻는 말임을 알 수 있다.

앞에서 이미 설명한 것처럼, 월드워치연구소는 에너지원을 재생 가능 에너지로 바꾸기를 바란다. 그런데 이들의 주장 중 일부는 전적으로 수사학의 힘을 빌리고 있다. 다음과 같은 문장이 바로 그런 예다. "1,000년 세월의 관점에서 바라볼 때, 탄화수소를 기반으로 하는 현대 문명은 인류 역사에서 짧은 간주곡에 지나지 않는다."[224)]

이 말은 틀림없는 사실이다. 1,000년 전 우리는 석유를 사용하지 않았다. 그리고 지금으로부터 1,000년 후에는 아마도 태양 에너지나 핵융합 에너지, 혹은 지금으로서는 아직 생각할 수도 없는 다른 기술로 생산된 에너지를 사용할 것이다. 그런데 문제는 그런 말이 과연 우리가 언제 에너지 공급원을 바꿔야 하는지 그 시간대의 범위를 좁혀주지 못한다는 점이다. 지금 당장 바꿔야만 하는 것일까? 50년 후에? 아니면 200년 후에? 1,000년 단위로 세상을 바라보면 대부분의 사안들이 짧은 간주곡이 되어버린다. 백년전쟁, 르네상스, 20세기, 그리고 우리의 인생 등이 다 그렇다.

마찬가지로 생태계의 변화가 야기할 수 있는 결과를 논의할 때 오직 부정적인 결과만을 생각하고 언급하는 편이 한결 용이하다. 아마도 이런 점은 지구 온난화와 기후 변화를 논의할 때 더욱 분명해질 것이다. 〈뉴스위크〉의 기후 변화 관련 기사를 예로 들어보자.

> 지구의 기후 패턴이 급격히 변하기 시작했으며, 이런 변화가 식량 생산의 극적인 감소를 예고하는 것일 수 있다는 불길한 징조들이 있다. 이런 사태는 지구상의 거의 모든 국가에 심각한 정치적 의미를 지닌다. 식량 생산의 감소가 어쩌면 아주 빠른 시일 안에 시작될 수도 있다. 어쩌면 앞으로 10년 후의 일이 될지도 모른다.
>
> 이런 예측을 뒷받침하는 증거들이 현재 너무 방대하게 축적되고 있기 때문에 기상학자들은 그것들을 검토하느라 애를 먹고 있다. 영국에서는 농부들

이 1950년 이래 작물 재배 가능 기간이 약 2주 정도 감소했음을 발견했으며, 그 결과 전체적인 곡물 생산량이 매년 최고 10만 톤까지 감소한 것으로 추정되었다. 같은 기간 적도 지방의 평균 기온은 1도 이하의 극히 소폭 상승하는 데 불과했지만, 약간의 기온 상승이 일부 지역에서는 가뭄과 토지 황폐화를 의미할 수도 있다. 지난 4월에는 토네이도로 인해 역사상 가장 심각한 피해가 발생했다. 미국 13개 주에서 148회에 걸친 토네이도 발생으로 300명 이상이 사망했으며, 5억 달러 상당의 재산 피해를 입었다.

이처럼 겉으로 보기에는 별로 관계가 없는 것 같은 사건들이 과학자들에게는 세계 기후의 근본적인 변화를 알리는 사전 예고로 간주된다. 이런 추세의 원인과 범위에 대해서는 아직 기상학자들의 의견이 엇갈리고 있다. 그런 현상이 국지적인 기후에 구체적으로 어떤 영향을 미치는지에 대해서도 마찬가지다. 그러나 이런 추세가 농업 생산성을 감소시킬 것이라는 점에 대해서는 의견이 거의 일치한다.[225)]

이런 주장은 우리가 오늘날 듣고 있는 온실 효과에 대한 걱정과 놀라울 정도로 비슷하다. 그렇지만 위의 기사는 사실상 1975년에 '세상이 추워지다(The Cooling World)'라는 제목으로 실린 것이다. 그 당시에 사람들은 모두 지구 온난화가 아니라 지구 '냉각'을 걱정하고 있었다. 물론, 오늘날에는 지구 온난화(이 문제는 제5부에서 다루겠다)에 대한 걱정을 뒷받침해주는 더 나은 주장들과 더 믿을 만한 모델들이 존재한다. 그리고 우리 사회가 현재의 기온에 적응해 있기 때문에 지구가 추워지든 따뜻해지든 엄청난 비용이 들 것이다.

그렇지만 위의 기사가 지구 냉각의 긍정적인 결과들을 분명히 배제하고 있음에 주목하기 바란다. 오늘날 우리는 지구 온난화 때문에 말라리아 발생 지역이 확대될 것이라고 걱정하고 있다. 따라서 만약 지구가 추워진다고 믿는 사람이라면 말라리아 감염 지역이 축소된다는 점을 인정했어야 마땅하다. 마찬가지로 만약 지구 냉각으로 농작물의 경작 기간이 짧아지는 것을 걱정했다면 지구 온난화로 그 기간이 늘어나는 것을 기쁘게 받아들여야 할 것이다.[226] 미국이나 영국에서 현재보다 기온이 높아질 때 일사병으로 인한 사망자가 늘어날 것은 분명하다. 그러나 동사자의 감소폭이 그것을 훨씬 웃돌 것이라는 점은 거의 지적하지 않는다. 미국의 경우 동사자는 일사병 사망자의 2배에 이른다.[227] 특히 여기에서 주목해야 할 점은, 세계적으로 지구 온난화로 인해 발생하는 총 비용이 지구 온난화의 모든 혜택을 합한 것보다 더 많으리라는 추정에 아무런 이의도 제기하지 않고 있다는 것이다. 만약 우리가 모든 정보를 감안하여 현명한 결정을 내리고자 한다면 비용과 혜택을 모두 고려해야 할 필요가 있다. 만약 수사적인 언사에 현혹되어 비용 쪽에만 관심을 기울인다면 우리는 비효율적이고 편향된 결정을 내리게 될 것이다.

환경 문제와 관련해 되풀이되는 또 하나의 은유는 현재의 상황을 이스터 섬의 역사에 비유하는 것이다. 칠레에서 서쪽으로 3,200킬로미터 이상 떨어진 태평양에 위치한 이 작은 섬은 화산암으로 조각된 거대한 두상 800여 개가 섬 전체에 흩어져 있는 곳으로 유명하다.[228] 고고학적 증거에 따르면 이곳에서 번성하던 문명은 놀라운 조각상들을 만들어냈지만 동시에 서기 900년경부터 삼림을 남벌하기 시작했다. 베어낸 나무들은 조각상을 운반하는 데 쓰이거나, 장작이나 건축재로 사용되었다. 1400년경에 이르자 야자수 삼림이 완전히 사라져버렸고 식량 생산도 감소했다. 조각상의 생산은 1500년경에 중단되었다. 1722년 네덜란드 배들이 이곳에서 가난한 사람들의 사회를 발견하기 전에 이미 이곳의 인구는 전쟁과 굶주림으로 80%나 감소한 상태였던 것 같다.

그때 이후 이스터 섬은 환경보호주의자들에게 아주 매력적인 비유 대상이 되었다. 한 사회가 어떤 한계를 넘어섰을 때 비참하게 무너지는 전형적인 모습을 보여준다고 생각한 것이다. 환경 문제를 다룬 한 대중 서

적은 어떤 주장을 제시할 때마다 거듭 이스터 섬의 사례를 이용했다. 이스터 섬은 심지어 이 책의 표지에도 실려 있다.[229] 월드워치연구소는 새로운 천년의 도래를 기념해서 발간한 책에서 다음과 같이 말한다.

> 자원이 고갈된 후 스스로의 생존을 위해 어디에도 기댈 수 없었던 고립된 지역, 이스터 섬의 사례는 자원이 한정되어 있는데도 인류 경제가 지속적으로 팽창할 때 무슨 일이 벌어질 수 있는지를 특히 적나라하게 보여준다. 지상에 더 이상 미개척 지역이 남아 있지 않은 현실에서 긴밀하게 연결된 세계 경제를 창조함으로써 인류는 이스터 섬 사람들이 겪은 과거 16세기의 상황과 유사한 전환점에 도달해 있다.[230]

아이작 아시모프는 "만약 현재의 우리가 이미 사라져버린 이스터 섬 사람들처럼 형편없는 상황에 처해 있지 않다면, 그것은 순전히 우리에게 파괴할 나무가 처음부터 더 많았기 때문"[231]일 뿐이라고 말한다.

이런 수사학적 표현의 문제는 역시 그 표현이 사회 붕괴가 실제로 가능하다는 점만을 지적할 뿐 왜 그런 붕괴가 일어날 가능성이 높은지를 설명하려는 노력은 전혀 찾아볼 수 없다는 데 있다. 1만 개가 넘는 태평양의 섬 중에서 이스터 섬을 비롯한 12곳만이 환경 쇠퇴나 붕괴를 겪었을 뿐이며, 나머지 대부분의 사회는 지금까지 번영을 누리고 있다는 사실을 인정해야 한다.[232] 더욱이 이스터 섬의 모델은, 그 섬 사람들이 성장 속도가 유독 느려서 큰 나무로 성장하기까지 무려 40~60년이 걸리는 칠레산 와인 야자수에 의존했기 때문에 그토록 유별난 사태를 경험하게 되었음을 알려주는 것처럼 보인다.[233] 바로 이런 점 때문에 이스터 섬은 폴리네시아의 다른 모든 섬들과 차별화된다. 다른 섬에서는 성장 속도가 빠른 코코넛 나무와 피지산 부채꼴 야자수 덕분에 처음부터 환경 쇠퇴가 나타날 가능성이 별로 없었던 것이다.

더욱이 생태계 붕괴를 예측하는 모델들이 현실화되기 위해서는 인구가 계속 증가하면서 점점 더 많은 자원을 동원해 생태계의 한계를 넘어서는 생산이 이루어져야 한다. 그런데 현대 사회에서는 그런 시나리오가 현실화될 가능성이 극히 적다. 부가 증가하면서 출산률 역시 낮아졌기 때문이다(인구통계학상의 변천에 대해서는 제2부에서 얘기하겠다).[234] 그리고 마지막으로, 현대 사회에서는 무역과 교통 수단의 발달로 설령 어느 한 지역에서 재앙이 발생하더라도 거기에 대처하기가 예전보다 한결 용이해졌기 때문에 파멸적인 시나리오가 작동할 여지가 확실히 줄었다는 점을 강조할 필요가 있겠다.

건실한 과학적 분석 대신에 수사법에 의존하다 보면, 우선 형편없는 예측을 수없이 내놓게 되고 이어서 어느 한쪽으로 치우친 결정을 내리게 된다. 아마도 그런 사례의 가장 유명한 예는 1972년 출간되어 세계적인 베스트셀러에 오른 《성장의 한계(Limits to Growth)》에서 제시한 자원 고갈론적 주장일 것이다. 이 책은 금은 1981년에, 은과 수은은 1985년에, 그리고 아연은 1990년에 각각 고갈될 것이라고 예측했다.[235] 그러나 제3부에서 논의하겠지만, 대부분의 자원은 사실 과거보다 더 풍부해졌다. 금, 은, 수은, 아연이 지금도 존재하고 있음은 말할 필요도 없다.

이 책 전체를 통해서 우리는 대개 수사학적으로나 만족스러운 주장에 근거한 형편없는 예언들을 많이 보게 될 것이다. 따라서 여기에서는 우선 미국에서 가장 유명한 환경보호주의자 중 한 사람으로 많은 글을 발표하고 있는 폴 에를리히(Paul Ehrlich) 교수의 사례 두 가지를 제시하는 것으로 이 장을 마치도록 하자. 에를리히 교수와는 나중에 다시 만나게 될 것이다.

1970년 제1회 지구의 날을 맞아 폴 에를리히는 서기 2000년의 시점에서 과거를 되돌아보는 내용으로, 미국 대통령에게 보내는 가상 보고서를 진보적 월간지 〈프로그레시브(The Progressive)〉에 기고했다.[236] 외형적으로 보고서 형식을 띤 이 글은 1960년대와 1970년대의 환경 관련 연구자들이 인구 과잉, 기아, 환경 파괴 등이 '환경과 공중 보건의 재앙'으로 이어질 것이라고 '계속해서 지적했음'을 강조했다.[237] 불행히도 사람들은 그런 경고에 별로 주의를 기울이지 않았는데, 에를리히는 미국의 인구가 2,260만 명(현재 인구의 8%)으로 급감하고 1일 식량 섭취량이 2,400칼로리(현재 아프리카의 평균치보다 적다)에 불과해 예전의 모습을 거의 찾아볼 수 없는 지경이라고 주장했다.[238] 에를리히는 "인구가 줄어든 데다가 더 이상 사람이 살지 않는 로스앤젤레스 등 여러 도시에서 계속 폐품을 회수할 수 있기"[239] 때문에 미국이 성장을 위협하는 자원 고갈 사태에 당장 직면할 것 같지는 않다고 거의 비꼬듯이 말했다.

에를리히는 1974년 아내 앤과 공동으로 쓴 책 《풍요의 끝(The End of Affluence)》에서 이런 견해에 다시 살을 붙였다.[240] 이 책에서 두 사람은 지구 냉각 때문에 농업 생산량이 감소할 것이라고 걱정했다(그러나 그 이후 농업 생산량은 53% 증가했다. 도표 51).[241] 그리고 전세계 어획량이 이미 최대치에 도달했기 때문에 어업이 곤란을 겪게 될 것이라 예측했다(도표 57에서 볼 수 있듯이 그때 이후 전세계 어획량은 55%나 증가했다).[242] 그들은 "국민총생산 성장에 대한 비정상적인 애정에 빠진" 과대 망상적인 경제학자들이 인류 사회를 주도하고 있는 것으로 간주했다.[243] 그 궁극적인 결과는 명백했다.

"금세기의 나머지 기간 동안 우리는 계속 에너지 부족에 시달릴 것이며, 1985년이 되기 전에 인류는 에너지 외에도 많은 것들이 부족해지는 진정한 결핍의 시대에 들어설 것이 확실해 보인다. …… 식량, 깨끗한 물, 구리, 종이 등 다양한 일용품을 구하기가 점점 더 어려워지고 가격이 훨씬 더 비싸질 것이다. …… 사람들이 기아에 허덕일 뿐만 아니라 산업 역시 필요한 원자재를 구하지 못하는 물자 결핍 상태를 겪게 될 것이다."[244]

이런 주장들은 비록 수사학적으로는 대단한 설득력을 지니고 있지만 시간은 그런 예언에 그리 호의적이지 않았다. 따라서 우리 세계가 처해 있는 상황에 대한 자료를 평가할 때는 수사학이나 극단적으로 단순화된 모델들에 휘둘리지 않으며 가장 정확한 지표와 최고의 모델을 사용하고 제시하는 것이 대단히 중요하다.

현실

환경 문제를 논의할 때 오로지 사실만을 얘기하며 냉정한 태도를 유지하기란 매우 어렵다. 누구나 다 환경 문제에 대해서는 자기 나름대로 확실한 인식을 지니고 있기 때문이다. 그러나 심지어 환경주의자라 해도 환경에 대해서는 물론, 보건, 교육, 사회 기반 시설, 국방 등 여러 분야에서 우리가 어디에 먼저 노력을 기울여야 하는지 그 우선순위를 매길 수 있는 능력을 갖추는 것이 대단히 중요하다.

지난 몇십 년 동안 우리는 지구 환경이 악화되고 있다는 뻔한 이야기들이 이 세계 상황을 가장 적절히 묘사하고 있다는 인식을 발전시켜왔다. 우리는 지구 환경이 좋지 않은 상태에 놓여 있다는 것을 알고 있다. 많은 사람들이 자기의 주장을 증명하기 위한 증거를 거의 내놓지 않고도 앞에서 살펴본 것과 같은 잘못된 주장을 할 수 있었던 것도 결국 그 때문이다. 그리고 바로 똑같은 이유로 우리는 지구 환경이 사실상 그렇게 한심한 상태는 아니라고 말하는 사람들에게 지극히 회의적인 태도를 보이는 경향이 있었다. 이는 자연스럽고 건강한 반응이다. 그리고 그것이 바로 내가 이 책에서 내 주장을 설명하기 위해 그렇게 많은 '증거들'을 제시하는 이유이기도 하다.

따라서 이 책은 보기 드물게 주가 많다. 그러나 독자 여러분이 반드시 주를 읽지 않고서도 책을 쉽게 읽을 수 있게 쓰려 노력했다. 만약 여러분이 이 책의 어떤 사항을 믿기 어렵다고 생각한다면 언제라도 내가 제시한 정보를 확인해볼 수 있을 것이다.

또 이 책에서 1,800종 이상의 참고 문헌을 인용했다. 그렇지만 가능한 한 많은 자료를 인터넷에서 구하려 노력했다. 내 글을 확인하고 싶어하는 사람들이 마음대로 이용할 수 있는 연구용 도서관을 하나씩 가지고 있을 거라고 기대하는 건 터무니없는 일일 것이다. 그러나 대개는 인터넷에 접속해서 관련 문서를 내려받기만 해도 내가 자료를 구한 곳을 확인할 수 있고, 또한 내가 그 자료를 어떻게 해석했는지 살펴보기에 충분할 것이다. 물론 관련 문헌에서 핵심적인 역할을 하는 서적과 논문들을 인터넷에서 모두 구할 수 있는 것은 아니다. 그렇지만 인터넷은 내가 2001년 5월 이 책의 집필을 끝마치는 순간까지도 갱신된 자료를 통해 책의 내용을 바로잡을 수 있게 해주었다.

그러나 내게 있어서 가장 중요한 것은 자료 출전의 신뢰성에 의심의 여지가 없어야 한다는 점이다. 이 때문에 내가 사용한 통계 자료의 대부분은 환경 관련 토론에 참여하는 사람들 대다수가 널리 인정하는 공식 기관에서 가져왔다. 여기에는 최고의 국제 기구인 유엔과 유엔의 모든 부속 기구, 즉 식량농업기구(FAO, 식량 관련 자료), 세계보건기구(WHO, 보건 관련 자료), 유엔개발계획(UNDP, 개발 관련 자료), 유엔환경계획(UNEP, 환경 관련 자료) 등이 포함된다. 또한 세계은행이나 국제통화기금과 같은 국제 기구에서 발표한 경제 지표 관련 통계 수치를 사용했다.

현재 사용할 수 있는 통계 자료들을 많이 모아둔 기구로는 2곳이 있다. 세계자원연구소(WRI, World Resources Institute)는 유엔환경계획, 유엔개발계획, 세계은행 등과 함께 중요한 전세계 통계 자료들에 대한 개요를 2년마다 발표하고 있다. 월드워치연구소 역시 매년 많은 통계 자료들을 작성하고 있다. 미국의 정부 기관들도 환경, 에너지, 농업, 자원, 인구 등 많은 분야에서 전세계적으로 정보를 수집하고 있다. 이런 기관들로는 환경보호청(EPA, 환경), 농무부(USDA, 농업), 지질조사국(USGS, 지질 조사), 인구통계국(Census Bureau) 등이 있다. 마지막으로 OECD와 유럽연합도 세계적인 통계와 지역적인 통계를 자주 수집하고 있는데, 그 자료들 역시 이 책에서 사용했다. 각 국가의 통계에 대해서는 각 나라의 관련 부서와 기타 기관에서 나온 자료들을 사용하려 노력했다.

물론 유엔환경계획에서 발간한 자료라는 이유만으로 그 수치에 전혀 잘못이 없다고 할 수는 없을 것이다. 그런 통계 수치들의 원 출전은 덜 '공식적'인 출판물인 경우가 많다. 따라서 이런 자료의 출전을 비판하는 것은 얼마든지 가능하다. 그러나 내가 논란의 여지가 아주 많고 일반적으로 인정되는 지식에서 벗어난 몇몇 결과들을 선별해서 제시한 것에 대해 그리 심각하게 걱정할 필요는 없을 것이다. 이와 동시에 자료 수집을 주로 공식적인 기관에 의존했다는 사실은 내가 인터넷의 커다란 문제점 중 하나를 가능한 피하고자 했음을 의미한다. 인터넷이라는 대단히 분산적인 네트워크에서는 사실 어떤 주장이든 뒷받침할 수 있는 자료를 얼마든지 찾아낼 수 있기 때문이다.

따라서 여러분이 이 책을 읽으면서 "설마, 그럴 리가 없어"라는 생각이 들 때, 내가 제시하는 통계 자료가 세계자연보호기금이나 그린피스, 월드워치연구소 등이 사용하는 자료와 대부분 동일하다는 점을 기억해주기 바란다. 사람들은 '다른 사람'이 사용하는 통계 수치가 어디에 있는지 자주 의문을 품지만 '다른' 통계 수치란 존재하지 않는다. 이 책에 사용한 수치들은 모든 사람들이 사용하는 공식적인 통계 수치다.

세계 상황에 대하여 레스터 브라운과 내가 TV 토론을 했을 때, 토론 주제 중 하나는 1950년 이후 지구 전체의 삼림이 증가했는가 아니면 감소했는가 하는 문제였다.[245] 브라운은 처음에 식량농업기구의 《생산 연감(Production Yearbook)》에 수록된 자료를 봐야 한다는 반응을 보였다. 이 책은 1949년부터 1994년까지 삼림 면적을 계산해놓은 유일한 자료이다. 그런데 내가 참고 자료로 사용한 책도 이 책이었으므로 우리는 근거 자료에 대해서는 의견의 일치를 본 셈이었다. 사실 우리는 과연 누가 그 책의 수치를 제대로 인용했는지를 놓고 토론을 벌인 것에 불과했다.

레스터 브라운은 삼림 면적이 감소했다고 믿은 반면에 나는 삼림이 증가했다고 생각했다. 나는 레스터 브라운에게 내기를 제의했는데 그는 내키지 않는 듯 거절했다. 만약 그가 이 내기를 받아들였다면 분명히 졌을 것이다.

1950년에 유엔 식량농업기구는 전세계 삼림 면적이 4,024만 평방킬로미터라고 추정했다. 그리고 1994년에는 그 면적이 4,304만 평방킬로미터였다(도표 60).[246]

현실과 도덕성

이제 마지막으로 환경 관련 논의의 도덕적인 측면을 살펴봐야겠다.

우리가 평화와 자유를 찬성하고 기아와 파괴에는 반대할 수밖에 없듯이, 마찬가지로 환경 문제에 대해서도 찬성 이외의 다른 태도를 취하기가 불가능하다. 그렇지만 바로 이 때문에 환경 관련 논의가 특이한 지위를 갖게 되었다. 지난 수십 년 동안 환경 관련 논의가 진행되면서 진실과 선의가 점점 더 많이 결합하게 되었던 것이다.[247] 우리는 뻔한 이야기들에 그냥 친숙해지기만 했던 것이 아니라 그런 이야기가 사실이라고 확신하게 되었다. 또한 그런 이야기와 조금이라도 다른 주장을 펼치는 사람은 불온하고 사악한 의도를 갖고 있음이 틀림없다고 확신하기까지 한다.[248]

따라서 환경 분야의 몇몇 대가들과 덴마크 환경부 장관이 나를 가리켜 분명 우익 급진주의자일 것이라고, 아니면 적어도 우익의 전령사 정도는 될 것이라 주장한 것도 그리 놀라운 일은 아니다.[249] 다소 맥 빠지는 일이기는 해도 말이다. 이들의 주장은 물론 사실을 밝히는 것과는 아무런 관계도 없다. 내가 주장하고자 하는 것은 상황이 개선되고 있으며, 이런 주장은 반드시 사실에 근거해야만 한다는 점이다.

이 책을 쓰게 된 동기는 사악하지도 은밀하지도 않다. 아주 간단히 말해서, 나는 모든 사람들이 가장 정확한 정보에 접근할 수 있다면 민주주의가 더 훌륭하게 기능한다는 것을 잘 알고 있다. 환경 문제처럼 지극히 중요한 이슈에 대한 논의가 사실보다 허구에 의존한다면 그것은 결코 우리가 살고 있는 사회에 이익이 될 수 없다.

내 강연에서 많은 사람들은 상황이 생각하는 것만큼 그리 나쁘지 않다는 내 주장이 옳을지는 몰라도, 그것을 공개적으로 너무 크게 떠들어서는 안 된다고 지적하곤 했다. 그런 주장 때문에 우리가 상황을 너무 편하게 받아들일 우려가 있다는 것이다. 그렇지만 설령 그런 입장을 취하는 사람이 있다고 해도 그런 태도가 사실상 민주주의에 얼마나 어긋나는지는 반드시 알아야 한다. 우리(소수의 선각자들)는 진실을 알고 있지만 일반 대중이 그 진실을 알게 되면 '올바르지 않은' 행동을 하게 될 것이므로 그 진실이 널리 퍼지지 않도록 자제해야 한다니! 더욱이 그런 식의 주장은 장기적으로 볼 때 환경 운동에도 해가 될 것이다. 그렇게 할 경우 환경 운동의 가장 가치 있는 자산인 '신뢰성'을 좀먹을 것이기 때문이다. 나는 일부 엘리트주의자들을 위해서 또는 일반적인 선을 위해 진실을 발표하지 않는 것이 허락되려면 반드시 매우 강력한 논거가 제시되어야 한다고 생각한다.

그렇다고 해서 내가 무책임한 자유 시장 지향의 개인주의자라는 뜻은 결코 아니다. 나는 불필요한 오염을 예방하고 사람들이 책임을 회피하는 사태를 막기 위해 반드시 환경 문제에 개입해야 하는 상황이 많이 존재한다고 믿는다. 그렇지만 우리가 개입하는 것이 논리적으로 합당할 경우에만 그렇게 해야 한다. 상황이 내리막길을 걷고 있다고 믿게 하는 근거 없는 얘기와 걱정 때문에 그런 개입을 허용해서는 안 된다.

사람들이 환경에 대해 걱정하는 것 자체가 환경을 깨끗하게 하는 중요한 동기가 된다는 말을 자주 듣곤 한다. 실제로 이전 시대의 사람들이 환경을 걱정했기 때문에 이 책에 실린 그래프들이 올바른 방향을 향하고 있다는 얘기다. 그러나 이런 말은 흔히 오해로 이어지며 심지어는 아예 틀린 경우도 있다. 런던의 대기 오염은 19세기 말 이후 계속 개선되었다(도표 86). 그러나 20세기 대부분에 걸쳐 이루어진 대기 오염도 감소는 주로 사회 기반 시설의 변화와 연료 전환에 의한 것이었다. 설령 정책 기조의 변화에 환경에 대한 우려가 반영되었다고 해도 그 기여도는 극히 제한적이다. 더욱이 지난 30년 동안, 예를 들어 대기 오염의 경우에는 틀림없이 그래왔을 것이라고 짐작되듯이 어떤 정책적 결정을 내릴 때 환경에 대한 걱정이 중요한 작용을 했다 하더라도, 그 때문에 자원이 최선의 방법으로 사용되었다고 확신하기는 쉽지 않다.[250] 환경에 대한 걱정에 지나치게 반응했던 나머지 필요 이상의 돈을 환경 문제에 사용해왔다는 점에서, 환경 문제에 대한 걱정을 옹호하는 주장은 앞에서 보았던 민주주의적 딜레마의 재현이다. 설령 그렇게 대중적인 근심을 부추겨서 환경 보호의 관점에서는 더 '올바른' 선택을 이끌어낼 수 있다 해도 민주주의의 관점에서 본다면 정책 결정의 우선순위가 '옳지 않은' 순서로 이루어질 가능성이 크다. 그런 과도한 우려가 유권자들의 편견 없는 선택을 왜곡시킬 것이기 때문이다.

전반적으로 우리는 경제가 환경 기반을 파괴하고 있다는 사회적 통념과 맞서야 할 필요가 있다.[251] 우리는 그 동안 경제 복지의 향상과 자연 환경의 개선 중 어느 하나를 선택하는 일이 불가피하다는 믿음을 키워왔다.[252] 그러나 놀랍게도, 이 책에 자세히 기록되어 있듯이 환경 개선은 대체로 경제 발전에서 유래한다. 우리가 경제적으로 충분히 풍요로워졌을 때에야 비로소 환경에 신경 쓸 수 있는 여유를 갖게 되는 것이다. 가장 일반적인 차원에서 이 주장을 살펴보고 싶다면 도표 9를 보자. 이 도표는 전반적으로 소득이 높을수록 환경의 지속성을 더 잘 유지할 수 있다는 분명한 상관 관계를 보여준다.[253]

또한 이런 사실은 자원 배분의 우선순위를 설정하는 데 많은 점을 시사

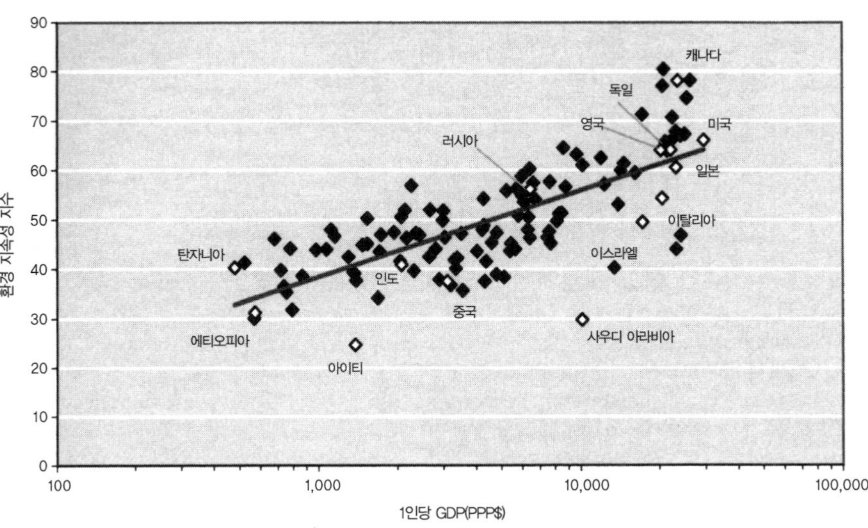

도표 9 전세계 117개국의 1인당 GDP와 환경 지속성 지수 사이의 상관 관계. 22개의 환경 범주에 대해 67개 변수를 조사했다.[254] 각 국가의 위치와 최적선이 표시되어 있다. 출전: WEF 2001a&b, World Bank 2000c.

한다. 대다수 사람들은 오염 없는 환경을 이룩해야 한다고 즐겨 말한다. 물론 그것은 아주 바람직한 생각이다. 마찬가지로 질병이 없는 나라라든지 모든 젊은이들에게 최고의 교육을 제공해줄 수 있는 나라를 만드는 것도 역시 좋은 일임에 분명하다. 그렇지만 이런 생각들이 정작 현실에서는 실현될 수 없는 데는 그만한 이유가 있다. 즉 질병을 모두 없앤다거나 가장 둔한 학생들까지도 최고 수준의 교육을 받게 하는 데는 터무니없이 많은 비용이 들기 때문이다. 우리는 제한된 자원을 사용하는 데 있어서 항상 우선순위를 선택할 수밖에 없다.

미국의 한 경제학자는 설거지를 할 때, 그릇을 깨끗이 닦는 것이 아니라 용인할 수 있는 수준까지 더러운 오물을 희석시키는 데 목표를 둔다고 지적한 적이 있다.[255] 만약 다 씻은 접시를 전자현미경으로 들여다본다면, 틀림없이 수많은 미세먼지와 기름 찌꺼기를 보게 될 것이다. 하지만 우리에게는 접시를 조금 더 깨끗하게 닦느라 하루를 온통 다 보내는 것보다 훨씬 더 좋은 할 일들이 많다(게다가 접시를 완벽하게 깨끗이 닦는 일 자체가 불가능하다). 따라서 우리는 해야 할 일의 우선순위를 정하고 약간의 기름 찌꺼기를 그냥 견디며 사는 삶을 선택한다. 우리가 얼마나 깨끗이 설거지를 해야 하는지는 설거지를 하는 데 들이는 시간과 놀면서 즐기는 시간 사이에서 각 개인의 선택에 달려 있다. 그런데 여기에서 중요한 것은 우리가 현실 세계에서는 결코 100% 완벽함을 추구하지는 않는다는 점이다.

따라서 우리는 다른 문제들을 해결하는 데 더 많은 돈과 노력과 시간을 사용할 수 있도록 하기 위해 그 정도면 충분히 개선되었다고 인정할 수 있는 오염도의 수준을 결정해야 한다. 그러기 위해서는 근거 없는 속설을 과감히 물리치고 현재 획득 가능한 최고의 지식에 접근할 수 있어야 한다. 이 책의 목적이 바로 여기에 있다.

2 왜 좋지 않은 뉴스뿐일까

1992년 여러 나라에서 '지구의 건강 상태'라는 제목으로 대규모 여론 조사가 실시되었다.[256] 이 조사의 의도는 환경을 대하는 사람들의 태도와 환경에 대한 걱정이 과연 부유한 나라에서만 나타나는가 하는 점을 검증하는 데 있었다. 조사에 응한 많은 사람들이 환경에 대한 걱정을 피력했다. 조사에 참가한 24개국 중 16개국에서 환경을 가장 중요한 세 가지 문제 중 하나로 꼽았다.[257] 개발도상국과 선진국을 모두 포함한 대다수 국가에서 전체 인구의 50% 이상이 환경 관련 문제를 걱정했다.[258] 다음으로 조사 대상자들에게 자신이 거주하는 지역과 국가, 그리고 전세계 환경의 질에 대해 어떻게 생각하는지 물었는데, 그들의 답변이 도표 10에 나타나 있다.

조사 대상국 대다수에서 국민들은 전세계 환경이 최악의 상태이며, 자기 나라의 환경은 그보다 조금 낫고, 마지막으로 자기 지역의 환경은 그 셋 중에서 최고의 상태를 유지하고 있다는 견해를 피력했음에 주목하자. 사회주의에서 자본주의로 이행하는 과도기라서 구체적인 환경 문제들이 손에 잡힐 듯 뚜렷하게 나타나는 러시아나 폴란드 같은 나라의 국민들도 마찬가지였다.

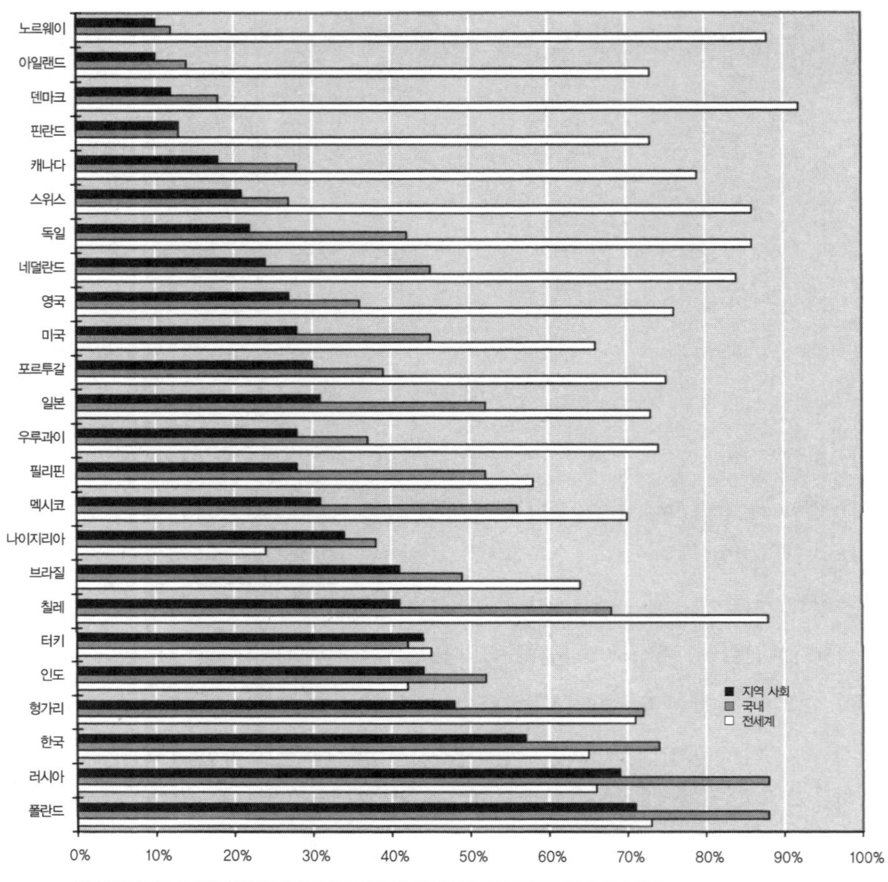

도표 10 지역, 국내, 전세계의 환경이 상대적으로 상당히 나쁘다고 대답한 응답자 비율. 출전:Dunlap et al. 1993:12.

언뜻 보면 사람들의 이런 일반적인 인식은 충분히 합리적인 것처럼 보인다. 미국인과 영국인 역시 자기들이 거주하는 지역의 환경이 자기네 나라 전체의 환경보다 낫고, 나라 전체의 환경은 엉망이 된 전세계의 환경보다 훨씬 낫다고 믿는 패턴을 따르고 있다. 이 나라들과 역시 같은 인식 패턴을 보이고 있는 독일의 경우를 한번 살펴보자. 독일에서는 지역의 환경이 좋지 않은 상태라고 믿는 사람이 22%인 반면, 나라 전체의 환경이 좋지 않은 상태에 있다고 믿는 사람은 거의 2배(42%)나 된다. 하지만 모든 사람이 자기가 사는 지역의 환경이 나라 전체의 평균적인 환경보다 낫다고 믿는 것이 과연 합리적일 수 있을까? 모든 사람이 자기네 쪽의 풀밭이 더 푸르다고 믿는 것이 과연 합리적일까? 이 여론 조사가 독일 전역을 조사 대상으로 삼고 있으므로 이처럼 자기네 동네의 환경이 다른 지역보다 낫다는 생각을 모든 사람이 가질 수는 없을 것이다. 모든 사람이 모든 지역 평균치보다 환경이 더 잘 보존된 지역에서 사는 것은 불가능하기 때문이다.

그런데 우리는 심리학에서 이와 비슷한 현상이 나타나는 것을 잘 알고 있다. 자동차 운전자들을 대상으로 한 면담 조사 결과를 보면, 자신의 운전 실력이 평균보다 낫다고 주장하는 사람이 70~90%나 되는 현상이 일관되게 나타난다.[259] 이와 마찬가지로 1990년대 초에 미국 국민들이 환경 문제를 충분히 걱정하지 않는다고 주장한 미국인은 전체의 70% 이상이었다. 정작 이 70%에 속하는 사람들 자신은 환경 문제를 충분히 걱정하고 있었음이 명백한데도 말이다.[260]

따라서 사람들은 자신이 사는 지역의 환경에 대해 편향된 시각을 갖고 있는 셈이다. 이런 현상은 조사가 실시된 대부분의 나라에서 되풀이해 나타났다. 대부분 응답자들은 자신이 사는 곳보다 자기 나라의 '다른 지역' 환경이 더 나쁘다고 믿고 있다. 전세계적인 여론 조사 결과를 보더라도 똑같은 논리가 범지구적인 차원에서 그대로 적용된다. 대다수 국가의 사람들은 자기 나라보다 '어딘가 다른 곳'의 환경이 더 나쁘다고 믿고 있다.

이런 현상에 대해 다른 설명도 물론 가능하다. 우리가 국가적 차원이나 국제적 차원에서 경험하는 환경 문제가 어느 특정 지역에 집중되지 않는다거나 또는 인구가 드문 지역에서 발생한다고 생각해보는 것도 전혀 불가능한 것은 아니다. 그렇지만 이런 현상이 전세계적으로 일관되게 나타나는 것은 우리가 직접 경험을 통해 알게 된, 우리와 가까운 것들에 대한 일반적 지식이 환경에 대한 걱정의 일차적 원인이 아니라는 사실을 분명히 말해준다. 사람들은 항상 물리적으로나 정신적으로 자신에게서 멀리 떨어진 곳의 상황을 더 걱정하는 것 같다.

이는 환경 우려의 상당 부분이 다른 사람에게서 전염된 것임을 시사한다. 나는 이 장에서 이런 걱정을 전파하는 가장 중요한 세 가지 매체, 즉 연구자와 환경 단체, 그리고 대중 매체에 대해 살펴볼 것이다. 또 이 세 매체가 우리에게 전달하는 소식에 부정적인 내용이 압도적으로 많은 데는 충분한 이유가 있다고 주장할 것이다. 마지막으로, 나쁜 소식에 기꺼이 귀를 기울이고 그것을 믿어버리는 우리의 태도에 대해서도 언급할 것이다.

파일 박스 문제와 데이터 마사지

연구자들이 어떤 문제를 오랫동안 조사했는데 중요한 상관 관계를 하나도 찾아내지 못했다면, 아주 성가신 문제가 발생한다. 사실 이런 일이 그리 드물지 않다. 이럴 때 어떻게 해야 할까? 연구 결과를 있는 그대로 발표할 수도 있을 것이다('상관 관계가 하나도 없다는 점 역시 흥미롭다'는 식으로). 그러나 대부분의 학술지 편집자들은 이런 논문에 상당히 부정적인 태도를 보이기 때문에 그런 식의 연구 결과는 대체로 파일 박스 서랍에 처박히는 신세가 되고 만다.

학술지 편집자가 '훌륭한 상관 관계'를 밝혀내지 못한 논문을 거절하는 것은 전적으로 이해할 수 있는 일이다. 그렇지만 그들의 그런 행동으로 말미암아 한쪽으로 편중된 연구 결과만 발표되는 경우를 초래하게 된다. 예를 들어, 수많은 연구자들이 송전선에서 발생하는 전자기장과 인간의 암 발생률 사이의 상관 관계를 조사했다고 가정해보자.[261] 이들 대부분은 상관 관계를 전혀 찾아내지 못했고, 따라서 그런 연구 결과는 발표되지 않을 것이다. 그러다가(아마도 순전히 우연의 일치겠지만) 한 연구에서 어떤 상관 관계가 처음으로 밝혀져서 발표된다면 그때부터는 일반 대중에게 커다란 파문을 일으킬 것이다. 그리고 이런 일이 벌어진 후에야 비로소 아무런 상관 관계도 발견하지 못했던 과거의 연구들이 흥미를 끌게 된다. 이런 현상은 '파일 박스 문제(file drawer problem)'라는 이름으로 알려져 있다. 먼저 사람들에게 겁을 주는 상관 관계가 발표되고 난 후 이어서 아무런 상관 관계를 발견하지 못했던, 파일 박스 속에 잠자던 연구 결과들이 발표되면서 처음의 공포를 잠재우는 것이다.[262]

한편, 너무나 많은 연구 결과를 축적한 나머지 그 결과 중 적어도 일부가 우연히 어떤 상관 관계를 보여주는 경우도 있을 수 있다. 농약 사용과 프랑스 농부들의 암 발생률에 대한 연구에서 농약과 뇌암 사이의 상관 관계가 발견된 적이 있는데, 우리는 왜 연구자들이 특별히 뇌암에 대해서만 의심을 품고 다른 암에 대해서는 그러지 않았는지 다소 수상쩍다는 생각을 할 수도 있다.[263] 하지만 학자들이 실제로 30여 가지의 암을 조사하다 보면 순전히 우연의 일치겠지만 적어도 어떤 한 가지 암 종류, 즉 뇌암에 대한 상관 관계를 발견할 수도 있는 것이다.[264] 이런 식으로 상관성 있는 연구 결과를 만들어내는 일을 흔히 '데이터 마사지(data massage)'라고 부른다. 의미 있는 결과가 도출될 때까지 데이터를 쥐어짜기 때문이다.[265] 연구자라면 누구나 다 흥미 있는 결과를 발표하고 싶어하기 때문에 데이터를 조금 더 세게 쥐어짜고 싶은 유혹이 적어도 어느 정도는 있게 마련이다.

여기서 중요한 점은 언론에 발표되는 모든 연구 결과들을 전적으로 신뢰해서는 안 된다는 것이다. 왜냐하면 누군가의 파일 박스 속에서 잠자고 있는 연구 결과들이 앞서의 연구 결과가 잘못되었음을 증명하게 될지도 모르기 때문이다.

과학적 연구

연구란 기본적으로 우리 자신과 우리 주위의 환경—그것이 인공적인 것이든 자연적인 것이든 상관없이—에 대한 진실을 밝혀내는 작업이다. 그러나 연구는 그냥 저절로 만들어지는 것이 아니다. 반드시 재정적 뒷받침이 있어야만 가능하다. 이것은 연구 대상이 되는 문제들이 어느 정도까지는 연구비를 지원하는 사람이나 집단의 영향을 받을 수 있다는 의미다.

우리가 살고 있는 현대 사회에서는 대부분의 연구가 공적 자금의 지원을 받는데, 이것은 그런 연구가 어느 정도 사회와 관련성을 가져야 한다는 기대가 반영되어 있음을 의미한다.[266] 이것 자체는 별로 수상쩍을 게 없다. 우리가 낸 세금으로 우리와 관련된 공익성 있는 연구가 이루어지는 것이니까 말이다. 그렇지만 바로 그런 속성 때문에 연구가 적지 않게 영향받는 것 역시 사실이다.

기본적으로 연구는 그 속성상 어느 한쪽으로 기울어지기 마련이다. 만약 어떤 과학자가 자기 분야의 연구에서 아무런 중요한 문제점도 발견하지 못했다면, 우리 사회는 그 분야에 더 이상 아무런 조치도 취할 필요가 없을 것이다. 반면에 매우 중대한 잠재력을 지닌 어떤 문제를 발견했다면, 우리 사회가 그 분야에 뭔가 조치를 취하는 것이, 아니 최소한 연구라도 더 철저히 시행하도록 하는 것이 상식이다. 이것은 다른 모든 조건이 동일하다면 연구자들은 문제가 야기되는 분야의 연구를 수행하는 경향이 있다는 뜻이다.

이와 동시에, 연구에는 또 하나의 단점이 있다. 정작 문제점이 무엇인지를 정확히 파악하는 일이 항상 쉬운 것만은 아니라는 점이다. 만약 미국 플로리다 주 앞 바다라 할 수 있는 멕시코 만에 주기적으로 산소 부족 현상이 발생한다면 그것 자체가 심각한 문제가 되지는 않을 것이다. 그러나 바다로 유입되는 영양 물질의 과다로 그런 현상이 더 자주 발생한다면 이것은 아주 심각한 문제가 될 수 있다. 결국 무엇이 문제인지 식별하는 데는 우리가 이 세상에서 관찰하는 대상을 해석할 때 사용하는 이론이 과연 어떤 것이냐에 달려 있다.

이처럼 어떤 잠재적인 연관성을 밝히는 데는 쉽게 이해할 수 있는 단순한 이론이 필수적이다. 즉 우리 인간의 행동(인간의 자연 훼손)과 분명히 식별 가능한 문제점 사이를 연결해줄 수 있는 이론 말이다. 그런데 대부분의 환경 문제는 그야말로 믿을 수 없을 정도로 복잡하기 때문에 어떤 이론이 옳은지 혹은 그른지를 짧은 시간에 결정하기 어려울 수 있다. 지구 온난화, 생물 종의 감소, 해저의 산소 고갈 등은 오랜 기간에 걸쳐 엄청난 비용을 들여야만 그 인과 관계를 밝혀낼 수 있는 문제들이다.

잠재적인 문제 발생의 소지가 있고 또 그 인과 관계를 쉽게 설명할 수 있는 이론을 제시할 수 있는 상황이 만들어지면, 연구를 더 진행시키기 위한 연구비를 충분히 확보할 수 있게 되며 그 결과 연구가 오랜 기간 지속될 수 있다. 이런 상황 자체가 잘못된 것은 아니다. 현실 속에서 이것은 사회의 제반 기능이 원활히 돌아가고 있다는 좋은 징표이다. 많은 연구자들이 각기 다른 문제를 연구함으로써 대부분의 문제들이 큰 문제로 발전하는 것을 막는 데 필요한 적절한 지식을 제공해주는 것이다.

효율적인 연구를 통해 미래에 문제가 될 수도 있는 것의 정보를 사전에 확보할 수 있을 것으로 기대하는 것은 당연하다. 그렇지만 그런 정보들을 많이 듣는다고 해서 그것을 반드시 파국의 날이 멀지 않았다는 징후로 받아들일 필요는 없다. 오히려 그 반대라 할 수 있다.

산성비가 그 좋은 예다(이 문제에 대해서는 나중에 살펴보겠다). 1970년대 말과 1980년대 초에 걸쳐 중부 유럽의 삼림이 큰 손실을 입은 것으로 나타났다. 이것만으로도 피해를 입은 나라의 과학자들은 상당한 관심을 가질 만했다. 게다가 독일의 연구자들은 손상된 삼림과 공업화로 인한 오염을 서로 연결시킬 수 있다는 신념 또한 가지고 있었다. 그들은 산성비에 노출된 모든 삼림이 상당한 피해를 입을 것이라고 예언했다.[267] 이것이 훨씬 더 큰 규모의 걱정으로 이어졌고, 급기야는 서구 대부분의 나라가 앞다투어 국가적 연구 프로그램을 시작하게 하는 계기를 마련해주었다. 또한 그 밖의 온갖 연구가 시행될 수 있는 여건도 마련해주었다. 노르웨이 최고의 산성비 전문가 중 일부는 다음과 같이 말했다. "산성비의 영향 연구에 거액의 기금을 받게 된 가장 중요한 이유는 삼림의 성장 저하 가능성이었다."[268)]

그리고 10년 후에는 그런 모든 걱정이 증발해버렸다. 산성비는 극히 희귀한 상황에서만 수목에 피해를 입혔던 것이다. 그렇지만 그 10년 동안 우리는 믿을 수 없을 만큼 많은 이론과 부분적인 연구 결과, 그리고 주로 부정적인 시각으로 대중적인 명성을 얻은 이론적 해설을 접할 수 있었다.

설령 그렇더라도 산성비의 인과 관계를 충분히 연구할 수 있었던 것은 바람직했다. 만약 그런 인과 관계를 명백하게 설명할 수 있었다면, 산성비의 잠재적인 문제점을 해결할 수 있는 최선의 방안을 마련했을 것이기 때문이다. 그러나 수많은 연구 결과가 홍수처럼 쏟아져나온 그 기간 중에도 나중에 사실이 아닌 것으로 밝혀진 많은 부정적인 이야기들을 들어야만 했던 것도 사실이다.

조직과 단체

일단 연구비가 확보되기 시작하면 연구도 명실공히 하나의 산업이 된다. 연구자들은 원래 문제가 되었던 분야에 흥미를 가졌다거나 혹은 그 분야 전체를 조망할 수 있을 만큼 폭넓은 시야를 갖지 않았더라도 주변의 부수적인 분야나 그 분야의 갖가지 특별한 사례를 조사하기 시작한다.

해당 분야의 전문성이 당연히 유지되고 있다 해도, 이런 연구를 통해 특정 상황이 문제 상황으로 굳어지는 것에 의문을 품기가 점점 더 어려워진다. 무엇보다도 연구자들은 자신의 특정 연구에 대한 연구비 확보를 위해 자연히 전체 연구 분야에 대한 비판을 삼가게 된다. 다른 한편으로 연구에 참가한 대다수 연구자들은 각자 분야의 일부 문제에 매달리기 때문에, 연구 분야 전반에 대한 연구 당위성 여부를 따지는 것에는 신경 쓰지 않을 것이다. 이렇게 해서 그 분야는 상당한 수준까지 연구의 독립성을 이룩하게 되고, 나아가 그 분야 현실을 독단적으로 규정하기 시작한다.

이런 환경 연구의 인습화를 비판하는 사람 중에는 세계기상기구(World Meteorological Organization)의 전 사무총장이자 은퇴한 교수인 악셀 빈 닐센(Aksel Wiin-Nielsen)이 있다. 그는 지구 온난화의 가능성에 대해 이런 말을 했다. "지난 10여 년 동안 지구 기후 모델의 개발을 다룬 대규모 이론적 연구가 그토록 많았던 가장 중요한 이유는 모델 개발이 연구비의 지속적 공급을 가능하게 하고 연구자들의 일자리를 확보해주었다는 것이다."[269]

물론, 이처럼 포괄적인 비판을 적절하게 실증하기는 지극히 어렵다. 그리고 유엔 기후 변화에 대한 정부 간 위원회(IPCC, Intergovernmental Panel on Climate Change)에서도 빈 닐센이 아무런 증거 자료도 없이 그런 말을 했다고 비난한 바 있다.[270] 하지만 내가 여기서 강조하는 바는 중요한 연구 분야에서 제도적 이해 관계에 반하는 정보를 제시하기가 현실적으로 대단히 어려울 수 있다는 것이다.

권위 있는 학술지 〈에너지 정책(Energy Policy)〉에서 한 연구자는 기후 협상을 정치적으로 가장 먼저 주장하고 나선 것은 풍력 발전기 제조업자 및 환경 관료와 기후학자들이었다고 주장했다.[271] 1997년 12월에 체결된 교토 의정서(Kyoto Protocol)에 포함된 이산화탄소 규제는 언론의 커다란 지지를 받았다. 하지만 그런 지지가 뒤따랐던 것은 여러분이 생각하는 것처럼 지구 온난화 가능성에 대한 전망이 심각했기 때문이 아니라 제도화된 이해 관계 때문이었다는 점을 기억할 필요가 있다(제5부에서 이 문제를 더 철저히 살펴보겠다).

게다가 환경 관련 연구 결과를 널리 퍼뜨리고 있는, 좀더 정치적인 성향을 띤 단체들도 있다. 그린피스, WWF, 월드워치연구소 등 틀림없는 환경 운동 단체뿐만 아니라 미국 자영업자협회(NFIB, National Federation of Independent Business)와 미국 농업인협회(American Farm Bureau),[272] 영국 기업연맹(Confederation of British Industry)과 영국 전국농민연합(National Farmers Union) 등도 여기에 포함된다. 이런 단체들은 모두 환경 연구의 결과에서 유발되는 정치적 결과와 정책 결정에 대해 기득권과 관련된 이해 관계를 갖고 있다. NFIB와 AFB 같은 조직은 소속 회원의 이익을 보호하는 데 관심을 가지며, 당연히 자신들에게 이익이 되는 정책 결정을 장려하기 위해 노력한다. 이들과 마찬가지로 환경 단체 역시 회원들에게 유익한 방향으로 정책 결정이 내려질 수 있도록 노력하는 것을 운동의 기본으로 삼고 있다.

일반 이익 단체와 환경 단체의 차이점은 전통적인 조직체가 대체로 시간과 돈의 공정한 분배 같은 전통적인 가치를 위해 싸우는 반면, 환경 단체는 삼림 확대, 종 다양성 보전, 자연 환경 복원, 화학약품의 엄격한 규제 등을 위해서 싸운다는 점이다. 그럼에도 불구하고 환경 단체들이 회원의 이익을 위해 싸운다는 주장은 여전히 유효하다. 결국 그들도 소속 회원, 동조자, 지지자들이 반드시 필요한 좋은 일이라고 믿는 일밖에 할 수 없으며, 만약 회원과 지지자의 후원이 없다면 환경 단체의 운동은 어느 정도 무용지물이 되어버릴 것이기 때문이다. 제1장의 표현을 빌린다면 환경 단체들은 스스로 펭귄이나 소나무의 보호자로 나서고 있다고 말할 수 있다. 그렇지만 결국 그들은 자신들의 견해에 공감하는 사람들에게 의존하고 있으며, 그런 지지자들은 민주적인 투표와 정치가들에 대한 압력을 통해 다른 것은 몰라도 돈, 특권, 영향력 등을 환경 단체에 가져다준다.

대부분의 사람들은 미국 자영업자협회가 기업에 대한 환경 규제가 불필요하다는 주장을 펼 때, 설령 그런 주장이 훌륭한 논거를 갖고 있을지라도 결국 그들이 원하는 것은 기업 규제를 가능한 회피하고자 하는 것이라는 사실을 잘 인식하고 있는 것 같다. 그들은 NFIB의 주장이 어떤 숨겨진 의도를 은폐하기 위한 수단일 수도 있다는 점을 잘 알기 때문에 그런 주장에 당연히 어느 정도 의심을 품곤 한다. 이런 점을 생각한다면, 환경 단체 역시 환경 규제에 대해서 일반 단체와 똑같이 상당한 이해 관계를 맺고 있다는 사실을 사람들이 잘 인식하지 못한다는 사실이 오히려 놀라울 따름이다.[273] 어쩌면 환경 단체들이 환경 규제에 대해 더 훌륭한 논거를 갖고 있기 때문인지도 모르겠다(그러나 그들의 주장이 더 한심할 가능성도 물론 존재한다). 그렇지만 환경 단체들이 특정한 목적을 달성하기 위해 주장을 펼치는 것에도 역시 이해 관계가 걸려 있다는 점 또한 분명한 사실이다.

따라서 기업 및 농업 관련 단체들이 환경과 관련하여 아무런 문제의 소지가 없고 따라서 어떤 조치도 취할 필요가 없다고 주장하는 것이 그들의 이익을 확보하기 위한 방안이듯, 환경 단체들이 환경의 심각성을 말하고 우리가 당장 행동에 나서야 한다고 주장하는 것 역시 자신들의 이익을 확보하기 위한 방안이라 할 수 있다. 그리고 그들이 환경이 처한 상황을 심각하게 묘사할수록 병원과 유치원보다 환경을 위해 더 많은 돈을 써야 한다고 사람들을 설득하기가 쉬워진다. 물론, 만약 우리가 두 종류 단체를 모두 회의적인 시각으로 바라볼 수만 있다면 문제는 한결 단순해질 것이다. 그러나 우리는 대체로 환경 단체들을 훨씬 덜 의심하는 경향이 있기 때문에 현재 지구가 처해 있는 상황을 정확히 이해하는 데 심각한 왜곡을 일으킬 수 있다.

그렇지만 이제까지의 논의는 이 세상을 어두운 종말을 앞두고 있는 우울한 장소로 그리는 환경 단체들의 태도가 결국 그들의 이해 관계와 관련된 것일 수도 있다는 논리를 이론적으로 설명한 것일 뿐이라는 점을 명심하자. 그들이 실제로 어느 정도나 그런 이해 관계에 물려 있는지를 살펴보는 것이 내가 앞으로 다룰 주제다.[274]

언론 매체

연구 결과를 일반 대중에게 마지막으로 전달하는 것은 결국 언론 매체다.

앞에서 논의한 조직과 단체의 도움을 받기도 하지만 말이다. 언론 매체의 역할은 대단히 중요하다. 이 세상이 매우 복잡해져서 이제 더 이상 우리 스스로의 경험에만 의존해서 세상을 바라볼 수 없게 되었기 때문이다. 따라서 언론 매체는 현실에 대한 우리 이해의 대부분을 제공한다.

그러나 언론이 뉴스를 제공하는 독특한 방식이 세상을 보는 시각에 커다란 영향을 미치고 있다. 물론 신문 기사나 방송 뉴스가 전하는 내용은 대체로 사실이다. 그런 점에서 본다면 언론 매체는 이 세상을 있는 그대로 보여준다고 할 수 있다. 그러나 여기에서 재미있는 것은, 어떤 사건이 발생해서 언론 매체에 등장할 때까지 길고 우여곡절 많은 과정을 거친다는 점이다. 이런 시각에서 뉴스를 들여다보면 언론 매체가 현실에 대해 한쪽으로 경도된 얘기들을 조직적으로 제시하고 있음을 쉽게 알 수 있다. 언론 매체들은 우리가 쉽게 확신할 수 있을 정도로 예측 가능하며 친숙한 현실의 그림을 제시해주긴 하지만, 그 내용은 대체로 조리가 없고 산발적으로 구성되는 것이 보통이다. 언론이 제공하는 기사에는 문제점들이 열과 행을 빼곡이 채우고 있으며 극적인 부분과 갈등 장면이 강조된다. 한 편집국장은 이런 말을 했다. "신문을 제작한다는 것은 균형을 왜곡하는 작업이다."[275)]

따라서 언론 매체에 기초한 현실 인식은 여러 문제를 일으킨다. 첫째, 우리에게 주어지는 산만한 정보들은 구체적인 문제에 깊이 있는 지식을 거의 제공하지 못하기 때문에, 사람들이 민주적인 의사 결정 과정에 효율적으로 참여하기가 어렵다. 둘째, 우리에게 스스로 토론에 참여해서 타당한 결정을 내릴 수 있을 만큼 충분한 지식을 갖고 있다는 믿음을 심어줌으로써 안심하게 만든다. 셋째, 현실 문제가 지나치게 부정적이고 왜곡되게 전달되는 경우가 많다.

균형을 잃은 현실 : 산발적이지만 예측 가능한 보도

언론 매체의 기본 임무는 세계 여러 지역에서 일어나는, 서로 상관없는 개별적인 사건들을 보도하는 것이다.[276] 뉴스는 당연히 새로운 것이어야 한다. 그런데 바로 이 때문에 우리가 실제로 뉴스라고 부를 수 있는 것은 가장 최근, 즉 1주일, 24시간, 혹은 그보다 훨씬 더 짧은 시간 안에 발생한 사건들로 제한된다. 이는 기사로 발전하는 데 오랜 시간이 걸리는 기삿거리는 지금 이 장소에서 일어나는 사건에 비해 뉴스 가치가 상당히 낮다는 것을 의미한다. 무엇이 좋은 뉴스인가 하는 관점에서 볼 때, 아프리카의 오랜 기아 상황은 결코 비행기 추락 사고 소식의 근처에도 가지 못한다. 1984년 에티오피아에서 발생한 비극적인 기근이 뉴스거리가 될 수 있었던 것은 오로지 BBC의 한 보도 팀이 다른 일을 하러 가는 길에 아디스아바바에서 하룻밤을 묵다가 카메라 앞에서 실제로 죽어가는 어린이들의 충격적인 모습을 담아 본국으로 보낼 수 있었기 때문이다.[277]

이와 동시에, 뉴스 보도는 개별적인 이야기에 초점을 맞추려는 성향도 강하다. 역사적으로 볼 때 자유주의적 서구 민주주의 체제에서 언론 매체의 역할은 사건을 중심으로 보도하는 것이었으며, 미래에 일어날 수 있는 사건을 설명하거나 어떤 사건을 균형 있는 시각으로 조망하는 것의 비중은 상대적으로 미약했다. 이런 이유 때문에 뉴스는 주로 예측, 설명, 배경 자료 제시보다는 크고 작은 사건들로 구성된다.[278] 이처럼 사건에 초점을 맞추는 경향이 두드러지는 이유 중 하나는 기술적인 측면에서 찾아볼 수 있다. 뉴스를 필름에 담거나 사진으로 찍어야 하고, 또 비교적 간단하게 설명할 수 있어야 하기 때문이다. 바로 이런 이유 때문에 우리는 '뉴스 가치가 있는' 사람이나 기관이 다른 뉴스를 예측하거나 설명하는 자체 보고서를 내놓을 때만 배경 정보를 얻게 된다. 그런 보고서들은 기사가 만들어질 수 있는 기반이 되는 것이다.[279]

따라서 뉴스 방송을 통해 바라보는 세상은 파편적이며 개별적인 사건들로 구성되어 있는 것처럼 보인다.

그럼에도 불구하고 이 세상이 어떻게 돌아가고 있는지에 대해 우리가 대체적인 윤곽을 잡고 있다고 느끼는 것은, 일관성을 지니고 예측 가능성의 느낌을 갖도록 엄격한 틀 속에서 뉴스를 제작하기 때문이다. 도저히 예측 불가능할 것 같은 무수한 뉴스거리들을 어떻게 TV 뉴스 20분에, 그리고 신문의 12~16면에 다 담아낼 수 있는지 정말 놀라운 일이다.[280] 물론 그런 일이 가능한 것은 쏟아져 들어오는 뉴스감들을 과감하게 편집하기 때문이다. 신문사 편집국이나 방송사 뉴스 보도국은 들어오는 뉴스거리들을 편집해서 보통 75% 이상을 잘라버린다.[281]

대체로 뉴스 방송은 시청자들의 시선을 끌기 위해 중요한 사건을 보도하는 것으로 시작한다. 그리고 다양한 뉴스거리와 휴먼스토리를 균형 있게 배치해서 시청자들의 관심을 계속 잡아끈다. 방송 마지막까지 인기 있는 정보(스포츠와 날씨)를 미뤄두는 것은 뉴스 시간이 끝난 후에 시청자들이 가벼운 기분으로 TV 앞을 떠날 수 있게 하기 위해서이다.[282] 이 덕분에 우리는 전세계 상황을 총체적으로 살펴보면서 동시에 세상이 사람들의 통제를 벗어나지 않았다는 인상을 받게 된다.

1940년 언론학자 파크가 이미 지적했듯이, 뉴스를 예측하는 것이 가능하다는 사실은 조금 놀랍다. 신문에 등장하는 것은 전혀 예상치 못한 사건이 아니라 예전에도 뉴스거리가 되었던 똑같은 종류의 사건과 사고인 것이다.[283]

균형을 잃은 현실 : 나쁜 소식

독자가 없으면 언론 매체는 살아남을 수 없다. 19세기 중반 상업 신문이 등장한 이래 언론 매체들은 일반 대중의 흥미를 충족시키는 데 상당한 주의를 기울여야 했다. TV가 등장하고 리모트 컨트롤로 채널을 마구 옮겨다닐 수 있게 된 요즘은 소비자 위주의 보도 태도가 한층 더 강화되고 있다.

이런 사실은 무엇보다도 뉴스가 재미있어야 한다는 것을 의미한다. 그리고 재미있어야 한다는 것은 대개 심각한 사건, 사고, 문제들로 가득 차 있어야 한다는 뜻이다. 언론인의 교과서라 할 수 있는 한 책에는 "좋은 기사는 대개 나쁜 소식이다"고 씌어 있다.[284] 그 이유를 설명하기는 쉽지 않지만 우리 모두는 대체로 나쁜 소식에 호기심을 느끼며 열광하는 것 같다. 그리고 이것이 신문을 팔리게 만든다. 특히 타블로이드 신문은 센세이션에 초점을 맞출 수밖에 없는데, 그것은 독자들이 그 신문을 재미있다고 생각해서 매일 사주어야만 유지될 수 있기 때문이다. 실제로 최근의 한 연구는 미국의 대중 매체에서 '공포(fear)'라는 단어의 사용 빈도가 늘어났으며, 기사 제목에서는 무려 2배나 늘어났음을 보여주었다.[285]

우리는 환경에 대한 나쁜 소식에 너무나 익숙하다. 아마도 1997년과 1998년 발생했던 엘니뇨 현상의 경우가 가장 두드러진 사례일 것이다. 당시 미국에서는 모든 기상 이변을 엘니뇨와 관련지었다. 심지어 월드워치연구소조차 약간 분노한 어조로 이렇게 말할 지경이었다. "1998년 초에 이르자 엘니뇨의 영향을 언급하지 않은 기상 관련 기사를 찾아보기 어려워졌다."[286] 그리고 우리는 도시들이 "세기적인 기후 변화 현상에 직면하고 있다"[287]는 얘기도 듣게 되었다. 또 '이상 기후'와 끝없는 기상 이변에 대한 정보들이 이어졌다.

> 전문가들에 의하면 이번 엘니뇨는 지금까지 기록된 것 중 가장 강력하다고 한다. 샌프란시스코는 1876년 이후 강수량이 가장 많은 겨울을 보냈다. 캘리포니아 주의 폭풍과 산사태 피해액은 3억 달러를 넘을 것으로 예상되며, 지금까지 적어도 10명의 사망자가 발생했다. 플로리다 주에서는 잇달아 발생한 강력한 토네이도로 주택 300채 이상이 파손되었고, 30여 명이 목숨을 잃었다. 국립기상청의 기상학자인 스코트 스프랫(Scott Spratt)은 "이는 태

평양에서 발생한 엘니뇨가 대서양에 면한 플로리다 주에서도 매우 위협적이라는 것을 보여준다"고 말했다.[288]

사실 엘니뇨는 관광 산업을 망치고,[289] 알레르기 환자를 증가시키고,[290] 스키장의 눈을 녹이고,[291] 오하이오 주에 폭설을 내려 22명의 목숨을 앗아갔다[292]는 등 온갖 비난의 표적이 되었다. 그 중에서도 가장 놀라운 발언은 엘니뇨 때문에 자사의 주가가 떨어졌다는 디즈니 사의 트집일 것이다.[293] 하지만 엘니뇨가 긍정적인 효과를 가져온다는 점에 대해서는 모두가 완전히 무시했다. 〈타임〉 지의 다음과 같은 보도가 그 한 예다. "미국 동부와 중북부 대부분 지역에서 수년 만에 가장 따뜻한 겨울을 즐기는 가운데, 워싱턴에서는 1월 첫째 주에 벚꽃이 피었다. 이것은 재앙과는 정반대 현상처럼 보이지만 모든 기상 이변에는 어두운 측면이 있는 법이다."[294] 이 기사를 쓴 기자는 이어서 따뜻한 날씨로 야기되는 문제점들을 지적했다.

그러나 《미국 기상학회 회보(Bulletin of the American Meteorological Society)》에 실린 최근의 한 연구 논문은 엘니뇨의 모든 문제점과 혜택을 일일이 나열하려고 시도했다.[295] 그 논문에 의하면 캘리포니아 주의 폭풍, 그로 인한 농작물 피해, 정부의 지원 비용, 토네이도 발생으로 인한 인명 피해와 경제적 손실 같은 불행한 사건이 모두 사실이기는 하지만 전체 이야기의 한 단면에 불과했다. 사실 겨울 기온이 높아짐으로써 동사자의 수가 약 850명 줄었으며, 난방비도 크게 절감되었고, 봄에 발생하는 홍수 피해도 줄었다. 또 고속도로와 비행기를 이용한 운송 비용이 절약되었다. 게다가 엘니뇨는 허리케인 감소와 연관이 있음이 1998년 자세한 증거들과 함께 발표되었다. 사실 미국은 그 기간 동안 대서양 지역에서 대규모 허리케인을 한 번도 겪지 않아 엄청난 피해를 면할 수 있었다.

엘니뇨 발생으로 인한 총 피해액은 약 40억 달러로 추정된 반면, 그로부터 얻을 수 있었던 혜택은 모두 합해 약 190억 달러에 상당하는 것으로 추정되었다.[296] 그러나 온갖 나쁜 소식들만이 언론 매체를 통해 널리 보도되었기 때문에, 엘니뇨가 미국에 전반적으로 좋은 영향을 미쳤다는 사실은 평범한 독자들이나 시청자들에게 깊은 인상을 남기지 못했다.

균형을 잃은 현실 : 갈등과 죄책감

언론 매체들이 좋은 뉴스거리를 찾아 헤매는 과정에서 분쟁과 갈등 역시 관심의 초점이 되기 마련이다. 분쟁과 갈등은 동화를 비롯한 문학 작품을 통해서 이미 우리에게 친숙해진, 대중의 관심을 사로잡는 극적인 요소를 지니고 있다. 독자들과 시청자들은 선과 악의 싸움이 어떻게 진행되는지 알기 위해 그 싸움이 결말을 맞을 때까지 계속 관심을 쏟는다. 사실 기자들은 기사를 동화의 패턴에 맞게 재단하는 법을 교육받는다.[297]

분쟁을 다루는 기사와 밀접한 관련을 갖고 있는 것이 '죄책감'이라는 문제다.[298] 분쟁 당사자 중 어느 한쪽이 그 책임을 뒤집어쓰는 경우가 드물지 않은데, 이는 뉴스에 좀더 인간적인 맛을 가미하는 데 도움이 된다. 그런 한 예로서 미국에서는 쓰레기 처리 문제를 해결하려는 노력이 방사성 라돈 문제를 해결하려는 노력보다 훨씬 더 우선순위에 놓인다. 라돈과의 전쟁에서 이기기가 훨씬 더 쉬운데도 말이다. 왜 이런 일이 벌어지는 것일까? 그것은 쓰레기와의 전쟁이 TV 뉴스에 '좋은 화면'을 제공해주고, 또 쓰레기를 그렇게 버리는 것을 '누군가의 잘못'으로 돌릴 수 있기 때문이다.[299]

기자들은 자기 기사가 독자들에게 '친밀하게' 느껴지도록 만드는 것을 중요하게 여긴다. 이를 위해서 흔히 사람들을 기사 속으로 끌어들이거나 현재 벌어지고 있는 일들을 쉬운 말로 설명할 수 있어야 한다.

마지막으로 기사는 항상 새롭고 짜릿해야 한다. 새로운 문제, 혹은 새로운 분쟁에 대한 기사는 이미 사람들에게 친숙한 전통적인 문제들보다 훨씬 더 흥미로울 수 있는 잠재력을 지니고 있는 법이다.

결과

사람들이 신속한 뉴스 전달을 요구하는 데서 생기는 결과 중 하나는 세상을 바라보는 시각이 단편화되는 것이다. 우리가 깜짝 놀랄 만한 재미있는 뉴스를 요구한다는 것은 곧 세상을 바라보는 시각이 왜곡되어 부정적으로 바뀌게 된다는 것을 의미한다. 환경 단체들이 세심하게 준비한 다양한 선전 자료와 언제나 문제점만을 추구하는 학자들의 연구 결과가 사람들의 이런 시각과 합쳐지면 세계 상황을 부정적으로만 보는 심각한 편견이 생겨날 수 있다.

그러나 그렇게 되는 것이 어느 누구의 '잘못'도 아니라는 점을 명심해야 한다. 우리가 주로 부정적인 뉴스를 접하게 되는 것은 기자들에게 악의가 있어서가 아니라 뉴스 매체가 부정적인 사건에 초점을 맞출 때 더 많은 이윤을 남길 수 있는 인센티브 구조 속에 놓여 있기 때문이다. 환경 단체들은 다른 모든 단체들과 마찬가지로 이익 집단이며 따라서 자기들의 대의를 옹호하는 주장을 펼친다. 우리가 그들이 내놓는 부정적인 소식들을 우선적으로 믿는 것은 그들의 잘못이 아니라 우리의 잘못이다. 우리는 미국 농업인협회의 주장에는 의심의 시선을 보내면서 환경 단체와 관련된 로비스트의 주장은 의심하지 않는다. 연구는 주로 문제의 소지가 있는 주제에 집중되는데, 이것은 사회적으로 바람직한 일이다. 우리가 미래에 발생할 수 있는 문제들을 통제할 수 있는 가능성을 크게 높여주기 때문이다. 하지만 연구자들이 그런 주제를 집중적으로 다룬다는 것은 곧 잠재적인 재앙을 예고하는 뉴스를 지속적으로 접하게 된다는 것을 의미하기도 한다.

여기에서 중요한 점은 우리가 이런 부정적인 편향성을 바꿀 수 없다는 것이다. 대신 우리가 접하는 정보들이 속성상 편향되어 있다는 사실을 인식하고, 그런 약점을 보완해서 받아들여야 할 것이다. 불행히도 우리는 선천적으로 과거 시절이 더 좋았으며, 모든 것이 잘못된 방향으로 나아가고 있다고 믿는 경향이 있기 때문에 그렇게 하기가 매우 어려울 수 있다. 스코틀랜드 출신 철학자 데이비드 흄(David Hume)은 1754년 이렇게 말했다. "현재를 비난하고 과거를 찬양하는 기질은 인간의 본성 속에 강하게 뿌리 박혀 있으며, 심지어 심오한 판단력과 가장 해박한 학식을 지닌 사람들에게조차 영향을 미친다."[300)]

샐 배론(Sal Baron)은 자신의 책에서 낙관적인 예언을 하는 예언자들은 자동적으로 거짓 예언자로 간주했다는 유대인의 역사를 기록한 적이 있다.[301)] 수천 년 전에 만들어진 아시리아의 석판은 세상이 퇴보하고 있다는 완고한 주장을 담고 있다. "요즘 들어서 세상이 점차 퇴보하고 있다. 뇌물수수와 부패는 흔한 일이 되었고, 아이들은 더 이상 부모에게 복종하지 않으며, 사람들은 세상의 종말이 다가오고 있음이 분명하다"[302)] 는 내용의 책을 쓰고 싶어한다.

뿐만 아니라 금욕적인 칼뱅주의 정신이 서구 문명의 머리 위에서 여전히 어른거리고 있다는 주장도 있다.[303)] 어떤 의미에서는, 우리가 지금까지 지나치게 풍족한 생활을 누려왔기 때문에 그 대가를 치뤄야 하는 것인지도 모르겠다. 그런 맥락에서 본다면 지구 온난화에 대한 걱정은 그 동안의 과소비에 대한 형벌이자 우리가 마법사의 조수 흉내를 내는 것에 대한 벌칙에 해당하는 것일 수도 있으리라.

이런 사실들은 역사적으로, 그리고 어쩌면 생물학적으로도, 우리가 부정적인 견해를 환영하는 기질을 갖고 있다고 암시하는 것처럼 보인다. 그렇지만 만약 우리가 합리적인 정치적 의사 결정 과정을 거쳐서 올바른 목적을 위한 최고의 수단을 선택하고자 한다면, 자신이 받아들이는 정보가 어느 한쪽으로 왜곡되어 있다는 점을 명심해야 할 것이다. 매일 여러 문제에 대한 수많은 부정적 얘기가 들려오지만 그것을 반드시 액면 그대로 받아들일 필요는 없다. TV는 사람들의 시선을 끌고 싶어하고, 환경 단체들은 자신들의 대의를 위한 주장을 펼치며, 과학적 연구들은 문제가 발생할 경우 우리를 엄호해줄 다양한 해결책을 미리 조사하고 있다.

물론 그렇다고 해서 우리가 그냥 느긋하게 앉아서 모든 문제를 다 무시해도 좋다는 뜻은 아니다. 다만 회의주의가 지나치게 부각되지 않은 시각으로 세상을 바라보며 문제에 도전해야 한다는 의미다. 우리가 지나치게 많은 부정적 뉴스와 맞닥뜨리는 것이 조직적으로 이루어지는 일임을 알기 때문이다.

그리고 무엇보다 중요한 것은, 이 세계가 정말로 어떤 상황에 처해 있는지를 판단하는 데 유용한 사실들을 찾아나서야 한다는 점이다. 이제 우리 인류가 그 동안 어떤 노력을 기울여왔는지를 살펴보는 것부터 시작해보기로 하자.

2부 인류 복지

the Skeptical Environmentalist
Measuring the Real State of the World

3 인류 복지 상태의 측정

이번 장에서 우리는 인류의 복지 상황을 살펴볼 것이다. 물론 이 말이 무엇을 의미하는지 먼저 정의할 필요가 있다. 복지란 분명히 돈 문제에만 한정된 논의가 아니다. 그것은 인간의 모든 발전 잠재력과 관련된 논의여야 한다.[304)]

유엔은 이렇게 명시하고 있다. "개발의 진정한 목적은 사람들로 하여금 오랫동안 건강하게 창조적인 삶을 즐길 수 있게 해주는 환경을 만드는 것이어야 한다. 이 점은 아주 간단한 진실처럼 보이지만 상품과 부를 축적하고자 하는 당면 목표를 추구하는 과정에서 곧잘 잊혀진다."[305)] 그렇다면 우리는 과연 어떻게 인류 복지의 정도를 측정할 수 있을까? 인류가 삶을 펼쳐나갈 수 있는 주위 환경이 얼마나 더 나아졌는지 조사하는 데는 여러 가지 방법이 있다.

유엔은 바로 이런 목적을 위해 이른바 인간 개발 지수(Human Development Index)라는 것을 도입했다. 이 지수는 인간이 스스로 훌륭한 삶을 살아가는 것과 관련해 현재 주위 여건이 어떤 상태인지 명확히 밝히고자 하는 시도이다. 이 지수의 목적은 사람들이 기대할 수 있는 수명이 얼마나 되며, 그들이 얻을 수 있는 지식이 어느 만큼인지, 그리고 성취할 수 있는 생활 수준이 어느 정도인지를 측정하는 것이다. 좀더 실제적으로 말해서 이 지수는 기대 수명, 문맹률, 학교에 다니는 햇수, 소득 등을 측정한다. 세계은행도 기대 수명, 영양 결핍 정도, 위생적인 상하수도 시설, 문맹률과 에너지 소비량 등을 바탕으로 하는 비슷한 측정 방법을 통해 삶의 질을 평가하려는 노력을 기울이고 있다.[306)]

"오랫동안 건강하게 창조적인 삶을 누린다"는 식의 우아한 말들이 재미없는 통계 수치로 변환되면, 별로 고상하게 들리지 않는다는 점은 말할 필요도 없다. 그렇지만 이 통계 수치들은 세계 각지 인류의 복지 현황을 파악하는 데 아주 유익한 자료를 제공한다. 그런데 인간 복지의 구성 요소가 왜 고작 3~6개에 불과한 것일까? 유엔은 "가장 이상적인 것은 인간 생활의 모든 측면을 반영하는 것"[307)]이라고 했다. 그러나 자료 부족 때문에 이렇게 하기에는 한계가 있는 것이 사실이다.

하지만 그렇다고 해서 시도조차 하지 않을 이유는 없다. 유엔이 원하는 것처럼 모든 측면을 고려해서 세계 모든 나라의 순위를 매기기에는 자료가 충분치 않은 것이 사실이다. 그러나 우리가 원하는 것이 인류가 현재 처해 있는 상황을 전반적으로 개관하는 것이라면 몇 개의 척도를 더 조사해볼 수 있다. 제2부에서 우리는 다양한 측면에서 인류 복지 문제를 조망할 것이다. 물론 모든 측면을 하나도 빼놓지 않고 다 접근할 수 있으리라고는 기대할 수 없다. 그래도 나는 가장 중요한 측면들을 살펴보려 노력했다. 다음에 이어지는 내용에서는 선진국과 개도국 남녀노소의 기대 수명과 건강, 식량과 기아, 소득, 불평등, 교육, 사회 안전도 등을 살펴볼 것이다.

지구 인구는 과연 얼마나 되나

현재 지구에 살고 있는 사람의 수는 매일 늘어나고 있으며 1999년에는 60억 명이라는 이정표를 통과했다.[308)] 도표 11에서 볼 수 있듯이 전세계 인구의 급속한 성장은 1950년경에 시작되었으며 아마도 2050년경에는 멈출 것으로 보인다.[309] 인구 증가는 주로 식량, 의료, 위생적인 상하수도 시설 등에 접근이 쉬워지면서 사망률이 급격히 떨어진 데서 기인한다.[310] 개발도상국 주민들이 점점 더 자식을 많이 낳기 때문에 인구가 증가하는 것이 아니다. 1950년대 초에는 개도국 여성들이 평균 6명 이상의 아이를 낳았다. 오늘날의 평균치는 3명 정도이다.[312] 한 유엔 자문관은 이 점에 대해서 다소 통명스럽게 표현했다.

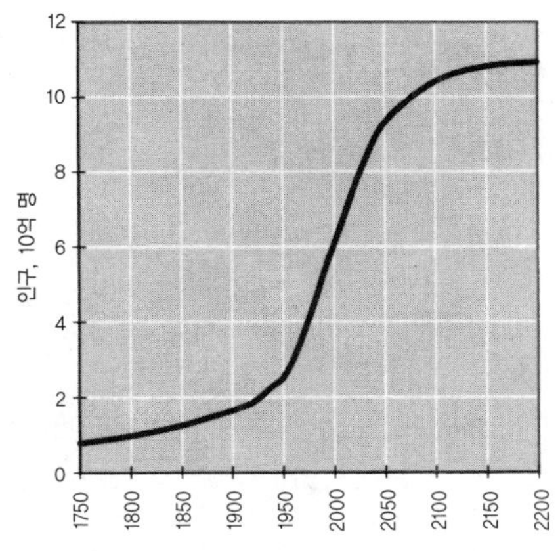

도표 11 세계 인구. 2000년 유엔이 발표한 중간값을 취했다. 출전:UNPD 2001b:27, 1998b:37, 1998c.[311]

"사람들이 갑자기 토끼처럼 새끼를 많이 낳기 시작한 것이 아니다. 그저 사람들이 더 이상 파리처럼 죽어가지 않을 뿐이다."[313]

역사적인 측면에서 우리는 이 '인구통계학적 변천'이라는 현상을 잘 알고 있는데, 도표 11에 그 현상이 잘 나타나 있다.[314] 전통적인 농경 사회에서는 소득이 낮고 사망률이 높다. 그러나 자식들이 커서 일을 하게 되면 늙은 부모를 부양하기 때문에 자식을 기르는 데 드는 비용보다 더 큰 혜택이 부모에게 돌아간다. 따라서 출산율이 높아진다. 그런데 생활 여건이 나아지고 의료 및 위생 상태가 좋아지는 등 경제가 전반적으로 번영을 누리게 되면 사망률이 떨어진다. 도시화가 촉진되고 경제가 선진화되면서 자녀들의 생존 가능성은 더 높아지고 자녀 양육에 드는 비용이 그들이 제공할 수 있는 혜택보다 더 커진다. 자식들의 교육 기간이 길어지고 노동 시간은 짧아지며 부모를 양로원에 맡기는 경우도 늘어나기 때문이다. 따라서 출산율은 당연히 떨어진다.[315] 이처럼 사망률이 감소하는 시기와

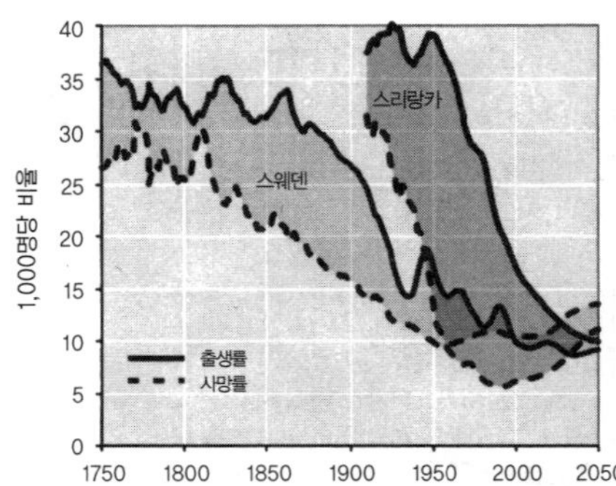

도표 12 스웨덴과 스리랑카의 출생률 및 사망률. 1999~2050년의 자료는 예측치. 사망률이 먼저 감소하고 이어서 출생률이 낮아진다는 점에 주목하라. 인구 집단이 노쇠하면서 사망률이 약간 증가한다. 출전: Mitchell 1975, 1995, World Bank 2000c, USBC 2001a.

출산율이 감소하는 시기에 인구가 증가한다. 스웨덴의 경우 이 기간 동안 인구가 5배로 늘었다.[316)]

오늘날 개도국에서도 비슷한 추세를 발견할 수 있다. 사망률은 이미 급격히 떨어졌고 출산율은 이제 떨어지기 시작했다. 도표 12에서 볼 수 있듯이, 스리랑카에서 이런 변화를 분명하게 볼 수 있다. 스리랑카의 인구는 1911년과 비교해서 대략 6배가 조금 못 되는 수준까지 증가한 후 2030년 경에는 안정될 것으로 전망된다.[317)] 유엔은 2045~2050년에 이르면[318)] 개도국이 인구를 안정시킬 수 있는 출산율 수준[319)]인 2.1명에 도달할 것이라고 추산한다. 현재 개도국의 평균 출산율은 3.1명으로 1960년대 초의 미국이나 오스트레일리아, 그리고 1920년대 초의 덴마크 출산율보다 더 낮은 수준이다.[320)]

그렇다고 해도 세계 인구는 2035년 이후에도 한동안 계속 증가할 것이다. 인구 통계에 내재하는 '타성' 때문이다. 출산율이 여성 한 명당 2.1명이라는 안정적인 수준까지 떨어지더라도 기존의 인구 중에는 나이 든 사람보다 젊은 사람의 비율이 더 크다. 그리고 그 젊은이들이 또 다시 자식을 2.1명 정도 낳을 것이며, 이런 식으로 계속되면서 젊은 사람의 비율이 약간 더 우세해지는 것이다. 이런 타성은 이미 오늘날 인구 증가의 가장 중요한 원인이 되고 있다. 세계 인구는 앞으로 50년 동안 약 33억 명 정도가 더 증가할 것으로 전망되는데, 전세계 출산율이 지금 즉시 사망률과 같아진다고 해도 인구는 약 23억 명 정도 더 증가하게 된다.[321)]

도표 13에 나타나 있듯이, 세계 인구 증가율은 1960년대 초에 절정에

이르렀는데 연간 2%를 약간 넘는 수준이었다. 그 이후 인구 증가율은 1.26%로 떨어졌고, 앞으로도 계속 떨어져 2050년에는 0.46%에 이를 것으로 전망된다. 그렇더라도, 매년 실제로 증가하는 인구 수는 1990년에 이르러서야 비로소 절정에 이르렀다. 이 해에 새로 늘어난 인구는 거의 8,700만 명이나 된다. 오늘날에는 매년 약 7,600만 명씩 인구가 증가하고 있는데, 이 수치는 2050년에는 약 4,300만 명까지 떨어질 것이다.[322]

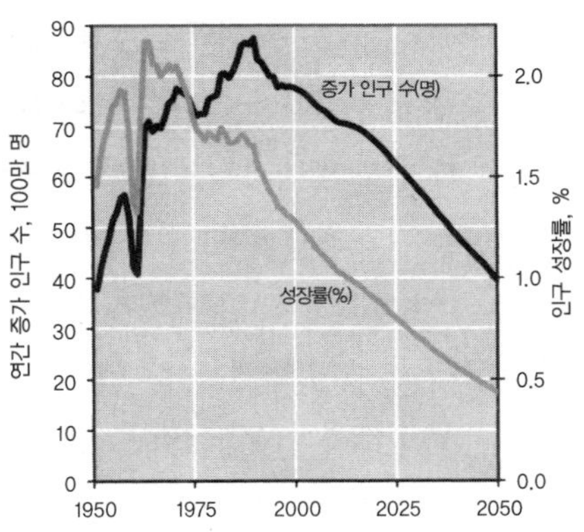

도표 13 절대 수치와 퍼센트로 나타낸 인구 성장률, 1950~2050년. 1959~1962년의 급격한 인구 감소는 중국의 대약진 정책 때문이다. 이 운동으로 대규모 기근이 발생해서 거의 3,000만 명이 목숨을 잃었다(WFS 1996:3:3.15). 예측치는 2001년에 발표한 것이다. 출전:USBC 2001a.

유엔은 현재 지구상에 살고 있는 인구와 앞으로 미래에 살게 될 인구를 계속 추정하고 있다. 이 추정치는 1994년, 1996년, 1998년에 15억 명 정도 하향 조정됐으며, 2000년에는 다시 5억 명 정도 상향 조정되었다. 각국의 출산율 감소 속도가 변화했기 때문이다.[323] 2000년에 발표한 가장 최근의 장기 예측은 도표 11에 제시되어 있다.[324] 도표 11은 2025년까지 지구상의 인구가 거의 80억 명 정도로 늘어날 것이며, 2050년에는 약 93억 명이 될 것임을 보여준다. 지구 인구는 2200년 110억 명 직전에서 안정될 것으로 추정된다.[325]

변화하는 인구 통계

전세계 인구 성장의 60%는 불과 12개국에서 발생한다. 인도, 파키스탄, 중국이 이 명단의 꼭대기를 차지하고 있다. 이 국가들은 앞으로 50년 동안 세계 인구를 각각 5억 6,300만, 2억 300만, 1억 8,700만 명씩 보태는

데 기여할 것이다.[326] 인도는 세계에서 가장 오래된 가족 계획 프로그램을 운영중이지만 출산율은 아주 서서히 감소하고 있다. 1950년대 초 중국과 인도의 여성들은 모두 평균 6명의 아이를 낳았다. 그러나 중국의 출산율이 근래 1.8명으로 떨어진 반면 인도의 출산율은 아직도 3.23명이다.[327] 이 때문에 인도에는 젊은이의 수가 아주 많으며, 2050년이 되기 전에 중국 대신 세계에서 가장 인구가 많은 나라가 될 가능성이 높다. 2050년경의 중국 인구는 14억 6,000만 명으로 추산되는 데 비해 인도 인구는 15억 7,000만 명에 이를 것으로 보인다. 파키스탄은 인구 면에서는 세계 7위에 지나지 않지만 세계 인구 증가 면에서는 세계 2위다. 인구 증가 기여도 면에서 각각 4위와 7위를 차지하는 나이지리아와 에티오피아 역시 인구 규모 면에서는 세계 10위와 21위에 불과하다.[328] 1950년부터 100년 동안 중국 인구는 160% 증가하는 반면 인도의 인구는 거의 4배로 늘어날 것이다. 그리고 파키스탄과 나이지리아에서는 이 기간 동안 인구가 9배로 증가할 것이다.[329]

세계 인구에서 선진국들이 차지하는 비율은 계속 감소할 것이다. 지난 수백 년 동안 줄곧 증가했던 그들의 비중은 1950년 32%에서 오늘날에는 20%로 떨어졌다. 선진국들의 비중은 앞으로도 계속 감소해서 2050년에는 겨우 13%가 될 것이다.[330]

유럽에서는 이런 변화가 훨씬 더 두드러질 것이다. 1950년 세계 인구에서 22%를 차지하던 유럽 대륙은 이제 겨우 13%만을 차지한다. 반면에 아프리카의 비중은 9%에서 유럽과 같은 13%로 늘어났다. 오늘날 유럽과 아프리카는 각각 세계 인구의 8분의 1씩을 차지한다. 그러나 2050년이 되면 유럽의 비중은 7% 이하로 줄어드는 반면에 아프리카의 비중은 22%로 늘어날 것이다. 아프리카와 유럽이 상대적인 인구 규모 면에서 서로 자리를 바꿀 것이라는 얘기다.[331]

기대 수명의 증가와 출생률 감소에 따르는 필연적인 결과 중 하나는 노인의 수가 훨씬 더 많아진다는 것이다. 2025년이 되면 베이비 붐 세대가 전세계적으로 65~75세에 이를 것이다. 1950년에 65세 이상의 인구 비율이 겨우 5%에 불과했지만 2050년에는 16%가 될 것이다. 80세 이상 노인 집단의 증가는 훨씬 더 가파를 것이다. 이들의 비중은 1950년에 0.5%였지만 오늘날에는 1%가 되었으며 2150년에 이르면 거의 10%에 육박할 것이다. 100세 이상 노인의 수는 앞으로 50년 동안 14배나 증가할 것이다. 오늘날에는 노인에 비해 아이의 수가 3배 더 많다. 하지만 2050년에는 이 두 집단의 크기가 똑같아질 것이다. 세계적으로 평균 연령은 1950년에 27세에서 2020년에는 거의 33세에 이를 것이다.[332)]

중국이 산아 제한에 엄청난 성공을 거두었기 때문에 연령분포의 변화 현상은 이 지역에서 특히 두드러지게 나타날 것이다. 이곳에서는 100세를 넘긴 사람의 수가 40배 증가할 것이다. 오늘날에는 노인 2명당 아이가 5명꼴이지만, 2050년에는 2대 1의 비율로 노인의 수가 젊은이의 수를 능가할 것이다. 평균 연령은 현재의 23세에서 2020년에는 37세 이상으로 높아질 것이다.[333)]

호기심에서, 시간을 거슬러 올라가 태초부터 이제까지 지구상에 살았던 사람들의 수를 계산해보았다. 그 결과, 500억 명에서 1,000억 명 사이의 어디쯤이었다. 이는 오늘날 지구상에 살고 있는 61억 명이 지금까지 살았던 모든 사람들의 6~12%를 차지한다는 것을 의미한다.[334)]

인구 과잉

우리는 지구의 인구가 너무 많다는 얘기를 자주 듣는다. 입추의 여지 없이 빽빽하게 들어찬 군중과 사람들로 북적거리는 지하철역의 모습을 찍은 번쩍거리는 확대 컬러 사진들에서 인구 과잉의 현장을 생생히 목격하곤 한다.[335)]

유명한 집단생물학자인 폴 에를리히는 인구 폭발을 다룬 자신의 베스트셀러 책에서 이렇게 썼다.

> 심리적인 측면에서 인구 폭발은 무더운 여름 밤 악취가 풍기는 델리에서 처음 현실로 다가왔다. 거리에는 사람들이 우글거리고 있었다. 음식을 먹는 사람, 몸을 씻는 사람, 잠을 자는 사람, 일하는 사람, 말다툼하는 사람, 비명을 지르는 사람. 택시의 창문 틈으로 손을 뻗어 구걸을 하는 사람. 똥을 싸는 사람, 오줌을 싸는 사람. 버스에 매달려 있는 사람. 거리에서 동물을 몰고 가는 사람. 사람, 사람, 사람.[336)]

그러나 중요한 것은 정작 사람의 수가 문제가 아니라는 점이다. 인구밀도가 높은 나라의 상당수는 유럽 국가이다. 가장 인구 밀도가 높은 지역인 동남아시아에서 1평방킬로미터당 인구 수는 영국과 같다. 네덜란드 · 벨기에 · 일본의 인구밀도는 인도보다 훨씬 더 높으며, 미국 오하이오 주와 덴마크의 인구밀도는 인도네시아보다 높다.[337)]

오늘날 에를리히를 비롯한 여러 학자들도 이런 지적에 동의하고 있다. 그럼에도 불구하고 인구 과잉에 대한 서로 다른 두 가지 해석이 전면에 부각되고 있다. 그 중 하나는 굶주리는 가족, 비참하고 비좁은 환경에서 일찍 죽어버리는 사람들의 모습을 담고 있다.[338)] 이런 모습이 분명히 현실이기는 하지만 사실 높은 인구밀도보다는 가난이 원인이다. 빈곤 문제에 대해서는 다음에 애기하겠다.

인구 과잉에 대한 또 다른 해석이자 요즘 에를리히가 채택하고 있는 입장은 '스스로를 부양할 수 있는' 인구밀도에 초점을 맞춘다. 만약 어느 한 나라가 현재의 인구를 장기적으로 부양할 수 없다면 그 나라는 인구 과잉이라는 것이다.[339)] 그러나 설령 조심스럽게 표현한다고 해도, 어떤 나라가 자신의 국토에만 의지해서 인구를 부양할 수 있어야 한다는 주장은 괴이하게 들린다. 교역 경제의 기본 전제는 반드시 물리적으로 수요가 몰려 있는 지역에서 생산이 이루어질 필요가 없고 가장 효율적으로 생산이 가능한 지역에서 이루어지면 된다는 것이다.[340)]

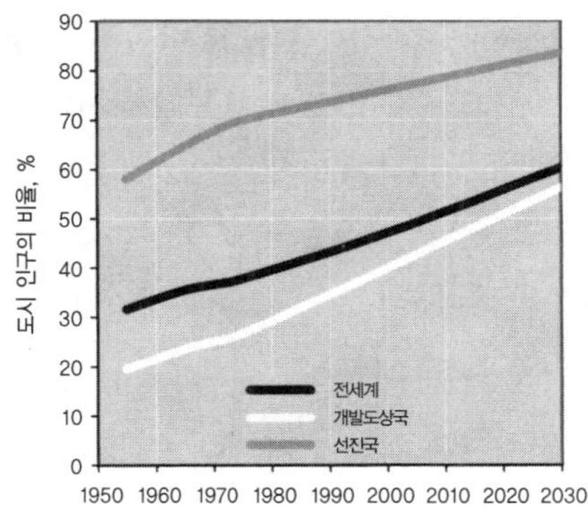

도표 14 도시 거주 인구 비율. 1950~2030년. 예측치는 2000년에 발표된 것이다. 출전: WRI 1998a, UNPD 1998b:2.

인구 과잉과 관련해서, 앞으로 지구의 거의 대부분 지역에서 인구밀도가 오늘날보다 높아지지 않을 것이라는 점을 지적하는 것이 중요하다. 이제부터는 인구 성장의 대부분이 도시에서 이루어질 것이기 때문이다. 앞으로 30년 동안 세계의 농촌 인구는 거의 변화하지 않을 것이며, 사실상 유럽 대륙의 97%에 해당하는 지역에서는 2025년까지 인구밀도가 낮아질 것이다.[341)]

도표 14에서 볼 수 있듯이, 2007년에는 도시 지역 거주자의 수가 역사상 처음으로 농촌 지역 거주자의 수를 앞지를 것이다.[342)] 1950년에는 거주 인구 1,000만 명 이상의 이른바 메가시티는 뉴욕 시가 유일했으며, 런던은 인구 870만 명으로 그 뒤를 바짝 좇고 있었다.[343)] 그런데 오늘날에는 메가시티가 19곳에 이르며 유엔은 2015년이 되면 23곳이 될 것으로 예측하고 있다. 이 도시 중 선두는 각각 2,640만 명과 2,610만 명의 인구를 거느린 도쿄와 봄베이가 차지할 것이다.[344)] 그리고 메가시티 23곳 중 19곳은 개발이 덜 된 지역에 위치할 것으로 예상된다.

도시 성장은 개발도상국에서 훨씬 뚜렷하게 나타날 테지만, 사실 이것은 지속적으로 도시화가 진행되고 있는 선진국의 추세를 뒤좇는 것에 불과하다. 미국과 기타 선진국의 도시 인구는 평균적으로 이미 전체 인구의 75%를 차지하고 있다.[345)] 서구에서는 도시 지역 거주자의 비율이 2030년에 83.5%까지 증가할 테지만, 그 동안 개도국에서는 현재의 40%에서

56%로 증가하는 것에 지나지 않을 것이다.

도시 생활이 삶의 질을 손상시킨다는 얘기들을 자주 한다. 한 대표적인 환경 교과서는 다음과 같이 기술하고 있다.

"부국과 빈국을 막론하고 인구가 많아지면 그들에게 편안한 생활을 보장하기 어렵다. 사람들은 적절한 상하수도 시설이 없는 비참한 환경에서 살고 있다."[346]

이것은 착각에 기인한 주장의 고전적인 예에 해당한다. 서구적 기준으로 판단했을 때, 많은 사람들이 판자촌에서 가난하게 살고 있다는 주장은 맞는 말이지만, 사실 그런 판자촌 주민들조차 농촌에 남아 있을 때보다 더 나은 생활을 한다.[347]

인구밀도가 높은 지역에서는 건물이 빽빽이 들어찰수록 말라리아나 기면성 뇌염 같은 심각한 전염병으로 인한 문제가 줄어든다. 모기나 파리가 번식할 수 있는 물웅덩이가 줄어들기 때문이다. 더욱이 상하수도 설비와 보건 의료 서비스 역시 농촌보다는 도시 지역이 훨씬 좋다.[348] 도시에서는 교육받을 수 있는 기회를 접하기도 쉽다. 대부분의 개도국에서 도시와 시골의 교육 수준 차이는 10% 이상이다. 또한 도시 주민들은 평균적으로 더 좋은 식사를 하고 따라서 영양 결핍에 덜 취약하다.[349]

사실 농촌 지역은 현재 전세계 빈곤 문제에서 큰 비중을 차지한다.[350] 반면에 중소도시와 대도시들은 더 큰 경제 성장을 가능케 해주는 발전소에 해당한다. 개도국의 도시 지역 인구는 전체 인구의 3분의 1밖에 되지 않지만 GDP의 60%를 생산한다. 세계자원연구소는 다음과 같이 명백히 결론짓고 있다.

"평균적으로 볼 때 도시는 사회적 · 경제적으로 농촌보다 더 많은 혜택을 제공해줄 수 있기 때문에 성장하고 있다."[351]

4 기대 수명과 건강

인간 복지를 위해 필요한 가장 기본적인 요소의 하나는 당연히 생명 그 자체다. 따라서 기대 수명은 다른 어떤 척도보다 중요하다고 할 수 있다. 그러나 수명이 늘어난 기간 동안 그저 더 많은 고통을 겪을 뿐이라면 더 오래 산다는 것이 반드시 더 나은 삶을 의미하지는 않을 것이다. 따라서 우리가 과연 더 건강한 삶을 살 수 있는지, 그리고 병에 걸려 고통받는 시간이 줄어들었는지의 여부를 고려하는 것 역시 마찬가지로 중요하다.

이 장의 가장 중요한 목적은 우리의 삶과 건강이 지난 200여 년 동안 얼마나 극적으로 향상되었는지를 보여주는 데 있다. 우리는 이제 예전보다 더 오래 살고 더 건강해졌다. 이것은 현대 문명이 이룩한 위대한 기적 중 하나이다.

기대 수명

서기 1400년경에 이를 때까지 인류의 기대 수명은 놀라울 정도로 짧았다. 신생아들은 평균 20~30년밖에 살 수 없을 것으로 기대되었다.[352] 이는 주로 유아 사망률이 믿을 수 없을 정도로 높았기 때문이다. 다섯 번째 생일 이후까지 목숨을 부지하는 아이는 2명 중 1명에 불과했다.[353]

인류 역사 초기에 대해서는 믿을 만한 정확한 통계가 거의 없거나 아예 없다. 따라서 유골 조사 결과와 수학적 인구 성장 모델을 기반으로 수치를 산출해내는 수밖에 없다. 북아프리카에서 출토된 석기 시대 유골에 대한 가장 결정적인 조사 결과 중 일부는 당시의 기대 수명이 21년에 불과했음을 보여준다. 우리는 묘비, 미라, 유골 등에 대한 조사를 통해 로마 제국 시민의 평균 수명이 22년밖에 되지 않았다는 것도 알고 있다.[354]

도표 15에서는 지난 1000년 동안 영국인들의 기대 수명 변화를 볼 수 있다. 이 널찍한 도표는 1200~1800년 사이의 평균 수명이 대략 30세 정도로 유지되었음을 보여준다. 평균 수명이 눈에 띄게 떨어진 부분은 14세기 흑사병이 창궐했을 때였는데, 그로 인해 신생아의 기대 수명은 18세까지 떨어졌다.[355] 그러나 1200년부터 1450년 사이의 통계가 주로 남성 지주를 바탕으로 한 것이라는 점을 주목하자. 이런 이유 때문에 전체 인구의 평균 수명이 어느 정도 과장되었을 가능성이 크다.[356]

1541년부터는 국가적인 차원에서 남녀 모두에 대해 훨씬 더 나은 통계 자료를 구할 수 있다. 이 자료들은 교구 등록부에 기재된 광범위한 기록을 바탕으로 한 것이다. 여기에서 평균 수명은 35세 전후로 나타나며 1700년까지는 약간 떨어지다가 1850년까지 약간 증가하는 경향을 나타낸다. 이런 단기적인 변동은 일시적인 식량 부족, 전염병의 창궐, 비효율적인 식량 분배망 등에 기인하는 것이다.[357] 1850년 이후는 기대 수명이 급격히 치솟았다. 이후 150년 동안의 기대 수명 증가는 가히 놀라울 정도이다. 기대 수명이 거의 2배나 늘어났던 것이다.

이런 일련의 변화는 대부분의 산업 국가에서 비슷하게 나타났다. 프랑스에서 1800년의 기대 수명은 약 30세였다.[358] 1845년 덴마크의 경우는 약 44세였다.[359] 그러나 이 나라들의 현재 기대 수명은 모두 70세 이상이며, 선진국의 평균치는 77세에 이른다.[360] 반면에 세계 나머지 지역의 기대 수명은 20세기가 시작될 때까지 매우 낮았다. 보통 1900년 전세계 인

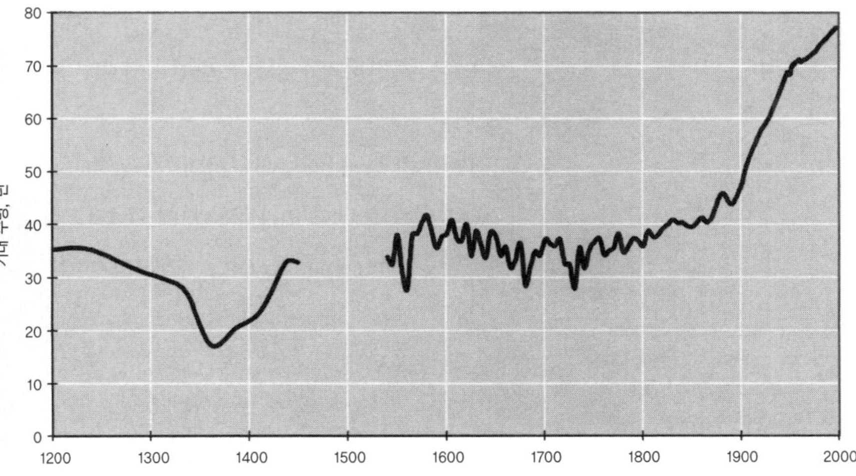

도표 15 1200~1450년 영국 남성 지주들의 출생 당시 기대 수명과 1541~1998년 잉글랜드와 웨일스 지방의 남녀 출생 당시 기대 수명.[363] 출전: Russell 1978:47, Wrigley and Schofield 1981:230, Keyfitz and Flieger 1968, Flora et al. 1987:108, World Bank 1999a, 2000c. 1849~1998년 미국의 기대 수명도 이와 비슷하다. USBC 1975:56, World Bank 1999a, 2000c.

구의 기대 수명은 여전히 30세 전후였을 것으로 추정되고 있다.[361] 1950년에 이르자 사람들은 평균 46.5년을 살았고 1998년에는 무려 67년을 살게 되었다.[362] 따라서 인류의 기대 수명은 지난 100년 동안 2배 이상 늘어난 셈이다.

이는 정말로 놀라운 성과이다. 인류 역사상 기대 수명에 있어서 최대의 개선이 지난 100년 동안에 이룩되었던 것이다.

개발도상국의 기대 수명

그렇다면 개발도상국에서는 어떠했을까? 20세기가 시작될 무렵까지 대다수 개도국의 기대 수명은 석기 시대를 연상시키는 수준이었다. 1906년 인도 사람들의 기대 수명은 약 25세였다. 1930년에 중국 사람들은 평균적으로 24년밖에 살지 못했다. 그 당시 개도국 중에서는 가장 앞선 나라였다고 할 수 있는 칠레에서도 1909년의 기대 수명이 겨우 31세에 불과

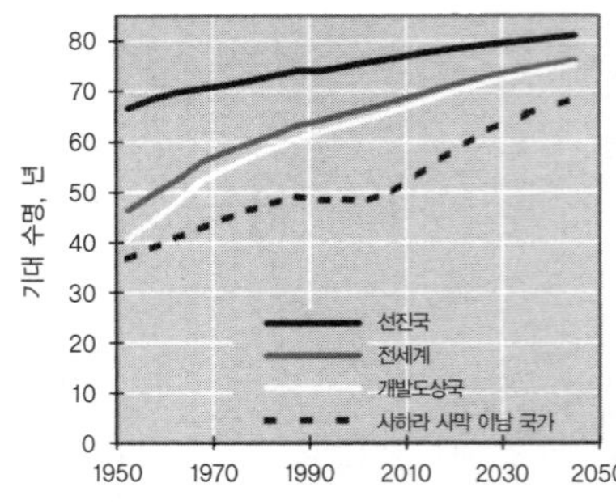

도표 16 세계 인구의 기대 수명. 1950~2050년. 예측치는 2000년에 발표된 것으로 HIV/에이즈의 영향이 포함되어 있다. 출전:UNPD 1999:4, 8-12, 18.[366]

했다.[364] 전체적으로 개도국의 평균 기대 수명은 여전히 30세보다 한참 아래였던 것이다.

1950년에 이르러 개도국의 기대 수명은 41세에 도달했고, 1998년에는 65세가 될 만큼 상승했다.[365] 이런 증가는 거의 환상적이다. 이는 개도국에 사는 모든 사람들이 1940년대 말의 평균적인 영국인이나 미국인에 해당하는 기대 수명을 가지게 되었음을 의미한다. 전세계 인구의 5분의 1을 차지하고 있는 중국의 경우에는 발전 속도가 훨씬 빨랐다. 1930년에는 24세에 죽음을 기대하던 평균적인 중국인들이 이제는 70세까지 살 수 있을 것이라고 기대하게 되었다. 불과 두 세대 만에 기대 수명이 거의 3배로 증가한 것이다.

도표 16은 개도국의 기대 수명 증가가 얼마나 놀라운 것이었는지를 보여준다. 이러한 추세는 앞으로도 계속 더 진행되어 2020년에 이르면 개도국들이 70세 장벽을 깨면서 선진국과의 차이를 점점 더 좁혀나갈 것으로 전망된다.

물론, 이것은 평균적인 추세이기 때문에 개도국 사이에 존재하는 상당한 불균형은 감추어져 있다. 각 나라별 기대 수명의 분포는 도표 17에서 찾아볼 수 있다. 이 도표를 보면, 전세계 인구의 4.7%가 기대 수명 50세 이하인 나라에서 살고 있다. 이 목록의 가장 밑에 위치하는 나라는 시에라리온인데, 이 나라 사람들의 기대 수명은 39세에 불과하다. 아프가니스탄과 동티모르를 제외하면 목록의 아래쪽에 있는 나머지 25개국은 모잠비크, 르완다, 우간다, 잠비아, 소말리아, 에티오피아 등 모두 아프리카 국가들이다.

이처럼 기대 수명이 낮아진 데는 사하라 사막 이남 지역에 엄청난 타격을 입힌 에이즈가 커다란 역할을 했다. 이 지역은 전세계 에이즈 발생 사례의 70%를 차지하는데, 지역 사람들 중에서 약 2,300만 명, 즉 3.6%에 해당하는 인구가 HIV에 감염되어 있다. 에이즈는 특히 청소년과 어린이들에게서 발병률이 가장 높기 때문에 수명 손실이 더욱 커져서 기대 수명 또한 현저히 감소했다.[367] 아프리카 대륙 동부에 위치하는, 에이즈의 타격을 가장 심하게 입은 국가 중 일부의 기대 수명은 10~20년 정도 감소할 것으로 추산된다.[368] 어떤 추정에 의하면 짐바브웨에서는 에이즈가 발생하지 않았을 때와 비교해서 기대 수명이 26년이나 짧아졌다고 한다.[369] 사하라 사막 이남 지역 전체를 따져본다면 현재의 기대 수명은 에이즈가 발생하지 않았을 때에 비해 약 9년 정도 감소했다. 그리고 2010년에는 거의 17년이나 낮아질 것으로 추산된다. 2025년의 기대 수명 역시 에이즈가 발생하지 않았을 때의 예측치에 비해 약 8년 정도 짧아질 것이다.[370]

그러나 이것이 사하라 사막 이남 지역의 기대 수명이 감소했다는 것을 의미하지는 않는다. 단지 그곳 주민들의 기대 수명이 정상적으로 증가해야 하는 만큼 또는 증가할 수 있는 만큼 증가하지 못한다는 것을 의미할 뿐이다. 이는 도표 16에 분명하게 나타나 있다. 1950년에 37세였던 이 지역 사람들의 기대 수명은 1990년에 겨우 49세로 늘어났으며, 2010년까지는 이 수준에서 정체될 것으로 전망된다. 그리고 이 시기가 지나면 기대 수명이 증가하기 시작해서 2025년경에 이르면 60세를 넘을 것이다. 이 지역의 영향으로 개발도상국 전체적으로는, 2010년에는 에이즈가 발생하지 않았을 경우에 비해 기대 수명이 약 2.8년 짧아질 것이며, 2025년에 이르면 그 손실 폭이 1년을 약간 넘는 정도가 될 것으로 예상된다.[371]

인간 생명과 복지의 이처럼 비극적인 손실과 관련된 얄궂은 사실은 HIV 감염을 예방하기 위해 필요한 대부분의 조치가 엄청난 비용이 드는 게 아니라는 점이다. 단지 사람들이 성행위에서 자신을 충분히 보호할 수

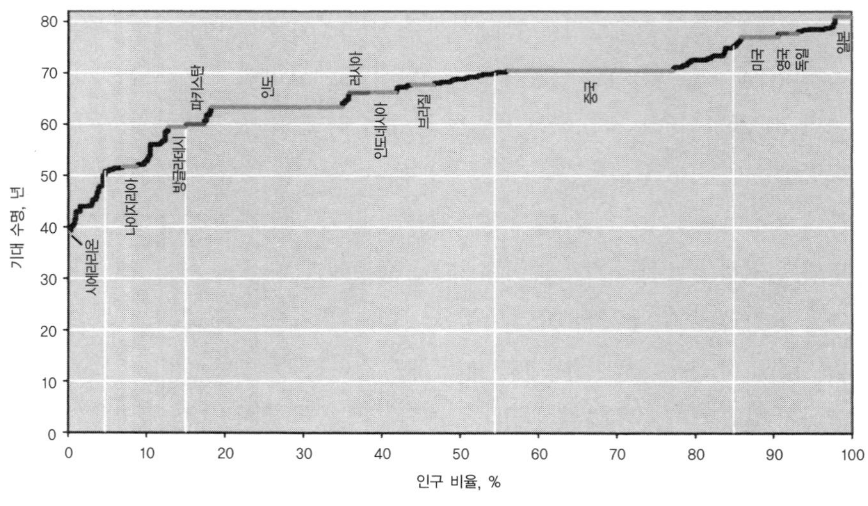

도표 17 2000년의 최대 기대 수명과 인구 비율. 출전:UNPD 2001c.[374]

있도록 필요한 정보를 제공해서 실제로 행동에 반영할 수 있도록 하는 것이면 충분하다. 그러나 지금도 대부분의 나라에서 수치심과 비난이 에이즈 환자들을 둘러싸고 있어서 사람들이 필요한 검사를 받거나 정보를 구하기 어렵고 정치적으로 적절한 조치를 취하기도 어렵다.[372] 장기적인 관점에서 본다면 우간다에서 실시한 것과 같은 대규모 에이즈 예방 프로그램이 해결책의 방향을 제시해준다. 우간다의 예방 프로그램은 에이즈의 발병률을 급격히 감소시켰다.[373]

도표 17의 나머지 부분을 살펴보면, 그 다음 그룹에 속하는 26개국 국민, 즉 전세계적으로 10.3%에 해당하는 인구의 기대 수명이 50세에서 60세 사이임을 알 수 있다. 아프리카 국가들이 이 그룹의 대부분을 차지하는데, 콩고의 기대 수명은 51세이며 나이지리아와 남아프리카는 52세다. 역시 이 그룹에 속하지만 네팔과 방글라데시의 기대 수명은 59세다. 이런 사실은 나머지 인구, 즉 전세계 인구의 85%는 적어도 60세까지는 살 수 있다고 기대할 수 있다는 뜻이다. 기대 수명이 63세인 인도, 66세인

러시아와 인도네시아, 68세인 브라질이 모두 이 그룹에 속한다. 마찬가지로 전세계 인구의 45% 이상은 기대 수명이 70세 이상이다. 중국 · 에콰도르 · 태국 · 요르단 등은 서로 너무나 다른 나라이지만, 국민들은 모두 70세 이상 살 수 있을 것으로 기대된다.

이 목록의 마지막 그룹에 속하는 사람들의 기대 수명은 75세 이상이다. 이 그룹에는 전세계 인구의 15%가 포함되는데 기대 수명 77세인 미국이나 78세인 영국 같은 OECD 국가가 대부분을 차지한다. 이 그룹에서 정상을 차지하는 국가는 기대 수명이 81세인 일본이다.

아프리카 지역에 대해서는 에이즈 예방이라는 맥락에서뿐만 아니라 식량 확보와 경제 생산 증진 등을 위해서도 앞으로 해야 할 일이 매우 많다. 이 문제에 대해서는 아래에서 얘기하겠다. 그러나 여기에서 중요한 점은 전세계 인구의 85% 이상이 적어도 60세 이상 살 것으로 기대할 수 있다는 사실이다. 이것은 겨우 100년 전의 평균 기대 수명과 비교할 때 2배가 넘는 수치다. 믿을 수 없을 만큼 굉장히 발전한 것이다.

영아 사망률

기대 수명의 증가는 영아 사망률의 극적인 감소에 크게 기인한다. 기대 수명이 100년 전보다 훨씬 더 높아진 것은 사람들이 더 오래 살 수 있게 되었기 때문이 아니라 일찍 죽는 사람의 수가 크게 감소했기 때문이다. 1900년부터 현재까지 미국에서 태어난 여자 아기들의 기대 수명은 거의 32년(48세에서 거의 80세로)이나 늘어난 데 반해 60세 인구의 기대 수명은 그보다 훨씬 적은 7.8년 증가하는 데 그쳤다.[375)]

이제 간단한 예를 인용해서 이 현상을 설명해보도록 하자. 한 작은 섬에서 10명이 태어났다고 가정해보자. 그 아기들 중 5명은 1년 안에 목숨을 잃는 반면 다른 아기들은 70세까지 살 수 있다고 가정하자. 그러면 기대 수명은 35세가 된다. 그 다음 해에도 역시 10명이 태어나는데, 이번에는

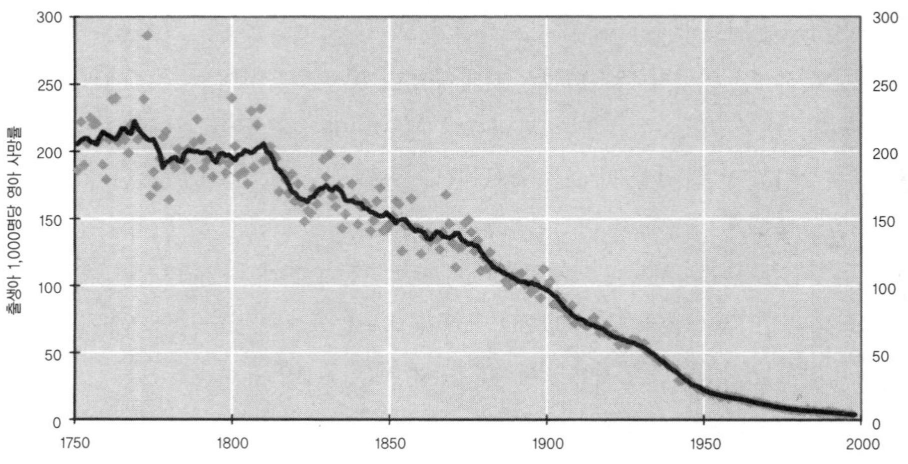

도표 18 스웨덴의 영아 사망률, 1750~1998년. 9년 단위로 추세를 정리했다. 출전: Mitchell 1975: 127-32, World Bank 1999a, 2000c.

아기들을 치료할 수 있는 의사가 이 섬에 살게 되어 겨우 1명만 목숨을 잃는다. 그리고 나머지 9명은 70세까지 산다. 그러면 이 섬의 기대 수명은 갑자기 63세로 늘어나게 된다.

전세계적으로 영아 사망률의 감소는 가히 놀라울 정도이다. 수렵 채취 사회에 대한 연구들을 통해 당시 어린이의 약 절반이 5세 이전에 죽었다는 것을 알고 있다. 유골 조사와 통계학적 모델을 통한 연구 결과에 따르면, 1400년경까지 유럽에서는 신생아 1,000명 중에서 500명이 사망하는 것이 보통이었다.[376] 16세기에 대해서는 영국 상류층의 자료가 남아 있는데, 당시 귀족은 대부분의 평민보다 훨씬 나은 환경에서 살았다. 이 자료들은 1550년에는 1,000명당 250명이던 영아 사망률이 1850년에는 1,000명당 100명으로 줄었음을 보여준다.[377]

스웨덴은 전국적인 규모로 통계 자료를 모으기 시작한 최초의 국가였다. 이 나라에서 생후 1년 안에 사망한 아기의 비율이 도표 18에 나타나 있다. 18세기 말에 아기들은 첫돌을 맞이하기 전에 5명당 1명 꼴로 목숨을 잃었는데, 이 비율은 기아와 질병 발생의 정도에 따라서 해마다 큰 폭으로 변화했다.[378] 그러나 1800년 이후 영아 사망률이 급격히 떨어지기 시작해서 1998년 영아 사망률은 280명당 1명으로 1,000명당 4명이 채 되지 않았다.[379] 스웨덴의 영아 사망률은 지난 200년 동안 50배 이상 감소한 것이다.

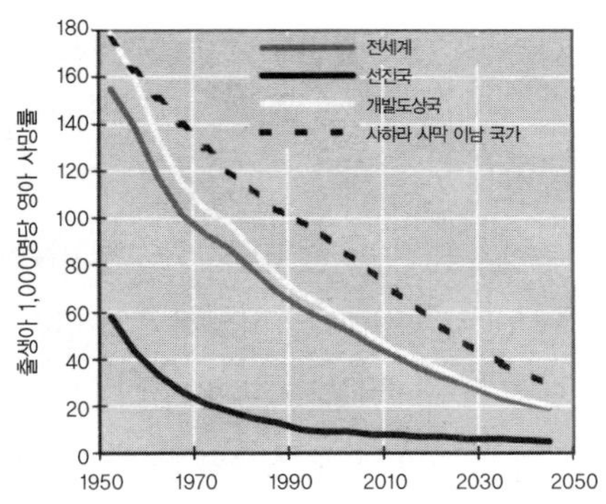

도표 19 세계의 영아 사망률. 1950~2050년. 예측치는 2000년에 나온 것이다. HIV/에이즈의 영향이 포함되어 있다. 출전:UNPD 1999: 4, 8-12, 18.

개발도상국에 대한 자료는 이보다 조금 부실하다. 1920년대 중국 농촌에서는 3명 중에서 1명 이상이 5세 이전에 사망했다. 1920년 칠레의 상황은 이보다 더 나빠서 5명 중 2명이 5세 이전에 사망했다. 감비아의 경우에는 1950년대에 이를 때까지도 그보다 훨씬 높은 영아 사망률이 보고되었다.[380]

도표 19는 1950년 이후 개도국과 선진국이 모두 포함된 전세계 영아 사망률 감소 추세를 보여준다. 이 도표에서는 개도국의 영아 사망률이 압도적으로 크게 감소한 것을 볼 수 있다. 1950년에는 18%, 즉 5명당 거의 1명이 사망했으나 1995년에는 6%만이 목숨을 잃었다. 3분의 1로 감소한 것이다. 에이즈의 만연에도 불구하고 심지어 사하라 사막 이남 지역에서도 영아 사망률은 꾸준히 감소하고 있다. 그렇지만 그 감소 속도가 에이즈가 발생하지 않을 경우의 예상치만큼 빠르지는 않다.[381]

영아 사망률은 선진국에서도 역시 지속적으로 감소했다. 1950년에는 신생아의 거의 6%가 살아남지 못한 데 반해서 2000년에는 그 비율이 1%도 채 되지 않았다. 오늘날 개도국의 영아 사망률이 1950년 선진국의 비율과 똑같다는 점에 주목하자. 선진국이나 개발도상국 모두에서 감소 추세는 앞으로도 계속될 것으로 예상되며, 개도국의 영아 사망률은 2020년까지 또 다시 절반으로 줄어들 것으로 전망된다.

질병

우리 수명은 더 늘어났지만 그것이 혹시 질병에 고통받는 기간이 더 늘어난 데 불과한 것은 아닐까? 그 답은 '절대 아니다'이다. 우리는 지난 몇 세기 동안 전체적으로 훨씬 더 건강해졌다.

우리는 흔히 예전 사람들의 생활에 대해서 아주 왜곡된 인상을 갖고 있다. 잘못된 인상은 대개 영화 때문이라고 할 수 있는데, 영화에 등장하는 사람들은 더러운 옷을 입고 있는데도 아름답게 보이고 그들의 생활은 자연과 잘 조화를 이루고 있는 것처럼 비쳐진다. 그러나 불행하게도 프린스턴 대학교의 저명한 역사학 교수 로렌스 스톤(Lawrence Stone)이 설명하는 것처럼 18세기의 현실은 영화 속의 장면과는 상당히 달랐다.

> 개인 위생과 공공 위생에 대한 거의 전적인 무지로 말미암아 오염된 식사와 물은 늘 커다란 위협이 되었다…….
>
> 원시적인 위생 상태 때문에 박테리아성 소화기 감염이 항상 대규모로 발생하곤 했는데 무엇보다도 무서운 것은 이질이었다. 이 병은 몇 시간, 혹은 며칠 안에 남녀노소를 막론하고 수많은 사람들의 목숨을 앗아갔다. 사람들은 이런저런 종류의 소화기 질환에 만성적으로 시달렸다. 부자들의 경우에는 균형을 잃은 형편없는 식단이 문제였고 가난한 사람들의 경우에는 썩은 음식과 불충분한 식사가 문제였다. 내장에 존재하는 기생충들은 ……넌더리가 날 정도로 천천히 몸을 약하게 만드는 질병을 일으켰는데, 이것이 사람들의 생활을 비참하게 만들고 건강을 악화시키는 가장 큰 원인이었다. ……배수가 잘 되지 않는 많은 습지에서는 말라리아성 열병이 자주 발생해서 사람들을 허약하게 만들었다. ……어쩌면 이보다 훨씬 더 가슴 아픈 일은 천천히 냉혹하게 사람들의 신체를 무너뜨리는 결핵일 것이다. ……여자들에게

> 는 출산이 아주 위험한 일이었다. ……(마지막으로) 태만과 부주의, 혹은 말과 같은 짐승들과의 접촉—말은 적어도 오늘날의 자동차만큼 위험했던 것 같다—혹은 물과 같은 요소들로 인해 불의의 죽음을 맞이할 수 있는 위험이 항상 존재했다…….
>
> 우리가 쉽게 잊곤 하는 근대 초기의 모습 중 하나는, 냄새나고 더러운 보통 사람들의 모습과는 아주 다르게 건강과 매력을 동시에 지닌 사람은 성인 중에서 극히 일부에 지나지 않았다는 점이다. ……남녀를 막론하고 대부분의 사람들은 썩은 이빨과 항상 떠나지 않는 소화기 질환 때문에 흔히 입 냄새를 풍기곤 했다. 이 점에 대해서는 여러 자료에서 그 증거를 찾아볼 수 있다. 또한 당시에는 화농성 궤양, 습진, 옴, 고름이 줄줄 흐르는 종기 등 여러 가지 구역질나는 피부병이 지극히 흔했으며, 대개 몇 년씩 계속되곤 했다.[382)]

건강과 죽음 사이에 항상 지속되는 투쟁에서 우리는 사망률을 감소시키는 데 결정적인 역할을 했던 몇 가지 사건을 찾아낼 수 있다. 첫째, 18세기 말부터 생활 수준이 높아져 사람들의 의식주 생활이 나아지면서 질병에 대한 저항력이 크게 신장되었다. 이와 동시에 생활 조건이 변화하면서, 예컨대 사람들이 더 밀집해 살게 됨으로써, 병원균의 진화적인 변화가 나타났는데 이 변화는 대체로 병독성이 낮아지는 쪽을 향했다.[383)] 둘째, 19세기부터 공중 위생의 개선, 상하수도 시설의 증가, 위생 교육, 전염병 환자의 격리 조치 등이 이루어지면서 질병 감염이 억제되었다.[384)] 마지막으로, 20세기에 이르러 더 나은 치료법들이 잇달아 개발되면서 질병에 대적하기 위한 신기술들이 속속 갖추어졌다.[385)] 그 결과 우리는 지난 200여 년 동안 사망률이 크게 감소하고 기대 수명이 늘어나는 현상을 볼 수 있었다.

여기에는 전염병의 발생을 예방하고 억제할 수 있게 된 것이 큰 역할을 했다. 19세기가 다가올 무렵, 유럽 인구의 최대 사망 원인으로 전체 사망자의 10% 이상을 차지했던 천연두는 예방 접종을 통해 극복할 수 있는 질병임이 증명되었다. 또 1891년에는 항독소를 이용해서 디프테리아를 치료할 수 있게 되었다.[386] 세계 전역을 휩쓸면서 6세기 말에 1억 명의 생명을 앗아가고 14세기 말에는 흑사병이라는 이름으로 2,500만 명의 목숨을 앗아갔던 페스트는 환자 격리, 쥐잡기, 하수도 시설 개선, 주택 기준 강화 등 공공 조치를 통해 통제가 가능해졌다.[387] 홍역과 수두도 해를 끼치지 않게 되었는데, 그것은 인구밀도가 증가하면서 병원균들이 길들여져 전형적인 유아 질병으로 격하되었기 때문이다.[388] 콜레라는 수도 시설의 질을 향상시키는 방법으로 억제되었다.[389] 20세기 전반기에 설파제와 항생제가 나타나면서 폐렴 · 매독 · 임질 · 수막염 등 각종 전염병에 대해 마침내 강력한 공세를 취할 수 있게 되었으며, 그 후에는 장티푸스와 장염도 치료가 가능해졌다.

인류가 전염병에 대해 거둔 승리의 전과는 도표 20에 분명하게 나타나 있다. 사람의 목숨을 앗아가는 중요한 요인이었던 폐렴과 결핵은 미국에서 지난 1세기 동안 급격히 줄어들었다. 전염병으로 인한 사망자 수는 10만 명당 800명에서 50명 수준으로 떨어진 반면, 전염병이 아닌 요인으로 인한 사망자 수는 800명 선에서 고정된 것과도 비교된다. 영국 및 다른 선진국의 전염병 통계도 비슷한 감소 추세를 보여준다.[390] 1980년대 중반 이후 사망률이 약간 증가했는데 여기에는 두 가지 요인이 있다. 첫째, 1980년대의 전염병 감염자 중 약 3분의 2가 폐렴에 의한 것이었다. 그런데 폐렴은 거의 전적으로 노인들에게만 치명적인 질병이며, 1980년 이후 폐렴이 거의 2배로 증가한 것은 인구의 노령화 때문이었다.[391] 연령을 감안해서 통계 수치를 조정하면 전염병으로 인한 사망 위험도는 1980년과 1997년이 비슷하다.[392]

둘째, 1980년 이후 사망률 증가는 HIV의 등장 때문이다. HIV 감염으로 인한 사망률이 사상 최고치를 기록했던 1995년의 16.4명이라는 수치

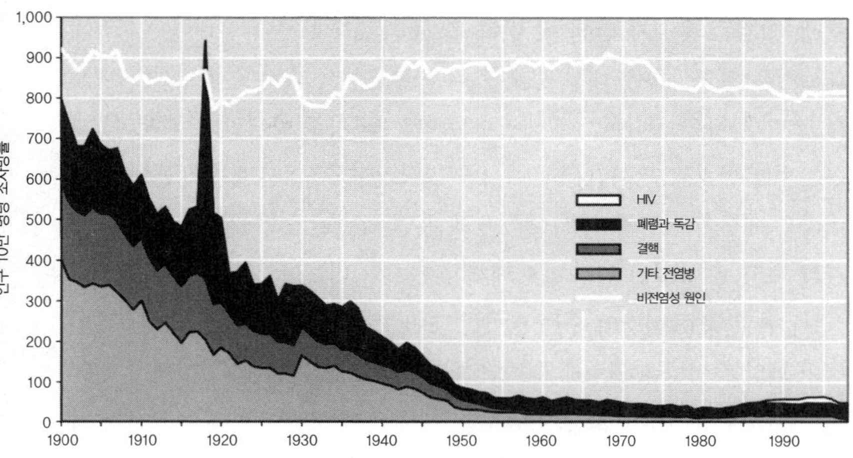

도표 20 미국의 전염병과 비전염성 질병의 발병률, 10만 명당 조 사망률. 1900~1998년. 전염병은 폐렴과 독감, 결핵, HIV, 기타 전염병으로 분류되어 있다. 그래프에서 1918년의 사망률이 유난히 높은 것은 미국인 50만 명을 비롯해 세계적으로 2,000만 명의 목숨을 앗아간 이른바 '스페인 독감'이 유행했기 때문이다. 출전: Armstrong et al. 1999, Martin et al. 1999: 27-8, CDC 1999a: 622.

는 20세기 초의 매독 사망률과 비견될 만하다.[393] 칵테일 요법과 같은 약물 혼합 요법이 개발되면서 에이즈 사망자 수는 1998년에 10만 명당 4.9명 수준으로 낮아졌으며 1999년에는 이보다 훨씬 더 낮았다.[394]

서구 세계에서는 의약품, 위생, 생활 수준 향상 등으로 전염병을 물리칠 수 있게 됨에 따라 사람들이 더 오랫동안 더 나은 삶을 즐기기 시작했다. 이 때문에 지금은 암이나 심혈관계 질환 등과 같이 생활 습관이나 노화와 관련된 질병으로 죽는 사람이 예전보다 훨씬 더 많아졌다.[395] 1900년 미국에서 가장 중요한 사망 원인은 폐렴 · 결핵 · 설사 · 장염 등이었는데, 이런 질병으로 인한 사망자 수가 전체 사망자의 약 3분의 1을 차지했다. 반면에 심장병과 암으로 인한 사망자 수는 전체의 12.5%에 불과했다. 1997년에는 심장병과 암으로 인한 사망자 수가 전체 사망자의 55%를 차지했으며, 전염병에 기인한 사망자 수는 겨우 4.5%에 불과했다.[396]

암으로 인한 사망률이 1990년대 초까지 영국과 미국에서 계속 증가했는데, 그것은 우리가 암에 더 많이 '노출'되었기 때문이 아니다. 이 점에 대해서는 화학약품에 대한 공포를 다룬 부분에서 다시 살펴보겠다(도표 117).[397] 사람들의 나이가 많아질수록 암은 더 자주 발생한다. 바로 이 한 가지 이유만으로도 사람들의 나이가 많아질수록 암 사망자가 늘어날 것이라는 예상이 가능하다. 사실 노령과 흡연 습관을 고려해서 통계치를 조정한다면(즉, 동일한 연령 집단에서 흡연자와 비흡연자를 따로 살펴본다면) 암으로 죽는 사람의 수는 많아진 것이 아니라 오히려 적어졌다.[398] 미국의 폐암 사망률은 연령대를 감안해 조정해도 1930년에 4.9명에서 1990년에는 75.6명 수준으로 늘어났지만, 그것은 주로 과거 수십 년 전에 사람들이 엄청나게 많이 담배를 피웠기 때문이다. 그러나 흡연율이 감소하고 있으며(1965년에는 전체 미국인의 약 42%가 담배를 피운 데 반해 1997년에는 25%에 불과했다[399]), 따라서 남성의 폐암 발생률은 1990년대에 이르러 실제로 감소하기 시작했다. 그럼에도 불구하고 모든 남성 사망자의 25%와 여성 사망자의 14%가 담배 때문에 목숨을 잃는 것으로 추산된다.[400]

설령 우리가 더 오랫동안 살게 되었고 전염병의 전부는 아니지만 그 대부분을 정복했다 해도, 과연 사람들이 전체적으로 병에 걸리는 경우가 더 많아졌는지, 아니면 더 적어졌는지 하는 질문을 제기해볼 수 있다. 이것은 단도직입적으로 대답하기에는 상당히 까다로운 질문이다.

보건 전문가들은, 사망률 감소는 당연히 심각한 질병의 발생 빈도가 줄어든 것을 의미한다고 으레 주장하곤 했다. 현재 발생하는 질병의 대부분이 생명을 위협하는 경우가 훨씬 적기 때문이다. 많은 사람들은 우리가 점점 더 오래 살게 되면서 노년기에 이르러 비로소 대부분의 질병을 앓게 된다고 생각한다. 이런 현상을 '질환의 압축화(compression of morbidity)'라 부른다.[401]

그렇다면 실제 질병 발생률—특히 직장에 출근하지 못하거나 일상 활동에 제한을 받을 정도로 몸이 아픈 경우—을 살펴보도록 하자.[402] 연구자들은 1779년부터 1929년까지 영국 한 지역의 노동자 집단의 보건 통계를 살펴보았다. 또 영국 · 미국 · 일본 · 헝가리 등의 보건 관련 조사 결과들도 살펴보았다. 그 결과 수명이 지속적으로 늘어나면서 질병에 걸리는 횟수 또한 줄어드는 현상이 매우 일관되게 나타났는데, 이는 물론 우리가 이미 예상한 대로였다. 그런데 한 가지 놀라운 발견은 매번 병에 걸릴 때마다 그 병이 지속되는 기간은 훨씬 더 길어졌다는 점이다. 이 때문에 질병 발생 빈도의 감소 효과가 상쇄되었을 뿐만 아니라, 사람들이 병석에 누워 있는 평균 기간 또한 실제로는 늘어났다. 따라서 이런 일련의 연구에서 발견한 것은 '성공의 실패', 즉 죽음에 맞서는 싸움에서는 잘해왔지만 동시에 별로 치명적이지 않은 질병은 더 늘어났다는 점이다.[403]

이런 놀라운 연구 결과에서 직관적으로 유추해낼 수 있는 결론은 다음의 두 가지다. 첫째, 우리가 전염병과의 전쟁에서 승리를 거둔 후에는 비전염성 질병의 강도가 덜 치명적인 쪽으로 변화된 것이 기대 수명 연장에 큰 몫을 차지했다. 그렇지만 이런 만성적 질병은 완전히 치료되는 경우가 거의 없고 환자 본인이 꾸준히 몸을 관리해야 하는 경우가 더 많다. 따라서 오랫동안 요양을 하게 되고 이 때문에 사람들이 병석에 누워 있는 기간이 평균적으로 더 늘어났다.[404] 둘째, 예전 같으면 일찍 목숨을 잃었을 사람들이 지금은 좋은 치료법 덕분에 더 오래 살 수 있게 되었다. 그러나 우리는 이 '새로운 생존자들'이 다른 건강 문제를 겪을 가능성이 높으며, 따라서 질병 발생률의 평균치를 높이는 데 기여한다는 사실을 알게 되었다.[405]

이런 통계 결과가 철저하게 도전받은 것은 어쩌면 당연한 일이다.[406] 기본적으로 문제가 되는 것은 질병의 개념이 오랜 기간 동안 똑같이 유지되어 왔느냐는 점이다. 죽음의 정의는 상당히 분명하기 때문에 사망률 통계는 아주 객관적일 수 있다. 반면에 몸이 아프다는 것은 이상적인 건강

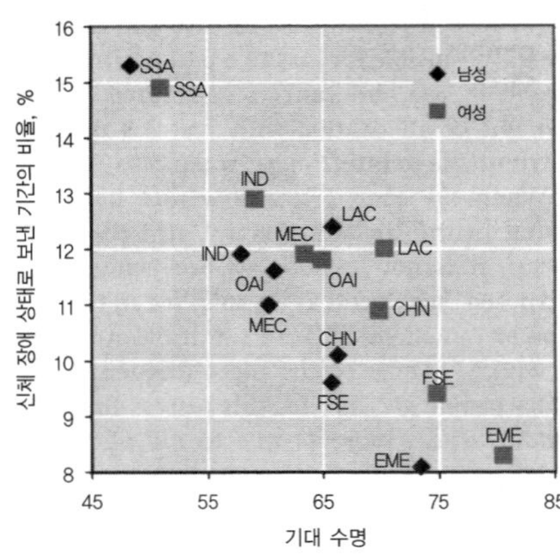

도표 21 기대 수명과 신체 장애 상태로 보낸 기간과의 관계. EME=시장 경제가 확립된 지역. FSE=과거 사회주의 경제 체제였던 동유럽 지역. IND=인도. CHN=중국. OAI=기타 아시아 지역과 도서 국가. SSA=사하라 사막 이남 지역. LAC=라틴아메리카와 카리브 해 지역. MEC=중동 지역. 출전:Murray and Lopez 1997b.

상태와 비교했을 때에만 의미를 갖는다. 우리는 목이 아픈 것만으로도 출근하지 않고 집에서 쉬기에 충분한 이유가 된다고 생각할지 몰라도 과거의 우리 조상은 그렇게 생각하지 않았을 가능성이 있다.

우리가 질병에 대해 훨씬 더 많은 것을 알게 되었으며, 의사들이 이전 시대의 사람들은 생각조차 해보지 않았을 새로운 질병(특히 정서적 질병)을 점점 더 많이 밝혀냈음을 보여주는 증거가 상당히 많다. 이와 동시에 사람들의 생활이 풍족해지고 보험 제도도 좋아졌기 때문에 경제적인 면에서 더 편안한 마음으로 병을 앓을 수 있게 되었다. 따라서 우리가 자리에 눕는 병의 문턱이 더 낮아진 것도 분명하다.

사실 여기에서의 문제는 아주 간단하다. 앞에서 살펴본 로렌스 스톤의 설명처럼, "화농성 궤양 · 습진 · 옴 · 고름이 줄줄 흐르는 종기 등 여러 가지 구역질나는 피부병들"을 갖고 있던 18세기 사람들보다 요즘 사람들이 정말로 더 많이 병에 걸릴 수 있다고 믿는 것이 이치에 맞는 것일까? 그동안 질병의 문화적 정의가 극적으로 바뀌었기 때문에, 질병 발생률만 살펴보아서는 이런 질문에 정확한 답변을 하기가 사실상 불가능하다. 그렇지만 기대 수명이 크게 다른 세계 여러 지역의 질병 발생률을 서로 비교해봄으로써 다른 각도에서 이 문제에 접근해볼 수 있다. 여기서 우리는 사람들에게 몸이 아픈지 아닌지만 물을 때의 문제점에 대한 단서를 얻을 수 있다. 수많은 만성 질병과 관련해서 심지어 미국의 젊은이들조차 인도

의 가장 가난한 농촌 사람들보다 더 '많이' 그런 병에 시달린다고 응답하고 있는 것이다.[407)]

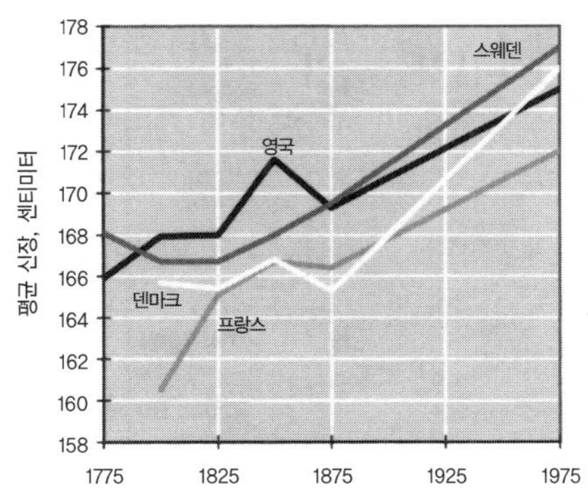

도표 22 성인 남성의 평균 신장. 1775~1975년. 출전:Fogel 1989:50, Burnette and Mokyr 1995:144.

좀더 체계적인 조사를 위해 세계보건기구와 세계은행은 '전세계 질병 부담(Global Burden of Disease)'이라는 연구에서 신체 장애 상태를 기준으로 전 세계의 질병 분포 양상을 정확히 추정해보려 시도한 적이 있다.[408)] 그 결과는 도표 21에 제시되어 있는데, 사람들의 수명이 늘어남에 따라 병에 걸려 있는 기간은 점점 짧아진다는 주장을 압도적으로 지지하고 있다. 세계에서 기대 수명이 가장 짧은 사하라 사막 이남 지역 사람들은 전생애의 15% 이상에 해당하는 기간을 신체 장애 상태로 보내야 한다. 반면에 시장 경제가 확립된 지역에 살면서 기대 수명 77세를 자랑하는 나라 사람들은 신체 장애 상태로 보내는 기간이 8%밖에 되지 않는다. 절대적인 수치를 비교해본다면, 사하라 사막 이남의 아프리카 사람들은 그들이 누리는 짧은 생애에서 평균 7.5년 동안을 신체 장애로 보내는 데 비해, 유럽인들은 훨씬 더 긴 수명을 누리면서도 신체 장애를 겪는 기간이 6.25년밖에 되지 않는다.

이런 통계들은 오늘날 우리가 세계 모든 지역에서 목격하는 추세가 지난 세월 동안의 추세와 십중팔구 똑같다는 것을 분명히 보여준다. 선진국과 개도국 모두에서 기대 수명이 늘어남에 따라 사람들의 건강 상태 역시 점점 더 향상되고 있는 것이다.[409)]

인구 집단의 건강 상태를 보여주는 또 하나의 지표는 평균 신장이다. 신장은 건강뿐만 아니라 태아 시절부터 어른이 될 때까지 섭취하는 영양

과도 밀접한 관련이 있다. 따라서 국민들의 키가 크다는 것은 전체적인 건강 상태가 좋다는 것을 의미한다. 키가 큰 사람들은 상대적으로 사망률도 낮다(그러나 이 법칙은 신장이 약 190센티미터 정도에 이를 때까지만 적용된다).[410] 도표 22를 보면 지난 200여 년 동안 사람들의 키가 점점 더 커졌다는 것을 알 수 있다.[411]

결론

전반적으로, 지난 200여 년 동안 인류의 건강 상태는 극적으로 향상되었다고 말할 수밖에 없다. 우리는 과거 100년 전에 살았던 사람들보다 2배 이상의 수명을 누리고 있으며, 이런 수명 연장은 선진국과 개도국 모두에서 발견된다. 영아 사망률도 선진국과 개도국 모두에서 50% 이상 감소했다. 마지막으로, 질병에 걸리는 빈도도 과거보다 훨씬 더 낮다. 그 반대가 결코 아니다.

그렇다고 해서 문제가 전혀 없는 것은 아니라는 점을 명심해야겠다. 지금도 아프리카 남부의 에이즈 만연과 같은 현저한 문제들이 도사리고 있으며, 개도국에는 아직도 개선의 여지가 많다는 점을 잊어서는 안 된다. 그러나 근본적으로, 삶의 질과 건강 상태가 크게 개선되었음은 분명하다.

5 식량과 기아 문제

"인류를 먹여살리기 위한 싸움은 끝났다. 1970년대 세계는 비극적인 기근을 경험할 것이며 수억 명의 사람들이 굶어 죽을 것이다."[412] 이 문장은 기아 문제를 다룬 책 중에서 가장 큰 영향력을 끼친 책으로 1968년 출판된 폴 에를리히의 《인구 폭탄(The Population Bomb)》 첫머리에 실려 있는 글이다. 이 책은 지금까지 300만 부 이상 팔렸다.

에를리히는 이른바 '전문적인 낙관론자들'을 비난한다. "예를 들어, 그들은 지금도 국민들을 제대로 먹여살리지 못하는 인도가 앞으로 8년 동안 농업 생산량을 크게 증가시켜 지금 인구보다 약 1억 2,000만 명이나 더 많은 사람들에게 식량을 공급해줄 수 있을 거라고 말한다. 그런 환상을 제대로 파악하려면 오직 ……."[413] 이어서 에를리히는 그런 주장이 실현될 수 없는 이유들을 잔뜩 나열한다. 물론 1억 2,000만 명이라는 수치는 전혀 얼토당토 않은 것으로 판명되었다. 8년 후 인도는 1억 4,400만 명을 더 먹여살리기에 충분한 식량을 생산했던 것이다. 그런데 그 동안 인도의 인구는 '겨우' 1억 400만 명밖에 증가하지 않았으므로, 이는 사람들이 더 많은 식량을 고루 나눠 가질 수 있게 되었음을 의미한다.[414]

나중에 월드워치연구소의 소장이 된 레스터 브라운은 에를리히와 똑같은 맥락에서 1965년에 이렇게 말했다. "저개발 지역에서 나타나는 식량 문제는 앞으로 수십 년 동안 인간이 직면하게 될 거의 해결 불가능한 문제 중 하나가 될지도 모른다."[415]

그러나 두 사람 모두 틀렸다. 지금 이 세상에는 1961년보다 2배나 더 많은 사람들이 살고 있지만[416] 선진국과 개도국의 모든 국민들은 예전보다 더 많은 먹을거리를 가지고 있다. 굶주리는 사람의 수도 훨씬 줄었다. 오늘날 식품 가격은 예전보다 훨씬 싸졌으며 식량이라는 측면에서 보면 이 세상은 훨씬 더 많은 사람들에게 분명히 더 살기 좋은 곳이 되었다.

멜서스와 영원히 사라지지 않는 기아 문제

지구에 인구가 늘어나면 각 개인에게 돌아갈 식량은 그만큼 적어진다는 지적은 분명히 지당한 말씀처럼 보인다. 이 간단한 이론은 1798년 영국의 경제학자이자 인구통계학자인 토머스 멜서스(Thomas Malthus)에 의해 만들어졌다. 그리고 이 주장은 1970년대 최고 베스트셀러였던 《성장의 한계》라는 책에 의해 그야말로 널리 알려졌다.[417]

멜서스의 이론은 인구가 매년 일정한 비율로 늘어난다는, 즉 기하 급수적으로 증가한다는 것이었다. 이 이론에 따르면 현재 지구의 인구는 약 40년마다 2배씩 늘어날 것으로 보인다. 따라서 80년 후에는 현재 인구가 4배로 늘어날 것이고, 120년 후에는 8배로 늘어나게 된다. 그러나 식량 생산은 그보다는 느리게 증가한다. 즉 산술 급수적으로 증가한다는 것이다. 어쩌면 식량 생산이 처음 40년 동안 2배로 증가할 수도 있을 것이다. 그러나 80년 후에는 현재 수준의 겨우 3배밖에 되지 않을 것이며, 또 120년 후에는 4배밖에 되지 않을 것이다. 식량 생산의 성장세가 항상 똑같은 수준을 유지하는 반면에 인구 성장은 점점 더 빨라지는 셈이다. 따라서 장기적인 관점에서 보면, 식량 생산의 성장 속도가 인구 성장 속도를 결코 따라잡지 못한다. 그 결과 많은 사람들이 굶주림으로 목숨을 잃게 될 것이다.

멜서스의 이론은 너무나 단순하고 너무도 매력적이어서 명망 있는 많은 학자들조차 이 이론에 흠뻑 빠져버렸다. 그러나 현실 속의 증거들은 이 이론을 뒷받침해주지 못하는 것 같다. 우리가 앞에서 살펴본 것처럼(도표 11) 인구가 기하 급수적으로 증가하는 경우는 드물다. 이와 마찬가지로 식량 생산이 산술 급수적으로 증가하는 경우도 거의 없다. 사실 전세계 농업 생산량은 1961년 이후 2배 이상 늘어났으며, 개발도상국에서는 3배 이상 증가했다. 이런 사실은 인구 각 개인이 이용할 수 있는 식량이 꾸준히 증가해왔다는 것을 의미한다. 유엔에 따르면, 현재 1인당 식량 생산량은 1961년보다 23% 더 많으며, 개도국의 1인당 농업 수확량은 무려 52%나 증가했다.[418] 이와 마찬가지로, 1인당 육류량도 1950년의 17.2킬로그램에서 2000년에는 38.4킬로그램으로 122% 증가했다.[419] 또한 식량 수요가 급격하게 증가했는데도 불구하고 식품 가격은 1957년부터 2001년 초까지 3분의 2 이상 떨어졌다.[420]

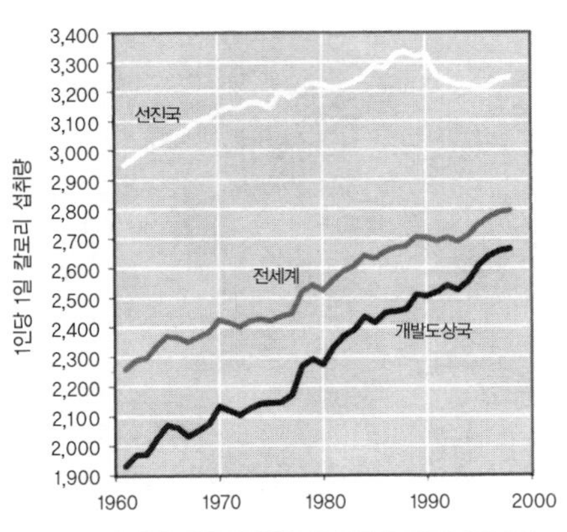

도표 23 선진국, 개발도상국, 전세계의 1인당 1일 칼로리 섭취량. 2030년까지의 예측치를 보려면 도표 58 참조. 출전: FAO 2001a.

그 어느 때보다 식량이 풍족하다

1961년 이후 인구가 2배로 늘었음에도 불구하고 기본적으로 현재 사람들 각자에게 돌아가는 식량의 양은 과거보다 훨씬 더 많다. 도표 23을 보면 우리의 칼로리 섭취량이 세계적으로 24% 증가했으며, 특히 개발도상국에서는 무려 38%나 비약적으로 증가했음을 알 수 있다.

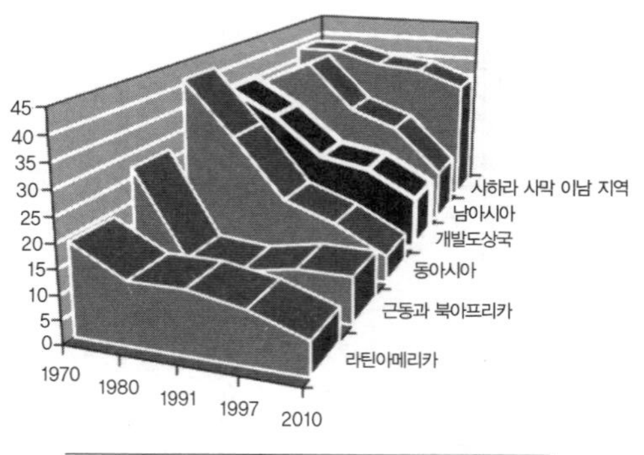

도표 24 굶주리는 사람들의 지역별 분포 비율. 연도 간격이 약간 불규칙함에 주의할 것. 출전: WFS 1996:1:표 3, FAO 2000c:27.

그러나 이 칼로리 소비량 통계는 단지 평균치일 뿐이다. 따라서 점점 더 많은 사람들이 간신히 목숨을 연명하거나 심지어 굶주리기까지 하는데, 일부 사람들만 더 풍족한 생활을 즐기고 있다는 사실이 이 통계 숫자에 감춰져 있다고 생각할 수도 있다. 그러나 다른 분야와 마찬가지로 이 부분의 상황도 점점 개선되고 있다.

유엔의 정의에 따르면, 어떤 사람이 충분한 음식을 섭취하지 못해서 가벼운 신체 활동도 할 수 없을 때 그것이 바로 기아 상태이다.[421] 도표 24는 개도국에서 기아 상태에 처해 있는 사람들의 비율을 보여준다. 전세계적으로 기아 상태에 처한 사람의 비율은 35%에서 18%로 떨어졌으며, 앞으로도 계속 감소해서 2010년에는 12%로 낮아질 것으로 예상된다(제9장).[422] 이 수치는 1949년 개도국에서 굶주리는 사람의 비율이 45%였다는 사실과 크게 비교된다.[423]

영양 결핍으로 간주되는 개도국 어린이들의 비율은 지난 15년 동안 40%에서 30%로 감소했으며, 앞으로도 계속 낮아져 2020년에는 24%가 될 것으로 전망된다.[424] 1970년 이후 굶주리는 사람들의 비율은 지구의 모든 지역에서 감소했으며, 앞으로도 거의 모든 지역에서 계속 감소할 것이다.[425]

개발도상국 인구가 2배로 늘어났음에도 불구하고, 세계적으로 기아 상태에 놓인 사람의 비율이 감소하고 있다는 점은 크게 놀라운 일이다. 그러나 더욱 놀라운 사실은 제3세계에서 굶주리는 사람의 실제 수가 줄고 있다는 점이다. 1971년에는 그 수가 거의 9억 2,000만 명이었지만, 1997

년에는 7억 9,200만 명 이하가 되었다(도표 7). 2010년에는 이 수가 6억 8,000만 명으로 떨어질 것으로 예상된다.[426] 물론 이 수치도 여전히 무서우리만큼 큰 것이 사실이지만, 예전과 비교할 때 오늘날에는 20억 명 이상이 굶주리지 않게 되었다는 점을 강조할 필요가 있다.[427]

기아 상태에 놓인 사람의 절대치가 감소한 곳은 주로 아시아 지역이며, 여기에는 중국의 놀라운 식량 생산 능력 향상이 커다란 역할을 했다.

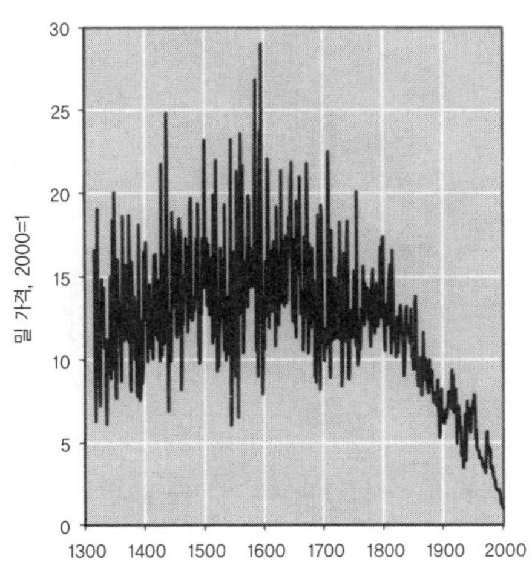

도표 25 영국의 밀 가격 지수(엑세터 1316~1820년, 잉글랜드와 웨일스 1771~1980년, 영국 1966~1999년). 출전:Mitchell 1988:752-8, MAFF 2000:5:4, 2001:30, FAO 2000, UK CPI 2000, 2001.

그 어느 때보다 가격이 낮아졌다

지구에 과거 어느 때보다 많은 사람들이 살게 되면서 전보다 훨씬 더 많은 식량이 필요함에도 불구하고, 식량 가격은 괄목할 만하게 떨어졌다. 2000년의 식량 가격은 1957년 가격의 3분의 1도 채 되지 않았다. 이런 식량 가격의 하락은 개도국에 사는 많은 사람들, 특히 빈곤에 시달리는 많은 도시 거주자들에게 매우 요긴한 것이었다.[428]

식량 가격의 하락은 일시적인 현상이 아닌, 진정한 의미에서의 장기적인 추세다. 밀 가격은 1800년 이후 계속 하향세를 보이고 있는데, 현재는 과거 500년 동안에 비해 10배 이상이나 낮다(도표 25). 가격 하락은 특히 제2차 세계대전 이후에 두드러졌으며, 거의 모든 주요 식량에서 똑같이 나타난다(도표 26). 가격 하락세가 유일하게 깨졌던 시기는 1970년대

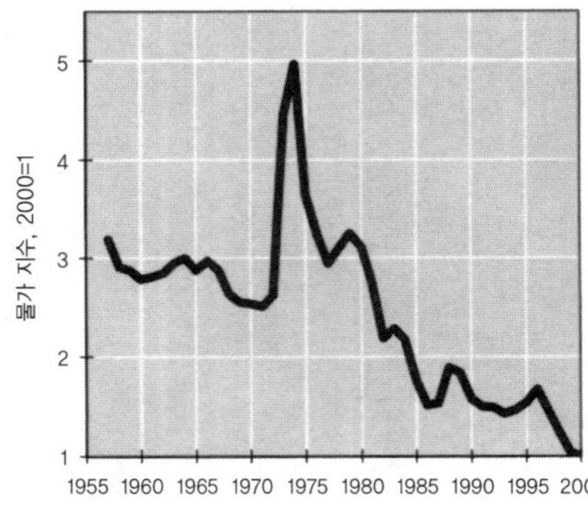

도표 26 세계은행 발표 식량 가격 지수. 2000=1. 출전: IMF 2001a.

였다. 그때는 석유 위기 때문에 단기적으로 식량 가격이 크게 상승했다. 당시의 유가 상승이 인조 비료의 가격 상승을 초래했고, 중요한 석유 수출국이었던 구소련이 자국의 육류 생산을 위해 곡물을 사들일 수 있는 경제적 여유를 갖게 되었기 때문이다.[429]

가격은 상품의 희소성을 반영하므로 20세기에 식량은 사실상 과거보다 훨씬 덜 희소한 상품이 되었다. 이 기간 동안 인구가 3배 이상 늘고 식품 수요는 그보다 훨씬 더 늘었음에도 말이다.[430]

녹색혁명

식량 문제와 관련해서 도대체 어떻게 그토록 훌륭한 발전을 이룩할 수 있었던 것일까? 이 질문에 대한 답은 한데 묶어서 '녹색혁명'이라고 부르는, 다양한 신기술에서 찾을 수 있다.[431]

녹색혁명은 주로 다음과 같은 것에 의해 실현되었다.

- 수확량이 많은 농산물 품종의 확보
- 관개 시설의 확대와 용수 공급의 충족
- 화학 비료와 농약 사용의 증가
- 영농 기법의 개선

녹색혁명의 비밀은 모든 경작 가능한 땅에서 1헥타르당 더 많은 곡식을 생산하는 데 있었다. 이런 비전을 내세운 사람은 다수확 품종을 개발한 공로로 노벨평화상을 받은 노먼 볼로그(Norman Borlaug)였다. 그는 멕시코의 실험실에서, 특히 쌀 · 옥수수 · 밀 등 주요 식량 작물을 집중적으로 연구했다. 여기서 개발된 신품종 작물들은 발아 시기가 빠르고 빨리 성장하며 질병과 가뭄에 저항력이 크다는 공통점을 지녔다. 신품종 대부분은 과거 품종들보다 줄기가 짧았는데, 이는 영양분을 가능한 많이 알곡으로 모으기 위해서였다.

일찍 발아하고 빨리 성장한다는 것은 세계의 많은 지역에서 2모작 혹은 3모작이 가능하다는 의미다. 이제는 벼를 수확하기까지 150일씩이나 걸리지 않으며, 많은 품종들은 90일 만에도 생산이 가능하다.[432] 이와 동시에 기후 조건이 별로 좋지 못한 많은 지역에서 곡물을 재배하는 것도 가능해졌다. 예를 들어, 옥수수가 자랄 수 있는 기후대는 과거에 비해 위도 폭이 800킬로미터나 더 넓어졌는데, 이는 캐나다 · 러시아 · 중국 · 아르헨티나 같은 나라에 커다란 축복이었다.[433] 밀은 백분병이나 녹병 같은 대부분의 질병에 더 큰 저항력을 갖게 되었는데, 이는 경제적 여유가 없어서 농약을 사지 못하는 많은 개발도상국 농부들에게 커다란 의미를 지닌다.[434] 이제 신품종 밀은 개도국에서 생산하는 밀의 거의 90%를 차지한다.[435]

신품종 작물 덕분에 1960년 이래 최대 수확량은 30% 이상 증가했으며, 이는 전체 생산량 증가분 중에서 20~50%를 차지한다.[436] 개도국 농부들에게 이는 더 많은 소득을 의미한다. 새 품종들은 농부들에게 매년 거의 40억 달러에 달하는 추가 소득을 안겨주는 것으로 추산된다.[437]

사실 생산성이 증진된 것은 농작물만이 아니었다. 닭고기와 돼지고기도 과거 60년 전보다 2배나 더 생산되고 있으며, 젖소의 우유 생산량도 2배로 늘었다. 유전자 조작과 현대적인 양식법 덕분에 노르웨이의 연어 양식업은 1970년대 초 이후 생산성이 거의 2배나 높아졌다.[438]

기아나 깨끗한 식수의 부족 등과 같은 문제들을 살펴보고자 할 때, 절대치를 사용해야 하는지 아니면 상대치를 사용해야 하는지 판단을 내려야 하는 경우가 많다.

만약 굶주리는 사람의 수가 절대치와 퍼센티지에 있어서 모두 감소했다면 당연히 상황이 좋아졌다고 말할 수 있다. 그리고 절대치와 퍼센티지가 모두 증가했다면 나쁜 상황임이 틀림없다. 그러나 만약 한쪽 수치는 증가했는데 다른 쪽 수치는 감소했다면 어떻게 판단해야 할까?

나는 도덕적인 관점에서 이 문제를 이해하기 위해 이상적이고 도덕적인 선택을 내려야 하는 상황을 상정해본다.[439] 다시 말해, 자신이 살고 싶은 사회를 스스로 선택해야 하는 사람의 입장에서 이 문제를 생각해보는 것이다. 여기서 중요한 것은 그 사람이 사회 안에서 자신이 어떤 위치에 처해 있는지 몰라야 한다는 점이다(일종의 '무지의 베일'에 가려져 있다). 바로 이 때문에 도덕적 평가의 보편성이 확보될 수 있다.[440]

논의를 지속하기 위해서, 이 세상에 오직 두 종류의 사람, 즉 굶주려서 죽는 사람과 살아남는 사람밖에 없다고 상정하자.[441] 그리고 다음과 같은 A 사회와 B 사회가 있다고 가정해보자.

A. 인구 100만 명 중에서 50만 명이 굶어 죽는 사회.

B. 인구 200만 명 중에서 75만 명이 굶어 죽는 사회.

B 사회에서는 기아로 죽는 사람의 절대치가 A 사회보다 많지만 상대치는 낮다. 이런 상황에서 나는 B 사회가 A 사회보다 당연히 더 낫다고 생각한다(물론 기아로 죽는 사람이 없는 사회가 더 좋겠지만 말이다). 내가 B 사회에서 (굶어) 죽을 위험도는 37.5%이지만 A 사회에서는 50%이다. 따라서 나는 만약 절대치와 상대치가 서로 반대 방향을 가리키고 있는 상황이라면, 비교를 위해서는 상대치가 더 중요하다고 생각한다.

물론 도덕적인 견지에서 이런 선택을 비판하면서 아사하는 사람의 절대치가 낮은 사회가 더 좋은 곳이라고(즉 A 사회가 B 사회보다 더 낫다고) 주장할 수도 있다. 그러나 이런 견해는 다음과 같은 또 다른 사회를 상정한다면 상당한 도전에 부딪히게 된다.

C. 인구 50만 명 중에서 49만 9,999명이 굶어 죽는 사회.

이 상황에서 절대치를 선호하는 사람은 A 사회보다 C 사회가 더 낫다고 생각하는 커다란 약점을 보이게 될 것이다. 이런 선택을 옳은 판단이라고 생각하는 사람은 거의 없을 것이다.

따라서 절대치와 상대치가 각기 다른 방향을 가리키고 있을 때, 상대치가 인류의 운명이 더 나아졌는지 아니면 더 나빠졌는지 평가하는 좀더 도덕적인 판단 기준이 될 수 있다.

관개 시설의 확대와 적절한 용수 관리 설비의 보급(예를 들어, 더 많은 댐의 건설)도 크게 개선되었다. 관개 시설이 완비된 경작지의 비율은 1961년 10.5%에서 1997년에는 18% 이상으로 거의 2배나 늘어났다.[442] 관개 시설은 토양을 훨씬 더 비옥하게 만든다. 덕분에, 이집트인은 개도국 평균치보다 거의 2배나 더 많은 밀을 수확할 수 있게 되었다.[443] 또한 관개 시설은 2모작이나 3모작을 가능하게 해준다. 관개 시설이 완비된 경작지가 전체 농경지의 18%밖에 되지 않지만 여기에서 전체 식량의 40%를 생산할 수 있는 것도 바로 그런 이유 때문이다.[444] 관개 시설이 완비된 농경지의 절대 면적은 그 동안 계속 증가해왔다. 그러나 이제는 상대적으로 약간씩 감소하고 있는데, 그것은 많은 지역에서 용수 부족 현상이 나타나기 시작했고(제13장) 또 식량 수요가 전반적으로 감소한 데 부분적인 원인이 있다.

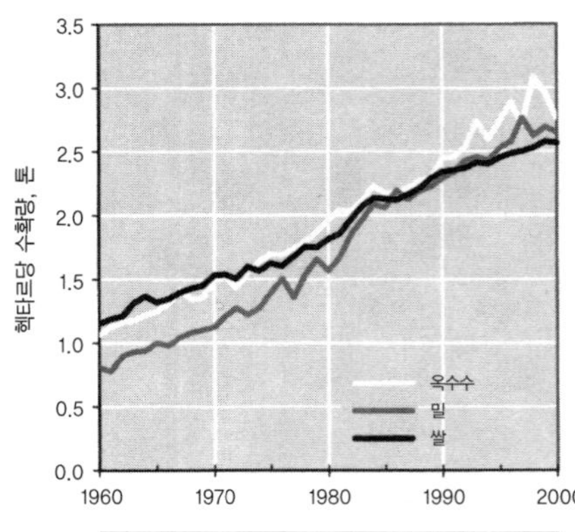

도표 27 개발도상국에서 쌀, 옥수수, 밀의 헥타르당 수확량. 출전:USDA 1998, 2000a, 2001, FAO 2000.

마지막으로, 화학 비료와 농약 사용량이 증가하면서 식물의 성장 속도가 빨라졌고, 그 동안 질병이나 해충에게 빼앗겼던 상당한 양의 곡물을 수확할 수 있게 되었다. 1960년대만 해도 아시아에서 수확하는 쌀의 거의 3분의 1은 곤충들이 다 먹어치웠다.[445] 화학 비료 사용량은 1950년 이후 거의 9배로 늘어났다(도표 3과 106). 구소련에서 진행된 농업 개혁과 나중의 구소련 붕괴로 인해 전세계 화학 비료 사용량이 약간 감소하기는 했지만, 현재 중국이나 인도 같은 주요 국가들은 예전보다 훨씬 더 많은 화학 비료를 사용하고 있다.[446]

녹색혁명은 인류 역사에서 하나의 이정표가 되었다. 그 이후 진행된 엄청난 식량 증산으로 과거보다 훨씬 더 많은 사람들을 먹여살리는 것이 가능해졌던 것이다. 전체적으로, 녹색혁명 덕분에 모든 전통적인 곡물의 헥타르당 생산량이 엄청나게 증가했다. 도표 27을 보면 개도국에서 가장 중요한 세 가지 곡물인 쌀 · 밀 · 옥수수의 생산량이 얼마나 크게 증가했는지를 알 수 있다. 쌀은 122%, 옥수수는 159%, 밀은 무려 229%나 증가했다. 그러나 개도국의 곡물 생산량이 선진국과 같은 수준에 도달하려면 아직도 갈 길이 멀다.[447]

때로 우리는 농약 사용과 집약식 영농법이 환경에 해를 끼친다는 말을 듣곤 한다. 그러나 지구상의 인구가 60억 명을 돌파한 오늘의 현실에서 다른 어떤 대안이 있겠는가? 만약 우리가 집약식 농업과 농약 사용을 중단한다면 현재와 같은 양의 곡물을 생산하기 위해 훨씬 더 많은 경작지가 필요해지거나 아니면 지금보다 생산량이 훨씬 더 줄어들 것이다.[448] 따라서 농부들이 주위의 땅을 더 많이 경작하게 되거나[449] 아니면 굶주리는 사람의 수가 지금보다 훨씬 더 늘어날 것이다. 그렇지만 화학 비료와 농약 사용의 위험성에 대한 논의 역시 분명 중요하므로 이 문제에 대해서는 제19장과 22장에서 좀더 자세히 살펴보도록 하겠다.

마지막으로, 새로운 '맞춤형' 품종의 곡물들은 질병에 더 큰 저항력을 지니기 때문에 농약 사용을 그만큼 줄일 수 있다. 이와 동시에 토양에서 영양분을 흡수하는 능력이 크게 향상되었으므로 화학 비료의 과잉 사용도 줄일 수 있다.[450]

지역적 분배 : 아프리카

비록 인구 1인당 허용되는 식량의 양이 크게 늘어났지만, 전세계 모든 사람이 다 공평하게 식량을 분배받을 수 있게 된 것은 아니다. 도표 28을 보면, 라틴 아메리카에서는 인구 1인당 식량 보유량이 꾸준히 증가했고 아시아와 근동 지역에서는 각각 42%와 51%라는 수치를 보일 만큼 엄청나게 증가했음을 알 수 있다.

불행히도 아프리카의 사하라 사막 이남 지역은 이런 추세에 동참하지 못했다. 최근 몇 년 동안 약간의 증가 추세가 감지되기는 했지만, 근본적인 발전은 쉽게 이루어지지 않았다. 아프리카에서는 도대체 무엇이 잘못된 것일까? 또 우리가 앞으로 무엇을 할 수 있을까?[451]

1960년대 초 사하라 사막 이남 아프리카의 대부분 국가들은 아시아와 같거나 오히려 더 높은 경제 수준을 보였다. 그러나 지난 30년 동안 아시아 국가들이 생산성 면에서 놀라운 발전을 이룩한 반면, 사하라 사막 이남의 아프리카 국가들은 제자리걸음을 하고 있었다. 오늘날 아시아는 경지 1헥타르당 평균 129킬로그램의 화학 비료를 사용하는 반면, 사하라 사막 이남의 아프리카는 겨우 11킬로그램을 사용할 뿐이다. 사실 현재 아프리카의 농업은 화학 비료의 부족 때문에 매년 30킬로그램 이상의 자

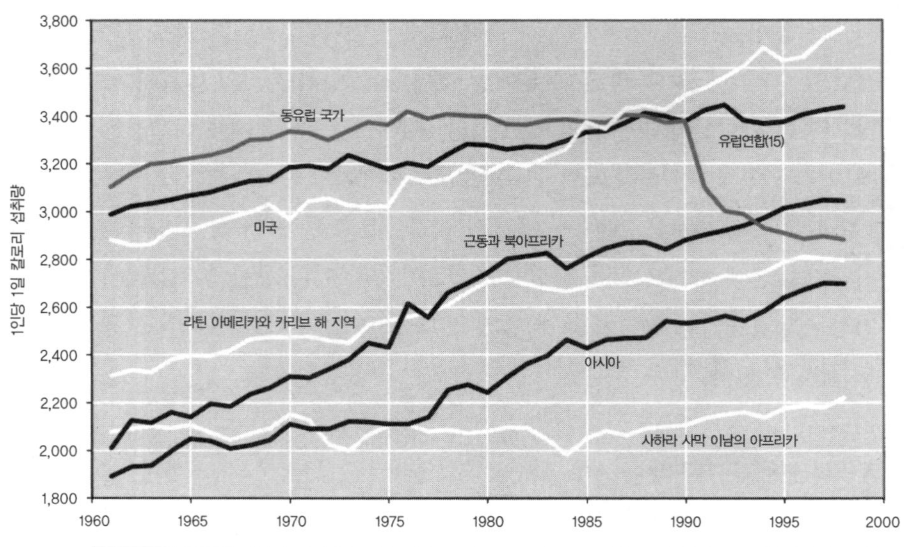

도표 28 세계 여러 지역의 1인당 1일 칼로리 섭취량. 출전:FAO 2001a.

양분을 고갈시키고 있다.[452] 아시아의 경작지 중 37%에 관개 시설이 보급되어 있지만 사하라 사막 이남 지역에서는 겨우 5%에 불과하다.[453]

오늘날 사하라 사막 이남 지역과 비교해서 아시아의 식량 사정이 훨씬 더 좋은 데는 이런 이유들이 일부 작용하고 있다. 따라서 화학 비료 사용과 관개 시설이 늘어나면, 사하라 사막 이남의 아프리카에서도 식량 생산 증가의 잠재력이 아주 크다는 점에 주목해야 할 것이다. 유엔 식량농업기구가 운영하는 수많은 지역 농업 계획들은 사하라 사막 이남에서 농업 생산량을 현저히 증가시키는 것이 실질적으로 가능하다는 것을 이미 보여주었다. 지난 30년 동안의 오랜 내전 끝에 지금도 극심한 식량 부족에 시달리고 있는 에리트레아(Eritrea)에서는 농작물 종자 개선, 화학 비료의 올바른 사용, 관개 시설 개선 등을 통해 생산량을 2배로 늘리는 데 성공했다.[454] 덕분에 이 지역 농민들은 자급 자족을 실현할 수 있었다.

마찬가지로 부르키나파소(Burkina Faso) 같은 국가도 오랜 침체 상태를 벗어나 불과 10년 만에 주민 1인당 칼로리 섭취량을 25%나 증가시키는 성과를 이룩했다. 이 나라가 처한 여러 가지 어려움에도 불구하고 이런 성과를 거둘 수 있었던 것은 농업 투자를 확대하고, 농민들이 더 많은 식량을 생산하는 데 방해가 되었던 가격 상한제를 폐지하는 개혁을 실시한 덕분이었다.[455]

아프리카의 영세한 농민들은 사실상 훨씬 더 많은 식량을 생산할 수 있는 상당한 잠재력을 갖고 있다. 식량농업기구에 따르면, "생산 추세를 역전시키고 점점 증가하고 있는 이 지역 인구의 식량 안전을 확보하는 것이 전적으로 가능하다"고 한다.[456] 그렇다면 이런 일이 왜 진작 실현되지 못한 것일까? 유엔은 놀라울 정도로 솔직한 한 발표문에서 그 해답을 보여주었다. "부족한 것은 자원이나 경제적 해결책이 아니다. 빈곤 문제에 정면으로 달려들겠다는 정치적 추진력이 부족한 것이다."[457] 유엔에 따르면, 식량 사정의 개선을 크게 좌우하는 것은 가난한 사람들의 경제적 · 사회적 · 정치적 권리를 확보해주고 보호해주겠다는 정치적 의무감이다. 따라서 토지와 사유 재산에 대한 권리 확보, 금융 시장에 접근할 수 있는 기회 증진, 보건 당국의 효과적인 업무 수행과 교육의 질 향상 등이 기아와 빈곤에 맞서는 싸움에서 가장 중요한 요소들이다.

그러나 사하라 사막 이남의 아프리카는 1950년대 말 식민지 상태를 벗어나 독립한 이후 줄곧 정치적 · 경제적 불안에 시달려왔으며, 내전과 종족 분쟁이 예외적인 일이 아닌 일상이 되었다.[458] 설상가상으로 이 지역은 부정 부패의 만연, 빈약한 사회 기반 시설, 형편없는 교육 수준, 정치적으로 고정된 농산물 가격 등의 문제에 시달리고 있는데, 이런 모든 요인들이 농업 발전의 걸림돌로 작용했다. 그 결과 현재와 같이 식량 사정이 어려워진 것이다. 따라서 이 지역 국가들이 정치적 · 경제적 대개혁을 실행해서 스스로 인구를 먹여살릴 수 있도록 우리가 적극적으로 돕는 것이 필수적이다. 실제로 지금 사하라 사막 이남의 아프리카는 오랜 정체에서 힘겹게 빠져나오고 있는 것처럼 보인다. 이 지역 경제는 인구 증가율보다 낮은 경제 성장률을 15년 동안 겪고 난 후, 1998년에 4년째 연속해서 인구 증가율보다 높은 성장률을 기록했다. 이후 아시아 금융 위기 때문에 어느 정도 경기 둔화를 경험했지만 2000년에는 다시 성장 속도가 더욱 빨라졌다. 이런 일이 가능했던 것은 정치적 · 경제적으로 솔선해서 노력하는 현명한 정책들 덕분이었다.[459]

지역적 분배 : 중국

사람들의 영양 섭취량과 관련해서 세계 최대의 인구를 보유한 중국의 개선 사례는 거의 환상적이다.[460] 중국은 이제 전세계 농경지의 15분의 1에 해당하는 토지로 전세계 인구의 5분의 1을 먹여살릴 수 있게 되었다. 공산당은 1949년 정권을 잡은 이후 값싼 노동력, 농산물 가격 상한제, 식량 배급 등을 기반으로 대규모 공업화 정책을 추진했다. 하지만 이 정책은 농업에 문제를 일으켰고, 1959년부터 1962년 사이에 재앙에 가까운 대기근이 발생해 거의 3,000만 명이 목숨을 잃었다(도표 13).

이에 자극받은 중국은 녹색혁명의 대열에 적극 동참했다. 고수확 품종 개발과 관개 시설 확대, 화학 비료 생산 증가 등의 정책이 도입되었다. 하지만 이런 모든 노력에도 불구하고 중국은 눈에 띄는 발전을 전혀 이루지 못했다. 집단 농장 제도가 사람들에게 일할 의욕을 부여하지 못했기 때문에 농업 생산성이 여전히 낮은 것이 문제였다.

그러나 중국 지도자들이 1970년대 말 경제 개혁을 주도하기 시작하면서 중대한 변화가 나타났다. 새로운 개혁 정책이 농산물 가격 인상과 가격 탄력성 증가를 불러왔던 것이다. 이에 못지 않게 중요한 것은 이제 정부가 국민들에게 사유 재산과 상품 판매를 허용했다는 사실이다. 중국의 생산 잠재력이 자유롭게 해방되자 생산량은 급격히 증가하기 시작했다.[461] 중국 인구는 1979년부터 1984년까지 1년에 1.3%의 비율로 늘어난 반면, 농업 생산량은 매년 무려 11.8%나 증가했다. 유엔 식량농업기구의 추정에 따르면, 이 증가분 중 적어도 절반은 개인 소유지에서 산출된 것으로 보인다. 1978년 이후 농업 생산물의 가치는 2배로 뛰었고, 이것이 8억 명이 넘는 중국 농민들에게 커다란 이득을 안겨주었다. 농촌 소득이 1년에 족히 15%씩 증가했고, 빈민의 비율은 33%에서 12%로 떨어졌다. 이와 동시에 농업 종사자의 비율은 국민 5명당 4명에서 이제 2명당 1명 수준으로 낮아졌다.[462] 그 결과 이제 중국에는 전보다 먹을 것이 훨씬 더 풍족해졌다. 기아에 직면한 사람들의 비율은 4분의 3이나 줄었으며 어린이들은 키도 더 크고 몸무게도 더 무거워졌다. 이는 영양 섭취 수준이 개선되었음을 보여주는 분명한 지표이다.[463] 아마도 가장 인상적인 현상은 1960년대 초 인구 1인당 칼로리 섭취량이 약 1,500칼로리에 불과해서 기아 수준의 식단이 보편적이던 것이 1998년에는 그 섭취량을 2,973칼로리로 거의 2배나 늘릴 수 있었다는 점일 것이다.[464]

결론

"인류를 먹여살리기 위한 싸움은 이미 끝났다." 개발도상국의 식량 문제는 '거의 해결 불가능한 문제'를 상징한다. 우리는 식량 문제가 대재앙으로 귀결될 것이라는 주장을 오랜 세월 들어왔다. 우리가 도저히 세상 사람들을 다 먹여살릴 수 없을 것이라는 얘기였다. 그러나 이런 종말론적인 예언은 전혀 현실과 부합되지 않는다. 모든 관점에서 고려해보더라도 인류는 예전보다 훨씬 더 많은 영양을 섭취하고 있다. 녹색혁명은 승리를 거두었다. 개발도상국의 식량 생산은 3배로 늘었다. 인구 1인당 칼로리 섭취량은 38% 증가했다. 기아 상태에 있는 사람들의 비율은 35%에서 18%로 낮아졌으며, 오늘날 20억 명 이상이 더 이상 배를 주리지 않게 되었다.

그러나 앞으로 해야 할 일이 여전히 많이 남아 있다. 아프리카는 다시 제 발로 일어서서 훨씬 더 많은 식량을 생산해야 한다. 앞에서 살펴보았듯이, 농업 분야에서는 이것이 충분히 가능한 일이다. 가장 커다란 문제는 질식할 것 같은 정치적 · 경제적 상황이다. 우리는 국제 협력을 통해 그런 상황이 개선되도록 지원할 의무가 있다. 중국은 어떻게 하면 상황을 개선시킬 수 있는지를 보여주는 좋은 예다. 1950년대 가난하고 뒤처진 나라에 불과했던 중국은 현대적인 영농법과 토지 사유화에 투자함으로써 경이로운 성장을 이룩했다. 기아와 영양 실조의 나라에서 전세계 인구의 5분의 1을 편안하게 먹여살리는 나라로 변모한 것이다.

그러나 2050년까지 이 세상에는 먹여살려야 할 인구가 33억 명이나 늘어날 것이다. 그 모든 사람들에게 충분한 식량을 제공할 수 있을까? 에를리히와 브라운은 식량 생산이 급속히 하강하는 추세에 있다고 줄곧 말하고 있다. 이제 재앙의 시작을 보게 되리라는 것이다. 레스터 브라운은 식량 생산이 지금 "자체 추진력의 극적인 상실을 경험하고 있다"[465]고 말한다. 제3부에서는 그들이 여전히 오류에 빠져 있다는 것을 알게 될 것이다.

인플레이션을 감안해 조정한 GDP는 합리적인 부의 척도인가

한 국가의 부를 전체적으로 조망하는 데는 여러 가지 문제가 따른다. 국가의 부를 측정할 때 가장 자주 사용하는 척도는 국민총생산(GNP)과 국내총생산(GDP)인데, 대부분의 국가에서 오랜 기간에 걸쳐 쉽게 구할 수 있는 수치들이기 때문이다.[466] 현학적인 경제학자들은 조금 다른 수치를 사용해야 한다고 말하겠지만[467] 사실 대단한 차이가 있는 것은 아니다.

GNP와 GDP에는 야간 부업과 여성의 노동이 포함되지 않는다

그런데 부의 척도로서 GDP를 활용하는 데는 몇 가지 근본적인 문제가 따른다. 첫째, GDP에는 공식적인 시장 이외의 장소에서 일어나는 생산 활동은 포함되지 않는다. 우리가 집에서 직접 차를 정비한다거나 집의 홈통을 수리하는 경우, 이 작업은 전국적인 통계에 포함되지 않는다. 시장의 바깥에서 진행되는 대부분의 일들은 주로 여성이 수행하는데, 특히 제3세계에서는 여자들이 요리를 하고 아이들을 돌보고 기타 집안일을 돌보지만 이 노동은 어디에서도 생산 활동으로 기록되지 않는다. 유엔은 전세계 생산 활동 중 무려 3분의 1이 비공식적인 것이며, 그것의 3분의 2 이상이 여성 노동에 의한 것으로 추정하고 있다.[468]

GDP는 지하 경제 역시 고려하지 않는다. 야간 부업을 국가 전체 추계에 포함하지 않는 것이다. '그림자 경제'를 정확히 측정하는 것은 원칙적으로 불가능하다. 그러나 지하 경제의 규모는 미국의 경우 약 9%, 영국은 13%, OECD 전체로는 17%를 차지하는 것으로 추정된다. 개발도상국에서는 이 수치가 훨씬 더 높아진다. 나이지리아의 그림자 경제 규모는 공식적인 GDP의 약 4분의 3이다.[469]

대신 GDP에는 측정이 가능한 모든 비용이 포함된다. 이 말은 우리를 결코 더 부유하게 만들어주지 못하는 비용도 계산에 포함된다는 뜻이다. 사고 피해자와 질병 환자의 치료 비용, 직장과 집의 거리가 점점 멀어지면서 증가하는 통근 비용, 환경 개선에 필요한 비용 등이 여기에 속한다.[470] GDP는 추운 나라에서 자동적으로 상승하는데, 이는 추운 나라 사람들이 온난한 기후대의 사람들보다 더 많은 돈을 난방비로 쓰기 때문이다.[471]

이러한 문제들 때문에 GDP를 실질적인 부의 척도로 사용하기가 더 어려워지고 있다. 그럼에도 불구하고 GDP는 여전히 합당한 부의 지표가 될 수 있다. 덴마크의 한 조사에서는 그보다 더 정확한 지표를 사용하려는 시도가 이루어졌지만, 그 결과는 전국적인 통계와 거의 차이가 없었다.[472] 더욱이 GDP는 실질적인 통계 수치로 활용되기보다 과거와 비교할 때, 또는 다른 나라들과 비교할 때 사용되는 경우가 더 많다.[473] 사실 앞에서 언급한 덴마크의 연구는 지난 20년 동안의 발전 성과를 비교해보기 위해 GDP보다 더 정확한 부의 지표를 사용해보았지만, 전통적인 소비 수치와 거의 차이가 없었다.[474]

장기적인 문제

설령 그렇다고 해도 GDP를 오랜 기간에 걸쳐 부의 척도로 사용하다 보면 문제가 발생한다. 경제가 발전하면서 숨겨져 있거나 불법적인 경제 활동의 규모가 점점 줄어들기 때문이다. 여성이 노동 시장에 점점 더 많이 합류함에 따라 그들의 일이 점차 공식적인 경제 체제의 일부가 되고, 그래서 GDP의 일부로 기록된다. 아이들이 유급 유치원 교사들의 보호를 받게 되고 집안 청소까지 상업적인 용역 회사들이 맡게 되면서 통계적으로 우리가 실제보다 더 부유해진 것 같은 수치가 나오는 것이다.

이런 이유 때문에 GDP 추계가 경제 성장을 과장하는 경향이 있다는 점을 반드시 염두에 두어야겠다. 그런데 GDP 평가에는 성장을 과소 평가하려는 정반대의 경향도 존재하는데, 이 문제점은 최근 들어 자주 논의의 대상이 되고 있다. 각각 다른 기간 동안에 벌어들인 돈의 액수를 비교하고자 할 때는 그 수치를 반드시 인플레이션율에 맞춰 조정해야 한다. 이런 작업은 흔히 소비자 물가 지수(CPI)를 이용해서 이루어지는데, 이 수치는 과거의 1달러가 지금은 어느 정도의 가치를 지니는지 알려줄 수 있다. 그 한 예로, 1913년에 1달러로 살 수 있었던 물건을 지금 사려면 17달러가 필요하다.[475] 따라서 평균적인 소득의 미국인이 1913년에 511달러를 벌었다면 소비자 물가 지수에 따라 2000년에는 그 소득이 8,887달러에 해당한다는 것을 알 수 있다.[476] 그런데 문제는 이런 물가 지수를 정확히 산출하기가 지극히 어렵다는 점이다. 왜냐하면 인플레이션이 발생한다고 해서 상품들이 단순히 비싸지기만 하는 것도 아니고, 또 공업화나 대량 생산으로 상품들이 그냥 싸지기만 하는 것도 아니기 때문이다. 즉 똑같은 물건의 가격만 달라지는 게 아니라 품질도 향상되는데, 급속히 변화하는 경제 체제에서는 그런 변화를 모두 감안한다는 것이 지극히 어려운 일이다.[477] VCR · 전자레인지 · 개인용 컴퓨터 등은 가격이 더 싸지고 품질도 더 좋아졌으며, 예전보다 기능도 훨씬 더 다양하다. 그렇지만 이런 상품들이 물가 지수에 처음 포함된 것은 이 상품들이 시장에 등장해서 가격이 80% 이상 떨어진 10여 년이 지난 후였다.[478] 결과적으로 CPI는 VCR의 기능 향상을 과소 평가하게 되고, 이 때문에 인플레이션이 과대 평가된다.[479]

VCR을 비롯해서 여러 상품의 품질이 그 동안 얼마나 나아졌는지 측정하는 것은 사실상 거의 불가능하다는 것이 판명되었다. 예일 대학교의 경제학 교수인 윌리엄 노드하우스(William Nordhaus)는 선사 시대의 불에서부터 바빌로니아의 램프, 도시의 가스등, 전기 램프, 그리고 형광등에 이르기까지 사람들이 조명을 밝히는 데 들이는 실질적인 비용이 얼마나 감소했는지를 추정하고, 그 결과를 CPI의 추정치와 비교하려 시도한 적이 있다. 그의 연구에 의하면 지난 200년 동안 CPI는 품질 개선 측면을 상당 부분 반영하지 못한 것으로 보인다. 그 결과 CPI를 감안해서 조정한 요즈음의 조명 비용이 실제 가격보다 1,000배 이상 높게 나타날 정도였다.[480] 노드하우스는 이런 연구 결과가 조명뿐만 아니라 모든 소득의 30~70%를 차지하는 상당수 혁신적인 상품과 서비스에도 똑같이 적용될 수 있다고 주장했다. 따라서 지난 200년 동안 미국인의 소득을 CPI를 이용한 전통적인 방법으로 분석한다면 실질 소득의 증가분을 300~1,500% 과소 평가할 우려가 있다.[481] 미국의 CPI 조사 기구인 보스킨위원회(American Boskin Commission)는 CPI가 매년 약 1% 남짓씩, 즉 지난 25년 동안 약 30% 정도 인플레이션을 과대 평가했다고 추정한 바 있다.[482]

우리는 앞에서 오랜 시간에 걸쳐 작성된 GDP 수치들이 부를 과대 평가하는 경향이 있음을 살펴보았다. 비공식적인 경제 활동과 불법 경제 활동이 점점 더 많이 GDP 추정에 포함되기 때문이다. 또한 GDP로 측정된 경제 성장률을 인플레이션율을 감안해 조정하면 실제 경제 성장률이 조직적으로, 그리고 상당히 크게 과소 평가된다는 것도 알 수 있다. 따라서 GDP 측정 결과를 통해 우리가 어느 정도 부유해졌다는 인상을 받게 되며, 오랫동안 GDP 측정을 이용하다 보면 지나치게 낙관적이라기보다는 오히려 그 반대의 결과를 얻게 될 것이라는 결론을 내릴 수 있다.

6 번영

지난 200여 년 동안 우리는 인류 역사상 가장 부유해졌다. 이런 진보는 여러 가지 방법으로 측정할 수 있지만(그 방법 중 일부를 아래에서 살펴볼 것이다), 무엇보다도 가장 확실한 방법은 인구 1인당 사용할 수 있는 물건의 생산량 통계를 살펴보는 것이다. 이 자료는 평균적인 개인이 얼마나 많은 물건을 살 수 있는지 측정할 수 있게 해준다.[483] 도표 29는 지난 2,000년 동안 전세계 인구 1인당 GDP의 변화에 대한 추정치를 보여준다. 우리는 인류 역사의 대부분 기간 동안 GDP 400달러 수준을 계속 유지하다가 1800년에 700달러 선을 넘었으며, 이후 200년 동안 평균 8배 이상의 부를 축적했다.[484]

도표 30을 보면, 1789년 이후 미국의 인구 1인당 생산량이 36배로 늘었으며,[485] 영국의 1인당 생산량도 1756년 이후 20배나 늘었음을 알 수 있다. 2000년 미국 경제는 1인당 평균 3만 6,200달러의 상품과 용역을 생산했다. 반면에 18세기 말의 미국인이라면 현재의 달러 가치로 겨우 연간 996달러밖에 벌지 못했을 것이다.[486] 영국인은 1756년에 현재의 파운드 가치로 환산하여 평균 792파운드밖에 소유하지 못했지만, 2000년에는 1만 5,700파운드를 소유했다.

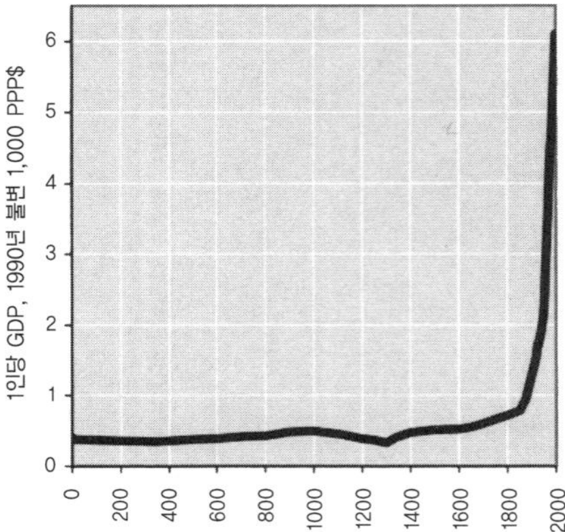

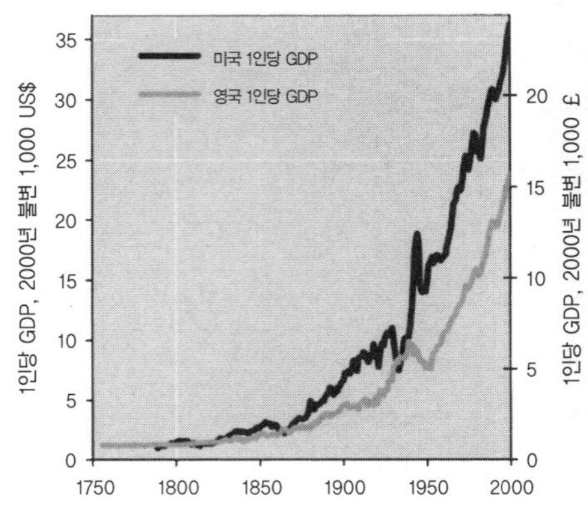

도표 29 전세계 1인당 GDP 추정치. 이 추정치는 기원전 100만 년까지도 거슬러 올라간다(그 기간에는 거의 변화가 없다). 그래프의 꺾어진 부분은 1930년대의 대공황을 나타낸다. 출전:DeLong 2000a.

도표 30 영국과 미국의 1인당 GDP. 출전:UK 1756~1846:Floud and Harris 1996:55, 1830~1975:Flora et al. 1983:366-9, 1960~1997년:World Bank 1999a, 1975~1999:HM Treasury 2000:4, 2001:4, ONS 2001d, UK CPI 2001. US 1789~1988:Mitchell 1993:748, 749, 753, 761, BEA 2000, 2001, CPI 2001.

이런 발전이 유독 미국과 영국에서만 일어난 것은 아니다. 도표 31을 보면 세계의 모든 지역에서 똑같이 인구 1인당 생산량 증가세가 두드러진 것은 아니지만 그래도 어디에서나 현저히 증가했음을 알 수 있다. 1인당 생산량이 서유럽은 13배, 유럽 주변 지역은 9배, 라틴 아메리카는 7배, 아시아는 8배, 아프리카는 4배씩 증가한 것이다.

발전이 가장 먼저 시작된 곳은 서구 세계였으며, 따라서 서구는 현재 다른 지역을 그만큼 앞서고 있다.[487] 그렇지만 제2차 세계대전 이후에는 선진국과 개도국이 모두 균등하게 환상적인 발전을 경험했다. 이 기간 내내 선진국 국민은 개도국 국민보다 대략 6배나 많은 소득을 올렸다.[488] 도표 32는 1950년부터 1995년까지 선진국의 평균 소득이 218%나 증가했고, 개도국의 경우는 201% 증가했음을 보여준다.

이 기간 동안 전체적으로 개도국은 연평균 4.2%의 성장률을 기록한 반면, 선진국은 3.2%밖에 되지 않았다. 그러나 개도국의 인구가 선진국보다 훨씬 빠른 속도로 증가했기 때문에 개도국은 선진국을 따라잡을 수 없

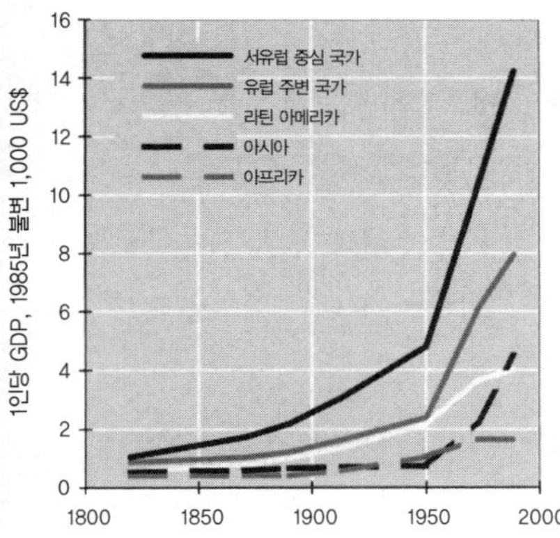

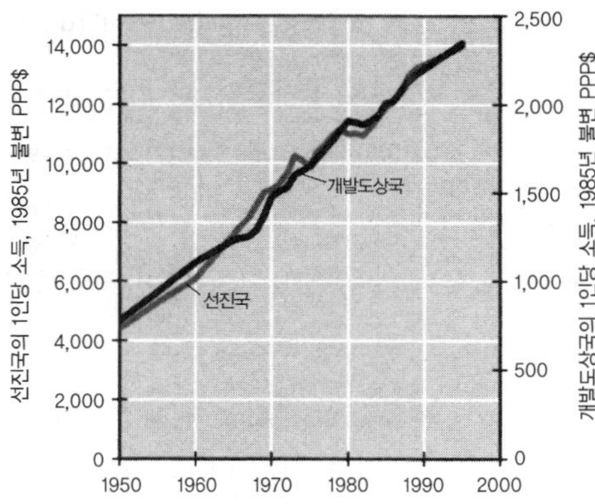

도표 31 전세계 지역별 1인당 GDP. 서유럽 중심 국가에는 영국 · 독일 · 프랑스 · 미국 등 핵심적인 자본주의 국가들이 포함되고, 유럽 주변 국가에는 그리스 · 아일랜드 · 스페인 · 소련 등이 포함된다. 출전:Maddison 1994:22–3.

도표 32 1985년 불변 PPP$로 추정한 선진국과 개발도상국 1인당 GDP. 양축의 수치가 다르다는 점에 주목하라. 출전:Summers and Heston 1991, 1995, World Bank 1997.

었다.

빈곤과 분배

우리는 흔히 개도국 국민의 삶의 질이 퇴보하고 있으며 빈민의 비율이 증가하고 있다고 생각한다. 그러나 이와 정반대되는 현상을 분명히 보여주는 여러 증거가 있다. 사실 유엔은 빈곤과 불평등에 대한 1997년 보고서에서 이렇게 언급했다. "이미 커다란 진전을 이룩했다는 사실을 깨닫는 사람이 거의 없다. 하지만 지난 50년 동안 빈곤은 그 전 500년 동안 감소한 것보다 더 많이 감소했다. 그리고 어떤 의미에서는 거의 모든 국가에서 빈곤이 감소했다."[489] 1998년 세계은행도 이와 비슷한 맥락의 글을 발표했다.

> 개도국의 빈곤 퇴치가 환상적인 진전을 이루었다. 지난 40년 동안 모든 지역의 사회적 지표가 향상되었다. 지난 20년 동안 동아시아에서는 빈곤이 급격히 감소했는데, 1970년대 중반에는 이 지역 사람 10명 중 6명이 하루에 1

> 달러 미만의 돈을 벌었지만 1990년대 중반에 이르러서는 그 수치가 10명 중 2명으로 낮아졌다. 지난 몇 년 동안 남아시아 대부분의 지역과 중동, 북아프리카, 라틴 아메리카의 일부 지역에서도 빈곤이 감소했다.[490]

유엔은 이런 발전이 전반적인 현상임을 강조한다.

> 20세기 들어 빈곤 퇴치가 가속화되는 현상은 이미 19세기에 유럽과 북아메리카에서부터 시작되었다. 지금 돌이켜보면, 빈곤과 궁핍에서 탈출하기 위한 최초의 '위대한 발돋움(Great Ascent)'이 그 시대에 이루어졌음을 알 수 있다. 도약은 산업혁명이라는 산기슭의 작은 언덕에서 시작되었으며, 소득 증가, 공중 보건과 교육의 개선, 그리고 궁극적으로는 사회 보장 프로그램 등이 수반되었다…….

제2차 '위대한 발돋움'은 1950년대 개발도상국에서 시작되었다. 식민지 시대가 종말을 고하면서 교육과 보건의 질이 향상되었으며 경제 발전이 가속화되었다. 그리고 이것은 빈곤의 급격한 감소로 이어졌다. 20세기 말에 이르러 세계 인구 중 약 30~40억 명의 생활 수준이 현저히 향상되었으며, 약 40~50억 명이 기초적인 교육과 의료 서비스의 혜택을 받을 수 있게 되었다.[491]

개도국의 상황이 이처럼 크게 향상되었다는 점을 잊지 말아야한다. 개도국은 예전보다 훨씬 더 부유해져서 인구 1인당 실질 소득이 3배나 늘었다.

그렇지만 세계은행과 유엔은 모두 아직도 갈 길이 멀다는 점을 강조한다. "그러나 이런 발전에도 불구하고 아직도 할 일이 많이 남아 있다."[492] 1987년에 1985년 달러 가치로 하루에 1달러 미만(현재의 달러 가치로는 연간 소득 565달러에 해당한다)을 가지고 생활하는 사람의 수가 11

억 8,000만 명에 이르렀다. 여기에서 하루에 1달러라는 기준은 세계은행이 정한 빈곤선(poverty line)이다.[493] 이 빈곤선 이하에서 생활하는 사람의 수는 1990년대 초에 13억 명으로 늘었다가 1990년대 말이 가까워지면서 다시 감소했다. 그래서 1998년에 가난한 사람의 수는 다시 12억 명 수준까지 떨어졌다. 이와 동시에 그 동안 인구가 증가했기 때문에 제3세계 가난한 사람의 비율은 1987년의 28.3%에서 1998년의 24%로 감소했다.[494] 이 자료들은 역사적인 배경을 감안한 1950년의 추정치와 함께 도표 33에 제시되어 있다. 이 도표를 보면 가난한 사람의 총 수는 대략 같은 수준(12억 명)에 머물러 있지만, 그 비율은 1950년의 약 50%에서 절반 이상 감소했음을 분명히 알 수 있다.[495] 따라서 지난 50년 동안 약 34억 명이 빈민 생활에서 벗어난 셈이다.[496]

물론 문제는 성장을 이룩하는 데 실제로 필요한 것이 무엇이며, 또 성장이 부의 분배에 어떤 식으로 영향을 미칠 것인가 하는 점이다. 일반적으로 말하자면, 이제까지의 연구 결과들은 장기적인 성장을 확보하기 위한 최선의 방법이 물질적 자산(기계류)과 사람(교육)에 대한 대규모 투자에 달려 있음을 보여주었다. 이 밖에도 국제 무역과 투자 및 경제적 자유 등을 촉진하기 위해서 개방적 경제 체제가 필요한데, 그렇게 되어야만 기술과 경영의 교류가 강화될 수 있기 때문이다. 마지막으로, 경제와 정치가 적정 수준의 안정을 이룩하는 것 또한 반드시 필요한 선행 조건이다.[497]

역사적으로 봤을 때, 경제 성장의 결과로 처음에는 사회적 불평등이 증가하다가 안정세로 접어들고, 나중에 국가가 점점 더 부유해지면서 불평등이 점점 감소하는 경향을 띤다. 이런 패턴은 쿠즈네츠 곡선(Kuznets curve)이라는 이름으로 알려져 있다.[498] 이런 현상이 나타나는 이유 중 하나는 성장의 추진력인 산업화가 대도시의 출현을 불러온다는 점이다. 대도시에서는 시골 지역보다 불평등이 심한 경우가 많다.

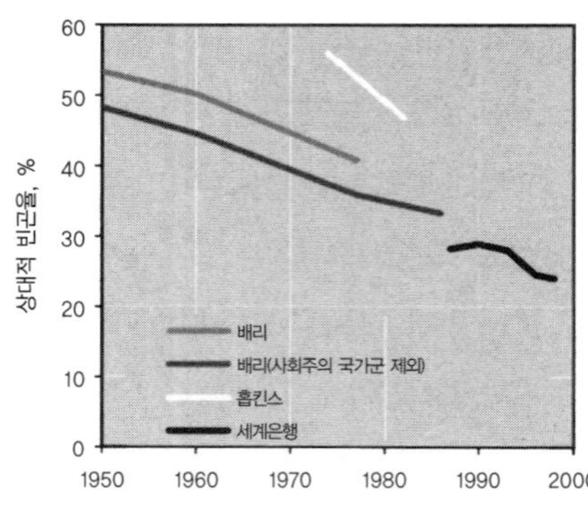

도표 33 빈민층의 비율. 조사자에 따라 빈민층에 대한 정의와 범위가 달라진다.[502] 출전: World Bank 1999b:5, 2001a:23, Barry et al. 1983:341, 1991:73, 77, Grigg 1985:69.

쿠즈네츠 곡선의 관점에서 보면 경제 발전은 불평등을 초래한다. 그런데 새로운 연구에 의하면 오히려 불평등이 발전과 성장에 부정적인 영향을 미치는 것처럼 보인다.[499] 그 전형적인 예가 한국과 필리핀에서 발견된다. 1965년에 이 두 나라는 1인당 GDP, 인구, 도시화 수준, 교육 등 여러 면에서 대체로 비슷한 수준이었다. 그러나 필리핀에서는 처음부터 불평등이 훨씬 더 극단적으로 존재했다. 그 이후 한국은 훨씬 더 커다란 성장을 이룩했다. 필리핀의 연간 성장률이 2%였던 데 비해 한국의 연간 성장률은 6%를 기록한 것이다.[500] 유엔 역시 이런 견해를 뒷받침하고 있다. 가장 높은 성장률을 기록한 나라들은 "성장의 규모뿐만 아니라 성장의 질 역시 중요하게 생각했다. 그들은 국민에게 일정 수준 이상의 사회 정의를 확보해주었고, 보건, 교육, 노동 조건 등을 개선해주었다."[501]

불평등이 계속 커진다고?

유엔개발계획은 전세계적으로 불평등이 증가했다고 강조한다.[503] 사회적 불평등은 보통 지니 계수(gini coefficient)라고 알려진 척도로 측정한다. 이 계수가 0에 가까우면 거의 모든 사람들이 공평하게 부를 나누어 가지고 있음을 뜻한다. 그리고 만약 이 계수가 1에 가까우면 거의 모든 부가 소수의 사람들에게 치우쳐 있음을 의미한다. 지니 계수는 극빈자들과 비교해서 최고 부자들의 부가 얼마나 되는지를 알려준다.

유엔개발계획은 전세계 모든 나라의 상위 부유층 20%와 하위 빈곤층 20% 사이의 관계를 조사하기 위해 간단한 지니 계수를 활용하고 있다.

인구 1인당 GDP를 기준으로 두 계층의 차이는 1960년대에 약 30:1이었는데, 이것은 최상위 20%가 최하위 20%에 비해 30배 많은 소득을 올렸다는 뜻이다. 이 비율은 1991년까지 61:1로 늘어났고, 1994년에는 78:1이 되었다. 널리 인용되는 이 통계는 그 동안 "부자와 빈자 사이의 간격이 전세계에서 날로 커지고 있다"[504]는 의미로 해석되었다.

그러나 유엔개발계획이 제시한 통계의 문제점은 각 나라의 GDP를 비교하는 수단으로 국제 환율을 적용했다는 것이다. 경제학자들은 국가가 부유해질수록 물가 수준 역시 계속 올라간다는 사실을 이미 오래 전부터 알고 있었다.[505] 그 이유는 서비스업이 아니라 제조업의 생산성 증가가 경제 성장의 가장 중요한 원동력이기 때문이다. 예를 들어, 공산품의 시간당 생산량이 10년 동안 2배로 늘어나는 것은 쉽게 상상할 수 있지만, 집사의 시간당 생산성이 2배로 늘어나는 것은 상상하기가 어렵다. 제조업의 생산성이 증가하면 임금도 올라가고, 이 때문에 서비스 부문의 임금도 오른다. 이 부문에서는 별로 생산성 증가가 없었는데도 말이다. 그런데 국제 무역에서 제조업이 커다란 비중을 차지하기 때문에, 국제 무역이 잘 이루어지지 않는 서비스 부문 임금 상승은 환율에 별로 영향을 미치지 않는다.

따라서 제조업 부문의 임금 상승은 한 나라 부의 증가를 적절하게 반영할 수 있지만 서비스 부문의 임금 상승은 별로 그렇지 못하다. 그러므로 우리가 미국인의 부를 에티오피아인의 부와 비교해보면—각 국민이 가진 모든 것을 달러로 환산해서—미국인이 훨씬 더 많은 공산품(진정한 부)을 생산하고 있을 뿐만 아니라 집사들에게 지불하는 임금(물가 상승으로 인한 상상 속의 부)도 훨씬 많다는 것을 알게 될 것이다. 그 결과 에티오피아인에 대한 미국인의 상대적 부가 엄청나게 과대 평가되는 경향이 나타난다.

이를 달리 표현해보자. 에티오피아의 화폐 비르(birr)를 달러로 환산하

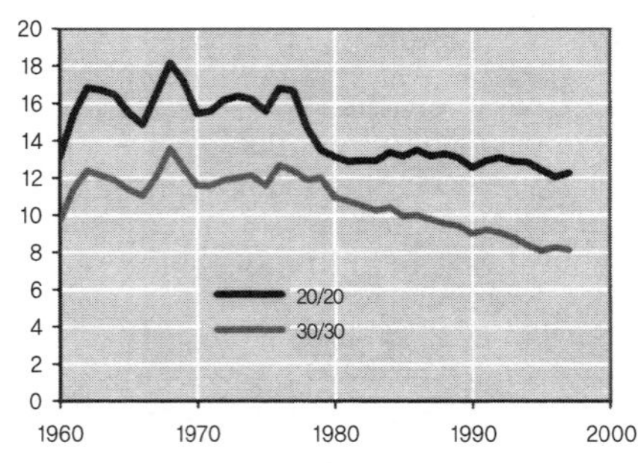

도표 34 PPP$ 단위로 계산한 최상위층과 최하위층의 GDP 비교. 1960~1997년의 전세계 최상위층과 최하위층 각각 20% 및 30%의 소득 비율. 출전:Summers and Heston 1991, 1995, World Bank 1999a.[509]

면 에티오피아인이 미국에서 그 돈으로 무엇을 살 수 있는지 알 수 있지만, 이런 비교는 거의 의미가 없다. 이보다 훨씬 더 중요한 것은 에티오피아인들이 자국 내에서 과연 얼마나 많은 물건을 구매할 수 있는가 하는 것이다. 이를 측정하기 위해 유엔은 구매력 평가(PPP, Purchasing Power Parity)라는 지수를 확립하기 위한 연구 프로그램을 시작했다. PPP란 사람들이 자신이 살고 있는 지역에서 자기가 가진 돈으로 실제로 무엇을 살 수 있는지를 측정하는 것이다.[506] 시사경제 주간지 〈이코노미스트〉는 자체적으로 작성한 빅맥 지수(Big Mac Index)로 PPP 지수의 유효성을 가벼운 기분으로 검증하기도 했다. 빅맥 지수란 맥도널드 체인점의 빅맥 햄버거처럼 표준화된 상품의 가격이 세계 각국에서 각기 어떤 수준인지를 보여주는 수치인데, 그 결과가 PPP 지수와 놀라울 정도로 흡사하다.[507] 어쨌든 PPP 지수를 이용하면 에티오피아인의 소득이 크게 달라진다. 전통적인 환율 계산에 따르면 에티오피아인의 1년 소득은 미화 100달러 정도이지만, PPP 지수 계산에 의하면 약 450달러로 추산된다.[508] 만약 우리가 어느 에티오피아인의 실질 재산이 얼마인지를 알고자 한다면, 그가 자기 지역의 구매력 기준으로 450달러를 번다고 말하는 것이 훨씬 더 합리적일 것이다.

현재 대부분의 국제 기구에서는 환율 비교보다 PPP 척도가 대체적으로 더 우월하다고 간주하고 있다. 또 경제학자들은 이 지수를 사용하는 것이 '현저한 개선'이자 새로운 '산업 표준'의 확립이라고 보고 있다.[510] 사실 유엔개발계획은 자신들이 추진하는 다른 프로그램에서 개별 국가의 1인당 소득을 평가할 때, 구매력 평가를 반영한 PPP$를 지표로 사용하기 위해 많은 노력을 기울였다.[511] 따라서 유엔개발계획이 각국의 사회적 불평등 정도를 측정할 때, 환율을 바탕으로 부를 평가했다는 사실은 놀랍기만 하다. 환율이 불평등을 크게 과장해서 그 비교 결과에 신뢰성이 별로 없다는 것을 알면서도 말이다. 그러나 PPP$로 진정한 불평등도를 측정한다면(에티오피아인이 에티오피아에서 얼마나 많은 상품을 살 수 있으며, 또 미국인은 미국에서 얼마나 살 수 있는지를 비교한다면), 도표 34와 같은 결과를 얻을 수 있다. 이 도표는 최상위와 최하위 20%, 혹은 최상하위 각각 30% 사이의 상대적인 격차가 2배로 늘기는커녕 아예 늘어나지 않았으며, 오히려 약간씩 감소했음을 보여준다. 이 결과는 PPP$를 기준으로 불평등을 측정한 다른 연구 결과들과 대체로 일치한다.[512] 이는 세계에서 가장 취약한 지역에서조차 더 커다란 물질적 번영을 향한 확고한 발전이 이루어졌다는 설득력 있는 징조이다.

좀더 긴 기간에 걸친 변화는 도표 35에 제시되어 있는데, 1820년부터 2100년까지 불평등이 어떻게 변화했는지를 보여준다. 불평등 지수는 1820년에는 2를 약간 넘는 수준이었으나(선진국 사람들이 개도국 사람들보다 2배가 약간 넘는 소득을 올린다는 의미), 1960년대에는 거의 7에 가까워지면서 사상 최대를 기록했다. 불평등이 커진 가장 중요한 이유는 산업혁명으로 인해 선진국의 1인당 소득이 급격히 증가한 반면 개도국의 소득은 대단히 느리게 증가했기 때문이다.[513] 근본적으로, 산업혁명이 성장률을 크게 증진시키고 개도국은 그 경쟁에서 뒤처졌던 것이다.[514]

1950년대 이후부터 개도국들은 높은 경제 성장률을 기록하면서 선진국들을 따라잡기 시작해서 1970년부터 1992년까지 1인당 성장률이 실제로 선진국 수준을 능가했다. 그 결과 거의 7에 육박했던 불평등 지수는 6 이하로 감소했다.[515] 도표 34에서 볼 수 있는 것처럼, 이런 연구결과는 현재 전세계적으로 불평등 감소 추세가 진행되고 있음을 보여준다.[516]

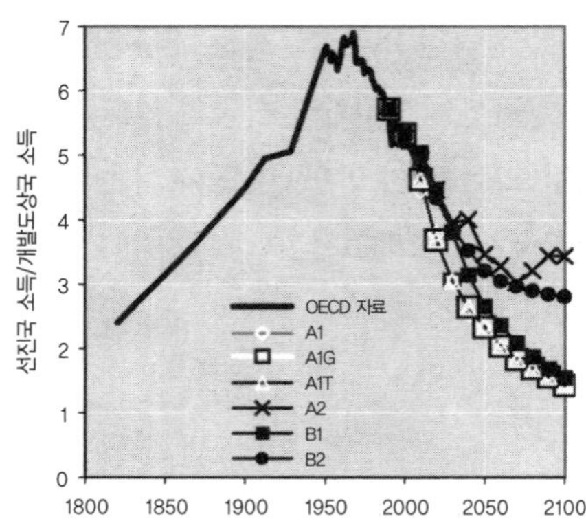

도표 35 개발도상국의 1인당 소득에 대한 선진국 1인당 소득 비율. 단위:PPP$. 1820~1992년의 수치는 OECD의 실측 자료이고, 1990~2100년의 수치는 유엔 기후위원회의 6개 주요 시나리오를 바탕으로 구성한 것이다. 출전:Maddison 1995a: 226-7, IPCC 2000b.[519]

불평등 문제가 미래에 어떻게 전개될 것인지를 정확히 예측하는 것은 당연히 어려운 일이다. 그러나 유엔 기후위원회(UN Climate Panel)가 작성한 21세기의 나머지 기간에 대한 미래 예측 시나리오들을 살펴보면 앞으로 예상되는 변화의 감을 잡을 수 있다.[517] 이 시나리오들은 미래 사회의 핵심적인 여러 특징을 광범위하게 포함시키려고 애쓰고 있다. 도표 35에 제시되어 있듯이, 6개 주요 시나리오 모두가 세계적으로 불평등이 감소할 것임을 보여준다. 가장 비관적인 시나리오는 1990년에 6이 조금 안 되던 불평등 수준이 2100년에는 3을 조금 넘는 수준으로 거의 절반이나 감소한다고 예측했다. 반면에 가장 낙관적인 시나리오는 불평등 지수가 약 1.4 수준(선진국 사람들이 개도국 사람들보다 겨우 40% 더 많은 소득을 올린다는 뜻)으로 떨어져 불평등이 거의 사라진다고 예측했다. 따라서 지난 30년 동안 불평등이 지속적으로 감소해왔을 뿐만 아니라 이런 추세가 21세기에도 계속될 것이라고 믿을 만한 훌륭한 근거가 있는 셈이다.[518]

마지막으로, 불평등 문제를 검토할 때는 월드워치연구소와 유니세프(UNICEF)를 비롯한 많은 국제 기구들이 절대적인 소득액을 기준으로 한 빈부 격차의 증가를 자주 지적한다는 점을 반드시 언급할 필요가 있다.[520] 이것은 수학적으로 반드시 필요한 일이다. 만약 부자와 빈자가 처음부터 서로 소유하는 재산의 차이가 큰 상태에서 출발하고 퍼센트 단위로 측정한 소득 향상 비율이 거의 똑같다고 한다면(도표 32에서 볼 수 있듯이), 부자와 빈자 사이의 절대적 격차는 당연히 증가하게 된다. 그러나 지난 1960년 이후 현실에서는 최상위 20%와 하위 20% 사이의 1인당 소득 격차가 대체로 일정한 수준을 유지해왔다. 그럼에도 불구하고 만약 월드워치연구소의 본을 받아서 절대적인 소득을 기준으로 불평등이 급격히 늘었다고 말하고 싶다면, 영국이나 미국 같은 나라의 소득 분배에 대해서도 과연 똑같은 말을 할 수 있는지 한번 곰곰이 생각해봐야 할 것이다.

1800년 영국의 소득 분배는 십중팔구 오늘날보다 더 불균형을 이루었을 것이다.[521] 그 당시에는 하위 20%에 해당하는 최빈곤 계층은 현재의 파운드 가치로 따져서 1년에 기껏해야 300파운드밖에 벌지 못했다. 반면에 상위 20%의 부자들은 1,650파운드를 벌었다.[522] 그런데 오늘날 가난한 사람들은 연간 약 5,500파운드의 소득을 올리고 부자들은 3만 파운드를 번다. 오늘날 빈부의 소득 격차가 과거보다 약간 감소한 것이다. 경제학자들의 표현을 빌리면 불평등이 감소했다고 말할 수 있을 것이다.[523] 그러나 월드워치연구소의 주장을 따르면 빈부의 격차는 1800년의 1,350파운드에서 현재 2만 4,500파운드로 18배 이상 증가했다. 이런 식의 설명이 과연 논리적인가? 오늘날 가난한 사람들의 생활이 과거와 비교해서 18배나 나빠졌다고 정말로 말할 수 있는가? 조금 달리 표현하면, 만약 현재 영국에서 가난한 사람들의 소득이 1만 4,000파운드, 부자들의 소득은 1만 6,000파운드가 되었다고 가정했을 때 경제적 불평등이(1,350파운드에서 2,000파운드로) 증가했다고 진정 주장할 수 있는 것일까?[524]

따라서 이제 다음과 같은 결론을 맺을 수 있을 것이다. 선진국과 개도국에 사는 대부분의 사람들은 지난 45년 동안 실질 소득이 평균 3배 늘어나는 것을 경험했다. 불평등 정도는 1960년대에 절정에 이르렀다가 이후 지속적으로 감소하는 추세이다. 21세기에도 불평등 감소 추세가 계속 급격히 진행될 것으로 전망된다.

그렇지만 아직 한 가지 의문이 남아 있다. 모든 사람이 정말로 그런 성장의 혜택을 입고 있는 것일까?

여전히 가난하다고?

경제 성장의 위기 중 많은 논란의 대상이 된 가장 최근의 사건은 1997~1998년 동아시아에서 발생했다. 이 지역으로 많은 자본이 유입되면서 민간 부문과 공공 부문의 취약한 관리와 결합하여 쉽게 공격받을 수 있는 경제적 환경을 조성하였다. 그리고 급기야 외부의 충격이 방아쇠 역할을 함으로써 강력한 자본 연결망을 통해 이 지역 전체가 영향을 받게 되었다.[525] 그러나 1980년대의 남미 외채 위기와 비견되는 이 사건은 그리 길게 이어지지는 않았다.[526] 2000년 10월 국제통화기금은 이 사태에 대해 이렇게 언급했다. "1998년의 세계 경제 불황은 생각한 것처럼 그 전의 불황만큼 골이 깊지 않았으며 이후 급속히 회복했다. …… 아시아의 경제는 1997~1998년의 위기에서 다시 살아나 1999년에 6%의 경제 성장률을 기록했다. 그리고 2000년과 2001년에는 각각 6.5% 이상씩 성장할 것으로 전망된다."[527] 이 위기로 인해 가장 큰 타격을 받은 5개국 중에서 한국과 필리핀은 1999년에 이미 위기 이전의 GDP 수준을 회복했으며, 말레이시아는 2000년에, 태국은 2001년에 예전 수준을 회복할 것으로 전망된다. 그러나 가장 커다란 타격을 받은 인도네시아는 아마 2003년이 되어서야 예전 수준을 회복할 수 있을 것이다.[528] 따라서 금융 위기가 심각한 손해를 초래한 것은 사실이지만, 성장 추세를 영원히 역전시키지는 못했다.[529]

유엔개발계획은 1996년 개발 보고서를 통해 1990년대 들어 전세계적으로 거의 15억 명이 적어도 10년 전에 비해 평균 소득이 낮아진 나라에서 살고 있다고 밝혔다.[530] 이것은 개도국 중에서 적지 않은 나라가 전세계적으로 진행된 경제 성장의 혜택을 제대로 누리지 못하고 있다는 것을 뜻하기 때문에 상당히 심각한 얘기가 아닐 수 없다. 그러나 이런 나라 중 상당수가 최근 경제 위기나 정치 위기를 경험했고, 심지어 전쟁을 치르기도 했다는 점에 주목해야 할 것이다. 따라서 일부 국가의 경제 상황이 악화된 것처럼 보이는 것도 그리 놀랄 일은 아니다.

유엔개발계획이 명시했던 많은 국가 중 가장 문제가 되는 곳은 다음 네 지역이다. 첫 번째 집단은 러시아 연방을 리더로 한 구소련(지금의 CIS) 지역의 주민 2억여 명이다.[531] 1992년 '개혁 충격요법(shock reform)'이 시작된 이후, 러시아의 산업 생산은 거의 50%나 떨어졌고, 개인 소득은 40% 감소했으며 물가는 2,500% 이상 상승했다. 빠듯한 국가 재정 때문에 사회적 안전망이 현저히 약화되어 인구의 44%가 하루에 PPP$ 4달러의 지역 빈곤 한계선 이하 생활을 감수하고 있다.[532] 러시아는 1997년 GDP가 약간 증가한—이것은 1990년 이후 처음 있는 일이었다—이후에 1998년 8월 또 다시 위기를 겪으면서 생산량이 다시 추락했다. 경제 성장률은 1999년에야 겨우 3.2%로 회복되었다.[533] 경제 성장을 증진시키는 데 높은 에너지 수출가와 수입 억제 정책이 큰 역할을 하기는 했지만, 이제는 산업 생산이 실질적인 증가세로 돌아선 것처럼 보인다. 따라서 2000년에는 경제 성장률이 7%에 이르렀고, 2001년에는 4%의 성장을 이룩할 것으로 예상된다.[534] 세계은행의 추산에 의하면 CIS는 앞으로 10년 동안 연간 2.6%의 성장률을 기록할 것으로 전망된다.[535] 그럼에도 불구하고 장기적인 경제 성장 전망을 달성할 수 있을지의 여부는 전적으로 러시아에 달려 있다. 그들에게는 아직도 해결해야 하는 재정적 · 구조적 문제들이 산적해 있으며, 지금까지 거둔 정치적 성과가 보잘것없기 때문에 제한적인 발전밖에 이룩하지 못했다.

두 번째 문제 집단은 칠레를 제외한 라틴 아메리카 국가이다. 1억 7,400만 명의 인구를 지닌 브라질[536]이 좋은 예다. 이 나라는 1960년대에는 두 자릿수 성장률로 '기적적인 경제 발전'을 이룩한 국가였다. 그러나 공공재정의 형편없는 관리와 정치가 경제에 깊숙이 개입하는 전통 때문에 상

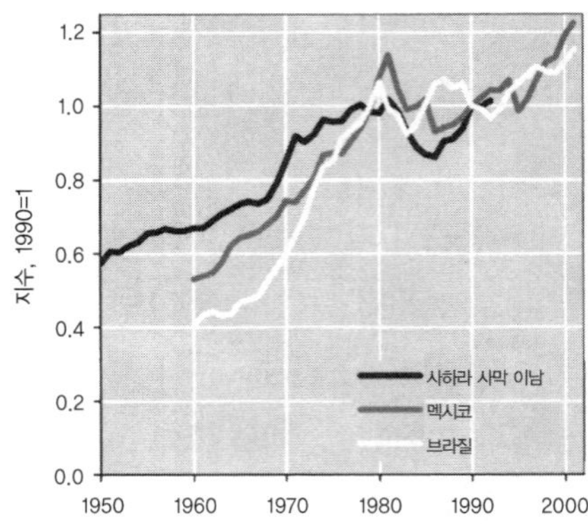

도표 36 브라질, 멕시코, 사하라 사막 이남 지역 국가의 1인당 GDP. 단위:실질 PPP$. 1990년 지수=1. 출전:World Bank 1999a, IMF 2000e, WRI 1996.

당한 재정 적자가 발생했다. 이와 동시에 전면적인 임금 슬라이드제와 엄격한 환율 통제 때문에 극심한 인플레이션이 발생했으며, 1994년 초에는 인플레이션율이 무려 5,000%에 이르렀다. 그러나 그 후 새로운 화폐인 레알(real)을 도입하고 엄격한 통화 정책을 실시해 현재는 좀더 안정적인 발전을 이룩할 수 있는 잠재력을 보여주고 있다. 비록 경제 성장 속도는 아직 느리지만 1990년대 말의 1인당 GDP는 도표 36에 분명히 나타나 있듯이, 그 이전의 수준을 줄곧 앞지르고 있다.[537]

인구 1억 100만 명의 멕시코[538]도 비슷한 예다.[539] 대규모 재정 적자와 인플레이션을 통제하기 위한 고금리 정책, 여기에 1994년 치아파스 지역에서 발생한 반란까지 합세하자 페소화가 붕괴했으며, 이를 극복하기 위해 다시 더 엄격한 재정 및 통화 정책이 도입되었다. 그러나 멕시코는 1999~2001년에 1인당 성장률이 2~5%에 이르러 위기를 무난히 극복한 것처럼 보인다.[540] 또한 멕시코는 개혁을 통해서 더 강해졌으며 경쟁의 문호를 과감히 개방했다. 2000년에는 1인당 실질 소득이 과거 가장 높았던 1981년의 최대치(도표 36)를 넘어섰다.

세 번째 문제 집단은 석유를 생산하는 국가들이다. 이 나라들은 석유 위기가 발생한 이후부터 1980년대 중반 사이에 높은 원유 가격 덕분에 많은 돈을 벌 수 있었다. 그러나 불행히도 수입의 대부분을 소비에 탕진했고, 가장 최근의 1999년 유가인상에도 불구하고 석유 가격이 계속 과거보다 훨씬 낮게 유지되면서 많은 나라의 수입이 크게 감소했다.[541]

마지막의 커다란 문제 집단은 사하라 사막 이남의 국가들로, 대부분 경제 성장률이 매우 낮거나 심지어 마이너스를 기록하기도 했다. 1965년 이후 이 지역의 총체적인 경제 성장률은 연간 -0.2%였다.[542] 우리는 앞에서 사하라 사막 이남의 아프리카 나라들이 왜 제 궤도에 오를 수 없었는지 살펴보았는데, 이번에도 역시 낮은 성장률에 대한 설명은 정치적 갈등과 종족 분쟁에서 찾을 수 있다. 물론 이는 범지구적인 발전 측면에서 볼 때 당연히 심각한 문제다. 그러나 이 지역의 성장률이 그렇게 낮은 또 다른 이유는 경제 생산량을 환율에 맞게 환산해서 측정했다는 점이다. 이미 앞에서 언급했듯이, 이렇게 하면 전체적인 그림을 왜곡하게 되는데 환율이라는 것이 단지 교역 가능한 상품의 변화만을 측정하기 때문이다.

다시 말하지만, 대부분의 에티오피아 국민들에게 달러 가치는 특별히 중요한 사안이 아니다. 더 중요한 것은 그들이 자국 화폐인 비르를 가지고 과연 어떤 물건을 살 수 있는가이다. 그래서 우리는 PPP$로 환산해서 상황을 바라보아야 한다. 그러면 상당히 다른 결과가 나온다. 도표 36에서는 사하라 사막 이남 아프리카 지역에서 1950년부터 1992년까지 1인당 실질 소득이 거의 2배로 늘었다는 사실을 알 수 있다. 비록 1980년대에는 지역 경제가 거의 발전하지 못했는데도 말이다.[543]

유엔개발계획은 15억 명의 인구가 현재보다 과거의 평균 소득이 더 높은 나라에서 살고 있다고 강조한다. 그런데 그들이 사용하는 표현이 꽤나 박력 있다. "전세계 인구의 4분의 1 이상이 경제 성장의 실패를 맛보았다."[544] 그러나 사하라 사막 이남의 아프리카 지역에 관한 한 일차적으로 미국 달러를 기준으로 비교하는 것은 그리 합리적이지 않은 듯하다. 지난 42년 동안 그 지역은 사실 PPP$ 기준으로 75%의 소득 증가를 경험했던 것이다. 더욱이 '성장의 실패'라는 말은 멕시코나 브라질에는 적용되지 않는다. 지난 40년 동안 두 나라의 국민소득은 각각 2배와 3배씩 증가했으며, 1인당 소득의 최고치도 경신했다. 따라서 유엔은 기껏해야 세계 인구 중 10분의 1이 경제 성장의 실패를 맛보았다고 주장할 수 있을 뿐이다.

이 10분의 1의 인구는 주로 구소련 지역과 석유가 풍부한 아랍 지역에서 살고 있다. 그런 나라 대부분의 공통점은 경제 체제에 구조적인 문제가 있으며, 정치적 · 경제적 불안의 결과로 반드시 필요했던 사회 구조 조정 과정에서 불행히도 소득이 급격히 감소했다는 점이다. 그러나 이 나라들의 정치적 역사와 세계 경제에서 차지하는 위치를 감안할 때, 혹시라도 재조정 과정이 필요하지 않을 수도 있지 않았을까 하는 질문에 대해서는 분명한 대답을 찾기가 쉽지 않다.[545] 이 나라들이 성장의 실패를 경험했다고 말하는 것은 틀림없이 지나친 얘기인 것 같다. 이 나라들의 1인당 소득이 다시 한번 크게 신장되어 결국 예전의 최고치를 뛰어넘게 되는 일이 일어나지 않으리라고 생각할 만한 이유는 없어 보인다.

이런 지적이 이 나라들과 기타 다른 나라들의 경제 후퇴가 그리 심각하지는 않다는 의미로 해석되어서는 안 될 것이다. 다만 나는 현재 상황에 대한 전체적인 시각을 유지할 필요가 있다고 지적하고 싶다. 개발도상국 국민의 85% 이상(그리고 전세계 인구의 90%)은 경제 성장의 결과로 예전의 그 어느 때보다 부유한 생활을 경험하고 있다.

더 많은 소비재

우리는 부의 증진을 평가하기 위해 좀더 구체적인 표식—예를 들어, 얼마나 많은 사람들이 어떤 소비재들을 소유하고 있는지—을 조사해볼 수도 있다. 미국을 대상으로 한 조사 결과가 도표 37에 제시되어 있는데, 중요한 상품의 사용이 얼마나 증가했는지를 일목요연하게 알 수 있다. 지난 1세기 동안 사람들의 생활 여건이 크게 향상되었으며, 그 덕분에 현재의 우리는 다양한 문명의 이기들을 당연한 것처럼 사용하고 있다.

1980년대에 미국의 거의 모든 가정은 전자레인지와 VCR을 구입했고,

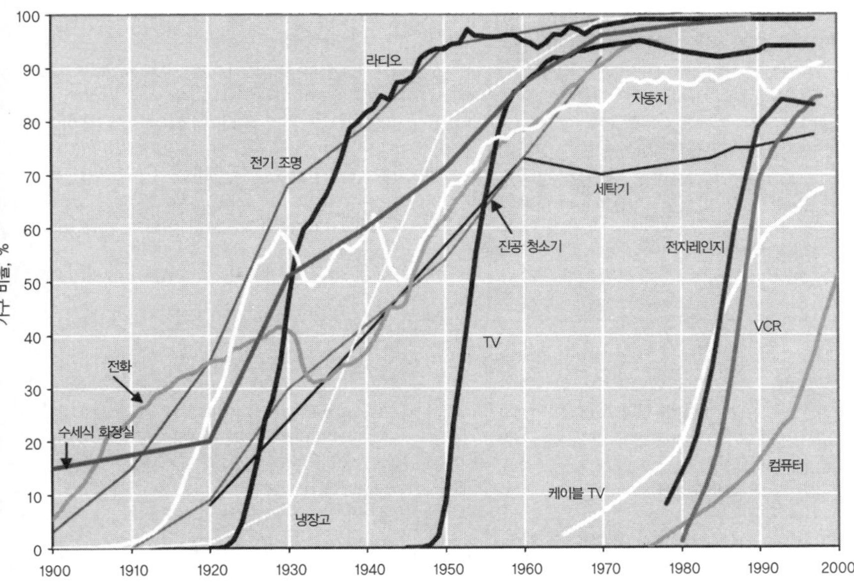

도표 37 각종 소비재를 보유한 미국 가구 수의 비율. 가구 수:USBC 1975:41, 1999:60, 2000a. 세탁기, 진공 청소기, 전기 조명, 냉장고:레버고트 1993:113, EIA 1999. 수세식 화장식:레버고트 1993:102. 라디오, TV:USBC 1975:796, 1999:885. 전화:USBC 1975:783, 1999:885. 자동차:FHWA 1996~1999, 레버고트 1976:289-90, USBC 1999:878. 케이블 TV, VCR:USBC 1999:885, 581. 컴퓨터:EIA 1999:14, 코민스키와 뉴버거 1999:15, NTIA 1999:10, 2000:30.

전체 가정의 70%가 지난 30년 동안 유선 TV를 시청하게 되었다. 1950년대에 미국인들이 TV를 사들인 속도는 거의 믿을 수 없을 정도이다. 1948년에는 TV 보유 가구 비율이 0.4%에 불과했는데, 1960년에는 무려 87%로 늘어났던 것이다. 이 TV들은 1970년대와 1980년대를 거치면서 거의 모두가 컬러 TV로 교체되었다.[546] 1976년 처음으로 개인용 컴퓨터가 등장한 이래 PC를 구입한 미국 가정의 수는 계속 증가했는데, 1990년부터 2000년 사이에는 보급률이 3배로 늘어나 51%에 이르렀다.

20세기 초 전체 가정의 5%만이 소유하던 전화는 이제 거의 어디에서나 볼 수 있는 물건이 되었으며, 가족 및 친구들과 즉시 연락을 주고받을 수 있는 수단이 되었다. 휴대전화의 증가율은 이보다 훨씬 더 빨라서

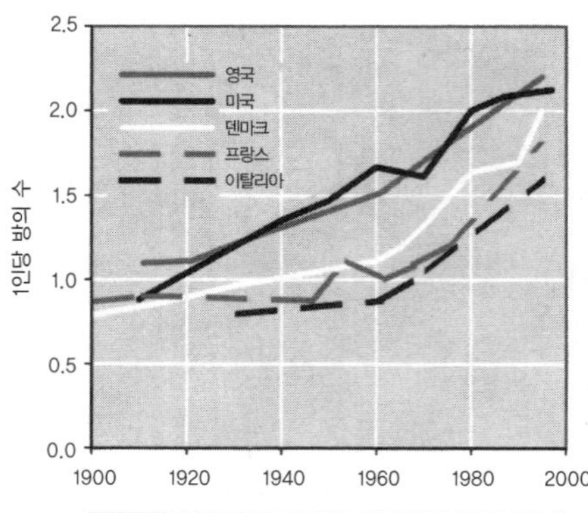

도표 38 영국 · 미국 · 덴마크 · 프랑스 · 이탈리아 국민 1인당 소유하는 방의 수. 출전:Flora et al. 1987:295, 302, 311, 324, Lebergott 1976:258, Rector 1995:242-3, EIA 1995a, 1999, USBC 1999:873.[551]

1990~1998년 사이 13배나 늘어나 미국인 4명당 1명이 휴대전화를 소유하고 있다.[547] 휴대전화는 우리에게 새로운 자유, 즉 언제든 마음 내킬 때 통신을 주고받을 수 있는 자유를 제공해준다.[548] 유선 전화와 휴대전화는 단순히 동네 극장에 같이 가자고 친구와 약속을 정하는 것뿐만 아니라 전세계 어디라도 여행하면서 만나는 사람들과 계속 연락을 주고받는 것까지 가능하게 해준다.

미국 항공사의 비행기를 타고 해외 여행을 하는 미국인은 1960년에 연간 인구의 1.5%에 불과했으나, 1999년에는 거의 10%로 6배 이상 늘었다. 이러한 추세는 세계적으로도 발견되는데, 전세계의 여행자는 1960년 이후 거의 6배로 늘었으며, 2010년까지 또 다시 35% 늘어날 것으로 보인다.[549] 세계적으로 항공 수송의 규모는 1950년 이후 40배나 증가했다. 1998년 여행자들이 비행기를 타고 여행한 거리는 지구에 사는 사람 1명당 442킬로미터에 상당한다.[550]

자동차 덕분에 이동성도 크게 향상되었다. 1900년에는 자동차가 사실상 한 대도 없었지만, 1929년에는 미국의 자동차 소유자 수가 전체 가구의 거의 60%로 치솟았다. 대공황과 제2차 세계대전이라는 격동의 시기가 지난 후, 이 수치는 또 다시 늘어나 1960년에는 거의 80%에 육박했다. 그리고 그 후로도 야금야금 계속 증가해 1998년에는 90% 이상이 되었다. 전세계적으로는 자동차 소유자의 수가 4배 이상 늘었다. 1950년에는 자동차 1대당 인구 비율이 48명이었으나, 1999년에는 12명이 채 안 되었다.[552]

이보다 더 시간을 거슬러 올라가 비교해보면 현재의 우리가 얼마나 많은 혜택을 누리고 있는지 더 분명히 알 수 있다. 오늘날에는 석탄으로 난방을 하는 사람이 거의 없다. 대신 가스나 석유를 사용하는 중앙 난방식이나 지역 난방 시스템을 이용한다. 이제는 카펫 · 가구 · 커튼 · 침대보 등에서 석탄 가루를 닦아낼 필요가 없으며, 매번 겨울이 올 때마다 6톤이나 되는 석탄을 삽으로 퍼서 화덕에 집어넣을 필요도 없다. 과거 사람들은 이 작업에 매주 평균 6시간씩을 쏟았다.[553] 현재 세탁기를 소유한 가정은 전체 가구의 3분의 2에 이르며, 냉장고는 거의 모든 가정이 가지고 있다. 세탁기는 특히 여자들에게 엄청난 혜택을 가져다주었다. 경제사가인 스탠리 레버고트(Stanley Lebergott)는 반 농담 삼아 다음과 같이 썼다. "1620년부터 1920년까지 미국 주부들이 사실상 세탁기 역할을 했다."[554] 1900년의 주부들은 1주일 동안 200갤런의 물을 길어와 빨래판에서 빨래를 하는 데 7시간을 썼다.[555] 1985년에는 주부와 남편이 함께 빨래하는 데 드는 시간이 3시간 미만이었다.[556] 냉장고 덕분에 한 번 시장을 볼 때 더 많은 찬거리를 구입하고, 즉석 요리 식품을 더 많이 사게 되었다. 그리고 이것이 우리의 자유 시간을 늘려준 커다란 원인이다. 또한 냉장고 덕분에 상한 음식을 먹지 않게 되었고, 과일과 채소로 이루어진 좀더 균형 잡힌 식사를 할 수 있게 되었다.[557] 사람들의 소득이 높아졌다는 것은 외식도 자주 하고, 새로운 경험도 하고, 지루한 집안일에 쓰던 시간도 훨씬 더 절약할 수 있게 되었음을 의미한다.[558]

이와 동시에 상대적인 생활비 또한 점점 낮아졌다. 더 많은 돈을 버는 데다가 식품 가격이 1957년 이후 거의 3분의 1 수준으로 낮아졌기 때문이다.[559] 1900년에 미국인들은 소득의 36%를 식비와 생필품비로 지출했지만, 1950년에는 그 비율이 21%, 1997년에는 11%에 불과했다.[560] 비록 주거비에 지출하는 비용은 전체 소득의 15% 정도로 일정하게 유지되었지만 주택 역시 놀라울 정도로 개선되었다.[561] 오늘날에는 모든 미국인이

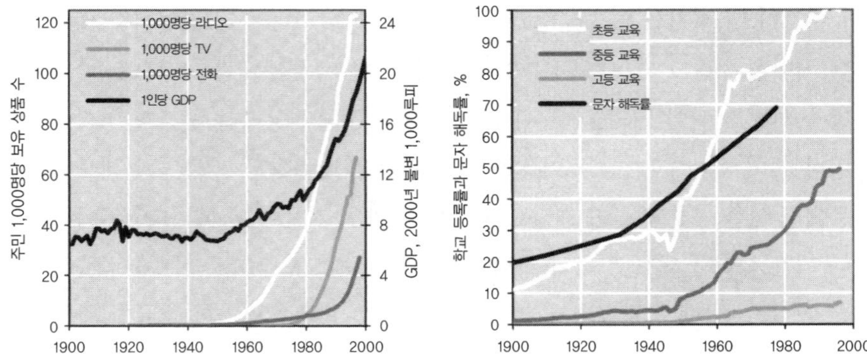

도표 39 인도의 문화 복지 지표. 1인당 GDP는 2000년 불변 루피 가치로 추정했으며, 라디오 · TV · 전화 등의 숫자는 주민 1,000명당 보유 수이다. 출전: Michel 1995:1002-5, 799, 791-2, 55, 58-61, World Bank 1999b, 2000c, IMF 2000e, UNESCO 2000.

도표 40 인도의 교육 복지 지표. 초등, 중등, 고등 교육 기관의 등록률(총 등록률)과 출생 연도에 따른 문자 해독 가능자의 비율. 출전: Michel 1995:977-9, 956-62, UNESCO 1990:78, 2000.

수도 시설과 수세식 변기의 혜택을 누린다. 20세기에 들어설 당시만 해도 이런 요긴한 설비를 이용할 수 있는 사람은 각각 전체 인구의 25%, 15%에 불과했다.[562] 에어컨 소유 가구의 비율은 1978년에 56%였으나 1997년에는 73%로 증가했다.[563] 한 사람이 사용할 수 있는 주택 공간은 2배 이상 늘어났다. 1910년에는 미국 주택에서 한 사람이 방 하나에 조금 미치지 못하는 공간을 사용할 수 있었던 반면, 1997년에는 한 사람이 방 2개 이상을 사용할 수 있었다.[564] 이와 똑같은 추세가 수많은 나라에서 관찰되고 있다(도표 38). 주변 환경 역시 개선되었다. 덴마크의 도시 지역에서는 공공 녹지의 면적이 1976~1996년 사이에 2배로 늘었으며,[565] 1990년 이후 아파트 거주자들의 교통 소음 문제가 크게 감소했다.[566] 마찬가지로, 1975년에는 약 700만 명의 미국 국민이 공항에서 나는 심각한 소음에 고통을 겪었지만, 현재는 이 수치가 50만 명 이하로 떨어졌다.[567]

이런 변화는 선진국 대부분의 나라에서 비슷하게 나타났다. 개발도상국들 역시 그 동안 소득과 상품의 증가를 경험했다(도표 39와 40에서 인도의 경우를 참조할 수 있다).[568] 그러나 개도국들은 아직 훨씬 더 근본적이고 중요한 문제들을 몇 가지 가지고 있다. 깨끗한 식수와 교육 시설이 필요하고, 사회 기반 시설도 더 향상시킬 필요가 있는 것이다. 개도국은 이 분야에서 이미 커다란 발전을 이룩했다. 현재 개도국에서는 예전보다 훨씬 더 많은 사람들이 깨끗한 식수를 이용하고 있다(도표 5). 1975년에 소득이 가장 낮은 나라들에서 깨끗한 식수를 이용하는 사람은 전체의 40%에 불과했으나, 1990년에는 그 수치가 62%로 늘었다. 이와 마찬가지로, 위생적인 하수도 시설을 이용할 수 있는 인구 비율도 거의 2배로 늘었다.[569] 이 두 가지 변화는 모두 대단히 중요한데, 그것은 하수도 시설의 부족이 곧 식수의 오염으로 이어지기 때문이다. 깨끗한 식수는 건강 유지에 필수적이다. 오염된 식수와 위생적인 하수도 시설의 부족 때문에, 설사병에 걸려 사망하는 사람이 현재 매년 200만 명이 넘는 것으로 추산되며, 5억 명 이상이 중병에 걸리는 것으로 추정된다.[570] 또한 개도국 국민 1인당 에너지 사용량이 증가하고 있으며 장거리 통신망은 2배로 늘어났다.[571] 마지막으로, 개도국의 도로 시설 역시 좋아졌다. 이 덕분에 궁핍한 외딴 지역으로 원조 식량을 전달하는 것이 훨씬 쉬워졌으며, 영세 농민들이 생산한 작물을 도시에 내다팔 수 있는 기회도 더 늘어났다.

교육의 확산

전반적으로 교육 여건은 훨씬 개선되었다. 도표 41에서 볼 수 있듯이, 개도국의 문맹률은 1900년대 초에 태어난 사람들의 경우 약 75%였으나 오늘날의 젊은이들에서는 20% 이하로 떨어졌다.[572] 그러나 여성은 지금도 동등한 교육 기회를 누리지 못해 문맹률이 남성보다 더 높다. 현재 여성의 문맹률은 21%로 남성의 12%에 비해 거의 2배나 된다. 여성은 가정과 학교에서 모두 성 역할에 대한 전통적인 태도 때문에 뒷전으로 밀려나는 경우가 흔하다. 관습상 남자 아이들의 교육에 더 초점을 맞추고 있기 때문이다. 예를 들어, 아프리카 남자 아이들의 취학 기대 기간은 6.5년인 데

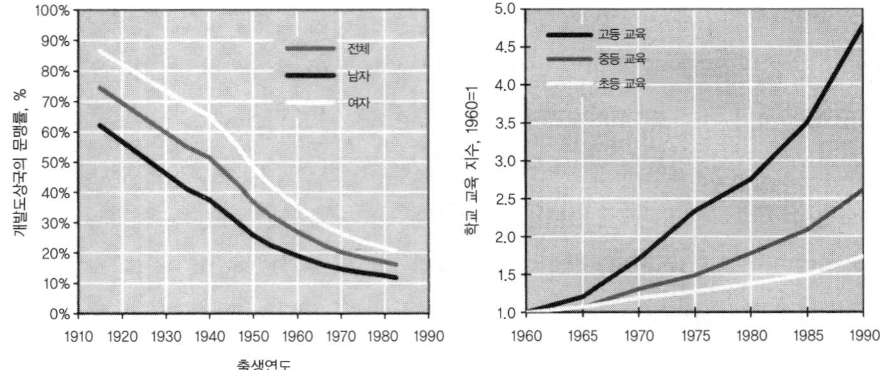

도표 41 출생 연도와 성에 따른 개발도상국들의 문맹률. 출전: UNESCO 1990: 8.

도표 42 개발도상국의 1인당 평균 교육 지수. 1960~1990년의 초등, 중등, 고등 교육. 1960=1. 출전: Barrio and Lee 1996.

반해, 소녀들의 취학 기대 기간은 5.5년에 불과하다. 그렇지만 일단 여자 아이들이 학교 시스템에 편입되면 공부를 계속할 가능성이 더 크며, 남자 아이들과 거의 똑같은 기간을 학교에서 보낸다.[573)]

취학 기간에 대해서 살펴보면, 선진국과 개도국 모두에서 교육에 쏟는 햇수가 급격히 늘었음을 알 수 있다. 개도국 사람들이 학교에서 보내는 평균 기간은 지난 30년 동안 거의 2배로 늘었는데, 1960년에 불과 2.2년이었던 것이 1990년에는 4.2년으로 증가했다. 이에 비해 서구 세계 사람들은 1960년에 평균 7년을 학교에서 보냈는데, 1990년에는 9.5년으로 늘었다. 도표 42는 개도국 국민들이 과거에 비해 현재 초등, 중등, 고등 교육에 얼마나 더 많은 시간을 할당하고 있는지를 보여준다. 평균적으로 과거에 비해서 초등학교 교육 이수 기간이 거의 2배 증가했으며, 중등학교 이수 기간은 2배 이상으로 늘어났다. 그리고 그 이상의 고등 교육 기관에 재학하는 기간은 거의 5배나 늘었다. 이런 발전은 개도국이 선진국을 부분적으로 따라잡고 있음을 의미한다. 1960년에 개도국 사람이 교육받을 수 있는 기간은 선진국 사람에 비해 3분의 1밖에 되지 않았으나,

1990년에는 거의 절반에 육박했다.[574)]

학교 교육의 발전은 인도에서도 분명하게 나타난다(도표 40). 인도에서는 초등 교육이 거의 보편적으로 실시되고 있으며, 전체 취학 인구의 50%가 중등 교육을, 7%가 고등 교육을 받고 있다. 이에 비해 미국의 대학 진학률은 1970년의 50%에서 80% 이상으로 증가했고, 영국에서는 그 수치가 15%에서 52%로 증가했다.[575)]

더 많은 여가 시간

자료가 부족하기 때문에 여기에서는 서구 세계의 여가 경향만을 살펴볼 테지만, 결론은 상당히 명백하다.[576)] 우리의 생각(혹은 느낌)은 그렇지 않더라도 우리가 마음대로 쓸 수 있는 여가 시간은 점점 더 늘어나고 있다.

도표 43에서 볼 수 있듯이, 서구의 연간 노동 시간은 19세기 말 이후 극적으로 줄어들었다. 대부분의 나라에서 오늘날 사람들의 노동 시간은 122년 전에 비해 약 절반밖에 되지 않는다.[577)] 그러나 일본은 1930~1960년 사이에 전반적인 감소 추세를 거슬렀던 듯하다. 일본인의 노동 시간은 다른 OECD 국가보다 약 400시간이나 많아서 다른 선진국과 비교할 때 수십 년이나 뒤처져 있다.

오늘날 연간 노동 시간이 과거의 절반밖에 되지 않는 것은 주당 노동 시간이 줄어들었을 뿐만 아니라 휴가 기간도 더 늘었기 때문이다. 그러나 이것으로 얘기가 끝나는 것은 아니다. 그 동안 우리 수명은 훨씬 더 늘어났지만 사회 생활을 하는 기간은 늘지 않았다. 우리가 찾아볼 수 있는 가장 오래된 자료들은 영국의 것인데, 이 자료들을 보면 1870년 영국의 보통 남성은 10세 때부터 죽을 때까지 약 47년 동안 내내 일을 해야만 했다.[578)] 당시 사람들이 평균 60세 이전에 사망했으므로 연금은 별로 필요하지 않았다. 그런데 평균 연령이 늘면서 근무 기간도 점점 증가해 1930년대 영국 남성은 평균 52년 동안 일을 했다. 그 이후로 교육 이수 기간

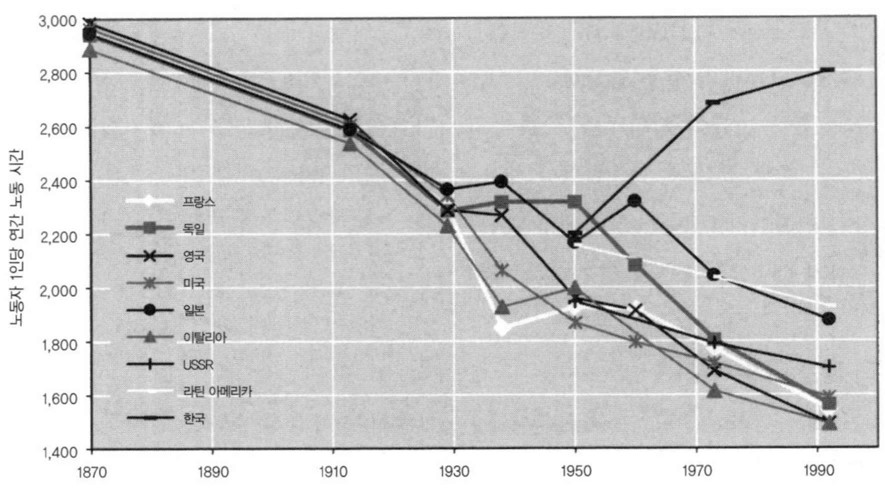

도표 43 일부 국가의 노동자 1인당 연간 노동 시간. 출전: Maddison 1995a: 248.

이 늘어나고 은퇴 연령이 낮아지면서 1980년대 초 영국인의 평균 근무 기간은 약 47년으로 다시 낮아졌다.

직장의 여러 근무 여건이 상당히 안정적으로 변하고 연간 노동 시간이 꾸준히 줄어들면서 평생 노동 시간은 감소하게 되었다. 또 우리의 수명은 훨씬 늘어났다. 1870년에 평균적인 영국인이 41세까지 밖에 살지 못한 반면, 1987년에는 거의 75세까지 살았다(도표 15). 이로써 우리에게는 더 많은 가용 시간이 주어진 셈이다. 일은 적게 하면서 수명이 늘어났다는 것은 (일을 하지 않는) 자유 시간의 총합이 급격히 증가했음을 의미한다.

도표 44는 지난 125년 동안 전체적인 가용 시간(수면, 식사, 목욕 등에 사용한 시간을 제외하고 남는 하루 중 대략 14시간)이 어떻게 변화했는지를 보여준다. 1856년의 사람들은 평생 동안 12만 4,000시간을 일했지만, 오늘날의 사람들은 겨우 6만 9,000시간만 일한다. 그 반면에 사람들이 일을 하지 않으면서 보내는 시간은 11만 8,000시간에서 28만 7,000시간으로 늘어났다.[579] 도표 44는 1856년의 남성이 인생의 절반을 노동으

로 보낸 반면, 오늘날의 남성은 약 20%를 노동 시간으로 사용하고 있다는 것을 보여준다. 이와 동시에 일을 하지 않는 시간의 비율은 약 30%에서 거의 60%로 늘어났다.

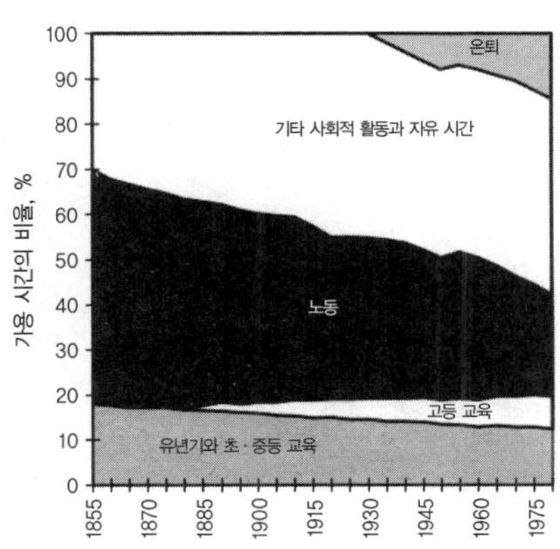

도표 44 영국인의 전체적인 가용 시간 비율. 가용 시간은 수면, 식사, 목욕 등에 사용한 시간을 제외하고 남는 시간으로 하루 중 약 14시간이 여기에 해당한다. 1856~1981년 영국 남성들의 다양한 활동. 출전: Ausubel and Grübler 1995.

도표 43에서 개괄할 수 있듯이, 장기적으로 볼 때 노동 시간이 꾸준한 감소 추세를 보였다는 데는 의심의 여지가 없지만, 지난 수십 년 동안 주당 평균 노동 시간은 안정세를 유지했던 것으로 보인다.[580] 그러나 여성들의 경우에는 1965년 이후 노동 시장 참여 비율이 40%에서 60%로 증가했다. 따라서 노동 시간의 안정이라는 현상 속에는 모든 여성들이 평균적으로 더 일을 많이 하게 되었다는 사실이 숨어 있다. 논쟁의 여지가 있기는 하지만, 지난 수십 년 동안 노동 시간과 여가 시간의 분포를 더 공정하게 보여주려면 표 1에서처럼 여성과 남성을 구분해서 그 평균 시간을 구해야 할 것이다.[581] 표 1은 고용 시장에 참여하는 남성의 수가 줄었고 직장에 고용된 사람들의 노동 시간도 주당 4시간이 줄었기 때문에, 남자들의 노동 시간과 통근 시간이 평균적으로 현저히 감소했음을 분명히 보여준다.[582] 반면에 여성의 평균 노동 시간은 급격히 상승했는데, 이는 직장에 고용된 여성의 노동 시간이 증가했기 때문이 아니라 직장에서 일하는 여성의 수가 크게 늘어났기 때문이다. 그러나 가사 노동(살림, 자녀 양육, 장보기)과 관련해서는 정반대의 추세가 발견된다. 여성의 몫이 줄어들고 남성의 몫이 늘어난 것이다. 남성과 여성은 아직도 전혀 평등하지 않지만, 남자들은 이제 가사 노동의 5분의 1

표 1 미국인들의 노동 시간, 개인적 시간, 자유 시간의 변화 추세. 18~64세 인구의 주당 시간 분포로서 그 합은 168시간이며 반올림에 의한 오차가 있다. 출전: Robinson and Godbey 1999:326-41.

	여자				남자			
	1965	1975	1985	1995	1965	1975	1985	1995
가사	40.3	32.9	30.7	27.4	11.3	12.3	15.7	15.6
근무 및 통근 시간	19.1	19.4	22.5	28.3	47.8	41.4	37.4	38.6
총 노동 시간	59.4	52.3	53.2	55.7	59.1	53.7	53.1	54.2
수면	55.7	58.8	56.5	57.8	54.8	56.2	55.5	55.0
식사	8.7	8.8	8.7	7.2	10.6	10.4	9.3	7.5
몸단장	10.1	9.5	10.8	8.9	7.9	8.4	9.4	7.2
총 개인 시간	74.5	77.1	76.0	73.9	73.3	75.0	74.2	69.7
TV	9.3	14.2	14.5	15.0	11.9	15.8	15.6	17.3
독서/음악 감상	3.8	3.7	3.3	3.0	4.8	3.6	3.1	2.8
사회적 활동	11.2	9.9	9.0	8.3	9.5	8.7	8.2	8.6
오락	9.7	10.5	12.1	12.4	9.5	11.1	13.5	14.9
총 자유 시간	34.0	38.3	38.9	38.7	35.7	39.2	40.4	43.6

이 아니라 3분의 1 이상을 담당하고 있다.[583] 전체적인 가사 노동은 줄어들었다. 사람들의 평균 자녀 수가 줄어든 데다 남녀 모두 기혼자로 지내는 시간이 줄었기 때문이다.[584]

그 결과 지난 30년 동안 주당 전체 노동 시간이 여성의 경우에는 4시간, 남성의 경우에는 5시간 감소했다. 남성의 경우에는 식사 시간과 몸단장 시간도 줄었기 때문에 총 여가 시간은 주당 거의 8시간이나 증가했다. 여성은 수면과 몸단장에 남성보다 좀더 많은 시간을 쓰고 있으며, 그 시간의 감소폭도 적다. 따라서 여성의 여가 시간이 4.5시간 늘어난 것은 주로 노동량의 감소 덕분이다. 여가 시간의 상당 부분은 TV를 시청하는 데 사용된다. 한편, 사회적 자산이 되는 활동(사교, 단체 활동 참여, 종교 생활)은 줄고 레크리에이션(특히 스포츠와 성인 교육)에 투자하는 시간이 증가하고 있다.

이제까지 살펴본 미국인의 여가 시간 증가는 서구 국가의 일반적 추세와 매우 비슷하다. 현재 구할 수 있는 자료 중에서 19세기부터 시간 순서대로 연결된 자료들(유럽, 미국, 캐나다의 것)을 이용하면 도표 45에 나타난 것과 같은 일반적인 추세를 발견할 수 있다. 이 도표에서 우리는 여성의 여가 시간이 남성에 비해 2~3시간 적다는 것을 알 수 있다(몸단장 시간의 차이가 일부 영향을 미쳤을 가능성이 크다). 또한 전체적으로 보았을 때, 지난 30년 동안 사람들의 자유 시간이 주당 6~7시간 늘었다는 것을 알 수 있다.

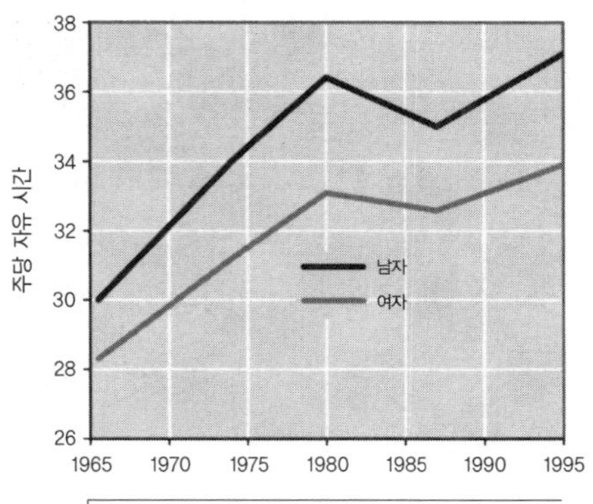

도표 45 유럽과 북미, 19개국에서의 성별 자유 시간 변화 추세. 출전: Bittman 1999.

더 안전하고 안정적이다

거의 대부분의 사회에서 사람이 저지를 수 있는 최악의 범죄는 다른 사람을 죽이는 것이다. 바로 이런 이유 때문에 살인에 대해서는 상당히 제대로 된 통계 자료들이 존재한다. 그 자료들에서 알 수 있는 결론은, 어쩌면 매우 놀랍게 들릴 테지만, 서구 세계의 살인 사건 발생률이 아주 오랜 기간 동안 계속 감소해왔다는 것이다. 그러나 20세기에는 살인 사건이 다시 증가했는데, 대부분의 국가에서 그 증가폭이 미미했던 반면 미국에서는 상당히 컸다.

우리는 선사 시대 사람들이 온화하고 비폭력적이었다고 생각하는 경향이 있다. 물론 지금 남아 있는 기록이 거의 없거나 혹은 아예 없긴 하지만 그래도 여러 인류학 자료들을 검토해본 결과, 사람들은 이런 인식이 너무 이상적인 게 아닌가 의심하게 되었다. 20세기에 연구된 대부분의 씨족

집단이나 부족 사회에서 살인이 실제로 가장 중요한 사망 원인의 하나라는 사실이 드러난 것이다.[585]

현재 남아 있는 가장 오래된 통계 자료는 영국의 것인데, 13세기에 주민 10만 명당 20건 이상의 살인이 발생했음을 보여준다. 이 비율은 20세기 중반까지 꾸준히 감소해서 10만 명당 0.5건에 이르렀다가 그 후 소폭 증가했다.[586] 이 통계 수치는 과거를 폭력의 시대로 그리는 역사학자들의 견해와도 일치한다.

> 오늘날까지 전해진 이런 개인적 서신과 일기들은 15세기부터 17세기까지 사람들 사이의 관계가 지극히 냉정했으며, 심지어 비우호적이기까지 했음을 시사한다. 법률 관계 자료와 기타 자료에 기록되어 있듯이, 사람과 사람 사이에서 일상적으로 신체적 · 언어적 폭력이 엄청나게 오갔다는 사실은 모든 계층의 남녀들이 지독하게 성질 급한 사람들이었음을 분명히 보여준다. 그들은 지극히 사소한 일로 의견이 맞지 않아도 금방 주먹다짐을 벌이곤 했으며, 대부분의 사람들은 무기가 될 수 있는 물건을 지니고 다녔다. 하다못해 고기를 자르기 위한 칼이라도 말이다. ……당시의 서신은 저녁 식탁에서나 주점에서 벌어진 무지막지한 폭력 사건에 대한 얘기들로 가득 차 있는데, 이런 사건들은 흔히 죽음으로 이어졌다…….
>
> 낯선 사람들의 무심한 폭력은 거의 일상적인 위험이었다. 모혹스(Mohawks)처럼 존경받는 가문 출신의 청소년들이 하릴없이 떼를 지어 몰려다니면서 아무 짓도 하지 않은 사람을 무자비하게 폭행하는 것은 18세기 런던 거리에서 자주 발생하던 일이었다.[587]

스웨덴의 사정도 이와 비슷했다. 19세기 말의 살인 사건 발생률은 인구 10만 명당 2건이었지만 1960년에는 약 0.8건으로 떨어졌다. 그리고 그 이후 약간 늘어서 1건이 되었다. 이탈리아도 (두 번에 걸친 세계대전

말기를 제외하고는) 역시 비슷하게 5건에서 1.3건으로 줄었다. 살인 사건 발생률이 약 10건 수준인 미국은 이런 전반적인 추세에서 유일한 예외다.

일반적으로, 자살 현황은 정반대의 경향을 보였다. 전통 사회의 자살률은 상당히 낮았다.[588] 그러나 도시화가 진행됨에 따라 자살률이 급격히 증가했는데, 대개 인구 10만 명당 1건에서 10~25건으로 늘어났다. 1980년에 덴마크는 자살률 32건으로 세계 기록을 세웠으나 현재 20건 내외로 떨어졌다. 반면 러시아의 자살률은 거의 42건으로 급격히 증가했고, 그 다음은 헝가리로 33건이다.[589]

재난과 사고는 줄고 있다

재난과 사고는 신문의 헤드라인을 장식하는 훌륭한 기사감이다. 그러나 사실 우리는 지난 1세기 동안 이 두 가지 원인으로 인한 사망자 수를 줄이는 데 성공했다.

도표 46은 20세기 초 이후 자연 재해로 인한 사망자 수가 얼마나 극적으로 줄었는지를 보여준다.[590] 1900~1939년 사이에 자연 재해로 인한 사망률은 인구 10만 명당 66명으로 총 사망률 약 2,000~3,000명과 비교할 때 상당히 높은 수준이었다.[591] 그러나 1990년에는 총 사망률이 927명이었는데, 자연 재해 사망률은 1.4명에 불과했다.[592] 그 절대적인 감소폭은 거의 98%에 이르며, 전체적인 사망률 감소를 고려해도 자연 재해 사망률의 감소폭은 94%가 넘는다.[593] 지난 1세기 동안 전세계 인구가 3배 이상 늘었음에도 불구하고, 사망자 수는 20세기 초의 연평균 120만 명 수준에서 1990년대에는 7만 7,000명으로 감소했다. 1930년대 이후의 지속적인 감소 추세는 의학의 발전, 경고 시스템의 개선, 재난 대처 능력의 향상, 사회의 취약성 감소 등 많은 요인에 기인했다. 예를 들어, 방글라데시에서는 정부와 적신월사(Red Crescent. 회교국가권의 적십자사에 해당하는

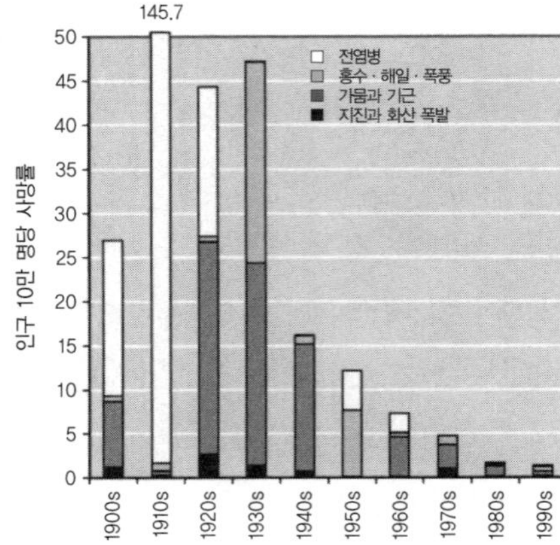

도표 46 자연 재해로 인한 연간 사망률. 자연 재해에는 전염병, 홍수 · 해일 · 폭풍(토네이도 · 사이클론 · 허리케인 등), 가뭄과 기근, 지진과 화산 폭발 등이 포함된다. 1910년대에 전염병 유행률이 높았던 것은 1918년에 전세계적으로 유행한 '스페인 독감' 때문이다. 이 독감으로 인해 2,000만~2,500만 명이 목숨을 잃어 자연 재해로 인한 전체 사망률이 145.7명에 달했다. 출전: EM-DAT 2000.

조직 – 옮긴이)가 운영하는 사이클론 대비 프로그램과 1970년대 건설한 피난소 덕분에 사이클론으로 인한 사망자 수가 현저히 감소했다.[594)]

전세계적으로 자연 재해로 인한 사망자 수가 감소한 것은 미국과 영국의 사고 발생률 감소에도 반영되어 있다. 도표 47은 사고가 빈번히 발생하던 모든 영역이 더욱 안전해졌음을 보여준다. 사고로 인한 사망률은 지난 1세기 동안 4배나 줄어들었는데, 이는 일상생활에서 사용하는 물건의 안전성이 향상되었음을 반영한다. 작업 중 일어나는 치명적인 사고는 85% 이상 줄었는데, 더 안전한 장비와 교육 훈련의 개선, 그리고 작업 습관의 개선이 낳은 직접적인 결과라 할 수 있다.[595)] 만약 이런 획기적인 개선 노력이 없었더라면 미국에서 매년 4만 명의 노동자가 추가로 목숨을 잃었을 것으로 추정된다. 이와 마찬가지로, 차량의 주행거리 10억 킬로미터당 치명적인 사고의 수치도 급격히 낮아졌다. 이는 특히 차량 제작 방법과 안전 장비가 개선되었기 때문인데, 이런 추세는 모든 선진국에서 똑같이 발견된다.[596)] 가장 인상적인 것은 항공 교통의 위험이 1940년 이후 150배 이상 감소했다는 점이다. 따라서 10억 킬로미터를 비행했을 때의 위험도는 이제 겨우 0.13에 지나지 않는다(다른 말로 표현하면, 여러분이 항공 사고로 죽을 확률은 평균적으로 약 75억 킬로미터, 즉 지구를 20만 바퀴 돌았을 때 한 번 꼴이다).[597)]

이런 위험도를 서로 비교하고 싶다면, 인구 1명당 1킬로미터 주행거리

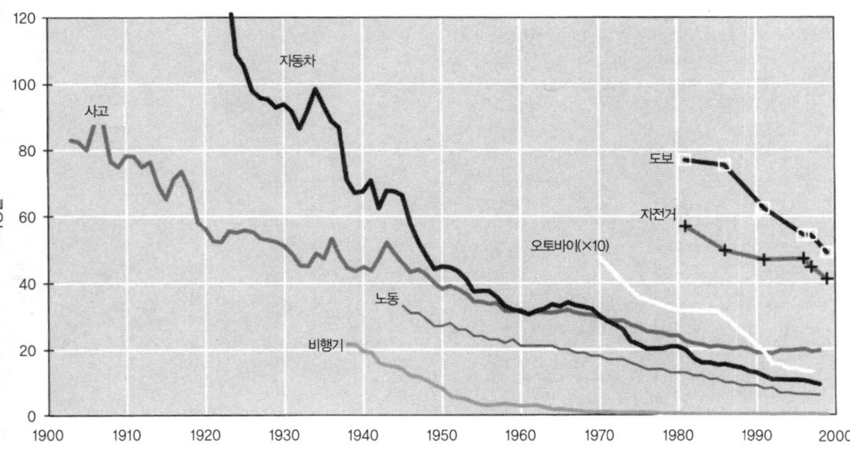

도표 47 각종 사고로 인한 사망률. 노동(노동자 10만 명당), 사고(자동차 사고 제외. 주민 10만 명당 사망률), 자동차(주행거리 10억 킬로미터당), 비행기(미국 국적 항공기의 승객 비행거리 10억 킬로미터당),[598] 오토바이(주행거리 1억 킬로미터당, 다른 요인과의 정확한 비교는 이 사망률에 10배를 가산해야 함), 자전거와 도보(10억 킬로미터당). 20세기 첫 번째 10년 동안 자동차 사고 사망률은 150~250명 수준이었다. 자전거와 도보는 영국의 자료이며, 나머지는 미국의 자료. 출전:NSC 1990:29-30, 37, 72-3, 1999:36-7, 49, HHS 1997:59, 111, 165, NCHS 1999a:199, USBC 1999c, FHWA 1996, ONS 1999:204, 2000a:205, 2001a:220, ATA 2001b, DOT 1999:1-28, 3-1.

를 단위로 환산해서 측정해볼 수 있다. 오늘날 미국의 자동차에는 평균 1.6명이 타고 있으므로 인구 1명당 위험도는 도표 47에 나타난 차량 위험도보다 약 40% 낮아진다.[599] 따라서 평균적으로 자동차의 1킬로미터 주행시 위험도는 비행기보다 약 45배나 높은 반면,[600] 자전거보다는 7배 안전하고 걷는 것보다는 8배 안전하며 또 오토바이를 타고 같은 거리를 여행할 때보다는 무려 22배나 더 안전하다.

7 2부의 결론: 유례가 없는 인류의 번영

우리는 인간 활동의 모든 중요한 분야에서 환상적인 발전을 이룩했다. 사람들이 지금처럼 오래 살 수 있었던 적이 없는데—지난 100년 동안 기대수명은 2배 이상 늘었다—개발도상국의 발전 추세는 훨씬 더 두드러진다. 영아 사망률도 급격히 낮아졌다. 1950년에만 해도 개도국에서는 영아 5명 중 1명이 목숨을 잃었던 반면, 오늘날에는 사망률이 18명 중 1명에 불과하다. 지금의 수치는 겨우 50년 전 선진국의 비율과 같다. 현대의 사람들은 과거보다 키가 더 크고 더 건강해졌으며, 병에 감염되는 경우도 더 적다. 인구는 과거보다 훨씬 더 많은데, 이는 우리가 "토끼처럼 새끼를 낳았기" 때문이 아니라 "사람들이 더 이상 파리처럼 죽어가지 않기" 때문이다.

이와 동시에 먹을 것도 훨씬 풍부해졌다. 전세계적으로 기아에 시달리는 사람의 비율은 1970년의 35%에서 오늘날에는 18%로 떨어졌으며, 2010년까지는 12%로 더 낮아질 것으로 전망된다. 먹을 것을 충분히 구할 수 있는 사람의 수가 20억 명 이상 늘었으며 개도국의 평균 칼로리 섭취량은 38% 증가했다.

선진국과 개도국의 소득 또한 지난 50년 동안 3배로 늘었으며, 빈곤 발생률은 감소했다. 세계에서 가장 부유한 사람들과 가장 가난한 사람들 사이의 빈부 격차는 약간 감소했지만, 앞으로 한 세기 동안 극적으로 감소할 가능성이 크다.

또한 요즘 사람들은 삶의 질을 개선해주고 삶을 훨씬 더 편안하게 해줄 수 있는 수많은 소비재들을 지니고 있다. 선진국 사람들은 냉장고, 안락한 주택, 자동차, 전화, 컴퓨터, VCR 등을 소유하고 있다. 개도국에서도 이런 상품의 보유가 증가하고 있지만 그보다는 깨끗한 식수, 하수도 시설, 에너지, 사회 기반 시설 등을 이용할 수 있는 인구가 크게 늘었다는 점이 훨씬 더 중요하다.

노동 시간은 지난 120년 동안 절반으로 줄었으며, 사람의 수명이 예전보다 늘었기 때문에 우리는 2배 이상 많은 여가 시간을 즐길 수 있게 되었다.

살인 사건 발생률은 현저히 줄었지만 자살률 증가가 이런 발전을 상쇄하고 있다. 또한 오늘날에는 과거에 비해 치명적인 사고의 발생 가능성이 훨씬 낮아졌다.

평균적으로 우리는 훨씬 더 나은 교육을 받고 있으며, 개도국은 이 방면에서 선진국을 따라잡고 있다. 개도국에서 대학 교육을 받는 사람의 수는 거의 5배로 늘었다. 모든 점을 감안할 때, 교육에서의 진보는 거의 믿기 어려울 지경이다.

그렇다고 해서 문제가 전혀 없다는 얘기는 아니다. 문제는 여전히 존재한다. 특히 아프리카는 최고의 문제 지역으로 두드러진다. 이 지역은 지난 1세기 동안 대부분의 다른 국가보다 훨씬 낮은 성장률을 기록했으며, 에이즈가 아프리카 동남부의 여러 지역을 휩쓸었다. 또한 전쟁과 종족 분쟁, 정치적 갈등 때문에 앞으로의 전망도 그리 밝지 않다. 그렇지만 심지어 아프리카도 과거 20세기 초에 비하면 훨씬 사정이 나아졌다. 주민들의 영양 상태도 좋아졌고, 소득도 높아졌으며, 교육도 개선되었다. 모든 곳에서 상황이 마냥 좋다고만은 할 수 없지만, 과거보다 더 나아진 것만은 분명하다.

이 세계 전체적으로, 특히 개도국은 물론 심지어 가장 사정이 열악한 아프리카의 고통받는 지역에서조차 모든 사람들이 발전을 경험했다. 이제 우리는 제3부에서 이러한 발전이 정말로 계속 유지될 수 있는지, 그리고 더욱 향상될 수 있는지를 살펴볼 것이다.

3부 | 인류 번영은 지속될 수 있을까

8 우리는 빌려온 시간을 살고 있는가

제2부에서는 인류 복지와 관련해서 측정 가능한 모든 지표들이 대체로 개선되었다는 사실을 살펴보았다. 사실 이런 지표들에 이의를 제기하기는 어렵다. 그러나 어쩌면 혹시 우리가 후손들에게 빌려온 시간을 살고 있는 것인지도 모른다.

이런 지적은 월드워치연구소 같은 단체들이 세상이 개선되었다는 주장에 반대할 때 내놓는 전형적인 주장이다.

> 20세기에 인류는 놀라울 정도로 성공을 거뒀다. 어쩌면 너무 지나치게 성공을 거둔 것인지도 모른다. 인구가 10억 명에서 60억 명으로 증가했고, 경제는 1900년 규모와 비교해서 20배 이상 폭발적으로 성장했다. 이런 성공에 힘입어 우리는 우리 자신이 속해 있는 자연계를 압도해버렸다. 그리고 이제 더 이상 건강한 환경이 중요하지 않다는 위험한 환상을 갖게 되었다.[601]

다른 말로 하자면, 상황이 개선되었다는 것이 어쩌면 사실일 수 있지만, 상황이 지나치게 좋아진 것이 문제라는 것이다. 따라서 그들은 이런 발전이 지속될 수는 없으며 자연계의 기반이 붕괴해버릴 것이라고 주장한다. 우리는 다음과 같은 은유를 반복적으로 듣곤 한다. "성장을 계속하는 암 덩어리가 결국 자신의 숙주를 죽여서 자신의 생명 유지 시스템을 스스로 파괴해버리듯이 지속적으로 팽창하는 세계 경제도 자신의 숙주, 즉 지구 생태계를 서서히 파괴하고 있다."[602)]

에를리히 교수도 기본적으로 똑같은 얘기를 되풀이한다. GDP와 가용 식량의 규모가 계속 증가하고 있다는 얘기를 경제학자들이 너무 즐겨 인용한다는 것이다. "그러나 그런 주장은 치명적인 결함을 안고 있다. 이것은 은행 잔고에는 전혀 신경을 쓰지 않은 채 매달 더 큰 액수의 지불 수표를 끊을 수 있다고 허풍을 떠는 것과 거의 비슷하다."[603)]

이런 비판에 포함되어 있는 핵심적인 개념은 현재의 인류 발전이 과연 지속될 수 있는가 하는 질문으로 요약될 수 있다. 지속 가능성의 개념은 1987년 유엔이 발간한 《브룬트란트 보고서(Brundtland Report)》에서 처음 제기되었다. 지속 가능한 발전이란 인류가 "필요한 것을 충분히 구할 수 있는 미래 세대의 능력을 손상시키지 않으면서 현재 우리에게 필요한 것을 충당할 수 있도록"[604)] 하는 것을 의미한다. 사실 이런 개념은 굳이 지적할 필요조차 없는 자명한 것이다.[605)] 우리는 적어도 후손들이 현재의 우리만큼 유복하게 살 수 있도록 하는 것을 전제로 행동할 필요가 있다. 다만 문제는 현재의 우리 사회가 이미 지속 가능한 단계를 넘어서고 있는지의 여부이다. 대부분의 환경보호주의자들은 현재의 사회가 지속 불가능하다고 강력하게 주장한다. "사실 우리는 마치 자식이 하나도 없는 사람처럼, 다음 세대가 아예 존재하지 않는 것처럼 행동하고 있다." 이는 월드워치연구소가 하는 말이다.[606)] 생물학자 데이비드 에렌펠드(David Ehrenfeld)는, 만약 현재 우리가 후손들에게 파괴된 환경을 남겨주려고 하는 것처럼 우리 조상들도 우리에게 파괴된 환경을 남겨주었다면, 오늘날 자연에서 얻을 수 있는 즐거움에는—어쩌면 우리 자신의 생존까지도—상당한 제한이 있었을 것이라고 주장한다.[607)]

생물학자 다니엘 치라스(Daniel Chiras)의 지적은 좀더 구체적이다. 우리가 환경을 너무 많이 오염시키고 또 자원을 너무 빠른 속도로 사용하고 있기 때문에 우리 사회는 결코 지속 가능하지 않다는 것이다.[608] 이제 다음 장에서 이런 주장들을 자세히 검토할 것이다.

자원 – 복지의 근원

인류가 지속적으로 생존하기 위해서는 지구의 수많은 자원들을 계속 사용할 수 있어야 한다. 자원 중 일부는 자연적으로 계속해서 재생된다. 태양 에너지, 물, 공기, 동식물 등이 그렇다. 따라서 이런 자원을 재생 가능한 자원이라고 부른다.

다른 자원, 예를 들어 지구의 천연 자원과 광물 등은 재생되지 않으며 (적어도 수백 년에서 수천 년에 이르는 인간의 시간 척도 안에서는 그렇다), 그 양도 한정되어 있다.

다음 장에서부터 살펴보겠지만, 이 두 종류의 자원은 각기 다른 속성의 문제들과 관련되어 있다. 현재 우리가 이룩한 발전이 앞으로도 지속될 수 있을지를 평가하기 위해서는 재생 가능한 자원과 재생 불가능한 자원, 모두에 대해서 살펴볼 필요가 있다.

9 미래에 식량은 충분한가

식량은 아마 인류에게 가장 중요한 자원일 것이다. 우리의 존재 자체가 식량에 의존하고 있기 때문이다. 식량은 재생 가능한 자원이지만 또한 인구 증가의 압박을 받을 경우 잠재적으로 부족이 예상되는 자원이기도 하다.

월드워치연구소의 레스터 브라운 소장은 지난 30년 동안 농업 생산이 더 이상 인구 증가 속도를 따라갈 수 없으며, 따라서 이제 당장 식량 가격이 상승하기 시작할 것이라고 줄곧 주장해왔다.[609] 그렇지만 앞에서 이미 살펴보았듯이 이런 일은 발생하지 않았다. 1998년에 발행된 《지구 환경 보고서》에는 도표 48이 그 증거로 제시되었다. 대부분의 사람들은 이 도표에서 식량 위기와 가격 상승에 대한 예전의 예측을 부정하는, 전반적인 가격 하락 추세를 엿볼 수 있을 것이다. 그러나 이 자료는 월드워치연구소에 의해 가격 추세가 반전하여 이제 상승세를 타기 시작했다는 주장의 증거로 사용되고 있다.

> 세계에서 가장 중요한 곡물로 간주되는 밀의 실질 가격은 금세기 중반부터 하락하고 있지만, 이런 장기적인 하향세는 1990년대에 바닥을 친 것처럼 보

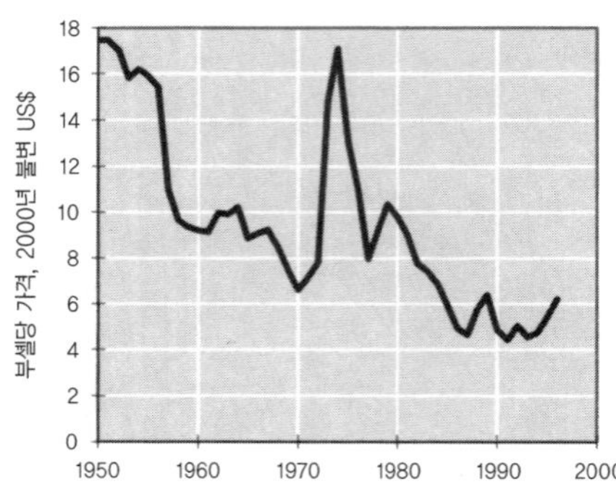

도표 48 레스터 브라운이 제시한 밀의 가격. WI 1998:92. 2000년의 US$ 가치로 환산한 세계 시장의 부셸당 밀 가격. 1950~1996년.[613] 출전:IMF 2001, CPI 2001a.

인다. 1993년에 부셸(bushel)당 3.97달러까지 떨어진 이후 밀 가격은 3년 동안 연속 상승해서 1996년에는 부셸당 5.54달러에 이르렀다. 39% 상승한 것이다. 이런 분석은 앞으로 연중 밀 가격이 때로 1997년처럼 내려가는 해가 있기는 하겠지만 장기적으로는 상승할 가능성이 크다는 점을 시사한다.[610]

《지구 환경 보고서》의 요약 글에서는 이 자료를 훨씬 더 함축적인 의미를 전달하는 데 동원하고 있다.

> 세계적인 곡물 가격 상승은 어쩌면 우리 세계가 경제적 · 인구통계학적으로 환경을 계속 유지할 수 없는 길에 들어섰다는 사실을 알려주는 최초의 범지구적 경제 지표인지도 모른다.[611]

그러나 밀 가격의 하락은 단순히 20세기 중반부터 시작된 현상이 아니라, 도표 25에 분명히 제시되어 있듯이 적어도 1800년부터 지속되어온 현상이다. 게다가 브라운이 주장의 근거로 삼았던 가격 상승은 잠시 스치고 지나가는 돌연변이였다. 대규모 식량 문제 연구소 중 하나인 국제식량정책연구소는 월드워치연구소를 거의 노골적으로 겨냥해서 다음과 같은 메시지를 날렸다. "1995~1996년의 곡물 가격 상승은 단기적인 현상이었으며 영구적인 가격 상승의 시작도, 일부 사람들이 우려하는 또 한 번의 세계 식량 위기의 전조도 아니었다."[612] 이 글을 쓰고 있는 바로 이 순간, 2001년 2월에도 도표 49에서 볼 수 있듯이 밀 가격은 또 다시 하락해서 과거 어느 때보다 낮은 최저치를 기록했다.

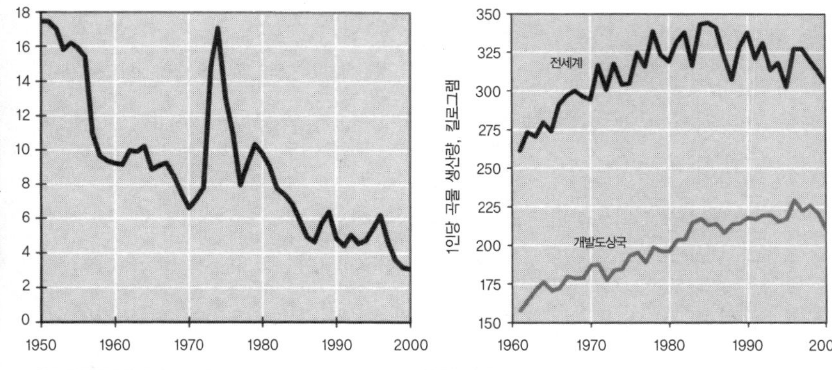

도표 49 세계 시장의 부셸당 밀 가격. 1950~2000년. 출전: IMF 2001a, CPI 2001.

도표 50 전세계와 개발도상국의 1인당 곡물 생산량. 1961~2000년. 출전: FAO 2001.

적어도 한 사람에게 돌아가는 곡물량은 감소하고 있다

사정이 이럼에도 불구하고 만약 여러분이 식량 생산에 문제가 있다는 것을 보여주고 싶다면 실제로 어떤 자료를 사용할 수 있을까? 우리는 1961년 이후 선진국과 개도국 모두에서 농업을 통해 생산되는 인구 1인당 식량과 칼로리의 양이 점점 더 증가해왔음을 이미 살펴보았다.

그런데 지난 몇 년 동안 식량 생산의 증가 속도가 인구 증가 속도에 못 미치고 있음을 보여주는 듯한 몇몇 자료가 있다. 이 자료들은 주로 월드워치연구소에 의해 널리 홍보되었는데, 도표 50이 바로 그것이다.[614] 이 도표에서는 인구 1인당 평균 곡물 생산량이 1984년까지 증가했다가[615]—녹색혁명이 유효했음을 보여준다—이후 다시 11%나 떨어졌음을 알 수 있다. 그런데 월드워치연구소가 이 자료를 사람들에게 소개할 때에는 단지 위쪽 그래프만을 보여주었다. 이런 식으로 전세계적인 경향을 제시하는 방법은 대단히 효과적이어서, 이 그래프는 여러 곳에서 인용되거나 참고 자료로 이용되었다.[616] 심지어 2000년에 발표된 한 생태학 선언서에서는 세계 상황의 퇴보를 나타내는 가장 중요한 지표로 제시되기도 하였다.[617] 레스터 브라운은 이 도표를 설명하면서 식량 생산이 "자체 추진력

의 극적인 상실"을 경험하고 있다고 표현했다.[618]

그러나 선택적으로 제시된 수치는 사람들에게 그릇된 인상을 심어주며 잘못된 논리를 낳게 한다. 개발도상국의 곡물 생산량을 나타내는 도표를 함께 제시하면 이 점을 잘 알 수 있다. 전세계적으로 인구 1인당 곡물 생산량이 1984년 344킬로그램으로 정점에 이르렀다가 이후 306킬로그램으로 떨어진 것은 사실이다. 그러나 그것은 주로 통계학적인 자료 처리 방법의 변화 때문이다. 선진국의 곡물 생산량은 1950년대부터 1980년대까지 꾸준히 증가하다가 인구 1인당 650킬로그램 선에서 안정되었는데, 사람들이 그보다 더 많이 먹을 수는 없다는 것이 가장 주된 이유였다. 사실 우리가 생산하는 곡물의 상당 부분은 가축 사료로 쓰이고, 우리는 그 고기를 먹는다. 그러나 개발도상국에서는 식량 생산량이 1961년의 157킬로그램에서 2000년에는 211킬로그램으로 계속 증가해왔다.[619] 무려 34%나 증가한 것이다. 그런데도 세계 평균치가 감소한 것은 개도국의 인구 증가 때문이다. 인구가 계속 증가하는 나라의 1인당 생산량이 평균 200킬로그램 대에 머물러 있고, 인구 변화가 없는 선진국의 생산량이 650킬로그램이므로 세계 평균치는 감소할 수밖에 없다.[620] (하지만 2000년의 생산량이 예외적으로 낮았음에 주목하라. 이런 현상이 벌어진 주된 이유는 곡물 가격이 매우 낮아진 데다 중국의 날씨가 나빠서[621] 개도국의 평균 곡물 생산량이 예외적으로 감소했기 때문이다. 그러나 사실 중국을 제외한 다른 개도국의 2000년 평균치는 크게 낮아지지 않았다[622]).

따라서 세계적인 식량 감소 경향만을 보여주는 것은 지속적으로 인구가 증가하고 있는 개도국에서 역시 점점 더 많은 식량이 생산되고 있다는 사실을 가려버리는 것에 불과하다. 사실 식량농업기구는 세계적인 곡물 생산량 감소가 "전체적으로 경계심을 가져야 할 이유"[623]가 되지 않는다고 분명히 밝힌 바 있다. 식량농업기구는 개도국의 인구 1인당 곡물 생산량이 2010년까지 계속 증가할 것으로 전망한다.[624] 또 전세계 인구 1인당 곡물 생산량의 감소 추세 역시 반전되어서 2030년에 이르면 생산량이 약 340킬로그램까지 늘어날 것으로 전망한다. 브라운이 인용하는 그 훌륭한 그래프를 무의미하게 만들고 있는 것이다.[625]

따라서 우리가 구할 수 있는 모든 자료를 면밀히 조사해보면 식량 생산이 결코 자체 추진력을 상실하지 않았다는 것을 알 수 있다.

하락하는 생산성

우리는 녹색혁명의 효과가 사라지고 있다는 주장을 자주 듣곤 한다. 이런 주장의 한 변형으로 월드워치연구소는 "자체 추진력의 심각한 상실"[626]이 시작되고 있다고 강조한다. 증가 속도가 떨어져서 식량 생산이 "계속 같은 수준에 머물러 있거나 또는 그렇게 될 조짐을 보이고 있다"[627]는 것이다. 그런데 놀랍게도 레스터 브라운은 증가 속도의 정체 현상을 증명하기 위해 전세계 곡물 총 생산량의 연간 성장률 수치를 이용하고 있다.[628] 당연히 이 수치는 그렇게 중요한 것이 아니다. 우리가 일차적으로 관심을 갖고 있는 것은 사람이므로 총 생산량이 아니라 인구 1인당 생산량을 조사해보는 편이 낫다. 게다가 브라운은 1990년대 초의 곡물 생산 여건이 상당히 나빴다는 사실을 감안하지 않았다. 그 당시 식량 생산이 감소했던 주원인은 계획 경제로 지탱하던 동구권의 붕괴와 유럽연합 때문이다. 구소련을 비롯해서 중앙 계획 경제 체제를 유지하던 동구권 국가들이 일시에 붕괴하는 바람에 1990년부터 2000년까지 그 지역의 식량 생산은 거의 40%나 감소했고, 따라서 이 지역이 세계 곡물 공급에서 차지하는 비중도 17%에서 10% 이하로 낮아졌다. 한편 유럽연합은 공동 농업 정책(Common Agricultural Policy)을 재조정해서 농업에 대한 국가보조금 지급을 줄이고 과잉 생산을 피하도록 했다. 이 때문에 유럽연합 국가의 곡물 생산량이 5% 이상 감소했다.[629] 더욱이 유럽연합은 환경 보전을 위해 순환 경작지의 면적을 늘렸으며, 세계 시장에서 곡물 가격도 낮아져 전반적

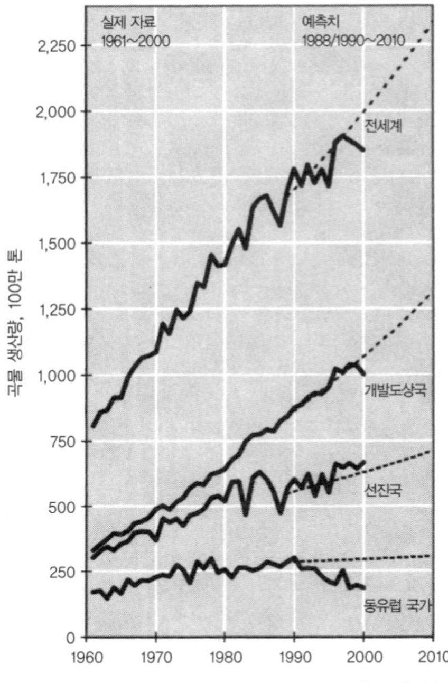

도표 51 곡물 생산량의 변화. 1989~2010년 FAO의 생산량 예측과 1961~2000년의 실제 생산량. 출전: Alexandratos 1997, 1998, FAO 2001.

으로 생산이 위축되었다.[630]

그러나 우리가 얼마나 많은 곡물을 생산할 수 있는가 하는 문제와 견주어 볼 때, 구소련의 붕괴나 유럽연합의 농업 정책 재조정은 그리 중요한 사안이 아니다. 식량농업기구는 곡물 생산량이 우리가 예측할 수 있는 한 먼 미래까지 계속 증가할 것이라고 예언한 바 있는데, 이는 도표 51에 제시된 2010년까지의 공식적인 예측 그래프에서도 분명히 알 수 있다.

하지만 레스터 브라운은 식량농업기구와 세계은행이 1990년대의 곡물 생산량에 지나치게 낙관적인 태도를 보이고 있다고 비난해왔다. 그는 그들의 총 생산량 예측이 거의 14%나 어긋났다고 주장한다. 그러나 이런 비난은 단순한 계산 착오와 부정확한 데이터에서 발생했다는 사실이 이미 입증된 바 있다.[631] 도표 51에는 이제까지의 곡물 생산량과 식량농업기구의 미래 전망치가 제시되어 있는데, 전세계 생산량이 대체적으로 예측치와 크게 어긋나지 않는다는 것을 알 수 있다.[632] 예측치와 실제 수치가 다소 어긋나는 것은 대부분 예전에 중앙 통제 경제 체제를 유지했던 국가들에서 1990년대에 이르러 생산량이 급격히 줄었기 때문이다. 하지만 이런 생산량 감소 추세는 결국 반전될 것으로 전망된다.[633] 반면에 개도국의 생산량 증가에 대한 예측과 거의 일치했다(물론, 낮은 곡물 가격과 날씨 때문에 중국이 기대 이하의 실적을 보였던 2000년은 예외다).[634]

그럼에도 불구하고 전세계 사람들의 칼로리 섭취량에서 거의 50%를 차지하는 쌀, 밀, 옥수수 등 주요 곡물의 세계적 생산량 증가폭이 감소한 것은 사실이다.[635] 쌀 수확은 1970년대에는 매년 2.1%씩 증가했지만 지금은 그 증가폭이 연간 1.5%로 떨어졌으며, 이런 변화는 밀과 옥수수의 경우에도 비슷하다.[636] 하지만 이것이 정말로 걱정해야 하는 일일까?

이 질문에 대한 답은 세 가지 관점에서 찾아볼 수 있다. 첫째, 곡물 수확량의 증가 속도가 떨어진 것이 작물의 생물학적·생리학적 한계에 도달하고 있기 때문인지를 살펴보아야 한다. 우리가 농작물이 제공할 수 있는 최대한의 혜택을 이미 취하고 있기 때문에 더 이상 그런 혜택을 증진시킬 수 있는 여유가 없게 된 것일까? 둘째, 과연 우리가 정말로 그런 최대 수확량 한계에 도달해 있는지, 아니면 제3세계 농부들의 생산량이 아직 최대 수확량을 크게 밑돌고 있는지 살펴보아야 한다. 셋째, 우리 인류가 정말로 작물 생산량 증가를 계속 추구할 필요가 있는지의 여부가 이 문제의 심각성을 결정하게 될 것이다. 인구 증가의 속도가 점차 느려지고 있으며 사람들의 영양 상태도 예전보다 좋아지고 있는 현실에서 우리가 취할 수 있는 칼로리 양에는 결국 상한선이 있게 마련이기 때문이다.

수확량의 한계?

혹시 식물로부터 얻어낼 수 있는 최대 생산성의 한계에 접근하고 있는 것은 아닐까? 레스터 브라운은 도표 52를 통해 세계에서 가장 많은 곡식을 생산하는 나라 중 일부—쌀의 경우는 일본, 밀의 경우는 미국이다—의 수확량 변화를 제시하면서 바로 이런 주장을 펼치고 있다. 이번에도 역시 별다른 의심을 품지 않는 순진한 독자라면 수확량이 점차 증가하고 있다는 것만을 알아챌 것이다. 그러나 브라운은 1983년에 미국의 밀 수확량이 얼마였는지(도표에 표시되어 있음) 생각해보라고 요구한다. 그 당시 미국은 경작지 1헥타르당 2.65톤의 밀을 생산했지만 "그때 이후로는 더

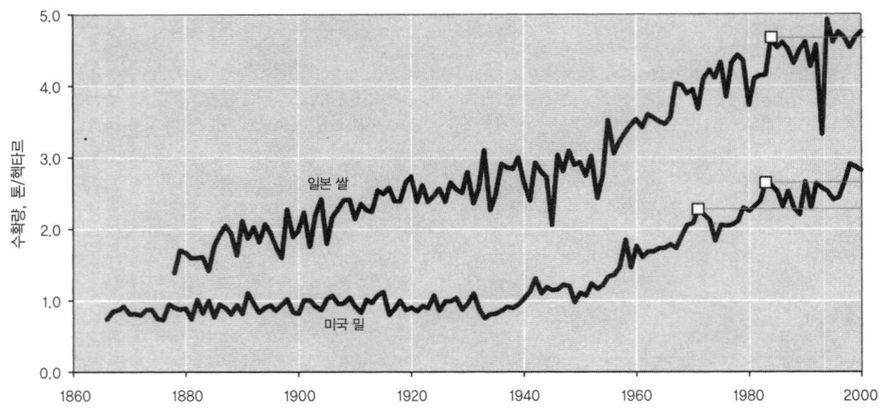

도표 52 미국 밀과 일본 쌀의 단위 면적당 수확량. 1998~2000년의 수확량이 포함된 월드워치연구소의 도표 5-2(WI 1998:82)와 동일. 월드워치연구소가 지적한 최대 생산년(1971년과 1983년의 밀, 1984년의 쌀)이 표시되어 있다. 출전: WI 1998b, USDA 2001a, FAO 2001a.

이상 증가하지 않았다"[637]는 것이다. 브라운은 또한 1984년에 일본의 1헥타르당 쌀 생산량이 4.7톤이었음을 지적하면서 "그때 이후로 생산량이 계속 그 수준에서 유지되고 있다"[638]고 말한다. 이 두 나라의 농부들은 거의 같은 시기에 생산성 증가의 한계 '장벽에 부딪힌' 것 같다는 것이다. 농업 분야에서 가장 앞서 나가는 이 두 나라가 이처럼 생산성의 정체를 보이게 된 것은 일시적 현상인가? 아니면 혹시 농부들이 수확량을 증대시켜 최대 이윤을 남길 수 있는 방법이 다 떨어졌기 때문에 다른 나라들 역시 앞으로 이 두 나라처럼 생산성 정체를 경험하게 될 것이라는 조짐인가?[639]

레스터 브라운은 후자의 질문에 동의하는 답변을 내놓는다. 이제 우리는 "생물학적 현실을 직시해야 한다"[640]는 것이다. 그는 "앞으로 더 많은 나라들이 곧 그런 '장벽에 부딪힐' 것"이며, "결국은 곡물 수확량의 증가세가 모든 곳에서 정체 상태에 이를" 가능성이 아주 커 보인다[641]고 주장한다. 또한 그는 곡물 가격의 상승으로[642] "세계가 결핍의 시대로 접어들고 있다"[643]고 말한다. 그는 이런 상황으로 인해 "제3세계 도시에서 사상 유례없는 정치적 불안"이 발생해서 경제 발전에 악영향을 미치고, 전체 금융 시스템이 위험에 처하게 될 것이라고 말한다.[644] 브라운은 유엔과 세계은행이 자신의 예측에 강력히 반대한다는 것을 잘 알고 있으면서도, 1995년 〈교토 뉴스(Kyoto News)〉에 게재된 일본인들의 연구 결과가 자신의 주장을 뒷받침하고 있다고 애써 위안을 찾고 있다.[645]

그러나 브라운이 아주 신중하게 특정 시점의 자료를 골랐다는 점에 주의하자. 만약 누군가가 미국 밀 수확량을 조사하는 시점으로 정확하게 1983년을 선택했다면, 그 이후 밀의 생산성 증가가 이루어지지 않았다는 주장이 설득력을 가질 것이다. 마찬가지로 일본의 경우에도 쌀 생산이 정체 상태에 이르렀다는 주장을 실증하려면 1984년을 조사 시점으로 반드시 선택해야 한다. 하지만 만약 브라운이 일관성을 유지하기 위해 일본의 경우에도 미국의 경우와 마찬가지로 1983년을 선택했다면 쌀 생산량의 급격한 증가를 보게 되었을 것이다. 하지만 얄궂게도 도표 52에서 분명히 알 수 있듯이 월드워치의 주장이 나온 바로 그 해(1998)에 미국의 밀 수확량은 '장벽'을 넘어서 1983년에 비해 거의 10%나 증가했다.

레스터 브라운은 사실 이전에도 이런 식의 주장을 한 적이 있다. 1981년에 그는 이제 미국의 밀 생산량이 한계에 이르렀다고 주장했다. 그가 지적했듯이 미국의 밀 수확량은 1972~1977년 사이에 6%나 감소했다.[646] 그리고 1971~1972년의 수확량이 그때까지 최대치에 도달한 것도 사실이다(도표 52). 그런데 이번에도 역시 브라운이 그런 주장을 했던 바로 그 해에 밀 수확량은 그 전의 장벽을 넘어섰으며, 그 이후 한 해를 제외하고는 매년 최대치를 경신했다.

미국은 전세계 밀 생산의 11%를 차지하고 있다. 유럽연합은 약 15%를 생산하는데, 도표 53에는 이 두 지역의 밀 수확량 변화 추세가 모두 표시되어 있다. 이 도표에는 유럽연합의 1헥타르당 밀 생산량이 미국의 2배 이상이라는 사실이 분명히 나타나 있다. 그 가장 큰 이유는 유럽연합 농

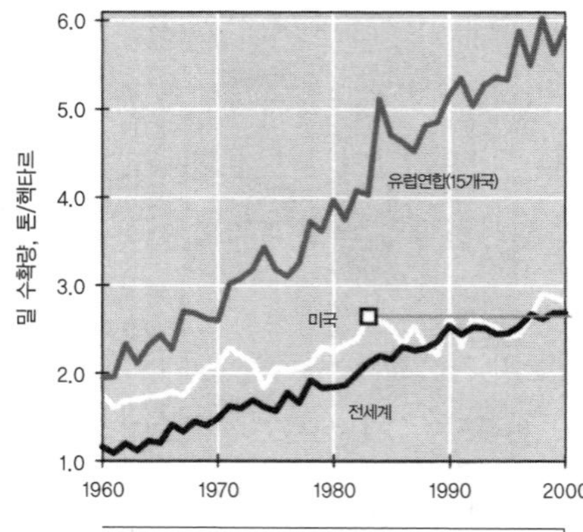

도표 53 미국, 유럽연합, 전세계 밀의 단위 면적당 수확량, 1960~2000년. 출전: USDA 1998, 2001a.

부의 경작지 면적이 미국 농부에 비해 매우 적어 훨씬 더 집약적인 농사를 짓기 때문이다. 그러나 도표 53에서 알 수 있는 가장 중요한 사실은 유럽연합이 레스터 브라운이 강조하는 '장벽'을 아직 경험하지 못했다는 점이다. 유럽연합의 1헥타르당 수확량은 계속 증가하고 있다. 이는 밀과 관련해서는 브라운의 주장이 그대로 적용될 수 없다는 것을 의미한다. 도표 53에서 찾아볼 수 있는 두 번째 중요한 의미는—어쩌면 레스터 브라운에게는 더욱 치명적이겠지만—심지어 미국조차 일단 장벽에 도달하기는 했지만 1998~1999년에 그 장벽을 넘어섰고, 전세계적으로도 역시 1997년과 1999년에 장벽을 초월했다는 점이다. 유럽연합에서도, 미국에서도, 전세계적으로도 작물의 생산성 증가에 장벽이 있다는 브라운의 가설이 입증되지 않는 것이다.

레스터 브라운이 제시한 다른 사례, 즉 일본의 쌀 수확량에서도 마찬가지의 패턴을 발견할 수 있다(도표 54). 일본은 아주 좁은 농지에서 매우 집약적으로 쌀을 재배하고 있으며, 일본보다 높은 수확량을 기록하는 나라는 많지 않다.[647] 또한 일본은 농부들에게 많은 보조금을 지급하는데, 미국 농무부에 따르면 이는 수확량을 늘려봤자 되돌아오는 경제적 이익이 거의 없다는 것을 의미한다. 따라서 농부들은 오히려 일을 줄이려고 애쓰고 있다.[648] 실제로 일본에서는 점점 더 많은 농부들이 시간을 절약하기 위해 헬리콥터를 사용해 모내기를 하고 있다![649] 말할 필요도 없이 동기 부여 시스템이 수확량 증가를 부추길 것으로 기대하기는 어렵다.

그렇지만 미국이나 신흥 공업국(NICs., 예를 들면 한국)처럼 집약적으로 쌀을 생산하는 나라에서는 수확량의 증가가 꾸준히 이루어졌다. 브라운이 일본의 쌀 수확량 통계에서 발견한 '장벽'은 일부러 잘못된 사례를 선택한 때문인 것 같다. 전세계 작물 생산량 통계도 브라운의 관점을 무색하게 하는데, 그 도표 역시 꾸준한 증가세를 나타내기 때문이다.

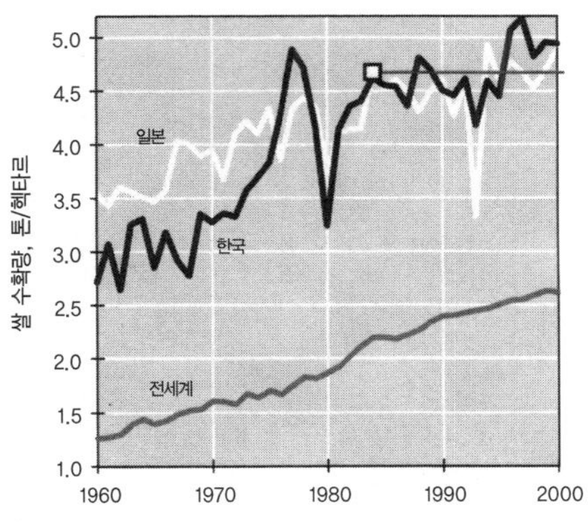

도표 54 일본, 한국, 전세계 쌀의 단위 면적당 수확량. 1960~2000년. 출전:USDA 1998, 2001a.

생물 자원

1986년 에를리히가 이끄는 일단의 연구팀이 지구의 1차 순생산(NPP, Net Primary Production) 중에서 인간이 소비하는 분량이 얼마나 되는지 조사한 적이 있다.[650] 간단히 말해서, 태양에너지만이 광합성을 통해 지구의 식물 성장에 실제로 기여한다. 따라서 연구팀은 생물 자원, 즉 '녹색 식물'의 성장분 중에서 인류가 얼마나 많은 부분을 이용하고 있는지 밝혀보려 했던 것이다.

그 결과 사람들은 육상에서 생산되는 전체 생물 자원 중에서 3.9%를 직접, 혹은 동물을 통해 간접적으로 사용하고 있음이 밝혀졌다. 이 수치가 무시무시하게 들릴 정도로 큰 값은 결코 아니다.[651] 또한 연구팀은 인간이 먹는 양뿐만 아니라 생산 과정에서 낭비하는 식물의 양(예를 들어 볏짚), 우리의 생활 방식 때문에 배제되는 식물의 양(주차장 · 주택 · 도로 · 쇼핑 센터 등을 지어버렸기 때문에 더 이상 자랄 수 없는 생물 자원의 양), 농작물의 의도적 재배로 인한 생물 자원 감소분(자연적으로 자라는 다년생 식물 대신 매년 추수하는 식물을 심기 때문에 발생하는 손실), 목장이나 초지로 전환하지 않았다면 삼림에서 추가로 생산할 수 있었을 생물 자원의 양, 그리고 사막화로 인한 생물 자원 성장의 감소분 등에 대해서도 조사했다.

자주 인용되는 이 연구 결과는 사람들이 지상에서 자라는 순수 생물 자원의 38.9%를 소비하거나 가둬두거나 없애버리고 있다는 것이다. 하지만 이 수치가 우리의 호기심을 자극할지는 몰라도 그렇게 특별히 중요한 의미를 지니는 것 같지는 않다.

그러나 이 연구 결과를 일반화해서 해석하기도 하는데, 이런 해석은 매우 불길하게 들리지만 사실 전적으로 틀린 견해라고 할 수 있다. 일부 저명한 덴마크 과학자들은 그것을 이런 식으로 표현했다. "오늘날 인간 활동은 육상에서 생산하는 모든 광합성 생성물의 40%를 착복하고 있다. 인구가 2배로 늘어나면 그 착복하는 양도 80%로 증가함을 의미한다. 100% 착복이라는 것은 생태적으로는 물론 사회적으로도 불가능하다."[652]

원래의 연구 팀은 이런 잘못된 주장을 제기하게 될까봐 조심했지만, 에를리히는 그 후 그들만큼 신중을 기하지 않았다. "NPP 중에서 인간이 차지하는 몫이 거의 40%에 이른다. …… 대부분의 인구통계학자들은 호모 사피엔스가 다음 한 세기 동안에 인구를 2배로 불릴 것이라고 전망한다. 이는 우리 인간이 틀림없이 지구 NPP의 80% 이상을 제멋대로 좌지우지하게 될 것임을 의미하는데, 오늘날의 인간 활동에서 이미 치명적인 결과를 목도하고 있는 생태학자들이 보기에는 전혀 상상이 되지 않는 일이다. 인구가 2배로 늘어나도 괜찮을 것이라고 생각하는 낙관주의자들 역시 기본적으로 필요한 식량을 어디서 확보할 것인지 곰곰이 생각할 필요가 있다."[653] 유명한 환경경제학자인 허먼 댈리(Herman Daly)도 똑같은 논리적 실수를 저지르고 있으며, 수많은 다른 환경주의 저술가들 역시 그의 실수를 반복하고 있다.[654]

"인구가 2배로 늘면 40%가 80%로 늘어난다"는 주장은 당연히 그럴 듯하게 들린다. 그러나 이 주장은 전적으로 틀린 것이다.[655] 이런 주장을 하는 사람들은 관련 자료를 읽거나 제대로 이해하지도 못하면서 40%라는 수치를 그저 단순하게 해석한 듯하다.

앞에서 살펴보았듯이, 유엔은 세계 인구가 현재 수준의 약 2배에서 안정될 것으로 전망하고 있다. 이 말은 물론 우리가 적어도 2배의 식량을 생산해야 한다는 것을 의미한다. 하지만 그렇다고 해서 경작지가 반드시 2배나 더 필요한 것은 아니다. 생산량을 가장 많이 증가시키는 요인은 바로 수확량의 증가일 테니까 말이다.

국제식량정책연구소는 1993년부터 2020년까지 생산량이 41% 증가할 것으로 예측하고 있지만, 이 동안의 경작지 증가는 겨우 5.5%에 불과할 것으로 추산한다.[656] 또한 생산량을 이만큼 증가시키기 위해 생물 자원이 추가로 필요하지는 않을 것이다. 품종 개량을 통해 볏짚으로 가는 에너지를 낟알로 더 많이 보내고 관개 시설 개선과 비료 사용 증대를 통해 작물의 생장을 촉진시킬 것이기 때문이다.[657]

현재 농업은 육상에서 얻는 잠재적 광합성 생성물 중에서 겨우 10%를 사용하고 있을 뿐이다. 농업 생산량을 2배로 늘린다는 것은 이 비율이 최고 12%까지 올라간다는 것을 의미한다.[658] 40%라는 수치에서 큰 부분을 차지하는 다른 요인들로는 목초지(6.5%), 토지 개간(5.8%), 삼림으로 유지되는 대신 농업 생산을 위해 손실되는 생물 자원(7.0%) 등이다.[659] 그런데 이 요인들은 모두 인구변화의 영향을 덜 받는다.

따라서 어떤 식으로든 우리가 착취하는 자연 생산물의 비율은 80% 근처에도 가지 않을 것이며, 설령 인구가 2배로 증가한다고 해도 그 수치는 50% 내외가 될 것이다. 장기적인 관점에서 보면 부가 더 늘어날 것이므로 그 수치가 더욱 낮아질지도 모른다. 대부분의 나라들이 현재의 OECD 국가들처럼 다시 나무를 심어서 삼림을 조성하고 초원을 만들고, 경제성이 떨어진 농경지를 단계적으로 줄여나갈 것이기 때문이다.[660]

그러나 레스터 브라운은 자신이 제시한 수확량의 장벽 논리 역시 이론적인 토대를 갖고 있다고 주장한다. 그는 우리가 농작물 수확량 증가의 생물학적 · 생리학적 한계에 빠르게 접근하고 있다고 말한다. "일단 수확량이 한계선 가까이 도달하면 선택의 여지는 별로 없다"는 것이 그의 주장이다. 그는 조만간 "모든 나라에서 모든 곡물에 대해 농부들이 수확량 증가 추세를 계속 유지할 수 없는 시점이 올 것"[661]이라고 말한다. 그러나 우리는 아직 그런 이론적인 '장벽'에 도달하지 않았다. 노먼 볼로그와 함께 녹색혁명을 처음 주도했던 국제 옥수수 및 밀 증산센터(CIMMYT)는 최근의 연구 결과 발표에서, 앞으로도 안정적인 증가 추세를 유지하는 것이 가능하다고 자신한다. "우리는 최근 곡물 수확량의 증가 속도가 낮아지는 것에서 불길한 재앙을 예감하는 '비관적인' 멜서스적 분석가들의 생각이 틀렸다고 믿는다."[662] 최근의 생산량 증가 속도의 감소는 십중팔구 곡물의 실질 가격 하락 때문에 발생했을 가능성이 크다.[663]

실제로 밀의 최고 생산량 증가 속도는 감소 경향을 전혀 보이지 않았으며 지난 30년 동안 매년 약 1%의 증가 추세를 꾸준히 유지했다. 그리고 앞으로도 수확량이 늘어날 가능성은 많다.[664] 옥수수의 경우에는 생산성 증가가 언제라도 가능할 수 있을 것으로 보인다. 레스터 브라운도 "옥수수 수확량은 아직 정체 상태에 이르지 않은 것 같다"[665]고 시인한 바 있다. 마지막으로, 쌀에 대한 전망은 대단히 낙관적이다. 중기적으로 본다면 앞으로 20%의 생산성 증가가 이미 확실시되고 있으며, 연구자들은 장기적으로 생산량의 50% 증가를 전망하고 있다.[666]

이와 동시에 새로운 곡물 품종들은 해충에 대한 저항력이 더 증진되었으며 알곡의 품질도 좋아진 반면, 생육 기간과 물, 영양분의 필요량은 줄어들었다.[667] 여기에 부가해서, 앞으로 영농 관리 기법을 개선하고 영농 지식을 보급하는 것은 물론 농약과 화학 비료의 사용량을 더 늘리면 대규모의 생산성 증가도 가능하다.[668]

물론, 이런 농작물의 생산성 증가가 실질적으로 나타나기 위해서는 기업과 정부가 나서서 연구에 대한 투자를 늘려야 한다. 그런데 곡물 가격이 계속 낮아질 것이라는 전망 때문에 연구 개발에서 얻는 기대 이익 역시 그리 높지 않으므로 수확량 증가를 조기에 달성할 수 있는 유일한 방안은 공적인 연구 자금 지원을 지속적으로 이행하는 것뿐이다. 하지만 이것은 정책 결정의 우선순위를 어떻게 조정하는가 하는 문제이지, 결코 식량 생산의 한계에 근접하고 있는지의 여부에 대한 문제가 아니다. 식량 작물의 최고 수확량 달성에는 레스터 브라운이 상정하는 그런 '장벽'이 존재하지 않는 듯하다.

일반 농부들의 현황

이와 동시에 레스터 브라운은 일반 농부들의 현황은 논의조차 하지 않았는데, 사실 이 점이 잠재적으로 더 심각한 문제가 될 수 있다. 현재 개도국의 대다수 영세 농민들이 생산하는 수확량은 그 지역에서 최고의 생산량을 기록하는 사람들보다 훨씬 적다. 대부분의 영세 농민들은 최고 수확량의 절반 이하를 기록하고 있는 것으로 추산된다.[669] 인도 안드라 프라데시(Andhra Pradesh)의 농학 연구 단지에서는 그 지방의 전통적인 농민들이 수확하는 양보다 5~10배나 많은 양을 일상적으로 수확한다.[670] 따라서 개선의 여지는 아직 얼마든지 있다. 예를 들어, 고대 중동의 곡창 지대였던 시리아는 1991년에 다시 밀을 자급 자족하게 되었다. 수확량이 높은 품종의 선택, 관개 시설의 개선, 비료 사용의 증대, 교육 증진 등에 힘입은 결과 이곳의 생산량은 1950년 이후 4배나 증가했다.

식량농업기구는 개도국의 수확량 증가 가능성을 특별히 조사한 바 있다. "개도국들을 하나로 묶어서 간주할 때, (모든 농산물에 대한) 인구 1인당 농업 생산량의 증가 속도는 최근 8년 동안 그 앞선 해들과 비교해서 결코 낮아지지 않았다."[671] 이런 지적은 비교적 농업에 덜 의존적인 다른 나라의 경우에도 마찬가지다. 특히 농업 의존도가 가장 높은 개도국에서는 수확량의 증가 속도가 최근 약간씩 빨라지는 것으로 드러났다. 따라서 식량농업기구는 "이런 증거들로 볼 때 최근의 변화가 나쁜 쪽으로의 전환을 의미한다는 입장은 받아들이기 어렵다"[672]고 지적했는데, 이 발언은 레스터 브라운을 겨냥한 것임이 분명하다.

다시 말해, 작물의 수확량, 특히 제3세계의 수확량이 앞으로도 계속 증가할 것이며 따라서 농업 생산량 역시 계속 증대될 것이라고 믿을 만한 충분한 근거가 있다.

높은 성장률이 여전히 필요한가

수확량이 많은 신품종 개발이 어떤 '장벽'에 부딪힐까 지레 걱정할 필요는 없다. 특히 개발도상국에서는 식량 생산이 계속 증가하리라고 추정할 만한 충분한 근거가 있다. 그렇지만 식량 생산의 증가 추세가 둔화된 것은 사실이다. 매년 인구 1인당 식량 생산량은 늘고 있지만, 수확량과 전체 생산량 모두에서 매년 증가폭이 줄어들고 있다.

그렇지만 이것이 문제는 아니다. 쌀 수확량의 증가율이 2.1%에서 1.5%로 떨어졌다는 사실이 곤란한 문제처럼 보일 수는 있다. 그러나 같은 기간 동안 인구 성장률 역시 1970년대 초 2% 이상에서 오늘날은 1.26% 이하로 떨어졌으며, 앞으로도 계속 감소해 50년 안에 0.5% 이하가 될 것이다. 사실 예전에는 농업 생산량 증가의 대부분이 인구 증가의 압력에 의해 촉진되었다. 반면에 소득 증가가 농산물 수요에 미치는 영향은 훨씬 줄어들 것이다.[673] 따라서 오늘날 농업 생산량의 증가율이 낮아졌어도 각 개인에게 돌아가는 식량의 양은 증가폭이 상당히 컸던 1970년대보다 더 많아졌다.

또한 전세계적으로 식량을 충분히 구할 수 있는 사람들의 비율도 크게 늘어났다. 그리고 굶주리는 인구의 비율은 35%에서 18%로 떨어졌다. 1961년에 개도국 주민들은 평균 1,932칼로리를 섭취한 반면, 1998년에는 2,663칼로리를 섭취할 수 있었다. 38%가 증가한 것이다. 1960년대와 1970년대에는 인구 성장과 보조를 맞추기 위해서뿐만 아니라 각각의 사람들이 더 많은 식량을 가질 수 있도록 하기 위해서도 대대적인 생산량 증가가 필요했다. 오늘날에는 인구 증가폭이 줄어들었고 또 더 많은 식량이 필요한 사람의 수도 감소했기 때문에 식량 생산의 증가율이 낮아져도 그리 문제가 되지 않는다. 따라서 식량농업기구는 세계적인 식량 수요가 지난 30년 동안 2% 이상의 증가율을 보였지만, 앞으로 30년 동안은 매년 1.5% 정도씩 증가할 것으로 전망하고 있다.[674]

간략히 요약하자면, 식량농업기구는 농업 생산량의 증가율이 낮아지는 것에 걱정할 필요가 전혀 없다고 말한다. 기본적으로 현재의 상황은 "세계의 인구 증가 및 경제 발전 추세에 비추어볼 때 다소 긍정적인 변화들을 반영하고 있다." 세계 인구의 증가 속도가 계속 감소하고 있으며, 더 이상 먹을 수 없을 만큼 식량을 소비하는 단계에 도달한 나라도 점점 더 많아지고 있다.[675]

사정이 그렇더라도 여전히 굶주리는 사람들이 존재하는 상황에서 농업 생산량 증가 속도가 감소한다는 점에는 도덕적인 문제가 따를 수 있다. 그러나 이런 문제는 농업 생산량의 근본적인 문제 때문이 아니라 사람들에게 식량 구입에 필요한 돈이 없다는 사실에서 기인한다. 식량농업기구의 말을 빌려보자. "영양 결핍이 끈질기게 존재하는 중요한 이유는 빈곤을 감소시키지 못한 때문이라는 것이 지금은 널리 인정되고 있다."[676]

따라서 이미 앞 장에서 논의한 바 있듯이, 세계 최빈국의 굶주리는 사람들을 위해서는 그들이 인간다운 삶을 누릴 수 있을 만큼 커다란 경제 성장을 이루어야 한다.

식량 이월분이 떨어지고 있다

월드워치연구소는 다음 해로 이월되는 전세계 곡물 보유량에 대해서도 우려를 제기했다. 곡물 보유량(grain stocks)이란 새로 곡물을 수확하기 직전까지 남아 있는 곡물의 양을 말한다. 사람들은 "여러 측면에서 이월되는 곡물 보유량이 식량 안정성에 관한 가장 민감한 지표"라고 주장한다.[677] 도표 55에서 볼 수 있듯이 2000년도의 곡물 보유량은 약 62일분으로 식량농업기구가 권장하는 64일분을 조금 밑돌았다.[678]

그러나 이 도표가 우선적으로 선전용 자료라는 것을 보여주는 여러 가지 이유들이 존재한다. 첫째, 곡물 보유량은 특히 미국과 유럽연합에서 감소했는데, 이는 대량의 잉여 곡물을 보유할 경제적 동기 유발 요인들이 사라졌기 때문이다.[679] 두 번째 이유는 이보다 더 중요한데, 곡물 보유량이 다른 모든 상품들과 마찬가지로 재고를 줄이려는 일반적인 경향을 따라가고 있다는 것이다. 즉, 국제 무역의 여건이 예전보다 훨씬 유연해져서 지나치게 많은 재고를 확보할 필요성이 적어진 것이다. 오늘날에는 좋은 사회 기반 시설, 더 잘 짜여진 무역 거래 시스템, 풍부한 정보 등으로 인해 어디든 필요한 곳에 더 쉽게 식량을 보낼 수 있다. 세계가 점차 통합되고 있으므로 이제는 각국 정부가 식량 안보를 위해 대규모의 곡물을 저장해둘 필요가 없게 되었다. 오늘날에는 모든 사람들이 총체적으로 식량 안정성을 서로 보장해주고 있으며 이 방법이 훨씬 더 효율적이다.[680]

미국 농무부의 연구 결과들은 곡물 공급이 그 동안 더 안정되었고, 그 덕분에 특히 개발도상국에서는 어느 한 해의 수확량이 줄어도 소비자들이 예전만큼 식량 불안을 겪지 않게 되었음을 잘 보여준다.[681] 이처럼 식량 안정성이 증진될 수 있었던 것은 국제 무역이 훨씬 더 활발해졌을 뿐만 아니라 이른바 사료 곡물이라는 완충 장치가 있기 때문이다. 수확량이 준다는 것은 인간이 먹을 곡물이 더 귀해진다는 것을 의미한다. 그러나 이에 상응해서 세계 시장에서 곡물 가격이 상승하면 가축들을 위한 곡물이 식량 시장에 반입되면서 품귀 현상을 부분적으로 상쇄하게 된다. 1972~1974년에 곡물 공급이 줄어들면서 가격이 급상승했을 때, 미국에서 식량으로 전환된 사료용 곡물의 양은 전세계 농산물 부족분과 맞먹었다.[682]

이제 식량 안정성은 저장된 곡물이 며칠분인가 하는 것에 특별히 좌우되지 않는다.[683] 그보다는 원활한 국제 무역을 통해서 공급이 더 안정적으로 유지되고, 다른 한편으로는 곡물 보유량을—그리고 비용도—최소화하는 것이 훨씬 더 의미를 갖는다. 사실 현재 곡물 보유량이 벌써 3년째 계속해서 감소할 것으로 전망되고 있지만, 미국 농무부는 수출업자들이 변함없는 가격으로 수요를 만족시킬 수 있다고 보고 있다. 사실 더 심각한 문제는 현재 곡물 보유량이 너무 많아 저장 시설이 부족하다는 것이다.[684]

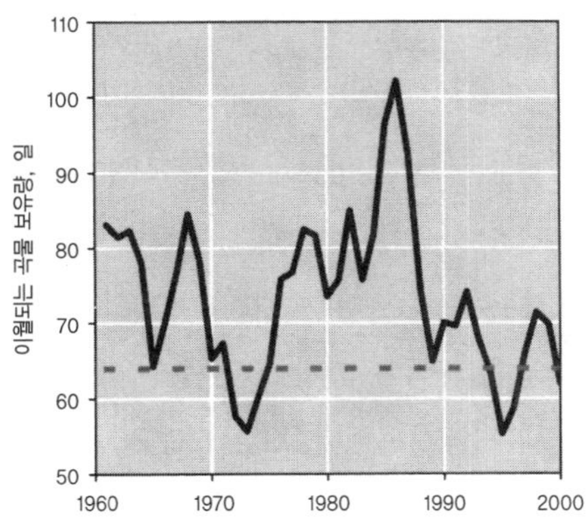

도표 55 이월되는 곡물 보유량. 1961~2000년. 다음 추수 직전까지 사용 가능한 날 수가 표시되어 있다. 점선은 FAO의 권장량인 64일분을 의미한다. 출전:USDA 1998, 2001a.

또한 식량 안정성은 위기의 순간에 굶주림을 면하게 하는 그런 단순한 안정성만을 의미하지는 않는다. 도표 55는 이 같은 의미를 암시하는 것으로 자주 받아들여진다. 식량 안정성에는 일상생활의 안정성, 즉 매일 안정적으로 식량을 구할 수 있어야 한다는 의미도 포함되어 있다.[685] 그런데 식량 가격이 놀랄 정도로 크게 떨어지면서 예전보다 훨씬 더 많은 가정들이 충분한 식량을 구할 수 있게 되었고, 그 결과 자신들이 가진 한정된 자원을 삶의 질을 개선하기 위한 중요한 목적에 더 많이 쓸 수 있게 되었다.

국제화의 진행으로 식량 생산 기지는 지상에서 가장 비옥한 곳으로 점차 옮겨지고 있다. 그 덕분에 우리는 더 저렴한 가격으로 식량을 얻을 수 있고 더 높은 경제 성장을 이룩할 수 있었다. 또 각 가정에서는 선택의 기회가 한결 늘어났다.[686]

중국의 장래

레스터 브라운은 1995년에 《누가 중국을 먹여살릴 것인가(Who Will Feed China:A Wake-up Call for a Small Planet)》라는 책을 발간하면서 중국이 식량 안정성을 위협할 가능성에 집중적으로 초점을 맞췄다. 그의 첫 번째 지적은, 중국은 세계 인구의 20%를 거느린 세계 최대 국가라는 것이다. 둘째, 중국은 지난 20년 동안 거의 10%에 육박하는, 놀라운 연간 경제 성장률을 기록했다.[687] 브라운의 주장은 2030년에 이르러 중국의 인구가 5억 명 더 증가하는 것과 동시에 급속한 경제 발전을 이룩하게 되면, 식량 수요가 극적으로 증가할 가능성이 있다는 것이다.

특히 중요한 것은 육류 수요의 급증이다. 오늘날 중국인들은 고기를 아주 조금밖에 소비하지 않지만, 역사적으로 살펴볼 때 소득의 증가는 고기와 낙농 제품의 소비 증가를 초래한다. 쇠고기 1킬로그램을 생산하는 데 필요한 곡물량이 16킬로그램이나 된다는 점에서 고기는 매우 '비싼' 상품이다. 게다가 소가 먹는 먹이의 대부분은 우리가 먹을 수 없는 다른 부위를 키우고 소의 활동을 유지하는 데 소비된다.[688] 만약 필요한 모든 고기를 초원의 가축에서 생산할 수 있다면 물론 전혀 문제가 되지 않을 것이다. 그러나 중국에는 가축을 기를 만한 농지가 충분하지 않다. 레스터 브라운은 중국의 1인당 연간 고기 소비량이 오늘날의 약 35킬로그램 수준(현재 40킬로그램인 일본의 소비량과 비슷하다)에서 계속 증가해 결국 대만과 같은 75킬로그램까지 늘어날 것이라고 추정한다. 브라운의 주장에 따르면, 전체적으로 보았을 때 이것은 곡물 수요가 거의 3억 톤, 즉 현재 전세계 곡물 생산량의 약 15%에 해당하는 양만큼 늘어날 것임을 의미한다. 중국의 곡물 생산량이 이 수요를 감당할 수 있을까? 레스터 브라운은 전혀 가능하지 않다고 생각한다. "머지않아 중국은 곡물을 대량으로 수입하는 나라가 될 것이다. 그 수입량이 너무 많아서 중국이 세계 식량 가격을 사상 유례가 없을 만큼 뛰게 할 수도 있다."[689] 사실 그는 이렇게 생각하고 있다. "중국은 충분한 자원이 없다는 단순한 이유 때문에 서구식 산업 발전 모델이 계속 유지될 수 없다는 사실을 보여주고 있다."[690]

브라운은 도로와 건물, 기타 다른 목적을 위해 농지가 전용될 것이기 때문에 농경지의 총 면적은 약 50% 감소할 것이라고 지적한다. 이런 변화 패턴은 이미 일본, 한국, 대만에서 나타난 바 있다. 더욱이 브라운은 중국이 이미 높은 수확량을 기록하고 있으므로, 이제 더 이상 극적인 개선을 기대할 수 없다고 말한다. 중국에서는 이미 화학 비료를 충분히 사용하고 있으므로 앞으로 비료 사용량을 훨씬 더 늘리더라도 수확량이 크게 늘어날 가능성은 거의 없다는 것이다. 게다가 여러 보고서들은 물과 바람에 의한 표토 침식이 심각해 생산성 증가 가능성이 더욱 낮아질 것으로 전망한다. 또한 중국은 대기 오염이 심각한 상태여서 이 때문에 수확량이 5~10% 줄어들 것으로 추정된다. 마지막으로, 브라운은 중국이 앞으로 수입할 엄청난 양의 곡물을 세계 시장이 도저히 감당할 수 없을 것이라고 지적한다. 결론적으로, 중국 때문에 곡물 가격은 크게 상승할 것이며 세계 경제는 위기를 맞게 된다는 것이다. "역사상 처음으로 점증하는 인간의 식량 수요와 지구의 자연적인 공급 한계선 사이에서 환경론적인 충돌이 발생하여 전세계 경제에 영향을 미치게 될 것이다."[691]

그러나 브라운의 가정 중 많은 부분이 정말이지 매우 빈약한 것으로 판명되었다. 브라운은 2030년의 중국 인구를 지나치게 부풀려서 예상했다. 그는 인구가 16억 명을 넘어설 것으로 가정하지만, 유엔의 추정치는 14억 6,200만 명에 불과하다. 또한 미국 인구통계국은 14억 8,300만 명에 이를 것으로 추정한다.[692]

식량농업기구에서 2010년도 세계 식량 예측을 담당해온 알렉산드라토스와 미국 농무부의 크룩은 여러 이슈에서 브라운의 주장들을 정정했다.[693] 그들은 브라운이 경작지 면적을 추정하기 위해 사용한 수치가 심각하게 축소되었다고 지적한다. 농민들이 토지세를 적게 내기 위해 신고를 기피하기 때문인데, 브라운은 이 사실을 알면서도 묘하게 무시해버렸다.[694] 여러 보고서와 미국 농무부는 경작지의 실제 면적이 그보다 40%나 더 넓다고 지적해왔고, 마침내 중국도 1999년 말에 이 수치를 인정했다.[695]

브라운을 비판하는 이 두 사람은 브라운이 경작지가 급격히 감소할 것이라는 자신의 주장에 적절한 근거를 제시하지 못하고 있다는 사실을 발견했다. 사실 브라운은 앞으로 35년 동안의 경작지 면적 변화를 추정하는 데 1990년부터 1994년까지 단지 4년간의 변화 추세만을 활용했을 뿐이다. 수확량 감소에 대한 브라운의 주장들을 다시 검토해보면, 그가 그 기간을 선택한 것은 자신의 주장과 너무나 잘 맞아떨어지기 때문이었다. 1994년은 전체적으로 수확량이 낮은 시점이었고, 1990년은 수확량이 거의 절정에 이른 해였다.[696] 한 농업 전문가가 지적했듯이, 일본 · 한국 · 대만의 토지 이용 경험을 중국과 비교한 브라운의 주장은 "심각한 오해를 불러일으킬 수 있는 뻔뻔스러운 논리라고 할 수밖에 없다."[697] 농업 분야의 한 권위자는 2000년도 중국의 농업 평가 결과를 요약하면서 이렇게 말했다. "도시화와 비농업 분야의 건설로 소실된 중국의 경작지 면적은 무시해도 좋을 만큼 그 비중이 낮았다."[698]

마지막으로, 브라운은 중국의 수확량이 이미 매우 높은 수준이어서 지금보다 크게 늘어날 수 없다고 가정한다. 그러나 보고된 경작지의 면적이 훨씬 축소되었기 때문에 실제로는 단위 면적당 수확량이 공식적인 추정치보다 훨씬 더 낮을 수 있다. 따라서 당연히 수확량 증대의 여지가 훨씬 더 많이 남아 있는 셈이다. 더욱이 브라운 자신도 중국의 수확량 증가가 앞으로 30년 동안 54%에 이를 것으로 가정하고 있다.

이 모든 것들이 의미하는 바는 중국의 곡물 수요 증가가 국제 식량 시장을 휘청거리게 할 것이라고 예측하는 사람은 오직 레스터 브라운 한 사람뿐이라는 점이다. 도표 56은 중국이 국제 시장에서 더 많은 곡물을 구매하리라는 점은 모든 연구 기관이 동의하지만, 월드워치연구소를 제외한 나머지 기관들은 그 수요를 훨씬 더 적게 예측하고 있음을 보여준다. 그 차이는 400~500%를 상회한다. 결과적으로 대부분의 농업경제학자들은 중국에 대한 브라운의 평가가 너무나 비관적이라는 데 동의하고 있다. 국제식량정책연구소는 다음과 같이 결론짓는다. "중국은 이미 세계 식량 시장에서 중요한 역할을 하고 있으며 앞으로도 그 중요성이 점점 더 커질 것이다. 그러나 그 때문에 중국이 세계 식량 시장에 중대한 위협이 되지는 않을 것이다."[699]

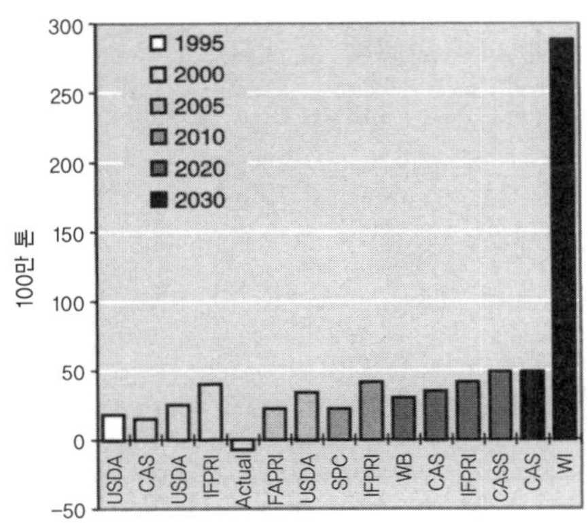

도표 56 여러 기관에서 추정한 중국의 미래 곡물 수입량과 1999/2000년의 실제 수요(ERS 2000:10). USDA=미국 농무부, CAS=중국 과학원, IFPRI=국제식량정책연구소, FAPRI=미국 식량농업정책연구소, SPC=중국 국가계획위원회, WB=세계은행, CASS=중국 사회과학원, WI=월드워치연구소. 출전:ERS 1996:1, World Bank 1997d, USDA 2000b.

중국에 대한 서로 다른 모델을 검토한 연구에서 연구자들은 두 가지 기본적인 모델이 있음을 발견했다. 하나는 가격과 기술의 발전을 무시하는 브라운식 모델(그리고 이와 매우 비슷한 모델)이고, 다른 하나는 정교함의 정도가 각각 다르기는 하지만 그보다 발전된 다면적 심층 모델이다. 그들은 결론에서 브라운의 모델과 그 자매 모델들은 "경제적 환경의 변화에 다른 모든 요소들이 제대로 반응하지 못할 때 벌어질 수 있는 사실상 최악의 상황에 대한 시나리오이다. 따라서 이런 연구 결과들을 특히 미래의 식량 수급 방향을 결정하는 정책의 개발과 평가에 함부로 사용해서는 안 된다"[700]고 말하고 있다. 반면에 다른 모델들은 "생산 · 수요 · 무역에 대해 놀랄 정도로 일관된 전망"을 내놓고 있으며, 2010~2020년 중국의 식량 수입량이 1,500만~2,500만 톤에 이를 것으로 예측했다.[701]

1997년 9월에 발간된 세계은행의 보고서도 이 견해를 지지하고 나섰다. 이 보고서는 다음과 같이 결론내렸다. "중국은 앞으로 20년 또는 30년 동안 계속 식량의 안정성을 확보할 수 있을 것이며, 국내 식량 생산은 대체적으로 인구 성장률과 보조를 맞출 것이다."[702] 2020년의 총 식량 수입량에 대한 추정치는 다른 연구 기관의 추정치와 거의 일치한다. 자급자족 전략이 추진되고 있으므로 반드시 수입해야 하는 식량은 3,000만 톤 정도가 되리라는 것이다.[703] 이것 역시 레스터 브라운의 추정치보다 한참 낮다. 국제응용시스템연구소(International Institute of Applied Systems)도 1999년 내놓은 중국에 대한 분석 결과에서 "그렇다, 중국은 스스로를 먹여살릴 수 있다!"고 결론지으면서 필요한 정책적 조치들을 지적했다.[704]

이제 우리는 브라운의 예측에 포함된 최초 5년의 결과를 평가할 수 있게 되었다. 경작지 면적이 브라운의 추정대로 매년 1.58%씩 줄어들었다면, 1990년부터 1999년 사이에 15% 이상 감소했어야 한다. 그런데 실제로는 오히려 면적이 약간 증가했다.[705] 브라운이 주장한 급격한 경작지 감소 현상은 현재까지 아예 흔적조차 발견되지 않고 있다.

마찬가지로 브라운은 수확량이 매년 1.09%씩 증가할 것이라고 했는데, 이 수치가 현실에서 그대로 확인된 것은 1990년에 작황이 아주 좋았고 2000년에는 크게 나빴기 때문이었다. 1990~1999년 사이의 평균 수확량 증가폭은 평균 1.56%로 브라운의 추정치보다 40% 이상 높았다.[706]

곡물 수입량에 대한 최신 자료들은 중국이 브라운의 추정을 배반했을 뿐만 아니라 가장 조심스러운 추정치보다도 더 낮은 수입량을 유지하고 있음을 보여준다. 미국 농무부의 표현대로 하면, 중국은 1999/2000년에 "창고가 곡물로 가득 차 있었으며," 곡물 보유량은 "기록적인 수준"을 나타냈다.[707] 중국은 420만 톤의 곡물을 수입하는 반면 1,140만 톤을 수출해서 순 수출량이 720만 톤에 이를 것으로 예상된다.[708] 이제 미국 농무

부는 2009/2010년 중국의 총 수입량이 266만 톤에 불과할 것으로 예상하고 있다.[709)]

전체적으로 판단할 때, 브라운은 1999년 중국의 곡물 생산량이 3억 1,500만 톤 수준으로 떨어질 것이라고 예측했다. 그러나 실제 생산량은 3억 9,510만 톤으로 국제식량정책연구소와 세계은행의 추정치 범위 안에 들었다. 브라운이 예상한 것보다 25%나 높은 수치였다.[710)]

과연 토양 침식은 우려할 만한 수준인가

여러 문헌에 등장하는 또 하나의 공통적인 걱정거리는 "환경 자원의 붕괴와 고갈, 예를 들면 농경지의 침식"[711)]에 대한 것이다. 이런 걱정은 비바람의 영향으로 땅이 침식되면 토양 속의 영양분들이 함께 소실되고, 또 그런 토양은 수분 저장 능력이 떨어지기 때문에 결과적으로 수확량이 감소한다는 사실에 바탕을 두고 있다. 1984년 레스터 브라운은 전세계적으로 연간 254억 톤의 표토를 잃어버리고 있다는 추정치를 내놓았다.[712)] 1995년 코넬 대학교의 피멘텔(앞에서 인류의 건강 문제를 검토하면서 만난 인물)은 매년 750억 톤의 표토가 소실되고 있다고 추정했다.[713)]

그러나 침식과 관련된 이런 수치에는 두 가지 심각한 문제가 있다. 첫째, 그 수치들은 지극히 소수의 불확실한 추정치를 바탕으로 한 것인데, 그 추정치들은 주로 미국에서 만들어졌다. 1974년 피멘텔은 미국이 1헥타르당 매년 30톤의 표토를 잃어버리고 있음을 발견했다. 그러나 지금 우리는 표토 손실량이 1헥타르당 12톤에 불과하다는 사실을 잘 알고 있다.[714)] 유럽 전체의 표토 손실량이 1헥타르당 17톤에 이른다는 피멘텔의 추정치는 벨기에의 경사진 농경지 0.11헥타르에서 진행된 단 한 건의 연구에서 유래했다는 것이 밝혀졌다. 그 이전의 논문에 인용된 수치를 약간씩 부정확하게 인용한 일련의 논문들을 통해 사실이 밝혀진 것이다. 처음 논문의 원저자는 자신의 연구 결과를 일반화하지 말아야 한다고 경고한 바 있다.[715] 750억톤이라는 수치는 마이어스가 발간한 '위기의 환경 지도집'에 제시된 것이다.[716] 국제식량정책연구소는 다음과 같이 결론내렸다. "초창기에 제시된 토양 소실의 높은 추정치들은 실증된 바 없다."[717] 중국과 인도네시아(이 두 나라는 전세계 토양 침식 면적의 15%를 차지한다)의 장기적인 측정 결과를 실제로 조사해본 몇몇 연구 중 하나에서도 그처럼 높은 추정치들을 뒷받침하는 증거를 거의 발견할 수 없었다.[718] 사실 이 연구는 표토층과 관련해 다음과 같이 결론짓고 있다. "1930년대에서 1980년대 사이에 중국과 인도네시아에서 표토층이 현저하게 얇아졌다고 말할 수 없다."[719]

이보다 더 중요한 의미를 지닌 두 번째 문제는 피멘텔이 침식과 관련된 가장 중요한 연구 두 건을 간과해버렸다는 점이다. 이 연구 중 하나는 유엔의 후원으로 이루어졌는데, 두 연구 모두 농업 생산이 땅에 미치는 영향이 엄청나게 과장되어 있다고 지적했다.

지난 200여 년 동안 자연적으로 만들어지는 표토층보다 침식으로 잃어버린 표토층이 더 많다는 데는 의심의 여지가 없다. 또 표토 손실의 절대치가 증가하고 있으며, 그 동안 농업 규모가 커졌다는 것이 그 일차적인 이유인 것도 사실이다.[720] 인류 역사에서 농업이 시작된 이후 지속적으로 토양 침식이 있었으며 고대의 작가들도 이미 이 현상을 걱정했다는 점 역시 의심의 여지가 없다.[721]

그러나 여기에서 정작 중요한 것은 당연히 침식이 농업 생산성에 어떤 영향을 미치는가 하는 점이다. 그런데 토양 침식과 수확량 사이에는 분명한 관련성이 존재하지 않는 것으로 드러났다. 유엔 산하의 식량농업기구는 그것을 이렇게 표현한다. "곡물 수확량이나 생산량"에 대한 침식의 영향은 "확실하게 입증되지 않았다. 그것을 입증하려는 시도가 많이 있었는데도 말이다. 침식과 생산성 감소와의 상관 관계는 이전에 생각했던 것보다 더 복잡하다."[722] 또한 식량농업기구는 소실되는 표토의 대부분이 단지 경사면 아래쪽의 계곡이나 평지에 퇴적되고 있을 뿐이며, 따라서 침식 지역의 수확량 감소는 다른 곳의 수확량 증가로 보충될 수 있다고 덧붙인다. 지금까지 판명된 바에 따르면, 침식된 표토가 아주 멀리까지 흘러가는 경우는 지극히 드물다. 미국의 피드먼트(Piedmont) 지역에서 지난 200년 동안 물에 의해 침식된 표토 중에서 멀리 하천에까지 운반된 양은 겨우 5%에 불과했다.[723] 중국을 대상으로 실시한 한 포괄적인 연구에서는 토양을 구성하는 온갖 성분들이 어떤 것은 증가하고 또 어떤 것은 사라져서 총체적으로는 "순수한 토양 손상이 전혀" 나타나지 않았다는 것을 보여주었다.[724]

범지구적으로 침식이 농업 생산성에 어떤 영향을 미치는지를 검토한 두 건의 중요한 연구는 서로 다른 조사 방법을 채택했다. 한 연구는 세계에서 가장 취약한 지역인 건조 지대의 토양 손실이 공간적으로 얼마나 퍼져 있는지, 그리고 그것이 생산성에 어떤 영향을 미치는지 추정하기 위해 식량농업기구의 통계 자료를 이용했다. 이 연구는 연간 농업 생산성 감소율을 0.3%로 추정했다.[725] 다른 한 연구는 유엔 산하의 환경 기구인 유엔환경계획이 공동 후원했는데, 전세계적으로 거의 200명에 달하는 토양 전문가들에게 각자 자기 지역에서 진행되고 있는 토양 손실의 공간적 범위와 정도에 대해 전문가적인 평가를 내려달라고 요청했다. 그리고 그 정보들을 종합해서 '세계토양손실지도(World Soil Degradation Map)'라는 대형 지도를 만들었다.[726] 이 지도에 의하면 모든 토지의 약 17%가 어느 정도의 토양 손상을 경험한 반면, 심각하게 토질이 악화된 경우는 전체의 0.07%에 불과했다.[727] 농경지의 경우에는 약 38%에 달하는 면적이 토양 손실의 영향을 받았는데, 그 중 20%는 약간 영향받은 반면 6%는 커다란 영향을 받았다.[728] 토양 침식으로 인해 제2차 세계대전 이후 45년 동안 농업 생산의 누적 손실은 모두 합해 5%에 달했다. 매년 약 0.1%의 손실이 있었던 셈이다.[729]

토양 침식의 문제는 작물 생산성 증가가 연간 1~2%에 달한다는 사실과 관련해 검토해야 한다. 이와 같은 생산성 증가는 다수확 품종의 개발 및 경작 방식의 개선, 관개 시설의 개량, 농약과 화학 비료의 사용 증가 등에서 기인한다. 생산성 증가에 비추어볼 때, 토양 침식이 농작물 생산에 미치는 영향은 사실상 너무 적어서 토양 침식에 맞서 싸우자고 하는 추가적인 노력의 필요성을 정당화하기 어려운 경우가 흔하다.

농부들은 심각한 침식으로부터 자신들의 경작지를 지키기 위해 매년 많은 자원을 사용하고 있다. 그 경작지에 그들의 생계가 달려 있기 때문이다. 농부들이 사용하는 방법은 매우 다양하다. 예를 들어, 양분의 고갈을 막기 위해 비료를 살포하고 수분과 표토를 잡아두기 위해 두렁을 만들고, 계단식 경작지 이용법과 대상(帶狀) 재배법(strip-farming, 띠 모양으로 각 작물을 심는 방법 – 옮긴이)을 활용하기도 한다.[730] 그런데 문제는 미처 내일을 생각할 여유가 없어 지금 토지를 지나치게 착취하는 가난한 농민들이다.[731] 그렇지만 오늘날에는 적절한 영농법을 통해 토양 표층의 구성 성분을 무한히 유지하는 것이 실제로 가능하다.[732] 더욱이 식량농업기구는 예전에 버려졌거나 토질이 심하게 악화된 경작지들을 별로 많지 않은 비용으로 복구한 사례들을 제시하고 있다. 다른 한편으로 국제식량정책연구소는 당장 땅을 회복시키는 대신 곡물 가격이 더 높아지기를 기다리는 방법도 일리가 있다고 지적했다.[733]

미국의 경우, 앞으로 100년 동안 토양 침식으로 입게 될 손실은 모두 합해서 전체 작물 생산의 약 3%에 이를 것으로 추산된다. "기술 발전으로 인해 예상되는 수확량 증가와 비교하면 침식으로 인한 3%의 손실은 미미하다."[734] 따라서 토양 침식은 지역적인 문제로 간주될 수도 있으며 앞으로는 빈곤에서 야기되는 경우가 많아질 것이다. 현재의 증거에 의하면, 토양 침식이 전세계적으로 식량 생산에 현저한 악영향을 미칠 것 같지는 않다. 지금까지 식량 생산량의 엄청난 증가가 토양 침식의 영향을

크게 능가했듯이 앞으로도 그럴 것으로 전망되기 때문이다.[735]

어업 수확량

레스터 브라운은 다음과 같이 말한다. "전세계 농부들이 기후가 좋든 나쁘든 매년 8,000만 명씩 늘어나는 사람들을 먹이기 위해 애쓰고 있다. 그리고 이제 농부들은 역사상 처음으로 식량 공급분을 확대하는 데 어업 선단의 도움을 더 이상 기대할 수 없게 되었다."[736]

앞에서 살펴보았듯이, 농업은 특별한 도움이 필요하지 않다. 그러나 이보다 더 중요한 것은 어업 생산량이 약간 늘어난다고 해도 실제로는 별로 차이가 없다는 점이다. 브라운은 "인류는 ……식량을 얻기 위해 바다에 크게 의존하고 있다"[737]고 지적했다. 그렇지만 사람들의 총 칼로리 섭취량에서 생선이 차지하는 비율은 거의 눈에 띄지도 않을 만큼 작아서 전체의 1%도 되지 않는다.[738] 또 사람들이 섭취하는 단백질 중에서 생선의 비율은 겨우 6%밖에 되지 않는다.[739]

그럼에도 불구하고 레스터 브라운은 어업에 대단한 관심을 보인다. 어업 부문에서는 발전이 전혀 이루어지지 않고 있기 때문이다. 매년 발간되는 《지구 환경 보고서》는 자신들이 발표한 것보다 더 우울한 전망을 내놓으면서, '어업 붕괴'라는 개탄스러운 상황에 대해 설명한다. "만약 어획이 계속된다면 결국 어장이 붕괴될 것"이며 "근해 어업은 개도국 주변 해역에서만이 아니라 ……선진국 주변 해역에서도 붕괴되고 있다"는 것이다. 이어서 《지구 환경 보고서》는 이런 문제들이 "점점 커져가는 사회적 혼란, 경제적 압박, 폭력의 위협" 등으로 이어질 것이라고 예상한다.[740] 월드워치연구소는 인구 1인당 어획고가 1988년 이후 7.5% 감소했으며 앞으로는 훨씬 더 감소할 것으로 전망한다.[741]

그러나 흔히 그렇듯이, 이런 주장이 전체를 다 설명하고 있는 것은 아니다.

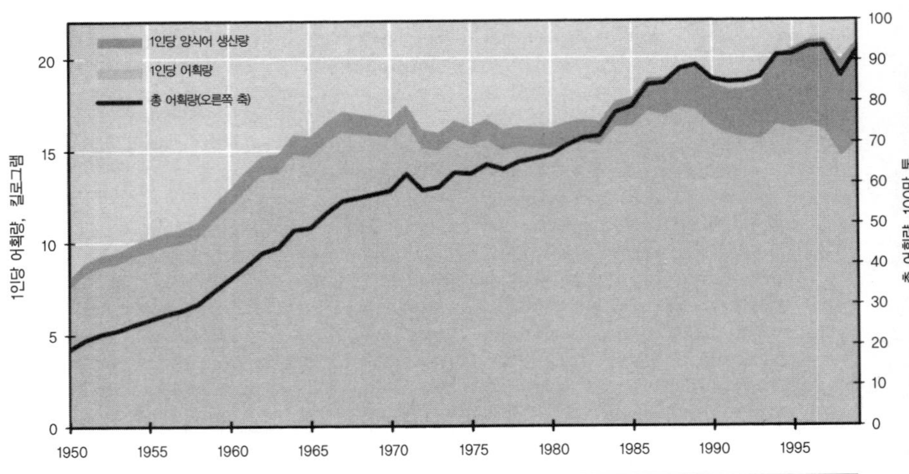

도표 57 인구 1인당 어획량, 양식어 생산량, 총 어획량(1999년의 자료는 예비 자료). 1950~1999년. 출전: WI 1998b, USBC 2000, FAO 2000b, 2001b.

도표 57에 분명히 나타나 있듯이, 1990년대 동안 전세계 어획량은 예전만큼 크게 증가하지 못했다. 그 주된 이유는 전세계적으로 어업 선단들이 일부 특정 어류만을 남획하는 일반적 경향을 따르고 있기 때문이다. 어획량이 감소한 해산물은 전체 어획고의 약 35%에 이르는 것으로 추산된다.[742] 어획고 감소의 이면에는 우리에게 너무나 친숙한 메커니즘이 도사리고 있는데, 바로 모든 사람의 책임은 어느 누구의 책임도 아니라는 말이 그것을 대변한다. 한 아파트 건물의 거주자들이 정원을 공유하고 있을 때, 사람들은 모두 정원이 근사해 보이기를 원한다. 그러나 문제는 자기가 아닌 다른 누군가가 잡초를 뽑고 청소를 해주기를 바란다는 점이다.

이런 현상에 처음으로 이름을 붙인 가렛 하딘(Garrett Hardin)은 16세기 영국에서 나타난 특정한 문제를 설명하면서 이를 언급했다. 모든 사람들이 자유롭게 목초지로 활용할 수 있는 땅, 이른바 공유지가 있다고 가정해보자. 16세기 영국의 가난한 사람들은 소득이 빈약했기 때문에 이 공유지에 가축을 풀어놓아 절실히 필요한 잉여 소득을 확보할 수 있었다.

그런데 점점 더 많은 가축을 방목하는 것이 각 개인에게는 유리했지만, 그 결과 공유지가 감당할 수 있는 것보다 훨씬 더 많은 가축이 그곳을 이용하면서 모든 사람들에게 손실을 초래했다. 하딘은 이 현상을 가리켜 '공유지의 비극(Tragedy of the Commons)'이라고 명명했다.[743] 어업에서도 상당히 유사한 패턴이 발견된다. 대양은 모든 사람들에게 속한 것이기 때문에 어느 누구도 거기에 책임지지 않는다. 따라서 개개인 어부에게 가장 중요한 것은, 다른 사람들이 무슨 짓을 하든 상관하지 않고 가능한 많은 물고기를 잡는 것이다. 그 결과 모든 어부들이 남획을 하게 된다.

만약 모든 어부가 고기잡이를 자제한다면 전혀 돈을 벌지 못할 것이다. 그러나 모든 어부가 바다 전체에서 물고기의 씨를 말려버린다면 역시 앞으로 돈을 벌지 못하게 될 것이다(대양이 텅 빌 테니까). 물론 이 양 극단의 사이에 최적의 고기잡이 수준이 있는 것은 당연하다. 이 수준을 유지하면 물고기를 많이 잡으면서도(이는 지금 많은 돈을 벌 수 있음을 의미한다) 충분한 양의 물고기를 남겨둘 수 있다(나중을 위해 이 물고기들이 번식할 수 있도록).[744]

그런데 문제는 일종의 물고기 소유권이 확립되어야만 이런 적정 수준이 유지될 수 있다는 점이다.[745] 예를 들어, 어느 한 국가가 관리 수역을 200해리로 연장해서 그 경계선 안에 있는 물고기를 모두 소유한다면, (어업 허가 등을 통해) 적당한 수준에서 어획량을 관리할 수 있다. 그러나 많은 어종이 참치나 연어처럼 200해리 너머까지 이동하는 습성을 갖고 있기 때문에(그 때문에 다른 나라도 이 물고기들을 잡을 수 있다) 물고기를 소유하는 것은 대개 어려운 일이며, 심지어는 불가능한 경우도 있다. 더욱이 많은 나라, 특히 제3세계 국가들은 어업을 규제하고 어부들의 수를 줄이는 데 적지 않은 어려움을 겪는 경우가 많다. 마지막으로, 대양에 살고 있는 많은 물고기에 대해 소유권을 할당하는 일 또한 쉽지 않다.

한 나라의 힘으로, 혹은 국제 협정을 통해 적정 수준의 어획고를 유지하는 일이 어렵다면 결국 모든 사람들이 서로 싸움을 벌이게 될 것이다. 그리고 어부들은 가장 빠르고 가장 효과적으로 물고기들을 남획하기 위해 비싼 장비에 과도한 돈을 투자할 것이다. 그래서 마침내 바다가 텅 비고 어업이 더 이상 이익을 남기지 못하게 될 때, 비로소 이런 투자가 중단될 것이다. 따라서 오늘날 세계의 어업 현황은 한편에서는 규제와 적절한 이용이 있는가 하면, 다른 한편에서는 남획과 어떻게 해서든지 모든 것을 다 우려먹겠다는 태도가 자리잡고 있는 형국이다.

바다는 1년에 약 1억 톤의 물고기를 생산할 수 있는데 우리는 이 물고기들을 '공짜로(물고기들에게 먹이를 주지 않아도 된다는 의미에서)' 수확할 수 있다. 그런데 현재 우리가 잡아들이는 양은 연간 약 9,000만 톤에 불과하다. 사라져버린 1,000만 톤은 남획에 대한 대가이다.[746] 물론, 이 1,000만 톤까지 확보할 수 있다면 아주 좋을 것이다. 그러나 이 양으로는 인류의 식량 사정에 아무런 결정적인 영향도 미치지 못한다. 물론 앞에서 인용한 레스터 브라운의 주장은 그렇지 않지만 말이다. 설령 이 1,000만 톤까지 항상 확보할 수 있도록 전세계 어장을 완벽하게 조율할 수 있다고 해도 1,000만 톤의 물고기로 얻을 수 있는 것은, 칼로리로 계산했을 때 전세계 농업 생산량 증가폭 19일분에 해당할 뿐이다.[747] 따라서 나머지 1,000만 톤을 잡지 않는 것이 비효율적이기는 하지만, 사실상 전세계 식량 개발을 약 3주 정도 늦추는 것에 지나지 않는다.

어획량이 1억 톤을 넘으면 큰 폭의 어획고 증대는 불가능하다. 이 물고기들을 공짜로 얻고 있다는 바로 그 이유 때문이다. 따라서 우리는 대신 양식장에서 물고기를 기르는 데 초점을 맞추기 시작했다. 특히 중국이 이 분야에서 두드러진다. 양식에 의한 해산물 생산은 1984년 이후 5배로 늘었다.[748] 그 결과 어획량이 인구 성장률과 보조를 맞추지 못했는데도 전체 어업 생산량은 증가하여, 1990년대 말 1인당 어획량이 그 전의 모든 해를 능가하게 되었다(도표 57).[749]

레스터 브라운이 지구 전체적으로 인구 1인당 어획량이 더 적어졌다고 주장할 수 있었던 것은 그가 양식장의 생산량을 포함시키지 않았기 때문이다. 그가 이런 판단을 내린 것은 사실 조금 이상하다. 왜냐하면 칼로리나 단백질 섭취라는 측면에서 생각할 때 소비자가 먹는 연어를 대서양에서 잡았는지 아니면 양식장에서 잡았는지의 여부는 그리 중요하지 않을 것이기 때문이다.

식량농업기구는 미래에는 어류 소비량이 급격히 증가할 것이라고 예측했다. 2030년까지 1인당 소비량이 23% 이상 늘어나리라는 것이다.[750] 이는 양식장의 어류 생산량이 전통적인 어업의 어획량을 능가할 것임을 의미한다.[751] 그러나 개발도상국의 소득 증가가 어류에 대한 수요 증가로 이어질 것이기 때문에 가격이 더 높아질 가능성도 크다.[752]

결론

레스터 브라운은 1970년대 초부터 식량 생산을 우려해왔다. 그는 지금 당장 식량 생산이 감소하고 식량 가격이 올라갈 것이라는 예언을 헤아릴 수도 없을 만큼 여러 번 했다. 1974년 그는 다음과 같이 언급했다. "제2차 세계대전 이후 대부분의 기간 동안 세계의 식량 경제는 만성적인 과잉 생산, 잉여 곡물, 낮은 식량 가격에 시달려왔다. 그러나 새로운 상황들은 이런 시대가 끝나고, 만성적으로 식량이 부족하고 가격 상승이 유지되는 시대가 도래했음을 시사한다."[753] 그는 1996년에도 햇수만 바꿔서 똑같은 주장을 내놓았다. "명백히 우리는 새로운 시대에 들어서고 있다. 식량이 풍부하던 시대가 식량 부족의 시대로 대치되고 있는 것이다."[754] 그러나 이 두 번의 주장은 모두 틀렸다. 2001년 초 밀의 가격은 과거 그 어느 때보다 낮았다. IMF의 식량 가격 지수는 사상 최저치로 떨어졌다.

다시 1981년에 레스터 브라운은, 앞으로는 수확량의 증가 속도가 "세계 식량 공급에 대한 모든 공식적인 전망치보다 훨씬 더 적을지도 모른다. 1헥타르당 수확량의 증가라는 전후(戰後)의 추세는 미국, 프랑스, 중국에서 이미 중단되었거나 역전되었다"[755]고 썼다. 그런데 이 세 나라는 모두 그 후로 2.3~5%의 연간 수확량 증가율을 기록했다.[756]

우리는 여기서 인구 성장 속도가 식량 생산량의 증가 속도를 능가하고 있다는 주장을 입증하기 위해 레스터 브라운이 내놓을 수 있었던 최고의 논거와 자료들을 자세히 살펴보았다. 그런데 이 자료들은 제몫을 제대로 해내지 못한 것 같다. 곡물 가격은 지금도 떨어지고 있으니 말이다. 최대 수확량을 제한하는 '장벽'도 보이지 않는다. 더욱이 오늘날 최고의 생산 실적을 보이는 20% 농부들이 성취할 수 있는 만큼만 전세계 농부들이 달성한다면 수확량이 획기적으로 증가할 것이다. 식량농업기구는 앞으로 15년 동안 개도국의 식량 생산량이 연간 1.6%의 성장률을 보일 것으로 전망하고 있다.[757]

곡물 보유량은 낮아지지 않았으며, 특별히 곡물 보유량을 걱정해야 할 이유는 어디에서도 찾아볼 수 없다. 사실 오늘날 식량 안정성은 국제 무역의 확대 덕분에 크게 개선되었다. 그리고 '사료용 곡물이라는 완충 장치'가 있기 때문에 갑작스러운 재앙으로 곡물 생산이 급격히 감소한다 하더라도 인류는 식량을 확보할 수 있다.

중국이 어떤 식으로든 세계 식량 시장을 결정적으로 뒤흔들 것이라고 믿을 이유는 하나도 없다. 중국과 관련해서 지금까지 브라운이 내놓은 예언들은 모두 어처구니없을 정도로 틀린 것이었다. 그리고 마지막으로, 어업이 전세계 식량 공급에서 차지하는 비중은 1% 정도에 불과하기 때문에 어업의 미래가 인류의 영양 섭취에 그리 결정적인 영향을 미치지는 못할 것이다. 게다가 1990년대 말의 1인당 어업 생산량은 그 전의 모든 기록을 능가하고 있다.

따라서 식량농업기구는 2010년, 2015년, 2030년에 이르러 더 많은 사람들이 더 많은 식량을 얻을 수 있을 것이라고 예측한다.[758] 영양 결핍에 시달리는 사람의 수가 줄어들 것이며 세계의 모든 지역에서 인구 1인당 칼로리 섭취량이 증가할 것이다. 2030년까지의 예측은 도표 58에 제시되어 있다. 국제식량정책연구소, 미국 농무부, 세계은행 등도 식량농업기구와 똑같은 결론을 내리고 있으며, 이들은 모두 식량 가격이 그 어느 때보다 낮아질 것이라고 전망한다.[759)]

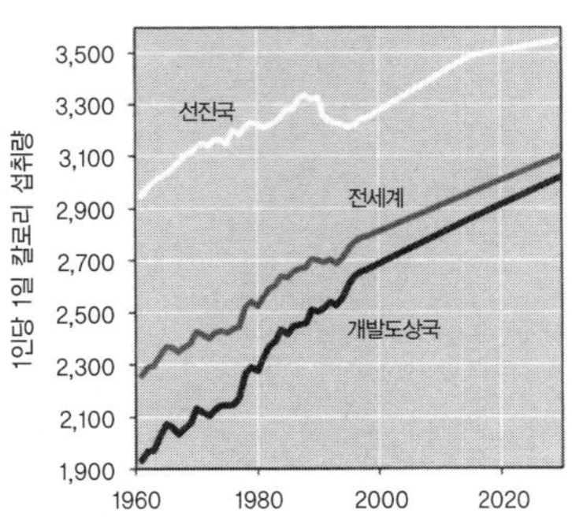

도표 58 선진국, 개발도상국, 전세계의 1인당 1일 칼로리 섭취량. 1961~2030년. 예측치는 1998년에 발표된 것이다. 출전:FAO 2000d:23, 2001a.

그러나 발전의 성과가 모든 지역에 고르게 배분되기는 어려울 것이다. 아프리카의 사하라 사막 이남 지역은 여전히 다른 지역들보다 심각한 어려움을 겪을 것이며, 영양 상태나 경제도 조금밖에 개선되지 않을 것이다. 일부 개도국들은 식량을 더 많이 수입할 수밖에 없는 상황에 이를 것으로 예상되지만, 자원이 풍부한 아시아 지역에서는 이것이 별로 문제가 되지는 않을 것이다. 다만 경제적으로 불안정한 아프리카는 이로 인해 더 많은 어려움을 겪게 될 것이다. 이미 앞에서도 언급했듯이, 이것은 빈곤의 문제이며 오직 강력한 경제 성장을 이룩하는 것만이 가장 좋은 대책이라고 할 수 있다.

그래도 이번 장의 중요한 결론은 달라지지 않는다. 즉 식량농업기구, 국제식량정책연구소, 미국 농무부, 세계은행 등의 모든 연구 결과들은 농업 위기가 임박하지 않았으며, 식량 부족의 시대가 도래할 가능성도 없다는 것을 보여주고 있다는 점이다. 앞으로 식량 가격은 더 낮아질 것이며 점점 더 많은 사람들이 더 좋은 음식을 더 많이 먹을 수 있게 될 것이다.

10 삼림은 사라지고 있는가

삼림은 우리가 지나치게 착취하고 있는지도 모르는 재생 가능한 자원 중 하나이다. 많은 사람들은 삼림이 정말로 사라지고 있다고 확신하고 있다. 시사 주간지 〈타임〉은 자체적으로 실시한 환경문제 조사 결과를 보도한 기사에 '삼림:전기톱에 의한 범지구적인 학살'[760]이라는 제목을 붙이기도 했다. 세계자원연구소는 '삼림 남벌:범지구적인 공격이 계속되다'[761]라고 표현했다. WWF도 자체 웹사이트에서 이와 유사한 기사들을 배포해왔다. 도표 59는 1998년 4월까지 이용된, 이 기관 홈페이지의 삼림 분야 초기 화면으로 "지상에 남아 있는 마지막 삼림을 보존하기 위해 우리는 바로 지금 행동해야 한다"고 강조한다. WWF는 다른 곳에서도 "세계의 삼림이 무서운 속도로 사라지고 있다"[762]고 주장한다. 이것은 WWF 국제본부 회장인 클로드 마틴의 발언과도 일치하는데, 그는 1997년에 '전세계 삼림 시계 11시'라는 제목으로 기자 회견을 열고 이렇게 말했다. "세계의 지도자들께 간청합니다. 지금 여러분의 나라에 남아 있는 마지막 삼림을 구출하겠다고 서약해주십시오. 전세계 삼림은 이제 자정 직전의 11시를 맞고 있습니다."[763] 그는 또한 이렇게 지적했다. "전세계 삼림의 면적과 질은 빠른 속도로 계속 악화되고 있다."[764] 월드워치연구소는 심지어

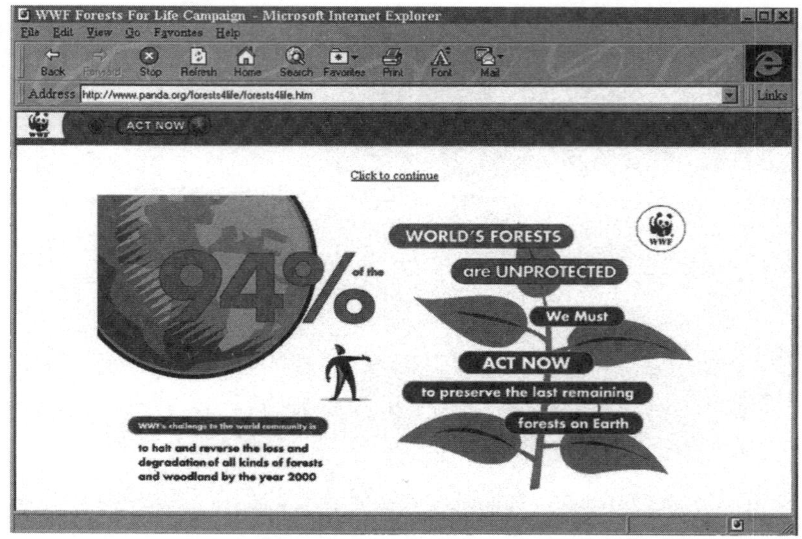

도표 59 WWF의 삼림 분야 홈페이지 화면.
"지상에 남아 있는 마지막 삼림을 보존하기 위해 우리는 바로 지금 행동해야 한다(ACT NOW)."
이 화면은 1998년 4월까지 WWF의 삼림 분야 웹사이트 홈페이지였다. 출전:http://www.panda.org/forests4life/

"삼림 남벌이 지난 30년 동안 가속화되었다"[765]고까지 주장한다. 그러나 이런 주장에는 전혀 근거가 없다. 도표 60에서 볼 수 있듯이, 1950년 이후 전세계 삼림 면적은 크게 변화하지 않았다.[766] 이번 세기의 나머지 기간 동안 전세계 삼림의 미래에 대한 전망은 도표 150에 묘사되어 있다. 그 도표에는 삼림의 20% 감소를 예측하는 아주 비관적인 전망도 들어 있지만 대부분의 시나리오는 2100년까지 삼림 면적이 일정하게 유지되거나 심지어 증가할 수도 있다고 예측한다.

물론 삼림이 실제로 어떻게 구성되는지를 분명히 규정하기는 어려운 노릇이다. 울창한 열대우림이 사바나로, 사바나에서 다시 관목들이 있는 초원으로 연결되기 때문이다. 수목 한계선에 접근할수록 나무의 키가 작아지고 간격이 넓어지는 양상과 비슷하다. 또한 브라질의 열대우림과 덴마크의 너도밤나무 숲, 그리고 미국의 인공 조림지를 서로 비교하는 것은

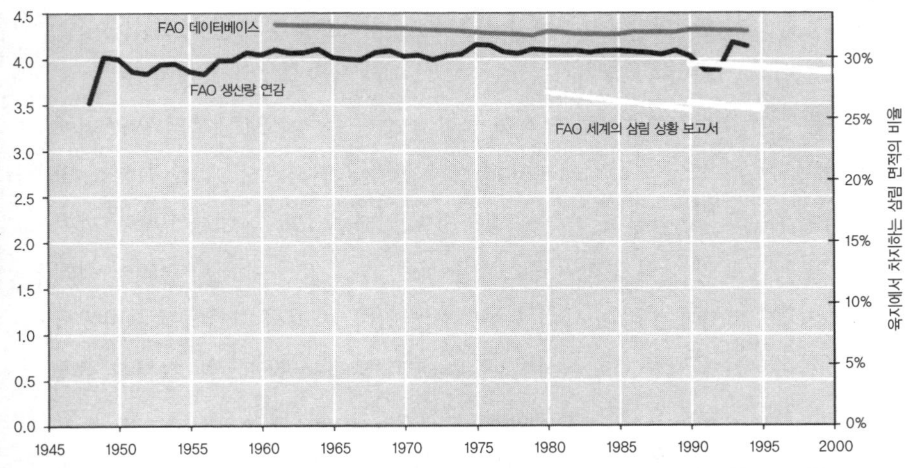

도표 60 전세계 삼림 면적에 대한 유엔의 각기 다른 추정치. 1948~1994년과 1961~1994년의 추정치는 땔나무를 채취하는 야산과 삼림을 합산한 것이며, 1980~1995년의 추정치는 좀더 엄격하게 정의한 삼림에 대한 것이며, 1990~2000년의 추정치는 새로 통합된 삼림의 정의를 이용한 것이다. 모두 FAO가 발표한 추정치이다. 출전: FAO Production Yearbooks 1949~1995, FAO 2000, 1995a, 1997c, 2001c:34. 삼림 관련 자료는 빈약하지만 구할 수 있는 자료로서는 이것이 최선이었다.[767]

지극히 어려운 일이다. 그럼에도 불구하고 그런 비교를 시도해보고 싶다면, 도표 60에서 전세계 삼림 면적에 대한 최고의 정보를 찾아볼 수 있다. 그러나 이 도표가 상황에 대한 전체적인 그림만을 제공할 뿐이라는 것을 강조해둬야겠다.

20세기의 후반 50년 동안 전세계 삼림 면적은 놀라울 정도로 안정적인 상태를 유지했다. 가장 오랜 기간에 걸친 조사 자료들을 살펴보면, 세계의 삼림 면적은 1950년에는 전체 육지 면적의 30.04%를 차지했으나 1994년에는 30.89%로 약간 증가했다. 44년 동안 약 0.85% 증가한 셈이다.[768] 이보다 기간이 짧은, 1961년부터 작성한 자료를 보면, 전세계 삼림 면적은 32.66%에서 32.22%로 감소한 것으로 추정된다. 다시 말해, 지난 35여 년 동안 0.44%가 감소한 것이다. 유엔은 1995년과 1997년에 전세계 삼림 조사를 실시하여, 각각 1980~1990년과 1990~1995년 동안의 좀더 제한적으로 정의된 삼림의 면적을 추정했다. 이 조사에서는 삼림 면적이 전체 육지 면적의 27.15%에서 25.8%로, 즉 1.35% 정도 줄어들었음이 밝혀졌다. 그러나 이 수치를 그대로 믿기에는 불확실성이 상당히 크다. 예를 들어, 1990년의 삼림 면적을 상향 조정한 폭이 1990년부터 1995년에 이르는 기간 동안 전세계에서 감소한 삼림의 면적보다 더 컸다(다시 말해, 1990년의 삼림 면적을 수정하지 않았다면 1990년에서 1995년까지의 기간 동안 삼림 면적이 증가했을 것이다).[769] 더욱이 삼림 면적이 세계 최대인 러시아는 이 조사에 포함되지 않았다. 따라서 단기적인 조사에서는 이처럼 상당한 불확실성이 존재하므로 되도록 장기간에 걸친 연구에 초점을 맞출 필요가 있을 듯하다. 관심이 있는 독자들은 이 주제를 더 길게 설명해놓은 주를 참조해주기 바란다.[770] 2001년에 발표한 가장 최근의 삼림 연구에서 유엔 식량농업기구는 삼림의 정의를 다시 한번 바꿔, 1990~2000년의 삼림 면적에 대한 새로운 추정치를 제시했다. 이 추정치는 삼림 면적이 29.5%에서 28.8%로 약간 감소했음을 보여준다.[771]

현재 대부분의 삼림은 일부 국가에 집중되어 있다. 러시아, 브라질, 미국, 캐나다의 삼림을 모두 합치면 전세계 삼림의 50%가 넘는다.[772] 또한 세계적으로 삼림 면적은 경작지에 비해 2~3배 더 넓다.[773]

삼림과 역사

농업이 시작된 이래 사람들은 더 많은 경작지를 확보하기 위해 삼림을 벌채해왔다. 플라톤은 아테네 외곽에 있는 아티카 언덕을 기술하면서 그 언덕이 삼림 남벌 때문에 마치 "병에 시달려서 뼈만 앙상하게 남은 몸"을 닮았다고 묘사했다.[774]

유럽은 지금까지 원래 삼림의 50~70%를 잃었다.[775] 유럽 대륙의 삼림 대부분이 중세 초기에 경작지 확보나 장작 마련을 위해 벌채되었다. 프랑스에서는 1000년에서 1300년 사이에 삼림의 절반이 사라졌다.[776] 14세기 중반 흑사병이 유럽 인구의 3분의 1을 쓸어버리면서 삼림에 대한 압박을 완화시켰지만, 그 후 많은 지역에서 다시 자라났다.[777] 1500년대와 1600년대에 들어 인구가 계속 증가하면서 삼림에 대한 압박이 다시 심해져 더 많은 삼림이 벌채되었다. 1700년 무렵 프랑스의 삼림 규모는 서기 1000년과 비교해서 70% 이상 감소했다.[778] 그러나 18세기에 이르러 사람들은 삼림이 한정된 자원이며 해군의 선박 건조에 매우 중요하다는 사실을 인식하기 시작했다. 이 때문에 유럽의 삼림은 1700년 이후로 약 8%만 벌채되었다.[779]

미국은 원래 삼림 면적의 약 30%만을 잃었는데 벌목이 가장 많이 이루어진 시기는 19세기였다.[780] 미국이 삼림을 더 이상 잃어버리지 않은 것은 인구 압박이 유럽에서만큼 강했던 적이 한 번도 없었기 때문이다. 1880년부터 1920년 사이 미국의 농경지는 2배로 늘었지만, 대개 초원을 농경지로 전환했기 때문에 삼림의 총 면적에는 거의 영향을 미치지 않았다.[781]

그 반면에 세계의 다른 많은 지역에서는 19세기에 삼림 벌채가 증가했다.[782] 남미는 초창기에 세계 경제의 일부가 되어 지난 300년 동안 삼림의 약 20%를 벌채했다.[783] 이렇게 벌채된 땅은 대부분 사탕수수 농장으로 전환되었고, 나중에는 커피 재배지로도 사용되었다. 1690년에 시작된 금광과 다이아몬드 광맥 찾기의 열기는 브라질의 삼림 약 2%를 사라지게 하는 데 일조했다.[784]

오랫동안 집약식 농법을 실시해온 아시아는 비교적 늦게 세계 경제에 합류했다. 인도가 면화를 대량으로 수출하기 시작한 것은 미국에서 남북전쟁이 발발하고 1869년 수에즈 운하가 개통된 이후였다.[785] 전체적으로 봤을 때 남부 아시아와 중국에서는 1700년 이후 삼림의 약 50%가 사라졌다.[786] 반면에 동남아시아는 지난 300년 동안 겨우 7%만을 잃었을 뿐이며, 아프리카와 러시아는 각각 20%에 조금 못 미치는 삼림을 잃었다.[787]

전세계적으로 보면 농업이 시작된 이후 원래 면적의 약 20%에 해당하는 삼림이 사라진 것으로 추정된다.[788] 이 수치는 여러 환경 단체들이 그토록 자주 언급하는 수치보다 훨씬 작다. 이미 앞에서 언급한 것처럼, WWF는 농업이 도입된 이후 전체 삼림의 약 3분의 2가 사라졌다고 주장했다. 하지만 이런 주장을 뒷받침해주는 증거는 하나도 없다.[789]

삼림 남벌:일반적인 시각

삼림은 우리에게 적지 않은 혜택을 제공한다. 가장 명백한 이익은 약 5,000종에 달하는 갖가지 제품에서 찾아볼 수 있는데, 주로 건축용 목재 · 가구 · 종이 · 장작 등이 여기에 포함된다.[790] 전세계적으로 보면, 삼림은 세계 GDP 총량의 약 2%, 즉 미화 6,000억 달러 이상을 기여하는 것으로 추산된다.[791]

뿐만 아니라 삼림은 도시 거주자들에게 휴식처를 제공하며, 강과 저수지를 진흙구덩이로 전락시키는 토양 침식을 막는 데도 일조하고, 또 홍수 피해를 경감시키기도 한다.[792] 특히 열대우림은 수많은 동물 종의 서식처가 되고 있다. 이 점에 대해서는 생태계의 다양성을 다루는 부분(제23장)에서 살펴볼 것이다.

대부분 북아메리카, 유럽, 러시아 등에 펼쳐 있는 온대림은 지난 40년 동안 그 영역이 더 넓어졌다. 반면에 열대림은 상당 부분이 사라지고 있다. 열대림은 대다수 동식물 종의 서식지이며, 그것 자체가 지상에서 가장 규모가 큰 생물 자원이다.[793] 열대림 중에서도 비가 많이 오는 열대우림에서는 겨우 몇백 평방킬로미터 안에서 무려 수백 종의 나무를 발견할 수 있다.[794] 이는 냉대림 또는 아한대림과 뚜렷한 대조를 이룬다. 넓이가 무려 1,000평방킬로미터를 넘는 캐나다의 아한대림에서는 겨우 20여 종의 나무가 발견될 뿐이다.[795]

1970년대 후반에 들어서자 사람들은 열대우림의 절반 이상이 앞으로 수십 년 안에 사라질지도 모른다고 걱정하기 시작했다. 카터 미국 전 대통령이 발표한 환경 보고서 《글로벌 2000》은 매년 2.3~4.8%의 열대림이 사라지고 있다고 추정했다.[796] 유명한 생물학자인 노먼 마이어스(Norman Myers)는 1990년대 초에 매년 전체 삼림의 2%가 파괴되고 있다는 추정치를 내놓았다. 그리고 그는 2000년에 이르면―자신의 예언이 있은 후 겨우 9년이 경과한 시점이다―열대 삼림 면적의 3분의 1이 사라지고 없을 것이라고 믿었다.[797] 실제로 그는, "앞으로 몇십 년이 지나지 않아 우리는 열대림이 사실상 완전히 사라지는 것을 목격할 수 있을 것"[798]이라고 주장했다. 이와 비슷한 수준인 연간 1.5~2%의 삼림 감소 추정치는 생물학자들 사이에서 흔한 것이었다.[799] 그렇지만 오늘날 우리는 이런 추정치들이 과녁을 한참 벗어났다는 것을 알고 있다. 유엔 식량농업기구는 1980년대에 열대 지방의 순수한 삼림 감소 비율을 연간 0.8%로 추정했으며, 그것도 1990년대에 이르러서는 0.7%로 떨어졌다고 추정했다.[800] 2001년 인공위성으로 촬영한 정확한 영상을 바탕으로 식량농업기구가 추정한 열대림의 벌목 비율은 이보다 훨씬 더 낮아서 연간 0.46% 정도였다.[801]

하지만 이 수치도 여전히 높은 것은 사실인데 여기에는 세 가지 중요한 이유가 있다. 우선, 열대림은 대개 소유주가 없거나 설령 있더라도 소유권 관리가 상당히 부실하다. 사실 이 문제는 앞에서 논의한 어업 문제와 비슷하다. 만약 열대우림이 모든 사람들의 재산이라면 아무도 열대우림에 책임을 지려 하지 않을 것이다. 개척민들은 단순히 한 지역의 나무를 모두 베어낸 후 그곳에서 경작을 시도하고, 그렇게 몇 년이 지나 땅의 지력이 모두 고갈되면 다시 다른 지역으로 자리를 옮긴다.[802] 이런 빈민들에 대한 규제가 제대로 이루어지지 않는 것은 대개 정치적인 이유 때문이다. 지방 정부가 그런 개척민들을 통제하면, 그들이 대도시로 몰려들어 직업이 없는 빈민들이 증가하는 결과를 초래할 것이기 때문이다. 이렇게 되면 물론 잠재적으로 정치적 불안이 가중된다.

둘째, 열대림은 목재를 제공한다는 점에서 지극히 높은 경제적 가치를 지니고 있다. 경제적으로 어려움을 겪고 있는 개발도상국들에게 대형 목재 회사와의 거래는 대개 커다란 재정 수입을 기대할 수 있는 빠르고 쉬운 탈출구이다. 수리남에서는 대형 목재 회사들이 이 나라 삼림 면적의 3분의 1에 해당하는 지역에서 나무를 베어낼 권리를 얻는 대가로 국가 전체 GDP 규모에 버금가는 투자를 하겠다고 제의한 바 있다.[803] 인플레이션이 연간 500%에 이르고 실업률이 증가하는 상황에서 이런 유혹적인 제안에 저항하기란 상당히 어렵다. 이 제안을 수락하면 물론 그 첫 번째 희생자는 열대우림에 거주하는 소수의 인디언 부족이 될 것이다. 장기적인 관점에서 본다면, 이 나라는 선대로부터 물려받은 은식기를 함부로 팔아넘기는 꼴이다. 시간이 흘러 수리남의 경제적 어려움이 완화된다면, 자국의 삼림을 훨씬 더 잘 관리할 수 있게 되고 거기에서 많은 이익을 올릴 수 있을 것이기 때문이다.

마지막으로, 개도국에서 삼림 벌채가 이루어지는 가장 중요한 이유는 장작을 얻기 위해서이다. 나무는 전세계 에너지 공급량의 1%만을 차지할 뿐이지만, 개발도상국에서는 전체 에너지 소비량의 25%에 해당하며, 아프리카에서는 무려 50%를 차지하고 있다.[804] 나무는 주로 취사와 난방에 사용되는데, 이를 사용하는 최빈곤층 사람들은 석유처럼 더 깨끗한 연료를 구입할 수 있는 경제적 여유가 별로 없다. 따라서 사회적 빈곤이 결국은 지역적인 삼림 벌채와 사막화에 일조한다. 아프리카의 여러 도시에서는 반경 50킬로미터 이내에서 장작을 구할 수가 없다. 그래서 여자와 어린아이들이 연간 100~300일을 온통 장작을 찾아 헤매는 데 쏟는 경우도 있다.[805] 이런 지역에서 장작을 좀더 손쉽게 구할 수 있는 대안으로 척박한 토양에서도 잘 자라는 속성수를 심어 연료를 얻는 방법이 있다. 또 돌멩이 3개를 괴어 아궁이를 만드는 전통적인 취사 방식으로는 장작에서 방출되는 에너지의 약 6%밖에 사용하지 못하기 때문에, 값이 싼 금속제 스토브를 사용해서 에너지 효율성을 2배로 증가시킬 수도 있다. 특히 지역 주민들이 흙을 구워서 만든 스토브는 에너지 효율을 4배나 높여주므로 실내 오염을 줄이고 가구당 연료비를 최고 20%까지 줄여준다.[806]

삼림 벌채를 조장하는 위의 세 가지 문제점들은 모두 관리상의 잘못이라고 표현될 수 있다. 하지만 이 세 가지 주요 원인은 사실상 개도국들이 직면한 다른 문제에 그 뿌리를 두고 있다. 아무런 규제 없이 삼림 벌채가 이루어질 수 있는 것은 대개 자신의 토지를 소유하지 못한 빈민의 수가 많기 때문이다. 또 그들이 장작에 지나치게 의존하는 것은 기본적으로 소득이 낮은 탓이다.[807] 따라서 이 두 문제의 핵심에는 결국 빈곤을 감소시키고 경제 성장을 이룩해야 하는 과제가 놓여 있다.

이와 유사하게, 목재 관련 문제들이 자주 제기되는 것은 국가가 채무에 발목을 잡혀서 단기적인 처방책에 몰두할 수밖에 없으므로 부적절한 거래에 더 쉽게 희생되기 때문이다.[808] 만약 선진화된 산업 국가들이 열대림 벌목에 정말로 관심을 갖고자 한다면 삼림 보존 비용을 개도국에게 지불해야 할 것이다. 이처럼 개도국의 국가 채무와 자연 보전을 맞바꾸는 거래는 볼리비아에서 맨 처음 실행되었다. 미국계 은행 컨소시엄이 볼리비아의 국가 채무 중 일부를 떠맡는 조건으로 150만 헥타르에 달하는 열대림을 생물 보호 구역으로 전환하겠다는 약속을 받아낸 것이다. 그러나 불행히도 볼리비아는 이 약속을 지키지 않았고, 그 지역은 지금도 법적인 보호를 받지 못하고 있다.[809] 그러나 이 아이디어는 다시 에콰도르, 코스타리카, 필리핀 등에서 채택되었다.[810] 대부분의 분석가들은 생물학적으로 지속 가능한 방법으로 열대림에서 필요한 목재를 채취하는 것이 가능하지만 이렇게 되기 위해서는 더 엄격한 규칙 적용이 필요하다는 데 기본적으로 동의하고 있다.[811]

삼림 남벌:얼마나 되고 있나

삼림 감소 문제의 전반적인 심각성을 파악하기 위해서는 먼저 실제로 사라지고 있는 열대림이 과연 얼마나 되는지를 살펴볼 필요가 있다. 정확한 통계 수치를 구할 수는 없지만, 국제자연보호연맹(IUCN, Conservation Union World)은 원래 열대 삼림의 약 80%가 아직도 그대로 남아 있다고 추정한다. 그렇다면 유사 이래 이제까지 전체 열대림의 20%만이 사라졌다는 얘기다.[812] 삼림의 거의 절반을 베어버린 선진국들과 비교하면 비교적 적은 수치다.

나이지리아나 마다가스카르 같은 나라들은 원래 가지고 있던 열대우림을 절반 이상 잃어버렸다고 시인하고 있다. 그리고 중앙아메리카 국가들은 대체로 전체 삼림의 50~70%를 잃어버린 것으로 짐작된다.[813] 그러나 전체적으로 보았을 때, 이들 지역 삼림의 비중은 전세계 열대림의 5% 정도밖에 되지 않는다. 현재 열대림의 대부분이 몰려 있는 곳은 브라질의 아마존이다.[814] 브라질의 삼림은 전세계 열대림의 3분의 1을 차지한다. 이에 비해 열대림의 면적이 두 번째로 큰 인도네시아는 '겨우' 전체의 6%만을 차지할 뿐이다.

1988년 브라질 우주개발국(INPE)의 과학자들은 인공위성 영상 분석을 통해 아마존 유역의 열대우림에서 연간 무려 7,000건의 화재가 발생했다는 사실을 밝혀냈으며, 브라질이 매년 800만 헥타르—전체 삼림의 약 2%에 해당한다—의 삼림을 베어내고 있다고 발표했다.[815] 이 발표로 인해 브라질 정부는 복구가 불가능한 자연을 마구잡이로 훼손하고 있다는 거센 비난을 받아야만 했다. 그러나 이 수치가 엄청나게 과장된 것이라는 말들이 나중에 흘러나왔다. 1999년 실시한 공식적인 한 예비 조사의 추정치는 1년에 약 170만 헥타르로, 이는 전체 삼림의 0.5% 이하에 해당한다. 사실 도표 61에서 볼 수 있듯이, 인류가 아마존 지역에 처음 도착한 이후 이제까지 이 지역 전체에서 벌채된 면적은 약 14%였다.[816] 그리고 이 14% 중에서 적어도 3% 정도가 새로운 삼림으로 대체되었다.[817]

도표 61을 잘 살펴보면, 상황이 그리 나쁘지 않은 것이 분명하다. 사실

아마존 삼림의 70% 정도는 앞으로도 고스란히 보전될 수 있으리라고 믿을 만한 충분한 근거도 있다. 1998년 4월 브라질 정부는 2,500만 헥타르의 아마존 삼림에 추가로 자연 보호 명령을 내리겠다고 약속했다.[818]

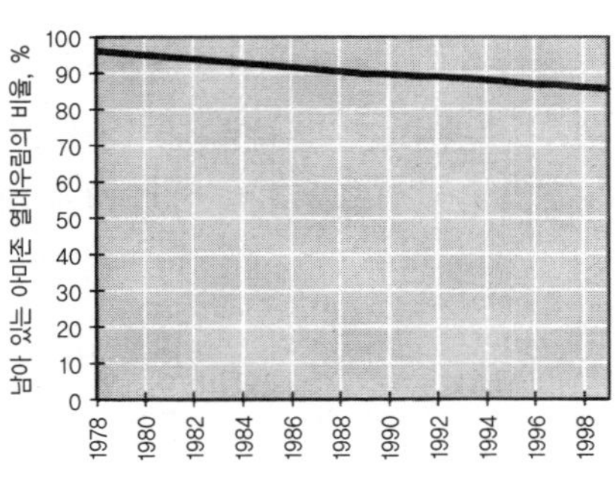

도표 61 남아 있는 아마존 열대우림의 비율. 아마존 유역은 전세계 열대림의 3분의 1을 차지한다. 1978~1999년. 출전:INPE 2000:7, Brown and Brown 1992:121.

그러나 1996년 WWF는 아마존 지역의 삼림 벌채가 1992년 이후 34%나 증가했다고 발표하였다. 하지만 그들은 1년 후인 1997년에 삼림 벌채율이 50% 이상 감소했다는 사실은 공개하지 않았는데, 이 수치는 아마존 삼림에 대한 국제적 감시가 시작된 이후 두 번째로 낮은 것이었다.

삼림은 얼마나 있는가

우리가 이 세상에 남겨두고 싶어하는 삼림의 규모가 얼마나 되는지에 대해서 진지한 정치적 결단을 내려야 한다면, 삼림 개발에 대한 찬반양론을 모두 포용해서 열린 마음으로 검토할 필요가 있을 것이다.

열대림을 반드시 필요한 자원으로 바라보는 시각에는 두 가지 중요한 이유가 있다. 1970년대 사람들은 열대우림이 지구의 허파라는 말을 들었다. 2000년 7월에도 WWF는 "아마존 지역이 세계의 허파로 불리고 있다"[819]는 이유를 들어 브라질의 아마존을 구하자고 주장했다. 그러나 이 말은 근거없는 속설에 불과하다.[820] 식물들이 광합성을 통해 산소를 만들어내는 것은 사실이지만, 식물이 죽어서 분해될 때에는 정확히 똑같은 양의 산소가 필요하다. 따라서 평형 상태를 이루고 있는 삼림(새로운 나무가 자라고 오래된 나무는 쓰러지면서 전체 생물량이 대략 일정하게 유지되는 삼림)은 순수한 의미에서 산소를 생산하지도 소비하지도 않는다. 설령 육지와 바다의 모든 식물들이 다 죽어서 분해된다고 해도 그 과정에서 소모되는 산소의 양은 현재 대기 중에 들어 있는 양의 1%도 되지 않는다.[821]

삼림 보호에 찬성하는 사람들이 즐겨 인용하는 또 다른 주장은 다양한 생물 종의 보전, 즉 지구 생태계의 다양성을 보존해야 한다는 것이다. 이 주장에 대해서는 제23장에서 살펴보겠다. 하지만 간단히 말하면, 앞으로 50년 동안 예상되는 생물 종의 감소 정도는 많은 사람들이 주장하는 것처럼 50%가 아니라 0.7% 정도일 가능성이 높다. 사라지는 생물 종들이 (어쩌면 인류에게 반드시 필요한 새로운 의약품의 원료가 될 수 있을지도 모른다는 점과) 실제적인 경제적 자원이 될 수 있다는 주장을 일반화하기는 어려울 것이다. 하지만 이들을 보존해야 할 도덕적 이유를 내세울 수는 있다.

이 밖에도 삼림의 현황에 대해서는 거짓된 이야기들이 아주 많다. 대부분의 사람들은 지난 50년 동안 우리가 열대우림을 대규모로 쓸어버렸고, 어쩌면 온대림에서도 똑같은 일이 벌어졌을 가능성이 있다고 믿는다. 앞에서 인용한 WWF의 발표들은 당연히 이런 믿음을 더욱 굳히는 데 일조했다. 그러나 이미 앞에서 살펴보았듯이, 지난 반세기 동안 전세계의 삼림 면적은 감소하지 않았다. 반면에, 유럽에서는 농업의 확대와 점점 늘어나는 인구를 수용할 공간 확보를 위해 중세 말까지 지역 삼림의 상당 부분을 없애버렸다.

또 많은 사람들은 종이 소비와 인쇄 광고물 때문에 삼림이 황폐화하고 있다고 걱정한다. 월드워치연구소는 1998년 다음과 같이 언급했다. "종이를 비롯해서 임산 가공품의 급격한 수요 증가로 인해 ……지역적인 삼림 파괴가 세계적인 재앙으로 변해가고 있다."[822] 그러나 사실 우리가 소비하는 나무와 종이는 현존하는 전체 삼림 면적의 5%만 가지고도 충분

히 충당할 수 있다.[823)]

위와 같은 맥락에서, 비록 삼림 면적이 현재 일정하게 유지되고는 있지만 그것은 자연림이 사라지는 대신 인공 조림지가 늘었기 때문이라고 주장하는 사람들도 많다. 또 이들은 오래된 자연림에는 많은 생물 종이 살고 있는 반면 조림지는 유전적으로 똑같은 나무들로 구성되어 있기 때문에 동식물 종을 풍부하게 부양하지 못한다고 말한다.[824)] 이런 지적은 물론 생물 다양성에 대한 일반적인 주장에서 파생된 것이다. 그러나 우선 하나만 말하자면, 조림지가 전반적으로 생물 다양성을 감소시킨다는 사실은 아직 분명하지 않다. 지역적으로 조림지에 서식하는 생물 종의 수가 적은 것은 분명하지만, 조림지의 원래 조성 목적이 대량의 나무를 생산하는 데 있기 때문에 조성 자체만으로 자연림을 훼손해야 하는 경제적 압력을 완화시킬 수 있다. 그 결과, 자연림을 더욱 철저히 보호할 수 있고 더 높은 생물 다양성을 유지할 수 있으며, 또 우리의 여가 선용 장소로 더 잘 이용할 수 있다.[825)] 아르헨티나에서는 목재 생산량의 60%를 전체 삼림의 겨우 2.2%만을 차지하는 조림지에서 얻기 때문에, 결과적으로 97.8%의 나머지 삼림이 개발 압력을 덜 받게 되는 셈이다.[826)] 또한 사람들은 대개 조림지의 규모가 너무 크다고 주장한다. WWF는 조림지가 "현재 삼림 면적 중 상당한 부분을 차지한다"[827)]고 말하고 있다. 여기서 '상당한 부분'이라는 단어의 의미가 불분명하다. 그러나 유엔 식량농업기구에 따르면 인공 조림지는 전세계 삼림 면적 중 겨우 3%를 차지할 뿐이다.[828)]

마지막으로, 우리는 1997년 인도네시아에서 발생한 삼림 화재에 대해서 많은 얘기를 들었다. 이 화재는 태국에서부터 필리핀에 이르기까지 동남아시아 지역 전체를 몇 달 동안 두터운 연기로 뒤덮어버렸다. 이 화재는 사람들의 건강에 실질적인 위협이 되었으며, GDP의 거의 2%에 이르는 비용을 발생시켜 경제에도 커다란 충격을 주었다.[829)] 동시에 이 화재는 삼림 남벌 문제를 사람들에게 환기시키는 구실을 하기도 했다. WWF

는 1997년을 '세계 화재 재난의 해'로 선포했으며, 클로드 마틴 회장은 "이것은 단순한 긴급 사태가 아니라 전세계적인 재앙"[830]이라고 단언했다. 간단히 말하면, WWF는 "1997년에 역사상 그 어느 때보다도 많은 삼림이 불에 탔다"[831]고 주장했다.

그러나 그것은 사실이 아니다. WWF는 자체 보고서를 통해 인도네시아의 화재로 200만 헥타르의 삼림이 불탔다고 추정했다. 그런데 이 수치는 그 보고서에서 인용한 다른 어떤 추정치보다도 높다. WWF의 보고서가 200만 헥타르라는 수치를 끊임없이 언급하고 있는데도, 이 수치가 삼림과 '삼림이 아닌' 지역을 모두 포함한 것이라는 사실은 본문을 한참 읽은 후에야 분명해진다.[832] 인도네시아가 공식적으로 발표한 삼림 손실 추정치는 약 16만 5,000~21만 9,000헥타르였다.[833] 나중에 위성을 동원한 조사에서는 최고 130만 헥타르의 삼림이 불에 탄 것 같다는 결과가 나왔다.[834] 독자적으로 활동하는 화재 전문가 요한 골대머(Johann Goldammer)는 "인도네시아나 전세계에서 1997년에 화재가 특별히 많았다는 증거는 전혀 없다"[835]고 지적한 바 있다.

또한 WWF는 브라질에서 발생하는 삼림 화재들이 "인도네시아의 화재만큼 대규모"라고 추정했다. 그러면서도 참고 자료는 전혀 제공하지 않았다.[836] 또 그들은 삼림 화재의 발생 건수가 1997년에 증가했다고 주장했다. 그러나 나중에는 다시 그런 화재의 상당수가 이미 벌목이 이루어진 구역에서 발생했다고 밝혔다.[837] 브라질 환경청(Brazil Environment Agency)은 화재의 94%가 이미 경작지로 조성하기 위해 삼림을 불태운 지역에서 발생했다고 추정했다. 아마존 지역에 위치한 브라질 환경 연구소는 그 수치가 약 72% 정도에 이른다고 추정했다.[838]

WWF의 보고서는 그 밖의 다양한 화재들의 피해 규모가 총 얼마인지는 밝혀내지 못했다. 탄자니아에서 발생한 5,000헥타르 규모의 화재와 콜럼비아에서 발생한 4만 헥타르 규모의 화재가 전형적인 예이다.

그러나 이 모든 자료를 다 감안하더라도 WWF의 수치는 1983~ 1984년 인도네시아령 보르네오에서 소실된 240~360만 헥타르에 크게 미치지 못한다. 게다가 1987년 중국과 구소련 지역에서 1,300만 헥타르가 소실된 것에 비하면 보르네오의 수치는 한참 아래이다.[839] 사실 매년 아한대림과 온대림 지역에서 발생하는 화재는 1,000만~1,500만 헥타르를 소실시키고, 열대림의 화재는 2,000만~4,000만 헥타르를 사라지게 하는 것으로 집계되었다. 그리고 열대와 아열대에서는 초원 · 삼림 지대 · 광활한 삼림 등을 모두 합해서 최고 5억 헥타르까지 소실되는 것으로 추정된다.[840] 러시아에서 발생하는 화재만으로도 매년 약 1,200만 헥타르의 삼림이 소실되는 것으로 추정된다.[841] 결론적으로 말해서, 1997년은 역사상 그 어느 때보다 많은 삼림이 불에 탄 해가 전혀 아니었다.

더군다나 삼림 화재에 대한 평가에는 또 다른 문제들이 따른다. 우선, 불에 탄 지역의 극히 일부분만이 원래 삼림에 실질적인 악영향을 미칠 뿐이다. WWF는 1997년의 화재로 파괴된 원시림은 '겨우' 약 10만 헥타르밖에 되지 않는다고 추정했는데, 이는 인도네시아 삼림 면적의 1,000분의 1에도 미치지 못하는 수치다.[842] 지금까지의 삼림 화재는 대부분 매년 사탕수수 수확 작업의 일환으로서, 또는 밭과 목초지를 확보하기 위해 혹은 불이 토질을 좋게 해준다는 믿음 때문에 이미 개간된 땅에 불을 놓는 과정에서 발생한 것이다.[843]

인류는 기억조차 할 수도 없는 먼 옛날부터 불을 이용해왔다. 여러 조사 결과들은 인간이 오스트레일리아에 도착함과 동시에 식물들이 불에 대한 저항력을 갖게 되었음을 시사한다.[844] 1880년 이후 현재까지 전세계적 생물 자원의 화재 소실률은 50% 증가하는 데 그쳤다고 추정된다. 그 동안 인구가 급격히 증가하고 이와 함께 화전도 늘어났는데도 말이다.[845]

결론

일반적으로 말해서, 우리가 열대림 벌채에 분노할 만한 실질적인 근거가 얼마나 되는지 자문하면서, 유럽과 미국에서 자행한 삼림 벌채를 생각해 보아야 한다. 우리 주위의 삼림을 크게 훼손해서 엄청난 이득을 얻었다는 사실을 잘 알면서도 개발도상국에게는 같은 이득을 허락하지 않는 것은 위선적인 행동인 것 같다.

그렇지만 우리는 다음의 두 가지 사실을 지적할 수 있다. 첫째, 개도국 사람들은 대개 단기적인 목적 달성을 위해 너무 분별없이 삼림을 착취하고 있다. 이 방식은 장기적으로 그들에게 손해를 끼칠 것이다. 삼림 개발은 빈곤한 국민들과 빈약한 정부 재정 때문에 발생한다. 이 두 가지 문제의 진정한 뿌리는 경제적 어려움이므로 그 해결책에는 반드시 확실한 경제 성장이 포함되어야 한다. 미래에 개도국들이 삼림 개발에 더 넓은 시야를 확립할 수 있을 만큼 충분한 여유를 가질 수 있게 하기 위해서이다.

둘째, 생물 다양성의 감소를 방지하고 싶다는 것이 진심이라면 먼저 개발도상국 국민들의 먹고사는 문제를 해결해주어야 한다. 우리가 예전에 그렇게 했듯이 개발도상국이 똑같은 방법으로 삼림을 파괴하는 것을 원하지 않는다면, 거기에 합당한 보상을 해주어야만 한다. 그 목적을 달성하는 방법에는 여러 가지가 있을 수 있다. 국가 채무와 자연 보전의 책임을 맞바꾸는 방법은 앞에서 이미 설명했다. 이 방법을 이용하면, 서구의 기업이나 국가가 개발도상국의 채무를 대신 짊어지고 그 대가로 자연 보전이 반드시 필요한 지역의 보호를 약속받을 수 있다. 또한 국제적인 인증 시스템을 도입해서 개도국의 삼림 보호 조치를 강화하는 것도 가능할 것이다. 이 방법을 간단히 설명하면, 시장에서 판매되는 각종 임산 가공품에 국제적으로 통용되는 특별한 표식을 붙여서 그 상품이 삼림 보전이 확실히 보장되는 지역에서 생산된 것이라는 점을 소비자들이 알 수 있도록 하는 것이다.[846] 이것 역시 문제와 시장을 서로 연결시켜서 개발도상국이 자신의 책임 하에 삼림을 보호함과 동시에 이익을 취할 수 있도록 하는 방법이다.

그렇지만 근본적으로, 세계의 삼림은 위험에 처해 있지 않다. 역사적인 관점에서 본다면, 지금까지 잃어버린 삼림은 전체의 약 20%에 해당하며, 전세계의 약 3분의 1은 지금도 삼림으로 덮여 있다. 제2차 세계대전 이후 이 면적은 그리 많이 변하지 않았다. 열대림이 벌채되고 있지만, 벌채율은 사람들이 걱정하는 연간 1.5~4.6% 수준보다 훨씬 낮다. 유엔 식량농업기구의 최신 자료는 연간 벌채율이 0.46%임을 보여준다. 개발도상국의 삼림이 때로 부주의하고 무책임하게 관리되고 있지만, 이 문제에 대한 최선의 해결책은 경제 성장률을 높이고 경제의 기초를 더욱 개선해 문제 국가들이 장기적인 전망을 할 수 있을 만큼 자원을 충분히 확보하게 하는 것이다. 도덕적인 측면에서, 생물 다양성 감소를 억제하겠다는 목적으로 열대림의 파괴를 줄이겠다는 포부를 품을 수는 있다. 그러나 생물 다양성의 감소 추세가 처음 생각한 것보다 훨씬 느리다는 점 또한 인정해야 한다.

마지막으로, 전세계의 종이 수요는 현재 삼림의 겨우 5%에서 생산되는 목재만으로도 충분히 충당할 수 있다. 조림지가 차지하는 면적은 전체 삼림 면적의 아주 적은 부분에 불과하지만, 전세계 삼림의 95% 이상을 차지하는 자연림에 대한 훼손 압박을 완화시키는 데는 실제로 커다란 도움이 된다.

11 에너지

석유가 곧 고갈될 것이라고 한다. 또 그런 소리라니.

2000년 7월, 〈E 매거진(E Magazine)〉은 다음과 같은 기사를 게재했다.

> 시나리오는 이렇다. 지난 밤 사이에 휘발유 가격이 2배로 뛰었다는 충격적인 공고가 주유소에 나붙는다. 문을 연 몇 군데 주유소에는 사람들이 길게 줄을 서 있다. 이미 문을 닫은 주유소는 '휘발유 품절'이라는 글귀가 적힌 조잡한 공고가 안으로 들어오려는 사람들을 막는다. 기름을 많이 잡아먹는 '대형 승용차' 중고 매물이 엄청나게 넘쳐난다. 초소형 경차를 사려는 대기자들이 늘어난다. 1973년? 1979년? 2007년은 어떤가?[847)]

이건 모두 옛날에 이미 들었던 얘기다.[848)] 그리고 아마 앞으로도 또 듣게 될 것이다. 하지만 이런 주장이 사실에 근거를 둔 것 같지는 않다. 앞으로 석유 가격이 극적으로 상승하는 일은 없을 것이며, 우리가 미래의 에너지 수요를 현명하게 감당해낼 수 있을 것이라고 믿을 만한 훌륭한 근거가 있기 때문이다.

우리 문명은 에너지에 기반을 두고 있다

우리의 모든 행동에는 에너지가 필요하다. 우리 몸 자체는 100와트 전구에 상당하는 에너지를 항상 공급하고 있지만,[849] 이미 오래 전부터 인류는 주로 동물과 노예들을 이용해 더 많은 에너지를 손에 넣으려 시도했다. 그 후 오래지 않아 우리는 기술 발전 덕분에 자연의 에너지를 이용하는 법을 배우게 되었다. 돛배를 띄우고 풍차와 물레방아 등이 등장했던 것이다. 그럼에도 불구하고 필요한 만큼 충분한 에너지를 생산할 수 있게 된 것은 1769년 와트가 증기 엔진을 발명한 이후에야 가능해졌다. 증기 엔진은 산업혁명의 기초가 되었고, 거의 전적으로 인간의 노동에 의존하던 영국의 상품 생산 방식은 그 후 100년 동안 화석연료에서 얻는 에너지에 주로 의존하는 방식으로 변화되었다.

그러나 이와 동시에 생산을 위한 에너지 공급을 나무에만 의존할 수 없다는 것이 분명해졌다. 영국의 삼림은 아주 빠른 속도로 사라져갔다. 그래서 영국과 미국에서는 석탄을 점점 많이 사용하기 시작했다(도표 62). 석탄이 나무보다 좋은 에너지원이기도 했고, 양도 훨씬 더 많았기 때문이다. 모든 산업 국가에서 같은 과정이 되풀이되면서 현대 산업 사회의 에너지 의존성과 재생 불가능한 자원에의 의존성을 공고히 했다. 20세기에 들어서면서 석탄은 석유로 대체되었다. 석유가 운송 · 저장 · 사용 면에서 석탄보다 훨씬 유리했기 때문이다.

석탄, 석유, 천연가스는 모두 수백만 년 전에 죽은 식물들이 분해되어 만들어진 것이다. 따라서 이들을 통틀어 화석연료라고 부른다. 우리가 사용하는 석탄은 대부분 3억~4억 년 전에 살다가 죽어서 습지에서 분해된 육지 식물의 잔해다. 그 식물들은 우선 이탄(泥炭)으로 변화되었다가 충분한 압력과 온도 때문에 남아 있던 습기가 다 빠져나가고 난 후 석탄이 되었다.[850] 그러나 석유와 천연가스는 주로 약 200만~1억 4,000만 년 전에 바다 밑바닥으로 가라앉은 플랑크톤으로 구성되어 있다. 석유와 가스

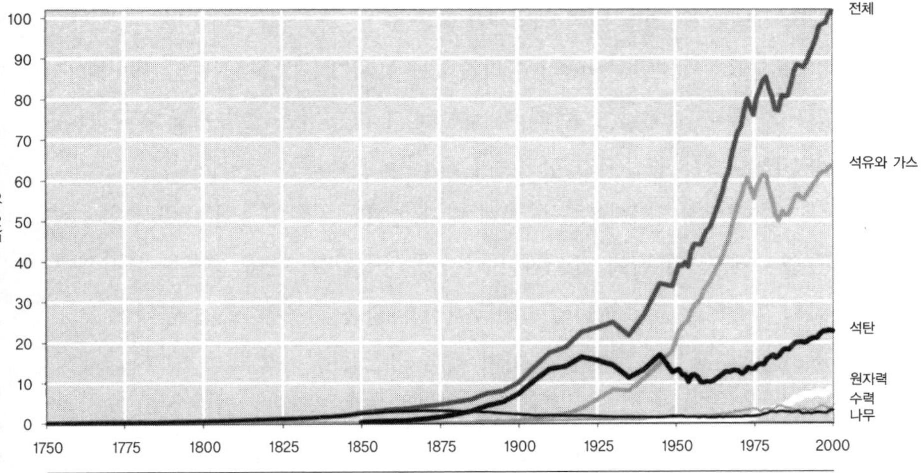

도표 62 미국의 에너지원별 에너지 소비량. 1750~2000년. 1EJ은 대략 석유 1억 6,700만 배럴이나 석탄 3,700만 톤에 해당하는 에너지량이다. 출전: EIA 2000d:349-50, 2001a:1.[852]

의 비율 및 품질은 만들어질 때의 압력과 온도에 달려 있다. 압력이 아주 높은 곳에서는 놀라울 정도로 많은 양의 가스가 생성될 것이다.[851] 원유는 다양한 화학 성분으로 구성되어 있어서 정유 과정을 거친 다음에야 휘발유나 디젤유, 난방용 석유, 아스팔트용 물질 등의 제품을 얻을 수 있다.

오늘날 우리 문명은 적절한 에너지 공급에 크게 의존하고 있다. 19세기 말까지 미국에서는 인간의 노동력이 모든 산업 노동력의 94%를 차지했다. 그러나 오늘날에는 그 비율이 겨우 8%에 지나지 않는다.[853]

만약 우리가 사용하는 에너지를 '하인'이라고 생각해보자. 그래서 그 하인들이 우리와 동등한 정도의 노동력을 지닌다고 한다면 서구 사회에서는 한 사람이 약 150명의 하인을 이용할 수 있다. 미국에서는 300명의 하인을 이용할 수 있고, 심지어 인도에서조차 15명의 하인을 이용할 수 있다.[854] 하인들의 도움 없이 사는 생활이 과연 어떨지 상상하는 것조차 불쾌한 일이 아닐 수 없다.

계속 지탱할 수 있을 만큼 에너지가 충분한가

가장 중요한 문제는 에너지에 의존하는 상태가 앞으로도 과연 지속될 수 있는가 하는 점이다. 그런데 이 질문에 대한 대답은 놀랍게도 예측 가능한 미래에 화석연료가 고갈되는 일은 없을 것이라는 점이다.

그렇지만 장기적으로는 어떻게 해야 할까? 현재 공급되는 에너지의 기반은 수백만 년 전에 만들어진 석탄과 석유이다. 현대 문명을 유지하기 위해 과거 수백만 년에 걸쳐 만들어진 자원을 겨우 몇백 년 만에 소모해버리는 데 따르는 문제점은 이미 많은 사람들이 지적한 바 있다. 그래서 사람들은 미래의 후손들이 화석연료를 사용할 수 없게 되는 일이 생기지 않도록 지속 가능한 방법으로 그것들을 사용해야 한다고 말한다. 이런 주장이 상당히 합리적으로 들리기는 하지만, 설령 그렇게 한다고 해도 재생불가능한 자원을 사용하면서 미래의 후손들에게 같은 자원을 틀림없이 남겨줄 수 있는 방법이 있을 리 없다.[855] 설령 세상 사람들이 1년에 석유를 1배럴밖에 사용하지 않는다고 해도 언젠가는 미래의 후손들이 쓸 석유가 한 방울도 남지 않는 상황이 발생하기 마련이다.[856]

따라서 이런 식으로 문제를 규정하는 것은 너무도 단순하다. 노벨 경제학상 수상자인 로버트 솔로우(Robert Solow)에 따르면, 우리가 우리 자신에게 이런저런 자원의 사용량을 얼마나 허용할 수 있느냐고 묻는 것은 "질문을 던지는 방법치고는 해로울 정도로 편협한 방법"[857]이다. 중요한 것은 미래의 후손들을 위해 모든 자원을 다 준비해두어야 한다는 것이 아니라—이런 일은 사실상 불가능하기 때문이다—전체적으로 미래의 후손들이 적어도 우리와 동등한 수준의 삶을 누릴 수 있도록 지식과 자본을 남겨주어야 한다는 점이다.

사실 이 지적은 놀랄 만큼 사려 깊은 것이다. 이제 석유와 관련해서 그 점을 살펴보도록 하자. 지구 어디서나 석유를 주 연료로 사용하는 것이 이윤이 남는 장사가 되지 못하는 날이 조만간 닥칠 것이다. 석유 가격은 결국 상승할 것이고, 그 동안 다른 에너지원 가격은 하락할 것이다. 그러나 사람들에게 필요한 것은 석유 그 자체가 아니라 석유가 제공해줄 수 있는 에너지다. 따라서 정작 중요한 문제는 우리가 후손들에게 얼마나 많은 석유를 남겨줄 수 있는지가 아니라 후손들이 이어받게 될 미래 사회에서 에너지 생산 가격이 얼마일 것인지에 있다.

이 점을 조금 더 단순화시켜 생각해보자. 만약 우리 사회가 석탄과 석유를 모두 소모해버리지만, 그와 동시에 기술 제품 · 지식 · 자본 등을 엄청나게 개발한다면, 즉 다른 에너지원을 확보해서 더 싸게 이용할 수 있을 만큼 발전한다면, 땅 속에 화석연료만 잔뜩 남겨놓고 개발을 등한시하는 사회보다 더 바람직할 것임에 틀림없다.

장기적으로 석탄이 고갈될 것인지 묻는 것은 사실 이상한 질문이다. 장기적으로 우리는 당연히 다른 에너지원에 의존하게 될 것이다. 그런데도 우리가 그런 질문에 몸을 움츠리는 것은 이 질문이 에너지 위기와 경기불황을 연상시키기 때문이다. 그렇지만 이 장에서(그리고 천연 원료를 다루는 다음 장에서도 물론) 우리는 먼 미래까지 쓸 수 있는 자원이 충분하며, 또 설령 어떤 변화가 일어난다고 해도 그것은 우리 생활을 더 바람직하게 만드는 변화일 것이라고 기대할 만한 근거가 있다는 점을 알게 될 것이다.

사우디아라비아의 전 석유장관이며 OPEC 창립 작업에 참여하기도 했던 자키 야마니는 다음과 같이 지적한 바 있다. "석기 시대가 종말을 맞은 것은 돌이 부족했기 때문이 아니다. 언젠가는 석유의 시대도 종말을 고하겠지만, 그것이 석유가 부족하기 때문은 아닐 것이다."[858] 인류가 석기 사용을 중단한 것은 청동과 철이 더 뛰어난 재료였기 때문이다. 마찬가지로, 다른 에너지 기술이 더 나은 혜택을 제공해줄 수 있다면 우리는 석유 사용을 중단할 것이다.[859]

석유 위기

석유 위기 문제는 어떻게 된 것일까? 석유가 점점 더 희귀해지고 있으며 이제 곧 고갈될 것이라는 말을 우리는 수없이 들었다. 그러나 그런 일은 일어나지 않았다. 석유 위기가 발생한 것은 OPEC 국가들이 1970년대와 1980년대 초에 생산량을 줄여서 가격을 높였기 때문이다. 석유가 실제로 희귀해진 징조는 절대 아니었다. 석유는 그 당시에도 충분했고, 지금도 충분하다.[860] 사정이 그럼에도 불구하고 화석연료에 의존하기 시작한 이후 지금까지 우리는 줄곧 연료가 고갈될 것을 걱정해왔다. 1973년의 1차 석유 위기는 사람들에게 이 자원의 희소성을 정확히 일깨워준 사건으로 인식되었다.

석유 위기가 발생하기 바로 1년 전에 《성장의 한계》라는 책이 출판되어 대중적으로 엄청난 인기를 얻었을 뿐만 아니라 사회적으로도 커다란 영향력을 발휘했다. 시스템 분석과 컴퓨터 시뮬레이션이라는 새로운 개념을 이용한 이 책은 사람들의 과잉 소비 실태와 재앙을 향해 줄달음치던 1970년대 당시의 사회상을 분석하는 데 중추적인 역할을 했다. 끝없이 밀려나오는 것처럼 보이는 컴퓨터 출력물에서 얻은 분석 결과들은 재앙과 붕괴로 이어지는 다양한 미래 시나리오들을 보여주었다. 이 책의 바탕을 이루는 간단하고 기본적인 두 개의 논거는 심지어 오늘날에도 자원과 관련된 대부분의 논의에서 출발점 역할을 하고 있는 것처럼 보인다. 두 개의 논거는 모두 역사를 거슬러 올라가 멜서스와 농업 생산의 문제를 언급하고 있지만, 상당히 일반적인 개념을 소개하는 데 불과했다. 그 첫 번째 논거는 사회가 팽창하면서 제반 과정들도 성장한다는 가정이며, 두 번째 논거는 성장에는 필연적으로 한계가 있기 마련이라는 가정이었다.

박테리아 한 마리를 충분한 영양분과 함께 병에 넣어두면 재빨리 증식할 것이다. 녀석이 한 시간마다 2배로 늘어난다고 가정해보자. 1시간 후 박테리아는 2마리가 되고, 2시간 후에는 4마리, 그 다음에는 8마리, 16마리, 32마리 하는 식으로 늘어나는데, 이것이 기하 급수적인 증가의 전형적인 예다. 매번 정해진 시간이 지날 때마다 개체 수는 2배로 늘어난다. 이 기하 급수적 성장이 바로 첫 번째 가정의 근본을 이루고 있다. 그런데 인간 사회에서 발생하는 많은 현상들이 이런 특성을 따르는 것처럼 보인다. 전세계 인구의 변화를 보여주는 그래프를 작성해보면 인구가 기하 급수적으로 늘어나는 것처럼 보일 것이다. 5%의 금리로 은행에 예금해둔 돈은 14년마다 원금이 2배로 증가하면서 기하 급수적으로 늘어날 것이다. 사실 안정적인 성장률을 보여주는 모든 것들이 다 기하 급수적인 성장을 하고 있다. 경제, GDP, 사회 간접 자본, 상품에 대한 수요 등 모든 것이.

두 번째 가정을 구성하는 것은 한계다. 지구가 갖고 있는 자원의 양에 한계가 있다는 것은 지구가 둥글다는 사실에서 도출되는 결과에 불과하다. 지구 자원에 한계가 있다는 생각이 그토록 사람들의 마음을 끌어당기는 것은 바로 그 때문이다. 지구가 품을 수 있는 것에는 절대적으로 한계가 있다. 만약 자원의 일부를 사용한다면 다음 해에는 적은 양의 자원이 남게 될 것이며, 조만간 그 자원이 고갈될 것이다. 소비에는 정말로 한계가 있는 것이다.

기하 급수적인 성장과 자원의 한계라는 두 가지 가정을 고려하면 쉽게 파국을 예언할 수 있다. 기하 급수적인 성장이란 수요가 계속 더 빨리 증가하는 것을 의미하는 반면에, 자원의 한계는 누적 공급량에 분명한 상한선을 제시한다. 《성장의 한계》가 주장한 것은 바로 그 파국의 예언이었다. 《성장의 한계》는 1992년이 되기 전에 다른 많은 자원들과 함께 석유가 고갈될 것임을 보여주었다.[861] 그러나 우리가 이미 알고 있듯이 그런 일은 일어나지 않았다. 1987년 에를리히는 1990년대에 이르러 석유 위기가 다시 발생할 것이라고 말했다.[862] 그런 일 역시 일어나지 않았다.

이런 역사를 거치면서 사람들이 좀더 현명해졌을 것이라고 생각할 수도 있다. 그러나 1992년 우리는 《성장의 한계》의 개정판인 《한계를 넘어서(Beyond the Limits)》가 출판되는 것을 보았다. 이 책은 자원이 고갈될 것이라는 얘기를 또 다시 들려주었다.[863] 초판에서는 자원이 고갈되는 해를 정확히 예언하는 데 약간의 실수가 있었는지 모르지만, 이제야말로 곧 그런 문제들이 고개를 드는 것을 볼 수 있게 되리라는 것이었다. 《한계를 넘어서》는 석유와 천연가스가 각각 2031년과 2050년에 고갈될 것이라는 예언을 다시 내놓았다. 어쩌면 그런 고통스러운 상황을 어느 정도 미룰 수 있을지 모르지만, 어쨌든 가스 소비량은 매년 3.5%씩 늘고 있다는 것이다. 그리고 이것은 가스 소비량이 20년마다 2배씩 늘어난다는 것을 의미한다.[864] 따라서 우리는 20년마다 그 전에 소비한 가스량을 모두 합한 것만큼의 새로운 가스 공급원을 찾아내야만 한다. 《한계를 넘어서》는 "기하 급수적 성장의 본질이 바로 이런 것"이라고 지적한다.

석유가 얼마나 남아 있는가

인류 역사의 대부분 기간 동안 석유는 끈적끈적하고 역한 냄새가 나는 물질로 경멸의 대상이었다. 우리가 알고 있는 사례 중 석유를 사용한 가장 대표적인 예의 하나는 전설적인 바벨탑과 관련이 있다. 높이 90미터에 이르는 이 탑을 세우는 데 석유에서 만들어진 역청을 벽돌의 접착제로 사용한 것이다.[865] 타르는 노아의 방주에서처럼 배의 방수 처리에 사용되었다.

19세기 중반까지 윤활유와 등유의 수요를 충당해준 것은 동식물에서 추출한 기름이었으며, 특히 고래 기름이 많이 쓰였다. 그러다가 다양한 증류 방법이 발명되면서 석유는 갑자기 사람들의 관심을 끄는 물질이 되었다. 그 후 50년 동안 석유의 상업적 생산량이 급속히 늘어났으며, 20세기 초에 중동에서 대량의 석유가 처음 발견되었다. 제2차 세계대전 이후에는 석유 생산량이 거의 폭발적으로 증가했다(도표 63).

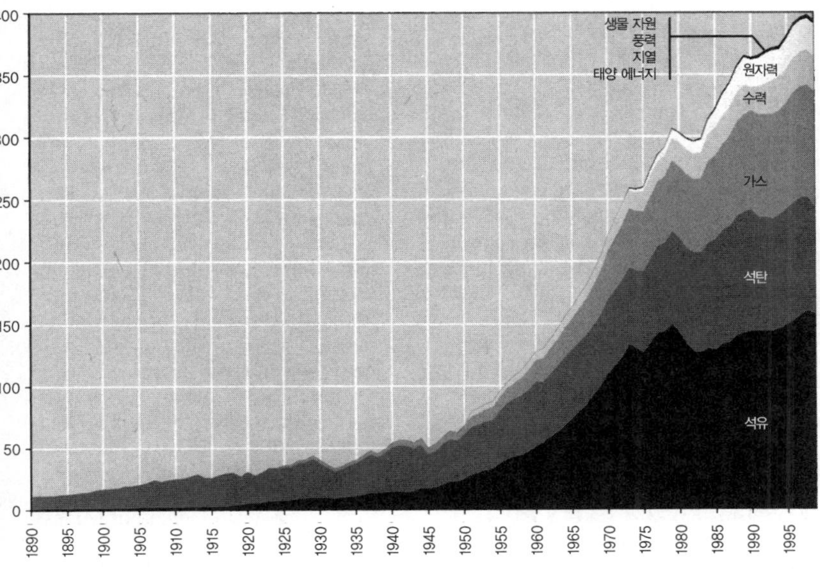

도표 63 전세계 에너지원별 생산량. 1890~1990년. 출전:Simon et al. 1994, WRI 1996a, WI 1999b, EIA 2000:39-40, 269. 주의:이 수치는 시장에서 판매된 에너지만을 표시하고 있다. 개발도상국에서는 모든 에너지의 약 4분의 1이 나무에서 나오는 것으로 추정된다. 출전:Botkin and Keller 1998:264. 상업적으로 거래되지 않는 전통적인 에너지원을 포함시키면 상업적인 생산량에 7%가 덧붙을 것이다. 출전:WRI 1998:332.

석유는 전세계 GDP의 1.6%를 차지하는데 오늘날 국제 무역에서 가장 중요하고 귀중한 상품이다.[866] 석유는 전세계적으로 발견된다. 그러나 지금까지 가장 많은 양의 석유가 발견된 곳은 중동이다. 중동의 석유 매장량은 전세계 매장량의 50~65%를 차지하는 것으로 추정된다.[867] 따라서 미래의 에너지 확보를 위해서는 이 지역이 어느 정도 평화를 유지하는 것이 반드시 필요하다.[868]

석유는 주로 사용되는 세 가지 화석연료 중에서 가장 다양하게 쓰일 수 있다. 석유는 대단히 많은 에너지를 함유하고 있으며 부피가 비교적 작아서 쉽게 운반할 수 있다. 그 반면에 석탄은 더 무겁고 더 부피가 크며 더 많은 공해를 유발한다. 가스는 깨끗하지만 부피가 아주 커서 수송을 위해 파이프라인이 필요하다.[869] 이런 특징들은 도표 64에서 볼 수 있는 것처

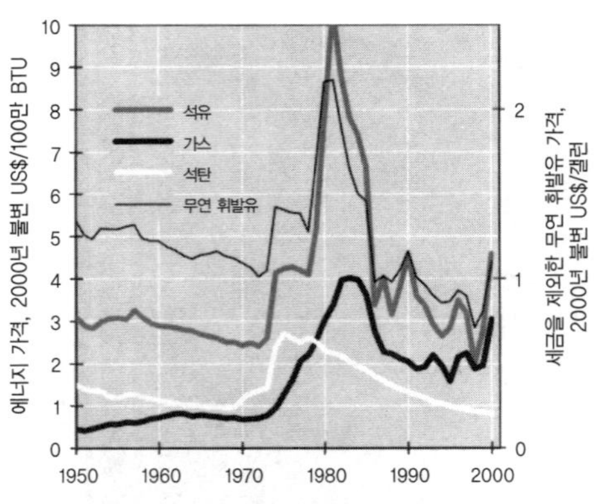

도표 64 석유, 가스, 석탄의 미국 가격과 주유소의 휘발유 가격. 세금을 제외한 일반적인 무연 휘발유 가격에 맞춰 조정한 것. 단위는 2000년 불변 US$. 100만 BTU는 석유 약 30리터(8갤런)의 에너지에 해당한다. 출전: EIA 1999c:63, 159-61, 2000c:117, 129, 131, 2001a:129, 131, CPI 2001, DOT 2000:2-9.[870]

럼 상대적 가격에 반영되어 있는데, 단위 에너지당 가격은 석유가 가장 높고 석탄이 가장 낮다. 시간이 지나면서 가스 가격이 석탄보다 높아진 것은 많은 나라들이 더 깨끗한 에너지원을 이용하기 위해 앞다투어 파이프라인을 설치했기 때문이다.

석유가 고갈되고 있다는 얘기는 오래 전부터 있었다. 1914년 미국 광산국(US Bureau of Mines)은 남아 있는 석유 매장량이 겨우 10년 동안 쓸 수 있는 양에 불과하다고 추정했다. 1939년 미국 내무부는 13년 후에는 석유가 고갈될 것으로 예언했으며, 1951년에도 다시 석유가 13년 후에 고갈될 것이라는 전망을 내놓았다.[871] 프린스턴 대학교의 프랭크 노트스타인(Frank Notestein) 교수는 말년에 이런 말을 했다. "내가 어렸을 때부터 사람들은 석유가 고갈되고 있다고 했다."[872]

그렇다면 희소성을 어떻게 측정할 수 있을까? 설령 석유가 고갈된다고 해도 석유를 완전히 구할 수 없게 되는 것은 아닐 것이다. 다만 석유가 아주 비싸질 뿐이다. 따라서 만약 석유가 점점 더 희귀해지고 있는지 조사해보고 싶다면, 그 가격이 점점 더 비싸지고 있는지를 살펴보면 될 것이다.[873] 도표 65는 장기간에 걸친 석유 가격의 상승 추세가 전혀 없다는 것을 보여준다.

1973년부터 1980년대 중반까지 석유 가격이 크게 상승한 것은 OPEC가 생산량을 일관되게 제한할 수 있게 되면서 인위적으로 석유를 귀하게

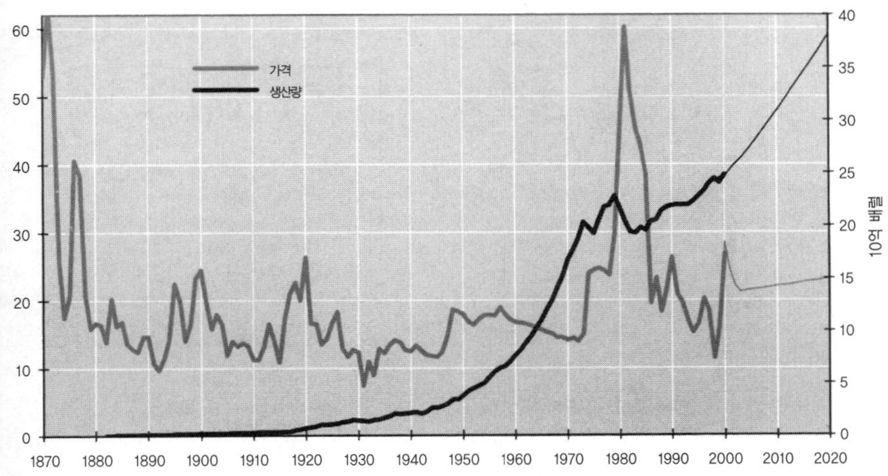

도표 65 석유 가격과 전세계 생산량 변화. 1871~2020년. 2001~2020년의 예측치는 미국 에너지정보국에서 발표한 것. 출전:Simon et al. 1994, EIA 1999c:63, 273, 2000e:127, 153, 2001a:117, 137, 2001c:13, CPI 2001.

만들었기 때문이다.[874] 마찬가지로 요즈음 석유 가격이 높은 것도 역시 1990년대 말부터 OPEC가 합의한 생산량 감축을 회원국들이 잘 따르고 있기 때문이다.[875] 따라서 석유 가격은 현재 27달러 수준이지만 2020년까지는 20달러 이하로 다시 떨어질 것으로 전망된다.[876] 이 가격은 최근에 발표된, 석유 가격 변화 시나리오 여덟 가지에서 예측한 17~30달러의 중간쯤에 해당한다.[877]

장기적인 석유 가격 변화 추세가 이 가격대를 이탈할 가능성이 별로 없는 것은 석유의 실질 가격이 높아지면 자연히 소비가 줄어들고, 다른 석유 공급원이나 석유를 대체할 다른 에너지원을 개발하려는 노력에 박차를 가하게 되기 때문이다. 마찬가지로 가격이 꾸준히 낮은 수준을 유지할 때에는 그 반대의 결과가 나타난다.[878]

사실 요즈음 주유소에서 파는 휘발유 가격(소비자 가격)에서 세금을 제외한 실제 가격을 살펴보면, 갤런당 1달러 10센트(리터당 300원대 – 옮긴이)를 유지하고 있어 석유 위기 이전의 가장 낮은 가격과 동일하다(도

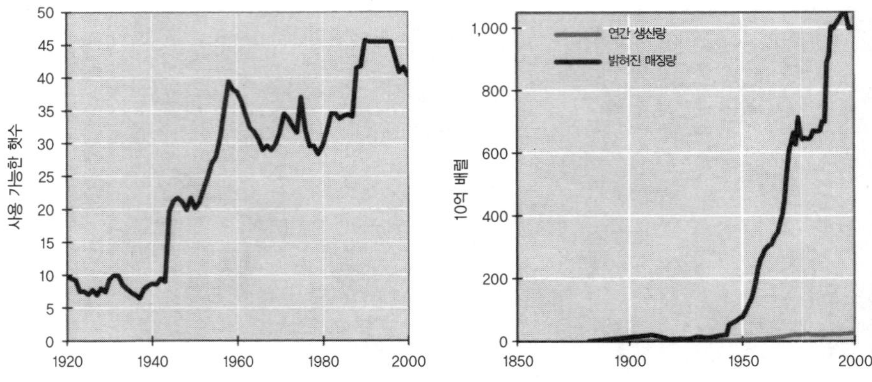

도표 66 연간 생산량과 비교한 전세계 석유 매장량. 1920~2000년. 출전:Simon et al. 1994, EIA 1997b:표 11.3, 11.5, 1999c:271, 2000d:277, 2000a:109, 2000c:136, 2001a:137, 2001b:113. 1944년까지는 미국의 석유 매장량이고 그 이후는 전세계의 매장량이다.

도표 67 전세계적으로 지금까지 알려진 석유 매장량과 전세계 석유 생산량. 1920~2000년. 출전:도표 66과 동일.

표 64). 그 이유는 휘발유 가격의 대부분을 차지하는 정유 비용과 수송 비용의 효율이 그 동안 엄청나게 향상되었기 때문이다.[879]

한편, 도표 66은 우리가 과거 그 어느 때보다 더 많은 석유 매장량을 확보하고 있다는 것을 보여준다. 이건 정말 놀라운 일이다. 상식적으로 생각해도, 1955년에 남아 있던 석유의 매장량이 35년분이었다면 그 다음 해에는 34년분의 석유만 남아 있어야 한다.[880] 아니, 사실은 33년분의 석유가 남아 있는 편이 더 맞을 것이다. 1956년의 석유 소비량이 1955년보다 더 많았기 때문이다. 그러나 도표 66은 이런 상식적인 생각과는 정반대로, 1956년의 연간 소비량이 과거보다 더 늘어났는데도 매장량이 오히려 증가했음을 보여준다.[881] 석유 매장량이 몇 년분이나 남아 있는지를 살펴보아도, 석유가 점점 희귀해지고 있는 것처럼 보이지는 않는다.

도표 65에서 석유 소비량이 매년 꾸준한 증가세(1970년대는 예외)를 보여주고 있다는 데 주목하자. 이는 비관론자들이 예측한 그대로이다. 소비가 파국을 향해 나아가고 있다는 예측 말이다. 그렇지만 지금까지 알려진 석유 매장량과 석유 수요량이 함께 표시되어 있는 도표 67을 살펴보

면 발견된 석유 매장량의 증가 속도가 수요 증가 속도를 앞지르고 있다는 사실을 분명히 알 수 있다.

낙관론자들과 비관론자들의 논쟁

석유의 고갈이라는 현상이 실제로는 일어나지 않는데도 우리는 왜 석유가 언젠가는 고갈될 것이라는 믿음을 계속 지니고 있는 것일까?

1865년, 유럽에서 가장 존경받는 과학자 중 한 사람이었던 스탠리 제번스(Stanley Jevons)는 영국의 석탄 사용 현황에 관한 책을 쓴 적이 있다. 그의 분석 결과에 따르면, 산업혁명은 석탄 수요를 무자비하게 증가시켰으며, 이 때문에 결국 영국의 석탄이 모두 고갈돼 일시에 전체 산업이 마비되는 사태를 초래할 것이라고 했다. "미래의 산업 수요로부터 우리가 구제될 수 있을 것이라는 합리적인 전망은 전혀 없는 것처럼 보인다."[882] 그의 주장은 《성장의 한계》에서 상세히 설명하고 있는 내용과 그리 다르지 않았다. 그러나 그는 석탄 가격이 상승하면 석탄을 더욱 효율적으로 사용할 수 있는 방법이나 새로운 매장지를 찾겠다는 의욕, 석탄을 더 싸게 수송할 수 있는 방법이나 석유와 같은 다른 에너지원을 찾겠다는 의욕 등도 덩달아 높아질 것이라는 점을 미처 깨닫지 못했다.[883] 결과적으로 제번스가 경고했던 위기는 결코 발생하지 않았다.

우리가 자원을 더 효율적으로 사용할 수 있게 되고, 동시에 더 많은 매장 자원을 찾아낼 수 있다는 사실은 인간의 독창성이라는 개념으로 설명할 수 있을 것이다. 지구가 둥글기 때문에 자원이 한정되어 있는 것은 사실이지만, 그렇다고 해서 그 점이 반드시 문제의 해결에 커다란 장애가 되는 것은 아니다. 오히려 문제는 우리가 현실적으로 개발할 수 있는 실제 매장량이 과연 얼마나 되는가이다. 가용 매장량에는 물론 한계가 있지만 에너지 가격이 상승하면 자원이 묻혀 있는 장소를 더 많이 찾아내거나 자원을 채굴하는 더 효율적인 기술을 개발하겠다는 의욕 또한 높아진다.

결과적으로 에너지 가격 상승은 전체 가용 매장량을 증대시켜 다시 가격이 떨어지는 효과를 낳는다.

사실 에너지 자원이 점점 더 부족해지고 있는지, 아니면 더 풍부해지고 있는지에 대한 해답은 어떤 시각에서 이 문제를 바라보는가에 따라 달라질 수 있다. 비관론자들은 자원이 물리적으로 제한되어 있으므로 점점 더 부족해질 수밖에 없다고 주장한다. 그러나 낙관론자들은 인간의 독창성을 믿고 통계 자료에 들어 있는 경험적 증거에 초점을 맞춘다. 과연 어느 쪽이 옳은지는 사실상 경험론적인 문제다.[884)]

과거 어느 때보다 석유가 풍부하다

도표 65를 보면 석유 가격의 장기적인 상승 추세가 전혀 없으며, 석유가 점점 부족해지고 있는 것이 아니라는 사실을 분명히 알 수 있다. 또한 도표 66은 남아 있는 석유의 양이 점점 줄어드는 것이 아니라 점점 더 늘고 있음을 분명히 보여준다. 그렇지만 이상하지 않은가. 우리가 과거 어느 때보다 더 많이 석유를 써버렸는데 어떻게 훨씬 더 많은 석유가 남아 있는 것일까?

이 질문에 대한 답변은 자원이 제한되어 있다는 시각과 상반되는 다음의 세 가지 핵심적인 주장과 연결되어 있다.

첫째, '매장이 확인된 자원'은 결코 한정된 것이 아니다. 석유가 묻혀 있는 장소 중에 아직 확인되지 않은 곳이 있다는 뜻이다. 우리는 새로운 지역을 탐사해서 새로운 석유를 찾아낸다. 그러나 탐사에는 많은 돈이 들기 때문에 생산을 훨씬 앞질러서 새로운 탐사를 시작하지는 않는다. 따라서 수요가 증가함에 따라 새로운 유전이 끊임없이 발견된다. 이것이 바로 남아 있는 석유의 양이 감소하지 않고 계속 증가하는 이유 중 하나이다.

사실 매장이 확인된 자원 외에 아직 확인되지 않은 양이 얼마 안 될 것이라고 생각해서 그것들이 다 고갈되었을 때 무서운 문제가 발생할 것이라고 예측한다는 것 자체가 조금은 이상하다. 이 것은 내 집의 냉장고를 흘깃 들여다본 후 "아이고, 3일치 음식밖에 없네. 4일 후에 자네는 굶어 죽을 거야"라고 말하는 것과 거의 비슷하다. 하지만 이틀 후 나는 슈퍼마켓에 가서 음식을 사올 것이다. 따라서 중요한 것은 우리가 이미 알고 있는 확인 매장량뿐만 아니라 우리가 아직 모르고 있는 장소에서도 많은 석유가 생산될 수 있다는 점이다.[885] 미국 지질조사국은 아직까지 발견되지 않은 석유와 가스 매장분의 총량을 정기적으로 평가하는데, 2000년 3월 그들은 다음과 같이 보고했다. "1981년 이후 최근 네 번의 평가에서는 지금까지 밝혀진 확인 매장량과 아직 밝혀지지 않은 매장량의 총합이 약간 증가했음을 보여주었다."[886]

둘째, 자원을 개발하고 이용하는 방법이 개선되고 있다. 우리는 이미 알고 있는 유전에서 더 많은 석유를 채굴하기 위해 신기술을 이용하며, 새로운 유전을 발견하는 기술도 더욱 발전시키고 있다. 그래서 과거에는 개발 비용이 너무 비싸서 개발을 포기한 유전이나 개발하기가 아예 어려웠던 유전을 다시 개발할 수 있게 되었다. 맨 처음 유전을 개발했을 때는 대개 확인된 매장량의 20% 정도만을 채굴하는 것이 보통이었다. 유전에 물, 증기, 화학약품 등을 주입해 더 많은 원유를 채굴하는 현재의 발전된 기술로도 대개는 매장량의 절반 이상이 그대로 땅 속에 남게 된다. 미국에서 가장 규모가 큰 10대 유전들이 앞으로 생산을 중단하는 시점이 되었을 때에도 원래 매장량의 63% 정도가 여전히 땅 속에 남게 될 것으로 추정된다.[887] 따라서 이 분야에서만도 우리가 거둬들일 수 있는 열매가 아직도 많다. 미국 지질조사국이 최근 내놓은 평가에 의하면, 기술 발전 덕분에 현재까지 알려진 유전에서만 50% 이상의 석유를 더 증산할 수 있을 것으로 전망된다.[888]

이와 동시에 석유를 사용하는 방법에서도 혁신이 이루어지고 있다. 1973년 이후 미국 자동차의 평균 연비는 60% 개선되었다.[889] 마찬가지로

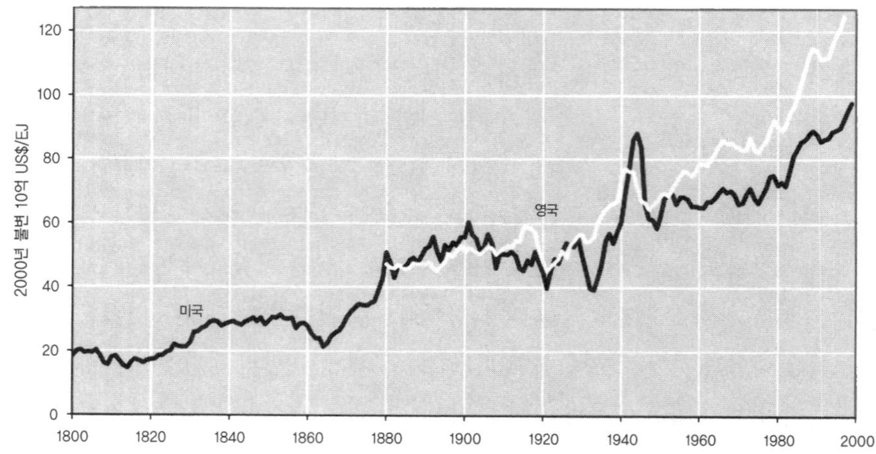

도표 68 미국(1800~1999년)과 영국(1880~1997년)의 에너지 사용 효율성. 1800년에는 1EJ의 에너지로 2000년 US$ 기준으로 겨우 190억 달러 상당의 상품밖에 생산하지 못했지만, 1999년에는 같은 양의 에너지로 900억 달러 이상의 상품을 생산할 수 있음을 알 수 있다. 출전: 도표 30, 도표 62와 동일, Fouquet and Pearson 1998.[896]

유럽과 미국의 주택 난방 효율성 또한 24~43% 개선되었다.[890] 가전 제품의 효율성도 한결 높아졌다. 식기 세척기와 세탁기의 에너지 사용량은 약 50%나 줄어들었다.[891]

그렇지만 에너지 효율을 증진시킬 수 있는 여지는 아직도 얼마든지 있다. 현재 미국에서 사용되는 에너지의 43%가 헛되이 낭비되는 것으로 추정된다.[892] 미국 에너지부는 가정에서 에너지 소비를 50~94% 절약할 수 있을 것이라고 추정한다.[893] 이제 우리는 1리터의 연료로 50~100킬로미터 이상을 달릴 수 있는 안전한 자동차를 만드는 것이 가능하다는 것을 알고 있다.[894] 이처럼 에너지 효율을 증진시킬 수 있는 개선 방법이 많은데도 실제로 이용되지 않는 것은 현재의 에너지 가격과 기술 수준으로는 수지가 맞지 않기 때문이다.[895]

대부분의 나라에서는 에너지 이용 방법이 실제로 점점 더 개선되고 있다. 1달러, 1유로, 혹은 1엔어치의 상품을 생산하는 데 드는 에너지가 점점 줄어들고 있는 것이다. 도표 68은 미국이 1800년 이후 같은 양의 에너지지로 생산 가능한 상품의 가치가 계속 증가했왔음을 보여준다. 1880년 이후의 영국과 유럽연합, 그리고 1973년 이후의 일본도 마찬가지다.[897] 세계 전체로 보더라도 1992년의 단위 에너지당 재화 생산량은 1971년에 비해 거의 2배로 증가했다.[898] 같은 기간 동안 덴마크는 그보다 훨씬 더 큰 성과를 거두어서 GDP가 늘어날수록 에너지 소비량도 늘어난다는 상관 관계의 고리를 아예 끊어버렸다. 1970년부터 1989년까지 덴마크의 GDP가 48%나 늘었는데도 총 에너지 사용량은 오히려 줄었다.[899]

셋째, 대체품의 이용이 가능하다. 우리에게 정작 필요한 것은 석유 그 자체가 아니라 석유가 제공해주는 혜택이다. 우리가 원하는 난방, 에너지, 연료 등은 다른 자원에서도 얻을 수 있다. 따라서 만약 다른 에너지원이 더 좋거나 더 싸다는 것이 증명된다면 당연히 그 에너지원을 사용하는 방향으로 전환이 가능하다. 1600년경 영국에서는 (삼림 벌채와 형편없는 사회 기반 시설 때문에) 목재 가격이 점점 비싸졌는데, 이 때문에 사람들은 에너지원을 점점 석탄으로 바꾸게 되었다. 도표 62는 미국에서도 비슷한 움직임이 있었음을 보여준다.[900] 19세기 후반에는 석탄이 석유로 대체되는 과정에서 비슷한 현상이 나타났다.

단기적으로 보면, 석유 대신 천연가스나 석탄처럼 이미 널리 알려진 화석연료를 사용할 것이 분명하다. 그러나 장기적으로는 에너지 소비량의 상당 부분을 핵 에너지, 풍력, 태양 에너지, 생물 자원, 셰일유(shale oil, 유모혈암에서 추출된 유기물로 석유와 유사한 성질을 갖는다 – 옮긴이) 등으로 충당할 가능성이 크다.

다른 화석 에너지원

천연가스는 깨끗하고 값이 싸지만 운송을 위해 거대한 파이프라인이 필요한 에너지원이다. 가스는 제2차 세계대전 이후 화석 에너지원 중에서 가장 큰 증가율을 기록했다. 도표 69에 분명히 나타나 있듯이 가스 생산

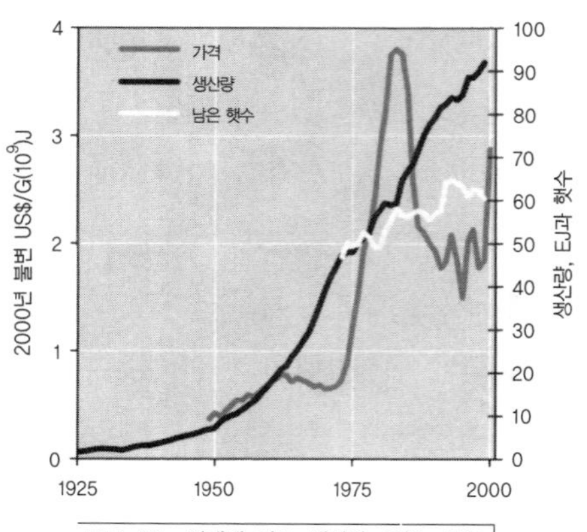

도표 69 전세계 가스 생산량, 가격, 사용 가능 햇수. 생산량(EJ)은 1925~1999년, 가격(GJ당 2000년 불변 US$)은 1949~2000년, 사용 가능 햇수는 1975~1999년의 자료. 출전: WI 1999c, EIA 1999c: 63, 269, 2000a: 109, 131, 2001b: 42, CPI 2001, BP 1998, 1999.[903]

량은 1950년 이후 12배 이상 늘었다. 1950년에는 가스가 전세계 에너지 사용량의 약 10%만 차지했지만, 오늘날에는 23%를 차지한다.[901] 가스는 다른 화석연료에 비해 단위 에너지당 이산화탄소 방출량이 훨씬 적다. 석탄이야말로 이산화탄소 방출의 주범이다.[902]

그렇게 생산이 급격히 증가했음에도 불구하고 가스는 석유와 마찬가지로 시간이 지나면서 더욱 풍부해졌다. 하지만 이미 설명한 것처럼 그것이 그리 놀랄 일은 아니다. 가스 매장량은 1973년 이후 2배 이상 늘었다. 매년 점점 더 많은 양의 가스가 사용되어도 가스 매장량은 계속 증가할 것이다. 1973년의 가스 매장량은 그 해의 소비량으로 따져서 겨우 47년분밖에 안 되었다. 그러나 1999년에는 소비량이 90% 이상 치솟았는데도 매장량이 60년분이나 되었다.[904]

역사적으로 가장 중요한 화석연료는 석탄이었지만, 제2차 세계대전 이후 석유에게 어느 정도 그 자리를 내주었다. 석탄이 다시 에너지원으로서 관심을 끌게 된 것은 순전히 1970년대의 석유 위기 때문이었다. 석탄이 무겁고 부피가 커서 수송비가 많이 드는데도 말이다.[905] 따라서 대부분의 석탄은 산지에서 가까운 곳에서 소비된다. 생산된 석유의 60%가 수출되는 데 비해 석탄은 10%밖에 수출되지 않는다.[906] 1973년 1차 석유 위기가 있은 후 덴마크에서는 석유 소비량의 상당 부분이 석탄으로 대체되었으며, 서서히 가스가 석탄을 대신하기 시작했다. 이런 경향은 유럽 전역에 널리 확산되었다. 가스가 더 깨끗한 원료인 데다, 독일과 영국의 석탄이 너무 비싸졌기 때문이다.[907)]

일반적으로 석탄은 공해 물질을 대단히 많이 배출한다. 그러나 선진국에서는 유황 함유량이 적은 석탄을 사용하고 탈황 장치를 달아서 대기 오염 물질 배출을 감소시키기 때문에, 석탄 사용으로 방출되는 아황산가스와 이산화질소 중 상당 부분이 제거되고 있다.[908)] 그렇지만 석탄은 지금도 세계적으로 상당한 대기 오염원이다. 석탄 사용으로 인해 매년 1만 명이 훨씬 넘는 사람들이 목숨을 잃는 것으로 추정되는데, 이는 석탄을 사용할 때 발생하는 공해와 석탄 채굴이 여전히 위험한 일이기 때문이다.[909)]

그러나 석탄은 앞으로도 오랫동안 우리에게 에너지를 제공할 것이다. 석유나 가스와 마찬가지로 석탄의 매장량도 시간이 갈수록 늘고 있다. 1975년 이후 석탄의 총 매장량은 38%나 증가했다. 1975년의 석탄 매장량은 당시의 소비 수준으로 218년 동안 충분히 쓸 수 있는 정도였는데, 그 후 소비량이 31%나 늘었음에도 불구하고 1999년에는 그 매장량이 230년 동안 충분히 쓸 수 있는 정도가 되었다. 석탄 매장량을 햇수로 따진 수치가 더 많이 늘어나지 않은 것은 그 동안 석탄 가격이 크게 하락해서 새로운 매장지를 찾으려는 노력이 별로 없었기 때문이다.[910)] 석탄의 실제 총 매장량은 이보다 훨씬 더 클 것으로 추정된다. 전문가들은 앞으로 1,500년이 넘는 기간 동안 충분히 사용할 수 있을 만큼 석탄 매장량이 풍부하다고 추정하고 있다.[911)] 지난 100년 동안 석탄 생산량은 거의 10배로 늘었지만, 도표 70에서 볼 수 있듯이 이것이 영구적인 가격 상승으로 이어지지는 않았다(석유 위기로 인한 가격 급등은 제외). 사실 1999년의 석탄 가격은 가격이 낮은 편이었던 1969년의 수준과 비슷했다.

이와 동시에 화석연료 자원의 양을 크게 확대시켜주는 발견도 여러 차례 이루어졌다. 첫째, 석탄층에서 메탄가스를 채굴해 사용할 수 있게 되었다. 예전 광부들은 메탄가스가 갱도에 스며나와 폭발하는 것을 무척이

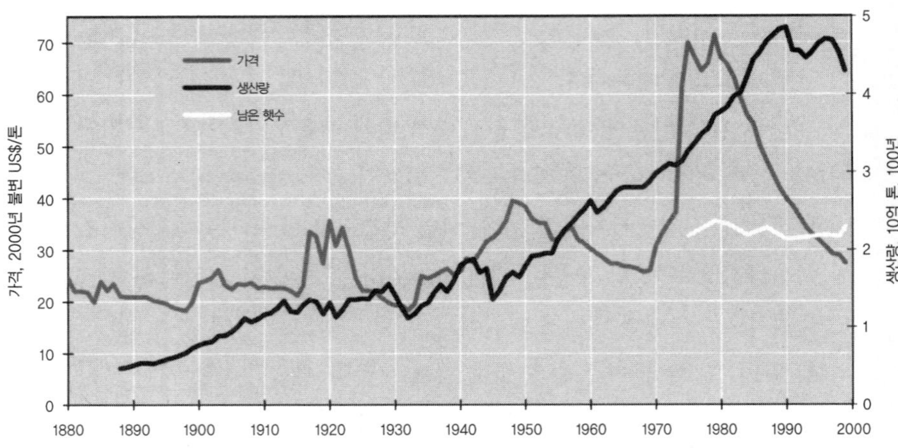

도표 70 전세계 석탄 생산량, 가격, 사용 가능 햇수. 생산량(10억 톤)은 1888~1999년, 톤당 가격(2000년 불변 US$)은 1880~1999년, 사용 가능 햇수(100년, 오른쪽 축)는 1975~1999년의 자료. 출전: Simon et al. 1994, EIA 1997b: 표 3.2, 11.15, EIA 1999c: 63, 2000a: 23, 2000d: 205, 2001b: 25, 295, Freme and Hong 2000: 5, CPI 2001, BP 1998, 1999.[913]

나 두려워했다. 하지만 지금은 이 메탄가스를 잘 이용할 수 있다. 석탄층에서 채굴할 수 있는 메탄가스의 양이 정확히 얼마나 되는지는 알려져 있지 않지만, 현재의 천연가스 매장량을 능가하는 것으로 추정된다. 어쩌면 천연가스 매장량의 2배에 달할 수도 있다.[912] 이처럼 메탄가스를 사용하는 방법을 발견한 것만으로도 우리는 적어도 60년 동안 더 쓸 수 있는 가스를 얻게 되었다.

타르샌드(tar sands, 타르 성분을 함유한 모래 또는 사암 – 옮긴이)와 셰일유에도 점점 더 많은 관심이 쏠리고 있다. 이 둘은 모두 석유 성분을 함유하고 있지만 불행히도 추출해내기가 매우 어려워서 개발 비용이 많이 든다. 캐나다는 1978년부터 타르샌드에서 석유를 추출해왔는데, 그 비용이 배럴당 28달러에서 현재는 불과 11달러 수준으로 낮아졌다.[914] 참고로, 2000년 배럴당 석유 가격은 27달러 정도였다.

미국 에너지정보국은 타르샌드와 셰일유에서 배럴당 30달러 이하의 가격으로 약 5,500억 배럴의 석유를 생산하는 것이 가능해질 것이라고 추정한다. 다시 말해, 현재 세계가 보유하고 있는 원유 매장량을 50% 증가시킬 수 있다는 뜻이다.[915] 또한 앞으로 25년 이내에 현재의 석유 매장량을 2배로 증가시키는 것이 상업적으로 가능할 것이라는 전망도 있다. 석유 가격이 배럴당 40달러까지 상승한다면 아마도 현재 석유 매장량의 약 5배까지도 확보가 가능해질 것이다.

셰일유는 가히 정신이 멍해질 정도로 풍부하다. 전세계적으로 전통적인 석유의 양보다 약 242배나 되는 셰일유가 존재한다고 추정되고 있다. 셰일유에는 다른 에너지원—석유 · 가스 · 석탄 · 이탄 · 타르샌드 등—을 모두 합한 것보다 8배 이상 많은 에너지가 들어 있다.[916] 이 양은 현재 우리가 사용하는 총 에너지 소비량을 기준으로 할 때 5,000년 이상 쓸 수 있는 규모이다.[917]

따라서 화석연료의 고갈을 지금 당장 걱정할 필요는 전혀 없다. 그렇지만 화석연료 중 일부는 아마도 우리가 더 많은 대가를 지불해야만 이용할 수 있을 것이다. 설령 앞으로도 계속 화석연료에만 의존한다고 가정하더라도 우리 예산에서 에너지 사용에 할당되는 비중이 줄어들 것이라고 믿을 만한 충분한 이유가 존재한다. 오늘날 세계의 에너지 가격은 전세계 GDP의 2%도 되지 않으며, GDP의 지속적인 증가율이 그리 크지 않을 것이라고 가정한다면 에너지의 비중은 계속 낮아질 가능성이 크다. 설령 에너지 가격이 100%나 급격히 상승한다고 가정하더라도 2030년까지 가계 소득에서 에너지 구입에 할당되는 비용의 비중은 약간 줄어들 것이다.[918]

원자력 에너지

원자력 에너지는 전세계 에너지 생산량의 6%를 차지하며, 원자력을 보유한 국가에서는 20%를 차지한다.[919] 아시아 지역에서의 성장에도 불구하고 원자력 산업은 2010년까지 정체되어 있다가 이후에 조금 후퇴할 것이다. 퇴보의 주된 이유는 스리마일 섬과 체르노빌의 사고를 통해 강조되었듯이 안전성 문제가 걱정되기 때문이다. 이 두 곳의 사고는 원자력 에너지에 대한 많은 사람들의 신뢰를 허물어버렸다.[920)]

보통의 원자력 발전은 핵분열 에너지를 이용한다. 우라늄-235의 분자를 분열시키면서 그때 발생하는 열 에너지를 회수하는 것이다. 우라늄-235 1그램에 포함된 에너지는 거의 석탄 3톤과 맞먹는다.[921)] 또한 원자력은 아주 깨끗한 에너지원이어서 원자력 발전이 정상적으로 이루어질 때는 거의 환경을 오염시키지 않는다. 원자력 발전에서는 이산화탄소가 발생하지 않으며, 여기서 배출되는 방사능은 사실상 석탄을 연료로 사용하는 화력 발전소에서 생겨나는 방사능보다 오히려 더 낮은 수준이다.[922)]

그러나 원자력 발전은 아주 오랫동안 방사능을 계속 방출하는 원자력 폐기물을 만들어낸다(어떤 물질은 10만 년 동안 방사능을 방출하기도 한다). 이런 이유 때문에 폐기물 처리장의 선정과 미래의 후손들에게 이런 유산을 물려주는 것이 과연 합당한가에 대해 커다란 정치적 논란이 생겨났다. 더욱이 민수용 원자로에서 나오는 폐기물을 이용해 핵무기를 위한 플루토늄을 생산할 수도 있다. 따라서 많은 나라들이 원자력 에너지를 사용하고 있다는 사실은 안보에 대한 잠재적인 위협이 될 수 있다.

현재 우리는 100년 동안 충분히 사용할 수 있을 정도의 우라늄-235를 가지고 있다.[923)] 그러나 특별한 종류의 원자로, 이른바 고속 증식로는 이보다 훨씬 흔한 우라늄-238을 사용할 수 있다. 우라늄-238은 모든 우라늄의 99% 이상을 차지한다. 고속 증식로의 원리는, 우라늄-238을 에너지 생산에 직접 사용할 수는 없지만, 이것을 우라늄-235와 함께 같은 원자로에 넣는 것이 가능하다는 데 있다. 우라늄-235는 보통 원자로에서처럼 에너지를 생산하고 여기에서 방출되는 방사능에 의해 그 동안 우라늄-238이 플루토늄-239로 바뀐다. 이 플루토늄-239는 원자로의 새로운 연료로 사용된다.[924)] 마치 마법을 부리는 것 같지만 고속 증식로는 사실상 자체 소비량보다 더 많은 연료를 만들어낸다. 따라서 이 고속 증식로를 이용하면 현재 존재하는 우라늄을 최고 1만 4,000년 동안이나 충분히 쓸 수 있을 것으로 추정된다.[925] 그러나 애석하게도, 고속 증식로는 기술적으로 더 취약하고 핵무기 제조에 사용될 수 있는 플루토늄을 대량으로 발생시키기 때문에 안보 걱정을 가중시킨다.[926]

효율성이 지극히 낮다는 점이 아마도 원자력 발전이 더 널리 보급되지 못하는 가장 중요한 이유일 것이다.[927] 계산에 영향을 미칠 수 있는 변수들이 너무나 많기 때문에 에너지 총 생산 비용에 대한 분명한 추정치를 얻기가 어렵지만 1999년 물가 기준으로 생각했을 때 원자력 발전소에서 생산하는 전기 에너지 1킬로와트시(kWh)당 생산 비용은 대략 11~13센트 수준이다.[928] 이에 비해 화석연료의 평균 에너지 생산 비용은 6.23센트이다.[929]

좀더 장기적인 관점에서 볼 때, 가장 큰 관심의 대상은 핵분열 에너지가 아니라 핵융합 에너지다. 핵융합을 이용하는 기술은 수소 원자 2개를 융합시켜서 헬륨 원자 하나를 만들어내는 것을 목표로 한다. 이 방법을 이용하면 연료 1그램으로 석유 45배럴에 해당하는 에너지를 생산할 수 있다.[930] 여기에 필요한 연료는 기본적으로 보통의 바닷물에서 나온다. 따라서 연료 공급원은 사실상 무한하다. 더욱이 핵융합 에너지를 이용하면 방사성 폐기물도 거의 생기지 않고 방사능도 거의 방출되지 않는다. 그러나 핵융합을 위해서는 천문학적인 고온이 필요한데, 지금까지 무려 200억 달러가 넘는 돈을 투자했음에도 불구하고 이제 겨우 에너지 생산에 필요한 레이저 파워의 10%를 달성하는 데 성공했을 뿐이다.[931] 따라서 핵융합 에너지의 상업적 이용은 2030년, 혹은 22세기가 시작되고 한참이 지난 후에야 비로소 가능할 것으로 생각된다.[932]

재생 가능 에너지

재생 가능 에너지원은 화석연료와 달리 결코 고갈되지 않고 계속 사용될 수 있다.[933] 대개 태양, 바람, 물, 지열(地熱) 등이 여기에 속한다. 몇 년 전까지만 해도 이 에너지원들은 어느 정도 '대안적인 것'에 불과하다고 여겨졌다. 〈이코노미스트〉의 표현을 빌리면, "샌들을 신고 턱수염을 기른 채식주의자들"이 좋아하는 프로젝트에 지나지 않았던 것이다.[934] 그러나 지금은 사정이 변하고 있다.

재생 가능 에너지의 사용에는 커다란 이점이 있다. 환경 오염의 위험이 적고, 수입 연료에 대한 의존을 낮춰주며, 외화 필요성을 줄여주고, 이산화탄소를 거의 배출하지 않는다.[935] 게다가 대부분의 장비가 싸고, 수리와 운송이 용이해서 개발도상국과 외진 지역에서 사용하기에 이상적이다.

도표 71을 보면 재생 가능 에너지원의 비중이 전세계 에너지 생산량의 13.6%밖에 되지 않음을 분명히 알 수 있다. 여기에서 가장 중요한 것은 수력 발전과 전통적인 연료이다. 수력은 전세계 에너지 생산량의 6.6%를 차지한다. 전통적인 연료란 장작, 숯, 버개스(bagasse, 사탕수수에서 설탕을 생산해내고 남은 섬유질의 줄기), 동식물의 배설물 등을 말한다. 이것들은 전세계 에너지 생산량의 6.4%를 차지하지만, 개도국에서는 총 에너지 소비량의 25% 이상을 차지한다.[936]

생물 자원, 지열 에너지, 풍력, 태양 에너지 등 더 널리 알려진 재생 가능 에너지원은 전세계 에너지 생산량의 0.6%로 가장 작은 부분을 차지하고 있다. 도표 71 맨 꼭대기의 얇은 조각 부분이 여기에 해당한다. 이 조각에서 가장 많은 부분을 차지하는 것은 전세계 에너지 생산량의 0.4%에 해당하는 생물 자원으로 여기에는 장작과 농산 폐기물을 에너지원으로 사용하는 것뿐만 아니라 도시 쓰레기를 소각해서 에너지를 생산하는 것 등이 포함된다.[937] 생물 자원 다음으로 많은 부분을 차지하는 것은 전세계 에너지 생산량의 0.12%인 지열 에너지다. 지열 에너지는 지구 내부에서 분출하는 열기를 이용하는 것이다.

재생 가능 에너지원 중에서 가장 널리 알려진 풍력과 태양 에너지는, 1998년에 총 에너지 생산량의 0.05%뿐이었다. 이 중에서 풍력이 거의 0.04%로 더 많았고 태양 에너지의 비율은 겨우 0.009%에 불과했다.[938] 전기 생산량만을 따져보더라도 풍력은 전체 전기 생산의 겨우 0.09%를, 그리고 태양 에너지는 0.02%를 차지할 뿐이다.[939] 재생 가능 에너지를 이용하는 데 가장 진보적이라 할 수 있는 유럽연합에서조차 전체 에너지 소비량 중 재생 가능 에너지의 비율은 5.6%밖에 되지 않는다. 대부분의 재생 가능 에너지는 생물 자원(3.7%)과 수력(1.8%)이며, 풍력은 0.04%, 태양 에너지는 겨우 0.02%밖에 되지 않는다.[940]

거의 매년 레스터 브라운은 재생 가능 에너지원의 사용량이 석유 사용량보다 훨씬 더 빠른 속도로 증가하고 있다는 사실을 대대적으로 발표하곤 한다.

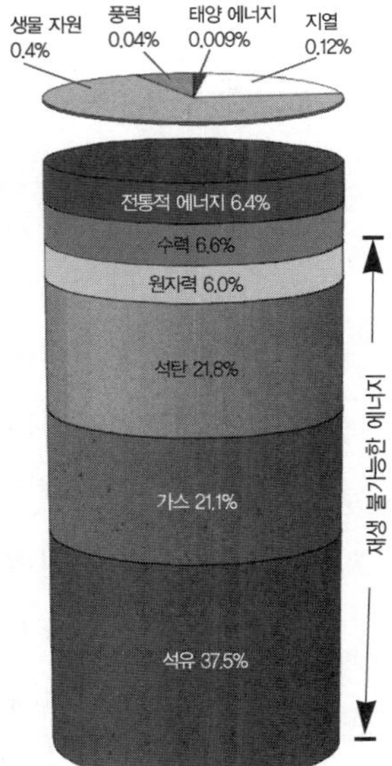

도표 71 전세계 에너지 총 생산량 대비 에너지원별 비율. 1998년. 전세계 에너지 총 생산량은 428EJ인데, 석유·가스·석탄·원자력 같은 재생 불가능한 에너지가 전체의 86.4%를 차지한다. 재생 가능 에너지는 주로 수력 발전과 전통적인 연료로 구성되어 있다. 제3세계에서 주로 사용하는 장작과 숯 등이 전통적인 연료이다. 꼭대기의 얇은 조각에는 잘 알려진 재생 가능 에너지원이 속하는데, 생물 자원·지열·풍력·태양 에너지를 모두 합한 비율은 0.6%이다. 출전: EIA 2000a:201ff, WRI 1998b.[941]

예전의 에너지 관련 논의는 신경제가 어떤 형태를 띨 것인가에 집중되어 있었다. 하지만 이제 우리는 실제로 신경제의 출현을 볼 수 있게 되었다. 이런 현상은 일본과 독일의 주택 지붕에 설치된 태양 전지판, 스페인과 아이오와 주의 풍력 발전 시설, 그 밖에 각기 다른 성장률을 보이고 있는 다양한 에너지원에서 찾아볼 수 있다. 1990~1998년 사이에 풍력 사용량은 연간

22%, 광전지는 16%의 성장률을 기록한 반면, 석유 사용량은 2% 이하의 성장률을 보였고 석탄 사용량은 전혀 증가하지 않았다.[942]

그러나 이런 식의 증가율 비교에는 오해의 소지가 있다. 전체 에너지의 겨우 0.05%밖에 차지하지 않는 풍력 부문에서 두 자릿수 증가율을 기록하는 것은 결코 어려운 일이 아니기 때문이다. 1998년의 석유 사용량 증가분인 2%에 해당하는 에너지만 해도 풍력 증가분 22%에 해당하는 에너지의 323배나 된다.[943] 풍력의 증가율이 앞으로 계속 유지될 가능성은 거의 없지만 설사 그런 일이 일어난다고 해도, 앞으로 46년 동안 매년 22%씩 증가해야만 석유의 사용량 증가 속도를 능가하게 될 것이다.[944]

간단히 말해서, 전체 에너지 생산량에서 재생 가능 에너지원의 비율이 이토록 낮은 것은 이 에너지원들이 아직은 화석연료와 경쟁할 수 있는 수준이 아니기 때문이다.[945] 현재까지 재생 가능 에너지 개발을 위한 대부분의 프로젝트는 공공자금의 지원과 세금 환급을 통해 실행되었다.[946] 그렇지만 도표 72에서 분명히 알 수 있는 것처럼 이 에너지원들의 생산가는 급속히 낮아지고 있으며, 감소 추세는 앞으로도 계속될 것으로 전망된다.

수력 발전은 많은 나라에서 중요한 위치를 차지하는데 63개국에서 전기 생산량의 50% 이상, 23개국에서는 적어도 90%를 담당하고 있다.[947] 수력은 꽤 오래 전부터 경쟁력을 갖췄지만 이미 상당히 개발된 상황이기 때문에, 유럽에서 그 비중이 더 커질 가능성은 거의 없다.[948] 더욱이 수력 발전에는 여러 가지 단점이 있다. 환경에 부정적인 영향을 미칠 수 있고,[949] 또 대부분의 댐은 20~50년이 경과하면 호수 바닥에 진흙이 너무 많이 쌓여 터널이 막혀버린다. 이집트의 아스완 하이 댐은 2025년까지 적어도 절반 가량 막혀버릴 것으로 예상된다.[950]

지구 내부의 열기를 이용하는 지열 발전 역시 경쟁력을 갖출 수 있으나, 이 에너지를 이용하기에 적합한 장소는 필리핀과 인도네시아의 일부

지역 등 몇 군데에 불과하다.[951]

현재 널리 사용되는 재생 가능 에너지원 중에서 가장 경쟁력이 있는 것은 풍력이다. 오늘날 풍력 에너지의 생산단가는 킬로와트시당 약 5~6.4센트 정도인데, 이는 20년 전에 비해 10배 이상 싸진 것이다. 하지만 아직도 화석연료 에너지에 비하면 여전히 비싼 편이다.[953] 풍력 에너지의 가격은 앞으로 더욱 낮아질 것으로 전망되지만, 그래도 2005에는 가스를 사용하는 화력 발전소에서 생산되는 가장 저렴한 전기에 비해 약 50% 비싸고, 또 2020년에 이르러서도 20% 정도 비쌀 것으로 예상되고 있다.[954]

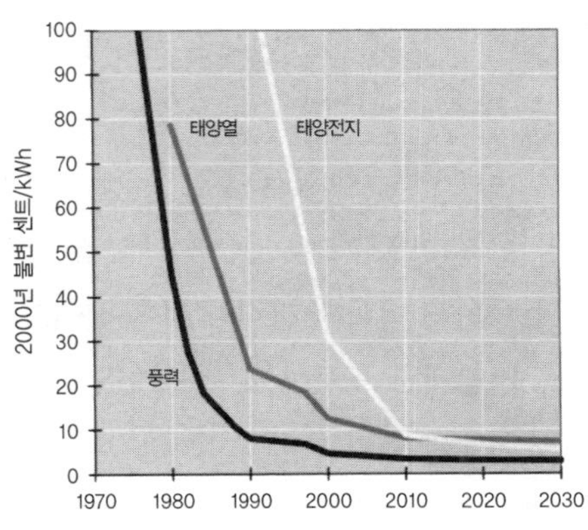

도표 72 여러 재생 가능 에너지원의 킬로와트시당 가격(1975~2030). 일차적 출전: DOE 1997, CPI 2001.[952]

많은 사람들은 재생 가능 에너지가 화석연료보다 싸지 않다는 사실을 알고 대개 깜짝 놀라곤 한다. 연료 자체가 공짜인 것은 사실이다. 하지만 이런 점이 별로 중요하게 취급되지 않는 데는 몇 가지 이유가 있다. 첫째, 실제 연료 가격은 전체 에너지 비용에서 아주 작은 부분을 차지할 뿐이다. 1995년 화석연료의 가격은 그것을 이용해서 생산하는 전기의 총 생산 비용 중 불과 16%만을 차지했다.[955] 둘째, 화석연료는 훨씬 오래 전부터 우리 곁에 있었고, 또 그 동안 항상 국가 연구 예산의 상당 부분을 차지해왔기 때문에 지금도 여전히 화석연료에 대한 연구 개발이 선두를 지키고 있다. 마지막으로, 시간이 지남에 따라 화석연료 이용의 효율성이 급속히 신장되고 있다. 새로운 연구 결과 덕분에 에너지 생산 능력이 2배로 증가할 때마다 자본 비용은 2.5%씩 낮아진다. 이와 동시에 석탄을 이용하는 화력 발전소 사이에 경쟁이 더 치열해진 데다가 경영기법도 좋아졌기 때문에 1982년에는 250명이 하던 일을 1995년에는 200명만으로 할 수 있게 되었다. 가스 사용 화력 발전소의 효율성은 이보다 훨씬 더 향상되어서 같은 기간 동안 필요 인력이 28%나 감소했다.[956] 전기 시장은 물론 석유와 가스 시장에 대한 규제 완화 또한 재생 불가능한 연료에서 생산되는 에너지 가격을 더욱 떨어뜨렸다.[957]

그럼에도 불구하고, 전통적인 화석연료와 일부 가장 저렴한 재생 가능 에너지원 사이의 비용 차이가 별로 크지 않다는 사실에 초점을 맞출 필요가 있다. 더욱이 이런 경제적 비용에는 화석연료 때문에 환경 부문에서 발생하는 부정적인 사회적 비용이 포함되어 있지 않다. 석탄을 사용하는 화력 발전소에서 생산된 전기는 지금도 풍력을 이용해서 생산된 전기보다 20~50% 저렴하다. 그렇지만 만약 화력 발전소가 초래하는 환경 오염과 석탄 폐기물이 환경과 인간에게 미치는 영향이 양자 사이의 가격 차이를 능가한다면 사회는 반드시 풍력을 선택해야 할 것이다.[958]

최근 전기 생산과 관련된 제반 비용을 모두 조사해보려는 대규모 프로젝트가 미국(2건)과 유럽(1건)에서 각각 진행된 바 있다. 이런 비용에는 석탄을 채굴하는 과정에서의 인명 손실 가능성, 수송 도중에 발생할 수 있는 사고의 위험, 화력 발전소 작업자들이 겪는 직업병의 가능성 등은 물론, 산성비 · 분진 · 아황산가스 · 일산화질소 · 오존 등의 오염 물질이 호수 · 농작물 · 건물 · 어린이 · 노인 등에게 미치는 악영향 등이 포함되었고, 심지어 과세와 일자리에 미치는 영향 등 생각할 수 있는 수많은 고려 사항까지도 포함되었다.[959] 연구 결과를 모두 종합해보면, 새로 신설되는 석탄 사용 화력 발전소에서 추가로 발생하는 사회적 비용이 전력 생산 킬로와트시당 약 0.16~0.59센트 정도라는 것을 알 수 있다.[960] 그러나 그 세 연구 중 어느 것도 이산화탄소 방출로 인해 초래되는 비용을 정량화하지는 못했다. 만약 이 비용을 포함시키면 위의 사회적 비용에 킬로와트시당 0.64센트가 더 추가될 것이다(지구 온난화를 다룬 제24장 참

조).[961]

따라서 재생 가능 에너지가 전통적인 화석연료와 비교해서 경쟁력을 갖추려면 사회적 비용을 포함하더라도 가격이 조금 더 떨어져야 한다. 그런데 재생 가능 에너지의 가격이 전통적인 에너지 가격보다 빠른 속도로 하락할 것으로 추정된다. 그러나 재생 가능 에너지원의 가격 예측에는 아직도 적지 않은 불확실성이 존재한다는 점을 무시해서도 안 된다. 과거 그런 에너지원들이 등장하던 초창기의 예측들이 상당히 낙관적이었다는 점도 이런 지적을 정당화시킨다. 1991년 의식 있는 과학자 연합(Union of Concerned Scientists, 과학의 사회적 책임을 강조하는 미국의 전문 과학자 단체 – 옮긴이)은 태양 에너지의 가격이 킬로와트시당 10센트 이하로 떨어질 것이라고 예측했지만, 불행히도 아직은 킬로와트시당 약 50센트 수준에 머물고 있다.[962]

따라서 보조금 지급과 세금 면제 등을 통해 재생 가능 에너지를 지원하는 것이 과연 꼭 필요한 일인지는 명확하지 않다. 덴마크는 현재 풍력 발전에 대해 킬로와트시당 무려 5센트나 보조금을 지원하고 있다.[963] 또 미국의 풍력 보조금은 킬로와트시당 약 1.5센트인 것으로 추정된다.[964] 하지만 보조금을 직접 지급하는 것보다는 에너지의 실제 가격이 생산 과정에서 발생하는 제반 사회적 비용과 배출 물질로 인한 사회적 비용을 적절히 반영할 수 있도록 세금을 부과하는 편이 훨씬 더 효과적일 것이다.

화석연료가 고갈되고 있다는 사실을 시장이 너무 늦게 깨달을 것이므로, 공공자금으로 재생 가능 에너지를 지원해주어야 한다는 주장이 의식의 저변에 깔려 있는 경우가 많다. 그러나 이미 앞에서 살펴보았듯이 설령 일부 에너지원의 가격이 일정 부분 상승할 수는 있겠지만, 화석연료가 금방 고갈될 위험성은 전혀 없다. 따라서 만약 에너지 가격에 세금의 형태로 사회적 비용이 반영된다면, 시장이 재생 가능 에너지에 가장 적절한 투자를 할 것이라고 가정할 수 밖에 없다.[965] 그러나 지구 온난화를 다룬 장에서 우리는 사회가 재생 가능 에너지의 가격을 더 낮추는 데 필요한 연구 개발에 과연 더 많은 투자를 하려 할 것인지를 살펴볼 것이다.

제반 사정을 감안할 때, 에너지와 관련해서 가장 중요한 것은 화석연료의 매장량이 풍부하다는 사실뿐만 아니라 재생 가능 에너지원을 무한정 공급하는 것도 경제성 측면에서 충분히 가능하다는 점이다.

태양 에너지

현재 지구에서 사용하는 에너지의 대부분은 태양에서 공급된다. 극히 일부만이 지구 내부의 방사능 붕괴 과정에서 방출된다. 태양은 지표면 1평방미터마다 180와트짜리 전구를 하나씩 계속 켜놓는 것과 맞먹는 엄청난 에너지를 방출하고 있다. 물론 이 에너지가 똑같이 분배되는 것은 아니다. 열대 지방은 250와트 이상의 에너지를 얻는 반면, 양 극지방은 100와트 정도밖에 받지 못한다.[966]

태양에서 지구로 유입되는 에너지의 양은 현재 전세계 에너지 소비량의 약 7,000배에 해당한다.[967] 이런 상관 관계가 도표 73에 잘 나타나 있는데, 연간 유입되는 태양 에너지 양이 다른 모든 에너지원을 압도한다는 사실을 알 수 있다. 달리 표현하면, 비교적 효율이 떨어지는 현재의 태양 전지로도 한 변의 길이가 469킬로미터인 정사각형 태양 전지판을 열대 지역에 설치하면—지구 육지 면적의 0.15%에 해당한다—현재 필요한 모든 에너지를 다 충당할 수 있다는 뜻이다.[968] 원칙적으로 이렇게 에너지를 모을 수 있는 지역은 사하라 사막(태양 전지판이 사하라 사막 전체 면적의 2.6%를 차지할 것이다)이나 바다이다.[969] 물론 현실에서는 단 하나의 중앙 집중식 초대형 발전소를 지으려 할 사람은 아마 없을 것이다. 그러나 이 예는 필요한 에너지를 모두 충당하는 데 필요한 공간이 얼마나 적은지를 분명히 보여주며, 또 생물학적으로나 상업적으로 무가치하거나 거의 가치가 없는 장소를 이런 목적으로 사용할 수 있다는 것을 보여준다.

가장 가격이 싼 광전지 효율은 1978년 이후 3배로 향상되었으며, 가격은 1970년대 초 이후 50분의 1로 떨어졌다.[970] 태양 전지는 아직 그리 경쟁력을 갖추지 못했지만 가격은 계속 낮아져서 2030년에는 킬로와트시당 5.1센트까지 떨어질 것으로 전망된다. 특히 도시에서 멀리 떨어진 지역이나 전기 공급망을 제대로 갖추지 못한 장소에서는 이미 태양 전지가 상업적으로 충분한 경쟁력을 지니고 있다.

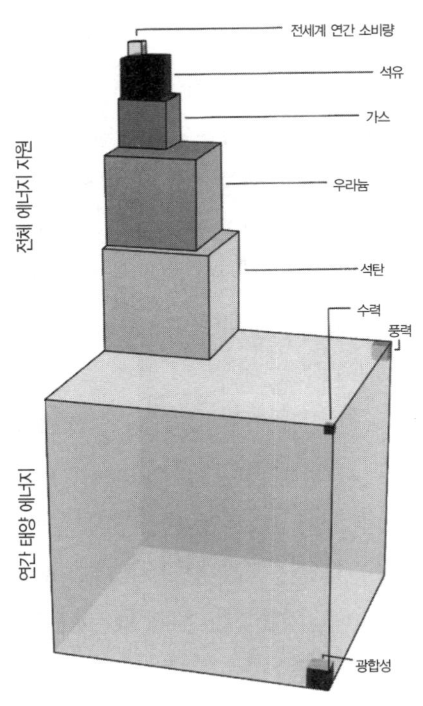

도표 73 지구에 도달하는 전체 태양 에너지량 대비 에너지원별 소비량 비교. 연간 지구에 도달하는 태양 에너지량 289만 5,000EJ, 석유 8,690EJ, 가스 1만 7,280EJ, 우라늄 11만 4,000 EJ, 석탄 18만 5,330EJ, 전세계의 연간 에너지 소비량 400EJ. 다른 대규모 재생 가능 에너지원의 잠재력도 표시되어 있다. 수력 발전은 최대 90EJ, 풍력 발전은 630EJ를 공급해줄 수 있다. 참고로, 식물의 광합성은 약 1,260EJ를 차지한다. 모든 자원과 잠재력에 대한 수치는 최선의 추정치며, 서로의 규모를 비교하는 수단으로만 받아들여야 한다.[972] 출전:Craig et al. 1996:159, 163, 181, 193, Cunningham and Saigo 1997:505.

인도네시아의 외진 마을인 수카타니는 1989년 태양 전지판이 설치되면서 문자 그대로 하루아침에 모든 것이 다 변해버렸다. 예전에는 1년 내내 매일 12시간씩 지속되는 긴 밤 시간에 할 일이 거의 없었다. 그러나 지금은 아이들이 저녁을 먹은 후 숙제를 할 수 있게 되었으며, 모터가 달린 새 양수기가 설치되어 계속 물을 공급해주기 때문에 더 위생적인 생활이 가능해졌다. 이 마을의 일부 와룽(구멍가게)은 이제 해가 진 뒤에도 영업을 계속하며, TV는 사람들에게 오락거리를 제공하고 더 넓은 세계를 엿볼 수 있는 창문이 되어주고 있다.[971]

태양 에너지는 난방에 직접 사용될 수도 있고 나중에 장작으로 활용 가능한 식물(생물 자원)을 기르는 데 간접적으로 사용될 수도 있다. 덴마크에서는 직접 사용되는 태양 에너지가 전체 에너지 사용량의 약 10～12%일 것으로 추정된다.[973] 미국에서도 생물 자원의 사용이 크게 확대될 것으로 전망된다. 하지만 문제는, 도표 73에 분명히 나타나 있는 것처럼, 녹색 식물의 태양광 이용률이 형편없이 낮다는 데 있다. 따라서 생물 자원이 전세계 에너지 소비량의 상당 부분을 충당할 수 있는 가능성은 별로 없다. 전세계에서 수확되는 농작물의 절반을 차지하는 농산 폐기물, 즉 작물의 줄기와 지푸라기 등의 생물 자원 총량은 약 65EJ 정도인데, 이것은 현재 에너지 소비량의 약 16%에 지나지 않는다.[974] 태양 전지의 에너지 효율이 15～20%인 데 비해, 녹색 식물들은 평균적으로 태양 에너지의 1～3%만을 이용한다.[975] 따라서 태양 전지판을 사용하면 식물을 재배해서 에너지를 얻고자 할 때 필요한 토지 면적의 30분의 1만으로도 같은 양의 에너지 공급이 충분히 가능하다. 더구나 태양 전지를 사용하는 데 좋은 농토가 필요한 것도 아니다.[976] 이 밖에도 생물 자원의 이용은 상당한 환경 오염 문제를 발생시켜 대기에 부유입자 · 황 · 니켈 · 카드뮴 · 납 등을 방출한다.[977] 오늘날 생물 자원은 여전히 경쟁력을 확보하지 못했지만, 태양 전지보다는 가격이 저렴한 편이다.[978]

많은 개발도상국에서 한정된 면적의 농경지를 두고 생물 자원을 생산할 것인가 아니면 식량을 생산할 것인가 하는 문제에 부딪힐 수도 있다. 그러나 어떤 지역에서는 생물 자원을 재배하는 것이 어쩌면 괜찮은 선택일 수도 있다. 왜냐하면 생물 자원은 토질이 나쁜 장소에서도 재배가 가능하고 토양 침식의 방지에 도움이 되며, 심지어는 황폐화된 토양을 다시 비옥하게 만드는 데 기여할 수도 있기 때문이다.[979]

미국 에너지정보국은 태양 에너지가 미국 국민들에게 필요한 에너지양보다 3.5배 이상 더 많은 양을 생산할 수 있다고 추정한다.[980] 그러나 이런 추정이 현실화되기 위해서는 대단한 독창성이 발휘되어야 할 것이다.

일본은 건물을 지을 때부터 아예 태양 전지를 지붕과 벽에 내장시키도록 하기 시작했다.[981] 어떤 나라들은 지붕을 덮을 때 전형적으로 사용되는 소재를 대신할 수 있는 얇은 방수막 같은 세라믹 태양 전지를 개발했다. 영국의 웨일스 지방에서는 방문객들에게 공개하는 한 실험 센터 건물에 전기를 공급해줄 에너지원으로 태양 전지를 선택했는데, 이것을 설치하면서 지붕 건축용 재료비를 절약할 수 있었다.[982]

풍력

풍력은 수천 년 전부터 이용되었다. 서력 기원이 시작되기 오래 전부터 중국, 인도, 페르시아 등에 존재했던 고대 문명은 물을 끌어올리고 곡물을 빻는 데 바람의 힘을 이용했다.[983] 중세 초기에 풍차는 이미 유럽 전역에 알려져 있었으며 증기 엔진이 등장할 때까지 가장 중요한 에너지원이었다. 자국 내에 석탄 산지가 없는 덴마크와 같은 나라에서는 풍차가 계속 중요한 위치를 차지했다. 덴마크는 1916년에만 1,300개 이상의 풍차를 새로 건설했다.

석유 위기는 과학자들로 하여금 풍력에 새로운 관심을 갖게 만들었으며, 그 이후로 놀라운 연구와 진보가 이루어졌다. 1975년 이후 풍력 에너지의 가격은 무려 94%나 떨어졌으며, 생산성은 1980년 이후 매년 5%씩 증진되고 있다.[984] 전세계적으로 풍력은 모든 에너지 소비량의 절반 이상을 충당할 수 있을 것으로 추정된다. 그러나 그렇게 되기 위해서는 무려 1억 개의 풍차를 세울 수 있는 땅이 필요하다.[985] 풍력 부문에서 세계 선두를 지키고 있는 덴마크에서조차 풍차는 1998년 국내 전력의 약 9%밖에 생산하지 못했다.[986] 미국에서 풍차는 1998년 전체 전기 에너지 중 0.1%만을 생산했다.[987]

한 나라에 필요한 전기의 상당 부분을 풍력에서 공급하려고 한다면 문제가 생길 것이다. 사람들의 거주지와 가까운 곳에 풍차를 설치하면 소음이 아주 귀찮은 존재가 될 수도 있다. 게다가 풍차를 제대로 가동하려면 사방이 탁 트인 곳에 설치해야 하는데, 그러다 보면 경관을 해치기 쉽다. 유일한 장기적 해결책은 바다 멀리에 풍차를 설치하는 것이다. 그런 곳에서는 혹시 경관과 관련된 문제가 있더라도 별로 심각하지 않으며, 풍력 발전의 효율성도 50% 정도 향상시킬 수 있다.[988)]

풍력 발전을 그리 달가워하지 않는 사람들은 그것이 아직 상업성이 없고, 전기를 생산하는 데 더 많은 에너지가 필요하며, 풍차 때문에 새들이 죽을 수도 있다는 점을 흔히 지적한다.[989)] 앞에서 살펴보았듯이, 풍력 발전은 아직 충분한 경쟁력을 확보하지 못하고 있다. 그러나 풍력 발전으로 생산된 전기 에너지의 가격은 다른 에너지에 비해 30~50% 정도 더 비쌀 뿐이어서 만약 화석연료를 계속 사용했을 때 발생하는 사회적 비용과 환경 비용까지 포함시키면 다른 에너지원과의 가격 차이는 훨씬 더 줄어들 것이다. 장기적으로 볼 때 풍력 발전은 분명히 경쟁력을 갖게 될 것이며, 어쩌면 다른 에너지원보다 더 싸질지도 모른다.

풍차를 돌려서 전기를 생산하는 데 상당한 에너지가 필요하다는 주장을 살펴보자. 풍차를 만들려면 우선 강철을 광산에서 캐서 녹인 다음 주형을 만들어야 한다. 그리고 이렇게 만든 풍차를 운반해야 하고, 나중에는 폐기된 풍차를 처분해야만 한다. 그렇지만 이런 제반 비용을 다 감안하더라도 장기적으로 보면, 현대식 풍차는 설치 후 3개월 이내에 제작에 사용된 만큼의 에너지를 생산할 수 있다.[990)]

풍차 때문에 새들이 죽는 것은 사실이다. 그러나 풍차를 바다에 설치한다면 이런 문제가 훨씬 줄어들 것이다. 덴마크에서는 매년 약 3만 마리의 새들이 풍차와 충돌하여 목숨을 잃는 것으로 추정된다.[991)] 미국에서는 약 7만 마리가 목숨을 잃는다.[992)] 이 수치가 아주 크다고 생각할 수도 있다. 하지만 다른 원인 때문에 죽는 새의 수치와 비교하면 아주 미미하다.[993)]

덴마크에서만 도로상에서 매년 100만 마리가 훨씬 넘는 새가 죽는 것으로 추정되며, 네덜란드에서는 약 200~800만 마리가 목숨을 잃는다고 알려져 있다.[994] 미국에서는 매년 약 5,700만 마리가 자동차 때문에 목숨을 잃는 것으로 추정되며, 건물 유리창에 부딪혀 죽는 새도 연간 9,750만 마리가 넘는다.[995] 영국에서는 집에서 기르는 고양이들이 매년 약 2억 마리의 포유류와 5,500만 마리의 새, 그리고 1,000만 마리의 파충류 및 양서류를 잡아 죽이는 것으로 추정된다.[996]

저장과 이동성 소비

태양 에너지와 풍력 발전은 모두 시간을 잘 맞춰야 한다는 문제를 안고 있다. 에너지가 가장 필요한 그 시각에 항상 태양이 빛나고 바람이 불 것이라고 기대하기는 어렵다. 따라서 에너지를 저장할 수 있는 수단이 반드시 필요하다.

만약 전력망이 댐과 연결되어 있다면 댐의 물을 전기 저장에 이용할 수 있다. 그 근본 원리는 이렇다. 바람이 불 때는 풍력을 이용하고 그 동안 댐에 물을 저장한다. 그리고 바람이 없을 때는 수력을 이용해서 전기를 생산하는 것이다.

그러나 이는 풍력과 수력이 모두 상당한 정도의 잉여 생산 능력을 가져야 한다는 것을 전제로 한다. 이 두 가지 에너지원으로 최대 전력 수요(peak demand, 전기 사용이 절정에 이르렀을 때의 전기 공급량 – 옮긴이)를 충족시킬 수 있어야 하기 때문이다. 이 문제를 해결하려면 대량의 수력 발전 용량을 비교적 쉽게 확보할 수 있어야 한다.

따라서 전체적으로 더 다양한 전기 생산 방법을 확보할 필요가 있다. 생물 자원과 지열 에너지는 언제나 사용할 수 있다. 물을 분해해서 수소의 형태로 에너지를 저장할 수도 있다.[997] 이 수소는 나중에 전기를 생산하는 데 사용하거나, 또는 자동차에 휘발유 대신 사용할 수도 있다.[998] 이런 방식으로 에너지를 생산하는 비용은 아직도 보통 휘발유 가격의 약 2배이다. 그러나 수소는 연소할 때 물밖에 남기지 않기 때문에 지극히 환경 친화적인 연료이다.

결론

이제까지의 증거들은 우리가 대규모 에너지 위기를 향하고 있지 않다는 것을 분명히 보여준다. 에너지는 풍족하다.

우리는 점점 더 많은 화석 에너지를 사용하고 있지만 훨씬 더 많은 화석연료가 계속 발견되고 있다. 석유, 석탄, 가스 등의 가채 매장량은 사용 가능한 햇수로 따져보더라도 분명히 증가하고 있다. 지금 우리는 현재의 소비 수준으로 적어도 40년 동안 쓸 수 있는 석유와 적어도 60년 동안 쓸 수 있는 가스, 그리고 230년 동안 사용할 수 있는 석탄을 확보하고 있다.

셰일유는 현재의 소비 수준을 기준으로 250년간 쓸 수 있는 기름을 배럴당 40달러의 가격(현재의 석유 가격보다 3분의 1 가량 높은 가격)으로 제공해줄 수 있다. 또한 모든 사항들을 다 감안했을 때, 앞으로 5,000년 동안 총 에너지 소비량을 충분히 감당할 수 있는 석유가 존재한다. 우라늄은 앞으로 1만 4,000년 동안 쓸 수 있는 양이 남아 있다. 현재의 에너지 사용 비용이 전세계 GDP에서 차지하는 비중은 2%가 채 되지 않으며, 따라서 에너지 가격이 크게 오르더라도 인류의 복지에 심각한 영향을 미치기는 어려울 것이다. 모든 가능성을 감안할 때, 우리 예산에서 에너지가 차지하는 비중은 앞으로도 점점 더 낮아질 것으로 예상된다.

재생 가능 에너지원을 이용할 수 있는 대안은 다양하게 존재한다. 오늘날 재생 가능 에너지원은 전세계 에너지 생산에서 거의 눈에 띄지 않을 만큼 작은 부분을 차지하고 있지만, 이런 사정은 변할 수 있고 아마 변할 것이다. 지난 20년 동안 태양 에너지와 풍력의 생산 비용이 94~98%나 감소해서 두 에너지원은 이제 엄밀한 의미에서 이윤을 남길 수 있는 단계에 상당히 근접해 있다. 재생 가능 에너지의 공급량은 거의 헤아릴 수 없을 정도로 풍부하다. 태양은 우리가 현재 소비하고 있는 에너지 양의 약 7,000배를 지구에 제공한다. 예를 들어, 사하라 사막 면적의 2.6%만을 태양 전지로 덮어도 전세계에서 소비되는 에너지를 모두 공급할 수 있다. 현실적으로 말해서, 풍력 발전은 전체 에너지 소비량의 절반 이상을 충당할 수 있을 것으로 추정된다.

오늘날 대부분의 에너지를 공급하는 화석연료가 재생 불가능한 에너지원이라는 사실과 위에서 지적한 모든 사실이 상충되지 않는다는 점에 주목할 필요가 있다. 만약 현재의 기술 수준이 그대로 유지되고 우리가 계속 화석연료만을 사용한다면 언젠가는 에너지가 고갈될 것이다. 그러나 기술 수준이 항상 그렇게 유지되는 것이 아니고, 장기적인 관점에서 화석연료가 유일한 에너지원이나 가장 중요한 에너지원이 아니라는 점이 중요하다. 첫째, 역사적 증거들은 화석연료를 발굴해 추출하고 이용하는 기술이 지속적으로 향상되어 심지어 소비량의 증가속도까지 앞질러버렸음을 보여준다. 둘째, 이용 가능한 태양 에너지의 양이 에너지 수요를 훨씬 넘어서고 있으며, 앞으로 50년 이내에 태양 에너지가 가격 경쟁력을 갖게 될 가능성이 크다.

이런 상황에서 이제 곧 에너지가 고갈될 것이라는 말들이 자꾸만 들려온다는 사실이 오히려 놀랍다. 여러 자료들은 이런 주장이 타당하지 않다는 점을 일깨워준다. 미국 에너지정보국은 《국제 에너지 전망 1999(International Energy Outlook 1999)》에서 이렇게 썼다. "현재 남아 있는 잠재적인 석유자원의 양을 궁색하게 묘사한 그림들은 지금까지 밝혀진 매장량의 추정치와 그 매장량이 (전형적이고 이론적인) 추세대로 감소할 것이라는 추측에 기반을 둔 것이다. 하지만 아직 발견되지 않은 석유 매장량과 효율성의 향상, 그리고 아직까지 사용되지 않고 있는 원유 자원의 개발 가능성 등을 모두 고려한다면 먼 미래에까지 석유가 에너지원으로 활용될 것이라는 낙관적인 전망을 물리치기가 쉽지 않다."[999)]

결국 장기적으로는, 우리가 사용하는 에너지원을 화석연료에서 더 값싼 다른 에너지원으로 대체할 가능성이 크다. 그것이 어쩌면 재생 가능 에너지원이 될 수도, 핵융합 에너지가 될 수도, 또 현재로서는 상상도 할 수 없는 새로운 기술에 의해 생산되는 에너지일 수도 있다. 따라서 돌이 부족해서 석기 시대가 종말을 고한 것이 아니듯이 석유 시대도 결국 언젠가는 끝나겠지만 석유가 부족해서 그렇게 되지는 않을 것이다. 오히려 더 우월한 다른 에너지원의 등장으로 석유 시대는 종말을 맞을 것이다.

12 비에너지 자원

자원 고갈에 대한 걱정은 에너지에만 국한되는 것이 아니라 오늘날 사용하는 수많은 재생 불가능한 다른 자원에도 해당된다. 그리고 이 분야의 논쟁은 이미 에너지에 관한 장에서 살펴본 논쟁과 소름이 끼칠 정도로 비슷하다.

사실 우리는 늘 자원 고갈을 걱정해왔다. 고대의 무덤에는 구리와 주석이 고갈될 것을 걱정하는 당시 사람들의 기록이 남아 있다. 1972년 출간되어 베스트셀러에 오른 《성장의 한계》는 이 오랜 걱정을 다시 집어들어 대부분의 자원이 고갈될 것이라고 주장했다. 금은 1981년에, 은과 수은은 1985년에, 아연은 1990년에 각각 고갈된다는 것이었다.[1000] 물론 이 자원들은 아직 고갈되지 않았다.

비관론자들이 자원 고갈에 내기를 걸다

자원 고갈에 대한 두려움이 잘못되었다는 것을 경제학자들은 오래 전부터 인정해왔지만, 그런 두려움은 1970년대와 1980년대의 지식인들을 거의 마술처럼 사로잡았다. 심지어 오늘날에도 대부분의 논의가 《성장의 한계》식 논리를 배경으로 진행되는 것 같다.

석유, 식량, 광물 등이 머지않아 지구에서 고갈될 것이라는 끊임없는 주장에 분통이 터진 경제학자 줄리언 사이먼은 1980년에 그런 신념에 내기를 걸었다. 그는 어떤 물질이든지—그 품목은 상대방이 마음대로 고를 수 있다—적어도 1년 후 가격이 지금보다 더 떨어져 있을 것이라는 데 1만 달러를 걸겠다고 제안했다. 널리 알려진 환경주의자인 스탠퍼드 대학교의 에를리히, 존 하르트(John Harte), 존 홀드렌(John Holdren) 교수 등은 "쉽게 돈을 벌 수 있는 기회를 어찌 놓칠 수 있겠느냐"면서 그 도전을 받아들였다.[1001] 그들은 크롬, 구리, 니켈, 주석, 텅스텐 등을 선택해서 그 기간을 10년으로 정했다. 내기의 결과는 10년 후에 이 광물들의 실질 가격(인플레이션율을 고려해 조정한 가격)이 하락했는지 또는 상승했는지를 평가해서 결정될 터였다. 1990년 9월이 되었을 때 이 광물들의 전체 가격은 물론 각각의 가격 역시 예전보다 떨어져 있었다. 크롬의 가격은 5% 내렸고, 주석은 무려 74%나 하락했다. 파국론자들이 내기에서 진 것이다.

사실 그들은 어떻게 해도 이길 수 없는 입장이었다. 에를리히와 그의 동료들은 석유, 식량, 설탕, 커피, 면화, 모직, 광물, 인산염(비료의 원료-옮긴이) 등 그 어느 것에 돈을 걸었어도 졌을 것이다. 가격이 모두 과거보다 싸졌기 때문이다.[1002]

떨어지는 물가

대다수의 공산품 가격은 지난 150년 동안 지속적으로 하락했다. 도표 74는 공산품 가격이 1845년 이후 거의 80%나 하락했음을 잘 보여준다. 마찬가지로 세계은행도 전세계적으로 가장 많이 팔리는 24개의 비(非)에너지 상품(알루미늄 · 바나나 · 양모 등의 원자재)의 가격 지수를 만들었다. 지난 1세기 동안 이들의 가격은 3분의 1로 떨어졌다.[1004] 금속류의 가격도 같은 추세를 보였다. 도표 75에 나타난 IMF의 지수는 1957년 이후 금속류의 가격이 거의 50%나 하락했음을 보여준다.

표 2 전세계 원자재류 거래의 95% 이상을 차지하는 24개 원자재 통계치. 출전:USGS 1998a.
주의:원자재의 범주 일부가 조금씩 겹치고 있다. 가격과 양은 매우 변화가 심하다. 1997년 현재의 정보를 얻으려 시도해보았지만, 모든 항목의 자료를 다 구할 수는 없었다. 더욱이 여기에 표시된 범주에는 서로 다른 처리 공정도 포함되어 있다. 따라서 이 표는 원자재의 일반적인 추세만을 보여주고 있으며, 자원에 지출되는 비용의 최대 한도를 알려준다. 여기에서 시멘트, 알루미늄, 철, 구리, 금, 질소, 아연의 가치가 전세계 자원 생산량의 거의 80%를 차지하고 있다. Mt=100만 톤, Gt=1기가 톤

1997년 세계 GDP에서 차지하는 비율(%)	1997년 세계 GDP에서 차지하는 누진비율(%)	원자재 이름	1997년 총액 (10억 US$)	1997년 총누진액 (10억 US$)	생산량	킬로그램당 가격	채굴 가능한 매장량	기초 매장량	1997년 소비량 기준 향후 사용 가능 햇수[1003]
0.376	1.10	시멘트	111.8	327.4	1.5Gt	¢7.45	충분		
0.118	0.73	알루미늄	35.1	215.7	21.2Mt	$1.65	23Gt (보크사이트)		243
0.105	0.61	철광석	31.3	180.6	1.03Gt	¢3.04	240Gt		228
0.089	0.50	구리	26.4	149.3	11.3Mt	$2.34	320Mt	630Mt	56
0.089	0.41	금	26.4	122.9	2300t	$11,464	45,000t	72,000t	31
0.062	0.32	질소	18.4	96.5	96Mt	¢19.20	충분		
0.045	0.26	아연	13.4	78.1	7.8Mt	$1.72	190Mt	430Mt	55
0.030	0.22	보석 원석	9.0	64.7	350,000t				
0.025	0.19	니켈	7.5	55.7	1.08Mt	$6.93	40Mt	140Mt	130
0.024	0.16	쇄석	7.2	48.2	1.33Gt	¢0.54	충분		
0.015	0.14	운모판	4.4	41.0	3.7Mt	$1.20	상당량		
0.014	0.12	건축용 모래와 자갈 (미국)	4.3	36.6	961Mt	¢0.45	상당량		
0.011	0.11	인광석	3.2	32.3	136Mt	¢2.37	11Gt	33Gt	243
0.008	0.10	은	2.3	29.0	15,300t	$148.55	280,000t	420,000t	28
0.007	0.09	산업용 모래와 자갈 (미국)	2.1	26.8	115Mt	¢1.81	상당량		
0.007	0.08	황	2.1	24.7	54Mt	¢3.80	1.4Gt	3.5Gt	65
0.005	0.08	코발트	1.4	22.6	27,000t	$50.71	4Mt	9Mt	333
0.004	0.07	주석	1.3	21.3	201,000t	$6.61	7.7Mt	12Mt	60
0.004	0.07	크롬	1.2	19.9	12Mt	¢10	3.6Gt	7.5Gt	625
0.004	0.06	석면	1.1	18.7	2.26Mt	¢50.60	200Mt	250Mt	108
0.004	0.06	석회	1.1	17.6	124Mt	¢0.90	충분		
0.004	0.06	몰리브덴	1.1	16.5	131,000t	$8.50	5.5Mt	12Mt	92
0.004	0.05	붕소	1.1	15.4	3.25Mt	¢34	170Mt	470Mt	145
0.003	0.05	활석과 엽랍석	1.0	14.3	8.27Mt	¢12.2	30Mt		36

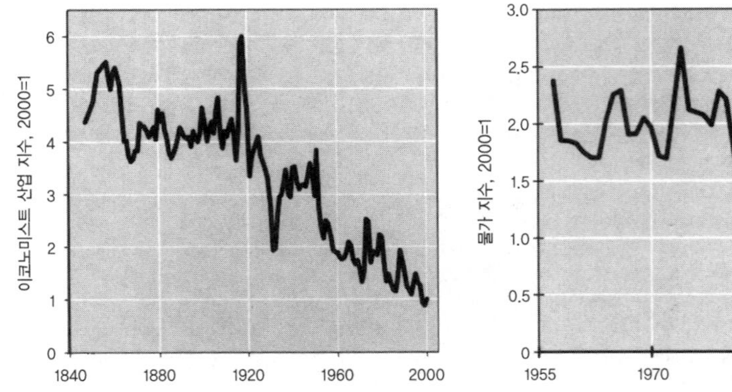

도표 74 〈이코노미스트〉의 산업 원료 물가 지수. 1845~2000년. 1845~1850=100으로 인플레이션율을 감안해 조정한 수치다. 이 지수는 면화, 목재, 생가죽, 고무, 알루미늄, 구리 같은 산업 원료의 가격을 포함하고 있다.[1006] 출전: Anon. 1999h: 147, *Economist*, 2000년에 발행된 모든 호, CPI 2001.

도표 75 금속류의 물가 지수. 1957~2000년. 2000년 물가를 1로 기준하였다. 출전: IMP 2001a, CPI 2001.

원자재 상품은 모두 합쳐봐야 전세계 GDP의 겨우 1.1%만을 차지한다.[1005] 게다가 겨우 몇몇 품목이 그 수치의 대부분을 차지하고 있다. 표 2는 상업적으로 가장 중요한 24개 품목의 유통 동향을 보여주는데, 이들을 모두 합하면 전세계 원자재 제품 거래액의 95% 이상을 차지한다.[1007] 나머지 약 70여 개 원자재의 구입 비용을 다 합하더라도 우리 소득에서 차지하는 비중은 0.05%에도 미치지 못한다. 따라서 설령 일부 원자재의 가격이 오른다고 가정해도—심지어 아주 크게 오른다고 쳐도—그 때문에 경제가 입을 수 있는 피해는 무시해도 좋을 정도이다.

시멘트

우리는 매년 시멘트를 사들이는 데 1,110억 달러를 소비한다. 따라서 시멘트 구입 비용은 원자재에 대한 총 지출액의 34%를 차지하며, 원자재 구입 예산에서 가장 큰 비중을 차지한다. 이는 시멘트 가격이 비싸기 때문이 아니라 사용하는 시멘트의 양이 다른 원자재에 비해 압도적으로 많기 때문이다.[1008]

시멘트는 석회암을 주재료로 해서 만드는 화학적 접합재다. 시멘트를 모래나 자갈과 섞으면 모르타르나 콘크리트를 만들 수 있다. 고대 그리스인들과 로마인들은 모두 시멘트 제조법을 알고 있었으며, 로마인들은 판테온 신전과 콜로세움을 지을 때 시멘트를 사용했다. 시멘트 제조법에 대한 지식은 중세에는 잊혀졌다가 1756년에야 재발견되었다. 1824년에 표준화된 포틀랜드 시멘트 제조법이 개발되면서 시멘트는 현대 건축의 기초 재료가 되었으며, 지금은 세계에서 가장 많이 사용되는 건축재다. 사실 콘크리트 사용량은 다른 모든 건축재 사용량을 합친 것보다 2배나 더 많다.[1009)]

우리가 매년 150억 톤 이상의 시멘트를 사용하고 있지만, 시멘트 원료는 현재의 소비 수준으로 1,000년을 훨씬 넘는 기간 동안 사용할 수 있을 만큼 매장량이 풍부하다. "세계 여러 지역에서 시멘트 원료를 거의 무제한으로 구할 수 있다."[1010)] 그렇지만 시멘트 생산 과정에서는 전세계 이산화탄소 발생량의 3%가 만들어진다. 이 점에 대해서는 지구 온난화를 다룬 장에서 살펴보겠다.[1011)]

알루미늄

알루미늄은 원자재에 대한 총 지출액의 12%를 차지하며, 경제에서 점점 더 그 중요성이 커지고 있다. 알루미늄이 가볍고 다루기 쉬우며 전기 전도율이 높고 자연적인 풍화 저항력이 대단히 크기 때문이다.[1012)] 이 가벼운 금속은 대개 알루미늄 캔이나 자동차, 비행기 등을 만드는 데 사용된다. 또한 알루미늄은 구리보다 더 가볍고 강하기 때문에 거의 모든 고압 송전선에도 사용되고 있다.

알루미늄은 1827년 발견되었으며, 처음에는 채굴이 어려워 가격이 매우 비쌌다. 나폴레옹 3세는 자신과 극히 중요한 일부 손님들을 위해 특별히 만든 알루미늄제 포크와 스푼을 가지고 있었다. 반면에 격이 좀 떨어

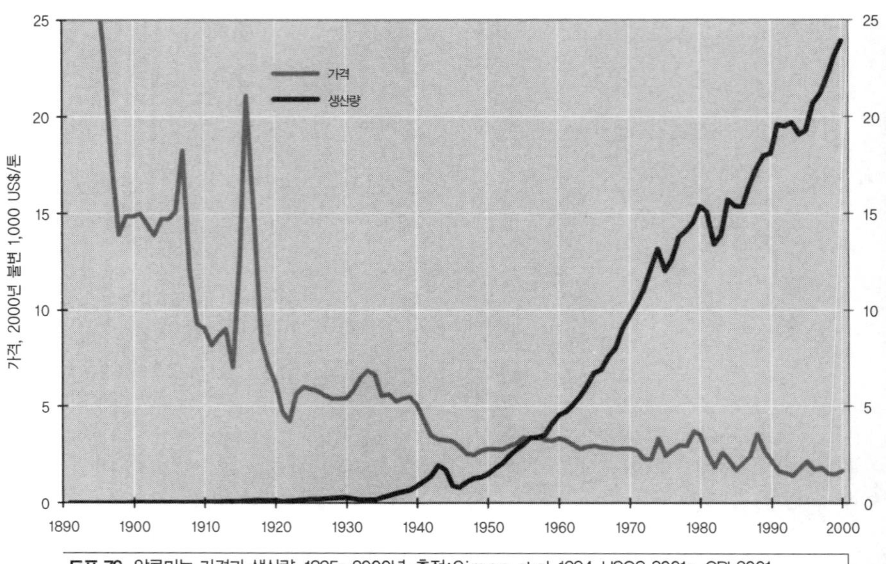

도표 76 알루미늄 가격과 생산량. 1895~2000년. 출전:Simon et al. 1994, USGS 2001a, CPI 2001.

지는 다른 손님들은 금제 식기로 만족해야 했다.[1013] 알루미늄의 생산량과 가격 변화는 도표 76에 제시되어 있다. 20세기가 시작된 이래 알루미늄의 생산량과 소비량이 3,000배 이상 증가했음에도 불구하고 가격은 9분의 1로 낮아졌다.

알루미늄은 실리콘 다음으로 풍부한 금속 원소로 지각(地殼)의 8.2%를 차지하고 있다. 지금까지 밝혀진 알루미늄의 가채 매장량은 현재의 소비 수준을 기준으로 할 때 276년 동안 충분히 쓸 수 있을 정도로 추정된다.[1014] 그러나 석유 · 가스 · 석탄의 경우에서 이미 살펴본 것처럼, 설령 앞으로 알루미늄 소비량이 점점 더 많아진다고 하더라도 그 때문에 알루미늄의 사용 가능 햇수가 반드시 줄어들 것이라고 지레 짐작할 필요는 없다. 새로운 자원을 찾아내고 개발하는 기술이 점점 더 향상되고 있기 때문이다.

도표 77은 가장 많이 사용되는 네 가지 금속의 사용 가능 햇수를 보여

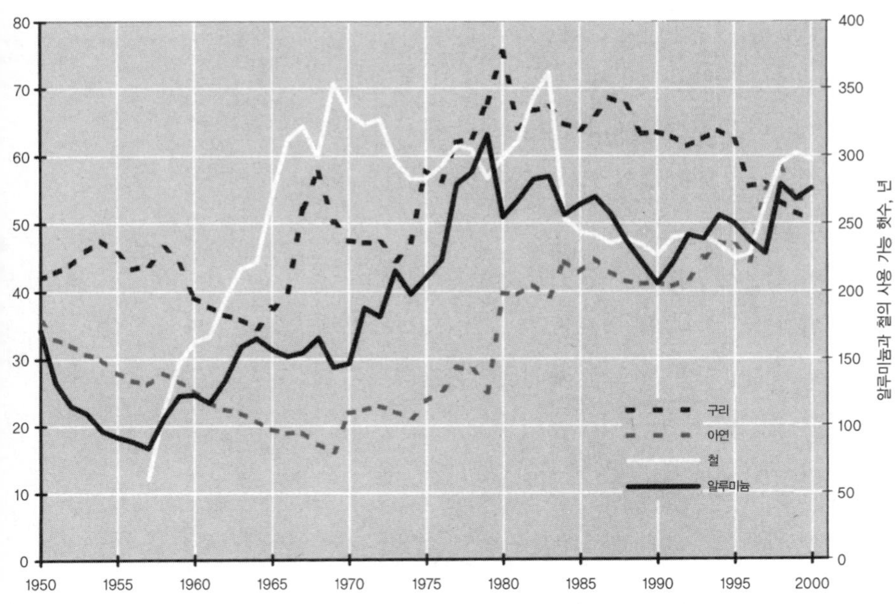

도표 77 가장 많이 사용되는 네 가지 금속의 사용 가능 햇수. 1950~2000년(철은 1957~2000년). 출전:Simon et al. 1994, USGS 2001a.

주는데, 그 햇수가 점점 더 줄어들 것이라는 조짐을 전혀 찾아볼 수 없다. 사실 햇수는 약간씩 상승하는 추세다. 네 가지 원자재의 소비량이 점점 더 늘어나고 있는데도 말이다. 현재의 알루미늄 소비량은 1950년에 비해 16배 이상 많다. 그렇지만 알루미늄의 사용 가능 햇수는 1950년의 171년에서 276년으로 늘어났다.

철

우리는 매년 철광석 구입에 310억 달러를 소비하고 있으며, 이것은 원자재와 관련된 총 지출 예산의 약 11%에 해당한다.

철은 놀라울 정도로 흔하고 채굴이 쉽다. 또 비교적 제련이 쉽고 모양을 다듬기가 용이하며 엄청나게 견고하고, 내구성 역시 크기 때문에 유사 이래 계속 사용되었다.[1015] 최초의 철제품은 운석에서 얻은 철조각을 망치로 두드려서 만든 것이었기 때문에 제련 과정이 필요하지 않았다. 그러나 철을 제련하고 가공하는 기술이 중동 지방 전역으로 퍼진 기원전 1200년경 무렵에는 철기 시대가 이미 시작되어 있었다.[1016)]

오늘날 모든 철의 3분의 2 이상은 강철로 제조되는데, 이는 철을 알루미늄 · 크롬 · 니켈 등과 합금한 것이다.[1017)] 산업혁명 이후 철과 강철은 산업 발전의 근간을 이루었으며, 무게로 따져서 전체 금속류 소비량의 95% 이상을 차지했다.[1018)] 도표 78은 20세기의 전 기간 동안 철의 소비량이 크게 증가했지만, 이로 인해 가격이 상승하지는 않았다는 사실을 잘 보여준다. 철 생산에는 에너지가 아주 많이 들기 때문에, 철의 가격은 석유 위기의 영향을 크게 받았다. 하지만 요즈음 철의 가격은 20세기 최저 수준을 유지하고 있다.

철은 지구상에서 세 번째로 흔한 금속이며, 지각의 5.6%를 차지한다.[1019)] 그럼에도 불구하고 곧 철이 고갈될 것이라는 걱정의 목소리가 자주 들려온다. 미국 철강 산업의 선구자인 앤드루 카네기(Andrew Carnegie)는 철 함유량이 높은 철광석이 곧 고갈될 것이라고 걱정했다. 1908년 백악관에서 개최된 전국 주지사 회의에서 그는 이렇게 연설했다.

> 저는 철광석이 꾸준히 감소하고 있는 것에 오래 전부터 깊은 관심을 갖고 있었습니다. 한때 풍부하다고 생각했던 질 좋은 광석들이 지금 태어나고 있는 세대보다 더 오래 남아 있지 못할 것이며, 20세기 후반에는 질 낮은 광석만 남을 것이라는 사실은 너무나 충격적입니다. 국가 번영의 기초가 되는 물질적 요소를 다루는 데 익숙한 실무자로서, 이제 미래에 대해 진지하게 생각할 때가 되었다는 것이 저의 판단입니다.[1020)]

그러나 그 동안 이 분야의 기술 역시 놀랍게 발전한 덕분에 우리는 철 함량이 겨우 30~40% 밖에 되지 않는 광석도 활용할 수 있게 되었다. 현

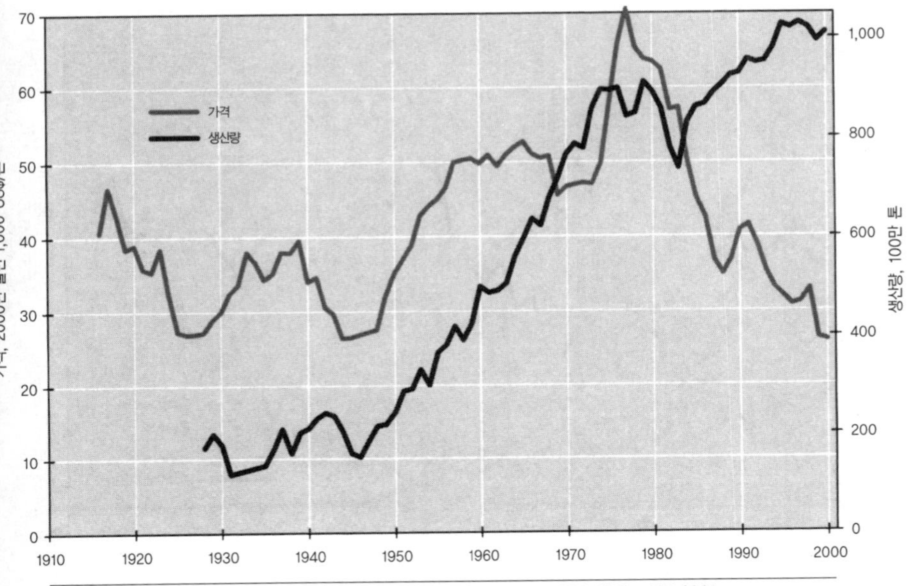

도표 78 철 가격과 생산량. 1916~2000년. 출전: Simon et al. 1994, USGS 2001a, CPI 2001.

재까지 발견된 철광석 매장량은 현재 소비 수준으로 297년 정도 사용할 수 있을 것으로 추정된다. 도표 77에서 볼 수 있듯이, 연간 생산량이 그동안 2배 이상 증가했음에도 불구하고 2000년의 향후 철 사용 가능 햇수는 1957년에 기대했던 것보다 훨씬 더 늘었다. 실제로 1957년 미국 지질조사국은 전세계 철의 가채 매장량을 250억 톤으로 추정했지만, 지금까지 우리가 사용한 양만 해도 350억 톤이나 되며, 현재 가채 매장량은 최소한 약 3,000억 톤에 이르는 것으로 추정된다.

구리

구리를 구입하는 데 드는 비용은 매년 260억 달러 이상이며, 구리 소비량은 총 원자재 소비량의 8%를 차지한다. 구리는 유연성이 뛰어나다. 그리고 구리 자체는 물론 청동과 놋쇠 등의 주요 합금도 외형적으로 보기에 좋고 튼튼하며 부식에 대한 저항력이 비교적 강하기 때문에 선사 시대부

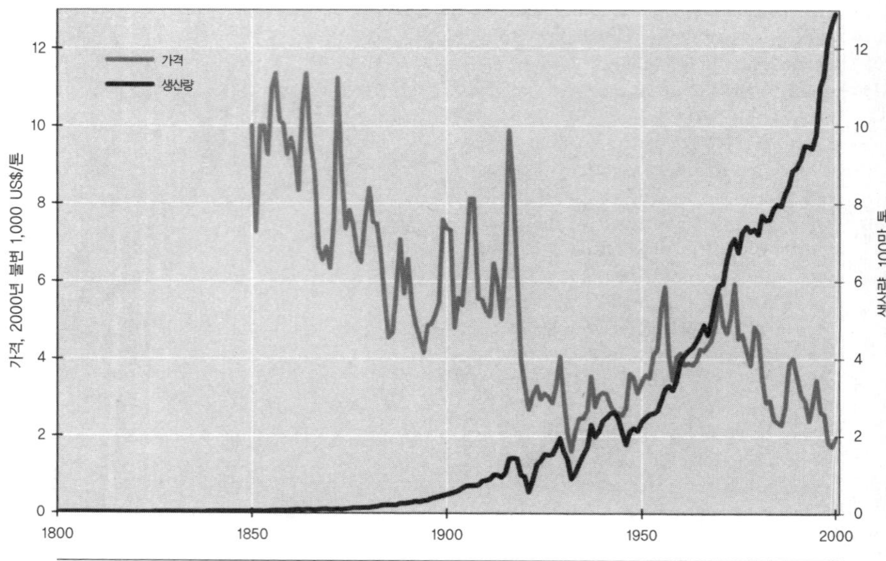

도표 79 구리 가격(1850~2000년)과 생산량(1800~2000년). 출전:Simon et al. 1994, USGS 2001a, CPI 2001.

터 사용되었다.

19세기에 구리가 전선으로 사용되면서 수요가 폭발적으로 증가했다. 구리는 전기 전도율이 높을 뿐만 아니라 유연하면서도 쉽게 혼합할 수 있기 때문이었다.[1021] 도표 79에서 볼 수 있듯이, 19세기 초에 전세계적으로 구리의 연간 생산량은 약 1만 5,000톤이었다. 하지만 오늘날에는 '매일' 이보다 2배 이상의 구리가 생산된다. 구리의 가격은 약 4분의 1로 떨어졌다.

구리는 알루미늄이나 철만큼 풍부하지 않다. 지각의 0.0058%를 차지하고 있을 뿐이다.[1022] 이것도 우리가 8,300만 년 동안 충분히 사용할 수 있는 양이지만, 실제로 지각에 포함되어 있는 구리를 모두 추출하는 것은 절대로 불가능하기 때문에, 이 숫자는 그리 현실적이지 않다.[1023] 현재의 가채 매장량은 지금의 소비 수준을 기준으로 약 50년 동안 충분히 쓸 수 있는 양이다. 그러나 1950년에는 겨우 42년치밖에 없다고 추정했으므로 그 동안 구리 소비량이 5배나 늘었음을 감안한다면 그때보다 훨씬 높은 추정치다. 1950년에 전세계 구리 매장량은 최소한 1억 톤이라고 추정했지만, 그 이후 약 3억 3,800만 톤의 구리를 생산했다. 그리고 지금은 매장량이 최소한 6억 5,000만 톤으로 추정된다. 다른 원자재들과 마찬가지로 구리 역시 소비 증가 속도보다 더 빠른 속도로 새로운 자원이 발견되고 있다는 사실을 일깨워준다. 사실 1946년 이후 구리는 실제로 사용되는 양보다 더 많은 양이 발견되고 있다.[1024)]

더구나 구리 매장지로서 가장 중요한 곳은 지각이 아니다. 심해의 여러 곳에는 망간 · 철 · 니켈 · 구리 · 코발트 · 아연 등을 함유하고 있는, 지름 5~10센티미터의 작은 단괴(團塊)들이 널려 있다. 단괴에 포함된 구리의 전체 양은 10억 톤이 넘는 것으로 추정되는데, 그 정도라면 육지에 있는 구리를 모두 합한 것보다 더 많은 양이다.[1025)] 따라서 구리의 경우에는 최소한 앞으로 100년 이상 충분히 쓸 수 있는 양이 남아 있는 셈이다.

금과 은

금과 은은 가장 잘 알려진 귀금속류로 아주 오랜 고대부터 사용되었다. 금은 부드럽고 유연하지만 내구성과 부식에 대한 저항력이 매우 강해서 인류가 이제까지 채굴한 금의 85%가 여전히 사용되고 있는 것으로 추정된다.[1026)] 지금까지 전세계적으로 채굴된 금의 총량은 약 10만 톤 정도로 추정되는데, 이 정도면 한 변의 길이가 겨우 17미터인 정육면체를 만들 수 있는 양이다.[1027)] 이 중 약 3만 5,000톤은 세계 각국의 중앙은행에서 공식적으로 보관하고 있으며, 나머지는 금괴 · 금화 · 장신구 등의 다양한 형태로 개인들이 소유하고 있다.[1028)]

금은 희귀하고 내구성이 강해서 일찍부터 교환 수단으로 활용되었으며, 결국 전세계에서 가치의 척도로 받아들여지게 되었다. 그러나 오늘날 전세계에서 생산되는 금의 절반은 전자 제품, 항공우주산업 특수 합금,

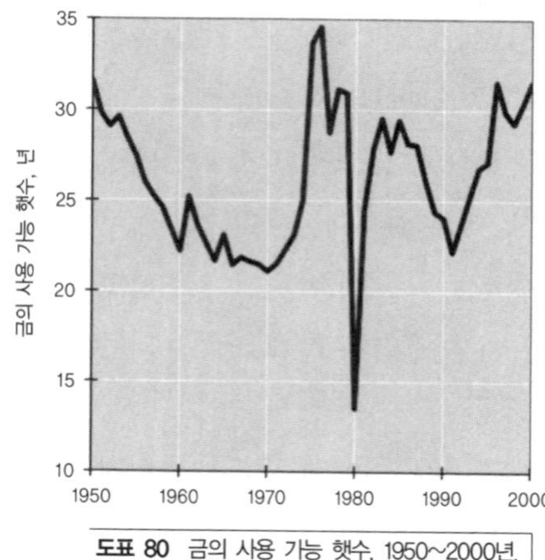

도표 80 금의 사용 가능 햇수, 1950~2000년.
출전:Simon et al. 1994, USGS 2001a.

치과 치료 등에 사용되고 있다.[1029)]

오랜 세월 동안, 특히 로마 제국이 은을 화폐 시스템의 기반으로 삼은 이후, 은 역시 교환 수단으로 사용되었다.[1030)] 오늘날 생산되는 은의 사용처 중에서 가장 큰 부분을 차지하는 두 분야가 있다. 은은 모든 금속 중에서 전기 저항이 가장 작기 때문에 새로 생산되는 은의 25%가 전자 산업에서 소비되고 있다.[1031)] 또한 은은 빛에 민감해서 전체 생산량의 50% 정도가 사진업계에서 사용된다.[1032)]

금과 은은 여러 가지 측면에서 매우 특별한 금속이라고 할 수 있는데, 그것은 이들의 가격이 투기에 의해 변동하기 때문이다. 두 금속의 가격은 1967년 달러가 금본위제에서 벗어난 이후 크게 치솟았다. 그러나 도표 80에 분명히 나타나 있듯이, 우리가 앞으로 금을 사용할 수 있는 햇수는 제2차 세계대전 이후 별로 감소하지 않았다. 사실상 지난 50년 동안 금 생산이 2배 이상 증가했는데도 2000년 기준 금 매장량은 32년분으로 지금까지의 추정 매장량 중에서 가장 높은 편에 속한다. 은 역시 약 27년분이 남아 있다고 추정되는데, 사진업계에서 디지털 사진이 차지하는 비중이 크게 증가함에 따라 은 수요는 크게 줄어들 것으로 전망된다.[1033)]

질소, 인, 칼륨

식량 생산은 토양, 물, 비료라는 세 가지 자원에 결정적으로 의존한다. 가장 필수적인 비료는 질소, 인, 칼륨으로 지난 세기까지만 해도 이들의 가장 중요한 공급원은 인간과 가축의 분뇨였다.

오늘날 우리가 원자재 구입에 지출하는 금액 중 약 6%를 질소 구입에 사용한다. 질소는 식량 생산에 절대적으로 필요하다. 질소가 엽록소 분자의 필수 구성 요소이기 때문이다. 엽록소는 식물을 녹색으로 만들고 식물이 광합성 과정을 통해 녹말을 만들 수 있게 해준다. 그러나 오늘날 생산되는 질소는 거의 전적으로 대기 중에서 합성된다. 질소는 공기 구성 성분의 약 78%를 차지하므로 우리는 질소를 무제한 사용할 수 있다.[1034]

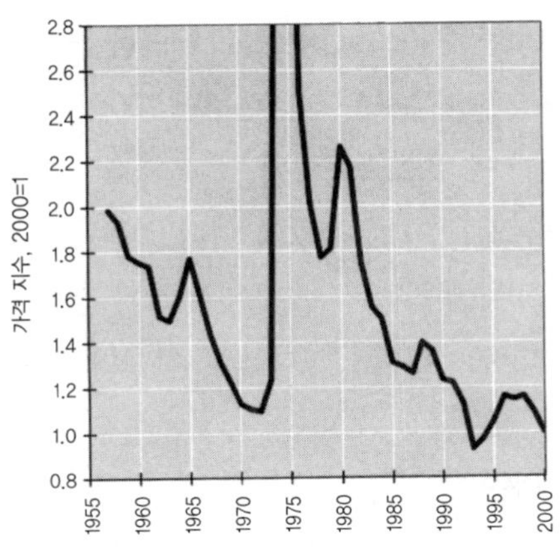

도표 81 비료 가격 지수, 1957~2000년. 2000=1. 1974~5년은 4.3과 5.0. 출전:IMF 2001a, CPI 2001.

인은 DNA의 구성 요소이기 때문에 모든 생명체에 없어서는 안 되는 물질이다. 자연계에서는 인을 어느 만큼 이용할 수 있는지에 따라 생물학적 활동이 제한을 받는 경우가 빈번하다. 인에 소비하는 비용은 원자재를 구입하기 위해 지출하는 경비의 약 1%를 차지한다. 인의 가채 매장량은 현재의 소비 수준으로 약 90년분이다. 하지만 인을 함유한 암석은 심지어 전문가의 눈에도 평범한 이판암이나 석회암처럼 보이기 때문에 앞으로 대량의 인 공급원이 새로 발견되리라고 기대할 수 있다. 최근 미국 지질조사국은 플로리다 주 근해의 대륙붕에서 인을 대량으로 함유한 지층과 단괴를 발견했다고 발표했다. 이 발견 하나만으로도 인의 가채 매장량이 기존 추정치의 2배인 약 180년분으로 늘게 되었다. 따라서 인 부족으로 식량 생산이 제한되는 경우는 없을 것으로 전망된다.[1035]

칼륨은 지각에서 여덟 번째로 풍부한 원소이므로 비료의 구성 성분으로 중요한 역할을 하는 이 물질에 대해 걱정할 이유가 전혀 없다. 칼륨은 원자재 구입 예산의 약 0.1%를 차지한다. 칼륨의 가채 매장량은 현재의 소비 수준으로 적어도 357년분이라고 추정되지만 앞으로 발견 가능한 매장량까지 모두 감안한다면 700년이 넘는 기간 동안 충분히 쓸 수 있는 양이 될 것으로 보인다.[1036)]

도표 81에 분명히 나타났듯이, 비료 가격은 제2차 세계대전 이후 약 50% 하락했다. 이것은 비료가 점점 더 부족해지는 것이 아니라 오히려 더 풍부해지고 있다는 또 하나의 징후이다.

아연

아연은 원자재 소비량 중 약 5%를 차지하며 강철과 철에 녹이 스는 것을 방지하기 위한 아연 도금에 주로 사용된다. 아연은 구리와 마찬가지로 비교적 희귀한 편이다. 지각에 함유되어 있는 양이 0.0082%밖에 되지 않는다.[1037)] 이 아연을 모두 채굴하는 것은 절대로 불가능한 일이겠지만, 어쨌든 이론적으로 따지면 앞으로 1억 6,900만 년 동안 쓸 수 있는 양이다.[1038)] 우리는 지금까지 사용한 양보다 더 많은 양의 아연을 계속 발견해 왔다. 그리고 아연의 사용 가능 햇수는 1950년 이후 36년에서 54년으로 늘었다(도표 77).

구리의 경우와 마찬가지로, 아연의 생산량도 급격히 증가해서 도표 82에서 볼 수 있듯이 1950년 이후 4배가 늘어났다. 1950년에 전세계적으로 아연의 가채 매장량은 7,000만 톤으로 추정되었는데, 이후 그보다 3배가 넘는 양을 이미 사용했음에도 불구하고 현재 채굴 가능한 매장량의 최저 추정치는 4억 3,000만 톤이나 된다. 아연의 가격 또한 그 동안 내내 상승한 것이 아니라 약간 하락했다.

다른 자원

이제 원자재로 사용되는 자원들이 전혀 고갈 상태가 아니라는 점을 분명히 이해했을 것이다. 원자재 구입에 사용하는 비용 중에서 보석 구입비가

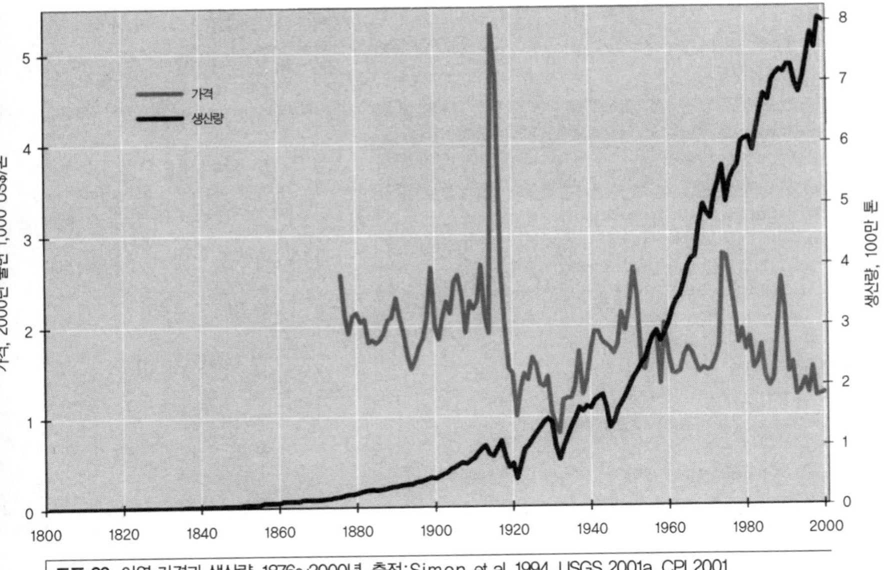

도표 82 아연 가격과 생산량. 1876~2000년. 출전:Simon et al. 1994, USGS 2001a, CPI 2001.

3%를 차지하는 것을 제외한다면 전체 원자재 예산의 1% 이상을 차지하는 것은 니켈과 쇄석(碎石)뿐이다. 그런데 이 세상에서 돌이 고갈되는 일은 없을 것이다. 니켈은 주로 스테인리스스틸을 만들기 위한 합금에 사용되는데, 현재까지 알려진 가채 매장량은 현재의 소비 수준으로 약 50년분에 해당한다고 추정된다. 그러나 심해의 단괴에 적어도 1,000년 동안은 충분히 사용할 수 있는 니켈이 함유되어 있다고 추정된다.[1039]

재료의 응용 기술 발전에 기여했다고 알려진 47개 광물을 검토한 1980년대 말의 연구 결과에 따르면, 매장량이 부족해질 가능성이 있는 광물은 11개에 불과하다. 이 11개 광물이 표 3에 기록되어 있다. 그런데 나중에 판명된 바로는 그 중에서 세 가지를 제외한 다른 광물의 가채 매장량이 1988년 이후 적어진 것이 아니라 오히려 더 증가했다. 매장량이 늘지 않은 세 가지 광물의 총 구입 비용은 전세계 GDP의 약 100만분의 3을 차지한다. 탄탈(백금의 대용품으로 쓰이는 희귀 원소－옮긴이)은 항공우주산업

표 3 연구 대상 47개 광물류 중 매장량 부족이 예상되는 11개 광물. 출전:Fraser et al. 1988:9. Pearce and Turner 1990:295, USGS 1998a.

1997년 전세계 GDP에서·차지하는 비율(%)	광물	1997년 가채 매장량 1988=100
0.000084	탄탈	51
0.000088	수은	94
0.000145	카드뮴	97
0.000065	탈륨	100
0.088656	금	113
0.007642	은	117
0.000090	비스무트	122
0.000239	인듐	153
0.004470	주석	257
0.000067	비소	860
0.000375	바륨	1,012

의 첨단 합금과 전자 제품의 제조에 쓰인다. 앞으로는 불가피하게 탄탈 대신 대용 물질이 일부 사용될 것이며, 그런 대용품들은 탄탈보다 가격이 더 비싸거나 효능이 떨어질 것이다. 그렇지만 이 점을 모두 감안한다고 해도 전체적으로 이로 인해 소요되는 비용은 매우 적을 것이다.[1040) 수은의 가채 매장량이 줄어든 주된 이유는 바로 수은 사용량의 감소 때문이다. 1971년 이후 수은의 전세계적 사용량은 예전의 3분의 1 이하로 줄어들었다. 따라서 수은의 새로운 공급원을 찾아도 상업적으로 이익이 되지 않는다. 하지만 현재까지 발견된 수은의 매장분만 해도 앞으로 100년 이상 쓸 수 있는 양이라고 추정된다.[1041) 카드뮴의 문제는 이보다 훨씬 덜 심각하다. 카드뮴은 주로 충전용 배터리 제조에 사용되는데, 카드뮴 대신 수많은 다른 물질을 사용하는 것이 기술적으로 가능하며 대용 물질이 오히려 카드뮴보다 더 유용한 경우도 많다. 그러나 미국 지질조사국은 "기존의 카드뮴 매장량으로도 21세기의 상당한 기간 동안 수요를 충족시키기에 충분할 것"이라고 추정한다.[1042)

나머지 광물들은 더 희귀해지는 것이 아니라 오히려 더 풍부해지고 있다. 천연자원 경제학 강좌의 대학 교재로 유명한 피어스와 터너의 책이 "현재 사용되는 대부분의 물질에 대해 물리적 희소성이 심각한 문제가 될 가능성이 거의 없음[1043)을 시사하는 압도적인 증거가 있다고 결론지은 것은 바로 이 때문이다."

우리는 왜 그 어느 때보다 많은 자원을 갖게 되었는가

자원이 고갈되지 않는 이유는 무엇일까? 이 질문에 대한 설명은 석유, 가스, 석탄이 고갈되지 않는 이유에 대한 설명과 매우 유사하다.

첫째, '지금까지 알려진 가채 매장량'은 항상 고정된 수치가 아니다. 우리는 자원이 묻혀 있는 곳을 계속해서 새로 찾아낼 수 있으며, 또 실제로도 그렇게 하고 있다. 대부분 중요한 원자재의 연간 소비량이 과거보다 2~15배나 늘어났음에도 불구하고, 이 원자재를 사용할 수 있는 햇수가 오히려 증가하고 있음을 보여주는 도표 77을 봐도 이 점을 분명히 알 수 있다. 더 많은 자원을 더 빨리 찾아내지 못하는 것은 자원 탐사에 상당한 비용이 들기 때문이다. 따라서 수요가 발생할 가능성이 있으면 거기에 맞추어 적절한 시기에 새로운 공급원이 발견되고 있다.

둘째, 자원을 채굴하는 기술과 이용하는 기술이 점점 더 향상되고 있다. 오늘날의 자동차에는 과거 1970년대에 만들어진 차에 비해 금속이 겨우 절반밖에 들어 있지 않다. 초박형 광섬유는 20년 전 625개의 구리선이 처리하던 전화 통화량을 감당해낼 수 있다. 게다가 통화 품질도 더욱 개선되었다.[1044] 종이 생산 기술 또한 크게 향상되어서 신문 용지의 두께도 예전보다 점점 얇아졌다. 다리 건설에는 예전보다 훨씬 적은 양의 강철이 사용되는데, 이는 강철의 강도가 더욱 높아졌을 뿐만 아니라 설계 과정에서 자세한 사항들을 더 정확하게 계산해낼 수 있기 때문이다. 일상생활에 사용되는 도구는 물론 산업용 공구의 내구성도 향상되어 도구를 새 것으로 교환하는 빈도 역시 크게 낮아졌다.[1045] 더욱이 정보 기술의 발전은 우리의 소비 형태를 바꿔놓았다. 상품의 구매량은 예전보다 줄어드는 반면, 정보의 구매량은 점차 증가하고 있다. 앞으로는 수백 달러 가치의 컴퓨터 프로그램이 물리적 가치로 겨우 2센트에 불과한 플라스틱제

CD-ROM에 담길 것이다.[1046] 지난 20년 동안 미국인의 부(富)는 30% 늘어났는데도, 목재 · 금속류 · 플라스틱류의 소비량은 오히려 줄어들었다.[1047]

셋째, 금속류를 재활용함으로써 매장분을 증가시키는 것과 같은 효과를 낼 수 있다. 에너지와는 대조적으로 금속류는 한번 사용하면 영원히 사라지는 것이 아니라 단지 형태와 위치가 바뀔 뿐이라는 사실을 지적할 필요가 있다. 현재 전세계적으로 생산되는 강철 중에서 약 3분의 1이 재활용되고 있으며, 알루미늄의 경우에는 25~30%, 니켈은 25%, 은과 납은 45~50%, 주석은 15~20%, 구리는 35~40%, 아연은 20~25%가 재활용되고 있다.[1048] 그러나 재활용에는 약간의 장애가 있다. 부식으로 인해 금속의 일부가 사라져버리는 경우가 있으며, 또 일부 생산품은 구조적인 특성 때문에 재활용이 부분적으로만 가능하거나 아예 불가능한 경우도 있다.

제품의 효율을 향상시키고 재활용을 한다면 설령 한정된 자원일지라도 지속적으로 사용하되 결코 고갈되지 않게 하는 것이 '이론적으로' 가능하다고 생각한다. 소비 가능한 햇수가 100년 정도 남아 있는 원자재가 있다고 가정하자. 그 원자재의 수요가 매년 1%씩 증가하는데 재활용률이나 사용 효율성은 매년 2%씩 증가한다면, 설령 이 원료의 새로운 공급원을 찾아내지 못하더라도 결코 원료가 고갈되지 않을 것이다. 이것은 재활용률이나 효율성의 증가가, 다시 말해 우리의 재능 발전이 현재의 소비와 앞으로의 소비 증가분을 모두 보상해주기 때문이다.[1049]

넷째, 대개는 한 원자재를 다른 원자재로 대체하는 것이 가능하다. 1978년 자이르(Zaire)가 자국 내 정치적인 문제 때문에 코발트 수출 물량을 30%나 감축하자 그 가격이 크게 치솟았던 적이 있다. 그렇지만 새로 개발된 세라믹 자석이 곧 코발트 합금 자석을 대체했고, 코발트 성분을 함유한 페인트도 망간을 함유하는 페인트로 대체되었다. 그러자 코발트 가격은 이내 다시 하락했다.[1050] 미국의 구리 사용량에 대한 한 연구가 이런 대체 메커니즘이 작용하는 과정을 잘 보여준다. 이 연구에서는 2070년에 이르면 값싼 구리가 고갈되어 이후부터는 고비용을 들여 암반에서 구리를 채굴해야 할 것이라고 가정했는데도 여기에 소요되는 전체 비용 증가는 극히 제한적일 것으로 판단했다(소득의 0.5% 미만). 그럴 경우, 대부분의 구리가 다른 금속류로 대체되리라는 것이 그 이유였다.[1051]

이와 유사하게 정보 기술의 발전은 여러 가지 전통적인 원자재를 다른 것으로 대체하는 결과를 초래했다. 오늘날 수은 사용량이 크게 줄어든 이유 중에는 디지털 온도계의 사용이 늘었다는 사실이 포함된다. 앞에서도 지적했듯이, 디지털 사진은 은의 소비량을 최고 50%까지 감소시킬 가능성이 크다. 이처럼 사실상 대다수의 원자재는 다른 재료로 대체될 수 있다. 그러나 거기에는 대가가 따를 것이다(만약 그렇지 않았다면 이미 다른 재료들로 대체되었을 것이다).

마지막으로, 광물에 대한 수요는 과거 파국론자들이 걱정했던 것처럼 기하 급수적으로 증가하기보다는 오히려 산술 급수적으로 증가했다.[1052] 이 점 역시 미래의 자원 공급량에 대해 지나치게 걱정하지 않아도 되는 또 하나의 중요한 이유이다.

결론

모든 지표는 앞으로 원자재가 심각하게 부족해질 가능성이 거의 없다는 것을 암시하는 듯하다. 거의 모든 원자재의 가격이 지난 한 세기 동안 낮아졌으며, 그 동안 원자재의 생산량이 놀라울 정도로 증가한 경우가 많은데도 현재 남아 있는 원자재의 양은 과거보다 오히려 더 많다.

원자재 구입에 사용되는 총 지출액은 전세계 GDP의 1.1%에 해당하는데, 그 중의 60%가 앞으로 200년분 이상 사용량이 남아 있는 원자재 구입에 사용된다. 모든 중요 원자재에 대한 분석 결과 가채 매장량이 감소한 광물은 겨우 세 종류였으며, 그나마 심각한 수준까지 감소한 광물은 단 한 가지 탄탈밖에 없었다. 그런데 탄탈을 구입하는 데 지출되는 총 비용은 전세계 GDP의 100만분의 1에도 미치지 못한다. 더욱이 탄탈 대신 다른 광물을 사용하는 것도 가능하다.

우리는 원자재 고갈에 대해서 그 동안 많은 우려를 해왔다. 그러나 금 · 은 · 주석 · 수은 등은 모두 지금도 존재하고 있으며, 이렇게 된 데는 훌륭한 이유가 있다.

화석연료를 다룬 장에서와 마찬가지로, 이런 사실이 비(非)에너지 자원은 재생이 불가능하다는 주장을 정당화시켜주지는 않는다. 만약 기술적 진보없이 계속 자원을 사용한다면, 결국 자원이 고갈될 것이다. 그러나 이 장에서 자원이 심각하게 부족해질 가능성이 별로 없다고 결론내릴 수 있는 것은 우리가 새로운 자원을 계속 더 많이 발견하고 또 그것들을 점점 더 효율적으로 사용하며, 자원을 재활용하거나 다른 자원으로 대체하는 것이 가능해졌기 때문이다.

13 수자원

여기 자원이 하나 있다. 우리는 그 자원의 존재를 아주 당연한 것으로 받아들이고 있지만 이 자원 때문에 앞으로 문제가 생길 것이라는 얘기가 점점 더 많이 들려오고 있다. 그 자원은 바로 물이다.

지구상에 점점 더 많은 사람들이 살게 될수록 이들이 사용하는 물의 양도 계속 증가하고 있다. 인류의 물 소비량은 지난 1940년대 이후 거의 4배나 늘어났다.[1054] 따라서 "이런 상황이 앞으로도 계속 될 수는 없다"는 주장이 나오는 것은 당연한 일이다. 이 때문에 많은 정부 기관들은 "위협적인 수자원 위기가 머지않아 발생할 것이다"[1055]고 걱정한다. 유엔의 환경 보고서인 《지구 환경 전망 2000(GEO 2000)》은 수자원 부족 현상이 "전면적인 비상 사태" 수준에 이르렀음을 다음과 같이 지적하고 있다. "지구의 물 순환 시스템은 앞으로 수십 년 동안 발생할 인류의 물 수요를 감당할 수 없을 듯하다. 심각한 물 부족 현상은 이미 세계 여러 지역의 경제 발전을 방해하고 있으며 상황은 점점 더 악화되고 있다."[1056]

WWF의 주장도 근본적으로 이와 똑같은 의미를 담고 있다. "민물은 인간의 건강 · 농업 · 공업 · 자연 생태계에 필수적이지만, 세계 여러 지역에서 급속히 희귀해지고 있다."[1057] 《인구 보고서(Population Report)》는

표 4 2000년, 2025년, 2050년의 만성적 물 부족 국가군과 기타 나라들의 비교. 이용 가능한 수자원이 1인당 1일 2,740리터 이하의 국가이다. 출전: WRI 1998a.[1053]

사용 가능한 수자원 리터/인/일	2000	2025	2050
쿠웨이트	30	20	17
아랍에미리트 연합국	174	129	116
리비아	275	136	92
사우디아라비아	325	166	118
요르단	381	203	145
싱가포르	471	401	403
예멘	665	304	197
이스라엘	969	738	644
오만	1,077	448	268
튀니지	1,147	834	709
알제리	1,239	827	664
부룬디	1,496	845	616
이집트	2,343	1,667	1,382
르완다	2,642	1,562	1,197
케냐	2,725	1,647	1,252
모로코	2,932	2,129	1,798
남아프리카 공화국	2,959	1,911	1,497
소말리아	3,206	1,562	1,015
레바논	3,996	2,971	2,533
아이티	3,997	2,497	1,783
부르키나파소	4,202	2,160	1,430
짐바브웨	4,408	2,830	2,199
페루	4,416	3,191	2,680
말라위	4,656	2,508	1,715
에티오피아	4,849	2,354	1,508
이란	4,926	2,935	2,211
나이지리아	5,952	3,216	2,265
에리트레아	6,325	3,704	2,735
레소토	6,556	3,731	2,665
토고	7,026	3,750	2,596
우간다	8,046	4,017	2,725
니제르	8,235	3,975	2,573
만성적 물 부족을 겪는 인구의 비율, %	3.7%	8.6%	17.8%
영국	3,337	3,270	3,315
인도	5,670	4,291	3,724
중국	6,108	5,266	5,140
이탈리아	7,994	8,836	10,862
미국	24,420	20,405	19,521
보츠와나	24,859	15,624	12,122
인도네시아	33,540	25,902	22,401
방글라데시	50,293	35,855	29,576
오스트레일리아	50,913	40,077	37,930
러시아 연방	84,235	93,724	107,725
아이슬란드	1,660,502	1,393,635	1,289,976

"민물 문제가 인류가 직면하고 있는 가장 심각한 천연 자원 문제 중의 하나로 부상하고 있다"[1058]고 단언한다. 환경 문제에 대한 논의는 '수자원 위기', '시한폭탄: 물 부족' 등과 같은 단어들로 가득 차 있으며, 시사 주간지 〈타임〉은 전세계 수자원 사정에 대한 전망을 '우물이 마르고 있다'는 제목으로 요약하기도 했다.[1059] 기상 문제와 교육 문제를 다루는 유엔 기구들은 이 문제에 대해 "물이 고갈되고 있는 세계"라고 간단히 언급하곤 한다.[1060]

물 부족 때문에 일어날 수 있는 또 다른 문제는 마지막으로 남은 수자원을 두고 분쟁이 발생할 가능성이 커질 것으로 전망된다는 점이다. 다가오는 '물 전쟁' 문제를 다룬 글이 이미 수십 편이나 나와 있다.[1061] 월드워치연구소는 물 문제에 대한 사람들의 걱정을 다음과 같이 깔끔하게 요약한 바 있다. "물 부족은 1970년대에 석유 위기가 그랬던 것처럼 1990년대에 영향을 미칠지도 모른다. 국제적으로는 분쟁을 야기하고 국내적으로는 국가 경제에 커다란 변화를 불러오는 원인이 될 것이다."[1062)]

그렇지만 이런 주장에는 오해의 소지가 있다. 물론 '국지적'으로 '공급과 분배'상의 문제가 발생할 수 있는 것은 사실이다. 따라서 물을 사용하는 기술을 더욱 발전시킬 필요가 있다. 그러나 기본적으로 우리는 충분한 수자원을 이미 확보하고 있다.

얼마나 많은 물이 존재하는가

물은 인간의 생존에 절대적이고 결정적인 요소이다. 지구를 가리켜 '푸른 행성'이라고 부르는 것은 바로 지구의 대부분이 물로 덮여 있기 때문이다. 지표면의 71%가 물로 덮여 있으며, 물의 총량은 상상조차 할 수 없는 규모인 136억 입방킬로미터로 추정된다.[1063)] 이 모든 물 중에서 바다가 97.2%를, 양 극지방의 빙산이 2.15%를 차지하고 있다. 불행히도 바닷물에는 염분이 너무 많아 인간이 직접 사용할 수 없다. 또 극지방의 얼음은 인간이 마실 수 있는 식수이지만 손에 넣기가 쉽지 않다. 따라서 우리는 나머지 0.65%에 주로 의존하고 있는데, 이 중 0.62%는 지하수이다.

대수층(지하수를 함유하고 있는 삼투성 지층 – 옮긴이)에 민물이 다 차는 데는 대체로 수백 년에서 수천 년이 걸린다. 미국에 있는 모든 지하수를 다 퍼냈다고 가정할 경우, 지하 750미터 깊이까지 지하수를 완전히 다시 채우는 데는 150년이 걸린다는 추정이 있다. 따라서 생각없이 지하수를 남용하는 것은 재생 불가능한 천연 자원을 마구잡이로 채굴하는 것에 비유할 수 있다.[1064)] 하지만 지하수는 대기, 토양, 하천, 호수 등을 거치는 이른바 물 순환 시스템을 통해 지속적으로 다시 충전된다. 태양은 바닷물을 증발시키고, 바람은 구름으로 변한 수증기의 일부를 육지 쪽으로 운반하며, 수증기는 비와 눈의 형태로 지표면에 떨어진다. 이렇게 지상으로 옮겨진 물은 다시 증발하거나 강과 호수를 통해 바다로 되돌아가거나 혹은 지하로 스며든다.[1065]

지표면에 떨어지는 물의 총량은 약 11만 3,000입방킬로미터인데, 그 중에서 7만 2,000입방킬로미터가 증발한다는 점을 감안하면, 매년 새로이 유입되는 민물의 양은 4만 1,000입방킬로미터가 되는 셈이다. 이 양은 육지 전체를 30센티미터 두께로 뒤덮을 수 있는 규모이다.[1066] 그런데 이런 빗물의 일부는 아마존 분지나 콩고 강, 또는 북아메리카나 유라시아 외딴 지역의 하천 등에 떨어지기 때문에, 접근이 불가능하다. 이 점을 감안할 때 좀더 합리적인 추정치는 3만 2,900입방킬로미터 정도이다.[1067]

더욱이 빗물의 대부분은 단기간에 집중적으로 쏟아진다. 아시아에서는 대체로 강우의 80%가 5~10월 사이에 집중되며, 전세계적으로는 홍수 때의 강우량이 전체 강우량의 약 4분의 3을 차지하는 것으로 추정된다.[1068] 따라서 우리가 잡아둘 수 있는 물의 양은 약 9,000입방킬로미터이다. 그리고 댐에 3,500입방킬로미터의 물을 추가로 저장할 수 있기 때문에, 이용 가능한 빗물의 총량은 1만 2,500입방킬로미터이다.[1069] 이 정도의 물이라면 전세계 인류가 매일 1인당 약 5,700리터씩 쓸 수 있는 양이다. 하지만 유럽연합의 시민들은 매일 평균적으로 약 566리터의 물을 사용하고 있다.[1070] 이는 세계적으로 사용 가능한 평균치의 약 10%이며, 유럽연합 국가에서 이용할 수 있는 물의 양의 약 5%이다.[1071] 이와 대조적으로 미국인들은 매일 이보다 대략 3배나 많은 1,442리터의 물을 사용하고 있다.[1072]

도표 83에 제시되어 있는 범지구적인 물 소비량을 살펴보면, 수자원 인출량과 수자원 사용량을 구분할 필요가 있다. 수자원 인출량이란 자연계에서 인위적으로 끌어낸 물의 총량이다. 그렇지만 인위적으로 끌어낸 수자원의 상당 부분은 나중에 물 순환 시스템으로 되돌아가기 때문에, 물

의 총량에 한계가 있다고 얘기할 때 그리 유용한 개념은 아니다.[1073] 유럽연합 국가들과 미국에서는 수자원 인출량의 약 46%를 발전소의 냉각수로 사용한 후, 나중에 재사용할 수 있도록 즉시 하류로 방출한다.[1075] 대부분 산업시설에서도 사용한 물의 80~90%를 다시 물 순환 시스템으로 돌려보낸다. 심지어 농업용 관개 시설에서도 사용된 물의 30~70%가 호수와 강으로 되돌아가거나 대수층으로 스며들어 재사용된다.[1076] 따라서 물 소비량을 논의할 때 좀더 유용한 척도는 사용하는 도중에 증발하거나 식물의 증산 작용으로 완전히 사라져버려 다시는 회수할 수 없는 물의 양이다. 이것을 우리는 수자원 사용량이라고 부른다.

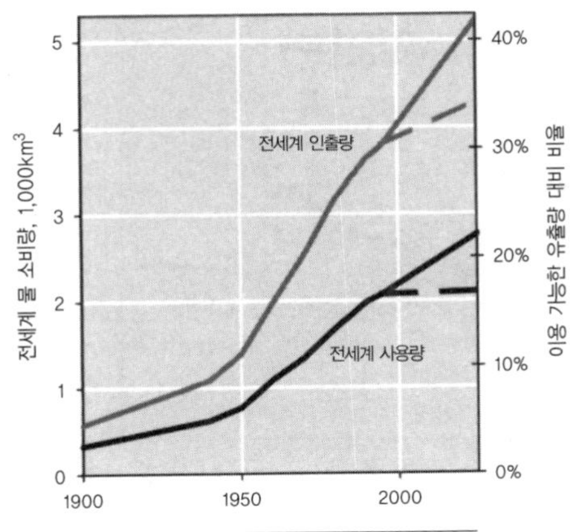

도표 83 수자원 인출량과 사용량.[1704] 1900~1995. 출전:Shiklomanov 2000:22(높은 예측치), World Water Council 2000:26(낮은 예측치).

20세기 동안에 인류의 수자원 사용량은 연간 약 330입방킬로미터에서 약 2,100입방킬로미터로 크게 늘었다. 도표 83에서 볼 수 있듯이 미래의 수자원 사용량과 수자원 인출량에 대한 예측은 그리 확정적이지 못한데(주로 관개 시설의 발전 정도에 따라 결정된다), 현재까지의 추세로 본다면 대부분의 예측치는 실제 수자원 소비량보다 최고 100%까지 과장하는 경향을 보인다.[1077] 그럼에도 불구하고 이런 예측에 나타난 수자원 총 사용량은 이용할 수 있는 물의 17%에도 미치지 못하며, 설령 가장 높은 예측치를 채택한다고 해도 그 수치는 2025년 재생 가능한 수자원의 22%에 불과하다.

이와 동시에 이용할 수 있는 물의 양도 점점 늘고 있는데 이런 사실은 도표 84에 잘 나타나 있다.[1078] 지난 100년 동안 인구 1인당 1일 물 소비

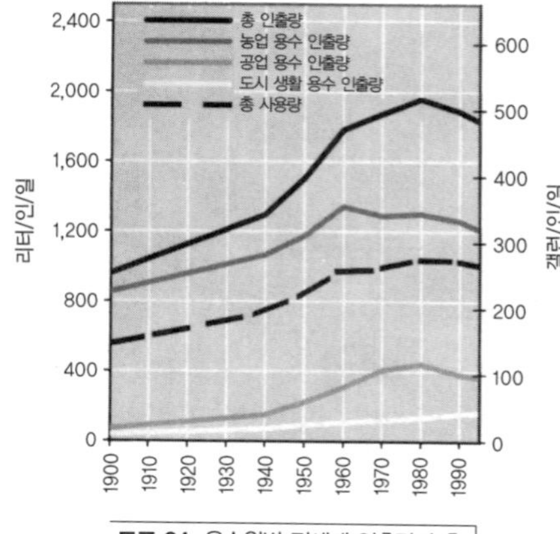

도표 84 용수원별 전세계 인출량과 총 사용량. 단위는 1인당 1일 사용량 리터와 갤런. 1900~1995년. 출전: Shiklomanov 2000:24.

량은 약 1,000리터에서 거의 2,000리터로 증가했다. 이는 특히 농업에서의 물 사용량이 약 50% 증가했기 때문이다. 이처럼 농업 용수 사용량이 증가한 덕분에 농부들이 관개 시설을 이용해 더 많은 식량을 생산할 수 있었으며, 굶주리는 사람의 수 역시 크게 줄어들 수 있었다. 하지만 이제 엄청나던 농업 용수 소비량도 1인당 2,000리터 이하 수준에서 안정된 것으로 보인다. 이것은 주로 1980년 이후 농업의 효율성이 높아지고 물 소비량이 줄어든 데 기인한다. 같은 패턴이 유럽연합과 미국에서도 역시 발견된다. 이들 지역에서는 20세기에 물 소비량이 급격히 증가했지만 지금은 일정 수준을 유지하고 있다.[1079]

이와 동시에 개인의 물 소비량(주로 도시의 물 공급량을 근거로 추정한 것)은 지난 1세기 동안 4배 이상 증가했다. 여기에는 사람들이 물을 쉽게 이용할 수 있게 되면서 복지가 향상되었다는 의미가 포함되어 있다. 개발도상국에서는 물 사용량의 증가가 주로 건강 문제와 연결되는데, 깨끗한 식수와 하수도 시설을 더 쉽게 이용할 수 있게 되면서 질병을 피할 수 있게 되었다(도표 5). 반면에 선진국에서 물 사용량이 늘어난 것은 식기 세척기나 보기 좋은 잔디밭 등 주거 환경을 쾌적하게 만드는 물건들이 늘어났음을 의미한다.

따라서 세계적인 물 사용량이 우리가 쉽게 이용할 수 있는 재생 가능한 수자원 총량의 17%에 불과하다면, 그리고 물 사용량이 증가한 덕분에 더 많은 식량을 확보할 수 있어서 굶주리는 사람의 수가 줄어들고 개발도상국 국민의 건강이 향상되고 부가 축적될 수 있다면, 걱정할 이유가 없지 않은가?

세 가지 중심 문제

수자원 문제를 검토하는 데는 세 가지 결정적인 문제가 존재한다. 첫째, 강수량은 결코 전세계에 고르게 분포되어 있지 않다. 따라서 모든 사람들이 똑같이 쉽게 물을 이용할 수 있는 것이 아니며, 일부 국가는 수자원 확보에 세계 평균보다 훨씬 더 큰 어려움을 겪을 수밖에 없다. 결국 문제는 오늘날 일부 지역에서 이미 극심한 물 부족 현상이 나타나고 있는가 하는 점이다. 둘째, 지구 인구는 계속 늘어날 것이다. 그런데 강수량은 앞으로도 같은 수준을 유지할 것으로 예상되기 때문에, 인구 증가는 곧 각자에게 돌아가는 물의 양이 적어진다는 것을 의미한다. 따라서 문제는 앞으로 물 부족 현상이 더욱 심각해질 것인지의 여부이다. 셋째, 많은 국가들이 강에서 대부분의 물을 구하고 있다. 그런데 지구 육지 면적의 절반에 약간 못 미치는 지역을 점유하는 261개의 수계(river system, 한 하천으로 빗물이 모여드는 모든 구간을 의미한다-옮긴이)를 2개국 이상이 공동으로 사용하고 있다.[1080] 또 적어도 10개의 강은 6개국 이상의 영토를 통과한다. 대부분의 중동 국가는 대수층을 함께 이용하고 있다.[1081] 이는 수자원 문제가 국제적인 측면을 지니고 있으며, 따라서 만약 국가 간의 협력이 붕괴되는 경우에는 국제 분쟁이 발생할 소지가 있음을 의미한다.

이 세 가지 문제 이외에도 물 부족 문제와 관련해서 자주 논의되는 두 가지 중요한 이슈가 더 있는데 사실 개념적으로는 전혀 별개의 문제다. 두 가지 이슈 중 하나는 수질 오염, 특히 식수 오염에 대한 걱정이다.[1082] 수질 오염은 현재 이용할 수 있는 민물의 양을 감소시킨다. 따라서 수질 오염을 회피하는 것이 당연히 중요한 문제로 부각하지만, 사실상 물 부족 문제 자체와는 관련이 없다. 이 문제는 식수와 농약 사용 문제를 다루는 장에서 살펴보도록 하겠다.

두 번째 이슈는 제3세계에서 사람들이 쉽게 이용할 수 있는 물이 부족하다는 사실과 관련되어 있다. 그러나 우리는 이 문제를 이미 살펴본 바 있다(제1장 현실 : 물 문제 참조). 이 문제는 조금씩 해결되고 있지만, 전세계적으로 인류 복지를 증진시키는 데 여전히 가장 중요한 장애가 되고 있다. 물 부족 문제를 논의할 때 마치 당연한 것처럼 모든 사람들이 식수와 하수도 설비를 이용할 수 없다는 점을 거론하곤 하는데,[1083] 사실 이 문제는 물 부족 문제와는 완전히 별개의 것이다. 첫째, 이 문제의 원인은 물 부족이 아니라(하루에 필요한 물은 1인당 50~100리터에 불과한데, 쿠웨이트를 제외한 모든 나라에서 이 정도의 물은 충분히 공급할 수 있다. 표 4)[1084] 사회 기반 시설에 대한 투자 부족이다. 둘째, 이 문제를 해결하기 위해서는 기존의 물 소비를 줄이는 것이 아니라 미래에 소비할 수 있는 양을 늘려야 한다.

마지막으로, 지구 온난화(제5부 제24장)와 물 사용과의 관련성을 살펴보아야 하겠다. 얼른 생각하기에는, 기온이 높아지면 물의 증발이 심해져서 수량이 적어지고 따라서 더 많은 문제가 발생할 것이라고 판단하기 쉽다. 그러나 증발량이 많아진다는 것은 곧 강수량이 많아진다는 뜻이다. 본질적으로 세계의 기후 모델은 물 부족 현상을 겪는 지역에서 변화하고 있는 것처럼 보이는데, 일부 국가의 경우 그 경계를 넘나드는 정도이고, 전세계적인 변화의 폭도 작은 편(1~5%)이다. 변화는 긍정적인 방향과 부정적인 방향 양쪽으로 모두 일어난다.[1085]

물이 충분하지 않다고?

강수량은 고르게 분포되어 있지 않다. 아이슬란드 같은 나라에서는 국민 1인당 매일 거의 200만 리터의 물을 이용할 수 있는 반면, 쿠웨이트에서는 겨우 30리터로 버텨야 한다.[1086] 따라서 문제는 한 국가가 과연 언제 물 부족 현상을 겪게 될 것인가 하는 점이다.

인간은 하루에 약 2리터의 물이 필요한 것으로 추정된다. 따라서 이 정도의 물을 공급하지 못할 리는 없다.[1087] 물 부족 문제를 다룰 때 가장 흔히 사용하는 방법은 수문학자(水文學者, 육지에 있는 물의 성질 · 현상 · 법칙 등을 연구하는 학문 – 옮긴이)인 말린 팔켄마르크(Malin Falkenmark)가 개발한 이른바 물 부족 지수(water stress index)를 활용하는 것이다. 이 지수는 건조 지대에 위치한 한 국가의 경제 개발 수준이 중간 정도라고 가정하고, 이 국가의 국민들이 적절한 삶의 질을 유지하는 데 필요한 인구 1인당 최소 물 소요량을 설정한다(그리고 그것에 근거해서 다른 나라들이 얼마나 물이 부족한지 또는 풍족한지를 살펴본다 – 옮긴이). 세계은행을 비롯한 여러 국제 기구와 단체에서 이 방법을 사용해왔으며, 환경 과학 교과서와 《세계의 자원(World Resources)》처럼 물 부족 현상을 다룬 책에서도 인용하고 있다.[1088] 이 지수에 따르면, 인간에게는 마시는 물 · 가사에 사용하는 물 · 목욕물 등으로 하루에 약 100리터 정도가 필요하며, 농업 · 공업 · 에너지 생산 등을 위해 매일 500~2,000리터의 물이 추가로 필요한 것으로 추정된다.[1089] 대체로 건조한 계절에 물이 가장 많이 필요하기 때문에, 이런 계절에는 물 부족 수준이 훨씬 더 높게 책정된다. 따라서 어떤 나라에서 매일 한 사람이 사용할 수 있는 물의 양이 4,660리터 이하라면, 그 나라 사람들은 주기적으로 또는 정기적으로 물 부족을 경험한다고 볼 수 있다. 만약 사람들이 이용할 수 있는 빗물의 양이 1일 2,740리터 이하로 떨어진다면, 그 나라는 만성적 물 부족 국가로 간주할 수 있다. 또 만약 강우량이 인구 1인당 1일 1,370리터 이하이면, 그 나라는 절대적이고 극심한 물 부족을 겪게 된다.[1090] (이런 기준으로 볼 때, 우리 나라는 다른 나라에 비해 강수량이 부족한 것이 아니다. 좁은 국토에 많은 인구가 모여 살기 때문에 물 부족 국가로 분류된다 – 옮긴이).

위의 기준을 따를 때, 표 4는 2000년에 전세계 인구의 3.7%를 차지하는 15개국이 만성적인 물 부족에 시달리고 있음을 보여준다.[1091] 이 국가들 중에는 이 표에 포함되는 것이 당연하다고 생각되는 나라가 많을 것이다. 그렇지만 문제는 우리가 정말로 심각한 상황에 직면해 있는가 하는 점이다.

쿠웨이트 사람들은 하루에 겨우 30리터의 물로 어떻게 견딜 수 있는 것일까? 여기서 중요한 것은 쿠웨이트 사람들이 하루 30리터의 물로 견디는 것이 아니라는 점이다. 쿠웨이트 · 리비아 · 사우디아라비아는 세계에서 가장 규모가 큰 수자원, 즉 바닷물을 담수화해서 물 수요의 상당 부분을 충당하고 있다.[1092] 쿠웨이트는 사실 물 소비량의 절반 이상을 해수 담수화로 충당한다.[1093] 해수 담수화에는 많은 에너지가 필요하지만(바닷물을 얼리거나 증발시키는 과정에서 엄청난 에너지가 필요하다), 이 세 나라는 엄청난 에너지 자원을 보유하고 있다. 오늘날 바닷물을 담수화하는 데 드는 비용은 1입방미터당 50~80센트 수준까지 떨어졌으며, 기수(brackish water, 바닷물과 민물이 섞여 염분이 적은 물 – 옮긴이)의 경우에는 겨우 20~35센트에 불과하다. 물론 담수화 과정을 거친 물이 보통의 민물보다 비싼 것이 사실이지만, 그렇다고 해도 아예 손도 댈 수 없을 만큼 비싼 것도 분명 아니다.[1094]

이는 두 가지 사실을 의미한다. 첫째, 물 값을 지불할 여유가 있다면 사실 수자원은 충분하다는 것이다. 따라서 공동의 문제를 해결하는 데 가장 커다란 장애가 되는 것은 환경이 아니라 빈곤이라는 사실이 다시 한번 강조된다. 둘째, 해수 담수화라는 방법이 있으므로 세계의 물 문제가 무한히 악화되지는 않을 것이다. 이론적으로는 사하라 사막에 태양 전지를 이용한 담수화 시설을 하나만 세워도 전세계에서 현재 소비되는 물을 모두 생산해낼 수 있다. 그런 규모의 태양광 발전소를 건설하는 데 필요한 면적은 사하라 사막 총 면적의 0.3%에도 미치지 못한다.[1095]

오늘날 담수화된 물은 모든 물의 0.2%, 도시에서 사용하는 물의 2.4%밖에 안 된다.[1096] 해수 담수화를 통해 도시의 수자원 인출량을 모두 충당한다면 그 비용은 전세계 GDP의 약 0.5%에 해당할 것이다.[1097] 물론 대부분의 지역에 사실상 수자원이 풍부하고 또 모든 지역이 어느 정도 자연의 수자원을 이용할 수 있으므로, 이는 틀림없이 자원 낭비일 것이다. 하지만 이런 사실에서 물 부족 문제가 결코 일정 정도 이상으로는 확대되지 않을 것이라는 점을 분명히 확인할 수 있다.

지구 전체의 총 수자원 양에 대한 정보만 가지고 물의 공급량이 충분한지 알아보려고 하는 데는 근본적인 문제가 있다. 그것은 바로 우리가 수자원을 어떻게 사용하고 있으며 또 얼마나 현명하게 사용하고 있는지를 제대로 살펴보지 않는다는 점이다. 많은 나라들이 제한된 수자원으로도 물을 매우 효과적으로 이용해서 수자원 문제를 잘 극복하고 있다. 이스라엘은 효율적으로 수자원을 이용하는 좋은 예다. 이 나라는 농업 용수 이용의 효율성을 크게 높이는 데 성공했는데, 매우 효과적인 세류 관개시스템(관개용 파이프에 미세한 구멍을 뚫어서 농작물에 꼭 필요한 물만 공급하는 것 – 옮긴이)을 이용해서 사막을 녹색으로 만들고 일반 가정에서 나오는 오수를 관개용으로 재활용한 덕분이었다.[1098] 그런데도 한 사람이 하루에 쓸 수 있는 물의 양이 겨우 969리터밖에 되지 않기 때문에, 앞에서 언급한 기준에 따른다면 이스라엘은 절대적인 물 부족 국가에 해당한다. 이런 점을 감안해서 1997년 수자원 문제를 다룬 유엔 문서의 기초 보고서에서 한 집필자는 물 부족 국가의 기준인 인구 1인당 1일 2,740리터를 "일부 당국자들이 현대 사회의 생존을 위해 반드시 필요한 최소량으로 오인하고 있다"[1099]고 지적한 바 있다. (우리 나라 건설교통부와 수자원공사도 이런 식으로 해석하여 우리가 물 부족 국가라는 점을 강조하고 있다. 하지만 우리 나라의 경제 수준과 수자원 관리 기술 수준을 감안한다면, 추가적인 댐 건설을 상당 부분 자제하고도 충분히 물 부족 문제를 극복할 수 있다 – 옮긴이).

물론 물 부족 지수의 기준을 높게 설정할수록 잘못된 기준 때문에 생기는 문제들이 더욱 커진다. 유럽연합 환경청(EEA, European Environmental

Agency)은 1998년에 1인당 하루 물 소비량이 1만 3,960리터 이하인 나라는 '물 수급 곤란 국가'로 분류해야 한다는, 조금은 황당한 제안을 내놓았다. 이런 견해에 따르면 유럽의 절반을 넘는 나라가, 그리고 전세계적으로 70% 이상의 나라가 물 수급 곤란 국가로 분류된다.[1100] 일례로 덴마크에서는 한 사람이 매일 6,750리터의 담수를 사용할 수 있으므로 위의 기준에 크게 못 미친다. 사실 덴마크는 유럽연합 환경청이 설정한 '물 수급 심각 국가'의 기준치에 매우 근접해 있다. 그런데도 덴마크 전국의 수자원 인출량은 이용 가능한 물의 11%에 불과하며, 설령 앞으로 물 사용량이 2배로 증가한다고 해도 환경에 부정적인 영향을 미치지는 않을 것으로 추정되고 있다.[1101] 덴마크 환경 보호청장은 "덴마크는 자연의 혜택으로 우리가 실제로 사용하는 양보다 훨씬 더 많은 깨끗하고 질 좋은 지하수를 이용할 수 있다"[1102]고 말한 바 있다.

현재 물을 가장 많이 사용하는 분야는 바로 농업이다. 세계적으로 공업 용수가 전체 물 소비량의 23%를 차지하고 가정 용수가 8%를 차지하는 반면, 농업 용수의 비율은 69%나 된다.[1103] 따라서 물 사용을 줄여서 가장 큰 이득을 기대할 수 있는 분야가 바로 농업이다. 따라서 수자원 확보가 어려운 많은 나라들은 대량의 곡물을 수입함으로써 어려움을 덜고 있다.[1104] 곡물 1톤을 생산하는 데 사용되는 물의 양이 약 1,000톤이나 되기 때문에 곡물을 수입하는 것은 사실상 매우 효율적으로 물을 수입하는 것과 마찬가지다.[1105] 이스라엘은 자국 내에서 소비하는 곡물의 약 87%를 수입하고 있으며, 요르단은 91%, 사우디아라비아는 50%를 수입에 의존하고 있다.[1106]

요약하자면, 전세계적으로 96% 이상의 국가들이 현재 충분한 수자원을 확보하고 있다. 모든 대륙에서 1인당 이용 가능한 수자원 양은 증가했으며, 이와 동시에 깨끗한 식수와 하수도 시설을 이용할 수 있는 사람의 비율도 계속 증가해왔다. 이처럼 수자원 이용 환경이 점점 좋아지고 있지만, 그렇다고 해서 깨끗한 식수와 같은 기본적인 생활 조건을 만족시키지 못하는 지역이 아직도 많으며 국지적으로는 여전히 물 부족 현상이 발생하고 있다는 점을 부인할 생각은 없다. 그러나 이런 문제들은 기본적으로 물리적인 물 부족 현상에서 기인하는 것이 아니라 적절한 물 관리 정책의 부재, 그리고 궁극적으로는 경제력의 부족—바닷물을 담수화하거나 또는 곡물 수입을 늘려서 국내의 수자원을 더 많이 확보할 수 있는 재정의 부족—때문에 발생한다.

미래에는 상황이 더 악화될 것인가

수자원에 대한 걱정의 대부분은 현재의 문제들이 시간이 흐를수록 더 악화될 것이라는 걱정 바로 그것이다. 세계 인구는 지속적으로 늘고 있는데 강수량은 항상 그대로이기 때문에, 앞으로 한 사람이 쓸 수 있는 물의 양은 줄어들 것이다. 그리고 팔켄마르크의 물 부족 기준에 따른다면 물 부족을 경험하는 국가는 더욱 더 늘어날 것이다. 도표 85를 보면 물 부족 문제를 겪는 사람의 비율이 2000년의 3.7%에서 2025년에는 8.6%로, 2050년에는 17.8%로 증가할 것임을 분명히 알 수 있다.

사람이 늘어나면 당연히 물 부족 문제도 커질 테지만 그런 "전망은 예측도 예언도 아니다"는 점이 자주 지적되곤 한다.[1107] 사실 이런 전망은 만약 수자원 관리 기술을 향상시키지 않는다면 물이 더욱 부족해질 것이라는 사실을 의미할 뿐이다. 그러나 수자원을 이용하고 배분하는 기술이 앞으로 개선되지 않을 가능성은 거의 없다. 농업 분야가 물 소비량의 가장 큰 부분을 차지하므로 효율성 개선의 가능성이 가장 큰 분야도 바로 농업이다. 현재 대부분의 관개 시설은 60~80%나 되는 물을 낭비하는 것으로 추정된다.[1108] 만약 이스라엘의 사례를 본받아서 인도 · 요르단 · 스페인 · 미국 등과 같이 각기 다양한 특성을 지닌 나라들이 세류 관개 시설을 도입한다면, 농업 부문의 물 사용량을 30~70%나 감소시키는 반면,

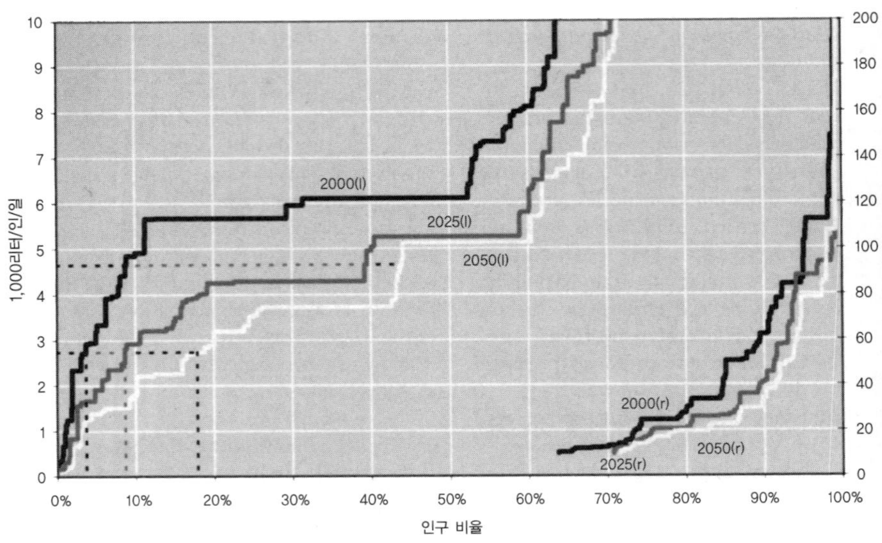

도표 85 2000년, 2025년, 2050년에 물 부족을 겪는 인구 비율의 분포. 유엔의 중위 변이값 인구 자료를 이용했다. 왼쪽 그래프는 왼쪽 축을, 오른쪽 그래프는 오른쪽 축의 눈금을 이용한다. 출전: WRI 1998a.

수확량은 20~90% 증가시킨다는 사실이 일관되게 증명되었다.[1109] 또한 몇몇 연구 결과들은 공업 분야에서 추가 비용을 부담하지 않더라도 물 소비를 30~ 90% 정도 절약할 수 있음을 보여준다.[1110] 심지어 가정에서도 물을 절약할 수 있는 여지가 아주 많다. 유럽연합 환경청은 유럽 각국의 누수율이 오스트리아와 덴마크의 10%에서부터 영국의 28%, 체코 공화국의 33%에 이르기까지 매우 다양한 것으로 추정하고 있다.[1111]

물 낭비는 많은 지역에서 물의 가격이 제대로 매기지 않았기 때문에 발생하는 문제다. 전세계 대다수의 관개 시설 물 사용료는 물 소비량에 따라 변하는 것이 아니라 매년 일정액으로 정해져 있다.[1112] 이런 요금 체계 때문에 농부들은 마지막 한 방울의 물까지 효과적으로 사용하는 것이 이득이 되는지 굳이 생각해보지 않는다. 일단 한번 요금을 지불하고 나면 모든 물을 공짜로 공급받기 때문이다. 따라서 개인적으로 물을 그렇게 많이 사용할 필요가 없을 때에도 사람들은 공짜라는 이유만으로 그냥 써버린다. 이것은 어업 문제를 다루면서 거론한 '공유지 비극'의 또 다른 예라고 하겠다.

그런데 이런 상황은 가난한 나라에서 특히 문제가 된다. 부유한 국가들이 자국의 수자원 소비량 중에서 37%만 관개 목적에 사용하는 반면 세계 최빈 국가들은 90%를 사용하고 있다.[1113] 따라서 농업에서 사용하는 물을 일부 전용해서 공업 용수와 가정 용수로 재분배하는 일이 꼭 필요한데, 그 과정에서 농업 부문의 잠재적 생산성이 조금 감소할 것이다(달리 말해서 실제 생산량의 증가폭이 감소한다는 뜻이다). 세계은행은 이런 생산성 감소가 아주 제한적이며, 수자원 재분배는 관련 국가에 틀림없이 유익한 결과를 가져다줄 것이라고 추정하고 있다.[1114] 물론 물 부족을 겪고 있는 대부분의 국가에서 농업 생산성이 감소한다면 그 대신 곡물 수입이 늘어날 것이다. 그러나 국제물관리연구소(International Water Management Institute)의 연구 결과는 수자원이 풍부한 나라, 특히 미국에서 곡물을 더 생산한다면 수입량 증대에 보조를 맞추는 것이 가능하다고 지적했다.[1115]

이와 동시에 가정 용수의 소비 효율성을 높이는 데 더 관심을 갖는다면 커다란 이점이 따른다. 마닐라에서는 생산되는 수돗물의 58%가 사라져 버리며(물을 필요한 곳으로 보내는 과정에서 사라지거나 도난당한다), 남미에서도 역시 40% 정도가 사라지고 있다. 그런가 하면 제3세계의 가정들은 평균적으로 실질적인 수돗물 생산원가의 35%만 요금으로 지불하고 있다.[1116] 이런 현실은 당연히 과소비를 부추긴다. 우리는 정당하게 값을 매기고 계량기로 측정을 정확히 한다면 수요가 줄어든다는 사실을 잘 알고 있다. 만일 정액 요금 대신 사용량에 맞춰서 요금을 지불해야 한다면 소비자들이 물 사용을 줄일 것이 확실하다.[1117]

사실 합리적인 가격 체계를 도입한다면 미래에 쓸 수 있는 물을 확보할 수 있을 뿐만 아니라 사회 전체적으로 물 사용의 효율성 또한 증가시킬 수 있을 것이다. 농업 용수가 저렴하게 혹은 아예 공짜로 공급되는 것은 대부분의 경우 상당한 액수의 정부 보조금이 암암리에 제공되고 있음을 의미한다. 미국에서 물과 관련해서 농부들에게 지급되는 보조금은 전체의 90% 이상, 즉 연간 약 35억 달러로 추정된다.[1118] 개발도상국에서는 이 수치가 훨씬 더 크다. 개도국 도시의 경우에는 정부의 물 보조금이 220억 달러, 농업 용수의 경우에는 약 200~250억 달러로 추정된다.[1119]

따라서 인구가 늘면 물 수요가 늘어나서 인류의 거의 20%가 추가로 물 부족을 겪게 되겠지만 이 문제를 해결할 수 있는 가능성은 얼마든지 있다. 그 해결 방안의 하나는 물 가격의 인상일 것이다. 물 값이 비싸지면 비효율적인 물 사용이 줄어들 것이다. 물 부족 국가들이 곡물 수입을 늘리는 것도 해결책의 일부이다. 이렇게 해서 농업 부문에서 절약한 물을 공업 용수나 가정 용수 등으로 더 유용하게 사용할 수 있기 때문이다. 마지막으로 해수 담수화는 재정적 뒷받침이 충분하기만 하다면, 사실상 무한정으로 식수를 생산해낼 수 있는 보조 수단이 될 것이다.

물 분쟁이 격화될 것인가

물 사용에 적절한 가격을 매기는 것이 실제로 물 문제를 해결할 수 있는 가장 중요한 과제임이 밝혀지고 있다. 지금까지 오랜 세월 대체로 그래왔듯이 물이 공짜일 때 사람들은 가능한 많은 양의 물을 사용한다. 하지만 사람들이 점점 더 부유해지면서 점점 더 많은 물을 사용하게 되고, 인구가 늘어나면서 물이 한정된 자원이라는 사실을 경험하기 시작했다. 물이 공짜인 것처럼 행동하는 것이 문제를 야기하는 것이다. 따라서 이제는 수자원을 어떤 용도로 먼저 사용해야 할지 우선순위를 매겨야만 한다. 과연 식량을 더 많이 생산하는 데 더 많은 물을 써야 하는가, 아니면 도시에서 더 많이 물을 사용하고 그 대신 농업 분야에서는 물 사용의 효율성을 향상시키도록 압력을 행사해야 하는가? 물에 정당한 가격을 매김으로써 그런 선택을 가장 효과적으로 수행할 수 있을 것이다.

그러나 물의 희소성이 인정돼서 물의 가치가 높아지면 곧 세계 각국은 수자원 분배 문제에 점점 더 민감해질 것이다. 이는 국가 간의 긴장 악화로 이어지고 수자원 문제에 점점 더 정치적인 관심이 집중되는 결과를 초래할 수 있다. 수자원을 둘러싼 긴장은 복잡한 이해 관계가 얽혀 언젠가 폭발할 가능성이 있는 국제 분쟁의 한 요소가 될 것이다. 그렇더라도 이것이 "20세기의 많은 전쟁이 석유와 관련이 있지만 21세기에는 물을 둘러싼 전쟁이 발발할 것"임을 의미하지는 않는다. 앞의 인용문은 세계은행의 발언인데, 보도자료에서부터 '전쟁'이라는 단어를 아예 사용하지도 않은 보고서에 이르기까지 여러 곳에서 이 말이 인용된 바 있다.[1120]

아론 울프(Aaron Wolf) 교수는 국제적인 위기와 관련된 데이터를 샅샅이 훑어본 후, 1918부터 1994년까지 발생한 412건의 위기 사태 중에서 수자원 문제가 부분적으로라도 원인이 된 경우는 고작 7건뿐이었음을 밝혔다.[1121] 이 7건의 사태 중에서 3건에서는 단 한 발의 총성도 울리지 않았으며, 실제로 전쟁이라고 해도 될 만큼 폭력이 행사된 경우는 단 한 건도 없었다.[1122] 울프 교수는 다음과 같은 결론을 내렸다. "우리는 수자원을 둘러싼 무장 분쟁의 실제 역사가 수자원 전쟁을 다룬 문헌들의 내용보다 다소 덜 극적이라는 사실을 발견했다. ……아무리 찾아보아도 물 때문에 전쟁이 벌어진 경우는 단 한 번도 없었다."[1123] 실제로 물 문제 때문에 전쟁이 발발한 사례가 없다는 사실은, 수자원과 관련해서 서기 805년부터 1984년까지 기록된 국제 협정이 3,600건을 넘는다는 사실과 비교할 때 그 의미를 이해할 수 있다. 최근 100년 동안에도 수자원과 관련해서 149건 이상의 국제 협정이 조인되었다.[1124]

수자원 전쟁에 대한 주장이 지나치게 과장되었다고 할 만한 훌륭한 근거가 있다. 첫째, 수자원을 확보하기 위해 전쟁을 벌인다는 것은 전략적으로 거의 의미가 없는 일이다. 이런 전쟁의 목적이 무엇이겠는가? 오로지 강 하류에 있는 힘센 국가만이 전쟁의 동기와 능력을 갖지만, 상류에 위치한 국가가 복수를 위해 고의로 물을 오염시키는 경우에는 그냥 당할 수밖에 없다. 따라서 전쟁을 하게 되면 단순히 힘을 과시하는 데서 그치지 않고 상류의 영토를 영구히 점령해야 할 것이며, 어쩌면 강 상류 지역의 주민들을 추방하거나 학살해야 할지도 모른다.[1125] 둘째, 그런 전쟁에는 엄청난 비용이 들 것이며, 특히 해수 담수화 비용과 비교해서도 그렇다. 이스라엘의 국방 분석가는 이렇게 지적했다. "왜 물을 둘러싸고 전쟁을 벌여야 하는가? 1주일 동안 전쟁을 할 수 있는 비용이라면 담수화 공장 5개를 지을 수 있다. 그렇게 하면 인명 피해도 없고, 국제적인 압력도 없으며, 적의 영토 안에서 방어에 나서지 않아도 되는 믿을 만한 공급지가 생긴다."[1126] 셋째, 수자원에 대해 여러 국가가 이해 관계를 공유하는 경우가 많다. 상류의 국가들은 댐에서 수력 발전으로 전기를 얻고 하류의 국가들은 좀더 잘 관리된 농업 용수를 확보하는 식이다.[1127] 마지막으로, 수자원을 둘러싼 국제적 협조 체제는 대단히 탄력적이다. 동남아시아 지역의 수자원 문제를 다루는 메콩강위원회(Mekong Committee)는 베트남 전쟁 기간에도 제대로 기능을 발휘했으며, 이스라엘과 요르단은 30년 동안의 공식적인 전쟁 기간 중에도 비밀리에 수자원 협상을 진행시켰다. 그리고 인더스강위원회(Indus River Commission)는 인도와 파키스탄 사이에 벌어진 두 번의 전쟁 중에도 살아남았다.[1128]

사실 수자원을 둘러싼 문제들이 더 많은 관심을 끌게 되었다는 이유만으로도 최근 몇 가지 분쟁이 해결된 바 있다. 인도와 방글라데시는 독립 이후 내내 갠지스 강의 물을 이용하는 권리를 놓고 치열한 분쟁을 벌이고 있다. 갠지스 강은 인도의 관리 하에 있지만 방글라데시의 농업에 필수적이다. 인도 정부는 갠지스 강에서 자기들이 필요한 만큼 얼마든지 물을 가져다 쓸 권리가 있다고 50년 동안 주장하다가 1996년에 새로운 조약에 서명했다. 이 조약은 농사에서 가장 중요한 시기인 봄철 3개월, 즉 3~5월에 두 나라가 모두 충분히 물을 확보할 수 있도록 규정하고 있다.[1129]

따라서 앞으로 물의 가치가 점점 더 높아지기는 하겠지만, 이것이 전쟁으로까지 확대될 것이라고 걱정할 만한 이유는 거의 없다. 전략적으로나 경제적으로나 그런 전쟁이 거의 의미가 없기 때문이다. 오히려 물의 가치가 높아짐으로써 아직까지 남아 있는 몇 가지 중요한 물 관련 문제에 더 관심이 쏠려 문제 해결에 도움이 될 것으로 전망된다.

결론

물 문제는 수많은 과장된 주장들에 둘러싸여 있다. 이런 주장들을 가장 잘 요약한 예는 아마도 1995년에 발표된 한 학술 논문의 열정적인 제목인 '세계적인 물 위기 : 21세기의 중요한 이슈이며 점점 더 심각해지고 있는 폭발적인 문제'[1130]에서 찾아볼 수 있을 것이다. 그러나 그 어떤 자료도 그처럼 엄청난 문제가 있다는 시각을 뒷받침해주지 않는다. 우물이 말라가는 것도 아니고, 우리가 극복할 수 없는 물 부족 현상에 직면해 있는 것도 아니다. 현재의 물 사정은 오히려 수자원을 더 신중하게 관리해야 하며, 용수에 현실적인 가격을 매겨야 하고, 또 건조 지역에 위치하는 국가들은 식량의 자급 자족을 포기하는 정책을 채택해야 한다는 것을 강조하고 있다.

물 문제를 다루는 중요한 보고서들이 모두 똑같은 결론을 제시하고 있다. 1997년 유엔은 《세계 민물 자원에 대한 포괄적 평가(Comprehensive Assessment of the Freshwater Resources of the World)》라는 보고서를 펴냈다. 이 보고서는 서두에서 물 부족 현상이 증가하는 것은 "대체로 잘못된 물 분배 정책, 자원의 낭비, 적절한 관리 대책 부재의 결과"[1131]라고 지적하고 있다. 세계물위원회(World Water Council)가 내놓은 보고서 《세계의 물 사정 전망(World Water Vision)》은 개요에서 이 점을 더 분명히 서술했다. "오늘날 물 위기는 존재한다. 그러나 이 위기는 물이 너무 부족해서 수요를 충족시킬 수 없기 때문에 발생하는 것이 아니다. 수자원이 너무나 형편없이 관리되고 있어서 수십 억 명의 사람들과 환경이 지독한 고통을 당하고 있다는 것이 바로 위기의 실체다."[1132]

수자원은 충분하다. 그러나 수자원을 좀더 잘 관리해야 할 필요가 있다. 우리는 과거의 실수에서 교훈을 얻어야 한다. 구소련이 카라쿰 사막을 녹화하기 위해 아랄 해로 흘러가는 아무다리야 강과 시르다리야 강의 물길을 변경시켰을 때 세계에서 네 번째로 큰 호수가 파괴되었다. 이제 우리는 그 교훈을 얻었다. 한 번 바꿨던 물길을 1990년대 중반 다시 원래대로 돌려놓은, 캘리포니아 주 동부의 모노 호수 프로젝트가 좋은 예라고 할 수 있다.[1133]

매년 전세계적으로 약 160입방킬로미터의 지하수를 끌어올리는 일은 그만두어야 한다.[1134] 국제물관리연구소는 2025년 전망을 발표하면서 농업 생산성 증진을 위해 앞으로 600입방킬로미터의 물이 추가로 필요할 것이라고 추정했다.[1135] 이 둘을 합쳐서 760입방킬로미터의 물을 추가로 확보하는 것은 충분히 가능하다. 추가로 댐을 더 세우기만 해도 빗물에서 1,200입방킬로미터를 더 확보할 수 있을 것으로 전망되기 때문이다.[1136]

더욱이 우리는 농업과 공업, 물 분배 등에 대단히 비효율적인 면이 많다는 것을 잘 알고 있다. 물에 적절한 가격을 매긴다면 물 한 방울로 더 많은 곡식을 생산할 수 있게 될 것이다. 또한 수자원이 부족한 나라는 생산의 중심을 농업에서 서비스업이나 타 산업 분야로 전환하는 것이 합리적이다. 마지막으로, 해수 담수화는 적정한 가격으로 충분한 양의 물을 생산할 수 있게 해주는 보조 기술이 되고 있다. 사실 앞으로 물 사용의 효율성이 향상되면, 경제와 환경에 모두 좋은 영향을 미칠 것이라고 믿을 만한 합리적인 근거가 있다. 경제에 좋은 영향을 미칠 수 있는 것은 비효율적인 보조금이 없어지기 때문이며, 환경에 좋은 영향을 미치는 것은 취약 지역에 더 이상 경제적인 압박이 가해지지 않을 것이기 때문이다(별로 용도가 없는 댐을 무리하게 지어서 자연 파괴를 일삼는 일을 자연히 하지 않게

될 것이기 때문이다-옮긴이).[1137]

국제물관리연구소는 식량 생산량이 증가해서 1995년 1인당 1일 2,800칼로리가 채 안 되던 식량 공급량이 2025년에는 3,000칼로리를 넘을 것이라고 전망한다. 이와 동시에 훨씬 더 많은 개도국이 깨끗한 식수와 하수도 시설을 이용할 수 있게 될 것이라는 전망도 가능하다.

"세계적인 수자원 위기:21세기의 중요한 문제"라는 외침이 자주 들려온다. 그러나 이런 외침은 쓸데없이 현실을 왜곡하고 있으며 위협적이다. 전세계의 우물이 말라버릴 것이라는 전망은 터무니없다. 우리에게는 물 관리 방법의 개선, 적정한 가격의 책정, 수입 대체 등의 대책이 필요하다. 그러면 식량 생산의 증가, 기아의 감소, 인류 건강의 향상, 환경 개선, 부의 증가 등 반대 급부를 얻게 될 것이다.

14 3부의 결론: 지속적인 번영

우리는 재생 가능 자원을 과도하게 이용하고 있지 않다. 월드워치연구소는 식량 결핍이 환경 붕괴의 첫 번째 징조일 가능성이 크다고 말한다.[1138] 그러나 제9장에서 살펴보았듯이, 식량은 앞으로 계속해서 더 싸고 더 풍부해질 가능성이 매우 크다. 따라서 훨씬 더 많은 사람들에게 식량을 제공해줄 수 있을 것이다.

삼림은 사라지지 않았으며 제2차 세계대전 이후 전세계의 삼림 면적은 거의 같은 수준을 유지하고 있다. 열대우림이 지금도 1년에 0.5%씩 벌채되고 있고, 일부 근시안적인 국가들이 삼림을 현명하게 사용하지 못하고 있는 것이 사실이지만, 원래 열대우림의 약 80%는 지금도 고스란히 남아 있다.

수자원은 풍부하고 재생 가능한 자원이다. 그렇지만 앞으로 물이 귀해질 수도 있는데, 우리가 좀더 일찍 물을 양이 제한된 소중한 자원으로 취급하지 않은 것이 한 가지 이유이다. 이런 태도 때문에 여러 지역에서 물을 크게 낭비하는 습관이 생겨났다. 기본적으로 수자원 문제는 수자원 관리 방법상의 문제이다. 즉, 물에 적당한 가격을 책정하면 모든 용도의 물을 충분히 확보할 수 있다.

이보다 더 놀라운 사실은 에너지나 원자재처럼 재생이 불가능한 자원에도 심각한 문제가 전혀 없는 것처럼 보인다는 점일 것이다. 전체적으로 이런 자원의 저장고를 아주 많이 찾아냈기 때문에 소비량이 크게 늘었음에도 불구하고 앞으로 이런 자원을 사용할 수 있는 햇수는 점차 줄어드는 것이 아니라 오히려 더 늘어나고 있다.[1139] 재생 불가능한 자원들이 원칙적으로는 고갈될 수 있지만, 우리가 소비하는 자원의 60% 이상은 앞으로 200년 이상 쓸 수 있는 양이 남아 있다. 만약 에너지가 충분히 공급될 수만 있다면, 지금보다 품질이 낮은 자원까지 개발할 수 있게 되어 앞으로 수백만 년 동안 더 쓸 수 있는 충분한 자원을 확보할 수 있게 될 것이다.[1140]

우리에게는 먼 미래에까지도 쓸 수 있는 에너지 자원이 많이 있다. 이와 동시에 이제는 재생 가능 에너지 자원도 이용할 수 있게 되었다. 재생 가능 에너지의 가격은 계속 낮아지고 있으며, 앞으로 지금보다 훨씬 더 많은 양의 에너지를 제공해줄 수 있는 잠재력을 지니고 있다. 현재의 태양전지 기술로도 사하라 사막 면적의 겨우 2.6%만을 이용해서 전세계에서 소비되는 에너지를 모두 생산할 수 있다. 이런 에너지원들이 앞으로 50년 안에 이윤을 낼 수 있는 수준에 근접하거나 혹은 전통적인 에너지원들보다 오히려 더 싸질 수도 있다고 전망할 만한 충분한 근거가 있다.

식량 · 삼림 · 수자원 · 원자재 · 에너지 등 필수적인 자원들을 사용하는 우리의 생활 습관은 미래 세대의 선택의 여지를 좁혀주는 것이 아니라, 오히려 과거 그 어느 때보다 더 많은 선택의 여지를 제공해주고 있는 것처럼 보인다. 아마 앞으로의 사회는 인구 1인당 훨씬 더 많은 양의 식량을 생산하면서도 삼림을 위협하지 않을 것이다. 어쩌면 좀더 높은 생활수준을 이룩하기 위해 다시 나무를 심는 데 더 많은 공간과 비용을 할애할지도 모르겠다. 그 양이 거의 무한한 태양 에너지를 이용할 수 있게 된다면 단기적으로나 장기적으로나 에너지 소비에 제한을 받게 되는 일은 없을 것이다. 지금까지 드러난 증거들을 보면 물이나 원자재 같은 자원의 양이 아주 적은 것 같지는 않다. 장기적으로 에너지가 충분히 확보된다면 필요한 만큼 충분히 자원을 사용할 수 있을 것이다. 따라서 우리 사회가 제한없이 오히려 점점 더 큰 액수의 수표를 남발하면서 목숨을 부지하고 있다는 비관주의자들의 걱정에는 전혀 근거가 없는 것 같다.

세계은행은 환경을 파괴하지 않고 계속 지속될 수 있는 발전을 '지속 가능한 발전'이라고 정의한다.[1141] 이 점에서 우리 사회는 확실히 지속 가능한 사회인 것 같다.

그러나 지금 당장의 복지 수준을 지탱할 수 있을 뿐만 아니라 그것을 점진적으로 개선해나갈 수 있다고 해도 우리 자손들을 위해 더 좋은 사회를 만드는 데는 충분하지 않다. 우리가 환경을 너무 많이 오염시켜서 실제로 우리의 수명과 장기적인 복지, 그리고 미래 세대를 위한 기회들을 갉아먹고 있다는 주장이 사실일 수도 있다. 이 문제에 대해서는 다음 장에서 다루도록 하자.

the Skeptical Environmentalist
Measuring the Real State of the World

4부 오염이 인류 번영을 가로막고 있는가

15 대기 오염

사람들의 건강에 영향을 미치는 온갖 종류의 환경 오염 중에서 지금까지 가장 중요하게 취급되고 있는 것은 (실외 오염과 실내 오염을 모두 포함해) 대기 오염이다. 미국 환경보호청의 관리 하에 있는 모든 분야(대기, 물, 농약, 자연 보전, 식수, 유독 물질 관리, 오염 책임 부담) 중에서 대기 오염에 대한 규제가 환경보호청의 자체 판단으로도 그 동안 이룩한 사회적 성과의 86~96%를 차지한다고 한다.[1142] 이와 마찬가지로 1999년에 전세계 각 지역과 국가에서 상대적인 위험도를 비교한 39건의 연구를 종합 검토한 결과, 거의 예외 없이 대기 오염이 인체 건강에 영향을 미치는 가장 중요한 환경 문제라는 것이 밝혀졌다.[1143] 따라서 대기 오염 문제를 가장 먼저 살펴보기로 하자.

우리는 흔히 대기 오염이 현대적인 현상이며, 최근 들어 점점 더 악화되고 있다고 생각한다. 그러나 이제부터 분명히 드러나겠지만, 서구의 대기는 과거 오랫동안 지금처럼 깨끗한 적이 없었다. 더욱이 개발도상국의 대기 오염 현황 역시 앞으로 세월이 흐르면서 점점 개선될 것이라고 전망할 만한 충분한 근거들이 있다.

과거의 대기 오염

납으로 인한 대기 오염의 기록은 무려 6,000년 전까지 거슬러 올라가는데, 그리스와 로마 시대에 이르러 처음으로 한계 수준에 도달했다. 기원전 500년경에 이미 그린란드 상공의 대기 중 납 함유량은 유럽 문명이 금속 제련을 시작하기 이전보다 무려 4배나 높았다.[1144] 고대 로마의 정치가 세네카는 로마 시내의 "악취와 검댕이, 답답한 공기"에 대해서 불평을 늘어놓았다.[1145]

1257년 노팅햄을 방문한 영국 여왕은 석탄을 태울 때 발생하는 연기의 악취를 참지 못하고 생명의 위협을 느끼며 그곳을 떠났다.[1146] 런던의 공기가 너무 심하게 오염된 나머지 1285년 에드워드 1세는 세계 최초로 대기오염위원회를 구성했으며, 22년 후에는 석탄을 연료로 사용하는 것을 법으로 금지하기까지 했다. 이 금지 조치는 그리 오래 가지 못했다.[1147]

14세기에 이미 사람들은 템스 강에 버려진 쓰레기와 그 때문에 풍기는 거리의 악취를 피해보려 했지만 달리 방법이 없었다.[1148] 1661년 존 이블린(John Evelyn)은 다음과 같이 단언했다. "대부분의 런던 시민들은 검댕과 더러운 수증기로 혼탁해진, 폐를 썩게 하는 불순한 짙은 안개만을 호흡하고 있다."[1149] 18세기 영국의 도시들은 형언할 수 없을 정도로 더러웠다. 로렌스 스톤(Lawrence Stone)은 다음과 같은 얘기를 들려준다.

> 항상 물이 가득 고여 있던 도시의 배수로는 흔히 변소로 사용되었다. 정육점 주인들은 가게에서 짐승을 도살한 다음 그 내장을 거리에 버렸다. 동물들의 사체는 그대로 방치되어 썩어갔다. 변소로 사용되는 구덩이가 우물 근처에 있어 식수원을 오염시켰다. 교회 지하의 납골당에 안치된 부자들의 부패한 시체에서 풍기는 악취 때문에 사제들과 신도들은 흔히 쫓기듯 밖으로 뛰쳐나오곤 했다…….[1150]

1742년 존슨 박사는 런던이 "심지어 야만인들마저 놀라서 쳐다볼 만큼 오물이 사방에 쌓여 있는" 도시라고 지적했다. 대량의 인간 배설물이 실제로 "주민들이 집의 문을 걸어잠근 밤에 거리로 내던져졌다"는 사실을 뒷받침하는 많은 증거들이 남아 있다. 나중에는 도시 근교의 대로와 도랑에까지 배설물을 마구 버려 도시를 찾은 외부인들은 "악취를 피하기 위해 코를 막아야만 했다."[1151]

도시가 너무나 오염되어 있었기 때문에 시인 셸리는 이렇게 썼다. "만약 지옥이 있다면 틀림없이 검은 연기에 휩싸여 사람들로 북적이는 런던과 아주 흡사할 것이다."[1152]

이렇게 도시가 극심하게 오염된 것은 13세기 초부터 숯과 값비싼 나무 대신 황이 많이 함유된 싸구려 석탄을 산업용 연료로 사용하기 시작했기 때문이다. 런던 일대의 삼림이 벌채되어 나무가 점점 비싸졌으며, 17세기 초에 이르자 일반 가정도 석탄을 사용하기 시작했다. 이후 100년 동안 석탄 소비량은 20배나 증가했다.[1153]

공기의 질이 악화되자 17세기 말에 이르러 시민들의 항의가 잇따랐다. 사람들은 건물에 흠집이 생기고 철 구조물들이 훨씬 빨리 부식된다는 사실을 깨달았고, 아네모네 꽃이 피지 않고 다른 식물들도 예전만큼 잘 자라지 않는다고 불평했다.[1154] 세인트폴 대성당은 복원 작업이 미처 끝나기도 전에 다시 더러워지기 시작했다.[1155] 공기 중에 퍼져 있는 짙은 연기 때문에 주택의 페인트가 급속도로 광택을 잃었으며, 그 결과 1년에 세 번씩 집 전면에 페인트칠을 다시 해야 한다는 조항이 임대 계약서에 포함되는 경우가 많았다.[1156]

런던은 수백 년 동안 짙은 안개, 즉 악명 높은 '런던 스모그'로 유명했다. 당시의 한 인사는 다음과 같은 말을 남겼다.

> 스모그와 같은 이유로 도시의 공기는 특히 겨울철에 건강에 대단히 해롭다.

바람이 없는 매우 추운 날씨에는 도시 전체가 짙고 검은 안개로 뒤덮이기 때문이다. 겨울 태양의 힘으로는 이 안개 구름을 흩어버리지 못한다. 따라서 주민들은 몸을 마비시키는 매서운 추위에 시달리며 한낮의 온기와 편안함을 완전히 박탈당한다……. 하지만 도시에서 1마일만 벗어나도 공기는 상쾌하고 깨끗하며, 따뜻한 태양빛이 한껏 기운을 북돋아준다.[1157)]

이런 상황은 좋지 않은 결과를 양산했다. 18세기 내내 런던에서는 안개 낀 날이 연중 20일에 달했는데, 19세기 말에 이르러서는 연중 거의 60일로 늘어났다.[1158)] 이 때문에 런던의 일조량은 당연히 주위의 다른 도시들보다 무려 40%나 적었다.[1159)] 또한 런던의 뇌우 발생 건수도 18세기 초부터 19세기 말까지 2배로 늘었다.[1160)]

심각한 대기 오염은 많은 인명 손실로 이어졌는데, 이 점에 대해서는 나중에 살펴보겠다. 당시 사람들은 대기 오염과 질병 사이에 분명한 상관관계가 있다는 사실을 서서히 인식하고 있었다. 기관지염이 처음에 '영국병(British disease)'이라는 이름으로 알려진 것은 결코 우연이 아니다.[1161)] 1952년 12월, 마지막으로 발생한 심각한 스모그는 불과 7일 동안에 런던 시민 약 4,000명의 목숨을 앗아갔다.[1162)]

영국의 환경과학자 피터 브림블콤(Peter Brimblecombe)은 런던의 대기 오염 상황을 1585년까지 거슬러 올라가서 추정할 수 있는 모델을 만들어 냈다. 그는 석탄 구입량을 근거로 대기 중의 아황산가스와 매연(분진 또는 검댕)의 농도를 추정했는데, 1920년대부터 현재까지의 대기 오염도 측정 자료와 비교해 조정한 결과가 도표 86에 나와 있다. 이 도표를 보면 매연으로 인한 오염은 1585년부터 300년 동안 급격히 증가했고 19세기 말에 최고치에 이르렀으며, 그 후에는 대단히 빠른 속도로 감소해 1980~1990년대의 대기 오염도는 16세기 말보다 낮아졌다. 앞으로 우리는 매연, 즉 분진이 지금까지의 대기 오염원 중에서 가장 위험한 오염 물

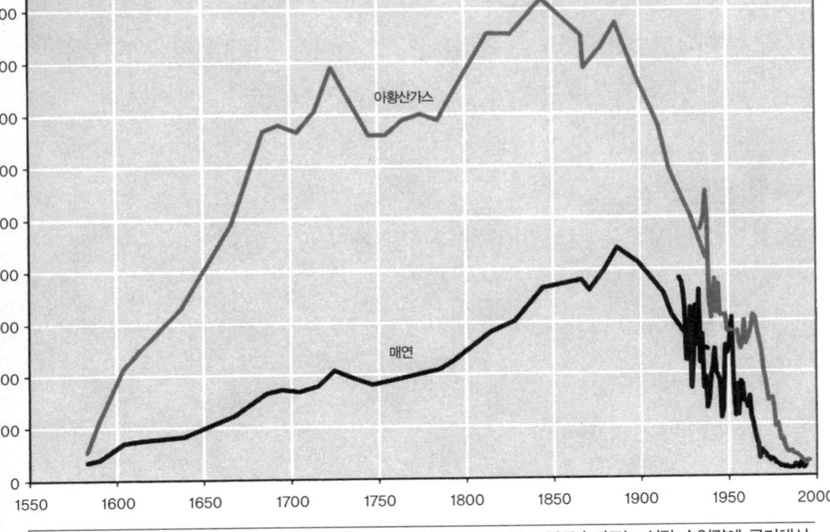

도표 86 1585~1994/5년 런던의 매연과 아황산가스 평균 농도. 1585~1935년 자료는 석탄 수입량에 근거해서 추정한 것으로 실제 측정한 자료들을 이용해 조정했다.[1163] 출전:Brimblecombe 1977:1161, Elsom 1995: 477, QUARG 1996:75, EPAQS 1995:Figure3, Laxen and Thompson 1987:106, OECD 1985a:28, 1987:31, 1999:57.

질이라는 사실을 알게 될 것이다. 그런데 최악의 오염 물질인 이 매연과 관련해서 런던의 공기는 중세 이후 이제까지 오늘날만큼 깨끗했던 적이 없다. 현대의 거의 모든 기간 동안 런던은 오늘날보다 더 심하게 오염되어 있었다. 대기 오염은 점점 더 악화되고 있는 새로운 현상이 아니라 이미 오래 전에 등장해서 점점 더 개선되고 있는 현상인 것이다. 오늘날의 런던은 중세 시대보다 더 깨끗하다.

도표 86은 아황산가스의 농도 역시 1585년부터 급격히 상승해 1700년에서 1900년까지 대단히 심각한 수준이었다는 사실을 보여준다. 그 당시의 오염도는 오늘날 제3세계 거대 도시 대부분보다 훨씬 더 높았을 것이다. 그러나 그 후 런던의 아황산가스 농도는 빠른 속도로 낮아졌다. 매연의 경우와 마찬가지로 1980~1990년대의 아황산가스 농도는 16세기 말의 수준보다 더 낮다. 따라서 아황산가스와 관련해서도 런던의 공기는

중세 이후 지금만큼 깨끗했던 적이 없다. 거듭 지적하지만, 대기 오염은 계속 악화되고 있는 새로운 환경 문제가 아니라 이미 오래 전에 등장해서 지금은 점점 개선되고 있는 환경 문제인 것이다.

무엇이 위험한가

대기 오염 물질에는 여러 가지가 있지만 가장 중요한 여섯 가지를 꼽으면 다음과 같다.

- 분진(매연과 검댕)
- 아황산가스(SO_2)
- 오존(O_3)
- 납
- 질소산화물(NO와 NO_2, 통칭으로 NO_x)
- 일산화탄소(CO)

이 여섯 가지를 이른바 대기 오염 지표 물질이라고 부르는데, 미국 환경보호청은 오직 이 여섯 가지 물질에 대해서만 국가 대기 오염도 기준을 확립해놓고 있다.[1164] 그뿐만 아니라 이것들은 전세계적으로도 감시와 규제의 대상이 되고 있는 대기 오염 물질이다. 세계은행, OECD, 그리고 그 밖의 수많은 기구들이 이 물질들을 근거로 대기질을 논의하며 유럽연합과 세계보건기구는 이 물질들에 대한 기준치와 허용치를 정해놓고 있다.[1165] 그렇지만 이 여섯 가지 오염 물질이 모두 똑같이 위험한 것은 아니다.

어떤 물질이 정확히 어느 정도나 위험한지를 파악하기란 사실상 대단히 어렵다. 우리 지식이 아직은 대체로 빈약한 데다가 오염 물질들이 각기 매우 다양한 결과를 야기하기 때문이다. 하지만 그렇다고 해도 특정 오염 물질이 야기하는 제반 비용—기침이 더 심해지는 경우에서부터 지능이 떨어지는 현상과 때이른 사망에 이르기까지—을 계산해볼 수는 있을 것이다.

몇몇 사람들은 이 같은 경제적인 접근 방법을 조금은 불쾌하게 여길 수도 있을 것이다. 하지만 이런 방법은 도대체 어떤 오염 문제가 가장 심각한지 대략적인 윤곽을 보여줄 수 있다는 장점을 갖고 있다. 최근 환경 오염에 대한 대규모 연구 프로젝트가 수행된 것—유럽연합 유럽위원회(European Commission) · 미국 에너지부 · 뉴욕 주 에너지연구개발국(New York State Energy Research and Development Authority)에서 각각 수행되었다—과 관련해 각기 다른 오염 물질에서 기인하는 전체 사회적 비용이 얼마나 되는지 상세히 추정해보고자 하는 시도가 있었다. 그 결과 대체적으로 대기 오염에서 발생하는 사회적 비용 중에서 가장 큰 몫을 차지하는 부분이 인체 건강에 미치는 악영향, 특히 대기 오염으로 인한 사망률 증가라는 것이 밝혀졌다.[1167]

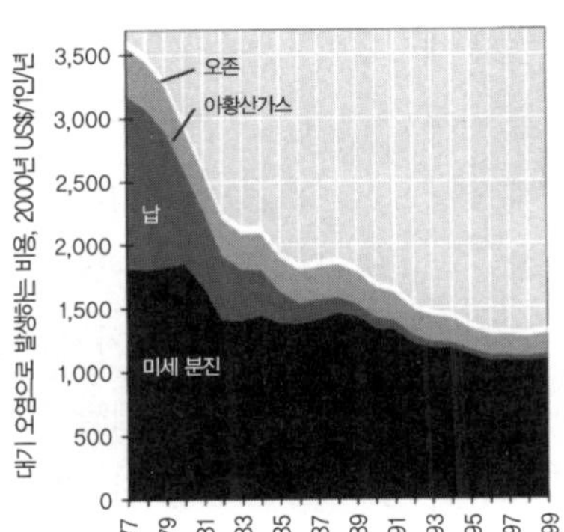

도표 87 1977~1999년 미국에서 측정된 미세 분진, 납, 아황산가스, 오존 등의 대기 오염으로 발생한 평균 비용. 인구 1인당 연간 부담해야 하는 비용을 2000년 미국 달러 가치로 표시했다. 납 배출량 자료를 이용해서 추정치를 1960년까지 연장해볼 수 있는데 1960년대에는 대략 인구 1인당 4,000~4,500달러의 비용이 발생했다는 것을 알 수 있다. 이런 경제적인 추정은 불확실성이 높기 때문에 대략적인 추정치를 알아본다는 정도로만 받아들여야 한다. 출전:EPA 1997b:88, 2000:119, 2000e, 2000f:4, CPI 2001, Krupnick and Burtraw 1996:46-8, Krupnick and Burtraw 1996:462-3.[1166]

도표 87은 1977년부터 1999년까지 미국에서 대기 오염으로 인해 국민들이 입는 피해를 1인당 연간 비용으로 계산하여 그 변화 추세를 보여준다. 이 도표에는 질소산화물과 일산화탄소가 얼마나 해로운 영향을 미치

는지 제시되어 있지 않지만, 아마도 아황산가스나 오존보다는 적은 영향을 미칠 것이다.[1168] 영국 정부도 여러 출판물들을 통해 대기 오염으로 인해 영국에서 발생하는 총 비용의 추정치를 제시하곤 했는데, 그 결과도 대체로 미국의 경우와 비슷했다.[1169]

도표 87은 우리에게 두 가지 점을 보여준다. 첫째, 오늘날 대기 오염으로 야기되는 전반적인 문제들이 22년 전보다 훨씬 덜 심각하다는 사실이다. 대기 오염에서 발생하는 평균 비용은 과거 인구 1인당 3,600달러에서 이제는 1,300달러로 거의 3분의 2나 떨어졌다. 1960년대까지 훨씬 더 거슬러 올라가 납 배출량을 이용해 납 오염 부담을 추정해보면, 오염 비용은 대략 연간 4,000~4,500달러 수준일 것으로 짐작된다(당시에는 유연 휘발유를 사용했기 때문에 납 오염이 심각했다는 점을 감안해야 한다. 과거 대기 중의 납 오염도는 유연 휘발유의 사용량을 통해 추정할 수 있다-옮긴이). 이는 지난 39년 동안 대기 오염도가 거의 70%나 급격하게 낮아졌다는 것을 의미한다.[1170] 각각의 대기 오염 물질에서 야기되는 비용도 지난 22년 동안 감소했다. 오존의 경우에는 27% 낮아졌으며, 분진은 40%, 아황산가스는 60%, 납은 97%나 감소했다. 둘째, 각 오염 물질마다 인체 건강에 미치는 영향이 크게 다르다는 점이다. 가장 심각한 대기 오염 물질이 분진임은 분명하다. 분진은 현재 대기 오염 비용의 82%를 차지한다. 1970년대에는 납 역시 심각한 문제를 야기했으며, 전체 피해 비용의 약 40%를 차지했다.

물론 휘발성 유기화합물(VOC)이라든지 다이옥신, 중금속 등 다른 대기 오염 물질들을 조사해볼 수도 있을 것이다. 하지만 이런 오염 물질에 대해서는 우선 이용할 수 있는 자료가 매우 한정적이고, 또 그것들이 인체에 미치는 위험도가 좀더 낮을 것으로 짐작되기 때문에 여기에서는 감안하지 않았다.[1171]

근래에 미국 환경보호청은 벤젠 · 포름알데히드 · 스티렌 등 많은 유독성 오염 물질에 대한 감시를 시작했는데, 도시 지역에서 이런 오염 물질의 농도가 가장 높다는 것이 밝혀졌다.[1172] EPA는 1993~1998년 사이에(불행히도 현재 구할 수 있는 자료 중에서는 가장 긴 시간대가 고작 이 정도이다) 도시 지역에서 "감시 대상 유해성 대기 오염 물질의 대부분이 전반적으로 감소 추세를 보이고 있다"[1173]고 보고했다. 전체 통계 수치를 조사했을 때, 조사 장소의 어느 한 곳에서 유독성 대기 오염 물질의 농도가 상승하는 추세를 나타냈다면, 여섯 곳 이상의 다른 조사 장소들에서는 감소 추세가 나타났다.[1174] 캘리포니아 주는 가장 규모가 크고 역사가 깊은 유독성 대기 오염 물질 감시 프로그램을 운영하고 있는데, 환경보호청이 지정한 6대 유독성 오염 물질들이 모두 35~70%나 감소했다.[1175] 영국의 경우에는 1976년부터 1993년까지 런던 시의 대기 속에 포함된 여섯 가지 금속 농도를 측정한 결과, 금속 농도가 모두 감소했음이 밝혀졌다. 크롬과 구리의 경우에는 50% 낮아졌고, 카드뮴과 아연은 66%, 니켈은 75%, 그리고 납은 87%나 감소했다.[1176]

분진

대기 중에 떠 있는 분진이 실제로 얼마나 위험한지 깨닫게 된 것은 10년도 채 되지 않았다.

물론 검댕, 분진, 아황산가스 등이 기침과 호흡기 질환의 원인이 된다는 사실은 오래 전부터 알려져 있었다. 불과 7일 만에 4,000명이 목숨을 잃은 1952년의 런던 사태와 같은 사례를 통해 심각한 대기 오염 농도와 1일 사망자 수의 급격한 증가 사이에 상관 관계가 있다는 것이 분명해졌다.[1177] 그렇지만 대기 오염이 장기적으로도 상당한 영향을 미칠 수 있음이 분명해진 것은 1980년대 말과 1990년대 초에 대규모 통계학적 조사가 이루어진 이후였다.[1178]

그 이전까지는 중요한 두 가지 문제가 있었다. 우선, 다양한 형태의 오염 물질이 미치는 영향을 구분하기가 대단히 어려웠다. 대기가 분진에 오염되어 있는 곳의 사망률이 조금 높다는 사실이 어떤 과학자에 의해 발견되면, 이내 분진이 바로 사망률 증가의 원인이라고 믿어버리고 싶은 충동이 생긴다. 그렇지만 분진 농도가 높은 곳에서는 아황산가스, 납, 오존, 질소산화물, 일산화탄소 등 다른 대기 오염 물질의 농도 또한 대체로 높은 편이다. 그렇다면 그 중에서 과연 어느 것이 실질적인 사망 원인이란 말인가?

연구자들은 통계학적인 관점에서 분진 농도는 낮지만 아황산가스 농도는 높은 지역의 사망률을 조사해 이 문제를 해결하려 시도한다. 만약 이런 지역에서 사망률이 낮게 나타난다면 이는 분진이 바로 사망률을 높이는 주범이라는 것을 시사하기 때문이다. 하지만 불행하게도 이런 종류의 상관 관계는 지극히 복잡해서 현재의 연구 수준으로는 단지 분진이 공해로 인한 사망자 발생의 일차적인 원인인 것 같다고 추정하는 것이 최선이다.[1179] 1997년 미국 환경보호청이 대기 오염 규제에 대한 찬반의견을 모두 제시한 대규모 연구 보고서에서 거의 전적으로 분진에 의한 사망 사례만을 검토했던 것도 바로 이런 이유 때문이었다. 분진의 악영향이 대기 오염으로 인한 사망 위험도를 증진시키는 데 어느 정도 기여한다고 판단했던 것이다.[1180]

두 번째 문제는 바로 그런 점에서 기인한다. 우리는 분진이 어떻게, 그리고 왜 사람들을 죽게 만드는지 아직 잘 모르고 있다.[1181] 분진은 우리가 호흡할 때 허파 속으로 들어가 그곳에 침착한다. 허파에 침착된 분진은 허파의 정상적인 기능을 저해하고 기관지를 자극하며 허파의 수소이온 농도(pH)를 변화시킨다.[1182] 이런 점이 바로 분진의 크기에 대한 상당한 관심을 불러일으켰다. 입자 크기가 큰 분진은 코와 목을 통과하면서 대부분 포집되는 반면, 입자 크기가 아주 작은 분진은 허파의 가장 깊숙한 부분인 폐포까지 들어간다.[1183] 가장 작은 분진이 인체 건강에 가장 위험하다는 주장에 힘을 실어주는 증거들이 최근 점점 더 많이 나오고 있다.

1980년대 중반까지 분진은 검댕이나 매연으로 측정되고 분류되었다. 연구자들이 미세 분진이 미치는 악영향을 인식하기 시작한 1980년대 말에 이르러서야 미국 환경보호청은 지름이 100만 분의 10미터(10㎛)보다 더 작은 미세 분진을 별도로 측정하기 시작했다. 그리고 이것에 PM_{10}이라는 별도의 명칭을 붙였다. 미국 환경보호청은 최근에 이르러 크기가 겨우 2.5㎛밖에 되지 않는 극미세 분진($PM_{2.5}$) 농도를 측정해 그 허용치를 정하기 시작했다. 이런 분진은 건강에 악영향을 미치는 실질적인 주범으로 인식되고 있다. 그 크기가 너무나 작아 허파 속에서도 혈중으로 산소가 흡수되는 부분까지 침투해 들어갈 수 있기 때문이다. 하지만 미국을 제외하고는 PM_{10}을 체계적으로 측정하는 나라가 거의 없는 실정이다.

가장 작은 분진인 $PM_{2.5}$는 장작을 때는 벽난로와 화덕은 물론 자동차 엔진과 발전소, 공장 등의 연소과정에서도 배출된다. 반면에 이보다 약간 입자가 큰 PM_{10}은 보통 먼지 속에 포함되어 있고 기계류가 마모될 때도 만들어진다.[1184] 공기 중에 떠 있는 모든 분진 중에서 인간이 발생시키는 것은 10%에 불과하지만, 그것들이 현재 도시 환경의 대부분을 차지하고 있다.[1185]

그렇다면 분진은 사람들의 건강에 도대체 어떤 영향을 미치는 것일까? 최고 수준의 국제적 조사 결과를 바탕으로 평가할 때, 미국에서는 분진 오염으로 인해 매년 약 13만 5,000명이 때이른 죽음을 맞는 것으로 추정된다. 이는 연간 전체 사망자의 거의 6%에 해당하는 수치다.[1186] 다른 사망 원인과 비교해보면, 1997년 미국에서 교통 사고로 목숨을 잃은 사람은 4만 2,400명이었다.[1187] 영국의 경우도 미국과 비슷해서 분진 오염으로 인한 추가 사망자 수가 6만 4,000명으로 추정된다.[1188] 1998년 영국의 교통 사고 사망자 수가 3,581명이었던 것과 비교한다면 이 수치 역시 놀라울 정도로 높다.[1189]

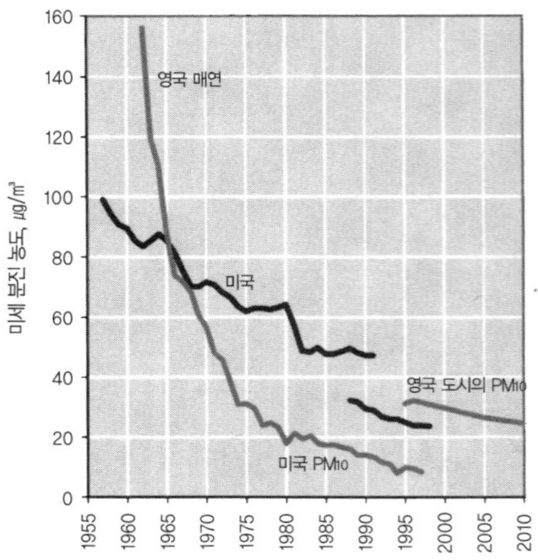

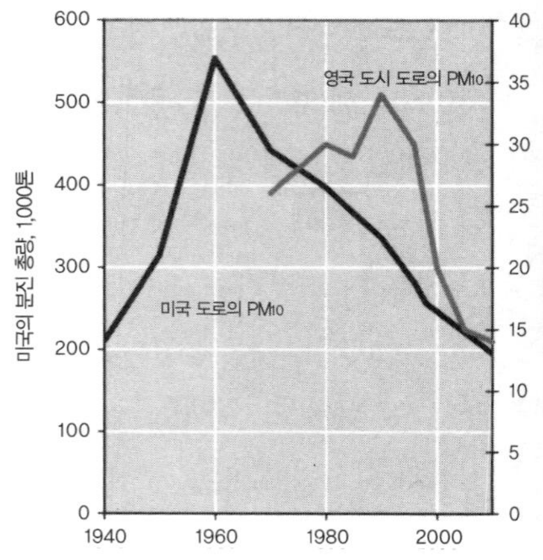

도표 88 미국(1957~1999)과 영국(1962~1997)의 미세 분진 농도 변화와 영국 도시의 향후 농도 예측(1995~2010). 미국의 자료는 총 부유 먼지(TSP, Total Suspended Particles)의 측정 결과이며, 1988년부터는 10μm 이하의 미세 분진 농도(PM10)를 측정했다. 영국 자료는 미국과는 다른 방법으로 매연 농도를 측정한 것인데, 적어도 90년대 기간에는 이 수치에 3.5를 곱해야 미국의 PM10 자료와 비교할 수 있다(QUARG 1996:84). 영국 도시의 대기 오염도 예측치는 PM10에 대한 것이다. 출전:CEQ 1972:214, 1974:263, 1981:168, 1982:243, 1989:351, 1993:337, EPA 1997b:88, 2000e:119, 2000f:4, Ludwig et al. 1970:473, Bailey 2000:293, NETC 1999, QUARG 1996:77, Stedman 1998:표 2.3&4.[1193]

도표 89 미국(1940~2010)의 자동차 배출 PM10 총량과 영국(1970~2010)의 도시 지역 자동차 배출 PM10 총량. 2000~2010년의 수치는 예측치다. 출전:EPA 2000d:3-13, 1999e:12, QUARG 1996:49.

그렇다면 실제로는 과연 어떤 사람들이 목숨을 잃는 것일까? 아니, 좀 더 냉소적으로 표현하자면 그렇게 죽은 사람들은 원래 타고난 수명에서 얼마나 단축된 것일까?

1998년 5월 30일, 전세계 언론들은 인도 뉴델리에 폭염이 지속되어 500명이 목숨을 잃었다고 보도했다.[1190] 그러나 우리는 죽은 사람들이 누구인지 물어보는 경우가 별로 없다. 대개 극단적인 기후 조건 속에서 목숨을 잃는 사람들은 극도로 허약한 노약자들이다. 설령 날씨가 좋았다고 해도 사망자들의 대부분은 며칠 안에 목숨을 잃었을 것이라고 시사하는 의학적 연구 결과들도 있다.[1191] 따라서 의사들은 그런 기후 조건이 추수 효과(harvesting effect)를 발휘한다고 다소 냉소적으로 표현하곤 한다.[1192]

반면에 주로 젊고 건강한 인도인들이 혹서에 굴복했다면, 혹서가 없었을 경우 그들이 인도인들의 정상적인 평균 수명인 62세까지 살 수 있었을 것이라고 가정할 수 있다. 즉 약 35년을 더 살 수 있었던 셈이다. 혹서가 없었더라면 며칠 더 살 수 있었을 노인 500명이 목숨을 잃은 것은 물론 끔찍한 일임에 틀림없지만, 앞으로 35년을 더 살 수 있는 젊은이 500명이 목숨을 잃었다면 상황은 훨씬 더 끔찍했을 것이다.

분진 오염은 주로 노인들의 목숨을 앗아가는 것으로 추정되는데(노인들이 오염에 노출된 기간이 가장 길기 때문이다), 그렇더라도 그 때문에 단축되는 수명은 평균 14년 정도이다.[1194] 이는 매년 분진 오염으로 목숨을 잃는 13만 5,000명의 미국인들이 자신들의 원래 수명에서 평균 14년을 잃어버린다는 의미다. 도시 거주 인구수를 감안해 이 수치를 대입하면, 영국인의 경우에는 평균 기대 수명에서 잃어버리는 기간이 1인당 1년 이상이고 미국인의 경우에는 거의 8개월 정도이다.[1195] 게다가 현재 미국에서는 분진 오염으로 인해 매년 800만 명의 어린이가 심한 기관지염에 걸리고 있으며, 노동 인구의 전체 작업 일수 중에서 2,000만 일 이상이 그냥 사라져버리고 있다.[1196]

미세 분진을 완전히 제거하는 것이 과연 가능한지는 아직 분명치 않다. 그러나 여러 통계 수치들은 분진 배출량을 줄이는 비용이 얼마나 되는가에 따라, 분진 제거가 가장 먼저 실시해야 하는 중요한 과제가 될 수도 있음을 보여준다. 그러나 뒤에서 논의하겠지만, 우리는 대기질을 이미 놀라울 정도로 개선시켰다.

도표 88은 1960년대부터 오늘날까지 미국과 영국의 분진 오염 현황을 보여준다. 여기에서 가장 중요한 사실은 분진 오염이 급격히 감소했다는 점이다. 1957년 이후 미국의 분진 오염은 62% 감소했으며, 영국의 매연 오염이 거의 95%나 감소했다. 훨씬 더 유해한 작은 분진(PM_{10})을 1988년부터 꾸준히 측정해온 나라는 미국밖에 없지만, 이제까지 12년이 경과하

는 동안 미세 분진 오염도는 25% 감소했다. 1960년대 이후 미세 분진의 농도가 어떻게 변화했는지 분명하지는 않지만, 그래도 급격히 낮아졌을 가능성이 높다. 만약 그 동안 극미세 분진($PM_{2.5}$) 농도가 적어도 절반으로 감소했다고 가정한다면(이것은 아주 신중한 가정이다), 미국에서는 매년 약 13만 5,000명이 목숨을 건지고 영국에서는 약 6만 4,000명이 목숨을 되찾은 셈이다. 또한 미국인의 평균 수명이 0.7년 늘어나고, 영국인의 평균 수명은 약 1.35년 길어진다. 만약 $PM_{2.5}$의 실제 감소폭이 이보다 더 컸다면(그럴 가능성이 훨씬 더 높다), 수명 연장의 기대 효과는 그에 비례해서 훨씬 더 컸을 것이다.[1197] 모든 점을 감안했을 때 사람들의 건강은 놀라울 정도로 향상된 셈이다.

더욱이 이런 변화가 도표 88에만 나타나는 것이 아니다. 도표 86에 제시된 런던의 대기 오염 현황을 보면 분진 오염은 19세기 말 이래 22배나 감소했다. 1952년 12월, 런던에서 마지막으로 스모그가 발생했을 때 공기 중의 매연 농도는 무려 6,000㎍/㎥(공기 1입방미터에 0.006그램의 오염물질이 포함되어 있는 농도－옮긴이) 이상이었다. 이 수치는 현재 런던의 매연 농도보다 무려 300배 이상 높은 것이다.[1198] 이와 유사하게 미국 피츠버그에서도 시내에 떨어지는 강하 분진의 양이 1920년대 이후 무려 8배나 감소했으며, 동시에 매연이 자욱했던 날도 연간 360일에서 거의 0일로 떨어졌다.[1199]

도표 88과 89에서 분명히 알 수 있는 것처럼 대기 오염 개선 추세는 앞으로도 지속될 가능성이 높다. 미국의 도로에서 배출되는 PM_{10} 양이 1960년 이후 감소해왔고 영국에서는 도시의 도로에서 발생하는 PM_{10}이 1990년 이후 감소했다. 이런 감소 추세는 2010년까지 계속될 것으로 전망된다. 교통량의 증가에도 불구하고 향후 10년 동안 미국의 분진 배출량은 20%, 영국에서는 30% 줄어들 것이다.[1200] 더욱이 PM_{10} 배출 감소는 단순히 도로 교통 부문에서만 일어나는 현상이 아니다. 미국에서는 전체

PM_{10} 배출량이 1990년 이후 42% 감소했으며 영국에서는 47% 감소했다.[1201] 도표 88에서 볼 수 있는 것처럼, 영국 주요 도시 지역의 PM_{10} 농도에 대한 최근 연구 결과들은 1996년부터 2010년까지 그 농도가 24% 감소할 것으로 전망했다. 다른 나라들도 비슷한 감소 추세를 경험하고 있다. 1980년 이후 일본의 분진 오염도는 14% 감소했으며, 캐나다에서는 46%, 독일에서는 48.5% 감소했다.[1202] 아테네에서는 1985년 이후 분진 오염도가 43% 감소했고, 스페인에서는 1986년 이후 34% 감소했다.[1203] 프랑스 파리는 1970년 이후 66%라는 급격한 감소폭을 기록했다.[1204]

분진 농도가 급격히 감소한 이유는 분진 오염 발생에 크게 기여하는 아황산가스 배출량이 급감했다는 것이다. 유럽연합에서는 1980년 이후 아황산가스 배출이 약 50% 감소했고, 미국에서는 1970년 이후 약 37%나 감소했다.[1205] 이런 일은 화력 발전소 굴뚝에 매연 제거 장비를 설치하고 에너지 효율을 높여 화석연료, 특히 황 함량이 높은 석탄 사용을 크게 줄였기 때문에 가능했다.

황 배출을 제한하려는 정치적 결정은 1980년대 당시 일반 대중의 관심을 크게 끌었던 산성비 문제와 밀접한 관련이 있다. 나중에 살펴보겠지만, 산성비에 대한 공포는 크게 과장된 것임이 증명되었다. 그럼에도 아황산가스 배출을 줄이려는 노력은 합리적인 조치였다. 그런 노력이 분진 오염을 줄이는 데 도움이 되었기 때문이다.[1206]

그러나 도시 지역의 대기 오염 감소에는 몇 가지 다른 원인이 있다. 화력 발전소들이 도시 지역에서 점점 더 멀리 이전했다는 점과 굴뚝을 높인 점이 대기 오염을 완화시킨 가장 중요한 두 가지 이유였다.[1207] 이와 동시에 이제는 더 이상 코크스로(coke oven, 석탄의 고온 건류에 사용하는 가마-옮긴이)를 사용하지 않는다는 것, 석유를 이용하는 중앙 난방 의존도가 줄고 그 대신 천연가스와 지역 난방을 더 많이 보급한 것 등도 오염 감소에 기여했다.[1208] 마지막으로, 자동차에 의한 오염도 예전보다 크게 감소했다. 배기 가스의 대기 오염 성분 배출을 크게 줄일 수 있는 촉매 전환 장치(catalytic converter)를 사용하게 되었으며, 디젤 차량에 사용되는 디젤유의 황 함량도 줄었기 때문이다.[1209] 그러나 휘발유 차량과 비교했을 때 디젤 차량의 분진 오염도는 훨씬 더 높다. 영국의 예를 들면 디젤 차량의 수가 전체 자동차 대수의 불과 6%이지만, 전체 차량에서 배출되는 오염 물질의 92%를 차지한다.[1210] 따라서 디젤 차량이 크게 증가하면 대기 중의 분진 감소 속도가 느려질 수 있다.[1211]

전문적인 학술 문헌에서는 대기 오염을 감소시키기 위해 법률 조치가 얼마나 필요한지, 그리고 그런 규제가 정말로 꼭 필요한지 등에 대한 논의가 무성하다. 그런데 많은 연구 결과들도, 아마 놀랍겠지만 그런 규제 조치가 대기 오염 감소에 눈에 띄는 영향을 미쳤다는 사실을 입증하지 못했다.[1212] 1956년 영국이 제정한 청정대기법(Clean Air Act)의 기여도를 분석한 연구 결과에 의하면, 그 이후 대기 오염은 물론 감소했지만 1956년을 기준으로 해서 그 이전의 감소 속도나 그 이후의 감소 속도에 별다른 차이가 없었다. 또 대기 오염 방지 계획을 마련한 도시와 그렇지 않은 도시 사이에서도 별다른 차이가 발견되지 않았다. 한 보고서는 이렇게 지적했다. "설령 1956년 청정대기법이 제정되지 않았더라도, 그것에 관계없이 대기질은 상당히 개선되었을 것 같다."[1213] 이런 말이 나올 수 있는 이유는 산업체와 일반 가정에서 사용하는 제품들이 그 동안 개선되었다는 데서 찾을 수 있다.

미국의 세 도시를 조사 대상으로 실시한 한 연구에서는 강제적인 대기 오염 방지 정책의 효과가 인정되었다. 그러나 그렇게 해서 얻은 효과는 "경제적인 변화, 날씨를 비롯한 기타 요인들의 효과에 비해 대체로 미미했다."[1214] 전반적으로 볼 때, 법적인 규제를 대기 오염 감소의 한 원인으로 보는 것이 타당하겠지만, 다른 한편으로 여러 기술적인 요인들 역시 중요한 역할을 했다.

결론적으로 말해, 인간에게 미치는 피해를 고려할 때 분진 오염은 지금까지 가장 중요한 대기 오염 물질이며, 따라서 (환경보호청의 규제로 얻을 수 있는 모든 사회적 혜택의 약 96%가 대기 오염 부문에서 발생하므로) 다른 어떤 오염 물질보다도 더 중요하다는 점을 강조할 필요가 있다. 여기서 우리가 내릴 수 있는 결론은 분명하다. 가장 중요한 대기 오염 문제의 심각성이 극적으로 감소했다는 것이다.

납

납은 그릇과 관을 만들거나 주조하기 쉬워서 고대부터 널리 쓰여왔다. 로마인은 상수도 시스템에 많은 양의 납을 사용했으며 여자들은 납 가루를 화장품으로 사용했다.[1215] 중세에도 내내 납은 널리 쓰였는데, 대개 신 포도주를 중화시키기 위한 첨가물로 사용되었다. 그 때문에 사람들은 커다란 고통을 겪고 때로는 치명적인 부작용을 감수해야 했다.[1216] 현대에 이르러 납은 크리스털 유리의 제조, 도자기에 바르는 유약, 백색 페인트, 탄약, 인쇄용 활자 등에 매우 유용하게 쓰이는 금속이 되었다. 자동차가 등장했을 때는 납 축전지가 자동차에 전기를 공급했으며, 옥탄가를 높이기 위해 휘발유에 납이 첨가되었다.[1217]

그러나 불행히도 납은 지극히 유해한 금속이다. 여러 과학자들은 납 수도관에서 나온 물을 마시고 납으로 만든 컵과 그릇을 사용하고 납이 첨가된 화장품을 사용했던 로마의 상류계층 사람들이 영구적인 납 중독에 시달렸을 것으로 믿고 있다. 이 때문에 선천적인 장애를 지닌 아이들이 태어나고, 신체 장애가 만연하게 되었으며, 어쩌면 이것이 로마 제국의 멸망을 재촉했을지도 모른다.[1218]

혈관에 다량의 납이 축적되면 경련이 일어나고 혼수 상태에 빠지며 심하면 죽을 수도 있다는 사실은 이미 오래 전부터 알려져 있었다.[1219] 그러나 납은 아주 소량만 섭취해도 건강에 심각한 결과를 초래할 수 있다는 사실을 우리가 분명히 인식하게 된 것은 겨우 지난 20년 동안의 일이었다. 태아는 납 중독의 위험에 특히 더 노출되어 있다. 여러 연구 결과들은 부모 중 어느 한쪽이나 모두가 직장에서 납에 노출되었을 경우 유산이 크게 증가한다는 사실을 보여주었다. 납은 남성의 생식 능력을 감소시킬 수 있고 여성의 경우에는 지진아 출산 위험을 2배로 증가시킨다.[1220] 미국에서는 매년 약 1만 2,000~1만 6,000명의 어린이가 납 중독으로 병원을 찾고 있다. 그리고 이들 중 200명이 목숨을 잃는다. 살아남은 어린이 중 30%는 정신 발달이 늦어지거나 신체가 마비되는 등의 영구적인 장애를 겪는다.[1221]

많은 어린이들을 대상으로 혈액 속의 납 농도를 조사한 연구들을 통해 납이 지능 발달에 상당한 영향을 미친다는 사실이 밝혀졌다. 납 농도가 높은 어린이는 그렇지 않은 아이에 비해 지능이 낮고 집중력도 떨어지며 더 산만하다.[1222] 또한 납은 성인 남성에게서 고혈압을 일으킬 수 있다.[1223] 어린이들은 대개 납이 포함된 오래된 페인트 조각을 삼킴으로써 납을 섭취하게 된다. 이런 페인트 제품들은 1940년대에 제조가 금지되었지만, 오하이오 주 영스타운의 낡은 주택가에 사는 어린이들의 혈청 내 납 농도는 새로 지은 집에서 사는 어린이들의 2배 이상이다.[1224]

전세계적으로 대기 중에 배출되는 납의 약 90%가 유연 휘발유에서 나온다. 이제는 휘발유에 들어가는 납이 전체 납 소비량의 겨우 2.2%밖에 차지하지 않는데도 그렇다.[1225] 미국은 1973년부터 유연 휘발유 사용을 단계적으로 금지하는 조치를 취하기 시작해 1986년에는 유연 휘발유가 시장에서 완전히 사라졌다.[1226] 영국에서는 납 사용을 억제하는 조치가 1981년에 시작되어 1985년에는 휘발유 속의 납 함량이 3분의 2 감소했다.[1227] 오늘날 미국에서 사용되는 모든 휘발유는 무연이며, 영국에서 판매되는 휘발유의 75% 역시 무연이다.[1228] 이런 변화가 공기 중의 납 농도에 미치는 영향은 엄청나다. 도표 90을 보면, 영국 대기 중의 납 농도가

85% 줄었음을 알 수 있다. 미국에서는 이보다 훨씬 더 두드러진 효과가 나타났다. 미국의 대기 중 납 농도는 1977년 이후 97% 이상 감소해 이제는 측정 가능한 최저 농도에 근접하고 있다.[1229] 이런 변화의 결과는 사람들에게서도 측정된다. 같은 기간 동안 미국인의 혈액 속에 들어 있는 납 함량은 14.5㎍/*dl* 에서 2.8㎍/*dl* (혈액 100cc 중에 0.000001그램이 들어 있을 때의 농도가 1㎍/*dl* 이다 – 옮긴이)로 약 80%나 감소했다. 또한 태어날 때 혈액 속의 납 농도가 10㎍/*dl* 이상인 아기의 비율은 백인의 경우 85%에서 6%로, 그리고 흑인의 경우 98%에서 21%로 줄어들었다.[1230]

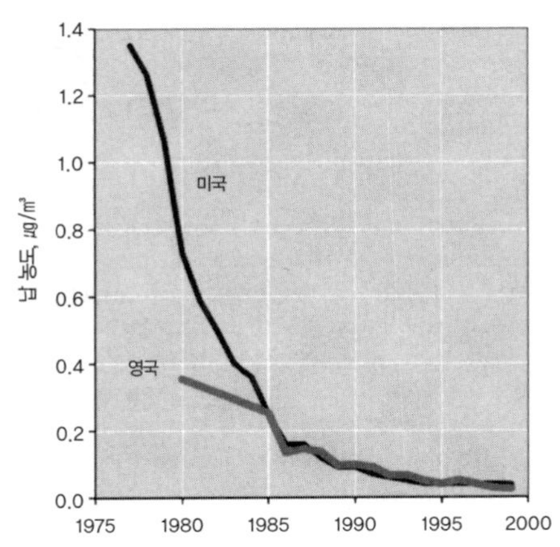

도표 90 미국(1977~99)과 영국(1980~96)에서 대기 중 납 농도. 미국의 자료는 1986년까지는 122개 측정소의 분기별 최고 평균치를, 그 이후에는 208개 측정소의 최고 평균치를 제시하였다. 영국의 자료는 9개 측정소의 연평균 농도이다. 출전:EPA 1997b:88, 2000e:118, 2000f:4, DETR, 1998a:table2.18.[1231]

미국 환경보호청은 납 오염이 이토록 급격히 완화됨으로써 상당한 이득이 발생했다고 추정한다. 우선 매년 약 2만 2,000명이 목숨을 건지는 것으로 추정되는데, 이는 모든 사망자 수의 약 1%에 해당하는 수치다.[1232] 그런데 만약 납 오염이 줄지 않았을 경우에 사망했을 사람 중 대부분이 어린이기 때문에 납 오염의 감소 덕분에 추가로 늘어난 평균 수명은 무려 38년이나 된다.[1233] 이를 미국 전체 인구에 대입시켜 계산하면 미국인 1인당 3개월씩의 수명을 새로 얻은 셈이다.[1234] 미국과 비교할 수 있을 정도로 납 오염 문제가 심각한 나라, 예를 들어 영국과 같은 나라에서도 유연 휘발유의 사용이 완전히 금지된다면 기대 수명이 미국과 비슷하게 늘어날 것이다. 또한 미국에서는 공기 중의 납 농도가 낮아지면서 어린이들의 지능 지수가 3점 정도 낮아지는 것을 막을 수 있을 것으로 추정되며, 선천적인 지진아의 출생 건수도 4만 5,000명 줄어들 것으로 기대된다. 마지막으로 고혈압에 걸리는 남성의 수도 약 1,200만 명 줄어들 것이다.[1235]

이런 수치들은 지금까지 대기 오염이 놀라울 정도로 개선되었다는 사실을 여실히 증명해준다. 두 번째로 심각한 영향을 미치는 대기 오염 물질인 납의 농도는 지난 15~20년 동안 80~97%나 감소했다.

아황산가스

아황산가스 배출에 대한 규제는 주로 1980년대에 산성비가 삼림과 호수에 미치는 영향을 두려워했던 공포심에서 비롯했다. 산성비가 삼림에 미치는 악영향이 지극히 적거나 어쩌면 전혀 없을 수도 있다는 점이 나중에 증명되기는 했지만(이 점에 대해서는 산성비를 다루는 장에서 살펴볼 것이다), 아황산가스 배출에 대한 규제는 분진 배출량을 감소시키는 긍정적인 부수 효과를 낳았다. 연소 중에 배출되는 아황산가스는 그 일부분이 산화되면서 공기 중에 떠 있는 미세한 미연소 응결핵과 결합하여 분진을 형성한다.[1236] 아황산가스 배출량 감소가 이제까지 기여한 가장 큰 혜택은 바로 분진의 발생을 감소시킬 수 있었다는 점이다.

또한 아황산가스는 조각상 같은 문화재와 건물에도 피해를 입힌다. 아황산가스와 접촉하면 금속의 부식 속도가 훨씬 빨라지고 대리석과 사암은 특히 큰 피해를 입게 된다. 아황산가스가 황산으로 변해 돌을 갉아먹기 때문이다.[1237] 그러나 미국에서 실시된 한 중요한 연구에서는 아황산가스의 악영향이 전체적으로 비교적 크지 않았던 반면, 영국과 유럽연합의 연구들은 아황산가스로 초래되는 비용을 훨씬 더 크게 추정했다.[1238] 아황산가스는 가벼운 안개나 한때 런던 시민들에게 친숙했던 짙은 회색의 스모그 등과 같은 형태로 시정(視程)을 감소시킨다.[1239] 1990년 1년 동안 아황산가스 오염의 원인인 시정 감소로 초래된 사회적 비용은 미국인 1인

당 약 12달러로 추정된다.[1240]

마지막으로, 아황산가스가 빗물의 형태로 대지에 내리면 삼림과 농경지에 공짜 비료를 뿌린 것과 같은 효과를 나타내는데, 이런 효과는 미국에서만 연간 약 5억 달러의 가치를 지니는 것으로 추정된다.[1241] 덴마크에서도 아황산가스 오염이 최고조에 이르렀을 때는 유채나 양배추처럼 생육기에 황 성분이 많이 필요한 농작물에 별도로 비료를 살포할 필요가 없었는데, 오늘날에는 이들 농작물에 황 성분이 포함된 비료를 인위적으로 주어야 한다.[1242]

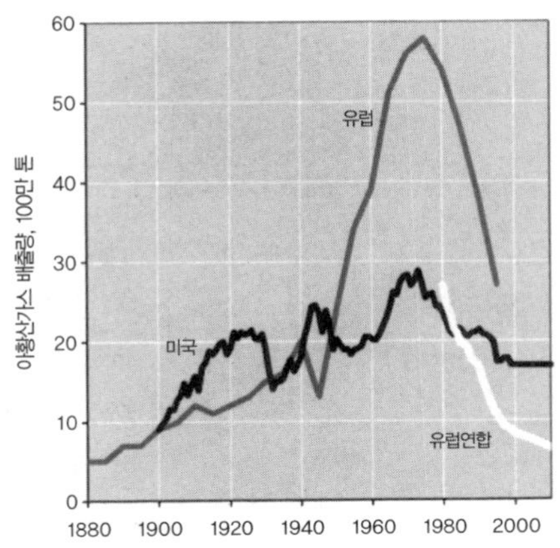

도표 91 유럽(1880~1995), 미국(1900~2010), 유럽연합(1980~2010)의 아황산가스 배출량. 2000~2010년의 수치는 예측치이다. 출전: NERI 1998a:49, EPA 1998d:25, 1999e:12, 2000d:3-12, EEA 2000, EMEP 2000.

1979년 핀란드 헬싱키에서는 대기 오염 물질의 장거리 국경 이동에 관한(Long-Range Transboundary Air Pollution) 국제 조약이 채택되어 1983년부터 효력을 발휘하기 시작했다. 이 조약에 따라 우선 1985년에 엄격한 의정서가 조인되었고, 이어서 유럽 각국은 1993년까지 아황산가스 배출을 30%씩 감축해야 하는 의무를 지게 되었다.[1243] 그렇지만 도표 91에서 볼 수 있듯이 유럽의 아황산가스 배출량은 이미 1975년부터 감소하고 있었다. 아황산가스 배출이 감소한 것은 에너지원이 바뀌면서 황 함량이 높은 석탄의 사용이 줄고, 굴뚝에 배기 가스 정화 장치를 설치했기 때문이다.[1244] 유럽연합의 아황산가스 배출량은 1980년 이후 꾸준히 감소하고 있으며 앞으로 더 많이 감소해 2010년까지는 전체적으로 약 75% 이상 줄어들 것으로 전망된다. 미국에서도 1990년 청정대기법 수정안의 도입으로 비슷한 규제가 이뤄졌고, 그 덕분에 발전소에서 배출되는 아황산가

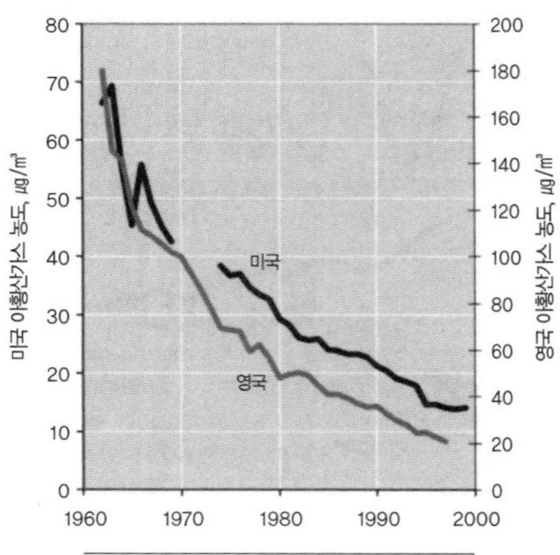

도표 92 미국(1962~1999)과 영국(1962~1997)의 연평균 아황산가스 농도. 출전:CEQ 1972:214, 1981:167, 1989:351, 1993:337, EPA 1997b:88, 2000e:119, 2000f:4, Ludwig et al. 1970:474, Bailey 2000:297, NETC 1999.[1246]

스의 양이 약 50% 줄었다.[1245] 물론 미국에서도 아황산가스의 총 배출량은 이미 1970년대 초부터 감소하고 있었다. 미국의 아황산가스 배출량은 앞으로도 계속 줄어 2010년까지는 전체 감축량이 26%에 이를 것으로 전망된다. 이처럼 아황산가스의 배출량이 크게 감소한 결과, 유럽과 미국에서는 아황산가스로 인한 대기 오염 역시 급격히 줄어들었다(도표 92). 영국의 경우 국민들이 매일 호흡하는 공기 속의 아황산가스 농도는 1962년의 평균 180㎍/㎥에서 오늘날에는 겨우 21㎍/㎥로 줄었다. 88%나 감소한 셈이다. 런던에서는 아황산가스 농도가 훨씬 더 가파르게 감소했음을 도표 86에서 분명히 알 수 있는데, 지난 100년 동안 그 농도가 96% 이상 낮아졌다.[1247] 마찬가지로 도표 92에서 볼 수 있듯이 미국에서도 아황산가스 농도가 1962년 이후 거의 80%나 떨어졌다. 1995년 실시한 한 대규모 연구에서 환경보호청은 1990년 이후 아황산가스 농도의 지속적인 감소로 1997년 한 해 동안에만 2,500명 이상이 목숨을 구할 수 있을 것으로 추정했다.[1248] 그러나 사람들이 목숨을 구할 수 있는 것은 사실상 거의 전적으로 분진 오염의 감소 덕분일 수도 있다.[1249] 2010년 청정대기법 수정안의 완전한 효과가 더욱 뚜렷하게 나타나면 매년 약 9,600명이 목숨을 건질 수 있을 것으로 전망된다.

오존

오존은 성층권에서 태양의 자외선으로부터 우리를 보호해주는 귀중한 보호막 구실을 한다. 이른바 '오존층 구멍'에 대해서는 나중에 다시 논의하겠다(p. 606). 그러나 지상과 가까운 곳의 오존은 인간에게 해로우며 식물들에게도 나쁜 영향을 미친다. 오존은 호흡기를 자극하고 고무를 분해시키며 식물의 성장에도 부정적인 영향을 미친다.[1250] 오존은 주로 질소산화물과 탄화수소 사이의 복잡한 상호 작용으로 만들어지는 2차적인 오염 물질이다.[1251] 오존과 질소산화물은 로스앤젤레스와 개발도상국의 여러 도시에서 자주 나타나는 갈색의 (광화학적) 스모그 형성에 중요한 역할을 한다.[1252]

오존이 실제로 생명을 위협한다고 간주되지는 않는다.[1253] 대기질 기준 설정을 위한 영국 전문가위원회(UK Expert Panel on Air Quality Standards)는 "영국에서 나타나는 것과 같은 수준의 오존 노출이 장기적으로 호흡기에 피해를 미칠 가능성이 높다는 증거를 발견할 수 없었다"[1254]고 보고했다. 그러나 오존은 농업과 원예에 커다란 영향을 미친다. 대기 오염으로 인해 가장 심각한 경제적 피해를 입는 산업이 바로 농업과 원예인데, 미국의 경우 오존 오염 때문에 발생하는 피해액이 연간 수십 억 달러에 이르는 것으로 추정되었다.[1255] 그러나 오존은 곰팡이의 농작물 공격 위험과 그로 인한 영향을 줄여줄 수도 있다.[1256]

오존 오염은 대개 오존 농도가 최고치에 이르렀을 때 측정한다. 인체 건강과 채소에 가장 커다란 영향을 미치는 것이 바로 그때이기 때문이다.[1257] 도표 93에서 볼 수 있듯이, 미국에서 오존 농도 최고치는 1977년 이후 거의 30%나 떨어졌다. 영국은 오존 수치를 전국에서 일관되게 측정하지 못했다. 하지만 1997년에 나온 영국 오존 보고서(UK Ozone Review)는 오존 농도 최고치가 떨어지고 있다는 분명한 증거가 존재한다고 결론을 내렸다.[1258] 도표 93에서 알 수 있듯이 런던의 오존 농도 최고치 자료

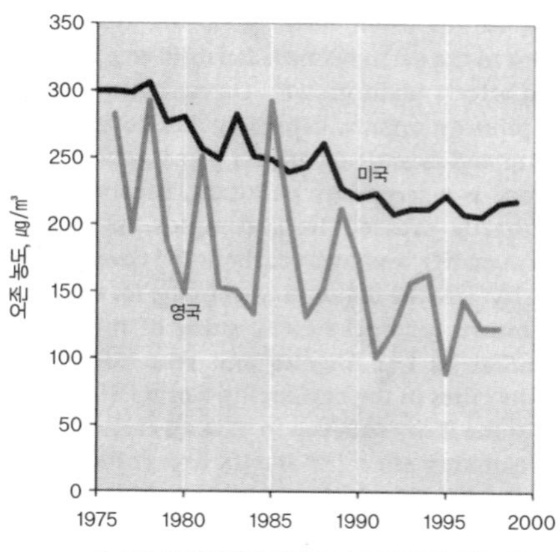

도표 93 미국(1975~1999)과 영국 런던(1976~1998)의 오존 농도 변화. 미국의 자료는 미국 전역에서 측정된 연중 두 번째 1시간 최고치 기록을 평균한 것인 반면 영국 런던의 자료는 1시간 최고치의 평균이다. 출전:CEQ 1993:337, EPA 1997b:88, 2000e:119, 2000f:4, DETR 2000.[1260]

는 오존 농도가 1976년부터 현재까지 56%나 감소했음을 보여준다.

농업 분야를 살펴보면, 유럽연합 소속의 15개국에서는 모두 농작물이 오존에 노출되는 경우가 줄어들 것으로 추정된다. 평균적으로 오존 노출 수준은 1990년부터 2010년까지 약 25% 감소할 것으로 전망된다.[1259]

질소산화물

질소산화물은 주로 자동차와 발전소에서 나온다. 질소산화물은 오존과 더불어 로스앤젤레스형 갈색 스모그를 구성하는 가장 중요한 요소이다. 또한 아황산가스와 함께 산성비 형성에 기여하며, 이 밖에도 천식 환자처럼 몸이 약한 사람들과 어린이들에게 호흡기 질환과 허파 감염을 일으킬 수 있다.[1261] 그렇지만 분진 · 납 · 아황산가스 등보다는 인체에 훨씬 덜 해로우며, 사망률을 높이는 데 기여한다는 보고도 아직은 없다.[1262]

질소산화물은 토양이나 물 속으로 스며들어 비료 역할을 하기도 한다. 그래서 바다와 내륙의 수로에 질소산화물이 과다하게 유입되면 부정적인 영향을 미쳐 조류(藻類)가 번성하기도 한다(이를 부영양화 현상이라고 한다-옮긴이). 늦여름에 이런 일이 발생하면 물 속의 산소가 고갈되어 물고기들이 떼죽음을 당할 수도 있다(제19장).[1263] 질소산화물이 경작지에 쌓이면 원칙적으로 공짜 비료의 역할을 하여 역시 긍정적인 효과를 나타낼 수 있다. 물론 비료 효과를 내는 질소산화물의 전체 양은 상당히 적을 가능성이 크다.[1265]

미국에서는 질소산화물 오염이 점차 감소하는 추세에 있다. 도표 94는 질소산화물의 농도가 1975년 이후 약 38% 감소했음을 보여준다. 영국에는 장기간에 걸친 전국적인 조사 자료가 없지만 런던의 경우 1976년 이후 질소산화물이 40% 이상 감소했다. 영국의 질소산화물 배출은 1990년 이후 감소하고 있으며, 2010년이 되기 전에 약 55% 감소할 것으로 전망된다.[1266] 마찬가지로 독일에서도 1985년 이후 질소산화물이 15% 감소했으며, 스페인에서는 1987년 이후 17% 감소했고, 캐나다에서는 1980년 이후 32% 감소했다.[1267] 질소산화물 농도를 크게 낮추는 데는 촉매 전환 장치의 역할이 컸다. 하지만 이산화질소는 대기 중의 오존에 의해서도 형성되기 때문에 더 이상 질소산화물의 농도를 낮추기는 그리 쉽지 않다. 오존 농도 역시 이미 많이 떨어져 있어서 더 이상 줄이기가 쉽지 않으니 말이다.[1268]

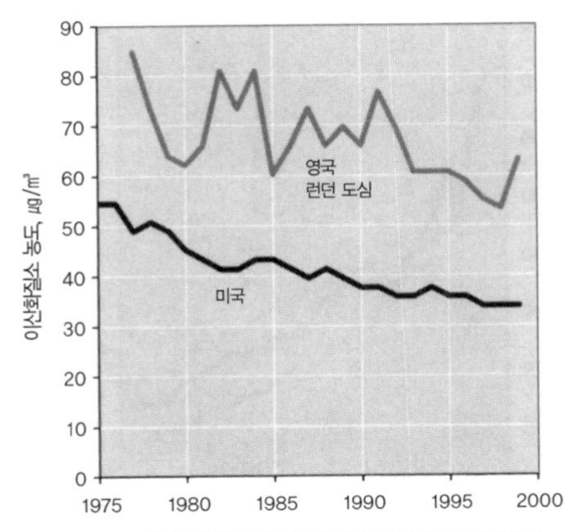

도표 94 미국(1975~1999)과 영국 런던 도심(1976~1998)의 이산화질소 농도 변화. 미국의 자료는 1986년까지 238개 측정소의 평균치와 그 이후의 600개 측정소 평균치이다. 출전: EPA 1997b:88, 2000e:118, 2000f:4, DETR 2000.[1264]

일산화탄소

사람이 일산화탄소를 너무 많이 흡입하면 위험한 결과가 생길 수 있다. 사람들이 차고에서 자동차에 시동을 켠 채로 자살할 수 있는 것은 일산화탄소가 산소 대신 핏속으로 흡수되어 사람을 질식시키기 때문이다.[1269] 하지만 실외의 공기 속에 들어 있는 일산화탄소 농도는 치명적이지 않으며, 이제까지 논의한 여러 대기 오염 물질보다 아마 덜 위험할 것이다.[1270]

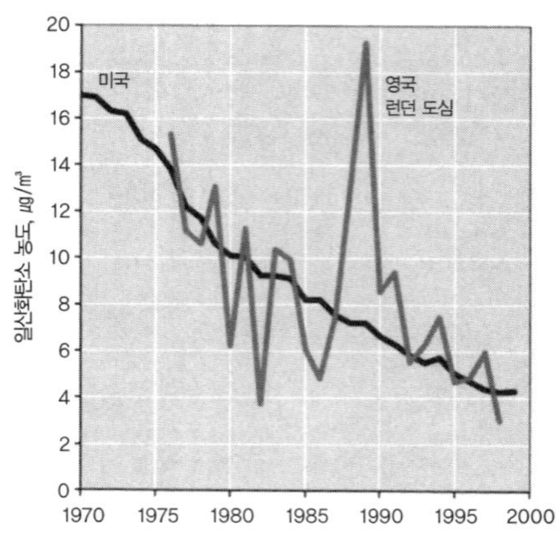

도표 95 미국(1970~1999)과 영국 런던 도심(1976~1998)의 일산화탄소 농도 변화. 미국의 자료는 연중 두 번째 8시간 최고치 기록을 평균한 값이며 런던의 자료는 8시간 연속 평균치의 최대값이다. 미국의 수치는 1976년까지는 91개 측정소에서, 1986년까지는 168개 측정소에서, 그 이후는 345개 측정소에서 얻은 것이다. 출전: CEQ 1982: 243, EPA 1997b: 88, 2000e: 118, 2000f: 4, DETR 2000.[1275]

코펜하겐 대기오염감시국(Copenhagen Air Monitoring Unit)은 이렇게 지적했다. "대기 중의 일산화탄소 농도 그 자체는 사람들의 건강에 영향을 미치지 않는 것으로 생각된다."[1271]

많은 사람이 주로 담배에서 일산화탄소를 흡수한다. 애연가는 지나치게 일산화탄소 오염에 노출되는 사람보다 50~700%나 더 많은 일산화탄소를 흡입하는 것으로 추정된다.[1272] 도시에서 일산화탄소의 가장 중요한 발생원은 휘발유를 사용하는 엔진의 불완전 연소이다.[1273] 촉매 전환 장치는 일산화탄소 배출량을 약 8분의 1로 감소시킨다.[1274]

도표 95는 미국의 일산화탄소 농도가 1970년 이후 거의 75%나 급감했음을 보여준다. 영국은 일산화탄소 농도를 전국적으로 측정하고 있지 않지만, 도표 95에 제시된 런던 자료는 1976년 이후 일산화탄소가 80%나 감소했음을 보여준다. 런던에서는 일산화탄소 농도의 연간 변동이 심한데, 그것은 단 한 곳에서만 측정했기 때문이다.

개도국의 성장과 환경

이제까지 살펴보았듯이 분진 · 납 · 아황산가스 · 오존 · 질소산화물 · 일산화탄소 등 중요한 대기 오염 물질에 관한 한 대기질은 엄청나게 개선되었다. 이것은 영국이나 미국만이 아니라 서구 세계의 대부분 국가에서 일반적으로 나타나는 현상이다. 세계은행도 "OECD 국가의 대기질이 엄청

나게 향상되었다"고 결론을 내린 바 있다.[1276)]

하지만 이것은 대부분의 개발도상국에게는 해당되지 않는 얘기다. 오늘날 전세계적으로 가장 대기 오염이 심한 지역은 베이징, 뉴델리, 멕시코시티 등과 같은 개발도상국의 거대 도시들이다. 이 세 도시의 분진 농도는 모두 400$\mu g/m^3$ 수준인데, 이는 미국이나 영국의 대기질에 비해 8배 이상 심각한 수준이며, 세계보건기구가 권고하는 허용치인 50~100$\mu g/m^3$보다도 훨씬 높은 수치다.[1277)] 오늘날 세계에서 가장 대기 오염이 심한 도시 15곳 중에서 13곳이 아시아에 있다.[1278)] 아황산가스의 경우도 마찬가지다. 이 도시들의 아황산가스 농도는 세계보건기구가 정한 허용치보다 적어도 2배나 높다. 세계은행은 베이징에서만 적어도 매년 4,000명이 아황산가스 오염으로 사망하고 있으며, 이 수치가 점점 더 증가하고 있다고 추정한다.[1279)]

그렇다면 서구 세계가 지금까지 정확히 어떤 길을 걸어왔는지 잠시 생각해보자. 과거 100~300년 동안 서구는 국민소득의 증가와 오염의 증가를 동시에 경험했다. 1930년대와 1940년대의 런던은 오늘날의 베이징, 뉴델리, 멕시코시티보다 훨씬 더 오염돼 있었다. 전체적으로 선진국들이 경제 성장과 오염의 증가를 분리하게 된 것은 겨우 지난 40~100년 동안의 일이다. 세계은행의 해석에 따르면, 서구 사회에서 부가 점점 더 증가하면서 더 깨끗한 환경을 누리기 위해 더 많은 비용을 투자할 수 있게 되었고, 이와 동시에 오염된 환경을 더욱 더 받아들이기 어렵게 되었다. 그러자 정치적 결정들이 뒤따르면서 환경이 점점 더 깨끗해졌다는 것이다.[1280)] 만약 서구 세계에서 경제 성장과 오염의 증가가 이처럼 분리되었다면, 개도국 역시 부를 쌓으면서 같은 과정을 겪게 될 것이라고 기대할 수 있지 않은가? 그들도 결국은 더 좋은 환경을 원하게 되지 않을까?

세계은행은 환경 피해를 감수하면서 먼저 경제 성장을 이룩한 다음에 환경 보전을 위한 재원을 마련하는 것이 과연 일반적인 경향인지를 밝히

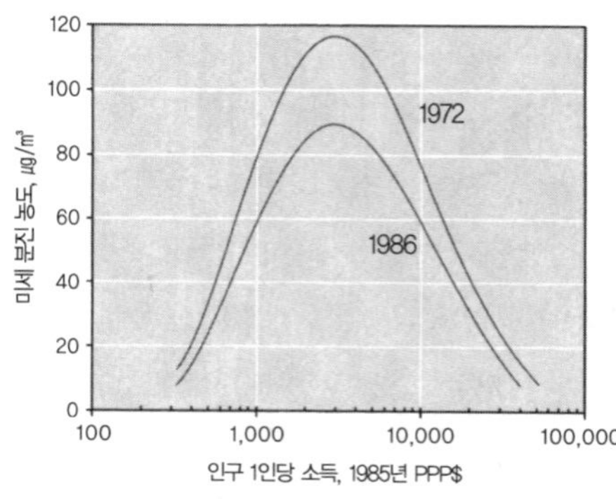

도표 96 1972년과 1986년 31개국 48개 도시에서 나타난 1인당 GDP와 미세 분진 농도 사이의 상관 관계. 출전:World Bank 1992:41, Shafik 1994:764.

기 위한 연구를 시행했다. 세계은행은 조사를 위해 세계 모든 나라의 경제 개발 수준과 오염 현황에 대해 이용 가능한 모든 자료를 비교했다. 그 결과는 도표 96에 제시되어 있다. 도표의 수평축은 각 나라의 소득 수준을 나타내고, 수직축은 오염도를 나타낸다. 1972년의 경우 결론은 아주 분명하다. 즉 국가가 극단적인 빈곤에서 중간 정도의 소득을 올리는 단계까지 발전하는 성장의 첫 단계에서는 오염도가 점점 더 증가했지만, 그 후에는 오염도가 점점 줄어 궁극적으로는 경제 개발을 시작하기 이전 수준에까지 감소했다.[1281] 따라서 높은 생활 수준을 달성하면서도 환경의 질을 계속 개선하는 것이 가능한 것으로 보인다(도표 9에서도 전반적으로 같은 주장을 펼칠 수 있다).

1972년과 1986년 사이에 소득과 오염의 관계가 어떻게 변화했는지를 살펴보면 아마 더욱 놀랄 것이다. 1986년에도 경제 성장이 진행되면서 처음에는 오염이 증가했다가 나중에는 감소하는 기본적인 패턴을 찾아볼 수 있다. 그렇지만 소득 수준과 상관없이 모든 나라에서 오염도가 낮아졌다는 사실에 주목하기 바란다. 이것은 지속적인 기술 발전 덕분이다. 기술 발전은 환경에 부담을 덜 주면서 똑같은 양의 상품을 생산할 수 있도록 해준다(예를 들어 도표 68에서처럼 더 적은 에너지로 더 많은 가치의 상품을 생산할 수 있다). 이 분석 결과는 분진 오염이 매년 약 2%씩 감소하고 있다는 것을 보여준다. 따라서 개발도상국들은 경제 성장과 환경 개선을 모두 성취할 수 있을 뿐만 아니라, 같은 소득 수준에서도 시간이 흐르면 환경의 질을 훨씬 더 개선할 수 있을 것이다. 이는 개발도상국들이 서구 세계로부터 저렴하고 공해가 적은 기술을 도입할 수 있기 때문에 가능하다. 여기에서 가장 중요한 사실은 기술 발전 덕분에 경제 성장은 물론 환경 개선까지도 동시에 이룩할 수 있다는 점이다. 그 동안 성장과 환경을 늘 상대적인 개념으로 생각하는 데 익숙해져 있기 때문에 어쩌면 이런 지적이 모순으로 들릴지도 모르겠다. 그렇지만 그런 생각은 과거 초기 산업혁명 시대의 현상에 근거하는 잘못된 생각이다.

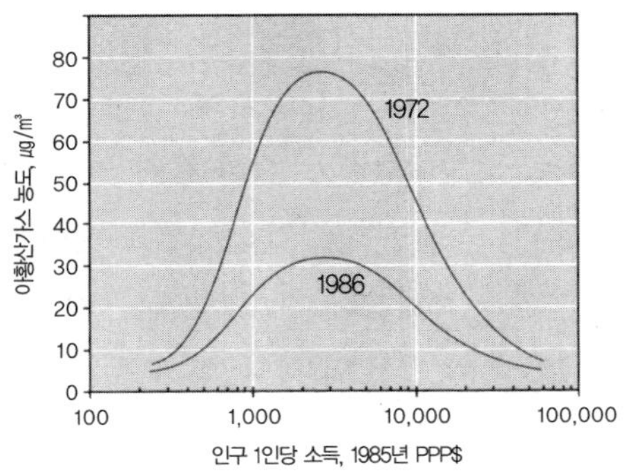

도표 97 1972년과 1986년 31개국 47개 도시에서 나타난 1인당 GDP와 아황산가스 농도 사이의 상관 관계. 출전:World Bank 1992:41, Shafik 1994:764.

설령 그렇다고 해도 경제 성장과 깨끗한 환경을 동시에 성취한다는 것은 마치 마술처럼 보인다. 그러나 사실 여기에 대한 설명은 간단하다. 우리가 깨끗한 물, 깨끗한 공기, 건강 등의 천연자원에 합리적인 가격을 책정하지 않는 한 생산자들은 그런 자원들을 마구잡이로 착취할 것이다. 그리고 대다수 사람들이 오직 물질적인 진보만을 원하거나 다른 대안을 찾으려는 노력을 기울이지 않는 한 마구잡이식 생산은 환경 오염을 계속 심화시킬 것이다. 하지만 서구 국가들은 삶의 질을 개선하고자 깨끗한 환경을 이룩하는 데 점점 더 초점을 맞추기 시작하면서 오염의 대가를 치르게 해야 한다는 정치적 결정들을 잇달아 내렸다. 우리는 각종 금지와 규제, 세금 부과 등을 통해 시장이 자발적으로 생산의 효율성을 높이고 오염 물질 배출을 억제하는 데 성공했다. 소득과 대기 오염 사이의 상관 관계가 도표 86에 제시된 1585년 이후 런던의 대기 오염도 추세와 매우 비슷해 보이는 것은 결코 우연이 아니다. 과거 50~80년 전에 서구 사회가 겪었던 심각한 환경 문제에 직면한 오늘날의 제3세계 국가에서 마찬가지의 변화가 나타나지 않을 것이라고 속단할 만한 결정적인 이유는 그 어디에도 없다.

도표 96은 국민소득과 분진 농도 사이의 관계를 보여준다. 도표 97은 국민소득과 아황산가스 오염도 사이에도 이와 비슷한 관계가 분명히 존재함을 보여준다. 이 경우에는 1972년과 1986년 사이에 아황산가스의 감소폭이 훨씬 더 컸다. 이 도표는 아황산가스 농도가 매년 5%씩 감소했음을 보여준다.

결론

이 장에서 입증되었듯이 서구 세계에서 주요 대기 오염 물질의 농도가 현저히 감소한 것은 그 자체만으로도 놀라운 일이다. 그러나 경제가 지속적으로 발전하고 잠재적인 오염원들이 그 동안 급격히 증가하는 가운데 이런 개선이 이루어졌다는 사실은 훨씬 더 인상적이다. 미국에서 자동차 주행거리는 지난 30년 동안 2배 이상 증가했다. 경제의 규모 역시 2배 이상 늘어났으며, 인구는 3분의 1 이상이 증가했다.[1282] 그런데도 같은 기간 동안에 오염 물질의 배출량은 3분의 1로 줄었으며 오염 물질들의 농도는 훨씬 더 많이 낮아졌다.[1283] 대기 오염이라는 과제에 대해서 낙관적인 견해를 펼 수 있는 것은 바로 이런 이유 때문이다. 이제 우리는 선진국들이 대기 오염에 맞서 싸울 수 있다는 것—그리고 선진국들이 지금까지 실제로 싸워왔다는 것—을 알게 되었다. 뿐만 아니라 개발도상국들도 선진국들의 패턴을 따라 결국은 대기 오염을 감소시킬 것이라고 믿을 만한 충분한 근거가 있다.

세계은행이 강조한 것처럼, 성장과 환경은 결코 반대되는 개념이 아니라 서로를 보완해주는 관계다. 적절한 환경의 보호 없이는 성장의 기반이 무너진다. 그러나 성장 없이 환경 보호를 지속하는 것 역시 불가능하다.[1284] 세계은행은 "중요한 것은 적게 생산하는 것이 아니라 생산의 방법을 달리 하는 것"[1285]이라고 지적한다. 선진국에서 이런 일이 가능했던 것은 새로운 기술 덕분이었다. 그리고 이제 개도국에서도 그 기술들 덕분에 이런 일이 가능해지고 있다.

16 산성비와 삼림의 죽음

산성비는 1980년대에 커다란 공포의 대상이었다. TV 뉴스에서는 병들어 죽어가는 나무들을 보여주며 산성비가 삼림을 죽이고 있다고 비난했다. 1980년대에 나온 책들을 보면 산성비에 대한 묘사가 가차 없다는 것을 알 수 있다. 산성비는 "눈에 보이지 않는 역병"[1286]이며 "생태계의 히로시마"[1287]를 만들고 있다고 했다. 유엔의 브룬트란트 보고서는 "유럽에서는 산성비가 삼림을 죽이고 있다"[1288]고 단언했다. 요즈음 발간되는 생태학 관련 신간 서적들 중에도 같은 주장을 반복하고 있는 책이 여러 권 있다.[1289]

1989년에 간행되어 인기를 끌었던 《산성비:생명에 대한 위협(Acid Rain:Threats to Life)》이라는 제목의 책에는 다음과 같은 구절이 들어 있다.

> 산성비라는 역병이 지구를 휩쓸고 있다. 전세계의 공장과 자동차에서 뿜어내는 오염 물질 때문에 비 · 눈 · 안개 등이 모두 산성화되었으며, 그것이 산성비로 변했다.
>
> 산성비는 건물과 조각상을 파괴할 뿐만 아니라 자연 환경도 위협한다.
>
> 독일 삼림의 3분의 1이 산성비의 공격을 받아 이미 죽었거나 죽어가고 있다.

스웨덴에서는 4,000개의 호수가 이미 죽어버렸고 1만 4,000개는 현재 죽어 가고 있다 …….

지구상 모든 지역의 도시에서 사람들은 질식하거나 죽어가고 있다. 매연이 빠져나갈 수 …… 없기 때문이다.

산성비는 이제 지구의 모든 생명체에게 가장 심각한 위협의 하나가 되었다.[1290]

대도시의 오염이 산성비와 아무런 상관이 없다는 사실과는 별도로, 이 내용은 그 당시에도 아마 조금은 과장된 것이었을 것이다. 오늘날 우리는 산성비가 1980년대에 제기되었던 주장들과는 완전히 다른 존재라는 것을 잘 알고 있다.

'산성비'라는 용어는 대개 삼림, 호수, 건물 등이 질소산화물이나 아황산가스로 인해 피해를 입었다고 생각될 때 그 현상을 총체적으로 일컫는 말로 사용되었다.[1291] 사실 모든 비는 산업화 이전에도 원래 산성이었다. 따라서 산성비라는 표현은 질소산화물이나 아황산가스가 물과 반응해 질산이나 황산으로 변화하면서 빗물의 산성이 더 강해지는 현상을 가리킨다.

1970년대 말과 1980년대 초에 중부 유럽의 여러 지역에서 엄청나게 많은 삼림이 죽어가는 현상이 관찰되었다. 피해가 가장 심했던 독일 바이에른 지방에서는 최고 40% 가량의 나무들이 병들어 죽어가고 있었다.[1292] 일부 독일 과학자들은 유럽의 삼림이 산성비의 위협을 받고 있으며, 모든 나무의 무려 10%가 위험에 처해 있다는 예측을 내놓았다.[1293] 이 주장은 다른 과학자들의 격렬한 비판을 받았는데도 병들어 죽어가는 나무 이미지는 전세계로 퍼져나가, 유럽의 다른 국가는 물론 미국에까지 근심의 씨앗을 뿌렸다.[1294]

산성비에 대한 두려움과 단호한 주장들 때문에 수없이 많은 과학 조사가 이루어졌다. 미국의 공식적인 산성비 연구 프로젝트인 전국산성강수조사계획(NAPAP, National Acid Precipitation Assessment Program)은 세계에서 규모가 가장 크고, 가장 오래 지속되고, 가장 돈이 많이 들어간 환경 관련 연구 프로젝트였다. 거의 10년 동안 시행된 이 연구에는 700여 명의 과학자들이 관여했으며 5억 달러의 비용이 들었다. 산성비가 삼림과 호수, 건물에 미치는 영향을 파악하기 위해 연구자들은 온갖 종류의 문제점을 철저히 조사했다.

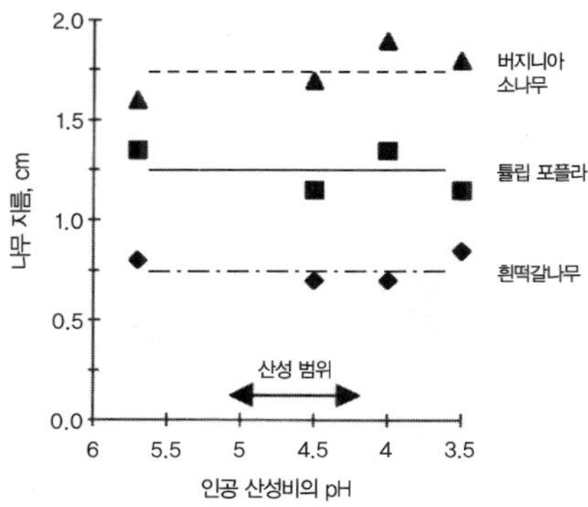

도표 98 pH 농도를 다양하게 한 인공 산성비에 노출된 2~5년생 묘목들의 성장률을 보여주는 NAPAP 실험 결과. pH 수치가 낮을수록 산성도는 높아진다. 출전 : Kulp 1995 : 529.

도표 98은 NAPAP가 잘 통제된 환경 속에서 시행한 장기적인 실험 결과를 보여준다. 이 실험에서는 세 종류의 나무 묘목을 거의 3년 동안 여러 농도의 산성비에 노출시켰다. 산성비가 미칠 수 있는 모든 부정적인 영향을 극대화하기 위해 나무는 비교적 척박한 땅에서 재배되었다. 그런데 도표에 나타나 있듯이 세 종류의 나무 모두에서 산성비의 영향은 전혀 감지되지 않았다. 심지어 미국 동부 지방에 내리는 평균적인 산성비(pH 4.2)보다 산성이 거의 10배나 강한 인공비를 뿌렸는데도 나무들은 예전과 똑같은 속도로 성장했다. 사실 NAPAP가 실시한 많은 연구들은 중간 농도의 산성비에 노출된 나무들이 오히려 더 빨리 자란다는 사실을 보여주기도 했다.[1295] 노르웨이에서는 이보다 훨씬 오랜 기간 동안 통제된 환경 속에서 몇 건의 실험이 진행되었는데, 여기에서도 역시 결론은 산성비가 초래할 것으로 예측되었던 부정적인 효과들을 "증명할 수 없었다."[1296] 이런 이유로 NAPAP는 "미국과 캐나다에 있는 대부분의 삼림은 쇠퇴하지 않고 있다. …… 더욱이 산성 물질의 퇴적이 주 원인이라고 알려진 삼

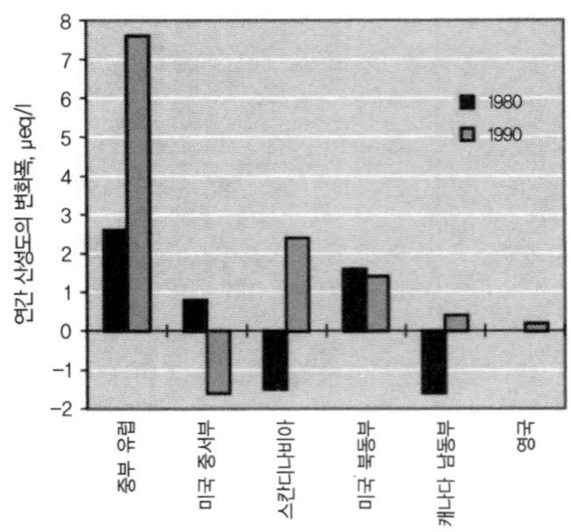

도표 99 1980년대와 1990년대 주요 지역 호수 산성도의 연간 변화폭. 수치가 0보다 크면 그만큼 산성도가 개선되었다는 의미이다. 출전: NERI 1998a:52, EEA 1998:75.

림 쇠퇴 사례는 한 건도 없다"[1297]는 결론을 내렸다.

또한 NAPAP는 산성비가 호수와 건물에 미치는 영향도 평가했다. 호수의 경우 산성비에 가장 민감할 것으로 판단되었던 지역에서조차 그로 인한 악영향이 관찰된 사례는 호수의 4%와 수로의 8%에 불과했다.[1298] 미국 서부와 남동부의 산악 지대에는 거의 아무런 문제도 없었다. 산성화된 곳은 전체의 1%도 채 되지 않았다.[1299] 그러나 이 1%의 산성화된 호수에서는 실제로 물고기를 비롯해 호수에 사는 동식물들이 분명히 사라져버렸다.

유럽 호수의 경우, 노르웨이를 비롯한 스칸디나비아 국가들이 가장 커다란 타격을 입었다. 노르웨이에서는 전체 호수의 27%에서 강수에 포함된 황의 함량이 한계점을 초과했다. 핀란드에서는 그런 호수가 10%에 달하며, 스웨덴과 덴마크에서는 9%이다.[1300] 그런데 도표 99에서 볼 수 있듯이 지난 10년 동안 스칸디나비아를 비롯한 유럽 대부분 국가의 호수에서는 산성이 점점 약해졌다. 아황산가스 배출량의 감소가 가장 커다란 이유이다.

마지막으로, NAPAP는 산성비가 건물과 기념물에 실제로 얼마나 피해를 입히는지 조사해보았다. 그 결과 빗물의 산 농도가 20% 증가해도 건물의 복원이 필요해지는 시기는 겨우 2~5% 앞당겨질 뿐이라는 사실이 밝혀졌다.[1301] 또 산 농도가 50% 감소해도 건물의 복원 시기는 겨우 10~15% 연장될 뿐이었다.[1302] 따라서 설령 빗물의 산 농도를 50% 감소시킨다고 해도 건물 전면의 복원 주기는 50년에서 56년으로 조금 늘어나는 것에 불과하다.

삼림과 관련된 유럽의 연구들도 NAPAP와 같은 결론을 얻었다. 따라서 유엔과 유럽위원회가 1996년에 발표한 삼림 상황에 대한 연례 보고서는 "대기 오염이 〔삼림〕 피해의 원인으로 파악된 사례는 소수에 불과하다"[1303]는 결론을 내렸다. 마찬가지로 유엔은 1997년 세계의 삼림 현황을 조사한 보고서에서 "1980년대에 많은 사람들이 예언했던, 대기 오염으로 인한 유럽 삼림의 광범위한 죽음은 실제로 발생하지 않았다"[1304]는 결론을 내렸다.

유럽의 삼림 중에서 산성비의 영향으로 실제로 사멸된 삼림은 전체의 0.5%를 넘은 적이 한번도 없었던 것으로 밝혀졌다.[1305] 또한 바이에른, 폴란드, 체코공화국에서 삼림이 상당 부분 죽어버린 것은 산성비 때문이 아니라 그 지역의 공해 때문이라는 사실도 밝혀졌다. 근처의 오염원에서 직접 배출된 매연이 나무에 피해를 입혔던 것이다.[1306] 이처럼 국지적인 오염은 국경을 넘나드는 산성비와 달리 지역적으로 통제할 수 있고 또 그동안 실제로 통제해왔다. 아황산가스 배출량은 독일에서 30%, 폴란드와 체코공화국에서는 50%가 감소했다. 그 결과 국지적인 아황산가스 농도는 1989년부터 겨우 7년 사이에 50～70%나 줄었다.[1307]

유럽 삼림의 성장 속도를 살펴보면 산성비 이론의 예측과는 달리 성장 속도가 줄어들지 않았음을 알 수 있다.[1308] 실제로 "지난 수십 년 동안 유럽 대부분의 지역에서 삼림의 성장 속도가 크게 증가했다"[1309]고 한 네덜란드의 연구는 결론지었다. 말하자면 1950년대 이후 나무들의 성장 속도가 점점 더 빨라졌다는 뜻이다. 이처럼 성장 속도가 빨라질 수 있었던 것은 유채와 양배추를 얘기할 때 설명한 것처럼, 나무들에게 필요한 비료 성분의 일부가 질소 오염으로 충당되었기 때문이다.[1310]

현재 유럽에서 자라는 다양한 종류의 나무들의 건강 상태에 대한 대규모 연구 보고서들이 작성되고 있다. 여러 연구에서 주로 채용한 방법은 잎이 많이 떨어져버린 나무들의 비율과 색깔이 변해버린 나무들의 비율을 측정하는 것이다. 그런데 그 비율은 1983년 첫 번째 보고서가 발표된 이후 급속히 증가했다. 당시 사람들이 공포감을 느꼈던 것은 충분히 이해할 만하다. 그러나 오늘날 우리는 그것이 순전히 계산 방법의 변화 때문이라는 것을 잘 알고 있다.[1311]

설령 그렇다고 해도 잎 소실이 많은 나무의 비율이 오늘날에도 전체 삼림의 25%가 넘기 때문에 많은 사람들은 삼림의 상태가 여전히 좋지 않다고 주장한다.[1312] 요즘도 자주 제시되는 한 이론은 (산성비 이론의 가정과는 달리) 오염이 직접적으로 나무에 피해를 입히는 것이 아니라 나무의 저항력을 약화시켜 곤충들의 공격이나 서리, 가뭄 등에 취약하게 만든다고 주장한다.[1313] 이 이론을 시험해보기는 쉽지 않다. 오염의 영향이 간접적이며 지연되어 나타날 수 있다는 주장이 많기 때문이다. 그러나 여러 다양한 지역의 오염과 삼림 쇠퇴 현상을 서로 비교해보면 놀랍게도 그 사이에 상관 관계가 거의 없거나 아예 없다는 사실을 확인할 수 있다.[1314]

이것이 유럽연합 환경청(EEA, European Environment Agency)이 다음과 같이 결론을 내린 이유이다. "산성 물질의 유입과 ……현장 관찰을 통해 확인된 나뭇잎의 감소 사이에 …… 인과 관계가 확립될 수 없다."[1315] 사실 유럽 환경청의 관찰에 의하면 아황산가스의 배출이 감소했는데도 나뭇잎의 소실이 계속 증가하고 있는데, 그들은 이런 현상의 원인이 관찰 대상 나무의 노화에서 기인하는 것일 수 있다고 추정했다.[1316]

이와 같은 맥락에서 독일의 한 과학자는 30~60년 전에 찍은 삼림의 사진을 분석한 결과, 피해를 입은 나무의 비율이 그때에도 지금만큼 높았다는 사실을 발견했다.[1317] 사실 나뭇잎의 소실은 구체적이고 익숙한 수많은 수목 질병 때문에 나타나는 일반적인 현상에 불과하다. 우리가 나뭇잎 소실을 걱정하기 시작한 것은 바로 그런 현상을 관찰하기 시작했기 때문이다.[1318]

아황산가스를 다룬 부분에서 설명했듯이, 건강을 위한다는 입장에서 아황산가스 배출을 줄이고자 하는 시도는 합리적일 것이다. 왜냐하면 아황산가스 배출 감소의 부수적인 효과로 분진이 줄어들기 때문이다. 그렇지만 산성비는 1980년대 사람들이 주장한 것처럼 그렇게 끔찍한 위협은 아니었다. 사람들이 예상한 대규모의 삼림 쇠퇴는 결코 일어나지 않았다.

그러나 불행하게도 그 근거 없는 속설은 많은 지역에 여전히 남아 있다. 1999년에 출간된 〈미국 공중보건저널(American Journal of Public Health)〉이라는 유명한 학술지는 온갖 뻔한 이야기들을 길게 열거하면서 "많은 지역 사회에서 유독성 폐기물 매립장이 잇달아 들어서고 하천에서 PCB가 발견되며 또 산성비가 삼림을 파괴하는 현상이 목격됨에 따라"[1319] 개인의 건강 문제가 공적인 환경 문제로 변해가고 있다고 아주 간단하게 선언해버렸다. 마찬가지로 덴마크의 일간지 〈폴리티켄〉도 최근 한 기사에서 아주 짧고 간결하게 다음과 같이 기술했다. "대기 중의 황이 산성비를 만든다. 그리고 산성비는 삼림을 죽인다."[1320]

비록 간단한 문장이지만 이 말을 뒷받침해주는 증거는 없다.

17 실내 공기 오염

대기 오염을 생각할 때 가장 먼저 떠오르는 것은 매연과 자동차 배기 가스이다. 즉 실외의 공기 오염인 것이다. 물론 대기 오염 문제도 위험하지만 세계적인 차원에서 본다면 실제로 사람들의 건강에 훨씬 더 커다란 위협이 되는 것은 바로 실내 공기 오염이다.[1321] 세계보건기구(WHO)의 최신 추정치가 제시된 도표 100을 보면 알 수 있듯이, 실내 공기 오염은 실외 공기 오염보다 약 14배나 많은 사람들의 목숨을 앗아가고 있다. 더욱이 개발도상국과 선진국을 막론하고 도시 지역에서는 실내 공기 오염으로 인한 사망률이 훨씬 더 높다. 전세계적으로 실내 공기 오염은 매년 약 280만 명의 목숨을 앗아가는 것으로 추정된다.

개발도상국의 실내 공기 오염

실내 공기 오염은 특히 제3세계의 심각한 문제이다. 이곳에서는 약 35억 명이—세계 인구의 절반 이상에 해당한다—장작이나 숯, 가축의 말린 똥, 농업폐기물 등 재래식 연료에 의존해 취사와 난방을 해결하고 있다.[1322] 이 연료들은 가스나 석유 같은 현대식 연료보다 훨씬 더 많은 검댕, 분진, 일산화탄소, 유독성 화학물질 등을 배출한다.

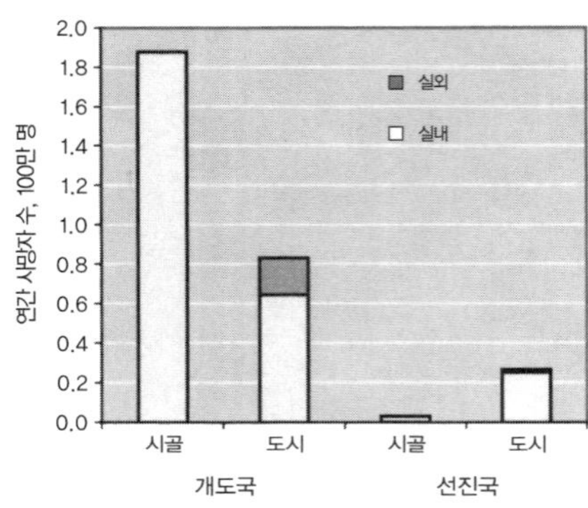

도표 100 실내 공기 오염과 실외 대기 오염으로 인한 연간 전세계 사망자 수 추정치. 출전:WHO 1997:17.

특히 소형 주택 내에 분진과 일산화탄소가 대량으로 방출될 경우 그 집의 거주자는 오염이 가장 심각한 도시에서보다 훨씬 더 심각한 공기 오염에 직면하게 된다. 세계보건기구가 실시한 여러 건의 연구는 개발도상국의 일상적인 실내 공기 오염도가 최대 허용치보다 평균 1,000~2,000% 또는 그 이상으로 높다는 것을 보여주었다.[1323] 따라서 그런 곳의 실내 공기 오염도는 베이징, 뉴델리, 멕시코시티처럼 가장 오염이 심한 거대 도시들보다 평균 3~37배나 더 높은 셈이다.[1324]

집 안에서 취사를 할 때는 당연히 연료가 추가되기 때문에 이미 믿을 수 없을 정도로 높은 공기 오염도가 다시 500% 더 증가할 수 있다(즉, 세계보건기구의 최대 허용치보다 5,000~1만 % 높아지는 셈이다).[1325] 특히 취사를 직접 담당하는 여성들은 물론 아이들도 실내 공기 오염에 그대로 노출된다. 연기는 심한 호흡기 감염을 일으킬 수 있는데, 세계적으로 이런 호흡기 감염으로 인해 매년 약 400만 명 이상의 어린이와 유아들이 목숨을 잃고 있다.[1326] 극심하게 오염된 실내 공기에 노출된 어린이들은 그렇지 않은 아이들보다 심각한 호흡기 질환에 걸릴 가능성이 2~6배 더 높은 것으로 추정된다.[1327] 여성들의 경우에는 오염된 공기로 인해 만성 폐렴이나 암에 걸릴 가능성이 훨씬 더 높아지며, 출산 때 곤란을 겪을 위험도 크게 높아진다.[1328] 멕시코에서 실시한 한 연구는 오랫동안 나무 연기에 노출된 여성들이 만성 폐렴에 걸릴 가능성이 75배나 더 높다는 것을 보여주었다. 중국 수안 웨이(宣威) 지방의 여성들도 재래식 연료를 사용해 요리한다. 미국 환경보호청이 이 지역 비흡연 여성들의 폐암 발병

가능성을 조사한 결과, 중국 전국의 평균이 여성 10만 명당 3.2명이었던 반면, 이 지역에서는 125.6명이나 된다는 사실이 밝혀졌다. 혈액과 실내 공기 오염도를 분석한 결과 집 안에서 불을 피우는 것이 폐암의 가장 큰 원인으로 나타났다.[1329]

세계보건기구는 실내 공기 오염으로 매년 280만 명이 목숨을 잃는다고 추정한다. 이는 모든 사망자 수의 5.5%를 차지하는 수치로 실내 공기 오염이 세계에서 가장 큰 비중을 차지하는 사망 원인 중 하나인 셈이다.[1330] 이처럼 엄청난 수치는 실내 공기 오염을 세계 4대 환경 문제의 하나로 지정한 세계은행의 결정을 뒷받침해준다.[1331]

실내 공기 오염 문제를 해결하기 위한 가장 좋은 방법 중 하나는 개발도상국의 부가 전체적으로 증가해 사람들이 값싸고 더러운 기존의 연료 대신, 석유나 가스처럼 값은 비싸지만 깨끗한 연료를 사용할 수 있게 되는 것이다.[1332] 바로 이런 이유 때문에라도 제3세계 국가들의 1인당 국민소득을 증진시키는 일에 노력을 경주하는 것이 무엇보다도 중요하다.

선진국의 실내 공기 오염

실외의 대기 오염도가 급속히 감소하는 반가운 현상이 낳은 역설적인 결과의 하나는 그로 인해 이제는 실내 공기 오염이 바깥의 대기보다 더 심각한 영향을 미치게 되었다는 점이다.[1333] 그 이유는 사람들이 실내에서 보내는 시간이 더 많고, 석유 위기 이후 단열을 위해 주택의 틈새들을 꼼꼼히 메워버렸기 때문이다. 이와 동시에 실내 공기 오염은 오염도 측정이 훨씬 더 어렵고 규제를 통해 오염을 감소시키기도 어렵기 때문에 해결하기 쉽지 않은 문제다. 여러분의 호기심을 충족시키기 위해 굳이 지적하자면, 실내에서 녹색 식물을 키운다고 해도 실내 오염도가 측정 가능한 정도로 개선되지는 않는다.[1334]

미국 환경보호청에 따르면, 실내 공기에 포함된 가장 위험한 네 가지 물질은 실외 공기 오염에서 중요한 판단기준이 되는 오염 물질이 아니라 라돈, 담배 연기, 포름알데히드, 석면 등이다.[1335] 라돈은 눈에 보이지 않는 방사성 기체로 땅 밑에서 건물 안으로 스며든다. 이 기체는 땅 밑의 흙 속에서 우라늄-238이 붕괴하면서 자연스럽게 발생한다. 만약 라돈 기체가 실외의 신선한 공기 중으로 배출된다면 널리 퍼지면서 분해되기 때문에 별다른 해를 미치지 않는다. 그러나 주택 내부에서는 라돈 기체와 그 분해로 생기는 부산물들이 상당한 농도로 축적되면서 호흡을 통해 인체에 침투하여 폐암을 일으킬 수 있다.[1336]

라돈은 사람들이 정상적인 상황에서 노출되는 전체 방사능의 약 55%를 차지한다.[1337] 라돈이 어떤 영향을 미치는지에 대해서는 아직 논란이 계속 되고 있지만, 집 안으로 스며든 라돈은 미국의 전체 폐암 사망자 15만 7,000명 중에서 약 1만 5,000~2만 2,000명의 목숨을 앗아가는 것으로 추정된다.[1338] 유럽연합의 사망자 수는 연간 약 1만 명, 즉 모든 암 사망자 중 약 1%를 차지하는 것으로 추정된다.[1339]

라돈 문제의 대부분은 소수의 주택에서 발생한다. 미국에서는 전체 주택의 약 6%가 148Bq/m³〔베크렐(Becquerel), 방사능의 강도를 나타내는 단위-옮긴이)〕인 허용치를 초과하는 것으로 추정된다.[1340] 만약 이런 주택에서 라돈 오염도가 낮아진다면 라돈과 관련된 폐암 발생 건수 중 3분의 1이 줄어들 것이다.[1341] 실내 공기 중의 라돈 농도를 낮추기 위해서는 카펫 밑에 공기 유통을 막는 차단막을 설치하거나 아니면 환기 시설을 갖추어야 한다.[1342]

담배 연기는 흡연자의 사망률을 크게 높이며 비흡연자 역시 간접 흡연에 영향을 받는다. 흡연자가 있는 집에서는 미세 분진의 오염도(PM_{10})가 그렇지 않은 집과 비교해 2~3배 더 높게 나타난다.[1343] 미국의 경우 간접 흡연으로 인한 사망자 수는 매년 약 3,000명 정도로 추정되며, 매년 18만~30만 명의 어린이들이 간접 흡연 때문에 폐렴이나 기관지염에 걸리는 것으로 추정된다.[1344] 덴마크에서는 전체 어린이 중 66% 이상이 집이나 놀이방에서 간접 흡연에 노출되고 있다.[1345]

집 안의 포름알데히드는 무늬목, 나무로 만든 장식용 판넬, 중간 밀도의 섬유판(fiberboard, 마감용 건축재로 사용된다-옮긴이)처럼 주로 나무 조각을 붙여서 만든 제품의 접착 부분에서 발생한다. 포름알데히드와 접촉하면 속이 메스꺼워지고 눈이 쓰리다. 포름알데히드를 많이 흡입하면 호흡이 곤란해지고 천식 발작이 일어날 수도 있다. 또한 포름알데히드는 발암 물질이라는 의심도 받고 있다.[1346]

석면은 현미경으로나 볼 수 있을 만큼 미세한 섬유로 구성된 광물로서 호흡을 통해 몸 안에 들어가면 폐암이나 석면침착증(asbestosis, 섬유의 손상으로 인해 반흔 조직이 생기는 것)을 유발할 수 있다. 석면은 값이 싸고 불연성이며 훌륭한 단열재이기 때문에 보일러관, 아궁이 마감재, 판지, 질감이 있는 페인트, 바닥 타일 등 다양한 제품에 사용되었다.[1347] 석면이 작업 인부들의 건강을 해친다는 사실이 입증된 것은 나중의 일이다. 미국은 1974년부터 실내에서의 석면 사용을 전면 금지했다.[1348]

석면은 대개 천장 타일 같은 물건들 속에 감싸여 있다. 이런 형태로는 아마 위험하지 않을 것이다.[1349] 그러나 그런 석면조차 완전히 제거하는 것이 좋은지 아니면 그대로 두어도 괜찮은지 아직 확실하게 결정이 내려지지 않았다. 또한 소량의 석면에 노출되는 것이 실제로 인체에 얼마나 위험한지도 아직 분명치 않다.[1350]

일반적으로 말해, 선진국에서는 실내 공기 오염과 실외 공기 오염 중 어느 쪽이 더 문제가 되는지를 가려내기 어렵다. 도표 100에 제시되어 있는 세계보건기구의 추정치는 선진국에서도 실내 공기 오염으로 인한 사망자 수가 실외 공기 오염으로 인한 사망자 수보다 훨씬 더 많다는 것을 분명히 보여준다. 그러나 세계보건기구가 주로 실내 공기 오염에 초점을 맞췄기 때문에 실외의 대기 오염 추정치를 지나치게 낮게 잡은 듯하다.

앞에서 설명한 분진 오염 문제를 생각해보면 이 점을 알 수 있다. 아마도 실내 공기 오염과 실외 대기 오염의 피해 추정치를 대략 비슷하게 잡는 것이 더 현실적일 듯하다. 미국에서는 매년 대기 오염으로 인한 사망자 수가 6만 5,000~20만 명 사이인 반면, 실내 공기 오염으로 인한 사망자 수는 8만 5,000~15만 명 사이로 추정된다.[1351)]

실내 공기 오염의 네 가지 중요한 요인에 대해 정리해보면, 우선 라돈에 대해서는 이제까지 거의 아무런 조치도 취해지지 않았으며 라돈에 의한 피해는 지난 20년 동안 점점 더 악화되었을 것이라고 말할 수 있다. 더 좋은 단열 시설을 갖춘 주택들의 환기 상태가 점점 더 나빠지고 있기 때문이다. 하지만 흡연 인구의 비율은 미국의 경우 1965년의 42%에서 1997년에는 25%로 급속히 감소했다.[1352)] 포름알데히드와 석면이 포함된 제품들은 점진적으로 시장에서 퇴출되거나 점점 더 엄격한 규제를 받게 되었다. 이런 조치들이 장기적으로 안전성을 증가시켰다고 생각된다.

전반적인 상황을 고려할 때, 실내 공기 오염으로 인한 사망자 수는 제3세계에서보다 선진국에서 훨씬 더 적은 것이 분명하다.

18 알레르기와 천식

우리는 알레르기가 훨씬 더 흔해지고 있으며, 그것이 환경의 지속적인 악화와 어떤 식으로든 관련이 있을 것이라는 말을 자주 듣곤 한다.[1353] 그렇다면 우리는 알레르기와 천식에 대해 과연 얼마나 알고 있으며, 또 그것들과 주위 환경과의 관계에 대해서는 얼마나 알고 있는 것일까? 전반적으로 말하자면, 이제까지 상당한 연구가 진행되었음에도 우리는 과연 무엇이 알레르기와 천식을 발생시키는지, 그리고 이 질병들이 정말로 점점 흔해지고 있는지 등 여러 가지 사항들에 대해 아직 확신하지 못하고 있다.

알레르기가 있다는 것은 특정 물질에 지나치게 민감하다는 뜻이다. 다른 사람에게는 전혀 문제가 되지 않을 정도로 알레르겐(allergen, 알레르기를 유발하는 원인 물질 – 옮긴이)의 농도가 낮을 때에도 알레르기가 있는 사람은 강력한 면역반응을 일으킨다.[1354] 알레르기의 증상에는 건초열, 천식, 음식 알레르기, 두드러기, 과민성 쇼크,[1355] 습진 등 여러 종류가 있다. 유럽에서는 전체 인구의 약 10~30%가 알레르기를 갖고 있는 것으로 추정되는데, 지금까지 가장 흔한 알레르기는 건초열(가을 건초 수확철에 주로 발생 – 옮긴이)과 니켈 알레르기이다.[1356] 미국에서는 전체 국민의 약 35%가 스스로 알레르기 환자로 생각하고 있는데, 공식적인 추정치는 약

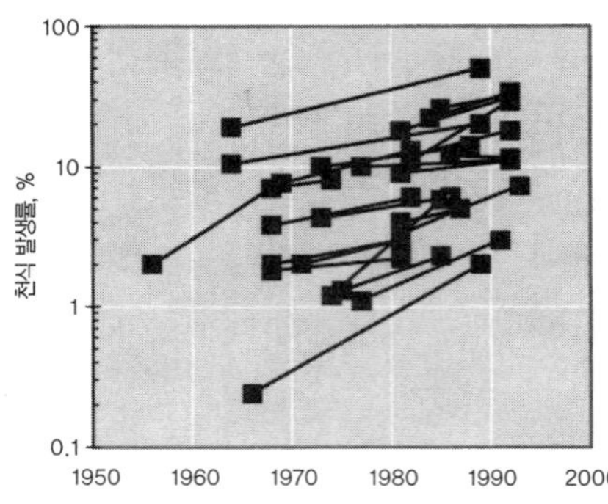

도표 101 1956~1993년 실시된 조사에서 얻은 천식과 천명의 발생률. 천명(喘鳴)은 기관지 협착이나 그 밖의 병변이 있을 때 나타나는 거친 호흡소리를 말한다. 이 그래프는 〈브리티시 메디컬 저널(British Medical Journal)〉에 실린 원래 자료를 Y축을 로그치로 바꾸어서 새로 그린 것이다. 이런 로그그래프에서는 눈금 한 칸의 증가가 실제로는 10의 증가를 나타낸다. 만약 실제 발생률을 그대로 나타내었더라면 증가 추세는 훨씬 더 극적이었을 것이다. 출전:Jarvis and Burney 1998:607.

18.5% 정도이다.[1357] 알레르기는 미국에서 만성 질환을 유발하는 원인 중 6위를 차지한다.[1358]

천식은 세계적으로 가장 심각한 알레르기의 하나다. 미국의 경우 전체 인구의 6%에 조금 못 미치는 1,500만 명이 천식을 앓고 있다.[1359] 반면에 영국에서는 전체 인구의 30% 이상, 즉 1,800만 명이 천식 증세를 갖고 있다.[1360] 천식은 기도를 좁아지게 만든다. 하지만 만성 기관지염과는 달리, 기도가 좁아지는 현상은 대개 일시적이며 저절로 증세가 사라지거나 치료에 의해 치유된다.[1361]

세계 전역에서 실시된 거의 모든 연구들은 도표 101에서 볼 수 있듯이 천식 발생률이 증가하고 있음을 보여준다. 영국의 경우 증가율은 연간 약 5%이며, 스웨덴 · 스위스 · 노르웨이 · 미국 · 오스트레일리아 · 뉴질랜드 · 타이완 등도 비슷한 비율을 기록하고 있다.[1362] 그러나 물론 문제는 천식이 정말로 증가하고 있는지, 아니면 천식에 대한 대중의 인식과 의학계의 인식이 높아졌기 때문인지 확인하기 어렵다는 데 있다. 여러분이 생각하듯 후자의 해석이 그리 놀라운 것은 아니다. 우선, 천식을 진단하기란 결코 쉽지 않다. 예를 들어, 세계보건기구, 미국 흉부과학회, 국립 천식교육프로그램 전문가위원회 보고서 등은 천식을 각각 다르게 정의하고 있다.[1363] 따라서 천식 발생률을 측정하는 것은 단순히 환자의 수를 세는 문제가 아니다.[1364]

이 밖에도 우리가 갖고 있는 지식이 질병 분류에 커다란 영향을 미친다. 오늘날 많은 사람들이 음식과 관련된 알레르기에 대해 잘 알고 있으며, 인구의 약 20%는 자신에게 음식 알레르기가 있다고 믿고 있다. 그렇지만 임상 연구들은 전체 성인의 약 1.4%만이 실제로 음식 관련 알레르기로 고생하고 있음을 보여준다.[1365] 마찬가지로 천식에 대한 사람들의 의식도 점점 높아지고 있다. 따라서 20년 전에 사람들에게 천식을 앓고 있느냐고 물었을 때와 지금 같은 질문을 던졌을 때, 실제로는 천식 발생률에 아무런 변화가 없다고 해도 천식을 앓고 있다고 대답하는 사람의 비율이 과거에 비해 훨씬 더 높아질 수 있는 가능성이 분명히 존재한다.

불행하게도, 과학적으로 합당한 비교가 가능할 만큼 그렇게 오랜 기간 동안 천식을 확실하게 추적한 연구는 거의 없다. 최근 〈브리티시 메디컬 저널〉에 실린 한 메타 연구(다른 사람들의 연구 결과를 종합적으로 검토하는 연구)는 이제까지 상당히 많은 과학적 연구가 진행되었음에도 불구하고, "조사에 활용된 측정 방법들이 조직적인 실수에 취약하기 때문에 천식 유병률이 증가했다는 증거가 빈약하다"[1366]는 결론을 내렸다. 그렇지만 대부분의 의사들은 천식 발생의 보고 건수가 크게 증가한 것이 비록 증가폭은 작을망정 실제로 천식이 어느 정도 증가했음을 나나낸다고 믿고 있다.[1367]

이와 동시에 천식으로 인한 사망률도 그 동안 소폭 증가했다. 이런 현상은 천식 발생 사례가 증가하고 있다는 객관적인 증거로 해석될 수 있다.[1368] 그러나 다른 설명도 얼마든지 가능하다. 세계 여러 나라에서 천식 사망률이 급격히 증가한 것은 1960년대에 들어서부터였다. 그러나 요즈음에는 당시의 사망률 증가가 비특이성 베타교감신경제를 지나치게 사용했거나 오용한 탓이라고 보고 있다.[1369] 지난 20년 동안 사망률이 소폭 증가한 것은 주로 불충분한 치료 때문이며, 특히 흑인이나 빈민 등 소외 계층에서 그런 일이 많았다.[1370] 영국과 웨일스 지방의 천식 사망률은 1980년대 말과 1990년대 초부터 감소하기 시작했으며, 지금은 1969년 조사

가 시작된 이후 가장 낮은 수준에 머물러 있다.[1371)]

천식이 정말로 크게 증가하고 있는지는 아직 분명히 알 수 없지만, 천식으로 인정되는 사례가 급격히 증가하고 있기 때문에 공중 보건 예산 부담이 점점 커지고 있다. 미국의 경우 천식으로 인해 발생하는 전체 비용은 약 70억 달러로 추정되며, 유럽연합에서는 간접 비용과 직접 비용을 모두 포함해 총 290억 달러로 추정된다.[1372)] 오늘날 서구 세계에서는 적어도 어린이의 10%와 어른의 5%가 천식으로 고생하고 있다.[1373)]

따라서 천식의 원인이 무엇인지 밝혀내는 것이 중요하다. 천식에는 유전적인 성향이 강하다. 우리의 면역 체계가 알레르겐에 '민감'한지 혹은 '둔감'한지를 결정하는 데 유전자가 일익을 담당하기 때문이다.[1374)] 쌍둥이에 대한 연구는 천식의 40~60%가 유전적이라는 것을 보여주었다.[1375)] 그러나 유전학적인 설명만으로는 국가들 사이의 커다란 차이(도표 101)를 제대로 설명하기 어렵다. 뉴질랜드, 오스트레일리아, 미국, 영국 등은 유럽의 다른 지역보다 천식이 흔하다. 또한 어린이들이 좀더 천식에 잘 걸리는 경향이 있고, 여자 아이보다 남자 아이가 더 민감하다.[1376)] 가벼운 천식 증세를 보였던 아이들은 대개 자라면서 증세에서 벗어나지만 심한 증세를 나타냈던 아이들은 평생 동안 그 짐을 짊어지게 된다.[1377)]

천식의 또 다른 중요한 원인은 주위의 환경이다. 천식은 대개 시골보다 도시에서 더 많이 발생하는 것 같다.[1378)] 물론 단순히 재산 상태, 영양 상태, 스트레스 등의 요인에 의한 차이일 수도 있다. 그러나 도시로 이주한 사람들을 조사해본 결과 이들이 시골에 남아 있는 사람들보다 천식에 걸릴 위험성이 훨씬 더 큰 것으로 드러났다.[1379)]

이렇게 보면 천식 증가의 원인을 대기 오염에 돌리고 싶을 것이다. 그러나 이미 앞에서 살펴보았듯이, 지난 20~30년 동안 서구 세계에서는 대기 오염이 줄어들었다. 천식 환자들의 상태가 대기 오염 때문에 더 악화될 수는 있지만, 그렇다고 해서 대기 오염 그 자체가 천식을 유발하지는 않는다는 것이 밝혀졌다.[1380] 사실 걸프전 때 이라크 군이 퇴각하면서 유정에 불을 질렀는데, 그때 발생한 엄청난 연기도 쿠웨이트 사람들의 천식 발생률에 그리 영향을 미치지 못했다.[1381] 실외 대기 오염의 의학적 영향을 조사하기 위해 구성된 영국의 한 공식 위원회는 조금 놀라운 결론을 내리기도 했다. "천식 발생과 관련해 현재 우리가 구할 수 있는 대부분의 증거들은 실외의 대기 오염이 천식의 원인이라는 주장을 뒷받침하지 않고 있다. ……영국에서는 지난 30년 동안 천식이 증가했지만 그것이 대기 오염도의 변화 때문일 가능성은 거의 없다."[1382]

천식이 선진국에서 가장 흔히 나타난다는 사실도 이런 결론을 뒷받침한다. 즉 개발도상국에서는 대기 오염이 더 심해지고 있는 반면에 선진국들의 대기 오염은 분명히 감소하고 있는데도, 천식 발생은 그 반대 경향을 나타내고 있는 것이다.[1383] 대기 오염 물질 중에서 천식의 원인으로 분명히 밝혀진 유일한 인자는 꽃가루나 균류의 포자와 같은 생물학적 알레르겐이다.

천식의 원인은 가정 내에 존재할 가능성이 훨씬 더 크다. 흡연자의 자녀는 천식에 걸릴 위험이 2배나 높으며 담배 연기는 기존의 천식을 더욱 악화시킨다.[1384] 미국에서는 연간 약 38만 건의 천식 사례가 부모의 흡연으로 인해 발생하는 것으로 추정된다.[1385] 대다수 천식 환자는 집먼지진드기에게도 과민한 반응을 보인다. 집먼지진드기는 북쪽 지방의 습기 찬 공기에서 번성하는데, 이런 지역에는 대체로 천식 환자들이 더 많다.[1386] 침대 시트에는 흔히 다수의 집먼지진드기가 서식하는데, 뉴기니의 일부 부족들이 침대 시트를 처음 사용하기 시작했을 때 천식 발병률이 급격히 증가한 적이 있다.[1387] 이 밖에 고양이 · 바퀴벌레 · 균류의 포자 등도 알레르기 반응을 일으키는 데 상당한 역할을 하지만, 고양이를 키우는 사람들의 증가 때문에 천식 환자가 증가했는지의 여부를 조사한 연구는 불행히도 아직 없다.[1388]

그 반면에 에너지 위기 이후 주택의 난방비를 줄이기 위해 단열 시공이 급격히 증가했다. 오늘날 가정 실내 공기의 환기 횟수는 30년 전에 비해 평균 10분의 1 정도에 지나지 않는다.[1389] 이 때문에 공기 중의 습도가 높아졌고, 따라서 집먼지진드기를 비롯한 다른 알레르겐의 수도 뚜렷하게 증가했다.[1390] 이 밖에도 요즈음은 커튼을 훨씬 더 많이 사용하고 실내에 카펫을 까는 경우도 늘어났다. 이런 곳에서는 집먼지진드기가 번성한다.[1391]

마지막으로, 사람들이 실내에서 보내는 시간이 크게 늘어났다. 우리는 예전처럼 운동을 자주 하거나 야외 활동에 많이 참가하지 않는다. 그 대신 컴퓨터 게임을 하거나 TV와 비디오를 보면서 시간을 보내는데, 일부 학자들은 이것을 실내 오락 문화(Indoor Entertainment Culture) 현상이라고 부른다.[1392] 요즘 사람들은 시간의 90%를 실내에서 보내는 것으로 추정되며, 그 중에서 65%는 집에서 보낸다.[1393] 이는 사람들이 점점 더 많아지고 있는 알레르겐에 갈수록 더 많이 노출되고 있음을 뜻한다. 그리고 어쩌면 이것이 천식 발생의 증가에 대한 중요한 설명이 될지도 모른다.

불행히도 천식에 대해서는 아직도 알려지지 않은 요인들이 많다. 현재는 이른바 '위생 가설(hygiene hypothesis)'이라는 새로운 이론이 힘을 얻고 있다.[1394] 기본적으로 이 이론이 제안하는 것은, 우리가 항생제와 백신을 이용해 다른 중요한 전염병들을 모두 물리쳤기 때문에 우리 몸의 면역 체계가 더 이상 할 일이 없게 되었고, 따라서 면역 체계가 박테리아나 바이러스와 실제로 싸워본 경험이 부족해졌다는 것이다. 쉽게 말하자면, 이 때문에 몸의 면역 체계가 별로 해롭지 않은 미생물이나 물질과 조우했을 때 갑자기 미쳐 날뛴다는 것이다. 많은 연구 결과가 이런 해석을 뒷받침하는 것처럼 보인다. 여러 번 병원균에 감염된 (그래서 면역 체계에 충분한 연습을 시킨) 어린이들이 천식에 걸릴 위험성이 낮은 것은 분명하다. 대가족의 막내인 아이들도 천식에 걸릴 위험성이 적은데, 그것은 손위 형제자매들이 여러 가지 병원균을 이미 전달해주었기 때문이다.[1395] 위생 가설을 좀더 직접적으로 확인해주는 새로운 연구가 이탈리아에서 진행된 적이 있다. 이 연구에서는 병원균에 심하게 노출된 남자들이 호흡기 알레르기를 경험할 가능성이 낮다는 것이 밝혀졌다.[1396] 여러 다른 연구들도 홍역, 기생충 감염, 결핵 등을 앓았을 때 천식에 걸릴 위험이 낮아진다는 사실을 시사하고 있다.[1397] 마찬가지로 생후 2세 이전에 경구 항생제를 투여받은 경험이 있는 아이는 항생제를 전혀 사용하지 않은 아이보다 알레르기에 더 민감하다는 사실도 관찰되었다.[1398] 영국에서 최근 실시된 한 연구는 어렸을 때 여러 번 바이러스에 감염된 적이 있는 어린이들이 천식에 걸릴 위험이 더 낮을 수 있다는 것을 보여주었다.[1399]

식습관이 천식의 원인이 되는지에 대해서는 아직 분명히 밝혀지지 않았지만, 식습관(예를 들어, 패스트푸드와 짠 음식 등을 섭취하는 것)과 천식 사이의 상관 관계를 살펴볼 수도 있다.[1400] 조산아와 그 아이가 나중에 천식에 걸리는 확률과의 관련성도 관찰된다. 조산아의 생존율이 더 높아진 것은 천식 발병률이 더 높아진 것에 대한 부분적인 설명이 될 수 있을 것이다.[1401] 마지막으로, 비만이 사람들을 천식에 걸리기 쉬운 체질로 만드는 것 같다. 비만 환자가 점점 더 증가하고 있으므로 이 역시 천식의 증가를 일부 설명해줄 수 있을 것이다.[1402]

천식이 생활 방식의 갖가지 변화에서 기인한다는 논리에 점점 더 많은 연구자들이 동의하는 것은 바로 이런 이유들 때문이다.[1403] 그러나 여기서 반드시 지적해야 할 가장 중요한 점은, 환경 파괴 때문에 천식이 발생한다고 믿을 만한 이유는 하나도 없다는 것이다. 천식은 오히려 우리가 집을 더 단단히 봉하고, 더 많은 시간을 실내에서 보내고, 또 집 안에 표면이 푹신한 물건들을 더 많이 들여놓았기 때문에 발생하는 것이다.

19 수질 오염

지구 표면의 약 71%는 짠 바닷물로 덮여 있다. 호수는 지표면의 0.5%도 채 차지하지 못한다. 그 중의 절반이 담수호인데, 강은 이 담수호 면적의 0.2%밖에 되지 않는다.[1404]

해양보다 연안, 강, 호수가 사람들에게 훨씬 더 중요하다는 것은 분명하다. 이런 수역이 중요한 일차적인 이유는 물론 우리가 그것들에 인접해 살고 있다는 점이다. 하지만 동시에 이런 사실은 우리가 흔히 사용하는 물의 양에 비해 바다가 얼마나 어마어마한 존재인지를 확실히 깨닫게 해준다.[1405]

바다의 유류 오염

해양 오염이라는 주제를 다룰 때는 토르 헤이에르달(Thor Heyerdahl)이 했던 말을 인용하는 것이 전통이다. 그는 1947년 콘티키 호를 타고 탐험에 나서 몇 주일 동안 사람도, 배도, 쓰레기도 전혀 보지 못한 채 태평양을 가로질렀다. 하지만 1970년의 두 번째 탐험에서는 달랐다. 그는 자신의 보트인 라 II호를 타고 대서양을 건너면서 "물고기보다 기름 덩어리를 훨씬 더 많이" 보았다. 헤이에르달은 이런 결론을 내렸다. "인류가 가장 중요한 수원이자 우리 행성에 없어서는 안 되는 여과 공장인 바다를 정말로 오염시키고 있다는 사실을 분명히 깨닫게 되었다."[1406]

그렇지만 바다는 그 규모가 너무나 크기 때문에 사람들이 바다에 미치는 영향은 놀라울 정도로 미미하다. 바다에는 1,000×10억×10억 리터(10^{21}리터) 이상의 물이 존재한다.[1407] 유엔은 해양에 대한 전반적인 평가를 내리면서 다음과 같이 결론내렸다. "광활한 바다는 지금도 비교적 깨끗하다. 납 · 합성 유기 화합물 · 인공적인 방사성 핵종(核種) 등이 넓은 지역에서 감지되지만, 그 양이 생물학적으로 의미를 부여할 만큼 그리 많지 않다. 해수면에 떠 있는 유막(油膜)과 쓰레기가 해상 교통로에서 흔히 발견되지만, 현재로서는 광활한 바닷물 속에 살고 있는 생물들에게 미미한 영향을 미칠 뿐이다."[1408] 사실 헤이에르달이 그토록 걱정했던 기름 덩어리도 지금은 훨씬 줄어든 것으로 밝혀졌다. 1985년 추정에 의하면, 해양의 유류 오염 사례 중에서 약 60%가 일상적인 유조선 운행 때문이었던 반면, TV에서 볼 수 있는 것과 같은 기름 누출 사고는 전체의 20%에 불과하고 해저에서의 자연적인 원유 유출과 침전물 침식에 의한 것이 15%를 차지했다고 한다.[1409]

일상적인 유류 오염은 유조선들이 기름을 싣지 않고 항해할 때 바닷물을 탱크로 끌어들여 바닥짐(배에 실은 짐이 적을 때 배의 안전을 위해 바닥에 싣는 무거운 물건 – 옮긴이)으로 이용하기 때문에 발생한다. 이 때문에 탱크에 남아 있던 기름 찌꺼기가 바닷물과 섞이게 되는데, 이 오염된 바닷물은 배가 목적지에 도착한 다음 항구로 배출된다. 현재 여러 국제 협약을 통해 이에 대한 규제가 이루어지고 있다. 따라서 일상적인 유류 오염은 크게 감소했다. 이런 국제 협약들은, 물과 기름이 섞이지 않는 성질을 이용하는 방법(항구에 도착한 뒤 맨 아래쪽의 물만 밖으로 배출한다), 탱크에 남아 있는 기름 찌꺼기를 모두 제거하는 방법(물이 아니라 기름으로 탱크를 청소한다), 항구의 폐기물 처리 시설을 개선하는 방법, 바닥짐용

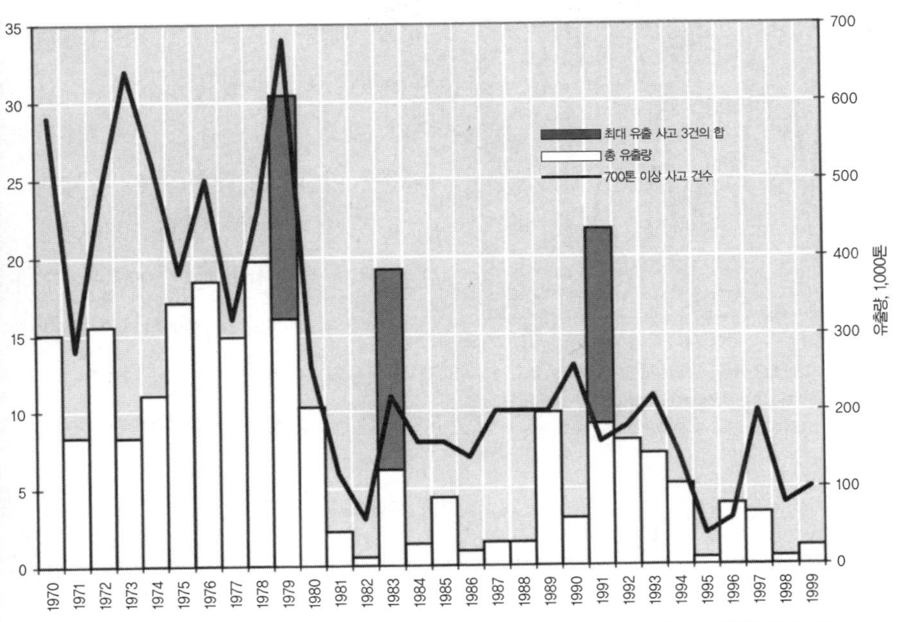

도표 102 전세계 대규모 원유 유출 사고 발생 건수(검은 선은 700톤 이상 대형 유출 사고)와 총 원유 유출량(막대 그래프). 1970~1999년 가장 규모가 컸던 3건의 유출 사고(1979년의 애틀랜틱 엠프레스 사건, 1983년의 카스틸로 드 벨버 사건, 1991년의 ABT 섬머 사건)가 표시되어 있다. 1989년의 엑손 발데즈 호 유출 사고는 애틀랜틱 엠프레스 사건 규모의 약 8분의 1로, 최악의 원유 유출 사고 중에서는 20위에 불과하다. 출전:ITOPF 2000.

물 탱크를 별도로 마련하는 방법 등 새로운 기술의 도입을 법적으로 요구하고 있다.[1410]

자연스러운 원유 유출은 석유가 매장된 해저의 틈새에서 발생한다. 여러분에게는 놀라운 얘기겠지만, 인류가 석유를 사용하면서 바다 속 원유 매장지의 상당수에서 가스압이 완화되었으며, 그 덕분에 자연적인 원유 유출 사례도 줄어든 것으로 추정된다.[1411] 하지만 유류 오염을 일으키는 위의 두 가지 요인에 대해서는 오랜 시간 동안 상세히 기록된 적이 없다.

다른 한편으로 우리는 국제적인 통계 자료를 통해 원유 유출 사고가 얼마나 많이 발생하는지에 대해 잘 알고 있다. 도표 102는 대규모 유조선 사고와 그로 인해 유출된 전체 원유량을 보여준다. 유출된 원유의 80%

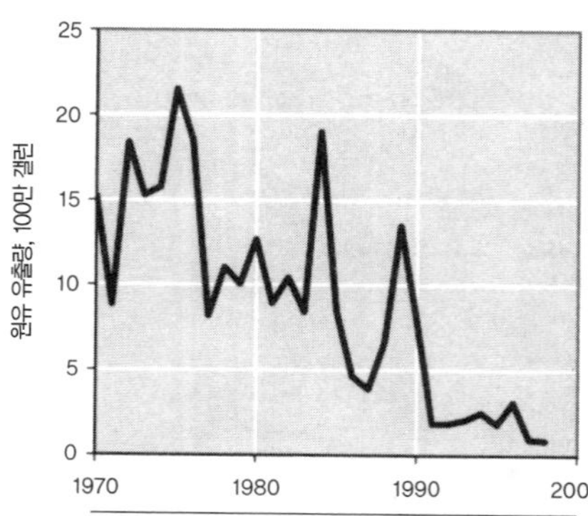

도표 103 미국 영해에서 발생한 원유 유출 사고로 인한 유출량. 1970~1998년. 출전: CEQ 1993:421, USCG 1999.[1416]

이상은 대형 사고로 인한 것이다.[1412) 세월이 흐르면서 원유 유출 사고 건수가 감소하고 있음은 분명하다. 1980년 이전에는 대형 유출 사고가 연간 약 24건 정도였으나 1980년대에는 연간 약 9건이었고, 1990년대에는 8건에 불과했다. 유출된 기름의 양 역시 1970년대에는 연간 약 31만 8,000톤 규모였지만, 1990년대에는 11만 톤밖에 되지 않았다.[1413] 미국에서도 원유 유출이 줄어들고 있다는 사실은 도표 103에서 분명히 볼 수 있다. 이 도표에서 1970년대의 원유 유출량은 연간 1,430만 갤런이었으나 1990년대에는 연간 260만 갤런에 불과했다.[1414]

대부분의 유조선 사고는 육지와 가까운 해역에서 발생하며, 유출된 원유는 그 지역의 동식물에게 나쁜 영향을 미친다. 우리는 TV 뉴스에서 전형적으로 보여주는 원유 유출 사고의 시나리오를 아주 잘 알고 있다. 저녁 뉴스를 보고 있는 우리 눈 앞에서 기름 범벅이 된 새들이 죽어가고, 기름옷을 뒤집어쓴 물개들의 모습과 재난을 모면하고자 기름 제거 작업에 여념이 없는 인부들의 모습이 이어진다. 그리고 오염 해역의 정화에 쏟아붓는 천문학적 액수의 경비가 발표된다.[1415] 그런데 이런 정화 노력에 그토록 엄청난 비용을 쏟아붓는 것이 과연 가치 있는 일인지 의문을 표하기 시작한 보고서들이 여러 편 나오고 있다.

미국 의회를 위해 작성된 한 보고서에는 바다의 석유 시추 설비에서 발생한 원유 유출 사건 2건과 유조선 사고 4건에 대한 조사결과가 담겨 있다. 그런데 이 보고서는 사고를 겪은 해양 동물들이 처음에는 커다란 타격을 입었지만, "거의 모든 조사 사례에서 생물 개체수가 빠르게 회복되었다"[1417]고 밝혔다. 그리고 원유 유출 사고의 생태학적 · 경제적 악영향이 "심한 정도는 아니었으며, 우리가 파악할 수 있는 한 그런 악영향이 지속되는 기간도 비교적 짧았다"고 보고했다.[1418]

이 보고서는 원유가 자연적으로 생겨나는 물질이며 짧은 시간 안에 대부분이 증발하거나, 생물학적 · 화학적으로 분해되고, 혹은 비교적 해가 적은 타르 덩어리로 변한다는 점을 지적했다.[1419] 1993년 영국 근해에서 발생한 브레이어(Braer) 호 원유 유출 사고 후 진행된 공식적인 사후 감시 프로그램에서도 같은 사실이 발견되었다. "1994년에 이르자 사고 지역의 오염 수준이 사고 현장에서 멀리 떨어진 지역과 같은 수준으로 낮아졌다."[1420] 앞의 의회 보고서의 발표와 관련해 권위 있는 과학 잡지 〈사이언스〉는 여러 과학자들에게 의견을 물었다. 그런데 과학자들은 보고서의 핵심 내용에는 동의하면서도 사안 자체가 논쟁의 대상이 되고 있다는 점 때문에 자신들의 이름을 공개적으로 밝히지 않았다. 그 핵심 내용이란 바로 일반 대중이 원유 유출에 상당히 과잉 반응을 보이고 있다는 것과 만약 유출된 기름을 제거하는 데 쓴 돈을 다른 곳에 썼더라면 더 좋았을 것이라는 지적이다.[1421]

원유 유출로 가장 커다란 타격을 입었던 두 장소, 즉 걸프전 이후의 걸프 만과 엑손 발데즈 호 사건 이후의 프린스 윌리엄 해협에서도 똑같은 결론을 얻을 수 있다.

걸프 지역의 석유

1991년, 사담 후세인은 걸프 전쟁에서 후퇴하면서 쿠웨이트의 정유 시설에서 600만~800만 톤의 기름을 걸프 만에 방출하라고 지시했다. 이것은 세계 최대 규모의 해양 원유 유출 사건이었다.[1422] 그린피스는 1992년 걸프 지역에 대한 보고서에서 이 사건을 "사상 유례 없는 재앙"이라고 지칭하면서 다음과 같이 요약했다. "사우디아라비아와 쿠웨이트 남부의 수심이 얕은 연안 지역이 상당한 피해를 입었다. ……이 지역의 동식물들은 수심이 얕은 걸프 지역 생태계의 생존에 필수적이다. 이번 사건과 같은 근본적인 생태계 파괴는 이 지역 전체 생태계에 후유증을 남길 것이며, 그 결과는 어느 정도 시간이 흐른 뒤에야 관찰될 것이다. 어쩌면 사고 지역에서 어느 정도 떨어진 곳에서도 그 영향이 나타날 수 있다."[1423] 또한 "환경에 가해진 이 엄청난 타격으로 인해 앞으로 오랫동안 사람들의 생활이 더 큰 영향을 받을 것"이며, 이 사건은 앞으로 다가올 "장기적인 문제들"의 전조에 불과하다고 했다.[1424]

다른 초기 보고서들도 해양 생물의 대량 멸종이 있을 것이라는 비슷한 의견을 제시했으며 걸프 지역의 생태계 회복에 비관적인 전망을 내놓았다.[1425] 바레인의 보건부 장관은 이 사건으로 인해 바다에 생긴 유막(油膜)을 "현 시대의 가장 커다란 환경 위기"라고 지칭하면서 "이 지역 야생 생물들이 멸종할 가능성"이 있다고 주장했다.[1426] 그 결과 70명의 해양과학자들로 구성된 특별 조사단과 유럽연합 및 사우디아라비아의 환경 위원회가 공동으로 피해 상황을 파악하고 그 심각성을 평가하기 위한 광범위한 조사를 벌였다.[1427]

그런데 1994년에 발표된 중간 보고서는 기본적으로 상당히 긍정적인 결론을 담고 있었다. 바다 속의 동물 상태는 "가장 낙관적인 권위자들의 예측보다도 훨씬 더 좋았다."[1428] 연안 지역은 더 커다란 타격을 입었지만 지금은 "대부분 회복되었다."[1429] 조간대 지역의 윗부분은 아주 커다란 타격을 입어 여전히 다른 비교 대상 지역보다 훨씬 적은 수의 동물들이 살고 있었다. 그러나 전체적으로는 "종의 다양성이 회복되는 추세에 있고 개체수의 밀도도 증가하고 있다"[1430]고 보고되었다.

1992년 IAEA 해양생물학 연구소도 똑같은 결론을 내렸다. 이 연구소는 원유 유출의 흔적을 조사하기 위해 걸프 지역을 조사했는데, 겨우 4개월 만에 "유출된 기름의 상당량이 분해되었음"을 발견했다. 이 밖에도 그들은 바닷물을 분석한 결과 미국과 영국의 연안 지역에 비해 유류 성분의 함량이 높지 않다는 것을 발견했다. 심지어 이곳의 유류 잔존물 함량은 발트 해보다도 적었다.[1431] 이후에 실시된 다른 연구들에서도 같은 결과가 확인되었다.[1432]

1995년에 종료된 마지막 조사도 생물학적 회복 추세를 분명히 보여주었다. 1991년 연말에는 연안 지역의 아래쪽 부분에서 생물 다양성이 15~80%나 감소하고 위쪽 부분은 생물이 거의 100% 사라질 만큼 피해가 심각했지만, 아래쪽 지역의 생물 다양성은 100%로 다시 회복되었고 위쪽 지역에서도 71~100%로 회복되었다. 1995년에는 조간대의 가장 높은 지역에서도 생물 다양성이 오염되지 않은 해안 지역의 83~100% 수준으로 회복되었다.[1433]

걸프 지역의 유류 오염은 역사상 최대 규모의 사건이었고 이 때문에 많은 동물들이 목숨을 잃은 것은 사실이지만, 사람들이 우려하고 예상한 것처럼 그렇게 장기적인 생태학적 재앙이 되지는 않았다.

엑손 발데즈 호 사고 : 지금도 재앙인가

1989년 3월 24일 자정을 4분 넘긴 시각, 유조선 엑손 발데즈 호가 100만 배럴 이상의 원유를 실은 채 알래스카의 프린스 윌리엄 해협에서 좌초했다. 이 배에서는 모두 26만 6,000배럴의 기름이 누출되는, 20세기 역사상 가장 심각한 원유 유출 사고가 발생했다(이 사고의 규모는 걸프 지역 사건의 약 25분의 1이다).[1434] 이 사고는 환경을 전혀 고려하지 않는 탐욕스러운 대기업이 불러일으킨 생태학적 재앙의 상징이 되었다. 미국 젊은이들을 대상으로 실시한 여론 조사 결과에 따르면, 엑손 발데즈 호 사건은 "그들의 가장 큰 걱정거리, 즉 이 행성의 거주 적합성에 대한 걱정을 상징한다"[1435]고 했다. 대부분의 미국인들은 10년 후에도 '엑손 발데즈'라는 이름을 기억하고 있었으며, 그들 중 66%는 사고 지역의 해변과 물이

여전히 오염되어 있다고 믿었다.[1436)]

엑손 사는 이 사고와 관련해 약 35억 달러를 썼다. 유출된 기름 제거를 위한 청소 작업에 21억 달러, 환경 복원에 약 10억 달러, 그리고 지역 어부들에게 2억 5,000만 달러를 주었다. 징벌적 손해 배상금으로 50억 달러를 배상하라는 취지로 1994년에 제기된 집단 소송은 지금도 논쟁 속에서 항소가 거듭되고 있다.[1437)]

이처럼 엄청난 금액의 돈이 관련되어 있기 때문에 엑손 사와 정부 당국은 자기들 나름대로 과학적 조사를 실시했다.[1438)] 그리고 이른바 공공관재위원회(Trustee Council of civil servants : 엑손 발데즈 호 사건으로 빚어진 생태학적 재난의 복구를 감독하기 위해 주 정부와 연방 정부의 대리인들로 구성된 공익 수호 성격의 위원회 – 옮긴이)는 환경 복원 사업을 위해 9억 달러를 집행했다.[1439)] 그런데 2006년까지 원유 유출로 인한 피해를 더 찾아낸다면 1억 달러를 더 받을 수 있기 때문에 이 위원회의 보고서가 낙관적인 결론을 내릴 가능성은 거의 없다.[1440)] 이 위원회의 2000년도 연례 보고서는 사건의 피해 상황을 조사하고 앞으로의 전망을 내놓았다.

원유 유출 사고로 사고 지역의 전체 해안선 9,000마일 중 약 200마일이 심하게 오염되었고, 1,100마일 정도가 가볍게 오염되었다.[1441)] 이 사고로 점박이바다표범 300마리, 해달 2,800마리, 바다새 25만 마리, 대머리독수리 250마리가 목숨을 잃은 것으로 추정되며, 범고래도 22마리 죽은 것으로 추정된다.[1442)] 피해 규모가 엄청난 것임은 물론이지만 이들의 죽음을 넓은 시야에서 바라볼 필요가 있다. 엑손 발데즈 호 사고로 목숨을 잃은 바다새 25만 마리는 미국에서 하루 동안 유리창에 충돌해 죽는 새의 수보다 적고 영국에서 이틀 동안 애완용 고양이들이 죽이는 새의 수보다도 훨씬 적다.[1443)]

이 보고서는 생물의 상태를 종별로도 조사했는데, 생태계의 붕괴와는 거리가 멀다는 사실이 분명히 드러났다. 수달의 상태는 기본적으로 회복되어 있었다.[1444] 해달의 경우에는 "회복이 진행되고 있음이 분명하다"[1445]고 했다. 점박이바다표범의 약 13%가 원유 유출로 목숨을 잃었는데, 이들의 개체수 감소는 엑손 발데즈 호 사건이 일어나기 훨씬 전인 1973년부터 시작되어 지금도 계속되고 있다.[1446] 대머리독수리도 '회복'되었다. 36마리로 구성된 한 범고래 무리는 사고 이후 2년 동안에 13마리를 잃었다. 그런데 알래스카 만의 범고래 개체수가 1989년 이후 계속 증가하고 있는데도, 위원회는 이 범고래 무리의 개체수가 1996년 이후 겨우 2마리밖에 더 증가하지 않았으며, "자연스러운 번식을 통해 이러한 피해를 복구하는 데는 여러 해가 걸릴 것으로 전망된다"는 이유로 범고래를 '아직 회복되지 않은' 생물 종의 범주에 포함시켰다.[1447]

태평양산 청어 떼는 1992년까지 번성하다가 이후에 크게 감소했다. 이 때문에 원유 유출 사고가 청어 떼 감소의 원인이라는 강렬한 비판이 일었다.[1448] 오늘날 우리는 청어 떼의 감소가 바이러스와 균류에 의한 감염 때문이라는 것을 알고 있다. 하지만 그렇게 된 것이 어쩌면 청어 떼가 스트레스로 인해 약해진 탓일 수 있으며, 그 스트레스가 엑손 발데즈 호 사건과 관련되었을 가능성도 있다.[1449]

다른 여러 생물 종에 대해서도 조사가 진행되었는데, 그 중에는 상황이 더 좋은 생물도 있고 더 나쁜 생물도 있었다. 하지만 전체적인 결론은 피해가 그리 크지는 않았다는 것이다. 이 보고서는 어떤 결론도 내리지 않았지만, 〈사이언티픽 아메리칸(Scientific American)〉 지가 공공관재위원회를 위해 일했던 과학자 여러 명과 환경 복원 과정에 관해 인터뷰를 한 적이 있다. 이 인터뷰에서 알래스카 주 환경부의 어니 파이퍼(Ernie Piper)는 이렇게 말했다. "내 생각에 생태계는 여러 면에서 우리가 감히 기대할 수 있는 것보다 훨씬 더 탄력적인 것 같다. 이와 동시에, 원유 유출과 그 제거 작업의 악영향이 금방 사라질 것 같지는 않다." 그 위원회 기금의 선임 연구원인 로버트 스파이즈(Robert Spies)는 이렇게 말한다. "나는 상황이 개선되었다고 생각한다. 그러나 논의의 대상이 된 자원이 어떤 것이냐에 따라 평가는 달라질 수 있다."[1450]

미국의 국립해양대기관리청(NOAA)은 그 동안 기름 제거에 깊숙이 관여해온 10년간의 작업을 요약하면서 프린스 윌리엄 해협이 정말로 회복되었는지를 자문했다. "대답은 확실하다. 그렇기도 하고, 아니기도 하다. 한편에서는 …… 현장과 실험실, 그리고 통계 이론의 최전선에서 실시한 우리의 작업 결과를 보면 '그렇다'고 대답할 수 있을 것 같다. 즉 다양한 평가 기준을 가지고 판단했을 때 조간대에 서식하는 많은 생물들이 회복되었다고 판단할 수 있다는 뜻이다. 그렇다면 미국 역사상 최대 규모인 원유 유출 사고의 흔적이 모두 사라지고 해협이 회복된 것일까? 아니, 꼭 그런 것만은 아니다." 그렇지만 그들은 "프린스 윌리엄 해협이 원유 유출 사고와 그 후유증으로부터 회복되었다는 사실에 깊은 인상을" 받았으며 "비록 아직은 완전히 회복되지 않았지만 우리는 프린스 윌리엄 해협이 회복의 길로 잘 나아가고 있다고 생각한다"고 결론내렸다.[1451]

다른 학자들은 이렇게 에둘러 표현하지 않는다. 콜로라도 주립대학교의 존 윈즈(John Wiens)는 "바다새가 원유 유출로 초토화되지 않았음이 분명"하며 "그 사고가 바다새에게 지속적이고 파괴적이며 장기적인 악영향을 거의 미치지 않은 것으로 보인다"[1452]고 말했다. 엑손 사를 위해 대규모 학술 조사를 실시했던 에드워드 길필런(Edward Gilfillan)은 1990년에 벌써 "이 지역의 73~91%가 회복되었다"[1453]고 말했다.

공공관재위원회의 발언 중에서 가장 뜻이 분명한 것은 아마도 1990년의 발언일 것이다. 위원회의 의장인 몰리 매커몬(Molly McCammon)은 이렇게 말했다. "생태계는 확실히 회복의 길로 나아가고 있다. 그러나 각 생물 종 집단이 입은 장기적 악영향이 완전히 치유되기까지 아마 수십 년이 더 걸릴 것이다."[1454]

더욱 놀라운 사실은 처음의 기름 제거 작업이 생태계에 이익이 되기보다는 오히려 해를 더 많이 끼친 것 같다는 사실을 국립해양대기관리청의 공식적인 조사가 밝혀냈다는 점일 것이다. 유출된 원유의 약 20%는 증발해버렸고, 50%는 분해되었으며, 12%는 덩어리가 되어 해저에 가라앉았고 약 3%는 독성이 없는 덩어리의 형태로 여전히 해변에 남아 있는 것으로 추정된다.[1455] 이 밖에도 8%는 수면에서 제거되었고 다른 6%는 해변에서 제거되었다. 해변의 원유 제거에는 수압을 이용한 씻어내기 방법이 동원되었는데, 이 청소 작업이 많은 해양 생물의 목숨을 앗아갔다. 시험 삼아서 해변의 일부를 청소하지 않고 그대로 남겨둔 장소에는 불과 18개월 만에 생물들이 다시 돌아온 반면, 청소를 한 해변에서는 3~4년 동안 그런 현상을 관찰할 수 없었다.[1456] 석유 전문가들은 기름 제거 작업이 진행되던 처음 몇 달 동안 이런 결과가 초래될 것이라고 거듭 지적했다. 그러나 이들의 주장은 일반 대중이 가지고 있는 통념, 즉 기름 제거 작업이 동물들에게 틀림없이 더 이로울 것이라는 견해와 일치하지 않았기 때문에 아무런 소용이 없었다.[1457]

〈사이언티픽 아메리칸〉은 이렇게 썼다. "사람들은 동물을 구하고 싶어 한다. 해달 1마리당 8만 달러, 독수리 1마리당 1만 달러 하는 식으로 돈을 들여서. 동물 구조 작업 때문에 동물들이 오히려 스트레스를 받아 목숨을 잃더라도 말이다."[1458]

결론은 이렇다. 비록 그 사고 직후 알래스카의 생물학적 손실이 컸던 것은 사실이지만, 그 피해 규모는 미국에서 하루 동안 유리창에 부딪혀 목숨을 잃는 새의 숫자나 영국에서 이틀 동안 애완용 고양이들에게 목숨을 잃는 새의 숫자와 대략 비슷한 정도였다. 달리 생각해볼 수 있는 또 다른 비교는, 그 사고로 인한 해양 오염의 정도가 미국에서 매년 모터보트로 인해 발생하는 오염의 2%도 채 되지 않았다는 점이다.[1459] 마지막으로, 이 사고와 관련된 모든 사람들은 프린스 윌리엄 해협이 이제 거의 완전하게 회복되었거나 앞으로 수십 년 안에 그렇게 될 것이라는 데 동의하고 있다.

유출된 기름 제거 작업의 총 비용은 20억 달러 이상이었다. 그런데 그런 작업은 자연 환경을 복구하기보다 오히려 더 많은 해를 끼쳤을 가능성이 높다. 엑손 발데즈 호 사고가 일어나고 겨우 몇 년 후 사고 지역의 대부분은 다시 생명체들로 가득 차 있었다. 제시 워커(Jesse Walker)는 〈이성(Reason)〉이라는 회보에 이렇게 썼다. "프린스 윌리엄 해협의 환경이 복구된 것은 거의 전적으로 자연의 힘에 의한 것이었다. 인간들의 기름 제거 작업은 사실상 돈을 잡아먹는 밑빠진 독에 불과했다."[1460]

물론, 원유 유출 사고가 불행한 사건이 아니었다는 뜻은 결코 아니다. 그러나 위의 인용문은 미국 의회도 제기했던 다음의 의문을 확실히 강조해준다. "우리가 그 21억 달러의 돈을 더 나은 목적을 위해 쓸 수도 있지 않았을까?"

연안 해역의 오염

인간의 입장에서 볼 때 바닷물의 수질을 보여주는 가장 중요한 지표의 하나는 해당 해역의 수질이 인체 건강에 얼마나 위험한가 하는 점이다. 박테리아 · 바이러스 · 원생 동물 · 균류 · 기생충 등으로 오염된 물과 접촉하면 귓병이나 피부병에 걸릴 수 있으며, 오염된 물을 흡입하면 호흡기 질환이 생길 수 있다.[1461] 이런 병원균들은 대개 온혈 동물의 창자 속에 살고 있으며 배설물을 통해 밖으로 배출된다.

수많은 병원균의 존재 여부를 분석하는 것이 대개 대단히 어렵기 때문에 대부분 법적 규제에서는 손쉽게 분석할 수 있는 분변성 박테리아(대장균)의 수가 물의 오염도를 나타내는 지표로 이용된다. 예전에는 규제를 전혀 받지 않고 마구버려지는 하수가 수질 오염의 가장 흔한 원인이었으나, 오늘날에는 하수 처리 시스템이 잘 정비되어 있어 대부분의 오염은 하수도의 범람이나 폭우성 범람에 의해 발생한다.[1463]

전반적으로 해양 수질은 빠르게 개선되고 있다(도표 104). 영국의 경우 1987년에 해변의 30%가 오염되어 있었으나 2000년에는 그 비율이 5%에 불과했다. 덴마크의 경우에는 보건 기준에 어긋나는 해변이 1980년에 전체의 14%를 차지했지만 1999년에는 1.3%로 떨어졌다. 유럽연합 전체에서는 평균적으로 그 비율이 훨씬 더 빠르게 감소했다. 1992년에는 유럽에 있는 모든 해변의 21% 이상이 오염되었던 반면, 1999년에는 겨우 5%만이 오염되어 있었다. 이것은 우리 인간들이 영국과 덴마크, 그리고 유럽 공동체에 속한 다른 나라 대부분의 해변에서 안전하게 해수욕을 즐길 수 있게 되었다는 의미다.

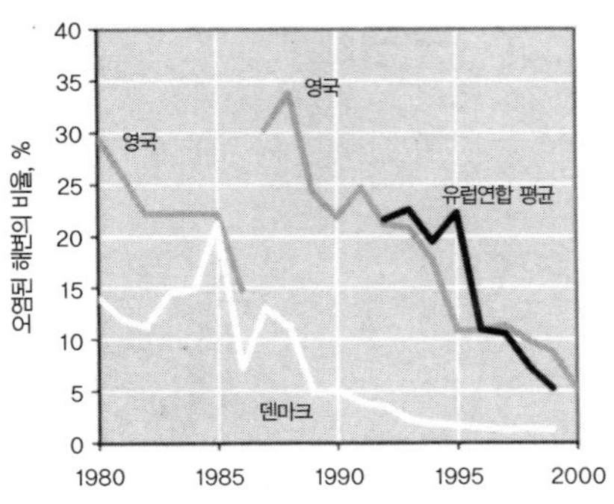

도표 104 국가나 지방 정부의 규정 또는 유럽연합의 규정을 넘어선 영국(1980~2000)과 덴마크(1980~1999) 해변의 비율과 유럽연합의 평균치(1992~1999). 영국에서는 1986~1987년 사이에 조사 대상 해변의 수가 27개에서 360~463개로 급격히 증가했다. 따라서 사실상 전혀 새로운 수치가 제시되었다. 덴마크의 수치는 단지 대장균군 농도만을 조사한 결과여서 상대적으로 수치가 낮게 나타났다. 반면에 영국의 자료와 유럽연합 평균치는 유럽연합의 해수욕장 수질 규정(장균과 살모넬라도 측정, EU 1975)에 근거하여 얻은 것이다. 출전:UK EA 2000, EU 2000b, DK EPA 1994:66, 1996b:67, 1997b:67, 1999, 2000.[1462]

그런데 미국의 경우에는 불행히도 해변 오염에 대한 통계 수치가 존재하지 않는다. 측정 기준이 지역별로 다르게 설정되어 있기 때문이다.[1464] 전국자원보호위원회(National Resources Defense Council)는 1988년부터 여러 주 정부에 폐쇄하는 해변의 수를 알려달라고 요청해왔다. 그런데 이 수치는 1988년의 484개에서 1998년의 7,236개로 늘었다.[1465] 많은 사람들은 이것을 수질이 오염된 해변의 수가 점점 더 늘어나고 있다는 것을 보여주는 지표로 받아들였다. 심지어 국가 기관인 환경의 질 위원회(Council of Environmental Quality)도 그 중 하나였다.[1466] 하지만 이 자료는

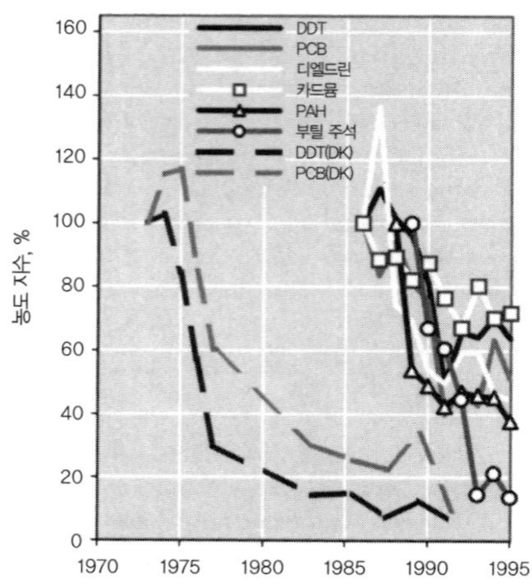

도표 105 어류와 갑각류 속에서 발견된 연안 오염물질의 농도 지수. 덴마크(1973~92)와 미국(1986~95). 덴마크 자료는 대구의 간에 들어 있는 DDT와 PCB의 평균 함유량을 1973년도 수치를 100%로 했을 때 상대적 비율이다. 미국 자료는 홍합에 들어 있는 DDT, PCB, 디엘드린, PAH의 경우 1986년 농도를 기준으로 삼았으며 부틸 주석은 1988년 농도, 카드뮴은 1989년 농도를 기준으로 상대적인 비율을 나타냈다. 출전: DK VFA 1994:78, NOAA 1998.

그런 결론의 정당한 근거가 될 수 없다. 전국자원보호위원회가 자료를 요청한 주의 수가 계속 늘어난 데다가—1988년에는 7개 주에서 1998년에는 23개 주로 늘어났다—해변의 오염 검사와 폐쇄 조치가 지역별로 서로 다른 기준에 의해 시행되었기 때문이다.[1467] 전국자원보호위원회도 그 점을 고려해 신중한 태도를 취하고 있다. "해변 폐쇄 자료에 의존해 각 주의 상황을 직접 비교하거나 또는 시간적 변화 추세를 평가하는 것은 불가능하다."[1468]

바다는 주로 생선과 조개류를 비롯한 식량의 공급원이기도 하다. 어업 문제를 이미 앞에서 다룬 바 있지만, 해산물의 질 또한 매우 중요한 문제다. 도표 105는 연안 해역에서 잡힌 수산물에 들어 있는 DDT, PCB(변압기 등의 절연유로 쓰이는 분해가 어려운 화학물질. 미국에서 유해 화학물질로 지정된 첫 번째 화학물질이다–옮긴이), 디엘드린(농약의 일종–옮긴이), 카드뮴 같은 유해 물질의 농도가 얼마나 급격히 떨어졌는지를 잘 보여준다. 덴마크에서는 1973년 이후 바다 생선의 DDT, PCB 농도가 90% 이상 감소했다. 영국은 불행히도 장기적인 오염 추세를 확인하기 위한 프로젝트를 이제 막 시작한 참이다. 따라서 통계 수치는 2002년이나 되어야 나올 것으로 전망된다.[1469] 하지만 영국의 경우 대구의 간에 들어 있는 DDT와 PCB의 농도를 단기간 분석한 결과는 덴마크의 자료와 비슷한 추세를 보여주었다.[1470]

미국은 홍합감시프로젝트(Mussel Watch Project)라는 홍합 연구를 통해 바다 환경의 질을 평가하려고 시도해왔다.[1471] 연체 동물의 체내 오염 물질 농도를 측정하는 것은 그들이 잘 이동하지 않아 채집이 용이하고, 체내 오염 물질의 양이 주위 환경 속의 오염 물질 농도와 비례하기 때문이다.[1472] 하지만 불행하게도 이 프로젝트는 1986년부터 가동하기 시작했다. 그렇지만 지난 9년 동안 오염 물질이 크게 감소했음을 알 수 있다. 카드뮴은 28%, DDT는 36%, PCB는 48%, 디엘드린은 56%, 다핵방향족탄화수소류(PAH, 대부분의 농약류가 이 종류에 포함된다 – 옮긴이)는 62%, 부틸 주석은 86%가 감소했다. 최근에 발간된 미국의 《연안 환경 현황(State of the Coastal Environment)》 보고서는 대부분의 오염 물질 농도가 감소하고 있으며 증가 추세를 보이는 오염 물질은 하나도 없다고 결론내렸다.[1473]

연안 해역의 질식

해안에 면한 바닷물은 수많은 동식물의 서식지이기도 하므로 생물들이 얼마나 편안한 삶을 누리고 있는지 살펴보는 것도 어쩌면 그 자체로서 가치 있는 일일 것이다. 해양 생물을 단순히 단백질 공급원으로 생각하거나 또는 바다를 인간이 즐기기 위한 대상으로 생각하지는 않을 것이다. 우리는 해양 동식물의 복지 그 자체를 고려하거나 또는 그것들이 우리에게 즉각적으로 제공해주는 즐거움의 가치—그것들이 '단순히 거기에 존재함'으로써 우리가 느끼는 것—만을 고려할 것이다.

연안 해역에서 가장 두드러지게 나타나는 문제는 세계 여러 지역에서 공통적으로 발생하는 산소 고갈—이른바 저산소증이라고 부르는 현상—과 조류(藻類)의 과도한 번성이다. 이 두 가지 현상은 뉴욕 주의 롱아일랜드 해협, 캘리포니아 주의 샌프란시스코 만, 루이지애나 주 연안 멕시코 만에서부터 발트 해와 흑해, 그리고 오스트레일리아의 퀸즐랜드 해안에 이르기까지 세계 각지에서 나타난 바 있다.[1474] 농경지의 영양 물질이 빗물에 씻겨 강어귀와 만 등으로 흘러들면 그곳에 조류가 번성하게 되고, 이렇게 번성한 조류가 부패하면서 산소가 고갈되는데, 생물학자들은 이런 상태를 부영양화(eutrophication)라고 부른다.[1475] 유엔은 세계 연안 지역의 가장 큰 걱정거리로서 이 현상을 다음과 같이 설명했다.[1476]

> 영양염류, 특히 주로 질산염과 때로 나타나는 인산염의 유입량이 늘고 있으며, 따라서 부영양화의 발생 지역도 확대되고 있다. 또한 부영양화 발생 빈도도 늘어나고 있으며, 이례적인 플랑크톤 과다 번성과 해조류의 지나친 성장 현상도 자주 목격되고 있다. 해안 지역의 바닷물로 유입되는 영양염류의 두 가지 주요 원천은 하수, 그리고 비료를 뿌린 농경지와 가축 사육지에서 흘러나오는 농업 배출수이다.[1477]

이 문제는 흔히 그 심각성이 '기하 급수적으로' 가중되고 있다고 일컬어진다.[1478] 유엔의 《지구 환경 전망 보고서 2000》은 이 문제를 지구 온난화에 버금가는 문제로—조금은 믿기 어려울 정도지만—강조하기도 했다.[1479] 따라서 질소가 문제가 되는 것은 분명한 사실이더라도 이 문제의 규모와 중요성에 대해서는 한번 검토해보는 것이 중요하다. 이제 잠깐 우회해서 전지구적인 질소 순환 사이클과 청색증이라 알려진 문제, 그리고 질소 과다로 발생하는 다른 일들에 대해 살펴보도록 하자.

질소는 단백질의 16%를 차지하며, DNA · 효소 · 식물 엽록소 등의 중요한 구성 요소로서 생물에게는 반드시 필요한 물질이다.[1480] 비록 질소가 대기의 78%를 차지할 만큼 풍부하지만, 공기 중의 질소는 식물이 직접 이용할 수 없다. 따라서 식물은 공기 중의 질소를 고정시켜 화학적으로 이용할 수 있게 해주는 질소 고정 박테리아에 거의 전적으로 의존한다.[1481] 그런데 식물들이 가져다 쓴 질소가 다시 보충되는 과정이 조금 느린 편이기 때문에 결국 질소의 양에 따라 농작물의 수확량이 엄격히 제한되고, 따라서 식량 생산량도 제한된다.[1482]

1800년대 유럽이 칠레에서 질산염 광물을 수입하고 페루에서 구아노(guano, 남미 서해안 지역에 퇴적된 물새의 똥-옮긴이)를 수입하면서 농작물 수확량이 조금 증가했던 것도 바로 이런 이유에서였다. 그런데 1908년 독일의 프리츠 하버(Fritz Haber)가 암모니아를 합성하는 데 성공하고, 이어서 1914년에는 카를 보르흐(Karl Borch)가 질소 비료의 공업적 생산 공정을 완성하면서 질소 비료를 본격적으로 사용할 수 있게 되었다. 그 결과 농작물 수확량이 극적으로 늘어났다.[1483] 또 기술 혁신으로 제조 공정의 전력 소비량이 90%나 줄어들자 비료 가격이 저렴해지면서 녹색혁명의 길이 열렸다.[1484] 도표 106에서 볼 수 있는 것처럼 1960년부터 1998년까지 비료 사용량은 7배나 늘어났다.

그렇지만 사람들이 걱정한 것처럼 비료 사용량이 계속해서 기하 급수적으로 증가하지는 않았다는 사실에 주목할 필요가 있다. 미국과 서유럽의 경우, 다른 모든 성숙기의 기술 분야와 마찬가지로 이제 비료 사용량 증가 속도도 전반적으로 정체 상태에 이르렀음을 알 수 있다.[1485] 먹여살려야 하는 인구가 아직도 계속 늘어나고 있는 개발도상국의 경우에는 비료 사용량이 계속 증가하고 있지만, 증가 속도는 연간 15%에서 5%로 크게 낮아졌다.

비료 사용량이 증가했다는 점 이외에도 생물 자원의 생산량 증가(이제 밭에서는 훨씬 더 많은 질소를 고정할 수 있는 콩 · 완두콩 · 자주개자리 등의 콩과 식물이 재배되고 있다)와 화석연료의 사용 역시 질소 순환 사이클에 부담을 더했다(산성비에 대한 논의에서 검토했듯이, 화석연료 사용에서 유발되는 질소산화물 또한 빗물에 씻겨 내리면 비료가 될 수 있다-옮긴이). 비료는 인위적인 요인 때문에 추가로 배출되는 질소량의 대부분(약 57%)을 차지하며, 생물 자원의 증가가 약 29%, 그리고 화석연료 사용 증

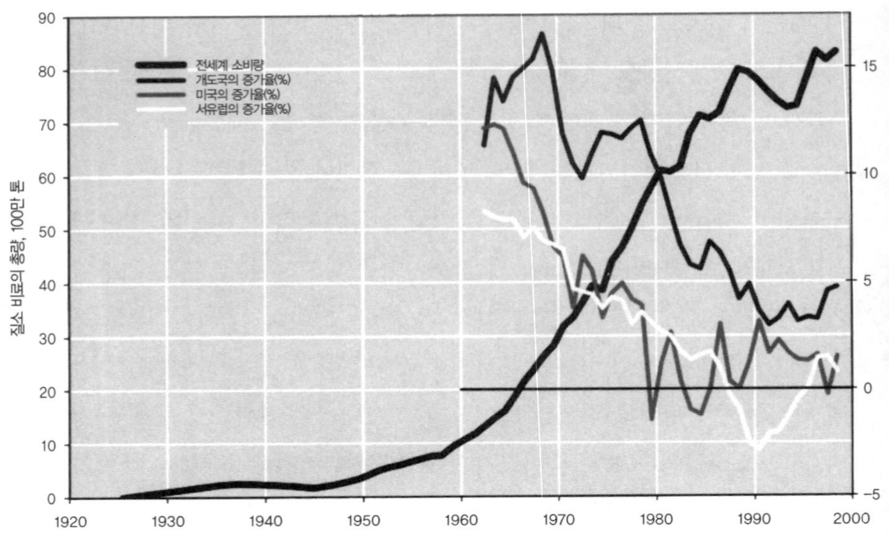

도표 106 전세계 비료 사용량(1920~1999년)과 미국, 서유럽, 개도국의 비료 사용 증가율(1961~1999년).[1488] 출전:Smil 1990:426, IFA 2000.

가가 나머지 14%를 차지한다.[1486] 전체적으로, 추가 배출량은 자연적인 질소 고정량과 대략 비슷한 규모로 지구상에서 이용할 수 있는 질소의 양이 사실상 2배로 늘어난 셈이다.[1487]

화학 비료는 식량 생산을 크게 증진시켰다. 1919년 스웨덴 한림원은 바로 이런 이유로 프리츠 하버에게 노벨 화학상을 수여했다. 그들은 하버가 "농업의 수준과 인류의 복지를 크게 향상시킬 수 있는 대단히 중요한 수단"[1489]을 만들어냈다고 지적했다.

오늘날 농작물이 흡수하는 총 질소 성분의 40%는 화학 비료에서 공급되는 것으로 추정되며, 인간이 소비하는 단백질의 약 3분의 1이 화학 비료에 의존하고 있다.[1490] 더욱이 비료는 더 좁은 면적의 토지에서 더 많은 식량을 생산할 수 있도록 해준다. 세계 인구가 1960년부터 2000년에 이르는 동안 2배로 늘었고, 같은 기간에 경작지는 겨우 12%밖에 증가하지 않았는데도 전보다 식량 사정이 오히려 좋아진 것은 바로 이런 이유 때문

이다.[1491]

이런 변화를 1700년부터 1960년까지 경작지가 4배로 늘어났던 현상에 비교해볼 필요가 있다. 이때의 경작지 증가는 당연히 많은 삼림과 목초지를 농지로 전환했기 때문이다.[1492] 그런데 1960년 이후 비료 구입이 점점 더 쉬워지면서 다른 생물의 자연 서식지에 대한 개발 압력이 급격하게 가중되는 것을 회피할 수 있었다. 만약 비료 사용량이 1960년 수준에 그대로 머물러 있었다면, 오늘날 경작지 면적은 지금보다 적어도 50%는 더 늘어나야 했을 것이다.[1493] 이는 전세계 삼림의 거의 4분의 1을 경작지로 전환해야 비로소 확보할 수 있는 면적이다.[1494] 만약 우리가 비료 사용을 포기한다면 2070년까지 100억 명을 더 잘 먹여살리기 위해 더 많은 경작지를 확보해야 할 것이고, 따라서 지구가 점점 더 압박을 받게 될 것이다. 한 연구에서는 100억 명에게 필요한 경작지가 육지 면적의 210%나 된다는 불가능한 수치를 제시하기도 했다.[1495] 따라서 화학 비료는 그 동안 다른 생물 종이 살아가기에 충분한 공간을 그대로 남겨두면서 전세계 인류를 먹여살리는 데 매우 중요한 역할을 해왔으며, 특히 앞으로는 더욱 중요해질 것이다. 그러나 지구의 질소량이 2배로 늘어났다는 사실 때문에 여러 가지 문제가 발생했다.

가장 흔히 언급되는 질소 문제는 앞에서 얘기한 산소 고갈과 부영양화이다. 이것은 완전히 실제적인 문제다. 1997년 미국 환경보호청은 저산소 현상의 원인과 결과를 조사하고, 취할 수 있는 조치를 찾기 위해 특별조사팀을 구성했다. 국립해양대기관리청과 백악관의 과학기술정책실이 주도한 이 조사에서, 학계 · 연방 정부 · 주 정부 등에 소속된 수많은 과학자들은 종합 요약집까지 포함해 전체 여섯 권이나 되는《저산소 수역 평가(Hypoxia Assessment)》라는 제목의 묵직한 보고서를 완성했다.[1496] 다음의 내용은 대부분 이 보고서에서 따온 것이다.

전세계적으로 많은 장소에서 물 속의 산소 농도가 지나치게 낮은 저산소 수역이 확인되었다.[1497] 이는 당연히 그 지역의 저서생물군(바다 밑바닥에서 생활하는 생물의 총칭 – 옮긴이)에 영향을 미친다. 산소 농도가 떨어지면 이동할 수 있는 생물(물고기 · 게 · 새우)은 그 지역을 떠나지만 그렇지 못하고 머물러야 하는 생물은 심한 스트레스를 받거나 목숨을 잃는다.[1498] 물 속의 산소량이 적어지는 현상은 어느 시대에나 발생했지만, 지난 50~100년 동안 그 빈도가 증가한 것으로 보인다.[1499] 이렇게 된 것은 아마도 인간 활동에서 기인하는 질소의 과다 배출에 의한 부영양화 현상 때문일 것이다.[1500]

미국 주변과 대서양 서부 지역 전체에서 산소 농도가 낮은 해안 지역으로 범위가 가장 넓은 해역은 루이지애나 주 근해의 멕시코 만 북부이다.[1501] 1985년 측정이 처음 시작된 이래 거의 매년 여름마다 약 1만 평방킬로미터의 면적—뉴저지 주 만한 크기—이 저산소 수역으로 변했다.[1502] 비록 1985년 이전에는 체계적인 측정 자료가 존재하지 않았고 1970년대 초반 이후의 조사 자료가 크게 부족하기는 하지만, 모든 자료를 종합하면 지난 1세기 동안 내내 어느 정도 산소 고갈 현상이 있었던 것으로 보인다.[1503] 하지만 바닥 침전물 표본에서 얻은 여러 가지 산소 관련 지표를 조사해보았을 때, 저산소 현상이 특히 1950년 이후 증가했다고 간주하는 것이 합당해 보인다.[1504]

산소 고갈의 결과는 바다 밑바닥에서 사는 생물 전부, 혹은 일부의 사멸임이 명백하다.[1505] 그리고 그곳에 사는 생물 종은 몸집이 크고 수명이 긴 종에서 몸집이 작고 순환 주기가 짧은 종으로 바뀌게 된다. 언제라도 목숨을 잃을 수 있는 가능성이 높아졌으므로 아직 산소가 남아 있는 동안 자기 할 일을 모두 끝내는 생물 종이 유리해지는 것이다.[1506] 이는 또한 미생물의 증가와 척추 동물의 감소로 이어지고 따라서 종 다양성이 감소하는 결과를 낳는다.[1507] 하지만 새우는 일반적으로 수명이 짧은 작은 생물을 먹이로 삼으므로 크기가 작고 생활사가 짧은 생물 종으로의 종조성 변화가 이들에게는 유익할 수도 있다.

그런데 정작 우리 인간에게 가장 중요한 것은 물고기 및 새우의 어획고 변화와 산소 고갈 사이의 상관 관계가 분명하지 않은 것으로 밝혀졌다는 점이다.[1508] 더욱이 《저산소 수역 평가》 보고서는 전체 생물 자원이 (영양염류 증가로 인해) 증가했는지 아니면 (계절적으로 생물이 사멸하는 현상 때문에) 감소했는지 정확한 결론을 내리지 못했다.[1509] 사실 이 보고서는 영양염류의 증가가 수산 자원을 어느 정도 증가시켰다고 기록했다.[1510]

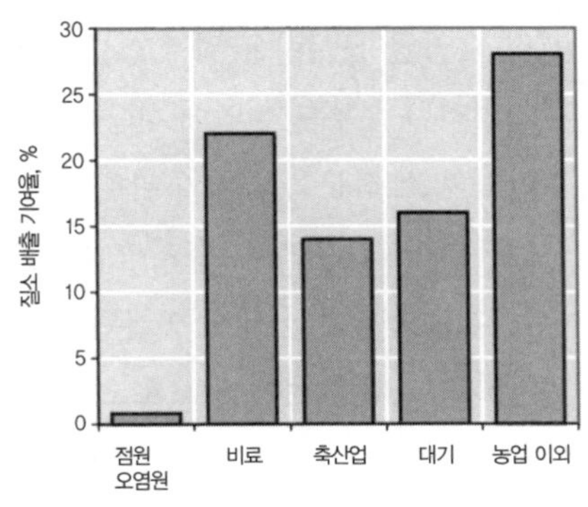

도표 107 미국의 수계로 유입되는 질소 성분의 발생원별 기여율. 이 수치는 미국에서도 지역에 따라 크게 다를 수 있다는 점에 유의할 것. 여기에서는 중위값을 제시하였으므로 수치를 모두 합쳐도 딱 100%가 되지는 않는다. 출전: Smith and Alexander 2000:7.

도표 107은 미국의 수계로 흘러 들어오는 질소가 대개 어디서 오는지를 보여준다.[1511] 28%로 가장 높은 비중을 차지하는 것은 농경지를 제외한 습지 · 도시 · 삼림 · 황무지 등(비점원 오염원이라고 한다 – 옮긴이)에서 흘러오는 빗물이다. 농경지에 뿌린 비료에서 유출되는 질소는 전체의 22%를 차지하고, 축산업에서 배출되는 질소의 몫은 14%이다. 대기 오염 물질의 형태로 공기 중에서 공급되는 질소는 전체의 16%를 차지한다. 반면에 도시의 하수 처리 시설과 같은 이른바 점원 오염원에서 방출되는 질소는 겨우 0.8%에 불과하다.[1512] 그러나 질소 유출원의 분포는 지역에 따라 크게 다르다. 멕시코 만에 흘러드는 질소의 경우에는 대기 중에서 공급되는 비율이 매우 작으며 대부분의 영양염류는 미시시피 수계에서 유출된다.[1513] 유출되는 질소의 절반 정도가 비료에서 공급되며(이 지역에는 농경지가 많다 – 옮긴이), 비점원 오염원 공급량은 23%, 축산업 공급량은 15%,

점원 오염원 공급량은 약 11%를 차지한다.[1514] 따라서 멕시코 만 해역의 부영양화는 대부분 농업에 사용하는 비료에서 기인한다.[1515]

만약 질소 성분을 줄이기 위한 조치를 전혀 취하지 않으면, 멕시코 만에서는 현재와 같은 상황이 지속될 것으로 전망된다.[1516] 그런데 이 지역에서는 비료를 비롯한 질소 공급원의 규모가 1980년부터 거의 같은 수준을 유지하고 있기 때문에 앞으로도 현재의 산소 고갈 수준은 전혀 개선되지 않을 것으로 예상된다. 만약 멕시코 만의 질소 농도를 1950년 이전 수준으로 되돌리려 한다면, 이곳으로 유입되는 질소를 40% 정도 감소시켜야 한다.[1517] 그렇지만 이렇게 한다고 해서 멕시코 만에서 더 이상 저산소 수역이 전혀 발생하지 않을 것이라고 볼 수는 없다. 앞에서 보았듯이 산소 고갈 현상이 가끔씩 일어나는 것은 자연스러운 일이기 때문이다. 그러나 저산소 수역의 발생 빈도가 눈에 띄게 줄어들 것은 분명하다. 컴퓨터 모델을 사용한 연구들은 질소 유입량을 20% 감소시키면 그 영향이 조금 적기는 해도 산소의 농도가 15~50% 정도 증가해 저산소 수역이 줄어들 것임을 보여준다. 그러나 자연적인 수준까지 줄어들지는 않을 것이다.[1518]

《저산소 수역 평가》 보고서는 질소 부하량을 줄일 수 있는 중요한 두 가지 방법을 제시한다. 첫 번째 방안은 농경지에 사용하는 비료의 양을 줄이는 것이다. 전체적인 비료 사용량을 줄이고, 비료 사용법과 경지 관리 방법을 개선하고, 대체 농작물(예를 들어 콩과 식물 – 옮긴이)을 재배하며, 배수로의 간격을 더 넓히는 등 다양한 방법을 통해 비료 사용량을 감축할 수 있다.[1519] 두 번째 방안은 유수지와 습지를 만드는 것이다. 그러면 질소가 섞인 물이 그곳을 통과할 때 다양한 미생물 작용을 통해 상당량의 질소 성분이 기체로 환원되어 대기 중으로 방출된다. 결국 식물이 흡수할 질소의 양이 줄어드는 것이다.[1520]

그러나 질소 부하량을 20% 줄이고 싶다면 비료 사용량을 20% 줄이는 것만으로는 충분하지 않다. 비료 사용량을 20% 감축하면 농부들은 경작 방법을 바꿀 것이다. 즉 비료를 적게 사용하는 농작물을 재배하고 질소 고정 능력을 갖는 콩과 식물을 더 많이 재배할 것이다. 따라서 비료 사용량을 20% 감소시키더라도 실제 질소 부하량 감소 폭은 10.3%에 불과할 것이다.[1521] 사실 질소 부하량을 반드시 20% 감소시키려면 비료 사용량을 45% 줄여야 한다.[1522] 하지만 그렇게 되면 옥수수 가격은 28% 상승할 것이고, 보리 · 귀리 · 밀 등의 가격도 12~14% 오를 것이다.[1523] 이처럼 농작물 가격이 상승하면, 미국 내 다른 지역에서 농부들이 더 많은 농작물을 생산하려 할 것이다. 그러면 그 다른 지역의 질소 유출량이 7.6% 증가할 것이다. 게다가 비료 사용량이 줄어들면 미시시피 강 유역의 내외 모두에서 토양 침식이 증가할 것이라는 연구 결과도 있다.[1524] 이렇게 되면 미국 소비자들은 식품 구입에 더 많은 비용을 지불해야 한다. 이를 포함한 전체적인 사회적 비용은 매년 약 29억 달러에 이를 것이다.

또한 《저산소 수역 평가》는 이른바 혼합 정책안에 대해서도 살펴보고 있다. 혼합 정책이란 비료 사용량을 20% 줄이는 동시에 500만 에이커에 달하는 습지를 조성하는 것이다.[1525] 이 방법은 질소 부하량을 실질적으로 약 20% 감소시킬 것이다.[1526] 그렇지만 식품 가격이 4~10% 오르며, 다른 지역의 질소 부하량이 약간 증가하고, 미국 전역에서 미약하게나마 토양 침식이 증가할 것이다.[1527] 이 정책안의 가장 중요한 문제점은 식품 가격의 인상으로 인한 부담과 습지 관리에 소요되는 지출 등으로 연간 48억 달러에 달하는 비용이 발생한다는 점이다.[1528] 《저산소 수역 평가》는 습지 보존 프로그램으로 습지 면적이 5배 증가하면 낚시를 더 많이 즐길 수 있다는 이점과 그곳에 습지가 있다는 심리적 만족감 덕분에 미시시피 강 유역 주민들이 매년 28억 달러 상당의 추가 혜택을 누릴 것으로 추정했다.[1529] 결국 요약하면, 비료 사용량을 20% 감소시키고 습지를 500만 에이커 늘리자는 혼합 정책안은 매년 20억 달러의 비용을 지불해야 한다는, 조금 더 싼 가격표를 달고 있는 셈이다.

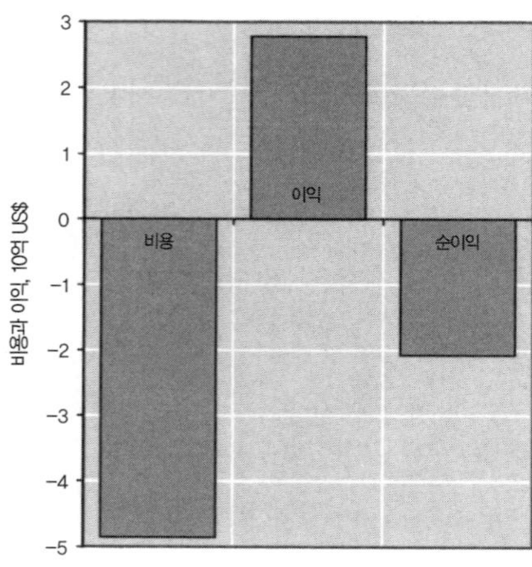

도표 108 멕시코 만으로의 질소 유입을 낮추기 위해 혼합 정책을 채용했을 때 기대되는 비용 · 이익 · 순이익의 규모. 순이익이 마이너스로 나타났으므로 실제로는 비용이 이익에 비교해서 훨씬 더 큰 셈이다. 출전: Doering et al. 1999:133.

그렇다면 문제는 매년 20~28억 달러를 지출함으로써 얻는 이익이 과연 무엇인가 하는 점이다. 물론 비용 지출을 통해 질소 부하량이 약 20% 줄어들고 그 결과 멕시코 만 지역에서 빈발하는 저산소 문제가 완화될 것이다. 하지만 저산소 수역이 원래의 자연적인 수준까지 줄어들지는 않을 것 같다.[1530] 더욱이 어업의 경우 눈에 띄게 달라지는 점이 없을 것으로 보인다. "미시시피 강 유역에서 흘러드는 질소를 감축해 멕시코 만 어장이 얻을 수 있는 직접적인 혜택은 아주 제한적이다."[1531] 다른 두 가지 혜택이 남아 있기는 하다.[1532] 첫째, 저산소 수역이 줄어들면 멕시코 만 지역의 낚시 관광업이 늘어날 수 있다. 그러나 저산소 수역의 감소가 상업적인 어업에 영향을 미치지 못한다는 점을 감안할 때 낚시 관광업이 확대될 가능성은 거의 없을 것으로 보인다. 둘째, 루이지애나 주 근해에 예전보다 더 많은 해저 생물이 서식한다는 데서 오는 만족감이다. 사실 그만큼의 해양 생물을 살리는 데 드는 비용은 도표 108에 나와 있는 것처럼 연간 20억 달러가 조금 넘는다. 따라서 멕시코 만의 저산소 수역을 줄이기 위해 어떤 조치를 취할 것인가를 고려할 때, 민주주의 사회에서 당연히 제기해야 할 질문은 20억 달러나 되는 돈을 더 좋은 일에 쓸 수 있는 방법이 있는지 여부일 것이다.

물론, 우리는 뭔가 잘못된 일이 있으면 고쳐야 한다고 생각하는 데 익숙하다. 예를 들어, 비료를 사용하기 때문에 멕시코 만에서 수백만, 수십억 마리의 생물이 죽어가고 있다면 그것을 막기 위해 뭔가 손을 써야 한다고 생각하는 것이다. 당연히 이것은 칭찬할 만한 태도이다. 하지만 우리가 조금만 더 신경을 쓰면 다른 사람이나 생물에게 커다란 도움을 줄 수 있는 분야가 얼마든지 있다는 사실 역시 반드시 기억해야 한다. 다시 말해서, 우리가 세상의 모든 문제를 해결할 수는 없기 때문에 가장 도움이 될 수 있는 곳이 어딘지 생각해보아야 한다는 것이다.

물론, 멕시코 만에서 매년 많은 생물들이 너무 일찍 죽어가는 것은 사실이다. 그리고 만약 질소 부하량을 줄이지 않는다면 그들은 앞으로도 계속 때 이른 죽음을 맞을 것이다. 그런데 문제는 그들을 구출하는 일이 매년 20억 달러를 퍼부어야 할 정도로 가치 있는 일인가 하는 점이다. 이 질문은 결국 정치적으로 예산 투자의 우선순위를 어떻게 결정할 것이냐에 달려 있다. 그런데 멕시코 만 문제의 심각성을 가늠하기 위해, 인간의 활동으로 인해 생물들이 때 이른 죽음을 맞는 경우가 이것뿐만이 아니라는 점을 지적할 필요가 있다. 그런 인간 활동 중에는 우리가 결코 바꿀 생각이 없는 것들도 있다. 이미 앞에서 지적했듯이, 미국에서는 매년 약 1억 마리의 새들이 유리창에 부딪혀 목숨을 잃고 6,000만 마리나 되는 새들이 도로에서 목숨을 잃는다.[1533] 또한 밭에서는 매년 수십억 마리의 곤충이 농약 때문에 죽어가고 있다. 그렇다고 해서 유리창이나 자동차에 부딪혀 죽는 새들을 구하기 위해, 혹은 해충들이 죽는 것을 막기 위해 과연 20억 달러나 되는 돈을 쓰고 싶어할까? 마지막으로, 만약 이 20억 달러를 가지고 진정으로 무엇인가 좋은 일을 하고 싶다면, 제3세계에서 이 돈으로 매년 약 3,000만 명을 구할 수 있다는 사실을 생각해볼 수도 있을 것이다.[1534]

더욱이 영양염류의 증가로 목숨을 잃는 생물이 있는가 하면, 생물체량으로 적어도 그에 맞먹는 다른 생물 종이 생명을 유지하고 있다는 사실은 왜 생각하지 않으려는 것일까? 〈사이언티픽 아메리칸〉은 멕시코 만의 부영양화를 설명하면서 자신들도 모르게 이런 문제를 강조한 적이 있다. "환경주의자들은 이 지역을 '죽음의 지역'으로 명명했지만 그것은 생명체가 분명히 존재한다는 사실을 간과한 이름이다. 다만 바람직하지 않은 종류의 생물이 살고 있을 따름이다."[1535] 왜 어떤 생명체는 '바람직하지 않은 종류'라는 말을 들어야 하는 것일까? 같은 맥락에서 유엔환경계획은 "지나치게 무성해진 식물"을 걱정하고 있다.[1536] 이런 걱정은 앞에서(p.247, 박스 기사:생물 자원) 설명한, 생물 자원 감소에 대한 염려와 조금 배치되는 듯하다.

그럼에도 불구하고 《저산소 수역 평가》 보고서는 만약 자원을 동원한다면, 부영양화 문제를 해결할 수 있다는 것을 보여준다. 다만 기본적인 문제는 이렇게 자원을 사용하는 것이 자원을 가장 잘 사용하는 방법인가 하는 점이다.

요약하자면, 수심이 얕은 연안 해역에서 자주 나타나는 산소 고갈 현상이 비료 사용의 증가 때문임을 보여주는 훌륭한 증거들이 있으며, 전세계적으로 산소 고갈 현상이 계속 심화되어 왔을 가능성이 크다. 또한 2200년까지는 인구가 거의 2배로 늘어날 것이므로 비료 사용도 역시 더욱 증가할 것으로 예상된다. 한 연구는 주로 개발도상국에서 2030년까지 비료 사용량이 거의 70%나 증가할 것이라고 전망한다.[1537] 따라서 부영양화 현상은 아마 점점 더 지구 구석구석으로 퍼져나갈 것이다.

하지만 이 문제를 걱정하는 것이 옳은 일이기는 해도 여기에서 우리는 균형 감각을 유지할 필요가 있다. 비록 비료 사용과 그 결과로 발생하는 부영양화 때문에 해당 지역의 바다의 일부 생물이 목숨을 잃고 있지만(그러나 바로 그 때문에 살 수 있는 다른 생물도 있다), 비료 덕분에 같은 면적의 농경지에서 훨씬 더 많은 식량을 생산할 수 있는 것 역시 사실이다. 그리고 그로 인해 오늘날 존재하는 삼림의 25%가 살아남을 수 있었으며, 앞으로는 더 많은 삼림이 파괴되는 운명을 피할 수 있을 것이다. 이런 관점에서 본다면, 부영양화는 인류를 성공적으로 먹여살리는 동시에 많은 동식물의 보금자리인 삼림을 보호하기 위해 일부 해양 생물이 대신 대가를 치르고 있는 것이라고 할 수 있다.[1538]

비료 사용 방법을 더 효율적으로 개선하는 일은 물론 가능하다. 또 선진국이 부영양화를 예방하기 위해 어느 정도 비용을 지불하는 것도 역시 필요하다. 그렇지만 이것이 과연 한정된 자원을 가장 잘 이용하는 방법인지 한번 생각해볼 필요가 있다.

화학 비료가 건강에 미치는 영향

부영양화와는 별도로, 질소 순환 과정과 관련해 다른 문제들이 존재한다.

질소와 관련해서 세계적으로 영향을 미치는 문제 두 가지는 아산화질소(N_2O)가 관련되어 있는 지구 온난화와 오존층 파괴 문제인데 여기에 대해서는 제24장에서 살펴보겠다.[1539] 그러나 아산화질소가 지구 온난화에 미치는 영향은 이산화탄소가 미치는 영향의 약 10분의 1에 지나지 않는다. 최근에 발간된 질소 검토 보고서는 다음과 같은 결론을 내렸다. "화석연료의 연소와 비료 사용이" 아산화질소의 "가장 중요한 발생원인지 고려해보았지만, 아닌 것으로 평가되었다."[1540]

국지적인 차원이나 지역적인 차원에서 본다면 질소산화물은 대기 오염물질의 역할을 한다. 그러나 이미 앞에서 살펴보았듯이 이 문제는 개선되고 있다. 질소산화물은 산성비에도 영향을 미치는데 산성비 현상 역시 감소하고 있다. 그 주된 원인이 아황산가스 배출량의 급격한 감소에서 기인하지만 말이다.[1541]

마지막으로, 부영양화 이외에 질소와 관련해 제기되는 가장 큰 걱정거리는 식수에 들어 있는 질산염이 건강을 위협할 수 있다는 주장이다. 1980년 유럽연합이 식수에서 질산염 농도 기준을 리터당 50밀리그램으로, 미국은 이보다 더 낮은 44밀리그램으로 제한했던 것은 바로 이런 이

유에서였다.[1542)]

1980년대에는 지하수에 포함되어 있는 질산염이 상당한 관심의 초점이 되었다.[1543)] 덴마크의 크리스티안 크리스텐센(Christian Christensen) 환경부장관은 질산염 오염이 다음과 같은 이유 때문에 심각한 결과를 낳는다고 단언했다.

> 식수 속의 질산염 함량과 위암 발생률 사이에 분명한 상관 관계가 있음이 밝혀졌다. 또한 유아들은 대부분의 수분을 음식물에서 섭취하기 때문에 직접적인 위험에 노출되어 있다. 체내에 질산염이 과도하게 많아지면 혈액의 산소 흡수를 억제하기 때문에 만성적인 질식을 유발할 수 있다. 내장 기관 역시 파괴되어 어린이가 질병에 걸리거나 집중력이 떨어질 수도 있다. 바로 이런 이유 때문에 나는 질산염에 오염된 물을 마실 엄두를 내지 못하며 내 아이들에게도 그런 물을 마시지 못하게 할 것이다.[1544)]

이런 공포담이 널리 퍼져 있지만, 이런 이야기들은 처음 등장할 때조차 사실에 대한 이성적인 평가와는 아주 거리가 멀었다.

우리는 대부분의 질산염을 채소에서 섭취하는데, 특히 사탕무 · 셀러리 · 양상추 · 시금치 등에 많다. 우리는 이 채소에서 하루에 75~100밀리그램의 질산염을 섭취할 수 있다. 채식주의자들은 하루에 250밀리그램 이상을 섭취하기도 한다.[1545)] 질산염이 위험한 것은 체내 박테리아에 의해 아질산염으로 변환되면 혈액 속의 헤모글로빈을 산화시켜서 산소의 운반을 방해할 수 있기 때문이다.[1546)] 이처럼 헤모글로빈이 산화되는 현상을 용혈(溶血)이라 부른다. 그러나 일반적으로는 질산염이 해를 미치지 않는데, 그것은 문제를 일으키는 박테리아들이 위산에 닿으면 죽어버리기 때문이다. 그렇지만 6개월 이하의 유아에게는 위험하다. 위산의 강도가 약한 데다가 헤모글로빈의 산화를 역전시킬 수 있는 효소 시스템도 없기 때문이다. 산소 공급의 급격한 감소 증세를 청색증이라고 부르는데, 피부가 푸른색으로 변하기 때문에 붙여진 이름이다. '청색증 아기' 증후군은 최악의 경우 죽음으로 이어질 수 있지만, 최근 서유럽에서 이 증후군으로 사람이 목숨을 잃은 경우는 없었다.[1547] '청색증 아기' 증후군의 발생 지역은 헝가리 · 슬로바키아 · 루마니아 · 알바니아 등에 한정되어 있으며, 그나마 그 발생률도 매우 낮은 수준이다.[1548] 더욱이 임상 관찰 결과들은 용혈의 원인이 제대로 소독되지 않은 우유병임을 시사하는데, 더러운 우유병에서는 박테리아 활동이 활발해져 아기가 우유를 마시기 이전에 이미 질산염 농도가 위험 수준까지 높아질 수 있다는 것이다.[1549] 이런 사실은 아기를 대상으로 한 실험에서도 확인되는데, 식수가 깨끗하기만 하면 질산염 농도가 리터당 150밀리그램이나 되어도 청색증이 발생하지 않는다는 사실이 밝혀졌다.[1550]

다른 한편으로, 박테리아가 많이 들어 있는 물은 질산염 분해를 촉진시키며 일부 유아들은 질산염 농도가 리터당 50~100밀리그램 정도인 식수를 마시고도 청색증 증세를 나타냈다. 이 때문에 세계보건기구는 질산염 허용치를 세계적으로 리터당 50밀리그램으로 설정해놓았는데, 개도국에서는 지하수가 박테리아에 오염된 경우가 많기 때문에 이 정도 수준은 되어야 안전하다고 판단했기 때문이다. 환경의학 교수로서 세계보건기구의 질산염 허용 기준치 설정에 참여했던 포울 보네비(Poul Bonnevie)가 지적한 것처럼, 허용치를 그렇게 낮게 정한 것은 오로지 박테리아 오염 때문이었다. 사실 "그 허용치는 덴마크를 비롯한 많은 나라에서 의학적 근거를 잃었다."[1551]

인체 건강과 관련해 또 다른 걱정거리는 질산염 농도와 암 발생률—대개는 위암 발생률이겠지만—사이의 관련 가능성이다. 최근 실시된 한 메타 연구에서는 식수 속의 질산염 농도와 혈액 및 타액 속의 질산염 농도 사이에 분명한 상관 관계가 있으며 질산염에 "사람들이 광범위하게 노출되어" 있지만, "질산염 농도가 높은 식수를 마시는 사람들의 암 발현 위험도가 증가했다는 직접적인 역학적 증거는 거의 없다"[1552]고 지적했다. 이 연구는 "어떤 결론을 내리기에는 아직 역학적 자료가 충분하지 않다"[1553]고 결론내렸다.

질산염이 미치는 다른 영향들은 아직 발견되지 않았다. 특히 덴마크 환경부장관이 말한 것처럼 질산염이 "장기 파괴를 유발"할 수도 있다는 것을 보여주는 증거는 하나도 없다.[1554] 더욱이 용혈이나 암과의 관련성은 근거가 대단히 미약한 형편이다.[1555]

따라서 질소가 건강에 미칠 수 있는 영향에 대한 걱정은 별로 근거가 없는 것처럼 보인다.

하천 오염

전세계적인 관점에서 하천은 식수와 개인 위생에 사용되는 물, 산업용수, 농업용수 등의 주 공급원이기 때문에 매우 중요하다.[1556] 식수로 사용되는 물에 관한 한 그 속에 대장균이 너무 많이 들어 있어서는 안 된다는 점이 절대적으로 중요하다. 대장균이 너무 많다는 것은 더 위험한 다른 박테리아와 바이러스의 존재 가능성을 의미하기 때문이다.

도표 109에서 볼 수 있는 것처럼, 세계은행은 25개국의 52개 하천에 대한 조사 자료를 이용해 국민소득과 분변성 대장균 박테리아(인체에서 배출되는 분뇨를 통해 확산되는 대장균의 총칭 – 옮긴이) 농도 사이에 복잡한 관계가 있음을 입증했다. 대기 오염의 경우와 마찬가지로 국민소득이 약 1,375달러 수준에 이를 때까지는 배설물로 인한 오염이 악화되지만, 그 이후에는 하천이 점점 깨끗해진다는 사실이 그리 놀라운 것은 아니다. 그러나 대기 오염의 경우와 달리, 이 자료는 1인당 국민소득이 1만 1,500달러를 넘으면서 인체 배설물로 인한 수질 오염이 다시 악화되기 시작한다는 것을 보여준다. 조사 자료에 문제가 있었던 것은 분명 아니다. 오스트

레일리아, 일본, 미국 등의 하천에서 모두 대장균 농도가 상당히 심각하게 나타났기 때문이다.[1557] 이런 현상이 발생하는 이유는 사람들이 식수원을 하천에 의존하는 동안에만 배설물 오염이 전반적으로 하향 추세를 나타낸다는 데서 찾아야 할 듯하다. 국가의 부가 충분히 늘어나 지하수를 훨씬 더 많이 사용하는 단계에 이르면, 하천의 배설물 오염 수준을 계속 감소시켜야 한다는 절박성과 정치적 의지가 줄어든다는 것이다. 그렇지만 식수원을 하천에 의존하는 대다수 국가에서는 다음과 같은 결론이 여전히 유효하다. 처음에는 국가가 부유해질수록 하천 오염도가 증가하지만, 일단 국가의 부가 어느 정도에 이르면 국가가 부유해질수록 하천의 배설물 오염 역시 사실상 줄어든다.

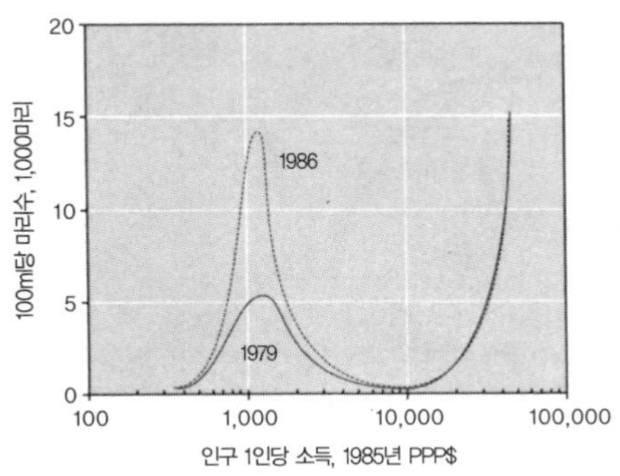

도표 109 1979년과 1986년 1인당 GDP와 하천수 속의 대장균 분포 사이의 상관 관계. 출전:World Bank 1992, Shafik 1994:764.

그러나 생물학적인 측면에서는 대장균 농도보다 물 속의 산소 농도를 측정하는 것이 수질을 알 수 있는 훨씬 더 중요한 척도이다. 물 속에 녹아 있는 용존 산소는 모든 수중 생물—물고기뿐만 아니라 게 · 조개 · 동물성 플랑크톤 등 모든 무척추 동물까지—의 생존에 절대적으로 필요하다. 게다가 산소는 생화학적인 항목뿐만 아니라 냄새 · 투명도 · 맛 등 미학적인 측정 항목에 이르기까지 수질을 나타내는 대부분의 지표에 영향을 미친다. 따라서 용존 산소 농도는 수질을 나타내는 가장 확실한 지표라고 할 수 있다.[1558]

경제학적 분석 결과에 따르면, 소득이 높아질수록 하천의 용존 산소량도 증가하는 경향이 있다.[1559] 도표 110에서도 전반적으로 이런 경향이 나타난다. 이 도표를 보면 중요 하천의 용존 산소량이 지난 수십 년 동안 낮

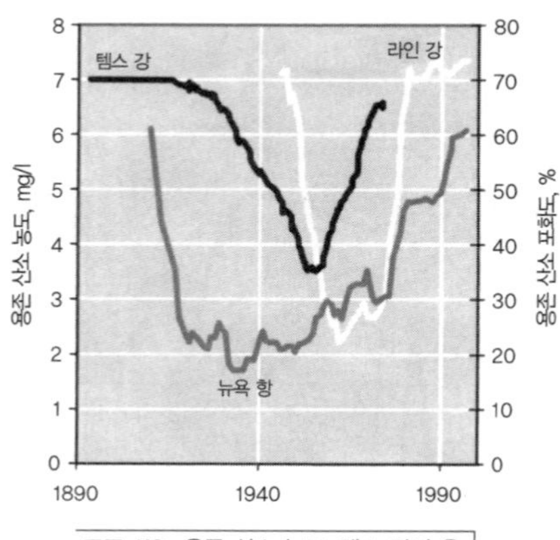

도표 110 용존 산소 농도. 템스 강의 용존 산소 포화도(1890~1974, 오른쪽 축), 라인 강(1945~1997, 왼쪽 축)과 뉴욕 항(1910~1997, 왼쪽 축). 하천수의 산소 농도는 여러 가지 요소가 작용해서 결정되기 때문에 하천의 용존 산소 농도를 직접 비교하는 것은 그리 바람직하지 않다. 출전: Goudie 1993:224, EEA 1994:49, OECD 1999:85, DEP 1997:38.[1562]

은 수준에 머물러 있다가 이제 다시 예전의 높은 수준으로 회복되었음을 알 수 있다. 이런 변화는 수중 생물과 인간 모두에게 영향을 미친다. 하천의 용존 산소량이 증가함에 따라 생물이 살 수 있는 가능성이 커진 것이다. 라인 강에서는 1971년 이후 생태계의 종 다양성이 무려 6배 증가했고, 템스 강에서는 물고기 종수가 1964년 이후 무려 20배나 늘어났다.[1560] 마찬가지로 뉴욕 항에서도 용존 산소량이 증가하면서 낚시와 수영이 다시 가능해졌다.[1561] 뉴욕 항의 용존 산소량은 1970년대 초 물고기가 살 수 없는 수준이었지만, 그 후 민물철갑상어의 수가 기록적으로 증가했고, 송골매 · 왜가리 · 큰해오라기 등이 다시 자리를 잡았다. 또한 대머리독수리가 이곳에서 최초로 번식을 했을 가능성도 있다.[1563] 이처럼 상황이 개선된 것은 폐수 처리장을 거치지 않는 오폐수가 크게 줄었기 때문이다. 뉴욕 시에서는 미처리된 오폐수 방류량이 1930년 이후 99.9%나 줄었으며, 런던 시에서는 1950년부터 1980년까지 하수 배출량이 88% 감소했다.[1564]

유럽 하천의 산소 농도를 보아도 수질이 개선되었음을 확인할 수 있다. 유럽에서는 제2차 세계대전 이후 하천 오염이 점점 더 심각해졌는데, 그 결과 독일의 라인 강처럼 여러 하천이 심각한 산소 고갈을 경험하게 되었다. 그러나 지난 15~20년 사이에 생활 하수와 산업 폐수를 생물학적으로 처리하는 경우가 증가했다. 그 덕분에 유럽연합 환경청은 유럽 전역에서 "산소 농도를 비롯한 제반 수질이 개선되어" 그 결과 이제 "많은 하천들이 풍부한 산소량을 지니게 되었다"는 사실을 인지했다.[1565] 유럽 하천의 산소를 잡아먹는 유기물 오염(수중 생물이 사용할 수 있는 산소량을 감소시킨다) 실태를 요약한 유럽연합 환경청의 문서는 전체 하천의 27%에서 상황이 악화되었지만(수질 오염이 심해져서 산소 농도가 낮아졌다), 대다수 하천(73%)에서는 상황이 개선되었음을 보여주었다.[1566]

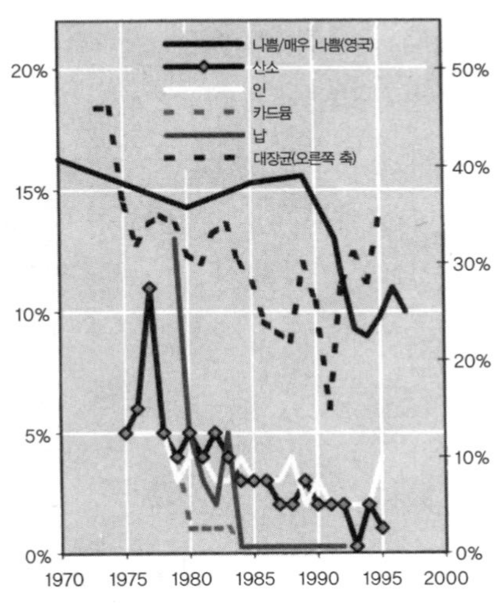

도표 111 영국과 미국에서의 악성 수질 하천의 비율. 영국의 경우에는 나쁜 수질과 매우 나쁜 수질을 나타냈던 하천의 비율(1970~1997)을 표시하였고, 미국의 경우에는 EPA 수질 기준에 미치지 못했던 하천의 비율, 대장균 농도 기준을 지키지 못했던 하천의 비율(1973~1995, 오른쪽 축), 각각 산소, 인, 카드뮴, 납 등의 농도 기준을 지키지 못했던 하천의 비율(1975~1995)이다. 출전:UK EA 2000, CEQ 1997:299, Simon 1996:251.

영국과 미국 하천의 전반적인 실태를 살펴보더라도 상황이 개선되었음을 잘 알 수 있다. 영국에서는 국가물관리위원회(National Water Council)와 국립하천관리국(National Rivers Authority)이 전국의 하천을 좋음, 보통, 나쁨, 매우 나쁨 등으로 분류할 수 있는 몇 가지 시스템을 고안했다.[1567] 이 수질 평가 시스템은 1970년 이후 네 차례나 바뀌었지만 도표 111에 나타난 것처럼 수질이 나쁨과 매우 나쁨으로 분류된 소수의 하천에 대해서는 각각 다른 시스템으로 작성된 자료를 비교하는 것이 대체로 가능하다. 그 결과 수질이 나쁜 하천의 비율이 점점 줄어들었음이 드러났다. 1970년에는 수질이 나쁨과 매우 나쁨으로 평가된 하천이 전체의 16%를 조금 넘는 정도였으나 1997년에는 10%로 감소했다. 수질이 최악인 하천('매우 나쁨')은 지난 10년 동안 훨씬 더 빠른 속도로 감소해 2.6%에서 0.7%로 떨어졌다. 마찬가지로 수질이 좋거나 매우 좋은 하천의 비율은 1989년에는 37%였지만 1997년에는 59.2%로 늘어났다. 10년도 채 안 되는 사이에 놀라운 증가율을 기록한 것이다. 게다가 수질이 최고 수준인 하천('매우 좋음')의 비율은 17.7%에서 27.6%로 거의 2배나 늘었다. 최근 정부가 발표한 한 보고서는 결론에서 "영국의 수질이 개선되었다"[1568]는, 다소 빈약한 표현으로 이런 변화를 설명했다.

미국의 경우에도 똑같은 변화가 분명하게 나타났다. 미국 지질조사국이 내놓은 1980년대 전국 하천의 수질 검토 최신 보고서는 하천을 오염시키던 전통적인 오염 물질 중 여러 가지가 "1980년대부터 감소하고 있으며 이것은 1980년대 10년 동안 수질 오염 관리가 발전했다는 증거"[1569]라는 결론을 내렸다. 하지만 대장균 박테리아의 조사 내용을 살펴보면 하향 추세가 아주 미약했다는 것을 알 수 있다. 이런 사실은 도표 109에서 도출된 결론을 뒷받침하는데, 즉 식수원을 하천에 의존하지 않는 부자 나라들은 대장균 오염도를 낮추겠다는 의욕을 특별히 느끼지 않는다는 것이다. 그러나 다른 수질 지표—산소, 인, 카드뮴, 납 등—의 경우에는 수질 기준 허용치를 넘는 사례가 크게 줄었다. 이는 수중 생물을 위한 하천 환경이 개선되고 있다는 분명한 증거이다.[1570]

지금까지 우리는 대장균이나 용존 산소처럼 전형적인 수질 오염 지표만을 살펴보았다. 그러나 이런 것 못지않게 중요한 것은 물 속의 화학물질 오염 수준을 살펴보는 것인데, 여기에서도 연안 지역과 똑같은 패턴을 찾아볼 수 있다. 미국에서는 국가오염물질생물감시프로그램(National Contaminant Biomonitoring Program)이라는 긴 이름의 조사 프로젝트에서 정기적으로 물고기들을 분석해 수중에서 오랫동안 없어지지 않는 유독성 오염 물질을 감시하고 있다. 물고기를 분석 대상으로 선택한 것은 그것들이 물 속에 들어 있는 농약 성분을 흡수해 체내에 축적하기 때문이다. 한편 유럽산 찌르레기도 분석 대상으로 선택되었는데, 이는 그들이 다양한

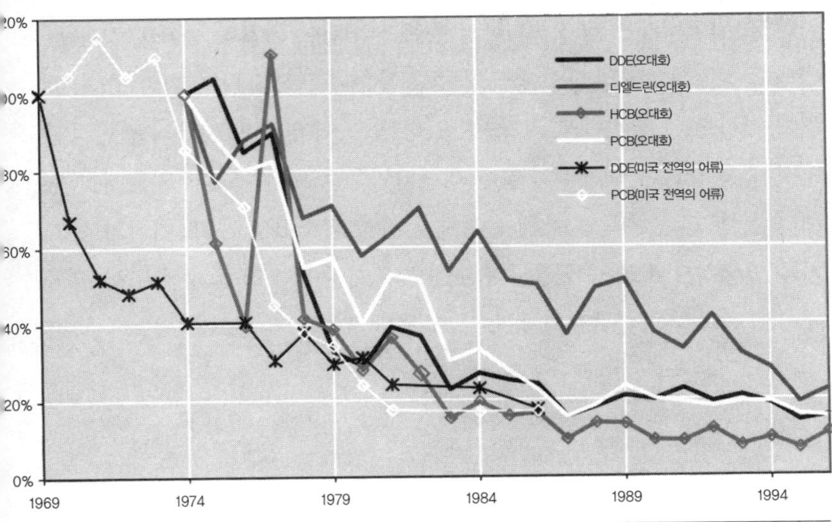

도표 112 미국산 담수어(1969~1986)와 미국/캐나다 오대호 지방의 재갈매기 알에서 검출된 각종 지속성 화학물질의 감소 추세. 조사가 시작된 첫 해의 농도를 100으로 잡고 각각 그 비율을 표시하였다. 출전:NCBP 2000, CEQ 1997:334-8.[1573]

먹이를 섭취하는 데다가 지리적으로 넓게 분포하기 때문이다.[1571] 도표 112는 미국 전국에서 DDE(DDT가 분해되어 생긴 물질) 오염이 1969년부터 1986년까지 82%나 감소했으며, 같은 기간 동안 PCB 농도 역시 83%나 감소했음을 보여준다.[1572]

또한 도표 112는 미국과 캐나다 국경에 면해 있는 오대호의 화학물질 오염도도 보여준다. 이 호수는 지구상에 있는 모든 민물 지표수의 20%를 차지하며, 미국과 캐나다를 합쳐서 3,200만 명 이상이 이 호수 주위에 살고 있다.[1574] 이 지역에서는 오염도가 낮은 여러 유해 화학물질의 오염 실태를 나타내는 손쉬운 지표로서 재갈매기의 알이 측정 대상으로 선택되었다.[1575] 이 조사에서도 역시 마찬가지 결과를 얻었는데, 1974년 이후 DDE · PCB · HCB · 디엘드린 등의 유독성 오염 물질 농도가 무려 80~90%나 감소했다.[1576]

요약하자면, 국민소득이 증가함에 따라 하천의 수질도 더 좋아지는 것 같다. 라인 강, 템스 강, 뉴욕 항의 용존 산소량이 급격히 증가한 것은 확실하다. 이처럼 용존 산소 농도가 증가하는 추세는 200여 개의 유럽 하천에 대한 조사 결과에서도 확인되었다. 더욱이 영국과 미국의 전반적인 수질 측정 결과는 하천의 수질이 개선되었음을 보여주었다. 민물에서 분해가 잘 안 되는 유독성 유해 물질도 급격히 감소하고 있다. 미국의 물고기를 전국적으로 조사한 결과나 오대호의 재갈매기 알에 대한 조사 결과에서도 유독성 화학물질의 농도가 그 동안 80~90% 감소했다.

20 쓰레기: 더 이상 묻을 공간이 없다고?

흔히 온갖 쓰레기가 점점 더 높이 쌓여가는 것을 걱정하면서 그것들을 다 어디에다 버릴 수 있을지 우려하곤 한다. 또 '일회용 사회'와 그런 사회의 산업적 기반이 환경을 해치고 있다고 생각한다. 앨 고어 전 미국 부통령은 아마도 그런 두려움을 가장 분명히 표현한 사람일 것이다. 그는 "우리 도시와 공장들에서 밀물처럼 흘러나가는 쓰레기"[1577]를 생각하며 불안해했다. "매립지에 쓰레기가 넘쳐나고 소각로가 공기를 더럽히고 이웃 마을과 이웃 지방자치 단체들은 자신들이 감당하지 못하는 쓰레기 문제를 남에게 떠넘기려 하기 때문에" 우리가 이제 "쓰레기를 우리 시야와 마음속에서 모두 몰아낼 수 있는 쓰레기 처리 방법이 점점 바닥나고 있음"을 마침내 깨닫고 있다는 것이다.[1578] 문제는 우리가 이제까지 "모든 쓰레기를 다 버릴 수 있을 만큼 크고 깊은 구덩이를 항상 마련할 수 있을 것"이라고 생각한 데 있다. "그러나 인류 문명이 가하는 충격을 지구가 무한히 흡수할 수 있으리라 믿었던 다른 분야에서의 가정과 마찬가지로 이 역시 틀린 생각이었다"고 그는 지적했다.[1579] 아이작 아시모프도 자신이 집필한 환경 관련 책에서 이렇게 말했다. "현존하는 거의 모든 쓰레기 매립지가 포화 상태에 도달하고 있으며, 이제 우리는 새로 발생하는 쓰레기를

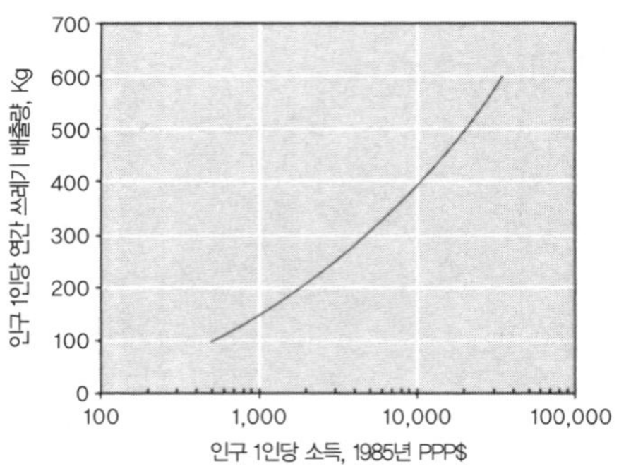

도표 113 1인당 소득과 쓰레기 발생량 사이의 상관 관계. 1985년 39개국에서 조사된 결과를 바탕으로 함. 출전:World Bank 1992, Shafik 1994:764.

버릴 장소를 찾기 어렵게 되었다."[1580)]

GDP의 증가와 더불어 쓰레기도 더 많이 발생한다는 것은 사실이다. 사람들은 부자가 될수록 더 많은 쓰레기를 만들어낸다. 국민소득과 쓰레기 발생량과의 관계를 분석한 세계은행의 자료에서도 이 사실을 알 수 있는데, 그 결과가 도표 113에 잘 나타나 있다. 물론 진짜 문제는 쓰레기가 정말로 심각한 문제인가 하는 점이다. 쓰레기 발생량이 걷잡을 수 없이 늘어나고 있으며, 매립장에는 지금도 쓰레기가 너무 많이 쌓여 있어 곧 더 이상 쓰레기를 버릴 수 없는 지경에 이를 것이라고 믿는 사람들도 있을 것이다. 그러나 현실은 이런 믿음과 전혀 동떨어져 있다.

한 쓰레기 전문가는 겨우 10년 전에 우리가 걱정했던 것과 지금의 현실이 상당히 다르다는 점을 지적한다. "더 이상 쓰레기를 버릴 장소가 없음에도 불구하고 점점 더 늘어나기만 하는 쓰레기더미를 보여주던 저녁 뉴스의 영상으로 말미암아 모든 도시의 시장(市長)과 청소국장들이 커다란 두려움을 안게 되었다. 아이들은 쓰레기 매립장 주위에 몰려드는 바다 갈매기의 침입을 막는 최선의 방법이 음료수 병을 깨끗이 씻어두고 오래된 신문을 잘 쌓아두는 것이라고 배웠다. 하지만 사람들이 예상하던 위기는 오지 않았다."[1581)]

미국인은 매일 1인당 약 4.5파운드(약 2킬로그램)의 쓰레기를 만들어낸다. 모두 합하면 매년 2억 톤의 도시 쓰레기가 발생하는 셈이다.[1582)] 이건 대단히 많은 양처럼 보인다. 게다가 도표 114에서 볼 수 있듯이 연간 쓰레기 발생량은 1966년 이후 2배로 늘었다. 그러나 실질적으로 매립지에

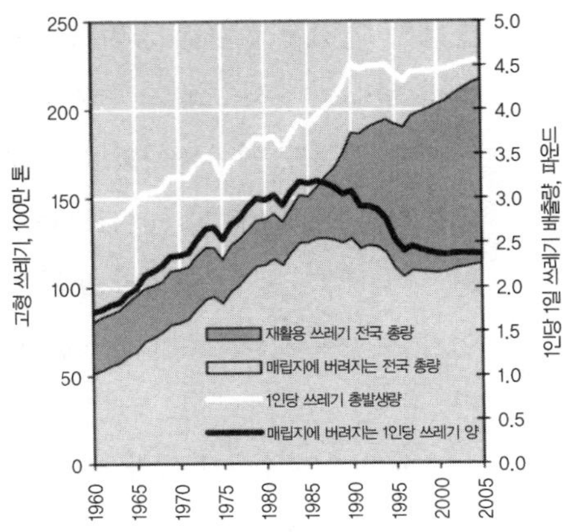

도표 114 미국 전체의 쓰레기 발생량. 1인당 쓰레기 배출량, 매립되는 양과 재활용량, 소각처리되는 양의 비교. 1960~2005년. 1998년 이후의 수치는 예측치이다. 출전: EPA 1999b:133, USBC 2000d.

버려지는 쓰레기의 양은 1980년대 이후 더 이상 증가하지 않고 있으며, 현재 미국인들은 1979년보다 더 적은 쓰레기를 매립지에 버리고 있다. 이렇게 된 주된 이유는 소각로에서 소각되거나, 재활용되거나, 또는 퇴비로 만들어지는 쓰레기가 점점 늘어나고 있기 때문이다. 그런데도 그 동안 미국의 쓰레기 양이 늘어난 데는 인구 증가가 한몫을 했다. 사실 인구 1인당 쓰레기 발생량은 1966년 이후 겨우 45%밖에 늘어나지 않았다. 게다가 매립지까지 도달하는 쓰레기 양만 따지면 1인당 쓰레기 발생량은 1966년 이후 13% 더 늘어났을 뿐이다.

환경보호청의 자료는 1960년 이후의 것이지만 소비 패턴의 급격한 변화는 그보다 훨씬 더 오래 전부터 시작되었다. 지난 20세기 초엽 미국의 각 가정에서는 매일 일반 쓰레기 외에 약 4파운드의 석탄재가 발생했다. 매립지에 버려지는 쓰레기 양이 지난 1세기 동안 급격히 증가하지 않았던 것은 이 때문일 가능성이 크다.[1583)]

그럼에도 불구하고 미국인들은 앞으로도 매립지에 버려지는 쓰레기를 매년 적어도 1억 1,000만 톤씩 만들어낼 가능성이 크다. 그리고 앞에서 앨 고어가 지적했듯이, 우리의 자연스런 직관은 이런 현상이 영원히 계속될 수 없다고 말한다. 만약 미국민이 2001년부터 2100년까지 계속해서 매년 1억 1,000만 톤의 매립지행 쓰레기를 만들어낸다면, 그 쓰레기를 모두 묻는 데는 과연 얼마만큼의 공간이 필요할까? 이제 모든 쓰레기를 단 한 곳의 매립지에 100피트(30미터) 높이로 쌓는다고 가정해보자. 물론 실제로 이렇게 한다면 그리 현명한 행동이라고 할 수 없지만, 여기서는 그냥 설명을 위해 그렇게 한다고 가정하자. 100피트라는 높이는 뉴욕 시 경계에 있는 스테이튼 아일랜드(Staten Island)의 프레시 킬즈(Fresh Kills) 매립지의 쓰레기더미 높이보다도 낮은 것이다.[1584] 이렇게 쌓았을 경우 21세기 100년 동안 미국의 모든 쓰레기가 다 모인 매립지는 한 변의 길이가 14마일(22.4킬로미터)밖에 되지 않는 정사각형 공간을 차지하게 된다.[1585]

물론 앞으로 1세기 동안 쓰레기 발생량이 현 수준을 꾸준히 유지할 것이라고 가정하는 것은 터무니없이 낙관적인 발상이다. (도표 113에서 보았던 것처럼) 경제 성장과 함께 쓰레기의 양은 더욱 증가할 것이다. 더욱이 인구통계국의 주장에 따르면 미국 인구는 2100년 이전에 지금보다 2배 이상 늘어날 것으로 전망된다.[1586] 따라서 1990년 이후의 1인당 쓰레기 발생량 증가 추세를 기준으로 2005년의 쓰레기 발생량을 추정한 다음, 그 수치가 2100년까지 유지된다고 가정해보자. 또 미국의 인구 증가율을 고려해 새로 태어나는 사람들도 역시 지금보다 더 많은 양의 쓰레기를 만들어낸다고 가정하자. 그리고 이렇게 산출된 전체 쓰레기 양을 다시 100피트 높이로 쌓는다고 가정하자. 놀랍게도 새로운 쓰레기 매립지의 크기는 이전보다 조금 더 큰 정도에 불과하다는 것을 알게 될 것이다. 한 변의 길이가 18마일(28.8킬로미터)이 채 되지 않는 정사각형 속에 모든 쓰레기를 다 넣을 수 있다.[1587]

도표 115는 이 매립지가 오클라호마 주 우드워드 카운티에 위치한다고 가정해 그 면적이 얼마나 되는지를 보여준다. 21세기 동안 미국에서 배출되는 모든 쓰레기를 우드워드 카운티 면적의 26%밖에 차지하지 않는 단 하나의 매립지에 모두 수용할 수 있는 것이다.[1588] 오클라호마 주 전체 면적과 비교해보면, 이 매립지의 면적은 0.5%에도 미치지 못한다.[1589] 미국 전체 면적과 비교한다면 약 1만 2,000분의 1, 즉 0.009%도 되지 않는

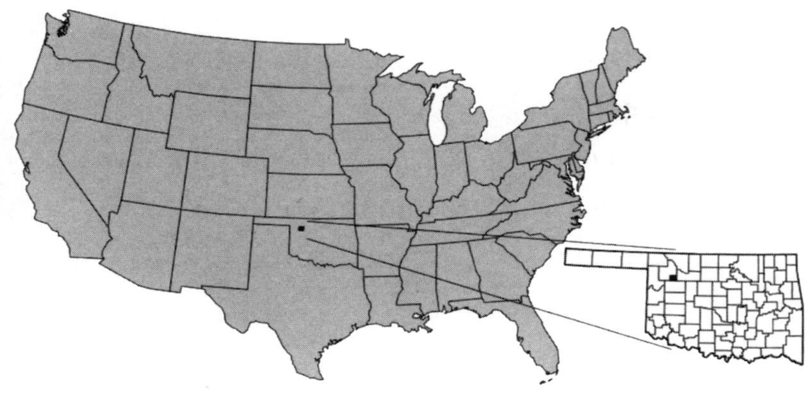

도표 115 21세기 100년 동안 미국 전역에서 발생하는 쓰레기를 모두 매립하는 데 필요한 면적은 1면의 길이가 18마일(28km) 이하인 정사각형이다. 이 그림은 그 매립지를 오클라호마 주 우드워드 카운티에 조성했을 경우를 상정한 것이다. 매립지는 우드워드 카운티 면적의 약 26%를 차지하며, 미국 전체 면적의 0.009%에도 미치지 못한다.

다.[1590] 이번에는 미국의 모든 주가 각자 자체적으로 쓰레기를 처리한다고 가정해보자. 여기에서는 그냥 계산상의 편의를 위해 각 주의 쓰레기가 미국 전체 쓰레기 양의 50분의 1이라고 가정하자. 그렇다면 21세기 동안 발생하는 모든 쓰레기를 처리하기 위해 각 주는 한 변의 길이가 2.5마일(4킬로미터)인 정사각형 매립지를 한 곳씩 마련하면 될 것이다.[1591]

더욱이 쓰레기가 계속 증가할 것이라는 가정을 바탕으로 한 이 시나리오는 아마도 조금은 과장된 것일 가능성이 크다. 원자재 문제를 다룬 장에서 살펴본 것처럼, 미래에는 대부분의 경제 성장이 서비스 산업과 정보기술 분야에서 이루어질 것이라는 점을 고려할 때 더욱 그렇다. 원료를 투여해 제품을 만드는 생산 공정에서도 원료 사용량이 점점 줄어드는 것이 일반적인 추세다. 경제에서 일종의 비물질화가 진행되고 있는 것이다.[1592] 금속, 플라스틱, 전자 장비, 고무, 유리 등 산업 경제의 모든 생산물을 대표하는 자동차가 훌륭한 예다. 1970년대 초 이후로 자동차의 몸체는 탄소강에서 첨단 기술로 만들어진 고품위 강철 · 플라스틱 · 복합물질 등으로 대체되었다. 이런 신소재가 옛 소재를 1대 3의 비율로 대체

하고 있지만, 자동차의 구조적 완전성에는 전혀 손상이 없고 몸체 무게는 더욱 가벼워졌다.[1593]

그러므로 여기에서 가장 중요한 핵심은 우리가 쓰레기에 뒤덮이는 일은 일어나지 않으리라는 점이다. 우리는 쓰레기 문제를 충분히 해결할 수 있다. 쓰레기 문제는 다만 관리상의 문제에 불과하다.

하지만 그렇다고 해서 쓰레기 매립장 부지를 쉽게 찾을 수 있을 것이라는 의미는 아니다. 자기 이웃에 매립지를 두고 싶어하는 사람은 아무도 없는데, 이런 현상은 이미 너무 익숙해서 님비(Not In My Back Yard)라는 이름까지 얻었다.[1594] 따라서 쓰레기는 정치적인 문제라고 할 수는 있어도, 물리적인 공간의 부족 때문에 발생하는 문제는 아니다.

오늘날의 쓰레기 매립지가 지하수에 매우 안전하다는 점을 여기서 언급할 가치가 있다. 환경보호청은 미국 전역의 매립지 6,000여 개를 통제하는 현재의 환경 규제 덕분에 앞으로 300년 동안 매립지와 관련해 발생하는 암 관련 사망자 수가 5.7명에 불과할 것으로 추정하고 있다. 암 사망자가 50년에 1명 발생할 것이라는 예측이다.[1595] 미국에서 매년 56만 3,000명이 암으로 목숨을 잃고 있으며, 그 중의 약 2,000명은 음식에 들어가는 양념 때문이라는 사실과 이 수치를 비교해보아야 한다.[1596]

다른 나라에서도 (도표 113의 예처럼) 쓰레기 발생량이 약간씩 증가하고 있는 것처럼 보인다. 그러나 미국에 비하면 그 증가폭이 훨씬 적다. 일본의 1인당 쓰레기 발생량은 하루에 1.1킬로그램이고 프랑스는 1.3킬로그램이며, 이 두 나라의 쓰레기 발생량 증가 속도는 모두 느린 편이다. 1인당 쓰레기 발생량 자체도 하루에 2킬로그램인 미국과 비교하면 한참 적은 양이다. 독일의 1인당 쓰레기 발생량은 하루에 1.2킬로그램인데, 이는 엄격한 규제 정책 덕분에 1980년 이후 29%가 감소한 양이다.[1597] 영국의 경우에는 쓰레기 관련 통계가 빈약하지만, 일일 쓰레기 발생량은 프랑스와 거의 같은 수준으로 약간씩 증가하는 추세인 듯하다.[1598] 만약 영국의 쓰레기 발생량이 미국과 같은 속도로 증가한다면(영국의 인구 증가 속도가 미국에 훨씬 못 미치기 때문에 이는 현실보다 과장된 가정임이 틀림없다), 21세기에 영국의 쓰레기를 처리하기 위해 필요한 매립지는 한 변의 길이가 8마일인 정사각형이 될 것이다. 이는 맨 섬(Isle of Man) 면적의 28%에 해당한다.[1599]

마지막으로 재활용에 대해 언급할 필요가 있다. 미국에서는 종이, 유리, 금속, 플라스틱 등이 재활용 대상이다.[1600] 사람들은 재활용이 비교적 최근에 시작된 일이라고 믿는 경향이 있지만, 사실 미국은 20세기 내내 모든 종이의 약 20~30%를 재활용해왔으며 현재의 재활용 비율은 1930년대와 1940년대 수준보다 훨씬 낮다.[1601] 그러나 구리와 납 같은 물질의 재활용 비율은 꾸준히 늘어나 20세기 초에는 겨우 5~10%이던 것이 지금은 각각 50%와 70% 이상으로 증가했다.[1602]

사람들은 재활용하는 것이 다 좋은 것이라고 믿는 경향이 있다. 재활용이 자원을 절약하게 해주고 쓰레기의 양을 줄여준다는 것이 그 이유이다.[1603] 물론 제12장에서 살펴보았듯이, 원자재를 그렇게 각별하게 걱정할 필요는 없을 것 같다. 돌 · 모래 · 자갈처럼 흔한 원료는 특히 더 그렇고, 나무와 종이도 걱정할 필요가 없다. 이것들이 모두 재생 가능한 자원이기 때문이다.

만약 미국에서 21세기에 발생하는 모든 쓰레기를 오클라호마 주 우드워드 카운티의 일부만을 차지하는 단 하나의 매립지에서 모두 처리할 수 있다면, 쓰레기 발생을 억제하기 위해 재활용하는 것이 정말로 훌륭한 자원 투자 방법인지 생각해볼 필요가 있다. 어쩌면 폐지를 수집해 분류하고 걸러내는 등의 작업에 에너지를 사용하는 것보다 그것들을 소각로에 태워 거기서 발생하는 열을 이용하는 편이 더 많은 자원을 절약할 수 있는 길인지도 모른다. 비록 종이 생산을 위해 더 많은 나무를 베어내게 되더라도 말이다. 새로운 연구 결과들은 새로운 종이를 생산하는 비용보다 종

이를 재활용하는 비용이 실제로는 더 많이 든다는 사실을 암시하고 있다.[1604)]

사회 전반에 미치는 영향을 고려한 연구 결과들은 재활용이 사회 전체적으로는 대체로 수지 균형을 맞출 수 있지만 개인 경제에는 별로 이익이 되지 않음을 보여주는 경우가 대부분이다.[1605)] 이는 현재의 재활용 수준이 합당하며, 더 이상 재활용 비율을 크게 늘리겠다는 목표를 세워서는 안 된다는 것을 보여주는 증거가 될 수도 있다.[1606)]

21 4부의 결론: 오염 부담이 감소했다

오염은 인류의 복지를 좀먹고 있지 않다. 오히려 선진국에서는 오염 부담이 급격히 감소하고 있다. 대기 오염과 관련해서 상황은 명백히 개선되었다. 공기 중의 납과 분진 농도가 감소한 덕분에 사람들은 건강상의 경이적인 혜택을 얻었다. 일반적인 인식과는 반대로 런던의 공기는 1585년 이후 지금만큼 깨끗했던 적이 한번도 없었다.

반면에 실내 공기 오염은 대략 같은 수준을 유지하고 있다. 하지만 실내 공기 오염에는 개인의 책임이 훨씬 더 크다고 할 수 있는데, 가장 두드러진 것이 바로 흡연이다. 천식의 발생 빈도가 증가했지만, 그것은 사람들이 주택의 틈새를 모두 봉한 데다가 실내에서 보내는 시간이 훨씬 더 늘어났기 때문이다. 천식 증가는 대기 오염과 아무런 관련이 없다.

개발도상국의 대기 오염은 악화되었는데, 경제 성장의 가속화가 가장 큰 이유이다. 하지만 개도국들은 선진국들이 과거 100~200년 전에 걸었던 것과 똑같은 길을 걷고 있을 뿐이다. 시간의 흐름에 따른 환경 문제의 변화를 지켜본 결과 환경 보전과 경제적 번영은 서로 반대되는 개념이 아니라 오히려 서로 보완해주는 존재라는 사실이 밝혀졌다. 적절한 환경 보호 조치가 없으면 경제 성장의 기반이 무너지지만, 또한 경제 성장이 없으면 환경 보호 조치를 취할 수 있는 여유를 가지기가 어렵다. 따라서 개발도상국의 소득 수준이 높아지면 예전에 선진국 사람들이 그랬던 것처럼 개도국 사람들도 더 깨끗한 환경을 선택할 것이며, 그런 환경을 누릴 수 있는 여유를 갖게 될 것이라고 기대하는 것이 타당하다.

다른 한편으로 수많은 심각한 환경 문제가 사실은 그리 문제가 되지 않는다는 사실이 증명되었다. 1980년대에는 산성비가 삼림을 파괴하는 주범이라고 생각했지만, 삼림 성장에 거의 영향을 미치지 않는다는 것이 판명되었다. 다만 산성비에 취약한 일부 호수가 피해를 입었을 뿐이다. 해양은 아직 그리 심각한 피해를 입지 않았으며, 걸프전과 엑손 발데즈호 사고도 해당 지역에 장기적인 피해를 입힌 것 같지는 않다.

인간의 관점에서 본다면 연안 지역의 수질은 분명히 향상되었다. 그러나 전세계의 많은 연안과 근해역에서 바다로 흘러드는 영양 물질의 양이 점점 더 많아지고 있어 저산소 수역, 즉 산소 고갈 현상의 발생 빈도가 증가하고 있다. 이런 현상은 수중 생물에게 파괴적인 영향을 미친다. 이 문제에서 가장 중요한 부분은 녹색혁명을 가능케 해준 비료를 훨씬 더 쉽게 이용할 수 있었다는 점이다. 우리는 비료 덕분에 훨씬 적은 면적의 토지로 전세계 사람들을 먹여살릴 수 있게 되었으며, 따라서 삼림을 비롯한 자연 서식지를 개발할 필요가 크게 줄어들었다. 이런 관점에서 본다면, 영양 물질의 과잉 유입은 인류를 먹여살리고 동시에 육지의 자연 서식처인 삼림을 보전하기 위해 바다 생물을 희생시킨 응분의 대가라고 할 수 있다.

충분한 자원을 동원한다면 물 속의 산소 고갈 문제를 분명히 완화시킬 수 있다. 하지만 이런 일이 과연 제한된 자원을 가장 현명하게 사용하는 방법인지에 대해서는 여전히 의문이 남는다. 멕시코 만에서 저산소 수역을 줄인다면 많은 해양 생물의 목숨을 구할 수 있다. 그러나 이런 일을 위해서는 1년에 20억 달러 이상의 비용이 든다. 만약 이 20억 달러로 무언가 좋은 일을 하고 싶다면, 제3세계에서 적어도 3,000만 명의 목숨을 구할 수 있다는 사실 또한 생각해볼 수 있을 것이다.

하천 수질은 거의 모든 항목에서 전반적으로 개선되었다. 라인 강, 템스 강, 뉴욕 항의 용존 산소량이 늘어나 과거 20~40년 전보다 훨씬 더 다양한 동식물 종이 살 수 있게 되었다. 마지막으로 '쓰레기 처리의 위기'는 1980년대의 망상이었다. 설령 쓰레기 발생량이 계속 증가한다고 해도, 또 미국 인구가 앞으로 100년 동안 2배로 늘어난다고 해도, 한 변의 길이가 18마일도 되지 않는 정사각형의 매립지 하나로 미국에서 21세기에 발생하는 모든 쓰레기를 처리할 수 있다. 이 규모는 오클라호마 주 우드워드 카운티의 26%밖에 되지 않는다.

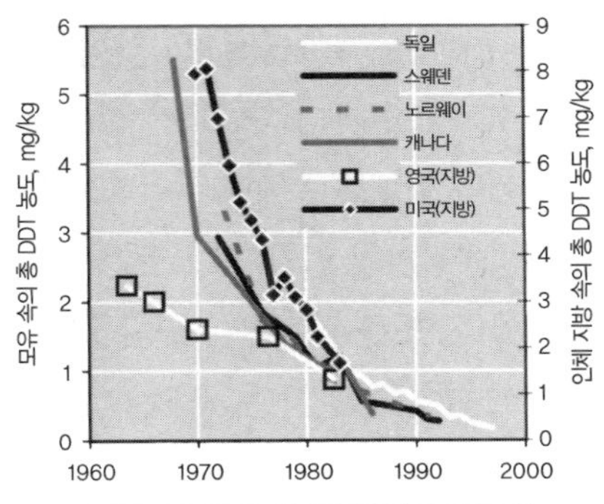

도표 116 모유와 인체 지방 속의 총 DDT 함유량. 1963~1997년. 출전: Smith 1999a, Schade and Heinzow 1998, CEQ 1989:417, Bernstam 1995: 510, HSDB 2000.[1607]

사람들을 억누르는 오염 부담은 도시에서(대기 오염의 감소), 바다에서, 육지에서, 하천에서 계속 감소하고 있다. 그런 지표의 하나가 인체의 지방과 모유에 포함된 DDT 함량이 줄어들었다는 사실이다. 도표 116을 보면, DDT의 양이 적어도 60% 감소했으며 일부 국가에서는 심지어 93% 이상 감소하기도 했다는 것을 알 수 있다. 더욱이 PCB나 HCB 같은 다른 유독성 화학물질도 똑같은 감소 현상을 나타내고 있다.[1608] 미국인의 경우 지방에 PCB가 축적된 사람의 비율이 1972년에는 68%였는데, 1983년에는 겨우 9%에 불과했다.[1609] 이것은 매우 중요한 사실이다. 한 새로운 조사 결과에 따르면, 모유 속에 PCB가 많이 포함되어 있으면 아이가 학습 장애를 일으키고 IQ가 낮아질 가능성이 있다는 것이다.[1610] 다이옥신의 수준 역시 감소하고 있다. 최근에 발간된 유럽연합의 보고서에서는

"유럽연합 회원국 내의 다이옥신 노출도가 연간 9~12%씩 감소하고 있고", 모유 속의 다이옥신 함량 역시 연간 8%씩 감소했으며, 혈액 속의 다이옥신 농도는 매년 무려 12%씩 줄어들었음이 밝혀졌다.[1611]

지금까지 인간이 그 동안 얼마나 놀랄 만한 발전을 이룩했는지 살펴보았다. 또한 식량이든 원자재든, 에너지든 가까운 장래에 자원 부족 현상이 닥칠 것 같지는 않다는 점도 살펴보았다. 생산이 지속적으로 증가하고 인류 복지가 계속 향상되는 데 있어 가까운 시일 안에 심각한 문제가 발생하지는 않을 것이라는 얘기다. 제4부에서 우리는 오염 문제 때문에 경제 성장이 지구를 파괴하고 있다고 믿을 만한 이유가 전혀 없다는 것을 알게 되었다. 사실은 이와 정반대다. 우리는 대부분의 중요한 분야에서 오염을 줄이고 환경의 질을 개선시켜왔다. 오염 문제와 관련해서도 이 세상은 살기에 더 좋은 곳이 된 것이다.

그렇지만 이제 지난 세월 동안 상당한 논의의 대상이 된 대규모 환경 문제에 대해 살펴볼 필요가 있다. 지구 온난화로 인한 기후 변화, 화학물질로 인한 부담 증가, 오존층 구멍, 종 다양성의 감소 등이 인류의 번영을 위기로 몰아갈 수 있을 만큼 심각한 문제가 될 것인가?

5부 내일의 문제들

the Skeptical Environmentalist
Measuring the Real State of the World

22 화학 약품의 공포

〈타임〉 지에 의해 20세기의 가장 영향력 있는 인물 100인 중 한 명으로 선정된 레이첼 카슨[1612]은 1962년 《침묵의 봄(Silent Spring)》을 발간해 환경 문제에 대한 대중의 의식에 시동을 걸었다.[1613] 이 책에서 그녀는 DDT와 같은 농약이 지구를 어떻게 망치고 있는지 묘사했다. 농약 때문에 어쩌면 새들의 노랫소리가 전혀 들리지 않는 침묵의 봄이 찾아올지도 모른다는 것이었다. 그녀가 예견한 미래의 모습은 다음과 같다.

> 그런데 어느 날 낯선 병이 이 지역을 뒤덮어버리더니 모든 것이 변하기 시작했다. 사악한 주문이 마을을 덮친 듯했다. 닭들이 이상한 질병에 걸렸다. 소떼와 양떼가 병에 걸려 시름시름 앓다가 죽고 말았다. 마을 곳곳에 죽음의 그림자가 드리워진 듯했다. 농부들의 가족도 앓아 누웠다. 병의 정체를 알 수 없는 마을 의사들은 당황하기 시작했다. 원인을 알 수 없는 갑작스러운 죽음이 곳곳에서 보고되었다. 이는 어른들에게만 국한된 일이 아니어서 잘 놀던 어린아이들이 갑자기 아파하더니 단 몇 시간 만에 사망하는 일이 벌어졌다.[1614]

죽음의 그림자, 사악한 주문은 바로 화학물질 시대의 시작을 가리키는 말이었다. "세계 역사상 처음으로 이제 모든 인간은 잉태되는 순간부터 죽는 순간까지 위험한 화학물질과의 접촉을 끊을 수 없게 되었다."[1615]

화학물질로 인해 대파국이 발생하고 있다는 주장을 담은 이 책은 엄청난 베스트셀러가 되면서 미국뿐만 아니라 전세계로 불길한 메시지를 퍼뜨렸다.[1616] 그 메시지는 화학 약품이 새와 벌에게만 해를 끼치는 것이 아니라, 앞의 인용문에도 분명히 드러나듯이 우리 자신과 아이들까지도 죽일 수 있다는 것이었다. 이 메시지는 카슨의 유훈으로 이후 환경 운동의 중요한 지주가 되었다. 오늘날까지 우리 뇌리 속에 깊이 박혀 있는 화학 약품에 대한 두려움이 곧 그것이다.[1617]

화학 약품, 특히 농약에 대한 카슨의 집착—그녀는 농약에 '죽음의 묘약'이라는 화려한 이름을 붙였다[1618]—은 이후 오랫동안 신문의 1면을 장식한 화학 약품에 대한 공포의 배경이 되었다.[1619] 러브 커낼(Love Canal) 사건이나 타임스 비치(Times Beach) 사건처럼 가장 악명 높았던 일부 이슈들은 대중적인 상징물이 되기까지 했다. 사건의 과학적 근거가 다소 빈약하다는 것이 나중에 밝혀졌는데도 말이다.[1620] 〔러브 커낼은 미국의 나이아가라 폭포 인근에 위치한 소규모 폐운하 지역으로 1900년대 중반에 한 화학회사가 폐기 화학물질을 철제 드럼통에 넣어 매립한 장소이다. 나중에 그 회사는 그 일대의 땅을 나이아가라 시 교육위원회에 기증했는데, 몇 년이 지나 지역 주민들에게 피부병 · 심장 질환 · 천식 · 간질 · 뇌졸중 · 두통 등과 같은 질병이 자주 나타났다. 1976년 대홍수 이후에는 가로수와 정원의 꽃들이 죽어갔으며, 아이들이 수영하던 연못에서는 유해 화학물질이 다량으로 검출되었다. 결국 1978년 뉴욕 주 보건 당국이 대대적인 조사에 착수했고, 그 결과 이 지역 여성의 유산율이 다른 지역에 비해 4배나 높다는 사실이 밝혀졌다. 또한 1973년부터 1978년 사이에 출생한 어린이 16명 중 9명이 정신박약, 심장 및 신장 질환 등 선천적 기형아라는 것도 알려졌다. 결국 미국 EPA는 1978년 8월에 이 지역을 환경 재난 지역으로 선포하고 이곳에 거주하던 238가구를 이주시켰다. 미국 정부는 이 지역의 유독성 화학물질 제거 작업에 1억 달러 이상을 지출했으며, 이 사건을 계기로 1980년 특별기금법(Super Fund Act)을 제정, 러브 커낼과 같은 유해 지역에서 발생하는 문제를 신속히 처리하기 위해 160억 달러(약 19조 원) 상당의 연방 기금을 조성했다. 미주리 주의 작은 마을 타임스 비치에서는 다이옥신에 오염된 토양이 문제가 되었는데, 역시 연방 정부는 수천만 달러를 들여 지역 주민을 이주시키고 일대의 토양을 모두 수거해 소각 처리했다 – 옮긴이]

카슨은 화학 약품이 동물과 인간에게 얼마나 다양한 영향을 미치는지 설명했다. 그 중에서도 가장 두드러진 위험은 화학 약품에 대한 최종적인 결론을 내렸던 마지막 장의 제목처럼, '네 명 중 한 명'의 목숨을 앗아가는 암이었다.[1621] 카슨은 농약 사용의 증가와 암 발병률 증가 사이의 관련 가능성을 지적하면서 대중적 관심의 초점에 암이라는 이슈를 던져놓았던 것이다. 암을 특히 강조한 주장은, 당시 암에 대한 새로운 연구 결과들이 막 쏟아져나오던 세태와 함께, 개청(開廳) 이후 관료적 독립성을 확립하고자 열망하던 환경보호청의 의도와 맞물려 암 문제를 환경 규제의 주요 쟁점 중 하나로 만들어버렸다.[1622]

바로 이런 이유로 '환경 · 암 · 농약', 이 세 가지가 이상하게 한데 뭉뚱그려졌는데 이런 현상은 오늘날까지도 그대로 유지되고 있다. 2000년 2월 환경 보존에 찬성하는 유권자연맹교육재단(League of Conservation Voters Education Fund)은 환경과 관련해 가장 우선적으로 해결해야 할 과제에 대해 미국인의 의견을 묻는 여론 조사를 실시한 적이 있다. 응답자들이 선정한 가장 중요한 5개 항목 중에서 3개 항목이 유독 물질 규제와 관련된 내용이었다. 식수 안전성 확보, 유독성 폐기물 처리, 농약 규제 강화 등이 바로 그것이다.[1623] 그리고 나머지 2개 항목은 청정한 대기의 조성과 깨끗한 수로의 확보였다. 여기에서 청정한 대기에 대한 요구 역시 암 사망률에 초점을 맞췄기 때문에 앞의 유독 물질 규제와 어느 정도 관련되어 있었다. 정기적으로 실시되는 갤럽 여론 조사에서도 역시 1990년대 내내 유독성 폐기물, 대기 오염, 수질 오염이 가장 중요한 환경 관련 문제라는, 비슷한 조사 결과가 나왔다.[1624]

그런데 이런 조사 결과들이 서로 얽히면서 문제를 점점 더 부추기고 있다. 점점 늘어만 가는 암 관련 연구들은 이런저런 물질이 암을 유발한다는 결과를 연일 쏟아놓고 있으며, 그 와중에 우리는 암 발병률이 계속해서 증가하고 있다는 얘기를 자주 듣곤 한다. 따라서 우리는 암이 도처에서 횡행하고 있다고 믿는 경향이 있다. 그 결과 환경이 악화되고 있다는 믿음 또한 점점 더 확고해진다. 이런 연결고리는 반대 방향으로도 힘을 발휘한다. 즉 환경이 점점 더 악화되면서 사람들의 건강이 심각한 영향을 받고 있다는 뻔한 이야기가 이미 유포되어 있기 때문에 암 발병률 증가의 가설이 점점 더 현실로 다가서게 되는 것이다.

언론은 암이 만연하고 있다는 주장으로 가득 차 있다.[1625] 〈총체적 건강(Total Health)〉이라는 잡지는 아예 "암이 만연하는 현재 상황"에서 대중을 구출해야 한다고 말한다.[1626] 〈미국 공중 보건 저널〉에 실린 한 논문은 비록 사람들이 노출되는 유독 물질의 종류가 많고 통계를 해석하기 어렵지만, "미국에 암이 만연하고 있다는 점은 확실하다"고 단언하기까지 한다.[1627] 심지어 세계보건기구의 사무총장을 역임한 그로 할렘 브룬트란트 박사조차도 "암과 같은 비전염성 질병들이 새로이 물밀듯이 밀려오기" 때문에 자신의 단체에 더 많은 자금을 주어야 한다는 주장을 펼쳤다.[1628] 월간지 〈중년 여성(MidLife Woman)〉은 "암이 전세계적으로 계속 맹위를 떨치고 있다"고 우리 면전에서 마치 고함치듯 주장하기도 한다.[1629]

암이 만연하게 된 것은 농약으로 인한 오염이 증가했기 때문이라는 것이 이들의 주장이다. 저명한 환경보호 단체인 시에라 클럽(Sierra Club)은 다음과 같은 자문자답을 펼친다. "그토록 많은 사람들이 암에 걸리는 이유가 무엇인가? 암을 유발하는 발암성 물질이 공기 중으로, 물 속으로 연간 수백만 파운드씩 합법적으로 배출되는 것이 아마도 그 이유 중 하나일 것이다."[1630] 월간지 〈중년 여성〉은 "암 발생과 세균 감염, 면역 체계 기능 장애(천식 · 알레르기 · 루푸스)가 증가하는 것은 점점 더 오염되고 있는 환경 때문"이라고 자신 있게 주장한다.[1631] 〈환경 매거진(Environmental Magazine)〉은 유기농법으로 재배한 농산물이 좋은 것은 기존 방법으로 재배한 농산물에 비해 미네랄을 2배나 더 많이 함유하고 있기(이것은 틀린 얘기다[1632]) 때문만은 아니라고 말한다. "그런 농산물은 또한 환경보호청이 세 번째로 중요한 발암 원인으로 꼽고 있는 농약으로부터 자유롭다"[1633](다음에서 거론하겠지만 이 주장 역시 틀렸다)는 것이다.

농약이 암을 만연시킨다는 주장을 가장 분명히 요약한 것은 아마도 코넬 대학교 피멘텔 교수의 저 유명한 논문일 것이다. 우리는 이 논문을 제1부에서 이미 살펴보았다. 피멘텔은 자신이 제시한 수치에 담배와 영양실조가 압도적인 영향을 미쳤다는 사실을 무시한 채 첫 문장에서부터 자신 있게 단언한다. "우리 계산에 의하면 전세계 사망자의 약 40%가 여러 가지 환경 요인, 특히 유기 화학물질과 유독성 화학물질로 인해 목숨을 잃는다고 추정된다."[1634] 이 메시지는 월간지 〈사이콜로지 투데이(Psychology Today)〉에서 훨씬 더 단순하게 되풀이되었다. "전세계 사망자의 40%가 오염과 기타 환경 요인으로 목숨을 잃는다."[1635] 그리고 미국 질병통제센터(CDC)의 회보에서는 피멘텔의 논문이 핵심적인 한 문장으로 간결하게 요약되어 있다. 오염의 증가가 "피할 수 없는 단 하나의 결론, 즉 지구에서의 삶이 우리를 죽이고 있다는 결론으로 이어진다."[1636]

이렇게 연속적으로 쏟아지는 엄청난 규모의 정보 때문에 우리가 건강을 결정하는 가장 중요한 요소를 스스로의 행동거지가 아닌 환경의 영향이라고 믿게 된 것도 무리가 아니다. 1990년 실시된 한 여론 조사에서는 미국인들에게 건강과 관련된 2개의 범주를 제시하고, "사람들에게 건강 문제를 일으킨다는 점에서" 어떤 것이 더 심각한지를 물었다. 즉 "대기 오염, 수질 오염, 화학 폐기물 오염 등과 같은 환경 문제"와 "식습관, 흡연, 음주, 스트레스 등과 같은 개인적인 습관" 중에서 하나를 고르라는 것이었다.[1637] 그런데 응답자의 44%가 환경이 더 중요하다고 대답한 반면, 개인적인 습관을 선택한 사람은 34%에 불과했다.[1638] 1985년에는 환경이 건강을 결정하는 가장 중요한 요인이라고 믿는 사람의 비율이 38%였다.[1639]

사람들은 환경이 우리 건강에 어쩌면 가장 중요한 영향을 미치는 요인이며, 암이 유행병처럼 증가하고 있다고 믿는다. 그리고 환경을 오염시키는 바로 그 화학물질이 암의 증가에 커다란 역할을 했다고 생각한다.

그러나 이런 뻔한 이야기의 속설을 뒷받침해주는 증거는 거의 없다.

암 사망률

암은 아마도 서구 사회가 가장 두려워하는 질병일 것이다.[1640] 따라서 암이 수많은 허구적 통념에 둘러싸여 있는 것도 그리 놀라운 일은 아니다. 그런 통념 중에서 가장 널리 퍼져 있는 것은 암이 만연하고 있다는 생각이다.

암과 관련된 논의에서 문제가 되는 것은, 가히 사람들을 경악시킬 수 있는 통계 수치를 골라내기가 대단히 쉽다는 점이다. 도표 117에서는 미국의 암 사망률을 설명하는 여러 가지 방법을 볼 수 있다. 첫 번째 방법은 총 사망자 수를 살펴보는 것이다. 1950년에는 모든 종류의 암으로 인한 사망자 수가 약 21만 1,000명이었던 반면, 1998년에는 54만 명 이상이었다. 사망자 수가 150% 이상 증가한 것이다. 물론 같은 기간 동안 미국 인구도 급격히 증가했다.[1641] 인구가 2배 증가했다면 암으로 인한 사망자 수도 2배로 증가했을 것이라고 당연히 예상할 수 있다. 만약 이런 점을 언급하지 않으면 수치의 급격한 증가가 놀라울 수밖에 없다.

따라서 암과 관련된 문제를 더 정확히 표현하려면 실제 사망자 수 대신 사망률을 검토해야 하는데, 대개 인구 10만 명당 암 사망자 수를 나타낸 비율이 사용된다. 도표 117을 보면 이 비율이 1950년 140명에서 오늘날 200명으로 증가했음을 알 수 있다. 따라서 1998년을 기준으로 삼는다면, 인구 10만 명당 암 사망자 수가 1950년에 비해 연간 60명이 더 많은 셈이다. 암 사망률이 43% 증가한 것이다.

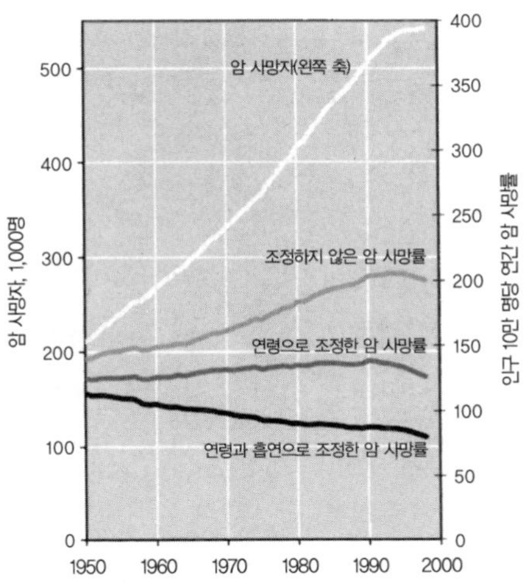

도표 117 미국 암 사망률 통계. 1950~1998년. 총 사망자 수, 연령 구조를 감안하지 않은 암 사망률, 연령 구조를 감안하여 조정한 암 사망률, 연령과 흡연 여부를 감안하여 조정한 암 사망률 등으로 표시하였다. 연령 구조는 세계 인구 표준에 맞추었다. 출전: WHO 2000d, CDC 2001a, HHS 1997:77, 140, Peto et al. 1992, 1994.

사실 1900년에는 암으로 죽는 사람이 10만 명당 64명에 불과했다. 따라서 오늘날에는 연간 인구 10만 명당 사망자 수가 그때보다 136명 더 늘어난 셈이다. 213% 증가한 것이다.[1642] 그러나 이 수치를 보고 20세기에 암이 폭발적으로 증가했다는 결론을 내리기 전에, 이 기간 동안 다른 어떤 일들이 일어났는지 먼저 생각해보아야 한다.

암은 거의 전적으로 노년에 발생하는 질병이다. 25세 이전에 암에 걸리는 사람의 비율은 인구 10만 명당 약 4명에 불과하다. 그 후 10년을 더 산 사람의 경우에는 이 비율이 3배로 늘어 12명이 된다. 그리고 그 이후로 10년이 지날 때마다 3배씩 늘어 50세에 이르면 400명이 되고, 그 20년 후에는 또 다시 3배가 늘어 1,350명이 된다.[1643] 따라서 인구 집단의 평균 나이가 많아지면 암 사망자 수는 자연히 늘어난다. 사실 이런 현상은 그리 놀라운 일이 아니다. 1900년에는 젊은이들이 결핵, 독감, 폐렴, 기타 여러 가지 전염병으로 죽어갔다(도표 20). 오늘날에는 이런 전염병으로 목숨을 잃는 경우가 별로 없으므로 사람들의 평균 연령이 훨씬 높아졌다. 그런데 사람은 언젠가는 무슨 이유로든 죽게 마련이므로 심장병과 암으로 죽는 사람이 늘어날 수밖에 없다. 1900년에 미국인의 평균 연령은 26세였지만 1998년에는 36세였다.[1644)]

따라서 인구 집단의 나이가 많아질수록 암 발생 빈도가 증가하는 것은 암에 걸릴 위험이 더 높아졌다는 징조가 아니라, 단순히 더 많은 사람이 전염병을 이기고 살아남아 암에 걸릴 위험도가 더 높은 연령대까지 이르렀기 때문일 수 있다. 이런 문제는 통계학적인 조정을 통해 인구 집단의 연령대를 균일하게 조정함으로써 해결할 수 있다. 다시 말해 통계학적 처리를 하면 인구의 연령 분포가 변하지 않았을 경우 암으로 인한 사망률을 추정해볼 수 있다. 조정 과정에는 보통 1970년 당시의 미국 인구 혹은 세계 인구를 기준으로 선택한다(세계 인구를 기준으로 삼으면 국가 사이의 비교가 더 쉽다). 도표 117에는 통계학적 조정을 거친 암 사망률이 제시되어 있다. 이 비율은 미국의 인구 분포가 1970년 전세계 인구의 전형적인 연령 분포와 같다고 가정했을 경우 예상되는 암 사망률이다. 여기서 우리는 연령대를 감안해 조정한 암 사망률이 아주 조금밖에 증가하지 않았다는 것을 알 수 있다. 암 사망률은 처음 125명에서 1983년에는 136명으로 늘었다가 1998년에 다시 126명으로 줄었다. 처음에는 9% 증가했다가 이제는 겨우 1% 증가한 수준에서 머무르고 있는 셈이다. 현 시점까지는 물론 암이 증가했다. 연령에 따른 수치 조정이 있은 뒤에도 매년 암으로 목숨을 잃는 사람의 수가 1% 증가한 것이다.

그렇지만 연령대 조정을 거친 암 사망률이 소폭 증가세를 보인 가장 큰 이유는 바로 폐암의 증가이다. 그리고 우리는 폐암의 증가가 거의 전적으로 흡연자 증가에 기인한 것임을 잘 알고 있다.[1645)] 세계보건기구는 비흡연자의 암 사망률을 이용해, 흡연이 원인이 되어 발생하는 폐암 및 기타 다른 암으로 인한 사망률을 추정해보았다. 오늘날 폐암 발생의 가장 커다란 원인은 흡연(약 91%)이다.[1646] 흡연과 관련된 폐암 발생 건수는 흡연과 관련된 모든 암 발생 건수의 약 70%를 차지한다.[1647] 따라서 연령대를 조정한 암 사망률에서 흡연으로 인한 암 사망률을 제거하면, 인구 집단의 연령대와 과거 흡연 패턴을 모두 고려해 조정한 암 사망률을 얻을 수 있다. 이 최종적인 비율이 도표 117에 제시되어 있는데, 이 비율은 인구 집단의 평균 연령이 높아지지 않고 흡연자가 하나도 없을 경우 미국의 암 사망률을 나타낸 것이다. 이 그래프를 보면 1950년부터 1998년까지 암 사망률이 거의 30%나 줄어드는 현저한 감소 추세를 보였다는 것을 알 수 있다.

이와 동시에 암 이외의 다른 사망 원인, 특히 혈관 질환으로 목숨을 잃는 사람의 수도 줄고 있다. 평균 기대 수명이 높아지고 있는 것은 바로 이런 이유 때문이다. 미국에서 암을 제외한 다른 모든 요인으로 인한 사망 위험도를 연령대를 감안해 조정하면 1955년부터 1995년까지 남성의 사망률은 40%, 여성의 사망률은 45% 감소했다.[1648] 전체 선진국에서 암과 무관한 사망률은 남성의 경우 37%, 여성의 경우에는 47% 감소했다.[1649]

이런 증거들을 모두 감안하면 비흡연자가 암으로 사망할 위험이 전반적으로 줄었을 뿐만 아니라 다른 질병으로 사망할 위험성 역시 계속 줄어들고 있음이 일관되게 나타난다. 현실 속에서 암은 유행병처럼 만연하고 있는 게 아니다.

따라서 암에 대한 공포는 사망자 수의 절대 수치나 인구의 연령 분포를 감안하지 않은 암 사망률처럼 순전히 잘못된 지표에 근거해 유포된 것이라는 사실이 중요하다. 그런데 레이첼 카슨은 1950년부터 1960년까지 백혈병이 "불안할 정도로 급속히 증가하고 있다"고 걱정하면서 이런 틀린 지표들을 기준으로 만들어버렸다.[1650] 카슨은 1950년의 사망자 수 8,845명과 1960년의 사망자 수 1만 2,725명을 단순 비교해 사망자가 43%나 증가했다는 결론을 내렸다.[1651] 이런 결론이 도표 118에 역시 제시되어 있다.

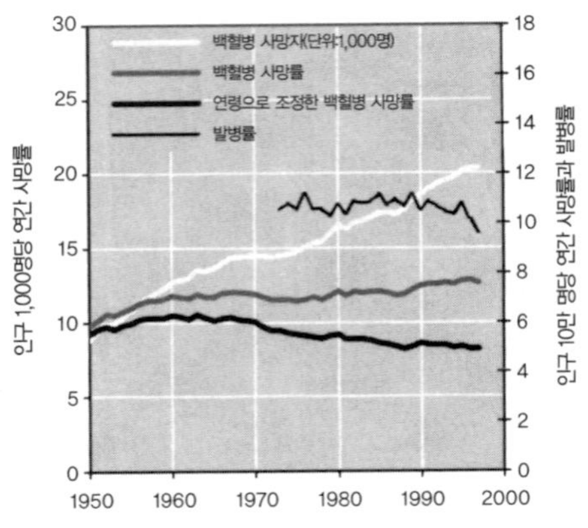

도표 118 미국의 백혈병 사망률과 발병률 변화. 1950~1997년. 총 사망자 수, 연령 구조를 감안하지 않은 암 사망률, 연령 구조를 감안하여 조정한 사망률과 발병률로 각각 표시하였다. 사망률 추정에 있어서는 연령 구조를 세계 인구 표준에 맞추어서 조정했고 발병률 추정에 있어서는 1970년 미국 인구 구조에 맞추어서 조정했다. 출전: WHO 2000d, SEER 2000b.

그녀 주장의 요점은 사망자 수의 절대치가 매년 4~5%씩 증가하고 있다는 것이다(실제 증가율은 3.7%였다). 그녀는 다음과 같은 수사학적인 질문을 던졌다. "이것이 무엇을 의미하는가? 사람들이 점점 더 빈번히 노출되고 있는, 우리 환경 속에 새로 나타난 치명적인 물질은 과연 무엇인가?"[1652]

그녀는 자신의 주장을 뒷받침하기 위해 조사망률(crude death rate, 연간 총 사망자 수를 당해년도의 총 인구 수로 나눈 수치를 1,000분비로 나타낸 비율이다 – 옮긴이) 추정치를 제시했는데, 여기에서도 1950년부터 1960년까지 사망률이 20% 증가했다. 당연히 그녀는 연령에 따라 조정한 사망률을 제시하면서 자신의 주장을 펼쳐야 했다. 조정한 사망률의 증가폭은 13%로 20%에 비해 훨씬 덜 걱정스럽게 들린다. 자료를 좀더 살펴보면(카슨은 당연히 이후 자료를 살펴볼 수 없었을 것이다), 1974년의 백혈병 사망률은 1950년의 수준으로 다시 떨어졌으며 1997년까지 11% 더 감소했다. 사실 1973년, 체계적인 자료 수집이 시작된 이후로 암 발병률은 약 9% 감소했다.

백혈병의 원인은 아직도 분명히 밝혀지지 않았지만 카슨이 합성 화학물질만을 범인으로 지목한 것은 잘못일 가능성이 크다.[1653] 백혈병은 두 단계 과정을 거쳐 발병하는 것으로 보인다. 첫째, 자궁 속에서 보기 드문 염색체 재조합이 이루어진다. 이 현상이 유해 화학물질의 간섭에 의해 야기될 수도 있지만, 대개는 성기에 난 수포를 치료하기 위해 사용한 수지,

중국산 한약제, 간장에서 발견되는 제네스타인(genestein), 적포도주에 사용한 향료, 양파를 비롯해 몇 가지 식품류 등 천연 물질과 벤젠이나 퀴놀린계(quinoline) 항생제 같은 합성 화학물질이 원인이라고 할 수 있다.[1654] 뿐만 아니라 알코올의 대사산물도 염색체 재조합을 일으키는 것으로 추정되는데, 이는 임신 중의 알코올 섭취와 백혈병 사이에 관련성이 관찰되고 있다는 사실을 설명해준다.

그러나 백혈병 발병에는 방아쇠 역할을 하는 또 다른 요인이 필요하다. 수많은 연구 결과들은 희귀한 감염증이 여기에서 일익을 담당한다는 사실을 보여준다. 인구밀도가 높은 곳에서는 백혈병의 발생 빈도도 높다.[1655] 더욱이 인구의 뒤섞임이 심한 곳에서 백혈병이 증가하는 경우도 많이 관찰되었다. 한 유명한 연구는 도시 사람들이 시골로 피난가야 했던 제2차 세계대전 중의 영국에서, 시골에 머무르는 도시 사람들의 수가 많을수록(이 경우 감염 기회가 늘어나는 것으로 생각된다) 시골의 백혈병 발병률이 높아졌음을 보여주었다.[1656] 따라서 카슨이 제시한 1950년부터 1960년까지의 백혈병 증가 추세는 그 당시 미국의 도시화 비율이 증가했기 때문에 발생한 현상에 불과한 것인지도 모른다. 1950년부터 10년 동안 미국의 도시화 비율은 64%에서 70%로 증가했다.[1657]

도표 119에 나타난 미국의 주요 암 사망률을 살펴보면 폐암, 특히 남성의 폐암 발병률이 대단히 높다는 사실이 가장 뚜렷하게 드러난다. 남성의 경우 폐암은 1953년부터 모든 암 중에서 가장 두드러진 사망 원인이 되고 있다. 여성의 경우에는 1986년에 이르러 폐암이 유방암을 앞질렀다. 폐암의 증가는 흡연과 밀접하게 관련되어 있다. 우리는 각각 100만 명 이상을 대상으로 실시한 세계 최대 규모의 암 관련 연구 두 건을 통해 비흡연자의 폐암 발병률이 대단히 낮은 수준에서 안정적으로 유지되고 있다는 사실을 잘 알고 있다.[1658] 사실 평균적인 흡연자가 폐암에 걸릴 위험은 비흡연자에 비해 10배나 높으며, 남성 흡연자의 경우에는 한 번도 담배

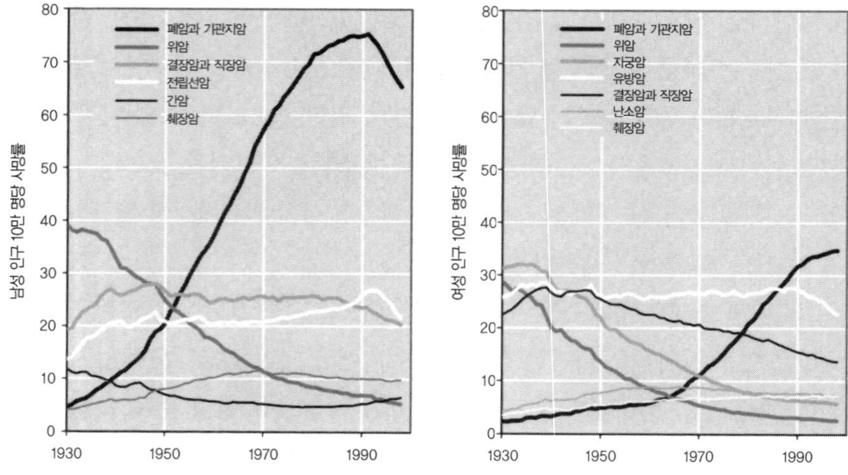

도표 119 미국 남성과 여성의 암 사망률 변화. 1930~1998년. 1970년 미국 인구의 연령 구조를 감안하여 사망률을 조정했다. 출전: ACS 1999, CDC 2000b, 2001a.

를 피운 적이 없는 남성에 비해 폐암으로 사망할 위험이 23배나 더 높다. 여성 흡연자의 경우에는 사망 위험이 13배 높다.[1659]

흡연은 20세기 전반기 동안 급격히 증가했다. 담배 소비량은 1900년에 1인당 연간 54개비에서 1960년대에는 4,345개비로 증가했으며 이후에는 계속 감소해 1998년에는 2,261개비(1942년과 같은 수준)로 줄었다.[1660] 흡연자의 비율은 1965년 42%에서 1997년에는 25%로 감소했으며, 남성 흡연자의 비율은 1955년의 54%에서 꾸준히 감소해 1997년에는 28%로 낮아졌다. 그러나 여성 흡연자의 비율은 1955년 24%에서 1965년에는 35%로 증가했다가 그 이후 감소하기 시작해 1997년에 이르러 22%로 낮아졌다.[1661]

이 정보들을 바탕으로 도표 120이 만들어졌는데 여기에는 미국 남녀의 담배 소비량과 암 사망률이 함께 제시되어 있다. 이 그래프를 살펴보면 흡연이 암 발생에 얼마나 큰 영향을 미치는지 분명히 알 수 있다. 남자는 20세기 초부터 담배를 많이 피우기 시작해 1960년경에는 하루 소비량이 평균 16개비 이상(전체 담배 소비량을 남성 비흡연자를 포함한 모든 남성의 수로 나눈 평균치)으로 절정에 이르렀다. 이런 추세와 함께 남성이 폐암에 걸리는 비율도 역시 증가해 처음에는 인구 10만 명당 약 5명이던 것이 1991년에는 75명으로 절정에 이르렀다가 그 후에야 비로소 다시 감소하기 시작했다(이번에도 역시 비흡연자가 포함된 수치다). 한편 여성은 흡연 규모가 남성만큼 과도했던 적이 한 번도 없었는데, 여성의 담배 소비량은 1970년대 중반에 하루 9개비로 절정에 이르렀다가 그 후부터 감소했다. 여성이 폐암에 걸리는 비율은 1950년의 2.3명에서 34명 이상으로 증가했으며 아직도 계속 늘어나고 있다. 하지만 이 비율은 곧 안정세로 접어들 것 같다.

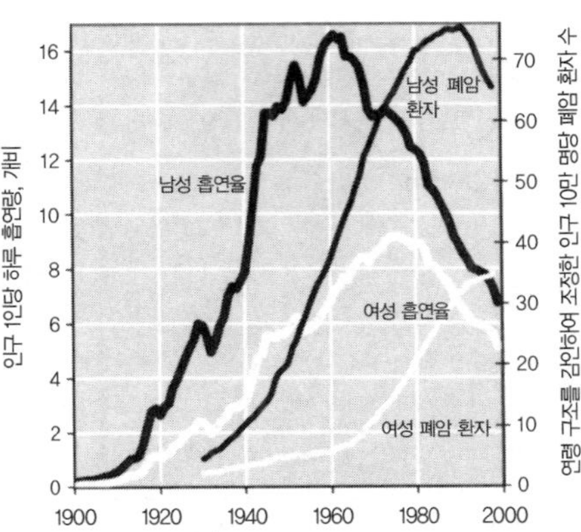

도표 120 미국 성인 남녀의 담배소비량과 폐암 환자 수의 상관 관계.[1662] 1900~1999년. 출전: CDC 1997b:6-7, 8, 21, 35, 2000b, 2001a, ERS 2000a:4, ACS 1999.

여성의 경우 두 번째로 중요한 위치를 차지하는 암은 유방암이다. 유방암에 대해서도 유방암 사망자 수가 폭발적으로 증가하고 있다는 통념이 널리 퍼져 있다. 대중적으로 널리 알려진 한 논문은 "유방암 및 생식기와 관련된 모든 암이 300%나 증가했다"고 주장하기도 했다.[1663] 그러나 설령 사망자의 절대수를 살펴보더라도 이런 주장을 뒷받침할 만한 증거는 발견되지 않는다. 1950년부터 1998년까지 연간 유방암 발생 건수는 1만 9,000건에서 4만 2,000건으로 120% 증가했다.[1664] 그러나 이미 알고 있듯이 수치를 이런 식으로 살펴보는 것은 정확한 정보를 얻는 데 그리 유용한 방법이 아니다. 우선 미국의 여성 인구가 1950년에 비해 58% 증가한 데다가 인구의 연령대도 높아졌다. 유방암에 걸릴 위험은 나이가 들수록 급격히 증가한다.[1665]

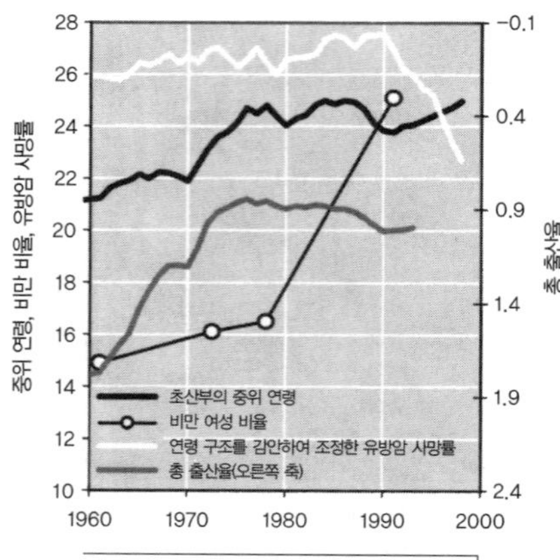

도표 121 유방암 발병을 촉진하는 위험 요인들의 변화. 1960~1998년. 초산부의 중위 연령, 총 출산율(평균적인 어머니들이 낳는 여아의 수), 인구 중 비만 비율, 연령에 따라 조정한 유방암 사망률. 출전:NCHS 1999a:223, 1999b: 13, 6, Ventura et al. 1998:12, 2000:26, ACS 1999, CDC 2000b, 2001a.

도표 119에 제시되어 있는, 연령대를 감안한 유방암 사망률을 살펴보면 유방암이 폭발적으로 증가한 것은 아니라는 사실을 분명히 알 수 있다. 유방암 사망률은 1990년까지 25~27명 수준에서 거의 안정되어 있다(잠시 후에는 발병률을 살펴보겠다). 그러나 도표 121의 상세한 그래프에서 볼 수 있듯이 사망률은 1960년부터 1990년까지 약 6% 정도 소폭 증가했다. 하지만 이것은 그리 놀라운 일이 아니다. 연령대가 높아졌다는 것 이외에도 다른 위험 요인이 많이 알려져 있기 때문이다.[1666) 그런 요인 중에 가장 중요한 것은 여성들이 아이를 점점 더 늦게 낳고 점점 더 적게 낳는다는 것이다. 30세가 넘어 첫아이를 갖는 여성이나 아이를 한 번도 가진 적이 없는 여성이 유방암에 걸릴 위험성은 20세 이전에 첫아이를 낳은 여성에 비해 2~3배나 높다.[1667) 그런데 초산부의 중위 연령(median age)은 1960년 이후 21.15세에서 25세로 상승했다. 교육이나 직장 문제 때문에 출산을 미루는 여성이 계속 늘고 있기 때문이다.[1668)

늦게 첫아이를 갖는 것 외에도 아이를 점점 더 적게 가지면서 유방암에 걸릴 가능성 역시 증가하는 것 같다. 도표 121에서 볼 수 있듯이 여성 1명당 자녀 수는 1960년부터 1975년 사이에 감소했다(그래프의 수치가 위로 올라갈수록 작아진다는 사실에 주의해야 한다). 평균적인 어머니가 낳는 여자 아이의 수(총 출산율)는 1960년 1.8명에서 1976년에는 불과 0.85명으로 떨어졌으며, 그 이후로는 1명 수준에서 안정세를 유지하고 있다.

마지막으로, 유방암에 걸릴 위험도는 체중에 비례한다.[1669] 그런데 미국 여성의 비만율이 그 동안 급격히 증가했다. 1960~1962년에 실시한 제1차 전국건강검진조사(NHANES, National Health and Nutrition Examina-tion Survey)에서는 여성의 14.9%만이 비만으로 간주된 반면, 1988~1994년의 제4차 조사에서는 이 비율이 25.1%로 증가했다.[1670]

알코올과 같은 다른 위험 요인도 유방암의 위험을 증가시키는 것 같다. 그러나 알코올 소비량 증가에 대한 증거가 모호하고 또 어떤 증거들은 서로 상충되기도 한다.[1671] 스트레스는 유방암의 위험을 증가시키지 않는 것으로 보인다.[1672] 조산아로 태어난 여성이 유방암에 걸릴 위험이 더 높을 수 있는데, 요즘은 조산아의 생존 비율이 높아졌기 때문에 이런 요인 역시 유방암 발병률을 높일 것이다.[1673] 이 밖에 유전적 요인도 한몫을 한다(자매와 어머니가 유방암 경력이 있는 여성의 경우 유방암에 걸릴 위험성은 6배까지 증가한다).[1674] 그렇지만 유전적 요인은 전체 유방암 환자의 5~10%에만 해당되고, 유전적 요인의 변화가 지난 40년 동안 유방암 발생의 위험성을 변화시켰을 것이라고 믿을 만한 근거는 별로 없다.

요약하자면, 1990년까지 유방암 사망률이 소폭 증가한 이유는 출산 지연, 자녀수 감소, 비만 여성의 증가 등으로 충분히 설명할 수 있다. 그런데 이런 요인들은 모두 개인적인 결정과 관련된 것이지, 결코 주위 환경 속에서 발견되는 치명적인 화학물질과 관련된 것이 아니다. 1980년대 중반 이후에 미국 · 영국 · 캐나다 등에서는 유방의 종양 유무를 살펴보기 위한 정기적인 검사와 비스테로이드성 항에스트로겐(tamoxifen, 폐경기 여성의 유방암 위험 완화와 치료를 위해 사용하는 의약품의 일종－옮긴이) 치료가 시행되었는데, 이런 나라에서는 모두 유방암 사망률이 현저한 감소 추세를 보이고 있다.[1675] 새로 발표된 한 연구는 최근 나타난 유방암 사망률의 감소 추세가 앞으로도 계속 이어질 것이라는 결론을 내리고 있다.[1676]

도표 119에서 위험도가 증가하는 것으로 나타난 주요 암 중에서 마지

막으로 남은 것이 남성의 전립선암이다. 1950년 이후 전립선암은 약 8% 증가했다. 전립선암은 원래 노년에 생기는 질병으로 전립선암 진단을 받은 환자들의 중위 연령은 72세다.[1677] 전립선암의 발생에는 많은 원인이 중요한 역할을 하는 것으로 보이는데, 이제까지의 연구 결과에 의하면 특히 동물성 지방의 섭취량과 전립선암의 위험도 증가 사이에 상당한 관계가 있는 듯하다.[1678] 상관 관계가 아직까지 완전히 밝혀진 것은 아니지만, 미국 국립보건원(NIH)은 "전립선암 발생에 식단이 중요한 역할을 한다는 증거가 지난 10년 동안 증가했다"[1679]고 지적했다.

더욱이 혈중 전립선 특이항원(PSA, prostate-specific antigen) 검사라는 새로운 검사 방법이 1987년 도입된 후부터 급속히 확산되고 있다. 이 검사 덕분에 아직 증세가 드러나지 않은 전립선암이 많이 발견되었고, 따라서 사망 원인에 오해의 소지가 있는 사람들이 사망자 명단에 포함되어 그 수가 크게 늘었다. 1999년 미국 국립암연구소(National Cancer Institute)가 발표한 한 연구는 최근 사망률 변동의 중요한 이유 중 하나가 바로 이것일지도 모른다는 의견을 내놓았다.[1680] 그러나 장기적인 관점에서 본다면 PSA는 향후 전립선암 사망률을 더욱 떨어뜨릴 가능성이 크다.[1681]

나머지 주요 암의 사망률은 전반적으로 감소하는 추세다. 그 중에는 도표 119에 나타나 있듯이, 조사 기간인 70년 동안 사망률이 급격히 감소한 이후 거의 그대로 유지되는 경우도 있다. 남성의 경우에는 결장암과 직장암이 1948년 이후 26% 감소한 반면 여성의 감소율은 약 51%에 이르렀다. 더욱이 여성의 경우에는 자궁암도 81%나 감소했다. 가장 극적인 감소 추세를 보인 것은 위암으로 남성은 84%, 여성은 91%나 감소했다. 신선한 과일과 채소를 구하기가 더 쉬워지고, 냉장고 덕분에 식품 보관 방법이 크게 개선되었으며, 또 헬리코박터 파일로리균(Helicobacter pylori)의 감염이 줄어드는 등 식사 습관의 개선이 이런 변화를 불러왔을 가능성이 매우 크다.[1682]

따라서 연령과 흡연 습관을 감안해 조정한 암 사망률은 감소하고 있다. 사망률이 증가한 소수의 암에 대해서도 이제 상당히 많은 사실이 알려져 있으며 사망률에서 선두를 차지하던 암의 대다수가 감소하고 있다.[1683] 이런 사실은 암이 폭발적으로 증가하고 있다는 전형적인 언론 보도와는 매우 거리가 멀다. 세계보건기구의 흡연에 관한 연구에서 대표 저자를 맡은 학자는 다음과 같은 결론을 내렸다.

> 선진국에서 암으로 인한 사망이 유행병처럼 번지고 있다는 일반적인 믿음은 담배의 영향과 관련된 것을 제외하고는 모두 허구이다. 많은 나라에서 흡연으로 인한 암 사망자 수가 증가하고 있지만 마침내 그 수가 감소하기 시작한 곳도 있다. 그러나 담배로 인한 암 사망자 수를 제외한 나머지 다른 암 사망률에 특징이 있다면, 그것은 사망률이 전반적으로 감소하고 있다는 것이다. 이런 추세가 서유럽, 동유럽, 북아메리카 등에서 모두 나타나고 있다는 것은 고무적인 일이다. 더욱이 '서구'에서는 다른 질병으로 인한 사망률도 급속히 떨어지고 있다. 대부분 비흡연자의 경우, 현대 사회가 제공하는 건강상의 혜택은 새로 등장하는 위험 요소들을 압도하고 있다. 담배를 제외하면(그리고 일부 지역에서는 HIV를 제외하면) 서구 세계는 이제 놀랄 만큼 건강한 삶을 누릴 수 있는 장소가 되었다.[1684]

암 사망률은 감소하고 있다. 그리고 의료 서비스의 개선 이외에 암 사망률 추세를 결정하는 가장 중요한 요소는 환경이 아니라 사람들이 개인적으로 선택하는 삶의 방식과 관련되어 있다.

암 발병률

그럼에도 불구하고 암에 대한 걱정을 부추기는 두 가지 전략이 더 존재하는데, 이것들은 암 통계치를 사용해 "사람들이 점점 더 빈번하게 노출되

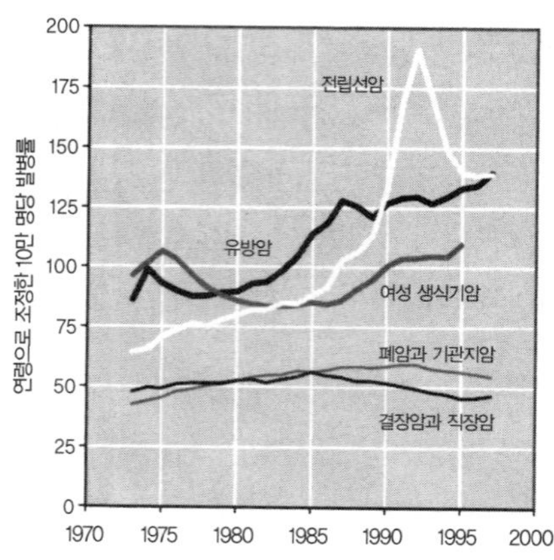

도표 122 주요 암의 발병률 변화. 1973~1997년. 여성 유방암, 여성 생식기암, 남성 전립선암, 양성 모두의 폐암과 기관지암, 결장암과 직장암 등의 발병률을 연령 구조를 감안하여 조정하였다. 출전:SEER 2000b.[1689]

는, 우리 환경 속에 새로이 나타난 치명적인 물질이" 무엇이냐는 카슨의 질문을 다시 내세운다.[1685] 그 첫 번째 방법은 암의 발병률을 살펴보는 것이고, 두 번째 방법은 희귀한 암이나 특별한 집단의 암 발생 추세를 살펴보는 것이다.

먼저 발병률을 살펴보기로 하자. 1973년 미국은 전체 인구의 약 10~14%를 대상으로 SEER(State Education and Environmental Roundtable, 주 정부가 주도적으로 추진하는 환경 교육 과정 – 옮긴이) 암 감시 프로그램을 시작했다.[1686] 1973년 이후 전립선, 유방, 여성 생식기 등 주요 신체 부위의 암 발병률은 급격히 증가했다.[1687] 도표 122는 발병률이 가장 높은 5개 암 발생 부위가 모든 암 발생의 60% 이상을 차지하고 있음을 보여준다.[1688] 이 도표에서 유방암과 전립선암의 발병률은 지난 25년 동안 분명히 증가했음을 알 수 있다. 그리고 여성 생식기암, 폐암, 기관지암은 소폭 증가한 반면 결장암과 직장암은 소폭 감소했다.

이런 추세가 과연 걱정할 만한 것일까? 유방암을 예로 들어 자세히 살펴보기로 하자. 유방암의 발병률은 1973년 이후 62% 증가한 반면 이로 인한 사망률은 13% 이상 감소했다. 그 이유가 무엇일까? 미국 암학회의 지적처럼, 발병률의 증가는 대부분 1982~1988년 사이에 이루어졌는데 이 시기의 연간 증가율은 약 4%였다.[1690] 이처럼 증가율이 높았던 것은 대체로 유선조영촬영(mammography) 검사의 급속한 증가 때문으로 간주된다. 1980년대 초에는 이 검사를 받는 40세 이상 여성의 비율이 10~20%

에 불과했으나 1992년에는 40세 이상의 여성 중에서 적어도 60~70%가 검사를 받았다.[1691)]

이 기간 동안 작은 종양(2센티미터 이하)의 발생률은 2배 이상 늘어난 반면 큰 종양(3센티미터 이상)의 발생률은 27%나 감소했다. 암세포의 조기 발견이 점점 더 많아진 것이다.[1692)] 유방암 발병률 증가에 커다란 역할을 한 또 하나의 원인은 잠재성 암(주변 조직으로 번지지 않은 초기 암)인데, 잠재성 암을 제외하면 1973년의 증가율은 22% 낮아졌을 것이다.[1693)] 초기 암 덩어리는 대부분 이른바 비침윤성 유선관암(DCIS, ductal carcinoma in situ)인데 거의 유선조영촬영에 의해서만 발견할 수 있다.[1694)] 미국 암학회의 판단에 의하면, 이는 "발병률이 정말로 증가하고 있다기보다는 암 발전 단계의 좀더 이른 시기에 발견됨으로써 치료 가능성이 그만큼 커졌음을 반영하고 있다."[1695)]

사람들은 여성 8명당 1명 꼴로 유방암에 걸릴 것이라는 식의 얘기 때문에 걱정을 하곤 한다(박스 참조). 그러나 중요한 것은 이런 얘기가 아니다. 유방암의 조기 발견율이 증가하고 있고, 또 엄밀하게 말하면 암이라고 할 수 있지만 실제로는 양성의 유방혹에 불과한 것들의 발견 비율도 증가하고 있기 때문에, 전체 발병률이 증가한 것처럼 보이는 것이다.[1696)] 그러나 바로 이 덕분에 적기에 치료를 받는 환자가 늘어나서 사망률이 감소하고 있다.

1 대 8의 가능성과 일상에서의 위험 요소

암의 발병 위험과 관련해 가장 널리 알려진 이야기 중 하나는 아마도 "여성 8명당 1명이 유방암에 걸릴 것"이라는 주장일 것이다. 미국 암학회는 1970년대 초부터(그때는 여성 16명당 1명이 유방암에 걸릴 것이라고 했다) 이런 통계 수치를 발표하고 있다.[1697)] 통계학적인 관점에서 엄밀히 본다면 이 수치는 옳다. 그러나 아무런 설명 없이 이 수치만 제시하면 사람들은 그것이 자신의 실제 삶과 어떤 관련이 있는지 알기 어렵기 때문에, 대개 실제보다 훨씬 더 걱정스럽게 받아들인다. 여성 8명당 1명이 유방암에 걸릴 것이라는 얘기는, 여성 8명을 출생시부터 사망 시점까지 계속 추적 조사하는 경우 평균적으로 그 중 1명이 인생의 어느 시점에서 유방암 진단을 받는다는 뜻이다. (모든 여성이 각자의 해당 연령 집단이 겪는 사망, 사고, 질병의 위험에 똑같이 노출되어 있다는 가정이 전제되어 있음을 염두에 두어야 한다.) 때로는 여성이 다른 모든 사망 원인을 극복하고 살아남을 수 있어야만 8명당 1명이라는 비율이 적용된다는 식으로 표현하기도 한다.[1698] 그러나 이는 틀린 말이다. 다른 사망 원인도 당연히 고려되었기 때문이다.[1699]

따라서 통계 수치는 옳지만, 우리가 염두에 두어야 할 점이 두 가지 있다. 첫째, 8명당 1명이라는 수치는 사망률이 아니라 발병률이다. 둘째, 8명당 1명이라는 수치는 평생에 걸친 위험도를 나타낸 것인데 실제로는 지금 당장의 위험도로 받아들이는 경우가 흔하다.[1700]

발병률 대신 사망률을 살펴보면, 한 여성이 평생 동안 유방암에 걸려 죽을 위험성은 '단지' 3.29%, 즉 30명당 1명 정도에 불과하다.[1701] 그리고 지금 당장 유방암에 걸릴 위험성을 따진다면 나이에 따라 크게 달라진다. 여성이 50세 이전에 유방암에 걸릴 위험은 2% 미만이며(50명당 1명), 60세 이전에도 그 위험도는 4.24%에 불과하다.[1702] 그리고 65세 이전에 사망할 위험은 1.5%이다(65명당 1명).[1703]

그런데도 8명당 1명이라는 통계 수치 때문에 여성들의 공포가 전적으로 유방암에만 쏠리게 되었다. 45~64세 여성 1,000명을 대상으로 실시한 최근의 한 조사에서는 응답자 중 61%가 암, 특히 유방암을 가장 두려워한 반면 실제적인 사망 원인으로 가장 가능성이 높은 심장병을 두려워한 사람은 겨우 8%에 불과했다.[1704] 대중적인 여성 잡지 4종에 실린 유방암 관련 기사 59개를 모두 검토한 한 연구에서는 그 중에서 20개 기사가 8명당 1명이라는 통계를 인용했지만, 이 통계 수치의 의미를 설명한 기사는 겨우 6개에 불과했다는 사실이 밝혀졌다.[1705] 더욱이 그런 기사들이 관심을 끌고자 했던

표 5 평생에 걸쳐 발생할 수 있거나 그로 인해 사망할 수 있는 주요한 위험 요인의 발생 가능성. 이 표의 수치는 여러 출전에서 모았으며, 자료가 작성된 연도와 추정 방법이 각기 다르기 때문에 단지 대략적인 비교만이 가능하다. 출전:SEER 2000:1, 17–18, Merrill et al. 1999:188, Preboth 2000, Walsh & Devlin 1998, Lloyd-Jones et al. 1999, Quinn 1995, Lawrie et al. 1999, NSC 1999:30, 80, USBC 1999:14, NCHS 1999:151.[1707)]

평생 동안의 위험도(%)	남자		여자	
	발병률	사망률	발병률	사망률
암	42.8	23.94	37.56	20.53
폐암과 기관지암	7.82	7.62	5.66	4.74
유방암	0.12	0.03	14.96	3.29
전립선암	15.65	3.29	–	–
결장암과 직장암	5.76	2.45	5.5	2.43
피부암	1.66	0.34	1.19	0.20
교통 사고	48.02	1.69	38.95	0.87
자살		1.67		0.41
살인(미국)		0.60		0.21
살인(캐나다)		0.25		0.13
심한 우울증 또는 우울신경증			20	
식이 장애			3	
관상동맥 질환	48.6	30.9	31.7	31.9
파킨슨씨병	2.5		2.5	
정신분열증	1		1	

여성 독자 대부분의 연령은 41세로 미국 여성이 유방암에 걸리는 대표적인 연령인 65세보다 한참 젊었다.[1706)]

무엇이 위험하고 무엇이 위험하지 않은지를 알기 위해 8명당 1명이라는 통계와 다른 위험도 추정치를 비교해보는 것이 어쩌면 유용할 수 있겠다. 대체적으로 말해 인구 10명당 4명이 암에 걸리며 약 2명이 암으로 사망한다. 여성의 위험도는 남성보다 약간 낮다. 그런데 사람들이 관상동맥성 심장병에 걸릴 위험도는 암과 거의 비슷한 반면 이로 인해 사망할 위험도는 훨씬 더 높다.

여성의 유방암과 남성의 전립선암이 모든 암 발생의 3분의 1 이상을 차지하지만, 이들 암으로 목숨을 잃는 사람의 수는 전체 암 사망자의 약 7분의 1에 불과하다. 남녀를 막론하고 가장 사망률이 높은 암은 지금도 여전히 폐암과 기관지암이다. 일생 동안의 위험도를 살펴보면 암에 걸릴 확률보다는 자동차 사고로 불구가 될 가능성이 더 높다. 또한 일생 동안의 사망 위험도가 100%라는 점을 여기에서 언급해야 할 것 같다. 문제는 우리가 죽느냐 아니냐가 아니라 언제 무슨 일로 죽느냐 하는 점이다.

물론, 일생 동안 위험도만 따져서는 각기 다른 위험 요소의 발생 시기까지 제대로 파악하기는 어렵다. 그리고 사람들의 행동과 습관이 위험도를 크게 변화시킬 수도 있다(비흡연자의 경우 일생 동안 폐암으로 사망할 위험성은 표 5에 제시된 것보다 훨씬 낮다).

마찬가지로 116%의 증가율을 보인 전립선암의 경우에도 역시 조기 발견율의 증가가 가장 커다란 역할을 했다. 또한 암이 아닌 단순한 전립선염 수술이 증가한 것도 한 요인이 될 수 있다. 이런 수술을 하다가 자각 증상이 없던 전립선 종양이 우연히 발견되는 경우가 있기 때문이다.[1708] 이 밖에도 경직장 초음파 유도 조직 검사(transrectal ultrasound guided needle biopsy)와 컴퓨터 단층 촬영, 그리고 앞에서 언급한 전립선 특이항원을 찾아내기 위한 혈청 검사 등도 전립선암 발견율을 높이는 데 기여했다.[1709] 사실 연구자들은 전립선암을 앓은 적이 없으며 전립선암과는 전혀 상관없는 원인으로 70세에 사망한 남성들의 전립선을 조사하다가 그들 중 약 25%가 전립선암에 걸렸음을 발견했다. 이는 전립선암에 걸렸으면서도 몸에는 아무런 증상도 없는 경우가 대단히 많다는 것을 의미한다.[1710] 그럼에도 불구하고 발견율의 증가 덕분에 일반적으로 전립선암이 초기에 발견되는 경우가 많아졌으며 따라서 치료 확률이 높아져서, 도표 119에 나타난 것처럼 사망률이 낮아졌다.

도표 122에 제시된 다른 세 종류의 암은 일반 대중의 공포를 불러일으킬 가능성이 비교적 적은 편이다. 폐암과 기관지암의 발병률이 28% 증가한 것은 그리 놀랄 일이 아니다. 흡연으로 인한 남성의 폐암 및 기관지암

사망률이 증가하기 시작한 것이 이미 오래 전의 일이고, 또 여성의 사망률 역시 계속 증가하고 있기 때문이다. 결장암과 직장암의 발병률은 약 3% 감소했으며, 생식기 부위에 발생하는 여성 암의 발병률은 악성 종양 발생률이 감소하는 가운데 안정세를 유지하고 있다.[1711)]

암 통계를 가지고 문제를 만들어내는 두 번째 전략은 비록 우연이라 하더라도 암 발병률이 증가할 가능성이 있는 특수한 인구 집단이나 매우 희귀한 암을 살펴보는 것이다. 1997년 9월 미국 환경보호청은 "소아암 발병률이 증가하고 있을지도 모른다는 걱정에 자극받아" 소아암과 환경 요인 사이의 잠재적 관련성을 평가하기 위한 최초의 전국 회의를 개최했다.[1712)] 이 회의에서 환경보호청장 캐롤 M. 브라우너(Carol M. Browner)는 레이첼 카슨에게서 영향받았음이 분명한 발언을 했다. "우리 후손들이 태어나고 있는 이 세상에는 이제 수만 종류의 화학물질이 있습니다. 그것들은 불과 몇십 년 전만 해도 이 세상에 존재하지 않았지만 이제 우리 주변의 공기와 물, 우리 가정, 우리가 먹는 음식물 안에 들어 있습니다."[1713)]

그렇지만 과연 이 문제에 대해 걱정해야 할 이유가 하나라도 있는 것일까? 도표 123은 소아암 발병률이 9% 증가한 반면, 그로 인한 사망률은 45%나 감소했음을 보여준다. 미국 국립암연구소가 발표한 최근 보고서에서 연구자들은 소아암 문제에 주목했다. 환경 파괴의 영향으로 소아암 발병률이 증가하고 있는 것 같다는 언론 보도로 많은 국민들이 걱정하고 있었기 때문이다.[1714)] 이 보고서의 결론은 다음과 같았다.

> 주요 소아암의 발병률에 실질적인 변화는 거의 없었다. 발병률은 1980년대 중반 이후 비교적 안정세를 유지하고 있다. 소폭의 증가세가 관찰된 것은 ……1980년대 중반뿐이었다. 이런 암 발병률 패턴은 암 진단 기술의 발전이나 암 환자 보고 양식의 변화가 반영된 결과 암 발병률이 증가하게 되었을 가능성이 높다는 것을 시사한다. 소아암 사망률의 급격한 감소는 암 치료법

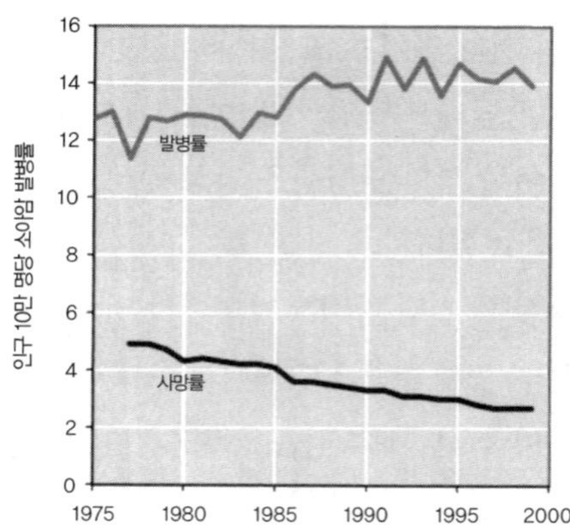

도표 123 0~14세 소아의 암 발병률과 사망률. 1973~1997년. 연령 구조를 감안하여 조정하였다. 출전:SEER 2000:27, 2000a.

의 발전을 대변하고 있다.[1715]

피부암의 경우도 마찬가지다. 한때 피부암의 발병률과 사망률이 모두 증가하면서 무려 38%나 되는 위협적인 사망률 증가세가 나타나기도 했다. 그러나 여기에서도 실제적인 비율을 살펴보면 아마 덜 위협적으로 보일 것이다. 피부암 사망률은 1973년에 인구 10만 명당 1.6명에서 1997년에는 2.2명으로 증가했다.[1716] 평생 동안 피부암에 걸릴 위험은 표 5에 나타나 있듯이 0.2~0.34%에 불과하다. 그리고 증가의 이유도 사실상 상당히 평범한 것이다. 사람들이 일광욕하는 시간이 늘었고 밖에 나갈 때 예전보다 옷을 덜 걸치는 것이 피부암 증가의 주된 원인이다.[1717] (오존층과 피부암 사이의 매우 미약한 관계에 대해서는 제24장에서 살펴볼 것이다.)

전반적으로 검토했을 때 흡연으로 인한 폐암을 제외하면 암이 만연하고 있다는 징조는 전혀 없는 듯하다. 연령과 흡연 습관을 감안해 조정한 사망률은 감소하고 있으며 암 발병률이 증가하는 것은 대개 사람들이 더 자주, 더 일찍 검사를 받기 때문이다. 조기 진단은 사망률 감소에 기여한다.

화학적인 '죽음의 묘약'이 훨씬 더 많은 암을 발생시키고 있다고 의심할 만한 근거는 전혀 없는 것 같다. 아니, 현실은 오히려 그 반대인 것처럼 보인다.

암 발생 문제를 개괄하면서 국립암연구소는 다음과 같이 결론내렸다.

> 일반적인 환경 위험 요소에 노출되는 빈도의 증가가 암 발병률의 전반적인

추세에 커다란 영향을 미쳤을 가능성은 별로 없는 듯하다. 이는 잉글랜드와 웨일스에서 최근 실시한 총 인구 사망률 조사의 결론과도 일치한다. 하지만 일부 특정한 종양성 암의 경우 발병률이 증가하고 있는데, 그것은 흡연 · HIV 감염 · 일광 노출 등 생활 습관의 변화가 영향을 미쳤음이 분명하다.[1718]

농약에 대한 공포

그렇다면 환경은 암 발생에 어떤 영향을 미치는 것일까? 화학 약품 오염은 암 발생에 얼마나 중요한 역할을 하는 것일까?

우리가 농약의 영향을 특별히 검토해야 하는 것은 다음과 같은 몇 가지 사항 때문이다. 첫째, 농약은 유럽연합과 미국에서 커다란 관심과 두려움의 대상이다. 유럽연합 환경청(EEA)은 20세기가 21세기로 바뀌는 시점의 유럽 환경을 평가하면서 식수에 포함된 농약을 "유럽에서 가장 두드러진 공중 보건상의 문제" 중 하나로 꼽았다.[1719] 농약은 환경에 대한 미국인의 걱정거리 중에서도 가장 높은 자리를 차지했는데, 미국인의 75%는 농약에 대해 지극히, 혹은 매우 걱정하고 있다고 밝혔다.[1720]

위험도 분석을 통한 최소 허용치 설정

우리가 음식과 물을 통해 섭취하는 화학 물질은 전세계(유엔), 미국(식품의약국과 환경보호청), 유럽(유럽연합) 등이 제정한 규정에 따라 철저히 규제되고 있다. 이때 주로 사용되는 수단이 허용치를 정해주는 것인데, 유엔은 허용치가 "모든 소비자 집단의 건강상 위험을 최소한으로 줄이기 위해 적절한 여유를 두고"[1721] 설정한 수치라고 말한다.

허용치를 설정하는 방법을 간단히 설명하면 이렇다. 먼저 동물 실험을 통해 어떤 화학 물질이 독성을 발휘하거나, 민감한 자극을 일으키거나, 생식에 악영향을 미치는 등의 해로움을 전혀 끼치지 않는 한계치를 설정한다.[1722] 이런 한계치는 NOEL(No Observed Effect Level, 아무런 효과도 관찰되지 않는 수준)이라는 약칭으로 알려져 있다. 최근에는 NOAEL(No Observed Adverse Effect Level, 아무런 부정적 효과도 관찰되지 않는 수준)로 부르기도 한다.[1723] 이 한계치를 더욱 낮추면 인간에 대한 허용치, 이른바 ADI(Accepted Daily Intake, 1일 허용치)가 만들어진다.

우선 인간과 동물 사이에 화학 물질에 대한 민감성 차이가 있을 수 있다는 점을 감안해 실험실에서 얻은 NOAEL 수치를 보통 10분의 1까지 낮춘다.[1724] 여기에다가 다양한 인구 집단(어린이, 노인 등)에서 나타날 수 있는 민감성 차이를 감안해 다시 수치를 10분의 1로 낮춘다. 만약 독성 평가에 대한 정보가 부족하거나 검사 과정에서 불확실성이 내재하는 등 여러 가지 조건이 존재하는 경우에는 이 수치를 더욱 더 낮출 수도 있다. 따라서 보통 사용되는 ADI 허용치는 NOAEL보다 100~1만 배 더 낮다.[1725]

따라서 만약 실험 쥐가 X라는 화학 물질을 매일 몸무게 1킬로그램당 100밀리그램의 비율로 섭취했을 때 아무런 부정적 효과가 없었다면(NOAEL), 여기에 안전성 계수(safety factor) 100을 곱해 인간의 ADI 허용치를 1킬로그램당 1일 1밀리그램으로 설정하게 된다.[1726]

둘째, 농약에 대해서는 이제까지 상당히 많은 연구가 축적되어 있기 때문에 그것을 사용할 때 기대되는 비용과 이익을 논의하고 증명하기가 더 쉽다. 마지막으로, 1999년 덴마크 정부는 농약을 단계적으로 사용 금지하는 경우에 사회에 미칠 영향을 조사했는데, 아마도 이 분야 연구로서는 전세계적으로 가장 큰 규모였을 것이다. 이 연구 덕분에 우리는 농약 사용에 대한 다양한 정책 대안의 장단점을 제대로 평가할 수 있었다.

놀랍게도 유럽연합과 미국은 주로 물 속에 들어 있는 농약을 걱정하고 있다. 유럽연합에서는 대개 지하수와 관련해 농약 문제를 언급한다.[1727] 마찬가지로 농약 사용에 대한 미국인의 태도를 조사한 한 연구에서도 응답자의 71%가 수돗물 속의 농약에 대해 다소, 혹은 매우 걱정하고 있다고 대답했다.[1728]

이런 우려가 가장 잘 반영되어 나타난 것이 아마도 유럽연합의 식수 정책일 것이다. 유럽연합은 농약 자체가 위험하기 때문이 아니라 사람들이 농약이 검출되는 것 자체를 싫어한다는 이유만으로 농약을 규제하고 있다. 농약의 허용치는 0.1㎍/l (물 1리터 속에 0.0000001그램이 포함된 것－옮긴이)인데, 이 수치는 허용치가 처음 정해진 1980년 당시에 측정 가능한 한계 농도였다.[1729] 덴마크 환경청의 에리크 린데고르(Erik Lindegaard) 청장은 다음과 같이 지적했다. "만약 건강상의 이유로 농약 농도를 책정한다면 그 허용치—농약의 종류에 따라 다소 다를 수 있지만—는 오늘날의 지식으로 볼 때 아마도 상당히 더 높게 설정될 수 있을 것이다."[1730] 그의 휘하에 있는 공무원들은 이보다 훨씬 더 직설적이다. "만약 건강을 고려해 농약의 허용치를 설정한다면 정치적으로 결정한 현재의 허용치보다 훨씬 더 높아질 것이다."[1731]

농약 성분을 분석하는 기술이 점점 더 발달해서 유럽 전역의 어느 식수에서나 농약을 발견할 수 있다. 유럽연합 환경청은 다음과 같이 지적한다. "지하수에서 발견되지 않는 농약이 많은 것은 순전히 사람들이 그것에 대한 분석을 시도하지 않았기 때문이다. 일단 어떤 농약을 찾아내겠다고 마음먹으면 설령 그 농도가 최대 허용치인 0.1㎍/l보다 낮더라도 대개는 찾아낼 수 있다."[1732]

유럽연합 회원국들이 물 속의 농약 성분을 조사하기 시작하면서 전체 조사 지역의 50%가 넘는 지역에서 허용치 0.1㎍/l를 웃도는 농약 성분이 발견되었다.[1733] 유럽연합과 미국에서 과일과 채소가 농약 허용치를 상회하는 경우는 약 1% 정도이다.[1734] 그렇지만 이 경우에는 건강상의 안전을 고려한 독성 평가를 통해 허용치를 설정했기 때문에 식수의 허용치보다 500~5만 배나 더 높다(허용치 설정에 대해서는 앞의 상자 참조).

보통의 미국인은 1년에 295파운드의 과일과 416파운드의 채소를 소비한다.[1735] 대략적인 계산에 의하면 미국인 1명이 매년 약 24밀리그램의

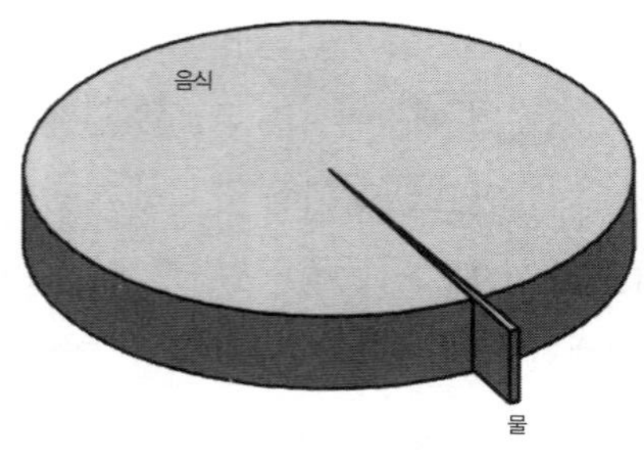

도표 124 유럽연합의 허용치만큼 농약이 포함된 물과 음식을 섭취할 때 인체의 1일 농약 흡수량. 매일 물 2리터씩을 마신다고 가정할 때 하루 농약 섭취량은 0.2㎍에 불과하고 이는 전체 섭취량의 0.4%이다. 음식으로는 하루 45㎍을 섭취하여 전체적으로는 99.6%를 차지한다. 출전: Ames et al. 1987:272.

농약을 섭취한다는 것을 알 수 있다.[1736] 그런데 어떤 사람이 농약 농도가 유럽연합의 허용치와 정확히 일치하는 우물에서 취수한 물을 매일 2리터씩 1년 내내 마신다고 해도(이것은 아마도 가장 비관적인 시나리오일 것이다) 식수를 통해 섭취하는 농약의 양은 과일과 채소를 통해 섭취하는 양의 300분의 1에 불과하다. 훨씬 더 정확한 연구 결과들도 이 대략적인 계산 결과를 뒷받침하고 있다. 이런 연구 결과에 따르면, 미국인이 유럽연합의 허용치와 정확히 일치하는 농약 농도의 물만을 매일 마신다고 가정할 때, 음식을 통해 섭취하는 농약의 양이 물을 통해 섭취하는 양보다 225배나 더 많다(도표 124).[1737]

따라서 결론은, 굳이 농약을 두려워해야 한다면, 물이 아니라 음식을 통해 섭취하는 농약을 두려워해야 한다는 것이다.[1738]

농약과 암

이제 농약이 인간의 건강에 얼마나 위험한지 살펴보기로 하자.

농약에 대한 두려움은 주로 농약이 미치는 장기적 영향에 관한 것이다. 이와는 대조적으로, 어떤 물질이 실제로 유독한지, 혹은 그 물질이 눈과 피부를 자극하는지 등의 단기적인 영향을 파악하기는 훨씬 더 쉽다. 또한 그 물질의 섭취량이 달라질 때마다 어떤 결과가 나타나는지에 대해서도 비교적 넓은 공감대가 형성되어 있다.[1739] 카슨의 유산 덕분에 농약의 장기적 영향에 대한 우려는 주로 암과 관련되어 있다. 농약에 대한 대부분의 공식 규제도 저농도의 농약에 지속적으로 접촉할 경우 암에 걸릴 위험성에 초점을 맞추고 있다.[1740] 최근에는 새로운 걱정이 하나 더 생겨났는데, 그것은 농약 성분이 인간의 호르몬 균형에 영향을 미칠 가능성이 있다는 점이다. 여기서 이 두 가지 문제를 모두 살펴볼 텐데, 우선 암에 대한 이야기부터 시작해보자.

어떤 사람이 특정 질병에 걸려 일찍 사망함으로써 기대수명에서 잃게 되는 여생(餘生)의 햇수와 단순한 사망자 수, 그 어느 쪽을 조사하더라도 암은 서구 세계의 모든 사망 원인 중 23%를 차지한다.[1741] 세계 최고의 암 전문가인 리처드 돌 경(Sir Richard Doll)과 리처드 페토(Richard Peto)는 미국에서 발생하는 다양한 암의 원인을 조사해 그 상대적 중요성을 밝혔다.[1742] 이런 연구로는 세계 최대 규모였던 이 연구의 결론이 도표 125에 나타나 있는데, 사람들은 흔히 이 결과를 보고 깜짝 놀라곤 한다.

암으로 인한 사망의 30%는 담배가 그 원인이다. 그런데 1960년부터 1980년 사이에 흡연 인구 수가 크게 증가했으므로 서구 세계에서 흡연 때문에 암에 걸려 사망하는 사람의 수도 역시 증가할 것이다. 또한 흡연은 심혈관계 질병의 원인이기도 하다. 오늘날 모든 사망자의 약 20%가 담배로 인해 목숨을 잃고 있으며, 이 비율은 앞으로도 증가할 것으로 예상된다.[1743]

모든 암 관련 사망 원인의 약 35%는 잘못된 식습관 때문이다.[1744] 우리는 수많은 연구, 특히 이민자들을 대상으로 실시한 연구를 통해 식습관이 암 발병에 영향을 미친다는 사실을 알고 있다.[1745] 결장암과 유방암이 좋은 예다. 이런 암은 미국에서는 가장 흔하지만 일본에서는 드문 편이다. 그런데 일본계 미국인에게서도 흔히 발견된다.[1747] 산업화가 시작된 이후 사람들이 먹는 음식은 상당히 변했다. 가공 식품이 늘었고, 설탕 · 고기 · 낙농 제품 · 지방 등의 소비량이 특히 많이 증가했다.[1748] 지방과 소금을 과다 섭취하고 섬유소가 적은 음식과 고기 위주의 식사를 주로 할 경우 암에 걸릴 위험이 높아진다. 마찬가지로 비만과 칼로리 섭취량 증가도 역

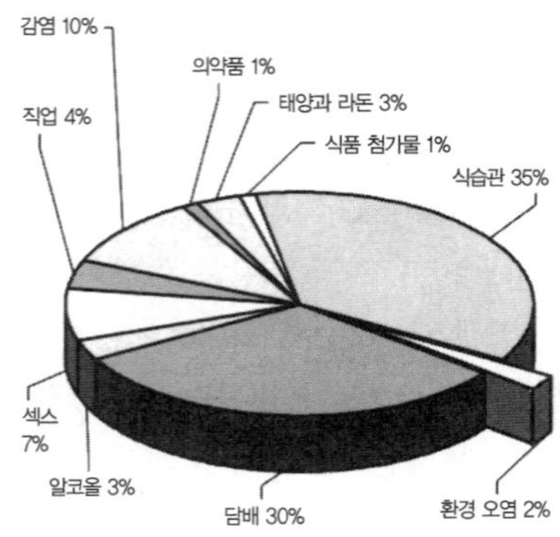

도표 125 미국에서 암 발생에 영향을 미치는 여러 요인의 상대적 기여도. 농약은 환경 오염에 포함되는데 이나마도 암 발생에 기여하는 비율은 극히 낮다. 출전: Doll and Peto 1981:1256.[1746]

시 암에 걸릴 위험을 높인다.[1749] 반면에 과일과 채소를 많이 먹으면 암에 걸릴 위험이 낮아진다.[1750] 지방과 고기를 피하고 비만을 억제하며 과일 · 녹황색 채소 · 섬유소 등을 위주로 하는 식단으로 바꾼다면, 음식과 관련된 암 발생의 가능성은 모두, 혹은 거의 모두 사라질 것으로 생각된다. 다시 말해, 서구 사회의 암 발병률을 무려 35%나 줄일 수 있다![1751]

암 발병 원인의 10%가 감염에 의한 것이라고 해서 암이 전염된다는 의미는 아니며, 다만 일부 바이러스 · 박테리아 · 기생충 등이 암을 촉발할 수 있다는 말이다.[1752] 섹스와 출산이 암 발병 원인의 약 7%를 차지한다는 것도 마찬가지다. 이 두 가지가 발암 원인으로 꼽히는 것은 주로 자궁경부암(성 행위 파트너의 수가 많을수록 위험이 증가한다)과 유방암 및 난소암(초산 연령이 늦을수록 위험이 증가한다) 때문이다.[1753] 햇빛 아래에서 시간을 많이 보내는 경우에도 암 발병 위험이 증가하며(지난 14년 동안 햇빛으로 인한 암 발병률이 50% 증가했다), 땅속에서 스며나오는 방사성 라돈도 암을 유발한다.[1754] 이 두 가지 요인을 합하면, 모든 암 관련 사망 원인의 3%에 이른다.

알코올도 발암 물질이며 암과 관련된 사망 사례의 약 3%를 차지한다. 그런데 소득이 증가하고 도시화가 진행되면서 알코올 소비량도 증가하고 있다.[1755] 의약품과 X선 검사는 암과 관련된 사망 원인의 약 1%를 차지하는 것으로 추정된다.[1756] 향신료 · 방부제 · 인공 감미료 등의 식품 첨가물도 발암 원인일 가능성이 있지만, 돌 경과 페토 박사는 이런 첨가물이 식품의 안전성을 높이고 비만 가능성을 줄여주기 때문에 사실 암을 예방하는 효과도 함께 지니고 있을 것으로 생각한다. 돌 경과 페토 박사가 제안하는 최선의 추정치는, 식품 첨가물이 암 사망 원인의 1% 이하라는 것이다. 그러나 어쩌면 그 비율이 −5%(사망자의 5%를 죽음에서 벗어나게 할 수 있다는 뜻)가 될 수도 있다.

마지막으로, 오염이 있다. 여기에는 대기 오염 · 수질 오염 · 식품 오염 등이 포함되는데, 이것들은 모두 합해 암 관련 사망 원인의 약 2%를 차지한다. 이 요인 중에서 대기 오염은 암 발병의 주요 원인인 반면, 수질 오염은 "비교적 덜 중요한" 것으로 간주된다.[1757)]

이제 농약이 얼마나 암을 많이 유발하는가 하는 문제를 얘기할 차례다. 돌 경과 페토 박사는 "음식물에 포함된 오염 물질로서 농약은 중요하지 않은 것 같다"[1758)]는 결론을 내렸다. 농약에 대한 사람들의 두려움과는 상당히 어긋나는 결론인 셈이다. 농약 때문에 암에 걸려 죽는 사람은 사실상 한 명도 없다.

앞에서 보통의 미국인이 식품, 흡연, 음주 등 개인적 선택의 요인보다 "대기 오염, 수질 오염, 화학 폐기물 처리 등 주위 환경에서 발견되는 물질"로 인한 암 발생 위험도가 더 높다고 믿는다는 사실을 지적했다.[1759)] 그러나 도표 125에 나타난 비율을 계산해보면 개인적 선택 요인에 의한 발암 위험이 적어도 75%나 되는 반면, 외적인 요인의 비중은 7% 이하에 불과하다. 더욱이 이 7%에는 심지어 작업 환경에서 기인하는 발암 원인 4%가 포함되어 있다. 모든 미국인의 75%가 농약을 지극히 혹은 매우 걱정하고 있지만, 농약의 공포는 사실상 아무런 근거가 없는 것처럼 보인다.[1760)]

돌 경과 페토 박사가 비록 국제적인 명성을 얻고 있지만, 그들만 이런 주장을 내놓는 것은 아닐까 생각할 수도 있을 것이다. 그러나 사실은 그렇지 않다. 일반적인 발암 위험성과 농약의 발암 위험성을 평가한 다른 많은 학자들도 비슷한 추정치를 내놓고 있다. 돌 경과 페토 박사에 앞서 1977년에 구체적인 발암 원인을 알아보려는 한 연구에서도 그들의 연구 결과와 매우 유사한 추정치가 나왔다.[1761] 이 연구 결과 거의 모든 발암 원인이 개인적인 행동 때문인 것으로 밝혀진 반면, 오염에 의한 원인은 비록 고려 대상이었지만 최종 분석에는 아예 포함되지도 못했다. 개인적 선택과 관련이 없는 요인으로 유일하게 포함된 직업은 전체 암 발생 원인의 2~5%를 차지했다.[1762] 그 후 1993년에 〈미국 의학협회 저널(Journal of the American Medical Association)〉에 발표되어 여러 곳에서 인용된 한 연구는 발암 원인뿐만 아니라 모든 사망 원인을 함께 밝히고자 했다.[1763] 사망 원인을 밝힐 수 있었던 사례 중에서 개인적 행동이 원인인 경우가 적어도 80%에 이른 반면, 유독물질에 의한 사망은 겨우 6%에 불과했다. 여기에서 말하는 유독물질에는 작업장의 위험 요소, 환경 오염 물질, 식품 오염과 식수 오염, 상업용 제품들의 구성 성분 등이 모두 포함되었다.[1764] 가장 큰 영향을 미친 환경 관련 요인은 석면, 직장의 위험 요인, 그리고 기타 환경 오염이었다. 환경 오염은 발암 원인의 약 2%를 차지했다.[1765]

사실 미국 환경보호청이 1987년에 제시한 환경 요인에 의한 암 유발 추정치는 돌 경과 페토 박사의 연구 결과와 놀라울 정도로 유사하다. 환경보호청은 발암 원인 중 오염의 비중이 1~3%(돌과 페토:2%), 햇빛과 라돈의 비중이 3~6%(돌과 페토:3%), 직업의 비중이 0.5~4%(돌과 페토:4%), 상품의 비중이 1% 이하(돌과 페토:1%)라고 추정했다.[1766] 환경보호청의 독성학적 조사와 돌과 페토의 역학적 연구 조사를 모두 검토한 한 논문은 다음과 같이 결론내렸다. "돌과 페토의 추정치와 환경보호청의 추정치가 일치한다는 사실은 환경 요인에 노출됨으로써 유발되는 발암 위험이 전체 발암 위험 중에서 상대적으로 적은 비중을 차지한다는 결론을 뒷받침하는 것으로 간주할 수 있다."[1767]

환경보호청의 위험도 추정치에는 식품에 들어 있는 농약의 전반적인 위험도 평가도 포함되었다. 여기에서 환경보호청은 지금까지의 모든 연구 중에서 가장 높은 위험도를 제시했다. 전반적인 위험도는 암과 관련된 모든 사망 사례의 0.5~1%, 즉 연간 3,000~6,000건을 차지하는 것으로 추정되었다. 환경보호청은 이것이 최악의 상황을 가정한 수치이며, 실제 정확한 수치는 이보다 훨씬 낮아 어쩌면 0에 근접할 수도 있다는 점을 인정했다.[1768]

그런데 새로 실시한 세 건의 종합적인 연구들도 정확한 수치가 매우 낮을 가능성이 크다는 것을 보여주었다. 1996년 미국 국립과학원(National Academy of Sciences) 산하의 국가연구위원회(National Research Council)는 식품 속에 들어 있는 발암 물질에 대해 500쪽 분량의 보고서를 펴냈다. 이 연구의 후원자 중에는 환경보호청도 포함되어 있었는데, 이 보고서의 가장 중요한 결론은 다음과 같다. "식품 속에 들어 있는 천연 화학물질과 합성 화학물질의 대다수는 생물학적으로 의미 있는 부정적 효과를 일으킬 수 있는 수준보다 훨씬 더 적은 것으로 보인다. 그것들은 발암 위험을 제기할 만큼 함량이 많지 않다."[1769]

이 결론 역시 농약에 대한 사람들의 일반적인 시각과 어긋난다. 그러나 국가연구위원회만 이런 결론을 내린 것은 아니었다. 1997년 세계암연구기금(World Cancer Research Fund)과 미국 암연구소(American Institute of Cancer Research)는 세계보건기구, 국립암연구소, 식량농업기구, 국제암연구기구(IARC, International Agency for Research on Cancer)의 도움을 받아 4,500건 이상의 연구를 면밀히 조사했다. 식품이 암 발생에 미치는 영향을 조사하기 위해서였다. 이들이 발간한 650쪽 분량의 보고서에는 농약 문제도 언급되어 있는데 그 결론은 다음과 같았다.

> 식품 속에 들어 있는 오염 물질(농약을 포함해)이 암 발생의 위험을 가중시킨다는 설득력 있는 증거는 없다. 또 그 둘 사이에 인과 관계가 있을 가능성

을 지지하는 증거 역시 전혀 없다. 사실, 적절한 규제 하에서 사용하는 식품과 음료수의 화학적 오염(농약)이 발암 위험도에 현저한 영향을 미친다는 역학적 증거는 현재 거의 없다.[1770]

또한 이 보고서는 "사람들은 흔히 식품과 식수의 화학적 오염(농약)이 인간에게 커다란 발암 위험이 된다고 생각"하지만 "전문가들은 ……대체로 잔류 화학물질이 비교적 중요하지 않은 요인이라고 생각하게 되었다"고 말했다.[1771]

마지막으로, 1997년 캐나다 암학회(Canadian Cancer Society)는 농약을 주제로 한 중요한 보고서를 발표했다. 이 보고서는 "식품 잔류물이나 잔디밭과 정원에 뿌리는 농약에 노출되는 것이 중요한 발암 원인이 될 수 있다는 우려가 많은 캐나다인 사이에서 점점 더 커져왔다."[1772]고 평가했다. 그러나 이 보고서는 농약에 대해 돌 경과 페토 박사의 평가와 같은 결론을 내리면서, "일반 국민이 식품 속의 잔류 농약 때문에 우리가 인지할 수 있는 위험에 노출되는 경우는 거의 없다"고 말했다.[1773]

최근에 실시된 모든 연구의 결론은 사람들의 생각이 잘못되었다는 것이다. 사람들은 아주 사소하거나 아예 존재하지도 않는 위협에 대해 걱정하고 있다. 현재 상황에서는 음식과 식수에 남아 있는 농약 때문에 암에 걸려 죽는 사람이 혹시 있다고 해도, 그 수는 지극히 적다.

반면에 대부분의 보통 사람보다 농약에 훨씬 더 많이 노출되는 농부의 경우에는 암에 걸릴 위험이 훨씬 더 높다는 사실을 보여주는 연구 결과가 여럿 있다. 그런 예의 하나로 포도원에서 일하는 프랑스 농부들에 대한 연구는 그들이 뇌암에 걸릴 위험이 보통 사람보다 25% 더 높다는 것을 보여준다.[1774] 그런데 언론에 자주 보도되는 이런 연구의 문제는 다른 암의 상황은 어떤지 확인하기 불가능하다는 점이다. 이것은 제2장에서 언급한 '파일박스' 문제다. 이 논문의 저자들은 20~30종류의 암에 관한 정보를 모아 검토하다가 농부의 경우에만 유독 다른 결과를 보이는 한 종류의 암을 찾아 보고했을 가능성이 있다(특히 앞에서 언급된 조사 연구의 경우에는 그랬을 가능성이 매우 크다). 그리고 관심의 대상이 되지 못한 다른 암에 대한 자료는 파일박스의 서랍 속에서 그냥 시들어가는 것이다.[1775] 이런 점은 프랑스 포도원 농부들의 뇌암 발병률과 농약 사이의 상관 관계를 밝힌 연구들이 진정한 인과 관계를 보여주는 사례라고 확신할 수 없다는 것을 의미한다.[1776]

다른 한편으로, 지금까지 여러 팀의 과학자들이 파일박스 문제를 바로 잡기 위해 농부들을 대상으로 일련의 조사를 수행했다. 가장 최근(1998년)에 실시된 가장 종합적인 연구에서는 37개의 다른 연구 결과를 검토한 결과 "구순암이 다른 집단에서보다 농부 집단에서 더 흔하게 발견되는 유일한 암 종류"[1777]라는 사실이 밝혀졌다. 입술에 생기는 암은 농부들이 야외에서 일을 하기 때문에 햇빛에 훨씬 더 많이 노출된다는 사실과 관련되어 있을 가능성이 매우 크다. 따라서 농업과 농부들에 대한 논의는 농약이 암 발생에 커다란 기여를 한다는 주장을 뒷받침해주지 못하는 것 같다.

동물 실험에서의 암

그렇다면 농약이 정말로 암을 유발하기는 하는 것일까? 이것은 대답하기 어려운 문제다. 여기에 내재된 기본적인 문제점은 대부분의 농약처럼 발암 위험이 미미한 물질의 암 유발 위험성을 조사할 때, 다른 무수히 많은 요인들이 함께 작용하기 때문에 인구 집단 내에서 암 발생의 실제적인 증가를 관찰하기가 곤란하다는 것이다. 통계학자들은 이런 방해 요인을 잡음(noise)이라고 부른다. 하지만 오랜 세월 한 오염 물질에 심각하게 노출될 수밖에 없는 특정한 직업군을 조사해보는 방법이 있다. 예를 들어 제17장에서 살펴본 라돈의 경우, 라돈의 농도가 대단히 높은 환경에 노출된 광부들을 조사함으로써 일반 가정에서도 라돈이 발암 원인이 된다는 사실을 연역해낼 수 있는 1차적인 배경 자료를 얻을 수 있었다.[1778] 한편 비소 · 벤젠 · 크롬 등 극소수 맹독성 농약은 인간에게 암을 유발하는 물질로 확인되었지만 당연히 규제와 금지의 대상이 되어 있으므로 실제로는 암을 유발할 수 없다.[1779]

따라서 현재 사용되는 농약의 암 유발 가능성이 너무 낮아 심지어 농부들처럼 농약에 과도하게 노출되는 인구 집단에서조차 암 위험도의 증가를 실제로 관찰하기가 매우 어려운 상황이다.[1780] 그렇다고 해서 사회 전체에 미치는 농약의 위험성이 반드시 심각하지 않다는 뜻은 물론 아니다.

과학자들이 실험용 쥐를 대상으로 농약의 발암성을 연구하는 것은 바로 이 때문이다. 그런데 문제는 실험 동물을 각각 50마리씩 그룹으로 나누어 실시하는 일반적인 동물 실험의 경우, 각각의 결과의 차이가 10% 이하는 통계학적으로 무의미하다.[1781] 만약 실험 쥐를 두 집단으로 나누어 한 집단에게만 일생 동안 일정량의 농약을 투여한다고 가정해보자. 일정 기간이 경과한 후 이들 중에서 4마리가 암에 걸린 반면 농약에 노출되지 않은 집단에서는 3마리만 암에 걸렸다면, 우리는 이 실험에서 어떤 결론도 내릴 수 없다. 그 정도의 차이는 그냥 우연히 발생한 것일 수도 있기 때문이다. 통계적으로 의미 있는 결과를 얻기 위해서는 양쪽 그룹 사이에 적어도 5마리 이상의 차이가 나야 한다.

물론 훨씬 더 많은 쥐에게 농약을 투여할 수도 있다. 그러나 실험 쥐 50마리를 사용하는 표준 실험을 한번 하는 데만도 약 40만 달러라는 엄청난 비용이 드는 데다가 보통 다른 종류의 동물을 대상으로 적어도 두 번 똑같은 실험을 반복해야 한다.[1782] 이런 막대한 비용을 줄이기 위해 독성 전문가들은 실험 쥐에게 과량의 농약을 주입해 암 유발의 빈도를 크게 높이는 방법을 채용하고 있다.[1783] 그런데 이렇게 해서 얻은 연구 결과를 평가하는 단계에서 문제가 제기된다. 과도한 농약의 투여로 실험 쥐에게 암이 발생했다는 사실이 농약을 극미량 섭취하는 정도에 불과한 사람들에게 과연 어떤 의미를 가질 수 있는가 하는 점이다. 문제는 쥐를 이용한 실험에서 얻은 결과를 과연 인간에게 그대로 적용할 수 있는지, 그리고 농약을 대량으로 투여해 얻은 결과를 소량 섭취하는 경우에도 그대로 적용할 수 있는지의 여부이다.

간단하게 대답하자면, 우리는 이 문제의 답을 모른다.[1784] 그러나 안전에 만전을 기하기 위해 환경보호청은 농약에 가장 민감한 동물 종을 실험대상으로 지정하고, 그 결과 얻은 독성 자료를 이용해 투여량이 높을 때와 낮을 때 사이에 직접적인 상관 관계가 있다고 가정한다.[1785] 농약의 1일 허용치는 매일 일정량을 섭취했을 때 평생 동안 암에 걸릴 확률이 100만 분의 1 이하인 수준에서 결정된다.[1786]

그런데 여기에서 특히 논쟁의 소지가 있는 것은 투여량이 높을 때와 낮을 때 사이에 직접적인 상관 관계가 있다는 부분이다. 도표 126에 나타난 것과 같은, 살균제의 부산물로 널리 알려진 ETU(Ethylene thiourea)에 대한 전형적인 실험 결과를 과연 어떻게 해석해야 할까? 통계학적으로 볼 때 ETU 500ppm이 쥐에게 갑상선암을 일으킨다는 사실에는 의심의 여지가 없다. 투여량이 0ppm일 때는 ETU가 도저히 암을 유발할 수 없을 것이다(도표에 나타난 2%라는 발병률은 다른 원인의 암 발병률임이 분명하다. 즉 다른 원인으로 생긴 갑상선암을 뜻한다). 사실 ETU 125ppm 미만의 수준에서는 암 발생 위험이 높지 않으며, ETU의 함량이 이보다 높을 때에만 발암 위험이 높아지는 것으로 생각된다. 따라서 125ppm이 어떤 한계치를 의미하는 것이라고 볼 수도 있다[독성학에서는 이런 한계치를 역치(threshold value)라고 부른다 – 옮긴이]. 즉 125ppm 이하의 ETU는 아무런 해를 미치지 않는 반면에 이 수치 이상의 ETU는 암을 일으킨다는 것이다. 이런 해석은 자주 인용되는 약물학의 창시자 파라셀수스(Paracelsus, 1493~1541)의 견해와도 일치한다. 그는 다음과 같이 말했다.

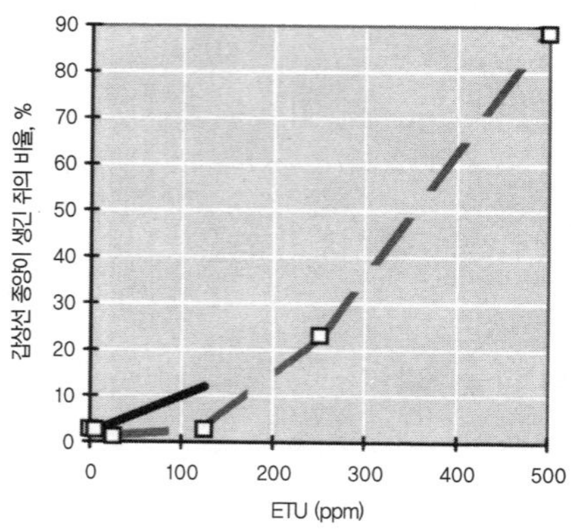

도표 126 쥐를 대상으로 한 ETU의 발암성 평가 실험 결과. 각각 70마리의 실험 쥐를 대상으로 각기 다른 1일 투여량을 주사했을 때 실험이 끝날 때까지 갑상선 종양이 발생한 쥐의 비율을 제시하였다. 검은색 실선은 투여량이 낮을 때 발암 위험을 추정하기 위해서 EPA가 채용한 이론적 추정 곡선이다. 출전:Rodricks 1992:133, EPA 1996c:117.

"모든 물질은 독이다. 독이 아닌 물질은 하나도 없다. 독과 치료제를 구분해주는 것은 투여량이 적정한지의 여부이다."[1787]

설령 그렇다고 해도 통계학적으로 0ppm과 100ppm 사이에 최소한의 위험성이 여전히 존재할 수 있다는 가능성을 완전히 배제하기는 어렵다. 또한 겨우 70마리의 쥐만을 사용해 그런 위험도를 분간해내는 것도 불가능하다. 유독물질을 아주 적게 투여했을 때 투여량과 동물 반응 사이의 상관관계를 추정하기 위한 수단으로 여러 가지 복잡한 모델이 제안된 바 있다.[1788] 환경보호청은 도표 126의 그래프에 나타나 있듯이 투여량이 적을수록 발암 위험도가 꾸준히 감소한다고 추정한다.[1789] 그런데 거의 모든 사람들(환경보호청도 포함해)은 이런 직선형의 위험도 추정이 최악의 상황을 가정하는 추정법이며, 어쩌면 투여량이 낮은 상황에서 유독물질의 위험도를 과대 평가할 가능성이 크다는 데 동의한다.[1790]

여기에서 논쟁의 요점은, 과연 발암 물질이 어느 함량(또는 농도)을 경계선으로 해서 그 이상 투여하면 위험하고 그 이하에서는 안전한 그런 한계치가 존재하는지, 아니면 그저 단순히 투여량이 적어질수록 그만큼 발암 위험성도 낮아져서 마침내 0에 이르는 것인지의 여부이다. 하지만 보통의 측정 방법을 사용해서는 이 논쟁을 잠재우기가 매우 어려울 것 같은데, 그것은 논란의 대상이 되는 수치가 믿을 수 없을 정도로 작기 때문이다.[1791]

천연 농약과 인공 농약

캘리포니아 대학교 버클리 캠퍼스의 브루스 에임즈(Bruce Ames) 교수는 몇 년 전부터 그런 한계치가 존재하는가 또는 존재하지 않는가에 대한 논쟁에 혁명적인 새로운 관점을 제안했다.[1792] 브루스 에임즈는 세계에서 가장 존경받는 미생물학자이자 암 연구가 중 한 사람이며, 가장 흔히 사용되는 암 진단용 검사법을 발명해 자신의 이름을 붙이기도 했다.[1793] 그의 견해는 최근 미국 국가연구위원회에 의해서도 뒷받침되었다.[1794]

에임즈는 대다수 농약이 천연적으로 만들어지는데도 우리가 인공 농약에 대해서만 지나치게 걱정하고 있다고 거듭 지적해왔다. 대체로 사람들은 이런 말을 듣고 깜짝 놀라지만, 잘 생각해보면 이 말이 사실이라는 것을 금방 알 수 있다. 동물과 달리 식물은 적에게서 도망칠 수 없기 때문에 오랜 진화 과정에서 스스로 독성을 가져 동물들이 먹을 수 없도록 하는 전략을 키워왔다.

그러나 레이첼 카슨 덕분에 초기 환경 운동은 거의 전적으로 인공 농약에만 초점을 맞췄다. 그 때문에 사람들도 합성 화학물질을 두려워하면서 인공 농약에만 관심을 쏟게 된 것이다.[1795] 카슨은 자주 인용되는 저 유명한 말을 통해 환경 운동의 목표를 제시했다. "세계 역사상 처음으로, 모든 인간은 잉태되는 순간부터 죽는 순간까지 위험한 화학물질들과 접촉하게 되었다."[1796] 그런데 에임즈는 이 말에 근본적인 오류가 있다고 지적했다. "그 말은 틀렸다. 사람들이 노출되는 화학물질의 대다수는 자연계에서 발생하며 어떤 화학물질이든 그 양이 많아지면 위험하다."[1797]

화학적으로 보면, 굳이 천연 농약과 인공 농약을 구분할 만한 근거는 하나도 없는 것 같다.[1798] 예전부터 제초제로 사용하던 비소는 자연에서 산출되는 광물의 한 종류이다. 그리고 아플라톡신(aflatoxin)은 인간에게 알려진 모든 농약 중에서 발암성이 가장 강하지만, 땅콩 · 곡물 · 옥수수 등에 발생하는 곰팡이가 만들어내는 자연적 화학물질이다.[1799] 피레트린

(pyrethrum)은 국화과 식물에서 자연스럽게 만들어지는 농약이다. 마찬가지로 니코틴도 담배과 식물이 스스로를 보호하기 위해 만드는 천연 농약이다.[1800]

알고 보면 우리는 인공 농약보다 천연 농약을 훨씬 더 많이 섭취하고 있다. 대개 천연 농약은 식물체 건조 중량의 5~10%를 차지한다.[1801] 무게로 따지면 우리가 섭취하는 농약의 99.99%가 천연 농약이며 인공 농약은 겨우 0.01%밖에 되지 않는다.[1802] 99.99%라는 수치는 자주 인용되지만 사실상 이 수치 자체가 그리 중요한 것은 아니다. 인공 농약이 과연 천연 농약보다 더 발암성이 강한지 약한지를 알아볼 필요가 있기 때문이다.[1803]

에임즈는 버클리 대학의 여러 동료 연구자와 함께 사람들이 먹고 마시는 여러 가지 물질을 조사해보았다. 예를 들어, 커피에는 약 1,000여 종의 화학물질이 들어 있는데 그 중에서 실험 쥐를 이용한 발암성 시험을 거친 물질은 30종에 불과하다. 그리고 이 30종 중에서 21종이 쥐에게 암을 유발했다.[1804]

이런 물질이 암 발생에 얼마나 심각한 위협이 되는지 평가하고자 한다면, 실험 쥐에게 그것을 일생 동안 투여했을 때 쥐의 50%가 암에 걸리는 섭취량(50% 발암 확률치를 TD_{50}이라고 하는데 도표 126에서는 약 350ppm이다)을 몸무게 1킬로그램당 섭취량으로 환산해 비교하는 방법을 이용할 수 있다.[1805] 만약 우리가 원두커피 4그램으로 만든 커피를 매일 한 잔씩 마신다면, 1일 7.2밀리그램의 카페인 산을 섭취하게 된다. 체중이 70킬로그램 정도인 보통 사람은 몸무게 1킬로그램당 약 0.1밀리그램을 섭취하는 셈이다.[1806] 그런데 쥐 실험에서는 카페인 산을 몸무게 1킬로그램당 약 285밀리그램씩 평생 동안 매일 투여했을 때 쥐의 절반이 암에 걸렸다(TD_{50}이 285mg/kg이다). 따라서 매일 커피 한 잔을 마시는 사람은 0.1/285=0.035%의 발암 위험에 노출되는 셈이며, HERP로 불리는 설치류 대비 인간 노출 유효량(Human Exposure dose/Rodent Potency dose)이 0.035%라고 할 수 있다.[1807] 하지만 이런 위험도 추정은 다음과 같은 두 가지 중요한 조건이 충족되는 경우에만 적용할 수 있다. 즉 실험쥐를 이용한 실험 결과를 인간에게 그대로 적용할 수 있어야 하고, 높은 섭취량과 극히 낮은 섭취량 사이에 직선적인 상관 관계가 있고 역치가 존재하지 않아야 한다는 EPA의 가정을 만족시켜야 한다.

만약 쥐 실험 결과를 인간에게 직접 적용하는 것이 가능하지 않다면(그렇다면 정말로 커다란 문제가 일어난다), HERP 수치를 암 발생 가능성을 보여주는 절대치로 간주해서는 결코 안 된다. 다만 상대적인 위험도를 비교하는 것은 가능한데, 역치가 없다는 가정은 여전히 유효하기 때문이다. 따라서 역치가 존재하지 않는다는 가정 하에서 우리가 섭취하는 모든 물질—식품류와 그 속에 들어 있는 모든 잔류 농약 성분—의 상대적인 발암 위험성을 비교할 수 있다. 역치가 없다고 가정하는 것은 극미량을 섭취해도 어떤 식으로든 발암 가능성이 있다는 것을 인정하는 최악의 상황을 가정하는 것이기 때문에, 이런 식의 상대 비교는 인공 농약의 위험성을 과대 평가할 것이 분명하다.

도표 127을 잘 보면 하루에 커피 세 잔을 마시는 경우(미국인의 평균치)에 위험도가 약 0.1%인 반면에, 평균적인 미국인의 하루 섭취량인 14.9그램의 양상추를 먹는 경우 그 위험도가 0.04%임을 알 수 있다. 커피와 양상추에 모두 카페인 산이 들어 있기 때문이다.[1808] 미국인의 평균 섭취량인 하루 한 잔 미만의 오렌지 주스를 마시면 d-리모넨(d-limonene)이라는 물질 때문에 0.03%의 발암 위험이 있고, 버섯 2.55그램, 즉 6분의 1개를 먹으면 히드라진(hydrazines)이라는 물질 때문에 0.02%의 발암 위험성이 있다. 사과, 계피, 당근, 감자, 셀러리, 흰빵, 육두구 등을 지나친 뒤에야 비로소 처음 농약과 만나게 되는데, 도표 126에 제시된 ETU가 그것이다. 미국인이 매일 평균적으로 섭취하는 ETU로 인한 발암 위험성은 0.002%로 1972년 이전의 DDT 섭취량으로 인한 발암 위험과 같다(1972

년 미국에서 DDT는 사용이 금지되었다). 오늘날 DDT의 발암 위험은 약 0.00008%이다. 1988년에 에일라(Alar, 성장 조절용 화학물질의 상품명 - 옮긴이)가 든 사과 주스를 미국인의 평균 섭취량만큼 마시는 경우 위험도는 0.001%이다. 이는 미국인의 평균 섭취량인 배 10분의 1개를 매일 먹을 경우, 카페인 산으로 인한 발암 위험보다도 적다.[1809]

지금까지 알려진 약 1만 종의 천연 농약 중에서 발암성 여부가 조사된 것은 79종에 불과하다. 그렇지만 섭취량으로 보면 이들이 발암 위험도 목록의 가장 윗부분을 차지하는 것이 분명하다.[1810]

따라서 지극히 평범한 식품에 합성 화학물질과 똑같은 규제 기준을 적용한다면 그 기준을 통과하지 못하는 식품이 많을 것이다.[1811] 1일 평균 커피 섭취량만 해도 1972년 DDT 사용이 금지되기 이전에 섭취했던 DDT 평균 섭취량보다 50배나 발암성이 더 강하며, 현재의 DDT 섭취량과 비교하면 1,200배나 더 강하다. 또 현재 우리가 섭취하는 농약 중에서 가장 위험한 ETU보다도 66배나 발암성이 강하다.[1812]

도표 127에는 에스트라골(estragole)이 들어 있는 바질(basil, 허브의 일종 - 옮긴이)을 하루에 1그램씩 섭취하는 것이 커피 세 잔을 마시는 것만큼 위험하며, 우리가 현재 섭취하는 ETU보다 66배나 더 위험하다는 사실이 나타나 있지 않다(바질의 1일 섭취량이 알려져 있지 않기 때문이다).[1813] 또 실내 공기 오염을 다룬 부분에서도 지적했듯이, 평균적인 미국인이 사는 (이동식이 아닌) 전형적인 주택의 실내 공기 속에는 포름알데히드가 포함되어 있기 때문에 하루에 14시간씩 집 안에 머무르는 사람의 발암 위험도가 0.4%나 되는데, 이는 ETU 섭취에 의한 위험도보다 약 260배나 높은 것이다.

알코올은 도표 127의 한계를 한참 벗어나 있다. 평균적인 미국인은 하루에 맥주 1.7잔에 해당하는 알코올을 소비한다.[1814] 이 경우의 HERP 위험도는 3.6%로 가장 위험한 농약인 ETU보다 무려 2,100배 이상 더 위험

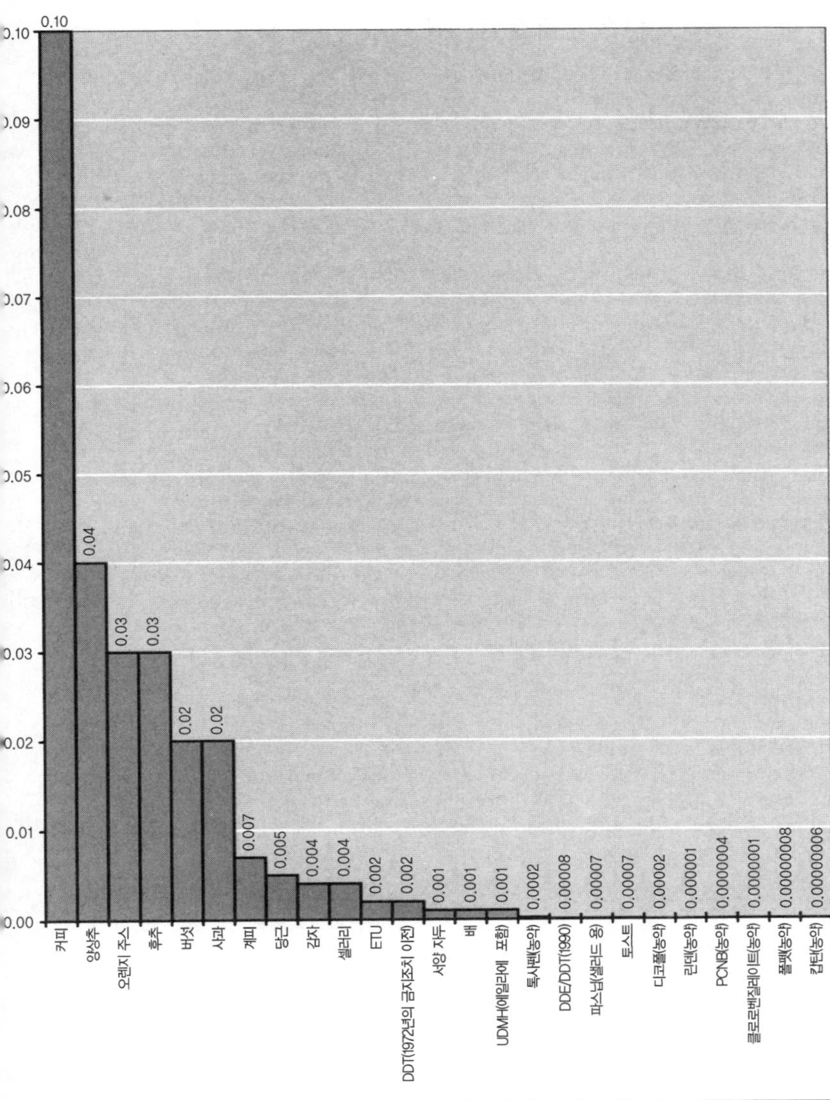

도표 127 평균적인 미국인이 일상적으로 섭취하는 다양한 식품과 합성 농약의 상대적 발암 위험성 비교. 평균적인 미국 성인의 알코올 섭취량은 1일 맥주 1.7잔에 해당하며 설치류 대비 인간 노출 유효량(HERP)으로는 3.6%가 된다. 다시 말해서, 이 표에 제시된 커피보다 36배나 높은 것이다. 에일라의 성분인 UDMH의 섭취량은 1998년 평균치이다. 출전: Ames & Gold 1998:214-15, Gold et al. 1992:264.

하다.[1815] 달리 말하면, 평생 동안 매일 보통 사람의 평균적인 섭취량 정도의 ETU를 섭취하는 것과 일생에 단 한번 맥주 13잔을 마시는 것의 위험도가 같다는 얘기다. 또는 다른 비교로, 일생 동안 ETU를 평균적인 양만큼 섭취하는 것과 미국의 평균적인 주택에서 두 달이 조금 넘는 기간 동안 머무르는 것의 위험도가 같다고 표현할 수도 있다.

이런 분석 결과는 앞으로 인공 농약보다는 커피 · 바질 · 양상추 등을 더 걱정해야 하거나 아니면 역치가 있을 수 없다는 가정이 잘못되었다는 것을 의미한다. 국제암연구기금의 대규모 연구는 커피가 방광암을 유발할 가능성을 배제할 수 없다는 것을 발견했다. 비록 "그런 상관 관계에 불확실성이 존재하고" 또 그 관련성이 어떤 상황에서도 "임상적으로 그리 중요한 것은 아니지만" 말이다.[1816]

에임즈 교수에 의하면 동물을 대상으로 하는 전형적인 암 발현 실험은 오해의 소지가 있는 결과를 내놓을 가능성이 크다고 한다.[1817] 카페인 산, 에스트라골, 인공 농약과 같은 물질을 동물에게 과다 투여하면 위장과 같은 일부 기관에 국지적인 과부하가 걸려 만성적인 세포 괴사를 유발할 수 있다.[1818] 문제의 물질을 너무 많이 섭취했기 때문에 암이 발생했다는 것이다. 지금까지 실험한 인공 농약의 절반 정도가 발암 물질로 판명되었지만, 천연 농약의 절반도 역시 발암성을 갖고 있다는 사실이 이런 주장을 뒷받침해준다.[1819] 기존의 발암성 시험 방법으로 세상의 모든 물질을 시험해본다면 양성으로 판명되는 물질이 엄청나게 많을 것이다. 이는 이런 시험으로 측정하는 것이 사실 완전히 다른 현상, 즉 국지적 과부하라는 사실을 시사한다.

그런데 인공 농약과 달리 천연 농약은 상당히 오랜 기간 우리 곁에 있었기 때문에 진화 과정에서 그들에 대한 방어 메커니즘이 발전하지 않았는가 하는 의구심을 품는 사람이 많다.[1820] 하지만 이런 가정이 비현실적이라는 것을 밝혀주는 증거가 여럿 있다.[1821]

첫째, 암에 대한 인간의 방어 체제(DNA 복구가 전형적이다)는 일반적인 속성이기 때문에 천연 농약과 인공 농약 모두에 대해 효과를 나타낸다.[1822] 둘째, 우리가 아직 상대할 수 있는 방법을 찾지 못한 천연 농약(예를 들면 땅콩에 서식하는 곰팡이가 만들어내는 아플라톡신)이 여전히 많다. 마찬가지로, 흔한 물질 중에도 인간에게 암을 일으키는 종류가 많은데, 카드뮴염 · 베릴륨(beryllium) · 니켈 · 크롬 · 비소 등이 그런 예다. 이것들은 인간이 진화하는 동안 내내 존재했다.[1823]

셋째, 인간이 식품으로 섭취하는 식물과는 '독성의 조화'를 이룩했지만, 새로 만들어진 화학물질과는 그런 관계를 이루지 못했다는 주장이 자주 제기되곤 한다.[1824] 그러나 현재 우리가 먹는 음식 중에서 인간의 진화 과정 동안 줄곧 우리 곁에 존재했던 것은 극히 일부에 불과하며, 대부분의 사람들은 우리 조상이 전혀 알지 못했던 식물을 많이 먹고 있다. 커피, 코코아, 차, 감자, 토마토, 사탕옥수수, 아보카도, 망고, 올리브, 키위 등이 좋은 예다.[1825]

넷째, 먹이사슬을 통해 인체에 축적되는 물질은 DDT와 같은 인공 농약뿐만이 아니다. 감자에서 만들어지는 신경성 독소인 솔라닌(solanine)이나 차코닌(chaconine)과 같은 천연 농약들도 인체의 지방 조직에 축적될 수 있다.[1826] 이런 독소는 설치류 실험에서 선천적 기형을 유발할 수 있다는 사실이 증명되었다.[1827] 마지막으로, 진화론적인 관점에서 본다면 원래부터 발암성을 지니는 농약에 대해 인체가 방어 체제를 발전시켰을 것이라고 기대하는 것은 합리적이지 않다. 왜냐하면 암은 주로 노년기에 발생하는 질병이므로 대개는 생식 활동이 끝난 이후에 발생하기 때문이다.[1828]

다시 말해서 인공 농약의 위험은 양상추 · 과일 주스 · 사과 · 셀러리 등과 같이 우리가 일상적으로 섭취하는 건강 식품들이 이미 알아채기 어려울 정도로 조금씩 제기하는 위험성에 비해 상당히 적은 편임이 증명되었다고 할 수 있다.[1829] 인공 농약이 연간 3,000~6,000명의 목숨을 앗아간다는 환경보호청의 최대 추정치를 여러분이 얼마나 믿느냐에 따라 달라지겠지만, 여러 가지 증거에 따르면 양상추 · 과일 주스 · 사과 · 셀러리 등에 들어 있는 천연 농약이 사실상 그보다 훨씬 더 많은 목숨을 앗아가고 있다. 그러나 이런 주장보다 훨씬 더 가능성이 높은 것은 동물을 대상으로 하는 암 발현 실험이 진정한 위험도를 보여주지 못하며, 사실은 안전성 계수를 지나치게 크게 잡아 위험도를 과도하게 증폭시킬 수 있다는 점이다.[1830] 따라서 천연 농약과 인공 농약 모두가 발암 위험이 사실상 매우 적다고 믿을 만한 훌륭한 근거가 있는 셈이다.

농약의 지극히 미미한 위험성에 대해 명확한 추정치를 밝히는 작업에 기꺼이 나서줄 사람을 찾기는 쉽지 않다. 대부분의 대규모 암 연구는 인공 농약의 위험도를 '미소하다'거나 또는 '대수롭지 않다'고 조심스럽게 표현하고 있을 뿐인데, 그것은 정확한 위험도를 판단하는 일이 대단히 어렵기 때문이다. 그러나 미국 식품의약국(FDA) 독물학 연구실 실장인 로버트 슈플라인(Robert Scheuplein) 박사가 직업상 얻은 지식을 바탕으로 자신의 생각을 밝힌 바 있다.[1831] 그는 식품과 관련된 암 발생 가능성의 비율이 대략 다음과 같을 것이라고 추정한다.[1832] 전통적인 식품(육류 · 가금류 · 곡물 · 감자 · 설탕 · 코코아 · 소금 등)이 갖는 위험성의 비율 98.79%, 양념과 천연 향신료(겨자 · 후추 · 계피 · 바닐라 등)의 비율 1%, 간접적인 첨가물(윤활유 · 표면 잔류물 · 포장 과정에서 옮겨 묻는 물질 등 공장에서 만들어지는 잔류물)의 비율 0.2%, 농약(살충제 · 제초제 · 살균제 · PCB · DDE · 다이옥신 · 아플라톡신 등)의 비율 0.01%, 동물의 체내에서 발견되는 잔류성 약물(항생제 · 성장 호르몬 등)의 비율 0.01%, 조리 과정(발효 · 튀기기 · 끓이기 등)의 비율 0.01%.

만약 미국에서 발생하는 암 관련 사망자 수(1999년 약 56만 3,000명)[1833]를 그대로 받아들이고, 그 중 약 35%(20만 명)가 식품 때문이라는 돌 경과 페토 박사의 추정치를 적용한 다음에, 다시 슈플라인 박사의 추정에 따라 암 관련 사망 원인 분포도를 작성하면 도표 128과 같은 결과가 나온다. 따라서 통계적으로 말한다면, 미국에서 농약 때문에 암에 걸려 죽는 사람의 수는 연간 20명 정도라고 보는 것이 더 현실성 있는 추정치일 것이다.

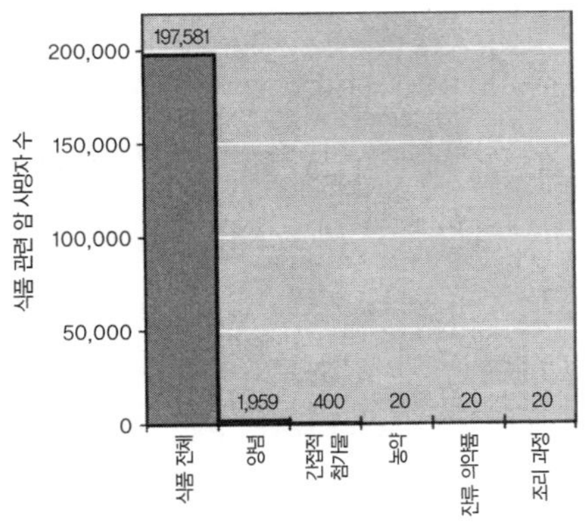

도표 128 식품 섭취와 관련된 미국의 암 사망자 수 분포. 총 사망자 수는 연간 20만 명이다. 출전: Scheplein 1991.

합성 에스트로겐

새로운 걱정거리 하나가 널리 확산되기 시작했다. 인간과 동물의 호르몬과 유사한 합성 화학물질에 대한 걱정이 바로 그것으로 대중적인 인기를 끈 과학 책 《도둑맞은 미래》가 출판된 이후 특히 크게 번지게 되었다.[1834) 《지구 환경 보고서》의 밀레니엄 기념판 개요에서 월드워치연구소는 마치 호르몬처럼 작용하는 "농약 및 플라스틱 제품과 관련된 합성 화학물질"에 대한 "점점 증대하는 염려"를 1962년 레이첼 카슨이 내놓은 주장과 분명히 연결시키고 있다.[1835)]

지금까지 밝혀진 바에 따르면, 임신 기간 중에는 호르몬의 영향을 조금만 받아도 심각한 결과가 생길 수 있다. 쥐의 암컷 태아가 자궁 속에서 수컷 태아 두 마리 사이에 끼어서 자라면 '공격성'이 강해지고 성적 매력이 줄어든다는 사실이 밝혀졌다. 수컷 형제의 호르몬이 암컷 태아의 발달에 영향을 미치기 때문이다.[1836)]

그런데 문제는 일부 물질, 특히 DDT와 산업용 화합물인 PCB가 여성 호르몬인 에스트로겐의 작용을 흉내낼 수 있다는 사실이 밝혀진 점이다.[1837] 1940년대부터 1971년까지 에스트로겐과 비슷한 물질인 DES가 유산 방지와 임신 합병증 치료에 널리 사용되었다. 이 물질을 사용한 여성은 전세계적으로 모두 합해 약 500만 명이나 된다.[1838] 그러나 DES는 불행히도 유산을 방지할 수 없을 뿐만 아니라 오히려 유산율을 증가시키며, 또한 임신중 DES를 복용한 어머니에게서 태어난 어린 소녀들의 질 내에 희귀한 암이 발생하는 빈도를 증가시키는 것으로 밝혀졌다. DES를 대량으로 섭취한 어머니에게서 태어난 아들의 경우에는 정자 수가 현저하게 적었다.[1839]

DDT와 PCB에 노출된 동물의 경우에도 역시 성비가 뒤바뀌고(수컷의 수가 적어지고 암컷의 수가 많아졌다), 음경과 고환의 크기가 작아지는 현상이 관찰되었다.[1840] 앞의 쥐의 사례처럼, DES, DDT, PCB, 그리고 이것들이 분해되면서 만들어지는 일부 물질은 에스트로겐과 같은 효과를 나타내어 태아기의 특정 시기에 발달 과정을 변화시켜, 일부 수컷을 여성화시키거나 아예 암컷으로 바꿔버리기도 했다. DES는 1971년에 판매가 금지되었고, DDT는 많은 산업 국가에서 1970년대에 생산이 금지되었다. PCB는 1970년대 말에 사용과 판매가 금지되었다. 이후 환경 속에 들어 있는 DDT와 PCB의 농도는 급격히 감소했다(도표 112, 116).[1841]

그렇다면 사람들이 왜 이제야 비로소 이 문제를 걱정하기 시작한 것일까? 사실 다른 물질 중에도 약간의 에스트로겐 효과를 보여주는 것들이 많이 있다. 이것들의 에스트로겐 효과는 진짜 에스트로겐보다 수천 배나 약하지만, 합성 에스트로겐은 천연 에스트로겐과 달리 체내의 다른 단백질에 의해 차단되지 않기 때문에 그 효과가 정확히 어느 정도인지는 분명하지 않다.[1842]

많은 식물들도 천연 농약을 스스로 갖게 된 것과 똑같은 이유로 천연 에스트로겐을 가지고 있다. 천연 에스트로겐은 식물체가 자신을 방어하는 여러 가지 방법 중 하나이다. 만약 그런 식물을 섭취한 동물의 체내에서 자연적인 호르몬 균형이 파괴된다면, 동물은 진화 과정에서 매우 힘든 일을 겪을 것이고, 따라서 자연히 식물에 대한 압박을 완화할 것이다.[1843] 양이 붉은 클로버를 먹으면 생식 장애를 일으키는 것이 그런 예의 하나이다. 붉은 클로버에 에스트로겐과 비슷한 제니스타인(genistein)이라는 물질이 대량으로 들어 있기 때문이다.[1844]

과학자들은 호밀, 밀, 양배추, 시금치, 보리, 쌀, 콩, 감자, 당근, 완두콩, 강낭콩, 자주개자리 싹, 사과, 버찌, 서양 자두, 커피, 위스키, 파슬리, 세이지, 마늘 등 사람들이 흔히 먹는 수많은 식품에서 천연 에스트로겐 성분을 발견했다.[1845] 그 양으로 따지면 우리는 합성 에스트로겐보다 천연 에스트로겐을 훨씬 더 많이 섭취한다. 그러나 여기에서도 역시 가장 중요한 것은 단순히 섭취하는 양이 아니라 해당 물질이 미칠 수 있는 효과이다. 여러 연구 결과들은 쥐의 새끼가 식물성 에스트로겐에 노출되면 성체가 됐을 때 생식 능력이 훼손될 수 있다는 것을 보여주었다.[1846] 콩 단백질에는 지극히 많은 양의 에스트로겐이 함유되어 있는데, 이것이 여성의 월경 주기에 영향을 미칠 수 있음을 보여주는 증거가 있다.[1847] 또한 과학자들은 콩에 들어 있는 에스트로겐이 인체 기능에 어떤 영향을 미치는지 제대로 조사해보지도 않고 아기에게 두유를 먹이는 것이 문제가 될 수 있다고 지적한다.[1848]

많은 연구자들은 합성 화학물질의 호르몬 효과가 자연적으로 만들어지는 호르몬의 효과보다 훨씬 미약하며, 그런 물질에 노출되는 것이 현실적인 위험이 될 만큼 심각한 일은 아니라는 점을 지적해왔다. 한 보고서는 우리가 섭취하는 합성 에스트로겐의 총량을 실제 에스트로겐 양으로 계산하면, 식물체 속 천연 에스트로겐의 평균 섭취량의 4,000만 분의 1에 불과하다는 사실을 보여주었다.[1849] 합성 에스트로겐의 섭취량을 평균적인 1일 피임약 복용량과 비교하면 합성 에스트로겐의 효과가 60억 배 이상 미약하다. 따라서 합성 에스트로겐에 대한 걱정 역시 마치 농약에 대한 우려와 비슷한 것처럼 보인다. 합성물질의 효과가 자연적으로 발생하는 물질의 배경 효과보다 훨씬 더 적다는 점에서 말이다.

《도둑맞은 미래》의 저자들은 이런 계산 결과에 대해 다음과 같은 반응을 보였다. "그런 확언을 뒷받침해주는 증거는 없다. 현재 구할 수 있는 정보들과 과학적 문헌들을 조사해보면 너무나 많은 공백이 있고 또 아직 밝혀지지 않은 사실이 많기 때문에, 우리가 섭취할 수 있는 허용치가 얼마나 되는지 대충이라도 파악하기가 어렵다. 따라서 분명한 결론을 내릴 수 없다는 것을 금방 알 수 있다."[1850] 간단히 말해, 에스트로겐 양에 대한 단순한 계산 결과 합성 에스트로겐이 전체 에스트로겐의 극히 일부분을 차지할지라도 그 분야에 대해 우리가 알고 있는 것이 너무 적다는 것이다. 〈환경 건강의 전망과 보완(Environmental Health Perspectives Supplements)〉에 실린 에스트로겐 관련 중요한 논문 한 편도 똑같은 주장을 펼치면서 훨씬 더 많은 연구가 필요하다는 결론을 내렸다.[1851]

그러나 문제의 원인은 고사하고 결과에 대해서도 우리의 지식이 지극히 짧다는 점을 받아들인다면, 에스트로겐 효과를 걱정해야 한다는 《도둑맞은 미래》와 같은 책들이 제시하는 주장은 에스트로겐이 미칠 수 있는 효과를 단지 가공된 이야기와 예에만 의존하는 셈이 된다. 이제 에스트로겐 효과 중에서 가장 널리 알려져 있고 가장 주목할 만한 효과 세 가지를 살펴보기로 하자.

합성 에스트로겐과 정자의 질 저하

에스트로겐 효과에 대한 대규모 연구에서 정자의 질에 대한 논의는 가장 중요한 위치를 차지하고 있다. "가장 근본적인 변화는 남자가 사정하는 정액 속의 정자 수가 놀라울 정도로 줄어들었다는 점이다."[1852] 《도둑맞은 미래》의 저자들은 다음과 같이 썼다. "호르몬 방해 물질이 이미 커다란 피해를 일으켰다는 것을 보여주는 가장 극적이고 걱정스러운 징조는 지난 반세기 동안 남성의 정자 수가 곤두박질쳤다는 보고서들에서 찾아볼 수 있다."[1853] 정자 수가 감소했다는 주장은 유기농법에 찬성하는 가장 중요한 근거로도 흔히 이용된다.[1854]

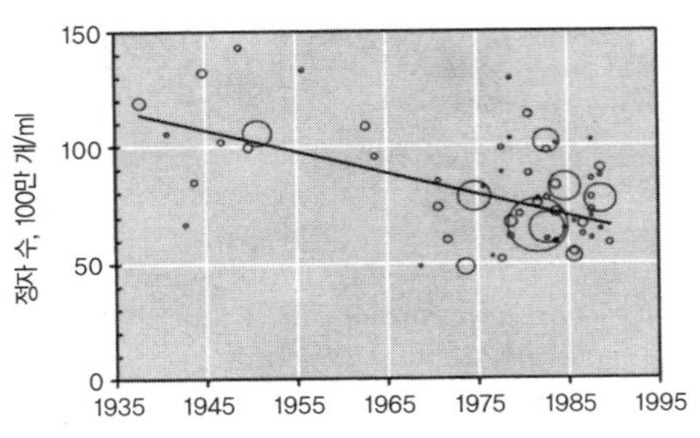

도표 129 1938~1990년 실시된 61건의 연구에서 밝혀진 평균 정자 수. 원의 면적은 각 연구에 참가했던 남성들의 수에 비례한다. 출전: Carlsen et al. 1992:610.[1855]

1992년 코펜하겐 대학병원의 닐스 스카케베크(Niels Skakkebæk) 박사가 이끄는 덴마크 연구 팀이 남자의 정액 속에 들어 있는 정자 수가 1938년부터 1990년 사이에 1밀리미터당 1억 1,300만 마리에서 고작 6,600만 마리로 떨어졌음을 보여주는 보고서를 발표했다(도표 129).[1856] 이 논문은 결론에서 정자 수의 감소가 에스트로겐과 비슷한 물질로 인한 것인지 아니면 다른 원인에 의한 것인지는 아직 확실하게 입증되지 않았다고 지적했다.[1857]

이 소식이 전세계 언론을 통해 보도되자 그린피스는 다소 발빠르게 광고를 만들었다. 지극히 작은 음경을 가진 30대 중반의 남자 사진 밑에 "당신은 당신 아버지의 절반도 안 되는 남자입니다(You're not half the man your father was)"는 문구를 넣은 광고였다.[1858] 남자의 자존심을 쿡쿡 쑤셔대는 내용이 아닐 수 없다.

스카케베크은 그 이듬해에 영국 의학연구위원회(British Medical Research Council)의 리처드 샤프(Richard Sharpe) 교수와 함께 유명한 의학 전문 학술지 〈랜싯〉에 정자 질의 감소와 에스트로겐 효과의 상관 관계에 대한 가설을 제시했다.[1859] 그들은 또한 정자 질의 악화가 지난 30~50년 동안 크게 증가한 것으로 기록된 고환암 발병률과 관련이 있을지도 모른다고 추정했다.[1860] 그리고 우리가 일곱 가지 다른 경로를 통해 예전보다 더 많은 에스트로겐에 노출되었을 가능성이 있다고 주장했다. 그 일곱 가지 경로 중에는 다음과 같은 것들이 포함된다.

- 섬유소가 적은 식단이 여성의 에스트로겐 '재사용'을 증가시키는 것으로 보인다.
- 비만이 생물학적으로 이용 가능한 에스트로겐의 양을 늘린다.
- 식단의 변화(예를 들어 콩을 더 많이 먹게 되는 것)가 에스트로겐 섭취를 증가시킬 수 있다.
- 우유 섭취량이 늘면 에스트로겐 섭취량도 늘어난다.
- 어쩌면 사람들이 합성 에스트로겐에 더 많이 노출되고 있는지도 모른다.

그렇다면 합성 에스트로겐은 정자 수 감소를 설명할 수 있는 여러 요인 중에서 극히 작은 부분(그리고 가장 불확실한 부분)만을 차지하는 셈이다. 그러나 언론이 선택해서 사람들에게 퍼뜨린 것은 바로 이 부분이었다.

그러나 정자 수가 지난 50년 동안 반으로 줄었다는 것이 정말인지는 아직 의문으로 남아 있다. 1992년 발표된 앞의 논문은 수많은 비판으로 이어졌다. 이후 새로 실시된 연구 중에는 정자의 질이 악화되었음을 보여주는 것도 있고, 정자의 수가 안정적으로 유지되고 있음을 보여주는 것도 있었다.[1861] 파리 남성의 경우에는 정자 수가 감소한 반면 툴루즈에서는 그 수가 안정적이었다.[1862] 스코틀랜드 남성의 정자 수는 감소했지만 핀란드 남성의 정자 수는 같은 수준을 유지했거나 약간 증가했다.[1863] 런던의 일부 지역과 벨기에에서 실시된 연구는 정자 수가 감소했음을 보여주었지만, 미국에서는 뉴욕 · 로스앤젤레스 · 미네소타 · 시애틀 등에서 정자 수가 일정하게 유지되었다.[1864]

하지만 《도둑맞은 미래》는 정자 수가 감소했음을 보여주는 조사 결과만을 언급하고 있다.[1865] 또 일부 의학 연구자들이 조사 결과를 여전히 의심스러운 시선으로 바라본다는 얘기도 언급했다. 그러나 이에 대해 이 책은 약간 오만한 태도로 다음과 같이 말하고 있다. "이런 의심의 시선은 1985년 지구를 보호하는 오존층의 남극 대륙 상층부에 커다란 구멍이 뚫렸다는 뉴스가 처음 보도되었을 때도 이를 믿지 못하는 사람들이 있었음을 생각나게 한다."[1866]

근본적인 문제점은 1970년 이전의 정자 수에 대한 정보가 별로 없다는 것이다. 스카케베크 연구 팀은 상당한 노력을 기울였음에도 불구하고 이와 관련된 조사 결과를 겨우 13건밖에 찾아내지 못했다. 1970년 이전에 실시된 13건 조사의 대상이었던 남성 1,780명의 84%는 고작 5건(도표 129의 커다란 원들)의 대규모 연구에 포함된 사람들이고, 이 연구들은 모두 미국에서 실시된 것이었다.[1867] 사실 시기상으로 먼저 실시된 대규모 연구 4건(1938~1951년)은 단 한 곳 뉴욕 시를 대상으로 하였다.[1868] 이 사실이 중요한 것은 뉴욕이 세계에서 가장 정자 수가 많은 도시 중 하나이기 때문이다. 뉴욕 남성의 정자 수는 밀리리터당 약 1억 3,000만 마리다.[1869] 뉴욕 남성의 정자 수가 왜 그렇게 많은지에 대해서는 정확한 이유가 알려지지 않았다. 그러나 정자 수는 온도에 따라 달라지기 때문에 겨울에는 더 늘어난다. 핀란드 남성의 정자 수도 밀리리터당 약 1억 3,000만 마리로 뉴욕만큼 많다.[1870]

만약 뉴욕에 정자 수가 많은 남성이 유럽 다른 도시나 세계 다른 지역보다 많다면, 이 때문에 통계학적인 잡음이 더 많이 생기게 된다(도표 129의 정자 수가 널뛰듯이 오르락내리락하는 것은 일부 원의 조사 대상이 뉴욕인 반면 다른 원은 그렇지 않기 때문이다). 이것이 분석을 어렵게 하고 그 결과의 신뢰성을 떨어뜨리지만, 그렇다고 해서 그 결과가 쓸모없는 것은 아니다. 하지만 1970년 이후에 실시한 연구의 지리적 분포를 살펴보면 대규모 연구 중 미국에서 실시한 것은 20% 정도에 불과하고, 그 중 뉴욕은 고작 7%라는 것을 알 수 있다. 따라서 뉴욕은 초기 연구에서는 커다란 비중(93%)을 차지한 반면, 그 후의 연구에서는 아주 적은 비중(11%)만을 차지한다.[1871] 더욱이 우리는 바로 뉴욕에서 실시한 연구를 통해 1972년부터 1994년까지 남성의 정자 수가 감소하지 않았다는 사실을 알고 있다.[1872] 따라서 뉴욕에서 실시한 5건의 연구를 제외하는 것이 아마도 타당할 것이다. 그렇게 되면 정자 수의 감소율은 더 이상 40%가 아니게 된다. 아니, 통계학적으로 감소 추세가 더 이상 감지되지 않는다.[1873] 놀랍게도 스카케베크는 이 사실에 대해 한번도 공개적으로 의견을 밝히지 않았다.[1874]

이런 사실은 훨씬 더 중요한 다른 문제로 이어진다. 지금까지는 1970년 이후 시기의 기록이 가장 잘 정리되어 정보를 얻기가 가장 쉽다(이 시기의 연구는 전체 조사 건수의 79%, 조사 대상의 89%를 차지한다). 그런데 이 정보들은 1970년 이후 정자 수의 변화가 전혀 입증될 수 없음을 보여준다.[1875] 사실 약간의 증가세가 감지되지만 통계학적으로 의미 있는 정도는 아니다.[1876] 더욱이 뉴욕과 미국의 다른 지역에서 작성한 자료를 다시 분석해본 결과, "지난 60년 동안 미국 남성의 정자 수는 아무런 의미 있는 변화를 보이지 않았다"[1877]는 사실이 밝혀졌다.

그렇다고 해도 우리는 구할 수 있는 자료를 논의의 출발점으로 삼아야 한다. 초창기에는 주로 뉴욕의 자료밖에 없는 반면, 나중에는 세계 도처에서 자료를 얻을 수 있다는 점이 문제이기는 하지만 정자 수가 감소했을 가능성의 여부는 매우 중요한 문제이므로 구할 수 있는 모든 자료를 이용해 최선을 다해볼 수밖에 없다.[1878] 이 자료들을 보면 특히 1942년부터 1970년까지 정자 수가 약간 감소한 듯하다. 그러나 또 다른 문제가 하나 있는 것 같다.[1879]

우리는 남자가 사정한 후 경과한 시간이 짧을수록 다음 번 정자 수가 적다는 것을 잘 알고 있다.[1880] 이는 남성의 성 행위 횟수(파트너가 있는 경우와 없는 경우를 모두 합해)가 지난 50년 동안 늘어났다면, 당연히 정자 수가 줄어들어 정자의 질 저하를 잘못 해석할 우려가 있음을 뜻한다. 물론 이런 문제를 피하기 위한 시도들이 이루어지고 있다. 정자를 기증하는 사람들에게 정해진 기간 동안 사정을 자제하도록 부탁하는 것이 가장 전형적인 방법이다. 그러나 이런 요청을 강요한다거나 또는 조사 대상자가 그런 부탁을 잘 지키고 있는지 확인하기는 매우 어려운 일이다(이건 사실 그리 놀라운 일이 아니다).[1881]

스카케베크는 "우리가 알기로 1930년대 이후 자위 행위나 성 관계의 빈도에 차이가 있음을 보여주는 자료가 없다"고 주장한다.[1882] 그러나 그 동안 성 혁명을 겪었고 피임약을 이용할 수 있게 되었음을 감안한다면, 이런 주장은 피상적인 관점에서만 보아도 대단히 놀라운 것이다. 사실 이 분야에서는 상당히 훌륭한 통계들이 몇 가지 존재한다. 1940년대 초부터 1970년대 초까지 30대 미혼 남성의 자위 행위 횟수는 1년에 30회에서 60회로 늘어났고 30대 기혼 남성의 경우에는 약 6회에서 24회로 늘어났다.[1883] 성 관계에 대해서는 "인구 전반에 걸쳐 부부 관계 횟수의 전형적인 빈도가 (중위값으로 따질 때) 대단히 중요한, 심지어 역사적이라고까지 말할 수 있는 획기적인 증가를 이룩했다는 것을 여러 자료에서 찾아볼 수 있다."[1884] 30대 기혼 남성의 경우 성 관계 횟수가 1주일에 1.9회에서 3.0회로 증가했다.[1885]

사람들의 말을 액면 그대로 받아들일 때는 당연히 신중을 기해야 한다. 그러나 위의 수치는 1983년 미국 부부들을 대상으로 실시한 대규모 조사 결과를 비롯해 우리가 가지고 있는 다른 정보들과 상당히 잘 맞아떨어진다. 1983년의 조사 결과는 비교적 신혼이라고 할 수 있는 부부의 약 45%가 1주일에 3회 이상 성 관계를 가졌다는 것을 보여준다.[1886] 이와 유사하게 1965년부터 1970년까지 4,500명 이상의 여성을 대상으로 실시한, 아마도 가장 대표성이 높은 연구라고 할 수 있는 한 조사 결과도 겨우 5년 만에 성 관계 횟수가 적어도 17%나 증가했음을 보여주었다. 이처럼 성 관계 횟수가 늘어난 데는 피임약을 구하기가 더 쉬워졌다는 사실이 크게 기여했다.[1887] 1975년에 실시한 후속 연구는 성 관계 횟수가 그 후 더욱 증가했음을 보여준다.[1888] 스웨덴에서 실시한 한 조사에서는 1956년부터 1986년 사이에 사람들의 금욕 기간이 7.5일에서 4.4일로 줄었음을 보여준다. 이는 성 관계 횟수가 약 70%나 증가한 것에 해당한다.[1889]

따라서 여러 자료들은 1970년의 남성들이 1940년에 비해 성 행위를 더 많이 하고 1주일 동안의 사정 횟수도 2배로 늘어났다는 것을 시사한다.

우리는 남성이 3일이 아니라 10일 동안 사정을 자제하면 정자의 수가 약 60% 증가한다는 것을 알고 있다.[1890] 다시 말해, 금욕 기간을 하루 줄이면 정자 수는 약 1,300만 마리 줄어든다는 뜻이다.[1891] 지난 50년 동안 정액 1밀리리터당 정자 수가 4,700만 마리 줄었다는 스카케베크의 조사 결과(문제가 많은 뉴욕의 연구 결과도 마찬가지다)는 금욕 기간이 3.6일 줄어드는 경우 감소가 예상되는 정자 수에 해당한다.[1892] 앞에서 살펴보았듯이 스웨덴 사람들의 금욕 기간은 불과 30년 만에 3.1일이 줄어들었다.

정자의 질 감소에 대한 초창기 연구에서 제임스 교수는 1942년부터 1980년까지 정자 수가 밀리리터당 약 4,000만 마리나 감소한 것을 성 행

유기농법 농부들

여기에서 우리는 세계적으로 인용된 덴마크의 조사 결과 두 가지를 언급할 필요가 있다.[1893] 이 연구는 유기농업을 하는 농부와 생태주의자의 정자의 질이 다른 노동자보다 양호하다는 것을 보여주었다.[1894]

이럴 경우에 물론 더 나은 정자의 질과 더 좋은 유기농산물 사이에 어떤 상관 관계가 있다고 믿고 싶은 마음이 커질 것이다〔《생태학적 삶(Eco Living)》 같은 책은 이런 주장을 강력하게 내놓았다〕.[1895] 그러나 이 연구 결과가 처음 발표되었을 때도 그런 주장은 둘 사이의 상관 관계를 설명할 수 있는 여러 가지 가능한 해석 중 하나에 불과했다.

생태주의자들이 "거리에서 흔히 볼 수 있는 평범한 사람들"과 여러 가지 면에서 크게 다른 생활을 하고 있음은 분명하다. 가장 큰 차이점은 그들이 도시 밖에서 사는 경우가 훨씬 많고, 스트레스가 훨씬 적다고 간주할 만한 생활을 하고 있다는 것이다.[1896)]

덴마크 환경보호청이 나중에 실시한 한 조사 결과는 전통적인 (유기농법이 아닌) 온실 농사를 짓는 사람들의 정자의 질 역시 수많은 다른 직업군의 사람들에 비해 더 좋다는 사실을 보여주었다.[1897)]

마침내 1999년 전통 농법을 사용하는 농부 171명과 유기농법 농부 85명을 대상으로 실시한 대규모 연구가 이 논쟁에 매듭을 지었다.[1898)] 정자의 질에 대한 15개 조사 항목 중 14개 항목에서는 아무런 차이점도 발견되지 않았다. 마지막 조사 항목에서 유기농법을 하는 농부들은 정상적으로 성숙한 정자를 훨씬 더 많이 갖고 있었다. 그러나 또 다른 분석 결과는 5종류의 농약을 더 많이 섭취할수록 죽는 정자 수가 감소한다는 의미심장한 상관 관계를 보여주었다. 이 연구의 결론은 다음과 같았다. "식사를 통해 섭취한다고 추정되는 40종류의 농약에는 정자의 질을 손상시킬 만한 위험이 수반되지 않았다."[1899)]

위 횟수의 증가로 설명하고자 한다면 사람들의 성 행위 횟수가 예전보다 약 2배는 더 늘어야 한다고 설명했다.[1900)] 그런데 지금 나타나는 현상들은 제임스 교수의 말을 정확히 따르고 있다. 따라서 성 행위의 증가가 정자 수 감소를 설명할 수 있는 좋은 이유 중 하나임이 분명하다.

모든 상황을 감안했을 때 뉴욕의 통계를 이용하는 데는 분명 문제가 있다. 만약 뉴욕 시의 통계를 포함시키지 않는다면 정자 수 감소 현상은 사라져버린다. 지난 20년 동안의 분석 결과는 정자 수의 전반적인 감소 추세가 나타난 적이 없으며 어쩌면 오히려 증가했는지도 모른다는 점을 시사한다.[1901)]

더욱이 정자의 질을 평가할 수 있는 또 하나의 분명한 방법, 즉 남성의 수정 능력 역시 전혀 감소 추세를 보여주지 않는다. 미국에서 불임률은 지난 30년 동안 약 8~11% 수준을 계속 유지하고 있는데, 남성 불임은 전체 사례의 약 3분의 1을 차지한다.[1902] 영국의 경우 2000년에 실시한 가장 최근의 연구는 남성의 수정 능력이 1961년 이후 증가했음을 보여주었다.[1903]

물론 정자의 질 문제는 매우 중요하다. 뉴욕 시 자료에서 볼 수 있는 것과 같은 방법론적인 문제 때문에 통계학적 분석 결과를 정정하려고 하지만, 스카케베크의 연구에서 나타난 바와 같이 정자의 질이 어느 정도 감퇴되고 있는 것이 사실인지도 모른다. 물론 단순히 성 행위 횟수가 늘었기 때문에 정자 수가 감소한 것이라면 문제가 되지 않는다. 정자의 질 저하 중 적어도 일부는 지난 50년 동안 성 관계 횟수의 커다란 증가가 원인이라고 분명히 설명할 수 있다.

그러나 우리 앞에는 여전히 서로 모순되는 자료들이 놓여 있으며, 파리나 스코틀랜드 같은 곳에서는 정자의 질이 낮아졌다는 것을 알 수 있다. 이런 통계 수치들이 변동이 심하고 또 자료 수집의 시작 시점과 종결 시점이 언제냐에 따라 수치가 좌우되지만, 그래도 상황을 좀더 조사해보는 것은 꼭 필요한 일이다.[1904]

그러나 이보다 더 중요한 것은, 정자의 질이 전체적으로 크게 저하되고 있다는 소름끼치는 주장은 분명히 잘못되었다는 사실을 강조하는 것이다. 정자의 질은 툴루즈, 뉴욕, 로스앤젤레스, 미네소타, 시애틀, 핀란드 등 수많은 곳에서 지난 20~25년 동안 한결같은 수준을 유지했다.[1905] 설사 감소 현상이 나타났다고 해도 전세계적인 추세는 아니었다.

합성 에스트로겐의 '칵테일' 효과

합성 에스트로겐의 효과에 대해 그리 크게 걱정하지 않아도 될 것 같다고 말할 수 있는 이유 중 하나는, 합성물질의 효과가 천연 에스트로겐이나

DES에 비해 수천 배나 더 미약하다는 점이다.[1906] 그러나 1996년 존 매클래츨란(John McLachlan)이 이끄는 툴레인 대학교의 저명한 에스트로겐 전문가들이 〈사이언스〉 지에 논문 한 편을 발표했다. 이 논문에서 그들은 두 종류의 에스트로겐을 조합하는 경우 그 효과가 160~1,600배나 증폭될 수 있다고 지적했다. 이러한 현상을 흔히 칵테일 효과, 혹은 시너지 효과라고 한다.[1907] 이 주장에 따르면, 1+1은 그냥 2가 아니라 1,000이 되는 셈이다.[1908]

자연적으로 발생하는 대부분의 에스트로겐이 조합 형태로 나타나기 때문에 이 연구 결과는 지극히 효과가 약한 에스트로겐이라도 서로 합쳐지면 강력하고 위협적인 것으로 변모할 수 있다는 대단한 발견이었다. 이 이야기는 재빨리 전세계로 퍼져나갔다. 에스트로겐 회의주의자인 스티븐 세이프(Stephen Safe) 교수는 한 인터뷰에서 어색한 기분을 역력히 드러내며 이 연구 결과가 지극히 중요한 것일 수도 있음을 할 수 없이 시인했다. "그것은 대단히 흥미로운 결과이며 환경과 관련해 의미심장한 것일 수도 있다."[1909]

이 연구 결과로 인해 어쩌면 독성학에서 이제까지 알려졌던 모든 지식이 한꺼번에 내팽개쳐질지도 몰랐다. 칵테일 효과에 대한 두려움이 논쟁에서 자주 등장하기 시작했다.[1910]

1997년 6월, 매클래츨란의 실험 결과를 재현하려고 시도한 많은 과학자들이 한데 모이게 되었다. 뉴올리언스에서 '환경 속의 에스트로겐'이라는 제목으로 공식적인 학술 회의가 열렸던 것이다. 그런데 그들에게는 자신들이 수행한 연구에서는 시너지 효과를 전혀 찾아볼 수 없었다는 결론을 내리는 것 외에 달리 아무런 선택의 여지가 없었다. 1+1은 여전히 2였던 것이다.[1911] 심지어 매클래츨란 휘하의 연구 팀조차 원래의 결과를 다시 얻지 못했다. 따라서 그들은 학술 회의가 열렸던 바로 그 주에 〈사이언스〉 지에서 자신들의 논문을 철회했다.[1912] 덴마크 오덴세 대학교의 생태독성학 교수인 포울 비에레고르드(Poul Bjerregaard)에 따르면, 오늘날 모든 과학자들은 에스트로겐과 같은 물질이 시너지 효과를 전혀 내지 않는다는 데 동의하고 있다.[1913)]

그러나 미국의 환경 당국은 여전히 그 연구의 가치를 확신하고 있다. "설령 툴레인 팀의 연구에서 제기된 특정한 시너지 가설이 재현될 수 없다고 해도 다른 메커니즘을 통한 시너지 효과의 가능성까지 모두 부인되는 것은 아니다. 따라서 툴레인 팀의 연구는 시너지 효과에 대한 인식을 과학적 조사의 최전선에 올려놓았다는 점에서 여전히 중요하다."[1914)]

즉 현재의 모든 연구 결과들이 에스트로겐에 칵테일 효과가 없음을 시사하고 있지만 사람들로 하여금 존재하지도 않는 문제를 의심하도록 하는 것은 좋은 일이라는 것이다.

합성 에스트로겐과 유방암

에스트로겐에 대한 두려움 중에서 사람들에게 가장 잘 먹히는 내용의 하나는 이른바 유방암의 폭발적인 증가가 합성 에스트로겐 때문일 수 있다는 주장이다.

1993년 일단의 과학자들은 58명의 여성에게서 에스트로겐과 비슷한 DDE라는 물질과 유방암 사이의 상관 관계를 찾아냈다고 발표했다.[1915)] 그들은 에스트로겐과 비슷한 작용을 하는 농약들이 환경과 식품 속에서 너무 흔하게 발견되기 때문에, 이런 연구 결과가 "전세계 공중 보건을 위한 조치를 취하는 데 커다란 의미를 갖는다"[1916)]고 지적했다. 이것이 방아쇠가 되어 많은 연구가 시작되었고 그 이후 유방암에 대해 많은 논문이 씌어졌다.[1917)]

〈국립암연구소 저널〉은 편집인 사설에 레이첼 카슨의 주장을 다시 떠올릴 수 있도록 '잔류 농약과 유방암, 과연 침묵의 봄의 결과인가?'라는 제목을 붙임으로써 화학 약품에 대한 두려움을 다시 선언했다. 비록 사설 그 자체는 논리적이고 균형 잡힌 내용이었지만 언론 매체들은 제목에 담긴 메시지를 놓치지 않았다. 화학 약품에 집착하는 무책임한 사회가 지불해야 할 대가를 전세계 여성들이 유방암의 만연이라는 형태로 지불하고 있다는 것이다.

시사주간지 〈타임〉은 유방암을 촉발시키는 '무자비한 DDT'에 대한 기사를 실었다.[1918] 그린피스는 "화학적 오염 물질이 전세계적 유방암 발생을 급속하게 증가시킨 주요 원인"이라고 주장하는 연구 결과를 발표했다.[1919] 〈사이언티픽 아메리칸〉 지의 한 기사에는 합성 에스트로겐과 유방암 사이의 상관 관계가 아직은 확실치 않지만, "그런 관계를 지지하는 증거들이 꾸준히 생겨나고 있다"[1920]고 씌어 있다.

샌프란시스코에 위치한 농약교육센터(Pesticide Education Center) 소장 매리언 모제스(Marion Moses) 박사는 이런 상관 관계에 관해 시사주간지 〈네이션〉에서 다음과 같이 설명했다. "여성의 유방 속에 저장된 온갖 유독 물질을 생각해볼 때 ……요즈음 여성이 유방암에 걸릴 확률이 8분의 1이라는 사실은 그리 놀라운 일이 아니다. 유기염소계 화학물질이 이 세상의 일부가 된 것이 겨우 제2차 세계대전 이후부터라는 사실을 감안하면 ……현대 여성이 유방암에 걸릴 확률이 그 어머니 세대보다 2배나 높다는 사실 역시 별로 놀랍지 않다."[1921] 1993년 연구에 참가한 연구자 중 한 사람인 메리 울프(Mary Wolff) 박사는 다음과 같이 소리쳤다. "그 수치는 정말로 소름이 끼친다. 위험도가 그렇게 높다는 사실을 지금도 믿을 수 없다."[1922]

《도둑맞은 미래》는 이런 상관 관계에 대한 주장들을 주요 근거로 삼아 "현재 여성의 건강과 관련해 가장 심상치 않은 경향은 여성에게 가장 흔한 암인 유방암 발생이 증가하고 있다는 것"[1923]이라는 불길한 주장을 펼쳤다. 이 책은 농약과의 관련성을 매우 분명하게 밝히고 있다. "화학 시대의 동이 트기 시작한 1940년 이후 미국에서 유방암 사망률은 매년 1%

씩 꾸준히 증가했으며, 다른 산업 국가에서도 비슷한 증가율이 보고되었다." 이 책은 이 수치가 인구 집단의 연령 구조에 맞게 조정한 것이라는 사실을 지적하는 신중함을 보이고 있다.[1924] 하지만 도표 119에서 분명히 볼 수 있듯이, 그리고 앞에서 지적했듯이, 이 주장은 당연히 틀린 것이다. 《도둑맞은 미래》가 씌어지던 바로 그 즈음에 연령에 맞게 조정한 사망률은 1940년에 비해 약 9% 감소해 있었다. 가장 최근에 조사한 1998년 수치를 보면 사망률이 18%나 감소했음을 알 수 있다.[1925]

정말로 문제가 되는 것은 합성 에스트로겐이 과연 유방암을 유발하는가 하는 점이다. 일반적으로 여성이 일생 동안 노출되는 에스트로겐의 총량이 암 발생에 영향을 미친다는 주장은 옳다.[1926] 대개 여성이 노출되는 에스트로겐은 여성 자신의 몸에서 생성된 것(초산 시기가 늦고 초경 시기가 빠르면 에스트로겐의 효과가 더 커진다)과 경구 피임약에 들어 있는 것이다.[1927] 따라서 농약과 유방암 사이에 상관 관계가 있다는 주장은 일부 농약이 에스트로겐 기능을 해서 여성의 에스트로겐 노출 부담을 증가시키기 때문에 추가로 암을 발생시킨다는 생각에 이론적인 근거를 두고 있다. 그러나 이런 식의 해석에는 여러 가지 문제가 따른다.[1928] 우선 DDT · DDE · PCB의 에스트로겐 효과는 상당히 미약하며 동물에게 암을 부추기는 효과와 억제하는 효과를 모두 가지고 있다.[1929] 둘째, 여성들이 직업상 PCB나 기타 유기염소계 화학물질에 자주 노출되더라도 유방암 발병률의 증가와는 별로 상관이 없는 것처럼 보인다.[1930] 셋째, 환경 속에 들어 있는 DDT · DDE · PCB의 농도가 감소했음에도 불구하고 유방암 발병률은 증가해왔다.[1931] 국가연구위원회의 말을 빌리면, "노출의 감소가 암 발병률 증가에 영향을 미친다고 할 수는 없을 것이다."[1932]

더욱이 국립암연구소에서 실시한, 미국 여러 지역에 사는 흑인과 백인 여성의 유방암 발병률을 조사한 연구는 놀라운 결과를 보여주었다. 북동부 지역(부유한 백인들이 많이 사는 지역 – 옮긴이) 백인 여성이 유방암으로 사망하는 비율은 상대적으로 높은 반면, 같은 지역 흑인 여성의 사망률은 다른 지역에 비해 높지 않았던 것이다. 이는 다음과 같은 의미를 갖는다. "광범위하게 퍼져 있는 환경 호르몬이 미국 북동부 지역 백인 여성에게서 관찰되는, 상대적으로 높은 유방암 사망률을 설명해줄 수 있을 것 같지는 않다."[1933)]

유방암과 합성 에스트로겐을 다룬 5건의 소규모 연구의 메타 연구는 1994년에 이미 "이 자료들은 DDE와 PCB에 대한 노출이 유방암의 발병 위험을 높인다는 가설을 뒷받침해주지 않는다"[1934)]는 결론을 내린 바 있다. 국가연구위원회도 최근 내놓은 보고서에서 이와 똑같은 결론에 이르렀다.[1935)]

그 이후 7건의 대규모 연구(100명 이상의 여성을 대상으로 한 것)와 규모가 좀더 작은 4건의 연구 결과가 발표되었다.[1936)] 1999년 영국 보건부의 발암성화학물질자문위원회는 유방암과 합성 에스트로겐에 대해 당시까지 알려진 모든 연구 결과들을 바탕으로 자체적인 결론을 발표했다. 비교적 규모가 작은 2건의 연구에서 DDT와 유방암의 연관성이 발견되었지만, 대규모 연구 1건에서는 이와 상반되는 결과가 나타났다(DDT 노출이 많을수록 유방암 발병이 감소했다).[1937)] 따라서 자문위원회는 다음과 같이 선언했다. "전체적으로 볼 때 DDT와 관련된 유방암 위험의 증가를 보여주는 납득할 만한 역학적 증거는 하나도 없다."[1938)]

디엘드린과 유방암의 관련성을 조사한 연구는 겨우 2건에 불과한데, 1건은 아무런 관계도 찾아내지 못했고 나머지 1건은 긍정적인 관계를 보여주었다. 그러나 이 연구가 46가지나 되는 관련성을 검토하는 것이었기 때문에, 그 중 단 하나에서 통계적인 유의성을 발견했다는 결과는 '우연적인 발견'일 가능성이 크다.[1939)] 더욱이 쥐를 실험 대상으로 한 연구들은 디엘드린이 에스트로겐과 같은 작용을 한다는 사실을 보여주지 못했다.[1940)] 마지막으로, 직업상 디엘드린에 노출된 사람들을 대상으로 한 연구에서는 추가로 암이 발생하는 경우가 나타나지 않았다.[1941] 따라서 자문위원회는 "전체적으로 보아 디엘드린과 관련된 유방암 위험도의 증가에 대해 역학적 연구에서 납득할 만한 증거는 하나도 없다"[1942]는 결론을 내렸다.

β-HCH와 린덴을 조사한 3건의 연구에서는 이 두 물질과 유방암 위험도 증가와의 관련성을 보여주는 증거를 찾아낸 연구가 하나도 없었다.[1943]

1999년 미국 국립과학원 산하의 국가연구위원회는 환경보호청 등의 후원을 받아 발암 위험에 대한 합성 에스트로겐의 효과를 뒷받침하는 증거들을 조사했다.[1944] 이 연구에서 유방암에 대한 개괄적인 결론 부분은 영국 보건부 자문위원회의 판단과 상당히 비슷하다. "지금까지 실시된 연구들을 평가한 결과는 DDT, DDE, TCDD, PCB에 대한 성인들의 노출도와 유방암 발병률 사이의 관련성을 뒷받침하지 않는다."[1945]

이제 우리는 상당한 자료들을 비축하고 있다. 그런데 이 자료들은 합성 화학물질이 유방암을 유발한다는 증거를 전혀 제시해주지 않는다.

합성 에스트로겐을 걱정해야 하는가

최근에 유포되고 있는 농약에 대한 두려움에는 놀라울 정도로 근거가 없는 것 같다. 정자의 질 저하는 대부분의 경우 뉴욕의 통계 수치를 이용한 결과이며 사람들의 성 행위 횟수가 늘어났다는 사실에서 기인했을 가능성이 크다. 최악의 경우라고 해도 정자 수 감소는 부분적이고 국지적인 변화에 불과하다. 수정 능력에 대한 연구들은 정자의 질이 낮아졌다는 주장을 뒷받침해주지 않는다.

칵테일 효과는 전혀 입증되지 않았다.

유방암과 관련해 현재 구할 수 있는 모든 증거를 취합한 가장 최근의 연구 2건은 합성 에스트로겐이 유방암을 유발하지 않는다는 것을 보여주었다. 사실 국가연구위원회(NRC)는 유방암뿐만 아니라 자궁내막암, 전립선암, 고환암 등에도 초점을 맞췄다. 이 암들이 호르몬에 민감한 신체 조직에서 발생하기 때문에 만약 에스트로겐 효과가 있다면 이런 조직에서 증상이 가장 쉽게 관찰될 것이다.[1946] 그런데 국가연구위원회는 여기에서도 그런 관련성을 전혀 찾아내지 못했다.

고환암을 예로 들어보자. 국가연구위원회는 지난 40년 동안 백인 남성의 고환암 발병률이 증가한 반면 흑인 남성의 발병률은 감소했음을 알아냈다. 흑인 남성의 혈중 PCB, DDE, DDT 농도가 훨씬 더 높았음에도 말이다.[1947] 더욱이 혈액과 모유 속에 들어 있는 DDT 농도와 DDT 분해 물질의 농도는 지난 40년 동안 지속적으로 감소해왔다. 따라서 국가연구위원회는 "북유럽 국가와 북아메리카의 고환암 발병률 증가가 환경 속의 DDT와 관련 있을 가능성은 거의 없다"[1948]는 결론을 내렸다.

이제까지 확보 가능한 모든 연구들을 살펴본 결과 내려진 결론은 다음과 같다. "이 연구들은 개별적으로나 집단적으로나 DDE 및 PCB와 암 발병률 사이의 관련성을 뒷받침해주지 않는다."[1949]

1998년 미국 환경보호청 과학정책협의회는 장문의 보고서에서 합성 에스트로겐에 대한 잠정적인 입장을 밝혔다.[1950] 이 보고서는 온갖 종류의 문제점들을 다 검토한 다음, 정자의 질 감소에 대한 가설과 관련해 스카케베크의 자료가 지리적으로 분산되어 있으며 1970년 이전 자료가 대단히 빈약하다는 점을 지적하고, "금욕 기간의 체계적인 감소가 이른바 정자의 농도와 정액의 양 감소 주장을 대부분 설명할 수 있을 것"[1951]이라고 말했다. 환경보호청은 따라서 스카케베크의 결론을 신뢰성이 미흡한 연구로 간주해야 할 것이라는 결론을 내렸다.[1952]

에스트로겐 관련 문제들을 전반적으로 평가했던 환경보호청은 다음과 같이 결론내렸다. "소수의 예외(예를 들어 DES)를 제외하고는, 특정한 환경 물질에 대한 노출과 내분비 계통의 혼란으로 인한 건강상의 부정적 영향 사이에 인과 관계가 확립되지 않았다."[1953]

물론 그렇다고 해서 이 분야를 연구하지 말아야 한다는 뜻은 아니다. 다만 '도둑맞은 미래'처럼 무서운 슬로건을 사용할 때는 더 신중을 기해야 한다는 것이다.

농약이 에스트로겐과 같은 효과를 발휘함으로써 '침묵의 봄의 결과'가 발생하는 일은 일어나지 않았다. 그리고 이제까지 설명한 것처럼 농약으로 인한 암 발생으로 '침묵의 봄'이 도래하지도 않았다. 따라서 농약을 단계적으로 없애나가는 것이 정말로 좋은 생각인지에 의문을 제기할 수밖에 없다.

결론 : 과연 농약을 사용해야 하는가

1989년 미국인들은 농약에 대한 우려와 실제 위험성 간의 사실을 밝혀주는 가장 극적인 장면을 목격하게 되었다. 명망 있는 TV 시사평론 프로그램인 〈60분(60 minutes)〉이 사과 재배에 사용되는 농약 에일라에 관한 우려를 불러일으킨 것이다. 그러나 "가장 위험한 화학 잔류물"이라던 이 농약은 추후에 위험성이 엄청나게 과장된 것으로 밝혀져 위험도가 20분의 1로 조정되었다.[1954] 다른 천연 농약 및 인공 농약에 비해 1988년 미국인의 1일 평균 에일라 섭취량은 매일 커피 세 잔을 마시는 것보다 100배나 덜 위험했다. 이는 도표 127에서도 확인할 수 있다.[1955] 그러나 국민들의 항의와 우려 때문에 결국 에일라 사용이 중단되었다.[1956] 그것이 과연 바람직한 운동이었을까? 더 많은 농약, 아니 어쩌면 모든 농약을 다 금지해야 하는가?

이 질문에 대해 많은 사람과 단체들이 "그렇다"고 대답하고 싶을 것이다. 농약 사용을 중단해야 한다고 말이다. 천연자원보호위원회(NRDC, Natural Resources Defense Council)의 앨 마이어호프(Al Meyerhoff)는 여러 종류의 암이 증가 추세에 있으며 소아암 역시 적잖이 증가하고 있다면서, "농약에의 노출과 암 발병률 사이에 강력한 상관 관계가 있음을 시사하는 증거들이 점점 쌓이고 있다"[1957]고 주장했다. 농약이 문제라는 것이다. 그는 "이 치명적인 화학물질에 노출되면 암, 선천성 기형, 신경계 손상 등이 발생할 수 있다"고 말했다. 그렇다면 결론은? "음식물 속에 들어 있는 모든 농약을 제거해야 한다"는 것이다.

1999년 캐나다 오타와에서 열린 세계유방암회의(World Breast Cancer Conference)에서도 비슷한 주장들이 나왔다. 캐나다 시에라 클럽의 엘리자베스 메이(Elizabeth May) 회장은 이 회의에서 유방암 발병률의 증가가 환경 속의 농약 증가와 같은 추세를 보이고 있으므로 서로 관련성이 있다고 지적했다.[1958] 시에라 클럽에서 농약 캠페인을 담당하고 있는 페기 랜드(Peggy Land)는 다음과 같이 덧붙였다. "농약 회사들의 은행구좌보다 우리 건강 문제가 선행되어야 하고 우리는 이런 독물질이 없는 곳에서 살 권리를 되찾아야 한다."[1959] 그렇다면 해결책은? "좀더 강화된 독성 시험 기준을 설정해 유독성 화학물질의 안전성이 확립될 수 있을 때까지 그 물질의 사용을 금지시켜야 한다"는 것이다.

이런 태도는 전국적인 여론 조사에도 그대로 반영된다. 미국인의 45%는 농약 사용이 안전하지 않으며, 심지어 당국의 승인을 거친 사용 방법을 그대로 따르더라도 그렇다고 믿고 있다.[1960] 또 62%의 사람들은 "인체 건강에 미치는 농약의 위험이 농약 사용이 가져다주는 혜택을 웃돌고 있다"고 생각한다.[1961]

그러나 이번 장에서 살펴보았듯이, 암에 대한 공포와 농약 사용에서 기인하는 에스트로겐 효과에 대한 공포에는 별로 근거가 없다. 농약이 인체의 호르몬 균형에 감지할 수 있을 만큼 영향을 미친다고 생각할 만한 근거는 하나도 없다. 게다가 농약은 암 사망률에 놀랄 정도로 미미한 영향만을 미칠 뿐이다. 농약 농도에 역치가 존재하지 않는다는 가정을 받아들이면 암과 관련된 모든 사망 사례 중에서 농약 사용이 차지하는 비중은 최대 1%이다. 하지만 여러 가지 사정을 감안할 때 이런 추정치조차 지나치게 높게 평가되었을 가능성이 크다. 여기서 검토 대상이 된 6건의 연구와 발암 원인에 대한 가장 최근의 대규모 연구 3건은 모두 농약 사용이 암에 미치는 영향은 그야말로 미미하다는 데 의견을 같이하고 있다.

인간을 대상으로 한 연구가 드물기 때문에 그런 연구들을 통해 얻은 정보도 지극히 제한적이다. 이제까지 수행된 농약의 발암성 평가 연구는 대부분 실험실에서 동물 실험을 통한 것이었다.[1962] 그러나 이런 연구들은 하루에 커피 세 잔이나 바질 1그램을 섭취하는 것이 가장 유독한 농약을 현재의 1일 평균 섭취량으로 섭취하는 것보다 60배 이상 더 위험하다는 것을 보여준다. 이는 농약이 암을 유발한다는 걱정이 상당히 과장된 것이며 동물 실험을 근거로 추정할 때 농약이 암 발생에 미치는 전체적인 영향력은 거의 무시해도 될 정도라는 것을 강조해준다. 미국 전역의 암 사망자 수는 연간 56만 명에 이르는데, 농약 사용으로 인해 추가로 발생하는 암 사망자 수는 그 중 20명 정도에 불과할 것이다. 비교를 위해 덧붙이자면, 매년 자기 집 욕조에서 익사하는 미국인만 해도 약 300명이나 된다.[1963]

하지만 농약 사용으로 암에 걸리는 경우가 그처럼 적다는 사실을 받아들이더라도, 만약 한 사람이라도 정말 농약 때문에 사망한다면 그것만으로도 농약 사용을 크게 줄이거나 아예 농약을 단계적으로 없애버릴 만한 충분한 근거가 되지 않느냐고 주장할 수도 있을 것이다. 농약 때문에 추가로 암에 걸릴 가능성이 있다는 것이 설령 가정에 불과하더라도 신중을 기하기 위해 농약 사용을 자제해야 할 필요가 있다는 것이다.

물론 농약 사용을 억제해도 더 많은 비용이 드는 다른 결과가 발생하지 않는다면, 신중을 기하기 위해 개인의 농약 노출을 최대한 줄여야 할 것이다. 그러나 추가로 암이 발생할 수 있다는 지극히 낮은 가능성을 회피하기 위해 농약 사용을 억제하거나 완전히 금지시켜야 한다는 주장의 문제는 그로 인해 야기될 수 있는 훨씬 더 큰 부작용을 전혀 고려하지 않고 있다는 점이다.

농약 사용에는 커다란 이점이 따른다. 농약을 가장 격렬하게 비판하는 사람 중 한 명인 데이비드 피멘텔 교수조차 미국에서 농약으로 인해 발생하는 순수 사회적 가치가 연간 약 40억 달러에 이른다는 연구 결과를 내놓기도 했다. 그가 농약에 불리한 결과들을 조직적으로 왜곡하는 방법을 사용했는데도 말이다.[1964)]

이보다 더 중요한 것은 농약을 부분적으로 혹은 완전히 금지할 경우 사회가 부담해야 할 총 비용을 측정하는 것이다.[1965)] 가장 최근의 추정치에 의하면 특정한 종류의 농약—미국에서 사용되는 농약의 약 절반을 차지하는, 이른바 유기인계 농약과 카바메이트계 농약—을 단계적으로 금지하는 경우에 사회가 부담해야 할 총 비용은 연간 약 170억 달러에 이른다.[1966)]

물론 전세계적으로 정치 상황이 각기 다르기 때문에 농약 사용에 대한 태도도 달라 일괄적으로 농약 사용이 중단될 가능성은 그리 많지 않다. 1996년 미국에서 식품품질보호법(Food Quality Protection Act) 실시에 대한 논쟁이 벌어졌을 때 유기인계 농약과 카바메이트계 농약을 완전히 금지하는 것에 대해 다소 논란이 있었다. 그러나 농약을 모두 금지하자는 주장은 미국에서 정치적 지지를 크게 얻지 못하고 있음이 분명하다.[1967)] 하지만 유럽의 논의들은 좀더 급진적인 분위기를 띤다. 덴마크에서는 의회 다수당이 모든 농약의 사용량을 급격히 줄이거나 또는 농약 사용을 단계적으로 완전히 금지하자는 주장을 내놓은 바 있다.[1968)]

그 결과 덴마크 의회는 농약이 미치는 모든 영향을 2년 동안 연구하여 농약의 부분적 금지나 완전한 금지가 미칠 사회적 영향을 전반적으로 평가하게 될 국가위원회의 설립을 만장일치로 가결했다.[1969)] 그 동안 미국에서는 평가자들의 이해 관계에 따라 농약 금지에 따르는 사회적 부담의 추정치가 달라졌다는 비판이 있었다.[1970)] 그러나 덴마크의 이 위원회는 어떤 결정을 내리기 위해서는 위원 모두의 동의를 얻어야 하는 전원 동의제 위원회였으며, 의장은 덴마크 환경보호청이 임명하고 위원들은 전통적 기법의 농업 단체와 유기농업 단체 · 학술 단체 · 환경 단체 · 소비자 단체 등에서 선임되었다.[1971] 1999년 위원회의 연구 결과가 발표되었는데, 모두 일곱 권으로 된 보고서는 총 1,000쪽이 넘는 분량이었으며 보고서 작성을 위해 별도로 씌어진 논문의 분량은 그보다 10배나 많았다.[1972]

이 연구의 결론은, 농부들이 2~3%의 비용을 부담한다면 농약 사용을 제한적으로 최적화할 수 있다는 것이었다. 사회가 부담해야 할 비용이 모델로 작성되지는 않았지만 그리 대수롭지 않은 것으로 간주되었다.[1973] 이런 추정을 위해서는 기후의 영향과 피해에 대한 완전한 정보가 필요했는데(기후에 따라 해충의 피해가 달라지고 그에 따라서 농약의 살포량과 살포 횟수가 달라지기 때문이다-옮긴이), 일부 지역에서는 현재 이런 정보를 구하기가 어렵거나 아예 불가능했기 때문에 최선의 가정에 의존할 수밖에 없었다.[1974] 농약 사용의 절감분은 농작물에 대한 살포 빈도로 계산할 때 29%에 이를 것으로 추산되었다.[1975]

농약 사용을 더 줄일 수 있는 방안을 찾아보기 위해 위원회는 해충 발생이 심할 경우에만 농약을 제한적으로 사용하는 시나리오를 검토했다.[1976] 이 시나리오에서는 농약 사용량이 76%나 감축되었다.[1977] 그리고 총 사회적 비용은 GNP의 0.4%에 해당하는 연간 약 5억 달러 수준, 즉 총 생산량의 약 9%로 추정되었다.[1978] 이 결과를 미국의 경우에 대입하면, 농약을 제한적으로 사용하는 경우에 예상되는 손실은 연간 약 110~370억 달러에 이를 것이다. 이는 앞에서 설명한 유기인계 농약과 카바메이트계 농약 사용을 금지할 경우에 지출되는 비용 170억 달러와 대략 비슷한 수준이다.[1979]

마지막으로, 덴마크에서 농약 사용을 단계적으로 완전히 금지할 경우에 지출되는 사회적 비용은 GNP의 0.8%, 즉 연간 10억 달러로 추정되었다.[1980] 이를 미국의 경우에 대입하면 연간 약 230~740억 달러이다.[1981] 그러나 유럽연합은 회원국들이 농약을 사용해 재배한 농산물의 수입을 제한할 수 없도록 금하고 있으므로, 이 비용은 단지 시장성이 낮은 농산물만을 반영하고 있을 뿐이다. 이럴 경우에 수입 농산물의 양은 그대로 유지되거나 크게 늘어날 가능성이 높은 것으로 생각된다.[1982] 따라서 가축 사육에는 여전히 농약을 사용해 재배한 수입 곡물이 사용될 것이다.

또한 이 위원회는 동물 사료까지도 모두 농약을 전혀 사용하지 않고 생산하는 유기농법 사회로 전환하는 경우의 총 비용을 추정했다. 이 경우 덴마크가 부담해야 하는 사회적 비용은 GNP의 약 3%, 즉 35억 달러로 추정되었다.[1983] 미국의 경우에는 그 부담이 연간 약 930~2,770억 달러에 이를 것이다.[1984]

따라서 농약 사용량을 줄이는 데 비용이 그리 많이 들지 않는 수준까지는 농약 사용량을 줄이는 것이 신중한 처사라고 생각된다.[1985] 그러나 농약 사용량을 그 이상 더 줄이려고 한다면 아마도 사회가 커다란 비용을 부담해야 할 것이다.

물론, 좀더 포괄적으로 농약 사용을 억제하는 것이 바람직한 사회적 투자라는 믿음을 여전히 간직하고 있는 사람도 있을 것이다. 사실 미국은 부유한 나라이므로 매년 20여 명이 암으로 목숨을 잃는 것을 예방하기 위해 연간 약 200~3,000억 달러를 지출할 수 있을 만큼 여유가 있다. 이럴 경우 한 사람의 생명을 구하는 데 최소한 10억 달러가 드는 셈이다. 이에 대해 어떤 사람은 비용이 제아무리 많이 들더라도 당연히 생명을 구해야 한다는 반응을 먼저 보일 것이다. 그러나 이런 주장을 펼치기 위해서는 먼저 그만한 액수의 돈을 더 잘 쓸 수 있는 다른 방법은 과연 없는지 생각해보아야 한다. 실내 공기 오염을 다룬 부분에서 땅 속에서 자연적으로 스며나오는 방사성 라돈 기체가 미국에서 연간 약 1만 5,000명의 목숨을 앗아간다는 것을 살펴보았다. 그런데 라돈을 검출하고 시험해 감소시킬 수 있는 규제 프로그램을 실시한다면, 한 생명당 100만 달러에 조금 못 미치는 비용으로 약 800명의 생명을 구할 수 있을 것이다.[1986] 따라서 같은 액수의 돈, 즉 10억 달러로 농약 사용을 줄여 약 1명의 목숨을 구할 수도 있고(1명이 채 되지 않을 가능성이 상당히 크다), 또는 라돈 감축 프로그램을 시행해 약 1,000명의 목숨을 구할 수도 있다. 그렇다면 가장 혜택이 큰 곳에 그 돈을 사용해야 하지 않을까?

그런데 이보다 더 심각한 문제는, 농약을 단계적으로 줄여나가는 데 비단 돈이 많이 들 뿐만 아니라 그로 인해 수많은 사람들이 암으로 목숨을 잃게 될 것이라는 사실이다.[1987]

농약은 작물의 수확량을 늘려 과일과 채소의 가격을 낮추는 데 일조한다. 덴마크의 위원회가 채용한 시나리오에서는 농약 사용을 완전히 금지할 경우에 수확량이 16~84% 감소해 농산물 가격은 30~120% 상승하는 것으로 나타났다.[1988] 이 시나리오에 따르면, 우선 시골의 경작지 면적이 늘어날 것이다. 더 많은 땅을 경작해야 할 필요가 있기 때문인데 새로 경작되는 땅은 기존의 농지보다 덜 비옥할 가능성이 크다.[1989] 둘째, 과일과 채소의 값이 비싸져 사람들은 과일과 채소를 덜 먹을 것이다. 소득 중 식비가 차지하는 비중도 크게 증가할 것이다. 농약 사용을 제한하면 식비가 약 10% 증가할 것으로 추정된다. 농약 사용을 완전히 금지한다면 현재 8~20%인 북미와 유럽 가정의 식비 비중이 2배로 늘어날 것이다.[1990] 우리는 지출 가능한 돈의 액수가 줄어들수록 과일과 채소 섭취량 또한 줄어든다는 사실을 잘 알고 있다.[1991] 따라서 저소득층 가정은 기본적인 곡물과 고기를 더 많이 구입할 것이고 그 결과 더 많은 지방을 섭취하게 될 것이다.[1992] 여기에 부가해서 식품의 질도 떨어지고 겨울철에 쉽게 구할 수 있는 식품의 양 역시 줄어들 것으로 예상된다.[1993]

이런 변화가 불러올 수 있는 결과를 암 발생 빈도 측면에서 살펴보면 대단히 의미심장하다. 세계암연구기금의 연구에 의하면, 과일과 채소의 섭취량을 하루 평균 약 250그램에서 400그램으로 증가시키면 전반적인 암 발생 빈도가 약 23% 줄어들 것으로 추정된다.[1994] 미국인의 평균 과일 및 채소 섭취량은 하루에 약 297그램이다.[1995] 따라서 미국에서 과일과 채소의 값이 비싸져 소비량이 10%만 줄어도 암 총 발생 건수는 약 4.6% 만큼 늘어날 것으로 예상된다. 미국에서만 약 2만 6,000명이 추가로 암에 걸려 목숨을 잃는 셈이다.[1996] 더욱이 다른 연구 결과들은 허혈성 심장 질환과 뇌혈관계 질환처럼 암과 관련이 없는 질병으로 인한 사망률도 크게 증가할 것임을 시사하고 있다.[1997]

세계암연구기금의 연구는 암 발생 빈도를 낮추기 위해 과일과 채소의 섭취량을 증가시키는 것이 절대적으로 필요하다고 강조한다. 그러나 과일과 채소의 섭취량을 어떻게 늘릴 수 있는지에 대해서는 아무런 언급도 하지 않는다.[1998] 과일과 채소의 소비를 증가시켜야 하는 이유는 국가연구위원회(NRC)의 연구에서도 뒷받침하고 있다. 그러나 여기에서도 의학적 측면에만 관심이 집중되어 과일과 채소의 섭취량을 늘릴 수 있는 방법에 대해서는 아무런 의견도 제시하지 않았다.[1999] 반면에 캐나다 암학회는 정책을 입안하고자 할 때에는 그것이 경제와 건강에 미칠 영향을 모두 살펴보아야 한다고 강조한다. "본 위원회는 과일과 채소의 섭취 증가 때문에 잔류 농약의 섭취량이 증가하여 암 발생의 위험을 증가시킨다고 생각하지 않으며, 그 어떤 경우든 그런 식단이 제공하는 혜택이 다른 모든 위험성을 크게 능가한다고 믿는다."[2000] 이와 동시에 이 위원회는 "농산물의 생산량 증대와 식품의 질 향상을 위해 농약 사용의 중요성을 인정하며 농약 사용에 따른 과일과 채소의 가격 인하 효과와 이에 따른 소비량의 증가, 그 결과로 나타나는 암 발생의 위험도 감소 효과를 인정한다"고 밝혔다.[2001]

존경받는 학술지 〈사이언스〉는 더 직설적이다.

과일과 채소는 수백 종의 균류를 비롯해 수많은 해충의 공격에 노출되어 있다. 만약 허가된 살균제의 수가 줄어 사람들이 살균제를 거의 사용할 수 없게 된다면 균류가 농작물을 파괴해버릴 것이다. 전문가들은 합성 살균제를 사용할 수 없게 될 때 생산량이 사과 40%, 포도 33%, 복숭아 49%, 딸기 38% 줄어들 것이라고 지적하고 있다. 대부분의 채소 생산량 역시 감소할 것이다. 따라서 가격이 상승할 것이고, 저소득층 사람들이 그 희생자가 될 것이다.[2002]

매우 놀랍겠지만 우리가 무엇을 선택해야 할지는 상당히 분명하다. 농업 생산에서 농약을 사용하지 않기로 결정한다면, 잔류 농약이 전혀 없는 식품과 식수를 얻을 수 있을 것이다. 그리고 그 덕분에 어쩌면 1년에 (미국에서만 – 옮긴이) 약 20명이 죽음을 피할 수 있을 것이다. 반면, 여기에 필요한 비용은 1년에 최소한 200억 달러에 이를 것이며, 시골의 더 많은 땅이 쟁기질을 당할 것이다. 그리고 (역시 미국에서만 – 옮긴이) 아마도 연간 2만 6,000명이 추가로 암에 걸려 사망할 것이다.[2003]

23 생물 다양성[2004)]

매년 약 4만 종의 생물이 사라지고 있다. 하루에 109종이나 사라지고 있는 셈이다. 독자 여러분이 이번 장을 미처 다 읽기도 전에 한 종이 멸종될 것이다.

이 말은 22년 전인 1979년, 노먼 마이어스(Norman Myers)가 《침몰하는 방주(The Sinking Ark)》를 처음 출판했을 때 나온 얘기다.[2005)] 이 메시지는 미국의 공식적인 환경 보고서인 《글로벌 2000》을 통해 전세계로 전달되었다.[2006)] 그 후 이 주장은 사람들이 함께 공유하는 의식의 일부가 되었다. 미국의 전 부통령 앨 고어는 자신의 책 《위기의 지구(Earth in the Balance)》에서 4만 종이라는 수치를 다시 한번 인용했다.[2007)] 대중적 과학 잡지 〈디스커버〉는 오늘날 우리가 알고 있는 생물 종의 절반이 앞으로 100년 안에 멸종할 것이라고 말했다.[2008)] 하버드 대학교의 유명한 생물학자 에드워드 윌슨(E. O. Wilson)은 우리가 매년 2만 7,000~10만 종의 생물을 잃고 있다고 지적했다.[2009)] 폴 에를리히 교수는 남에게 뒤지지 않으려는 생각에서 1981년 매년 25만 종의 생물이 사라지고 있다는 추정치를 내놓기까지 했다. 서기 2000년까지 지구상의 모든 생물 종 중 절반이 사라지고, 2010~2025년까지는 모든 종이 사라져버릴 것이라고 전망한

것이다.[2010)]

생물이 대규모로 멸종되고 있다는 주장이 사방에서 반복적으로 들려오고 있지만, 이런 주장은 현재 우리가 구할 수 있는 증거들과 전혀 일치하지 않는다.[2011)]

이 이야기는 매우 중요하다. 왜냐하면 이 이야기를 통해 지구상의 모든 생물 종의 25~100%가 우리 생애 중에 멸종될 것이라는 주장들이 멸종 위험에 처한 생물 보전을 중요한 의제로 밀어올리기 위해 어떻게 정치적인 압력을 행사하고 있는지 알 수 있기 때문이다. 앞으로 50년 동안 약 0.7%의 생물 종이 멸종될 것이라는, 좀더 현실적인 수치로는 그 같은 영향력을 발휘할 수 없을 것이다.

얼마나 많은 종이 존재하는가

35억 년 전, 최초의 박테리아가 출현하면서 지구상에 생명이 처음 시작된 이래 종의 멸종은 진화 과정의 일부였다. 살아남을 수 없는 종은 멸종했다. 멸종은 모든 살아 있는 종의 궁극적인 운명이다.[2012)]

그러나 생물의 멸종률은 시대에 따라 변동을 보였으며, 도표 130에서 볼 수 있듯이 생물 종의 수는 우리 시대에 이르기까지 대체적으로 증가해왔다. 지금처럼 종의 수가 많았던 적은 과거에 한 번도 없었다. 생물의 과(科)와 종의 수가 증가한 것은 분화라는 일종의 전문화 과정 덕분이라 할 수 있다. 지구의 물리적 환경이 점점 더 다양해지고 모든 생물 종이 다양해진 환경에 적응하면서 점점 더 분화된 것이다.[2013)] 그러나 이처럼 종의 수가 늘었음에도 실제로는 지금까지 대규모 멸종이 여러 번 발생한 바 있다. 그 중에서 가장 유명한 것은 아마도 대부분의 공룡이 멸종한 6,500만 년 전의 사건일 것이다. 그러나 가장 심각한 멸종 사건은 그보다 오랜 2억 4,500만 년 전에 있었다. 이때 지상에 살고 있던 해양 생물과 다리가 4개인 척추 동물의 약 절반, 그리고 모든 곤충의 3분의 2가 사라져버렸

다.[2014)]

과거의 멸종 사건과 종의 수에 대한 정보는 순전히 화석으로 발견되는 불확실한 기록에 근거를 두고 있다. 하지만 지금이라고 해서 사정이 더 좋아진 것은 아니다. 우리는 현재 지구에 살고 있는 생물 종의 수가 얼마나 되는지 잘 알지 못한다. 그 추정치는 고작 200만 종에서 무려 8,000만 종 사이를 오락가락하고 있다. 그런데 표 6의 추정치를 통해 알 수 있듯이 지금까지 확인된 종의 수는 겨우 160여 만 종에 불과하다. 현재 이 종의 대부분은 딱정벌레 · 개미 · 파리 · 벌레 등의 곤충류와 균류, 박테리아, 바이러스 등이다. 우리는 이미 대부분의 포유류와 조류를 찾아냈는데, 그것은 그들의 몸집이 커서 쉽게 알아볼 수 있었기 때

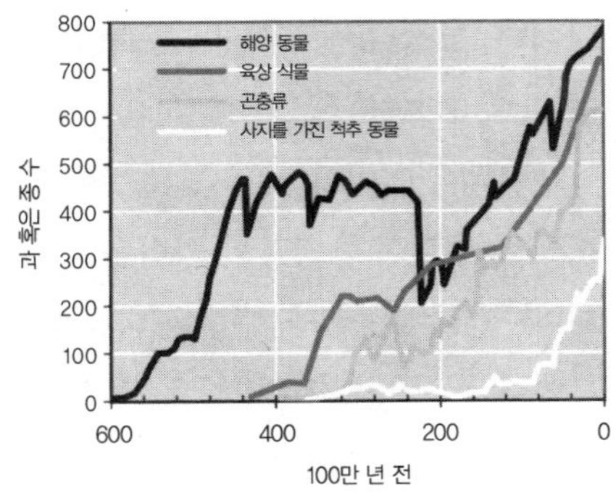

도표 130 6억 년 전부터 현재까지 해양 동물, 곤충류, 사지를 가진 척추 동물의 과 수와 육상 식물의 종 수 변화. 출전:UNEP 1995: 204, 206, 207.

표 6 1600년부터 지금까지 알려진 생물 종의 수와 멸종 건수. 멸종을 증명할 때는 필수적인 몇 가지 요건을 충족시켜야 하기 때문에 여기에 제시된 수치는 실제보다 확실히 적을 수 있다. 출전:Baillie and Groombridge 1997, Walter & Gillett 1998, May et al. 1995:11, Reid 1992:56.

분류군	대략적인 종 수	1600년 이후 총 멸종 건수
척추 동물	47,000	321
포유류	4,500	110
조류	9,500	103
파충류	6,300	21
양서류	4,200	5
어류	24,000	82
연체 동물	100,000	235
갑각류	4,000	9
곤충류	>1,000,000	98
유관속 식물군	250,000	396
총계	약 1,600,000	1,033

문이다. 그러나 미소(微小) 동물에 대한 지식은 거의 단편적인 것에 지나지 않으며 그런 동물의 특징 역시 널리 알려져 있지 않다..

사람들은 얼마나 많은 생물 종이 살고 있는지 알아내려고 노력하는 과정에서 상당히 독창적인 방법을 만들어냈다. 생물학자 어윈은 열대우림의 나무 위에 농약을 뿌려댄 다음 나무 밑으로 떨어지는 생물의 종 수를 세었다.[2015] 여러 장소에서 동시에 발견되는 종의 수를 비교하면 1평방미터당 새로운 종의 대략적인 추정치를 계산해낼 수 있다. 이 방법을 이용하면 더 넓은 지역의 추정치를 산출할 수 있으며, 궁극적으로는 지구 전체의 추정치를 얻을 수도 있다.

또한 연구자들은 생물체의 몸집이 커질수록 생물 종의 수가 적어진다는 관찰 결과를 이용하기도 했다(코끼리만한 크기의 종은 거의 없지만 딱정벌레 크기의 종은 대단히 많다).[2016] 어윈의 외삽법(外插法)과 크기-수치 상관 추정법을 통해 얻은 최선의 추정치로는 현재 지구상에 분포하는 생물 종이 약 1,000만~8,000만 종에 이른다.

생물 종에 대한 추정치 차이가 상당히 크기 때문에 생물 종 감소를 예측할 수 있는 최선의 방법은 10년 단위로 멸종되는 생물 종의 비율을 제시하는 것 정도가 고작이다.

과연 생물 다양성이 중요한가

그런데 생물 종이 사라지는 것을 걱정해야 할 이유가 정말 있느냐는, 조금은 불경스러운 질문을 반드시 던져볼 필요가 있다. 이 질문에 대해서는 많은 이유를 열거할 수 있다.

그 첫 번째 이유는 인간 중심적인 것이다. 우리는 야생 동식물 덕분에 이 매혹적이고 생명력이 넘치는 행성에서 살고 있다는 기쁨을 만끽할 수 있으므로 자연히 그들을 좋아한다는 것이다. 그러나 이렇게 생각할 때 마음속에 떠오르는 생물은 아마도 호랑이, 고래, 알바트로스, 비늘돔, 티크 나무 등과 같은 '덩치 큰 생물'일 것이다.[2017] 수백만 마리의 딱정벌레나 파리, 균류의 포자 등을 보면서 이런 기분을 느끼는 사람은 거의 없을 것이다. 따라서 생물 종 보전에 대한 이런 식의 주장은 대단히 선택적인 자연보호를 의미한다.

우리는 열대우림이 의약품의 저장고 기능을 한다는 말을 자주 듣는다.[2018] 비록 지금은 대부분의 의약품을 인공적으로 합성해 생산하고 있지만, 과거에 많은 의약품을 식물체에서 추출한 것은 사실이다. 아스피린은 버드나무, 심장약은 디기탈리스(foxgloves)에서 추출했다. 그런데 문제는 어디에서부터 의약품 찾기를 시작해야 할지 모르는 경우가 대부분이라는 점이다.[2019] 이런 이유 때문에 전통적인 민간요법이 그런 실마리를 찾기 위한 연구의 대상이 된다. 그리고 바로 이 점이 의약품의 원료로서 잠재력을 지니고 있다고 알려진 식물들을 (필요하다면 식물원에서라도) 보존해야 한다는 주장의 근거 중 하나이다. 그러나 우리에게 이미 알려진 식물의 극히 일부분조차 분석해낼 실질적인 수단이 없다면 그것이 모든 생물 종을 보존해야 한다는 주장의 이유가 될 수는 없을 것이다. 예컨대 열대우림에 사는 모든 종을 보호해야 할 필요는 별로 없다는 것이다.

피멘텔을 비롯한 여러 학자들은 그 동안 생물 다양성의 총 가치를 평가하고자 시도해왔다. 인간이 자연을 이용하고 활용하는 모든 방법(예컨대 생태 관광, 폐기물 처리, 꽃가루받이, 농작물 품종 개량 등)의 가치를 모두 합하면 연간 3~33조 달러라는 놀라운 계산 결과가 나오는데, 이는 전 세계 경제 규모의 11~127%에 해당한다.[2020] 이 수치는 지금까지 생물 다양성의 중요성을 강조하는 데 가장 흔히 이용되었다.[2021] 생태계가 인간에게 제공하는 서비스 중에 아예 시장이 존재하지 않는 것이 많다는 점 때문에 이런 추정치가 비판을 받아왔지만,[2022] 생물 다양성과 관련해 제기되는 가장 중요한 문제는 전체 생태계의 가치가 중요한 것이 아니라 예컨대 수백만 종의 딱정벌레에서 가장 마지막 딱정벌레를 잃게 될 때의 손실 가치가 중요하다는 것이다. 사실 모든 종의 생물 혹은 생태계 전체를 없애버리자거나 결국은 그렇게 될 것이라고 생각하는 사람은 아무도 없으니까 말이다. 그런데 여러 연구 결과들은 의약품으로 사용할 수 있는 최후의 동식물 종에 대해 인간이 매길 수 있는 가치가 지극히 낮다는 것을 보여주었다. 이렇게 가치가 낮아지게 된 것은 우리가 정말로 원한 의약품이라면 그런 마지막 종이 사라지기 훨씬 이전에 이미 의약품 원료를 발견할 것이라는 점을 인정했기 때문이다. 또는 모든 생물 종을 다 조사해 그런 원료를 발견하기까지 너무나 엄청난 비용이 들 것으로 예상되기 때문이기도 하다.[2023]

유전적 다양성은 농작물의 생존에 필수적이다. 우리가 주로 재배하는 농작물(밀, 옥수수, 쌀, 미국 고구마 등)은 모두 수확량이 지극히 높은 극소수의 품종에서 개발된 것이기 때문이다. 1960년대 말 줄무늬녹병 때문에 전세계적으로 밀 생산이 위협받은 것이 전형적인 예다. 사람들은 터키산 야생 밀에서 추출한 유전 물질을 이용해 이 질병을 처리했다.[2024] 오늘날 대규모 유전자 도서관에는 이런 야생종이 많이 소장되어 있다. 미국 아이다호 주 애버딘에 위치한 미국 농업연구서비스 국립소립자곡물컬렉션(US Agricultural Research Service National Small Grains Collection)은 약 4만 3,000종의 야생종 표본을 보유하고 있다.[2025] 여기에서도 역시 문제는 농작물의 유전자 공급원을 보존하는 것이 좋은 생각인가 아닌가가 아니라, 다른 종류의 모든 종을 보호해야 한다는 주장이 타당할 수 있는가 아닌가 하는 점이다.

얼마나 많은 종이 멸종되고 있는가

자연 환경에는 다른 종과 경쟁하다가 죽어가는 생물 종이 늘 존재한다. 지금까지 존재했던 모든 종의 95% 이상이 멸종한 것으로 추정된다.[2026] 한 생물 종이 생존하는 기간은 대체로 100만~1,000만 년이다.[2027] 이 수치를 현재 확인된 160만 종에 대입하면 10년마다 약 2종의 생물이 자연스럽게 멸종한다고 보아야 한다.[2028] 그런데 표 6은 1600년 이후 10년마다 약 25종의 생물이 멸종했음을 보여준다. 따라서 이것이 자연적인 멸종의 결과가 아님은 분명하다. 사실 인류는 오래 전부터 생물 멸종의 중요한 원인이었다. 마지막 빙하기 무렵에 약 33개 주요 과의 포유류와 조류가 멸종했다. 그 이전 150만 년 동안에 겨우 13개 과의 동물이 멸종했음을 생각하면 이는 지극히 많은 수치임이 분명하다.[2029] 그렇게 사라진 33개 과의 생물은 석기 시대 인간들의 사냥 때문에 멸종된 것으로 추정된다.

남태평양의 폴리네시아인은 지난 1만 2,000년 동안 태평양에 있는 800여 개 섬의 대부분을 개척해 거주지로 삼았다. 이 섬들에 원래 살던 새들은 진화 과정에서 별로 심한 경쟁을 겪지 않았으므로 사냥하기가 아주 쉬웠으며, 따라서 사냥 때문에 멸종되는 경우가 흔했다. 고고학 발굴 현장에서 나온 뼈를 연구한 결과에 의하면 폴리네시아인이 멸종시킨 조류는 모두 합해 약 2,000종, 즉 전세계적으로 현존하는 모든 조류의 20% 이상인 것으로 추정된다.[2030]

따라서 인류는 아주 오래 전부터 멸종률 증가의 원인이었던 셈이다. 그런데 지난 400년 동안의 변화를 살펴볼 때는 멸종에 관련해 몇 가지 고려해야 할 것이 있다. 무엇보다도 먼저, 멸종을 입증하기 위해서는 그 생물종이 서식했을 법한 장소에서 몇 년 동안 그 종의 존재 여부를 조사해야 한다.[2031] 그런데 이 정도 규모의 작업을 하려면 아주 많은 자원이 필요하다. 바로 이 때문에 멸종이 실제로 입증되는 경우는 아주 소수에 불과하다. 다른 한 가지는, 사람들의 관심이 대개는 다른 종류의 생물보다 포유류와 조류에 훨씬 더 많이 집중된다는 점이다.

따라서 생물 종의 멸종을 논의할 때 가장 상세한 멸종 기록이 남아 있는 것도 바로 포유류와 조류이다. 기록에 의하면 포유류와 조류의 멸종률은 지난 150년 동안 4년마다 1종씩에서 1년에 1종씩으로 증가했다.[2032] 멸종률이 증가한 원인 중 하나로는 직업적 생물학자, 조류학자, 동물애호가들이 많아지면서 멸종 사례가 실제로 관찰되는 경우가 늘었다는 점을 꼽을 수 있을 것이다. 하지만 멸종률이 증가했다는 것에는 의심의 여지가 없다.

여기에서 중요한 점은 설령 그렇더라도 매년 4만 종이 사라진다는 주장과는 아직도 엄청난 괴리가 있다는 사실이다.

매년 4만 종이 멸종한다는 주장

연간 4만 종의 생물이 멸종한다는 추정치는 1979년 마이어스에 의해 처음 제시되었다.[2033] 그의 주장은 읽는 사람들을 아연실색하게 한다. 그는 앞에서 언급한 것처럼(비록 앞에는 출전을 밝히지 않았지만), 1900년까지는 4년마다 1종이 멸종했고 그 후에는 매년 1종씩 멸종했다고 주장했다. 그리고 1974년에 열린 학술 회의 결과를 인용하면서 멸종률이 이제 연간 100종에 이르렀다는 '대담한 추정'이 나왔다고 말했다.[2034] 이 수치는 단순히 포유류와 조류만을 대상으로 한 것이 아니라 "과학자들에게 이미 알려진 종과 그렇지 않은 종을 포함해 모든 생물 종의 전체적인 멸종률"[2035]을 의미했다. 따라서 당연히 그 수치가 훨씬 커질 수밖에 없었다. 마이어스식 주장의 핵심 부분은 다음과 같다.

> 그러나 이 수치조차 낮아 보인다……. (열대림을 벌목하는 것과 같이) 인간이 마구잡이로 자연 환경을 훼손한 결과 이번 세기의 마지막 25년 동안 100만 종의 생물이 사라질 것이라고 가정하자. 이런 추정은 결코 현실과 동떨어진 것이 아니다. 그리고 이 추정에 따르면 앞으로 25년 동안 평균 멸종률이 연간 4만 종, 즉 하루에 100여 종이 될 것이다.[2036]

이것이 바로 마이어스식 주장의 전부이다. 만약 25년 동안 100만 종의 생물이 멸종할 것이라고 가정하면 당연히 매년 4만 종씩이라는 수치가 나온다. 이것은 완전히 순환 논법이다. 우리가 연간 4만 종씩 멸종할 것이라고 가정하면 4만 종이라는 수치가 나올 수밖에 없다. 설마 그의 주장이 이렇게 단순하지만은 않을 것이라고 생각하겠지만, 사실 마이어스의 책에는 다른 참고 자료나 논증이 전혀 제시되어 있지 않다. 25년 동안 실제로 관찰된 멸종률이 1년에 1종씩이라는 주장, 혹은 어쩌면 매년 100종씩인지도 모른다는 주장과 연간 4만 종씩 멸종한다는 마이어스의 추정치 사이에 엄청난 차이가 있음을 주목하라. 그의 수치는 그 자신의 '자료'보다 4만 배나 더 크고, 가장 최근에 관찰된 멸종률보다도 1만 배나 더 크며, 도표 131에 제시된 최대 추정치보다 400배나 더 크다.

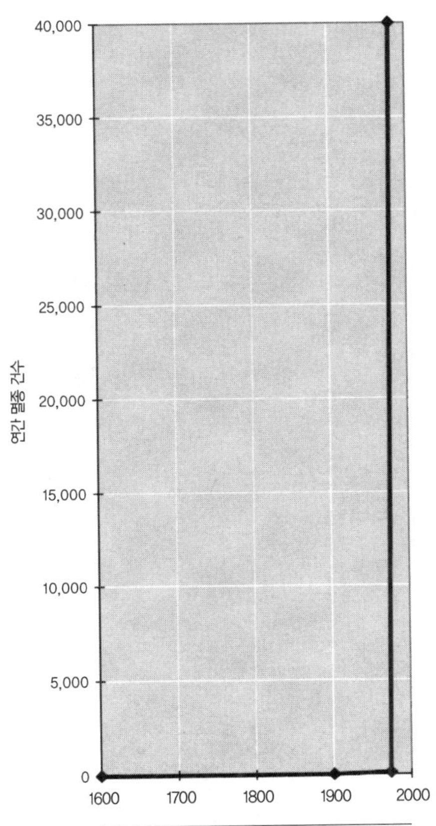

도표 131 1600년부터 1974년까지 멸종된 생물 종의 수와 1980년 마이어스가 제시한 추정치 비교. 출전: Myers 1979:5.

그럼에도 불구하고 이 4만 종이라는 수치는 전세계 많은 사람들에게 그대로 전달되었다.

모델의 뒷받침

1980년 《글로벌 2000》이라는 제목의, 매우 큰 영향력을 지닌 환경 보고서가 지미 카터 당시 미국 대통령의 요청으로 발표되었다. 이 보고서는 여러 중요한 주제와 함께 생물 종의 멸종을 자세히 논의하였다. 여기에서 세계자연보호기금 소속의 생물학자 토머스 러브조이(Thomas Lovejoy)는 서기 2000년까지 모든 종의 15～20%가 사라질 것이라는 마이어스의 주장을 되풀이했다.[2037] 이와 동시에 러브조이는 논란의 여지가 많은 마이어스의 수치 4만 종을 뒷받침하기 위한 모델을 만들었다. 러브조이의 모델은 사실 너무 단순해서 매력적이다. 생물 종의 상당수는 열대의 밀림에서 발견된다. 만약 우리가 손을 대지 않아 열대우림이 그 자리에 그냥 남아 있다면 아무 일도 일어나지 않을 것이다. 그러나 만약 열대우림의 나무를 모조리 베어버린다면 모든 종이 사라질 것이다. 러브조이는 만약 숲의 절반이 벌목된다면 모든 종의 3분의 1이 사라질 것이라고 가정한다.[2038]

이제 모델이 완성되었다. 20년 동안 열대우림이 50～67% 줄어들 것이라는 추정치를 이용하면, 국지적으로 종의 수가 33～50% 감소할 것이라는 결과를 얻게 된다. 러브조이는 열대우림에서 이 정도의 생물 종이 사라지면 전세계적으로는 생물 종의 수가 약 20% 줄어들 것이라고 추정했다.[2039]

우리가 잃어버리는 것

바로 이런 주장 때문에 서구 세계에서는 열대우림의 중요성이 한층 공고해졌다. 열대우림이 '지구의 허파(이것도 잘못된 말이다)'라는 주장을 무시한다면,[2040] 이제 생물 다양성이 열대우림을 보호해야 하는 주된 이유이다.

그러나 이 주장에서 앞으로 사라질 것이라고 예고되는 생물은 정확히 어떤 종류인가? 많은 사람들은 코끼리, 쇠고래, 광엽 마호가니 등일 것이라고 생각한다. 하지만 아니다. 생물 종의 95% 이상을 차지하는 것은 딱정벌레, 개미, 파리, 현미경적 크기의 벌레, 균류, 박테리아, 조류(藻類), 바이러스 등이다.[2041] 만약 우리가 잃는 생물이 대부분 곤충 · 박테리아 · 바이러스라는 점을 생물학자들이 강조했더라면, 열대우림을 보존하자는 환경보호주의자들의 로비가 정치적인 지원을 얼마나 얻을 수 있었을지 분명하지 않다.[2042]

그러나 가장 중요한 것은, 열대우림의 벌목과 생물의 멸종 사이에 정말로 그렇게 단순한 상관 관계가 있을 수 있는가 하는 점이다.

모델과 현실

서식하는 생물 종의 수와 그 서식지 면적 사이의 상관 관계는 1960년대에 하버드 대학교의 생물학자 E. O. 윌슨에 의해 공식화되었다.[2043] 이 모델은 대단히 직관적이어서 아주 매력적으로 보인다.[2044] 이 모델의 논리는 서식지 공간이 넓을수록 더 많은 생물 종이 존재한다는 것이다. 이 이론은 외딴 섬에 살고 있는 종 수를 설명하기 위해 만들어졌는데, 그 분야에서는 현실과 상당히 잘 부합되었다. 윌슨은 만약 섬의 면적이 90% 줄어들면 서식 생물 종의 수는 절반으로 줄어든다는 확고한 경험 법칙을 확립하였다.[2045] 그러나 문제는, 섬을 토대로 확립된 이론이 과연 열대우림처럼 광대한 삼림 지역에도 그대로 적용될 수 있는가 하는 점이다. 섬의 크기가 줄어들 경우 생물들은 도망칠 곳이 없다. 그러나 열대우림에서는 어떤 지역이 벌목으로 사라지더라도 많은 동식물이 주변 지역에서 계속 생명을 이어갈 수 있다.

여기에서 해야 할 일은 당연히 우리 자신의 실험 결과를 살펴보는 것이다. 이제까지 유럽과 북아메리카에서 인류가 저질렀던 실제의 실험 결과 말이다. 이 두 지역의 원시림은 약 98~99% 감소했다. 미국 동부 지역의 삼림은 지난 2세기 동안 원래 면적의 불과 1～2% 크기로 줄었지만, 이로 인해 멸종한 생물은 숲에서 살던 조류 1종뿐이었다.[2046]

열대우림과 생물 멸종 사이의 상관 관계를 파악하기 위해 열대지방에서 실시한 가장 대규모 연구로는 미국 농무부 소속의 애리얼 루고(Ariel Lugo)가 푸에르토리코에서 실시한 것이 있다. 그는 이 섬에서 지난 400년 동안 원시림의 99%가 사라졌다는 것을 발견했다. 그런데 과거에 서식하던 60종의 조류 중에서 '고작' 7종만이 멸종했고 오늘날 이 섬에는 97종의 새가 살고 있다.[2047] 이는 윌슨의 경험 법칙에 심각한 문제가 있음을 의미한다. 더욱이 그보다 더 놀라운 사실은, 푸에르토리코의 원시림 면적이 99%나 줄었음에도 불구하고 서식하는 조류의 종 수가 과거보다 더 많아졌다는 점이다![2048]

그런데 푸에르토리코 섬의 전체 삼림 면적이 10～15% 이하로 감소한 적이 그 동안 한 번도 없었다는 사실을 알면 이제 상황을 어느 정도 이해할 수 있을 것이다. 한 번 벌목된 열대우림은 그대로 파괴되어 황량한 불모지로 남는다고 생각해버린 것이 우리의 실수였던 것이다. 사실 식량농업기구의 수치는 벌목된 열대림의 약 절반이 이차림(二次林, 원래의 원시림이 사라진 자리에 자리잡는 새로운 삼림 - 옮긴이)으로 전환되고 있음을 보여준다.[2049]

생물학자들의 반응

생물 다양성이라는 주제에 대한 논쟁은 마치 모델과 현실 사이에서 진행되는 전형적인 전투와 유사하다. 생물학자들은 수치에 문제가 있다는 점을 인정한다. 마이어스는 "열대림의 실제 멸종률은 전혀 알 수 없으며 다만 대략적인 추정만 할 뿐이다"[2050]고 말한다. 심지어 저명한 생물학자 콜린보는 〈사이언티픽 아메리칸〉에서 멸종률을 "계산할 수 없다"[2051]고 인정하기도 했다. 그런데도 윌슨은 자신의 권위로 이 문제를 덮어버리려 시도한다. "내 말이 틀림없다. 생물은 멸종되고 있다. 우리는 연간 10만 종을 쉽사리 없애버리고 있다."[2052] 그의 수치는 "절대로 부정할 수 없는 것"이며 "문자 그대로 수백 건의 일화성 보고서"에 바탕을 둔 것이다.[2053]

그러나 한 저명한 자연보호론자는 〈사이언스〉 지에서 "자료의 부족이 정말로 걱정스럽다"[2054]고 인정한 바 있다. 하지만 그는 다른 생물학자들의 반응을 걱정하면서 익명을 요구했다. 그의 표현을 빌리자면, "이런 말을 한 나를 그들이 죽이려 들 것"이라는 것이다. 여기서 '죽인다'는 말은 십중팔구 비유적인 표현이겠지만, 그런 말 자체가 수치와 모델 사이의 논란을 어떻게 끝내야 할지에 대해 생물학자들이 분명한 생각을 갖고 있다는 사실을 강조해준다. 이 논란에 엄청난 연구비가 걸려 있는 것이다.

애리얼 루고 역시 대규모적인 멸종을 상정하는 시나리오의 뒤에 어떤 과학적 가정이 깔려 있는지 분명히 밝히려는 "신뢰할 만한 노력"이 아직까지 없었다고 설명한다.[2055] 그는 이렇게 덧붙였다. "하지만 당신이 이런 점을 지적한다면, 사람들은 당신을 가리켜 악마의 앞잡이라고 할 겁니다."[2056]

자료를 확인하자

1990년 마침내 국제자연보호연맹이 이 논쟁에 참여하기로 결정했다.[2057] IUCN이란 멸종 위기에 직면한 동물의 공식적인 레드 리스트를 관리하는 국제자연보호연합(World Conservation Union)을 지칭하는데, 이 조직은 세계 최대 규모의 생물 다양성 보호 및 자연보호 프로그램이라고 할 수 있는 BCIS를 기획하고 있다. 이 조직의 미국 내 회원 중에는 천연자원보호위원회, 환경보호기금(Environmental Defense Fund), 세계자연보호기금 미국 지부 등의 환경 단체는 물론, 국립해양대기관리청(NOAA), 국제개발처(USAID), 농무부(USDA), 어류야생동물국(Fish and Wildlife Service), 국립공원국(National Park Service) 등 정부 기관도 포함되어 있다.

IUCN의 연구 결과는 1992년 출판된 휘트모어와 세이어의 책에서 읽을 수 있는데, 이 책의 결론을 읽는 것이 그리 지루하지는 않다. 헤이우드와 스튜어트는 지금까지 기록된 포유류와 조류의 멸종 수치(표 6)가 "매우 적다"고 지적한다.[2058] 만약 다른 종의 멸종률도 비슷하다면, 그리고 이 세상에 약 3,000만 종의 생물이 있다고 가정하면, 사라지는 생물 종 수는 연평균 약 2,300종, 즉 멸종률은 10년마다 0.08% 정도이다.[2059] 1830년대 이후 열대우림의 면적이 약 20% 줄어들었으므로, "이렇게 삼림이 줄어드는 동안 일부 지역에서는 대단히 많은 생물이 사라졌다고 추정해야 할 것이다. 그러나 놀랍게도, 이에 대한 명쾌한 증거는 전혀 없다."[2060]

생물의 멸종을 보여주는 드문 사례 중 하나를 젠트리의 논문에서 찾아볼 수 있다. 그는 에콰도르 영토 내의 안데스 산맥 산기슭의 작은 봉우리를 벌목했을 때 그 결과 90종의 생물이 멸종했다고 보고했다.[2061] 생물학자들은 이 논문을 멸종이 기록으로 입증된 아주 좋은 사례로 자주 인용하곤 한다.[2062] 윌슨은 이 사례를 가치 있는 일화성 보고로 간주하고 "유명한 사례 중 하나가 에콰도르의 산봉우리이다. 불과 몇 평방킬로미터 정도의 비교적 작은 봉우리에서 다른 곳에서는 찾아볼 수 없는 식물이 약 90종이나 발견되었다. 그런데 1978년부터 1986년 사이에 농부들이 이 봉우리를 벌목해버렸으며 그 결과 그 식물 대부분이 단번에 멸종되고 말았다"[2063]고 말한다. 그런데 6년이 지난 후 두 번에 걸쳐 그 지역을 방문한 젠트리는 이미 멸종된 것으로 간주된 식물 중에서 최소한 17종을 다시 발견할 수 있었다.[2064]

삼림을 다룬 장에서 이미 살펴보았듯이, 브라질 아마존 유역 열대우림의 약 86%는 아직도 고스란히 남아 있다.[2065] 반면에 브라질의 대서양 쪽 열대우림은 이미 19세기에 거의 완전히 베어져 이제는 원래 숲의 12% 정도만 여기저기에 조금씩 흩어져서 남아 있을 뿐이다. 윌슨의 경험 법칙에 의하면, 여기에서 모든 종의 절반은 멸종된 것으로 간주해야 한다. 그러나 브라질 동물학회 회원들은 대서양 쪽 열대림에 서식하는 것으로 알려진 동물 171종을 분석한 결과 "서식지 면적이 크게 줄고 파편화되었음에도 불구하고 그로 인해 멸종되었다고 정당하게 선언할 만한 동물 종을 단 하나도 찾지 못했다."[2066] 2차 목록에 있던 120종에서도 역시 "멸종된 것으로 간주되는 종은 하나도 나타나지 않았다."[2067] 이와 마찬가지로 식물 역시 멸종 사례가 보고되지 않았다.[2068] 이 연구에 참가한 동물학자들은 다음과 같이 단언했다. "기존의 자료들을 면밀히 조사한 결과는 ……대서양 연안 열대림에서는 아직 멸종이 거의 발생하지 않았거나 또는 전혀 발생하지 않았다는 주장을 뒷받침한다(하지만 일부 생물 종이 매우 힘겹게 명맥을 이어가고 있을지도 모른다). 사실 여러 종의 조류와 6종의 나비를 비롯해 20년 전에 이미 멸종된 것으로 간주됐던 생물 종의 상당수가 최근 다시 발견되기도 했다."[2069]

2015년까지 조류의 15%가 멸종할 것이라는 주장을 검토한 과학자들도 여럿 있다. 헤이우드와 스튜어트는 멸종되었을 것으로 추정된 새 1,000종을 철저하게 조사한 결과, 주로 그 동안에 펼쳐진 자연보호 노력 덕분에 "이 종들 중 2015년까지 멸종할 가능성이 높은 종은 상대적으로 아주 소수"[2070]라는 사실을 확인할 수 있었다.

IUCN은 높은 멸종률을 예언하면서도 이와 동시에 "실제 멸종률은 낮은 수준을 유지하고 있다"[2071]는 결론을 내렸다. 홀덴은 보고서의 서문에서, 추정 결과와 실제 관찰 결과가 전혀 일치하지 않는다는 점을 지적하고 있다. "브라질 연안의 삼림은 전세계의 다른 모든 열대림과 마찬가지로 심하게 축소되었다. 계산에 의하면 그만큼 상당한 생물 종의 상실이 뒤따라야 한다. 그러나 예전부터 존재했던 토착성 동물군 중에서 멸종되었다고 간주할 수 있는 종은 하나도 없다."[2072]

사실 모델을 활용한 가장 최근의 추정치도 이런 현장 관찰 결과를 뒷받침하는 듯하다. 생물학자 모드슬리와 스톡은 영국에서 얻은 정보들을 바탕으로 서로 다른 종의 멸종률 사이에 꽤나 일정한 관계가 존재한다는 사실을 밝혀냈다. 이 모델을 이용하면 멸종된 곤충의 수에서 멸종된 새의 수를 추정해낼 수 있는데, 놀랍게도 그렇게 해서 얻은 수치가 현실과 아주 잘 맞아떨어진다.[2073] 이 모델을 이용하면 1600년 이후 모든 곤충 종의 0.14%가 사라졌음을 알 수 있다. 10년마다 0.0047%가 사라진 셈이다. 그러나 앞에서도 살펴보았듯이 멸종률은 증가 추세를 보이고 있다. 이 이유 때문에, 그리고 신중을 기하기 위해서 모드슬리와 스톡은 앞으로 300년 동안 멸종률이 12~55배 증가할 것이라는, 스미스 교수의 지극히 높은 멸종 추정치를 사용했다.[2074] 그런데도 전체 동물의 멸종률은 여전히 10년마다 0.208% 이하 수준에 머물렀으며 50년 단위로는 그 수치가 약 0.7%였다.[2075]

앞으로 50년 동안의 멸종률 0.7%는 결코 하찮은 수치가 아니다. 이것은 자연적으로 진행되는 멸종률보다 약 1,500배나 높은 수치다.[2076] 그러나 사람들이 흔히 주장하는, 앞으로 50년 동안 10~100%의 멸종률(이는 자연적인 멸종률의 약 2만~20만 배에 해당한다)보다는 훨씬 적은 수치이다.[2077] 더욱이 생물 종 멸종의 장기적인 영향을 평가하기 위해서는 멸종률이 앞으로 수백 년 동안 (심각한 피해를 축적하며) 계속 이어질 것인지, 아니면 인구 증가 속도가 줄어드는 한편 개발도상국들이 환경을 보호하고, 삼림을 다시 가꾸고, 공원을 별도로 마련할 수 있을 만큼 부유해짐에 따라(2100년까지의 삼림 면적 변화를 다룬 도표 150 참조) 멸종 속도가 완화될 것인지를 따져보아야 한다.[2078]

50년 동안 0.7% 감소라는 추정치는 UN의 《지구 생물 다양성 평가(Global Biodiversity Assessment)》 보고서의 추정치와도 일치한다. 이 보고서의 저자들은 매우 신중한 태도로 "가까운 미래에 생물의 멸종 속도가 얼마나 될지는 매우 불확실하다"고 말하면서 "현장의 지식과 예측 사이의 불일치"에 주목한다.[2079] 그들은 마지막 요약문에서 실질적인 멸종률을 제시하지 않는 대신, "오늘날의 멸종률은 자연적인 멸종률에 비해 비록 수천 배는 아니지만 수백 배 정도는 될 것"[2080]이라고 상대적인 비율만을 밝혔다. 이 주장에 따르면 실질적인 멸종률은 50년 동안 0.1~1%가 된다.[2081]

생물학자들의 응답

불행하게도 결정적인 문제에 대해서는 대부분의 생물학자들이 관찰 결과에 별로 만족하지 못하는 듯하다. 윌슨은 계속해서 "내 말이 틀림없다"고 말한다. 마이어스는 연간 약 4만 종이 멸종한다는 자신의 추정치를 1999년에도 다시 확인하면서 "우리는 인간이 야기한 생물 대학살의 첫 단계에 접어들었다"[2082]고 말했다.

웨스턴과 펄은 《21세기를 위한 자연보호(Conservation for the Twenty-First Century)》라는 책의 요약문에서 2000년까지 전체 생물종의 15~25%가 멸종할 것이라는 주장을 되풀이한다. 이들은 이렇게 주장했다. "설령 이 수치와 멸종이 미칠 영향에 대해서는 논쟁의 여지가 있지만, 그로 인해 우리 행성이 떠안게 되는 충격에 대해서는 전혀 논란의 여지가 없다."[2083]

에를리히 교수에 따르면 우리는 매년 멸종하는 종이 얼마나 되는지 정확히 알지 못한다고 한다. 그러나 그는 이렇게 말한다. "생물학자들은 종의 수가 얼마나 되는지, 그들이 서로 어떻게 관련되어 있는지, 혹은 얼마나 많은 종이 사라지고 있는지를 모르더라도 지구의 생물군이 거대한 멸종의 경련을 시작하고 있음을 알아차릴 수 있다."[2084] 이것은 정말로 놀랍기 짝이 없는 발언이다. 과학자들이 스스로 옳다고 느끼는 한 얼마나 많은 생물이 사라지고 있는지 입증해야 할 부담을 굳이 지지 않아도 좋다는 의미임이 분명하다. 이런 발언은 이 사회가 훌륭한 정보를 바탕으로 현실적인 선택을 할 수 있도록 객관적으로 증거를 수집해야 한다는, 누구나

다 당연하게 받아들이는 과학자 본연의 의무마저 팽개쳐도 좋다는 말처럼 들린다.

UCLA의 교수이며 《제3의 침팬지(The Third Chimpanzee)》와 같은 유명한 책의 저자이자 퓰리처상 수상작인 《총, 균, 쇠(Guns, Germs and Steel)》의 저자이기도 한 재레드 다이아몬드(Jared Diamond)는 에를리히의 주장을 더욱 발전시키기까지 했다. 그는 우리가 선진국(사실상 생물 멸종이 전혀 발생하지 않은 곳)에 서식하는 친숙한 생물들에 대해서만 지식을 얻을 수 있다고 강조한다. 이런 이유로 입증의 책임을 역전시켜 존재가 증명되지 않은 모든 생물 종을 멸종된 것으로 간주해야 한다는 것이다.[2085] "우리 생물학자들은 무제한적인 인구 증가를 옹호하는 (지나치게 자신감에 넘치는) 경제학자들에게 생물 멸종의 위기가 현실임을 납득시키기 위해 입증의 책임을 질 필요가 없다. 그 대신 경제학자들에게 입증의 책임을 맡겨 생태계가 건강하다는, 그들의 믿기 어려운 주장을 확실히 뒷받침해줄 수 있는 정글 연구에 자금을 대도록 해야 할 것이다."[2086]

생물 멸종에 대한 과학적 담론에 증거를 제시할 필요가 없다는 태도에는 당연히 문제가 많다. 생물학자들은 자기들의 주장을 의심하는 사람이 직접 정글로 찾아가서 생물학적 연구를 실시해야 한다고 진지하게 주장한다. 자기들은 문제가 생겼다는 것을 이미 알고 있기 때문이라는 것이다. 그들이 사회에 요구하고 있는 것은 사실, 자신들은 재앙이라고 주장하지만(앞으로 50년간 50%의 생물이 멸종한다는 주장) 현실적인 자료로는 결코 입증하지 못하는(자료들은 앞으로 50년간 약 0.7%의 멸종률을 예측한다) 사건을 막기 위해 백지 수표를 달라는 것이다.

결론 : 생물 멸종을 과장해서 얻는 소득

생물 멸종에 대한 생물학자들의 경고를 받아들인다면 우리는 마땅히 해야 할 일의 우선순위를 바꿀 수밖에 없다. 우리는 1992년 리우에서 조인된 생물 다양성 협약(biodiversity convention)을 받아들였는데, "인간 활동이 야기한 생물 종의 멸종이 심상치 않은 속도로 계속되고 있다"[2087]는 것이 그 이유 중의 하나였다. 이 협약에 의해 우리는 국가가 직접 나서서 생물 종의 보존을 위한 정책을 집행해야 하는 의무를 지게 되었다.[2088]

선진국 국민들은 자기 땅의 원시림을 이미 99%나 없애버렸으면서도 개발도상국에게는 그들 땅의 열대우림 벌목을 그만두라고 요구하고 있는 것이다.

1993년 〈사이언스〉 지는 생물 다양성 증진을 위한 비용을 설명하는 한 기사에서 다음과 같이 보고했다. "하버드 대학교 생물학과의 윌슨이나 스탠퍼드 대학교 생물학과의 폴 에를리히 같은 과학계의 권위자들은 북미 대륙의 생물 다양성 회복을 위한 야생 지역 보존 프로젝트(Wildlands Project)를 열렬히 지지하고 있다. 이 프로젝트는 자연 보전 지구의 확대, 인간 완충 지대(자연과 인간 거주 구역 사이의 중간 구역 – 옮긴이)의 설정, 야생 동물 통로 조성 등을 통해 북미 대륙의 거의 절반 정도를 야생 동물들의 서식처로 제공하자는 것이다." 이 프로젝트의 장기적 목표는 "현재 4.7%의 토지만이 야생 지역으로 남아 있는 북미 대륙을 온통 변화시켜 인간 거주 지역을 마치 야생의 바다에 점점이 떠 있는 군도처럼 만드는 것"이라고 한다. 만약 이런 계획이 정말로 실행된다면 미국인의 상당수가 불가피하게 다른 곳으로 이주해야만 할 것이다.[2089]

왜 생물 다양성 협약에 조인해야 하는가? 왜 열대우림을 보호해야 하는가? 왜 북미 대륙 전체 인구를 이주시켜야 하는가? 그 답은 언제나 마찬가지다. "매년 4만 종의 생물이 멸종되는 것을 막기 위해."[2090]

이제 이 '상식적인' 주장은 정치 용어가 되었다. 브룬트란트 보고서는 "좀더 장기적으로 보면, 오늘날 존재하는 생물 중 적어도 4분의 1이 사라질 수 있다. 이 비율은 어쩌면 3분의 1이 될 수도 있고 어쩌면 그보다 훨씬 더 커질 수도 있다"[2091]고 주장한다. 널리 알려진 인터넷 사이트인 웹

오브 라이프(Web of Life)는 매년 5만 종이 죽어가고 있다고 말한다.[2092] 월드워치연구소는 경제 발전에 대해 경고한다. 세상이 점점 부유해지고 있는지는 몰라도 그 대가로 "이 세상에 존재하는 동식물의 절반을 쓸어버린다"면 우리가 정말로 얻는 이익이 과연 무엇인지 생각해보아야 한다는 것이다.[2093]

생물 다양성의 급속한 감소를 나타내는 연간 4만 종이라는 수치는 인위적인 모델에 의해 만들어진 가공의 것이다. 이 수치는 모든 사람들이 결국 그것을 믿게 될 때까지 사방에서 지겨울 정도로 일정하게 반복되었다. 그래서 결국은 환경에 대한 '너무나 뻔한 이야기'의 일부가 되었다. 그러나 이 수치는 우리의 관찰 결과와 다르고, 좀더 신중한 모델 연구 결과와도 다르다.

물론 어떤 기준을 적용하더라도 모든 생물 종의 25~100%를 잃어버린다는 것은 분명 엄청난 재앙이다. 그러나 제한된 기간 동안 50년마다 0.7%의 생물 종을 잃는 것은 재앙이 아니라 그냥 문제일 뿐이다. 인류가 앞으로 해결해야 하는 많은 과제 중의 하나인 것이다. 제한된 자원으로 과연 어떤 일을 먼저 해야 할지 어려운 결정을 내려야 할 때 이런 사실들을 반드시 인식해야 한다.

24 지구 온난화

기후 변화, 특히 지구 온난화[2094]는 1990년대 이후 모든 환경 문제를 넘어서는 가장 중요한 관심사가 되었다.[2095] 환경에 관한 많은 논의들은, 설령 다른 모든 지표들이 우리가 점점 더 개선된 방향으로 나아가고 있음을 보여준다고 해도 우리의 생활 방식이 지금도 여전히 기후를 변화시키고 지구 온난화를 유발하기 때문에, 현재의 생활 방식을 총체적으로 바꿀 수밖에 없다는 지적으로 귀결되곤 한다.

미국의 지속 가능 발전 대통령위원회(President's Council on Sustainable Development)는 이렇게 언급했다. "다음 세기에 기후 변화의 속도가 가속될 위험이 있다는 사실이 지속 가능한 발전이라는 목표를 달성하는 과정에서 우리가 직면할 가장 중요한 문제 중 하나로 떠올랐다."[2096] 월드워치연구소의 2000년 보고서는 "새로운 세기가 시작하는 이 시기에 전세계 문명이 직면한 최우선 과제" 두 가지는 인구 증가의 안정화와 함께 기후 변화의 안정을 도모하는 것이라고 결론내렸다.[2097] 마찬가지로 UNDP도 "지구가 감당할 수 있는 한계점"까지 인류를 점점 더 밀어내고 있는 두 가지 위기 중 하나로 지구 온난화를 지적했다.[2098] 클린턴 전 대통령에 따르면, 지구 온난화는 "앞으로 30년 동안 전세계가 직면할 두세 가지의 중요한 관심사 중 하나"[2099]이다. 조지 W. 부시 행정부의 환경보호청장인 크리스틴 휘트먼(Christine Todd Whitman)은 지구 온난화를 가리켜 "설령 가장 심각한 환경 현안은 아닐지라도 우리가 직면한 가장 중요한 환경 과제 중 하나다"[2100]고 말했다. 마지막으로, 그린피스는 홈페이지 첫머리에 게시한 글에서 "그린피스는 지구 기후 변화를 이 행성이 직면한 가장 중대한 위협의 하나로 간주한다"[2101]고 선포했다.

기후 변화에 대한 이런 걱정은 결국 우리가 산업 활동의 방식을 반드시 바꿔야 한다는 주장으로 이어진다. 월드워치연구소는 "실행 가능성이 있는 유일한 대안은 태양열/수소를 기반으로 한 경제 체제"[2102]라고 말한다. 그린피스도 역시 마찬가지 주장을 펼친다. 비록 충분한 석유 비축분을 보유하고 있다고 해도(제11장), 지구 온난화 문제 때문에 그 석유를 사용해서는 안 된다는 것이다. "우리는 지금 두 번째의 석유 위기를 겪고 있다. 과거 1970년대에는 석유의 부족이 문제였다. 하지만 이번에는 석유가 너무 많다는 점이 문제를 일으키고 있다."[2103] 따라서 이들이 제시하는 유일한 해결책은 "풍력이나 태양 에너지처럼 깨끗하고 재생 가능한 에너지를 기반으로 하는, 근본적으로 전혀 새로운 에너지 시스템을 구축하는 것"[2104]이다.

기후 변화 문제는 환경 문제에 대한 으뜸패가 되었다. 어쩌면 원자재가 고갈되지 않을 수도 있고, 또 어쩌면 거의 모든 객관적 지표들이 보여주듯이 우리가 점점 더 나은 방향으로 나아가고 있을지도 모른다. 하지만 지구 온난화 문제가 워낙 크고 심각하기 때문에 그것에 정녕 변화가 필요하다면 다른 모든 주장은 덜 중요한 것이 되어버린다. 실제로 월드워치연구소는 21세기의 '기후 전쟁'이 20세기의 "전쟁—열전과 냉전을 모두 포함해—처럼 전략적으로 중요해질지도 모른다"[2105]고 생각하고 있다. 월드워치연구소는 〈네이처〉에 글을 기고하는 수많은 최고급 연구자들의 지지를 등에 업고 기후 변화에 맞서 싸우는 데 필요한 기술을 개발하기 위해, 원자탄을 개발한 맨해튼 프로젝트나 인간을 달에 착륙시킨 아폴로 우주 계획처럼 기념비적인 연구 노력을 기울일 필요가 있다고 단언한다.[2106)]

이런 대담한 주장을 정당화해주는 것은 지구 온난화가 초래할 심각한 결과를 일반 대중이 익히 알고 있다는 점이다. 대다수 사람들은 기후 변화가 급격한 기온 상승과 재앙에 가까운 기후 변동을 초래할 것이라고 생각한다. 또한 사람들은 지구 온난화로 인해 생태계가 파괴되고, 기근이 만연하고, 허리케인이 점점 더 강력해지고, 극지방의 빙산이 녹아버리고, 몰디브와 방글라데시 등 저지대의 나라들이 바닷물에 잠기는 사태가 벌어질 수 있다고 두려워한다.

사실 사람들의 두려움은 별로 놀랄 일이 아니다. 왜냐하면 온실 효과가 초래할 재앙에 대해 이제까지 언론 매체들이 끊임없는 얘기를 쏟아냈기 때문이다. 지금은 기후와 관련된 거의 모든 사건들이 기후 변화와 관련 있는 것처럼 보도된다.[2107)] 클린턴 전 대통령은 2000년 3월 레오나르도 디카프리오와의 인터뷰에서 만약 우리가 생활 방식을 바꾸지 않는다면 다음과 같은 일들이 벌어질 것이라고 말했다.

> 극지방의 빙산이 녹는 속도는 더 가속될 것입니다. 그 결과 해수면이 상승해서 저 훌륭한 플로리다 주의 에버글레이즈(Everglades, 얕은 수심의 열대 해안에 발달하는 수목 습지 – 옮긴이)나 루이지애나 주의 사탕수수밭 등이 홍수의 위험에 노출될 겁니다. 국토의 평균 고도가 해수면보다 그리 높지 않은 섬나라들은 문자 그대로 물 속에 잠길 수도 있습니다. 미국의 전체 기후 시스템이 변화하면 홍수, 혹서, 폭풍, 극단적 기후 등이 점점 더 많이 발생할 것입니다.
>
> 그렇게 되면 공중 보건과 관련한 문제들이 생겨날 겁니다. 예를 들어, 아프리카에서는 이미 말라리아 발생 지역의 위도가 점점 더 높아지고 있습니다. 예

전 같으면 그런 곳은 기온이 낮아 모기가 살 수 없었는데 말입니다.

따라서 날씨와 관련해 매우 심각하고 더 극적인 사건들이 많이 일어날 것입니다. 농업 생산의 패턴에도 변화가 있겠지요. 심각한 홍수가 발생할 것이며 공중 보건의 위기도 더 심화될 것입니다.[2108)]

이번 장에서는 이런 무시무시한 주장들을 살펴보고, 주장의 기술적 · 경제적 측면을 모두 검토할 것이다. 이렇게 하면 어느 것이 실제 문제이고 과장된 주장인지 명백히 구분할 수 있고 미래를 위한 최선의 행동 방침을 발견할 수 있을 것이다. 이번 장에서 우리는 인류가 야기한 지구 온난화 문제가 현실임을 인정하고자 한다. 하지만 기후 변화를 예측하는 시나리오들이 제시하는 결과에 의문을 던질 것이며, 이번 세기가 끝날 때까지 평균 기온이 6도나 변할 것이라는 예측이 별로 현실적이지 않다는 점을 살펴볼 것이다. 컴퓨터 모델링의 한계를 논의할 것이며, 미래 기술의 변화에 대한 기본적인 가정의 비현실성을 공박할 것이다. 또한 정치적으로 가치 판단을 잘못한 결과 일반 대중에게 제시된 시나리오들이 얼마나 왜곡되었는지 설명할 것이다. 여기에서 한걸음 더 나아가 이산화탄소의 즉각적 감축이 가져올 이익과 비용에 대한 경제적 분석 결과를 제시하고, 기후 변화에 초점을 두어 투자하는 것보다 개발도상국의 빈곤 문제 해결과 재생 가능한 에너지의 연구 개발에 투자하는 편이 세계 전체에 훨씬 더 이익이라는 점을 분명히 주장할 것이다.

이제부터는 달리 출전을 명시하는 경우를 제외하고는 유엔 기후패널, IPCC의 공식 보고서에서 제시한 수치와 컴퓨터 모델만을 인용할 것이다.[2109)] IPCC 보고서는 기후 변화에 대한 대부분의 공공 정책을 수립하는 데 가장 기초적인 근거 자료가 되고 있으며, 또 환경 단체들이 내놓는 대부분의 주장도 여기에 기초하고 있다.

기본적 온실 효과

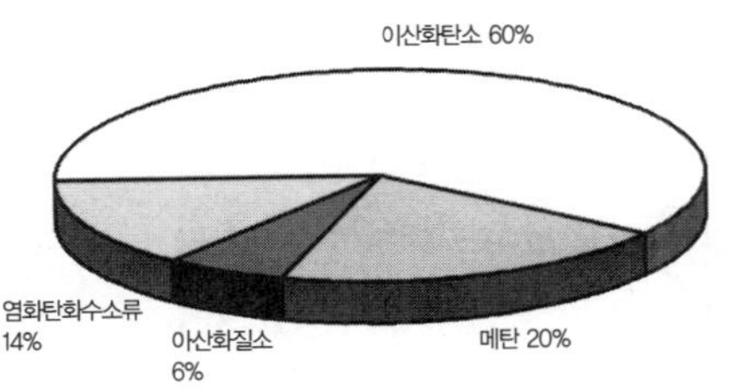

도표 132 인위적인 온실 가스가 기온 변화에 미치는 상대적 영향력의 비교. 1750년부터 1998년까지 온실 가스의 영향력 변화는 2.43W/㎡에 해당한다. 출전: IPCC 2001a: table6.1.

기후 변화의 가장 큰 걱정은 지구 온난화인데, 지구 온난화에 대한 예측은 이른바 온실 효과에 근거를 두고 있다. 온실 효과의 기본 원리는 사실 아주 간단하며 전혀 논란의 여지가 없다.[2110] 열을 굴절시키거나 붙잡아둘 수 있는 기체에는 여러 종류가 있다. 수증기 · 이산화탄소(CO_2) · 메탄가스(CH_4) · 아산화질소(N_2O) · 염화불화탄소(CFC_S) · 오존(p. 606 오존층에 대한 박스 내용 참조) 등이 여기에 포함된다. 사람들은 이런 기체들을 한데 뭉뚱그려 온실 가스라고 부른다. 이번 장에서는 먼저 이산화탄소에 대해 살펴볼 것이다. 이산화탄소가 현재 존재하는 잉여 온실 가스의 60%를 차지하고 또 앞으로는 그 비율이 훨씬 더 높아질 것으로 예상되기 때문이다(도표 132).[2111]

온실 가스는 마치 지구에 담요를 둘러놓은 것처럼 지구에서 방출되는 복사열의 일부를 가두어두는 역할을 한다. 온실 효과는 기본적으로 유익한 것이다. 만약 대기 중에 온실 가스가 없다면 지구의 평균 기온은 지금보다 약 33℃(59°F)나 낮을 것이며, 따라서 지금 우리가 알고 있는 생물들이 아예 존재할 수 없었을 가능성이 크다.[2112]

그런데 문제는 인간이 대기 중의 온실 가스, 특히 이산화탄소의 양을 크게 증가시켰다는 점이다. 추가로 늘어난 이산화탄소 중 약 80%는 석유 · 석탄 · 가스 등 화석연료 연소에서 배출되는 것이며, 나머지 20%는 삼림 벌채 등 열대 지방에서 진행된 토지 이용 변화가 원인이다.[2113] 공기 중으로 배출된 이산화탄소의 약 55%는 해양과 북반구 삼림에 의해, 그리고 식물의 성장 속도 촉진에 의해(식물은 이산화탄소를 비료로 이용한

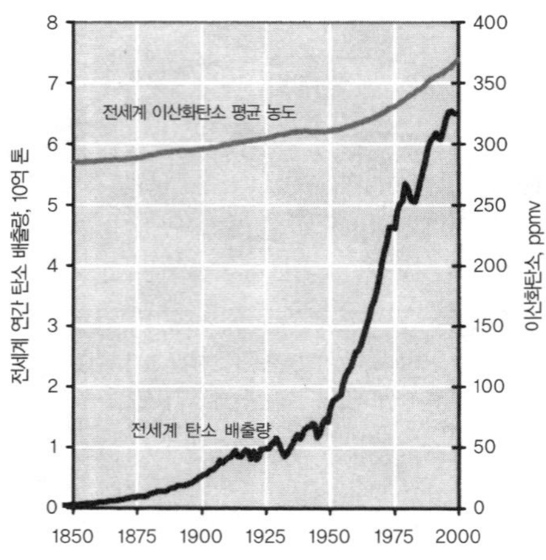

도표 133 화석연료와 시멘트 생산으로 인한 전세계 연간 탄소 배출량(1850~1999년)과 대기 중 이산화탄소 농도(1850~2000년). ppmv는 공기 1리터당 100만 분의 1의 농도이다. 출전: Marland et al. 1999, Etheridge et al. 1998, Hansen and Sato 2000, Keeling and Whorf 1999, WI 2000a:67, 미국 해양대기국 산하 기후감시 진단연구실의 P. Tans와의 개인 서신.

다) 다시 흡수된다.[2114] 그러나 그 나머지는 공기 중에 그대로 축적되기 때문에 산업화 시대 이전부터 오늘날까지 이산화탄소 농도는 무려 31%나 증가했다.[2115] 이산화탄소 배출량 증가와 대기 중의 농도 증가 추세는 도표 133에 나타나 있다.

(다른 모든 조건이 동일하다고 상정할 경우) 대기 중의 온실 가스가 많아질수록, 특히 이산화탄소 농도가 높아질수록 지구의 온도는 올라간다. 이것이 이른바 인위적인 온실 효과, 즉 인간이 야기한 추가적인 온실 효과이다. 인위적인 온실 효과가 우리의 주된 관심사이기 때문에 이제부터는 이것을 그냥 온실 효과로 표기하겠다. 일종의 인위적인 온실 효과가 존재한다는 사실 자체는 거의 논란의 대상이 아니다.

장기적 기후 변화의 예측

앞으로 지구 기온이 어떻게 변화할지 이해하기 위해서는 지금까지의 기온 변화를 먼저 살펴볼 필요가 있다. 전세계적으로 온도계가 제대로 사용되기 시작한 것은 겨우 150여 년 전부터이다(온도계 사용에 대한 가장 오래된 기록은 영국 중부 지방에서 1659년부터 기온을 측정했다는 것이다).[2116] 따라서 기후의 장기적인 변화를 알고 싶다면 기온을 측정하는 다른 방법을 찾아보아야 한다.

기온 변화를 파악하는 한 가지 방법은 오늘날 측정 가능한 다른 대상들에 기온이 어떤 영향을 미쳤는지 검토하는 것인데, 이런 대상을 이른바 대리 지표(proxy indicator)라고 부른다. 예를 들어 기온은 여러 측면에서 극지방에 축적된 얼음에 영향을 미친다. 따라서 얼음에 구멍을 뚫어서 코어(core, 빙산이나 지표에 구멍을 뚫어 뽑아낸 길다란 기둥 모양의 샘플 – 옮긴이)를 뽑아낸 다음, 그곳에 나타난 층을 시간을 거슬러 거꾸로 세어나가면 얼음이 녹은 부분, 얼음 속에 들어 있는 염분도와 산성도, 꽃가루, 미세한 공기 방울 속에 갇힌 미량 기체의 양 등을 분석해낼 수 있다.[2117] 마찬가지로 죽은 나무의 나이테(기후가 따뜻할 때는 나이테 간격이 넓어진다), 산호(나무와 마찬가지로 나이테를 조사하거나 그 속에 포함된 미량 원소를 측정한다), 호수와 바다의 퇴적물, 지하 자원 시추공 등을 살펴보아도 기온 변화를 추정할 수 있다.[2118]

지난 100만 년 동안 지구에서는 공전 궤도의 변화로 인해 빙하기/간빙기가 여덟 번 발생했다.[2119] 마지막 간빙기—우리가 지금 살고 있는 충적세가 여기에 해당한다—는 약 1만 년 전에 시작되었다. 이때 얼음이 녹으면서 해수면이 약 120미터 높아졌고[2120] 당시 지구의 기온은 전반적으로 20세기보다 더 따뜻했다.[2121] 기록에 의하면, 충적세 내내 약 1,000년 단위로 상당한 기온 변동이 있었던 것 같다. 심지어는 1,500년 동안 기온 변화의 폭이 무려 5~8℃나 되었음을 보여주는 지표도 있다.[2122] 그렇지만 약 40만 년의 자취를 보여주는 얼음 코어를 분석한 결과 충적세는 따뜻하고 안정된 기후가 가장 오랫동안 유지된 시기인 것 같다. 그리고 이런 기후는 당연히 인류 문명의 발달에 커다란 영향을 미쳤다.[2123]

도표 134에서 볼 수 있는 것처럼, 전세계적으로 혹은 북반구에 국한해서 기온 변화를 추적하려는 시도가 여러 차례 이루어졌지만 겨우 지난 1,000년 동안의 변화를 기록할 뿐이다. 지금까지의 시도 중에서 가장 잘 알려진 기록은 만(Mann)과 그의 동료들이 만든 자료이다. 이 자료는 정책

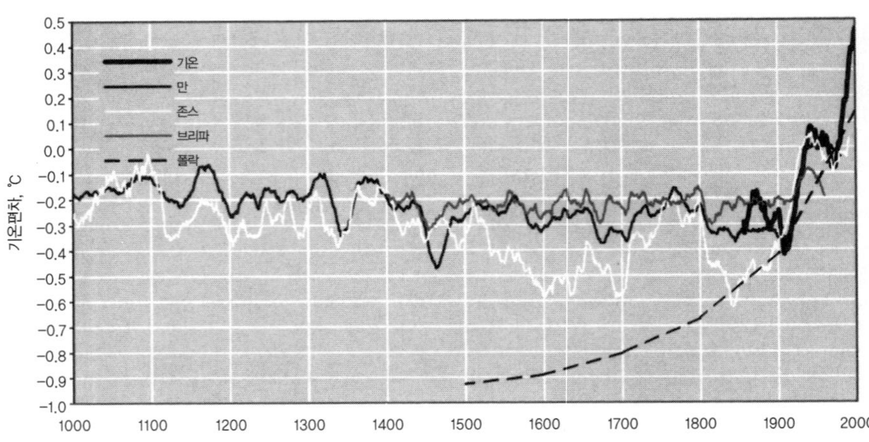

도표 134 지난 1,000년 동안 북반구의 기온. 1000~1980년 사이의 연간 기온 변화를 제시했던 만 등의 연구는 많은 대리 지표를 사용했지만 초창기 자료는 거의 전적으로 북아메리카산 나무의 나이테 조사에 의존했다. 1000~1991년 동안 식물 생장기의 기온 변화를 제시한 존스 등의 연구도 많은 대리 지표를 사용했지만, 1400년 이전의 대리 지표는 겨우 서너 개밖에 남아 있지 않다. 1400~1960년의 식물 생장기 평균 기온을 기록한 브리파 등의 연구는 전적으로 나이테에만 의존하였다. 1500~2000년의 기온 변화를 100년 단위로 끊어서 제시한 폴락과 후앙의 연구는 616개의 시추공에서 직접 기온을 측정했다. 계측 장비를 이용하여 1856~2000년 북반구에서 기록한 연간 기온 변화를 참고 자료로 제시하였다. 만, 존스, 브리파 등의 자료는 21년 이동평균선이며 계측기로 측정된 기온 기록은 11년 이동평균선이다. 모든 기온 기록은 1961~1990년 계측기로 측정한 기온 평균치를 기준으로 조정하였다. 출전: Mann et al. 1999a&b, Jones et al. 1998b&c, 1999b, 2000, 2001, Briffa et al. 1998a&b, Huang et al. 2000, Pollack & Huang 2001.

입안자들을 위한 IPCC 요약문에서도 제시된 바 있으며,[2124] 이 밖에도 지구 온난화를 입증해주는 강력한 시각적 근거로 널리 애용되고 있다.[2125]

기본적으로 만의 자료는 1000~1900년 사이에 기온이 약간 낮아졌음을 보여주는데, 이는 아마도 새로운 빙하기를 향해 나아가고 있는 천문학적 변화에서 기인한 듯하다.[2126] 그러나 20세기에 들어서는 기온이 급격히 상승하는 경향을 보이고 있다. 이 도표 덕분에 IPCC는 지난 세기가 북반구에서 과거 1,000년 동안 가장 더운 세기였고, 10년 단위로 살펴볼 경우에는 1990년대가 가장 더운 시기였으며, 또 1998년이 지난 1,000년 중에서 가장 기온이 높은 해였다고 결론내렸다.[2127]

1900년 이전의 기온이 지금보다 훨씬 낮았다는 데는 기본적으로 아무런 이견이 없다. 이런 현상은 역사에서 '소빙하기(Little Ice Age)'라는 이름으로 잘 알려져 있는데, 대략 1400년부터 1900년까지 상당히 오랜 기간이다.[2128] 여러 자료에서 얻은 증거들을 살펴보면, 이 시기에 여러 대륙이 지금보다 추웠으며 그린란드 · 아이슬란드 · 스칸디나비아 · 알프스 등에서 빙하가 급격히 확장되었음을 알 수 있다.[2129] 유럽에서는 봄과 여름이 유난히 춥고 습한 해가 많았으며, 농작물을 재배할 수 있는 기간이 짧아져서 기근이 반복적으로 발생하자 이에 적응하기 위해 유럽 전역에서 농사의 관행이 바뀌었다.[2130] 마찬가지로 중국에서는 양쯔 강 이남에서조차 오렌지처럼 따뜻한 기후에서 자라는 농작물을 포기해야만 했고, 북아메리카에서는 초창기 유럽 이주민들이 유별나게 가혹한 겨울을 겪었다는 소식이 전해지기도 했다.[2131]

그런데 이보다 더 놀라운 사실은 만의 그래프에서 급격한 기온 하락이 보이지 않는다는 점이다. 하지만 존스의 그래프에는 기온의 하락 추세가 암시되어 있으며, 폴락의 시추공 측정 결과는 그런 현상을 분명하게 보여준다.

한편 만의 그래프에서 시기적으로 초기에는 약간 더 온난한 기후가 나타나는데, 그 중 일부 시기는 심지어 20세기의 평균 기온과도 맞먹을 정도다.[2132] 두 번째 밀레니엄의 초기 기후가 더 따뜻했다는 점에 대해서도 학자들 사이에서 별다른 이견이 없다. 이 시기는 역사에서 '중세 온난기(Medieval Warm Period)'라는 이름으로 알려져 있다.[2133] 이 시기에는 기온이 2~3℃ 더 높았기 때문에, 그렇지 않았다면 사람이 살기 매우 어려웠을 그린란드와 빈란드(Vinland, 뉴펀들랜드)에서 바이킹들이 식민지를 건설할 수 있었다.[2134] 또한 일본의 벚꽃도 12세기에는 더 일찍 피었고 록키 산맥의 설선(snow line, 만년설의 최저 경계선 – 옮긴이)은 오늘날보다 약 300미터나 더 높은 곳에 위치했다.[2135]

만의 그래프에서 또 하나 놀라운 점은 앞부분의 기온이 다른 사람들의 기록만큼 그리 높지 않다는 점이다. 1990년에 발간된 IPCC의 첫 보고서에서도 그랬던 것처럼, 대체로 서기 900~1100년대의 기온은 만의 자료보다 훨씬 더 따뜻했던 것으로 추정된다.[2136] 하지만 그런 추정은 대개 개인적인 기온 변화 연구에 크게 의존하고 있으므로 2001년도 IPCC 보고서가 주장하고 있듯이 중세 온난기가 어쩌면 북대서양 지역에만 국한된 국지적인 현상이었을 가능성도 있다.[2137]

그러나 만의 연구에서 제시된 근거 자료에도 문제가 있기는 마찬가지다. 특히 1000~1400년 부분이 그렇다. 첫째, 이 시기의 기온 자료는 거의 전적으로 북아메리카산 나무의 나이테 조사에서 얻은 결론이다.[2138] 이런 이유로 만의 그래프가 북반구 전체의 기온 변화를 보여준다고 주장하기에는 당연히 큰 무리가 따른다. 둘째, 나무의 나이테 자료는 (거의 모든 대리 지표들과 마찬가지로) 당연히 육지에만 국한되기 때문에 지표면의 70% 이상을 차지하는 해양의 기온 변화를 보여주지 못한다.[2139] 셋째, 나무의 성장은 기온 외에도 다른 많은 요인의 영향을 받는다. 그런 방해 요인의 영향을 배제하는 것이 필수적임에도, 나이테 자료를 더 나은 다른 기온 기록과 비교하는 것 외에는 달리 뾰족한 방법이 없다. 다른 기록들에는 방해 요인의 문제가 아예 빠져 있는 것이 보통이다.[2140] 넷째, 나무는 주로 여름과 낮에 많이 자란다. 따라서 나이테 조사만으로는 한 해 동안의 완전하고 신뢰성 있는 기온 자료를 기대할 수 없다.[2141]

따라서 도표 134에 제시된 추정치는 기온의 실제 변화에 상당한 이견이 존재한다는 것을 보여주는 셈이다. 존스의 그래프는 15세기에서 17세기에 걸쳐 뚜렷한 기온 하락 추세를 보여주는 반면, 브리파의 그래프는 1400년부터 1960년까지 거의 아무런 변화도 보여주지 않는다.[2142] 기온을 직접 측정해 얻은 유일한 추정치는 시추공에서 얻은 자료인데, 이런 자료는 소빙하기 이후 기온이 다시 급격히 상승했음을 보여준다.

따라서 최근에 발간된 한 검토 보고서는 다음과 같이 결론내렸다. "현재로서는 넓은 지역을 일관성 있게 조사한 자료가 거의 없기 때문에, 전세계적인 기후 변화는 고사하고 북반구의 기후 변화라도 제대로 대표할 만한 대리 지표 자료가 과연 있는지 논란의 여지가 있다."[2143] 더욱이 이런 자료들은 지난 14만 년 동안 대략 1,500년을 주기로 소빙하기와 중세 온난기 같은 현상이 규칙적으로 나타났다는 것을 보여주는 듯하다.[2144] 이것은 1,000년이라는 기간이 적절한 기후 패턴을 밝혀내기에는 너무 짧을 수 있음을 시사한다. 마지막으로, 많은 연구 결과들이 기후 시스템에서 자연적인 기온 변화가 대규모로 관찰된다고 지적한 반면, 만의 그래프에는 그런 점이 명백히 나타나지 않았다.[2145]

요약하자면, 20세기 말의 기온이 이전의 여러 세기보다 더 높다는 데는 의심의 여지가 없다. 그렇다고 이것을 엄청난 지구 온난화의 징조로 간단하게 받아들일 수는 없다. 지금은 우리가 소빙하기를 빠져나오고 있는 시기이기도 하기 때문이다. 지금의 기온이 과거 1,000년 동안의 그 어느 때보다 높다는 주장은 별로 실제적이지 못한 것 같다. 그 자료들이 기본적으로 해양의 기온, 밤의 기온, 겨울의 기온을 제외하고 있을 뿐만 아니라 거의 전적으로 북아메리카에서 수집한 자료에만 의존하기 때문이다. 마지막으로, 만의 그래프는 그 동안 기후 시스템이 거의 안정적인 상태였다가 지난 세기에 이르러 심각하게 교란되었다는 인상을 준다. 하지만 만의 그래프에 나타난 기후의 안정성은 틀린 것임이 거의 확실하다.

1856~2100년 사이의 기후

1856년부터 2000년까지 기구를 사용해 측정한 전세계 기온 변화 기록이 도표 135에 제시되어 있다.[2146] 전체적으로 봤을 때 그 동안 기온은 0.4~0.8℃ 상승했다.[2147] 그런데 도표를 좀더 자세히 살펴보면 20세기에 기온이 상승한 것은 1910~1945년 사이와 1975~현재 사이 단 두 차례 갑작스럽게 발생한 일이라는 것을 알 수 있다.[2148] 두 번째 기온 상승이 온실 효과에 대한 우려와 잘 맞아떨어지는 반면, 1910~1945년의 기온 상승을 인류의 온실 가스 배출 증가와 연관시키기는 그리 쉽지 않다. 지난 세기 초의 온실 가스 농도와 배출 증가 속도는 경미하기 때문이다(도표 133).[2149] IPCC는 1700년부터 태양 복사량이 자연 증가했다는 사실이 이 같은 기온 상승의 이유가 될 수 있음을 발견했지만 태양의 복사량이 얼마나 증가했는지는 아직 정확하게 밝혀지지 않았다.[2150]

그런데 더 중요한 문제는 과연 앞으로 기온이 어떻게 변화할 것인가 하는 점이다. 이 문제는 우선 우리가 이산화탄소를 비롯한 온실 가스를 얼마나 더 많이 방출할 것인가에 달려 있다. 따라서 미래의 온실 가스 배출량을 예측해야 할 필요가 있다.

1990년에 발간한 IPCC의 제1차 보고서는 온실 가스 배출량을 제한하기 위한 조치가 거의 혹은 전혀 이루어지지 않은 미래 상황을 예측한 첫 번째 시나리오를 제시했다. 이것이 이른바 '현재 추세(business-as-usual)' 시나리오이다.[2151] 이 시나리오에서 예측한 기후를 온실 가스 규제 정도를 각각 다르게 설정한 다른 3개의 시나리오와 서로 비교해볼 수 있다. 1992년에는 각각의 시나리오를 새로 수정하였고 여기에 더 많은 시나리오를 덧붙였다. 미래가 어떻게 전개될지에 대한 실질적인 불확실성을 반영하고자 했기 때문이다.[2152] 그럼에도 불구하고 IS92a라고 명명된 시나리오는 여전히 '현재 추세' 시나리오로 살아남았다.

2000년 IPCC의 제3차 평가는 이 시나리오들을 다시 한번 수정하였다. 그러나 이번에는 미래에 대한 불확실성을 완전히 중심에 배치하고 모든 '현재 추세' 시나리오를 폐기했으며, 그 대신 네 가지 가상적인 미래 전망안을 중심으로 혼란스러운 시나리오 40개를 만들었다.[2153] 이런 접근 방법은 먼 장래의 내재적인 불확실성을 그럴 듯하게 상정하고 있지만, 온실 가스 감축에 대한 모든 논의와 각기 다른 정책의 비교를 정신이 멍해질 정도로 복잡하게 만들어버리기도 한다. 지금부터 제시하는 6개 시나리오

는 IPCC가 추천하는 시나리오 소그룹 중에서 가장 작은 그룹에 속하는 것들이다.[2154)]

기본적으로 이 시나리오들은 두 가지 면에서 서로 구분된다.[2155)] 가장 중요한 첫 번째 특징은 미래가 경제 발전과 환경 보전 중 어느 쪽에 더 많은 비중을 둘 것인가 하는 점이다. 경제 발전에 초점을 두는 4개 시나리오는 A로 표기한 반면, 환경의 지속 가능성에 관심을 크게 두는 나머지 2개 시나리오는 B로 표기했다. 나머지 특징은 이 시나리오들이 추구하는 변화의 규모가 범지구적인지 혹은 국지적인지 하는 점이다. 전세계적인 변화를 추구하는 4개의 시나리오는 1번으로, 국지적인 변화를 추구하는 2개의 시나리오는 2번으로 표기한다.

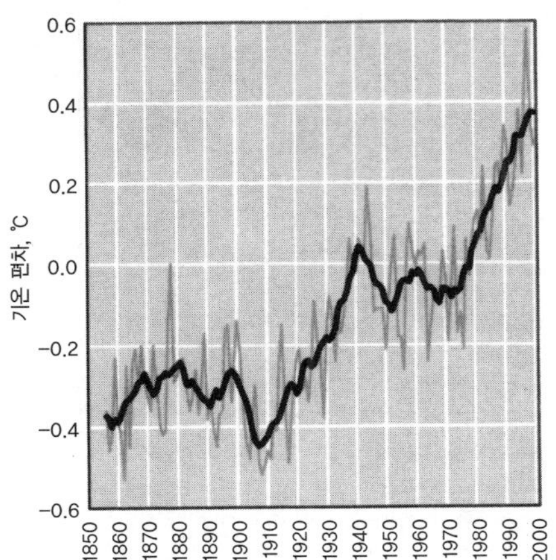

도표 135 1961~1990년 평균 기온을 기준으로 하였을 때 1856~2000년의 전세계 기온 편차. 온도는 육지의 공기층과 해수면의 온도를 조합하여 얻은 가중 평균치다. 밝은 색 선은 실제 연평균 측정치이고, 검은색 선은 9년 이동평균선이다. 전세계 평균 기온의 절대치를 얻으려면 이 수치에다가 14.0°C(57.2°F)를 더해야 한다. 출전:Jones et al. 2000, 2001.

이렇게 두 가지 특징을 가지고 시나리오를 만들었으므로 원래는 4개의 시나리오가 있어야 옳을 것이다. 그러나 경제 발전/세계 지향 시나리오(A1)를 다시 3개의 시나리오로 세분했다. 하나는 화석연료를 주로 사용하는 시나리오이고(A1FI), 다른 하나는 화석연료와 비화석연료를 고르게 사용하는 균등 시나리오이며(A1B), 마지막 하나는 궁극적으로 비화석연료 사용을 추구하는 전환 시나리오이다(A1T).[2156)]

IPCC는 마지막에 변덕을 부려서 모든 시나리오에 지구 온난화에 대한 걱정으로 인한 온실 가스 배출량 감소나 이미 조인된 기후 변화 협약에

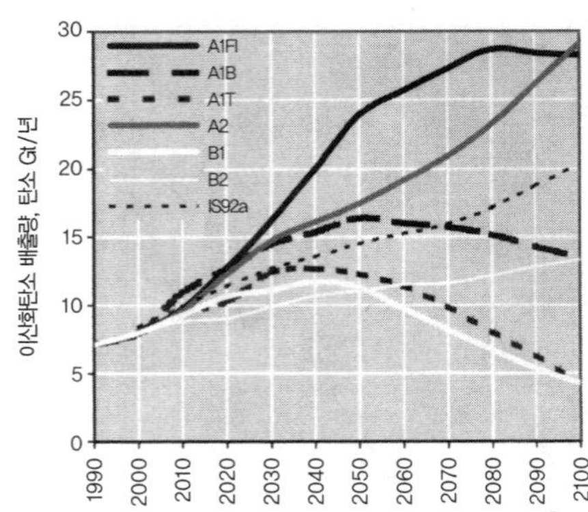

도표 136 6개 새로운 미래 예측 시나리오에서 상정한 1990~2100년의 이산화탄소 배출량 변화. 과거의 IS92a 현재 추세 시나리오를 참고로 제시되었다. 이 시나리오들은 본문에서 설명된 것처럼 경제(A) 혹은 환경(B)에 초점을 맞추고 있으며, 범지구적인 변화를 추구하는 것(1)과 국지적인 변화를 추구하는 것(2)으로 각기 구별된다. 여기에서 이산화탄소 배출량은 연간 탄소 배출량이다. 출전:IPCC 2001b, 2001a:표 II.1.1, 1992:9.1.

의한 온실 가스 배출량 감소조차 포함시키지 말 것을 요구했다.[2157] 이 때문에 모든 시나리오가 상당히 인위적인 것이 되었으며 분명히 최악의 상황을 가정할 수밖에 없게 되었다. 모델 연구를 담당한 연구진은 엄중한 환경 정책을 강조하면서도 기후 관련 정책은 전혀 실시하지 않는 사회를 상상하기가 매우 어렵다는, 일리 있는 불평을 늘어놓았다.[2158]

이제부터 이 시나리오들이 얼마나 합리적인지 살펴보겠지만, 그에 앞서 도표 136에 제시된 새로운 시나리오들이 예측하는 온실 가스의 실질적인 배출량을 살펴보도록 하자. 시나리오 자체는 기후 변화와 전혀 상관없이 만들어졌지만, 서로 매우 다른 미래의 가능성들이 기후에 영향을 미친다는 것을 보여준다. 더욱이 3개의 A1 시나리오들이 이산화탄소 배출 가능성 범위(2100년 기준 이산화탄소 배출량 4.3Gt에서 28.2Gt까지)를 거의 다 포용하고 있다는 점을 지적해야겠다. 따라서 두 가지 특징을 가지고 40개나 되는 시나리오를 구성할 필요가 사실 없어진다.

이 시나리오들에서 예측한 이산화탄소 배출량에 근거해 IPCC가 추정한 기후 변화의 영향은 도표 137에 나타나 있다. 여기에서는 2100년의 지구 평균 기온이 2~4.5℃(3.6~8.1°F)까지 현저하게 상승할 것으로 예상했다. 이는 IPCC가 이전 보고서에서 제시한 추정치보다 상당히 높은 것이다. 이전의 평가에서는 IS92a 시나리오의 지구 기온이 2100년에 2.38℃ 상승하는 것으로 나타났으며, 기온 변화 범위는 대략 1.3~3.2℃

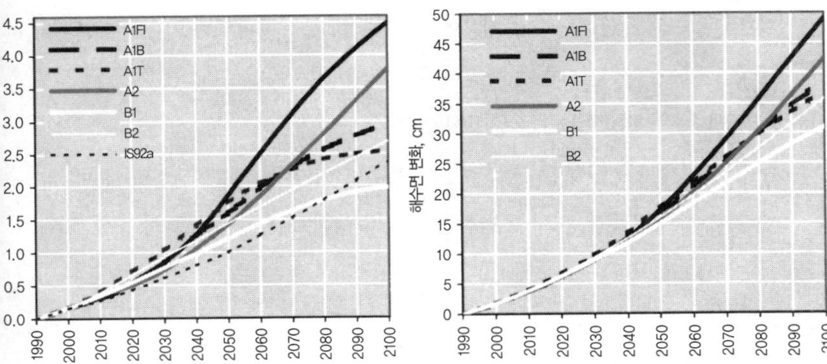

도표 137 6개 시나리오에 의거 단순한 기후 모델을 이용하여 작성한 1990~2100년의 기후 변화와 해수면 상승 예측치. 단순한 기후 모델은 온난화를 약 20% 과대 평가하는 경향이 있다는 점을 염두에 두어야 한다. 본문을 참조할 것. 기온 그래프에는 IS92a 시나리오의 결과가 참고로 제시되어 있다. IS92a 시나리오에서 얻은 해수면 상승 추정치는 49센티미터이다(IPCC 2001a:표 11.13, 1996a:383). 출전:IPCC 2001a:도표 9.14, 도표 11.12와 부록 표 II:4&5.

사이로 추정되었다.[2159] 여기저기에서 인용된 이 기온 상승 예측치는 시나리오에서 분진 오염도를 낮게, 그리고 온실 가스 배출량을 높게 잡은 결과이다. 여기에 대해서는 아래에서 다시 얘기하겠다.

앞으로 1세기 동안 전체적인 해수면 상승 정도는 약 31~49센티미터로 예상된다. 기온 상승폭 예측치가 그처럼 높은데도 이 수치는 예전의 추정치인 38~55센티미터보다 약간 낮은데,[2160] 모델 자체가 개선된 것이 주된 원인이다.

기온과 해수면의 상승은 모두 중요하며 이 두 가지가 다 심각한 결과를 낳을 잠재력을 지니고 있다. 그렇지만 지구 온난화라는 과제에 분별 있게 대응하기 위해서는 먼저 검토해야 할 중요한—그리고 논란의 여지가 있는—문제가 적어도 여섯 가지가 있다.

1. 이산화탄소는 기온에 과연 얼마나 영향을 미치는가?

여기에서 중요한 것은 인간이 배출하는 이산화탄소가 기후에 영향을 미치는지 여부가 아니라 얼마나 많은 영향을 미치는가 하는 점이다. 만약 대기 중에 더 많아진 이산화탄소가 기후에 미치는 영향이 실제로는 미미하다면, 지구 온난화는 어쩌면 그렇게 특별히 중요한 문제는 아닐 수도 있다.

2. 기온 상승을 부추기는 다른 원인이 있을 수 있는가?
   우리가 이제까지 관찰할 수 있었던 기온 상승이 전적으로 지구 온난화에 의한 것만은 아니라면, 지구 온난화는 우리가 생각하는 만큼 그렇게 중요한 문제는 아닐 것이다.
3. 온실 가스 배출 시나리오는 합리적인가?
   앞으로 일어날 일을 논의할 때는 그런 미래 예측이 과연 합리적인 가정을 근거로 하고 있는지 반드시 물어볼 필요가 있다.
4. 앞으로 예상되는 기온 상승의 결과는 무엇인가?
   설령 기온이 크게 상승하더라도 이번 장의 서두에서 설명한 것과 같은 참담한 결과가 일어나지 않는다면, 문제는 이산화탄소 배출에 상관없이 우리가 지금까지 들었던 것만큼 그렇게 심각하지 않을 수도 있다.
5. 이산화탄소 배출을 억제하는 비용과 억제하지 않을 때의 비용은 각각 얼마인가?
   만약 우리가 제대로 된 정보에 근거해 지구 온난화에 대비한 정책적 결단을 내리려면, 적절한 조치를 취하지 않을 때 지불해야 하는 비용뿐만 아니라 그런 조치를 취할 때 지불해야 하는 비용에 대해서도 정확히 알 필요가 있다.
6. 우리가 무엇을 해야 할지 어떻게 결정할 수 있을까?
   지구 온난화 방지를 위한 적절한 조치를 취할 때의 비용과 그런 조치를 취하지 않을 때의 비용 사이에서 결정을 내려야 할 때, 과연 우리는 어떤 점을 고려해야 할까?

이산화탄소는 기온에 얼마나 많은 영향을 미치는가

지구 온난화에 관한 주장 중에 인간이 온난화에 미치는 영향을 밝힐 수 있는지 여부를 다룬 것이 그토록 많다는 사실은 꽤나 이상한 일이다.

1996년에 발간한 IPCC의 보고서에서 가장 많이 인용된 문장은 다음과 같다. "여러 증거를 검토했을 때 인간 활동이 지구 기후에 영향을 미치는 것이 분명하다."[2161] 2001년에 발표된 새 보고서는 훨씬 더 분명하게 단언한다. "지난 50년 동안 관찰된 지구 온난화 현상의 대부분은 인간 활동에 의한 것으로 간주된다."[2162] (이 인용문에 대해서는 아래의 내용도 참조.)

그러나 기후에 상쇄 효과(네거티브 피드백)를 미치는 요소가 설령 많이 있다 해도 이산화탄소 증가로 인해 어떤 형태로든 지구 기온이 올라가는 현상을 부정하는 일 자체는 결코 쉽지 않아 보인다. 따라서 중요한 것은 인간이 배출하는 이산화탄소가 지구 기온에 영향을 미치는지 여부가 아니라 과연 얼마나 많은 영향을 미치는가 하는 점이다. 다시 말해 그런 영향이 무시해도 좋은 수준인지, 상당한 수준인지, 아니면 정말로 파괴적인 수준인지가 중요하다는 것이다. 사정이 이렇게 되면 이 질문에 답을 한다는 것 자체가 대단히 까다로운 일이다.

이산화탄소로 인한 기온 상승 정도에 대한 질문에 답을 한다는 것은 결국 앞으로 수 세기 동안의 지구 기온을 예언하는 것과 같다. 지구 기후가 믿을 수 없을 만큼 복잡한 시스템이라는 점을 감안하면 이것은 만만한 작업이 아니다. 기본적으로 지구 기후를 결정짓는 것은 태양과 우주 공간 사이에서 벌어지는 지구의 에너지 교환이다. 지구 기후의 추정 공식은 다음과 같은 다섯 가지 중요한 기본 요소로 이루어져 있다. 대기, 해양, 지표면, 극지방의 빙원, 지구 생물권 등이 바로 그것이다.[2163]

이 다섯 가지 기본 요소들 사이에서 진행되는 상호 작용은 엄청나게 복잡하며, 그 중요한 메커니즘이 아직 밝혀지지 않았거나 또는 밝혀졌다고 해도 과학 문헌에 아주 빈약하게 기록되어 있을 뿐이다. 기후 자체의 복잡성 때문에 기후 시스템을 연구하는 과학자들은 이른바 대기 해양 대순환 모델(Atmosphere-Ocean General Circulation Models, AOGCM, 때로는 그냥 GCM이라고 부르기도 한다)을 가지고 슈퍼컴퓨터를 이용해 기후 변화를 시뮬레이션하는 데 의존할 수밖에 없다.

지구 대기권 모델은 대개 한 변의 길이가 250킬로미터이고 높이가 1킬로미터인 얇은 그리드 모양으로 구획되고 해양은 이보다 조금 더 얇게 구획된다.[2164] 대기권 모델은 각각의 그리드 안에서 대기 유동 · 열 에너지 · 수분 농도 등의 변동 상황을 계산하는데, 해양 그리드에도 비슷한 계산 방정식이 적용된다. 방정식은 모델 시간으로 30분마다 한번씩 변동 사항을 계산하며, 이런 계산이 반복되면서 수백 년에 걸친 기후 변동이 기록된다.

그러나 기후 시스템에서 중요한 역할을 담당하는 모든 요인을 성실하게 모델에 포함시키려면 지구 전체의 형상에서부터 분진 입자에 이르기까지 모든 것을 계산해야 한다. 그러나 현재의 컴퓨터로는 도저히 이런 작업을 수행해낼 수 없다.[2165] 또 구름이나 해양의 대류 현상처럼 가장 중요한 일부 기후 현상은 모델 그리드보다 훨씬 작은 규모로 진행되기 때문에 컴퓨터가 이를 분명하게 계산해낼 수 없다. 따라서 이런 현상에 대해서는 모델링 계산 대신에 더 큰 규모의 변수가 미치는 평균적인 영향을 근거로 대략적인 추정치를 산출하는데, 이런 기법을 모수화(parameterization) 라고 한다.[2166]

이제까지 IPCC가 발표한 모든 예측이 이처럼 컴퓨터 모델을 이용한 시뮬레이션 기법으로 얻은 결과라는 점을 반드시 지적할 필요가 있다.[2167] 원리적으로는 복잡한 시스템적 현상을 파악하기 위해 컴퓨터 시뮬레이션을 이용하는 데 아무런 문제도 없다. 이 기법은 자연과학과 경제학 등에서 이미 널리 사용되고 있다. 그러나 시뮬레이션의 결과가 전적으로 컴퓨터에 입력된 매개 변수와 연산식에 의존하고 있다는 사실은 분명히 알아야 한다. 컴퓨터는 복잡한 계산을 수행하는 기계일 뿐이지 마법사의 수정 구슬이 아닌 것이다.

기후 모델 시뮬레이션에서 가장 어려운 문제 세 가지는 공기 중에 떠도는 먼지 입자의 냉각 효과를 모델에 포함시키는 것, 대기 속에 포함된 수증기의 피드백 현상을 제대로 이해하는 것, 그리고 구름의 효과를 어떻게 반영할 것인지 등이다.[2168] 미래의 기후를 현명하게 예언하기 위해서는 이 세 가지 문제를 모두 감안할 수 있는 합리적인 모델을 만드는 것이 필수적이다.

에어로솔에 대한 고려

IPCC의 기후 예측에서 공기 중에 떠도는 분진〔보통 에어로솔(aerosols)이라고 부른다〕의 냉각 효과가 절대적으로 중요하다는 점이 확인되었다. 이 문제는 1990년 IPCC가 제1차 보고서를 작성했을 때부터 그 후까지 한참 동안 사용하던 컴퓨터 모델들이 실제의 관찰 결과를 제대로 반영하지 못했다는 데서 처음 제기되었다. 그 모델들은 이산화탄소를 비롯한 온실 가스의 지구 온난화 영향을 실제보다 훨씬 더 크게 예측한 것이다. 도표 138에는 이런 점이 분명히 나타나 있는데, 온실 가스만을 포함시킨 시뮬레이션 결과가 2000년의 평균 기온을 기준 온도보다 약 0.91℃ 높게 예측한 점에서 알 수 있다. 이 예측은 실제로 관찰된 기온 변화보다 거의 0.5℃나 높다. IPCC는 1996년 보고서에서 이런 사실을 다음과 같이 인정했는데, 놀랍게도 사람들은 이 부분을 간과해버렸다.

> 지난 세기의 기후 변화를 시뮬레이션하면서 온실 가스의 증가만을 계산에 포함시킨 결과, 대부분의 GCM 모델이 ……예측한 지구 온난화는 지금까지 실제로 관찰된 것보다 훨씬 높았다. 다만 모델의 기후 민감도(climate sensitivity, 기후 요소가 실제 기후에 미치는 영향력의 정도 - 옮긴이)를 크게 낮출 경우에는 현실에 비교적 접근한 결과를 얻을 수 있었다.
> ……황산염 에어로솔 입자의 증가가 온실 가스의 증가로 인한 〔온난화〕를 부분적으로 상쇄시킨다는 증거가 점점 더 늘어나고 있다.[2169]

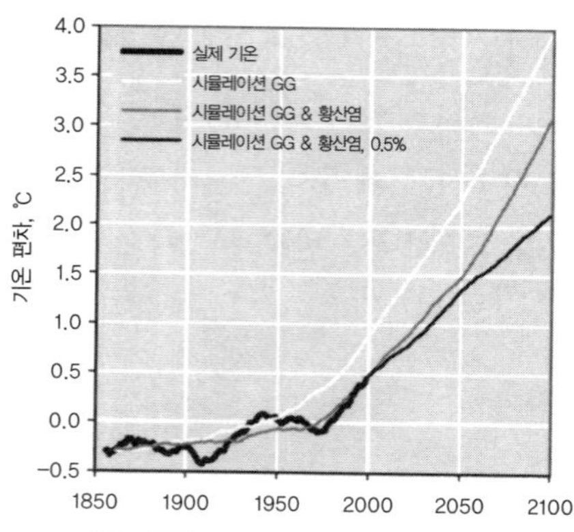

도표 138 해들리 센터가 개발한 GCM(CM2)에서 얻은 전세계 평균 기온 시뮬레이션 결과. 1861~2099년까지 온실 가스만을 감안한 경우(GG), IPCC의 표준 가정(1861~1989년 사이의 이산화탄소 증가 추세와 황산화물 증가 추세를 그대로 반영하고 1990~2099년 사이는 연간 이산화탄소 1% 증가에 해당하는 온실 가스 증가와 IS92a 시나리오에 따른 황산화물 배출량을 반영한다)에 따른 이산화탄소와 황산염 에어로솔 증가를 감안한 경우, 그리고 1990~2099년까지 온실 가스 배출과 황산염 에어로솔 배출 증가를 더 현실적으로 가정한 경우(연간 이산화탄소 0.5% 증가에 해당하는 온실 가스 증가와 1990~2099년 IS92d 시나리오의 가정을 반영한다)의 기후 변화 시뮬레이션 결과이다. 참고로 1856~1999년의 실제 기온을 제시하였다. 모든 기후 시뮬레이션은 평균 4번씩 시행하였으며 19년 이동평균선으로 다듬었고, 위글리 외(1997:8317)의 연구에서처럼 1861~1999년 계측기를 사용해 측정한 기온 기록 평균을 감안하여 강제로 조정하였다. 출전: IPCC/DDC 2000, 2000a, Johns et al. 1997, Jones et al. 2000.

(에어로솔은 액체나 고체성의 입자가 공기 중에 미세한 형태로 균일하게 분포되어 있는 상태를 의미한다. 도시의 대기 중에 떠도는 일반 먼지와는 그 성질이 달라 대기권에 널리 비교적 고르게 분포한다 – 옮긴이)

IPCC는 기본적으로 이전의 모델들이 잘못되었다고 말한다. 실제로 자기들이 주장한 것만큼 기온이 오르지 않았거나 또는 무엇인가가 온난화를 방해하고 있음을 인정한 것이다. 온난화를 방해하는 물질은 화석연료의 연소 과정에서 발생한 황 입자나 화산 활동, 생물 자원 연소, 토지 이용의 변화 등에서 기인하는 다른 입자들일 수도 있다. 이런 입자의 일부는 태양 에너지를 반사해 냉각 효과를 일으킨다.[2170)]

컴퓨터 시뮬레이션에 황산염 입자를 포함시키면 실제 관찰 결과에 좀더 부합되는 기후 변화 예측이 만들어진다.[2171)] 도표 138에서 황산염 효과를 고려한 시뮬레이션 결과가 20세기 후반부의 실제 기후 변화를 대체로 잘 반영하는 것처럼 보이는 것이 이를 실증해준다. 그렇지만 1910년에서 1945년 사이의 급격한 기온 상승의 이유는 여전히 제대로 밝혀지지 않았다.[2172)]

기본적으로, IPCC 모델에서 에어로솔의 역할은 이산화탄소로 인한 강력한 온난화 경향을 감소시키는 것으로 되어 있지만, 이것은 공기 중에 떠도는 에어로솔 입자들이 전체적으로 커다란 냉각 효과를 불러온다는 주장에 기반을 둔 것이다. 그러나 도표 139에 분명히 나타나 있듯이 이런 추정은 사실 대단히 불확실하다. 에어로솔의 효과는 매우 다양해서 어떤 점은 기후 변화에 긍정적으로 또 어떤 점은 부정적으로 작용한다. 사정이 이렇기 때문에 에어로솔의 전반적인 효과가 어떠할지는 대단히 불확실하다. 황산염 입자는 상당한 냉각 효과를 나타내지만 불확실성 지수가 2이다. 다시 말해 실제의 냉각 효과는 추정치의 절반일 수도 있고 또 2배가 될 수도 있다는 것이다. 생물 자원을 태울 때 발생하는 에어로솔의 냉각 효과는 황산염 입자보다 미약하며 불확실성 지수는 3이다(3x). 화석 연료를 태우면 온난화 효과를 나타내는 블랙카본(불확실성 2x)과 냉각 효과를 나타내는 유기성 탄소(불확실성 3x)가 동시에 발생한다. 심지어 광물성 무기질 입자(mineral dust)의 경우에는 이것들이 과연 냉각 효과를 나타내는지 아니면 온난화 효과를 나타내는지조차 분명하지 않다. 더욱이 에어로솔은 더 자주 비를 뿌리게 하거나(1차 간접 효과) 혹은 전체적인 강수량 감소(2차 간접 효과)를 야기하는 등 간접적으로도 기후에 영향을 미친다.[2173] 1차 간접 효과가 0일 수도 있고 또는 기온을 크게 낮출 수도 있지만, 지금으로선 어느 쪽이 맞는지 정확히 알지 못한다. 에어로솔의 2차 간접 효과에 대해서는 사실상 거의 알려진 것이 없지만 2차 간접 효과가 1차 간접 효과를 증폭시키는 것 같다.[2174] 황산염 에어로솔이 미치는 직접적인 영향을 제외하면 나머지 모든 영향에 대한 과학적 이해 수준은 사실 '매우 낮다'고 평가된다. 그나마 황산염 에어로솔의 직접적인 영향에 대한 이해 수준은 '낮다'고 평가된다. IPCC는 요약문에서 이렇게 지적했다. "에어로솔 증가가 대기의 태양 복사열 흡수에 복잡한 영향을 미치기 때문에 아직 제대로 밝혀지지 않았다."[2177]

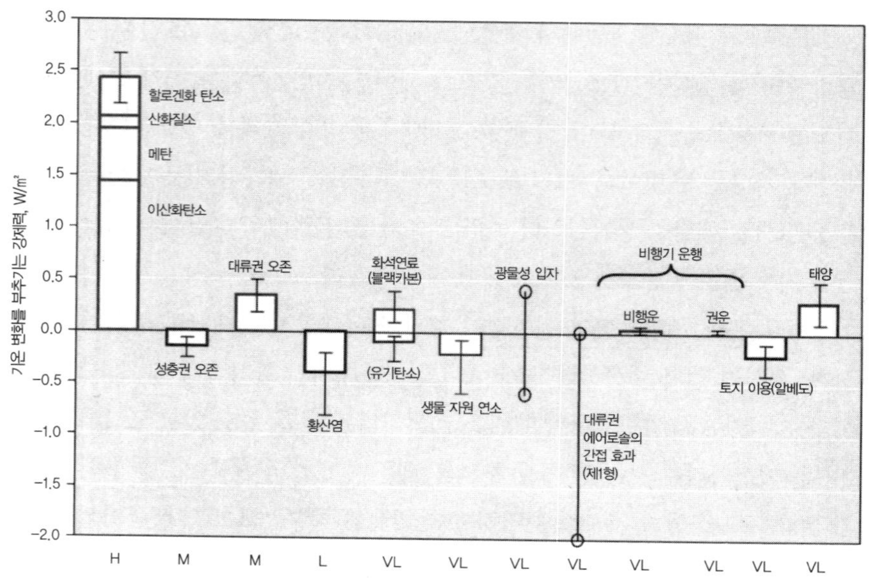

도표 139 각종 요인이 태양 복사 에너지의 유입에 미치는 영향의 불확실성과 산업화 이전(1750)부터 현재(1990년대 말~2000)까지의 순(純) 영향 변화. 기본적으로 이 수치들은 지난 250년 동안 지표면에 도달하는 태양 복사 에너지의 양이 약 2.35W/㎡ 정도 증가했다는 사실을 보여준다. 태양 에너지 1W/㎡의 증가는 대략적으로 약 0.5~1 의 기온 상승을 의미한다.[2175] 대기층에서 잘 혼합된 온실 가스(이산화탄소, 메탄, 산화질소, 할로겐화 탄소)의 온난화 효과는 (도표 132에 나와 있는 것처럼) 약 2.43W/㎡ 정도이며 불확실성은 10% 내외이다. 성층권 오존 농도의 변화는 지구를 냉각시키는 반면('오존층 구멍'), 대류권의 오존은 온난화 효과를 나타낸다(오존 공해). 황산염, 생물 자원, 화석연료 등에서 발생하는 유기탄소 에어로솔은 냉각 효과를 나타내지만 화석연료 연소에서 발생하는 블랙카본은 온난화 효과를 나타낸다. 광물성 입자에 대해서는 믿을 만한 추정이 아직 없고, +0.4와 −0.6W/㎡ 사이의 불확실성만이 있을 뿐이다. 일차적으로 강우 증대의 간접적 효과를 불러오는 대류권의 에어로솔 역할에 대해서는 아직 잘 알려져 있지 않으며 믿을 만한 추정치는 없지만 0과 −2W/㎡ 사이의 불확실성이 존재한다. 2차 간접 효과에 대해서는 추정할 만한 기본적인 검토조차 되어 있지 않은 형편이다. 비행기 운행으로 생겨나는 비행운과 추가적인 권운의 효과가 도표에 표시되어 있다. 토지 이용의 변화는 지구를 약간 냉각시키는 반면에 태양의 발열량이 커짐으로써 태양 복사량은 약간 증가했다. 도표의 가로축에 표시된 '높음(H)', '중간(M) 이상', '낮음(L)', '매우 낮음(VL)' 등은 IPCC가 제시한 '과학적 이해의 수준'을 나타낸다. 출전: IPCC 2001: 표 6.11, 도표 6.6.[2176]

그렇지만 거의 모든 대기 해양 대순환 모델들은 황산염의 직접적인 영향만을 고려하고 있다.[2178] 그런 결정은 불확실한 요인을 제한하려고 애쓰는 모델 연구자들에게는 합리적인 것이다. 그러나 수많은 냉각 효과와 온난화 효과 중에서 어느 한 가지만 취하면 굳이 이산화탄소 증가로 인한 온난화 예측치를 변경하지 않고도 모델의 계산 결과를 현실에 더 잘 꿰어

맞출 수 있다.[2179] 다만 이렇게 할 때 골치 아픈 문제가 발생한다. 즉 이산화탄소 증가로 인한 지구 온난화를 일시적으로 늦추는 것이 과연 황산염 입자인지, 아니면 이산화탄소의 기후 민감도가 이전에 예측한 것보다 정말로 더 작기 때문인지 정확히 알 수 없다.[2180] 최근의 한 검토 보고서에서 지적한 것처럼, 이 때문에 모델의 신뢰성은 과학자들이 주장하는 것보다 더 약해진다.[2181] 예를 들어 기온 변화에 대해 "모델 연구에서 얻은 결과와 실제 관찰된 결과 사이에는 대체적으로 일관성이" 존재한다는 낙관적인 결론을 이끌어냈던 IPCC 보고서와 같은 연구에 문제를 제기할 수 있다.[2182] "예를 들어 황산염 에어로솔의 간접 효과가 모델에 추가되면" 결론은 상당히 바뀔 것이다. 그런 연구 결과들은 어쩌면 온실 가스의 영향과 황산염에 의한 직접적인 영향이 교묘하게 혼합되어 우연히 맞아떨어진 것에 불과할지도 모른다."[2183]

더욱이 최근의 추정치들은 에어로솔의 직접적인 냉각 효과가 이전에 예상한 것보다 훨씬 더 작을지도 모른다는 사실을 보여주는 듯하다.[2184] 2001년 〈네이처〉에 실린 최근의 연구 결과는 더 좋은 혼합 모델을 사용하면 총 온난화 강제력이 실제로는 0.55W/㎡(지표면 1평당미터당 0.55와트의 에너지 유입 효과가 있다는 의미다 – 옮긴이)라는 것을 보여준다. 이는 도표 139에서 예측한 것보다 훨씬 더 높은 수치다. 이렇게 되면 "블랙카본의 증가로 인한 온난화 효과가 다른 인위적인 에어로솔 구성 물질의 순수한 냉각 효과와 거의 균형을 이루고 있는지도 모른다"[2185]는 결론이 나온다. 이는 기후 모델들이 (도표 138에 나타난 것처럼) 온난화 효과를 다시 과대 평가하게 되었음을 의미한다. 따라서 이산화탄소로 인한 온난화 효과의 예측치를 낮춰야 할 필요가 있음을 보여준다.

수증기의 증폭 효과

모델 연구의 두 번째 문제는 대기 중의 수증기와 관련된 것이다. 우리가 배출하는 이산화탄소가 상당한 온난화를 유발하는 중요한 원인은 바로 수증기 피드백이다.[2186] (2070년 혹은 그 이후에 이르러) 대기 중의 이산화탄소 농도가 2배로 늘어날 경우[2187] 그 직접적인 효과로 기온이 약 1～1.2℃ 상승할 것으로 추정된다.[2188] 이와 동시에 대기 속에는 원래부터 증폭 메커니즘이 내재되어 있다. 지구가 더워질수록 더 많은 물이 증발해 수증기 형태로 되는데, 이 수증기가 더 많은 열을 붙잡아두기 때문이다.[2189] (잉여 수증기의 유입으로 공기의 온도가 상승하면 더 많은 수증기를 받아들일 수 있고, 그렇게 되면 다시 온도가 상승하는 피드백이 작동한다－옮긴이) 따라서 IPCC는 대기 중의 이산화탄소 양이 2배로 늘어났을 때 기온은 사실 1.5～4.5℃나 높아질 것이라고 추정한다(기후 민감도가 커지는 것이다).[2190]

그러나 강력한 수증기 피드백은 지표면 온도에 의해서가 아니라 지표면에서부터 10～13킬로미터 높이의 성층권까지 이어진 대류권 온도에 의해 좌우된다. 기본적으로 이 피드백은 대기권의 아래 부분 전체가 데워져서 대류권이 더 많은 수증기를 품게 되었을 때에만 효과적으로 작동한다. 그렇지 않은 경우에는 수증기 피드백이 훨씬 더 미약해진다.[2191] 수증기 피드백의 약 90%는 대류권에서 진행된다고 추정된다.[2192]

모든 대기 해양 대순환 모델은 대류권의 온도가 지표면의 온도만큼 빠르게, 혹은 지표면 온도보다 더 빠르게 상승한다고 예측하는데, 이 점은 도표 140에 제시된 NASA/고다드(Goddard) 시뮬레이션 모델 결과에서도 확인할 수 있다.[2193] (미국 항공우주국 고다드 우주 센터 연구진이 모델을 만들어 자신들의 기관 이름을 붙였다－옮긴이)

1979년 이후 미국 국립해양대기관리청의 인공위성들은 지구 전역에 걸쳐 대류권의 온도를 정확히 측정했다(이 위성들은 24시간에 한 번씩 지구 표면의 80%를 통과하므로 3～4일에 한 번씩 지구 전체 표면을 모두 조사할 수 있다). 그 동안 믿을 만한 기온 자료를 얻기가 매우 어렵거나

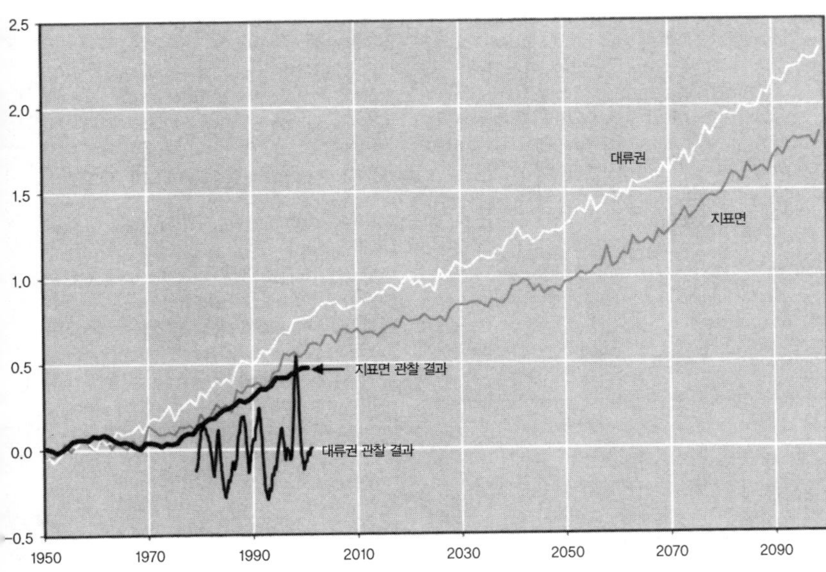

도표 140 NASA/고다드 기후 모델 AOGCM에서 제시된 지표면과 대류권에서의 기온 편차. 1950~2099년. 모델은 평균 2번씩 가동되었는데 1950~1960년의 결과는 기온 평균값에 대한 편차이다. 1990년까지는 실제로 관찰된 이산화탄소 농도가 사용되었고, 그 후에는 연간 증가율을 0.5%로 가정했다. 황산염 에어로솔 자료는 미첼 외(1995)에서 나온 것이다. 대류권 기온은 대기압이 200, 500, 850mb인 고도에서 얻은 평균값의 편차이다. 1856~1999년의 지표면 온도 측정치는 실제로 조사된 것이고, 1979~2001년 4월까지 대류권의 관찰 기록은 인공위성에서 극초단파 측정 장치(microwave sounding units, MSU 2LT)로 얻은 것이다. 출전:NASA/GISS 2000, Jones et al. 2000, Christy et al. 2000, 2000a, 2001.

아예 불가능했던 외딴 사막, 열대우림, 해양 등의 기온 측정이 가능해진 것이다.[2194]

그런데 도표 140에 제시되어 있는 1979년부터의 대류권 온도 그래프를 보면 문제가 있음을 알 수 있다. 인공위성이 조사한 대류권 온도에 기본적으로 아무런 추세도 나타나지 않은 것이다. 기후 모델들이 10년마다 약 0.224℃씩 온도 상승을 예상한 반면 관측 자료들은 10년마다 고작 0.034℃씩 온도가 상승한 것으로 되어 있다. 실제 온도 상승폭이 모델 예측치의 6분의 1도 되지 않는 셈이다. 더욱이 이런 온도 상승분은 거의가 1997~1998년의 엘니뇨 현상에서 기인하는 것으로 설명할 수 있다. 이것은 우리가 시도하는 지구 온난화에 대한 장기적인 예측에 아주 중요한

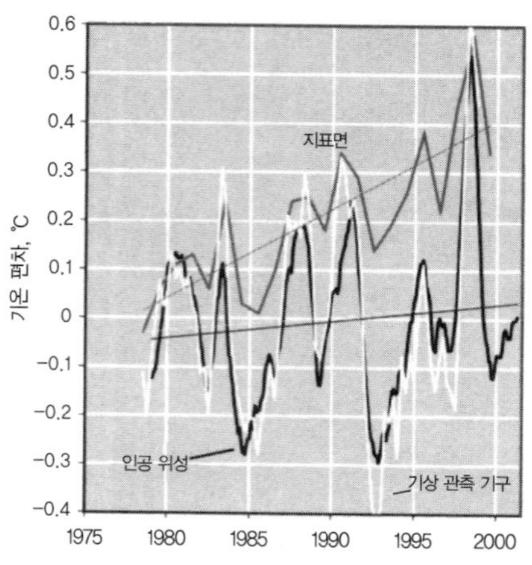

도표 141 기상 관측 기구와 위성으로 측정한 대류권의 기온 편차. 흰색 선은 1978~1999년 사이에 기상 관측 기구에서 얻은 기록이며 검은 선은 1979~2001년 4월까지 인공위성으로 얻은 기록이다. 참고로 지표면 온도를 제시하였다 (1978~2000). 출전: Angell 1999, Christy et al. 2000, 2000a, 2001, Jones et al. 2000.

의미를 갖는다. 즉 대류권의 온도가 거의 상승하지 않았거나 또는 아예 상승하지 않았다는 사실은 수증기 피드백이 예상보다 훨씬 미약해 온난화 추정치 역시 훨씬 더 낮아져야 한다는 것을 의미한다.[2195]

지표면의 기온과 대류권의 기온 사이에 차이가 나타나는 원인을 밝히려고 애쓴 연구는 수도 없이 많다. 위성 측정 자료의 오류를 파악하려고 애쓴 연구도 상당히 많다.[2196] 그 중 한 연구가 마침내 인공위성의 연산 방식에 문제가 있다는 사실을 밝혀냈다. 그 결과 지금은 이 문제가 해결되었다(이 책에서는 이렇게 정정한 자료를 제시하고 있다).[2197]

그러나 인공위성 측정 결과의 유효성을 평가하는 다른 좋은 방법이 있다. 지금까지 우리는 기상 관측용 기구(氣球)를 이용해 대류권 하단의 온도를 정기적으로 측정해왔으며, 1958년 이후의 측정 결과는 전세계 평균치로 계산했다. 그런데 인공위성 측정 결과와 기구를 이용한 측정 결과를 서로 비교해보면 도표 141에서처럼 두 선이 거의 완벽하게 일치한다. 또 이 자료들은 지표면의 온난화 효과(10년마다 0.17℃)보다 대류권의 온난화 효과(위성 자료는 10년마다 0.034℃, 기상 관측용 기구의 자료는 10년마다 0.029℃)가 매우 적으며 특히 AOGCM의 예측치(10년마다 0.22℃)에 비해 훨씬 적다는 것을 보여준다. 따라서 이제 대부분의 분석가들과 IPCC, 그리고 국가연구위원회(NRC)의 2000년 연구 보고서는 지표면과 대류권의 온난화 추세에 정말로 차이가 있다는 점을 확신한다.[2198] 만약 이런 차이가 지속된다면 수증기의 피드백이 약해져 결국 이산화탄소로 인한 온난화 효과 역시 낮아질 것이다.

구름의 냉각 효과

모델 연구의 세 번째 문제는 구름이다. 구름은 수증기, 물방울, 얼음 입자, 대기 중의 에어로솔 등의 분포도, 구름 높이 및 두께에 따라 기후를 냉각시킬 수도 또 데울 수도 있다. 구름의 규모는 컴퓨터 모델의 그리드보다 작은 것이 보통이기 때문에 방정식을 사용해 그 효과를 계산할 수 없으며, 따라서 임의의 수를 모델에 입력시켜 구름의 효과로 간주하는 것이 보통이다. 그런데 바로 이 때문에 기후 모델들은 구름의 영향에 대해 지극히 민감해진다.[2199] 1995년 당시 최고 기후 모델 중 하나로 간주되던, 영국의 해들리 센터(Hadley Center)가 개발한 모델은 만약 이산화탄소 농도가 2배로 증가하면 기온이 5.2℃ 상승할 것이라고 예측했다. 그런데 그 후 프로그래머들이 그 복잡한 컴퓨터 프로그램의 단 두 곳에서 구름의 영향력을 다소 변경한 결과 기온 상승 추정치가 5.2℃에서 1.9℃로 떨어졌다.[2200]

이 점에 대해 IPCC는 다음과 같이 솔직하게 시인했다.

> 미래의 기후 예측에 있어 가장 커다란 불확실성이 존재하는 부분은 아마 구름 및 구름과 태양 복사 사이의 상호 작용일 것이다. ……구름은 기후 시뮬레이션에서 잠재적 오류가 발생할 수 있는 커다란 요인이다. ……구름 피드백이 정말로 기후에 어떤 영향을 미치는지는 아직 정확히 밝혀지지 않았으며, 그 결과 여러 모델의 예측 결과가 상당한 차이를 나타내고 있다. 이 밖에도 강수 현상, 낮과 밤의 주기를 정확히 시뮬레이션하는 데 따르는 난점, 강수량 및 강수 빈도 등을 어떻게 고려해야 하는가에 상당한 불확실성이 존재한다.[2201]

이는 기본적으로, 더 나은 구름 모델이 개발된다면 IPCC의 기후 예측 결과 자체가 폐기될 수도 있다는 것을 의미한다. 현재의 모델들이 제시하는 구름 피드백의 영향력은 21세기에 이산화탄소가 기온 상승에 미치는 전체 영향력의 약 절반 규모이지만, 구름 피드백이 실제로 기후를 냉각시키는지 혹은 따뜻하게 하는지에 대해서는 아직 의견의 일치가 이루어지지 않았다.[2202] 우리는 다음에서 수많은 논의의 대상이 되고 있는 구름과 우주 복사의 상관 관계를 살펴볼 것이다.

그렇지만 우선 IPCC의 기온 예측 결과를 크게 변경시킬 수도 있는 다른 모델을 먼저 살펴보자. 가히 혁명적인 잠재력을 지닌 이 새로운 연구 결과는 2001년 3월 〈미국 기상학회 회보〉에 발표되었다.[2203] 이 논문에 실린 자료들은 구름 낀 지역에서 해수면의 온도 상승이 대류권 상층부의 구름 감소와 밀접히 관련되어 있음을 보여주었다. 해수면 온도가 1℃ 올라가면 대류권 상층부의 구름은 22% 정도 감소하는 것 같다.[2204] 기본적으로, 이런 메커니즘은 대류권 상층부 지역을 개방했다가 폐쇄하는 역할을 한다.[2205] 그래서 상층부의 구름은 지표면에서 외계로 방출되는 적외선량을 조절해 열대 지방의 표면 온도 변화를 줄여주는 효과를 나타내는 것이다.[2206] 이 논문의 저자들은 이런 현상을 '지구 홍채'에 비유했다. 빛의 밝기가 변화함에 따라 우리 눈의 홍채가 열렸다가 닫히는 현상과 비슷하기 때문이다.[2207] 그런데 몇 가지 중요한 기후 모델을 조사해보아도 이런 네거티브 피드백을 재현하는 것은 하나도 없었는데, 이는 현재의 모델들이 이산화탄소로 인한 온난화 효과를 크게 과대 평가하고 있다는 것을 의미한다.[2208] 이 논문의 저자들은 기후 모델의 전형적인 기후 민감도인 1.5~4.5℃를 그대로 두더라도 구름의 네거티브 피드백 효과를 모델에 반영하면 민감도가 훨씬 낮은 수준인 0.64~1.6℃까지 감소할 수 있다는 것을 보여주었다.[2209]

지금까지 이산화탄소가 기온에 얼마나 많은 영향을 미치는가에 대해 살펴보았다. 이 질문에 대한 답은 어떤 기후 모델을 사용했는지, 그리고 에어로솔 · 수증기 피드백 · 구름 등 중요한 기후 요소가 모델에 어떻게 포함되는가에 따라 달라진다.

기후 민감도가 1.5~4.5℃라는 IPCC의 기본적인 예측은 1990년부터 2001년까지 IPCC가 발표한 모든 보고서에서 그대로 사용되었으며, 1970년대 이후의 과학 문헌에서도 마찬가지였다.[2210] 이는 지난 25년 동안 이산화탄소로 인한 지구 온난화 예측치의 기본적인 범위가 조금도 개선되지 않았다는 것을 의미한다. 그러면서도 우리에게 제시된 예측치에서 변화가 나타난 것은 주로 시나리오의 내용이 변했기 때문이다. 1990년에 IPCC는 앞으로 100년 동안 기온이 3.3℃ 상승할 것이라고 전망했다.[2211] 1996년에는 기온 상승폭이 2℃이며 가능한 기온 변화의 범위는 1.0℃와 3.5℃ 사이라고 추정치를 줄여서 발표했다.[2212] 이런 변화가 생긴 일차적인 원인은 새 시나리오들이 분진 배출량을 훨씬 크게 가정해 그것이 기후를 냉각시키는 효과를 나타냈기 때문이다.[2213] 이제 IPCC는 기온 변화폭을 1.4~5.8℃로 이전보다 더 높여 잡았는데,[2214] 이것 역시 이산화탄소가 기후에 미치는 영향력이 더 커졌기 때문은 물론 아니다. 대신 새로운 시나리오들은 분진 배출량을 크게 낮춰 잡았으며(냉각 효과 감소), 이산화탄소를 가장 많이 방출하는 시나리오의 경우는 과거 시나리오에 비해 탄소 배출량을 약 25% 늘여 잡았다(온난화 효과 증가).[2215]

기본적인 기후 민감도가 여전히 1.5~4.5℃라는 사실은, 이산화탄소의 농도가 2배로 증가했을 때 기온이 비교적 조금(1.5℃) 상승할 것인지 아니면 급격하게(4.5℃) 상승할 것인지 파악할 능력이 우리에게 거의 없다는 것을 의미한다. 사실 9개의 대기 해양 대순환 모델로 A2와 B2 시나리오(하나의 시나리오를 컴퓨터에서 돌리는 데 시간이 워낙 오래 걸리기 때문에 IPCC는 이 2개의 시나리오밖에 사용할 수 없었다)를 돌려본 결과가 제시된 도표 142를 보면 A2 시나리오의 기후 예측이 어떤 모델을

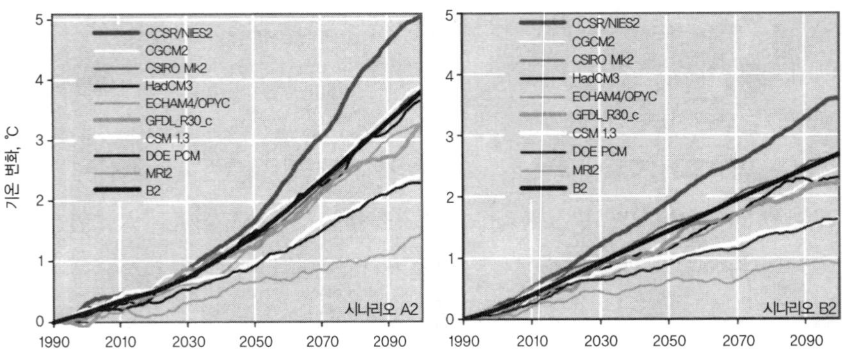

도표 142 A2 시나리오(왼쪽 그래프)와 B2 시나리오(오른쪽 그래프)가 상정하는 이산화탄소 배출량 자료를 이용해서 9개의 대기-해양 대순환 모델을 돌려본 결과의 예측치(1990~2100년의 기온 변화). (도표 137에서 그랬던 것처럼) IPCC의 간단한 모델이 제시하는 기온 예측치도 참고로 제시하였다. 여기에서는 1990년의 기온을 0으로 조정하고 9년 이동평균선을 제시하였다. 모델은 일본 기후시스템연구센터(CCSR), 일본 국립환경연구소(NIES), 오스트레일리아 연방과학산업연구기구(CSIRO), 캐나다 기후모델링분석센터(CGCM), 영국 해들리 기후예측연구센터(HadCM3), 독일 기후연구센터(ECHAM), 미국 지구물리유체역학연구소(GFDL), 국립대기연구센터의 기후 및 지구역학 연구부(CSM, DOE), 일본 기상연구소(MRI)의 기후연구부(JCRD) 등의 것을 이용했다. 출전:IPCC 2001a:도표 9.6a, 9.14.

사용했는가에 따라 엄청나게 달라진다는 것을 알 수 있다.[2216] 도표 142에 나타난 1.43℃에서 5.04℃까지의 기온 변화폭은 도표 137에 제시된 기준 시나리오의 전체 변화폭보다 더 크다. 이는 기본적으로 우리가 정책을 결정할 때 기준으로 삼아야 하는 징후들보다 모델들의 잡음이 더 크다는 것을 의미한다. IPCC는 상당히 낙담했지만 정직하게 현실을 받아들였다. 그래서 "어떤 모델을 사용했는가 하는 것이 어떤 시나리오를 선택했는가 하는 것보다 시뮬레이션의 결과에 더 큰 차이를 만들어낸다"[2217]는 결론을 내렸다.

더욱이 도표 142에서 볼 수 있듯이, IPCC가 2개의 시나리오 모두에 다소 비관적인 단순한 모델 설명을 선택한 것 같다는 점을 염두에 두어야 한다.[2218] A2 시나리오의 경우, 1990년에서 2100년까지 컴퓨터 모델의 평균 기온 상승폭은 3.21℃인 반면, IPCC의 단순한 모델은 기온이 3.79℃ 상승할 것으로 추정한다. B2 시나리오의 경우에는 컴퓨터 모델의 평균 기온 상승폭이 2.17℃인 반면, IPCC의 추정치는 2.69℃이다. 여러 AOGCMs을 A2와 B2 시나리오에만 적용했으므로,[2219] 이는 IPCC의 단순한 모델이 온난화를 체계적으로 과대 평가하고 있으며, 따라서 여러 곳에서 인용된 1.4~5.8℃라는 변화폭이 사실은 1.2~4.8℃일 가능성이 더 크다는 것을 의미한다.[2220]

또한 이산화탄소가 기온에 얼마나 영향을 미치느냐는 질문에 대한 답은 에어로솔, 수증기 피드백, 구름 등 중요한 부분들이 모델에 합리적으로 포함되는지 여부에 따라 좌우된다. 앞에서 보았듯이, 특정 에어로솔을 포함시키면 시뮬레이션 결과가 더 현실적인 모습을 띤다. 그러나 어쩌면 모델들의 기반이 그리 튼튼하지 않을 가능성이 있다. 새로운 연구 결과들은 모델들이 낮은 기후 민감도를 감춰버린다는 점을 시사하는 듯하다. 한편 수증기 피드백에는 대류권의 강력한 온난화가 필요한데, 이 부분은 위성 측정이 처음 시작되었을 때부터 자료에서 빠져 있었다. 이 점 역시 기후 민감도가 더 낮다는 것을 의미한다. 구름 시뮬레이션은 불확실한 점들로 가득 차 있으며, 새로운 연구 결과들은 기후 민감도를 급격히 낮춰주는, 구름의 강력한 네거티브 피드백을 암시하는 듯하다.

기본적으로는 현재의 모델들이 복잡하다는 결론을 내릴 수밖에 없다. 그러나 지구 기후의 모든 필수적인 측면을 포착할 수 있을 만큼 복잡한 것은 결코 아니다. 기후 민감도의 기본적인 불확실성 때문에 모델에는 실제 기후 변화보다 더 잡음이 많다. 따라서 모델을 연구하는 대부분의 사람들은 10년쯤 지나야 훨씬 더 정확한 모델이 나올 수 있을 것이라고 생각한다.[2221] 더욱이 IPCC가 사용한 단순한 모델들은 기후 민감도를 과대 평가한 것으로 보인다.

에어로솔, 수증기 피드백, 구름 등을 모델에 포함시키는 경우에도 역시 기후 민감도가 과대 평가되었다는 결과가 나오는 것 같다. 대체적으로 이는 이산화탄소가 기후에 미치는 영향이 생각보다는 적지만 결코 무시할 수 있는 수준은 아니라는 것을 보여준다.

오존층 구멍

1985년 영국의 권위 있는 과학 잡지 〈네이처〉에 한 논문이 발표된 이후 새로운 환경 문제가 갑자기 인구에 회자되기 시작했다. 남극 대륙 상공의 오존층에 구멍이 뚫렸다는 얘기였다.[2222] 오존은 지표면 가까이에 존재할 때는 (제15장에서 살펴본 것처럼) 대기 오염 물질이 되지만 대기권 상층부(성층권)에서는 얇은 막(오존층)을 형성해[2223] 태양이 방사하는 유해한 자외선(UV-B)을 차단하는 역할을 해서 인간과 동식물을 보호한다.[2224] 오존층 파괴는 여러 면에서 기후 변화와도 관련되어 있지만 그 관련성이 상당히 미미하기 때문에 여기에서는 무시해도 좋을 것 같다.[2225]

1985년, 오존층 구멍이 발견된 곳은 기본적으로 아무도 살지 않는 남극 상공이었지만, 바로 그런 구멍이 발견되었다는 사실 자체가 대중의 의식을 바꾸는 중대한 전환점이 되었다. 그때까지는 단지 이론적인 추측에 불과하던 일이 과학자들의 관찰 결과 최초로 확인되었기 때문이다.[2226] 그때 이후로 사람들이 사는 중위도 지방 상공의 오존층 역시 얇아지고 있다는 사실이 분명히 밝혀졌다. 1998년 조사에 의하면, 이 지역의 오존층이 1979년 수준보다 3~6% 감소했다.[2227] 오존층이 얇아지면 더 많은 자외선이 오존층을 통과하기 때문에[2228] 눈병(백내장), 피부암, 일광성 노화(피부에 주름이 생기고 나이보다 더 늙는 것) 등을 증가시키므로[2229] 대단히 큰 문제가 아닐 수 없다.

오존층 파괴는 물론 인간에 의한 것이다.[2230] 1974년 이미 캘리포니아 대학교 어바인 캠퍼스의 두 과학자가 이른바 염화불화탄소(CFCs)에 의해 오존층이 파괴되고 있을지도 모른다는 의견을 내놓았다(나중에 두 사람은 이 연구로 노벨상을 받았다).[2231] 그 후 많은 연구가 시행되면서 염화불화탄소와 오존층 훼손과의 기본적인 상관 관계가 확인되었다.[2232] CFCs는 1930년대 이후 세계 곳곳에서 사용되었는데, 값이 싸고 화학적으로 안정적이며 완전혀 무해한 물질로 간주되었기 때문이다. 1960년대에는 CFCs 사용이 폭발적으로 증가했다(도표 143). 이 물질은 특히 냉장 시설 · 스프레이 캔 · 에어컨 등에 사용되었으며 발포제와 용매로도 사용되었다. 공기 중에 유입된 CFCs의 일부는 성층권까지 도달하는데, 그곳에서 고에너지의 태양 복사 자외선에 의해 분해되어 자유 염소 원자를 생성시킨다. 이 염소 원자들은 복잡한 상호 작용을 통해 오존과 반응하여 원자 하나가 수천 개의 오존 분자를 파괴한다.[2233]

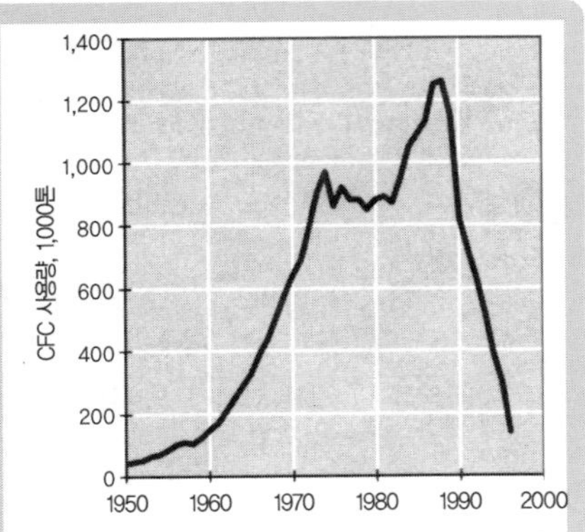

도표 143 전세계의 연간 염화불화탄소(CFC) 생산량. 1950~1996년. 출전: Blackmore 1996:120, WI 1999b.[2234]

그런데 오존층 파괴로 피부암과 백내장이 늘어날 것이라는 충격적인 예언은 정치가들로 하여금 재빠른 반응을 보이게 만들었다. 1987년에 몬트리올 의정서가 조인되었고, 이어서 런던 의정서(1990), 코펜하겐 의정서(1992), 비엔나 의정서(1995), 또 다른 몬트리올 의정서(1997), 베이징 의정서(1999) 등이 그 뒤를 이었다. 이런 국제 협약의 목적은 우선 가장 많이 사용하는 다섯 종류의 CFCs의 사용량을 1986년의 절반 수준으로 줄이고 이어서 사용을 거의 완전히 금지시키는 것이었다.[2235] 이렇게 했을 때 예상되는 결과가 도표 144에 제시되어 있다.

국제적 협력은 신속하게 열매를 맺었다. 도표 143에서 볼 수 있듯이 1996년의 CFCs 총 생산량은 1960년 수준 이하로 낮아졌다. 이와 동시에 대기권 하부에 존재하는 오존층 파괴 물질의 총량도 1994년경에 절정에 이르렀다가 이후부터는 서서히 감소하는 추세에 있다. 이런 추세는 사실 겨우 4년 전에 유엔이 예언했던 것보다 한결 빠른 감소 속도이다.[2236] 오존층을 파괴하는 염소와 브롬의 성층권 농도는 2000년 이전에 절정에 이를 것으로 예측되

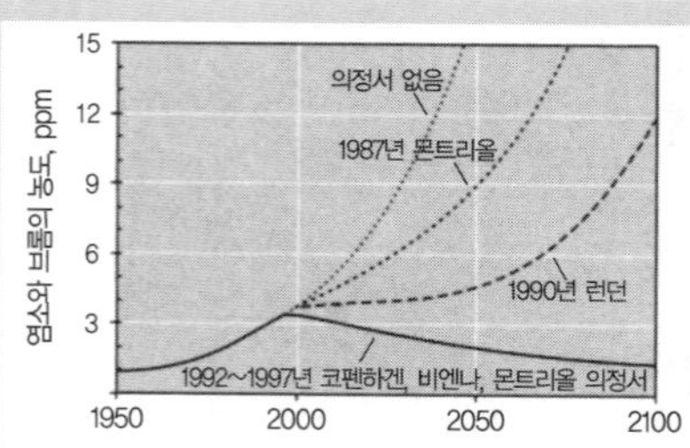

도표 144 오존층을 파괴하는 오염물질 방출을 규제하는 국제 협약이 없을 때와 있을 때 대기 중의 염소와 브롬 농도 변화. 1950~2100년. 몬트리올 의정서(1987), 런던 의정서(1990), 코펜하겐 의정서(1992)·비엔나 의정서(1995)·몬트리올 의정서(1997) 등이 각각 완전히 이행되었을 때를 가정해서 표시하였다. 출전:UNEP 1999a:5, WMO/UNEP 1994.

었다.[2237] 유엔 환경계획이 발표한 오존층 문제 평가에 대한 최근의 종합 보고서는 "앞으로 50년 동안 오존층이 서서히 회복될 것"[2238]이라고 예언하고 있다. 마찬가지로 남극 대륙의 오존층 구멍 역시 서서히 회복될 것이다.[2239] 따라서 우리가 그 동안 상당히 많은 노력을 기울인 결과[2240] 오존층은 더 이상 파괴되지 않고 앞으로 50년 이내에 회복될 것이다.

오존층 파괴라는 문제를 국제 협정을 통한 규제로 해결한 사례는 국제 사회가 마침내 하나로 뭉쳐 돈보다 환경을 우선해서 만들어낸 성공담이라 할 수 있다. 바로 이 때문에 사전 경고의 원칙이 성공적으로 적용된 사례로서,[2241] 또한 전반적인 환경 의식 고양이 불러온 성공 사례로서 오존층 이야기가 자주 인용되곤 한다. 그러나 CFCs 금지 조치가 사실은 상당한 이익을 남기는 조치이기도 했다는 점을 여기에서 지적해야겠다. 사실, 예를 들어 (냉장고나 스프레이 등에 쓰이는[2242]) CFCs 대체 물질을 만들어내는 것은 비교적 돈이 적게 들면서 확실한 이익이 보장되는 일이었던 것이다.

캐나다 환경보호청에 제출된 한 보고서는 전세계가 CFCs와 관련된 국제 조약들을 2060년까지 실행하기 위해 부담해야 할 총 비용은 1997년의 미국 달러 가치로 환산할 때 약 2,350억 달러라고 추정했다.[2243] 이에 비해 오존층을 보호하는 데서 유발되는 어업과 농업 부문에서의 이익과 실외 시설물의 훼손 감소에서 얻는 이익 등을 모두 합하면 1997년 미국 달러 가치로 약 4,590억 달러에 이를 것으로 추정했다. 피부암 사망자가 약 33만 3,500명 줄어들 것이라는 점을 계산에 포함시키지 않더라도 말이다.[2244]

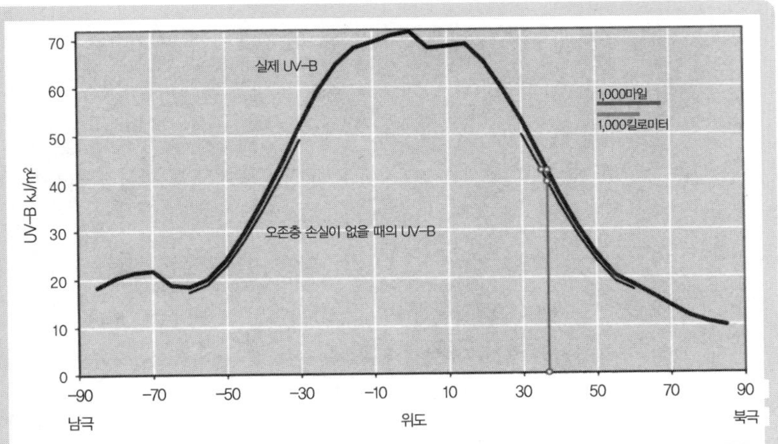

도표 145 위도에 따른 연평균 UV-B 복사량의 변화.[2245] 자외선 복사량은 구름과 에어로솔에도 영향을 받는다. 남극 대륙의 오존 구멍이 미치는 영향이 왼쪽 끝에 분명히 나타나 있다. 중위도 지방의 자외선 복사량에서는 오존층이 얇아지지 않았을 경우를 가정해서 이론적으로 도출한 UV-B 복사량을 제시했다.[2246] 출전: Sqbziparvar 1997, Sqbziparvar et al. 1999. Newton and Ferlay 1996 참조.

그러나 이 수치는 앞으로 63년 동안 전지구적으로 나타날 수 있는 결과를 모두 합친 것이다. 그 기간이 대단히 길고 전세계 사람들을 모두 고려했기 때문에 그처럼 수치가 커진 것이다. 이 수치가 전세계적인 규제 조치의 타당성을 보여주기는 하지만, 다른 한편으로 오존층 파괴가 각 개인에게 실질적으로 어떤 영향을 미칠 수 있는지 감을 잡아보는 것도 중요하다. 오존 논쟁에 대한 한 사회학적 연구에서 지적한 것처럼, 거의 모든 사람들이 "오존층이 점점 얇아지고 있으며 따라서 더 많은 햇빛이 오존층을 통과하고, 그 결과 우리 모두는 피부암에 걸릴 터이므로 반드시 햇빛을 피해야 한다"[2247]고 '알고' 있다. 사람들이 이런 생각을 갖게 된 데는 피부암이 "심상치 않게" 증가하고 있으며, 그것이 "파괴된 오존층을 뚫고 들어오는 자외선의 양이 늘어났다는 사실과 관련되어 있다"는 언론 매체들의 보도가 적지 않은 영향을 미쳤다.[2248] 사실 영국 젊은이들이 환경에 대해 얼마나 걱정하고 있는지 알아본 한 연구에서는 그들이 '오존층의 상실'을 가장 우려하고 있는 것으로 드러났다.[2249]

지난 20세기 중에 피부암 발생률이 급격히 증가했지만 피부암의 잠복기가 상당히 길기 때문에 오늘날 나타나는 증가 추세는 훨씬 더 평범한 원인에서 기인한 것이라고 해야 할 것이다. 최근의 한 연구는 다음과 같은 결론을 내렸다. "피부암이 증가하고 있는 것은 1960년대에도 존재하던 유해한 UV-B 자외선 때문이라고 할 수 있다. 피부암의 증가 추세가 나중에 두드러지게 나타난 원인은 (1960년대보다 훨씬 나중인 1979년부터 시작된) 오존층 파괴가 아니라 다른 원인, 즉 풍요로운 사회에서 나타나는 인간의 수명 연장, 의학적 검사법의 발전, 해변에서 일광욕을 즐기는 사람들의 증가 등에서 찾아야 한다."[2250] 하지만 오존층이 얇아지고 있고 그로 인해 UV-B 자외선이 증가하고 있으므로 앞으로 피부암이 더 많이 발생할 것이다. 만약 몬트리올 의정서와 그에 이은 여러 국제 협약이 실행되지 않는다면 2100년까지 피부암은 현재보다 3배 이상 늘어날 것이다. 그러나 지금 이런 국제 협약들이 잘 시행되고 있기 때문에 오존층 파괴로 인해 추가로 피부암에 걸리는 사람의 수는 그보다 훨씬 줄어들 것이다.[2251]

오늘날 발생하는 피부암의 약 95%는 치료율이 대단히 높은 기저세포암과 편평상피세포암이며, 나머지 5%는 이보다 훨씬 치명적인 흑색종(melanoma)이다.[2252] 미국에서는 매년 총 약 5만 명의 흑색종 환자와 약 100만 명의 기저세포암 및 편평상피세포암 환자가 새로 발생하고 있는데, 피부암으로 사망하는 사람은 거의 모두가 흑색종 환자이다.[2253] 만약 사람들의 행동(피부를 햇빛에 노출시키는 일 등)에 아무런 변화가 없고 CFCs 관련 국제 협약이 완벽하게 지켜진다고 가정하면, 현재 가장 얇아진 상태의 오존층 때문에 앞으로는 피부암 발생률이 증가할 것이다. 미국에서는 2060년경에 추가로 발생하는 피부암 환자 수가 연간 2만 7,000명으로 최고치에 이를 것으로 추정된다. 전체 피부암 발생률이 약 3% 증가하는 셈이다.[2254] 추가로 발생하는 환자의 대다수가 거의 완치될 수 있는 피부암 환자일 것이므로 2060년에 미국에서 추가로 발생하는 피부암 사망자의 예상 최대치는 약 350명이며 이는 모든 피부암 사망자의 약 5%에 해당한다.

따라서 오존층 파괴의 영향이 가장 크게 나타날 것으로 예상되는 시점에 이르더라도 그로 인한 암 발생률과 사망률 증가폭은 별로 크지 않을 것으로 전망된다. 그런데 이것을 다른 관점에서 바라볼 수도 있다. 고위도 지방의 상공에는 더 많은 오존이 존재하기 때문에 도표 145에 나타나 있는 것처럼 UV-B 자외선은 양극 지방보다 적도 지방에서 훨씬 더 강하다. 중위도 지방에서는 지역적인 기후의 차이를 무시할 때, 영국 중부의 에든버러(북위 55도)에서 스페인의 마드리드(북위 40도)로 이주한 사람의 연평균 UV-B 자외선 노출도가 대략 2배로 증가할 것이다. 미국 북부의 시애틀(북위 47도)에서 남부 뉴올리언스(북위 30도)로 이주하거나, 남반구 포클랜드 제도(남위 52도)에서 아르헨티나의 부에노스아이레스(남위 34도)로 이주하는 사람의 경우도 마찬가지다.

도표 145에서 수직선이 그어져 있는 위치인 북위 36도 53분에 위치한 도시—이 도시를 캘리포니아 주 프레즈노라고 생각해도 괜찮다—를 보면 연간 UV-B 복사량이 42.4kJ/㎡이다(kJ/㎡은 지표면 1평방미터당 유입되는 열량을 1킬로주울로 표시한 것이다-옮긴이). 그런데 만약 오존층 훼손이 없었더라면 그 지역에 유입되는 자외선 복사량은 40kJ/㎡(아래쪽의 얇은 실선)였을 것이다. 오존층이 얇아짐으로써 UV-B 복사량이 약 6% 늘어난 것이다.[2255] 이제 문제는, UV-B 복사량이 똑같이 늘어난 지역을 찾으려면 남쪽으로 얼마나 내려가야 하는가이다. 도표 145에서 볼 수 있듯이, 42.4kJ/㎡ 복사량은 북위 35도 17분, 즉 프레즈노에서 남쪽으로 약 179킬로미터 떨어진 캘리포니아 주 베이커즈필드 근처 지역에서 나타날 것이다.[2256] 이런 계산을 통해 오존층 파괴의 결과로 이 세상이 얼마나 더 위험해졌는지 감을 잡을 수 있다.

오존층이 파괴되어 사상 최저 수준으로 줄어들었기 때문에 더 많은 UV-B 자외선이 오존층을 통과하고 있다. 늘어난 UV-B 복사량은 중위도 지방에 살던 사람이 적도를 향해 약 200킬로미터 정도 옮겨갔을 때 노출되는 잉여 복사량과 같다.[2257] 200킬로미터라는 거리는 영국 맨체스터에서 런던까지, 미국 시카고에서 인디애나폴리스까지, 올버니에서 뉴욕까지, 프랑스 리옹에서 마르세유까지, 이탈리아 트렌토에서 피렌체까지, 독일 슈투트가르트에서 뒤셀도르프까지, 뉴질랜드 크리스트처치에서 웰링턴까지 거리보다 짧다.[2258](서울에서 대구 사이의 거리보다도 짧다 - 옮긴이)

다른 원인이 존재하는가

1997년 나이젤 콜더(Nigel Calder)의 《미친 태양(The Manic Sun)》이 출간되면서 지구의 기온 상승을 설명해줄 수 있는 또 하나의 중요한 요인으로서 태양에 새로운 관심이 집중되었다. 그 결과 지구 온난화 논쟁은 보통 온실 효과의 중요성만을 강조하거나 혹은 오직 태양만이 지구의 기온을 결정한다고 가정하는 경향을 보였다. 그러나 두 요인을 지구 온난화의 부분적 원인으로 보는 편이 훨씬 더 현실에 부합할 가능성이 크다. IPCC가 태양의 영향을 간단하게 언급하면서 직접적인 영향력을 모델에 조금밖에 포함시키지 않았기 때문에,[2259] 만약 태양의 간접적인 활동을 포함시키면 이산화탄소 증가에 의한 온난화 효과의 추정치는 낮아질 가능성이 크다.

태양의 활동과 기온 사이에 상관 관계가 존재한다는 사실은 오래 전부터 알려져 있었다. 지난 200~300년 동안 태양의 밝기가 약 0.4% 증가했는데 아마도 그것이 지구 기온을 약 0.4℃ 상승시킨 것 같다(도표 139에 제시된 태양의 밝기 참조). 그리고 지난 수십 년 동안의 추세에 비추어볼 때 앞으로 2100년까지 기온이 또 다시 0.4℃ 상승할 것 같다.[2260] 최근의 한 대기 해양 대순환 모델 연구는 지난 30년 동안 태양의 직접적인 조사량 증가가 지금까지 관찰된 지구 온난화의 약 40%를 유발했다고 밝혔다.[2261]

그러나 나이젤 콜더가 지적하기도 했고, 태양과 관련해서 이보다 훨씬 더 흥미를 끄는 사실은 덴마크 기상연구소(Danish Meteorological Institute)

의 연구를 통해 확립된 태양의 간접 효과이다. 덴마크 기상연구소의 연구에서 에이길 프리스 크리스텐센(Eigil Friis-Christensen)과 크누 라센(Knud Lassen)은 태양 흑점 주기의 지속 기간과 지구의 평균 기온 사이에 분명한 상관 관계가 있음을 지적했다.[2262] 도표 146은 정확한 기온 측정 결과가 존재하는 기간 동안의 흑점 주기 지속 기간과 평균 기온 사이에 상당한 상관 관계가 있다는 것을 보여준다. 실제로 프리스 크리스텐센과 라센은 무려 1550년까지 거슬러 올라가 이 두 요소 사이에 존재하는 대단히 인상적인 상관 관계를 밝혀내기도 했다.[2263] 더욱이 다른 연구자들도 다른 간접적인 기온 측정 결과를 이용해 훨씬 더 오래 전까지 거슬러 올라가는 비슷한 상관 관계를 발견했다.[2264]

이 이론에 대해 오래 전부터 제기된 비판은 도표 146에 나타난 두 그래프 사이에 분명한 인과 관계가 없다는 것이었다. 어떻게 흑점 주기의 변화가 기온에 영향을 미칠 수 있단 말인가? 그러나 새로운 연구들은 그런 인과 관계의 고리를 발견한 것처럼 보인다. 그리고 그 결과들은 흑점 주기와 기온 사이의 연관성을 설명해줄 뿐만 아니라 아직 확실하지 않지만 평균 기온에 결정적인 영향을 미치는 구름의 문제를 다시 부각시켰다. 오늘날 지구 표면의 약 65%[2265]는 구름에 덮여 있는데, 구름은 이산화탄소의 온난화 효과를 계산할 때 대단히 중요한 요인이다. 구름이 햇빛을 반사해 지표면의 기온이 올라가는 것을 막아주는 한편 지표면에서 외계로 방사되는 열을 붙잡아둠으로써 기온을 상승시키는 역할도 하기 때문이다. 특히 대류권 하층부에 위치하는 구름은 전반적으로 기온을 낮춰주는 효과를 내기 때문에 하층부 구름이 많을수록 기온이 낮아진다.[2266]

그런데 스벤스마르크와 다른 여러 과학자들은 도표 147에서 볼 수 있듯이, 전세계적인 대류권 하층부의 구름 분포와 지구로 유입되는 우주 복사(cosmic radiation) 사이에 분명한 상관 관계가 있다는 사실을 보여주었다.[2267] 이는 우주선(線)이 이온을 만들면 이 이온이 대기 중의 작은 입자

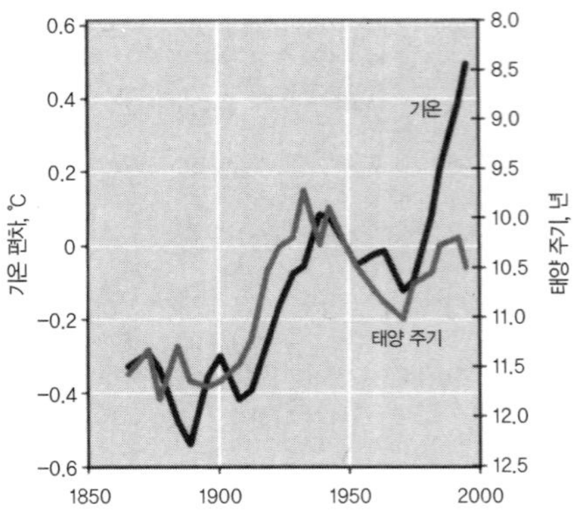

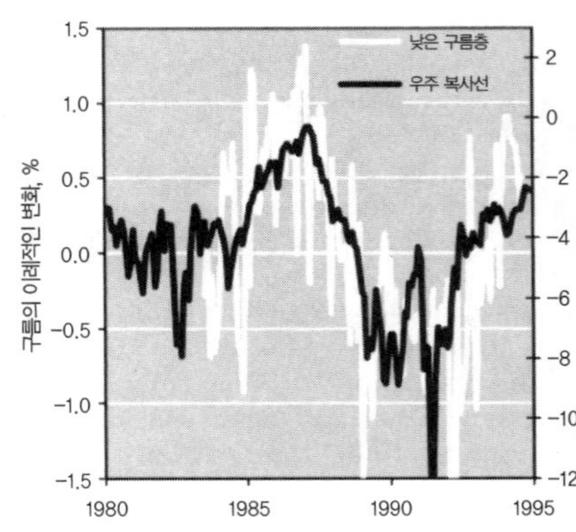

도표 146 태양 흑점 주기와 북반구 평균 기온 사이의 상관 관계. 1865~1995년. 프리스 크리스텐센과 라센(1991: 699)의 자료를 보강한 것이다. 가정을 되도록 자제하고 최신 자료를 더 유용하게 활용하기 위해 정교한 필터링 기법을 사용했는데, 그 결과 그래프의 나머지 부분이 잘 맞지 않게 되었다. 1900~1940년 사이에 태양 주기 감소와 기온 상승 사이에 틈이 생긴 것도 이 때문이다. 출전: Thejll and Lassen 2000.

도표 147 전세계적인 낮은 구름층(>680hPa)의 변화와 지구로 유입되는 우주 복사선 변화 사이의 관계. 출전: Marsh and Svensmark 2000.

들과 반응해 하층부 구름을 생성시키는 기초가 되기 때문인 것 같다.[2268] 우주 복사의 양이 많아지는 것은 태양 활동이 약해진 결과인데, 태양의 활동 저하는 흑점 주기 지속 기간이 길어지는 것과 상관 관계가 있다.[2269]

이런 이론적 관계들 속에는 아직까지 답을 찾지 못한 많은 의문점과 해결되지 못한 과학적 문제들이 존재한다.[2270] 그러나 여기에서 중요한 것은 태양 흑점 이론이 태양 활동과 지구 온난화 사이의 상관 관계를 설명할 가능성을 한 가지 찾았다는 것이다. 지금처럼 태양 흑점 주기 지속 기간이 짧아지면 태양의 활동이 더욱 강렬해지고, 그 결과 우주 복사는 줄어들고, 그것이 다시 대류권 하층부 구름의 양을 감소시켜 지표면의 기온을 상승시킨다. 이 이론은 온실 효과 이론에 비해 엄청난 이점을 지니고 있다. 다른 기상학자들이 어깨를 으쓱하면서 '자연적인 변이'라고 간주해 버린 1860년부터 1950년 사이의 기온 변화를 이 이론으로 설명할 수 있기 때문이다.

도표 146에 나타난 것처럼 기온 변화 속도가 태양 흑점 활동을 앞질러

지난 10~30년 동안 기온 변화와 흑점 주기 사이의 상관성이 쇠퇴한 것 같다는 점에 주목할 필요가 있다. 현재의 기온 변화는 아마도 이산화탄소 같은 온실 가스의 영향을 보여주는 더 강력한 징후일 가능성이 크다. 이런 발견은 태양의 변화와 온실 가스 중 그 어느 한 가지 이유만으로는 이제까지의 기온 변화 추세를 제대로 설명할 수 없음을 분명히 보여준다. 오히려 온실 가스 증가의 징후가 이제야 나타나고 있다는 것은 이산화탄소 방출 증가가 지구 온난화에 미치는 영향력의 추정치를 낮춰 잡아야 할 것이라는 점을 상기시켜 주는 듯하다. IPCC에 충직한 한 연구 보고서는 태양 가설이 기온 편차의 약 57%를 설명해줄 수 있으며, 지금까지의 자료에 의하면 기후 민감도가 1.7℃라는 사실을 밝혀냈다. 이는 IPCC가 내놓은 최선의 추정치보다 33% 낮은 수치다.[2271]

시나리오는 현실적인가

앞으로 1세기 후의 미래를 예측하는 작업이 갖가지 함정들로 가득 차 있다는 것은 과거의 예측들을 통해서도 쉽게 알 수 있다.[2272] 어떤 예언은 어이없을 만큼 틀린 것으로 판명되기도 하고, 어떤 것은 놀라울 정도의 선견지명이 담겨 있는 것으로 판명되기도 했다. 그러나 문제는 물론 예언의 시기가 닥치기 전에 과연 어떻게 틀린 예언과 맞는 예언을 구분할 수 있는가 하는 점이다.[2273] 예언가들이 미래를 예언할 때 안게 되는 가장 커다란 위험은 기술 혁신을 통해 원래의 걱정거리가 아예 비현실적인 것으로 전락해버릴 수 있다는 점을 대체로 과소 평가한다는 것이다. 모델을 연구하는 한 학자는 다음과 같은 말을 했다.

> 100년 전에는 빙산이 기후와 관련된 중요한 위협 요인이어서 사람들이 북아메리카와 유럽 사이를 여행하는 데 커다란 방해가 되었다. 영국의 여객선 타이타닉 호가 1912년 4월 14일 빙산과 부딪혔을 때 1,513명이 목숨을 잃었

다. 그런데 그로부터 50년이 흐른 뒤에는 제트기들이 여객선의 머리 위를 날아다녔다. 빙산의 위험을 예고하고 그 해결책을 찾으려면 빙산이 이동하는 속도와 방향에 대한 지식뿐만 아니라 사람들이 여행하는 수단에 대해서도 마땅히 연구해야 했다.[2274]

그렇다. 우리도 수백 년에 걸친 기후 변화와 관련해 지구 온난화 자체에 대해서뿐만 아니라 그것에 가장 중요한 영향을 미치는 우리 자신들의 행동에 대해서도 합리적인 예측을 시도해볼 필요가 있다.[2275] 이 점과 관련해 지금까지 알려진 가장 중요한 변수는 화석연료 사용에서 기인하는 이산화탄소 배출량에 대한 장기적인 전망이다.[2276]

여기에서는 우선 IPCC의 전통적인 과거 시나리오들을 먼저 살펴본 뒤 새로이 등장한 시나리오를 40개 살펴볼 것이다. 그리고 마지막으로 모든 시나리오 작성에서 반드시 핵심적인 주제가 되어야 하는 정말로 중요한 문제—이산화탄소의 배출량이 실제로 얼마나 되는가—로 다시 돌아가기로 하겠다. 앞에서의 예에 비추어본다면, IPCC의 시나리오들은 새로운 여행 수단이 등장할 가능성을 조사하기보다는 타이타닉 호를 위해 더 나은 항로를 마련하는 데 관심을 쏟고 있는 것 같다.

범지구적인 기후 예측을 표준화하기 위해 IPCC는 1992년에 6개의 시나리오를 공식화했다(시나리오에는 IS92a부터 IS92f까지 각기 다른 명칭을 붙였다). 시나리오에는 미래의 인구 성장률, 경제 성장률, 삼림 벌채율, 에너지 공급량, 환경 보존 노력 등의 변수가 포함되었다.[2277] 이 시나리오 6개 중에서 특히 IS92a는 오늘날에도 중요한데 지금까지 발표된 대부분의 기후 변화 예측이 이 '현재 추세' 시나리오—우리가 온실 가스 배출량을 줄이기 위해 별다른 행동을 취하지 않을 때 예상되는 기후 변화를 제시하는 시나리오—를 바탕으로 했기 때문이다.[2278] 그러나 IS92a에 포함된 중요 변수 중 일부는 과녁을 크게 벗어난 것이 분명하다.[2279] 예를 들어 IS92a는 2025년의 세계 인구를 84억 명으로 예상했는데,[2280] 이는 오늘날 유엔의 예상치(도표 11)보다 거의 5억 명이나 더 많다. 또한 2100년의 인구가 약 113억 명에 달할 것이라는 IS92a의 예측 역시 현재의 예측보다 약 10억 명이나 더 많다.[2281] 더욱이 IS92a는 놀랍게도 2100년까지 모든 열대림의 82% 이상이 사라질 것이라고 예상했다.[2282]

또한 IS92a는 온실 가스인 메탄(CH_4)의 대기 중 농도가 계속 증가할 것으로 전망했다.[2283] (이후에 만들어진 새로운 시나리오들이 똑같은 가정을 하고 있다는 점도 놀랍기 그지없다.)[2284] 그러나 메탄의 증가율은 그동안 감소해왔으며 지금은 안정적인 상태에 접근하고 있는 것으로 보인다.[2285] 이런 잘못된 가정들 때문에 IS92a 시나리오의 2100년 지구 온난화 효과가 적어도 5% 과대 평가되는 결과가 나타난다.[2286]

가장 중요한 문제는 IS92a 시나리오의 이산화탄소 증가 추세 가정과 그런 잘못된 가정이 그대로 기후 예측 시뮬레이션에 사용되었다는 점이다. IPCC는 이산화탄소 농도가 1990년부터 2100년까지 연간 0.64%씩 증가할 것이라고 가정했다.[2287] 하지만 이는 지금까지 관찰된 증가율보다 훨씬 더 높다. 대기 중의 이산화탄소 농도는 1980년대에 연간 0.47%씩 증가했으며, 1990년대에는 0.43%씩밖에 증가하지 않았다.[2288] 얼마 되지도 않는 수치에 신경쓰는 것은 공연히 학자 티를 내고 싶어서가 아니다. 이 수치들은 누적 증가율이기 때문에 IPCC의 예상치를 그대로 적용하면 대기 중의 이산화탄소 농도는 109년 만에 2배로 증가한다. 그러나 실제로 관측된 증가율이 계속 유지될 경우 이산화탄소 농도가 2배로 늘어나는 데 걸리는 기간은 154년이다.[2289]

그럼에도 불구하고 오직 이산화탄소에만 초점을 맞추는 것은 그리 현명한 태도가 아니다. 모든 온실 가스가 지구 온난화에 영향을 미치기 때문이다. 따라서 시나리오에서는 흔히 다른 기체들의 영향을 모두 이산화탄소의 영향으로 전환해 기후 변화를 예측하는데, 이렇게 해야 한 종류의 온실 가스만을 다루는 것이 되어 계산이 용이하기 때문이다.[2290] IPCC는 메탄 · 아산화질소 · CFCs의 연간 증가율을 이산화탄소 증가율로 환산하여 계산에 포함시켰을 때, 전체 증가율이 0.85%에 이른다는 것을 발견했다.[2291] 하지만 이 수치 역시 실제 측정 결과보다 훨씬 더 높다.

도표 148에는 1851년 이후 이산화탄소 증가율로 표시한 온실 가스 증가율이 제시되어 있다. 이 증가율은 1980년대에 0.76%로 절정에 이르렀으나 1990년 이후에는 고작 0.58%로 줄어들었다.[2292] 그런데 이 증가율로는 이산화탄소 농도가 2배로 증가하는 데 120년이 걸리는 반면, IS92a 시나리오가 예상하는 증가율 0.85%를 적용할 때는 그 기간이 82년밖에 되지 않는다. 다시 말하지만, 이런 수치에 신경을 쓰는 것은 공연히 학자티를 내고 싶어서가 아니다.[2293]

그런데 대부분의 표준적인 컴퓨터 시뮬레이션은 0.85%보다 훨씬 더 높은 1%라는 이산화탄소 증가율을 사용해 기온 변화를 예측한다.[2294] 이렇게 하는 것은 단순하고 편리한 계산을 위한 조치이지만 IPCC는 이것이 "임의적"이며 "높은 편에 속하는" 수치라는 점을 인정하고 있다.[2295] 1%라는 수치를 이용하면 이산화탄소가 2배로 늘어나는 기간이 70년 이하로 줄어든다. 경험적인 추정치는 120년인데도 말이다. 모델 연구자들이 놀라울 정도로 복잡한 컴퓨터 모델을 구성해서는 지표면에서 성층권에 이르기까지 전세계에서 수집한 방대한 자료들을 입력해 고가의 슈퍼컴퓨터로 몇 주씩 또는 몇 개월씩 프로그램을 돌리면서도 가장 핵심적인 문제—온실 가스의 대기 중 축적도—에 대해 더 정확한 예상치인 0.6% 대신 왜 임의적으로 반올림한 1%라는 숫자를 선택했는지 정말 이해하기 어렵다.[2296]

그 결과 모델이 돌아가는 속도가 너무 빨라져서 지구 온난화 속도에 대한 예측도 거의 2배나 빨라졌다(70년 대 120년). 즉 주어진 시간 안에 온난화가 훨씬 더 큰 폭으로 진행된다는 예측이 나오는 것이다.[2297] 대개 언

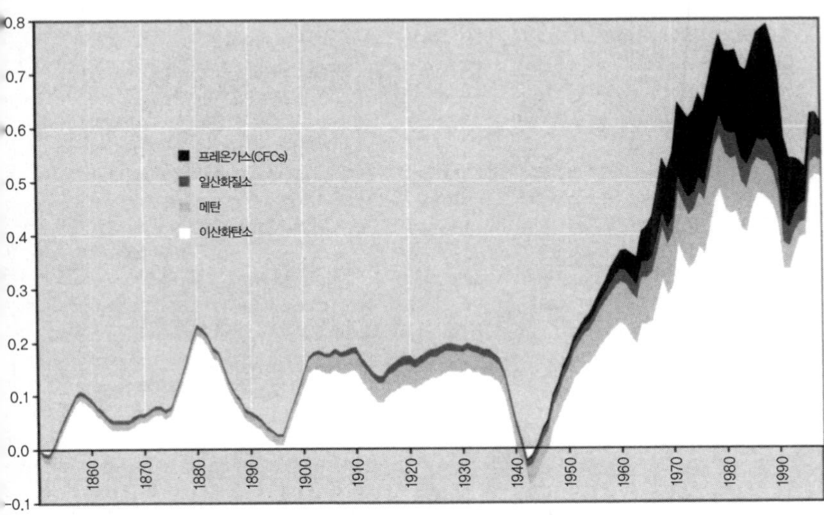

도표 148 이산화탄소 증가율로 환산한 모든 온실 가스의 5년 평균 연간 증가율. 1851~1998년. 출전:Hansen and Sato 2000, IPCC 1996:92-3.

론이 사람들에게 제시하는 것은 바로 이처럼 실제의 관측 결과보다 훨씬 더 빠르고 IPCC의 시나리오보다도 더 빠르게 돌아가는 모델들이다. 따라서 〈사이언티픽 아메리칸〉 역시 도표 138의 해들리 모델에 사용된 이산화탄소 증가율 1%를 제시하면서 2100년까지 지구 기온이 약 3℃ 높아질 것이라고 말한다. 이산화탄소 증가율을 1%로 가정한 것이 비현실적이라는 사실을 언급하지 않은 채 말이다.[2298]

40개 새로운 시나리오들은 현실적인가

모델 연구자들은 IPCC가 제시한 40개의 새로운 시나리오들을 다루면서 미래를 예언한다는 생각을 확실히 포기하고, 대신 미래의 전망과 가능성을 얘기한다.[2299] 한 모델 연구팀이 상당히 정직하게 밝혔듯이, IPCC 시나리오는 "컴퓨터의 도움을 받아서 지어내는 '이야기'"[2300]에 비유할 수 있을 것이다.

도표 149와 150에는 그 40개의 시나리오 중에서 특히 기준으로 삼을

만한 대표적인 시나리오 6개에서 채택한 흥미로운 미래 추세의 일부가 제시되어 있다. 우선, 모든 IPCC 시나리오가 처음부터 2개의 정량적인 목표, 즉 인구와 경제적 부의 달성에 부합하도록 설정되었다는 사실을 염두에 두어야 한다.[2301] 따라서 인구와 부는 모델이 예측한 결과가 아니라 처음부터 그렇게 되도록 상정해 모델에 입력한 가정치다.[2302]

인구와 관련해 IPCC는 시나리오 B1이 (도표 11에서 제시한) 유엔의 인구 증가 예측을 그대로 따르도록 상정한 반면, A2 시나리오는 그보다 고성장 쪽을, 나머지 다른 시나리오들[2303]은 저성장 쪽[2304]을 지향하도록 상정했다(도표 149).

도표 149의 우측 상단 그래프를 보면 모든 시나리오의 아황산가스 배출이 IS92a의 원래 가정보다 훨씬 낮게 잡혀 있음을 알 수 있다.[2305] 어느 국가나 사회가 부를 충분히 축적하면 아황산가스 배출량이 감소한다는 데는 의심의 여지가 없지만(도표 97),[2306] 유럽연합과 미국에서 아황산가스 배출량이 감소하는 속도(도표 91)[2307]를 좀더 자세히 분석해본 결과, 재평가가 필요해졌다. 앞으로 예상되는 아황산가스 배출 감소분의 대부분은 개발도상국들이 자국의 대기 오염도를 낮추기 위해 강제로 배출 규제를 실시한 데서 올 것이다. 최근 세계은행이 발간한 한 보고서는 중국에서 대기 오염으로 발생하는 사회적 비용이 GDP의 약 8%인 반면, 대기 오염을 완화시키는 데 필요한 사회적 비용은 GDP의 1~2.5% 수준이라고 지적했다.[2308] 따라서 아황산가스 감축을 위한 정책을 이미 실시하고 있다는 사실은 결코 놀랄 일이 아니다.

아황산가스 배출량은 매우 중요하다. 황 에어로솔이 기후를 냉각시키는 역할을 하기 때문이다. 따라서 만약 아황산가스 배출을 너무 급속히 줄이면, IS92a에서만큼 온난화를 지연시킬 수 없을 것이다. 2001년에 IPCC가 내놓은 2100년의 최고 온도 예측치가 전보다 상승한 것은 바로 아황산가스 배출량을 낮게 가정한 새로운 시나리오들 때문이다.[2309] 이

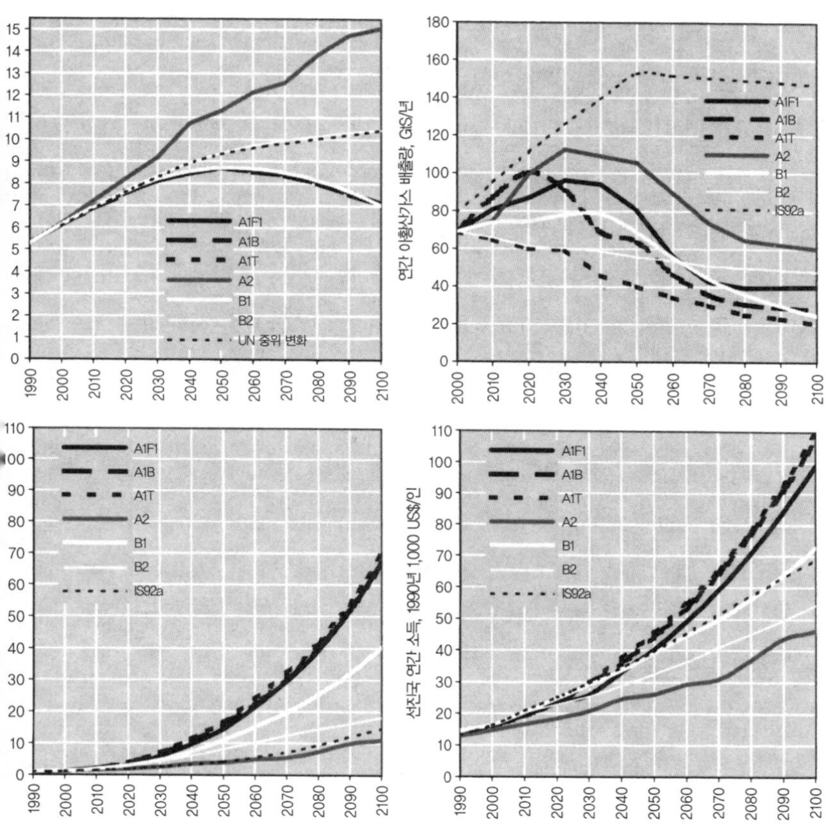

도표 149 IPCC 시나리오가 상정하는 제반 상황의 변화(1). 1990~2100년. 인구는 10억 명 단위로 표시했고, 유엔 추정치를 참고로 제시했다. 2000~2100년의 연간 아황산가스 배출량은 10억 톤 단위로 표시했고, IS92a 시나리오가 상정하는 값을 참고로 제시했다. 개도국과 선진국의 1990~2100년 연간 소득은 1990년 미국 달러 가치를 기준으로 1인당 소득으로 표시했고, IS92a 시나리오 상정값을 참고로 제시했다. 이 연구 결과들은 서로 다른 6개 모델 연구팀에서 제시한 것이므로 비교할 때 작은 차이점에 연연하지 않도록 주의해야 한다.[2310] 출전: IPCC 2000b, 2001a: 표 II.1.8, IPCC/DDC 2001, 도표 11의 자료.

문제에 대해서는 아래에서 다시 논의할 것이다. 그러나 실외 대기 오염이 사람들의 목숨을 앗아가는 커다란 요인 중 하나이며, IS92a 시나리오에서는 그 중요성을 훨씬 더 크게 상정했기 때문에 아황산가스 배출량의 급격한 감소가 사람들의 건강에 커다란 혜택을 안겨줄 뿐만 아니라 취약한 생태계에도 크게 도움이 된다는 점 또한 반드시 지적해야겠다.

개발도상국과 선진국의 1인당 소득이 어떻게 변화할 것인지는 도표 149의 하단 그래프에 나타나 있다. 전반적으로 모든 시나리오들은 개도국과 선진국 모두에 대해 오늘날보다 더 부유한 미래를 상정하고 있음을 알 수 있다.[2311] 더욱이 소득 불평등도 급격히 완화되리라 가정했는데, 도표 35에도 제시되어 있듯이 소득 불평등 비율은 IS92a 시나리오의 가정치보다 훨씬 더 빠르게 진행되어 오늘날의 6 : 1에서 3 : 1～1.4 : 1로 떨어질 것으로 전망했다. 마지막으로, 심지어 가장 비관적인 시나리오조차 21세기 말에 이르면 개도국의 보통 사람들이 오늘날 선진국의 보통 사람들과 거의 맞먹는 유복한 생활을 즐길 것이라고 가정한다는 점을 지적해야겠다. 물론 다른 시나리오들은 개도국 사람들이 이보다 훨씬 더 부유해질 것으로 가정한다. 이 점이 바로 이 책의 첫머리에 인용한 줄리언 사이먼의 말, 즉 "앞으로 한두 세기 안에 모든 국가와 인류 대부분은 오늘날 서구 사회의 생활 수준과 같거나 더 높은 수준에 도달할 것이다"[2312]는 지적을 든든하게 뒷받침해준다.

A1 시나리오와 다른 시나리오 사이에는 경제적인 측면에서 특별한 차이가 존재한다. (A1FI 시나리오는 선진국의 미래를 약간 더 부정적으로 보는 듯한데, 이는 순전히 모델마다 가정이 약간씩 다르기 때문이다. A1T 시나리오와 똑같은 모델을 A1FI 시나리오에 적용하면 그 결과가 A1T 시나리오 못지않다.)[2313] 이것이 경제적 능력의 진정한 차이를 표현한 것이라 해도,[2314] A1 시나리오 대신 B1 시나리오를 채택해 조금 더 개선된 환경을 갖는 것이, 선진국 자손들이 소득의 50%(2100년 7만 3,000달러 대 11만 달러)를 기꺼이 포기할 만큼 가치 있는 일인지는 한번 자문해볼 필요가 있다.[2315] 또한 미래의 개발도상국 주민들이 B1 시나리오가 제시하는 세상에서 살기 위해 소득을 약 75%나 더 증진시킬 수 있는 기회(4만 달러 대 7만 달러)를 선뜻 포기하려 할지에 대해서도 자문해보아야 한다.

놀랍게도 시나리오 작성자들은 분명한 판단 기준을 전혀 언급하지 않은 채 4개의 시나리오에 등급을 매겼다. B1 시나리오가 최고 등급인 '양호'를 받은 반면, A1 시나리오는 겨우 '보통' 수준의 등급을 얻었다.[2316] 그런데 경제적인 측면에서 볼 때, 앞으로 어떤 시나리오를 따르느냐에 따라 전세계가 감당해야 할 비용의 차이가 약 7,000조 달러(또는 현재의 화폐 가치로 약 107조 달러. 이는 현재 전세계 GDP의 3배가 넘는 금액이다)[2317]라는 점을 감안하면, 이처럼 손짓 한 번으로 쉽게 등급을 결정하는 것은 다소 경솔해 보인다. 각각의 시나리오에 좀더 신중한 판단을 내리기 위해서는, 예를 들어 A1 시나리오 대신 B1 시나리오를 선택할 때 세계 인류가 확보할 수 있는 이익은 물론 손해에 대해서도, 또 환경에 대한 고려와 함께 경제에 대해서도 심사숙고할 필요가 있다. 지구 온난화에 대한 대처라는 전체 과제에서 핵심적인 위치를 차지하고 있는 이 문제는 이번 장의 말미에서 다시 한번 다룰 것이다.

이런 시나리오들은 모든 온실 가스 배출량을 예측해야 하기 때문에 삼림 면적에 대한 추정도 시나리오에 포함시킨다(삼림 면적이 감소하면 이산화탄소 배출이 증가하고 삼림 면적이 늘어나면 이산화탄소가 대기 중에서 삼림으로 이동한다). 따라서 도표 150의 왼쪽 상단을 보면, 1950년부터 150년 동안 삼림 면적이 어떻게 변할 것인지를 알 수 있다. 이 도표에는 A2 시나리오를 제외한 모든 시나리오에서 2100년의 삼림 면적이 2000년보다 늘어나는 것으로 되어 있다. A2 기준 시나리오에는 삼림 자료가 전혀 제시되지 않았기 때문에 다른 2개의 A2 시나리오가 이 도표에 나타나 있다. 두 시나리오의 줄거리는 각기 다르다. A2 MiniCAM 시나리오는 다른 시나리오에 비해 비교적 가난하고 인구가 많은 세계를 상정하는데, 전세계적으로 삼림 면적이 상당히 감소하는(약 17%) 반면, A2 AIM 시나리오는 삼림 면적의 소폭 증가를 보여준다.[2318]

B1 시나리오에서 나타난 삼림 면적의 35% 증가라는 놀라운 결과는 그리 현실적이지 않은 변화에 가장 큰 영향을 받은 것이다. 모델 연구자들

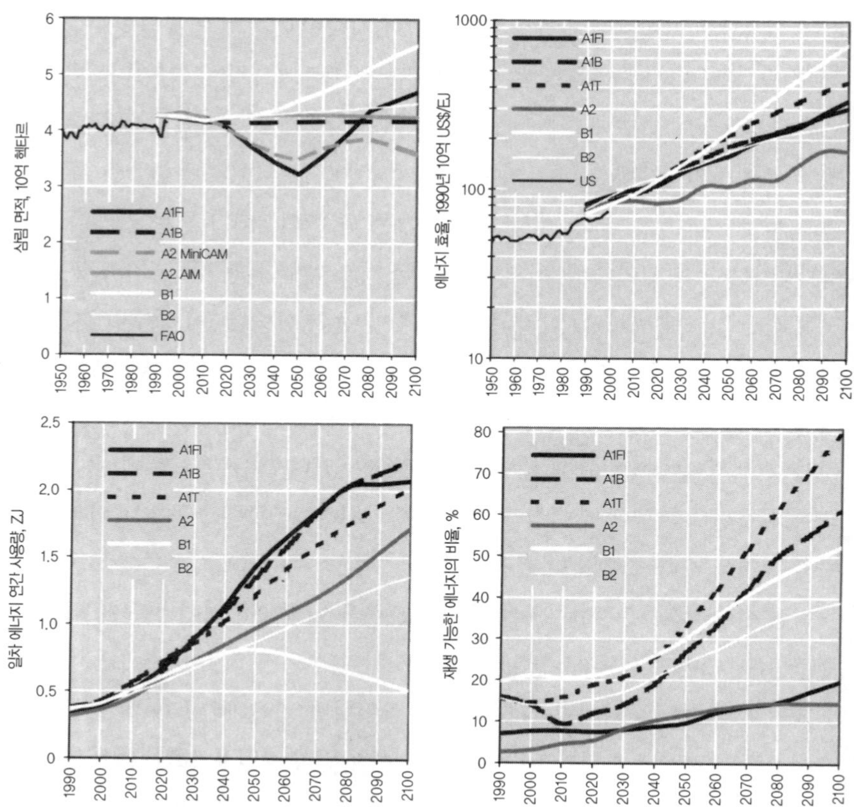

도표 150 IPCC 시나리오가 상정하는 제반 상황의 변화(2). 1990~2100년. 삼림 면적은 10억 헥타르 단위로 표시했고, 1950~1994년의 FAO 통계를 참고로 제시했다. A2 기준 시나리오에 삼림에 관한 자료가 전혀 제시되지 않았다는 점을 염두에 두어야겠다. 다른 2개의 A2 시나리오 결과치도 여기에 제시되었다. 1990~2100년 에너지 효율은 엑사줄당 1990년 기준 미화 10억 달러 단위로 표시했고, 미국의 에너지 효율을 참고로 제시했다. 1990~2100년 동안의 일차 에너지 연간 사용량은 제타줄(1,000EJ)로 표시했다. 1990~2100년의 재생 가능한 에너지 비율은 퍼센트로 표시했다. 앞에서와 마찬가지로 이 연구결과들은 서로 다른 6개 모델 연구팀에서 제시한 것이므로 비교할 때 작은 차이점에 연연하지 않도록 주의해야 한다. 출전: IPCC 2000b, 도표 11 · 60 · 68의 자료.

은, A1 시나리오가 상정하는 2100년의 인구 수에 비해 B1 시나리오의 인구수가 훨씬 더 많은데도(104억 명 대 70억 명) 필요한 경작지의 면적은 더 적을 것으로 가정했다. 개발도상국의 곡물 수확량이 4배 이상 늘어나고, 건강과 환경에 대한 관심이 늘어남으로써 소비자들이 고기를 주로 소비하는 서구 스타일에서 급격히 멀어질 것이라고 전망했기 때문이다.[2319] 모든 상황을 감안할 때 경작지 면적은 2050년부터 2100년 사이에 27% 감소할 것으로 가정했다.[2320] 또한 축산업이 쇠퇴하면서 목초지 역시 32%나 감소할 것이다.[2321] 이런 가정이 과연 어느 정도나 현실적인지에 대해 곧 다시 다룰 것이다.

도표 150의 나머지 3개 그래프는 각 시나리오에서 대단히 중대한 위치를 차지하는 에너지 사용에 대한 가정을 보여준다. 이것이야말로 이산화탄소 배출량을 직접적으로 결정하는 가정이기 때문에 (도표 137에 나타난) 지구 온난화 예측에서 이들이 핵심적인 역할을 하고 있다. 대부분의 시나리오는 에너지 소비량이 크게 늘어날 것이라고 전망하는데, A1 시나리오의 경우 앞으로 1세기 동안 일차 에너지(primary energy, 화석연료 – 옮긴이) 소비량이 5배 이상 늘어날 것으로 가정한다. 다만 B1 시나리오만이 21세기 중반부터 에너지 수요가 감소하기 시작해 세기말에 이르면 에너지 총 소비량이 다시 현재의 수준으로 낮아질 것으로 전망한다.

이산화탄소 배출량을 결정하는 2개의 핵심적인 동인(動因)은 총 에너지 소비량과 화석연료의 비중이다. 에너지 소비량은 단위 에너지당 얼마나 많은 상품을 생산할 수 있는가에 달려 있는데, 도표 68에서 살펴본 것처럼 미국과 영국의 에너지 효율은 그 동안 꾸준히 증가해왔다. 지난 50년 동안 미국 에너지 효율의 변화는 도표 150의 오른쪽 상단에 제시되어 있다.[2322] 1973년의 제1차 석유 위기 이후 미국의 에너지 효율은 50년마다 2배씩 신장되는 추세를 보여왔다. 모든 시나리오들은 에너지 효율이 계속 증가할 것이라고 가정하지만, 증가 속도에 대해서는 의견이 매우 다르다. A2 시나리오는 에너지 효율이 거의 개선되지 않아(94년마다 2배씩 늘어나는 속도) 전세계가 비틀거리며 힘겹게 나아갈 것이라고 가정하는 반면, B1 시나리오는 에너지 효율 개선 속도가 아주 빨라서 32년마다 2배씩 늘어날 것이라고 가정한다.[2323] 어떤 예측이 더 정확할지 판가름하는 가장 중요한 요인은 에너지 가격이다.[2324] 만약 에너지 가격이 낮게 유지된다면, 효율을 증가시킬 의욕이 거의 생기지 않는 반면에 에너지 가격이 상승하면 효율의 개선 속도가 한층 빨라질 것이다.[2325] 그런데 석탄, 석유, 가스의 가격은 A1 시나리오에서보다 B1 시나리오에서 더 낮게 상정되어 있다. A1 시나리오에서는 에너지 소비가 더 많아져 궁극적으로는 에너지 가격을 끌어올린다는 것이 그 주된 이유이다.[2326] 이는 만약 다른 조건들이 모두 같다면, A1 시나리오의 에너지 효율이 더 낮아지는 것이 아니라 더 높아질 것임을 의미한다.

이산화탄소 배출량을 결정하는 또 하나의 요인은 화석연료 대 재생 가능한 에너지의 사용 비율이다.[2327] 이 점에 있어서도 역시 모든 시나리오들은 도표 150의 오른쪽 하단 그래프에서 볼 수 있듯이 재생 가능한 에너지의 비율이 증가할 것으로 가정한다.[2328] 그러나 A2와 A1FI 시나리오가 재생 가능한 에너지의 비율이 아주 조금밖에 늘어나지 않을 것으로 예상한 반면, A1T 시나리오는 궁극적으로 총 에너지 사용량의 80% 이상이 재생 가능한 에너지로 대체될 것으로 상정한다. A1T 시나리오에서 에너지 사용량이 훨씬 더 많은데도, 도표 136에서처럼 총 이산화탄소 배출량이 금세기 중반부터 억제되어 B1을 바짝 뒤쫓을 수 있게 되는 것은 바로 이런 이유 때문이다. 여기에서도 중요한 핵심은 에너지가 대체되는 이유인데, 이번에도 역시 각기 다른 에너지원의 상대적 가격이 결정적인 역할을 할 것 같다.

모든 시나리오는 석유와 가스의 가격이 꽤 상당한 수준까지 증가할 것이라고 가정하며, 21세기가 끝나기 전에 3배의 가격 상승을 예상하는 시나리오도 있다. 또 석탄 가격 역시 비록 속도는 다소 느리지만 지속적으로 상승할 것으로 가정한다.[2329] 마찬가지로, 모든 시나리오는 재생 가능한 에너지 가격이 제11장에서 살펴본 것처럼(도표 72) 앞으로 하락할 것이라고 전망한다.[2330]

대부분의 시나리오는 태양 에너지와 풍력의 가격이 전기 생산량 1킬로와트시당 2~5센트 수준으로 낮아지면서 "석탄, 석유, 가스의 가격이 상승함에 따라 이들이 점점 더 경쟁력을 갖게 될 것"[2331]이라고 가정한다. 그러나 화석연료 가격이 전체 전기 생산 원가에서 차지하는 비율이 그리 크지 않고,[2332] 또 화석연료의 효율이 증가하면서 가격 역시 지속적으로 하락할 것이므로,[2333] 화석연료가 재생 가능한 에너지로 대체될지 여부를 좌우하는 것은 결국 재생 가능한 에너지 가격의 하락세가 화석연료 가격 하락세를 따라잡을 수 있을 것인가 하는 점이다.

따라서 미래의 이산화탄소 배출량을 결정하는 가장 중요한 두 가지 요소는 과연 에너지 효율 증가가 얼마나 빠른 속도로 진행될 것인가 하는 점과 재생 가능한 에너지가 화석연료에 대해 과연 가격 경쟁력을 확보할 수 있을 것인가 하는 점이다. 그러나 IPCC 시나리오, 특히 B 시나리오를 작성한 연구자들은 이런 점에 거의 주의를 기울이지 않았다. 그들은 화석연료 사용을 제한하는 요인이 기술적인 진보나 경제적 이유에 있는 것이 아니라 사람들의 '환경에 대한 관심'에 있다고 생각했던 것 같다.[2334] 모델 연구자들은 B1 시나리오에서 석탄이 재생 가능한 에너지에게 자리를 빼앗기는 것은 석탄이 환경을 더럽힌다고 여겨지기 때문이거나 또는 석탄 사용에 따르는 비용이 점점 더 증가하기 때문일 것이라고 단정했다. 그러나 "이런 변화 과정들은 시나리오에서 분명하게 고려되지 않았다."[2335] 기본적으로 B1 시나리오에서는 그냥 재생 가능한 에너지가 승리를 거두는 것으로 설정되어 있다. 다른 시나리오들도 중요한 판단을 내릴 때 이런 시각을 그대로 이용하고 있다. 그리고 다소 순진하고 진부한 얘기를 이런 판단의 주요 근거로 제시한다.[2336] 요약하자면, 모델 연구자들은 B1 시나리오가 가치 중립적이 아니라 주로 "우리가 앞으로 희망하는 상황과 조건을 묘사하고 있다"[2337]고 말한다.

마찬가지로 에너지 효율 증가 속도에 대한 기본적인 판단도 시나리오의 기본 줄거리에 부합하도록 조정되었다. "시나리오 줄거리의 핵심적인 동인에 부합하도록 파라미터를 조정"[2338]한 것이다. 그러나 다양한 시나리오 줄거리에서 처음부터 중요한 파라미터들을 일일이 선정하는 대신, 실제로 재생 가능한 에너지가 화석연료를 능가할 가능성이 있는지, 또 그런 가능성이 얼마나 되는지를 분석하는 편이 아마 더 유용할 것이다. 이런 방법상의 차이가 A1 시나리오에 확연히 드러나고 있다. 만약 화석연료가 A1FI 시나리오에서처럼 앞으로도 계속 유리한 위치를 유지하면, 이 세상은 더욱 부유해지겠지만 그 대신 대량의 이산화탄소를 계속 배출할 것이다.[2339] 그러나 만약 A1T 시나리오에서처럼 급속한 기술 발전이 이루어지면 태양 에너지의 가격이 1킬로와트시당 0.8센트 이하로 떨어질 수 있으므로 이 세상은 A1FI 시나리오에서처럼 부유하면서도 이산화탄소를 거의 배출하지 않는 곳이 될 것이다.[2340]

따라서 우리가 정말로 알아야 할 것은 A1FI 시나리오와 A1T 시나리오 중에서 과연 어느 쪽이 더 현실적으로 실현 가능성이 높으며, 또 만약 A1T 시나리오와 같은 세상을 향해 나아가고자 한다면 어떻게 해야 하는가이다.[2341] 지구 온난화와 관련해 시나리오들을 논의할 때 바로 이런 점이 가장 중요한 문제임이 거의 틀림없는데도 모든 시나리오의 가능성을 똑같이 간주하겠다는 모델 연구자들의 원래 의도 때문에 이 문제가 한 번도 거론되지 않았다.

그러나 대부분 시나리오들의 실현 가능성이 비슷하다는 생각은 분명히 비현실적인 것 같다. 에너지 문제를 다룬 장에서 이미 살펴보았듯이 화석연료, 특히 석탄은 앞으로 수백 년 동안 충분히 쓸 수 있을 정도로 풍족하다. 그렇지만 풍력이나 태양 에너지 같은 재생 가능한 에너지의 가격이 급속히 떨어지고 있어 20~30년 이내에 풍력은 거의 경쟁력을 갖추게 될 것이고 태양 에너지는 완전한 경쟁력을 갖추게 될 것이다.[2342] 실제로 여러 분석 결과에 의하면, A1FI 시나리오에서 21세기 말에 이르러서야 비로소 도달할 수 있으리라 여겼던 태양 에너지 가격 추정치가 앞으로 겨우 몇십 년 후에 현실화될 수 있을 것이라고 한다.[2343] 따라서 재생 가능한 에너지원은 스스로의 힘으로, 또는 아주 약간 시장의 '부추김'을 받아 21세기 중반 이전에 경쟁력을 가질 수 있을 것으로 예상된다.

〈정치경제학 저널(Journal of Political Economy)〉이라는 학술지에 논문을 발표한 학자들은 화석연료의 값이 더 올라가고 재생 가능한 연료의 가격이 계속 떨어질 경우에 과연 어떤 결과가 초래될지 알아보고자 중요한 모델을 이용해 이 문제를 다루어보았다.[2344] 그들은 연구가 복잡해지는 것을 피하기 위해 화석연료 중에서는 석탄·가스·석유만을 살펴보았고, 재생 에너지원으로는 지금은 가격이 비싸지만 언젠가는 무한한 에너지원이 될 수 있다고 예상되는 태양열 발전만을 살펴보았다(도표 73).[2345] 우리가 꿈꾸는 다른 좋은 미래 에너지원—수소를 이용한 핵융합이 좋은 예인데, 공교롭게도 IPCC 역시 핵융합을 미래 에너지원 고려 대상에서 배제했다[2346]—도 마찬가지로 모델에 포함시킬 수 있는데, 이렇게 되면 모델 연구가 훨씬 더 영향력을 갖게 될 것이다.[2347] 그들의 연구 결과가 도표 151에 제시되어 있다. 맨 위의 그래프에서 태양열 발전 기술 부문에서 전혀 개선이 이루어지지 않을 경우의 기본 시나리오를 볼 수 있다. 이럴 경우 재생 가능한 에너지원이 사용될 가능성은 거의 없을 것이다. 태양열 발전의 단가가 앞으로도 전혀 변하지 않는다면 대부분의 에너지 생산은 석탄으로 옮겨갈 것이며, 순전히 화석연료의 가격이 엄청나게 상승해 결국 전세계가 태양 에너지로 완전히 옮겨가기까지는 무려 370년이 걸릴 것이다.[2348] 이 때문에 탄소 배출량은 A1FI 시나리오에서보다 약간 더 많아질 텐데, 심지어 이 시나리오조차 재생 가능한 에너지원의 가격이 약간 개선될 것으로 전망하기 때문이다.[2349]

그러나 이 모델은 태양 에너지의 가격이 많은 사람들의 예측처럼 10년마다 50%씩 지속적으로 하락하면 2030~2040년에 이르러 태양 에너지

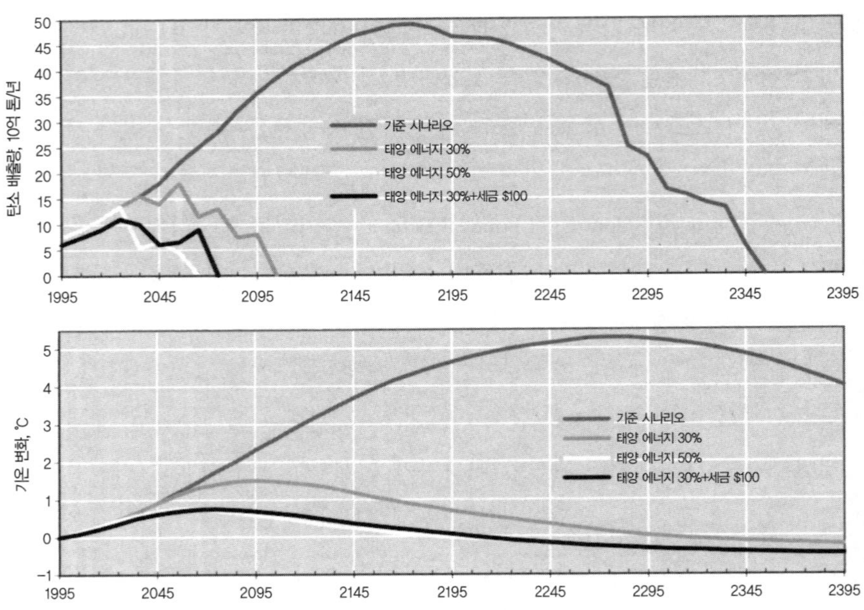

도표 151 위 그래프:재생 에너지 사용 비율을 각기 다르게 책정한 4개 시나리오가 제시하는 전세계 탄소 배출량 변화. 1995~2395년. 기준 시나리오에서는 기존의 에너지가 재생 가능한 에너지로 전혀 대체되지 않는 경우를 상정했고, 2개 시나리오에서는 태양 에너지 가격이 10년마다 각각 50%와 30%씩 하락하는 것으로 상정하였다. 태양 에너지의 최저 발전단가는 2센트/kWh로 가정하였다. 마지막 시나리오에서는 10년마다 태양 에너지 가격이 30%씩 하락하고 이산화탄소 배출량 1톤당 미화 100달러의 탄소세가 붙는 것으로 가정하였다.
아래 그래프:위의 4개 시나리오에서 얻은 이산화탄소 배출량에 근거하여 추정한 전세계 평균 기온의 변화.
출전:Chakravorty et al. 1997:1222–3, Ahmed 1994.

가 경쟁력을 갖추게 될 것이라는 점을 실감 있게 보여준다.[2350] 이렇게 되면 화석연료가 태양 에너지로 대부분 대체될 것이며, 이런 변화는 2030년대에 시작되어 2060년대에 이르러 거의 완료될 것이다.[2351] 사실 석탄의 가채 매장량 중에서 98.5%는 결코 채굴되지 않을 것이다. 태양 에너지 가격이 점점 더 떨어질 것이기 때문이다.[2352] 이런 전망의 저변에는, 만약 태양 에너지의 값이 계속 떨어지고 화석연료의 값은 계속 올라간다면 우리가 대량의 화석연료를 계속 사용할 가능성은 거의 없을 것이라는 생각이 깔려 있다. (물론 단기적으로는, 심지어 20~30년 정도를 전망하더라도 화력 발전소나 휘발유 사용 자동차 등 화석연료 사용 기술에 대규모 투자가 이루어지고 그 결과 태양 에너지로의 전환이 다소 '어려워질' 것이다. 이럴 경우에는 기존의 화석연료 이용 설비의 수명이 다할 경우에 한해서 새로운 태양 에너지 이용 기술이 도입될 수 있을 것이다.)[2353] 근본적으로, 이 모델은 A1FI 시나리오가 현실로 나타날 가능성이 상당히 적으며, 미래의 탄소 배출량은 A1T 시나리오나 B1 시나리오가 예상하는 정도이거나 그보다도 낮을 가능성이 훨씬 더 크다는 것을 보여준다.

또한 이 모델은 태양 에너지의 가격이 10년마다 겨우 30% 정도만 하락할 것이라는 보수적인 태도를 보여준다. 이는 태양 에너지가 화석연료 대신 쓰일 수 있을 만큼 경쟁력을 갖추는 시기가 늦춰진다는 것을 의미한다. 그럼에도 불구하고 태양 에너지는 2040년대부터 활용되기 시작해 21세기 동안 점점 더 사용량이 증가하다가 2105년에 이르면 모든 부문을 점령하게 될 것이다.[2354] 이 경우에도 이산화탄소 배출량 시나리오는 A1T 시나리오와 A1B 시나리오 사이의 수치를 보여주며, 석탄 가채 매장량의 92%는 결코 사용되지 않을 것으로 전망한다.[2355] 마지막으로, 이 모델은 태양 에너지의 가격 하락 추세는 10년마다 30%씩에 불과하지만 탄소 배출에 대해 톤당 100달러씩 (범지구적으로) 세금을 부과하는 시나리오를 포함하고 있다. 세금 제도가 실시되면 당연히 화석연료 소비량이 줄어들 것이며(세금의 효과에 대해서는 나중에 더 이야기하겠다), 또한 태양 에너지의 가격이 상대적으로 저렴해져 화석연료가 더 빨리 태양 에너지로 대체될 것이다. 그 결과 탄소 총 배출량은 태양 에너지 가격이 더 빨리 떨어질 것으로 가정한 시나리오와 같은 양상을 나타낼 것이다(B1 시나리오보다 더 낮은 수준이 될 것이다). 그러나 이 연구에서 밝히지는 않았지만 세금 제도는 경제에 커다란 혼란을 초래할 것이다. 나중에 이 문제를 다시 논의하면서 과연 전세계가 이산화탄소 배출을 줄이기 위해 그렇게 추가적인 부담을 짊어져야 할 필요가 있는지 따져볼 것이다.

도표 151의 아래 그래프에는 이 시나리오들이 기온 변화에 미칠 영향

이 묘사되어 있다. 만약 태양 에너지 가격이 조금도 떨어지지 않는다면 사람들은 오랫동안 계속해서 화석연료를 사용할 것이며, 이 때문에 지구의 평균 기온은 2100년까지 2℃ 이상 상승할 것이다. 지구 기온은 2275년까지 지금보다 5℃ 이상 더 오른 후에야 비로소 떨어지기 시작할 것이다. (이 기온 추정치가 도표 137에 제시된 IPCC의 핵심적인 추정치보다 전반적으로 더 낮다는 데 주목하라.)[2356] 그러나 태양 에너지 이용에 좀더 현실적인 시각을 견지하면 지구의 평균 기온은 앞으로 50년 동안 겨우 0.7℃ 상승한 후 하락하기 시작할 것이다. 이보다 조금 더 비관적인 가정을 하고 있는 시나리오에서조차 기온 상승폭은 앞으로 100년 동안 고작 1.5℃ 밖에 되지 않을 것이며, 그 후부터는 기온이 하락하기 시작해 2195년에는 1995년의 수준에 도달할 것이다.[2357]

좀더 현실적인 시각을 담은 모델에는 몇 가지 핵심적인 내용이 들어있다. 첫째, 이 모델은 지구 온난화가 계속 악화되기만 하는 문제가 아니라는 것을 보여준다. 사실 어느 정도의 기술 혁신을 예상하는 모든 합리적인 시나리오들은 정책적인 개입이 없더라도 탄소 배출량이 A1FI 시나리오 수준에는 도달하지 않을 것이라고 전망한다. 21세기 말이 가까워질수록 재생 가능한 에너지원의 값이 떨어져 사용량이 점점 더 늘어나면서 탄소 배출량은 줄어들 것이기 때문이다.[2358] 둘째, 기온 상승폭은 IPCC의 최대 추정치보다 훨씬 더 적을 것이다. 평균 기온은 B1 시나리오의 추정치(2100년까지 2℃ 이하) 수준이거나 그보다 낮아질 가능성이 크며 22세기에 들어서는 더 이상 상승하지 않을 것이 분명하다. 셋째이자 어쩌면 가장 중요할 수도 있는 주장은 우리가 지구 온난화 문제에 대처하는 과정에서 잘못된 방향을 바라보고 있었음을 암시하고 있다는 것이다. 대부분의 정치적 논의, 특히 교토에서 타결된 국제 합의—이에 대해서는 아래에서 다시 살펴보겠다—는 세금 제도나 쿼터제 활용, 사용 금지 조치 등을 통해 탄소 배출을 '제한'하는 데 초점을 맞추고 있다. 이런 조치가 현재의 배출량을 줄여주기는 하겠지만, 여기에는 GDP의 1~2% 경제 성장률 저하라는 엄청난 대가가 따른다.

그러나 비화석연료로의 전환이라는 미래의 변화에서 이보다 훨씬 더 중요한 것은 탄소를 기반으로 하는 에너지원에 대한 태양 에너지, 풍력, 핵융합 에너지의 상대적 가격 경쟁력이다.[2359] 따라서 진정 중요한 것은 재생 가능한 에너지원의 가격을 급속도로 낮추는 것인데, 그러기 위해서는 연구비 투자를 획기적으로 늘릴 필요가 있다.[2360] 그렇더라도 재생 가능한 에너지 연구에 소요되는 비용은 탄소 배출을 제한하기 위해 지출하는 비용에 비교하면 그야말로 '새 발의 피' 수준에 불과할 것이다. 현재 미국은 재생 가능한 에너지원의 연구 개발에 매년 약 2억 달러를 지출하고 있다.[2361] 그런데 이 금액을 10배로 늘려 연간 20억 달러를 투자하더라도 그 비용은 탄소 감축을 위한 최소한의 정책적 개입 비용(미국의 경우 GDP의 1%라면 1년에 약 800억 달러이다) 앞에서는 구차스럽기만 할 따름이다. 또한 탄소 1톤당 100달러의 탄소세를 부과할 경우 1년에 약 2,000억 달러의 자금을 마련할 수 있다.[2362]

이제 요약해보자. IPCC가 처음에 제시한 '현재 추세' 시나리오와 이것을 근거로 이산화탄소 농도 증가 속도를 연간 1%로 잡은 것이 지구 온난화 속도를 과대 평가하는 결과를 낳았다.

더욱이 모든 시나리오를 다 동등하게 취급한 IPCC의 결정 때문에 심지어 A1FI 시나리오조차 현실적인 가능성이 있는 것으로 취급되고 있다. 이 시나리오는 화석연료의 값이 치솟고 태양 에너지의 가격은 곤두박질치는데도 21세기 말에 이를 때까지 화석연료가 여전히 지배적인 위치를 차지할 것이라고 상정하고 있는데도 말이다. 이런 시나리오는 기술 발전에 대한 합리적인 가정 아래에서는 현실화될 가능성이 거의 없다. 오히려 좀더 설득력 있는 미래 전망은 21세기 동안 다른 에너지원이 화석연료를 완전히 대체하면서 전세계적으로 이산화탄소 배출량이 감소하고 기온 상승폭은 B1 시나리오가 제시하는 수준 혹은 그 이하에서 억제되는 것이라고 하겠다. 이런 좀더 현실적인 전망은 A1T 시나리오가 제시하는 미래상에 부합하는 발전을 실제로 이루기 위해 우리가 과연 무엇을 해야 하는지 생각하게 한다. 그것은 바로 재생 가능한 에너지원들이 충분한 경쟁력을 가질 수 있도록 연구에 더욱 박차를 가하는 것이다.

앞으로 상당 기간 동안 우리가 여전히 화석연료를 사용할 것이 틀림없다는 점을 이해할 필요가 있다. 지구 온난화에 대처하기 위해 꼭 화석연료를 급속하게 배제시킬 필요는 없다. 그 대신 충분한 연구 자금을 지원해 늦어도 21세기 중반 무렵까지는 태양 에너지, 풍력, 핵융합 에너지 등이 반드시 경쟁력을 갖출 수 있도록 해야 한다. 이렇게 하면 적은 비용을 들이면서도 기온 상승폭을 낮게 유지할 수 있을 것이다.

농업에 미치는 영향

지구 온난화가 미칠 결과에 대해서도 논의해볼 필요가 있다. 여기에서는 IPCC가 제시한 시나리오 · 이론 · 대안적 원인에 대한 논의를 배제하고, 그 대신 IPCC의 예측이 대체적으로 옳다는 보수적인 입장을 취하기로 하자. 이런 보수적인 입장에서 이제부터 지구 온난화의 결과와 그런 결과에 가장 잘 대처하는 법을 살펴보기로 하겠다.

여기서 살펴볼 첫 번째 분야는 농업이다. 아이작 아시모프와 프레데릭 폴은 지구 온난화 문제를 살펴보면서 지구 온난화 때문에 농업 생산성이 급격히 떨어질 것이라는 결론을 내렸다.[2363] 그들은 불길한 어조로 "이것은 기근 발생을 의미할 수 있으며, 심지어 상당히 규모가 큰 기근이 발생할 수도 있다"[2364]고 지적했다. IPCC는 이 문제를 철저히 조사했다. IPCC는 전세계적으로 이산화탄소 농도가 2배로 증가하는 상황을 가정하고 이것이 농업에 미칠 영향을 연구했다. IPCC가 농업 생산과 관련된 연구에 사용한 모델에 근거해 판단할 때 이 경우 지구의 평균 기온은 4.0~5.2℃

표 7 지구 온난화가 있을 경우와 없을 경우의 곡물 생산량 변화 비교. 2060년까지 이산화탄소 농도가 2배로 증가하는 경우(2.5~5.2℃ 기온 상승)를 상정해서 온난화가 없는 경우의 곡물 생산성과 비교하였다. 각 항목의 수치 차이는 세 가지 각기 다른 기후 모델에서 제시한 것이며, 여기에서는 현실성을 더하기 위해 네 가지 조건만을 제시하였다. 출전: IPCC 1996b: 451. Rosenzweig and Parry 1994: 136에서 재인용.

시나리오	전세계	산업국	개발도상국
기온 상승만 있을 경우	−11~−20	−4~−24	−14~−16
+ 이산화탄소의 비료 효과	−1~−8	−4~+11	−9~−11
+ 가벼운 조정	0~−5	+2~+11	−9~−13
+ 적당한 조정	−2~+1	+4~+14	−6~−7

상승하게 된다. IPCC의 표준 시나리오에서 예측한 최고치 혹은 그 이상의 수치가 나오는 것이다.[2365] 더욱이 IPCC는 이산화탄소 농도가 2배로 증가하는 상황이 2060년에 발생할 것이라고 가정했는데 원래는 기온 상승폭이 훨씬 더 적을 것으로 예상되던 시기였다. 따라서 IPCC의 연구는 최악의 상황을 가정한 시나리오로 간주되어야 할 것이다.

이 연구 결과가 표 7에 제시되어 있다.[2366] 첫째, IPCC는 기온 상승 그 자체에 따르는 영향을 조사했다. 기온이 상승하면 그로 인해 혜택을 보는 쪽과 손해를 입는 쪽이 발생하기 마련이다. 그렇지만 컴퓨터 모델이 각 지역에 대해 믿을 만한 예측을 하는 데 아직은 어려움을 겪고 있기 때문에 기온 상승이 개별 국가에 어떤 영향을 미칠지 명확하게 알아내기가 어렵다.[2367] 그러나 IPCC의 연구에서는 강우량이 전체적으로 10~15% 증가할 것으로 가정했다.[2368] 만약 기후와 관련해 예상되는 변화가 급격한 기온 상승과 강수량의 소폭 증가밖에 없다면, 그리고 농부들은 마치 아무 일도 일어나지 않았다는 듯이 예전 방식으로 계속 농사를 짓는다면, 전세계 곡물 생산량이 11~20% 감소할 것으로 예상되는데 이것은 그리 놀라운 일이 아니다(표 7의 첫 번째 줄).[2369]

이런 상황은 선진국과 개도국 모두에게 극적인 영향을 미치겠지만 선진국에서 변화의 폭이 더 클 것이다. 그러나 여기에 좀더 설명을 덧붙여야겠다. 영국 기상청이 내놓은 가장 비관적인 평가도 곡물 생산량이 앞으로 50년 동안 급격히 증가할 것으로 전망하고 있으므로, 기후 변화로 인해 곡물 생산량이 줄어든다고 해서 전체 생산량이 감소한다는 뜻은 아니다. 기상청 모델을 사용한 1999년의 한 연구는 2080년의 농작물 생산량이 현재보다 94%가 아니라 90% 증가할 것이라고 추정했다.[2370]

대부분의 농작물(특히 밀과 쌀)은 대기 중에 이산화탄소가 많을 때 훨씬 더 잘 자란다. 이산화탄소가 사실상 비료 역할을 하기 때문이다.[2371] 더욱이 기온이 높아지면 대개 이산화탄소의 비료 역할이 더욱 증대된다.[2372] 따라서 생산성 변화폭이 −10%에서 많은 경우 +80%까지 다양하기는 하겠지만 평균 생산성은 약 30% 증가할 것이다.[2373] 이러한 효과를 고려하면 당연히 생산량의 하락폭이 작아질 것이다. 이 점이 표 7의 두 번째 줄에 반영되어 있다.

표 7에서 '가벼운 조정'이라는 항목은 농부들이 개별적으로 파종 시기를 조정하거나 예전에 심었던 종자와는 다른 품종을 심을 수도 있다는 의미다. 그리고 '적당한 조정'이란 파종 시기가 1개월 이상 달라지거나 또는 농작물의 종류를 아예 바꾸어버리거나 혹은 관개 시설을 확장하는 등의 변화를 말한다.[2374] 50~100년에 걸친 기후 변화에 농부들이 이런 식으로 대응하리라는 것은 확실히 실현성이 높은 추정이다.[2375]

따라서 표 7의 맨 아랫줄에 제시된 전세계적인 결과를 살펴본다면 평균 기온이 다소 크게 상승하더라도 농업 생산은 그리 피해를 입지 않을 것이라는 점을 분명히 알 수 있다. 사실 IPCC의 2001년 보고서는 다음과 같이 지적했다. "조정이 이루어진 이후 기후 변화가 농업에 미치는" 영향은 "전세계의 소득에 소폭의 변화를 일으킬 것으로 추정되며, 따라서 그리 심각하지 않는 수준의 지구 온난화는 농업 생산에 긍정적으로 작용할 것처럼 보인다. 특히 이산화탄소가 비료의 역할을 한다는 점을 고려할 때 더욱 그러하다."[2376]

그러나 지구 온난화가 선진국과 개발도상국에 미치는 영향에는 비교적 커다란 차이가 있다. 일반적으로 선진국은 작물의 생장 기간이 길어지고 이산화탄소가 비료 역할을 하면서 생기는 이익을 모두 얻을 수 있을 것이다. 그 반면에 개발도상국은 이산화탄소의 비료 효과에서 이익을 얻을 수 있지만 기온 상승 부분에서는 부정적인 결과를 경험할 것이다. 더욱이 선진국은 경제적 자원이 더 많고 사회 기반 시설도 더 훌륭하기 때문에 기온 상승의 효과를 상쇄시키는 데 필요한 영농 방법의 개선을 확실히 이룩해내기가 더 쉬울 것이다.[2377)]

농업에 관한 한 지구 온난화는 개발도상국을 힘들게 하는 반면 적어도 선진국에는 혜택을 베풀 가능성이 크다.[2378)] 그러나 기후 변화는 점진적으로 진행되므로 21세기 중반에 이르러서야 비로소 본격적인 변화가 감지될 가능성이 크다. 그런데 그때쯤이면 많은 개도국이 지금보다 더 부유하고 더 발전되어 있을 것이다. 따라서 개도국들은 현재의 능력을 바탕으로 한 IPCC의 분석 결과보다 미래의 문제에 더 잘 대처할 가능성이 매우 높다.[2379)]

마지막으로, IPCC가 연구를 수행하면서 시간이 흐를수록 기온 상승과 이산화탄소 농도 증가를 잘 이용할 수 있는 신품종 농작물이 개발될 것이라는 사실을 고려하지 않은 것 같다는 점을 여기에서 지적할 필요가 있다. IPCC가 2060년까지 기온이 4.0~5.2℃ 상승할 것이라는 다소 비현실적인 가정과 개발도상국의 상황 대처 능력이 현재 수준에 머물 것이라는 보수적인 가정을 모두 채택했다는 점을 고려할 때 표 7에 제시된 수치들은 최악의 경우를 상정한 추정치로 간주해야 할 듯하다.[2380)]

해수면 상승은 어느 정도나 심각한가

대중 매체와 많은 정치인으로부터 지구 온난화가 폭풍, 허리케인, 엘니뇨 등 극단적인 기후 현상을 더 많이 불러올 것이라는 주장을 듣는 것은 이제 일상적인 일이 되어버렸다. 1996년 발행된 〈뉴스위크〉는 지구 온난화를 표지 기사로 다루면서 앞을 볼 수 없는 눈보라 속에서 길을 잃고 헤매는 한 남자의 모습과 '위험 지역 : 눈보라 · 홍수 · 나비의 떼죽음 – 모든 것이 지구 온난화의 탓'[2381]이라는 제목을 표지에 실었다. 또한 〈U.S. 뉴스&월드 리포트〉는 2001년 2월 IPCC가 새로 발표한 보고서를 보도하면서 "지구 온난화가 가뭄, 질병, 정치적 격변을 야기할 수" 있으며 "역병과 기근에서부터 전쟁과 난민 이동에 이르기까지 고약한 결과"를 낳을 수 있다고 지적했다.[2382] 이 기사에 따르면, 그 결과 미국이 매우 비참해질 수 있다. "21세기 중반 무렵에 이르면 현재 마이애미의 사우스 비치에 늘어서 있는 세련된 아르데코 풍의 호텔들이 물에 잠겨 인적이 끊어질지도 모른다. 말라리아가 버몬트 주에서 공중 보건의 새로운 위협이 될 수도 있으며 네브래스카 주 농부들은 물이 부족해 자신들의 땅에서 떠나야 할지도 모른다."[2383] 이제부터 이 주장을 잠깐 살펴보기로 하자. 특히 그 중에서 가장 중요한 주장, 즉 기상 이변으로 재난이 증가할 것이라는 우려에 대해서는 좀더 자세히 살펴보기로 하자.

첫째, 지구 온난화 때문에 해수면이 몇 미터씩 상승하고 극지방 빙산이 녹아내린다는 주장이 자주 제기된다.[2384] 유네스코의 기관지 〈유네스코 쿠리어(UNESCO Courier)〉에 실린 한 기사는 거대한 빙산이 떨어져나오는 사진을 제시하면서 이렇게 묻는다. "지구 온난화가 극지방의 빙산을 녹여버릴 것인가?"[2385]

그렇지만 이런 걱정에는 전혀 근거가 없다. 맨 처음 연구에 사용된 모델들이 극단적인 해수면 상승을 예언한 것은 사실이지만 이후 해수면 상승 예상치는 지속적으로 낮아졌다.[2386] 전세계의 해수면 수위는 지난 100년 동안 10~25센티미터 상승했으며, 도표 137에서 볼 수 있듯이 앞으로 100년 동안 31~49센티미터 더 상승할 것으로 전망된다.[2387] 그런데 수위 상승분의 약 4분의 3은 수온이 높아져 물의 부피가 팽창한 데 따른 것이며, 빙하의 변화와 빙산에서 녹아내리는 물 때문에 높아진 수위는 전체 수위 상승분의 4분의 1에 불과하다.[2388] 따라서 앞으로 1세기 동안 그린란드는 해수면 상승에 사실상 영향을 미치지 않을 것이며(2.5센티미터 상승), 남극 대륙은 해수면을 오히려 약 8센티미터 정도 낮춰줄 것이다.[2389]

해수면 상승으로 더 많은 사람이 더 빈번하게 해일에 노출될 것이라는 예측이 있다.[2390] IPCC는 해수면이 40센티미터 상승하는 경우 어떤 대응 조치를 취하느냐에 따라 물론 달라지겠지만, 연중 해일을 경험할 위험이 있는 인구가 2080년대에, 7,500만~2억 명 정도 증가할 것이라고 예상한다.[2391] 그러나 이런 수치를 뒷받침하는 모델에서는 여러 가지 이상한 사실을 발견할 수 있다. 첫째, 이 모델은 해일에 대비한 보호 조치가 항상 작동하고 해수면이 전혀 상승하지 않는 상태에서 위험에 처할 인구의 수를 살펴보고 있다. 세계 인구가 계속 증가하고 있으므로 위험 지역에 사는 인구도 늘어날 것이며, 결과적으로 해일 위험에 처하는 인구는 오늘날의 1,000만 명 수준에서 2080년대에는 3,600만 명으로 늘어나게 된다.[2392] 하지만 전세계가 점점 더 부유해지면서 해일에 대비한 더 많은 보호 조치가 따를 것이기 때문에, 이 모델은 2080년대에 위험에 처할 인구가 모두 합해 약 1,300만 명 정도밖에 되지 않을 것으로 예측하고 있다.[2393]

이제 해수면이 40센티미터 상승하지만 해일에 대한 보호 조치가 항상 작동하는 상황을 모델이 어떻게 예측하고 있는지 살펴보기로 하자. 모델은 먼저 2080년대에 해일 위험에 처하는 인구를 2억 3,700만 명으로 추정한다. IPCC가 제시하는 수치와 비슷한 약 2억 명 정도가 늘어나는 셈이다.[2394] 그러나 지금보다 훨씬 더 부유해진 미래 세계에 해일 보호 조치가 전혀 개선되지 않을 것이라고 가정하는 것은 터무니없는 일일이다. 따라서 이 수치는 IPCC가 발간하는 《정책 입안자를 위한 요약서(Summary for Policymakers)》에 포함시키기에도 조금은 어울리지 않는 듯하다. 따라서 모델은 마지막으로 해수면이 40센티미터 상승하고 해일 보호 조치가 개선되는 상황을 상정하고 있는데, 이럴 경우 2080년대에 해일 위험에 처할 인구는 9,300만 명으로 해수면이 전혀 상승하지 않는 경우에 비해 7,000만 명이 늘어나게 된다.[2395] 그러나 이 수치 역시 비현실적이다. 이 모델이 "개선된 보호 조치에는 해수면이 상승하지 않은 상태에서 실시되는 방법만 포함된다"[2396]고 분명히 제시하고 있기 때문이다. 세상이 지금보다 훨씬 더 부유해져 개발도상국 사람들도 적어도 오늘날의 선진국 국민들만큼 부유해지는 상황에서(도표 149) 그 동안 상승한 실제적인 해수면 수위가 아니라 과거 80년 전의 해수면 수위를 기준으로 보호 조치를 취할 것이라는 가정 자체가 정말로 터무니없는 일이다. 더욱이 보호 조치를 취하는 데 필요한 비용도 아주 적어 대부분의 국가에서 GDP의 0.1% 밖에 되지 않을 것으로 추정된다. 그러나 일부 작은 섬나라의 경우에는 그 비용이 GDP의 몇 퍼센트에 이를 만큼 높아질 수도 있다.[2397]

결론적으로, 부유한 나라들(21세기 말에는 거의 모든 나라가 부유해질 것이다)은 지극히 적은 비용을 들여 국민들을 보호하게 될 것이므로 매년 해일 위험에 노출되는 사람은 사실상 하나도 없을 것이다. 물론 그렇다고 해수면 상승으로 초래되는 비용이 크지 않다는 뜻은 아니다. 그러나 우리는 그런 비용을 지불할 필요조차 없는 세상에서 살게 될 것이다. 이제 지구 온난화 문제의 전모를 파악하기 위해 지구 온난화로 발생하는 다른 비용과 해수면 상승으로 발생하는 비용을 어떻게 통합할 것인지 살펴보기로 하자.

IPCC는 《정책 입안자를 위한 요약서》에서 "해수면 상승으로 인한 사회 간접 시설의 파괴로 연안 지역 국가들이 입을 잠재적인 피해 규모가 이집트, 폴란드, 베트남 같은 나라에서 수백억 달러에 이를 것으로 전망된다"[2398]고 말하면서 정작 이런 피해가 실제로는 발생하지 않을 것이라는 점을 밝히지 않았다. 그들은 이집트의 경우 피해 규모가 350억 달러에 이를 것이라고 했는데, 이 추정치는 순전히 정부가 아무런 조치를 취하지 않는다는 상황에서 이집트 제2의 도시 알렉산드리아의 30% 침수를 가정한 것에 불과하다.[2399] 불행히도 이런 분석 결과는 그러한 피해를 피하기 위한 조치에 드는 비용이 과연 얼마나 될지 추정조차 해보지 않았다. 폴란드의 경우에도 280억~460억 달러라는 피해 규모 추정치[2400]는 해수면이 1미터나 상승하는 극단적인 상황에서 도시와 농경지가 침수된다고 가정했을 때 비로소 얻어지는 수치다. 그러나 폴란드에 대한 분석 결과는 설령 그런 극단적인 홍수가 닥치더라도 완벽한 보호 조치를 취하는 데 드는 비용이 그보다 훨씬 적은 61억 달러 정도라고 밝히고 있다.[2401] 또 해수면이 30센티미터 상승한다는 좀더 현실적인 가정을 하는 경우에는 완벽한 보호 조치에 드는 비용이 23억 달러에 불과하고, 부분적인 보호 조치를 취하는 데 필요한 비용은 고작 12억 달러밖에 되지 않는다는 사실도 밝혔다.[2402] 이런 점들은 만약 해일로 인해 엄청난 비용이 발생하면 그런 피해를 막기 위해 어느 나라나 다 비교적 돈이 적게 드는 예방 조치를 취할 것이라는 사실을 암시하고 있다.

이제 요약해보자. 인류는 세계 역사를 통해 항상 문제를 해결하고 또 극복해왔다. 실제로 우리는 이미 지난 한 세기 동안 상당한 규모의 해수면 상승을 경험했지만 그 문제를 무난히 처리했다. IPCC는 집행위원회 요약서에서 다음과 같이 지적했다. "적절한 사전 계획과 선견지명, 그리고 적절한 기술적 · 제도적 · 정치적 가능성이 함께 합쳐진다면 인류의 생활은 기후 변화에 가장 쉽게 적응할 수 있는 부문일 것으로 전망된다."[2403] 〈U.S. 뉴스&월드 리포트〉의 "21세기 중반 무렵에 이르면 현재 마이애미의 사우스 비치에 늘어서 있는 세련된 아르데코 풍의 호텔들이 물에 잠겨 인적이 끊어질지도 모른다"[2404]는 기사가 얼마나 허황된 것인지는 바로 이런 점에서 증명될 수 있다. 2050년까지의 해수면 수위 변화는 지난 100년 동안 이미 경험한 수준을 넘지 않을 것이며(도표 137),[2405] 아마도 1920~1930년대에 아르데코 풍의 호텔들이 겪었던 수위 변화 수준과 상당히 흡사할 것이다.[2406] 더욱이 해수면 변화가 향후 1세기에 걸쳐 서서히 발생할 것이기 때문에 경제적으로 합리적이고 예지력 있는 조치가 취해질 것이다. 예컨대 당연히 그런 조치에 드는 비용 이상의 가치가 있는 자산에 대해서만 합당한 보호 조치가 강구될 것이며, 그렇지 못한 지역은 제외될 것이다.[2407] 따라서 IPCC는 해수면이 1미터 상승하는 경우(이는 2100년에 예상되는 해수면 상승폭보다 2배 이상 높은 것이다) 미국 전역에서 보호 조치를 강구하는 데 드는 비용과 자산 포기로 인해 발생하는 비용을 모두 합칠 때 총 비용이 향후 100년 동안 약 50억~60억 달러 정도일 것으로 보고 있다.[2408] 마이애미에 적절한 보호 조치를 취하는 데 필요한 비용이 100년에 걸쳐 분산된 비용의 극히 작은 부분만 차지한다는 점과 1998년 기준 마이애미 해변의 자산 가치가 70억 달러에 육박했다는 점,[2409] 그리고 아르데코 풍치 보전 지구가 플로리다 주에서는 디즈니월드 다음으로 인기가 높은 관광 지역으로 매년 지역 경제에 110억 달러 이상을 기여하고 있다는 점[2410] 등을 두루 감안하면, 해수면이 16센티미터 정도 상승한다고 해서 마이애미 해변의 호텔들이 물에 잠겨 버림받을 가능성은 결코 없다는 것을 쉽게 짐작할 수 있다.

인류 건강에 미치는 영향

사람들은 흔히 지구 온난화가 우리 건강에 커다란 지장을 초래할 것이라고 생각한다.[2411] IPCC는 기온이 높아질수록 특히 에어컨을 쉽게 이용할 수 없는 노인층과 도시 빈민층에서 사망자와 환자가 늘어날 것으로 예상한다.[2412] IPCC는 미래 세상은 지금보다 훨씬 더 부유해져 대부분의 사람들이 에어컨을 이용할 수 있을 것이라는 사실을 언급하지 않는다. 더욱이 인간의 건강 문제를 다루는 보고서에서는 기후가 따뜻해지면 동사하는 사람이 줄어들 것이라는 사실이 자주 빠져버리곤 한다. 전체적으로 보았을 때 겨울철 동사자가 여름철 열사자(熱死者)보다 많다는 점에는 의심의 여지가 없다. 사실 여름에 비해 겨울의 사망률이 약 15~20% 더 높다.[2413] 미국에서는 혹한으로 인한 사망자 수가 혹서로 인한 사망자 수의 2배에 이른다. 만약 온실 효과로 지구 온난화가 계속 진전된다면 영국에서는 매년 겨울 사망자 수가 약 9,000명 정도 줄어들 것이라는 추정도 나와 있다.[2414] 그렇지만 겨울철의 사망자 수가 반드시 기온에 의해서만 결정되는 것은 아니기 때문에 평균 기온이 올라갔을 때 전체적으로 사망자가 줄어들지 혹은 늘어날지 분명하지 않다.[2415]

유럽의 여러 지역을 대상으로 실시한 최근의 연구는 여름철 평균 기온이 13.5℃ 에서 24.1℃ 사이일 때 사람들이 가장 잘 적응한다는 것을 보여주었다. 핀란드 북부 지역에서는 약 17.3℃에서부터 더위와 관련된 사망자가 발생하는 반면 영국 런던에서는 22.3℃, 그리스 아테네에서는 25.7℃가 사망자 발생의 분기점이었다.[2416] 그런데 기온이 어떤 정해진 수준을 넘어섰다고 해서 더위와 관련된 사망자가 무조건 발생하는 것이 아니라 대체적으로는 기온이 평상시의 수준을 어느 정도 넘어섰을 때부터 발생한다. 이는 각 지역 사람들이 기온 변화에 잘 적응해서 더위의 압박으로부터 스스로를 보호할 수 있다는 것을 보여준다. 이 논문의 저자들은 사람들이 지구 온난화로 인한 기온 상승에도 성공적으로 적응할 가능성이 높으며, "더위와 관련된 사망자 수가 거의 증가하지 않을 것"[2417]이라는 연구 결론을 내놓았다. 이와 동시에, 모든 인구 집단에서 겨울철 사망자의 수가 훨씬 더 많기 때문에 겨울철 사망률이 조금만 낮아져도 여름철 혹서로 인한 소폭의 사망률 증가 피해를 크게 상쇄하고도 남을 것이다.[2418]

이와 유사하게 기온이 상승함에 따라 말라리아와 같은 열대성 질병의 발생 지역이 넓어질 것이라는 점도 자주 지적되고 있다. 말라리아를 퍼뜨리는 모기가 살아남으려면 겨울철 평균 기온이 16~18도 이상 되어야 하기 때문이다.[2419] 그러나 이런 주장은 대다수 종류의 모기들이 안전한 곳에서 동면할 수 있으며, 과거 소빙하기 내내 유럽과 북극권 깊숙한 곳에서도 말라리아가 중요한 전염병으로 취급되었다는 사실을 무시하고 있다.[2420] 영국이 건축 기술의 개선과 값싼 의약품의 개발을 통해 말라리아에서 해방되기 시작한 것은 1800년대 말에 이르러서였다.[2421] 그 당시 말라리아는 핀란드 · 폴란드 · 러시아 등에서 여전히 풍토병으로 위세를 떨쳤고, 흑해 연안 국가와 지중해 동부에서는 제2차 세계대전 이후까지도 풍토병의 자리를 지켰다. 그 즈음에는 미국에서도 워싱턴, 오리건, 아이다호, 몬태나, 노스다코타, 미네소타, 위스콘신, 아이오와, 일리노이, 미시간, 인디애나, 오하이오, 뉴욕, 펜실베이니아, 뉴저지 등 모두 36개 주에서 말라리아가 여전히 풍토병이었다.[2422] 따라서 유럽과 미국의 과거 경험을 보건대 설령 지구 온난화로 말라리아 발생 가능 지역이 좀더 넓어지더라도 말라리아와의 싸움은 일차적으로 사회 발전과 자원의 동원 문제이다. 즉 말라리아 발생을 효과적으로 감시할 수 있는 사회 시스템의 개선, 그리고 모기를 박멸하고 모기 번식지를 없애기 위한 강력한 조치를 취할 수 있는 충분한 자원의 공급 등이 중요하다는 것이다.[2423] 미국의 보건 관련 위험성 여부를 검토한 한 요약 보고서—이 문서는 말라리아와 관련된 부분을 제외하면 대단히 비관적이다—는 현재의 사회 기반 시설과 보건 의료 시스템이 계속 유지되는 한 지구 온난화로 인해 말라리아가 다시 유행할 "가능성은 거의 없는 것 같다"고 결론을 내린 바 있다.[2424] 따라서 말라리아가 "버몬트 주에서까지 공중 보건의 위협이 될 것"[2425]이라는 〈U.S. 뉴스&월드 리포트〉의 우려에는 근거가 없는 것 같다.

단순히 모기가 서식하기에 적당한 기후대만을 제시하는 수학적 모델들은 2080년대에 이르면 지구 온난화로 말라리아에 노출될 잠재적 인구 수가 약 2~4% 증가할 수 있음을 보여준다(80억 명의 인구 중에서 2억 6,000만~3억 2,000만 명이 위험에 노출되는 셈이다).[2426] 그러나 IPCC는 사람들이 추가로 말라리아에 노출될 지역은 대부분 국민 소득으로 따져 중상위권 국가들이라는 점을 지적하고 있다. 그런데 이런 국가들은 건실한 보건 의료 시스템과 잘 발달된 사회 기반 시설을 갖추고 있기 때문에 실제로 말라리아가 발생할 가능성은 거의 없을 듯하다.[2427] 따라서 실제적인 말라리아 확산 가능성을 검토한 한 세계적인 연구는 "심지어 가장 극단적인 시나리오에서조차 놀라울 정도로 변화가 적었음"[2428]을 보여주었다.

극단적인 날씨 변화의 결과

지구 온난화와 관련해 가장 많이 되풀이되는 주장 중의 하나는 지구 온난화가 극단적인 날씨 변화를 야기할 것이라는 점이다. 그런 예로 지구 온난화가 엘니뇨 현상을 더욱 강화시킨다는 점을 제시한다. 앨 고어는 다음과 같이 지적했다. "우리는 지구 온난화의 결과로 기후 시스템 안에 더 많은 열기가 내재하고 있다는 것을 잘 알고 있다. 이런 열기가 바로 엘니뇨를 일으키는 주된 동인이다. ……만약 우리가 행동에 나서지 않는다면 앞으로 우리는 더 많은 극단적인 기상 현상을 경험하게 될 것이다."[2429] 마찬가지로 미국 전국야생동물연맹(NWF, National Wildlife Federation)도 1999년에 '엘니뇨와 야생 동물:대자연을 속이지 말라'는 제목의 보고서를 발표했다.[2430] 이 보고서에서 그들은 엘니뇨와 같은 극단적인 기상 현상이 더 자주 발생할 것을 예언하면서 이렇게 되면 북서태평양산 연어나 캘리포니아의 갈색 펠리컨, 남아메리카 갈라파고스 섬의 펭귄과 훔볼트 펭귄 등 멸종 위기에 처한 동물들이 종말을 맞을 수도 있다고 경고했다.

엘니뇨 현상은 3~5년마다 한번씩 자연적으로 발생해 남태평양의 기후 패턴을 변화시킨다. 이보다 기세가 약한 대서양의 주기적인 해류 변화가 유럽 날씨에 영향을 미치는 것과 같은 현상이다.[2431] 엘니뇨는 기본적으로 열대 태평양 지역의 무역풍을 완화시키거나 역전시켜 남미 에콰도르와 페루에 더위와 호우를 가져오는 역할을 한다. 이와 정반대 현상인

라니냐는 무역풍을 강화시켜 서태평양 열대 지역에 호우를 불러일으킨다.[2432)]

이런 기상 현상을 야기하는 동인이 무엇인지는 아직 분명히 밝혀지지 않았다. 하지만 엘니뇨와 라니냐는 지난 5,000년 동안 정기적으로 발생했다.[2433)] 그런데 20세기를 통틀어 가장 강력한 두 차례의 엘니뇨가 발생한 것은 1982년과 1997년이었다. 불과 지난 20년 동안의 일인 것이다.[2434)] 이것이 지구 온난화로 인한 현상인지에 대해 수많은 사람들이 고심해왔다. 그렇지만 이제까지 여러 차례의 역사 연구들은 그것을 반드시 지구 온난화와 연관시킬 필요는 없다는 점을 보여주는 듯하다. 〈네이처〉에 실린 한 논문의 표현을 빌리면, "1880년 이전에 발생한" 여러 차례의 엘니뇨는 "적어도 요즘의 엘니뇨만큼 광범위한 지역에 강력한 영향을 미쳤다"[2435)]고 한다. 또한 고고학적 증거와 고생물학적 증거를 이용한 〈사이언스〉의 한 논문은 전세계적으로는 물론 지역적으로도 기후가 지금보다 1~2℃ 따뜻했던 중기 충적세의 초반(8,000~5,000년 전)에 엘니뇨가 오히려 활발한 활동을 보이지 않았다는 것을 증명하기도 했다.[2436)] 이는 따뜻한 날씨가 오히려 엘니뇨를 위축시킨다는 점을 암시하는 것처럼 보인다. 또한 다른 여러 증거들은 지난 세기 동안 엘니뇨의 강약을 결정한 대규모 패턴이 존재하며 1977년 이후 엘니뇨가 강해지는 시기가 시작되었음을 시사한다.[2437)]

기온이 더 높아질 때 엘니뇨 현상이 어떻게 나타날지를 다룬 컴퓨터 모델들은 확실한 결론을 내리기 어려운 결과를 내놓았다. 일부 모델은 엘니뇨가 더 빈번해질 것이라고 예언한 반면, 또 다른 모델은 앞으로 수백 년 동안 아무런 변화도 없을 것이라고 추정했다.[2438)] 최근 2000년 〈네이처〉에 실린 한 논문에서는 이런 모델들이 대체적으로 그리 현실적이지 못하다는 평가를 받았다. 이 논문은 다음과 같이 결론내렸다. "여러 컴퓨터 모델은 각기 상이한 결과를 보여주었다. 하지만 현재로서는 이 중에 혹시 옳은 것이 있다고 해도 과연 어떤 것이 정말로 옳은지 확실히 파악하기가 불가능하다."[2439] IPCC도 "모델들과 우리가 알고 있는 지식에 대한 확신이 부족하기 때문에 확고한 전망을 내리기 어렵다"[2440]고 밝혔다.

호기심 차원에서 말한다면, 엘니뇨가 활발했던 기간 동안 미국에서 허리케인 피해가 최소치를 기록했다는 점을 지적할 필요가 있다. 확실한 통계학적 분석 결과는 연간 2개 이상의 강력한 허리케인이 육지에 상륙할 위험도가 평상시에는 48%인 반면, 엘니뇨가 영향을 미친 해에는 겨우 28%밖에 되지 않았다는 것을 보여주었다.[2441] 사실 가장 위험한 상황이 발생하는 것은 라니냐가 활동할 때다. 이때는 연간 2개 이상의 허리케인이 육지에 상륙할 위험도가 63%로 증가한다.

대중 매체와 많은 정치인들의 발언에서 가장 흔히 찾아볼 수 있는 주장은 아마도 지구 온난화로 인해 폭풍, 허리케인, 기타 극단적인 기상 현상 등이 증가할 것이라는 말일 것이다.[2442] 1996년 〈뉴스위크〉에 실린 지구 온난화를 다룬 한 표지 기사에서 가장 중요한 요점으로 제기된 것은 "마치 재앙과도 같은 지구 온난화"가 "더 많은 홍수와 더 심각한 허리케인"을 불러올 것이라는 주장이었다.[2443] 이 기사는 미국에서 나타나고 있는 기상 현상을 다음과 같이 요약했다. "날씨는 언제나 변덕스럽다. 그러나 지난해의 날씨는 이 단어에 홍수, 허리케인, 가뭄이라는 새로운 의미를 부여했다. 개구리 떼가 대량으로 출현하는 것만 빼고 온갖 재난이 발생했다. 이런 극단적인 기후 패턴은 지금보다 기온이 높아진 미래 세상의 모습에 대한 과학자들의 예언과 딱 들어맞는다."[2444] 마찬가지로 〈미국의 회보(Congressional Quarterly)〉는 지구 온난화와 관련된 정치적 선택을 다룬 기사에서 다음과 같이 지적했다. 교토 의정서 조인 이후 "날씨 변화가 점점 더 심해졌다. ……허리케인 미치(Mitch)와 같은 살인적인 폭풍우, 플로리다 주에서 맹위를 떨친 산불, 텍사스 주의 숨막힐 듯한 가뭄 등이 몰려온 시기였다. 중국에서는 홍수로 인한 이재민이 5,600만 명으로 추정된다."[2445] 〈어스 아일랜드 저널(Earth Island Journal)〉은 2000년 여름호의 표지 기사에서 극단적인 날씨가 지구 온난화와 관련 있으며 이로 인해 "기온의 상승(그리고 하락) · 더 사나워진 바람 · 더 무시무시한 홍수 · 더 길어진 가뭄 등이 발생할 것이며, 먼지 폭풍 · 지진으로 인한 해일 · 폭풍우에 의한 해일 · 토네이도 · 허리케인 · 사이클론 등의 발생 빈도도 늘어날 것"[2446]이라고까지 주장했다. 《지구 환경 전망 보고서 2000》도 "지구 온난화 모델들은 세계적인 기온 상승이 강수량과 풍속 등 여러 대기 인자에 영향을 미치고, 폭풍 · 호우 · 사이클론 · 가뭄 등 극단적인 기상 현상의 발생 빈도를 증가시킬 가능성이 높다는 것을 보여준다"[2447]고 주장했다.

이처럼 확신에 가득 찬 많은 주장들이 정녕 놀랍기는 하지만 1996년에 제시된 IPCC의 연구 결과와는 분명히 다르다. IPCC의 연구는 "기후가 더 다양하게 나타나고 있는지, 혹은 더 극단적으로 나타나고 있는지"[2448]를 검토하기 위해 보고서의 한 섹션을 온전히 할애했는데 결론은 다음과 같았다.

> 전체적인 관점에서 판단했을 때, 비록 자료와 분석 결과가 빈약하고 또 포괄적이지는 못하지만, 그래도 20세기에 범지구적인 차원에서 극단적인 날씨나 기후 변동이 증가했다는 증거는 없다. 하지만 지역적인 차원에서는 몇몇 극단적인 변화의 분명한 증거와 기후 변화 지표가 존재한다. 이런 변화 중에는 변화폭이 더 커진 경우가 있는가 하면 더 좁아진 경우도 있다.[2449]

2001년 새로 발간한 보고서에서 IPCC는 단지 강수량의 증가와 호우 및 극단적인 강수의 증가만을 발견했다고 밝혔다(아래의 내용 참조).[2450] 그러나 열대성 폭풍우와 아열대성 폭풍우의 경우에는 "그 빈도와 강도가 10년에서 그보다 긴 수십 년을 주기로 변화하기 때문에 장기적인 추세가 분명히 나타나지 않는다"[2451]고 언급했다. 더욱이 이 보고서에서 분석 대상으로 삼은 제한된 지역에서조차 토네이도의 발생 빈도, 우레가 발생한 일수, 우박이 내린 일수 등에서 아무런 조직적인 변화도 감지할 수 없었다.[2452]

기상 변화의 증거가 부족하다는 사실은 대순환 모델(GCM)을 연구하는 저명한 과학자가 〈사이언스〉에 기고한 총설 논문에서 더욱 분명히 드러난다.

> 기후학이나 고급 기후 모델도 전혀 입증할 수 없는 비공식적인 내용을 담은 주장이 많이 떠돌고 있다. 이런 주장 중 일부는 물리학적으로 어느 정도 타당성을 갖는 것처럼 보이지만, 사실 그것을 입증해줄 증거가 빈약하며 심지어 어떤 주장은 아예 내용 자체가 잘못된 것이다. 열대성 폭풍우, 허리케인, 태풍의 연간 발생 건수가 증가할 것이라고 단언하는 사람들이 있다. 이 말이 틀린 것은 아니지만 그런 단언을 증명해줄 믿을 만한 증거는 전혀 없다. (열대성 사이클론에 비해) 중위도 지역 사이클론의 강도가 더 세질 것이라는 단언에도 믿을 만한 과학적 뒷받침이 없는 것 같다.[2453]

과학자들은 이론적인 검토를 위해 여러 모델을 사용해 특히 열대성 사이클론(발생 지역에 따라 열대성 폭풍우 · 허리케인 · 태풍 등으로 불린다)을 살펴보았는데, 현재 모든 자연적인 기상 재해 중에서 이것들이 전 세계적으로 가장 무시무시하고 가장 많은 피해를 입히고 있기 때문이다.[2454] 하지만 1996년 IPCC는 "열대성 사이클론의 발생 빈도, 발생 지역, 발생 시기, 평균 강도, 최고 강도 등이 앞으로 변할 것인지 확실히 말하기는 불가능하다"[2455]는 결론을 내렸다. 어떤 기후 모델은 사이클론의 증가를 보여주는 반면 일부 다른 모델은 감소 추세를 보여준다.[2456] 마찬가지로 아열대성 폭풍우에 대해서도 GCM 연구 결과들은 증가, 안정, 감소 추세를 모두 보여주었다.[2457] 사실 GCM들은 과거의 기상 변화 패턴을 재현하는 데 형편없는 결과를 보여주었으며[2458] 미래 예측도 한심한 정도였다.[2459] 또한 이 모델들은 사이클론의 활동을 전반적으로 시뮬레이션하는 데도 실패했다.[2460]

미국 국립해양대기국의 토머스 칼(Thomas Karl)은 IPCC의 여러 연구자들과 함께 〈사이언티픽 아메리칸〉에 총론적인 기사를 썼는데 그 결론은 다음과 같았다. "전반적으로 보아 열대성 사이클론이 전지구적인 차원에서 현저하게 증가할 것처럼 보이지는 않는다."[2461] 1998년 유엔 산하의 세계기상기구는 IPCC가 발간한 보고서에 뒤이어 열대성 사이클론과 범지구적인 기후 변화에 대한 평가 보고서를 작성했다. 그들의 결론은 "비록 빈약하기는 하지만 현재 구할 수 있는 모든 증거는 세계적으로 그것들의 발생 빈도가 거의 변하지 않거나 전혀 변하지 않을 것이라는 기대를 갖게 한다"[2462]는 것이었다. IPCC는 2001년에도 이 문제가 아직 분명히 밝혀지지 않았다고 생각했다. "중위도 지역 폭풍우의 미래 변화(강도와 발생 빈도)와 변화폭에 대해 모델들 사이에 아직 전체적인 공감대가 이루어지지 않았으며",[2463] 다만 "열대성 사이클론의 발생 빈도가 소폭 변화할 것을 시사하는 몇 가지 증거가 있다"[2464]는 것이다

실제 관찰을 통해 얻은 증거들은 열대성 사이클론의 발생 빈도가 증가할 것이라는 주장과 어긋난다. 일반적으로 기상 감시 시스템의 변화와 열대 지역의 인구 변화 때문에, 20세기 전 기간에 걸쳐 열대성 사이클론의 세계적인 변화폭을 알려주는 신빙성 있는 기록을 확보하기가 불가능했다.[2465] 비교적 단기간을 대상으로 한 연구들을 살펴본다면, 북서태평양 지역에서는 1980년 이후 열대성 사이클론이 증가했는데, 그 이전인 1960년경부터 1980년까지는 사이클론의 발생 빈도가 나중에 늘어난 것과 거의 똑같은 횟수만큼 줄어들었다. 1960년대 이후 북동태평양 지역에서는 열대성 사이클론의 발생 빈도가 크게 증가했으며 북인도양 지역에서는

크게 줄어들었다. 그런가 하면 남서인도양과 남서태평양 지역에서는 눈에 띌 만한 장기적인 변화가 관찰되지 않았다. 마지막으로, 오스트레일리아 지역에서 열대성 사이클론의 발생 빈도는 1980년대 중반 이후 감소해왔다.[2466)]

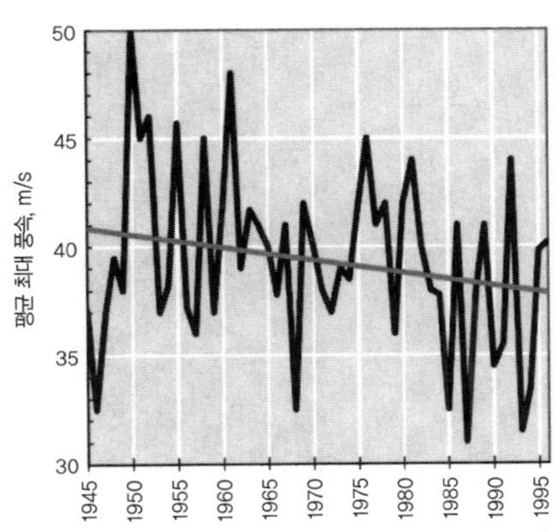

도표 152 대서양 지역에서 발생한 사이클론의 평균 최대 풍속. 1945~1996년. 출전: IPCC 1996:170의 자료를 갱신한 Landsea et al. 1999:108, Landsea et al. 1996.

그러나 북대서양 지역에는 훌륭한 사이클론 관측 자료들이 존재한다. 기상 관측용 항공기가 1940년대부터 그 지역을 지속적으로 감시하고 있기 때문이다.[2467)] 이곳에서는 비록 10년 정도의 주기로 커다란 변화가 일어나고 있지만, 전체적으로는 사이클론이 감소하는 추세다. 특히 1970년대와 1980년대는 눈에 띄게 조용한 시기였다.[2468)] 강력한 사이클론(가장 커다란 피해를 입히는 사이클론)의 발생 빈도도 사이클론 지속 일수와 마찬가지로 감소하고 있다는 사실이 밝혀졌다.[2469)] 또한 도표 152에서 알 수 있듯이 대서양 지역 사이클론의 평균 풍속은 지난 반세기 동안 감소해왔다. 더욱이 미국에서 사이클론이 육지에 상륙했던 기록은 1899년까지 거슬러 올라가는데, 사이클론의 발생 횟수 전체를 따지거나 미 대륙 동해안과 멕시코만 연안에 각각 상륙했던 사이클론의 수를 따져보아도 아무런 증가 추세를 찾아볼 수 없다(사실 이 세 가지 통계는 모두 통계학적으로 별로 의미가 없는 소폭의 감소 추세를 보여준다).[2470)]

폭풍과 허리케인이 증가했다는, 대중적이고 무책임한 발언에 반대되는 이론적 증거와 관찰 증거가 이처럼 압도적으로 많은데도 사람들은 지금도 여전히 그런 발언을 하고 있다. 경솔한 발언이 수없이 나오고 있는 것

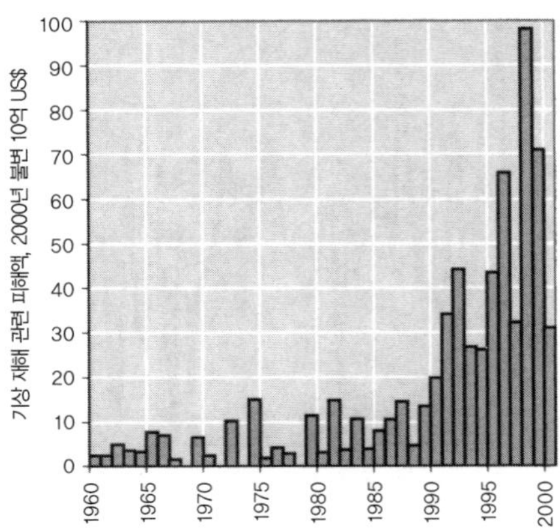

도표 153 기상과 관련된 자연 재해로 인한 경제적 손실 변화. 1960~2000년. 2000년 기준 미국 달러 가치로 표시했다. 출전: WI 1999b, 2000a:77, Munich Re 2001:8, CPI 2001.

이다. 지구 온난화로 기온이 높아지고 그 결과 "폭풍우를 일으키는 메커니즘이 더 강력해지고 따라서 폭풍의 발생 빈도와 파괴적인 힘이 더 증가한다"[2471]는 월드워치연구소의 발언도 그런 예다.

극단적인 날씨가 증가할 것이라는 주장들이 기상학적으로 뒷받침을 받지 못하면서도 계속 쏟아져 나온 배경에는 흔히 이상 기후로 인한 피해 비용이 계속 증가하고 있다는 경제적인 관찰 결과가 있다. 월드워치연구소는 2000년도판 전세계 환경에 관한 총괄 보고서에서 다음과 같이 주장했다. "파괴력이 커진 폭풍우의 증가 등 기후 변화의 결과로 예상되는 현상 중 일부가 ……이제 분명해지고 있다. 1999년에 이상 기상으로 인한 피해액은 전세계적으로 670억 달러에 이르렀는데, 이는 930억 달러의 피해가 발생한 1998년에 이어 역사상 두 번째로 많은 액수이다. 1990년대에 날씨와 관련해서 발생한 전세계적인 피해액의 규모는 1980년대와 비교할 때 5배 이상 증가했다."[2472] 월드워치연구소를 비롯한 많은 단체들은 이상 기상과 관련된 피해액의 증가(도표 153)가 점점 더 극단적으로 변해가는 날씨의 위험성을 보여주는 증거라고 주장한다.[2473]

그렇지만 똑같은 달러 가치를 적용하더라도[2474] 피해액을 직접 비교하는 것이 과연 합당한지는 분명하지 않다. 오랜 기간에 걸쳐 발생한 피해액을 비교할 때는 그 동안 사회가 확보한 경제적 번영은 물론 인구 변화와 인구 구성비의 변화도 고려되지 않는다. 오늘날 전세계 인구는 과거 1960년과 비교해 2배로 늘었으며 대체로 각 개인은 1960년에 비해 2배 이상의 부를 지니게 되었다. 아마도 사람들의 물질적 재산 역시 2배 이상 늘어났을 가능성이 크다. 또 저지대나 해변 등 기상 악화에 쉽게 피해를 입을 수 있는 지역으로 거주지를 옮기는 사람도 많아졌다.[2475] 따라서 과거와 비교해 훨씬 더 취약한 지역에 훨씬 더 많은 사람이 살고 있으며, 그들은 피해를 입을 수 있는 물질적 재산 또한 더 많이 소유하고 있다. 오늘날 미국 플로리다 주 남부 해안에 면해 있는 데이드 카운티와 브로워드 카운티 두 지역의 인구는 1930년대 미국 텍사스 주에서부터 버지니아 주까지 멕시코 만과 대서양 해안에 줄지어 늘어선 109개 카운티의 전체 인구보다 더 많다.[2476] 미국 인구는 지난 1세기 동안 4배 증가했지만 플로리다 주 해안 지역의 인구는 50배 이상 증가했다.[2477]

더욱이 도표 153에서처럼 전세계적으로 기상 이상으로 인한 피해액을 산출하는 데는 기후 그 자체와 별로 관련성이 없는 홍수 피해도 포함된다. 미국 의회 산하의 기술평가국(Office of Technology Assessment)이 발간한 한 보고서는 날씨에 대한 정보와 명확한 정책의 부재뿐만 아니라 인구의 증가, 홍수를 조절해주는 습지의 개발과 타용도로의 전환 등도 홍수의 주요 원인이라고 지적했다.[2478] 기상 재해와 관련한 피해액이 역사상 최고 기록을 수립한 1998년의 경우 피해액의 절반은 홍수 때문이었다.[2479] 사실 중국 양쯔 강과 쑹화 강 유역에서 발생한 단 한 차례의 엄청난 여름 홍수가 그 해 기상 이변 총 피해액의 3분의 1을 차지했는데, 그 액수는 무려 300억 달러에 이르렀다. 월드워치연구소도 양쯔 강 상류 지역에서 경사면의 삼림을 마구 베어내는 바람에 빗물이 더욱 빠른 속도로 흘러내리게 된 것이 이 홍수의 커다란 원인이라고 지적했다.[2480]

이제 홍수 대신에 오랜 기간에 걸쳐 피해 기록이 잘 정리되어 있고, 기상과의 관련성 또한 명백히 인정할 수 있는 미국의 허리케인 발생 사례를 살펴보기로 하자. 도표 154의 왼쪽 그래프를 보면 인플레이션율을 감안해 조정한 허리케인 피해액 패턴이 도표 153에 나타난 전세계 기상 재해

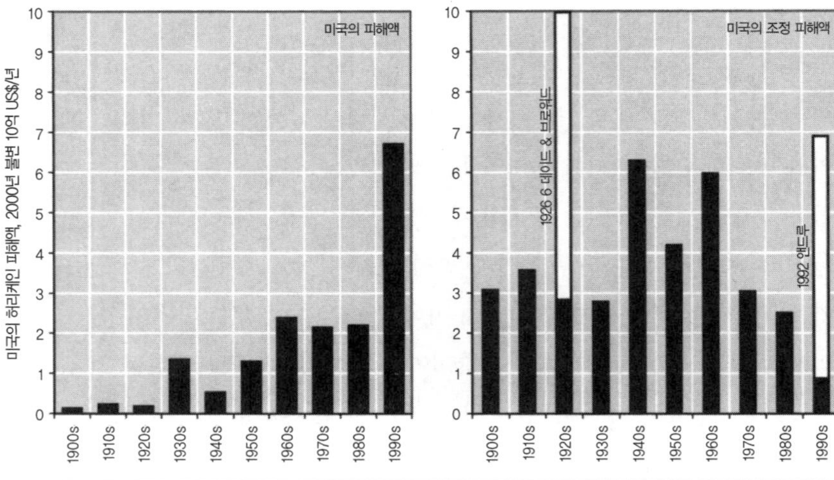

도표 154 미국의 허리케인 피해 추정액 변화. 1900~1995년. 왼쪽 그래프는 실제로 조사된 피해 비용을 2000년의 달러 가치로 환산하여 표시한 것이고, 오른쪽 그래프는 허리케인이 지금 미국을 강타했을 경우에 발생할 수 있는 피해액의 규모를 보여준다. 특히 가장 큰 피해를 입힌 허리케인 2개가 따로 표시되어 있다. 여기에서는 10년 단위로 연간 피해액 평균치를 제시하였는데 1990년대의 경우에는 처음 6년간만이 포함되어 있다. 1900~1925년 동안에는 허리케인 피해에 대한 자료가 부실하기 때문에 피해액이 과소 평가되었으며 불확실성 역시 더 크다고 할 수 있다. 출전: Pielke and Landsea 1998, CPI 2001.

피해 패턴과 매우 비슷하다는 것을 알 수 있다. 허리케인 피해액은 20세기 초에는 미미했지만, 1990년대에 이르러 대단히 높은 수준으로 치솟았다. 1992년 발생한 허리케인 앤드루는 1999년 달러 가치로 무려 300억 달러에 이르는, 사상 최대 규모의 피해를 입혔다.[2481] 그런데 미국 국립해양대기국과 국립대기연구센터(NCAR)의 두 연구자가 20세기 초반에 허리케인 피해가 경미했던 것이 혹시 당시의 인구가 적고 피해를 입을 만한 물적 자산도 적었기 때문이 아닐까 하는 의심을 품게 되었다. 따라서 그들은 만약 20세기에 발생한 주요 허리케인이 오늘날의 미국을 습격하면 그 피해액이 얼마나 될지 알아보기로 했다.[2482] 도표 154의 오른쪽 그래프는 바로 그 연구 결과를 나타낸 것이다. 이 그래프를 보면, 1926년 발생한 무명의 4급 허리케인이 1992년 허리케인 앤드루가 강타한 곳의 바로 북쪽 지역을 습격했다고 가정했을 때 그 추정 피해액이 무려 690억 달러에 이르러 사상 최대를 기록할 것이라는 점을 알 수 있다. 이는 허리케인 앤드루보다 2배 이상 더 많은 액수이다.[2483] 여기에서 중요한 것은, 허리케인의 피해액을 조사할 때 그 동안의 물적 재산 증가와 해안 지역의 인구 집중으로 인한 영향을 배제하면, 기상 변화로 인한 피해 규모가 세월의 흐름에 따라 점점 더 커지는 패턴 그 자체가 사라져버린다는 점이다.[2484] 1990년대가 1920년대나 1940년대 혹은 1960년대와 별다른 차이가 없다는 말이다.

다른 여러 지역에서도 같은 결론을 얻을 수 있다.[2485] 세계 최대의 재보험 회사인 뮌헨 리(Munich Re)는 기상에 관련된 피해액 산출 정보를 제공하고 있는데, 도표 153에 제시된 이 정보는 월드워치연구소에서도 인용하고 있다. 뮌헨 리는 연례 재난 검토 보고서에서 그 동안 자연 재해가 3배로 증가했으며 인플레이션율을 감안해 피해액을 조정하면 피해액이 무려 9배나 증가했다고 지적했다.[2486] 월드워치연구소는 이 수치를 거의 그대로 인용했지만 뮌헨 리의 보고서에서 그 뒤에 이어진 구절은 인용하지 않았다.[2487] 이 다음 구절에서 뮌헨 리는 피해액이 증가 추세를 보이는 이유를 설명했다.

> 이처럼 피해액이 급격하게 증가한 주요 원인은 도시들이 대개 위험도가 높은 지역에 위치하고 있으며 도시의 규모 또한 점점 커지고 있는 가운데 인구와 자산이 도시에 집중되었다는 점, 현대 산업 사회가 재난에 더 취약하다는 점, 자연 환경이 가속적으로 악화되고 있다는 점, 그리고 자연 재해 부문의 보험에 드는 보험 가입자가 늘고 있다는 점이다.[2488]

여기에 지구 온난화는 전혀 언급되어 있지 않다. 뮌헨 리와 이 회사의 과학 연구를 이끌고 있는 게르하르트 베르츠(Gerhard Berz) 박사가 지구 온난화에 대해 걱정하고 있는 것은 사실이지만,[2489] 베르츠 박사는 여러

논문에서 기후와 관련된 비용이 증가하는 주요 원인은 바로 인간임을 지적한 바 있다.[2490]

> 지난 수십 년 동안, 국제 보험업계는 대규모 자연 재해의 규모와 빈도가 급격히 증가하는 현실과 맞닥뜨렸다. 이런 추세는 일차적으로 세계 인구의 꾸준한 증가와 인구 및 경제적 자산의 도시 집중 현상 때문에 생겨났다고 할 수 있다. 그 밖의 요인으로는 전세계적으로 인구와 산업이 해안 지역처럼 자연 재해에 특히 취약한 장소로 점점 더 많이 이주하고 있다는 점을 꼽을 수 있다. 반면에 자연 재해 그 자체는 그 동안 여러 가지 지적이 있었음에도 불구하고 아직은 뚜렷한 변화 추세를 보여주지 않고 있다.[2491]

또한 베르츠는 앞에서 언급한 IPCC 보고서 이후에 발간된 후속 평가 보고서의 공동 저자였는데, 이 보고서는 열대성 사이클론이 "거의 변하지 않았거나 전혀 변하지 않았다"는 결론을 내렸다.[2492] 뮌헨 리의 경쟁사로 세계 제2위의 재보험사인 스위스 리(Swiss Re)도 재난에 대해 똑같은 결론을 내렸다.

> 1970년 이후 (스위스 리가) 보험금을 지급한 자연 재해와 인위적 재해의 규모가 증가했다. 이는 다음과 같은 원인 때문에 피해가 더 커질 가능성이 있음을 반영하는 것이다.
> - 인구밀도 증가
> - 보험에 가입한 위험 지역 소재 자산의 증가
> - 선진국에서 자산 집중 현상 증가[2493]

결론적으로, 허리케인뿐만 아니라 홍수와 토네이도 등에 의한 미국의 피해를 살펴본 1999년의 한 연구는 "1990년대에 피해의 증가세가 나타나지 않았으므로 기상 변화가 재난 증가의 주요 원인은 아니다"[2494]고 결론내렸다. 모든 점을 다 감안했을 때 "1990년대에 자연 재해의 피해 규모가 크게 늘어났고 재난의 규모 역시 늘어났던 것은 대규모 기상 변화 때문이 아니라 주로 사회적 변화 때문이었다."[2495] 이런 연구 결과는 새로 실시된 여러 건의 다른 연구에서도 입증되었다.[2496]

현재와 미래의 기상 예측

이제까지 지구 온난화의 증거로 성립될 수 없는 주장들을 검토해보았다. 그렇다면 지금까지 어떤 기후 변화가 일어났고 또 앞으로는 과연 어떤 변화를 예상할 수 있을까? 이번에도 역시 우리는 미래 예측 시나리오, 대안적 모델, 모델들이 예측한 결과의 민감성과 자료의 문제 등에 대한 다른 요소를 모두 배제하고 기후 대순환 모델이 내놓는 미래 전망이 상당히 타당하다는 가정만을 이용하기로 하겠다.

지구 온난화에 대한 질문에 답을 구하고자 할 때 가장 분명한 것은 지난 1세기 동안 기온이 약 0.6℃ 상승했다는 점이다(도표 135).[2497] 그렇지만 사실 알고 보면 지구의 평균 기온이 상승했다고 해서 모든 곳의 기온이 동등하게 상승했다는 뜻은 아니다. 사실 전체적으로 가장 분명하게 드러난 변화는 추운 기후대 지역이 가장 많이 따뜻해졌다는 것이다.[2498]

범지구적인 관점에서 본다면 최저 기온(밤)은 최고 기온(낮)보다 훨씬 더 많이 상승했다. 도표 155를 보면, 이런 특징이 전 계절에 걸쳐 남 · 북반구 모두에서 분명하게 나타나고 있음을 알 수 있다. 1950년에서 1993년 사이에 전세계의 최고 기온은 10년마다 겨우 0.1℃ 상승한 반면, 최저 기온은 10년마다 0.2℃ 상승했다.[2499] 이런 경향은 미국, 중국, 영국, 북유럽, 중부 유럽 등에서도 개별적으로 관찰되었다.[2500] 이와 동시에 여름보다는 겨울에 온난화 효과가 더 많이 나타났으며,[2501] 도표 155를 보면 북반구에서도 이런 현상이 뚜렷하다는 것을 알 수 있다. 북반구에서 기온

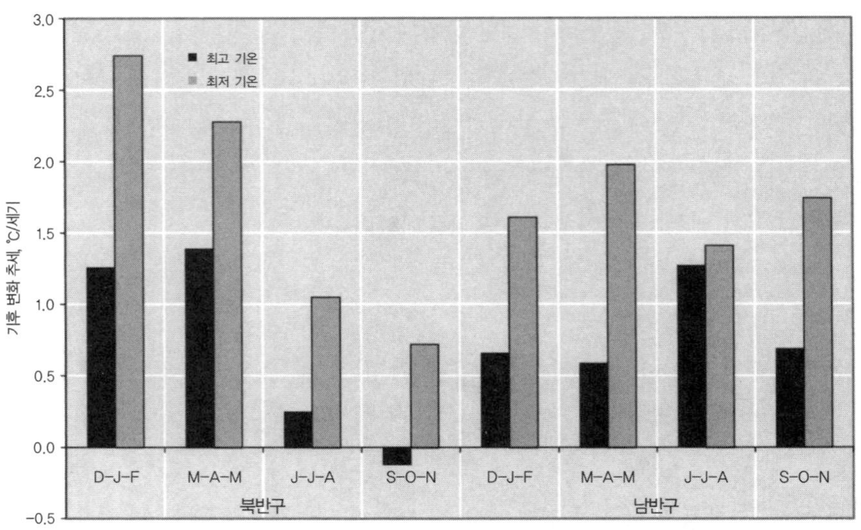

도표 155 북반구와 남반구에서 계절별 최고 기온과 최저 기온의 변화 추세. 1950~1993년. 기온 변화의 추세를 100년 단위로 변환한 값이다. D-J-F는 겨울철, M-A-M은 봄철, J-J-A는 여름철, S-O-N은 가을철을 의미하고 남반구에서는 그 반대가 된다. 이 통계에는 전세계 육지 면적의 54%에 해당하는 지역에서 얻은 자료와 도시가 아닌 지역에서의 관측 결과만 포함되어 있다. 출전: Easterling 1997.

상승세가 가장 강하게 나타난 것은 겨울과 봄이었다.[2502] 마지막으로, 겨울철 기온이 가장 크게 상승한 곳은 추운 지역이었는데, 사실 북반구에서 겨울에 발생한 온난화 효과의 4분의 3 이상이 한랭성 고기압이 지배하는 시베리아 지방과 북미 북서부 지방에 한정되어 있었다.[2503]

이 때문에 미국, 북유럽, 중부 유럽, 중국, 오스트레일리아, 뉴질랜드 등에서 성에 일수(기온이 빙점 이하로 내려가는 날-옮긴이)가 줄었다는 것은 그리 놀랄 일이 아니다.[2504] 그러나 대부분의 온난화 효과가 기온이 낮을 때 발생했으므로 최고 기온이 올라간 곳은 오스트레일리아와 뉴질랜드뿐이었다.[2505] 미국의 경우에는 최고 기온에 아무런 변화도 없었고, 중국의 최고 기온은 오히려 예전보다 낮아졌다.[2506] 세계에서 가장 오랜 기간에 걸친 기온 관측 기록을 보유하고 있는 영국 중부 지방의 경우 1659년부터 현재까지의 기록을 보면 한랭 일수가 뚜렷하게 줄어든 반면 혹서

일수는 전혀 증가하지 않았다.[2507]

일반적으로 말하면, 날씨가 따뜻할 때보다 추울 때 온난화가 발생하는 편이 훨씬 더 유익하다. 더위와 관련된 부작용(예를 들어 일사병의 증가)[2508] 없이 추위에서 비롯하는 부작용(예를 들어 독감 · 뇌졸중 · 심장마비 등의 증가)[2509]이 완화될 수 있기 때문이다. 사실 온난화가 전체적으로 사람들에게 혜택을 준다고 주장할 수도 있을 것이다. 미국의 경우에는 지역에 따라 일시적인 변화가 상당히 있지만, 지난 1세기 동안 기온이 극단적으로 높이 올라간 일수가 약간 줄어든 것으로 나타났다.[2510]

그런가 하면 추운 날이 줄어들면서 동시에 더운 날이 늘어나지 않는다는 것은 농업 생산성이 상대적으로 증가할 수 있다는 것을 의미한다. 이 점은 지구 온난화가 장기적으로 미칠 영향을 추정할 때 특히 뚜렷하게 나타난다.[2511] 지구 온난화가 농업에 미치는 영향을 조사한 IPCC의 연구 결과(표 7)에서는 기온 상승 현상이 일반적으로 추운 날씨일 때 발생한다는 점을 계산에 포함시키지 않았다.[2512] 그러나 4개의 대순환 모델을 이용한 최근의 연구에서는 기온 상승이 주로 밤에 일어난다고 가정할 경우 수확량이 0~16% 증가했는데, 대부분 곡물의 수확량 증가폭은 약 7~8%였다.[2513] 이것 역시 표 7에 제시된 결과를 최악의 상황을 가정한 추정치로 보아야 하는 이유 중 하나이다.

지구 온난화가 강수량을 증가시킬 가능성도 크다.[2514] 지금도 이미 대부분의 조사 지역에서 강우량 증가 추세가 나타나고 있다. 미국, 러시아 서부 지역, 캐나다 남부 지방, 오스트레일리아 동부 해안 지역, 남아프리카 등이 좋은 예다. 반면에 일본, 중국 북동부 지방, 에티오피아, 케냐 서부 지역, 태국 등에서는 강우량이 줄었다.[2515] 더욱이 비가 많이 오는 경우에는 폭우 또한 늘어나는 것이 전형적인 추세인 듯하다.[2516] 따라서 미국의 경우에 폭우가 쏟아진 일수가 늘어난 것으로 나타났는데, 그 증가분이 전체 강수량 증가의 약 절반 정도를 차지한다.[2517] 모든 조건이 다 동일하다고 가정할 때 폭우가 자주 쏟아지면 자연히 홍수 위험도 증가한다. 그러나 앞에서 언급한 여러 물리적 조치(홍수 조절 기능이 있는 습지를 보존하고, 상류에서 흘러내리는 유량을 감소시키는 방안을 강구하며, 댐과 제방을 잘 유지 관리하고, 기상 정보 전달 체계를 개선하는 일 등)[2518]가 홍수의 규모를 결정짓는 더 중요한 요인일 가능성이 크다는 점을 명심해야 한다.[2519] 게다가 사람의 손길이 닿지 않은 하천 395개 지소를 조사한 미국 지질조사국의 연구 결과는 가뭄은 줄어들었지만 홍수 역시 더 이상 늘어나지 않았다는 것을 보여주었다.[2520]

아마도 이보다 더 놀라운 점은, 강수량이 전체적으로 증가하고 있음에도 불구하고 적어도 1970년대 후반부터는 가뭄이 그만큼 감소하지 않았다는 사실일 것이다.[2521] 주로 미국과 유럽이 되겠지만 일부 지역에서는 지난 20년 동안 가뭄과 수분 과잉 현상이 모두 증가했다. 비록 20년이라는 조사 기간이 아직은 다소 짧은 편이고, 또 그런 변화가 1세기에 걸친 자연적 변화의 범위에 포함되는 미약한 것이기는 해도 이는 어쩌면 앞으로 강수량이 더 극단적으로 변화할 것이라는 조짐인지도 모른다.[2522]

마지막으로, 기온, 이산화탄소, 강수량이 함께 증가하면 지구는 더욱 푸르른 곳이 될 것이다. 인류는 지난 수천 년 동안 불을 지르고 경작지를 조성함으로써 상당 부분의 삼림을 훼손시킨 것이 사실이다. 탄소의 대차대조표를 살펴보면 인간은 지난 6,000년 동안 지구에서 자라는 식물체의 양을 약 30% 감소시킨 것으로 추정되는데, 그 중에서 3분의 2가 지난 300년 동안 사라졌다.[2523] 그렇지만 화석연료를 계속 사용하면 대기 중의 이산화탄소 농도가 증가하면서 마치 지구 전역에 비료를 뿌리는 것과 같은 효과를 나타낼 것이다. IS92a 시나리오를 이용해 6개의 식물 성장 모델을 시험해본 결과는 도표 156에 나타나 있는 것처럼 앞으로 1세기 동안 지구의 생물 자원이 40% 이상 증가해 거의 선사 시대 수준으로 되돌아갈 것으로 예측되었다.[2524]

마찬가지로 지구의 식량 자원, 즉 1차 순생산(NPP)도 약 80% 증가할 것으로 추정된다(도표 156). 앞에서 인류는 자연이 생산하는 생물 자원의 약 40%, 즉 581억 톤을 착복하거나 없애버리고 있다는 에를리히 교수를 비롯한 여러 사람의 주장을 검토한 바 있다.[2525] 그런데 이산화탄소 증가로 기대되는 NPP 증가분이 약 900억 톤, 즉 인간이 착복하는 생물 자원을 모두 합친 것보다 약 50%가 더 많은 양이라는 점을 지적해야겠다.

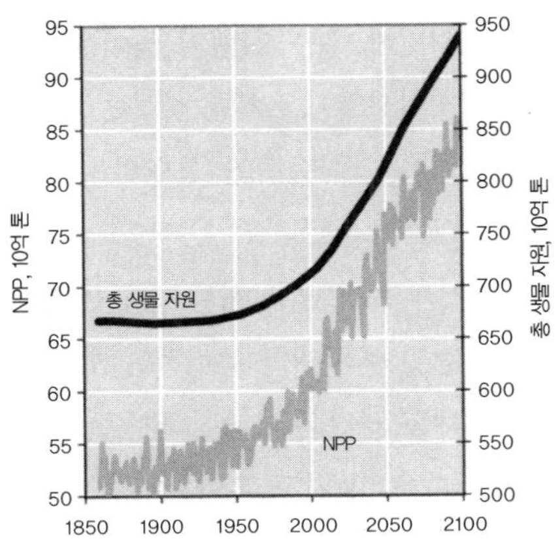

도표 156 기온 상승과 이산화탄소 농도 증가에 의한 생물 자원과 1차 순생산(NPP) 증가 예측치의 변화. 1850~2100년. IPCC의 현재 추세 시나리오에 의거해서 해들리 GCM 모델을 사용하여 얻은 기온 증가 예측치를 여섯 가지 각기 다른 지구식물동역학모델(Dynamic Global Vegetation Model)로 돌려 얻은 예측치다. 생물 자원량은 건조시킨 유기물질의 무게로 측정했다.[2526] 출전:Cramer et al. 2000, White et al. 1999:S24, S26.

요약하자면 이렇다. 지구 온난화로 허리케인과 폭풍우의 발생이 크게 증가했다거나 증가할 것이라는 주장은 전혀 사실이 아니다. 엘니뇨가 사상 유례가 없을 정도로 점점 강력해진다는 주장 역시 설득력이 없으며 이론적으로 입증되지 않았다. 그러나 기온이 약간 상승한 것은 사실인데 주로 야간과 겨울철, 그리고 추운 지방에서 그랬다. 극단적인 더위의 증가 없이 극단적인 추위가 줄어든 것은 여러 가지 측면에서 이로운 일이다. 그러나 만약 지구 온난화가 계속된다면 결국 극단적인 더위로 인한 피해가 생기기 시작할 것이다. 같은 맥락에서, 강수량의 증가가 반드시 나쁜 것은 아니지만(어떤 경우에는 오히려 좋은 영향을 미칠 것이다), 증가 추세가 지속된다면 홍수의 위험이 증가할 것이다. 마찬가지로, 지금까지 기온 상승으로 해수면의 높이가 약 10~25센티미터 높아졌으며 앞으로 1세기 동안 31~49센티미터 더 높아질 것으로 예상된다. 이로 인해 해안 지방의 홍수 위험이 높아질 가능성은 크지 않지만(보호 조치가 강화될 것이므로), 조치를 취하는 데 들어가는 비용은 더 많아질 것이다. 더욱이 기온이 상승하면 증발하는 물의 양이 많아져서 가뭄의 위험이 높아진다.[2527]

따라서 많은 사람들이 화려한 말솜씨로 주장하듯 지구 온난화로 인해 엄청난 피해를 동반하는 고약한 기상 재해가 당장은 일어나지 않는다고 해도 약간은 바람직하지 못한 기상 변화 추세가 이미 모습을 드러내고 있다. 만약 지구 온난화가 계속 진행된다면 사람들이 원하지 않는 변화 추세는 더욱 가속될 것이다.

지구 온난화의 비용

만약 지구의 기온이 앞으로 1세기 동안 계속 상승하면 온갖 종류의 영향을 미칠 것이다. 영향에는 긍정적인 것도 있지만 대부분은 부정적일 것이다. 이제까지는 가장 중요한 영향의 일부를 살펴보았다. 그러나 IPCC가 발표한 1996년과 2001년 보고서의 제2권은 앞으로 일어날 수 있는 변화를 설명하는 데 무려 800쪽 이상을 할애하고 있다. 여기에서 중요한 것은 온난화의 무수한 영향들이 전체적으로 과연 어떤 결과를 낳을 것인가 하는 점이다.

이 문제를 다루는 전형적인 방법은 전체 '비용'을 살펴보는 것이다. 요컨대 지구 온난화의 긍정적 영향과 부정적 영향을 모두 합하면, 그 충격의 규모를 전체적으로 측정할 수 있을 것이다. 이런 식의 비용 추정이 그동안 많은 모델에 의해 이뤄졌는데, IPCC의 새로운 시나리오가 2000년 중반에야 발표되었기 때문에 그 전의 추정에는 대체로 과거의 IS92a 현재 추세 시나리오나 이른바 2×CO_2 시나리오가 사용되었다. 주로 IPCC가 이용하고 있는 후자의 시나리오는 대기 중의 이산화탄소 농도가 순간적으로 2배로 증가한 다음 그대로 지속되는 가상의 세계를 상정한다(이는 기온이 약 2.5℃ 상승할 것임을 의미한다).[2528] 따라서 이 시나리오가 추정하는 지구 온난화의 비용은 과장된 것임에 틀림없는데, 2.5℃라는 기온 상승이 앞으로 점진적으로 진행되지 않고 마치 지금 당장 발생할 것처럼 가정했기 때문이다.[2529]

IPCC의 새로운 시나리오들은 기온 변화의 폭을 훨씬 더 크게 잡고 있다(1.4~5.8℃).[2530] 그렇지만 이미 앞에서 살펴보았듯이, 변화폭의 높은 쪽 부분은 현실로 나타날 가능성이 그리 크지 않은 것 같다. 이는 IPCC가 단순한 모델에 의존해 변화폭을 너무 과대 평가했기 때문이기도 하고, 또는 21세기 중반에 이르면 재생 가능한 에너지가 화석연료보다 저렴해져서 A1T 같은 시나리오(이 시나리오에서는 전체 기온 상승폭이 약 2.5℃로 예상된다)가 가장 현실에 부합할 것이라는 합리적인 예상 때문이기도 하다.[2531] 이처럼 재생 가능한 에너지의 가격이 낮아지면 지구의 평균 기온은 IPCC가 1996년 IS92a나 2×CO_2 시나리오에서 예측한 기온에 훨씬 더 가까워질 것이다. 더욱이 아래에서 살펴보겠지만, 탄소 배출을 조금만 억제해도 우선 지구 온난화를 몇 년 정도 지연시키는 물리적인 결과를 가져올 것이다. 이는 비용과 편익을 대비시키는 모델들이 비용의 절대치에는 대단히 완고한 반면, 비용과 편익의 발생 시기에는 크게 영향을 받게 된다는 것을 의미한다. 따라서 현재 우리가 이용할 수 있는 모델들을 감안해 아래에서는 먼저 IS92a 시나리오나 2×CO_2 시나리오가 제시하는 비용과 영향을 검토한 후, 마지막으로 IPCC의 새로운 시나리오들이 그런 결과를 어떻게 바꿔놓을 수 있는지 살펴보기로 하자.

불행하게도 1998년 IPCC 정부 대표자들이 내린 정책 결정[2532]은 IPCC가 더 이상 기후 변화의 경제적 측면을 고려하지 말고 온실 가스 배출을 더 많이 억제할 수 있는 방법에 초점을 맞춰야 한다는 것이었다.[2533] 이 때문에 2001년도판 IPCC 제3차 보고서에는 지구 온난화에 따르는 비용과 편익에 대한 새로운 정보가 거의 없으며, 온실 가스 배출을 통제할 경우 발생하는 사회적 비용과 이득에 대한 정보도 전체적으로 더 적어졌다. 따라서 이제부터는 IPCC의 이전 보고서와 그 이후에 발표된 개별적인 연구 결과를 주로 살펴볼 것이다.

IPCC는 지구 온난화로 야기될 비용의 총액을 평가하면서 대기 중의 이산화탄소가 2배로 늘어날 경우에 발생할 모든 결과를 열거했다. 여기에는 앞에서 살펴본 농업에 대한 비용뿐만이 아니라 임업, 어업, 에너지, 물 공급, 사회 기반 시설, 허리케인 피해, 가뭄 피해, 해안 지방 보호, (네덜란드에서처럼 해수면이 상승하면서 발생하는) 육지의 손실, 습지 손실, 삼림 손실, 생물 종의 손실, 인명 손실, 오염, 이주 등이 포함되었다.[2534] 여기에는 당연히 불확실한 점들이 많이 관련되어 있으며, IPCC 연구가 본질적으로 지극히 포괄적이기 때문에 모든 분야의 연구가 전부 철저하게 진행되지는 못했다.[2535] 가장 중요한 분야는 물론 연구에 포함되었지만, 일부 분야—수송 부문이나 정치적 불안 문제 등—은 아직도 다루어지지 않았다.

비용은 두 가지, 즉 적응 비용(댐 건설, 품종 전환 등)과 적응이 불가능한 영역에서 발생하는 비용(댐을 건설한다고 해서 모든 토지를 다 보전할 수 있는 것은 아니며 신품종을 도입해도 생산량이 떨어질 수 있다)의 합으로 표현되어 있다.[2536]

이 연구에서 고려된 모든 지구 온난화 문제의 연간 총 비용은 현재 전 세계 GDP의 약 1.5~2% 수준, 즉 4,800억~6,400억 달러 규모로 추정된다.[2537] 절대 수치로 살펴볼 때 이 비용은 선진국과 개발도상국에 각각 2,800억 달러씩 비교적 고르게 나뉘게 된다.[2538] 그러나 선진국의 부가 개도국의 약 5배에 이르기 때문에, 상대적인 의미에서는 비용 부담이 고르게 분배되었다고 할 수 없다. 선진국은 GDP의 1~1.5%를 비용으로 지출하는 반면 개도국은 2~9%를 비용으로 지출할 것이기 때문이다.[2539]

2001년도 IPCC 보고서는 비용 추정에 대해 더 이상 자세히 다루지 않았다. 그러나 이 보고서는 지구 온난화의 비용이 고르게 분배되지 않았다는 점을 더욱 강조했다. 《정책 입안자를 위한 요약서》는 다음과 같이 지적한다.[2540]

이제까지 발표된 추정에 의하면 많은 개도국이 온난화 규모에 상관없이 전 세계적인 평균 기온 상승으로 인해 순수한 경제적 손실을 경험할 것이다. 온난화의 정도가 커질수록 손실의 규모 또한 증가할 것이다. 많은 선진국은 지구의 평균 기온이 대략 2℃ 상승할 때까지는 순수한 경제적 이득을 얻을 것으로 전망된다. 기온이 약 2~3℃ 상승하는 경우에는 좋은 점과 나쁜 점이 혼합된, 혹은 중립적인 순(純) 영향을 받을 것이며, 기온이 그보다 더 상승하면 순수한 손실을 경험할 것으로 전망된다. 경제적 영향이 이런 식으로 분포되기 때문에 선진국과 개도국의 복지 수준 차이가 점점 더 벌어질 것이며, 기온이 높아질수록 그 차이 역시 더 커질 것이다. 개도국이 더 많은 피해를 입을 것이라는 추정에는 그들이 상황에 대처하는 적응력이 상대적으로 떨어진다는 사실이 어느 정도 반영되어 있다.[2541]

이런 지적은 두 가지 점을 시사한다. 첫째, 지구 온난화에 따르는 비용이 연간 5,000억 달러 규모에 이를 것이다. 둘째, 개발도상국은 지구 온난화로 훨씬 더 심각한 타격을 받을 것이다. 그 이유 중 하나는 그들이 훨씬 더 가난해서 적응력이 떨어진다는 점이다.[2542]

엄청난 비용이 불공평하게 분배되어 있다는 사실을 알고 나면 인류가 나아가는 방향을 바꿔야 한다는 생각이 당연히 들 것이다. 해결책은 아주 간단하다.[2543] 만약 지구 온난화와 관련된 기온 상승(또는 그 일부)을 피하고 싶다면 온실 가스, 특히 이산화탄소의 배출을 반드시 줄여야 한다.[2544] 이것이 바로 1997년 12월에 작성된 교토 의정서의 배경이다. 교토 의정서는 이산화탄소 배출 감소를 위해 구속력 있는 국제 협정을 작성

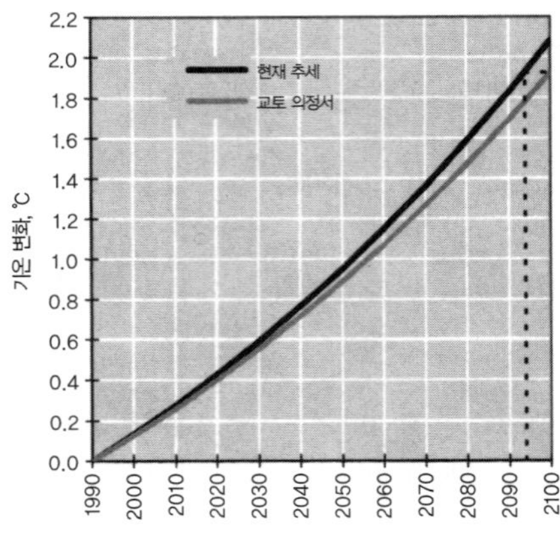

도표 157 현재 추세 시나리오(IS92a)가 실행되는 경우와 교토 의정서의 규제 조치가 영구적으로 시행되는 경우의 기온 상승 전망. 수직 점선은 현재 추세 시나리오에 의거할 때 2094년에 예상되는 기온이 교토 의정서가 시행되는 경우 2100년에 예상되는 기온과 똑같다는 것(1.92℃ 상승)을 보여준다. 출전: Wigley 1998.

하려는 최초의 시도였다. 이 의정서는 이른바 제1 부속서 국가군(Annex I countries, 기본적으로 선진국)이 2008년부터 2012년 사이에 이산화탄소 총 배출량을 1990년 대비 5.2% 더 낮춰야 한다고 규정하고 있다.[2545] 그러나 그렇게 한다고 해서 지구 온난화를 완전히 피할 수 있는 것은 아니다. 아니, 사실은 지구 온난화를 피하는 것과는 거리가 멀다. 교토 의정서가 개도국의 이산화탄소 배출에는 전혀 아무런 제한도 가하고 있지 않기 때문이다.[2546] 사실 교토 의정서가 아주 미미한 영향밖에 미치지 못할 것이라는 점을 금방 알 수 있다. 설령 교토 의정서에 규정된 배출량 제한이 영원히 시행되더라도 말이다. 하지만 이런 문제는 의정서에서 다루어지지 않았다.[2547] 여러 컴퓨터 모델의 계산에 의하면, 교토 의정서가 실행되더라도 그 결과 예상되는 2100년까지의 기온 상승폭은 도표 157에 제시된 것처럼 의정서를 실행하지 않았을 때에 비해 약 0.15℃ 낮아지는 것에 불과했다.[2548] 이와 마찬가지로 설령 교토 의정서에 의해 이산화탄소 배출량이 영원히 억제된다 해도 2100년의 해수면 상승폭은 그렇게 하지 않았을 경우와 비교해 겨우 2.5센티미터 줄어들 뿐이었다.[2549]

오존층 보호를 위한 몬트리올 협약에서 중요한 협상 당사자 중 한 사람이었던 리처드 베네딕(Fichard Benedick)은 "교토 의정서가 기후 시스템에 거의 영향을 미치지 못할 것"[2550]이라고 말한다. 과학 주간지 〈사이언스〉도 다음과 같이 보도했다. "그러나 기후학자들은 만약 교토 협약으로

……대기 중의 온실 가스가 축적되는 속도가 일시적으로나마 늦춰진다면 그것은 정말로 기적 같은 일이라고 말하고 있다."[2551] 사실 도표 157을 살펴보면 기온 상승의 감소분이 겨우 6년치에 해당한다는 것을 분명히 알 수 있다. 교토 협약이 없었더라면 2094년에 도달했을 기온 상승폭(1.92℃)을 교토 의정서가 2100년까지 미뤄놓은 것에 불과하다.[2552]

이는 물론 교토 의정서가 첫걸음에 불과하다는 사실을 의미하는 것으로도 받아들일 수 있다. 덴마크 환경부 장관은 일본에서 돌아온 지 1주일 후에 다음과 같은 글을 썼다. "교토에서 내려진 결정은 지구 온난화를 해결하기 위해 필요한 미래의 많은 결정 중 첫 번째 것에 불과하다. ……교토에서는 온실 가스를 훨씬 더 많이 감소시킬 경우에만 정말로 지구 온난화의 진행이 역전될 수 있을 것이라는 점이 다시 한번 강조되었다."[2553]

프린스턴 대학교의 제리 말먼(Jerry Mahlman)은 온난화를 제대로 통제하려면 "다음 한 세기 동안 아마도 30개의 교토 의정서가 필요할 것"이라고 덧붙였다.[2554]

이산화탄소를 감소시키는 비용

그렇다면 교토 의정서를 실행하는 데 드는 비용은 과연 얼마나 될까? 그 답은 교토 의정서가 실제로 실행되는 방법에 따라 크게 좌우된다. 조인된 의정서는 참가국들에게 분명한 목표를 정해주고 있다. 미국은 온실 가스 배출량을 7% 줄여야 하고, 유럽연합은 8%, 캐나다는 6%를 각각 줄여야 한다는 식이다.[2555] 그러나 의정서는 이산화탄소 배출 권리를 거래할 수 있는 가능성도 확립해두고 있다.[2556]

이런 결정의 저변에 깔려 있는 논리는 기후 변화와 관련해서 이산화탄소 1톤을 누가 배출하는지는 그리 중요하지 않다는 것이다. 배출자가 누구든 일단 배출된 이산화탄소는 대기 중으로 완전히 섞여 들어갈 것이기 때문이다. 따라서 어떤 나라(A)가 다른 나라(B)보다 훨씬 더 적은 비용으로 이산화탄소 배출량을 줄일 수 있다면, A국이 이산화탄소 배출량을 원래 결정된 것보다 훨씬 더 많이 줄이고 B국은 그만큼 더 적게 줄이는 것이 경제적으로 타당할 것이다. 이 원칙을 현실로 옮긴다면, 일정량의 이산화탄소 배출을 허락받은 국가가 그 권리를 스스로 사용하거나 또는 다른 나라에 팔 수 있게 된다. 이 경우 B국은 A국이 이산화탄소를 배출해서 얻을 수 있는 기대 이득보다 더 높은 값으로 A국에게서 배출권을 기꺼이 사들일 것이다. 그렇게 해서 두 나라가 모두 더 많은 이득을 확보할 수 있는 것이다. 물론 이것은 자유 무역의 이점을 옹호하는 고전적인 주장과 다름 없다.

배출권 거래 문제는 교토 회의 이후 베를린, 부에노스아이레스, 헤이그 등에서 개최된 회의에서 해결될 것으로 기대되었다. 그러나 이 책을 쓰고 있는 지금도 이 문제는 해결되지 않았다(2003년 5월까지도 해결되지 않고 있다 – 옮긴이).[2557] 미국은 기본적으로 배출권 거래를 더 많이 허용하도록 압력을 행사하고 있는 반면, 유럽연합은 개별 국가가 이산화탄소 배출량을 제한하겠다는 약속을 대부분 실천하길 원하고 있다.[2558] 어쩌면 이 문제는 거래가 전혀 이루어지지 않는 쪽으로 결정될지도 모른다. 혹은 유럽연합은 자기들끼리 거래를 하고 다른 나라들 역시 자기들끼리만 거래를 하는(이른바 이중 거품) 일종의 그룹별 거래나 제1 부속서 국가들 사이의 거래, 아니면 범지구적인 전면적 거래의 형태로 해결될지도 모른다.

1999년 13개 모델을 대표하는 경제학자들이 스탠퍼드 에너지모델연구포럼(Stanford Energy Modeling Forum)의 주선으로 한자리에 모여 교토 의정서를 평가하는 기회를 가졌다. 이 모임은 교토 의정서를 실행하는 비용을 연구하는 전문가들의 활동으로는 가장 규모가 큰 것이었다.[2559] 이 연구에 사용된 모델 중 절반은 미국에서 만들었고, 나머지 절반은 유럽 · 일본 · 오스트레일리아 등에서 제안한 것이었다. 그런데 각각의 모델이 미래의 경제 성장률과 에너지 소비량, 대안 에너지 개발 비용 등에 대해

당연히 서로 다른 가정을 하고 있었으므로, 연구 결과들이 2~4배의 차이를 보이는 경우가 흔했다. 하지만 전반적인 연구 결과는 상대적으로 상당히 일치하는 편이었다. 또한 각각의 시나리오를 여러 모델로 평가하였는데, 이 책에서는 그 평가의 평균치를 사용할 것이다. 가장 낙관적인 모델과 가장 비관적인 모델의 수치는 평균치 계산에서 제외하였다.[2560)]

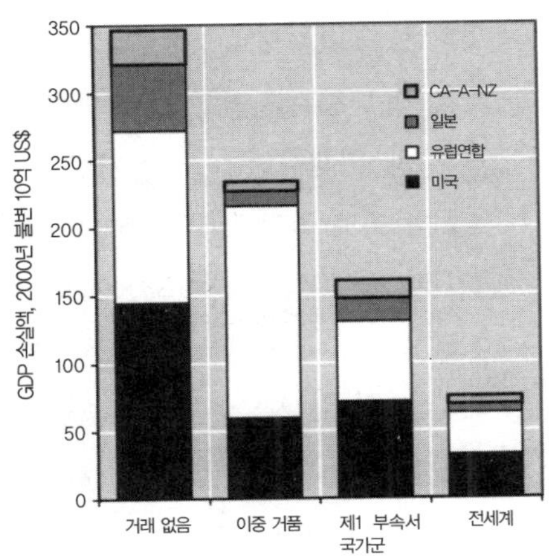

도표 158 네 가지 탄소 배출권 거래를 상정했을 때 2010년 미국, 유럽연합, 일본, 캐나다/오스트레일리아/뉴질랜드 등이 부담해야 하는 교토 의정서 준수 비용 예측치. 2000년 기준 미화 10억 달러 단위로 표시하였다. 네 가지 가정이란 거래가 전혀 이루어지지 않는 경우, 제1 부속서 국가군을 두 그룹으로 나누고 그룹 내에서만 거래하는 경우(이중 거품), 모든 제1 부속서 국가가 자유롭게 거래하는 경우, 전세계적으로 거래하는 경우 등이다. 6~8개 모델의 평균값이다. 출전:Weyant and Hill 1999:xxxiii-xxxiv, BEA 2001b-c.

교토 의정서를 실행하는 비용은 도표 158에 나타나 있다. 만약 배출권 거래를 전혀 허용하지 않는다면, 교토 의정서 실행 비용이 2010년경 연간 3,460억 달러에 이를 것으로 추정된다. 이는 해당 지역 현재 GDP의 약 1.5%에 해당하는 액수이다.[2561)] 만약 제1 부속서 국가들 사이에서 배출권 거래를 허용하면, 연간 비용은 1,610억 달러로 낮아진다. 그리고 만약 제1 부속서 국가들을 두 그룹(유럽연합 그룹과 다른 국가들 그룹)으로 나누고 각 그룹 내부에서만 거래를 허용하면, 소요 비용은 2,340억 달러로 증가한다. 그렇지만 이럴 경우에는 비용의 많은 부분을 유럽연합 국가가 감당하게 될 것이다. 왜냐하면 유럽연합은 배출권 거래에서 확보 가능한 이익을 별로 챙기지 못하는 반면, 미국과 일본을 비롯한 다른 나라들은 이산화탄소 배출권을 사들이기 위해 유럽연합 국가와 경쟁할 필요가 없어 더 저렴한 비용으로 교토 의정서에 규정된 자신들의 목표를 완수할 수 있기 때문이다. 마지막으로 만약 범지구적으로 배출권 거래가 허용된다면(곧 알게 되겠지만 이것은 정말로 문제가 많은 가정이다), 그 비용은 훨씬 더 감소해 연간 750억 달러가 될 것이다.

이산화탄소 배출량을 고작 5.2% 정도 줄이는 데 이렇게 엄청난 비용이 든다는 것이 어쩌면 이상하게 보일지 모르겠다. 하지만 이것은 5.2%라는 숫자가 '1990년 배출량'을 기준으로 한 5.2%라고 규정되기 때문이다. 만약 이산화탄소 배출을 줄이고자 하는 노력이 전혀 없다면 경제가 성장함에 따라 배출량 또한 증가할 것이므로〔그러나 배출량이 경제 성장 속도만큼 빠르게 늘어나지는 않는다. 에너지 사용 효율이 더욱 개선되고(도표 68 참조), 사용하는 에너지원도 이산화탄소를 많이 배출하는 석탄에서 배출량이 적은 천연가스로 바뀔 것이기 때문이다〕, 교토 의정서가 요구하는 것은 사실 2010년 OECD 국가들이 '자연스럽게' 배출하게 될 이산화탄소 배출량을 28% 줄이라는 것이다.[2562)]

더욱이 아무런 규제가 없다면 OECD 국가들의 이산화탄소 배출은 계속 늘어날 것이기 때문에 교토 의정서의 의무 규정을 지켜 1990년의 배출량보다 5.2% 낮은 수준을 유지하는 것은 사실 이산화탄소 배출량을 점점 더 많이 감소시켜야 한다는 것을 의미한다. 따라서 2050년에는 OECD 전체가 '자연스러운' 배출량을 무려 50% 이상 감축시켜야 한다.[2563)] 처음에 이산화탄소 몇 퍼센트를 감소시킬 때는 비용이 아주 싸게 들지만 감소시켜야 하는 양이 점점 더 늘어날수록 비용 역시 점점 더 비싸질 것이다. 따라서 교토 의정서를 이행하는 데 드는 비용은 도표 158에 제시된 비용보다 점점 더 증가할 것이다. OECD는 2050년에 이르면 그 비용이 OECD 국가군 GDP의 약 2%를 차지할 것이며 2100년에는 GDP의 약 4% 수준에 이를 것으로 추정한다.[2564)] 이를 실제 금액으로 따지면 2050년에는 연간 9,000억 달러 이상의 비용이 들 것이다.[2565)]

이는 2050년에 이르면 OECD 국가들이 교토 의정서를 이행하는 데 지출하는 연간 비용이 2100년에 지구 온난화로 발생하는 피해 비용만큼 많아질 것이라는 의미다(현재 GDP의 약 2%에 이를 것이다).[2566] 다시 말해 2100년에 지구 온난화로 발생하는 피해 비용 거의 대부분을 고스란히 지불해야 할 것이다. 왜냐하면 교토 의정서에 의해 이산화탄소 배출을 줄이더라도 그 효과는 도표 157에서 분명히 알 수 있는 것처럼 2100년의 기온 상승폭을 겨우 6년 뒤로 미루는 것에 불과하기 때문이다. 간략히 말하면, 결국 지구 온난화로 인한 비용을 두 번 지불하는 셈이다. 처음에는 2050년부터 매년 이산화탄소를 줄이는 데 GDP의 2%를 지출해야 하고, 2100년에는 교토 의정서가 거의 효과를 발휘하지 못한 기온 상승의 피해 비용 2%를 더 지출해야 하는 것이다.

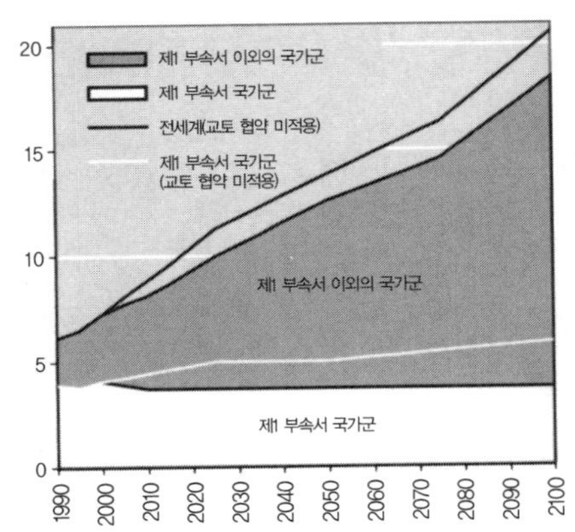

도표 159 2100년까지 이산화탄소 배출량 변화. 만약 제1 부속서 국가들이 교토 의정서에서 규정한 것처럼 2010년의 이산화탄소 배출량을 1990년 수치보다 약간 더 낮은 수준으로 고정시키는 경우에 예상되는 전세계 이산화탄소 배출량을 탄소 10억 톤 단위로 표시한 것. 제1 부속서 군가군에 속하지 않는 국가들은 계속해서 더 많은 이산화탄소를 배출할 것으로 전망된다(IS92a 시나리오의 배출량을 따르는 것이다). 얇은 선은 교토 의정서가 시행되지 않는 경우 제1 부속서 국가들과 전세계적의 이산화탄소 방출량이다. 출전: Wigley 1998: 2,286. OECD 1994: 44 참조.

이런 문제가 발생하는 이유 중 하나는 교토 의정서가 개발도상국의 이산화탄소 배출량을 제한하지 않고 있다는 데서 찾아볼 수 있다. 따라서 선진국이 자체 이산화탄소 배출에 제동을 걸고 있는 동안 개도국은 경제 성장 과정에서 선진국의 이산화탄소 배출량을 따라잡을 뿐만 아니라 결국 그보다 훨씬 더 많은 이산화탄소를 배출하게 될 것으로 전망된다(도표 159). 더욱이 화석연료를 많이 사용하는 산업은 자연스럽게 개발도상

국으로 옮겨질 것이기 때문에 교토 의정서의 의미가 무색해질 가능성이 크다.[2567)]

따라서 이산화탄소 감축이라는 장기적인 목표를 달성하기 위해서는 개발도상국에게도 어떤 식으로든 배출량을 제한할 의무를 부과해야 할 것으로 보인다. 이것이 바로 지금까지 미국 상원의 입장이었다. 미국 상원은 95 대 0으로 통과된 결의안에서 개도국의 의무를 면제해주는 것이 "범지구적인 조치를 취해야 한다는 사실과 모순"되며, 미국은 개발도상국에 대한 구체적인 규제가 포함되지 않은 조약에 서명해서는 안 된다고 선언했다.[2568)] 그러나 이 목표를 달성하기는 어려울 것이다. 어쩌면 아예 불가능할지도 모른다. 첫째, 많은 개도국은 지구 온난화를 야기한 것이 부유한 나라들이며, 지구 온난화로 인해 피해를 입는 것은 주로 개도국이 될 것이라고 생각한다. 따라서 온실 가스 배출량을 줄이는 것은 선진국의 책임이라는 것이다. 물론 개발도상국들에게 현재 추세 시나리오만큼 이산화탄소 배출을 허용해주는 교토 의정서 확대 협정이 있기 때문에 엄밀히 따진다면 선진국에만 책임을 지우는 것이 가능하다. 그리고 선진국은 개발도상국에게 허용된 배출권을 사들이면 될 것이다(전세계적인 거래가 허용될 경우 교토 의정서 이행 비용을 계산한 도표 158은 이렇게 만들어졌다).

그러나 이렇게 할 경우에는 두 번째 문제가 분명하게 불거진다. 이산화탄소 배출 권리를 모두 합한 가격은 입이 쩍 벌어질 정도인데, 바로 이 때문에 이산화탄소 배출 권리를 처음에 국가별로 할당하기가 대단히 어려워질 것이다. 경제학자인 토머스 셸링(Thomas Schelling)은 이런 상황을 다음과 같이 표현했다. "세계적인 배출권 거래는 멋진 생각이지만, 나로서는 각 나라 대표들이 한자리에 앉아 무려 1조 달러의 가치가 있는 권리를 영구히 나눠 갖는 모습을 상상하기 어렵다."[2569)] 여기에는 선진국에서 개발도상국으로의 대규모 권리 재분배가 포함될 것이다. 그리고 배출권 분배가 가능하더라도 행정부의 힘이 그리 강하지 못한 나라나 나중에 약속을 저버릴 가능성이 있는 국가라면 그런 결정을 이행하는 데 지속적으로 커다란 장애에 부딪힐 것이다.[2570)]

그러면 과연 어떻게 해야 하나

지구 온난화로 발생하는 피해 비용이 대단히 비싼 것은 사실이지만, 이산화탄소 배출을 감축하는 데도 엄청난 비용이 들 것이다. 그런데 이 두 가지 정보를 한데 합해 고려하더라도 우리가 앞으로 어떻게 해야 할지 분명히 알 수가 없다. 만약 지구 온난화로 인해 얼마나 커다란 피해를 입을 것인지에 초점을 맞추면 지금 바로 대대적인 행동에 나서야 한다는 쪽으로 생각이 기울어지겠지만, 이것은 행동에 나서는 데 필요한 비용을 무시한 생각이다.[2571)] 반면에 이산화탄소 배출을 줄이는 데 많은 비용이 든다는 점에 초점을 맞추면 세상사가 되어가는 대로 그냥 내버려두자는 쪽으로 생각이 기울어질 것이다. 하지만 이것은 점점 커져가는 온난화의 피해를 무시한 발상이다. 따라서 문제는 현실적으로 무엇이 최선의 길인가 하는 점이다.

물론 지금 당장 화석연료 사용을 전면 금지한다면 대기 중의 이산화탄소 농도를 거의 즉각적으로 안정시키고 기후도 서서히 안정시킬 수 있을 것이다. 그러나 이런 방법은 세상만사를 사실상 정지시킬 것이다. 그리고 경제적 측면과 건강 및 환경 측면에서 가히 추정하기조차 어려운 엄청난 부작용을 불러일으킬 것이다.[2572)] 그렇다면 세상사가 스스로 굴러가도록 하는 길을 선택해 지금처럼 점점 더 많은 양의 이산화탄소를 공기 중으로 방출할 수도 있다. 이럴 경우 우리는 2100년경에 이르러 변화된 환경에 걸맞도록 사회를 적당히 개조하고, 그 이후에는 제방을 쌓고, 도서 지역의 주민을 이주시키고, 영농 방법을 바꾸는 등 대가를 지불해야 할 것이다.

이 양 극단의 중간에는 이산화탄소 배출을 어느 정도 감축하면서 동시에 온실 효과로 인한 지구 온난화도 어느 정도 받아들이는 방안이 물론 존재한다. 여기에도 과연 장래의 어느 시기에 이산화탄소 배출 억제를 위한 조치를 이행해야 하는지와 관련해 고려할 사항이 엄청나게 많은 것이 사실이지만,[2573] 기본적으로 이 방법은 지금 어느 정도까지 이산화탄소 배출량을 줄여서 대가를 치를 것이며, 나중에는 기온 상승을 어느 정도까지 참고 살 것인가를 결정하는 것이다. 따라서 문제는 기후 안정과 현재 추세 시나리오 사이에서 현재의 사회를 지나치게 흔들지 않으면서도 나중에 기후와 관련해서 지나치게 많은 대가를 치르지 않아도 되는 해결책을 찾는 일이다. IPCC는 1996년의 보고서에서 이 문제를 조사했고 연구는 그 후 이른바 통합 평가 모델(integrated assessment models)을 이용해 지속적으로 이어지고 있다.[2574]

이런 모델 연구 분야에서 가장 중요한 연구자의 한 사람으로 예일 대학교 경제학과의 윌리엄 노드하우스(William Nordhaus) 교수가 있다. 그는 정치적으로 선택할 수 있는 여러 가지 방법의 장단점을 평가하기 위해 최초의 컴퓨터 모델인 기후-경제통합동역학모델(DICE, Dynamic Integrated Climate-Economy model)을 개발했다.[2575] 다른 모델 연구자들은 모두 DICE에서 영감을 얻었으며, IPCC에 따르면 모두들 대체로 비슷한 결과를 얻었다고 한다.[2576] 이 모델은 1990년대에 대규모의 발전과 확장을 거쳐 현재는 지역적 기후-경제통합모델(RICE, Regional Integrated Climate-Economy model)에 13개 경제권을 통합시켜 놓고 있다.[2577] DICE와 RICE 모델의 독특한 특징은 두 모델 모두 기후 시스템과 경제 시스템을 포함하고 있으며, 기후 변화와 온실 가스 배출 규제로 인해 경제 시스템이 지불해야 하는 비용도 포함하고 있다는 점이다. 다음에 논의할 내용이 RICE 모델에 의존하고 있지만, 이 모델도 다른 모든 통합 평가 모델과 질적으로 똑같은 결론을 제시하고 있다는 점이 대단히 중요하다.[2578]

이런 모델들이 지니는 장점은 이들이 현재 추세 시나리오의 비용과 이익을 모두 계산한 후에 다른 시나리오, 이를테면 이산화탄소 방출을 극단적으로 감축하는 경우의 비용 및 이익과 비교할 수 있다는 점이다. 비용에 관한 중요한 점은, 교토 의정서의 실행 비용이 점점 더 증가한다는 사실을 통해 알 수 있었듯이 이산화탄소 방출을 많이 줄이려고 할수록 그 비용이 점점 더 비싸진다는 사실이다. 이런 연구에서 얻은 추정치들을 보면 처음 이산화탄소 1톤을 감축하는 데 드는 비용은 거의 공짜나 다름없지만, 총 감소량 40% 중 마지막 1톤을 줄이는 비용은 도표 160에서처럼 약 100달러에 이를 것이라고 한다.[2580)]

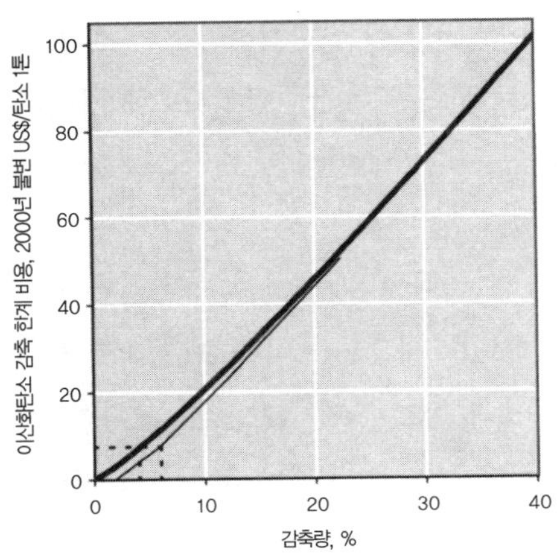

도표 160 이산화탄소 감축 목표가 각기 다를 때에 예상되는 이산화탄소 감축 한계 비용의 변화. 여기에서는 1995년 목표 달성을 위해 탄소 마지막 1톤을 줄이는 데 필요한 비용을 2000년 기준 미국 달러 가치로 표시하였다. 본문에서 논의하였듯이 탄소 1톤당 7.5 달러라는 감축 비용은 4%의 이산화탄소 감축을 가능케 한다. 그런데 이산화탄소를 규제함으로써 생기는 환경 분야에서의 다른 이득을 감안한다면 실제 비용 곡선은 규제가 약할 때 약간 더 낮을 것이다.[2579)] 출전: DICE 1999, Burtraw et al. 1999:7-8, BEA 2001b-c.

그 다음으로 문제가 되는 것은 대기 중으로 방출된 이산화탄소가 지구 온난화를 통해 24세기까지 인류 사회에 과연 어떤 피해를 입힐 것인지 확실히 파악하는 것이다. 이 모델은 지구 온난화가 농업, 에너지, 임업, 수자원에 입히는 피해와 해수면 상승이 인간 거주지, 사람들의 건강과 삶의 질, 수질, 시간 이용에 입히는 피해, 그리고 광범위한 연구에서 도출된 기타 엄청난 피해 등을 계산에 포함시키고 있다.[2581)] 오늘날 탄소 1톤을 추가로 배출할 때마다 그로 인해 미래에 발생할 총 피해액은 현재의 화폐 가치로 따져 약 7.5달러에 해당한다.[2582)] 다시 말해 탄소 배출량 1톤을 줄이는 비용이 이산화탄소 감소로 인한 이득과 같아질 때까지는 이산화탄소 배출을 줄이는 것이 사회에 커다란 이득이다. 이는 도표 160에 나타나 있듯이 1995년의 경우 이산화탄소 전체 배출량의 약 4%를 줄이는 경우에 해당한다.

그러나 이 계산에는 지리적 위치와 사용하는 연료의 종류에 따라 이산화탄소 배출을 줄이는 것이 대기 오염 또한 감소시킨다는 사실이 고려되지 않았는데, 이 점은 물론 사회적 비용을 감소시키는 요인이다. IPCC가 새로 내놓은 2001년 보고서는 이런 부수적인 이득으로 차이가 생길 수 있음을 지적한다.[2583] 그러나 IPCC가 일차적으로 인용한 자료는 이산화탄소 1톤을 방출하는 데 부과되는 세금이 약 10달러일 때 추가적인 이득을 톤당 최대 3.8달러로 보고 있으며, 세금이 약 50달러가 되면 그 이득은 겨우 1.6달러 정도밖에 되지 않을 것으로 가정한다.[2584] 추가적인 이익 효과는 도표 160에 가는 선으로 표시되어 있으며 최대 6% 정도까지는 이산화탄소를 감축하는 것이 바람직하다는 것을 알 수 있다.[2585]

다른 한편으로, 이런 부수적인 이익은 이산화탄소 배출 감축량이 커질수록 급격히 감소해 감축량이 20%를 넘어서면 거의 아무런 도움도 되지 못할 것이라는 점에 주목해야 한다. 또한 추가적인 이익을 평가하는 데는 생물 자원과 같은 다른 재생 가능한 에너지로 에너지원을 바꾸는 비용과 그 결과로 발생하는 분진, 아황산가스, 니켈, 카드뮴, 납 등의 추가적인 오염 비용이 포함되지 않는다는 점도 고려해야 한다.[2586] 마지막으로, RICE 모델이 스탠퍼드 에너지모델연구포럼에서 제시된 여러 비용 감소 예측 중에서 줄곧 비용 감소폭을 낮게 잡은 쪽에 치우쳐 있으므로[2587] 나머지 부수적인 이익이 더욱 상쇄될 것이다. 이 모델이 이산화탄소 감축 비율도 높게 잡으려 할 테니까 말이다.[2588]

따라서 이 모델에서는 1995년에 전세계 이산화탄소 배출량을 4% 감축하는 것이 최선의 대안으로 제시되고 있다. 만약에 4% 이상 이산화탄소 배출을 줄이려고 시도하면, 거기에 따르는 비용은 사회가 지불해야 하는 순비용이 될 것이다. 4% 이상 이산화탄소 방출을 줄이는 비용이 기온 상승 억제 효과에서 기대되는 장기적 이득보다 크기 때문이다. 반면에, 이산화탄소 배출량을 4% 이하로 감축할 경우에도 역시 장기적으로 볼 때 사회가 일정 부분 순비용을 부담해야 할 것이다. 왜냐하면 이산화탄소 배출량 감소폭을 줄여서 얼마 안 되는 돈을 절약할 수 있지만, 향후 기온 상승으로 인해 그보다 더 많은 비용이 발생할 것이기 때문이다.

탄소 배출로 야기되는 피해 비용은 시간이 흐를수록 증가할 것이다. 기온이 높아질수록 피해가 더 커질 것임을 이 모델이 보여주기 때문이다. 기본적으로 현재 기온에서 1℃ 올라갈 경우에 예상되는 사회적 비용은 기온이 3~4℃ 올라갈 때 1℃ 상승분의 예상 비용보다 낮을 것이 분명하다. 기온이 큰 폭으로 변하면 그로 인해 재난 발생의 위험성이 증가할 뿐만 아니라 그 밖에 다른 여러 가지 변화도 초래되어 훨씬 더 많은 비용이 들 것이다.[2589]

한편, 시간이 흐르면서 에너지 기술의 발달과 생산 비용 1달러당 발생하는 이산화탄소 양의 감소, 그리고 화석연료 가격 상승 등으로 탄소 1톤을 감축하는 데 드는 비용이 낮아질 것이다.[2590] 탄소 배출량을 줄이는 최적의 방법은 감축량을 4%에서 시작해 2100년에 이르러 11%까지 올리는 것으로 도표 161의 왼쪽 그래프에 제시되어 있다.

하지만 최적의 시나리오를 찾아냈다고 해서 지구 온난화 문제의 해법을 완성했다는 것은 아니라는 점을 명심해야 한다. 대안을 실천하는 데는 많은 현실적인 문제가 뒤따르기 마련이다. 따라서 여기에서 최적 시나리오를 제시한 것은 단순히 "이제 해결책을 찾았으니 안심하고 집에 가자"는 의미가 아니다. 다만 최적 해법을 찾아냄으로써 대안 정책을 서로 비교해보고, 그것들이 상대적으로 얼마나 효율적인지 아니면 비효율적인지 판단할 수 있는 분명한 기준이 생긴 셈이다.[2591]

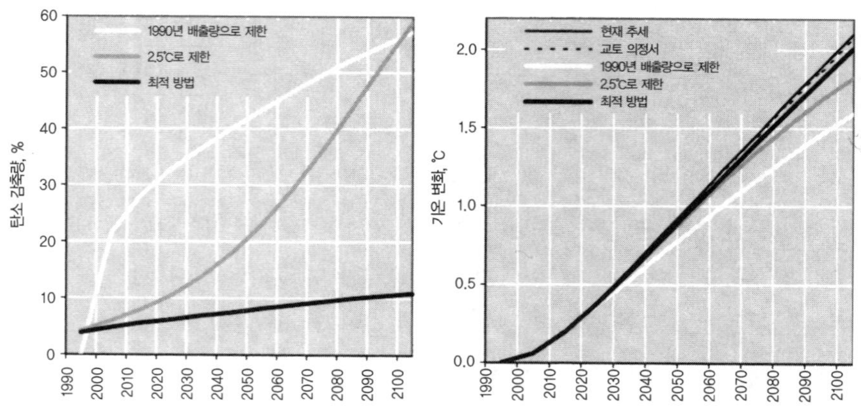

도표 161 왼쪽:이산화탄소 감축을 제한하는 여러 경우의 이산화탄소 감축량 변화. 1995~2105년 전세계 이산화탄소 배출량을 1990년 수준으로 고정했을 경우, 기온 상승을 2.5℃로 제한했을 경우, 사회적으로 최선의 결과를 얻는 방법을 적용할 경우 등을 상정하였다.
오른쪽:이산화탄소 감축을 제한하는 여러 경우의 기온 변화. 1995~2105년 현재 추세 시나리오에 따르는 경우와 교통 의정서를 준수하는 경우를 추가했다. 출전:Nordhaus and Boyer 2000:7: 29, 31, 8:24.

이제부터는 온실 효과를 억제하기 위한 조치와 관련해 자주 제시되곤 하는 다른 두 가지 가능성을 검토해보기로 하자. 그 중 하나는 교토 의정서와 유사하게 이산화탄소 배출량을 1990년 수준으로 고정시키자는 제안이다. 노드하우스가 지적했듯이, 이 제안에 특별한 과학적 의미나 경제적 의미는 없다. 이산화탄소 배출을 고정시킨다고 해서 대기 중의 이산화탄소 농도나 기온, 혹은 온실 효과로 인한 피해 수준도 제자리에 묶어둘 수 있다는 뜻은 아니기 때문이다. 대부분의 정책 입안자들은 바로 이런 점에 관심을 가지고 있지만 말이다. 그렇지만 이 제안은 단순하다는 장점을 갖고 있다.[2592] 도표 161의 왼쪽 그래프에는 이 제안을 실천했을 때의 결과가 나타나 있다. 세계 경제가 꾸준히 성장하면서 점점 더 많은 이산화탄소를 배출할 것이므로 이산화탄소 배출량을 1990년 수준으로 안정시키기 위해서는 점점 더 많은 양의 이산화탄소를 줄여야 한다. 그래서 21세기 중반에 이르면 세계적으로 감축해야 하는 이산화탄소의 양이 40%를 넘을 것이고 그 후로도 계속 증가할 것이다.

마지막으로, 기온 상승폭을 2.5℃로 제한하는 정책에 대해 살펴보기로 하자. 이 목표를 달성하기 위해서는 결국 이산화탄소 배출을 크게 줄여야 할 것이다. 비록 그런 억제 조치를 가능한 한 늦추어야 하겠지만 말이다 (도표 161의 왼쪽 그래프). 이산화탄소 배출 억제 시기를 늦춰야 하는 것은 그 동안의 기술 발전과 화석연료 가격 상승 등으로 이산화탄소 감축 비용이 점점 더 저렴해질 것이고, 그때쯤이면 세상의 부(富)도 더욱 늘어나 있을 것이기 때문이다.

도표 161의 오른쪽 그래프에서 볼 수 있듯이 우리가 무슨 조치를 취하든 그것이 기온에 미치는 영향은 미미할 것이다. 기후 시스템 안에서 시간적 지체가 매우 큰 데다가(지금 바로 이산화탄소 방출량을 줄인다고 해도 그 영향이 나타나기까지 몇 년이라는 시간이 걸린다. 지구 대기 시스템이 그만큼 크기 때문이다-옮긴이), 설령 전세계의 이산화탄소 배출량을 1990년 수준으로 고정시키더라도 대기 중으로 방출되는 이산화탄소의 양은 여전히 많아 전세계의 이산화탄소 농도가 증가할 것이기 때문이다. 사실 기온 상승폭을 1.5℃로 제한하고 싶다면 2035년까지 탄소 배출을 완전히 정지시켜야 할 것이고[2593] 그렇게 하려면 기본적으로 지금 세상에서 벌어지고 있는 모든 활동을 중단시켜야 한다.

일석이조-환경 개선으로 돈을 번다

1990년대에 세금 제도의 효율성에 대한 학문적 논의의 방향이 지구 온난화라는 새로운 문제의 처리와 관련된 쪽으로 갑자기 바뀌었다.[2594] 이산화탄소 배출 억제에 드는 비용이 엄청날 것임은 자명한 일이므로 일부 환경경제학자들이 환경세 신설을 제안했던 것이다. 여기에서 얻는 세금 수입을 이용해 자본이나 노동에 대한 기존의 왜곡된 세금을 낮추면, 이른바 "도랑 치고 가재 잡는" 식의 일석이조를 거둘 수 있으리라는 것이 그들의 주장이었다. 다시 말해 환경의 질도 개선하면서 경제적으로도 순수한 이득을 올릴 수 있다는 애기였다.[2595] 이처럼 놀라운 '윈-윈' 효과를 거둘 수 있다는 것은 환경 피해가 너무나 크기 때문에 피해 예방을 위해 비용을 들여 세금을 매겨야 한다는 논리를 더 이상 입증할 필요가 없다는 것을 의미했다. 환경 피해가 심하다는 사실만 입증할 수 있다면 일석이조의 효과 덕분에 세금의 부과가 결국은 사회적 순이익으로 돌아올 테니까 말이다.[2596]

이것은 너무 근사해서 오히려 믿을 수 없는 얘기였다. 그런데 사실 너무나도 근사한 얘기라는 판단이 옳았다. 지난 10년 동안 많은 학문적 분석의 결과 그 강력한 일석이조 효과가 현실과 다르다는 사실이 확실히 입증된 것이다.[2597] 이들의 논의는 세금이 경제성 개선에 미치는 세 가지 뚜렷한 효과에만 집중되어 있었다. 그 세 가지 효과란 '일차적인 복지 혜택', '세수 환원 효과', '세금 상호 작용 효과'를 말한다.[2598] 일차적인 복지 혜택은 오염 발생을 규제하는 데서 얻는다. 만약 대기 중 탄소를 1톤 더 배출했을 때 발생하는 피해 비용이 7.5달러라면 탄소 배출분 1톤에 7.5달러의 세금을 매겨야 한다.[2599] 이렇게 되면 탄소로 공기를 오염시키던 사람들이 탄소 배출에서 벌어들이는 이익이 7.5달러가 될 때까지 배출량을 줄일 것이다(또는 1톤당 7.5달러 이하의 돈을 들여 탄소를 배출하지 않을 수 있다면 자발적으로 돈을 들여 그렇게 할 것이다. 왜냐하면 그렇게 하는 것이 세금을 내는 것보다 이익이기 때문이다-옮긴이) 그런데 처음 1톤의 탄소 배출을 줄이는 비용은 거의 공짜나 다름없지만(도표 160에서 처음 1%를 줄이는 비용은 거의 공짜이다), 이 1톤도 여전히 약 7.5달러만큼의 피해를 입힐 것이므로 사회는 더 유복해진다(거의 공짜나 다름없는 비용으로 환경 피해를 예방할 수 있기 때문이다-옮긴이). 거둬들인 세금은 대개 일괄적으로 사회에 환원될 것으로 가정되었다.

일석이조 효과의 요점은, 만약 이렇게 걷은 세금이 일괄적으로 사회에 환원되지 않고 이미 왜곡되어 있는 다른 세금(유럽에서는 노동에 매기는 세금이 그러하고 미국에서는 자본에 매기는 세금도 여기에 포함될 것이다)을 낮추는 데 사용된다면[2600] 고용과 복지의 확대라는 형태로 사회에 추가 혜택을 안겨줄 수 있다는 것이다. 이것은 정말로 올바른 가정이다. 따라서 복지 증진을 불러올 수 있는 두 번째 수입원, 즉 세수 환원 효과가 생겨나는 것이다.

그렇지만 하나의 왜곡된 현상을 살펴보기 위해서는 다른 모든 왜곡된 현상을 함께 살펴볼 필요가 있다. 새로운 개념의 환경세 자체도 가계의 실질 임금을 낮춰 노동 의욕을 꺾는다는 점에서 왜곡되어 있다(기업은 환경세를 부담하는 만큼 임금을 줄이려 할 것이기 때문이다-옮긴이). 이런 세금 상호 작용 효과는 복지의 수준을 떨어뜨린다. 환경세를 도입할 때 전체적인 경제 복지 수준을 결정하는 것은 바로 이 세 가지 효과의 총합이다. 불행하게도 대부분의 분석 모델과 추정치 연산 모델은 세금 상호 작용 효과가 세수 환원 효과보다 크다는 사실을 보여준다.[2601] 따라서 앞에서 예를 든 것처럼 탄소 1톤당 7.5달러의 세금을 매기는 것은 사실 지나치게 많은 금액이라고 평가할 수 있다.

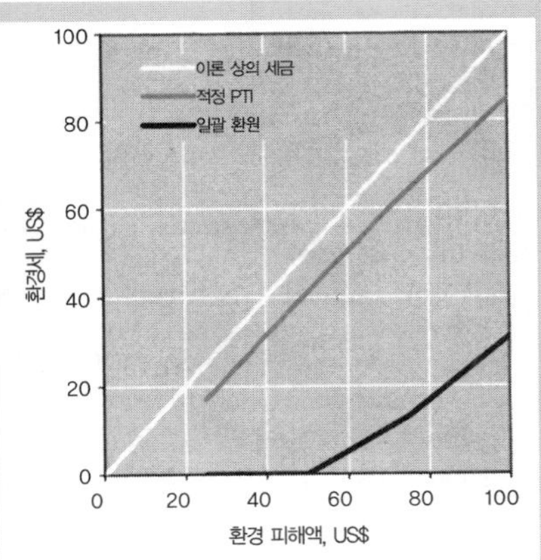

도표 162 환경 피해와 환경세와의 상관관계. 세금 이론은 단순한, 최선의 주장을 설명해줄 수 있다("만약 환경 피해가 40달러에 이른다면 오염시킨 사람은 세금으로 40달러를 지불해야 한다"). 다른 2개의 그래프는 경제 모델에 의해 얻은 최적 세금액 수준을 보여준다. 만약 납부한 환경세를 다시 환원해서 개인소득세(PTI)를 낮출 수 있다면 적정 PTI 곡선("만약 환경 피해가 40달러라면 오염시킨 사람이 31달러를 지불해야 한다")을 활용해야 하는 반면, 세금이 평소 때처럼 일괄적으로 환원된다면 일괄 환원 곡선("만약 환경 피해가 40달러라면 오염시킨 사람은 한푼도 지불할 필요가 없다")을 이용해야 한다. 출전:Parry and Oates 1998:7.

도표 162에서 볼 수 있듯이, 40달러 상당의 환경 피해에는 40달러의 환경세가 필요하다는 것이 일반적인 생각이었다. 그런데 세금 제도의 모든 왜곡 현상을 다 계산에 포함시키면, 개인 소득세를 낮춤으로써 세수 환원 효과를 높이더라도 환경세를 31달러만 물리면 된다는 것을 알 수 있다. 세금이 많

아지면 그만큼 전체적으로 복지 수준이 낮아질 것이기 때문이다. 만약 환경세를 낮추는 대신에 세금을 모두 일괄적으로 사회에 환원하면 세금 상호 작용의 부정적인 효과를 능가할 수 있는 세수 환원 효과는 존재하지 않는다. 그리고 어쩌면 전혀 세금을 매겨서는 안 된다는 놀라운 결론을 얻을지도 모른다. 이런 결론이 틀리다고 느낄지 몰라도, 모델들은 모든 세금이 사실 전체적인 복지 수준의 저하로 이어질 것이라는 사실을 보여준다(여기에는 환경 피해도 포함된다).

1996년 IPCC는 일석이조의 효과가 탄소세 실시 비용을 부분적으로 상쇄하거나 아니면 단순한 상쇄를 훨씬 뛰어넘는 결과를 낳을 수도 있다고 말했지만, 이 주장을 그리 강조하지는 않았다.[2602] IPCC는 2001년의 보고서에서 일석이조 효과를 특히 강조하면서 이 효과의 진정한 의미에 다소 혼란을 일으키는 발언을 했다.[2603] IPCC는 강력한 일석이조 효과는 없다는 사실을 전반적으로 받아들이면서도,[2604] 《정책 입안자를 위한 요약서》에서는 이 효과가 있을 수도 있다는 입장을 보였던 것이다.[2605]

강력한 일석이조 효과를 전반적으로 뒷받침하는 증거가 전혀 없다는 사실이 이미 알려져 있음을 지적해야겠다. "'일석이조'의 가설은 대체로 증거가 빈약하다."[2606] 하지만 그런 논의는 세수 환원이 매우 중요하다는 것을 우리에게 가르쳐주었다. 이 논의가 시작되기 전에 생각한 것만큼 환경세를 바람직한 것으로 만들기 위해서라도 말이다.[2607] 이것은 매우 중요한 깨달음이다. 경험적으로 볼 때 대부분의 탄소세가 가장 왜곡된 세금을 감소시키는 형태로 환원되지 않고 오히려 복지의 손실을 쓸데없이 증가시키는 특정한 지출 프로그램에 사용하도록 지정되었기 때문이다.[2608]

따라서 현재의 논의와 관련해서 일석이조 효과는 탄소 방출에 대한 세금을 높이는 대신 오히려 내려야 한다는 것을 의미한다(도표 162에서처럼 말이다). 더욱이 왜곡된 세금 제도를 개선함으로써 세수를 환원하기 위해 매우 신중을 기하는 게 아니라면(지금까지 그렇게 하지 않았다), 사실 탄소세(환경세)는 지금 생각하는 것보다 훨씬 더 낮아져야 한다.

노드하우스와 보이어의 모델에서는 교토 의정서에 따라 이산화탄소 감축을 시행하더라도 2100년의 기온 감소폭이 놀라울 정도로 적을 것(0.03℃)으로 예상된다는 점을 지적해야겠다. 이런 결과가 빚어지는 이유 중의 하나는 개발도상국의 이산화탄소 배출량이 현재 추세 시나리오에 비해 더 늘어난다는 점이다.[2609] 그러나 앞에서 설명한 최적 방법을 이용한다면 기온이 교토 의정서를 실천했을 때보다 더 낮아질 것이다.

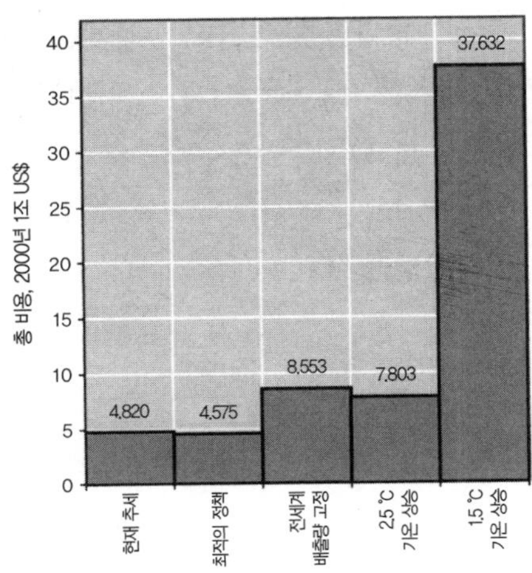

도표 163 여러 정책 대안을 채택하게 될 때 예상되는 비용 예측. 현재 추세 시나리오(지구 온난화를 거의 방치), 최적 배출량 감축 정책, 전세계적으로 배출량을 1990년 수준으로 고정하는 정책, 기온 상승을 2.5℃와 1.5℃로 각각 제한하는 정책 등을 추구하게 될 때 예상되는 총 비용을 현재의 화폐 가치(2000년의 미국 달러)로 나타냈다. 모든 수치는 RICE-99 모델에서 얻었다. 출전:Nordhaus and Boyer 2000:7:25, BEA 2001b-c.

그렇지만 이런 조치를 취하는 데 필요한 총 비용은 과연 얼마나 될까? 도표 163은 지구 온난화에 대처하는 다양한 방안의 소요 비용을 보여준다. 현재 추세 시나리오를 적용할 경우 현재 인류 사회가 단 한 번 총 4조 8,200억 달러의 비용을 지출하게 된다.[2610] 이 비용은 인위적인 온실 효과로 발생하는 피해의 총액이라고 할 수도 있다. 따라서 만약 사람들이 배출하는 이산화탄소가 기후에 아무런 영향을 미치지 않는 것으로 증명된다면 우리는 5조 달러에 약간 못 미치는 이득을 얻는 셈이다.

물론 인위적인 온실 효과가 없다면 당연히 그 편이 더 나을 테지만, 우리가 원한다고 해서 인위적인 온실 효과가 그냥 사라지는 것은 아니다. 만약 지구 온난화가 진행되고 있다면 우리는 반드시 그 비용을 지불해야 한다. 그렇다면 가장 중요한 문제는 과연 그 비용을 얼마나 줄일 수 있는가 하는 점이다. 앞에서 이미 밝혔듯이, 최적의 정책을 실시하는 비용은 현재 추세 시나리오에서 요구하는 것보다 약간 적은 것으로 판명되었다. 최적의 정책을 실시하는 경우 총 비용은 4조 5,750억 달러로 아무런 조치를 취하지 않는 경우보다 2,450억 달러 저렴하다. 이 경우에 단기적으로는 이산화탄소 배출을 억제하는 비용이 조금 더 많이 들지만 장기적으로는 기온이 조금 덜 높아지기 때문에 더 큰 이익을 얻을 수 있다.

따라서 최적의 정책을 실시하면 지구 온난화로 발생하는 총 비용의 약 5%를 절약할 수 있다. 이 2,450억 달러는 현재 선진국이 매년 개발도상국에게 공식적으로 제공하는 개발원조금의 약 5배에 달하는 액수이다.[2611] 한편 지구 온난화로 발생하는 총 비용인 5조 달러는 약 2개월 동안의 전세계 생산량과 맞먹는 금액이다.[2612]

전세계적으로 이산화탄소 배출량을 일정 수준에서 묶어두는 데는 최적의 정책보다 훨씬 더 많은 비용이 든다. 이 방법을 채택하는 경우 비용은 약 8조 5,000억 달러, 즉 지구 온난화로 발생하는 비용의 거의 2배에 이를 것이다. 기온 상승폭을 2.5℃로 제한하는 비용도 7조 8,000억 달러로 거의 비슷하며, 기온 상승폭을 1.5℃로 제한하는 경우에 필요한 총 비용은 무려 38조 달러라는, 거의 상상할 수도 없는 액수이다.

도표 164에 제시된 것처럼 교토 의정서를 실행에 옮기는 여러 가지 방안의 비용을 비교해볼 수도 있다. 이 도표에는 최적의 정책을 채택했을 때 절약할 수 있는 금액 2,450억 달러가 참고 자료로 제시되어 있다. 만약 교토 의정서를 실행하는 과정에서 이산화탄소 배출권 거래가 완전히 금지되거나 OECD 국가 사이에서만 이루어진다면 5,500억~9,000억 달러라는 상당한 비용이 추가될 것이다. 만약 제1 부속서 국가들 사이에서만 거래가 이루어진다면 비용이 기준치보다 더 늘어나겠지만, 그 추가분은 1,500억 달러로 앞의 경우보다는 훨씬 적다. 교토 의정서의 실행으로

610억 달러라는 이득을 볼 수 있는 방안은 협상을 통해 전세계 국가 모두에서 배출권 거래가 허용되는 경우뿐이다. 하지만 설령 그렇다고 해도 최적의 정책을 채택했을 때보다는 이득의 규모가 적다.

배출권 거래를 확대할수록 비용이 낮아지는 경향은 전체적인 비용을 개괄적으로 살펴본 도표 158에서도 이미 제시된 바 있다. 따라서 이제는 교토 의정서에서 규정된 대로 이산화탄소 배출량을 감축할 때 발생하는 이익과 비용을 모두 계산에 포함시킬 수 있다. 여기에서 분명한 것은 만약 배출권 거래가 전세계적으로 이루어지지 않는다면 교토 의정서가 사실상 세계 경제에 손해를 입힐 것이라는 점이다.

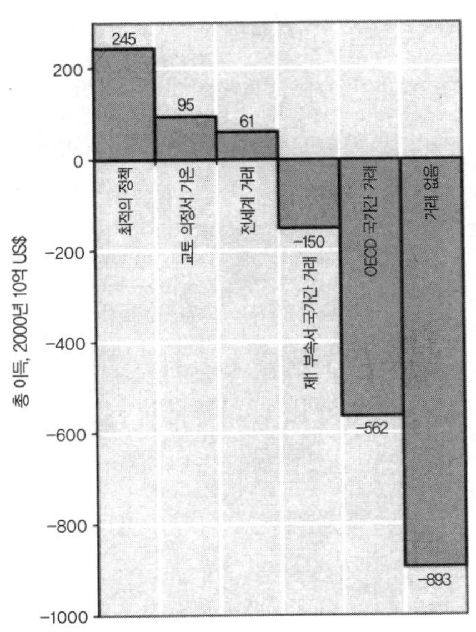

도표 164 다양한 정책 대안을 채택할 때 예상되는 이익 예측. 현재 추세 시나리오를 기준으로 해서 각기 다른 정책을 추구할 때 예상되는 이익을 현재의 화폐 가치(2000년 미국 달러)로 제시하였다. 여기에서는 최적의 배출량 감축 정책, 교토 의정서에서 제시된 정도로 기온을 낮추는 정책을 채택하는 경우, 교토 의정서를 시행하면서 전세계적으로 배출권 거래를 허용하는 경우, 제1 부속서 국가들 사이의 거래만 허용하는 경우, OECD 국가군 내에서만 거래를 허용하는 경우, 배출권 거래를 전혀 허용하지 않는 경우 등을 고려했다. 출전:Nordhaus and Boyer 2000:8:28, BEA 2001b-c.

만약 배출권 거래가 전세계적으로 가능해지더라도 인류가 방출하는 이산화탄소 양의 증가 속도는 그렇지 않을 경우보다 약간 느려지는 것에 불과하다. 그러나 실제로는 그보다 더 좋은 결과를 낳는 것도 가능하다. 교토 의정서가 실제로 피해를 입히는 기온이 아니라 배출량에 초점을 맞추는 비효율적인 방식을 채택했기 때문이다. 만약 배출량 대신 2100년 이후로 교토 의정서에 명시된 것과 똑같은 기온 변화를 이루는 데 초점을 맞춘다면, 이산화탄소 감축 시기를 늦춰 더 싼 비용으로 더 가혹하게 배출량을 줄임으로써 기준선보다 950억 달러를 절약할 수 있을 것이다(도표 164).

하지만 최적의 정책 실시를 목표로 한다면 더 많은 성과를 기대할 수 있어 2,450억 달러를 절약할 수 있다. 교토 의정서를 시행하면서 전세계적으로 배출권 거래를 허용할 경우 이산화탄소 배출량이 최적의 정책을 실시할 때와 매우 비슷하게 제한된다는 점을 지적해야겠다. 비록 최적의 정책 쪽이 나중에 배출량을 더 많이 제한하기는 하지만 말이다(도표 161의 오른쪽 그래프에 나타난 것처럼, 최적의 정책을 실행하면 기온 하락폭도 더 커진다). 따라서 개발도상국에 대한 이산화탄소 배출 규제(적어도 현재 추세 시나리오 수준 만큼만이라도 제한하는 것)와 함께 전세계적인 배출권 거래 체제를 확립할 수 있다면 그것이 최선의 결과를 얻기 위한 첫걸음이 될 것이다.

하지만 그렇게 한다고 해서 우리가 굉장한 결과를 얻을 수 있을 것이라는 의미는 아니다. 인위적인 온실 효과가 없는 세상에 비해 우리는 지구온난화 때문에 여전히 약 5조 달러의 비용을 지출하게 될 것이다.[2613] 그러나 최적의 정책은 우리가 취할 수 있는 최선의 방법이다. 만약 교토 의정서의 틀 안에서 적어도 전세계적인 배출권 거래 체제만이라도 확립하지 못한다면, 이산화탄소 배출을 규제해 이 세상을 지키겠다는 우리의 훌륭한 생각은 결국 더 많은 비용을 발생시키고 말 것이다. 만약 OECD 국가들 사이에서만 배출권 거래가 이루어지거나 또는 거래가 전혀 이루어지지 않는 상황이 초래된다면 그에 따른 비용이 엄청나게 증가할 수 있다. 그리고 전세계의 이산화탄소 배출량을 확고하게 안정시키거나 기온 상승을 엄격히 제한하자는 많은 환경주의자들의 야심적인 제안은 그보다 훨씬 더 막대한 비용을 발생시킬 것이다.

그런데 이런 분석 결과는 대개 세 가지 반대 주장에 부딪힌다. 간단히 말해 반대 주장의 요점은 훨씬 더 저렴한 비용으로, 혹은 비용을 전혀 들이지 않고도 이산화탄소 배출량을 줄이는 것이 가능하다는 것이다(뒤의 박스에서 이 주장들을 더 자세히 살펴볼 것이다). 대부분의 경제학자들은 이러한 주장에 대단히 회의적이다. 만약 이산화탄소 배출량을 줄이는 것이 개인에게 이익을 안겨줄 수 있다면, 이산화탄소 배출량 감축이 이미 실천에 옮겨지지 않았다는 사실이 놀랍다. 이 문제를 검토한 여러 분석 결과에 의하면 이산화탄소 배출량을 엄청나게 줄일 수 있다는 주장은 신기루에 불과하지만, 지금도 이런 주장이 제기되는 것은 그렇게 할 때 필요한 온갖 비용이 무시되었기 때문이라는 것을 시사한다.

지구 온난화와 맞서 싸우려는 노력이 별 가치가 없다면 그것은 적어도 이자율이 5%가 된다는 것을 상정해 모든 계산을 했기 때문인데, 그러면면 미래에는 아무 것도 남지 않게 된다는 주장도 있다. 그 돈을 써서 향후 기대되는 이익이 은행 이자율보다 낮다면 결국 이자는커녕 원금조차 날려버리게 될 것이다. 하지만 이런 주장은 종종 후손을 생각하지 않는 부도덕한 태도라고 비난받기도 한다. 그렇지만 수익률이 높은 현명한 투자야말로 후손과 미래의 빈민에게 훨씬 더 많은 자원을 남겨줄 것이므로, 수익률이 낮은 온실 가스 감축에 투자하는 것보다는 그들을 더 잘 보살펴 주는 방법이 될 것이다. 더욱이 지금 우리는 100년 후 지금보다 훨씬 더 부유해질 나라들 사이의 부를 재분배하는 문제보다 훨씬 더 시급한 문제에 직면해 있다. 지구상의 모든 사람들이 깨끗한 식수와 하수도 시설을 사용할 수 있도록 하는 것이 한 가지 예다.

마지막으로, 지구 온난화에 맞서 싸우는 것이 극단적인 상황에 대비한 보험이라는 주장도 있다. 지구 온난화에 맞서고자 하는 노력을 컴퓨터 모델에 포함시켜도 그 결과가 눈에 띄게 개선되는 것은 아니지만, 위험을 무릅쓰는 것을 지독히도 싫어하는 사람들 덕분에 그것을 보험으로 생각하는 사고 방식이 정당화될 수 있다는 것이다. 그렇지만 지구 온난화를 막기 위해 투자되는 돈을 다른 곳, 예를 들어 개발도상국에 투자하는 편이 훨씬 더 나을 거라는 사실은 변하지 않는다.

여기서 명심해야 할 중요한 점은 지구 온난화에 대해서 무엇인가 조치를 취하겠다는 의도가 제아무리 좋아도 결국은 지구 온난화에서 유발되는 피해 비용만큼, 혹은 그보다 2배나 더 되는 비용을 감당해야 하는 짐을 지구촌 사람들에게 떠안기는 결과를 초래할 수도 있다는 사실이다. 교토 의정서가 시행되는 과정에서 전세계적인 이산화탄소 배출권 거래가 허용될 가능성은 거의 없다. 왜냐하면 이산화탄소 배출권을 처음에 각 나라에 어떻게 분배할 것이며 배출권 거래가 활발해질 때 또 다시 배출권을 어떻게 재분배할 것인가 하는 문제가 결코 쉽게 해결될 수 있는 성질의 것이 아니기 때문이다. 따라서 교토 의정서는 결국 지구 자원의 낭비를 초래할 것이다. 만약 우리가 진정으로 무언가 좋은 일을 하고 싶다면 자원을 더 현명하게 사용해야 한다.

비용 부담 없이 지구 온난화를 방지할 수 있는 묘책은 없다

이산화탄소 감축으로 돈을 번다

우리가 자주 들을 수 있는 주장 중에, 이산화탄소 배출량을 줄이는 비용이 도표 158에 제시된 많은 경제학적 모델의 예측치보다 크게 낮다는 것이 있다. 일부 IPCC 보고서 집필자들은 이산화탄소 배출량을 10~30% 정도 줄이는, 이른바 '최소 투자(no regret)' 방안이 있다고 믿고 있다. 이런 방안에는 지구 온난화와는 무관하게 실행할 가치가 있는 대안으로 에너지 구조를 변화시키는 방법도 포함된다.[2614] 이 최소 투자 방안의 대부분은 에너지 절약, 기술 개선, 발전(發電)과 지역 난방의 통합 등으로 구성되어 있다.[2615] 기존의 에너지 체제 안에는 민간 기업, 소비자, 정부 당국이 노력을 기울이면 엄청난 양의 에너지를 절약할 수 있음에도 불구하고 여러 가지 이유로 실천에 옮기지 못하는 중요한 영역이 있다는 것이다.[2616)]

IPCC의 연구에 따르면 덴마크가 거의 아무런 비용도 들이지 않고 이산화탄소 배출량을 크게 줄이거나 심지어 이윤까지도 얻을 수 있는 나라라고 한다.[2617)] 현실 세계에서 그렇게 이윤을 올릴 수 있는 기회가 일상적으로 무시되고 있다는 것이 다소 놀랍겠지만, 이런 식의 주장은 대개 국제적인 온실효과 논의에서 커다란 비중을 차지한다. 따라서 이제부터 덴마크의 경우를 자세히 살펴보기로 하자.

덴마크의 에너지 계획은 전국적으로 이산화탄소 배출량을 20% 줄이면서 동시에 이윤을 올릴 가능성에 바탕을 두고 있다.[2618)] 더욱이 이 계획에서는 서기 2030년까지 겨우 10억 달러, 즉 GNP의 0.5%만 가지고도 이산화탄소 배출량을 무려 65%나 줄이는 것이 가능하다고 간주된다.[2619)] 이런 목표 수립이 가능했던 것은 에너지 생산과 소비에 관련된 모든 부문에서 각각 에너지를 얼마나 절약할 수 있는지 평가해본 것이 어느 정도 도움이 되었다.[2620)] 주택의 단열 설비를 개선하면 난방비의 40%를 줄일 수 있으며,[2621)] 사람들의 행동 양식이 바뀐다면 에너지를 10~20%까지 절약할 수 있고,[2622)] 새로운 전기 기구를 사용하면 70~80%를 절약할 수 있으며,[2623)] 교통 부문에서도 약 65%의 에너지를 절약할 수 있는 것[2624)]으로 추정된다.

그런데 이 계획에 깔려 있는 기본적인 문제점은 에너지를 절약하는 데 드는 전체적인 비용이 계산에 포함되지 않았다는 점이다.[2625)] 엄청난 양의 에너지를 절약하는 데는 "많은 기술적 노력과 생활 습관 개선을 위한 노력"[2626)]이 필요하다는 점을 분명히 인지하고 있었는데도 말이다. 주택의 단열 설비가 좋아지는 한편 환기 횟수가 줄어든 것이 천식과 알레르기 증가의 중요 원인 중 하나일 가능성이 크다는 것을 이미 앞에서 살펴보았다. 그러나 틈새를 더 단단하게 봉한 새로운 주택에 대한 논의에는 이런 피해 비용이 포함되지 않았다. 더욱이 행동 양식의 개선 또한 각 개인에게 비용을 발생시킨다. 에너지 절약을 위해서는 각자가 "사용하지 않는 방의 실내 온도를 낮추고, 환기에 더욱 신경을 쓰고, 개인 위생을 위해 사용하는 온수를 더 절약해야"[2627]만 하기 때문이다.

새로운 전기 기구를 사용하면 에너지를 절약할 수 있는 것은 사실이다. 그러나 "에너지를 가장 많이 절약할 수 있는 방안 중에는, 진공 단열 기술이나 세탁조 속에서 진공이나 초음파를 이용하는 새로운 세탁기 제조 기술 등 신기술의 개발과 마케팅이 필요한 것들이 들어 있다."[2628] 신기술을 개발하고 보급하는 비용 역시 이 계획에는 포함되지 않았다.

교통 부문에서는 연료 1리터당 33킬로미터 이상을 달릴 수 있는 고연비의 승용차가 2000년경에 출시될 것이라고 예상되었다. 그러나 애석하게도 예상이 현실화되려면 '좀더 엄격한 연비 기준'의 도입과 '연료 가격' 인상이 선행되어야 할 것이다. 그런데 이런 인센티브 비용은 계획 수립 과정에서 고려되지 않았다. 또한 연비를 개선하기 위해 자동차의 마력을 낮출 경우 일부 운전자들에게서 운전의 즐거움을 빼앗아갈 수 있다는 점도 비용에 계산되지 않았다.[2629] 또한 덴마크의 에너지 계획에 따르면 개인 승용차와 화물 차량이 미래에 전기 자동차로 바뀌어야 하고 2030년까지 그런 자동차들이 모든 운송 수단의 30%를 차지해야 한다.[2630] 그렇지만 이런 차량을 개발하고 보급하는 데 드는 비용은 계산에 포함되지 않았다. "교통 부문에 더 많은 투자가 이뤄져야 한다는 요청은 아예 무시되었다."[2631] 더욱이 이 에너지 계획은 전기 자동차에 아마도 보조금을 주어야 할 것이라는 점도 역시 계산에 포함시키지 않았다.[2632]

마지막으로, 이 에너지 계획의 실시로 에너지 가격이 2배로 오르고,[2633] 가스 값이 상승하며, 에너지 절약형 내구성 소비재를 구입해야 하고, 개인적으로 에너지 절약에 쏟아야 하는 시간이 더 늘어나는 것과 관련해 복지를 고려한 경제적 평가가 전혀 이루어지지 않았다. 평가를 하지 않은 것은 에너지 절약으로 "덴마크 사회에서 더 커다란 변화와 구조적 변화가 일어날 텐데 그것을 계산에 포함시키기는 사실 대단히 어려울 것이기 때문이다. 개인 운송 부문에서 전기 자동차의 비율이 거의 0%인 지금부터 30%가 되는

2030년까지의 변화가 사회의 여러 부문에 어떤 영향을 미칠지 예측하기가 어렵다"[2634]는 것이다. 평가를 하기가 어려운 것은 틀림없는 사실이다. 하지만 이것은 지금으로부터 20년, 50년, 100년 후 우리 사회가 어떤 모습으로 바뀔지 예측해 결정을 내릴 때마다 대두되는 문제이다.

따라서 대부분의 경제학자들은 에너지 효율 개선을 비용 한푼 들이지 않고 실현할 수 있으며, 심지어는 이윤까지도 기대할 수 있다는 주장에 지극히 회의적인 태도를 보인다. 앞에서 살펴보았듯이, 계산에 중요한 지출 항목이 제외되는 경우가 잦기 때문이다. 바로 이 때문에 경제학자들은 구조조정을 하면서 이윤을 올리는 것이 가능하다면 사람들이 그 가능성을 이미 이용했을 것이라고 생각하는 게 합리적이라고 주장한다.[2635]

경제학자들이 사용하는 전형적인 표현 중에 "공짜 점심 같은 것은 없다"는 말이 있다. 즉 일을 추진하는 과정에서 반드시 비용이 발생하기 마련이라는 것이다. 노드하우스는 이산화탄소 배출을 줄이면서 이윤까지 올리는 것이 가능하다는 주장의 문제점을 다음과 같이 표현했다. "경제학자들의 일상적인 표현을 사용하면, 이런 분석 결과는 공짜 점심이라는 것이 존재할 뿐만 아니라 심지어 어떤 레스토랑에서는 식사하는 대가로 고객에게 돈을 주기까지 한다는 의미를 담고 있다!"[2636]

한 새로운 연구 결과는 이 '최소 투자' 방안의 실천 가능성이 일반적으로 생각하는 것보다 훨씬 더 제한적임을 암시한다. 아마도 에너지 소비를 기껏해야 2% 정도 줄인 다음에 오히려 에너지를 5% 더 공급해달라는 압력을 받게 될 가능성이 크다는 것이다.[2637] 매달 발행되는 전기 요금 청구서를 검토한 한 연구 결과는 다락방에 단열 설비를 하면 엄청난 에너지 절약을 기대할 수 있다는 공학자들의 추측이 현실과는 한참 거리가 멀다는 것을 보여주었다. 현실은 경제학자들의 예측에 더 가까웠다.[2638]

따라서 이산화탄소 배출량을 조금만 줄이는 최적의 정책에 대한 첫 번째 반대 주장은 다소 근거가 약해 보인다.

미래 세대를 위해 얼마나 지불할까

두 번째 반대 주장은 할인 방법과 관련되어 있다.[2639] 이것은 대단히 광범위하고 기술적으로도 복잡한 분야이지만, 간단히 말하면 미래에 가장 먼저 등장하는 비용 및 소득에 대한 평가와 관련되어 있다. 일반적으로 경제학자들은 미래의 모든 비용과 이득을 특정 할인율로 할인하는 방법을 택한다. 이 방법의 저변에 깔린 논리는, 지금부터 40년 후에 1,000달러를 지출해야 하는 경우 사람들은 그 돈이 오늘날 어느 정도의 가치에 해당하는지 알고 싶어 한다는 것이다. 만약 그 사람이 연간 수익률이 5%인 채권에 돈을 투자한다고 가정하면, 경제학자들은 그 돈이 오늘날 142달러의 가치에 해당한다고 말할 것이다. 즉 매년 5%의 이익을 배당해주는 채권 142달러어치를 오늘 산다면 40년 후에는 정확히 1,000달러를 손에 쥐게 될 것이라는 뜻이다. (이 예와 다음에 나오는 예에서 인플레이션을 고려하지 않았다. 인플레이션을 포함시킨다면 계산이 조금 더 어려워지겠지만 기본적인 논리에는 아무런 영향도 미치지 못할 것이다.)[2640]

이런 계산법은 절대적으로 중요하다. 지구 온난화라는 문제가 앞으로 수백 년 동안 발생하는 비용과 이득, 그리고 이런 것들의 '계산 방법'과 관련 있기 때문이다. 지구 온난화의 비용과 이득에 대한 계산은 거의 모두 이런 할인법을 이용하고 있으며 그 할인율을 과연 얼마로 잡아야 하는지가 쟁점이다.[2641] 만약 할인율이 높다면, 미래에 지출해야 하는 금액이 지금의 가치로는 아주 하찮다는 것을 의미한다. 그러나 할인율이 0이라면(혹은 0에 가깝다면), 미래에 지출해야 하는 금액의 가치가 지금의 가치와 (거의) 똑같아진다. 많은 환경주의자들은 높은 이자율이 도덕적으로 비난받아 마땅하다고 주장해왔다. 한 환경경제학 교과서에는 이러한 신념이 다소 적나라하게 표현되어 있다. "이자율이 높다는 것은 우리 자신의 미래에 엿이나 먹으라고 말하는 것과 같다. 우리 자식과 손자들의 미래에 대해서는 말할 것도 없다."[2642]

따라서 환경주의자의 입장에서는 우리 자신을 생각하는 것만큼 미래의 후손도 배려해야 하며 그러기 위해서는 할인율을 0 혹은 0에 가깝게 낮추어야 한다고 주장하고 싶을 것이다. 그리고 이런 주장이 훌륭하고 윤리적인 행동처럼 보인다. 그러나 겉으로는 건전해 보이는 이 주장은 우울하고 놀라운 결과로 이어진다. 만약 미래 세대의 복지가 우리 자신의 복지만큼 중요하다면, 우리는 소득의 대부분을 미래에 투자해야 한다. 미래에는 투자에 대한 배당금이 훨씬 더 커질 테니까 말이다.[2643] 만약 지금 142달러를 소비하는 것과 40년 후의 후손들에게 1,000달러를 남겨주는 것 중에서 어느 한 쪽을 선택해야 한다면 나는 내 자식들에게 이로운 방법을 선택할 수밖에 없다. 그 아이들이 내게는 거의 나 자신만큼 중요하고 미래의 그 아이들이 지금의 나보다 훨씬 더 커다란 이득을 얻을 것이기 때문이다. 그런데 할인율이 0이라면 나는 오늘 999달러를 쓰는 것보다 내 아이들에게 1,000달러를 남겨주는 편을 선택할 것이다. 비록 우리 자신은 힘겹게 근근이 살아가야 하겠지만, 미래의 후손들은 우리의 투자 덕분에 지극히 풍족한 삶을 즐길 수 있을 것이다. (미래의 후손들 역시 미래를 생각하고 자신들의 후손을 위해 더 많이 저축할 것이며, 그런 일이 계속 이어질 것이라는 점을 여기서 지적할 필요가 있을 것 같다.)

그러나 바로 이 부분에서 현실과의 괴리가 발생한다. 우리가 꼭 이런 식으로 행동하는 것은 아니기 때문이다. 우리 자신의 상황과 미래 후손들의 상황을 가늠할 때, 우리는 대개 자신의 욕망에 우선순위를 주고 미래 세대는 스스로 알아서 하도록 내버려두는 편을 택한다.[2644] 이런 행동을 도덕적으로 개탄할 만한 일로 여길 수도 있지만, 현대 사회에서 부가 어떤 식으로 분배되는지를 현실적으로 분석할 때 이런 점이 방해가 되어서는 안 된다.

우리가 미래보다 현재를 더 우선하는 것은 단순히 우리가 참을성이 없고 자기 중심적이기 때문만은 아니다. 미래의 후손들이 우리보다 더 많은 돈을 쓸 수 있다는 사실을 알고 있다는 것도 우리의 결정에 영향을 미친다. 경제 성장 때문에 미래의 후손들은 (도표 149에서처럼) 우리보다 부유해질 것이다. 우리는 사실 가난한 세대인 셈이다. 2035년에는 미국인이 평균적으로 지금보다 2배 더 부유해질 것으로 예상된다.[2645] 따라서 더 부유해진 미래의 후손들이 지구 온난화의 비용을 더 많이 지불해줄 것을 바라는 것이 어쩌면 완전히 터무니없는 기대만은 아닌지도 모른다. 이것은 오늘날 소득이 높은 사람이 세금을 더 많이 내야 하는 것과 똑같은 이치다.[2646]

이런 모든 주장들은 할인율을 적어도 4~6% 정도로 잡는 것이 아마도 가장 합당하리라는 점을 의미한다. 그러나 할인율을 이렇게 정한다고 해서 앞에서 인용한 것처럼 그렇게 미래에 대해 엿이나 먹으라는 식의 태도를 취하자는 것은 아니다. 오히려 우리가 분별 있게 투자를 관리해 미래의 후손들이 스스로의 행동을 결정할 수 있도록 하자는 것이다.[2647] 만약 할인율을 인위적으로 더 낮춰 2%로 정하면(그래서 온실 가스를 더 많이 감축해도 이윤을 올릴 수 있도록 만든다면), 우리는 미래의 후손들에게 2%의 가치밖에 없는 투자금을 남겨주는 것이다. 그러나 할인율을 5%로 정하면, 우리는 5% 이상의 이윤을 올려주는 프로젝트에 돈을 사용할 것이다.[2648] 이 두 가지 투자 방법의 결과는 100년 후에 18배로 벌어진다. 만약 투자율이 극적으로 증가하지 않는다면(경험적으로 보았을 때 투자율이 꼭 그렇게 증가할 이유가 없다), 비록 2%의 투자가 좀더 미래 지향적이기는 해도 전체적으로 후손들에게 훨씬 더 적은 자원을 남겨줄 가능성이 크다.

마지막으로, 개발도상국을 위해 지구 온난화에 무엇인가 조치를 취해야 한다는 주장이 제기되고 있다는 것을 지적해야겠다. 지구 온난화로 개도국이 가장 커다란 타격을 입을 것이므로 그렇게 해야 한다는 것이다.[2649] 그러나 이런 주장은 할인율을 낮게 유지하려는 시도와 상충된다. 개도국의 국내 이자율이 대개 깜짝 놀랄 정도로 높기 때문이다. 세계은행이 실시한 한 개괄적인 연구는 개도국의 평균 수익률을 약 16%로 추정했다.[2650] 그리고 IPCC의 연구에서는 이 수익률이 적어도 10~12%이거나 그보다 훨씬 더 높은 것으로 밝혀졌다.[2651] 따라서 이자 수입만 따진다면 지구 온난화에 투자할 거액의 돈을 개도국에 투자하는 편이 훨씬 더 효율적인지도 모른다. 이산화탄소 배출을 안정시키기 위해 단 1년 동안 필요한 비용을 개발도상국에 투자했을 때 그 돈이 60년 후에는 현재 전세계 상품 생산액의 2배를 넘는 금액으로 불어날 수 있다는 점을 생각해보라.[2652] 얼마나 엄청난 금액이 되겠는가.

이와 유사하게, 설령 제1 부속서 국가들 사이의 거래를 허용하더라도 미국이 교토 의정서를 실행에 옮기는 데 필요한 비용만 있어도 전세계 인류에게 깨끗한 식수와 하수 시설을 제공해주고도 남는다.[2653] 상하수도 시설이 갖춰지면 매년 수백만 명의 죽음을 막을 수 있고, 또 5억 명이 중병에 걸리는 것도 예방할 수 있다고 추정된다.[2654] 그렇다면 교토 의정서가 제안하듯이 2100년의 평균 기온을 약 0.15℃ 낮추는 것보다 상하수도 시설을 제공해주는 편이 개도국에게 훨씬 더 커다란 도움이 될 것이다.

따라서 '경제학자들이 미래에 대해 조금도 신경을 쓰지 않기' 때문에 최적의 정책을 따를 경우 이산화탄소 배출량 감소폭이 너무나 적다는 반대 의견 역시 잘못된 것이다. 할인율을 적절하게 정한다면 장기적으로 사회의 자원을 훨씬 더 유용하게 이용할 수 있을 것이며, 후손들을 위해서도 훨씬 더 좋은 결과를 가져올 수 있을 것이다.

대재앙에 대한 두려움

지구 온난화에 대한 최적의 정책을 반대하는 마지막 주장은 궁극적으로 닥칠 것이 분명한 대재앙의 위험성을 낮추기 위해 더 많은 돈을 기꺼이 지출하려 할지도 모른다는 것이다.

지구 온난화가 기후 시스템을 교란시켜 또 다른 종류의 엄청난 혼란을 불러올 수 있음은 사실이다.[2655] 극지방의 얼음, 특히 남극 대륙 서부 대빙원(WAIS, West Antarctic Ice Sheet)이 녹아내릴 것이라는 우려가 오래 전부터 표명되었다. 그 빙하가 바다로 미끄러져 들어가 전체 해수면을 6미터 정도 상승시킬 수도 있기 때문이다.[2656] 그렇지만 언론의 걱정스러운 보도에도 불구하고,[2657] IPCC는 "(1970년대 이후) 조직적으로 위성 관측이 수행된 기간 동안 남극의 바다와 빙하 면적비에서 눈에 띄는 변화 추세가 나타나지는 않았다"[2658]고 밝힌 바 있다. 비록 수백 년에 걸친 현지 관찰에서 밝혀진 것처럼 WAIS가 파이고 있는 것은 사실이지만, 이는 마지막 빙하기부터 지금까지 계속 진행되고 있는 자연적인 적응 과정의 일부로서 이미 충적세 초기부터 시작된 현상이며 지구 온난화와는 전혀 관계가 없다.[2659] 더욱이 IPCC는 2001년도 보고서에서 서부 대빙원의 붕괴가 "21세기에 일어날 가능성은 매우 희박하다"[2660]고 밝혔다. 앞으로 1천년 동안 WAIS에서 벌어질 일을 예측하면 "설령 그 언저리에서 상당 부분의 얼음이 급속하게 녹는 커다란 변화가 일어난다고 해도 그로 인해 초래되는 해수면의 상승은 연간 3밀리미터 정도에 불과할 것으로 추정된다."[2661]

〈뉴 사이언티스트〉는 IPCC의 2001년도 보고서 초안을 보고 '지도에서 사라지다:해수면 상승이 닥쳐오니 방주를 준비할지어다'[2662]는 제목의 기사를 실었다. 이 기사는 앞으로 1,000년 동안 해수면이 약 10미터 상승할지도 모르며, 그 중 7미터는 그린란드 대빙원이 완전히 녹는 데 따르는 결과라는 견해를 내놓았다. 그렇게 되면 "엄청난 면적의 육지와 많은 대도시들이 수몰될" 것인데, 수몰 지역의 "총 면적은 미국보다 크고, 거주 인구는 10억 명이 넘을 것이며, 전세계에서 가장 비옥한 농경지의 대부분"이 수몰 지역에 포함되리라는 것이다.[2663] IPCC도 《정책 입안자를 위한 요약서》에서 다음과 같이 경고했다. "대빙원이 포함된 컴퓨터 모델들은 국지적으로 3℃ 이상의 온난화가 1,000년 동안 유지될 경우 그린란드의 대빙원이 사실 완전히 녹아 해수면이 약 7미터 상승할 것이라고 예측했다."[2664]

그러나 문제는 향후 1,000년 동안 온난화가 유지된다는 예측 결과를 내놓을 만한 모델이 과연 있는가 하는 점이다. IPCC의 시나리오 대부분이 그런 결과를 내놓지 못하리라는 것은 확실하다. 그리고 앞에서 이미 살펴보았듯이, 21세기 중반이 되기 전에 재생 가능한 에너지원이 경쟁력을 갖추게 되는 A1T류의 시나리오라면 22세기 초반부터 이미 기온이 하강하기 시작한다는 예측 결과를 내놓을 것이다. IPCC가 언급한 모델들에서는 서기 2200년이 되어도 그린란드의 얼음이 그리 많이 녹아내리지 않을 것이라는 결과

가 나온다. 따라서 빙하가 녹아내릴 것이라는 시나리오 자체가 대단한 억측이 되어버린다.[2665)]

또 다른 문제는 멕시코 만류를 만들어내는 밀도차 순환(THC, thermohaline circulation, 해류를 형성하는 세 가지 주요 원인 중 하나로 온도와 염분의 차이가 바닷물의 밀도 차이를 일으켜 밀도가 높은 쪽의 물이 낮은 쪽으로 흐르는 현상을 말한다 – 옮긴이)이 약해지거나 완전히 사라져 그 결과 유럽 지역의 기온이 섭씨 몇 도나 떨어질 수 있다는 점이다.[2666)] 대부분의 모델은 THC가 조금씩 약해지는 것을 보여주는데, 이렇게 되면 북서유럽으로 운반되는 열 에너지가 줄어들게 된다.[2667)] 그런데 이 모델들은 THC가 약화되는 경우에도 북서유럽의 기온이 여전히 상승할 것이라는 예측을 내놓고 있다.[2668)] IPCC는 "기후 모델을 이용한 현재의 예측은 2100년까지 해수의 밀도차 순환이 완전히 사라진다는 결과를 보여주지 않고 있다"고 결론내리면서도 "만약 지구 온난화의 진행이 예상보다 급속히 오랫동안 지속된다면" 밀도차 순환은 완전히, 어쩌면 돌이킬 수 없을 정도로 사라져버릴 수도 있다는 점을 지적했다.[2669)]

일반적으로 극단적인 현상이 나타날 위험성을 짐작하기는 대단히 어렵다.[2670)] 경제학자인 셸링도 지적했듯이, 초라한 예측 기술을 개선하는 데 힘을 쏟기보다는 그런 현상이 일어날 가능성을 조사하는 데 분명히 더 많은 노력을 쏟아야 한다. 정말로 커다란 피해를 입히는 것이 바로 그런 극단적인 자연 현상이기 때문이다.[2671)] 이와 동시에 멕시코 만류의 약화 또는 와해가 심각한 결과를 가져오겠지만, 그것이 대재앙으로 귀결되지는 않으리라는 점도 마음에 새겨두어야 한다. 멕시코 만류의 변화로 서유럽이 다른 지역들보다 훨씬 더 많은 비용을 지출하게 될 것은 분명하다. 그러나 그곳의 기온과 기후는 '고작' 캐나다 수준으로 떨어지는 데 그칠 것이다.[2672)] 더욱이 현재 우리가 가지고 있는(그렇지만 추측일 가능성이 대단히 높은) 증거에는 멕시코 만류 순환이 지구 온난화 때문에 약해졌다는 징후가 전혀 없다.[2673)] 마지막으로, 요즈음 만들어진 최신 모델 중에는 과거 THC의 약화를 예언한

모델 연구 결과에 과감히 도전장을 던지는 것도 있다.[2674)]

그런 피해를 당할 위험성에 대한 예측은 당연히 RICE/DICE 모델을 비롯한 많은 모델에 포함되어 있다(이 모델들은 유럽이 이산화탄소 배출량 감축을 더욱 진행시키고 싶어하는 이유를 설명해준다). 또한 멕시코 만류의 향방에 대한 불확실성을 계산에 포함시키려고 시도한 모델도 있다. 하지만 그렇다고 해서 위의 분석 결과가 근본적으로 바뀌지는 않는다. 전세계적으로 이산화탄소 배출을 안정시키려는 노력은 여전히 자원을 한심하게 사용하는 방법이다.[2675)]

그럼에도 불구하고 대재앙이 초래될지도 모른다는 생각 때문에 겁에 질린 나머지 이산화탄소 배출량을 최적의 수준인 11%보다 더 감축하려 애쓰게 될 것이라는 주장도 역시 가능하다. 다시 말하면, 기꺼이 추가로 보험금을 조금 더 내게 되리라는 것이다.[2676)] 이런 주장은 논리적으로는 그럴듯하지만 여기에서 지적해야 할 점이 두 가지 있다.

우선, 부분적인 보험에 매년 전세계 GDP의 거의 2%를 지출하는 것에 마땅히 회의를 품어야 할 것이다(2%를 지출하더라도 기온 상승은 멈추지 못하고 그저 그 속도를 조금 늦추는 것에 불과하다). 더욱이 그런 보험에 들려는 원인인 위험의 규모도 우리는 거의 모르고 있다. 만약 현재의 지식을 바탕으로 이 혼란스러운 위험에 대비해 보험에 드는 편을 선호한다면, 다른 위험 요소에 대비하는 데도 마땅히 투자해야 할 것이다. 예를 들어 지구에 접근하는 운석의 충돌 가능성을 감시하는 데 GDP 2% 이상의 돈을 지불해야 한다는 주장이 꽤나 타당하게 들리지 않을까? 운석이 지구를 초토화할 수 있는 엄청난 파괴력을 가지고 있다는 점을 감안하면 말이다. 뿐만 아니라 우리는 멕시코 만류가 정말로 와해되는 경우에 얼마나 많은 피해가 발생할지 아직 모르고 있다.

둘째, 이 보험료를 성공 가능성이 훨씬 더 높은 다른 프로젝트에 사용하는 것이 어쩌면 더 현명한 일일 수 있다는 점을 반드시 인식해야 한다. 수익률도 높고 중요성도 대단히 큰 투자처는 개발도상국에 널려 있다. 개도국의 초등 교육에만 투자하더라도 26%의 실질 수익률을 달성할 수 있다.[2677] 이런 맥락에서 생각할 때 아직도 불확실한 점이 상당히 많고 지극히 이론적인 수준에 머물러 있는 지구 온난화 문제에 전세계 생산고의 2%나 되는 돈을 사용한다는 것이 비합리적으로 보인다. 우리는 그런 문제에 더 많은 연구를 하고, 또 그렇게 얻은 지식을 안내자 삼아 미래를 위한 투자를 결정해야 할 것이다.

어쩌면 지구 온난화에 대한 최적의 투자를 반대하는 세 번째 주장이 맞다는 것을 입증할 수 있을 것도 같다. 비록 훨씬 더 분명하고 확실하고 의미 심장한 프로젝트들이 투자처로 나와 있는 상황에서 그렇게 불확실한 문제에 엄청난 돈을 쓰는 것이 여전히 비합리적으로 보이지만 말이다.

요약

지구 온난화는 이제 우리 시대의 커다란 환경 문제가 되었다. 인류가 대기 중의 이산화탄소 농도에 영향을 미쳤고 지금도 그 농도를 계속 증가시키고 있으며, 또 이것이 기온에 영향을 미치리라는 것에는 의심의 여지가 없다. 그러나 최적인 미래를 선택하기 위해서는 과장된 주장과 현실을 구분할 필요가 있다. 기온은 지난 1세기 동안 0.6℃ 상승했으며(도표 135), 여기에 인위적인 온실 효과가 부분적으로나마 일조하지 않았을 가능성은 희박하다. 비록 과거 기온과 현재 기온 사이에 극적인 차이가 존재한다는 지적에 오해의 소지가 있음은 거의 분명하지만 말이다(도표 134). 매우 중요한 기후 민감도가 1.5~4.5℃라는 주장은 지난 25년 동안 변하지 않았는데, 이는 이런 연구에 사용된 모델들이 근본적으로 적절치 못하다는 점을 시사한다. 왜냐하면 대기 중의 이산화탄소 농도가 2배로 늘어나는 경우 기온이 조금 상승할 것인지(1.5℃), 아니면 급격히 상승할 것인지(4.5℃)조차 아직 분명히 밝혀지지 않았기 때문이다. IPCC가 발표하는 모든 기후 예측치는 여러 대순환 모델을 기반으로 얻은 것이지만,

그 모델 자체가 에어로솔 · 수증기 피드백 · 구름의 영향 등을 제대로 계산에 포함시키지 못하는 등 아직도 중대한 문제들을 내포하고 있다. 연구 결과들은 이 세 부문의 기후 민감도가 낮은 쪽을 향하고 있다.

40개나 되는 새로운 시나리오를 내놓은 IPCC는 미래를 예측하는 것을 명백히 거부했으며, 대신 미래 예측에 관건이 되는 중요한 변수들의 값을 고정시켜 모델을 돌린 것에 불과했다.[2678] 그 결과로 IPCC가 우리에게 제시한 것은 단순히 "컴퓨터가 꾸며낸 가상적인 미래상"[2679] 정도라고 하겠다. IPCC 스스로도 표준 시나리오를 "우리가 희망하는 미래상을 그대로 보여주는 것"[2680]이라고 묘사한다. IPCC의 시나리오들이 상정하는 조건은 그 폭이 대단히 넓지만, A1 그룹의 세 시나리오(A1T · A1B · A1FI)는 다른 시나리오들에 비해서 훨씬 더 부유해진 미래상을 제시하는 예측으로 돋보인다. 이들 시나리오에서 2100년 선진국의 1인당 국민소득은 이들과 가장 흡사한 시나리오보다 약 50% 더 높고 개발도상국의 1인당 소득 역시 75%나 더 높다(도표 149 참조). 이 시나리오의 예측대로 인류가 지구 온난화를 억제할 경우 예상되는 추가적인 이득은 무려 107조 달러 이상이 되는데, 이는 지구 온난화로 발생하는 총 비용보다 20배 이상 많은 액수이다. 비교를 위해 덧붙이자면, 현재 우리 인류는 환경 보전을 위해 GDP의 1~2%를 지출하고 있다.[2681] GDP는 앞으로도 꾸준히 증가할 것이며, 만약 우리가 계속 GDP의 2%를 환경 보전에 지출하면 21세기에 환경을 위해 지출되는 돈이 모두 합해 18조 달러에 이를 것이다.[2682] 이런 맥락에서 A1 시나리오가 실현된다면 21세기에 우리가 환경 보전을 위해 지출하는 돈을 모두 합한 것보다 거의 6배나 되는 자원을 추가로 확보하게 될 것이다. 그렇지만 A1 시나리오 그룹에서 지구 온난화의 영향은 거의 최하 수준(A1T 시나리오)에서부터 최고 수준(A1FI)에 이르기까지 광범위하게 나타난다. 따라서 우리는 2개의 A1 시나리오 사이에서 중요한 결정을 내려야 할 것이다.

여러 합리적인 분석 결과들은 재생 가능한 에너지, 특히 태양 에너지가 21세기 중반 무렵에 화석연료에 대해 경쟁력을 갖게 되거나 심지어 화석연료를 능가할 수도 있을 것이라고 전망한다. 이는 A1FI 시나리오의 실현 가능성이 매우 희박하며, 탄소 배출량이 A1FI 시나리오보다 훨씬 낮은 A1T 시나리오의 전망을 따르게 될 가능성이 대단히 크다는 것을 의미한다. 그렇게 되면 지구의 평균 기온은 약 2~2.5℃ 정도만 상승할 것이다.

지구 온난화로 식량 생산이 감소하지는 않을 것이다. 폭풍이나 허리케인의 발생 빈도가 증가하지도 않을 것이며, 말라리아 발생률이나 사망자가 증가하지도 않을 것이다. 수재민들이 증가할 가능성은 더욱 더 희박하다. 세상이 지금보다 훨씬 더 부유해져 스스로를 보호할 수 있는 더 좋은 수단을 갖게 될 것이기 때문이다. 그렇지만 지구 온난화는 커다란 비용을 발생시키는데, 지구 온난화가 초래할 총 비용은 약 5조 달러에 이를 것이다. 더욱이 개발도상국이 지구 온난화 때문에 가장 큰 타격을 받는 반면, 선진국은 기온 상승폭이 2~3℃ 이하일 경우에는 오히려 이익을 거둘 수도 있다.[2683] 개발도상국이 더 큰 타격을 받을 수밖에 없는 주된 이유는 가난 때문에 환경에 적응하는 능력이 떨어진다는 것이다.

이처럼 커다란 비용 부담을 초래하는 지구 온난화에 대해 당연히 뭔가 극적인 조치를 취해야 할 것 같지만, 경제성 분석 결과들은 이산화탄소 배출량을 급격히 감축하는 데 드는 비용이 기온 상승에 적응하는 데 필요한 비용보다 훨씬 더 크다는 사실을 분명히 보여주고 있다.

경제성 분석 결과들은 교토 의정서가 시행되면서 세계적인 이산화탄소 배출권 거래가 허용되지 않는다면, 그래서 이산화탄소 감축에 대한 개도국의 적극적인 노력이 확보되지 않는다면, 교토 의정서가 복지 측면에서 사실상 손해임을 보여준다. 더욱이 교토 의정서는 기후 변화에 미미한 영향밖에 미치지 못할 것이다. 즉 교토 의정서를 시행하지 않을 경우와 비교해 2100년의 기온 상승폭이 겨우 0.15℃ 개선될 뿐인데, 이는 기온 상승의 시기를 단지 6년 정도 늦추는 데 지나지 않는다. 좀더 장기적인 관점에서 보더라도, 교토 의정서를 시행하면서 전세계 배출권 거래를 허용하는 것은 그보다 더 엄격한 규제를 요구하는 최적의 정책보다 효과적이지 못할 것이다. 그러나 최적의 정책도 이산화탄소 배출량을 겨우 11%밖에 줄이지 못할 것이며, 기온 상승폭도 조금밖에 줄이지 못할 것이다.

다른 한편으로 만약 이산화탄소 배출권 거래가 전세계적으로 허용되지 않는 상태에서, 교토 의정서가 시행된다면(나중에 제1 부속서 국가들 사이에서 거래가 허용되더라도) 기후 변화에 대한 영향력이 아주 미미할 뿐만 아니라 자원의 낭비만을 초래할 것이다. 미국이 이런 식으로 교토 의정서를 실행에 옮길 때 지불해야 하는 비용이면 전세계 사람들에게 깨끗한 식수와 하수도 시설을 제공해주고도 남는다. 상하수도 시설이 공급된다면, 매년 200만 명의 죽음을 예방할 수 있고 또 5억 명이 중병에 걸리지 않아도 될 것이다. 만약 배출권 거래가 전혀 이루어지지 않으면서 교토 의정서가 시행된다면 시행 비용이 무려 1조 달러에 육박할 수도 있다. 전세계에 상하수도 시설을 공급해주는 비용의 거의 5배나 되는 셈이다.

만약 많은 사람들이 제안하는 대로 그냥 일을 추진해 이산화탄소 배출량을 1990년 수준으로 억제하려 한다면 사회가 감당해야 하는 비용은 약 4조 달러로 치솟을 것이다. 이는 지구 온난화로 발생하는 피해 비용에 거의 비견될 만한 금액이다. 마찬가지로, 기온 상승을 억제하려 할 경우, 3조~33조 달러의 비용이 추가로 들 것이다.

이런 사실들은 지구 온난화에 대해 어떤 조치를 취할 때 우리가 대단히 신중해야 한다는 점을 강조해준다. 만약 세계적인 배출권 거래가 허용되지 않는다면 전세계는 이 전쟁에서 패배할 것이다. 만약 전세계적으로 이산화탄소 배출량을 11% 이상 감축하려 할 경우에도 역시 전쟁에서 패배할 것이다. 이런 결론은 단순히 어느 한 컴퓨터 모델에서 도출된 것이 아니다. 심지어 혼란스러운 결과가 초래될 가능성까지를 계산에 포함시키더라도 거의 모든 주요 컴퓨터 모델들이 대부분 일치하는 결론을 내렸다. "최적의 정책을 선택했을 때 적어도 다음 세기 중반까지는 이산화탄소 배출량이 아무런 조치도 취하지 않을 때보다 거의 낮아지지 않는다는 것이 놀랍다."[2684] 역시 또 다른 연구는 "보기에도 단순한 이 모델이 우리에게 보내는 메시지는 탄소 배출을 감축하거나 감축하지 않는 것이 그리 중요한 문제는 아니며, 배출량이나 농도를 안정시키려는 의정서들을 피해야 한다는 것인 듯하다"[2685]고 결론지었다. 최근 발표된 한 검토 보고서는 이런 모델에서 가장 먼저 깨달을 수 있는 사실은 "모든 결론이 가까운 장래에 이산화탄소 배출량을 대규모로 감소시키는 것이 합당치 못하다는 사실을 실증하는 듯하다"는 것이라고 결론을 내렸다.[2686] 경제성 평가 모델을 연구하는 모든 학자들이 모인 한 회의에서 내린 가장 중요한 결론은 다음과 같았다. "현재의 평가에 의하면 이산화탄소를 비교적 신중한 수준에서 통제하는 것이 '최적'의 정책이다."[2687]

숨겨진 의도가 과연 옳은가

지구 온난화는 사실 중요한 문제다. 지구 온난화가 초래하는 총 비용이 어쩌면 약 5조 달러에 이를 수도 있다. 하지만 지구 온난화에 과연 어떤 방법으로 대처할 것인지 결정하는 것 역시 중요한 문제다. 신중하게 선택된 몇 가지 조치는 지구 온난화 대응 비용을 수천 억 달러나 깎아주지만, 지구 온난화로 인한 피해 비용보다 훨씬 많은 수 조 내지 수십 조 달러의 비용을 발생시킬 수 있는 조치가 더 많다.

그렇다면 지구 온난화에 대한 대부분의 언론 보도가 이산화탄소 배출로 야기될 수 있는 온갖 나쁜 일을 다 언급하면서도 이산화탄소 배출을 지나치게 열성적으로 규제하는 바람에 생길 수 있는 나쁜 일은 거의 언급하지 않는다는 사실이 이상하지 않은가? 이것은 제2장에서 살펴본, 나쁜 소식을 유독 좋아하는 언론의 취향에 대한 물음이 아니다. 이 두 가지 경우 모두 훌륭한 나쁜 소식이 될 수 있기 때문이다.[2688] 그렇다면 도대체 어째서 사람들은 지구 온난화 문제를 논의할 때 마음을 열지 않는 것일까? 그들은 후손들에게 엄청난 비용을 떠넘길 수 있는 커다란 실수를 저지르지 않으려고 조심하지만, 정작 지나치게 열성적인 태도는 서로 대립하는 종교 지도자들에게 더 걸맞는다.

이는 지구 온난화에 대한 논의가 단순히 인류를 위한 최적의 경제적 방법을 선택하는 문제가 아니라 우리가 원하는 미래 사회의 모습과 관련된 더 깊은 정치적 뿌리를 가지고 있음을 의미한다.

IPCC가 발표한 세 권의 《정책 입안자를 위한 요약서》가 승인을 받는 과정에서 각국 정부가 임명한 과학자들에 의해 문맥이 수정되었다. IPCC가 그 전에 내놓은 보고서를 통해 지구 온난화가 인간의 책임임을 강조하는 부분이 가장 중요한 내용이 될 것임은 이미 잘 알려져 있었다. "지금까지 밝혀진 증거들은 지구 기후에 인간이 눈에 띄게 영향을 미치고 있음을 시사한다"[2689]는 것이다. 따라서 새로운 보고서의 서술 방법을 놓고 상당한 논의가 벌어졌다. 그런데 2000년 4월, 이 문장을 "지구 기후에 인간이 눈에 띄게 영향을 미쳐왔다"[2690]로 수정하기로 결정했다. 2000년 10월의 초안에서는 "인위적인 온실 가스 농도의 증가가 지난 50년 동안 관찰된 지구 온난화에 상당한 기여를 했을 가능성이 크다"[2691]고 선언했다. 그러나 공식 요약서에서는 훨씬 더 강경한 문체로 바뀌어 "지난 50년 동안 관찰된 온난화 현상의 대부분은 온실 가스 농도의 증가로 인한 것일 가능성이 크다"[2692]가 되었다. 과학 잡지 〈뉴 사이언티스트〉가 이렇게 표현을 바꾼 것에 과학적 근거가 있는지 질문하자 유엔 환경계획의 팀 히검(Tim Higham) 대변인은 아주 솔직하게 대답했다. "과학적으로 새로 발견된 사실은 없었습니다. 그렇지만 과학자들은 정책 입안자들에게 분명하고 강력한 메시지를 전달하고 싶어했습니다."[2693]

지구 온난화에서 유발되는 비용과 이득을 논의하는 부분에서도 2000년 10월의 초안은 다음과 같이 선언했다. "많은 선진국들은 지구의 평균 기온이 대략 2℃ 상승할 때까지는 경제적으로 순이익을 얻을 것으로 전망된다. 또한 기온이 약 2~3℃ 상승하는 경우에는 이익과 손해가 합쳐져 중립적인 영향을 받게 될 것이며 기온이 그보다 더 상승하면 순 손실을 입을 것으로 전망된다."[2694] (이 말은 배경이 되는 자료의 내용과 일치하며 이 책의 앞 부분에도 인용되어 있다.) 기온이 소폭으로 상승할 때 순이익을 기대할 수 있을 것이라는 문구가 그대로 살아남았다면 당연히 이곳저곳에서 인용되었을 것이다. 그런데 《정책 입안자를 위한 요약서》 최종판에서 이 문장은 다음과 같이 변경되었다. "지구 평균 기온이 섭씨 몇 도 정도 상승할 때까지 선진국들은 경제적인 이득과 손실이 뒤섞인 영향을 받을 것이고, 기온 상승폭이 그보다 커지면 경제적 손실을 입을 것이다."[2695]

이미 앞에서 지적했듯이, 정치적 결정이 내려지는 바람에 IPCC는 지구 온난화에서 유발되는 비용과 이익을 모두 살펴보는 대신 더 이상의 온실 가스 배출을 규제하는 방법에 연구의 초점을 맞추었던 것이다.[2696] 이런 사실은 지구 온난화 대처 방안—이런 정책이 어쩌면 수 조 달러의 추가 비용을 발생시킬 수도 있다—의 비용을 평가하는 것과 관련된 핵심적인 논의가 이제 더 이상 IPCC 보고서에서 다루어지지 않는다는 것을 의미한다.[2697] 그 대신 IPCC의 주요 분석 결과 중 일부는 기후 정책을 다른 모든 정책 분야와 연결시키기 시작했다.

> 미래의 이산화탄소 배출량은 기후 정책뿐만 아니라 우리가 앞으로 살게 될 '세상'에 의해서도 결정될 것이다. 그리고 그 '세상'이라는 것이 더 중요한 영향을 미칠 것이다. 기술 · 투자 · 무역 · 빈곤 · 생물 다양성 · 공동체의 권리 · 사회 정책 · 국가 관리 방법 등과 관련된 결정은 기후 정책과 아무 상관

이 없는 것처럼 보일 수도 있지만, 온실 가스 배출량과 배출량 감축 규모, 그 결과로 발생하는 비용과 이득에 커다란 영향을 미칠 수도 있다. 거꾸로 따져 본다면, 기후 정책은 사회 · 환경 · 경제 · 안보 등과 관련된 이슈를 은연중에 다루고 있으므로, 지속 가능한 세계를 구현하기 위한 중요한 수단으로 판명될 수도 있다.[2698]

따라서 기후 정책은 대안적인 발전 방향을 만들어내기 위한 수단이 될 수 있고 그런 발전 방향에 정당성을 부여해줄 수도 있다.[2699] 하지만 이런 대안적 발전 경로는 "환경의 희소성을 충분히 감안해" 생태 효율성, 산업과 생태의 조화, 자원의 생태 효율적 소비 등에 초점을 맞추어야 한다.[2700] 기본적으로 IPCC는 복지와 생산을 분리시켜야 할 것이라고 결론을 내렸다.[2701] 사실 환경을 위한다면 각종 산업 활동의 실적이나 효율을 계속 향상시키기만 할 수는 없다는 점을 사람들이 좀더 분명히 인식할 필요가 있다.

예를 들어 "교통 수단의 속도를 계속 증가시키는 것은 (효율성 측면에서는 이득이 되더라도) 장기적으로 환경에 피해를 입히지 않고 지속될 가능성이 별로 없다."[2702] 그러나 "이러한 추세가 정말로 삶의 질을 높여줄지 의심스럽기"[2703] 때문에 이 점은 별로 문제가 되지 않는다. 그 대신 IPCC는 최고 속도가 더 낮은 자동차와 기차를 만들고, 비행기 대신 돛단배와 생물 자원("태곳적부터 재생 가능한 자원 기반이었다")과 자전거 이용을 격려해야 한다는 의견을 내놓았다.[2704] 이와 같은 맥락에서, 운송에 대한 수요가 발생하는 것을 피하기 위해 지역 단위의 경제 체제를 확립해야 한다는 의견도 제시했다.[2705]

기본적으로, IPCC의 제안(그리고 IPCC가 공개적으로 인정하는 점)은 개인이 생활 방식을 바꿔 소비에서 멀어져야 할 필요가 있다는 것이다.[2706] 우리가 자원을 공유하고(예를 들어 공동 소유권 제도를 활용할 수 있다), 부를 쌓는 대신 좀더 많은 자유 시간을 갖도록 하며, 양보다는 질을 중요시하고, "소비를 억제하면서 자유를 증가시켜야만"[2707] 한다는 것이다. 기후 변화 때문에 우리는 세상을 개조하고 "적절한 생활 방식"[2708]을 더 많이 찾아내야 할 필요가 있다.

그런데 문제는, "대중이 그런 대안을 받아들일 수 있게 해주는 조건이 필요한 규모만큼 갖춰지지 않는 경우가 많다"[2709]는 것이다. 사실 "지역에서 활동하는 사람들에게 기후 변화의 의미와 그것을 바로잡기 위한 조치의 필요성을 납득시키는 것은 어려운" 일이다.[2710] IPCC는 지금보다 속도가 느린 자동차(혹은 아예 자동차를 소유하지 않는 것)의 사용을 주저하고, 국제적인 이동이 불필요하여 사람들이 자전거를 주로 이용하는 지역 경제 체제를 기꺼이 받아들이지 못하는 것은 대중 매체가 우리를 세뇌시키고 있기 때문이라는 주장까지 내놓았다. 사람들은 TV에 등장하는 인물들을 자기 자신의 삶을 평가하는 기준으로 삼고서 거기에 맞춰 자신의 가치관과 정체성을 형성해나간다.[2711] 따라서 IPCC는 대중 매체가 지속 가능한 세계를 이룩하는 데도 도움이 될 수 있다고 생각한다. "사람들의 생활 방식과 삶의 목표를 변화시키는 데 있어서 대중 매체가 수행하는 역할과 온실 가스 감축의 필요성에 대한 대중 매체 종사자들의 의식을 높이는 것이 더 광범위한 문화적 변화를 부추기는 효과적인 방법이 될 수 있다."[2712]

우리가 더 많은 물건을 갖고 싶어하는 것은 우리 자신이 그런 식으로 조건화되었기 때문이다.[2713] IPCC가 주장하는 것처럼, 우리에게는 더 이상의 소비가 필요하지 않다. 여러 연구에 의하면 "일단 어느 한계를 넘어서면 GNP 수준과 삶의 질(혹은 만족감) 사이에는 분명한 관련성이 존재하지 않는다"[2714]고 한다. 이 주장은 "미 국민의 소비가 1957년 이후 2배로 증가했지만 평균적인 미국인은 그때 이후 자신들의 행복도(幸福度)가 오히려 줄어들었다고 생각한다"[2715]는 것을 보여준 연구를 근거로 삼고 있다. 그러나 그 연구 결과는 사실 잘못 인용된 것이다.[2716] 이런 연구는 세월의 흐름에 따라 서로 비교하기가 어려운 것으로 악명이 높으며,[2717] 무엇보다도 지금의 상황과는 맞지 않는다. 1957년 이후 작성된 자료 중에서 유일하게 비교가 가능한 자료들을 보면 행복도의 뚜렷한 변화 추세를 찾아볼 수 없을 뿐만 아니라 1988년과 1990년의 행복도가 1957년보다 오히려 높았다.[2718] 더욱이 소득과 행복도 사이에 관련성이 없다는 주장도 틀린 것이다. 사람이 부유해질수록 만족감을 더 많이 느끼는 경우가 줄어드는 것은 사실이지만, 그래도 전체적으로는 만족감이 늘어난다.[2719]

그럼에도 불구하고, 이런 주장들은 지구 온난화가 단순히 이산화탄소 배출량 할당이나 기온 관측, 후손들에게 가장 부유한 세상을 남겨주기 위한 방법의 선택 등에만 관련된 문제가 아니라는 점을 분명히 보여준다. IPCC는 기후에 대한 논의가 단순히 기후 정책뿐만 아니라 "개발, 평등, 지속 가능성, 지속 가능한 개발 등을 포함한 광범위한 이슈"[2720]를 포함하고 있다고 말함으로써 이 논쟁에 뛰어들었다.

마찬가지로, 환경 운동은 온실 가스를 줄이는 데 이해 관계를 갖고 있으며 그 이해 관계에는 지구 온난화에 대한 걱정뿐만 아니라 훨씬 더 많은 것들이 포함된다. 1989년 3월 일어난 한 사건이 아마 가장 훌륭한 설명이 될 것 같다. 당시 전기화학자인 B. 스탠리 폰즈(B. Stanley Pons)와 마틴 플라이슈만(Martin Fleischmann)은 상온에서 핵융합에 성공했다고 발표해 전세계를 깜짝 놀라게 했다.[2721] 그러나 다른 학자들이 아무리 노력해도 저온 핵융합을 다시는 성공시키지 못했기 때문에 두 사람의 발표에 의심이 생겨났고, 오늘날에는 대부분의 과학자들이 저온 핵융합을 터무니없는 환상으로 치부하고 있다.[2722] 그렇지만 적어도 몇 개월 동안이나마 사람들은 이제 저온 핵융합이 손 안에 들어왔다고 실제로 믿을 수 있었다. 인류가 깨끗하고, 저렴하며, 무제한 공급이 가능한 에너지원을 가지게 되었다고 굳게 믿었던 것이다.

1989년 4월 〈로스앤젤레스 타임스〉는 가장 저명한 환경주의자 몇 사람에게 저온 핵융합에 대한 의견을 물었다.[2723] 제레미 리프킨(Jeremy Rifkin)은 그 기술이 값싸고 깨끗하다고 가정하면서도 다음과 같이 자신의 생각을 표현했다.

> "그것은 우리 행성에게는 최악의 일이다." 그는 아무리 사용해도 고갈되지 않는 에너지란 인간에게 지구의 모든 자원을 고갈시키고, 자연 생태계의 연약한 균형을 파괴하고, 상상도 할 수 없을 만큼 많은 생활 쓰레기와 산업 쓰레기를 배출할 수 있는 무한한 능력을 안겨줄 뿐이라고 주장했다.[2724]

캘리포니아 대학교 버클리 캠퍼스의 물리학 교수 존 홀드렌(John Holdren)은 "수소 연료를 사용하기 때문에 공해를 전혀 발생시키지 않는 불도저로 나무를 쓰러뜨리거나 농경지에 주택단지를 건설하는 데 쓸 수 있다"고 지적했다.

같은 버클리 캠퍼스의 인류학 교수 로라 네이더(Laura Nader)는 다음과 같이 말했다.

> 많은 사람들은 에너지가 더 싸고 더 풍부해지면 인류가 더 유복해질 것이라고 단순하게 생각해버린다. 그러나 그런 생각을 뒷받침하는 증거는 하나도 없다. 1950년부터 1970년 사이에 에너지 사용량이 2배로 늘었지만 그 동안 삶의 질을 보여주는 지표들은 모두 퇴보했다.[2725]

스탠퍼드 대학교의 생물학 교수 폴 에를리히는 신중한 태도를 취했다. 싸고 깨끗하고 고갈되지 않는 에너지가 인류에게 축복이 될 '가능성'은 있지만, "지금까지 산업 사회는 에너지를 현명하게 사용하지 못했으며" 오히려 엄청난 공해를 유발했다는 점이 문제라는 것이다. 요컨대 에를리히는 저온 핵융합이 깨끗하고 값싼 에너지를 공급해준다고 해도 그것은 "저능아에게 기관총을 쥐어주는 것과 마찬가지"[2726]라고 말했다.

마지막으로 이 기사는 자연시스템연구센터(Center for Biology of Natural System)의 배리 코모너(Barry Commoner)의 의견을 이렇게 설명한다. "핵융합 에너지가 기존의 에너지원에서 사람들의 관심을 위험하게 흐트러뜨릴지도 모른다. 그는 태양 에너지처럼 이미 성능이 입증된 안전하고 지역 분산적인 기술을 얼마든지 이용할 수 있는데도 핵융합처럼 아직 성능도 입증되지 않았고 어쩌면 위험할 수도 있는 기술에 냉큼 올라타는 것은 말이 되지 않는다고 말했다."[2727]

거의 이상적인 에너지원이라고 할 수 있는 저온 핵융합에 반대하는 주장들은 에너지나 에너지의 경제성 측면이 주요 쟁점이 아니라는 것을 보여준다. 사실 이 점에 대해서는 이론의 여지가 없다. 〈로스앤젤레스 타임스〉가 원래 인터뷰 대상자들에게 던진 질문이 "만약 저온 핵융합이 싸고 깨끗한 기술이라면?"이었기 때문이다. 그런데 이 기술에 반대하는 사람들은 다른 쟁점을 기반으로, 저온 핵융합을 사용할 경우 사람들에게 피해가 될 수도 있다는 점에 초점을 맞췄다. 이들의 비판은 본질적으로 다른 가치관을 가리키고 있으며, 덜 자원 지향적이고, 덜 산업화되고, 덜 상업화되고, 덜 생산 지향적이고, 지역 분산화된 사회 체제로의 변화를 주장했다. 이런 쟁점이 전적으로 합당한 것은 사실이지만 에너지는 그들의 논의에서 더 이상 일차적인 관심사가 아니었다는 점을 인식하는 것이 중요하다.

지구 온난화에 대한 논의가 마치 두 종교 세력 사이의 충돌처럼 보이는 이유가 바로 이것이다. 내가 앞에서 제시한 주장은 세상을 바라보는 한 가지 방법이다. 그 방법은 지구 온난화의 기본적인 문제에 대처하려 애쓰면서 가능한 최선의 대처 방법을 찾아내려 노력하고 있다. 그러나 이런 방법으로 얻은 해결책은 사회의 구조를 근본적으로 바꾸는 데 도움이 되어야 한다는 점에는 신경을 쓰지 않고 있다.

두 번째 방법은 지구 온난화라는 주제를 뜀틀판으로 삼아 훨씬 더 광범위한 정책 목표를 달성하려 시도하는 것이다. 이 방법도 분명히 합법적이고 정당한 것이지만, 솔직히 말해 이런 목표는 자연스럽게 드러나야 할 것이다. 시나리오 모델 연구자가 B1 시나리오가 '가장 좋다'고 말할 때 그들의 본뜻은 사회적 부(富)도 적고 기후 변화도 적은 사회를 선호한다는 것이다.[2728] 그러나 선진국과 개발도상국의 부의 차이가 무려 107조 달러나 되는 반면, 기후 변화에 의한 피해 비용은 '고작' 5조 달러밖에 되지 않는 상황에서, 나는 그들이 스스로의 선택을 제대로 설명해야 한다고 생각한다. B1 시나리오가 실현되면 개발도상국의 주민들이 개인 소득을 약 75% 더 올릴 수 있는 기회를 잃어버릴 텐데 그래도 그 시나리오가 그들에게 더 좋은 대안이 될 수 있을까?

우리가 행복해지기 위해 반드시 돈이 더 필요한 것은 아니며, 지역 분산적 경제 체제에서는 자전거와 돛단배가 훌륭하게 제몫을 다할 수 있을 것이라는 IPCC의 말은 정당하다. 그러나 이런 이야기는 뉴스의 헤드라인을 장식하지 못한다.[2729] 오히려 IPCC는 "정책 입안자들에게 분명하고 강렬한 메시지를 전달하기 위해"[2730] 지구 온난화가 인간의 책임이라는 주장을 한층 강화시켰다. 그리고 언론 매체는 이 메시지를 분명히 포착했다. "우리 모두가 유죄! 공식적인 발표. 지구 온난화는 사람들의 탓"[2731]이라는 헤드라인이 좋은 예다.

IPCC의 많은 과학자들이 전문가이고 과학에 헌신하고 있으며 명석한 두뇌를 지니고 있다는 데는 의심의 여지가 없다. 그러나 IPCC는 정책이라는 지뢰밭에서 활동하고 있기 때문에, 만약 그들의 주장이 언론 보도에서 분명한 편견을 만들어내는 원인이 되는 경우 겉으로 보기에는 과학적인 것처럼 보이는 결정에 대해서도 정치적 책임을 져야 한다. IPCC가 여러 미래의 상황을 천차만별의 '이야기'로 만들어 시나리오로 제시했을 때에도 그 안에 포함된 많은 극단적인 이야기가 은연중에 정치적으로 선택되었다. CNN, CBS, 〈더 타임스〉, 〈타임〉 등과 같은 주요 언론 매체들은 모두 온난화의 최대 추정치 5.8℃를 기사에 인용했지만 최저 추정치 1.4℃를 언급한 기사는 하나도 없었다.[2732]

결론 : 깜짝 놀라게 해서 경고를 주자

지구 온난화 논쟁에서 얻을 수 있는 중요한 교훈은 세 가지다.

첫째, 우리가 무엇에 대해 논쟁하고 있는지 깨달아야 한다. 과연 지구 온난화에 가장 효율적인 방법으로 대처하고 싶어하는 것인가, 아니면 다른 정치적 프로젝트를 위한 디딤돌로 지구 온난화 문제를 이용하고자 하는 것인가. 이 점을 분명히 하지 않는다면 논쟁은 계속 뒤죽박죽이 될 것이다. 개인적으로 나는 생각을 분명히 하기 위해 관련 이슈들을 분리하려는 노력을 최대한 기울여야 한다고 생각한다. 단번에 모든 문제를 해결하려 하면 모든 부문에서 결국은 잘못된 해결책을 만들어내는 결과가 빚어질 수 있다는 것이 가장 큰 이유이다. 따라서 나는 여기서 지구 온난화라는 이슈만을 다루고자 노력했다.

둘째, 지구 기온을 조금 내리려고 노력하는 것이 자원을 형편없이 낭비하는 방법이므로, 그리고 이런 일에 사용되는 돈을 개발도상국에 사용하는 편이 훨씬 더 효과적일 수 있다면, 기온을 조금 낮추려고 엄청난 액수의 돈을 써서는 안 된다. 지구 온난화에 자원을 사용하는 것과 제3세계를 원조하는 것 사이의 관련성은 사실 그보다 더 깊은 뿌리를 갖고 있다. 앞에서 살펴보았듯이, 앞으로 지구 온난화로 가장 큰 피해를 입는 것은 결국 개발도상국이기 때문이다. 따라서 지구 온난화를 완화시키기 위해 자원을 사용하는 것은 사실 개발도상국의 미래 국민을 돕는 일에 가깝다.[2733] 우리가 만약 그 돈을 제3세계에서 지금 당장 직접 사용한다면 개도국의 현재 국민을 도울 수 있고, 그들을 통해 후손들까지도 돕는 셈이

된다. 미래에는 제3세계 국민도 지금보다 훨씬 더 부유해질 가능성이 크기 때문에, 그리고 개도국의 투자 수익률이 지구 온난화에 대한 투자 수익률보다 훨씬 더 높다는 것을 앞에서 이미 보았으므로, 문제는 결국 이렇게 요약된다. 지금으로부터 100년 후 지금보다 더 유복한 제3세계 국민을 조금 돕겠는가, 아니면 현재 제3세계의 가난한 사람들을 더 크게 돕겠는가? 이 문제의 규모가 어느 정도인지 알아보기 위해 설명을 하자면 교토 의정서를 실행에 옮기는 비용은 매년 적어도 1,500억 달러에 이를 가능성이 크며 어쩌면 그보다 훨씬 더 많아질 수도 있다(도표 164). 그런데 유니세프는 1년에 700억~800억 달러만 있으면 제3세계의 모든 국민에게 보건, 교육, 식수, 하수 시설 등 기본적인 것들을 제공할 수 있다고 추정한다.[2734] 이보다 더 중요한 것은, 만약 현재의 개도국에 그처럼 대규모의 투자금이 모이면 자원과 사회 기반 시설 면에서 개도국은 미래에 훨씬 더 나은 입장에 서게 되고 따라서 그것을 바탕으로 미래의 지구 온난화에 잘 대처할 수 있을 것이라는 점이다.

셋째, 지구 온난화로 발생하는 비용이 약 5조 달러나 되는 상당한 금액이라는 것을 인식해야 한다. 이산화탄소 배출량을 빠른 속도로 줄이는 데는 매우 많은 비용이 들고 또 이런 노력이 오히려 역효과를 초래할 가능성도 크기 때문에 장기적으로 온실 가스 배출량을 줄일 수 있는 방법을 찾는 데 더 많은 노력을 기울여야 한다. 여기에는 우리가 태양 에너지와 핵융합 에너지 등 미래에 사용 가능한 잠재 에너지원의 연구 개발에 훨씬 더 많은 투자를 해야 한다는 의미가 부분적으로 포함되어 있다. 미국이 현재 재생 가능한 에너지원의 연구 개발에 투자하는 돈이 겨우 연간 2억 달러에 지나지 않는다는 점을 감안하면 21세기 후반에 재생 가능한 에너지로 에너지원을 대체하기 위해서는 연구 개발비를 훨씬 더 많이 증가시켜야 할 것으로 생각된다. 장기적인 방법을 찾아야 한다는 주장에는 다른 기술적 해결책(이른바 지오엔지니어링)에 대해 훨씬 더 마음을 열어야 한다는 의미도 일부 포함되어 있다. 지오엔지니어링은 바다에 비료를 주는 것(늘어난 만큼의 해조류는 죽어서 심해 바닥에 가라앉게 되면 공기 중의 이산화탄소가 더 많이 바다 밑에 축적되는 효과를 가져온다)과 성층권에 황 입자를 주입하는 것(지구의 온도를 낮출 수 있다)에서부터 화석연료를 사용할 때 방출되는 이산화탄소를 붙잡아 지층 속에 다시 저장시키는 것에 이르기까지 다양하다.[2735] 다시 한번 강조하지만, 이런 방법 중 하나라도 이산화탄소 배출이나 지구 온난화를 (일부) 완화시킬 수 있다면 이는 전세계적으로 엄청나게 귀중한 일일 것이다.

마지막으로, 지구 온난화로 발생하는 피해 비용을 세계 경제 전체와 연관시켜 바라보아야 한다. 만약 교토 의정서를 제대로 시행하지 못하거나 이산화탄소 배출량을 고정시키는 등 더 포괄적인 감축 방법을 선택한다면 21세기 중반 무렵에 이르러 우리가 치러야 할 대가가 매년 전세계 GDP의 2% 혹은 그 이상이 될 가능성이 크다.

그렇다면 지구 온난화에 맞서 싸우는 상황에서 전세계 생산고의 2%를 과연 많은 금액이라고 할 수 있을까?[2736] 그것은 전적으로 우리가 어떤 식으로 문제를 보는가에 달렸다. 어떤 의미에서 전세계 연간 생산고의 2%는 당연히 엄청난 금액이라고 할 수 있다. 이 금액은 매년 전세계에서 군사비로 사용되는 금액과 거의 같다.[2737]

한편 세계 경제는 21세기 내내 약 2~3%의 성장률을 보일 것으로 예상된다. 따라서 지구 온난화를 영원히 관리하는 비용을 모두 지출하더라도 경제 성장이 지연되는 폭은 1년도 되지 않는다고 주장할 수도 있을 것이다. 다시 말해 만약 그런 비용을 지출하지 않는다면 2050년에 즐길 수 있는 번영을 2051년에 즐기게 된다는 뜻이다. 그리고 그때가 되면 전세계 사람들은 평균적으로 지금보다 2배로 부유해져 있을 것이다.

그렇다고 해서 5조나 10조 달러라는 금액이 하찮다는 뜻은 아니다. 나는 이 돈을 가능한 현명하게 사용해야 한다고 지금도 생각하고 있다. 그러나 그 돈을 지출한다고 해서 우리가 구빈원에 가게 될 가능성은 전혀 없다. 이런 측면에서 본다면 지구 온난화 문제는 아직 우리가 충분히 관리할 수 있는 제한적인 문제다.

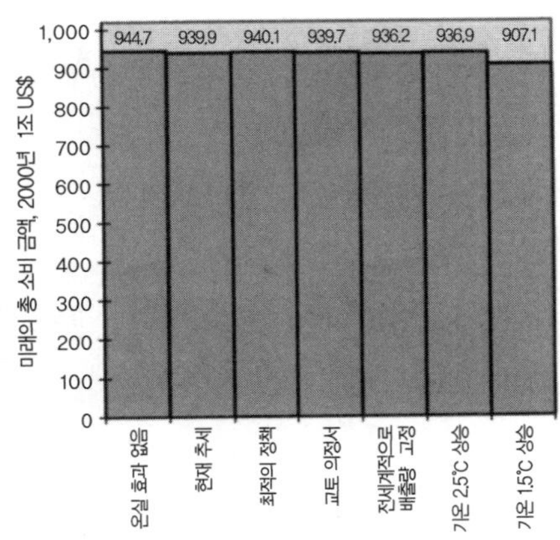

도표 165 현재 추세 시나리오와 기타 5개 시나리오 상황에서 예상되는 미래의 총 소비 금액 추정. 온실 효과가 전혀 나타나지 않는다고 가정했을 때 물론 총 소비 금액이 가장 많아진다. 지구 온난화가 유발하는 피해 비용은 총 소비의 약 0.5% 정도에 머무르고 설령 이산화탄소 배출을 고정시키는 정책을 적극적으로 추진한다고 해도 그 비용은 총 자산의 0.4%만큼 더 들 뿐이다. 출전: Nordhaus 1992:1317, Nordhaus and Boyer 2000:7:26, 8:28, BEA 2001b-c.

도표 165는 미래에 예상되는 총 소비와 다양한 정책을 실현하는 데 드는 총 비용 사이의 비율을 보여준다. 지구 온난화가 유발하는 피해 비용은 총 소비의 약 0.5%를 차지할 것이다. 설령 이산화탄소 배출량을 고정시키는 방법을 선택하더라도 지구 온난화에 대한 최적의 정책에 비해 그 비용이 총 자산의 0.4%만큼 더 늘어나는 것에 불과하다.

미래의 총 소비를 감안해 판단하면, 지구 온난화는 이 세계가 직면하고 있는 가장 중요한 문제가 결코 아니다. 중요한 것은 개발도상국을 부유하게 만들고 선진국 국민에게는 더 많은 기회를 주는 것이다. 도표 166에는 IPCC가 제시한 네 가지 주요 시나리오에서 21세기의 총 소득이 얼마나 되는지 나타나 있다. 만약 세계 경제 체제 안에서 경제 발전에 초점을 맞추는 세상을 선택한다면, 총 소득은 연간 약 900조 달러에 이를 것이다. 그러나 환경에 초점을 맞추는 길을 선택한다면, 세계 경제 체제를 계속 유지하더라도 인류는 약 107조 달러를 손해보게 될 것이다. 이는 우리가 올릴 수 있는 총 소득의 12%에 해당하는 금액이다. 그리고 21세기의 문

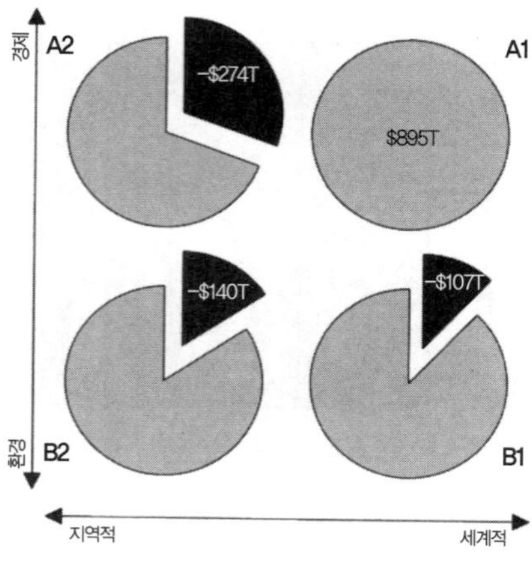

도표 166 세계적-지역적 구분과 경제-환경 구분에 따른 IPCC의 네 가지 주요 시나리오. 2000~2100년. 세계 지향적이고 경제에 초점을 맞춘 A1 시나리오에서 총 소득은 895조 달러로 추정된다.[2738] 세계 지향적이면서 환경에 초점을 맞출 때 필요한 비용은 107조 달러(B1)이며, 경제에 초점을 맞추지만 지역 중심적인 정책을 채택할 때의 비용은 274조 달러(A2)이고, 지역적인 경제를 유지하면서 환경에 초점을 맞출 때의 비용은 140조 달러(B2)가 된다. 참고로, 지구 온난화에서 유발되는 총 비용은 4조 8,000억 달러, 즉 A1 시나리오의 0.5%로 추정된다. 모든 수치는 2000년 미국 달러 가치로 표시했다. 출전:IPCC 2000b, BEA 2001b-c.

제를 해결하기 위해 만약 지역 경제 체제를 선택한다면, 약 140조~274조 달러, 즉 우리가 올릴 수 있는 총 소득의 약 4분의 1 이상을 잃어버리게 될 것이다. 더욱이 이런 손실은 주로 개발상도국에서 발생할 것이다. A1 시나리오에서 B1 시나리오로 정책을 전환하면 개발도상국은 총 소득의 4분의 1을 잃게 된다.[2739]

이 문제 역시 지구 온난화로 초래되는 피해 비용이 약 5조 달러에 이르고, 21세기에 시행되는 다른 모든 환경 정책의 비용이 18조 달러에 달할 것이라는 점과 함께 고려되어야 한다. 여기에서 알 수 있는 것은, 만약 개도국과 선진국 후손들이 모두 최대한의 가능성을 누릴 수 있는 행성을 만들고 싶다면, IPCC의 표현대로 지역 단위로 환경에 초점을 두기보다 경제에 일차적인 관심을 두고 전세계적인 차원에서 문제를 해결해야 한다는 것이다.

이렇게 되면 기본적으로 경제 성장에 가장 큰 비중을 두면서 특히 제3세계의 경제 활성화에 역점을 두며 동시에 세계 경제 체제를 확보할 수 있다. 우리는 세계무역기구(WTO)의 틀 안에서 우리 스스로에게 이미 이 두 가지 과제를 모두 부여한 바 있다. 만약 여기에서 성공을 거둔다면 전세계의 소득을 107조~274조 달러 증가시킬 수 있을 것이다. 반면, IPCC의 주장대로 가장 효과적인 지구 온난화 대응 정책을 완수하더라도 증가시킬 수 있는 부의 규모는 겨우 2,450억 달러에 불과하다(도표 164). 요컨대, 우리와 우리 후손들의 미래에 중요한 문제들이 근본적으로 IPCC의 틀 안에서가 아니라 WTO의 틀 안에서 결정된다는 얘기다.

그러나 현재 지구 온난화에 대비해 보험료의 일부를 부담하면서(GDP의 2~4%) 다른 한편으로는 개발도상국도 도울 수 있을 만큼(2%) 부유하다고 주장하고 싶은 사람도 있을 것이다. 그렇게 해도 경제 성장을 약 2~3년 정도 지연시키는 정도에 불과하니까 말이다. 이런 주장은 사실이다. 나는 2~4%의 돈을 다른 곳에 투자하면 우리와 후손들이 훨씬 더 커다란 혜택을 누릴 수 있는데도 별로 의미도 없는 지구 온난화 대응 보험에 그 돈을 쓰는 것이 과연 무슨 의미가 있는지 아직 납득하지 못하고 있다. 그러나 우리가 보험금 납부와 개발도상국 원조라는 두 가지 방법을 한꺼번에 실천할 수 있을 만큼 부유한 것은 사실이다.

그리고 이것이 바로 이 책이 강조하는 요점 중 하나이다.

6부 세계의 실제 상황

25 곤경인가 진보인가

이 책 전반을 통해 나는 모든 사실을 독자 여러분에게 제시하고 이 세계가 정말로 어떤 상태인지를 완전히 느끼게 해주려고 애썼다. 또한 뻔한 이야기들에서 유래한 우리의 인식과 이 세상의 실제 상황을 비교하고 대조하려 애썼다. 이제 이 책의 결론을 내리는 이번 장에서 나는 이 세상에 대한 편향된 시각의 문제점과 그런 시각에서 파생하는 결과들을 요약하고자 한다. 여기에 덧붙여 인류에게 아직 남아 있는 중요한 과제에 대한 나의 생각 역시 자유롭게 밝히고자 한다.

세계적인 차원에서 보면 굶주림과 빈곤이 아직도 가장 중요한 문제로 남아 있다고 생각한다. 우리가 과거 그 어느 때보다 더 많은 사람들에게 더 좋은 음식을 제공할 수 있게 되고, 또 그 어느 때보다 더 많은 사람을 빈곤으로부터 탈출시킬 수 있었던 것은 사실이다. 또 이런 긍정적인 추세는 미래에도 지속될 가능성이 높다. 그렇지만 아직도 약 8억 명이 여전히 굶주리고 있으며, 약 12억 명이 빈곤에 시달리고 있다. 개발도상국에서 환경의 질을 장기적으로 개선시키기 위해 먼저 사람들이 굶주림과 빈곤에서 벗어날 수 있도록 경제 성장을 이룩하는 일이 무엇보다도 중요하다. 왜냐하면 역사적인 경험에 의하더라도 충분한 부를 획득한 다음에야 비로소 환경 문제에 관심을 갖고, 걱정하고, 또 처리할 수 있었기 때문이다.

선진국은 전체적으로 커다란 경제 발전을 이룩했으며 환경 분야에서도 역시 진전이 있었다는 것을 이미 살펴보았다. 하지만 긍정적인 발전이 이루어졌다고 해서 환경에 대해 더 이상 아무런 조치도 취할 필요가 없다는 뜻은 아니다. 오히려 많은 분야에서 환경을 탄탄하게 관리하는 데 훨씬 더 많은 투자를 하는 것이 장기적으로는 현명한 일이다. 대기 오염을 설명한 장(제15장)에서 지적했듯이, 현재의 분진 오염도가 1500년대 이후 그 어느 때보다 낮다고 해도 분진 배출량을 더 줄이는 것이 자원을 현명하게 사용하는 방법일 것이다. 그러나 좀더 나은 환경을 위해 투자하는 것은 더 좋은 세상을 만들기 위한 수많은 투자 방법 중 하나에 불과하며, 교육, 보건, 사회 기반 시설, 제3세계의 여건 개선 등과 비교해 환경 개선 투자의 우선순위를 결정해야 한다는 점을 명심해야 한다.

여기에서 중요한 것은 미래를 위한 최선의 결정을 내리려면, 그저 막연한 걱정이 아니라 명백한 사실에 근거해 투자의 우선순위를 결정해야 한다는 점이다. 따라서 우리는 막연한 두려움에 맞서 뻔한 이야기에 과감히 도전장을 던져야 할 필요가 있다.

뻔한 이야기를 표현한 화려한 비유들

우리는 오랫동안 뻔한 이야기를 들어왔다. 지구 종말의 날이 가까이 다가왔다는 그런 얘기 말이다. 레스터 브라운을 비롯한 온갖 환경 단체들, 전문가들, 정치가들은 멸망이 임박했다고 경고해왔다. 이들의 경고는 사회적, 정치적으로 엄청난 영향을 미쳤다. 미국 전 부통령 앨 고어의 저서 《불안한 지구》가 이런 분위기를 보여주는 가장 좋은 예다. 이 책의 결론 부분 첫 문장은 "지금과 같은 현대 산업 문명은 우리 행성의 생태계와 격렬히 충돌하고 있다"[2740]고 분명하게 선언한다.

게다가 고어는 이것이 전부가 아니라고 주장한다. 전세계의 열대우림과 비옥한 농경지, 오존층, 기후 균형 등이 심각하게 망가지고 있는 것이 사실이지만, 이러한 사태조차도 "점점 더 심각하게 계속해서 닥쳐올 생태학적 재앙의 시작에 불과하다"[2741]고 말한다.

또한 고어는 환경만이 아니라 우리 자신도 피해를 입고 있다고 주장한다. 우리가 지구와의 자연스러운 접촉을 잃어버리고 자신의 존재에 대해서도 낯선 이방인이 되었다는 것이다. "쾌락과 편리만을 추구하는 세태가 최고조에 이르렀으며" 우리는 "끊임없이 쏟아져나오는 번쩍이는 신상품을 소비하는 데"만 정신을 쏟고 있다고 그는 주장한다.[2742] 우리는 또한 "조화(造花)와 인조 잔디, 에어컨, 형광등, 폐쇄 창문, 끊임없이 이어지는 배경 음악, ……카페인 · 알코올 · 마약 · 환각제 등이 있어야 졸음에서 깨어나 시동이 걸리는 심장으로 이루어진 거짓 세상"을 이룩했을 뿐이다. 우리는 이미 "진정한 삶과의 직접적인 교감"을 잊어버렸다.[2743] 우리 문명은 이 세상을 파괴했을 뿐만 아니라 우리 자신까지도 파괴했다. 이것은 바로 "기능 장애를 일으킨 문명"[2744]이다.

따라서 고어는 지금의 문명을 새로운 적으로 보고 있다. 이전 세대가 나치 독일과 전체주의 공산 국가들을 적으로 삼았던 것처럼 말이다. "내가 나치와 전체주의 공산 국가들에 맞서는 투쟁을 그토록 자주 언급한 것은 단순한 비유가 아니다. 나는 환경을 구하기 위한 새로운 노력이 바로 이런 투쟁의 연속이라고 생각한다."[2745] 그래서 그는 "환경을 구하는 것을 문명의 핵심적인 조직 원리로 삼아야 한다"[2746]고 주장한다.

세계의 실제 상황

그러나 이런 시각과 그것이 낳는 정치적 결과는 바로 그 뻔한 이야기들을 바탕으로 하고 있다. "기능 장애를 일으킨 문명"과 "진정한 삶과의 직접적인 교감" 상실에 대한 고어의 이야기는 과거를 무서울 정도로 이상화하는 태도와 개발도상국에 대한 지독한 오만을 보여준다.

앞에서 이미 살펴보았듯이, 지난 400년 동안 인류 문명은 환상적이고 지속적인 발전을 이룩했다. 인류가 지구에 머무른 지난 몇백만 년 중 대부분의 기간 동안 우리의 기대 수명은 약 20~30세에 불과했다. 그런데 지난 1세기 동안 인류의 기대 수명은 2배 이상 늘어 67세가 되었다.

갓난아기는 이제 더 이상 파리처럼 쉽게 죽지 않는다. 예전에는 갓난아기 2명 중 1명이 목숨을 잃었지만 지금은 그 비율이 20명당 1명에 불과하며, 지금도 계속 낮아지고 있다. 사람들은 이제 더 이상 만성적인 질병에 시달리지 않는다. 입에서 썩은 이빨 냄새를 풍기지도 않고, 종기 · 습진 · 옴 · 화농성 부스럼 등에 시달리지도 않는다. 지상에 살고 있는 사람들의 수가 훨씬 늘어났음에도 불구하고 식량은 예전보다 훨씬 더 많아졌다. 이제 제3세계 사람들은 과거보다 평균 38% 더 많은 칼로리를 섭취한다. 굶주리는 사람의 비율은 35%에서 18%로 급격히 떨어졌고, 2010년이 되면 그 비율은 아마도 12%로 더 낮아질 것이다. 그리고 그때에 이르면 30억 명 이상의 인구가 지금보다 더 풍족한 식사를 하게 될 것이다.

인류는 사상 유례없는 성장을 이룩했다. 지난 40년 동안 선진국은 물론 개발도상국 사람들조차도 모두 예전보다 3배나 되는 부를 지니게 되었다. 장기적인 관점에서 본다면 이런 성장은 더욱 대단해진다. 미국인의 부는 지난 200년 동안 36배나 늘었다.

우리는 깨끗한 식수에서부터 전화 · 컴퓨터 · 자동차 등에 이르기까지, 일상생활을 편리하고 쾌적하게 해주는 물건과 시설을 훨씬 더 많이 이용하고 있다. 교육 수준도 높아졌다. 제3세계의 문맹률은 과거 75%에서 이제는 20%도 채 안 되는 수준으로 떨어졌으며, 개발도상국과 선진국 모두 교육 수준이 엄청나게 높아졌다. 개도국에서 대학교육을 받는 사람이 30년 만에 거의 400%나 늘어났을 정도이다.

우리는 더 많은 여가 시간을 즐기고 있으며 일상생활의 안전성도 더 증가했다. 사고는 감소했고, 교육 수준은 높아졌다. 생활을 편리하고 쾌적하게 해주는 물건도 많아졌고, 소득도 높아졌다. 굶주리는 사람의 수가 줄었고, 식량 사정이 크게 개선되었으며, 더 건강해지고 기대 수명도 길어졌다. 인류는 이런 환상적인 일들을 이룩했다. 그런데도 현대 문명이 '기능 장애'를 일으키고 있다고 말하는 것은 정말이지 온당치 못하다. 개발도상국에는 기본적인 필수품조차 구하지 못하는 사람이 아직도 많다. 그들에게 성장과 발전이란 조화(造花) · 전자레인지로 데운 간편식 · 알코올 · 마약이 아니라 여러 가지 선택권이 있는 품위 있는 삶을 살면서 먹을 것을 구해야 한다는 걱정에서 벗어나 먼 미래를 향해 손을 뻗을 수 있는 기회다.

선진국은 성장과 발전을 통해 과거보다 훨씬 더 나은 삶을 얻었다. 그래서 마침내 과연 어떻게 하면 최고의 삶을 살 수 있을지 생각해볼 수 있는 충분한 물질적 · 시간적 여유를 확보하게 된 것이다. 얄궂게도 앨 고어가 우리 사회를 그처럼 꾸짖을 수 있는 것도 순전히 경제 성장 덕분에 우리가 (고어 자신도) 이제 물질적 한계로부터 자유로워져 여러 가지 선택권을 행사할 수 있게 되었기 때문이다. 비록 그 선택이 현재의 사회에 등을 돌리는 것이라 해도 말이다.

적어도 고어가 우리에게 쇼핑을 줄이고 인생을 더 즐기면(쇼핑몰을 기웃거리는 대신 친구들을 찾아보거나, 자연 속에서 도보 여행을 하고, 그림을 그리는 등) 삶이 더 행복해지지 않을까 생각해보라고 촉구하는 것은 당연히 호소력을 갖고 있으며 우리 의식을 적절하게 일깨워주는 역할을 한다. 하지만 고어는 이보다 한 발 더 나아가 우리가 가식적이고 천박한 삶을 살고 있으며, 우리 문명과 우리 부모 세대들이 고장난 삶을 살도록 우리를 세뇌시켜서 우리가 자신을 에워싸고 있는 감옥의 담장을 보지 못하고 있다고 주장한다.[2747] 우리는 의식하지 못하는 사이에 억압당하고 있다는 것이다. 이런 식의 오만한 태도는 민주주의와 자유에 대한 도전이며, 적어도 남에게 피해를 주지 않는 한 자신의 삶을 스스로 결정할 수 있는 기본권에 대한 도전이기도 하다.

그러나 앨 고어와 레스터 브라운, 두 사람은 자신들의 주장이 더 깊은 의미를 지니고 있다고 생각한다. 그들은 자신들의 문명 비판을 정당화해 주는 구실로 인류가 점점 더 발전하고 있는 것이 아니라, 발전을 위해 지구 생태계를 점점 더 많이 희생시키고 있다는 주장을 제시한다. 바로 이 때문에 우리가 현실에서 지구가 지니는 한계와 충돌하는 미친 짓을 그만두어야 한다는 것이다.

이렇게 해서 앨 고어는 현대 사회를 경험했을 뿐만 아니라 거기에서 파괴의 씨앗까지 발견해낸 문화적 비관주의자들의 긴 명단에 합류했다.[2748] 그들은 프랑켄슈타인에서 쥐라기 공원에 이르기까지, 새로운 기술을 발명해내는 인류의 독창성이 당초의 기대를 뛰어넘는 재앙이며 도저히 통제 불가능한 세상을 만들어낸다고 생각한다.

얄궂게도 앨 고어는 "냉혹한 진실의 빛"[2749]을 통해 이런 기능 장애로부터 벗어날 수 있다고 생각한다. 이 책 전체를 통해 살펴보았듯이, 진실의 빛에 냉혹한 일면이 있는 것은 사실이다. 특히 뻔한 이야기들의 핵심적인 허구성에 대해서는 진실의 냉혹함이 더욱 빛을 발한다.

식량 생산은 앞으로도 계속 증가해 점점 더 많은 사람들이 더 많은 식품을 더 싼값에 구입할 수 있을 것이다. 삼림을 잃는 일도 없을 것이다. 에너지원, 원자재, 물도 고갈되지 않을 것이다. 선진국 도시의 대기 오염도는 완화되었으며, 개발도상국에서도 그런 일이 이루어질 것이라고 믿을 만한 충분한 근거가 있다. 바다는 더럽혀지지 않았으며, 강은 예전보다 더 깨끗해져서 더 많은 생물들의 터전이 되고 있다. 비록 멕시코 만과 같은 일부 해안 지역에서는 영양 물질의 유입이 증가했지만 이것은 그리 큰 문제가 아니다. 사실은 일반적으로 영양 물질 유입의 혜택이 비용을 능가한다. 쓰레기 역시 특별히 중요한 문제가 아니다. 21세기에 미국이 배출하게 될 쓰레기를 모두 합하더라도 한 면의 길이가 18마일도 되지 않는 단 한 곳의 정사각형 매립지에서 모두 처리할 수 있다. 이 매립지 면적은 오클라호마 주 우드워드 카운티 면적의 26%밖에 되지 않는다.

산성비는 삼림을 죽여버리지 않았으며, 앞으로 50년 동안 생물 종의 절반이 사라질 것이라는 많은 사람의 주장과는 달리 생물이 죽어가고 있지도 않다. 생물 멸종률은 약 0.7%가 될 가능성이 크다. 오존층 문제도 어느 정도 해결되었다. 현재로서는 지구 온난화로 재앙이 일어날 것 같지도 않다. 오히려 21세기가 끝나기 전에 에너지원이 재생 가능한 에너지로 대부분 대체될 것이라고 믿을 만한 근거가 있다. 사실 개발도상국을 지원하고 비화석연료에 대한 연구비를 늘리는 대신 탄소 배출을 제한한다는 명목으로 엄청난 비용을 들이면서 자원을 현명하지 못하게 사용하는 것이 재앙의 원인이 될 것 같다. 마지막으로, 화학물질과 농약에 대한 걱정은 잘못된 것이며 오히려 역효과를 불러일으키고 있다. 첫째, 농약 사용을 점진적으로 금지시키는 것은 아마도 자원 낭비일 가능성이 크며, 실제로 더 많은 암 환자를 발생시킬 것이다. 둘째, 중요한 발암 요인은 화학물질이 아니라 바로 사람들의 생활 방식이다.

환경 문제를 둘러싼 뻔한 이야기들은 허구에 바탕을 두고 있다. 설령 허구의 상당 부분이 선의를 지닌 착한 사람들에 의해 유포되었더라도 말이다. 물론 그 허구가 "점점 더 심각하게 계속해서 닥쳐올 생태학적 재앙의 시작에 불과하다"는 사실을 반영한다고 믿고 싶은 사람이 있다면 그렇게 믿어도 좋다. 하지만 그것이 순전히 신념의 문제일 뿐이라는 점을 반드시 짚고 넘어가야 한다. 우리는 그 밖에 다른 어떤 급박하고 중요한 문제들이 수면 위로 떠오르고 있는지 알지 못한다.

"기능 장애를 일으킨 문명"을 나무라는 브라운과 고어의 비판이 칼뱅주의적 죄책감의 표현에 지나지 않는다는 인상을 지워버리기 어렵다.[2750] 우리가 그 동안 너무나 잘해왔기 때문에 어떤 사람들은 오히려 부끄러움을 느끼고 있다. 어쩌면 사람들은 우리가 지구 온난화와 같은 커다란 문제와 맞닥뜨려도 싸다고 정말로 믿고 있는지도 모른다.

그러나 그런 결론은 정말로 불필요한 것이다. 수치심을 느끼며 스스로를 벌해서는 안 된다. 오히려 이제까지 쓰고 있던 수많은 굴레를 다 던져버리고 환상적인 발전과 번영을 이룩했다며 기뻐해야 한다. 우리는 사실을 똑바로 직시해야 한다. 전체적으로 보았을 때 이런 발전이 지속되지 않을 것이라고 생각할 이유가 없다는 사실을.

이것이 이 세계의 진정한 모습이다.

그런데 우리의 걱정은 늘어만 간다

물론 그렇다고 해서 세상만사가 다 잘 되고 있다거나 우리에게 전혀 문제가 없다는 의미는 아니다. 인류는 지금도, 미래에도 수많은 과제와 씨름해야 한다. 상황이 더 좋아진 것은 사실이지만 아직 충분히 좋은 것은 아니다.

그러나 이 세계의 진정한 모습을 알고 나면, 과거의 경험에 근거해 인류가 창의력과 상호 협력을 통해 우리 앞에 놓인 문제들을 무난히 해결할 수 있을 것이라는 점을 깨닫게 된다. 따라서 앞으로 훨씬 더 좋은 세상을 만들 수 있다는 자신감과 영감을 안고서 남은 문제에 접근할 수 있다.

그리고 솔직히 말하면, 우리는 지구의 장래를 위해 정말로 어떤 과제들을 해결해야 하는지 이미 분명히 알고 있다. 우선 지금도 8억 명이 굶주리고 있다. 1950년대 이후 굶주리는 사람의 수가 감소했고 그들의 비율도 빠른 속도로 줄어들었지만, 8억이라는 숫자는 여전히 너무 많다. 또한 빈곤에 허덕이는 사람도 12억 명이나 된다. 1950년 이후 빈민 비율이 빠르게 감소하기는 했지만 이 숫자 역시 너무 많다.

우리는 이런 과제들을 해결하는 데 최우선순위를 부여해야 한다. 그리고 GNP의 0.7%를 원조금으로 기부하겠다는 UN의 결의를 지켜 개발도상국이 구조적인 변화를 이룩할 수 있도록, 그리고 민주주의와 법치주의를 실현할 수 있도록 도와야 한다. 현재 UN의 결의를 제대로 지키고 있는 국가는 덴마크, 노르웨이, 네덜란드, 스웨덴뿐이다.[2751] 또한 개도국이 세계 경제 체제 속으로 들어오는 것을 허용함으로써 그들이 경쟁력 면에서 우위를 차지하고 있는 분야에서 경쟁할 수 있도록 해야 한다. 이를 위해서는 규제를 완화하고, 농업이나 섬유 산업처럼 노동 집약적인 부문에 대한 보조금을 줄여나가야 한다. 농업과 섬유 산업은 선진국이 가장 강력하게 보호하는 분야이다.

우리는 서구 세계가 직면한 과제에 대해서도 잘 알고 있다. 지금도 많은 사람들이 대기 오염 때문에 하릴없이 목숨을 잃는다. 지난 30년 동안 대기 오염도가 급격히 떨어지기는 했지만, 지금도 여전히 대기 오염은 지나친 편이다. 특히 분진 오염이 그렇다. 따라서 대기 오염을 규제할 때의 혜택이 거기에 소요되는 비용을 능가하는 부문에 대해서는 엄격한 규제 방안을 마련할 필요가 있다. 이 밖에도 우리는 담배를 끊고, 기름진 음식을 삼가고, 운동을 더 많이 해야 하며, 사회 전체적으로는 사회적 · 교육적 과제들을 개선해야만 할 것이다. 하지만 불행하게도 이런 분야의 문제들은 농약, 수중의 산소 고갈, 지구 온난화, 삼림, 풍력, 생물 다양성 등 누군가 다른 사람의 잘못임이 분명한 문제들만큼 그렇게 매력적이지 않다.

브라운이나 고어처럼 환경 문제를 걱정하는 엘리트들이 늘어놓는 그 뻔한 이야기들이 낳는 결과 중에서 가장 심각한 점은 우리가 남은 문제들을 해결할 수 있다는 자신감에 손상을 입힌다는 것이다. 그런 이야기들 때문에 우리는 마치 포위당한 것 같은 기분을 느끼게 되며, 진퇴양난의 궁지에서 끊임없이 행동에 나서야 할 것 같은 생각을 갖게 된다. 그리고 이 때문에 감정적인 직감에 근거해 현명하지 못한 생각들을 실행에 옮기는 경우가 앞으로 자주 발생할 것이다. 그런 뻔한 이야기들은 현대인들에게 직접적인 영향을 미친다. 사람들을 겁에 질리게 만드는 것이다.

사회과학자 아론 윌다프스키(Aaron Wildavsky)는 이런 모순에 대해 이렇게 말했다. "얼마나 굉장한 일인가! 가장 부유하고, 가장 오래 지속되었으며, 가장 안전하게 보호받고, 최고로 유능한 문명이 스스로의 기술에 가장 뛰어난 통찰력을 지녔으면서도 가장 겁에 질린 문명이 되는 길을 걷고 있다니."[2752]

사람들을 직접 만나 조사해보면 이런 두려움이 분명히 드러난다. 사람들은 겁에 질려 있다. 사람들은 미래를 두려워한다. '지구의 건강(Health of the Planet)'을 주제로 삼은 한 여론 조사에서는 사람들에게 과거 10년 전과 지금 환경 문제가 건강에 얼마나 영향을 미친다고 생각하는지, 그리고 앞으로 25년 후에는 환경 문제가 자손들에게 얼마나 영향을 미칠 것이라고 생각하는지 물어보았다. 도표 167에서 볼 수 있듯이 응답자들은 엄청나게 겁에 질려 있었다. 응답자들은 환경 문제가 과거보다 미래에 사람들의 건강에 훨씬 더 커다란 영향을 미칠 것이라고 대답했다. 적어도 선진국에 관한 한 이것은 놀라운 반응이다. 우리는 환경 문제와 관련된 암 발생의 절반 이상을 차지하던 대기 오염이 급격히 완화되었음을 분명히 알고 있다.[2753] 그러나 사람들은 대기 오염이 계속 악화되기만 했다고 지금도 믿고 있다.

사람들이 이런 생각을 하게 된 것은 대부분 뻔한 이야기들 때문이다. 환경이 끔찍한 상태에 처해 있다는 정보가 끊임없이 우리 머릿속으로 흘러들고 있기 때문인 것이다. 그렇지만 객관적인 수치가 정확히 정반대의 상황을 보여주고 있는데도 어떻게 상황이 점점 더 나빠지고 있다고 믿을 수 있을까? 이 분명한 모순은 아마도 경제적 번영의 결과인 것 같다. 이런 말이 있지 않은가. "먹을 것이 없으면 문제는 하나. 먹을 것이 충분하면 세상만사가 다 문젯거리다(No food, one problem. Much food, many problem)."[2754] 이제 우리가 여러 면에서 너무나 유복하기 때문에 온갖 사소한 문제에 대해 걱정할 시간이 생긴 것이다.

어떤 사회학자는 눈으로 볼 수 없기 때문에 전문가들을 통해서만 제대

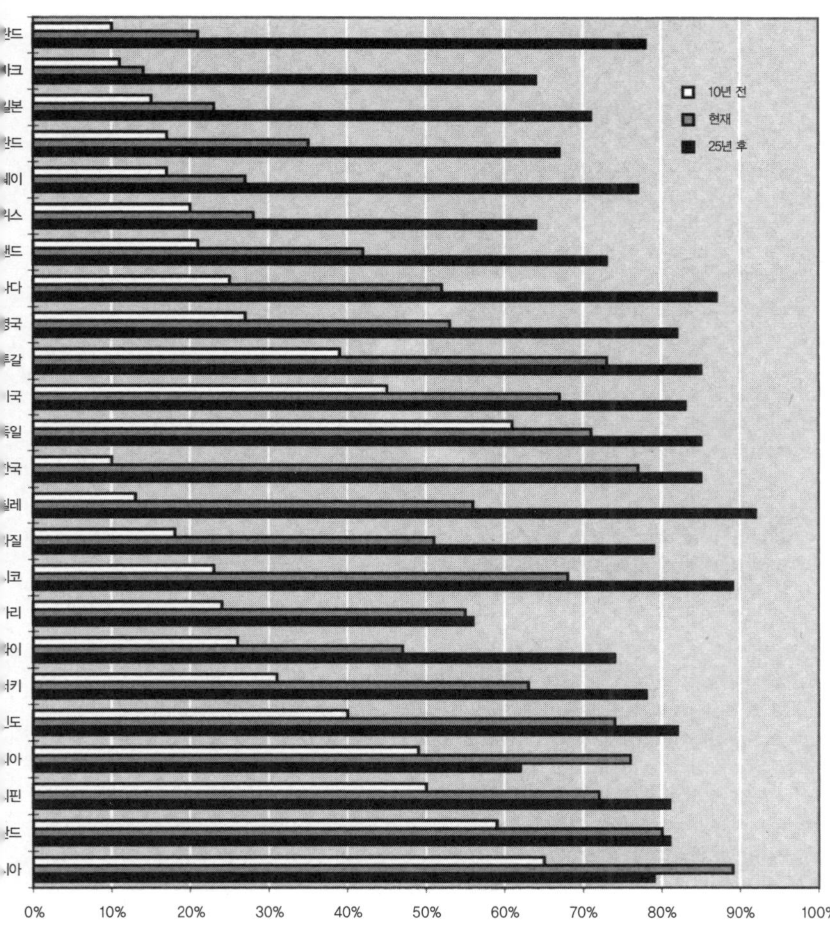

도표 167 환경 문제가 10년 전, 현재, 25년 후 건강에 '크게' 혹은 '상당히' 영향을 미친다고 대답한 사람들의 비율.[2755] 출전:Dunlap et al. 1993:14.

로 정보를 얻을 수 있는 위험(예를 들어 농약이나 방사능)을 현대 사회가 조직적으로 만들어내기 시작한 것이 이런 현상을 낳는다고 보고 있다.[2756] 하지만 이 주장은 현실과 맞지 않는 것 같다. 우리 사회는 과거에도 눈에 보이지 않는 수많은 위험을 만들어냈다. 결핵, 역병, 천연두는 육안으로 볼 수 없었으며 아무나 마음 내키는 대로 공격하는 듯이 보였다.

당시의 기대 수명이 지금보다 훨씬 짧았다는 사실에서도 알 수 있듯이 그런 위험은 훨씬 더 치명적이었다.[2757] 따라서 아무래도 우리 사회가 '위험에 대한 정보'를 훨씬 더 많이 만들어내기 시작했기 때문에 사회의 성격이 바뀌었다고 보는 편이 더 맞을 것 같다.[2758]

바로 이 점이 내가 이 책의 서론에서 제시한 요점이다. 우리가 그처럼 두려움을 갖게 된 데는 과학자 집단, 환경 단체, 언론 매체 등이 점점 더 많이 제공하고 있는 부정적인 정보가 커다란 역할을 하고 있다. 이런 정보들 때문에 우리는 정말로 걱정해야 하는지 전혀 감조차 잡을 수 없는 문제에 대해서도 우려하고 있는 것이다.

지금은 그 어느 때보다 많은 연구들이 실시되고 있다. 그 결과 나타나는 분명한 현상 중의 하나는 인과 관계가 발견되는 경우가 그 어느 때보다 많아졌다는 것이다. 인과 관계 중 대부분은 지극히 미약하다. 이런 연구 중 대부분은 통계 자료를 이용한다는 점을 감안하면 일부 연구 결과는 나중에 잘못된 것으로 판명될 것이다. 이 점은 전혀 문제될 것이 없다. 과학이란 원래 이런 식으로 움직이기 때문이다. 하지만 반드시 지금 상황에 들어맞지 않거나 혹은 정확하지도 않은 정보들을 그 어느 때보다 쉽게 구할 수 있게 된 것도 사실이다. 해야 할 일과 하지 말아야 할 일에 대해 온갖 정보를 끊임없이 쏟아내는 의학계 덕분에 우리는 이런 현상에 익숙해져 있다. 의사들은 언제는 소금이 건강에 좋다고 했다가 다시 건강에 나쁘다고 하는가 하면, 에스트로겐이 유방암을 유발한다고 했다가 다시 그렇지 않다고 말을 바꾸기도 한다.

이와 마찬가지로 각종 단체와 언론 매체도 그 어느 때보다 더 많이 스스로를 돋보이게 만들어야 할 필요가 있다. 사람들의 주의를 끌고 시장에서 한 자리를 차지해야 하니까 말이다. 이미 서론에서 지적했듯이, 환경 단체들은 환경을 위해 싸우고 있으므로, 이 세상의 특정한 모습을 제시하는 데 분명한 이해 관계를 가지고 있다. 다시 말해 그들은 환경이 끔찍한 상태에 처해 있으며 점점 더 악화되고 있다고 말해야만 하는 것이다. 그들이 환경의 상태를 나쁘게 묘사하면 할수록 병원이나 탁아소보다 환경에 더 많은 돈을 써야 한다고 사람들을 납득시키기가 쉬워진다. 환경 단체들은 아마존 삼림의 벌채율이 증가했을 때는 열심히 그 사실을 사람들에게 알리곤 하지만, 벌채율이 감소했을 때는 그렇게 하지 않는다.[2759]

언론 매체는 흥미롭고 선정적인 뉴스거리를 찾지만, 대개는 부정적인 측면에 초점을 맞춰 사람들에게 더욱 많은 근심을 안겨주고 만다. 농작물의 작황이 좋을 때는 가격이 낮아져 농부들이 힘들어질 것이라는 얘기를 하고, 작황이 나쁠 때는 가격이 높아져 소비자들이 힘들어질 것이라는 얘기를 한다. 1992년 2월 미 항공우주국이 미국 상공에도 오존층 구멍이 생길지도 모른다는 전망을 발표하자 〈타임〉은 이 기사를 표지 기사로 실었다. 그러나 2개월 후 항공우주국이 이 예측을 철회했을 때는 잡지의 안쪽 깊숙한 곳에 겨우 네 줄짜리 기사로 다루었을 뿐이다.[2760] 그 두 경우에서 독자들은 지극히 주의를 기울이지 않는 한 이 세상의 상태가 점점 더 악화되고 있다는 인상을 뚜렷하게 받았을 것이다.

우선순위와 위험 부담

뻔한 이야기들이 만들어내는 두려움은 환경 단체와 언론 매체를 통해 효과적으로 퍼져나가고, 환경 단체와 언론 매체는 다시 과학자들의 수많은 연구 결과 중에서 사람들의 걱정을 확인해주는 것만을 골라 이용한다(여기에는 여러 이유가 있다). 이렇게 퍼져나간 두려움은 이제 절대적으로 결정권을 행사하게 된다. 그 두려움이 우리의 이성적인 판단력을 마비시키기 때문이다. 따라서 우리는 수많은 훌륭한 대의명분에 우선순위를 매기는 능력을 시급히 회복해야 한다.

우리 모두는 환경을 아끼고 사랑한다. 도표 168을 보면 1970년 제1회 지구의 날 행사에 즈음해서 환경 의식에 불이 붙었다는 것을 알 수 있다

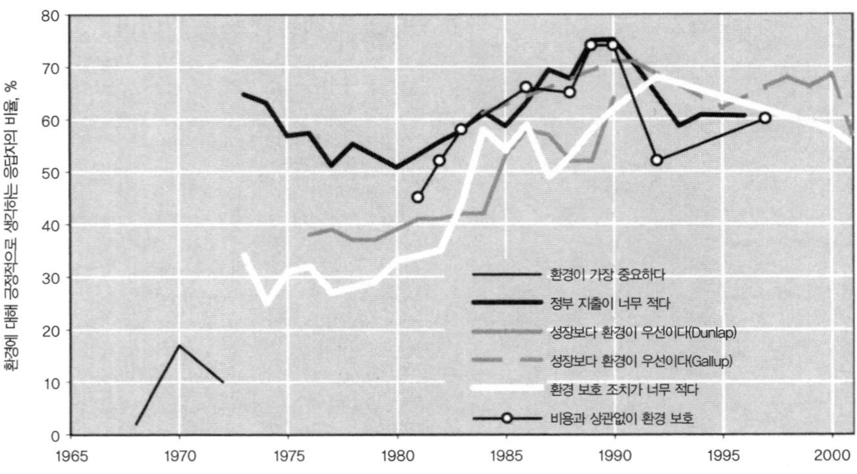

도표 168 환경의 중요성을 묻는 여론 조사의 결과.[2761] 1968~2001년. 출전:Dunlap 1991b:291, 294, 300, 1991a:13, GSS 2000, Gallup 2000, Saad & Dunlap 2000, Dunlap & Saad 2001, Anon. 1997b.

(불행히도 1973년 이전의 여론 조사 자료들은 대단히 빈약하다). 당시 미국인 중에서 환경 문제를 가장 중요한 문제 중 하나로 꼽은 사람은 17%였다. 그런데 그때 이후 환경이 실제로 '가장' 중요한 문제가 된 적은 한번도 없었다. 사실 환경보다는 경제 · 고용 · 예산 적자 · 범죄 · 마약 · 보건 등이 가장 중요한 문제로 꼽힐 가능성이 크며, 심지어 오늘날에도 가장 중요한 문제를 묻는 여론 조사에서 환경 문제가 2% 이상의 비중을 차지하는 경우는 거의 없다.[2762]

그렇지만 사람들은 환경에 대해 기본적으로 선의(善意)를 지니고 있다. 미국인 중에서 50%는 스스로를 환경주의자라고 생각할 정도이다.[2763] 사실 레이건 행정부 시절에는 환경을 위한 조치가 너무 적다는 믿음이 더욱 강해졌고, 환경 보호를 경제 성장보다 우위에 놓자는 주장도 더욱 강해졌다. 1990년대에 이르러 이런 주장이 조금 느슨해지는 듯했지만, 그래도 좀더 강력한 환경 정책을 지지하는 기본적인 정서는 지금까지 여전히 남아 있다.

모든 자유민주주의 국가에서 유권자들은 공공 서비스에 대한 기대가 점점 더 커지고 있음을 과시했다. 그래서 서구 세계 대부분의 지역에서 공공 자금에 대한 압박이 심해졌다. 환경 문제뿐만 아니라 보건, 교육, 사회 기반 시설 등 수많은 중요한 이슈들이 우리의 시간과 관심과 돈을 점점 더 많이 요구하고 있다. 미국이 환경 분야에 지출하는 돈은 1962년 이후 7배로 늘었는데(도표 169), 이는 GDP 성장 속도를 크게 앞지르는 것이다. GDP는 같은 기간 동안 겨우 3배 남짓 증가했을 뿐이다. 1999년 미국 국가 예산에서 환경 분야 지출액은 2,270억 달러로 GDP의 약 2.4%였다. 더욱이 앞으로 좀더 세련된 훌륭한 환경 관련 프로젝트가 더 늘어나지 않을 것이라고 가정할 이유도 없다.[2765] 이 때문에 하나하나를 고려하면 수많은 프로젝트가 모두 중요하지만, 그것에 우선순위를 매기는 일이 중요해질 것이다. 서론에서 언급한 표현을 다시 한번 사용하면, 접시가 이미 99.9999% 깨끗해졌는데도 계속 씻을 것이 아니라 접시가 '충분히' 깨끗해질 때까지만 설거지하는 법을 배워야 한다.

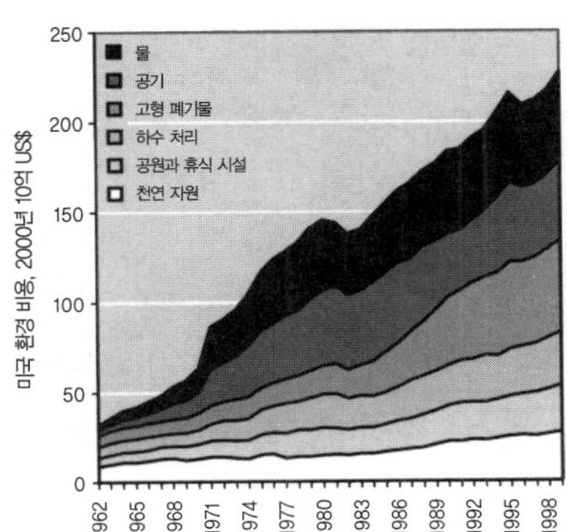

도표 169 미국 환경 비용의 변화. 1962~1999년. 여기에 모든 비용이 다 포함된 것은 아니며 일부 연도의 비용은 단지 추정치다.[2764] 출전: CEQ 1997: 249-50, EPA 2000a: 013.txt, USBC 1999d, OMB 2000b: 표 3.2, BEA 2001b-c.

우선순위 결정이라는 문제는 도표 168에 분명히 나타나 있다. 이 도표에서 미국 유권자 중 50~60%는 다음과 같은 주장에 동의한다고 밝혔다. "환경 보호가 너무나 중요하기 때문에 요건과 기준을 아무리 높게 책정해도 지나치지 않다. 그리고 비용과 상관없이 환경을 개선하려는 노력이 지속되어야 한다."[2766] 하지만 이런 식의 사고 방식은 적어도 두 가지 면에서 문제가 된다. 첫째, 이런 사고 방식은 수많은 환경 문제의 우선순위를 설정하기 어렵게 해서 정작 가장 중요한 문제를 가장 먼저 처리할 수 없도록 만든다. 모든 환경 문제가 최고로 중요하다는 것이 이들의 기본적인 주장이기 때문이다. 둘째, 모든 환경 문제가 절대적인 우선순위를 갖고 있다는 것이 이들의 기본적인 주장이기 때문에 사회의 여타 필수적인 분야들과 환경 사이에서 우선순위를 설정할 수 없게 만든다.

우선순위 설정을 싫어하는 주장은 심각한 결과를 낳는다. 물론 유권자의 대다수인 50~60%가 환경 보호를 지지한다고 해서 환경 문제에는 100%, 다른 분야에는 0%의 돈을 배정한 예산안이 승인될 수 있으리라고 볼 수는 없다. 그러나 "환경을 위해 모든 조치를 취해야 한다"고 주장하는 유권자들이 너무나 많기 때문에 수많은 중요한 환경 프로젝트 중에서 과연 어느 것을 선택해야 할 것인가 하는 어려운 문제가 결국은 가장 목소리가 큰 사람이나 단체에게 맡겨지게 된다. 사람들이 우선순위 설정을 싫어한다고 해서 실제 현실 속에서 우선순위 결정을 내리지 않는 것은 아니다. 다만 더 형편없는 선택을 하게 될 뿐이다. 바로 이런 점을 바로잡기 위해 나는 이제부터 우리가 사회를 위한 최선의 해결책을 원한다면, 우선순위 설정이라는 문제와 정면으로 맞부딪쳐야 한다는 주장을 펼칠 것이다. 근래에 발간된 한 책의 제목을 잠깐 빌려 쓴다면, "가장 심각한 문제를 가장 먼저(worst things first)"[2767] 해결해야 하는 것이다.

아래에서는 사망 위험도(death risk)를 자세히 살펴볼 것이다. 물론 다른 중요한 척도가 존재하지 않는다는 뜻은 아니다(예를 들면, 질병에 걸릴 위험도나 생태계에 대한 위협 등이 있다). 그러나 개별적인 유권자의 입장에서 본다면 사망 위험도는 대단히 중요해서 대개는 다른 걱정거리들이 무색해질 정도이다. 또한 사망 위험도는 환경 규제를 실시할 때도 초점이 되는 경우가 많다.

무엇보다 먼저, 오염이 인간의 수명에 얼마나 영향을 미치는지 살펴보

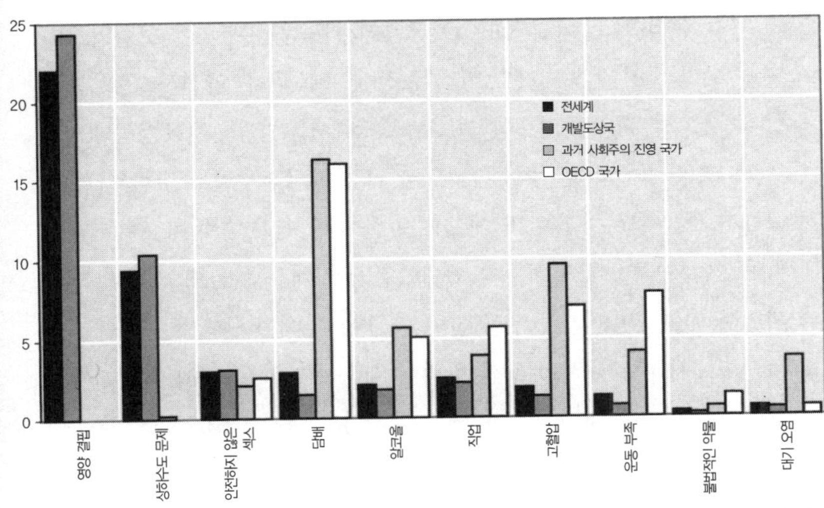

도표 170 WHO가 추정한 각 그룹별 10대 주요 위험 요소에 의한 수명 손실 비율.[2768] 수치를 모두 합해도 대략 46% 정도밖에 되지 않는 것은 이 밖에도 개인별로 다른 수많은 위험 요소에 노출되어 있기 때문이다. 출전: Murray and Lopez 1996a:311–15.

아야 한다. 도표 170은 가장 중요한 10대 위험 요소에 의한 사망자 비율을 보여준다. 이제까지 우리가 지니고 있던 선입관과 사망 위험도 분포도가 얼마나 잘 부합하는지 가늠해보아야 한다. 이 도표가 과연 우리의 정치적 목적과 우리가 쏟고 있는 노력을 제대로 반영하고 있을까?

도표 170을 보면 개발도상국에서 지금까지 가장 많은 수명 손실(YLL, years of life lost, 기대 수명이 75세인 사람이 40세에 죽었을 때 수명 손실은 35세가 된다. 모든 해당자의 수명 손실을 합해 평균치를 퍼센트로 나타낸 것이 바로 YLL이다–옮긴이)을 초래한 것이 제2부에서 논의한 것처럼 굶주림, 깨끗한 식수와 하수도 시설의 부족, 형편없는 위생 상태라는 것을 알 수 있다. 이런 문제들은 이제 개도국에서도 사실상 거의 사라지고 있다. 그러나 모든 사람들이 언젠가는 죽기 마련이므로, 이제 전혀 다른 수많은 위험 요소가 우리 앞에 놓여 있다. 지금 수명 손실에 가장 큰 영향을 미치는 것은 흡연, 알코올과 마약, 운동 부족, 고혈압, 작업장에서의 위험(예를

들어, 사고와 석면) 등이다. OECD 국가에서는 운동 부족이 고혈압보다 더 많은 수명 손실을 초래하고 있다는 점에 주목하자. 안전하지 않은 섹스라는 항목에는 HIV와 B형 간염(다른 나라에서는 간염도 사실 성병의 일종으로 취급한다 – 옮긴이)은 물론 감염으로 인한 자궁경부암도 포함된다. 또한 낙태는 물론 원하지 않는 임신으로 인한 사망도 이 범주에 포함된다.

대기 오염은 예전에 사회주의 체제였던 국가에서 지금도 건강에 커다란 위협이 되고 있다. 과거 수십 년 동안 공해에 대한 규제가 이루어지지 않은 상황에서 비효율적인 생산 방식이 계속 이어져온 것이 아직까지도 영향을 미치고 있는 것이다. 그럼에도 불구하고 대기 오염으로 인한 수명 손실 위험은 3.5%로, 안전하지 않은 섹스와 불법적인 마약을 제외한 위험 요인 중에서 가장 낮은 비중을 차지하고 있다. 그리고 OECD 지역을 살펴보면, 대기 오염으로 인한 환경 위험 요인이 0.6%로 모든 위험 요인 중에서 가장 낮은 비중을 차지한다는 것을 분명히 알 수 있다. OECD 국가에서 대기 오염은 전체적인 수명 손실 중에서 극히 작은 부분을 차지할 뿐이다. 이런 결과는 화학물질과 농약 문제를 다룬 장(제22장)에서 이미 언급한 돌과 페토의 연구 결과와도 부합한다. 이 두 사람의 연구 결과에서 공해로 인한 암 발생률은 약 2%였다. 그런데 이번 장에서도 공해로 인한 수명 손실의 비중이 극히 작다는 것을 알 수 있다. 그 수치가 0.6%에 불과하다고 해서 공해를 무시해도 된다거나 정치적인 조치를 중단해도 된다는 뜻은 아니다. 그러나 이 수치는 우리가 공해를 과연 어느 정도나 걱정하면 되는지 분명히 알려준다.

우리 마음속에는 분명 모든 위험이 그냥 다 사라져주었으면 하고 바라는 경향이 있다. 앞에서 농약이 암을 유발한다는, 천연자원보호위원회 앨 마이어호프의 주장을 살펴보았다. 그는 "모든 식품에서 농약을 제거해야 한다"[2769]고 주장한다. 아마도 그의 논리는 만약 어떤 위험이 존재한다면 반드시 그 위험을 제거해야 한다는 것인 듯하다. 이런 발언은 철저하게 비현실적이기는 해도 원래 호소력이 매우 강하다. 모든 위험을 제거하기란 애초부터 불가능한데도 말이다.[2770] 그리고 이보다 훨씬 더 중요한 점은, 하나의 위험을 제거하고자 하면 바로 그 일로 인해 여러 가지 다른 위험을 새로 만들어내게 된다는 사실이다. 농약을 다룬 장에서 만약 농약 사용을 중지하면 (미래의 언젠가는) 식수에 농약이 전혀 들어 있지 않게 될 것임을 이미 살펴보았다. 하지만 이와 동시에 농업 생산량이 감소해서 과일과 채소 가격이 높아질 것이며, 그 결과 암 발생률이 증가할 것이다. 부차적으로 발생하는 상당한 손실을 깊이 생각해보지도 않고 당장의 유리한 결과만을 제시한다면, 우리 사회는 결국 빈약한 근거를 바탕으로 잘못된 정책 결정을 내리게 된다.

모든 결정이 사실은 다양한 위험성 중에서 취사 선택하는 과정이라는 점에 익숙해져야 한다. 염소 처리된 식수와 그렇지 않은 식수 중에서 하나를 선택하는 것은 염소로 인해 암에 걸릴 가능성이 조금 더 높아지는 것을 감수할 것인가, 아니면 염소 처리되지 않은 식수로 인해 전파될 수 있는 수많은 수인성 전염병의 위험성을 감수할 것인가 중에서 선택을 하는 것이다.[2771] 두통 때문에 아스피린을 복용할 때도 위벽이 자극을 받을 수 있는 위험을 무릅쓰는 것이다. 아스피린을 오랫동안 복용한다면 어쩌면 궤양이 발생할 수도 있다.[2772] 결국 우리는 지금 확실히 머리가 아프다는 현실과 아스피린 때문에 위에 자극이 가해질 수 있다는 가능성 중 하나를 선택하는 셈이다. 빵 가게에 갈 때도 우리는 그 가게를 오가는 동안 거리에서 목숨을 잃게 될 (지극히 작은) 위험을 무릅쓰고 먹기 위해 빵을 선택하는 것이다. 그리고 달콤한 빵을 선택하는 것은 순환기 질환에 걸릴 위험성보다 단 것을 좋아하는 입맛에 우선순위를 두었기 때문이다.

누구나 다 모든 위험이 사라지기를 소원할 것이다. 만약 돈이 충분하다면 모든 사람에게 염소 처리를 거치지 않으면서도 깨끗한 물을 공급해줄 수도 있고, 또 아스피린보다 한결 부작용이 적은 이부프로펜(ibuprofen)에 국가가 보조금을 지급할 수도 있을 것이다. 좀더 안전한 도로를 건설하는 것도 가능하고, 심장 수술을 받기 위해 기다려야 하는 시간을 줄여줄 수도 있을 것이다. 그러나 "돈이 충분해야 한다"는 점이 문제이다. 우리에게 돈이 충분해지는 일은 결코 일어나지 않을 테니까 말이다. 돈은 다른 수술에도, 교차로를 건설하는 데도, 공공 도서관 건립에도, 해외에 개발 원조를 하는 데도 다 필요하다. 건전하고 가치 있는 일의 목록에는 사실상 끝이 없으며, 바로 그렇기 때문에 우리는 어쩔 수 없이 선택을 해야만 한다.

위험성을 어떻게 가늠할 것인가

우선순위 결정이 더 어려워지는 것은 서로 보완 관계에 있는 두 가지 성향이 결정에 영향을 미치기 때문이다. 심리적으로 사람들은 큰 위험을 과소 평가하는 대신 작은 위험은 과대 평가하는 성향이 있다.[2773] 그런가 하면 언론 매체는 대체로 일상적인 위험보다 극적인 위험에 초점을 맞추는 성향이 있다. 이 두 가지 성향이 합쳐지면 매우 위험한 결과를 낳는다.

사람들의 관심을 끌어야 한다는 바로 그 목적을 위해 언론 매체는 비극적인 사건과 갑작스런 사고를 실제 현실보다 훨씬 더 비중 있게 다룬다. 과학자인 콤즈와 슬로빅은 신문에 언급된 여러 가지 사망 원인과 통계 보고서에 나타난 실제 사망률 수치를 서로 비교해보았다. 그 결과 그 둘 사이에는 거의 관련성이 없다는 것을 확인할 수 있었다.[2774] 평범한 질병으로 죽는 사람이 1,000배나 더 많은데도 신문에는 살인 사건이 3배나 더 많이 등장했다.[2775] 또 비행기 추락 사고기사가 흡연으로 인한 사망률을 다룬 기사보다 거의 1만 2,000배나 더 많았다.[2776]

언론 매체가 실제 위험에 대한 정보를 제공해주는 경우는 드물다. 미국에서 발간되는 26개 신문을 대상으로 한 연구에서 학자들은 각 신문사에게 자사의 환경 관련 기사 중에서 가장 빼어난 기사를 선정해 보내달라고 요청했다. 그런데 신문사들이 보내온 기사 중에서 무려 68%가 위험에 대한 정보를 전혀 담고 있지 않았다.[2777] 신문과 TV는 각각의 사건을 다루는 빈도를 달리함으로써 다양한 현상의 위험도에 간접적인 인상을 전달해줄 뿐이다. 그 결과 사람들은 신문에서 자주 읽은 사건의 위험을 과대 평가하고, 언론 매체가 간과해버리는 일의 위험을 과소 평가한다.[2778]

이와 동시에, 사소하지만 극적인 위험을 과대 평가하는 반면, 상당히 심각한 위험을 과소 평가하는 성향도 연구를 통해 충분히 입증되었다.[2779] 사람들은 대개 흡연에서 기인하는 암이나 심장 발작처럼 커다란 위험에 대해서는 자신들이 상당히 안전하다고 믿는 것 같다.[2780] 선정적인 문제에 초점을 맞추는 대중 매체의 태도에 이런 믿음이 합쳐지면 사고 · 살인 · 보툴리누스 중독(botulism, 흔히 오염된 통조림을 먹었을 때 발생하는 식중독 현상으로 사망률이 대단히 높다 – 옮긴이) · 토네이도 등 극적인 사망 원인이 과대 평가되는 반면, 당뇨병이나 천식처럼 '따분한 문제'는 과소 평가되는 결과를 낳는다.[2781]

마지막으로, 우리는 지극히 사소한 위험에 대처하는 데 커다란 어려움을 겪고 있다. 작은 위험을 감지할 때쯤이면 그 위험이 이미 훨씬 더 커져 있다는 것이 문제인 것 같다.[2782] 이 책을 읽는 대부분의 독자들은 비행기에 타고 있을 때 다음과 같은 경험을 한 적이 있을 것이다. 갑자기 들려오는 작은 소음에 "저게 무슨 소리지?"라고 생각하는 순간, 연기로 가득 찬 조종실에서 필사적인 노력을 펼치는 조종사의 모습이 머릿속에 그려지면 그 소리가 엄청나게 위험한 것으로 여겨지는 경험 말이다.

심리적으로 우리는 사소한 위험을 생각할 가치가 있을 만큼 큰 문제로 만들거나 아예 무시해도 될 만큼 하찮은 것으로 만들어버린다. 그런데 바로 이런 점이 문제를 일으킨다. 화학물질에 대한 예를 한 가지 들어보자. 화학물질의 안전 기준은 보통 100만분의 1이라는 거의 마술처럼 낮은 수준에서 책정되어 있다. 다시 말해 만약 100만 명이 한 화학물질에 노출되었을 때, 그 인구가 모두 생명을 다하는 순간까지 그 화학물질에 의해서 죽는 사람이 1명을 넘어서는 안 된다는 것이다.[2783]

그렇다면 도대체 100만분의 1이라는 위험을 어떻게 간주해야 할까? 사람들은 위험성 자체를 아예 무시해버리거나, 아니면 위험성에 주목해서 심리적으로 문제를 크게 부풀린다. 그런데 이 두 가지 방법이 모두 형편없다. 어떤 일에 우선순위를 결정하고자 한다면 우리 자신이 노출되어 있는 위험을 합리적으로 판단해야 한다. 표 8은 살면서 직면할 수 있는 100만분의 1 이상 위험도를 가지는 행동과 습관을 보여준다.

대중 매체와 환경 단체들이, 예를 들어 농약의 위험성을 너무나 강조하기 때문에 사람들이 농약에 점점 더 많은 관심을 갖게 되고, 그 결과 그 문제를 심리적으로 훨씬 더 크게 부풀리는 것은 지극히 당연한 일이다. 하지만 식수에 들어 있는 농약으로 인한 위험은 100만분의 1보다도 훨씬 더 낮을 가능성이 크다.[2784] 유럽연합의 허용치만큼 농약이 들어 있는 물을 일생 동안 마셨을 때 그로 인해 사망할 가능성은 딱 한 번 담배를 1.4개비 피웠을 때나 자전거를 15킬로미터 탔을 때, 또는 벽돌로 지은 건물에서 2개월 동안 살았을 때(이때에는 라돈 오염이 우려된다-옮긴이), 혹은 일생에 딱 한 번 포도주 0.5리터를 마셨을 때와 똑같다. 만약 식수의 농약 농도가 허용치보다 더 낮다면 과연 농약이 심각한 문제가 될 수 있겠는가?

우선순위를 결정하는 데 있어 고려해야 할 요인은 위험도만이 아니라고 많은 사람들이 주장할 것이다. 사람들이 위험을 자발적으로 받아들이는지 아니면 본의 아니게 불쑥 그런 위험을 당하게 되는지 여부도 중요하다.[2785] 여러 조사 결과에 의하면, 사람들은 자유의지로 위험을 받아들일 때 1,000배나 더 큰 위험조차도 기꺼이 받아들이는 경우가 많다고 한다.[2786] 가장 분명한 예를 든다면, 스카이다이빙을 하거나 코스가 아닌 곳에서 스키를 타면서도 식품에 농약이나 방부제가 들어 있다는 사실에 분개하는 경우를 꼽을 수 있다. 농약이나 방부제의 위험이 훨씬 더 적은데

표 8 사망 위험을 100만분의 1 만큼 높이는 개인적 행동 습관과 사망 원인. 출전:Wilson 1979:45.

사망 위험을 100만분의 1 높이는 행동	사망 원인
포도주 0.5리터(1파인트) 마시기	간경화
뉴욕이나 보스턴에서 2일간 살기	대기 오염
자전거로 16킬로미터 여행	사고
자동차로 480킬로미터 여행	사고
제트기로 1,600킬로미터 비행	사고
제트기로 1만 킬로미터 비행	우주 복사선으로 인한 암
평균적인 석조 건물이나 벽돌 건물에서 2달 동안 살기	자연 방사능으로 인한 암
좋은 병원에서 가슴 X선(1회 촬영)	방사능으로 인한 암
흡연자와 2달간 같이 살기	암, 심장병
다이어트 소다 350밀리리터 캔 30개 마시기	사카린으로 인한 암
원자력 발전소 반경 30킬로미터 이내에서 150년간 살기	방사능으로 인한 암
숯으로 구운 스테이크 10개 먹기	벤조피렌으로 인한 암
뉴욕에서 덴버로 휴가를 가서 2달 동안 살기	우주 복사선으로 인한 암
땅콩버터 40테이블스푼 먹기	아플라톡신 B로 인한 간암
마이애미 식수 1년 동안 마시기	클로로포름으로 인한 암
담배 1.4개비 피우기	암, 심장병
석탄 광산에서 3시간 보내기	사고

도 사람들은 이 위험을 피할 수 없는 것, 즉 비자발적인 위험으로 보기 때문에 그렇게 화를 내는 것이다.[2787] 비자발적인 위험 때문에 개인이 최적의 선택을 할 수 없게 되는 것은 사실이다. 스카이다이버들은 아마도 자유 낙하의 짜릿함이 지면으로 곧바로 추락할지도 모른다는 위험보다 더 크다고 생각할 것이다. 그렇지만 보통 사람들은 고도 1만 피트의 비행기에서 뛰어내린다는 생각만으로도 겁에 질릴 것이다. 따라서 시민들이 강제로 스카이다이빙을 해야만 하는 사회가 있다면 일부 시민들은 행복하겠지만 그 밖의 대다수 사람들은 커다란 걱정에 잠길 것이다.

그러나 보통 자발적이라고 간주하는 위험 중에서도 사실 비자발적인 것이 과연 얼마나 되는지, 그리고 그 반대의 경우는 또 얼마나 되는지 반드시 검토해볼 필요가 있다. 자동차 운전이 상당히 위험한 일임에도 불구하고(표 5) 사람들이 그 위험에 대해 별로 걱정하지 않는 것은 그 위험이 자발적인 것이기 때문이라는 설명을 흔히 들을 수 있다.[2788] 하지만 많은 사람들에게 자동차를 타는 것은 사실상 자발적인 선택이 아니다. 집에서 상당히 먼 거리의 직장으로 출근하거나 쇼핑을 가야 할 상황이라면 더욱 그렇다. 더욱이 자동차로 인해 발생하는 가장 중요한 위험의 몇 가지는 분명히 자발적인 것이 아니다. 운전자 자신은 물론 다른 사람의 목숨까지 앗아가는 음주 운전이나 충돌 사고 위험에 커다란 영향을 미친다는 사실이 분명하게 입증된 잘못된 고속도로 설계 등이 좋은 예다.[2789]

같은 맥락에서 도시의 대기 오염 역시 비자발적인 위험으로 분류된다. 우리 모두가 반드시 호흡을 해야 하기 때문이다. 그러나 사람들 스스로가 도시 안에 거처를 정한 것(혹은 도시에서 이주하지 않기로 결정하는 것)은 다른 여러 가지 요인들을 전체적으로 검토해 자신이 취사 선택한 결과이다. 오염이 덜한 지역에서는 일반적으로 집값이 비싸기 때문에 사실 더 크고 좋은 집에서 사는 것과 깨끗한 공기를 호흡하는 것 중에서 양자택일을 하는 셈이다. 이런 점을 분명히 보여주는 사례로 미국에서 빈민과 흑인이 유독성 폐기물 처리장 근처나 기타 위험한 환경에서 사는 경우가 더 많다는, 흔한 주장을 들 수 있다.[2790] 이 주장은 사실이지만 이런 현상이 나타나는 것은 빈곤 때문이라고 보는 편이 더 정확할 것이다. 미국의 가난한 흑인이 환경 측면의 불리함만을 감수하고 있는 것이 아니라 범죄와 소음이 많고 사회 기반 시설도 형편없는 지역에도 많이 살고 있기 때문이다.

따라서 이제부터는 다양한 분야의 자발적 위험과 비자발적 위험을 살펴보고, 우리 사회가 환경 관련 위험에만 극단적으로 관심을 집중하는 바람에 그보다 훨씬 더 큰 다른 위험들이 일상적으로 무시되고 있음을 실증적으로 밝혀보도록 하겠다.[2791]

뻔한 이야기의 반대 급부

하버드 대학교 위험분석센터(Harvard University Center for Risk Analysis)는 미국에서 인명 손실을 예방하기 위해 시행된 공공 사업, 이른바 공적 관여 중에서 경제적 분석 결과가 이미 공개된 사례들을 대상으로 최대 규모의 연구를 수행한 바 있다.[2792] 이 연구에서 분석된 사례는 모두 합해 587건이었다. 여기서 대단히 정교한 평가 절차를 이용해 각각의 조치에 투여된 비용과 그로 인해 얻을 수 있었던 인명 구제 효과(목숨을 건진 사람들의 기대 생존년수로 표시했다 – 옮긴이)를 계산해 서로 비교할 수 있게 해 놓은 학자가 11명 중 최소한 2명이었다. 공공 사업에 투여된 모든 비용은 사회 전체가 부담하는 것이므로 분배와 관련된 문제는 전혀 고려되지 않았다.

이 연구에서 조사 대상이 된 공공 사업 분야에는 공공 주택 정책, 교통 정책, 작업 환경 및 일반 환경 정책 등은 물론 공중 보건 분야도 포함되었다. 이 연구의 목적은 인명을 구제한다는 관점에서 각 정책 사업의 효율성을 검증하는 것이었다. 그런데 인명을 구하는 것을 최우선적인 정치적 목표로 선언한 정책 사업만이 이 연구에 포함되었다는 점을 미리 밝혀둔다. 따라서 인명 구제 의도가 거의 없거나 전혀 없는 많은 환경 관련 정책은 이 연구에 포함되지 않았다. 따라서 여기에서는 인명 구제를 최우선 목표로 삼은 환경 관련 조치(예를 들어 유독 물질에 대한 규제가 그렇다)와 다른 분야에서 인명을 구한 공적 관여만을 서로 비교하도록 하겠다. 연구에 포함된 모든 공적 관여 정책이 비슷한 목적을 가지고 있기 때문에 이들을 서로 비교하는 것이 가능하다.

이 연구 결과는 표 9에 요약되어 있듯이, 여러 공적 관여 정책의 효과가 놀라울 정도로 상이하다는 것을 보여주었다. 어떤 조치에는 비용이 전혀 들지 않았으며 심지어는 오히려 돈이 더 절약된 사례도 있었다. 예를 들어 흑인 여성들에게 임신 중에 담배를 피우지 않으면 출산시 합병증 발

표 9 생존년수 손실을 막기 위한 공적 관여 조치의 비용 효율성 비교. 생존년수 1년을 구하는 데 드는 비용을 1993년 달러 가치로 표시하였다. 출전: Tengs et al. 1995.

정부의 정책적 조치	생존년수 1년당 비용
가정의 연기 탐지기 설치를 규정한 연방법	<$0
가정의 화재 탐지기 설치	<$0
아동용 잠옷 사이즈 0~6x까지 인화성 표준	<$0
가솔린의 납 함량을 1갤런당 1.1그램에서 0.1그램으로	<$0
어린이의 홍역, 볼거리, 풍진 예방 접종	<$0
연료유 잔류물의 황을 없앨 수 있는 시설 설치로 아황산가스 배출 저감	<$0
안전띠 사용 의무화 규정	$69
흑인 신생아의 겸상적혈구 빈혈증 검사	$240
고위험군 사람에 대한 독감 예방 접종	$570
50세 이상 여성 유방 조영 사진 촬영	$810
65세 이상 노인 폐렴 예방 접종	$2,000
30~39세 여성에게 (3년마다 비교해서) 2년마다 자궁경부암 검사	$2,300
식수의 염소 소독	$3,100
교통사고 위험이 높은 시간대와 장소에서 선택적인 교통 규칙 시행	$5,200
하루 한 갑 이상 담배를 피우는 사람에게 금연 충고	$9,800
35~49세 여성에게 매년 유방 조영 사진 촬영과 유방 검사 실시	$10,000
심한 심장병을 가진 50세 환자에게 심장 이식	$10,000
헌혈자에 대한 HIV 검사	$14,000
30세 이하 남성의 저콜레스테롤 식사 권장	$19,000
기본 운전교습 방법의 개선	$20,000
자동차 브레이크에 석면 사용 금지	$29,000
비행기 화장실에 연기 탐지기 설치	$30,000
35세 남성에게 여가 시간을 활용하여 조깅과 같은 규칙적인 신체 활동 권장	$38,000
어린이가 사용할 수 없는 라이터 사용 권장	$42,000
철도와 고속도로 교차점에 점멸 신호등과 차단기 설치	$45,000
자동차에 어린이가 사용할 수 없는 시스템 설치	$73,000
보행자와 자전거가 더 잘 눈에 띄게 하는 프로그램	$73,000
고무와 타이어 업계에서 벤젠 노출 기준을 1ppm으로 낮추도록 입법 조치(10ppm과 비교)	$76,000
(주 정부나 지방 정부의 규제 대신) 전국적으로 시속 55마일로 속도 제한	$89,000
55~64세 여성에게 매년 유방 조영 사진 촬영	$110,000
자동차 에어백 설치 의무화(수동 안전띠와 비교)	$120,000
운전사 대상 구급 훈련	$180,000
자동차의 프론트 디스크 브레이크 권장(드럼 브레이크와 비교)	$240,000
스쿨버스 승객을 위한 안전띠 설치	$2,800,000
다이옥신 배출 기준을 크게 낮춤	$4,500,000
인 정제 기초 작업 공장에서 방사성 핵종 배출량 통제	$9,200,000
지진 다발 지역의 건물 규제 강화	$18,000,000
유리 공장의 비소 배출량 통제	$51,000,000
원자력발전소의 방사능 배출량 기준 강화	$180,000,000
고무 타이어 제조 공장의 벤젠 배출량 통제	$20,000,000,000

생이 줄어든다는 사실을 홍보하는 정책이 여기에 포함된다. 이 정책 덕분에 미국 사회 전체가 연간 약 7,200만 달러의 비용 절감 효과를 얻을 수 있었다.[2793] 또 연간 18만 2,000달러만 있으면 흑인 신생아들에 대해 겸상적혈구 빈혈증 검사를 시행해 769년의 생존년수 손실을 막을 수 있다. 그렇다면 생존년수 1년에 겨우 236달러의 사회적 비용이 드는 셈이다.[2794] 심장 이식 수술에 연간 2억 5,300만 달러를 지원할 경우 미국 사회는 1,600년의 생존년수 손실을 추가로 예방할 수 있다. 이 경우에는 생존년수 1년에 드는 비용이 15만 8,000달러가 된다. 모든 스쿨버스에 안전띠를 장착하는 비용은 약 5,300만 달러이지만, 이런 조치 덕분에 목숨을 구할 수 있는 어린이는 1년에 1명이 채 되지 않는다. 따라서 생존년수 1년의 손실을 막기 위한 비용이 280만 달러나 되는 셈이다. 광산에서 채굴한 인을 다른 용도로 쓰기 위해 정제 공장에서 방사성 핵종의 배출량을 규제하는 데 드는 비용은 연간 280만 달러나 되지만, 이런 조치로 구할 수 있는 인명은 기껏해야 10년에 1명 정도이다. 그렇다면 1년의 수명 손실을 막기 위해 약 920만 달러가 드는 셈이다.

생존년수 1년의 손실을 막는 데 과연 어느 정도의 돈을 지출해야 하는지 결정하는 것은 당연히 정치적인 선택이다. 그리고 우리는 그런 결정을 하는 데 있어 먼저 평가의 잣대를 사전에 조정하고(어른보다는 어린이의 생명을 구하는 일이 더 시급할 수 있다) 또 표 9에 제시된 일부 수치가 과연 정확한지에 대해서도(좀더 자세히 분석한다면 비용이 2배로 늘어날 수도 있고 절반으로 줄어들 수도 있다) 당연히 생각해볼 수 있다. 그러나 여기서 중요한 것은 도표 171에 나타나 있는 것처럼 각 분야의 평균 비용이 얼마나 되는지 제대로 인식하는 것이다. 이 도표를 보면 전형적인 공적 관여를 통해 수명 손실을 막는 데 필요한 비용이 분야에 따라 천차만별이라는 것을 분명히 알 수 있다. 보건 분야의 비용은 1만 9,000달러로 상당히 낮은 편인 반면, 환경 분야의 비용은 420만 달러로 다른 모든 분

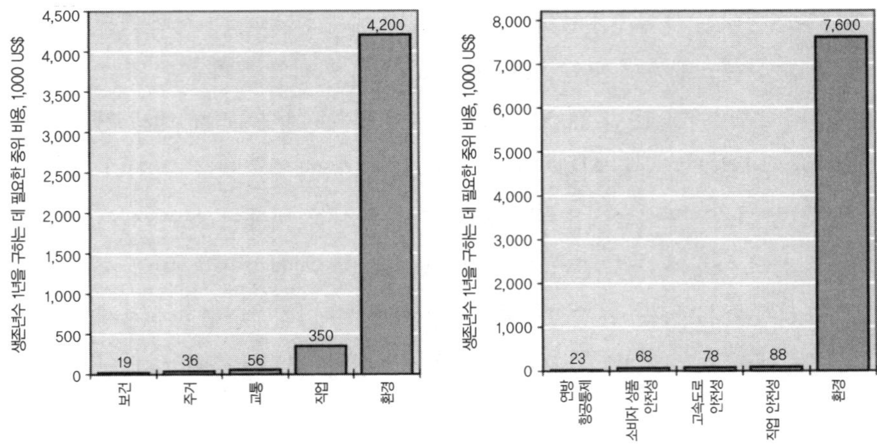

도표 171 사회 각 부문에서 생존년수 1년을 구하는 데 필요한 중위 비용의 비교.[2795] 1993년의 달러 가치로 표시하였다. 각 부문에서 실행된 공적 관여 조치는 각각 310, 30, 87, 36, 124개이다. 출전: Tengs et al. 1995:371.

도표 172 정부 각 부문에서 생존년수 1년을 구하는 데 필요한 중위 비용의 비교. 1993년의 달러 가치로 표시하였다. 여기 포함된 정부기관은 연방항공국(FAA), 소비자상품안전위원회(CPSC), 전국고속도로교통안전국(NHTSA), 직업안전건강국(OSHA), 환경보호청(EPA) 등이다. 각 부문에서 실행된 공적 관여 조치는 각각 4, 11, 31, 16, 89개이다. 출전: Tengs et al. 1995:371.

야를 압도해버린다.

정부 기관별로 비용을 얼마나 지출했는지 살펴보는 방법도 있다. 그런 비교가 도표 172에 제시되어 있다. 여기서도 역시 미국 환경보호청은 놀라울 정도로 많은 금액을 지출하고 있다.

이 도표에 제시된 비용은 대표값(중위 비용)에 불과하지만 이제 마지막으로 도표 173에 제시된 유독 물질 규제 비용과 의료 분야의 비용 분포를 비교해보도록 하자. 이 도표는 두 분야에서 모두 사회경제적으로 전혀 비용이 들지 않거나 또는 거의 들지 않는 공적 관여 정책이 시행되고 있음을 보여준다. 비록 비용이 들지 않는 공적 관여 정책이 보건 분야에 훨씬 더 많지만 말이다. 보건 분야에는 비용 2만 달러 이하인 프로젝트가 많은 반면, 환경과 관련된 대부분의 화학물질 규제 비용은 생존년수 1년당 100만 달러를 상회한다는 사실이 분명히 드러난다. 따라서 환경보호청의 비용 대표값이 무려 760만 달러나 되는 것은 인명을 구하기 위해 유독 물질을 규제하는 비용이 포함되었기 때문이다.

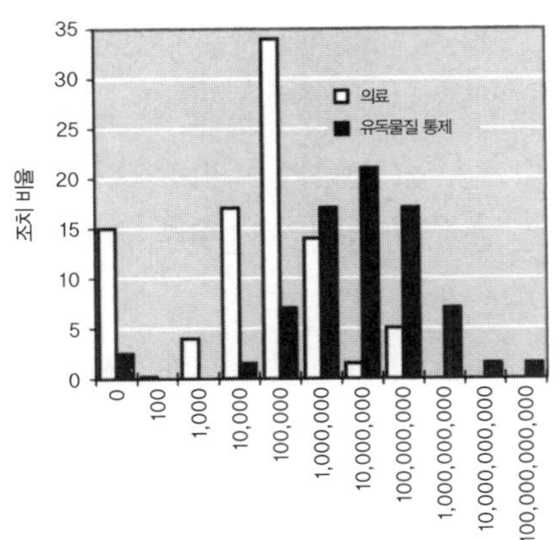

도표 173 의료 분야와 유독 물질 통제를 통해서 생존년수 1년을 구하는 데 필요한 비용의 비교. 1993년의 달러 가치로 표시하였다. 의료 분야에서 시행된 조치는 310개, 유독물질 통제에서의 조치는 144개였다. 출전: Graham 1995.[2796)]

이런 식의 비용 검토 방식이 갖는 장점은 미국에서 인간의 생명을 구하기 위해 시행되고 있는 공적인 노력의 전반적인 효과를 볼 수 있다는 점이다. 매년 214억 달러를 지출해서 약 59만 2,000년에 해당하는 생존년수 손실을 예방하고 있는 185개 프로그램의 실제 소요 비용에 대한 정보도 있다. 하지만 이런 자료들을 분석한 연구 결과는 사업의 효율성과 계획의 실행 사이에 아무런 관계가 없다는 것을 보여주었다. 가장 효율적인 프로그램이 끝까지 실행된 것도 아니고, 가장 비효율적인 프로그램이 실행되지 않거나 겨우 시작 단계에 머물러 있는 것도 아니었다. 따라서 우리가 더 많은 수명 손실을 막을 수도 있었다는 다소 놀라운 사실을 확인할 수 있다. 인 처리 공장에서 나오는 방사성 핵종 배출량을 규제하기 위해 거의 300만 달러의 돈을 쓰고서 10년에 1명의 생명을 구하는 것은 생명 구제의 방법치고 정말로 한심한 것이다. 만약 인명 구제에 정말로 최선을 다하려면 비용 대비 효과면에서 가장 효율적인 프로그램을 먼저 실행한 다음, 이어서 자금이 다할 때까지 효율성이 떨어지는 사업을 순차적으로 집행하는 것이 훨씬 더 좋은 방법일 것이다(물론 이때도 다른 정책 분야와 비교해서 상대적 중요성을 검토하는 단계를 거쳐 시행해야 할 것이다).

하버드 대학교의 연구에서도 같은 분석이 이루어졌는데, 그 결과 같은 액수의 돈으로 59만 2,000년이 아니라 123만 년의 생존년수 손실을 막을 수도 있었다는 사실이 밝혀졌다.[2797] 더 많은 비용을 들이지 않고도 약 60만 년에 해당하는 생존년수, 즉 6만 명의 생명을 더 구할 수 있었을 것이라는 얘기다.[2798]

물론 이런 비교적 간단한 분석 결과만을 근거로 모든 공공 예산을 인명 구제에 돌릴 수는 없을 것이다. 특히 다양한 인구 집단 사이에 정책 집행의 균형을 유지해야 하고, 또 그렇게 하는 것이 결과에 영향을 미칠 수 있기 때문이다.

하지만 그렇다고 해도 이 연구 결과가 너무나 명백하고 너무나 설득력 있기 때문에 그냥 무시해버릴 수가 없다. 더욱이 앞에서 논의한 자발적인 위험 부담과 비자발적인 위험 부담의 문제를 생각할 때, 이 연구에서 분석된 대부분의 분야(자발적 위험이라고 할 수 있는 직업상의 위험은 제외)가 비자발적인 죽음을 예방하는 데 목적을 두고 있다는 것이 분명하다(어린이용 잠옷의 방염 처리 강화, 교통 사고 예방을 위한 과속 운전 감시, 헌혈자에 대한 HIV 검사, 유방암 조기 진단 검사, 원자력 발전소의 방사능 배출 규제 강화 등). 따라서 비자발적인 위험을 계산에 포함시키더라도 모든 이슈를 대략적으로 비교해볼 수 있다.

우리는 건강과 환경의 위험 요인을 규제하기 위해 엄청난 양의 자원을 사용하고 있다. 또한 우리는 앞에서 농약 때문에 사망하는 사람이 거의 없을 가능성이 크다는 것을 살펴보았다. 그러나 대중 매체가 농약의 위험성을 너무나 과장하기 때문에 많은 사람들은 농약이 정말로 위험하다고 생각한다. 이런 뻔한 이야기들을 자주 반복해서 들은 나머지, 우리는 유독 물질에 대한 규제를 좀더 강화하고 궁극적으로는 그것들을 모두 시장에서 제거해야 한다고 생각하기에 이르렀다. 여기에 들어가는 비용을 다른 분야에 집행하면 비자발적인 위험으로 죽어가는 사람들을 더 많이 구할 수 있는데도 말이다. 만약 뻔한 이야기들로 인해 특정 환경 분야의 규제에만 너무 집착함으로써 그 돈을 사용할 수 있는 다른 분야에 대해 무관심해지면, 결과적으로 이 세상에서 살아남는 사람의 수가 지금보다 더 줄어들 것이다.

조금 가혹한 비유를 든다면, 환경의 중요성만을 강조함으로써 다른 분야가 희생을 치러야 한다는 사실을 무시한다면, 사실상 '통계학적 살인'을 저지르는 것과 같다고 할 수 있다. 하버드 대학교의 연구 결과는 뻔한 이야기들보다 정책의 효율성에 더 관심을 갖는다면 매년 아무런 비용도 들이지 않고 6만 명의 미국인을 더 구할 수 있음을 보여준다.

유전자 변형 식품—뻔한 이야기의 결정판

환경과 관련된 또 하나의 논쟁거리가 몇 년 전부터 제기되기 시작했다. 유전자 변형 식품(GM foods) 문제가 바로 그것인데, 이런 식품에 반대하는 사람들은 이 식품에 이른바 '프랑켄 식품(Frankenfoods)'이라는 이름을 붙였다.[2799] 유전자 변형 식품을 둘러싼 논쟁은 이 책에서 설명하는 것처럼 여러 가지 의미에서 뻔한 이야기 대 실제적인 증거 사이의 대결 재현이라고 할 수 있다. 그렇지만 다른 대다수 주제와는 달리 아직 이 논쟁은 전혀 결론에 이르지 못하고 있으며, 따라서 유전자 변형 식품 문제에 대한 판단은 아직은 예비적인 것으로서 구체적인 사례를 조사하는 데 앞으로 더 많은 시간이 걸릴 것으로 예상된다.

여기에서 의학 분야가 아니라 농업 분야에서 유전자 조작 기술이 사용되고 있는 현실을 살펴볼 것이다. 대부분의 논쟁에서 핵심을 이루는 것이 바로 농업 분야이기 때문이다.[2800] 1996년부터 2000년까지 유전자 변형 농산물의 재배 면적은 전세계적으로 170만 헥타르에서 4,420만 헥타르로 꾸준히 증가했다. 재배 면적이 전세계 농경지의 0.1%에서 2.9%로 증가한 것이다.[2801] 현재 유전자 변형 농작물 거의 대부분은 4개국에서 재배되고 있는데, 미국의 재배 면적은 3,030만 헥타르(전국 농경지의 16.9%), 아르헨티나는 1,000만 헥타르(36.8%), 캐나다는 300만 헥타르(6.6%), 중국은 50만 헥타르(0.4%)이다.[2802] 그러나 유전자 변형 농작물의 상업적인 재배는 6개 대륙에서 모두 이루어지고 있다.[2803] 유전자 변형 농작물 중에서 가장 큰 비중을 차지하는 것은 콩 · 옥수수 · 면화 · 카놀라(유채)이며, 이들의 가치는 모두 합해 미화 30억 달러로 추정된다.[2804]

유전자 변형 식품의 잠재적 가능성이 엄청나지만, 잠재적 문제 또한 엄청나게 많다. 우선 유전자 변형 식품에서 얻을 수 있는 혜택부터 살펴보기로 하자.

유전자 변형 식품은 전세계의 식량 공급에 아마도 대단히 큰 기여를 할 것이다.[2805] 여러 미래 예측 모델들은 유전자 변형 식품을 이용하는 경우 앞으로 20년 동안 식품 가격이 10~15% 더 떨어질 것으로 예측한다. 물론 10년 동안 유전자 변형 식품의 도입을 미루면 식량 가격은 그만큼 덜 낮아질 것이고, 이로 인해 특히 제3세계 국가의 빈민이 큰 타격을 입을 것이다.[2806]

또한 농작물의 유전자 조작을 통해 주요 식량의 영양가를 높임으로써 영양 실조에 대항할 수도 있다. 비타민 A가 보강된 '황금쌀'이 전형적인 예다. 비타민 A가 추가로 공급되면 시력 상실을 비롯한 여러 비타민 A 결핍 증세로 고통받고 있는 수백만 명에게 도움이 될 것이다.[2807] 이런 방법으로 비타민 A 결핍증을 완전히 해소할 수는 없지만 말이다.[2808]

선진국에서는 유전자 변형 농작물의 재배로 화학비료, 농약, 제초제, 살균제 등의 사용을 억제할 수 있다.[2809] 현재 재배되는 대부분의 유전자 변형 농작물이 농약에 대한 저항성이 크다는 특징을 가지고 있는데(농부들은 이런 특징에 마음이 끌리겠지만 소비자들은 결코 그렇지 않을 것이다), 앞으로는 이보다 훨씬 더 유용한 특징을 지닌 농산물들이 나타날 것이다. 식품으로서는 영양소가 더 풍부한 곡물, 기름에 튀길 때 지방을 덜 흡수하는 감자, 칼로리를 낮춘 사탕무, 포화 지방의 함량이 낮아 건강에 좋은 유지 종자 등이 개발될 것이다.[2810] 식품으로 이용되지 않는 농산물로는 섬유의 질이 더 좋아진 면화와 아마, 개인 위생에 더 좋은 성분을 포함하는 약제, 색이 더

강렬하고 꽃병에서 더 오래가는 꽃 등이 개발될 것이다.[2811)]

그러나 이런 모든 가능성에도 불구하고 유럽연합과 미국의 소비자들은 유전자 변형 농산물에 대해 서로 대조적인 인식을 보여주고 있다.[2812)] 유럽연합에서는 소비자의 59%가 유전자 변형 식품을 위험한 것으로 여기고 있으며, 대다수가 유전자 변형 식품의 유용성을 부정하면서 이런 식품을 도덕적으로 용납할 수 없기 때문에 사용을 말려야 한다고 생각하고 있다.[2813)] 그 반면 미국에서는 60%의 사람들이 식량 생산을 위한 생명공학에 적극적인 자세를 보이고 있다. 식품의 안전성과 관련해 소비자들이 무엇을 가장 걱정하고 있는지 물어본 한 여론 조사에서 유전자 변형 식품은 생물학적 오염, 농약, 영양가, 인공 방부제의 뒤를 이어 가장 마지막으로 꼽혔다.[2814)] 이런 인식 차이가 나타나게 된 것은 유럽 사람들이 식품 안전성과 관련해 나쁜 경험을 했기 때문(예를 들어 광우병, 박테리아에 오염된 육류, 그리고 다이옥신에 오염된 가금류 · 돼지고기 · 쇠고기 · 닭고기 · 달걀 · 벨기에산 초콜릿 등)이라고 보통 설명되곤 한다.[2815)]

그런데 지난 몇 년 동안 유럽연합과 미국, 모두에서 유전자 변형 식품에 대한 소비자들의 신뢰가 점차 무너지기 시작했다.[2816)] 이런 인식의 변화는 그린피스나 '지구의 친구들(Friends of the Earth)' 같은 국제적인 NGO들의 주도로 유전자 변형 식품에 대한 세계적인 반대 운동이 일어난 시기와 일치한다.[2817)]

유전자 변형 식품에 반대 운동을 펼치는 사람들과 조직이 널리 분산되어 있고 또 다양한 네트워크로 구성되어 있기 때문에, 어느 한두 집단이 나서서 일관되게 반대 주장을 펼치는 것은 아니다. 하지만 '지구의 친구들'이 제시한 두 가지 중요한 우려[2818)]가 지금까지 유전자 변형 농작물을 둘러싼 논쟁의 핵심을 차지하고 있으며, 유전자 변형 작물에 반대하는 각종 선전물에서도 그런 우려가 그대로 인용되고 있다.[2819)] 그 두 가지 우려란 바로 '건강에 대한 염려'와 '환경에 대한 염려'이다.[2820)] 또한 건강에 대한 염려는 유전자 변형 식품이 유독성을 띠며 알레르기를 일으킬지도 모른다는 주장과 관

련되어 있다.[2821]

이 세 가지 이유를 주로 뒷받침하는 것은 세상에 널리 알려져 있는 여러 가지 이야기들이다. 이제부터 그런 이야기들을 하나씩 검토하면서 이 세 가지 문제가 모두 심하게 왜곡되어 있음을 밝히도록 하겠다.

유독성 감자의 실체

1998년 8월 10일, 스페인 그라나다의 한 TV 방송국 프로그램인 〈행동하는 세계(World in Action)〉에 출연한 아파드 푸스타이(Arpad Pusztai) 박사는 쥐에게 110일 동안 유전자 변형 감자를 먹였더니 쥐의 성장이 억제되고 면역 체계에 이상이 생겼다고 발표했다.[2822] 푸스타이 박사는 이 연구 결과가 유전자 변형 식품의 안전성에 심각한 의문을 제기한다고 강조하면서 그 자신은 앞으로 유전자 변형 식품을 먹지 않을 것이라고 말했다.[2823] 이 발표는 당연히 커다란 반응을 불러일으켰다. 사람들은 국회의원들에게 유전자 변형 식품에 대한 유예 조치를 서둘러 마련하라고 촉구했으며, 심지어 유전자 변형 식품을 완전히 금지시켜야 한다고 주장하는 사람도 있었다.[2824]

이 발표로 인해 푸스타이 박사는 자신이 근무하던 로웨트 연구소(Rowett Research Institute)에서 정직 처분을 받았다. 연구소는 감사 보고서에서 "기존의 자료들은 (유전자 변형 감자가) ……성장이나 장기의 발달, 혹은 면역 체계의 활동에 영향을 미친다는 의견을 전혀 뒷받침해주지 않는다"[2825]는 결론을 내렸다. 독립적으로 활동하던 20명의 과학자들은 로웨트 연구소가 푸스타이 박사에게 가혹한 처분을 내린 데 충격을 받아 자료들을 다시 검토한 다음에 회보를 발간했다. 여기에서 그들은 유전자 변형 감자가 일반 감자와 다르며, 실제로 성장을 방해하고 면역 체계를 억압하는 효과가 있다고 밝혔다.[2826] 영국 학술원은 유전자 변형 감자에 대한 실험 자료들을 자체적으로 검토해 그 결과를 1999년 발표했다. 이 보고서에서 그들은 문제의 연구에 결함이 있었으며, "우리가 검토한 자료들은 부정적인(혹은 긍정적인) 효과에 대해 믿을 만하거나 설득력 있는 증거를 제공해주지 못한다"[2827]고 밝혔다.

푸스타이 박사는 1999년 의학 전문 잡지 〈랜싯〉에 자신의 연구 결과를 게재했다.[2828] 이 논문은 쥐의 성장 속도나 면역 체계에 변화가 나타나지는 않았지만 쥐의 소화관 여러 부위가 다양한 영향을 받았다고 주장했다. 푸스타이 박사는 이런 영향이 유전자 변형 때문일 수도 있다고 지적했다. 그런데 이 논문이 실린 〈랜싯〉의 같은 호에는 다른 세 학자의 연구 결과도 실려 있었는데, 이들의 연구 결론 역시 푸스타이 박사의 실험이 불완전하므로 유전자 변형 식품의 위험성에 대해 결론을 내릴 수 없다는 것이었다.[2829]

상황이 이렇게 진행되자 일반 대중은 당연히 정부와 생명공학 업계가 진실을 왜곡하고 있는 것은 아닌지 의심하게 되었다.[2830] 그래서 NGO들은 푸스타이 박사의 주장을 근거로 우리 모두가 "자기도 모르게 거대한 유전학 실험의 실험 동물이 되고 말았다"[2831]고 목소리를 높였다.

여기에서 푸스타이 박사의 연구 결과가 정말로 어떤 것이었는지 살펴볼 필요가 있다. 원래 푸스타이 박사는 보통 흔하게 재배되는 스노우드롭 품종(GNA, Galanthus nivalis agglutinin)의 감자에 렉틴(lectin)을 생성하는 유전자를 주입해 실험에 사용했다. 렉틴은 유독성 물질로 널리 알려져 있다(렉틴은 세포막의 당질과 결합해 세포 응집 · 세포 분열 유발 · 세포 기능 활성화 등의 효과를 나타내기도 한다).[2832] 사실 1978년 불가리아의 반체제 인사 게오르기 마르코프(Georgi Markov)가 살해되었을 때 그를 찌른 우산 끝에 발라져 있던 독도 일종의 렉틴(리신)이었다.[2833] 따라서 이 렉틴을 생성하는 감자가 성장 발육, 장기, 면역 체계 등에 피해를 입힐 수 있다는 사실은 전혀 놀라운 일이 아니다.[2834] 심지어 푸스타이 박사 자신도 렉틴이 심각한 피해를 입힌다는 점을 시인했다.[2835] 옥스퍼드에 위치한 액시스 지네틱스사(Axis Genetics)의 최고 경영자 이에인 큐비트(Iain Cubitt)가 지적했듯이, 렉틴에 독이 있다는 것은 누구나 다 아는 사실이다.[2836] "그러니까 이것을 감자에 넣으면 감자가 유독성을 띠게 된다. 그것이 왜 그렇게 놀라운 일인가?"[2837] 사실 푸스타이 박사를 지지하는 회보를 발간한 집필자 중 한 사람은 이 인용문의 내용을 자신의 핵심적인 주장으로 내세우고 있다.[2838]

따라서 문제의 감자가 독성을 띤 것은 사실이지만, 그것은 유전자 변형 기술 때문이 아니라 독성을 발현하는 유전자를 선택했기 때문이었다. 그런데 그 실험에서는 이 감자가 소장과 맹장에도 영향을 미치는 것으로 밝혀졌는데, 그것은 스노우드롭 품종이 아니라 유전자 변형 감자에만 나타나는 현상이었다(이것이 푸스타이 박사가 새로 제기한 주장이었다).[2839] 즉 감자가 유독성을 띤 것은 사실인데, 그것이 바로 유전자 변형 때문일 가능성도 있다는 얘기였다.[2840] (이런 효과가 일관되게 나타나는 것이 아니라 때로는 좋은 영향을 미치고 때로는 나쁜 영향을 미친다는 점에 주목해야 한다.)[2841]

여기에서 가장 핵심적인 단어는 '가능성도 있다'는 것이다. 푸스타이 박사의 실험에서 문제가 된 것은 유전자 변형 감자와 그렇지 않은 감자가 너무나 다르다는 점이었다. 심지어 전분과 단백질의 함량까지도 매우 달랐다.[2842] 따라서 유전자 변형 감자와 그렇지 않은 감자 사이의 차이점은 감자의 자연적인 변이에 의한 차이점이라고 볼 수도 있다.[2843] 사실 유전자 변형 감자의 단백질 함량이 적기 때문에 실험에 사용된 쥐들에게 따로 단백질을 보충해주어야 했다. 따라서 이 단백질 첨가제 때문에 그런 차이가 생겼다고 볼 수도 있다.[2844] 푸스타이 박사의 실험이 통계학적인 관점에서 그토록 많은 비난을 받은 것은 주로 이런 문제들 때문이었다.

새로운 품종의 농작물, 예를 들어 신품종 감자를 개발하다보면 무엇인지 알 수도 없고 또 원하지도 않은 특징이 당연히 생겨날 수 있다. 이런 현상은 전통적인 품종 개량 과정에서도 예전에 여러 번 일어났지만, 상업적인 유전자 변형 농작물에서 그런 일이 발생했다는 사실은 아직 알려진 적이 없다.[2845] 더욱이 미국 국립과학원은 유전자 변형 식품에 대한 가장 최근의 보고서에서 전통적인 품종 개량 과정에서 그런 나쁜 품종이 만들어질 가능성이 더 클 수도 있다고 지적했다.[2846]

따라서 유전자 변형 감자 자체가 독성을 띤 것은 아니었다. 그 감자의 미세한 독성은 어쩌면 자연적인 변이에 의한 것일 수도 있는데, 이런 변이는 사실 전통적인 품종 개량 방법을 사용할 때 더 큰 문제가 될 수 있다. 그러나 푸스타이 박사의 실험 결과가 다른 학자들에 의해 여러 번 재현될 때까지는 확신할 수 없다는 점을 염두에 두어야 한다.

알레르기를 유발하는 콩

유기농산물소비자기구(Organic Consumers Organization)는 알레르기를 일으키는 콩에 대한 우려를 다음과 같이 표현했다. "브라질산 견과류 중 하나의 유전자를 콩에 집어넣으면 이 콩 때문에 브라질산 견과류에 민감한 사람들이 치명적인 알레르기 반응을 일으킬 수도 있다는 사실을 1996년 미국 네브래스카 주의 과학자들이 발견함으로써 유전공학 식품으로 인한 대규모 재앙을 간신히 모면할 수 있었다."[2847] 유전자 변형 식품에 대해 우려하는 사람들은 거의 모두 이 이야기를 언급한다.[2848] '지구의 친구들'은 다음과 같은 질문을 던진다. "우리 음식에 무엇이 들어 있는지, 그리고 그런 성분이 알레르기를 일으키지나 않을지 알 수 있을까?"[2849]

그러나 이것은 사실 식량 시스템이 상당히 훌륭하게 작동하고 있음을 보여준다. 1980년대에 캘리포니아 주의 한 작은 생명공학 회사가 제3세계에서 영양 실조에 맞서 싸우는 데 도움이 되고 싶어서 콩 위주의 식단이 건강에 어떤 문제를 일으키는지를 중점적으로 연구하기 시작했다.[2850] 콩은 일반적으로 영양가 있는 식품이지만, 황이 들어 있는 필수 아미노산인 메티오닌과 시스테인을 함유하고 있지 않다. 반면에 견과류—특히 브라질산—에는 이 두 가지 아미노산이 대량으로 들어 있다.[2851] 따라서 사람들은 메티오닌과 시스테인을 생산하는 유전자를 분리해 콩에 집어넣는다면, 별로 돈을 들이지 않고도 건강에 잠재적인 문제가 되는 요소를 제거할 수 있을 것이라고 생각하기에 이르렀다. 하지만 유전자 변형 콩을 실제로 만들기도 전에 연구자들 스스로가 이미 알레르기 유발 요인으로 알려진 유전자를 중요한 곡물에 이식하는 것이 어리석은 짓임을 지적했고 프로젝트는 중단되었다.

나중에 파이어니어 하이브리드(Pioneer Hi-Breed)라는 이름의 한 미국계 회사가 이 연구를 재검토하기 시작했다. 이번에는 사람들을 위한 식품이 아니라 동물사료용으로 유전자 변형 콩을 만들어보자는 생각이었다. 가축의 최적 성장을 돕기 위해 사료에는 인공적으로 메티오닌(메티오닌은 체내에서 시스테인으로 전환될 수 있다)을 추가하는 것이 보통이다. 그렇지만 만약 황을 함유하는 아미노산이 원래부터 사료에 들어 있다면 당연히 비용이 절약될 터였다. 유전자 조작 실험을 하는 동안 파이어니어 사도 자체적으로 알레르기 반응 연구를 실시했다. 브라질산 견과류에 들어 있는 특정한 유전자가 알레르기 반응을 일으킨다는 점에 대해 아직 분명한 결론이 내려지지 않았기 때문이다. 그런데 연구 결과 이 유전자가 알레르기 반응을 일으키는 것으로 밝혀지자 파이어니어 사는 프로젝트를 중단하고 자기들의 이름으로 연구 결과를 발표했다.[2852)]

따라서 브라질산 견과류의 사례는 식량 공급 시스템이 실제로 효과를 발휘하고 있다는 실증 사례로 볼 수 있다. 최근 〈브리티시 메디컬 저널〉에 실린 한 논문은 다음과 같이 지적했다. "이 사건을 언급할 때 보통 강조되지 않는 사실이 하나 있는데, 그것은 유전자 변형 농작물에 뜻하지 않게 알레르기 유발 물질이 포함되지나 않는지 점검하는 안전 점검 시스템이 충분히 완비되어 있었기 때문에 그런 문제가 발견될 수 있었다는 점이다."[2853)]

하지만 그렇다고 해서 위험이 전혀 없다는 얘기는 아니다. 첫째, 다른 모든 식품 생산 과정에서와 마찬가지로 우리는 식품 생산자들이 책임 있는 행동을 할 것이며, 사전에 농산물을 시험해서 필요하다면 문제가 되는 것들을 회수할 것이라는 믿음에 의존하고 있다.[2854)] 둘째, 이미 알려진 알레르기 유발 물질을 사용하는 경우 의무적으로 검사를 실시해야 하지만, 드물게 알레르기 반응을 일으키는 음식이나 아직 알려지지 않은 알레르기 유발 인자를 포함하는 식량이 아닌 생물에 대해서는 현재 분명하게 정해진 절차가 없다.[2855)]

비록 미국에서 식품 알레르기 환자의 약 90%가 잘 알려진 소수의 식품군, 즉 우유 · 달걀 · 생선과 조개류 · 견과류 · 밀 · 콩과 식물 등에서 기인하지만(이런 물질들은 모두 사전 시험 대상으로 정해져 있다), 그렇다고 해도 알레르기에 대한 이런 우려는 현실적인 것이다.[2856] 더욱이 미국 식품의약국은 새로운 알레르기 유발 요인이 유전자 변형 식품과 전통적인 품종 개량 방법으로 만들어진 식품 모두에서 생겨날 수 있다고 발표한 바 있다.[2857] 현실적으로 알레르기에 대한 우려가 유전자 변형 식품에 반대하는 주장의 이유로 제시되고 있다는 사실은 역설적이다. 유전자 변형 기술은 자연적으로 알레르기 유발 물질을 만들어내는 식물에서 바람직하지 않은 요인을 제거하는 방법으로써 커다란 가능성을 제시하고 있는데 말이다.[2858]

유전자 변형 식품이 나비를 죽인다?

환경과 관련된 여러 가지 걱정 중에서 지금까지 가장 많이 언급된 것은 유전자 변형 농작물이 생태계를 해칠 것이라는 두려움이다.[2859] 특히, 유전자 변형 옥수수가 제왕나비를 죽인다는 이야기가 자주 언론에 소개되었다.[2860]

유전자 변형 옥수수에는 이른바 Bt 독소를 만들어내는 유전자가 들어 있다. Bt 독소는 바실루스 튜링기엔시스(Bacillus thuringiensis)라는 흙 속의 박테리아에 의해 만들어진다.[2861] Bt 독소(모두 약 130종에 이른다)[2862]는 자연적으로 만들어지는 유독 물질로서 생분해가 가능하고 인간을 비롯해 구제(驅除) 목표가 아닌 생물에게는 무해하기 때문에 유기농을 하는 농부들이 광범위하게 이용하고 있다.[2863] 사실 레이첼 카슨은 생물학적 병충해 구제의 한 방법으로 Bt를 밭에 살포하는 것이 농업을 발전시키는 길이라는 구체적인 의견을 제시한 바 있다.[2864]

옥수수를 괴롭히는 주요 해충 중 하나가 유럽산 조명충나방이다. 이 벌레는 미국의 옥수수 경작지 2,400만 헥타르(전체 경작지의 75%에 해당한다)에서 번식하여 최고 20%까지 곡물 손실을 야기하는 경우도 있다.[2865] 매년 이 해충을 박멸하기 위해 대량의 농약을 살포하지만(연간 약 2,000~3,000만 달러 상당), 이 벌레가 생애의 대부분을 식물체 안에서 보내기 때문에 없애기가 어렵다.[2866] Bt 독소는 인시류 곤충에게 독성을 띠는데, 유럽산 조명충나방도 여기에 속한다.[2867] 따라서 연구자들이 Bt 독소를 만들어내는 유전자를 옥수수에 주입해 조명충나방이 아예 서식하지 못하도록 하자는 생각을 하게 된 것은 아주 자연스러운 일이었다. 더욱이 이렇게 유전자를 조작한 옥수수는 대단한 성공을 거두어 2000년 유전자 변형 농작물 중에서 생산량 2위를 기록했다.[2868)]

그런데 1999년 미국 코넬 대학교의 연구자들이 유전자 변형 옥수수가 제왕나비 유충에 어떤 영향을 미치는지 평가해보았다.[2869)] 제왕나비 유충은 유액을 분비하는 식물만 먹는다. 옥수수의 수분(受粉)은 바람에 의해 이루어지기 때문에 꽃가루가 옥수수 밭 옆에서 자라는 유액 분비 식물 위로 떨어지는 경우가 흔하다.[2870)] 따라서, 코넬 대학교 과학자들은 평범한 옥수수의 꽃가루와 Bt 옥수수의 꽃가루를 옥수수 밭 주변의 잡초에 떨어지는 양만큼 유액 분비 식물의 잎에 살포한 다음 그것을 나비 유충에게 먹였다. Bt 옥수수의 꽃가루가 뿌려진 식물의 잎을 먹은 유충은 4일이 지난 후 거의 절반이 죽은 반면, 평범한 옥수수의 꽃가루가 뿌려진 식물의 잎을 먹은 유충들은 모두 살아남았다.[2871)]

이것이 경각심을 불러일으켰다. 비록 제왕나비가 멸종 위기에 처한 생물은 아니지만 그 유충의 절반이 미국 전역의 옥수수 재배 지역에서 부화한다는 사실이 지적되었다.[2872)] 또한 나비 유충이 유전자가 조작된 꽃가루를 피하기 위해 옥수수 밭에서 멀리까지 도망칠 필요는 없겠지만, "제왕나비라면 옥수수 밭에 가까이 다가갈 것"[2873)]이라는 한 곤충학자의 설명도 뒤따랐다. 〈타임〉은 제왕나비에 대한 새로운 위협이 "미국 중서부 전체의 옥수수 밭에서 발생할"[2874)] 수 있는지를 물었다. 그리고 과학 전문 잡지 〈디스커버리〉는 제왕나비가 이미 돌이킬 수 없을 정도로 독소에 중독되었다고 (사실과 다른) 주장을 했다.[2875)] 60개 환경 단체와 유기농 농부들은 함께 연합을 결성하고 그린피스를 전면에 내세워 환경보호청이 유전자 변형 옥수수를 승인해 제왕나비를 보호하는 데 실패했다면서 소송을 제기할 준비까지 했다.[2876)] 유럽에서도 제왕나비 이야기 때문에 유럽연합 집행위원회가 파이어니어 사의 유전자 변형 옥수수 승인을 연기해버렸다.[2877)]

그러나 제왕나비가 Bt 독소 때문에 목숨을 잃는다는 사실은 그리 놀라운 얘기가 아니었다. Bt는 천연 농약으로서 인시류 곤충에게 유독하다. 그리고 제왕나비는 인시류 곤충이다.[2878] 더욱이 코넬 대학교 연구 팀의 원래 보고서는 "유충이 죽은 것은 모두 ……Bt 독소의 영향 때문인 것으로 보인다"[2879]고 구체적으로 밝혔다. 따라서 이 이야기의 핵심은 유전자 변형이 아니라 Bt이다. 불행하게도 보통 옥수수의 꽃가루와 천연 Bt를 유액 분비 식물에 뿌리는 연구는 이루어지지 않았다. 그러나 이런 조건이라면 유충의 사망률이 십중팔구 매우 높을 것이다.[2880] 푸스타이 박사의 실험에서와 마찬가지로 이 이야기에서도 유전자 변형이라는 말이 사람들의 관심을 붙들었지만, 유전자 변형은 천연 독소(렉틴이나 Bt)가 유독성을 갖는다는 가장 중요한 이슈와 아무런 상관이 없었다. 물론 천연 Bt를 잡초에 뿌렸을 때도 나비들이 죽는다는 얘기가 과연 대중 매체의 헤드라인을 차지할 수 있을지는 의문이다.

더욱이 나비 유충을 연구한 연구 팀의 한 과학자가 지적했듯이, 우리가 식량을 재배하면서 반드시 구제 대상 해충만을 골라 박멸한다는 것은 불가능하다. 농약의 효과는 특정한 해충에게만 발휘되는 것이 아니며, "심지어 쟁기질조차도 특정한 목표에만 영향을 미치지는 않는다."[2881] 그렇지만 Bt 독소를 대량으로 사용할 경우 어떤 결과가 나오는지 살펴볼 필요가 있다.

2000년 10월 미국 환경보호청은 Bt 독소가 포함된 유전자 변형 농작물의 위험성과 혜택에 대한 예비 조사 결과 보고서를 발표했다.[2882] 연구자들은 광범위한 현장 조사를 수행한 결과 제왕나비 유충이 노출되는 Bt 독소의 실제 농도가 '비교적 낮다'에서 '매우 낮다' 수준에 걸쳐 있으며, 제왕나비의 번식 시기와 옥수수 꽃가루가 날리는 시기가 거의 겹치지 않는다는 사실을 발견했다.[2883] 결론적으로, 환경보호청은 "Bt 옥수수가 제왕나비 유충에게 부정적인 영향을 미칠 가능성이 매우 낮다"고 평가하면서 "현재 제왕나비에 위험이 널리 퍼져 있다는 부당한 걱정을" 할 이유가 없다고 지적했다.[2884]

사실 결론에서 환경보호청은 유전자 변형 농작물에는 농약이 훨씬 덜 필요하기 때문에, 보고서 중 일부는 "Bt 작물이 널리 재배된다면 제왕나비의 생존에 커다란 이득이 될지도 모른다"[2885]는 예언을 했다고 밝혔다.

유전자 변형 식품은 재앙인가 축복인가

유전자 변형 식품이 잠재적인 재앙이라는 주장이 있는가 하면,[2886] 이런 식품을 정말로 소중하게 생각해야 한다는 주장도 있다.[2887] 이렇게 커다란 견해 차이가 생겨난 이유가 무엇일까? 정보 부족이 이유 중 하나임은 의심의 여지가 없다.

최근 실시한 한 여론 조사에서 유럽인들에게 다음과 같은 말이 진실인지 거짓인지 답해보라고 요구했다. "평범한 토마토에는 유전자가 없지만 유전자 변형 토마토에는 유전자가 있다."[2888] 응답자의 절반은 이 말이 거짓이라고 제대로 맞추었지만, 나머지 절반은 이것이 사실이라고 대답했다.[2889] 이런 사람들은 새로 나온 유전자 변형 식품이 낯선 유전자를 사람들의 목구멍 속으로 밀어넣고 있는 반면, 일반적으로 우리에게 익숙한 전통적인 식품 속에는 유전자가 없다고 실제로 믿고 있다. 더욱이 유전자 변형 식품에 들어 있는 유전자를 먹는다고 해서 사람의 유전자가 바뀌지는 않는다는 사실을 제대로 아는 사람은 겨우 42%에 불과했다.[2890] 다른 조사 결과를 보면 미국인이라고 해서 더 나을 것도 없음을 알 수 있다.[2891] 유전자 변형 식품에 대한 걱정이 그처럼 널리 퍼져 있는 것도 무리는 아니다.

이제까지 살펴보았듯이, 유독성 감자, 알레르기를 일으키는 콩, 제왕나비의 멸종 등 유전자 변형 식품과 관련해 가장 많이 인용되는 괴담들은 사실 허구를 바탕으로 한 것이었다.[2892]

그러나 우리가 반드시 생각해보아야 하는 진짜 문제도 존재한다. 허구적인 주장에 노출되는 과정에서 우리는 문제의 소지가 있는 분야를 일부 알게 되었다. 우리는 인간에게 알레르기를 일으키는 가장 중요한 물질들에 대해 알고 있지만, 식량이 아닌 생물의 유전자를 사용할 경우 어떤 결과가 빚어질지 알지 못한다.[2893] 이 유전자들에 대해 알레르기 반응 시험을 실시해보아야 하겠지만, 정작 찾고 있는 것이 무엇인지 잘 모르기 때문에 우리가 모든 문제 요인을 다 찾아냈다고 확신할 수는 없다.

또한 항생제에 대한 내성 증가도 마땅히 우려해야 할 문제다.[2894] 품종 개량을 위해 이식된 유전자에는 흔히 편리한 확인을 위해 특정한 항생제에 내성을 갖게 해주는 유전자 암호가 포함되어 있다.[2895] 따라서 이런 내성 유전자들이 인간의 뱃속에 있는 병원성 세균에 전이되어 그것들이 항생제에 내성을 갖게 될 수도 있다는 우려가 제기되었다. 이런 일은 반드시 피해야만 하는 상황이다.

유전자 변형 농작물이 농약에 대한 내성을 잡초에까지 퍼뜨릴 수 있다는 걱정도 있다.[2896] 슈퍼 잡초가 등장한다면 농약의 효과가 크게 떨어질 것이며 잡초 제거는 더욱 어려워질 것이다. 우리는 이미 슈퍼 잡초로 인한 문제를 경험한 적이 있다. 밭의 작물을 질식시키는 존슨 풀(Johnson grass), 나무를 뒤덮는 미국 칡덩굴, 미국 플로리다 주의 에버글레이즈 국립공원을 침범하고 있는 멜라루카 나무(호주 북부와 뉴기니가 원산지인 나무. 미국인들이 습지를 없애기 위해 1900년경 들여왔으나, 지금은 이 나무가 플로리다 주의 습지를 위협하고 있다 – 옮긴이) 등이 좋은 예다.[2897]

이런 지적에 대해서는 주의를 기울여야 할 필요가 있다. 그렇지만 유전자 변형으로 새로운 알레르기 유발 물질이 식물에 포함될 가능성이 있는가 하면, 그 반면에 유전자 변형 기술을 통해 가장 흔한 알레르기 유발 물질을 많이 제거해버릴 수 있는 가능성 또한 크다. 따라서 유전자 변형 기술이 현재 알레르기로 고생하는 사람들의 고통을 크게 줄여줄 수도 있다는 점 역시 잊지 말아야 한다.[2898] 초창기의 유전자 변형 기술은 항생제에 대한 선택적인 내성을 길러줄 것이라는 우려를 갖게 한 것이 사실이지만, 항생제에 대한 내성이 확산되는 정상적인 경로에 비하면 그 위험성은 '대단히 낮은 편이다.'[2899] 또한 새로운 기술도 속속 개발되고 있다.[2900] 마지막으로, 농약에 내성을 지니는 잡초가 성가신 존재가 되기는 하겠지만, 그런 내성이 자연환경 속에서 조금이라도 유리하게 작용할 가능성은 별로 많지 않다는 것이 많은 사람들의 의견이다.[2901] 새로운 연구 결과들은 사람의 보살핌을 전혀 받지 못할 경우 유전자 변형 농작물은 보통 농작물보다 생존력이 낮다는 것을 보여주었다.[2902] 이는 슈퍼 잡초의 위험이 생각보다 적을 수도 있다는 것을 의미한다.

더욱이 우리는 전통적인 방법을 써서 개량된 품종도 알레르기를 유발하거나 독성을 지닐 수 있다는 점을 인정해야 한다.[2903] 전통적인 방법으로 개량되어 곤충에 저항력을 갖게 된 신품종 셀러리는 유기농 운동을 펼치는 사람들에게 많은 사랑을 받았지만, 이 셀러리를 취급한 사람들이 햇볕에 노출되면 발진이 생긴다는 사실이 밝혀졌다. 돌연변이와 암을 유발할 수 있는 프소랄렌(psoralen)이라는 성분이 셀러리에 다량으로 함유되어 있었기 때문이다.[2904] 무려 수백만 달러나 되는 비용을 들여 전통적인 방법으로 개량된 신품종 감자 역시 시장에서 회수되어야 했다. 그 감자를 특정한 토양에서 재배했을 때 인체에 심한 독성을 띠기 때문이었다.[2905]

전통적인 품종 개량 방법을 통해서도 많은 농작물이 농약에 대한 내성을 갖게 되었으며, 이런 작물이 잡초에 내성을 전달할 가능성 역시 크다.[2906] 사실 대부분의 슈퍼 잡초는 품종이 개량된 농작물이 아니라 외래종 식물(예를 들어 앞에서 언급한 미국 칡덩굴이나 일본산 매듭풀 등)에서 비롯된다.[2907]

유전자 변형 농작물을 둘러싼 논의 전체를 관통하는 주제는, (유전자 변형이나 전통적인 품종 개량을 막론하고) 어떤 특정한 기술이 아니라 그런 기술로 개발된 특정한 개량품에서 문제가 발생하는 것이라는 점이다.[2908] 유채는 (유전자 변형에 의한 것이든, 전통적 방법에 의한 것이든 상관없이) 원래부터 번식력이 대단히 강하기 때문에 밭에서 재배하면 어떻게 해서든지 주변의 야생 지역으로 퍼져나가고자 애쓸 것이다. 따라서 (유전자 변형이나 전통적인 개량 방법을 통해 만들어진) 특수한 성질을 가진 유채 종자는 사방이 탁 트인 거대한 농경지가 있는 오스트레일리아, 아르헨티나, 캐나다 등의 지역에서만 재배해야 한다고 주장할 수도 있을 것이다.[2909] 반면에 밀은 거의 전적으로 제꽃가루받이를 하므로 특정 유전자 전파의 위험성

이 훨씬 더 적다.[2910]

바로 이 때문에 영국 상원은 유전자 변형 식품에 대해 다음과 같이 권고했다. "우리는 과정이 아니라 결과물을 보아야 한다."[2911] 또한 미국의 국가연구위원회도 다음과 같은 결론을 내렸다. "전통적인 방법과 유전자 이식(유전자 변형) 방법을 통해 만들어진 유기체와 관련된 잠재적 위험성은 대체적으로 같은 범주에 속한다."[2912]

이런 관점은 생명공학 기업의 수가 점점 줄어들면서 유전자 변형 식품에 대한 결탁 및 독점 현상이 발생할 수도 있다는, 또 다른 전형적인 우려와도 잘 맞아떨어진다. 사람들이 우려하는 것은 기업이 기존의 변종이 특허를 받을 수 있다는 사실이 아니다(특허법은 기술 혁신을 특허의 요건으로 규정하고 있다). 따라서 농부들은 기존 변종을 현재의 비용으로 계속 손쉽게 파종할 수 있다. 하지만 생명공학 기술의 혁신으로 생산성이 더 높은 농작물 품종이 시장에 나오면(이런 품종은 농부들에게 더 많은 이윤을 안겨줄 것이다), 거의 독점 상태에 있는 기업이 기술 혁신으로 얻은 경제적 이윤을 거의 모두 가져가버릴 수도 있다. 이렇게 되면 당연히 강력한 반독점 규제를 촉구하는 주장이 대두될 것이다. 하지만 이런 문제는 사실 유전자 변형 기술에 관한 것이 아니라 시장 경제의 기본적인 규제 장치가 얼마나 제 역할을 하고 있는가에 관련된 것이다. 마이크로소프트 사의 독점을 규제해야 한다고 주장하는 사람들이 컴퓨터 그 자체를 배척하지는 않는 것과 마찬가지 이치다.

따라서 생물학적 관점이나 경제학적 관점 모두에서, 기본적인 주장은 최선의 규제 시스템을 만드는 데 초점을 맞춰야 한다는 것이다. 그렇지만 그 어떤 시스템도 절대적인 보장을 해줄 수 없다는 점 역시 염두에 두어야 한다.[2913] 과학은 어떤 것이 위험하지 않다는 사실을 '증명'해 보일 수 없으며, 또 기술은 절대적으로 아무런 위험이 없는 물건을 만들어낼 수 없는 법이다. 오늘날 우리가 사용하는 물건들도 일정 부분 위험을 안고 있으며 미래의 생산품 역시 그럴 것이다.

다만 차이가 있다면 사람들이 현재 사용하는 물건에 대해서는 편안함을 느끼는 반면, 새롭게 등장하는 미래의 물건에 대해서는 주로 문제점만을 들여다본다는 점이다. 그러나 새로운 기술 혁신으로 만들어진 물건의 잠재적 가치 또한 대단히 유혹적이다. 우리가 그 두 가지 중에서 과연 어떤 것을 선택할지는, 위험을 싫어하는 심리와 과거의 문제들을 극복한 역사적 경험에 달려 있다.[2914)]

따라서 유전자 변형 기술을 둘러싼 논쟁에서 현명한 선택을 하려면, 그것이 가져올 위험을 제대로 판단할 수 있어야 하며, 또한 그것을 다른 분야의 위험과 철저히 비교해보아야 한다. 우리는 우리 자신이 과거의 문제를 과연 어떻게 처리했는지 알아야 할 필요가 있다. 많은 허구적인 주장을 폐기해버릴 뿐만 아니라 우리에게 던져진 진정한 도전을 정면으로 마주할 수 있어야 한다. 그렇게 할 수 있어야만 위험성에 견주어 가장 현명한 결정을 내릴 수 있다.

이런 의미에서 본다면 유전자 변형 농작물을 둘러싼 논쟁은 뻔한 이야기와 진실의 대결의 재현이며, 책 전체에서 전하려는 내용을 분명히 대변하고 있다. 유전자 변형 기술과 관련된 대부분의 위험은 위험도가 매우 낮으며, 유전자 변형 기술과 전혀 관련이 없거나 그저 막연하게 관련되어 있을 뿐인 경우가 대부분이다. 한 생물 종으로서 인류는 이제까지 살아오는 동안 항상 문제를 만들어냈지만, 전체적으로 보면 그보다 더 많은 문제를 해결해왔다. 여기에서 중요한 것은 우리가 만들어낸 문제보다 해결한 문제가 더 많다는 점이다. 유전자 변형에 반대하는 사람들의 가장 핵심적인 주장은 주로 허구를 바탕으로 하고 있다. 하지만 앞으로 반드시 해결해야만 하는 진정한 문제가 존재하는 것도 사실이다.

유전자 변형 식품에서 비롯되는 잠재적 위험과 이득을 비교하다 보면, 그 기술이 선진국과 개발도상국에 가져다줄 수 있는 실질적인 이득이 위험을 훨씬 능가하며 그 위험은 우리가 관리할 수 있는 수준임을 분명히 알 수 있다. 그러나 위험을 관리하기 위해서는 강력한 규제 시스템이 필요할 것이다.

원칙을 들먹일 때는 조심해야 한다

이 책은 지겹게 되풀이되는 뻔한 이야기들로 인해 우리 마음속에 깊이 새겨진 믿음 중 많은 부분이 사실의 뒷받침을 받지 못하고 있음을 보여주었다. 이 세계의 실제 상황은 점점 더 나빠지고 있는 것이 아니다. 이미 앞에서 지적한 것처럼 지금은 여가 시간도 과거보다 많아졌고, 일상생활의 안전도도 증진되었고, 사고도 줄었고, 교육 여건도 개선되었다. 우리 생활을 쾌적하게 해주는 물건도 더 많아졌고, 소득도 더 높아졌으며, 굶주리는 사람도 예전에 비해 줄었고, 식량은 더 많아졌고, 사람들의 건강도 향상되었고, 수명도 늘었다. 죄 많은 인류를 처벌하기 위해 바로 우리 눈앞에서 불길하게 어른거리는 생태학적 재앙도 없다.

따라서 환경 문제를 생각하면서 이제 더 이상 종말론적인 관점을 가질 필요는 없다. 환경을 중요시하는 것은 반드시 필요한 일이다. 그러나 환경 문제는 세상의 여러 중요한 문제 중 하나에 지나지 않는다. 좀더 나은 세상을 만들고 21세기에 최고의 발전을 이룩하기 위해 처리해야 하는 많은 과제 중 일부인 것이다.

사회 자원을 가능한 최선의 방법으로 분배하려면, 반드시 사업 집행의 우선순위를 설정해야 한다. 사회적 우선순위를 결정하는 과정에서 환경 문제는 다른 분야들과 똑같은 위치에서 고려되어야 한다. 환경 관련 정책을 입안할 때는 반드시 근거가 튼튼한 주장이 뒷받침되어야 하며, 그런 조치가 가져올 장점과 단점을 근거로 평가가 이루어져야 한다. 메디케이드(65세 미만의 저소득층과 장애인을 위한 미국의 의료보장제도 – 옮긴이)를 후원하거나, 예술 기금을 늘리자거나, 세금감면을 제안할 때와 똑같은 방식으로 평가가 이루어져야 한다는 것이다.

하지만 이렇게 하기 위해서는 먼저 사전 예방 원칙(precautionary principle)의 적용을 엄격히 제한할 필요가 있다. 이 원칙은 많은 국제 조약에서 소중한 원칙으로 채택되었는데, 1992년의 리우 선언에서도 역시 마찬가지였다. "심각한 피해 혹은 돌이킬 수 없는 피해가 야기될 위험이 있을 때, 충분한 과학적 확실성이 결여되어 있다는 것이 환경 파괴를 예방할 비용의 효과적인 조치를 연기하는 이유로 이용되어서는 안 된다."[2915]

이 선언에서 사전 예방 원칙을 통해 알 수 있는 것은 우리가 그 어떤 것도 결코 절대적으로 증명할 수 없으므로 과학적 불확실성이 환경 관련 조치를 회피하기 위한 정치적 전략으로 이용되어서는 안 된다는 것뿐이다. 가장 좋은 예가 바로 지구 온난화이다. 지구 온난화 문제에 있어 과학적 확신이 부족하다는 사실 그 자체는 어떤 조치에 반대하는 근거(혹은 찬성하는 근거)가 될 수 없다. 지구 온난화를 다룬 장에서 이미 살펴보았듯이, 우리는 과학적 불확실성의 수준과 불확실성의 방향을 면밀히 검토해야만 하고, 그 다음에는 특히 각기 다른 수위의 조치를 취했을 경우 예상되는 비용과 이득이 얼마나 되는지 살펴보아야만 한다.

하지만 사전 예방 원칙을 이런 식으로 이해하는 것은 대단히 앵글로색슨적인 시각이다. 유럽 대륙에서 더 흔하게 통용되는 독일식 해석(이른바 Vorsorgeprinzip, precautionary principle에 해당하는 독일어 - 옮긴이)은 훨씬 더 급진적이다.[2916] 이 원칙은 기본적으로 "모든 의사 결정 과정에 안전성을 담보할 수 있는 여유"[2917]를 포함시키는 것을 의미한다. 덴마크식 해석에 의하면, 이 원칙은 "자연 및 환경과 관련해 확실하지 않은 점을 자연과 환경에 유리한 방향으로 해석해주는 것"[2918]이다.

그러나 이런 식의 주장에는 조금 문제가 따른다. 이 주장의 본질은 "나중에 후회하는 것보다는 안전을 위해 철저하게 준비하는 것이 더 낫다"는 것이며, 이 말 자체는 우리가 기꺼이 동의할 수 있는 지당한 말씀이다. 그렇지만 이런 시각은 앞에서 살펴본 하버드 대학교 연구를 통해 얻은 근본적인 통찰력, 즉 어떤 분야에서 더 안전성을 확보하고자 자원을 사용하면 다른 분야에서 좋은 일에 사용될 수 있는 자원이 없어질 수 있다는 점을 무시하고 있다. 따라서 단순히 만전을 기하기 위해 몇몇 인명을 추가로 구하는 데 엄청난 비용을 들인다면 다른 분야에서 더 저렴한 비용으로 더 많은 인명을 구할 수 있는 가능성을 포기하는 것이 될 수도 있다.

사람들은 흔히 환경 분야의 과제가 다른 분야에 비해 여러 가지 면에서 특별하다고 주장한다.[2919)] 우선 환경 관련 결정 중에는 되돌리기 어려운 것들이 있다. 예를 들어 늪을 매립해 포장해버리거나 황무지를 개간해버리고 난 후에 그것을 다시 원상 복구하려면 많은 비용이 든다(그리고 때로는 원상 회복 자체가 불가능한 경우도 있다. 생물 멸종이 좋은 예이다). 어떤 환경 관련 결정은 먼 미래에까지 영향을 미치기도 한다. 예를 들어 원자력 발전소는 수천 년 동안 방사능을 유지하는 핵 폐기물을 배출하는데, 이것이 미래의 먼 후손들에게까지 영향을 미칠 것이다. 마지막으로 환경과 관련된 현상 중에는 심대한 영향을 미치는 것들이 있다. 앞에서 살펴보았듯이, 지구 온난화는 여러 가지 다양한 영향을 미칠 것이며, 그로 인해 전세계 GDP의 1~9%에 해당하는 비용이 발생할 것이다.

이런 모든 지적은 중요한 의미를 지니고 있으며, 따라서 다른 많은 제안과 함께 사회적인 우선순위 결정 과정에서 고려되어야 한다. 그러나 이 지적 중 특별히 환경에만 국한된 것은 하나도 없다. 의미 심장한 정치적 결정 대부분은 되돌리기가 어렵거나 불가능하다. 미국의 노예 제도 폐지, 프랑스의 인권 선언 채택, 1970년대에 서구 세계 대부분 지역에서 이루어진 낙태의 합법화, 여러 단계를 거친 유럽연합 구축 등의 도덕적 · 정치적 결정은 모두 돌이키기가 지극히 어렵거나 아예 불가능한 예라고 할 수 있다. 비록 사회 전체에 미치는 영향은 위의 사례보다 적다고 할 수 있지만, 이에 못지않게 중요한 결정, 즉 공항이나 다리 등 대형 사회 기반 시설의 위치 선정 문제 역시 일단 결정된 후에는 거의 돌이킬 수 없다. 도시의 용도 지구 설정, 학교와 도로, 공원의 위치 설정 등도 마찬가지다.

더욱이 이런 결정은 대부분 먼 미래에까지 중대한 영향을 미친다. 따라서 최종적으로 우선순위를 점할 때 이런 모든 사실이 당연히 포함되어야 한다. 그리고 우선순위 결정은 또다른 종류의 사전 예방 원칙이 아니라 이런 사실들을 바탕으로 내려져야 한다.

사전 예방 원칙과 관련해 흔히 지적되는 점이 두 가지 더 있다. 첫째, 사전 예방 원칙은 미래에 대한 우리의 관심을 강조하고, 후손의 미래를 운에 맡기고 싶지 않다는 생각을 강조한다. 이런 주장의 핵심은, 새로운 물건이나 발명품이 생활에 해를 끼칠 가능성이 조금이라도 존재한다면, 설령 물건에 개선 가능성이 더 크더라도 그 가능성에 도박을 거는 것을 꺼린다는 것이다. 다시 말해 우리가 위험을 싫어한다는 얘기다. 이것 역시 분명히 동의할 수 있는 얘기처럼 들린다. 그러나 이렇게 위험을 피하려 하는 태도를 환경 문제에만 적용할 수 있는 것은 아니다. 많은 잠재력을 지닌 새로운 화학물질을 도입하는 것이 득보다 실이 될 가능성을 품고 있는 것은 당연한 일이다.[2920] 하지만 이 점에서는 다른 모든 발명품도 마찬가지다. 예를 들어 컴퓨터와 인터넷이 사람들 사이의 직접적인 접촉을 불필요한 것으로 만들 수도 있지 않을까?[2921] 그럴 가능성이 크지는 않지만 적어도 한번쯤은 생각해볼 수 있는 문제임이 분명하다. 따라서 만약 어느 한 면에서 위험을 회피하고자 한다면 다른 모든 측면에서도 그런 태도를 견지해야 한다(유전자 변형 식품에 대한 박스 내용 참조).

둘째, 우리의 행동이 불러올 결과에 대해 과학자들이 충분한 정보를 제공해줄 수 없을 때, 사전 예방 원칙이 특별한 의미를 갖는다는 지적이 있다. 그러나 다시 말하지만, 불확실성은 결코 환경 분야에만 존재하는 것이 아니다. 컴퓨터와 인터넷의 사용이 사회적으로 어떤 결과를 가져올 것인지에 대해서도 정보가 부족하고, 국제 관계 이론들은 다양한 대외 정책이 불러올 결과에 제대로 된 대답을 거의 내놓지 못한다. 그런가 하면 유로화의 도입이나 북미자유무역지역(NAFTA) 선언 등이 경제적으로 어떤 결과를 불러올지에 대해서도 우리는 거의 아는 것이 없다. 사실, 중요한 의미를 가지는 정책 중에서 그 정책 집행의 결과에 대해 과학적 확신이라고 할 만큼 완벽한 예측을 할 수 있는 경우가 있을 것이라고는 상상하기 어렵다.

따라서 사회에서 중요한 의미를 지니는 모든 우선순위를 결정할 때는 불확실한 지식과 예상되는 위험의 감수, 그리고 일단 결정된 이후에는 돌이키기가 어렵다는 점에 대한 인식, 그런 결정이 수많은 사람들과 먼 미래에까지 엄청난 영향을 미칠 수 있다는 인식 등을 모두 감안해야 한다. 이것 역시 환경과 관련된 제안이 많은 제안 중 하나에 불과하다는 점을 다시 확인해준다.

환경 분야가 지금까지 사전 예방 원칙을 독점할 수 있었던 것은 기본적으로 지겹게 되풀이되는 뻔한 이야기들과 종말에 대한 두려움 때문이었다. 물론 대규모의 생태학적 재앙이 임박했다면, 사람들이 환경만을 위한 안전성 확보에 더 많은 노력을 기울이게 될지도 모른다. 하지만 이 책이 입증하고 있듯이 그런 일반적인 믿음은 허구를 바탕으로 한 것이다.

우선순위 설정에 있어 가장 중요한 점은 이용할 수 있는 모든 정보를 바탕으로 우리가 지금 가지고 있는 자원을 최대한 잘 활용하는 것이다. 바로 이 때문에 사전 예방 원칙이 저울의 추를 환경에 더 유리한 쪽으로 기울이는 데 빌미가 되어서는 안 된다. 만약 그렇게 된다면 자원 분배가 더 이상 최선의 방법으로 이루어지지 못할 것이기 때문이다.[2922] 이런 관점에서 사전 예방 원칙은 우리로 하여금 필요 이상으로 나쁜 결정을 내리게 만든다고 할 수 있다.[2923]

우선순위 결정이 '편협'하거나 '냉정'한 것 같아서 그런 일에서 아예 손을 떼고 싶다는 생각이 든다 해도,[2924] 자원이 분배되는 것을 막을 수는 없다. 다만 그렇게 될 경우에는 자원 분배에 대한 결정이 훌륭한 근거를 토대로 심사숙고해서 내려지는 것이 아니라 임의적이고 비합리적으로 내려진다는 점에서 다를 뿐이다.[2925] 따라서 우선순위 설정을 회피한다는 것은 곧 우리가 최선을 다할 수 있는 기회를 포기한다는 뜻이다. 설령 그

의도가 제아무리 좋더라도 우선순위를 합리적으로 설정하지 못한다면, 궁극적으로는 수천 명을 살해하는 결과를 낳을 수 있다.

지속적인 진보가 필요하다

만약 우리가 심사숙고해서 합리적인 결정을 내리는 것이 아니라 이 세상이 퇴보하고 있다는 그 뻔한 이야기에 의존해 해결책을 찾는다면, 우리는 형편없는 비생산적인 선택을 하게 될 것이다. 예를 들어, 페루의 정책 당국자들은 염소 투여로 인한 암 발생 가능성을 두려워해서 수돗물 염소 소독을 하지 못하도록 했다.[2926] 그런데 요즈음 과학자들은 1991년 페루에서 콜레라가 다시 맹위를 떨치게 된 주된 이유의 하나가 바로 이것이라고 믿고 있다.[2927] 만약 당시의 정책 당국자들이 염소 투여로 인한 암 발생의 위험도가 얼마나 낮은지 알았더라면 콜레라가 유행하는 사태는 결코 발생하지 않았을 것이다.

1967년 폴 에를리히는 전세계적으로 대규모 기근이 발생할 것이라고 예언했다. 그는 기근 피해를 억제하기 위해서는 기근을 이기고 살아남을 가능성이 있는 국가에만 원조를 해줘야 한다고 믿었다. 그의 관점에서 본다면 충분히 일리 있는 주장이었다. 에를리히는 인도가 살아남을 수 없는 국가에 속한다고 지적했다. "냉정한 분석 결과에 따르면 식량 생산량과 인구가 절망적인 불균형을 이루고 있는 인도 같은 나라에는 더 이상 긴급 원조를 해주지 않겠다고 선언해야 한다. ……우리가 가진 충분치 않은 원조금은 살아남을 수 있는 국가를 위해 남겨두어야 한다."[2928] 에를리히의 이 말은 기본적으로 인도가 혼자 알아서 하도록 내버려두어야 한다는 뜻이었다. 그러나 인도는 그 후 녹색혁명을 경험했다. 에를리히가 예언했던 1967년에 인도인들은 매일 평균 1,875칼로리를 섭취했다. 그런데 1998년에는 인구가 거의 2배로 늘었는데도 1인당 평균 칼로리 섭취량이 2,466칼로리였다.[2929] 만약 당시의 사람들이 녹색혁명의 아버지 노먼 볼

로그보다 에를리히의 말에 더 주의를 기울였다면, 녹색혁명을 태동시킨 그 결연한 의지와 영감에 주의를 덜 기울였다면, 지금 상황이 훨씬 더 나빠졌을지도 모른다.

나는 적어도 서구 세계와 관련해서는 이 책이 환경 문제에 대한 태도에 눈에 띄는 변화를 불러올 수 있기를 바라고 있다. 대파국이 임박했다는 두려움은 잊어버려도 된다. 이 세상이 기본적으로 올바른 방향으로 나아가고 있으며, 또 합리적인 우선순위 설정에 고집스럽게 초점을 맞춤으로써 발전 방향을 조종하는 데 일조할 수 있다는 것을 알 수 있지 않은가?

환경을 걱정할 때 사람들은 단기적으로 기분을 좋게 해주는 해결책에 쉽게 빠져드는 듯하다. 그렇지만 이런 해결책은 비교적 사소한 문제점을 해결하는 데 엄청난 돈을 쓰게 만들어 훨씬 더 중요한 일에 자원을 쓸 수 없게 만든다. 수질 문제, 농약 사용 문제, 지구 온난화 문제 등에 자원을 사용할 때는 합리적인 판단에 근거해 신중하게 결정을 내릴 필요가 있다. 그렇다고 해서 합리적인 환경 관리와 이성적인 환경 투자가 좋은 일이 아니라는 뜻은 아니다. 단지 그런 투자로 인해 야기되는 비용과 이득을 다른 중요한 분야의 비슷한 투자와 비교해야 한다는 뜻일 뿐이다.

대체적으로 나는 지나친 낙관주의에 대가가 따른다는 점을 반드시 강조해야 한다고 믿는다. 그렇지만 지나친 비관주의에도 역시 상당한 대가가 따른다는 점을 잊어서는 안 된다. 만약 우리가 미래에 대해 확신을 갖지 못한다면 더 냉정해지고 더 무심해질 것이며 급기야는 더욱 겁에 질려서 자기 안으로 숨어버릴 것이다. 그리고 설사 이 행성을 위해 결연히 투쟁하겠다고 결정하는 경우에도 그런 결정은 합리적인 분석이 아니라 점증하는 두려움에서 비롯된 오도된 프로젝트의 일부에 불과할 가능성이 매우 크다.

물론 그냥 무조건 미래를 믿겠다고 결심해버릴 수도 없는 노릇이다. 하지만 이 책에 실린 증거와 주장이 비생산적인 걱정에서 사람들을 자유롭게 해방시켜줄 수 있기 때문에 어쩌면 그런 선택에 상당한 영향을 미칠 수 있을지도 모르겠다. 이 책의 내용을 통해 우리가 유형의 자산은 물론 무형의 자산을 생산하는 데도 참여함으로써 더 나은 세상을 만드는 데 일조하고 있다는 새로운 확신을 얻을 수 있을 것이다.

세상 일이 지금까지 잘 풀린 것은 우리가 세상에 대해 걱정을 했기 때문이라는 주장이 자주 제기될 때 바로 위와 같은 생각을 하게 된다. 그렇다. 세상사가 이렇게 제대로 나아가고 있는 것은 우리가 상황을 개선하기 위해 열심히 노력했기 때문이다. 어떤 경우에는 세상의 변화가 거의 자동적으로 이루어지기도 했는데, 경제적인 부가 지속적으로 성장하고 있는 것이 한 예다. 우리가 점점 더 부유해진 것은 시장 경제의 근본적인 구조 때문이지, 우리가 세상을 걱정했기 때문이 아니다. 환경 오염과 관련해서 최근에 이루어진 가장 중요한 발전 중 일부는 규제를 통해 성취될 수 있었다. 그러나 그런 규제가 제대로 된 영향력을 미칠 수 있었던 것은 합리적인 우선순위 설정이 그 안에 반영되었기 때문이지 일반 대중의 걱정 때문이 아니다.

이 세상에 식량이 더 풍부해진 것도 사람들의 걱정 때문이 아니라 미래의 비전을 지닌 개인과 단체들이 힘을 합해 녹색혁명을 이룩했기 때문이다. 여가 시간이 더 늘어나고, 안전성이 더 많이 확보되었으며, 소득이 더 높아졌고, 교육 여건이 더 좋아진 것 역시 우리가 그런 것들을 걱정했기 때문이 아니라 문제와 씨름했기 때문이다.

문제를 처리하고 합리적인 우선순위를 결정해야지 쓸데없는 걱정을 해서는 안 된다.

우리는 실제로 물려받은 세상보다 더 나은 세상을 만들어 놓았다. 그리고 이것이 바로 이 세계의 실제 모습이다. 가히 환상적인 사실이 아닌가. 측정 가능한 모든 중요한 분야에서 인류의 운명이 크게 개선되었으며, 앞으로도 계속 개선될 가능성이 크다는 사실 말이다.

한번 생각해보라. 여러분이 태어날 시기를 선택할 수 있다면 과연 언제를 고르겠는가? 많은 사람들은 아직도 뻔한 이야기들을 고집하면서 식량과 식수가 부족하고, 공해와 산성비와 지구 온난화가 만연한 세상에서 자라는 아이들의 모습을 머릿속에 그리고 있다.[2930] 그러나 이런 상상 속의 이미지는 우리 자신의 선입관과 과학적 분석의 부족이 함께 빚어낸 결과에 불과하다.

따라서 이 책이 독자 여러분에게 전달하려는 메시지는 바로 이런 것이다. 선진국과 개발도상국, 어디를 막론하고 지금 태어나는 아이들은 더 오래, 더 건강한 삶을 살게 될 것이며, 더 풍족한 음식과 더 좋은 교육, 더 높은 생활 수준과 더 많은 여가 시간, 그리고 훨씬 더 많은 가능성을 누리게 될 것이다. 지구 환경이 파괴되지 않은 상태에서 말이다.

아름다운 세상이 아닌가!

주

1. 마크 트웨인(Mark Twain) 자서전(편집 Charles Neider, 1959) 제29장에서 인용.

2. 또한 일부 부문에서는 그들 나름의 척도가 있다. 예컨대 석유는 배럴로 표시하고 에너지는 BTU(British Thermal Unit, 영국 열량 단위. 1파운드의 물을 1°F 올리는 데 필요한 열량–옮긴이)로 표기한다. 이 책에서는 전통에 따라 이런 척도를 자주 사용했지만 대개는 그에 상응하는 다른 척도에 대한 설명을 함께 제시했다. efunda 2001 참조.

3. efunda 2001.

4. 레스터 브라운은 2000년까지 월드워치연구소의 소장이었으며, 지금은 이사장 겸 선임 연구원이다.

5. 물론 학문적인 관점에서 보면 더 우수한 환경 관련 논문과 보고서를 많이 찾아볼 수 있다(예를 들어, UN, WRI, US EPA 등이 발간한 여러 보고서와 중요한 연구 결과가 있다. 이 정보의 상당수를 이 책에서 인용했고 참고 문헌에도 수록했다).

6. Hertsgaard 2000.

7. Scott 1994:137.

8. Linden 2000.

9. New Scientist 2001:1.

10. 이제 더 이상 그런 말을 하는 사람이 없을 것이라는 얘기를 곧잘 듣곤 한다. 하지만 이와 거의 똑같은 이야기가 〈타임〉 지의 2001년 특집호에 실린, 자연의 현황에 대한 기사의 축을 이루었다. "지난 세기 동안 내내 인류는 자연을 지배하기 위해 모든 수단을 동원했다. 사람들은 강물을 막아 댐을 쌓았고 숲의 나무를 베어 넘어뜨렸으며 토양을 고갈시켰다. 우리는 억겁의 세월에 걸쳐 생성된 화석연료를 태워버리면서 수십 억 톤의 온실 가스를 공기 중으로 내뿜어 대기의 화학 구성을 바꿔놓았으며, 이로써 겨우 몇십 년 만에 이 행성의 온도를 눈에 띄게 높여놓았다. 또한 서기 2000년이 시작되는 시점에 60억 명이 넘는 인구는 여전히 여러 대륙으로 퍼져나가고 있으며, 100여 년 전 영장류로서는 최초로 미스 월드런(Miss Waldron)의 붉은 콜로부스 원숭이가 사라진 것을 비롯해서 수십 종의 동식물이 매일 멸종되고 있다."

"21세기가 처음 시작되는 현 시점에서 이 행성의 지나친 개발이 이미 한계에 도달했으며 이제는 자연이 복수를 시작했음을 보여주는 분명한 징조들이 나타나고 있다. 극지방의 얼음이 녹아내리는 현상은 기후가 급격히 변하고 있음을 시사한다. 날씨는 평소 때보다 훨씬 더 변덕스러워져 어떤 지역에서는 비가 너무 적게 오는가 하면 또 다른 지역에서는 비가 너무 많이 내리기도 한다. 지난 여름에는 바짝 마른 미국 서부 지역에 불길이 급속도로 번졌으며, 최근 발생한 폭풍은 영국에서부터 타이완에 이르기까지 파괴를 일삼았다. 지구 온난화가 원인이 되어 발생한 구체적인 사례를 들기는 어렵지만, 과학자들은 온실 효과가 발생하는 세상에서는 대홍수와 가뭄이 훨씬 더 잦아지고 혹독해질 것이라고 경고하고 있다. 이미 기후가 더워지면서 말라리아와 황열병 같은 열대성 질병의 발생 지역이 확대되고 있다. 지나치게 혹사당하고 있는 이 행성은 곡물 수확량 및 어획량의 감소, 부족한 수자원을 둘러싸고 벌어지는 분쟁의 격화 등과 같은 다른 불길한 징조를 전해주고 있다." 필자 불명 2001b.

11. '너무나 뻔한 이야기(Litany)'라는 용어와 그 다음의 설명은 Regis 1997에서 따온 것이다.

12. 너무나 뻔한 이야기의 좋은 예로서 그런 모든 주장이 가장 잘 응집된 발언은 아이작 아시모프와 프레데릭 폴(Frederik Pohl)이 공동으로 발간한 《우리의 성난 지구(Our Angry Earth)》(1991:ix)에서 찾아볼 수 있을 것이다. "우리의 지구를 위기에서 구하기에는 너무 늦었다. 이미 너무 많은 일들이 일어났다. 농장은 사막으로 바뀌었고 삼림은 깨끗하게 베어져 황무지로 변했으며 호수는 유독 물질로 오염되었고 공기는 유해한 기체로 가득하다. 다른 유해한 변화로부터 우리 자신을 구하는 것조차 이제는 너무 늦었다. 그런 과정들이 이미 시작되었으며 일단 시작된 이상 필연적으로 스스로의 길을 따라 진행될 터이기 때문이다. 지구의 기온은 올라가고 오존층은 계속 얇아질 것이다. 공해로 인해 점점 더 많은 생물이 병에 걸리거나 죽음을 맞을 것이다. 이 모든 것들이 이미 너무나 많이 진행되어 있기 때문에 상황은 필연적으로 더 악화될 것이다. 앞으로 우리에게 남은 길은 상황의 악화를 과연 얼마나 허락할 것인지 결정하는 것뿐이다."

13. 중요한 분야를 모두 다룬다는 것은 아예 불가능하다. 그러나 나는 이 책에서 대부분의 분야를 다루고 있다고 생각하며, 스칸디나비아에서의 논의가 의미심장한 새로운 분야를 제시하지는 않았다. 물론 새로운 의견은 언제나 환영한다.

14. 이 주장과 다음에 나오는 주장은 그 아래의 개별 장에서 자세히 설명하였다.

15. 엄격히 말해서 이 말은 사실이 아니다. 점점 더 좋아진다는 말에는 윤리적인 함의(더 좋은 것이란 무엇인가?)도 포함되어 있기 때문이다. 그러나 이 말에 이의를 제기할 사람은 거의 없을 것이다. 예를 들어보자. 갓난아이의 생존 확률이 높아지는 것은 좋은 일이 아닌가? 현재의 모습을 가리키는 'is'와 마땅히 그래야 하는 모습을 가리키는

'ought'는 원래 데이비드 흄에게서 따온 것이다(1740:468–9).

16. WFS 1996:I, 표 3; FAO 1999c:29.

17. Brundtland 1997:457.

18. 다음의 주장은 Simon 1995:4ff를 바탕으로 한 것이다.

19. Simon 1995:6.

20. WRI 1996a:105.

21. 일례로 Easterlin 2000.

22. UNEP 2000:52ff.

23. WFS 1996:I:표 3; FAO 1999c:29.

24. UNEP 2000:55.

25. D. M. Scotney and F. H. Djikhuis 1989: "Recent changes in the fertility status of South African soils." Soil and Irrigation Research Institute, Pretoria, South Africa. 여러 번의 시도에도 불구하고 이 출판물을 구할 수 없었다.

26. IFPRI 1999:14 and FAO 1995b:86–7. FAO가 식량 생산량 증가를 수확량 증가와 경지 면적 증가로 나누어 설명하지 않았다는 점에 주목해야 한다(이렇게 나눈다면 연간 총 증가분은 3.4%가 될 것이다. 참고로 IFPRI의 추정치는 2.9%인데 그 중 1.7%는 수확량 증가로 인한 것이다).

27. 1990년 이후 연간 수확량 증가율은 0.37%였으며 총 생산량 증가율은 20.7%였다(FAO 2000a).

28. Pimentel et al. 1995a.

29. Boardman 1998.

30. 전문적으로 말해서 이런 오류는 종속 변수 때문이라고 알려져 있다. 우리는 (담배를 피웠지만 장수한 할아버지들만을 기억하며) 우리가 원하는 결과에 들어맞는 예만을 골라 길게 인용하는 경향이 있다. 그러나 설령 그렇게 하더라도 자신의 주장을 원하는 만큼 강화시킬 수 없다.

31. 물론 수많은 다른 요인도 확인해보아야 한다. 예를 들어 사회 계층, 소득, 거주 지역의 위치, 교육 수준, 성별 등의 측면에서 흡연자와 비흡연자 사이에 차이가 있는지 살펴보아야 한다.

32. 인구 1인당 1일 2,007칼로리에서 1,579칼로리로 감소했다(FAO 2000a).

33. 인구 1인당 1일 1,711칼로리에서 2,170칼로리로 증가했다. 1988–98(FAO 2000a).

34. 물론, 국가들의 규모가 크게 다를 수 있다는 점도 감안해야 한다.

35. FAO 2000a.

36. WI 1984:18.

37. WI 2000c.

38. 월드워치연구소의 《생명의 징후 2000(Vital Signs 2000)》에 제시된 수출 자료와 그래프(2000b:74-75)가 그 전에 발간된 책(1998b:69, 1999b:77)과 electronic database(2000c)와 비교할 때 부정확하다는 점에 주목하라. 또 세계은행이 발간한, 1995년의 달러 가치를 기준으로 한 상품 및 서비스 통계(2000c)와 비교해도 역시 부정확하다.

39. 일례로 Brown and Kane 1994:138.

40. Brown and Kane 1994:142.

41. Asimov and Pohl 1991:45. 생략 부분은 원문을 참조하기 바란다. 다음 구절에서 같은 말의 반복이 분명한 부분을 생략했다. "1947년부터 1969년까지 23년 동안 1947부터 1969년까지의 매우 난폭한 허리케인이 불어온 날은 평균 약 8.5일이었으나……."

42. Landsea 1993:도표 8. http://www.aoml.noaa.gov/hrd/Landsea/climo/Fig8.html 참조.

43. Landsea 1993.

44. Landsea et al. 1999:108.

45. WWF 1997a:18.

46. INPE 2000:9.

47. WWF 1997a:18.

48. 70미터×110미터인 축구장의 면적은 0.77헥타르이다. 따라서 연간 사라지는 삼림 면적 148만 9,600헥타르는 190만여 개의 축구장 넓이에 해당한다. 즉 시간당 220개의 축구장에 해당하는 면적이 사라진다고 할 수 있다. 아마존 유역의 면적은 대략 3억 4,300만 헥타르, 즉 약 4억 4,500만여 개의 축구장 면적에 해당한다. 이런 것을 안다고 해서 우리가 더 현명해지는 것일까?

49. INPE 2000:7; Brown and Brown 1992:121.

50. 필자 불명 2000a:5. http://www.recycline.com/도 참조.

51. Hudson 2000.

52. Stiefel 1997.

53. 이 기사에서 추정치의 단위가 파운드임을 주목해야 한다. 아마도 1억 파운드라는 말이 듣기에 더 좋기 때문일 것이다. 필자 불명 2000a:5. http://www.recycline.com/recinfo.html.

54. EPA 2000c:표 1.

55. EPA 1999b:5 (표 ES-1). 1997년의 경우 2억 6,764만 5,000명의 국민이 매년 1억 파운드의 칫솔 쓰레기를 만들어냈다(필자 불명 2000a:5).

56. WI 1995:7.

57. WI(2000b:46). "아마도 가장 극적이고 가장 뜻밖의 변화는 10년 전 경제가 쇠퇴하기 시작한 이후 구소련에서 비료 사용량이 가파르게 감소했다는 점일 것이다."

58. 환경 과학 분야에서 이는 '치환에 의한 문제 해결'이라는 이름으로 잘 알려져 있다(Weale 1992:22).

59. Asimov and Pohl 1991:76.

60. Asimov and Pohl 1991:78.

61. Gore 1992:82.

62. 일례로 Andersen 1998. 앨 고어는 가스 세정기 때문에 이산화탄소가 6% 더 배출된다고 지적했다(1992:82). 그러나 최근의 추정치는 1% 이하이다(필자 불명 1995b).

63. Elsom 1995:480. 제4부의 공해 부분도 참조.

64. 제4부의 미세 먼지 오염에 대한 주 1188번의 계산 참조.

65. Goodstein 1995은 미국의 쓰레기 매립지 6,000여 곳에서 지하수가 오염되어 300년마다 5.7명의 암 환자가 발생한다는 EPA의 주장을 인용하고 있다. 이는 50년마다 1명 이하의 암 환자가 발생한다는 뜻이다. 영국에서는 매립지의 수가 더 적고 가스 세정기에서 발생하는 슬러리가 매립지의 극히 일부분만을 차지하기 때문에 이 수치는 최대 추정치라고 할 수 있다.

66. 나는 동물도 '동등한' 권리를 누려야 한다는 주장을 대체적으로 인정하지 않는다. Singer 1977 참조.

67. 나는 이보다 더 과격한 해석을 삼가고 있지만, 이 주장은 원래 Baxter 1974의 영향으로 생겨난 것이다. 생명에 대한 이런 시각을 '객관화(objectification)'라고 하며 현재 가장 유력한 견해이다(Agger 1997:64ff).

68. 나는 동식물이 피해를 입거나 불필요하게 목숨을 잃지 않을 권리를 갖고 있다는 데 진심으로 동의한다(이런 이유로 나는 채식주의자가 되었다). 그러나 여기서 '불필요하게'라는 말에는 잔인한 의미가 숨어 있다. 인간이 소의 죽음을 정당화할 수 있을 만큼 그 죽음이 필요해지는 것은 과연 어떤 경우인가? 이 질문에 대한 답은 구체적인 상황 속에서 결정될 수밖에 없을 것이며, 민주적인 의사 결정 절차에서와 마찬가지로 절차상의 정의를 바탕으로 해야 할 것이다. 이 말은 인간이 자신의 원칙에 따라 결정을 내린다는 것을 의미한다.

69. 그러나 어느 편을 선택해야 할지 분명한 경우는 드물다. 처녀림은 원래 인간에게

휴양의 기회를 제공해주지만 그것을 일구어서 밭으로 만들면 많은 옥수수에게 생명을 피워낼 기회를 부여한다.

70. 그렇지만 우리는 그 반대의 경우도 볼 수 있는데, Pimentel et al. 1998이 그 예다.

71. WI 1998a:4.

72. 월드워치연구소가 펴낸 나머지 다른 책에는 당연히 이런 주장의 많은 예들이 제시되어 있다. 그러나 앞에서 언급했듯이, 사례별로 하나씩만 언급된 예는 세계적인 평가를 내리는 데 사실상 아무런 쓸모가 없다.

73. WI 1998a:22. 그들의 말은 다음과 같이 이어진다. "앞에서 지적했듯이 한때 지구를 덮고 있던 삼림의 거의 절반이 사라졌다." 이 추정치가 지극히 과장되어 있다는 사실(Goudie 1993:43는 지난 300년 동안의 추정치를 20%로, Richards 1990:164는 19%로 보고 있다) 외에도 이 추정치는 20여 년에 걸친 추세와 수천 년에 걸친 추세를 비교하는 터무니없는 일이 이루어졌음을 암시한다.

74. 1949년의 추정치는 현실과 맞지 않으며, 여기서 언급된 것보다 훨씬 더 낙관적인 결론을 분명 이끌어낼 수 있을 것으로 보인다.

75. WI 1998a:22.

76. 한 해에 1,126만 헥타르(FAO 1997c:17).

77. WI 1998a:9.

78. 가장 최근에 평가가 이루어진 기간인 1990~1995년 동안 87만 3,000a헥타르(FAO 1997c:189).

79. WI 2000a:xvii.

80. WI 2000a:xvii.

81. World Bank 2000c, 2000e:I:188. 덧붙여 말하자면, 이는 또한 월드워치연구소의 또 다른 출판물(WI 2000b:73)에 제시된 (1984~1998년의) 추세이기도 하다.

82. EEA 2000.

83. 2000년의 미국 달러 가치로 측정. IMF 2001a. 도표 65의 자료.

84. EIA 2000e:127, 153.

85. USBC 2000a.

86. WI 2000a:xvii.

87. WI 2000a:4. 제2부의 서두에 인용한 WI 1998a:xvii 참조.

88. WI 2000a:4.

89. WI 2000a:4.

90. WI 2000a:15.

91. Caldwell 2000.

92. Ainsworth and Teokul 2000.

93. 월드워치연구소는 서론에서 다시 에이즈 사례를 언급한다(WI 2000a:14-15).

94. WI 2000a:13.

95. WI 2000a:12.

96. WI 2000a:12.

97. WI 1998b:15.

98. WWF 1997b, 1997d, 1998c.

99. WWF 1997b, 제목과 p.1.

100. 삼림을 다룬 부분 참조.

101. WWF 1997e.

102. WWF 1997a, 1997e.

103. Goudie 1993:43의 20% 추정치는 아마도 Matthews 1983에서 인용한 수치일 것이다. 농경이 시작되기 이전 시대의 추정치는 없지만 가장 극심했던 지난 몇 세기 동안의 삼림 벌채에 대해서는 여러 추정치가 있다. 추정치들은 농경이 시작되기 이전 시대의 전체 삼림 벌채에 대해서는 과소 평가하고 있는 듯하다. 지난 300년 동안의 삼림 벌채 비율을 Williams 1994:104는 7.5%로, Richards 1990:164는 19%로 추정했다. IPCC 역시 1850년부터 1990년까지 전세계 삼림 면적의 감소율을 20%로 추정한다(2001a:3.2.2.2).

104. 이것은 용어에 대한 정의가 잘못 내려졌기 때문인데, 현재 삼림 면적의 무려 33%에 해당될 수 있다. 북부의 숲이 12억 헥타르에 이르지만 이런 잠정적인 설명만으로는 분명하지 않다(Stocks 1991:197). 앨드리치는 삼림 손실에 대한 다른 역사적 자료를 가지고 있지 않았기 때문에 미주 102번의 참고 자료를 받아보고는 기뻐했다.

105. WWF 1997e.

106. 1980~1995년에 1억 8,000만 헥타르의 삼림이 사라졌으며(FAO 1997c:16), 1990~1995년에는 5,630만 헥타르(p.17)가 사라졌다. 따라서 전체 삼림 면적은 34억 5,400만 헥타르이다(p.10). 1980년대의 경우 3,634×(1-0.346%)×10=3,510.3이며, 1990~1995년의 경우에는 3,510.3×(1-0.32%)×5=3,454이다(단위:100만 헥타르). WCMC의 마크 앨드리치에게 벌채율이 증가하고 있다는 주장을 들려주자 그는 솔직한 표정으로 이렇게 말했다. "이런, WWF가 할 만한 얘기군요."

107. http://www.panda.org/forests4life/news/10897.htm.

108. FAO 1997c:189, 18.

109. WWF 1997d, 1998c:36; 1999:27. WWF가 추정한 1990년의 삼림 면적은 34

억 1,000만 헥타르인 반면 FAO의 1990년도 추정치는 3,454+56.3=3,510.3(단위:100만 헥타르)이다(FAO 1997c:10, 17).

110. 1-3,044/8,080=62.3% 대신 1-3,410/6,793=49.8%.

111. Fairhead and Leach 1998; Leach and Fairhead 1999.

112. Leach and Fairhead 1999:1. 인터넷에서 볼 수 있는 WWF 1998d:7의 컬러 지도에서도 삼림 감소에 대한 이런 주장을 볼 수 있다.

113. Fairhead and Leach 1998:xix.

114. Fairhead and Leach 1998:183.

115. WWF 1999:1.

116. FAO 1997c:13, 표 2.

117. WWF 1998a:6.

118. "전세계 숲의 3%만이 조림지다"(FAO 1999a:1). 그러나 1997년의 FAO 추정치와 비교해보자. FAO는 전체 삼림 면적 34억 5,400만 헥타르 중 선진국의 조림지 총 면적이 약 8,000만~1억 헥타르, 개발도상국의 총 면적이 8,120만 헥타르로 조림지 전체 면적이 전체 삼림의 5.2%라고 보았다(FAO 1997c:10, 14, and WWF 1998a:36).

119. Costanza et al. 1997; WWF 1998a:24.

120. WWF 1998a:24.

121. WWF가 1999년 새로 발간한 보고서에는 이런 주장이 포함되어 있지 않다.

122. WI 1999b:77.

123. "두 가지 강력한 자료(매년 4만 종의 생물 종이 없어지고 있다는 주장과 현재의 멸종률이 0.7%라는 주장에 대한 반박)에 대해서는 그린피스를 비롯한 대부분의 단체들이 오래 전부터 인정하고 있다." 〈폴리티켄(Politiken)〉, 1998년 2월 13일자.

124. Greenpeace, *Protecting Biodiversity*:http://www.greenpeace.org/~comms/cbio/bdfact.html. 내 비판 때문에 지금은 이 사이트 링크가 사라졌다.

125. 노르웨이의 신문 〈베르덴스 강(Verdens Gang)〉 1998년 3월 19일자에서 인용.

126. *Verdens Gang*, 1998년 3월 19일자.

127. Colborn et al. 1996.

128. Colborn et al. 1996:182. 이 책을 읽으면서 다음과 같은 콜본의 단언을 믿을 수밖에 없는 것이 얄궂기도 하고 참을 수 없는 일이기도 하다. "우리 저자들은 환경 오염과 유방암 사이에 상관 관계가 매우 빈약하고 불충분하다는 내 생각에도 불구하고 그런 주장을 이 책에 포함시켰다"(PBS Frontline 1998).

129. Colborn et al. 1996:182.

130. 175%=1.01^(1996-1940).

131. ACS 1999, CDC 2001a.

132. UNEP 2000:41ff.

133. UNEP 2000:42. http://www. grida.no/geo2000/english/0046.htm.

134. WHO 1998. "1997년 5세 이하 어린이 사망자의 수는 1,000만 명이었다." 1,046만 6,000명(Murray and Lopez 1996c:648).

135. UNEP 2000:148. http://www.grida.no/geo2000/english/0099.htm.

136. ECQ 1997. 불행히도 환경 관련 문헌에서 자주 발견되는 일이지만 GEO 2000은 정확한 인용 쪽수는 밝히지 않은 채 책 제목만 참고 자료로 제시하고 있다. 이렇게 되면 관련된 단 한 구절을 찾아내기 위해 300쪽이 넘는 분량을 온통 다 뒤져야 하는 지극히 어렵고 귀찮은 일을 감수해야만 한다.

137. WI 1999b:16-17. p.48, p.54; 1997b:54; 2000a:17 참조.

138. 0.045EJ 중 22% vs. 159.7EJ 중 2%.

139. 0.045EJ×1.22^45.7=159.7EJ×1.02^45.7.

140. Hohmeyer 1993.

141. Krupnick and Burtraw 1996. 세 연구는 다음과 같다. 미국 에너지부(Oak Ridge National Laboratories/Resources for the Future, Lee et al. 1995), EU(DG XII 1995), 엠파이어 스테이트 일렉트릭과 뉴욕 주 에너지연구개발국〔Empire State Electric and NY State Energy Research and Development Authority(1995)〕.

142. Krupnick and Burtraw 1996:24.

143. WI 1999a:28.

144. WI 1999a:39.

145. WI 1999a:39.

146. WI 1999a:18. 이산화탄소 배출량을 줄이는 비용이 더 싸지거나 심지어 이윤을 낼 수도 있을 것처럼 들리지만(월드워치연구소가 이 구절을 인용한 의도가 바로 이것임은 분명하다), 캐스튼은 사회가 부담해야 하는 전체 비용에는 별로 관심이 없지만 자신과 같은 중소기업들은 이산화탄소 배출량을 줄이기 위한 수단을 제공하게 되면 엄청난 이익을 거둘 수 있다는 점에는 주목한다고 솔직하게 말했다는 사실에 주목할 것.

147. WI 1999a:35.

148. WI 1999a:35, Hoffert et al. 1998:884.

149. Miller 1998:494. "이 나라들 대부분에서 문제는 물 부족 자체가 아니라 사람들이 정상적으로 구할 수 있는 물을 낭비하면서 지속 가능하지 않은 방법으로 사용하고 있

다는 점이다"는 말이 덧붙어 있다. 그러나 이 글의 필자는 그 40%의 대부분이 물을 쉽게 구할 수 없다는 사실을 미처 알지 못하는 것 같다.

150. Miller 1998:494; Engelmann and LeRoy 1993: http://www.cnie.org/pop/pai/water-11.html.

151. World Bank 1995b.

152. Serageldin 1995:2.

153. USAID and WHO의 추정치. World Bank 1992:49.

154. 현재 약 11억 명이 깨끗한 식수를 사용하지 못하고 있으며(Annan 2000:5), 세계은행은 한 사람에게 필요한 수도 설비의 건설 비용이 약 150달러, 전세계 모든 사람에게 깨끗한 식수를 공급하는 데는 약 1,650억 달러가 필요할 것으로 추정하고 있다(World Bank 1994:11). 또한 현재 약 25억 명이 위생적인 하수도 시설을 이용하지 못하고 있으며(Annan 2000:5), 이 문제를 해결하기 위한 비용은 가구당 50달러 이하(World Bank 1994:83)이며, 전세계적으로는 약 300억 달러(1가구 4인 가족 기준)일 것으로 추정된다. 따라서 모든 사람에게 상하수도 시설을 완전히 제공해주기 위한 총 비용은 2,000억 달러 이하이다. OECD는 1998년의 공식적인 개발도상국 지원 원조금이 미화로 총 500억 달러인 것으로 추정했다(2000:270).

155. 하수도 시설 보급과 관련한 수치는 매우 열띤 토론의 대상이다. 중국이 거의 모든 국민에게 하수도 시설을 공급해주었다고(1990년에 81%, 세계은행 1994:146) 주장하기 때문이다. 그러나 대부분의 사람들은 이 통계를 믿지 못한다(1990~1995년에 24%, UNDP 1996a:144).

156. 출산율이 예상보다 빨리 감소했으므로 이제 우리는 이 수치가 약 7억 6,400만 명이 될 것임을 알고 있다.

157. Engelman and LeRoy 1993. http://www.cnie.org/pop/pai/image4.html 참조. 그러나 상하수도 시설의 공급이 빠르게 이루어질 것처럼 보인다는 점과 1992년부터 1994년까지 절대치와 상대치가 모두 증가했다는 점이 중요하다(Wright 1997:3).

158. 로지스틱 곡선이 상황을 약간 더 잘 설명해주고 있으며, 기본적인 모델로서도 더 낫다.

159. 이 추정치들은 Gleick 1998a:262, 264에 다시 인용되어 있다.

160. Gleick 1998a:261, 263. "WHO는 만약 현재의 정의를 적용했다면 1990년의 이용자 수가 어떻게 나타났을지 추정해보기 위해 세계 각국에서 현재 사용되고 있는 가장 엄격한 이용 여건의 정의를 적용했다."

161. 1990~1994년의 우울한 수치는 《지구 환경 전망 2000(Global Environment

Outlook 2000)》(UNEP 2000:35)에도 제시되어 있으며, 2000년까지 하수도 시설을 이용하지 못하는 사람의 수가 훨씬 더 늘어날 것이라고 추정되었다. 본문에 설명되어 있듯이, 이 예언은 틀린 것으로 판명되었다(Annan 2000:5).

162. Gleick 1998a:262, 264.

163. Gleick 1998b.

164. Annan 2000:5.

165. Pimentel et al. 1995a; Pimentel and Pimentel 1995.

166. Pimentel et al. 1998.

167. 필자 불명 1999d; Gifford 2000; 필자 불명 1998b.

168. Pimentel et al. 1998:822–3.

169. WHO 2000b:164; Murray and Lopez 1996c:465, 648.

170. Pimentel et al. 1998:823.

171. USBC 2000d.

172. 0.7에서 0.4로. Armstrong et al. 1999; Martin et al. 1999:27.

173. Pimentel et al. 1998:818. 이런 상관 관계는 필자 불명 1998b에 특히 분명히 나타나 있다. "현재 사용되고 있는 8만 종의 농약과 기타 화학 물질 중에서 약 10%가 발암 물질로 인정되고 있다. 미국에서 암과 관련한 사망자의 수는 1970년의 33만 1,000명에서 1992년에는 52만 1,000명으로 늘었으며, 이 중 약 3만 명이 화학 약품에 노출되어 숨진 것으로 추정된다."

174. Pimentel et al. 1998:819.

175. WHO 1999a:269.

176. Pimentel et al. 1998:824.

177. 1994년에 32%로 절정에 이르렀다(Tangcharoensathien et al. 2000:802).

178. Tangcharoensathien et al. 2000:802.

179. UNAIDS 2000:128–9.

180. Pimentel et al. 1998:820.

181. EPA 2000d:3–19, 3–20.

182. Pimentel et al.은 이번에도 쪽수를 밝히지 않았다. 그러나 그들이 인용한 참고 문헌은 OECD 1985a:38이다. 필자 불명 1998b의 문헌도 역시 이 수치를 미국의 납 배출량으로 발표했다. "비록 미국에서 휘발유 속에 포함된 납은 1985년 이후 감소했지만 다른 요인으로 매년 약 20억 킬로그램의 납을 대기 중으로 쏟아내고 있다. 미국에서는 어린이 170만 명의 혈중 납 농도가 용인할 수 없을 만큼 높은 것으로 추정된다."

183. Pimentel et al. 1998:817.

184. Pimentel et al. 1998:824.

185. Pimentel et al. 1998:822.

186. Pimentel et al. 1998:817.

187. Pimentel et al. 1998:824.

188. Pimentel et al. 1998:822.

189. Henderson 2000.

190. Grigg 1993:48.

191. WHO 2000c.

192. 세계은행(World Bank 1993:76)은 전세계적으로 영양 실조가 야기하는 총 손실 연수(DALYs, Disability Adjusted Life Years, 질병 때문에 한 인구 집단이 잃게 되는 총 연수와 신체 장애를 지니고 살아가야 하는 총 연수의 합 – 옮긴이)는 7,310만 DALYs이고 미량 영양소 결핍으로 인한 총 손실 연수는 7,210만 DALYs라고 추정한다.

193. World Bank 1993:82; Underwood and Smitasiri 1993:312ff.

194. Underwood and Smitasiri 1999:304.

195. Darnton-Hill 1999.

196. Pimentel et al. 1998:817.

197. 필자 불명 1999d; Gifford 2000.

198. 필자 불명 1998b.

199. 5,000만 명이라는 수는 1990년대 초에 발표된 대략적인 수치다. 피멘텔(Pimentel et al. 1998)이 사용한 자료 대부분은 이 수치를 언급한 WRI 1998a:12에서 인용한 것이다.

200. 사망자 56만 7,000명(Murray and Lopez 1996a:315).

201. Pimentel et al. 1998:818.

202. Pimentel et al. 1998:824.

203. Henderson 2000.

204. Pimentel et al. 1998:822, 820, 820.

205. 이 추정치의 출전은 Murray and Lopez 1996a이다. 이 연구는 모든 원인의 40%만을 밝혀놓았으며, 단지 어린이들의 사망 위험에 대한 추정치만을 보여준다(1996a:305).

206. Dobson and Carper 1996. McMichael 1999이 좋은 예다. "전염병 발생은 19세기 후반과 20세기 대부분의 기간 동안 서구 국가에서 계속 감소했다. 그러나 지난 25년

동안 이 감소의 물결이 반전되고 있는 듯하다. 새로 발생한 전염병, 혹은 새로 발견된 전염병이 그 동안에 예외적으로 많이 기록되었다. 그 중에는 로타바이러스(rotavirus), 크립토스포리디오시스(cryptosporidiosis), 레지오넬라 감염증(legionellosis), 에볼라바이러스(Ebola virus), 라임증후군(Lyme disease), C형 간염, HIV/AIDS, 한타바이러스 폐질환 증후군(Hantvirus pulmonary syndrome), O157 대장균, O139 콜레라, 독성 쇼크 증후군(toxic shock syndrome) 등이 포함된다." 이들의 주장을 요약하면, 그토록 많은 질병이 생겨난 것으로 보아 전염병의 발생 빈도 역시 증가해야 하는 것이 당연하다는 것이다.

207. Pimentel et al. 1998:824.

208. Murray and Lopez 1996c:465–6, 648–9, 720–1, 792–3.

209. Murray and Lopez 1996c:465–6, 648–9, 720–1, 792–3에 제시된 연령대를 바탕으로 계산한 것이다.

210. 피멘텔은 참고 문헌의 쪽수를 밝히지 않았지만, 77%라는 수치는 Murray and Lopez 1996b:358에 제시된 것이다.

211. 이런 현상은 '질병 원인의 천이(epidemiological transition)'라는 이름으로 알려져 있다. 보건 서비스가 확대되면서 전염병이 일찌감치 차단되어 나중에는 비전염성 질병이 더 많이 남게 된다는 것이다(NAS 1993). WHO는 1909~1999년 기간 동안 칠레에서 전염병 발생이 점차 감소하는 변화가 일어났다는 증거를 제시한 바 있다(1999a:13).

212. Murray and Lopez 1996c:465, 792.

213. NCHS 1999a:142.

214. Pimentel et al. 1998:824.

215. WI 2000a:7.

216. 여기서는 농경지 면적이 고정되어 있다는 쪽으로 가정을 삼았다는 사실을 무시하기로 하자. 그러나 인구가 늘어날수록 더 좋은 농작물 품종이 개발되어 최소 경작 면적의 규모 또한 점점 더 줄어들 가능성이 크다.

217. Simon 1996:100–1.

218. FAO 2000d:108.

219. WI 1998a:89.

220. WI 1998a:90.

221. Browm 1996b:199–200.

222. Greenpeace 1992:8.1.

223. Falkenmark and Lundqvist 1997:8.

224. WI 1999a:23.

225. Gwynne 1975.

226. 물론 여기에는 지역적 분포 문제도 포함되어야 한다. 만약 영국에서 농사짓기에 알맞은 기간이 더 늘어난다면 에티오피아에서는 숨이 막힐 듯한 더위가 더 기승을 부릴 가능성이 크다. 반대로 지구 냉각 시나리오에서 영국의 기후가 추워진다면 에티오피아는 반드시 혜택을 입게 될 것이다.

227. 1987~1999년과 1994~1996년까지 혹한으로 인한 사망자는 4,131명인데 비해 혹서로 인한 사망자는 2,114명이었다(NSC 1990:10 1999:16). 영국의 경우 Subak et al. 2000:19은 "기후가 따뜻해지면 혹서로 인한 사망자가 늘어날 것이지만 겨울의 동사자 감소가 이 점을 상쇄하고도 남을 것"임을 발견했다. 더위의 혜택과 관련된 다른 고려 사항을 알고 싶다면 Moore 1998를 참조하기 바란다.

228. 다음의 내용은 Brander and Taylor 1998에 기초하여 서술하였다.

229. Gonick and Outwater 1996.

230. WI 1999a:11.

231. Asimov and Pohl 1991:140-1.

232. Brander and Taylor 1998:122. 브리태니커 백과사전은 섬의 개수를 약 1만 개로 추정하고 있다.

233. Brander and Taylor 1998:129.

234. Brander and Taylor 1998:135.

235. Meadows et al. 1972:56ff.

236. Ehrlich 1970.

237. Ehrlich 1970:25.

238. 1998년 아프리카인은 1인당 하루 2,439.4칼로리를 섭취했다(FAO 2000a).

239. Ehrlich 1970:24. *New Scientist*(2001)도 공해의 증가와 성장의 한계가 '대규모 인구 감소'로 이어져 2100년에는 세계 인구가 20억 명밖에 남지 않을 것이라고 걱정한다.

240. Ehrlich and Ehrlich 1974.

241. Ehrlich and Ehrlich 1974:28.

242. Ehrlich and Ehrlich 1974:30. "해양생물학자들은 전세계 어획량이 이제 대략 최대치에 도달했다는 데 의견이 일치하는 것 같다."

243. Ehrlich and Ehrlich 1974:158.

244. Ehrlich and Ehrlich 1974:33. 또한 그들은 1985년에 주식시장이 붕괴할 것이라고 예언했다(p.176)

245. Danish TV News, DR1, 18:30, 1998년 2월 4일.

246. 자료 자체에 커다란 불확실성과 모델 추정치가 내재되어 있음을 감안한다면, 소폭으로 오르락내리락하는 것은 그리 결정적이지 않다. 삼림에 대해 우리가 내릴 수 있는 최선의 평가는 1950년 이후 규모가 크게 감소하지도 증가하지도 않았다는 것이다.

247. 이것이 Poulsen 1998 논문의 요점이다.

248. 가장 좋은 예는 환경 문제의 심각성을 완전히 확신하지 못하는 사람들을 모두 나치주의자로 간주하고자 했던 앨 고어이다(예를 들어, Gore 1992:272ff).

249. Auken 1998. Poulsen 1998은 〈폴리티켄〉의 독자들에게 내가 정말로 "샌들 신은 좌익분자"라고 말했다. 이것이 환경부 장관의 말보다는 사실에 가깝지만 나는 사실을 이용해 어떤 목적을 추구하기보다는 사실을 바탕으로 주장을 펼치는 것이 나의 강점이라고 생각하기 때문에 내 정치적 입장을 별도로 밝히지 않는 편이 낫다고 생각한다.

250. 과거에 내려진 결정의 그 (비)효율성을 당연히 자세히 기록하고 싶지만, 그렇게 평가를 내릴 수 있는 경우는 드물다. 이미 효과가 나타나고 있는 어떤 결정에 대해 비용편익 분석을 하는 것은 다소 무의미한 일이 될 것이다. 그런 분석을 해봤자 달라지는 것이 없기 때문이다.

251. 이 근거 없는 통념의 발단은 주로 월드워치연구소 같은 단체에서 비롯되었다. "계속 성장하는 암 세포가 결국은 숙주를 죽임으로써 자신의 생명 유지 시스템조차 파괴해버리는 것처럼 끊임없이 팽창하는 세계 경제는 그 숙주인 지구 생태계를 서서히 파괴하고 있다." WI 1998a:4. WI 2001a:12 참조. 이런 속설은 원래 1973년 에를리히가 제기한 주장에서 유래한 것이다. 그는 부정적인 환경 효과는 인구 규모, 부, 기술 등의 곱으로 결정된다고 주장했다(이 주장은 때로 I=PAT, Impact=Population×Affluence×Technology라고 표기된다. Common 1996 참조). 따라서 이 정의에 의하면 부는 환경에 당연히 부정적인 영향을 미치게 된다(비록 기술 발전으로 그 악영향이 일시적으로는 완화될 수 있더라도 말이다.)

252. IPCC의 새로운 시나리오에서 양자택일이 중점적으로 다루어지고 있음이 분명하다. 이 시나리오는 경제와 환경 사이의 양자택일을 두 개의 중요한 결정 중 하나로 보고 있다. IPCC 2000:28.

253. 그러나 이런 관계가 완전히 확립된 것은 아니라는 점에 주목해야 한다. 전반적으로 부유한 국가들이 환경에 더 많은 관심을 가질 가능성이 높다는 얘기일 뿐이다.

254. 환경 지속성 지수는 "다음의 다섯 가지 차원과 관련되어 있다. (1) 공기 · 토양 · 생태계 · 수자원 등 환경 시스템의 상태, (2) 공해와 경제 개발 등의 형태로 이 시스템에 가해지는 스트레스의 정도, (3) 식량 자원의 손실이나 환경 문제로 인한 질병에의 노출 등 환경 변화에 대한 인간의 취약성, (4) 환경과 관련된 어려운 과제를 처리할 수 있

는 사회적 · 제도적 능력, (5) 대기권과 같은 범지구적인 환경 자원을 보전하기 위해 국가들이 서로 협력해서 지구를 돌보고자 하는 여러 활동. 환경의 지속성이란 이 각각의 차원에서 영속적으로 높은 수준의 성과를 거둘 수 있는 능력을 말한다." (WEF 2001:9).

255. Simon 1996:226-7.

256. Dunlap et al. 1993.

257. Dunlap et al. 1993:10.

258. '매우 걱정한다'거나 '상당히 걱정한다'라고 대답한 사람의 비율이다(Dunlap et al. 1993:11).

259. Svenson 1981. 인생에서 얻을 수 있는 기회에 대해 사람들이 한결같이 상당히 낙관적인 평가를 내리는 것에서 비슷한 행동 패턴을 찾아볼 수 있다. Weinstein 1980 참조.

260. Saad 1999.

261. 전자기장은 EMF라는 이름으로 알려져 있다. 이 문제에 대한 최신 보고서에서 국립환경보건연구소(National Institute of Environmental Health Sciences)는 "지극히 낮은 주파수의 EMF에 노출되면 건강에 위험을 초래할 수 있다는 주장에 대한 과학적 증거가 상당히 빈약하다"는 결론을 내렸다(NIEHS 1999:ii).

262. Ashworth et al. 1992.

263. Viel et al. 1998.

264. COC(1999:5)와 NRC(1999:257-8)가 Høyer et al. 1998의 논문에 내린 판단이 그 예다. 제5부에 나오는 농약과 유방암의 상관 관계에 대한 논의도 참조하기 바란다.

265. 암에 대한 연구 평가에서는 적어도 세 종류 이상의 암을 대상으로 하지 않은 연구는 제외되었다. 바로 이런 식의 데이터 마사지를 피하기 위해서였다. Acquavella Dunlap et al. 1998:65.

266. 물론 모든 연구가 다 그런 것은 아니다. 그러나 기초 연구는 일반적으로 대중의 관심을 불러일으키지 못하며, 대중의 관심을 얻는 경우에도 그 연구가 부정적인 편향의 메커니즘을 따르지 않고 긍정적인 관점에서 이루어진 것이라고 믿을 만한 이유는 별로 없다.

267. Abrahamsen et al. 1994c:298.

268. Abrahamsen et al. 1994c:298.

269. *Ingeniøren*, 1996년 26-7호, p.14.

270. *Ingeniøren*, 1996년 28-9호, p.8.

271. Boehmer-Christiansen 1997.

272. 〈포춘〉 지는 이 두 단체를 워싱턴의 유력한 로비 단체 중 각각 2위와 21위에 지목하였다(Birnbaum and Graves 1999). AFB를 로비스트로 간주하는 비판적인 관점은 Rauber and McManus 1994를 참조할 것.

273. 여론 조사 결과, 사람들은 환경 보호의 측면에서 기업보다 환경 단체를 훨씬 더 신뢰하는 것으로 드러났다(78% 대 38%). 사람들은 심지어 환경보호청(72%)보다도 환경 단체를 더 신뢰했다(Dunlap 2000).

274. 덴마크의 WWF 회장인 킴 카르스텐센(Kim Carstensen)은 〈폴리티켄〉(1998년 1월 22일자)에서 이렇게 언급했다. "우리 WWF 사람들은 생물이 멸종되지 않고 있으며 지구 온난화에 대한 걱정은 접어두어도 좋다는 주장과 관련해서 롬보르가 제시할 '사실들'을 고대하고 있다. 만약 그의 주장이 옳다면 우리는 기뻐 날뛸 것이다." 그러나 이 글에 숨은 의미를 풀어보면, WWF가 반드시 기뻐 날뛸 것이라고 생각하기 어렵다. 만약 내 주장이 옳다면 이 단체의 존재 이유 자체가 사라져버리지 않겠는가?

275. Bent Falbert, Meilby 1996:53에서 재인용.

276. McQuail 1994:268.

277. Singer and Endreny 1993:36.

278. Singer and Endreny 1993:21.

279. Singer and Endreny 1993:22, 주 1.

280. McQuail 1983:145.

281. McCombs 1994:4.

282. McQuail 1994:272.

283. McQuail 1994:268에서 재인용.

284. Meilby 1996:58. 부정적인 뉴스에 초점이 맞춰지는 현상을 분석한 글 중에는 Glasgow Media Group 1997, 1990, Zillman and Bryant 1994:452ff 등이 있다.

285. Altheide and Michalowski 1999.

286. Dunn 1998.

287. Ridnouer 1998.

288. 필자 불명 1998c.

289. Brady 1998.

290. Gorman 1998.

291. Griffith 1998.

292. Nash and Horsburgh 1998.

293. 디즈니의 테마파크 입장객이 줄었기 때문이다(필자 불명 1998a).

294. Nash and Horsburgh 1998.

295. Changnon 1999.

296. 이것이 미국의 수치라는 점에 주목하라. 세계 다른 지역에서 발생한 엘니뇨 피해액은 틀림없이 매우 다를 것이다.

297. Thorsen and Møller 1995에 있는 액턴트(Actant) 모델.

298. Singer and Endreny 1993:103ff.

299. Finkel 1996.

300. Hume 1754:464.

301. Simon 1995a에서 재인용.

302. Simon 1996:17에서 재인용. 그러나 원래 인용문에는 출전이 밝혀져 있지 않으므로 어딘가 의심스러운 곳에서 따온 말일 수도 있다.

303. Knudsen 1997.

304. 항상 그런 것은 아니지만(UNDP 1996a:5) 1인당 GDP처럼 단순히 부를 나타내는 수치가 정치적 권리와 시민권은 물론 기대 수명, 유아 사망률, 문맹률 등의 지표와 놀라울 정도로 밀접하게 관련되어 있다(Dasgupta and Weale 1992, Pritchett and Summers 1996).

305. UNDP 1998.

306. World Bank 1998b:표 1. 2.

307. UNDP 1998.

308. 유엔은 1999년 10월 12일을 세계 인구가 60억 명을 넘어선 날로 이정표를 붙였다(UNFPR 1999). 그러나 나이지리아 같은 나라는 아직도 인구가 수천만 명 단위에서 왔다갔다하기 때문에 그렇게 정확하게 날짜를 명시하는 것은 사실상 불가능하다(Okolo 1999).

309. 대부분의 추정치는 세계 인구 변화에 대한 유엔의 2000년도 보고서에서 인용한 것이다(UNPD 2001a-c). 유엔은 출산율의 변화와 관련해서 낙관적(출산율 낮음), 비관적(높음), '중간'(이른바 중간 변이값) 등 여러 가지 가정을 바탕으로 작업한다. 나는 대부분의 문헌과 마찬가지로 여기서 중간 변이값을 제시했다.

310. Chiras 1998:131.

311. 장기적인 예측(UNPD 1998b)은 1996년 개정판(UNPD 1998a)을 바탕으로 하고 있음에 주목하라. 이것은 2000년 새로 나온 개정판(UNPD 2001a)과 더 비슷하다.

312. 여기에 제시된 수치는 총 출산율, 즉 현재의 출산 패턴을 따를 경우 여성 한 사람이 평생 동안 낳을 아이의 수이다. 인구를 안정시키기 위해서는 총 출산율이 2명을 약

간 넘는 수준이 되어야 한다(출생한 아이 중 일부가 다음 자식을 낳을 수 있는 나이가 되기 전에 세상을 떠날 수 있으므로). 이 수치는 TFR(total fertility rate)로 산출된다(Heilig 1996). 1950년 개도국의 총 출산율은 6.16명이었지만, 1995~2000년에는 3.00명으로 추정되며 2000~2005년에는 2.80명이 될 것으로 보인다(UNPD 1999:I:12).

313. 유엔 자문관 피터 애덤슨(Peter Adamson). Miller 1998:293에서 재인용.

314. 일례로 Berry et al. 1993:57ff.

315. 출산율의 감소에는 이 밖에도 많은 원인이 있는데, 그 중에서 가장 중요한 것은 여성의 교육 수준이 높아지고 새로운 법률이 제정되면서 여성의 독립성이 증가했다는 점이다. 이 덕분에 여성은 지나치게 아이를 많이 낳아서 평생 동안 부양의 의무를 짊어지는 대신 직장 생활이나 더 많은 여가 시간을 선택하게 되었다. Dasgupta 1995, Gallagher and Stokes 1996를 참조하기 바란다.

316. 1750년의 178만 1,000명(Mitchell 1975:23)에서 2000년 891만 명(UNPD 1999:I:386)으로. 지난 250년 동안 스웨덴의 출산율을 분석한 Eckstein 1999:164은 "임금 상승과 어린이 사망률 감소가 스웨덴의 출산율 감소에 큰 역할을 했다는 점을 발견했다."

317. 1911년의 410만 명(Mitchell 1995)에서 2030년의 2,300만 명(USBC 2001a).

318. UNPD 2001a:2.

319. 안정적인 비율은 부부 한 쌍이 2명을 약간 넘는 아이를 낳는 것이다. 이 아이 중 일부가 (자발적인 선택에 의해 또는 어른이 되기 전에 세상을 떠나는 바람에) 아이를 낳지 못할 것이기 때문이다.

320. 개발도상국의 TFR에 대해서는 UNPD 2001a:4을 참조하기 바란다. 1960~1965년 사이에 미국의 총 출산율은 3.314명, 오스트레일리아는 3.27명, UNPD 1999:I:418, 84. 1920년 덴마크의 총 출산율은 3.3명이었다(Statistics Denmark 1995:8).

321. UNPD 2001a:1, 1999a:xi, 10.

322. 지구 전체의 인구 성장률은 1964년에 2.167%로 절정에 이르렀고 개도국의 성장률은 2.624%였다(USBC 2000).

323. 2050년의 예상치는 98억 3,300만 명(1994년 개정판), 93억 6,600만 명(1996년 개정판), 89억 900만 명(1998년 개정판)이었으며 지금은 93억 2,200만 명이다(WRI 1996a, WRI 1998a, UNPD 1999a:I:8, 2001a:1).

324. 불행히도 사람들은 계속 인구가 증가하는 2000년까지의 추세만을 보여줌으로써 인구가 걷잡을 수 없이 증가하고 있다는 인상을 주는 경우가 많다. 예를 들어 Gore 1992:32-3, Burne 1999:104 등이다.

325. 여기에서도 역시 1996년 개정판에 바탕을 둔 1998년의 장기 전망치를 사용하

고 있다. 1996년 개정판은 2000년 개정판과 매우 유사하다. UNPD 1998b.

326. UNPD 2001c. 1999a:I:2, 228, 138 참조.

327. 중국의 총 출산율은 1950~1955년에 6.22명이었으며, 인도는 5.97명이었다(UNPD 1999a:I:138, 228). 1995~2000년의 현재 수치는 UNPD 2001c에서 인용했다.

328. UNPD 2001c.

329. UNPD 2001c.

330. UNPD 2001a:1. Baily 1995:12, USBC 2000 참조.

331. 1998년 개정판을 바탕으로 했음. UNPD 1999a.

332. Heilig 1996, UNPD 1999a, Keyfitz and Flieger 1990:105. 중위 연령(median age)—인구를 나이순으로 배열했을 때 딱 중간에 위치하는 연령—은 1950년의 23.6세에서 2000년에는 26.5세 이상으로, 2050년에는 36.2세로 늘어날 것이다. UNPD 2001a:14.

333. UNPD 1999a:I, 1999a:II, Heilig 1996, UNPD 1999a, Keyfitz and Flieger 1990:213.

334. Botkin and Keller 1998:81의 추정치는 500억 명이다(Dumond 1975를 이용한 것. 그러나 더몬드가 이 수치를 어디에서 언급했는지는 분명하지 않다). Desmond 1975의 추정치는 770억 명, Bourgeois-Pichat 1989:90의 추정치는 803억 명, Hammel 1998:표 3의 추정치는 800억~1,000억 명이다.

335. 일례로 Porrit 1991:116, Time 1997:31.

336. Ehrlich 1968:16.

337. 인구 밀도가 1위를 차지하는 곳은 1평방킬로미터당 5,952명이 사는 홍콩이며, 그 다음은 4,817명의 싱가포르이다. 방글라데시의 인구 밀도는 832명이다. 모리셔스(Mauritius)와 한국이 그 다음을 차지하며, 6위는 인구 밀도 414명의 네덜란드, 8위는 332명의 벨기에, 9위는 331명의 일본, 10위는 283명의 인도이다. 남아시아 국가의 인구 밀도는 1평방킬로미터당 242명인 반면, 영국의 인구 밀도는 239명, 덴마크는 121명, 오하이오 주는 106명(1평방마일당 273명), 인도네시아는 101명이다(World Bank 1997:표 1, USBC 1999:29). 여기서 어떤 인과 관계를 읽어내기는 어렵지만, 전체 자료의 회귀 분석 결과는 인구 밀도와 1인당 GDP 사이에 긍정적인 상관 관계가 있음을 보여준다.

338. Bailey 1995:15.

339. Ehrlich and Ehrlich 1996:70-1. 그러나 지속 가능성은 반드시 범지구적인 관점에서 정의되어야 한다. 즉 다른 지역에서 환경에 피해를 주지 않고 지속 가능한 방법으로 생산된 다양한 상품을 수입하는 것도 지속 가능한 삶의 방식이 될 수 있는 것이다.

340. 미국 중서부 지방은 대단히 비옥하지만 미국인의 대다수는 양쪽 해안 지방에 사는 것을 더 선호한다. 미국 경제는 물론 이런 상황을 충분히 감당할 수 있지만, 에를리히는 무슨 이유에서인지 모든 사람들이 반드시 식량이 생산되는 곳에 살아야 한다고 주장한다.

341. 세계적으로 농촌 인구는 2000년 32억 명에서 2030년 32억 5,000만 명으로 겨우 1.7% 증가하는 반면, 같은 기간 동안 도시 인구는 28억 9,000만 명에서 51억 2,000만 명으로 77% 증가할 것이다. 유럽의 경우에는 육지 면적의 97%를 차지하는 농촌 인구가 1억 8,300만 명에서 1억 1,800만 명으로 36% 줄어들 것이며, 도시 인구는 5억 7,100만 명으로 4.5% 증가할 것이다(UNPD 1998a:96–9, 104–7).

342. UNPD 1998b:3.

343. UNPD 1998a:140. 런던은 1801년 인구 10만 명의 마을에 불과했으나, 1850년에는 250만 명이 모여 사는 대도시로 변했다(Floud and Harris 1996:5).

344. UNPD 1998b:8. UNPD 1998a:23–4 참조.

345. 미국 관련 자료에서 75.2%라는 수치는 1990년 시행된 가장 최근의 인구 조사에서 나온 것이다. http://www.census.gov/population/censusdata/table-4.pdf.

346. Chiras 1998:133. 그의 글은 계속 이어진다. "각종 사회 문제가 만연하고 있다. 도시 중심의 인구 과밀은 여러 가지 사회적 · 정신적 · 신체적 질병과 관련되어 있다고 알려져 있다. 많은 사회심리학자들은 이혼, 정신병, 약물 및 알코올 남용, 사회적 불안 등이 부분적으로는 인구 과밀로 인한 스트레스의 결과라고 단언한다. ……동물에 대한 연구는 인구 과밀이 건강한 생활 조건이 아니라는 주장을 뒷받침하고 있다." (비슷한 주장을 보려면, Cunningham and Saigo 1997:129–30을 참조하기 바란다). 주관적인 관점에서의 인구 과밀은 심리적 복지를 떨어뜨린다(예를 들어 Fuller et al. 1996). 그러나 이런 관점은 반드시 도시에 사는 사람들의 물리적인 수 때문이라기보다 한 사람에게 돌아가는 방의 개수로 표현되는 부유함의 정도에 따라 생겨났다. 그런데 한 사람에게 돌아가는 방의 개수가 그 동안 증가해왔음을 앞으로 보게 될 것이다(도표 38). 둘째, 이런 연구들은 도시가 제공하는 바람직한 기회보다는 문제점에 조직적으로 초점을 맞추는 경향이 있다(예를 들어 Verheij 1996, Simon 1996:464. 분명한 예를 원한다면 UNFPA 1996:제2장을 참조하기 바란다).

347. Miller 1998:313. "실업, 더러움, 인구 과밀, 환경 위험, 만연한 질병 등에도 불구하고 대부분의 불법 거주자와 빈민가 주민은 시골의 빈민보다 더 나은 생활을 하고 있다." 물론, 이제 막 빈민가에 들어선 사람을 보통의 농촌 주민과 비교하면 그렇지 않을 수도 있다. 그러나 많은 농부들이 평균 수준보다 못한 생활을 했기 때문에 시골을 떠난 것

으로 생각된다. 일례로 Siwar and Kasim 1997:1,532 참조. 여기에는 부분적으로 성공을 거두지 못한 시험 결과가 실려 있다.

348. 도시 인구의 89%가 안전한 식수를 이용할 수 있는 데 비해, 시골에서는 그 비율이 겨우 62%에 불과하다. 하수도의 경우에는 79% 대 25%이다(UNICEF 2000:95. World Bank 1994:6, 27 참조). 농촌 지역에서 보건 서비스를 이용하기가 더 어렵다는 사실을 보려면 World Bank 1999c:26 참조.

349. 조사 대상 44개국 중 3분의 2 이상이 10% 이상 차이를 보였다(UNICEF 1997:39). 도시에 영양 실조 환자가 더 적다는 사실을 보려면 Haddad et al. 1999:21을 참조하기 바란다.

350. Naylor and Falcon 1995:507. Haddad et al. 1999:18도 참조.

351. WRI 1996a:10. The Economist, 1999년 12월 31일자: 27ff도 참조.

352. Preston 1995:30, Acsadi and Nemeskeri 1970.

353. 영아 사망률은 출생아 1,000명당 440~600명이었다(Hill 1995:38).

354. 이 수치는 로마의 1세 어린이에게 해당하는 것이다. 따라서 신생아의 기대 수명은 이보다 훨씬 더 낮았을 것이다. 그러나 로마 시대에는 죽은 아기를 위해 비석을 세우는 경우가 드물었기 때문에(Russell 1978:45) 신생아의 기대 수명을 추정하기는 매우 어렵다. 이 자료는 서력 기원이 시작된 후 처음 400년 동안 수집된 것이다(Botkin and Keller 1998:91).

355. 통계적으로 본다면 전염병에 걸리는 사람은 주로 어린아이들이었다. 이 시대에 30세인 사람의 기대 수명은 약 52세였다(Russel 1978:47, 56). 14세기의 기대 수명이 낮았다는 사실은 캔터베리에 있던 베네딕트회 수도사들이 공들여 적어놓은 기록에서도 확인된다. 이 기록은 당시 사람들이 평균적으로 겨우 28년밖에 살지 못했음을 보여준다. 그러나 그들의 생활 여건은 다른 사람들에 비해 훨씬 좋은 편이었다. 만약 이 기록을 인구 전체의 기대 수명으로 변환시킨다면, 전체 인구의 기대 수명은 22세가 된다(e20=28, e0=22. Hatcher 1986:28, 32). 수도사들은 영양 상태가 좋고 위생 시설도 좋으며 보호 시스템도 더 나았지만, 훨씬 더 밀집된 환경에서 살았다. 따라서 질병이 더 많이 발생할 수도 있었음을 감안한다면 수도사들의 자료를 이렇게 변환시키는 것은 타당해 보인다.

356. 상류 계급의 식단과 생활 여건이 소작농에 비해 그리 나을 것이 없었으므로 딱히 그들이 지주라서 그렇다고는 말할 수 없다(Russel 1978:44). 오히려 그들이 남자였기 때문에 이렇게 얘기할 수 있을 것이다. 여자의 수명은 출산의 위험과 힘든 농사일 때문에 남자보다 상당히 짧았다(Russel 1978:45).

357. Fogel 1989은 평균보다 높아진 사망률 중 전반적인 식량 부족이 원인인 부분은

겨우 5~15%에 지나지 않는다고 지적한다. 가장 중요한 요인은 식량이 남아도는 곳에서 부족한 곳으로 식량을 운반하기 어려웠던 당시의 형편없는 유통망일 것이다.

358. Preston 1995:31.

359. Statistics Denmark 1995.

360. 일본의 기대 수명은 무려 80세까지 도달했다(World Bank 1997a:표 1).

361. Preston 1976:ix.

362. Keyfiz and Flieger 1990:105, World Bank 2000a:233, 2000c.

363. 잉글랜드와 웨일스, 그리고 영국 전체의 기대 수명 차이는 아주 작다(1998년 영국의 기대 수명이 0.2년 짧았다. ONS 2000b:60).

364. 1899년 일본의 기대 수명은 확실히 43세였다. 칠레의 자료는 Preston et al. 1972:144-6에서, 중국의 자료는 Barclay et al. 1976에서, 인도의 자료는 Preston 1995:33에서 인용한 것이다.

365. Keyfiz and Flieger 1990:107; UNDP 2000b:160. World Bank 2000a:233 참조.

366. 2000년 개정판의 최신 자료(UNPD 2001a-c)가 1998년의 개정판과 아주 근소한 차이만을 보인다는 점에 주목하라. 1998년 개정판에서도 사하라 사막 이남의 수치를 볼 수 있다.

367. UNAIDS 1999:6, USBC 1999a:62. 가장 큰 타격을 받은 26개국 중 21개국이 아프리카 국가이다(USBC 1999:B-7).

368. Annan 1999:19, Olshansky et al. 1997.

369. USBC 1999a:62. 이 수치는 유엔의 추정치보다 좀더 극단적이기는 하다. UNPD 1999a:I, 438 참조.

370. 1998년의 자료. 2010년의 수치는 USBC 1999a:56-7의 최대 추정치에서 구한 가중 평균치(weighted average)다. 모델에 포함된 지역이 사하라 사막 이남의 아프리카 중 약 70%만을 차지하고 있기 때문이다. 2010년의 수치는 UNAIDS 1999:5도 참조했다. 2025년의 수치는 USBC 1999b:49의 추정치 57세와 에이즈가 창궐하기 이전의 추정치인 65세에 약간 못 미치는 기대 수명을 참조했다(Keyfitz and Flieger 1990:109, 2022.5. 그러나 여기에는 기대 수명이 18% 높은 북아프리카가 포함되어 있다). UNPD는 에이즈의 영향을 받은 아프리카 35개국 모두에서 기대 수명이 1995~2000년에 약 6.5년, 2000~2005년에 8.9년, 2010~2015년에는 8.8년 줄어들 것으로 추정치를 약간 낮춰 잡고 있다(2001a:9).

371. 사하라 사막 이남의 아프리카가 전체 개도국의 약 6분의 1을 차지한다고 가정

했다. 여기에 제시된 장기 예측치는 앞으로 아시아에서 확대될 HIV도 감안했다. 예를 들어 USBC 1999a:66.

372. UNAIDS 1998.

373. USBC 1999a:66. UNAIDS 1999:12에 제시된 인도 남부 타밀 나두 주의 정책에 대한 설명도 참조하기 바란다.

374. 2000년의 기대 수명은 1995~2000년의 기대 수명과 2000~2005년의 기대 수명을 가지고 평균을 구한 것이다.

375. 1900년 기대 수명은 48.3세(USBC 1975:I, 55), 2000년 기대 수명 79.7세(USBC 1999a:93). 60세 백인 여성의 경우, 1900년의 기대 수명은 15.2년이 더 길었고, 2000년의 기대 수명은 23.0년이 더 긴 것으로 계산된다(USBC 1975:I, 56, 1999a:94).

376. Hill 1995:38.

377. 이 수치는 5세 이하 어린이의 사망률이다(Hill 1995:40).

378. Sharpe 1987:49.

379. 미국에서 영아 사망률 변화 추세가 가장 잘 기록되어 있는 곳은 메사추세츠 주이다. 이곳에서는 19세기 중반 약 150명이던 영아 사망률이 1998년에는 5.1명으로 줄었다(USBC 1975:57, MDPH 2000:33).

380. Hill 1995:45.

381. USBC 1998:58.

382. Stone 1979:62-4, 306에서 재인용.

383. Haines 1995:58.

384. CDC 1999b.

385. Haines 1995:58, Porter 1997:426.

386. Riley 1992, Porter 1997:274ff, 438-9.

387. Reisner 1996:153, Haines 1995:57.

388. Porter 1997:24-5. 16세기 초 스페인 사람들이 대거 신대륙으로 몰려오자, 어렸을 때 이 병에 감염된 적이 없던 성인 토착민에게는 이 질병이 매우 위험하다는 것이 분명해졌다(Porter 1997:27).

389. Porter 1997:412-13.

390. Preston et al. 1972, Haines 1995:56.

391. USBC 1999a:101.

392. NCHS 1999a:142.

393. Amstrong 1999:64.

394. NCHS에는 1999년의 자료가 준비되어 있지 않았다. CDC의 HIV/AIDS 감시 프로그램의 경우에는 등록 방법이 다르기 때문에 1995년의 발생률이 19.25명으로 더 높다. 이 수치는 1998년에 6.6명, 1999년에는 6.0명으로 줄었다. CDC 2000c:35, USBC 2000c.

395. 시대가 페스트와 기근의 시대에서 노년기 질병의 시대로 바뀐다는, 이른바 역학천이(疫學遷移) 이론(Amstrong et al. 1999:61).

396. CDC 1999a:622-3, Botkin and Keller 1998:87.

397. WHO 2000d에 나와 있는 단순 사망률. 연령을 고려한 미국의 사망률을 보려면 http://www.cancer.org/statistics/index.html도 참조하기 바란다.

398. Peto et al. 1992:1, 273.

399. CDC 1999d:986.

400. 1990~1994년의 남녀 모두를 합한 비율은 약 19.5%(CDC 1997a)이다. 모든 남성 사망자의 30%와 여성 사망자의 15%가 흡연과 관련되어 있는 덴마크의 경우를 참조(Middelevetidsudvalget 1994a:74)했다. 여성의 흡연율이 여전히 높기 때문은 아니다(Engeland et al. 1995:146-7).

401. Fries 1980, 1988, 2000.

402. 이 주제를 다룬 문헌이 매우 많다. Riley 1990, 1997, Riley and Alter 1996, Riley and Alter 1998, Crimmins et al. 1989, Crimmins and Ingegneri 1995. 가장 최근의 일부 연구 결과들이 노년층의 건강이 나아지고 있음을 암시한다는 데 주목하라. 일례로 Jarvis and Tinker 1999.

403. Gruenberg 1977, Kramer 1980, Feldman 1983.

404. Riley 1990:424.

405. Riley 1990:424-5.

406. Johansson 1991, 1992, Riley 1992, Murray and Chen 1992, 1993, Riley 1993, Murray and Lopez 1997.

407. Murray and Chen 1992:484-5. 이 논문에서 두 사람은 가나의 주민들이 소득이 높을수록 더 자주 질병에 걸린다고 대답한다는 사실을 입증했다(p.492).

408. Murray and Lopez 1996a, 1996c, 1997a-d.

409. 이 주장을 부정하려면 기대 수명이 훨씬 낮았던 수세기 전의 유럽인이 오늘날 개도국의 주민들보다 기본적으로 극적일 만큼 더 건강했다고 주장하는 수밖에 없다. 오늘날 개도국의 의학 지식과 기술이 현저히 발전했는데도 말이다.

410. Fogel 1995:66.

411. 그러나 이보다 훨씬 더 옛날에는 사람들의 키가 다소 컸으며 오히려 오늘날과 비슷했다. 런던 부근의 경우 선사 시대 남성의 키는 170센티미터로 추정되며, 로마 시대에는 169센티미터, 색슨 시대에는 173센티미터, 중세와 튜더 왕조 및 스튜어트 왕조 시대에는 172센티미터였던 것으로 추정된다. 그런데 이런 평균 신장은 조지 왕조 시대에 171센티미터, 빅토리아 여왕 시대에는 166센티미터로 줄어들었다가 현대에 들어서서야 175센티미터로 커졌다(Werner 1998:108).

412. Ehrlich 1968:xi.

413. Ehrlich 1967:653.

414. 인도는 1967년부터 1975년까지 식량을 28% 더 생산했다(FAO의 농업 생산 지수가 48.9에서 62.5로 높아졌음). 인도의 인구는 5억 1,850만 명에서 6억 2,270만 명으로 늘었으며, 칼로리 섭취량은 1,871칼로리에서 1,939칼로리로 늘었다. 현재의 칼로리 섭취량은 2,496칼로리다(1997). FAO 2000a.

415. Brown 1965.

416. 전세계 인구는 1961년 30억 8,000만 명에서 2001년 61억 5,700만 명으로 늘었다. 99.9% 성장한 것이다(USBC 2001a).

417. Meadows et al. 1972.

418. 1961~1999년에 FAO의 전세계 생산 지수(production index)는 49.8에서 118.6으로 늘었으며, 개도국의 경우에는 40.1에서 135.4로 늘었다. 전세계의 1인당 생산 지수는 85.0에서 104.5로 늘었으며, 개도국의 경우에는 76.6에서 116.3으로 늘었다. 생산 지수는 가격 가중치(price weighted)이므로 인플레이션이 만연해서 곡물 가격 변화에 따른 소비 패턴이 크게 변화하는 나라에서는 이 지수가 왜곡될 수 있다(WRI 1996a:246).

419. FAO 2001a, WI 2000b:39.

420. 세계은행 식량 지수, IMF 2001a, CPI 2001.

421. 기아 상태라는 용어는 기후, 몸무게, 성별, 연령에 따라 그 의미가 달라진다. 필요한 칼로리의 양은 기초 신진대사율(BMR, Basic Metabolic Rate)을 바탕으로 추정된다. BMR은 편안히 쉬고 있을 때(또는 침대에 누워 있을 때) 생명을 유지하기 위해 필요한 에너지의 양을 뜻하며, 대개 1,300~1,700칼로리 사이다. 가벼운 신체 활동에는 에너지가 55% 더 필요한 것으로 간주되므로 총 칼로리 필요량은 1,720~1,960칼로리 사이다(WFS 1996:1, box 1). 이 한계선에 밑도는 생활을 하는 사람들의 수는 각 국에서 섭취되는 에너지의 분포 현황을 바탕으로 추정된다(FAO 1995:37ff).

422. 이 자료는 FAO 1995b를 바탕으로 개선된 WFS 1996:1, 표 3과 FAO 1999c:29, 2000c:27에서 나온 것이다.

423. 이 수치는 1949~1979년까지 1.2BRM 수준의 기아 상태에 있는 인구와 1.55BRM 기아 상태에 있는 인구가 대략 일정한 관련성을 갖는다는 가정 하에 도표 7을 바탕으로 추정한 것이다. 경험적으로 이러한 가정은 1970~1979년까지만 유효했던 것으로 보인다.

424. 0~5세의 체중 미달 아동 인구 자료(UNDP 1996a:149). 이 수치의 감소 추세는 사하라 사막 이남 지역을 제외한 모든 지역에서 나타난다(UNICEF 1998:15). 그러나 UNICEF는 영양 실조 어린이들의 절대 수가 증가했음을 강조한다(1998:10). (UNICEF는 체중 미달을 영양 실조의 척도로 사용한다. 1998:18). 불행히도 UNICEF는 영양 실조 인구의 수를 제시하지 않았다. 수치의 증가폭이 그리 클 리가 없는데도 말이다. 0~5세 아동은 개도국 인구의 13.36%를 차지하며 이 비율은 현재 약간 낮아졌다. 사람들의 연령이 높아지고 출산율은 하락했기 때문이다(Keyfiz and Flieger 1990:107). 따라서 1975년 기아 상태에 있던 인구 중 아동의 비율이 40%였다면 그 수는 적어도 1억 5,950만 명이었을 것이다. 반면에 1985~1990년의 수치는 기껏해야 1억 6,380만 명이었을 것이다(UNDP 1996a:147에 따르면 1억 5,690만 명). 그러나 UNICEF 1996, http://www.unicef.org/pon96/nutale.htm에 나와 있는 통계학적 경고를 참조해야 한다. IFPRI는 5세 이하 전체 아동 5억 5,700만 명 중에서 영양 실조에 시달리는 아동의 수가 1억 6,000만 명에서 1억 3,500만 명으로 줄어들 것이라고 추정한다(IFPRI 1999:18, UNPD 1999a:II, 19). 발육 부진(나이에 비해 키가 작은 상태) 아동의 비율은 1980년의 47.1%에서 오늘날 32.5%로 떨어졌으며, 2005년에는 29%가 될 것으로 예상된다(ACC/SCN 2000:8).

425. 근동과 북아프리카에서 굶주리는 사람의 비율은 1991년의 8%에서 1996년의 9%로, 그리고 2010년에는 10%로 약간 증가할 것이다. 월드워치연구소가 아프리카에서 굶주리는 사람의 비율이 1980년 이후 증가해왔다는 부정확한 정보를 내놓았음에 주목하라(WI 2001:44). 이 비율은 사실상 북아프리카 지역에서는 8%에서 4%로, 사하라 사막 이남 지역에서는 37%에서 33%로 감소했다(FAO 1999c:29). 월드워치연구소가 이용한 참고 문헌(ACC/SCN 2000)은 굶주리는 아프리카인의 비율 변화를 결코 언급하지 않았다.

426. WFS 1996:1, 표 3.

427. 1971년 개도국의 주민은 27억 7,100만 명이었으며, 굶주림에서 벗어난 인구는 18억 5,100만 명이었다. 2000년에는 전체 인구 48억 9,100만 명 중 40억 9,900만 명이 굶주리지 않았다(USBC 2000a). 이는 기아의 한계선 이상으로 음식을 섭취할 수 있게 된 사람이 22억 4,800만 명 늘어났음을 의미한다.

428. WFS 1996:VI, 4.4.

429. Bailey 1995:420.

430. The UN Climate Panel, IPCC(제24장에서 더 자세히 얘기하겠다)는 "식품 가격은 전세계 식량의 공급과 수요 사이의 균형을 감지할 수 있는 최고의 지표"라고 분명히 단언했다. IPCC 2001b:5.3.6.

431. WFS 1996:VI, 4.

432. Heinrichs 1998.

433. Avery 1995:382.

434. Bailey 1995:64, Reeves et al. 1999:10. 신품종 밀은 백분병에 대한 내성이 크다. CGIAR newsletter 1, http://www.worldbank.org/html/cigar/newsletter/Oct94/WheatBrd.html.

435. Reeves et al. 1999:23, CIMMYT 1999:1.

436. 1960년 이후 연간 약 1%의 증가율을 보였다(Pingali 1999:3; Bell et al. 1995; Oram 1995, http://www.worldbank.org/html/CGIAR/25years/gains.html 참조).

437. Tenenbaum 1995.

438. WFS 1996:VI, 도표.

439. 다음의 내용은 Rawls 1972에서 논의된, 앞뒤 상황을 제대로 파악하지 못하고 계약을 맺는 사안에 대한 설명에서 아이디어를 얻은 것이다. 이 방법은 모든 형태의 위험 기피(예를 들어, 내 목숨을 걸기 싫으니까 결정을 내릴 때 신중한 원칙에 따라야겠다는 식)를 감안할 수 있게 해주었다.

440. 만약 견디기 끔찍한 사회에서 특권을 누리며 잘 사는 경우와 사회 자체는 훌륭하지만 자신은 그 사회에서 배척당하는 경우 중 어느 한쪽을 선택해야 한다고 가정해보자. 많은 사람이 전자를 선택하고 싶은 유혹을 느낄 것이다.

441. 이런 단순한 도식을 생략할 수도 있지만, 이 도식은 기본적인 요점을 변화시키지 않은 채 기대 가치를 더 복잡하게 만들어준다.

442. 1961년에는 전체 농경지 면적 13억 3,000만 헥타르 중 1억 3,900만 헥타르였던 것이, 1997/1994년에는 전체 농경지 면적 14억 6,600만 헥타르 중 2억 6,800만 헥타르가 되었다(FAO 2000a, ERS 1995, WRI 1998a:298).

443. 이집트는 헥타르당 5톤을 생산한다(FAO 1995b:13). 개도국의 밀 수확량은 1997년 헥타르당 3.15톤이었다(USDA 1998).

444. WI 1999b:44.

445. Heinrichs 1998.

446. WI 1997a:38. 인구 1인당 비료 사용량은 '겨우' 4배 증가했을 뿐이다.

447. 쌀, 밀, 옥수수는 전세계 에너지 섭취량의 24%를 차지하며(FAO 1996b:98,

107) 개도국에서 각각 39%, 144%, 84% 증가했다. 영국 · 독일 · 덴마크는 헥타르당 7.2톤 이상의 밀을 수확한다. 이탈리아 · 프랑스 · 칠레는 헥타르당 9톤 이상의 옥수수를 수확하고, 오스트레일리아는 헥타르당 6톤 이상의 쌀을 생산한다(USDA 1998).

448. FAO 2000d:70.

449. Goklany 1998는 1961년 이후 농경지 면적이 약 2배로 늘었다고 추정한다. Bailey 1995:71-2는 지금보다 3배의 땅이 필요해질 것이라고 추정한다.

450. Pingali 1999:8-13.

451. Collier and Gunning 1999도 이 문제를 제기한다. 이들의 주장은 다음에 전개된다. IMF 1999a:VI도 참조.

452. Henao and Baanante 1999.

453. FAO 1996b:1.

454. FAO 1997d.

455. FAO 1996b:2:3.4ff and 2000a. 부르키나파소는 1일 칼로리 섭취량을 1961~1985년의 약 1,800칼로리에서 1995년의 2,250칼로리로 향상시켰다.

456. FAO.

457. UNDP 1997.

458. 가장 최근에 발생한 기근 중 하나인 1998년 봄 수단의 사태는 약 25만 명의 목숨을 위협했다. 노르웨이의 대규모 원조 단체 대변인 단 에피(Dan Effie)는 이것을 "순전히 인간이 만들어낸 재앙"이라고 표현했다. http://cnn.com/WORLD/africa/9804/101africa.drought. 유엔의 코피 아난(Kofi Annan) 사무총장은 아프리카에 대한 한 보고서에서 기근과 관련해 상당히 직설적인 표현을 사용했다. 이 지역이 개발되지 못한 것은 식민지였기 때문이 아니라 그 이후 부와 권력에 대한 아프리카 지도자들의 끝없는 욕망 때문이라는 것이다(Annan 1998:12).

459. "특히 아프리카의 빈국에서는 훌륭한 정책과 훌륭한 경제 실적 사이의 상관 관계를 확인해주는 증거가 계속 나오고 있다." World Bank 1997c:37, 1999d:30-1, 2000f:46.

460. 다음의 내용은 WFS 1996:II, 3, 13ff와 FAO 2000a를 바탕으로 한 것이다.

461. Hu and Kahn 1997.

462. Hu and Kahn 1997:5.

463. WFS 1996:I, 1:표 3은 1970년 동아시아에서 영양 실조에 시달리는 사람이 41%였던 반면, 1996년 중국에서는 13%에 불과하다는 추정치를 보여준다(FAO 1999c:29).

464. WFS 1996:II, 3.13과 FAO 2000a.

465. WI 1994:177, 1998a:93. 에를리히는 이렇게 말했다. "짧은 기간에 손쉽게 식량을 증산할 수 있는 방법은 대부분 이미 사용되었고, 따라서 이제 농업은 쉽게 극복하기 어려운 일련의 장애물과 잠재적 난관에 봉착해 있다. 다시 한번 기적의 '녹색혁명'을 탄생시킬 수 있는(1950년의 고수확 신품종 발견과 같은), 그런 즉시 사용할 수 있는 새로운 기술을 아직 발견하지 못하고 있다" (Ehrlich et al. 1995:21-2).

466. GDP는 전적으로 한 국가(예를 들어, 미국) 내에서의 상품과 용역의 가치를 측정하는 반면, GNP는 한 국가의 국민(예를 들어, 미국 국민)이 생산해내는 상품과 용역의 가치를 측정한다. 후자의 경우, 국민은 자국에 있든 외국에 있든 상관없다.

467. 예를 들어 NNP, 즉 국민순생산(net national product)이나 NDP, 즉 국내순생산(net domestic product)이 있다. 그러나 여러 국가에서 오랜 기간에 걸쳐 두 수치를 비교해보았을 때 그 차이는 그리 크지 않았다.

468. UNDP는 1995년 무보수 노동과 저임금 노동의 가치가 남성과 여성의 경우 각각 5조 달러와 11조 달러라고 추정했다(UNDP 1995). 이에 비해 1995년의 전세계 GDP는 26조 9,000억 달러였다(WI 1997b:67).

469. Schneider and Enste 2000:100. "Black Hole," *The Economist* 1999년 8월 28일자, 352(8,134):59-60도 참조.

470. Statistics Denmark 1995:22.

471. World Bank 1994:230.

472. Jensen 1995. 복지 지수는 소비를 나타내는 지표와 겨우 3~4% 차이날 뿐이다.

473. 여러 화폐의 GDP 규모를 비교하다 보면 또 다른 문제가 생겨난다. 즉 환율과 구매력 중 어느 쪽을 기준으로 GDP를 비교할지 결정해야 하는 것이다. 이 문제는 개도국에서 점점 증가하는 불균형 문제를 논의하면서 다시 살펴보겠다.

474. 1970~1990년까지 소비는 40.3% 증가했으며 복지 지표는 40.7% 증가했음이 발견되었다. 복지 지표 산정에 여가 시간의 가치가 포함되어야만(여가 시간의 가치는 이 기간 동안 거의 같은 수준을 유지했다) 증가율이 상당히 낮아진다(23.4%). 그러나 이런 결과가 나오는 것은 순전히 여가 시간의 가치를 포함시키는 것이 우리의 부를 증가시켜 소득의 증가는 별로 중요하지 않게 되기 때문이다. 다시 말해 사람들이 인생에서 얻는 즐거움이 충분히 크다면, 경제 성장에 그리 커다란 가치를 부여하지 않아도 된다는 뜻이다.

475. 17.39달러, CPI 2001.

476. 도표 30 참조.

477. 원리적으로는 정확한 지수를 산출해내는 것이 아주 불가능한 것은 아니다(예를 들어 hedonistic regression model을 이용할 수도 있다). 그러나 수많은 변화를 충분히 신

속하게 처리하려면 엄청난 노력을 투자해야 한다는 점이 문제다. Armknecht et al. 1997이 제시했던 사과(謝過)의 요점이 바로 이런 데 있는 듯하다.

478. Boskin et al. 1997:79.

479. 휴대전화 역시 1983년 처음 등장한 이후 서구 사람들의 생활 방식에 상당한 영향을 미쳤지만, 미국의 CPI에 포함된 것은 1998년에 이르러서였다. 이처럼 휴대전화가 제외되어 있었기 때문에 원거리 통신 분야의 CPI 산출에서 인플레이션율을 연간 0.8~1.9% 정도로 과대 평가했던 것으로 추정된다(Hausman 1999).

480. Nordhaus 1997b:47.

481. Nordhaus 1997b:63. 그러나 이것은 다소 과장된 수치일 가능성이 크다. 조명기구에 들어 있는 일부 부품은 교환이 불가능한 패키지 형태이기 때문이다. 처음에는 전구의 밝기를 2배로 늘려서 조명의 효용도 2배로 증가시킬 수 있으나, 그 다음에는 설령 밝기를 다시 2배 더 높인다고 해도 전구의 효용이 2배로 증진되지는 않는다. 우리가 원하는 것은 집 안의 여러 곳에 전등을 설치하는 것이지 거실에만 매우 밝은 전구 하나를 달랑 설치하는 것이 아니기 때문이다. Hulten 1997 참조.

482. Boskin Commission 1996; Boskin and Jorgensen 1997, Boskin et al. 1998. CPI가 가격 변동을 과대 평가했다는 결론이 내려질 경우 연방 정부가 돈을 절약할 수 있기 때문에 이 문제는 정치적인 이슈가 되었다. 그러나 CPI를 작성하는 노동통계국(Bureau of Labor Statistics)의 전 국장인 재닛 노우드(Janet Norwood)는 이 주장에 어느 정도 동의했다. Norwood 1995 참조.

483. 직접 측정할 수도 있고 또 공공 부문의 지출을 통해서도 측정이 가능하다.

484. 드롱(DeLong)은 앞의 박스 기사에 언급된 노드하우스의 신상품 보정 방식(Nordhaus 1997b)을 실시하면 1인당 GDP가 지난 200년 동안 약 33배 증가했다는 결과가 나올 수 있다고 했다.

485. 이 수치를 지난 1,000년 동안 총 57배 증가했다는 추정치와 비교해보라. 필자불명 1999h:147.

486. 이처럼 오랜 시간에 걸친 비교 결과를 받아들일 때는 어느 정도 유보적인 태도를 취하는 것이 바람직하다. 물가 지수는 특정 상품군을 바탕으로 측정하는데, 이 상품들이 그처럼 오랫동안 변함없이 사용되리라고 생각하는 것은 본질적으로 불가능하기 때문이다.

487. 지난 120년 동안 전세계적으로 불평등이 실제로 증가한 것은 바로 이 때문이다(Pritchett 1997; Crafts 2000; IMF 2000b). 반면에 지난 40~50년 동안은 PPP$로 측정할 때 불평등이 별로 증가하지 않았다(아래 참조). 출발점이 달라진 원인은 Landes 1998

에 간략히 설명되어 있다.

488. 이 비율은 5.5와 6.5 사이를 오르내린다.

489. UNDP 1997.

490. World Bank 1998a:vii.

491. UNDP 1997.

492. World Bank 1998a:vii.

493. CPI 2000 이용.

494. 특히 인도의 사회 빈곤도 측정은 많은 문제가 있기 때문에 실제 빈곤률은 어쩌면 훨씬 더 빠르게 감소했을지도 모른다. World Bank 2001a:26.

495. 도표 23의 추정치 50%는 세계 인구를 바탕으로 한 것이고, 세계은행의 추정치 24%는 개도국과 시장 경제 체제로 전환하고 있는 동유럽 국가의 자료만을 바탕으로 한 것이기 때문에 세계은행의 수치는 세계 인구의 약 20%에게 해당한다. 따라서 50%에서 절반 이상 감소했다는 계산이 나온다.

496. 1950년의 빈민 추정치가 12억 명이라는 것(Barry et al. 1991:73, 빈민 추정치 11억 7,800만~12억 9,700만 명)은 빈민이 아닌 사람이 13억 6,000만 명이라는 뜻이다. 1998년의 추정치 12억 명은 빈민이 아닌 사람의 수가 47억 2,000만 명이라는 뜻이다. 즉 빈민이 아닌 사람이 33억 6,000만 명 증가한 것이다.

497. Frankel 1997.

498. Linbert and Williamson 1995.

499. Persson and Tabellini 1994.

500. Frankel 1997:7.1-2. UNDP 1996a:66ff 참조.

501. UNDP 1996a.

502. 1987~1998년에 발표된 세계은행의 수치는 1985년 기준 PPP$로 하루 수입이 1달러 미만인 사람을 빈민으로 간주해 추정한 것이다(PPP에 대한 설명은 아래의 내용 참조). 퍼센트 비율은 개발도상국과 동유럽 국가를 대상으로 계산되어 있다. Barry et al.의 추정치는 소비를 바탕으로 한 것이다(GDP 추정치도 더 낮기는 하지만 대략 비슷한 변화를 보인다). 이전의 빈곤도는 1970년 기준 미국 달러 가치로 연간 수입이 200달러 미만인 경우이다(Barry et al.:70). 1950~1978년의 추정치에는 거의 모든 나라가 포함되어 있으며 퍼센트 비율도 전세계적으로 추정한 것이다. 사회주의 국가가 제외된 1950~1986년의 추정치에는 사회주의 국가가 아닌 지역의 자료만 사용되었다. 홉킨스(Hopkins)의 경우에는 빈곤의 정의가 없고 중국이 포함되지 않았으며, 퍼센트 비율은 중국을 제외한 나머지 세계 인구를 기준으로 한 듯하다.

503. UNDP 1996a:13, 1999a:38.

504. UNDP 1996a. Korzeniewicz and Moran 1997 참조. 이 연구 역시 환율 비교를 이용한 것이다. 사회적 불평등에 대한 발언은 헤아릴 수 없이 많은 곳에서 되풀이되었다. 예를 들어 UNICEF 2000:22; World Bank 2000a:14. UNDP 1999a:39는 1820년까지 거슬러 올라가 불평등 문제를 조사했지만 비교 대상의 비율을 항상 똑같이 유지하려는 노력은 별로 하지 않았다. 사실 이 연구에서 다룬 빈민의 수는 1820년부터 1992년까지 상당히 감소한 것으로 보인다. 따라서 이 연구에서는 이를테면, 상위 10%/하위 10%와 상위 10%/하위 2%를 서로 비교하는 식이다. 이렇게 되면 연구 결과가 크게 왜곡될 것이 분명하다. 그러나 지난 120년 동안 불평등이 증가한 것은 사실이다. 그 시점에서 산업화가 진행 중이던 국가들이 크게 발전하기 시작했기 때문이다(이 국가들을 제외한 대부분의 나라는 개발도상국으로 전환하는 시점이기도 하다). Pritchett 1997; IMF 2000b 참조.

505. 이른바 발라사 새뮤얼슨(Balassa-Samuelson) 가설, Balassa 1964; Kravis et al. 1978:219–20. Rogoff 1996 참조. "전반적으로 발라사 새뮤얼슨 가설을 지지하는 경험적 증거들이 상당히 많다. 특히 매우 가난한 나라와 매우 부유한 나라를 비교할 때 더욱 그렇다."

506. *The International Comparison Program*. 예를 들어, WRI 1996a:162–3 참조.

507. "Big Mac Currencies," *The Economist*, 1999년 4월 3일자, 351(8113):66, Annaert and de Ceuster 1997.

508. World Bank 1997a:표 1.

509. 이 그래프는 세계 최빈국(최부국) 국민의 20~30%에 해당하는 사람의 소득을 추정해서 그린 것으로 Dunghyun 1997, 1999의 연구 결과와 비슷하며, Schultz 1998가 계산한 PPP 소득의 로그 변이(log variance) 추정치와도 모순되지 않는다.

510. Heston and Summers 1996: "상당한 저항이 있은 후, 국제 기구들은 이제 PPP를 바탕으로 한 GDP 추정치가 전부는 아닐망정 대부분의 경우에 환율을 바탕으로 한 추정치보다 우월하다는 점을 납득한 것 같다." Dowrick and Quiggin 1997: "국제 비교 프로젝트(ICP, International Comparison Project)와 펜 세계 현황표(PWT, Penn World Tables)를 기반으로 한, 1인당 GDP에 대한 불변 국제 물가 측정법(constant international price measures)이 국가 간의 경제 실적을 비교하는 조사에서 환율 비교 측정법 대신 표준으로 활용되고 있다. 불변 국제 물가 측정법은 교역 가능한 상품과 그렇지 못한 상품의 상대적 가격 차이라는 단순한 이유 때문에 생겨나는 명목상 지출의 차이를 공제할 수 있다는 점에서, 측정 방법의 변화는 상당한 개선을 의미한다." World Bank 1999a:230: PPP 대신 환율을 사용하면 "물가가 상대적으로 낮은 지역에서는 실제 소비가 과소 평가

되고 물가가 높은 나라에서는 과대 평가되는 경향이 있다." Schultz, 1998:310: "구매력 평가의 동질성(purchasing power parity)이라는 일반적 개념은 (불평등을 연구하기에) 적합한 개념이다."

511. UNDP는 인간 개발 지수(Human Development Index)에서 PPP 지수를 사용하고 있다. UNDP 2000 참조.

512. Dunghyun 1997, 1999도 이런 접근 방법을 이용해 대략 비슷한 결과를 얻었으며, Schultz 1998가 계산한 PPP 소득의 로그 변이 추정치와도 모순되지 않는다. 그러나 중국과 인도네시아를 제외하는 이해할 수 없는 행동을 보인 Sarkar 1999는 1950~1992년 사이에 PPP$를 적용할 때 불평등이 증가했다는 결과를 얻었다. Chotikapahich et al. 1997는 지역 간의 불평등도가 개선되고 수렴 현상이 일어나고 있다는 몇 가지 증거를 발견했다. 상위 10%/하위 10%의 관계가 20에서 1990년대에 약 25로 약간 '증가'했음에도 주목하라(Dunghyun 1999). 또 각 나라의 국민을 모두 포함해서 국가 평균을 추정했기 때문에 각국의 내부적 불평등 정도는 추정하지 않았는데, 결코 자료가 부족해서가 아니었다. 그러나 Korzeniewicz and Moran 1997은 (환율에 근거해서) 각국의 내부적 불평등 정도와 국가 간 불평등 정도를 추정했다. 그들은 국가 간 불평등 정도가 범지구적인 불평등 문제를 파악하는 데 훨씬 더 중요하며 또 각국의 내부적인 불평등 정도는 실제로 완화되고 있다는 사실을 발견했다. 따라서 여기에서 제시된 국가 간 비교의 결과는 불평등 문제를 어느 정도 과대 평가했을 가능성이 크다.

513. 1인당 소득은 1820~1950년 사이에 선진국은 376% 증가했으며, 개발도상국은 단지 71.5%밖에 증가하지 않았다.

514. 물론 선진국과 개발도상국을 구분하는 척도는 그 국가가 산업혁명에 진입하는 데 성공했는지에 달려 있다. 따라서 그토록 오랜 기간 동안 불평등 상태가 유지되었다는 점을 강조하다보면 불평등 정도가 더 높을 수 있는 다른 신흥공업국가들의 문제를 배제하기 쉽다는 점을 염두에 두어야 한다.

515. 1970년부터 1992년까지 1인당 소득은 선진국은 38% 증가했으며, 개도국은 무려 72%나 증가했다.

516. IMF(2000b:59ff)가 불평등의 증가를 발견한 것은 주로 1900년과 2000년만을 비교했기 때문이다. 도표 35에서 볼 수 있듯이, 이런 비교는 약간 오해의 소지가 있다.

517. IPCC 2000a:4. 제24장에서 이 시나리오들을 더 자세히 살펴볼 것이다.

518. 실질 소득은 도표 149에서 볼 수 있다. 세계 GDP가 시나리오 작성의 첫 단계에서부터 고정된 반면, 소득 불평등은 내생적(內生的)으로 결정되었다는 점에 주목하라.

519. 199개국(선진국은 서유럽 · 서구의 분파 · 남유럽 · 동유럽이며, 개도국은 남아

메리카 · 아시아 · 오세아니아 · 아프리카이다)의 1인당 소득 가중치(weighted per capita income)를 바탕으로 1820~1992년 사이의 기어리 카미스(Geary–Khamis) PPP$를 조사한 매디슨(Maddison)은 IPCC 2000b에 제시된 1990년 기준 5.72를 고려하여 수치를 조정했다(이는 도표 32의 수준과 일치한다). IPCC는 MESSAGE에 나와 있는 모든 주요 시나리오를 다루고 있는데, 여기에는 선진국과 개도국의 PPP$ GDP 추정치가 모두 제시되어 있다. 1990~1992년 사이에 불평등 정도가 급격히 완화된 것은 소련/러시아 경제 체제의 붕괴 때문임을 주목하라.

520. 일례로 WI 1997a:116, UNICEF 2000:20.

521. 상위 20%가 국가 전체 소득의 55%를 벌었는데, 이 비율은 1970년에 43%로 떨어졌다가 현재는 약 50%로 다시 높아졌다(Lindert 2000a:179).

522. 이것은 단지 World Bank 2000a:239에 나오는 불평등 비율을 바탕으로 추정한 대략적인 주장일 뿐이다. 1인당 소득은 도표 29에서 따온 것으로 우수리를 없애버린 수치다.

523. 5.5에서 5.45로.

524. 미국의 불평등 정도를 추정하기에는 정보가 너무 부족하다. 그러나 오늘날의 불평등 정도가 1789년과 비슷하다고 말하면 대략 들어맞을 것이다(Shammas 1993:420 참조). 따라서 요즈음의 불평등 정도가 약 14이므로(USBC 1999b:xiv) 1789년의 최하위 20%는 오늘날의 달러 가치로 연간 180달러, 최상층 20%는 약 2,500달러를 벌었을 것이다. 오늘날 이 두 그룹은 각각 9,200달러와 12만 8,000달러를 벌고 있다. 그렇다면 그 동안 불평등 정도가 2,320달러에서 11만 7,800달러로 증가했으므로 미국이 지난 211년 동안 약 50배나 더 불평등한 나라가 되었다고 보아야 하는가? 만약 오늘날 두 그룹의 임금이 각각 3만 6,000달러와 3만 9,000달러라고 해도 불평등의 정도가 2,320달러에서 3,000달러로 증가했다는 주장을 받아들일 수 있겠는가?

525. Stone and Kochar 1998.

526. "1999년 동아시아와 태평양 지역 대부분의 경제 성장률은, 올해 초에 예상한 대로, 위기 사태가 발생한 1998년의 깊은 침체 상태에서 되살아날 것이다. 성장 기조의 전환은 처음 예상한 것보다 훨씬 더 강력했다." World Bank 1999e:9, 2000b:133.

527. IMF 2000d:1, 24.

528. World Bank 2000b:133. p.134를 바탕으로 한 추정.

529. IMF 1999a:64–7에는 총 사회적 비용에 대한 추정치가 나와 있다.

530. UNDP 1996a:3. 유엔은 또한 "경제 성장은 많은 나라의 희생을 바탕으로 소수 나라에만 커다란 혜택을 부여했다"고 주장한다. http://www.undp.org/news/

hdr96pr1.htm. 하지만 이런 주장에는 문제가 있다. 어느 한 나라에게 도덕적 지위를 할당한다는 것이 불가능하기 때문이다. 개도국 주민 중 약 절반이 중국과 인도에 거주한다. 따라서 이 두 나라가 모두 상당한 경제 성장을 이룩하는 것은 개도국 전체의 경제 성장률을 측정하는 데 당연히 매우 큰 영향을 미친다(두 나라의 성장률은 각각 8.3%와 3.2%에 달한다). 도덕적 관점에서, 커다란 두 나라에 더 많은 사람이 살고 있다면, 그 두 나라의 대규모 성장보다 100개 소국의 고른 경제 성장이 더 낫다고 말하는 것은 무의미하다. (중국과 인도를 각각 100개의 소국으로 나눈다고 생각해보자. 그렇다고 상황이 개선되었다고 진지하게 주장할 수 있겠는가?) 이 문제를 순전히 15억 인구의 문제로만 다루는 것은 이 때문이다.

531. UNDP 1996b, 1999b를 바탕으로 했음. World Bank 1995a, 2000a; US State Department 1998, 2000; IMF 1998:110, 145; De Broeck and Koen 2000.

532. IMF 1998:110, 2000d:100.

533. IMF 2000d:207.

534. IMF 2000d:30.

535. World Bank 2000b:138. CIS 지역 전체 포함.

536. USBC 2001a.

537. World Bank 1995a, 1999b, 2000a, US State Department 1998, 2000.

538. USBC 2001a.

539. World Bank 1995a, 1999b, 2000a, US State Department 1998, 2000.

540. 도표 36에 나타나 있음.

541. UNDP 1996a:2.

542. World Bank 1998b:표 1.4.

543. 서머스와 헤스턴(Summers and Heston)의 불변 PPP 자료집(1995)은 1992년에 마무리되었지만 2001년 2월 현재까지도 아직 갱신되지 않았다.

544. UNDP 1996a:3.

545. 이 나라들이 좀더 현명한 다른 정책을 추구했더라면 그들이 겪고 있는 최악의 문제 중 적지 않은 부분을 극복할 수 있었을 것임이 분명하다. 그러나 과거를 되돌아보면서 이런 주장을 펼치기는 언제나 쉬운 법이다.

546. USBC 1999a:581.

547. USBC 1999a:584.

548. 물론 다른 유형의 수많은 기술과 마찬가지로 사람들이 이 기술을 이용하는 데 익숙해져야 한다. 다시 말해, 다른 사람으로부터 방해받고 싶지 않을 때는 휴대전화의 전

원을 끄는 법을 배워야 한다.

549. 미국 전체 인구 대비 비행기로 해외여행을 하는 승객의 수(비행기로 왕복한다고 가정했다). ATA 2001a, USBC 2000d. 미국 비행기를 타고 여행한 미국인은 1940년 320만 명에서 1999년에는 6억 3,540만 명으로 늘었다(USBC 1999a:885, ATA 2001a). 세계관광기구(World Tourism Organization)는 1960년의 총 관광객 수를 6,900만 명, 1999년에는 6억 5,700만 명, 2010년에는 10억 600만 명으로 추정한다. 다시 말해, 1960년에는 세계 인구의 2.3%, 1999년에는 10.9%, 2010년에는 14.7%가 관광을 즐겼다. ITA 1999, WI 2000b:83, USBC 2001a.

550. WI 2000b:87, 1999a:87, WRI 1998a:244, USBC 2001a.

551. 다른 나라의 수치는 http://www.un.org/Depts/unsd/social/housing.htm에서 구할 수 있다.

552. WI 1999b:83, WRI 1998a:244.

553. Lebergott 1995:152–3.

554. Lebergott 1993:112.

555. Lebergott 1993:112–13.

556. Robinson and Godbey 1997:321. '의복 관리'에 매일 12분.

557. Lebergott 1995:155.

558. 1960년 미국인은 전체 식비의 20%만을 외식비로 사용했다. 1997년 이 비율은 38%로 늘어났다(USBC 1999a:876).

559. IMF 2001a. 도표 26 참조.

560. Lebergott 1993:148, USBC 1999a:876. 1929년 이 비율은 23.9%였다. Putnam and Allshouse 1999 참조.

561. USBC 1999a:880. 미국인이 인생의 약 70%를 집 안과 집 주위에서 보내기 때문에 이 수치가 중요하다(Lebergott 1993:95).

562. Lebergott 1993:100, 102.

563. EIA 1999a:12.

564. 1인당 유효 공간의 평균 넓이는 631평방피트, 즉 58.6평방미터이다(EIA 1999a:135. 한 가구당 사람 수는 2.63명). 참고로 덴마크의 평균은 49.5평방미터이다. 1950년에는 32평방미터에 불과했다(Ågerup 1998:48).

565. 1인당 14평방미터에서 30평방미터로 증가했다(NERI 1998A:62).

566. Danish Transport Ministry 1993:27ff.

567. DOT 1997:25.

568. 1960년에는 개도국에서 TV를 소유한 사람이 인구 40명 중 1명이었으나 1994년에는 6명 중 1명으로 늘었다(UNESCO 1997:6–7). http://unescostat.unesco.org/statsen/statistics/yearbook/tables/CultAndCom/Table_IV_S_3.html.

569. 최빈국의 하수도 설비율은 23%에서 42%로 개선되었다(World Bank 1994:26). UNDP 1996a:149도 참조. 또한 이 자료는 안전한 식수를 이용하는 사람의 비율이 1975년에 40%였다가 1990년에는 68%로 증가했다고 밝히고 있다.

570. WHO와 USAID에 따르면, 전세계적으로 상하수도 시설이 개선될 때 병에 걸리거나 목숨을 잃지 않게 될 사람의 수이다(WHO 1992:30, World Bank 1992:49).

571. 도로 보급률이 1975년에 1인당 308킬로미터였던 데 비해 1990년에는 396킬로미터였다. 에너지 생산량은 1975년부터 1990년까지 1인당 41와트시에서 53와트시로 증가했다. 장거리 통신은 인구 1,000명당 중계회선 수치로 나타낼 때 1975년에 3회선이었으나 1990년에는 6회선으로 증가했다(World Bank 1994:26).

572. UNESCO는 개도국의 문맹자 수가 8억 7,200만 명(인구의 29.6%)이라고 추정한다(UNESCO 1998:표 2).

573. 9.3~9.9년(UNESCO 1998:표 9).

574. Barro and Lee의 자료(1996)에서 얻었다.

575. 총 등록률, UNESCO 2000.

576. Grafts 1998 and Maddison 1995a는 아시아 대부분의 지역에서도 비슷한 패턴이 나타났음을 보여준다.

577. Simon and Boggs 1995:216 참조.

578. Ausubel and Grübler 1995:117.

579. 남성과 여성의 노동 시간을 평균한 것(Ausubel and Grübler 1995:122). 남성의 경우 총 노동 시간이 15만 시간에서 8만 8,000시간으로 줄었으며, 비노동 시간은 9만 1,000시간에서 25만 6,000시간으로 늘어났다. 여성의 경우에는 노동 시간이 6만 3,000시간에서 4만 시간으로 줄었고 비노동 시간은 18만 2,000시간에서 33만 4,000시간으로 크게 늘었다.

580. 통계에 따라 조금씩 다른 추세가 나타난다. 유엔 국제노동기구는 미국인의 주당 평균 노동 시간이 1969년에는 43.0시간이었다가 1998년에는 40.6시간으로 떨어졌다고 추정한다. 그러나 노동 시간이 줄어드는 데 가장 큰 역할을 한 것은 노동 시장으로 유입되는 여성이 증가했으며 남성은 상대적으로 감소했다는 점이다. 여성의 노동 시간이 더 적은 경우가 대부분이었기 때문이다(ILO 2000). 여성의 노동 시장 참여는 1950년부터 1998년까지 33.9%에서 59.8%로 거의 2배나 늘었다. 반면에 남성의 참여는 86.4%에서

74.9%로 다소 줄었다(Fullerton 1999:4). 영국의 주당 노동 시간은 1986년 40.4시간, 1998년 40.2시간이었다. 실질적인 급료 지불 자료를 바탕으로 한 미국의 고용 통계 현황(Current Employment Statistics)은 근로자의 노동 시간이 1947년의 40시간에서 1990년의 34.5시간으로 꾸준히 감소하다가 1990년대에는 비슷한 수준을 유지했음을 보여준다. 그러나 이 자료에는 직원을 고용하고 있는 업체가 모두 포함된 것은 아니다(CES 2000). 그러나 전국적인 조사 결과를 바탕으로 한 노동 인력 통계(Labor Force Statistics)는 지난 20년 동안 주당 평균 노동 시간이 여성 약 1시간, 남성 약 12분 늘어났음을 보여준다(Rones et al. 1997:4). 이 때문에 여러 시사 비평가들은 "미국인이 혹사당하고 있다"는 불평을 늘어놓기도 했다(Schor 1991). 그러나 후자의 통계는 사람들에게 자신의 작업 시간이 얼마나 되느냐고 물어서 얻은 결과를 바탕으로 작성되었다는 문제가 있다. 이런 조사 방식으로는 정확한 추정치를 얻어낼 수 없는 경우도 있다.

이에 반해, 노동 시간 조사와 관련된 대부분의 연구는 좀더 정확한 일지 작성 방법(diary method)을 사용한다. 일지 작성 방법이란 사람들에게 15분마다 자신의 상황을 기록하도록 하는 것이다. 이 일지를 사람들이 직접 밝힌 노동 시간과 비교하면 열심히 일하는 사람이 자신의 작업량을 과장하는 경향이 있음이 드러난다. (Robinson and Godbey 1994, 1997:87ff. 일을 별로 하지 않은 사람은 오히려 작업량을 축소하는 경향이 있다.) 1주일에 75시간을 일한다고 말하는 사람은 노동 시간을 평균 25시간 정도 과장하곤 한다. 게다가 일지를 이용한 연구는 시간이 지날수록 응답자들이 노동 시간을 점점 더 과장한다는 것을 보여준다(비판적인 관점에서 검토해보아도 이들이 노동 시간을 크게 과장하는 이유를 밝히기는 어려운 것처럼 보인다. Jacobs 1998).

물론 여러 가지 이유가 있다. 근무 시간이 일정하지 않은 작업을 수행할 경우, 기억에 의존해서 구체적인 노동 시간을 어림잡기가 쉽지 않다. 근무 시간과 비근무 시간이 서로 혼재되면서, 시간제 근무와 비교해서 정확한 작업 시간을 추정하는 일 역시 점점 더 어려워지고 있다. 원래 일을 재촉받는다는 느낌을 갖게 되면 사람들은 자기가 실제로 일한 시간이 아니라 '느낀' 노동시간을 보고하기가 더 쉽다.

일지 작성 방법은 직업을 가진 미국 남성의 노동 시간이 1965년에 46.5시간이었다가 1995년에는 42.3시간으로 줄어들은 반면, 같은 기간 동안 여성의 노동 시간은 36.8시간에서 37.3시간으로 증가했음을 보여준다(Robinson and Godbey 1999:326). 사회적 구성이 변화했다는 점을 참작할 때, 이 결과는 1964년부터 1987년까지 노동 시간이 2.6시간 줄어든 덴마크의 경우와도 일치한다(Körmendi 1990:57).

581. 이 수치가 근무 주일의 주당 노동 시간 평균치라는 점을 이해하는 것이 중요하다. 즉, 여기서는 오늘날 휴일이 더 늘어났다는 사실을 고려하지 않았다는 뜻이다. 따라

서 주당 노동 시간과 연간 노동 시간을 직접 비교해서는 안 된다.

582. 82%에서 75%로(Fullerton 1999:4; Robinson and Godbey 1999:326).

583. 이것은 덴마크의 조사 결과와도 대체로 일치한다. 1964년 여성은 무보수 가사 노동의 90%를 담당했지만 1987년에는 '겨우' 65%만을 담당했다. 반면에 여성이 임금 노동에 기여하는 비율은 아직도 38%(24%에서 증가한 것)에 불과하다(Jensen 1991:71). 역시 Haslebo 1982:31ff도 참조.

584. Robinson and Godbey 1997:104, 1999:328.

585. Diamond 1999:277.

586. Chesnais 1995:96.

587. Stone 1979:77. 또한 스톤은 폭력의 92%가 가족을 대상으로 하지 않았음을 지적하고 있다(폭력의 50%가 가정 내에서 발생하는 오늘날과는 다르다).

588. 전통적인 사회의 자살율을 검증하는 것은 상당히 총체적인 문제를 유발한다. 과거 사회에서는 자살을 받아들이거나 인정하지 않았기 때문이다. 이 분야에서도 영국은 17세기까지 곧장 거슬러 올라가는 아주 훌륭한 자료를 갖고 있다.

589. USBC 1997:834.

590. 재난의 심각한 정도, 특히 피해를 입은 사람의 수를 측정하는 다른 방법도 있음을 주목하라. 피해자 수는 지난 1세기 동안 지속적으로 증가해왔다. 그러나 사망자 수에 대한 기록이 피해자 수에 대한 기록보다 훨씬 더 일관적이다. 피해자의 개념이 지극히 모호해서 조사자에 따라 수치가 크게 달라질 수 있기 때문이다(Red Cross 1998:136). 시간이 흐르면서 자료 기록의 방법이 좋아지고, 따라서 원래 상향 추세를 보이게 마련인데, 기록된 수치 자체는 오히려 하향 추세가 더욱 강화되었다. (Lidstone 1997. "1960년 이전의" 자료는 "대개 일화적이며 불완전하다.")

591. 1900년의 평균 기대 수명이 30세였다는 가정을 바탕으로 한 대략적인 추정치(Preston 1976:ix). 1950년의 총 사망률은 1,968명이었다(Keyfitz and Flieger 1990:105).

592. Keyfitz and Flieger 1990:105.

593. 1900년대 초에는 자연 재해가 모든 사망 원인의 약 2.64%를 차지한 반면, 1990년대에는 0.15%였다.

594. Lidstone 1997.

595. CDC 1999f.

596. Tessmer 1999, CDC 1999e.

597. 대부분의 항공 사고는 이착륙 때 발생하기 때문에 항공 사고의 위험을 킬로미터 단위로 측정하는 것은 단거리 비행과 장거리 비행의 비율이 일정하다는 가정 하에서만

유용하다.

598. 7년 이동 평균선으로 조정한 항공 사고 평균 사망률.

599. DOT 1999:1-23, 1-30. 그러나 도표 47로는 1인당 킬로미터 단위를 측정할 수 없었다. 지난 1세기 동안 자동차의 평균 승차 인원수가 변했고, 특히 20세기 초의 자료가 크게 부족하기 때문이다. 1960년의 평균 승차 인원은 거의 2명이었다.

600. 다시 말하지만, 항공 사고는 주로 비행기 이착륙 때 발생하기 때문에 300킬로미터 이하의 단거리 여행에는 자동차가 전반적으로 더 안전하다(Laudan 1994:58).

601. WI 1998a:xviii.

602. WI 1998a:4.

603. Ehrlich 1997:131. 놀랍게도 에를리히 역시 지금까지의 GDP와 식량 생산 부문의 발전이 지구 자원의 현황을 파악하는 데 아무런 도움도 되지 못한다고 주장하고 있다. 이런 주장은 그답지 않은 일이며 다른 많은 지표가 지구 자원에 대해 부정적인 추세를 보여주고 있다는, 그가 자주 하는 주장과도 어긋난다(에를리히의 말대로라면, 다른 지표 역시 지구 자원의 미래를 검토하는 데 아무런 기여도 하지 못한다).

604. WCED 1987:8.

605. 이것은 당연히 도덕적인 판단이다. 그러나 (필자를 포함한) 대다수 사람들은 이것이 명백한 진실이라고 생각한다.

606. WI 1998a:19.

607. Miller 1998:752에서 재인용.

608. Chiras 1998:40.

609. Crosson 1997b에 있는 상세한 자료 참조.

610. WI 1998a:91, p.17 참조. 사실 WI(1997b:19)는 밀 가격이 1996년 봄 사상 최고였다고까지 주장한다. 그러나 이 주장은 인플레이션율을 감안하지 않은 것이기 때문에 심각한 오해를 불러일으킬 수 있다.

611. WI 1998a:16. 브라운은 "3년으로는 새로운 장기적 추세가 만들어지지 않는다"고 인정하면서도 최악의 미래상을 확인해주는 도구로 이 수치를 계속 이용하고 있다. 브라운은 단기적인 추세의 영향을 선언하는, 다소 정직하지 못한 행동을 했다. "결핍 경제로의 변화를 보여주는 초기 조짐은 1996년 4월 말에 나타났다. 그때 시카고무역위원회(Chicago Board of Trade)에서 밀 가격이 부셸당 7달러 이상으로 치솟았는데 그것은 역사상 최고의 가격이었으며 1년 전 가격에 비해 2배가 넘는 금액이었다." 그는 인플레이션율을 감안해 수치를 조정해야 한다는 점을 잊어버린 것이 분명하다. 사실 브라운이 인용한 도표에서도 알 수 있듯이 1996년 급등한 가격은 역사상 최대치와는 거리가 멀었다.

http://www.worldwatch.org/pubs/ea/tc.html 참조.

612. IFPRI 1997:16.

613. WI 1998:92의 수치는 1995년의 달러 가치를 기준으로 하고 있으며, 인플레이션을 감안한 수치 조정의 근거가 될 만한 출전도 밝히지 않았다. 그러나 이 책에 실린 도표 48의 그래프와 거의 같아 보인다.

614. WI 1994:188, 1997a:25, 44, 1999a:119, 2001a:46.

615. 브라운은 USDA의 자료를 사용한 반면, 나는 FAO의 자료를 활용했다. 계산 방법과 시대 구분의 작은 차이 때문에 FAO의 수치는 1985년 최대치에 도달했다. 그러나 전체적인 변화 추세는 같다.

616. Miller 1998:601; Botkin and Keller 1998:93; Chiras 1998:164; Pimentel et al. 1995a:1,118.

617. Costanza et al 2000.

618. WI 1997a:26.

619. 마지막 4년 동안은 생산량이 1996년의 최고치 230킬로그램보다 낮았다. 그러나 이것은 모집단의 규모가 크고 자연적 변이가 심한 농업 통계에서는 정상적인 현상이다. 본문에서 설명했듯이, 중국의 상황이 2000년의 생산량 통계에 어떻게 악영향을 미쳤는지에 주목해야 한다.

620. WFS 1996:I, 4.12.

621. ERS 2000c:12, FAO 2000e:6, 2000f:1.3.

622. FAO 2001a.

623. FAO 1995b:7.

624. FAO 1995b:8.

625. Alexandratos 1999:5,911, FAO 2000d:49.

626. WI 1994:177.

627. WI 1998a:88.

628. WI 1998a:88–9.

629. FAO 2000d:50, WFS 1996:I, 2.15, CGIAR 1996.

630. ERS 1999b:8–9, IFPRI 1999:21ff.

631. Alexandratos 1997.

632. Alexandratos 1997, 1998.

633. Alexandratos 1999:5,911.

634. ERS 2000c:12, FAO 2000e:6.

635. 쌀 22%, 밀 19.5%, 옥수수 6.1%를 차지한다(FAO 1995b:107).

636. 1963~1983년부터 1983~1993년까지 생산성 증가 속도는 밀의 경우 연간 3.6%에서 2.1%로, 옥수수의 경우 2.9%에서 2.5%로 떨어졌다(WFS 1996:Box 1 VI).

637. WI 1998a:82.

638. WI 1998a:81.

639. WI 1998a:82.

640. WI 1998a:88.

641. WI 1998a:90. 논리적으로 엄격하게 따졌을 때 이 마지막 문장은 사실이다. 오랜 기간에 걸쳐 자료를 모으다보면 언젠가 모든 증가세가 반드시 안정상태로 접어들게 되어 있기 때문이다. 그러나 이 문장은 흥미를 불러일으키지 못한다. 중요한 것은 증가추세가 '언제' 안정상태로 접어들 것인가 하는 점이다. 그것은 인구와 식량 수요가 더 이상 증가하지 않게 된 다음이 될 것인가, 아니면 그 전이 될 것인가?

642. WI 1998a:91, 94.

643. WI 1998a:93.

644. WI 1998a:17.

645. WI 1998a:94 주 63번. 애석하게도 그 기사를 찾을 수 없었다. 월드워치연구소에 여러 번 자료를 요청했지만, 그들 역시 자체 자료실에서 그 기사를 찾아내지 못했다.

646. Brown 1981:78.

647. 오스트레일리아, 한국, 스페인, 그리스, 미국 같은 나라들뿐이다. 그리고 이들 중 생산량이 많은 곳은 한국과 미국뿐이다.

648. 미국 농무부의 일본 쌀 전문가인 딕(John H. Dyck)의 1998년 3월 29일자 개인 서신. 또한 그는 한국 국민들이 밥맛 때문에 다수확 신품종을 좋아하지 않는다는 이유로 신품종 벼를 심어 수확량을 크게 증가시키려는 노력을 고의적으로 하지 않았음을 지적하고 있다.

649. 미국 농무부의 일본 쌀 전문가 딕의 1998년 3월 29일자 개인 서신.

650. Vitousek et al. 1986.

651. 육지에서 인간이 전용하는 비율만을 제시했다. 해양까지를 고려한 전지구적인 수치는 3.2%(Vitousek et al. 1986:369).

652. Agger et al. 1997:114.

653. Ehrlich 1988.

654. Daly 1996:79, 231; Gonick and Outwater 1996:135-6; Miller 1998:113가 거의 유사한 실수를 저지르고 있다.

655. Sagoff 1995.

656. IFPRI 1997:10, 11. 참고로, FAO(2000d:11)는 생산성 증가에서 경작지 확장이 차지하는 비중은 20% 정도인 반면, 그 나머지는 영농 방식의 집약도 증진 때문이라고 하였다.

657. 경작지의 획기적인 생산성 증가를 살핀다면 마치 사람들이 농작물의 광합성 작용을 더 많이 이용하고 있는 것 같지만, 사실은 그 일부분만을 취해 곡물의 증산을 북돋을 뿐이며 그것 자체로 작물 생산성의 자연적인 한계에 도달하고 있다고 말하기는 곤란하다(Sagoff 1995, Vitousek et al. 1986:372). 생산성 증가의 원인이 이런 데 있기 때문에 우리는 지금보다 훨씬 더 적은 땅을 매우 효율적으로 활용해서, 적어도 이론적으로는 자연의 잠재적인 생산성을 100% 이상 활용할 수 있는 것처럼 보이게 할 수도 있다는 점에 주목하라. 하지만 이 두 가지 관점 모두 생산성의 한계를 적시하는 합리적인 방법은 아닌 것 같다.

658. 만약 식량 생산 41% 증가에 5.5%의 땅이 더 필요하다면 100% 증가에는 약 13.4%의 토지가 필요할 것이다. 따라서 농업 생산량을 2배 증가시키는 데 필요한 생물 자원의 비율은 10%에서 11.3%로 증가할 것이다.

659. 전체 NPP 149.6Pg 중에서 목초지 9.8Pg, 토지개발 8.5Pg, 기타 손실 10.4Pg에 해당한다(Vitousek et al. 1986:370, 371, 372, 372). 농업 생산으로 인한 손실은 13%, 또는 현재보다 0.91% 증가한 9.91%로 증가할 것이다. (Vitousek et al.의 논문에 따라 그 수치가 각기 달랐다).

660. Sagoff 1995, FAO 2000d:207.

661. WI 1998a:93. 레스터 브라운이 조건문 형식으로 자신의 의견을 피력함으로써 그 주장이 기술적으로 옳은 것처럼 보이게 하는 경우가 많다는 점에 주목하라. '일단'과 '……한 시기에 접어들 것'과 같은 표현이 그런 예다. 이런 표현이 들어간 주장은 모두 논리적으로는 옳다(예를 들어 "일단 우리가 생산성 증가의 정점에 도달하고 나면, 분명히 더 이상의 대안이 거의 남아있지 않을 것이다"). 그러나 브라운이 전달하고자 하는 것은 결코 가정이 아니다. 그의 말은 마치 우리가 이미 한계에 도달해 있거나, 혹은 그런 시점이 시시각각 다가오고 있다는 얘기처럼 들린다.

662. Rejesus et al. 1999:38.

663. Rejesus et al. 1999:38.

664. Rejesus et al. 1999:31, Pingali and Heisey 1999:23-4.

665. Pingali and Heisey 1999:24, WI 1998a:91.

666. Pingali and Heisey 1999:22.

667. Pingali and Heisey 1999:22.

668. Pingali and Heisey 1999:26.

669. WFS 1996:VI, 5.1.

670. WFS 1996:VI, Box 2.

671. FAO 1995b:44.

672. FAO 1995b:44. 특히 수확량 증가의 대부분은 현재 수확량이 낮거나 중간 수준인 나라에서 진행될 것이다(WFS 1996:I, 5.12).

673. Gale Johnson 1999.

674. FAO 2000d:45.

675. FAO 1995b:5, WFS 1996:I, 4.6–7.

676. FAO 1995b:2, 5, WFS 1996:I, 4.6–7. 월드워치연구소도 이제는 이런 입장을 취하고 있다(WI 2001a:44).

677. WI 1997A:25.

678. WFS 1996:XII, 2.12. 월드워치연구소는 식량 규모에 대한 자신들의 연구 결과를 다소 확신하지 못하는 것처럼 보인다. 1991년에는 60일분을 주장하다가 1998년에는 70일분을 얘기하고 있다(WI 1991:15, 1998a:17).

679. WFS 1996:XII, 3.14. CGIAR의 편집자의 글. http://www.worldbank.org/html/cgiar/newsletter/Mar96/4edit.htm.

680. Donald Winkelmann, CGIAR. http://www.worldbank.org/html/cgiar/newsletter/Mar96/4edit.htm.

681. WFS 1996:XII, 3.13에서 재인용.

682. WFS 1996:XII, 3.13. 사료용 곡물이라는 완충 장치가 큰 의미를 지닐 수 있는 것은 바로 우리가 식량을 풍부하게 보유하고 있고, 따라서 기아선상에서 훨씬 벗어나 있기 때문이다.

683. 사실 간단한 계산만으로도 1960년 이후 곡물 보유량의 70% 이상이 필요했던 해가 한 번도 없었다는 것을 알 수 있다. 사료용 곡물이라는 완충 장치를 제외하고, 또 지금까지 역사적으로 나타난 식량 수요 증가율 2.35%가 계속 이어졌다고 가정하더라도 사정은 마찬가지다.

684. ERS 2000c:12.

685. WFS 1996:XII, 3.1.

686. WFS 1996:XII, 3.6, 3.22.

687. IMF 1997:155.

688. Cunningham and Saigo 1997:212. 에너지 소비라는 측면에서 가금류를 키우는 것이 비용이 적게 든다(EFS 1996:6).

689. Brown 1995:24.

690. WI 1998a:13.

691. Brown 1995:24.

692. 브라운(1995:36)은 그래프 하나만을 달랑 제시하고서 1990년의 인구에 4억 9,000만 명을 더한 16억 4,500만 명을 얘기하고 있다. UN/USBC의 추정치는 UNPD 2001b:27, USBC 2000a에서 찾아볼 수 있다.

693. Crosson 1996은 이 점을 훌륭하게 개관하고 있다.

694. Brown 1995:77-8.

695. ERS 1996:10, USDA 2000a:97.

696. FAO 2000a.

697. Crosson 1996b에 인용된 존슨(Johnson)의 말.

698. Lindert 2000b:17.

699. IFPRI 1997:19.

700. Fan and Agcaoili-Sombilla 1997:24.

701. Fan and Agcaoili-Sombilla 1997:7.

702. World Bank 1997:1. http://www.worldbank.org/html/extdr/extme/ampr_005.htm 참조.

703. World Bank 1997a:36. 그러나 세계은행은 6,000만 톤을 수입하는 편이 더 쌀 것이며, 이 정도는 "주요 곡물 수출국이 쉽게 공급할 수 있는" 양이라고 추정한다.

704. Heilig 1999.

705. Fan and Agcaoili-Sombilla 1997:12는 1.58%라는 수치를 제시했다. 1990년 농경지 면적은 9,355만 5,602헥타르였고 1999년은 9,362만 3,783헥타르였다(FAO 2000a). 농경지는 1994년부터 6.5%, 즉 연평균 1.27%씩 증가했다.

706. 헥타르당 수확량은 1990년 3.76톤, 1999년 4.35톤, 2000년 4.13톤이었다(USDA 2001a). 사실 1991~1999년까지를 살펴보면 증가폭이 브라운의 추정치 1.98%의 거의 2배나 된다. 1991~1998년 증가폭은 2.49%였다(FAO 2000a).

707. 실제 규모는 국가 기밀로 취급되고 있다(ERS 2000a:8).

708. ERS 2000a:10. 여기에는 자급 자족 비율을 높여야 한다는 정치적 결정이 크게 작용했다.

709. USDA 2000b:131-5. 곡물 추정치(밀, 쌀, 도정하지 않은 곡물).

710. 3억 1,500만 톤이라는 수치는 WI 1999c에 나와 있다. 그러나 이 자료는 오류로 가득 차 있는 것 같다. 예를 들어 우선 중국이 1990년 3억 2,500만 톤을 생산할 것이라고 가정했지만, 실제 중국의 생산량은 3억 4,300만 톤이었다〔USDA 2000a. 심지어 브라운도 3억 4,100만 톤을 얘기했다(Brown 1995:95)〕. 또한 1995년의 생산량을 3억 2,800만 톤으로 추정했지만, 실제 생산량은 3억 5,600만 톤이었다〔브라운도 3억 3,700만 톤이라는 형편없는 추정치를 내놓았다(1995:95)〕. 게다가 이 자료는 2030년의 생산량을 2억 3,000만 톤으로 전망한다. 그러나 브라운은 2억 7,200만 톤으로 추정한다(1995:95). 오로지 데이터만을 기준으로 합리적인 예측을 하려면(Fan and Agcaoili-Sombilla 1997:5 참조) 브라운은 1999년의 생산량을 3억 4,460만 톤으로 추정했어야 한다. 선형 내삽법(linear interpolation)을 적용할 때 그의 오차 폭은 14.6%나 되었다.

711. Percival and Homer-Dixon 1998:280.

712. Brown and Wolf 1984:21-2.

713. Crosson 1996a, 1997d, Pimentel et al. 1995a.

714. Goudie 1993:161-2. Pimentel et al. 1995a:1,117은 이것을 17톤으로 기술했다. 그러나 그가 제시한 출전(USDA)에서 나온 최근의 추정치는 12톤에 불과하다(Crosson 1995:462).

715. Boardman 1998.

716. 이와 관련해서 크로손의 피멘텔 비판 부분을 참조하기 바란다. Pimentel et al. 1995a, 1995b; Pimentel 1997; Crosson 1995, 1996a, 1997c, 1997d; Boardman 1998.

717. Scherr 1999:3.

718. Lindert 1999, 2000b.

719. Lindert 2000b:16. 표토층 침식이 수확량에 미치는 영향을 결정하는 데 있어 다른 형태의 침식이 어쩌면 더 중요한 것 같다는 사실을 이 논문의 저자가 발견했음을 지적해야 할 것 같다. 또 그는 순 침식량이 '마이너스는 아니다'라는 사실도 발견했다(p.18).

720. Rozanov et al. 1990:205.

721. Goudie 1993:374, Oldeman et al. 1991:4-5.

722. FAO 1995b:357.

723. Crosson 1997d.

724. Lindert 2000b:18.

725. Crosson 1996a, 1997d.

726. Oldeman et al. 1990, 1991; Buol 1994:218ff.

727. UNEP 1993:162.

728. Oldeman 1994:115-16. 그러나 좀더 신중한 다른 연구들은 적어도 남아시아와 동남아시아에서는 실제 침식의 정도가 세계토양손실지도(World Soil Degradation Map)에 제시된 것보다는 덜 심각하다고 제안했다(van Lynden and Oldeman 1997:16).

729. Crosson 1996a, 1997d. 올더먼의 연구 결과도 4.8~8.9%로 비슷하다(Scherr 1999:20).

730. Cunningham and Saigo 1997:240-2.

731. WFS 1996:VI, 14ff. 이 밖에도 다른 설명이 많지만 FAO는 소유권(그리고 공유지에 대한 분명한 권리/의무)과 비료 확보의 중요성을 강조한다.

732. Rozanov et al. 1990:212.

733. Alexandratos 1995:356; Scherr 1999:9.

734. FAO 1995b:119에 인용된 크로손의 주장.

735. IFPRI는 약간 더 조심스러운 결론을 내린다. "토질 저하는 2020년까지 전세계적으로 식량 공급을 위협하지 않을 것으로 보이지만 일용품의 가격과 영양 실조 환자는 증가할 수도 있을 것이다"(Scherr 1999:3).

736. WI 1997a:34.

737. WI 2000a:8.

738. Berry et al. 1993:126.

739. FAO 1996b:101. 개도국의 경우에는 생선에서 섭취하는 열량이 0.8%(2,650칼로리 중 23칼로리)에 불과하고 단백질 양은 5.5%(67그램 중 3.7그램)에 해당한다. 동물성 단백질(19.2그램) 중에서 생선의 비중은 23%이다(FAO 2000a).

740. WI 2000a:5; 1998a:4, 18, 59.

741. WI 1997a:32.

742. FAO 1997a:22. FAO(2001b:part 3)의 연구에서는 전체 어종의 28%가 남획 또는 고갈되었거나 천천히 개체수가 회복되고 있다고 밝혔다.

743. Hardin 1968.

744. 일례로 Pearce and Turner 1990:241ff; Tietenberg 2000:307-9.

745. FAO 2000d:178.

746. FAO 1997b:25-6. FAO는 우리가 어장을 좀더 잘 관리하지 않으면 어획량이 다시 1,000만 톤 정도 감소할 수 있다고 경고한다. p.27.

747. FAO 2000a. 전세계의 연간 칼로리 생산량은 현재 5.9e15(1997)이며 지난 10년 동안 매년 1.95%씩 증가했다. 여기서 어류가 기여하는 양은 59e12(즉 1%)이다. 어획고의 10%(1,000만 톤) 증가량은 5.9e12 또는 1998년 칼로리 생산 증가분의 19/365에 해당한

다(115e12=1.95%×5.9e15). 단백질의 경우 어류가 기여하는 몫은 107일분에 해당하는데, 동물성 식량만을 따지면 어류의 칼로리는 100일분, 단백질은 252일분에 해당한다.

748. 1984년 670만 톤에서 1999년 3,290만 톤으로 증가했다(WI 1998b; FAO 2001b).

749. 1998년 어획량이 9% 이상 하락한 것은 주로 엘니뇨 때문이었다. 엘니뇨는 특히 남동 태평양에서 조업하는 배에 영향을 미쳤다. FAO 2001b:part 1.

750. FAO(2000d:189)는 인간의 평균 식량 소비량(도표 57에서 사용된 총 생산량보다 더 엄격한 척도이다) 증가폭이 15.8킬로그램에서 19~20킬로그램으로 늘어날 것이라고 예상한다.

751. FAO 2001b:part 4.

752. FAO 1997b:27ff.

753. Crosson 1997b에서 인용. 레스터 브라운이 "만성적인 과잉 생산"과 "만성적인 식량 부족" 같은 표현을 통해 두 가지 상황을 모두 똑같이 끔찍한 것으로 만들어버렸음에 주목하라.

754. Brown 1996b.

755. Brown 1981:86.

756. Crosson 1997b.

757. FAO 2000d:49.

758. WFS 1996:표 3, 1; WI 1998a:98; FAO 2000d:23.

759. IFPRI 1997, 1999; ERS 1997:4; USDA 2000b:Mitchell et al. 1997. 이상하게도 브라운은 IFPRI, USDA, 세계은행 등 식량 가격을 예측한 단체에 초점을 맞추는 대신 FAO가 식량 가격의 하락을 예상하고 있다는 식으로 인용한다[FAO는 이때 가격 예측을 발표하지 않겠다고 분명히 밝혔다(WI 1998a:94; FAO 1995b:119; Alexandratos 1997)].

760. *Time* 1997:7.

761. WRI 2000a.

762. WWF 1998b.

763. WWF 1997c, 1997a:6.

764. WWF 1997c.

765. WI 1998d.

766. 내가 비판한 이후, WWF 덴마크 지부는 WWF 국제 본부를 설득해 웹페이지를 바꾸도록 했다.

767. 장기적으로 삼림 면적 변화를 보여주는 두 곡선은 《삼림과 삼림 지대(Forests

and Woodland)》에서 얻은 것인데, 이 프로젝트는 1995년 중단되었다. 반면에 새로운 추정치는 폐쇄적인 삼림, 즉 나무의 수관(樹冠)이 20% 이상 하늘을 가리는 선진국의 삼림과 10% 이상 하늘을 가리는 개발도상국의 삼림을 모두 망라한 것이다(FAO 1997C:173-4). 1990~2000년까지의 새로운 추정치는 10% 삼림이라는 공통된 정의(수관부가 10% 이상 하늘을 가리며 일차적 용도가 농경지나 도시용 토지가 아닌 0.5헥타르 이상의 숲, FAO 2001c:23)를 바탕으로 한 것이다. FAO 1999a가 새로운 자료를 더 이상 발표하지 않고 있다는 점에 주목하라(p.1. 주 1). FAO 데이터베이스 수치에 따르면 1961년 전체 삼림 면적은 4.375086e9헥타르, 즉 전체 육지 면적의 32.66%였으며 1991년에는 4.316746e9헥타르, 즉 전체 육지 면적의 32.22%였다. 1994년(현재 구할 수 있는 자료 중 가장 최근의 것)에는 삼림 면적이 4.172401e9헥타르, 즉 31.15%에 불과했다. 그러나 1% 포인트의 감소분은 USSR이 SNG로 바뀌면서 1991년의 (안정적인) 삼림 9.41530e8헥타르가 1992년의 (안정적인) 8.11689e8헥타르로 감소했다는 사실과 관련되어 있다. 그러나 이것은 데이터의 오류임이 분명하다. 러시아의 경제 침체가 삼림 면적의 급격한 증가를 가져왔다고 보고되었기 때문이다(일례로 WRI 1996a:206-7). 따라서 이 책에서는 잘못된 수치를 바로잡았다.

768. 1948년의 추정치는 현실과 어긋나기 때문에 지나치게 낙관적인 결론을 초래할 것임이 분명하다.

769. FAO 1995a에는 1990년 전세계 삼림 면적 추정치가 344만 2,000헥타르이다. 그러나 FAO 1997c:189는 전세계 삼림 면적을 1990년 351만 헥타르, 1995년에는 345만 4,000헥타르로 추정했다(FAO 1997c:189).

770. 삼림의 '올바른' 정의가 무엇인지를 둘러싼 논의는 오랫동안 진행되어왔다. FAO는 세 가지로 정의하고 있다(일례로 WRI 1996a:222-3; FAO 1999b 참조). '삼림', '삼림과 삼림 지대', '삼림과 기타 임지' 등이 그것이다. '삼림'은 나무가 하늘을 가리는 부분이 10~20%(선진국에서는 20%, 개도국에서는 10%)인 폐쇄된 숲만을 의미한다. 이 정의에 해당하는 면적은 전세계의 약 26%를 차지한다. '삼림과 삼림 지대'는 보통의 나무가 자라고 있는 모든 장소를 의미하며 전세계의 약 32%를 차지한다. '삼림과 기타 임지' 또한 농사를 짓지 않는 숲과 관목 지대를 모두 포함하며, 전세계의 약 40%를 차지한다.

정의를 둘러싼 논의는 삼림의 측정 방법과도 관련되어 있다. 전세계 삼림 면적을 측정하는 일은 부정확하기로 이미 널리 알려져 있다(Williams 1990; WRI 2000b. 'FAO와 유럽경제위원회(ECE, United Nations Economic Commission for Europe)는 1980년부터 1990년까지 삼림 면적의 변화에 대한 자료와 함께 열대림과 온대림의 상태에 대한 보고서를 최근 발표했다. 그러나 이 자료들은 부정확하기로 악명이 높으며 단지 더 좋은 자료를 구할 수 없다는 이유만으로 여러 보고서에서 재인용되곤 한다"]. 이처럼 자료가 부정확한 이유는 무엇보다도 실제 측정 자료가 아닌 모델(대개 인구 추정치를 기반으로 한다)에 의해 만들어진 자료에 의존하며, 또한 조사가 부분적으로 이루어지고 오래된 부정확한 기초 자료에 의존하는 경우가 많기 때문이다.

FAO의 데이터를 조사해보면 이런 부정확성이 상당히 분명하게 드러난다. '삼림과 삼림지대'라는 정의는 거의 50년 동안 사용되어왔는데도 같은 해의 삼림 면적을 나타내는 수치가 무려 2%나 차이나는 경우가 있다!(예를 들어 FAO의 《생산 연감》은 1976년의 '삼림과 삼림 지대' 면적을 1987년에 41억 5,000만 헥타르로 추정했지만, 1992년에는 같은 해의 수치를 42억 3,100만 헥타르로 추정했다.) FAO는 1990년의 삼림 면적을 1995년에는 3.442368e9헥타르라고 추정했지만(FAO 1995a), 1997년에는 3.510728e9헥타르라고 예상했다(FAO 1997c:189). FAO는 1997년에 삼림 감소율을 1.6%라고 추정했는데, 1990~1995년의 자료에서는 수치 변화가 전체적인 감소율보다도 높은 1.9%나 된다. 만약 FAO가 1990년의 수치를 사용했다면, 전세계의 전체 삼림 면적은 1990년부터 1995년까지 약 0.3% 증가한 셈이다! 게다가 FAO의 자료는 러시아를 포함시키지도 않았다(FAO 1997c:17, 표 4, 주 a). 러시아가 전세계 삼림의 20%를 차지하며 그 면적이 실제로는 늘어났는데도 말이다(일례로 WRI 1996a:206-7 참조).

단기 조사 자료를 사용하면 개별적인 조정 과정에서 생긴 '잡음'에 때문에 전체적인 경향을 놓칠 위험이 있다. 따라서 가능한 가장 장기적인 자료를 사용하는 것이 대단히 중요한데, 현재로서는 1950년부터 시작된 FAO의 장기 조사 결과가 유일하다. 그런데 애석하게도 FAO 데이터베이스를 통해서는 1961년 이후의 수치에만 접근할 수 있다. 전반적으로 봤을 때, 보통의 나무가 자라는 모든 토지를 삼림으로 간주하는 것이 타당해 보인다. 또 이제까지 서술한 자료의 정확성 문제를 생각할 때, 지구의 삼림 변화를 가장 잘 설명할 수 있는 최선의 방법은 FAO의 '삼림과 삼림 지대' 추정치를 사용하는 것이라고 생각된다. FAO가 제시하는 좁은 의미의 정의, 즉 순수한 '삼림'만을 간주하더라도—이 정의에 따른 자료는 1980년부터 세 번밖에 계산되지 않았으며, 앞에서 언급한 것과 같은 문제를 그대로 안고 있다—폐쇄 삼림의 면적은 1980년부터 1995년까지 지구 지표면 면적의 27.15%에서 25.8%로 줄었다는 결론에 도달한다. 즉 1.35% 감소한 것이다.

771. FAO 2001c:35.

772. FAO 1997c:12.

773. 경작지는 14억 5,100만 헥타르, 폐쇄 삼림의 면적은 34억 4,200만 헥타르, 삼림과 수목이 우거진 땅의 면적은 51억 2,000만 헥타르이다(WRI 1996a:216-18).

774. Plato 1961:111b-c;1,216.

775. WRI 1996a:201은 50%와 60% 이상이라는 추정치를 내놓고 있으며, Chiras 1998:212의 추정치는 70%이다. 유럽의 삼림 대부분이 너무 일찍 베어졌기 때문에 이 수치에 상당한 의혹이 존재한다. 게다가 앞에서 설명했듯이, 각기 다른 삼림 정의를 바탕으로 각각 다른 수치가 나온 바 있다.

776. UNECE 1996:19.

777. Williams 1990:180, 181; UNECE 1996:1.

778. UNECE 1996:19.

779. Richards 1990:164.

780. UNECE 1996:59.

781. CEQ 1997:32.

782. Williams 1990:표 11-1.

783. Richards 1990:164.

784. Williams 1990:183.

785. Williams 1990:188-9.

786. Richards 1990:164.

787. Richards 1990:164.

788. Goudie 1993:43는 그 면적을 20%로 추정하며, Richards 1990:164는 지난 300년 동안의 전체 손실을 19%로 추정한다. Williams 1994:104의 추정치는 7.5%이다. IPCC(2001a:3.2.2.2) 역시 1850년부터 1990년까지 전세계 삼림 면적의 감소폭을 20%로 추정하고 있다.

789. WWF 1997e. 그러나 나중에 발간된 출판물에서 WWF는 추정치를 약 50%로 낮췄다. WWF 1997d.

790. Chiras 1998:211.

791. FAO(1997c:36)의 추정치는 전세계 GDP의 2%로 약 320억 달러에 달한다(IMF 2000b:113).

792. Chiras 1998:211.

793. Cunningham and Saigo 1997:297.

794. Botkin and Keller 1998:179.

795. Botkin and Keller 1998:175-6.

796. Barney 1980:II, 134, 331. 연간 2.3%라는 수치는 (22년간 40%에 해당하므로) 다소 낙관적으로 생각되는 반면, 4.8%라는 수치는 22년 동안 66%에 해당한다.

797. 마이어스의 지적은 Goudie 1993:46에서 인용되었다. Myers 1991:52-3에서는

33%라는 수치가 제시되었다. 이 자료에서 마이어스는 이미 절반으로 줄어든 삼림 면적이 다시 17% 감소할 것이라고 예측했는데, 이는 다시 말해 현재 면적의 3분의 1이 감소한다는 뜻이다.

798. Myers 1991:47.

799. 일례로 Raven and Prance 1991:71.

800. FAO 1997c:12, 표 1, 18, 표 5. 벌채율의 감소는 사실 이보다 약간 더 많다는 점에 주목하라. 0.7%라는 수치는 비교적 좁은 면적을 바탕으로 추정된 것이기 때문이다. 또한 Miller 1998:342는 위성 자료를 기반으로 한 추정치를 자세히 제시하고 있는데, 벌채 비율이 FAO 수치의 약 20%이다.

801. 1980년대에 사라진 열대림은 920만 헥타르, 1990년대에는 860만 헥타르이다(FAO 2001c:9). 2000년의 총 열대림 면적은 18억 1,000만 헥타르이다(FAO 2001c:19). 벌채율 수치를 이용해 삼림의 총 면적을 역산하고 평균을 구하면, 1980년대에는 연간 벌채율이 0.4689%이며 1990년대에는 0.4592%이다.

802. Sedjo and Clawson 1995:342.

803. WRI 1996a:208-9.

804. Botkin and Keller 1998:264 ; Cunningham and Saigo 1997:295-6.

805. Williams 1990:194-5 ; Goudie 1993:58. 이에 비해, 1800년에 미국의 벌목꾼은 자신이 일할 수 있는 전 기간의 13~20%를 장작 패는 데 썼을 것이다(Williams 1990:182).

806. Miller 1998:356; Cunningham and Saigo 1997:296-7.

807. Miller 1998:351; Williams 1990:194; WWF/IUCN 1996:14.

808. Chiras 1998:213.

809. Miller 1998:353.

810. Chiras 1998:200.

811. Miller 1998:352. 만약 경작지를 넓히기 위해 삼림을 개발하고 싶다면 반드시 삼림 벌채에 대한 풍부한 지식을 지니고 있어야만 한다. 예를 들어 지역 주민들이 가파른 비탈의 나무를 마구잡이로 잘라내어 침식으로 인한 피해가 발생하게 해서는 결코 안 된다(일례로 Williamson et al. 1997). 이와 동시에 농부들이 비료 등의 제품을 확보할 수 있도록 해주는 것도 중요하다(Miller 1998:351).

812. Reid 1992:60. 여러 자료들은 우리가 열대우림의 50% 이상을 훼손했음이 틀림없다고 지적하고 있다(Miller 1998:342 ; WWF:*A Future for Forests?* http://www.panda.org/forest4life/news/f4f.html). 하지만 불행하게도 참고 자료는 언급되지 않았다.

813. 나이지리아는 85~90%를 잃었고, 마다가스카르는 60~85%를 잃었다(WCMC 1998). 중앙아메리카의 자료는 Williams 1990:191-2에서 인용한 것이다.

814. 브라질의 대서양 쪽 열대우림은 약 88%가 사라졌음에 주목하라. 거의 모두 19세기 말 이전에 벌채된 것이다(Brown and Brown 1992:122).

815. Cunningham and Saigo 1997:297-8. 많은 잘못된 추측들에 대한 전반적인 비판은 Glantz et al. 1997 참조.

816. 일부 학자들이 지적했듯이 13%라는 수치는 훨씬 더 많은 삼림이 훼손됐음을 의미할 수도 있다. 벌채된 지역에 인접한 삼림도 영향을 받기 때문인데 이를 보통 가장자리 효과(edge effect)라고 한다(Botkin and Keller 1998:283). Skole and Tucker 1993의 원래 논문은 아마존 지역의 6% 삼림 벌채는 15%의 가장자리 효과를 유발한다고 지적했다. 그러나 문제는 이 효과가 단순히 1킬로미터까지 영향을 미친다고 가정했다는 것이다(역시 인공위성 영상의 해상도 때문이었다). 만약 가장자리 효과가 100미터까지만 미친다고 한다면 문제 지역은 전체 삼림의 6%를 크게 넘지 않았을 것이다.

817. 1960년 이후 10만 평방킬로미터 이상이 다시 삼림으로 회복되었다(Faminow 1997). 역시 Fearnside 1991:93 참조.

818. 70%(Brown and Brown 1992:122). 2,500만 헥타르(WWF. http://www.panda.org/forest4life/news/allirel.htm).

819. 필자 불명 2000b에 인용된 WWF의 CEO 모하메드 엘 애슈리(Mohamed El-Ashry)의 발언이다. 어린이들에게 환경문제를 가르치는 법을 다루고 있는 한 교과서에 나오는 같은 내용의 인용문은 "우리는 지구의 소중한 '허파'인 삼림을 보호해야 한다. 삼림은 목재, 농경지, 광물 자원 등을 얻기 위해 점점 더 빠른 속도로 파괴되고 있다"(Camino and Calcagno 1995)이다. 어린이 중 42%가 이 말을 잘못 이해하고 있으며 임의로 이 이야기를 표현한다고 한다(Greaves and Stanisstreet 1993).

820. Broecker 1970.

821. Broecker 1970:1,538; Ehrlich and Ehrlich 1987:138.

822. WI 1998d.

823. Bailey 1995:180. 전세계 인구는 목재와 종이를 만들기 위해 155e9입방미터의 삼림을 이용한다(WRI 1996a:220). 덴마크의 삼림은 순 성장률이 헥타르당 약 7.5입방미터이다(EEA 1995:474). 이런 성장 속도라면 전세계의 수요를 충당하는 데 2e8헥타르, 즉 4,168E9헥타르인 전세계 삼림의 4.95%가 필요할 것이다.

824. WI 1998a:23; WWF 1998a:6.

825. Myers 1991:54.

826. FAO 1997c:13, 표 2.

827. WWF 1998a:6.

828. "전세계 삼림의 약 3%만이 인공 조림지다"(FAO 1999a:1). 그러나 1997년 FAO가 내놓은 추정치와 비교해보자. 이 추정에 의하면 전체 삼림 면적 34억 5,400만 헥타르 중에서 선진국의 인공 조림지는 모두 합해 약 8,000만~1억 헥타르이고 개발도상국의 인공 조림지는 8,120만 헥타르로 전체의 5.2%이다(FAO 1997c:10, 14).

829. 화재로 인한 직접 비용과 주민 건강에 미치는 영향, 관광객 감소의 영향 등을 모두 합친 총 비용 추정액은 38억 달러이다(EEPSEA/WWF 1998).연간 GDP는 1,980억 달러였다(WRI 1998a:237).

830. WWF 1997b, 제목과 p.1.

831. WWF 1997b, 1997d, 1998c.

832. WWF 1997b:7.

833. WWF 1997b:7; Woodard 1998; UNEP 1999a:8.

834. UNEP(1999a:40)는 456만 헥타르가 불에 탔다고 보고했는데, 그 중 28.58%가 일반 삼림과 목재 생산용 삼림이었다.

835. 골대머는 막스 플랑크 화학연구소(Max Planck Chemistry Institute)의 과학자이며, 미국 국립 대기연구센터, 미국 산림청, NASA 등과 함께 수행하는 생물 자원 화재 프로젝트(Biomass Burning project)에 참여하고 있다. http://asd-www.larc.nasa.gov/biomass_burn/biomass_burn.html. 개인 서신 내용과 Woodard 1998.

836. WWF 1997b:17. 또한 그들은 "수천 건의 화재로 인해 아마존 열대우림이 1만 마일에 걸쳐 불타고 있다"고 여러 번 주장한 바 있다. 그러나 1만 마일이란 지구 둘레를 3분의 1 이상을 감쌀 수 있는 거리다(WWF 1997b:4, 17).

837. WWF 1997b:18.

838. WWF 1997b:18; LaFranchi 1997; IPAM 1998.

839. UNEP 1999a:40; Golddammer 1991:84; Levine et al. 1995. 5월에만도 470만 헥타르 이상의 삼림이 불에 탔다(Cahoon et al. 1991:66).

840. UNEP 1999a:4.

841. Conard and Ivanova 1997:308.

842. 인도네시아는 1억 900만 헥타르의 삼림을 소유하고 있다(FAO 1997c:183). 이 수치는 보호림의 면적이 전체의 4.58%인 약 20만 8,000헥타르라는 UNEP(1999a:41)의 추정치와도 일치한다.

843. Andreae 1991:5, 7; WWF 1997b:18.

844. Andreae 1991:4.

845. Levine 1991:xxviii.

846. WWF도 이런 인증 절차를 확립하는 데 관련되어 있다(Sedjo and Clawson 1995:343). 목재와 종이 생산에 실제로 사용되는 면적이 전세계 삼림의 아주 작은 부분을 차지하고 있으므로, 이 방법만으로는 충분하지 않다는 것을 분명히 알 수 있다.

847. Motavalli 2000.

848. 일례로 1996년 CNN의 보도, Mattingly 1996 참조.

849. Craig et al. 1996:103.

850. Craig et al. 1996:111–14.

851. Craig et al. 1996:125–8.

852. 서기 2000년의 수치는 처음 10개월 동안의 자료를 바탕으로 한 추정치다. 삼림의 정의가 바뀌는 바람에 1945~1949년 사이에 자료가 이어지지 않는 부분이 있다(그래서 1949년의 수치가 1945년보다 22% 더 높아졌다). 1945년까지의 자료는 장작만을 조사한 것이고, 그 후의 자료에는 나무에서 유래한 연료와 연료로 이용된 나무의 부산물(장작을 묶는 데 사용한 나무 줄기, 작은 나뭇가지, 펄프 폐액, 펄프 찌꺼기, 나무 슬러지, 화차용 연료, 이탄, 철도 침목, 톱밥, 나뭇조각, 나무껍질, 삼림에서 걷어낸 각종 부산물, 숯 등)이 포함되어 있다. EIA 2000d:349.

853. Barry et al. 1993:131.

854. Craig et al. 1996:103.

855. 문명이 소멸될 가능성이 존재한다는 점을 감안하지 않는다면 말이다.

856. '1배럴'은 현재 석유 소비량의 극히 일부분을 나타내는 은유로 받아들여야 할 것이다. 석유가 수백만 년이라는 시간 속에서 만들어지기 때문에 우리가 매년 소량의 석유(그 기간 동안 만들어지는 석유)를 사용하면서 후세 사람들이 쓸 석유를 남겨줄 수도 있다. 대충 계산해보면, 후세에 같은 양을 남겨주면서 우리가 사용할 수 있는 석유 소비량은 매년 5만 배럴 이하이다. 즉 오늘날 석유 소비량의 극히 일부분이다.

857. Solow 1986:142.

858. Greider 2000. 대중적으로 널리 알려진 다른 말들과 마찬가지로 이 구절 역시 자신이 한 말이라고 나서는 사람이 더러 있는 것 같다. 필자 불명 1999g, 2001a.

859. 2001년 초 〈이코노미스트〉가 "석유가 고갈될 것인가?"라는 질문을 던지고서 내놓은 대답도 "결국은 그렇게 될 것이다. 그러나 그때는 이미 그런 것이 문제가 되지 않을 것이다"였다(필자 불명 2001a).

860. 에를리히조차 여기에 동의한다. Ehrlich and Ehrlich 1991:46–7.

861. Meadows et al. 1972:58.

862. Ehrlich and Ehrlich 1987:222.

863. Meadows et al. 1992:74. 이 밖에 여러 출처가 있다.

864. Meadows et al. 1992:74.

865. Craig et al. 1996:123.

866. Craig et al. 1996:135. 1996년의 원유 총 생산량은 하루 6,400만 배럴이었으며 (EIA 1997b:표 11.5), 원유 1배럴의 값은 약 20달러였다(BP 1998). 원유 생산량 전체를 따지면 연간 4,670억 달러, 즉 29조 6,090억 달러인 전세계 GDP의 1.58%를 차지한다 (IMF 1997:147).

867. EIA 1997b:표 11.3.

868. 걸프전 발발 원인 중 하나이다(CRS 1995b).

869. Barry et al. 1993:135-6.

870. 1950년대부터 1970년대까지 유연 휘발유 가격과 연동시킨 무연 휘발유 가격. 1950년대의 세금에 관한 정보는 http://www.eia.doe.gov/oiaf/issues98/gastax.tml에서 얻었다.

871. Simon 1996:165.

872. Simon et al. 1994:325.

873. Simon 1996:24ff.

874. Greene 1997. OPEC이 석유를 독점 또는 과점한다거나 카르텔을 형성하고 있다는 주장이 자주 제기되지만, 이 주장에 반하는 분명한 증거가 있다. 첫째, OPEC 소속이 아닌 다른 국가의 생산량이 전세계 생산량에서 더 많은 비중을 차지하기 때문에 OPEC은 그럴 만한 힘이 없다. 둘째, OPEC은 1983년 이후에야 생산량의 쿼터를 정하려 시도했으며 그 가격에 대해서는 한 번도 합의한 적이 없다. 셋째, OPEC에는 합의를 어긴 회원국을 처벌하는 기능이 없다. 오히려 지배적 원유 생산국인 사우디아라비아가 나머지 OPEC 국가와 보조를 맞추지 않으면서 원유가를 경쟁 가격 이상으로 상승하도록 유도했던 것처럼 보인다(Alhajji and Huettner 2000).

875. IEA 2000b:25.

876. EIA 2000e:58.

877. EIA 2000e:102.

878. EIA 2000b:26.

879. Adelman 1995:287; EIA 1997b:표 3.3 참조. 실질 가격 측정에 대해서는 표 D1.

880. 일례로 Ehrlich and Ehrlich 1974:48에 이런 주장이 사용되었다.

881. 1980년대 말 OPEC 국가의 매장량 추정치 증가분 중 일부는 이 수치가 OPEC 쿼터 협상에 사용되면서 생겨났을 수도 있다는 점을 염두에 두어야 한다. CRS(1995b)와 Ivanhoe(1995:82)가 이런 의견을 제시했다. 그렇지만 매장량은 1980년대에도 실제로 증가했다는 것이 일반적인 추정이다(USGS 1997a).

882. Simon 1996:165에서 재인용.

883. Simon 1996:164–5.

884. 일례로 Nordhaus 1992b:16.

885. 허버트 곡선(Hubbert curve)처럼 더 발전된 모델을 사용해서 미래의 원유 발견 가능성을 예측하고자 하는 시도들이 있다는 것을 여기에 덧붙여야겠다. 그러나 이런 모델이 자원을 일찌감치 써버린 미국과 같은 나라에서는 예측에 상당한 성공을 거두었지만, 그보다 훨씬 더 규모가 크고 중요한 유전 지역에서도 마찬가지의 효과를 발휘할지는 그리 분명하지 않다. 석유 매장지를 발견하는 속도가 느린 것은 결국 석유 가격이 낮고 매장량은 풍부한 현실이 일차적으로 반영된 결과일 수 있다. Campbell 1997과 Ivanhow 1995 참조.

886. USGS 2000b.

887. Craig et al. 1996:134. 덴마크에서는 실제 개발되는 원유의 양이 20% 이하인 것으로 추정된다. (*JyllandsPosten*, 1998년 5월 15일자:E5).

888. USGS 2000b.

889. 13.4mpg에서 21.4mpg로 증진되었다(EIA 2000c:17).

890. 1992년 유럽의 주거 공간 1평방미터당 에너지 사용량은 1973년에 비해 24% 감소했고, 미국의 경우에는 43%가 감소했다(Schipper et al. 1996:184).

891. Schipper et al. 1996:187. 덴마크에서는 가전 제품의 효율이 지난 10년 동안 20~45% 높아졌다(NERI 1998a:238).

892. '헛되이'라는 말은 낭비를 피할 수도 있었다는 뜻이다. 화석연료를 전기로 변환하는 과정에서 41%의 에너지가 추가로 허비되는데, 이 경우에는 에너지의 낭비를 (쉽게) 피할 수 있는 방안이 없다(Miller 1998:398).

893. Cunningham and Saigo 1997:494–5.

894. Miller 1998:404. *Time* 1997:48–9도 참조.

895. Wirl 2000의 논의 내용도 참조할 것. 그러나 그 내용이 다소 장황하기 때문에 제24장에서 다루도록 하겠다.

896. 1960년 것까지 존재하는(World Bank 1999b의 자료도 이 시점부터 시작된다) 일본과 유럽연합의 자료는 어렴풋이 U자 형 커브를 보여주고 있다. 그러나 여기에는 오

해의 소지가 있다. 무역을 통하지 않는, 자국에서 생산된 에너지의 사용량이 포함되지 않았고 또 일본의 에너지 효율이 1960년 이전에 급격히 개선되었기 때문이다(Grubler et al. 1996:245; CIA 1997, http://www.odci.gov/cia/publications/hies97/f/fig18.jpg도 참조). 비슷한 이유로, 영국의 에너지 효율 자료도 1880년 이전까지는 이어져 있지 않다. (미국과는 달리) 교역되지 않는 에너지량에 대해서는 추정할 수 없었기 때문이다. 하지만 시간을 거슬러 올라갈수록 그런 점이 더욱 중요해진다.

897. 일본과 유럽연합이 같은 양의 에너지로 더 많은 상품을 생산해낼 수 있다는 사실은 미국보다 에너지의 평균 가격이 더 높다는 사실과 밀접한 관련이 있다(Moisan et al. 1996:54-5).

898. World Bank 1994:171. 역시 EU 2000a:36도 참조하기 바란다.

899. Turner et al. 1994:45-6. 1970년부터 1997년까지의 1인당 GDP 통계도 마찬가지의 결과를 보여주었다(Statistics Denmark 1997a:128). 그러나 Jespersen and Brendstrup 1994:66은 이처럼 좋은 결과가 나타난 이유 중 하나는 주택의 단열 처리가 크게 개선되었기 때문이며 이는 일회성 효과에 머무른다고 지적했다. 따라서 두 사람은 에너지 효율의 진정한 상승 비율은 33%가 아니라 22%라고 추정한다.

900. Hausman 1995.

901. WRI 1996b.

902. 천연 가스의 이산화탄소 방출량은 석탄보다 40% 적다(NERI 1998A:169).

903. 햇수로 따진 기타 매장량은 1973~1998년의 매장량 그래프에서 따온 것이다(BP 1999, http://www.bpamoco.com/worldenergy/naturalgas/page_01.htm#).

904. 여기에 언급된 각 연도의 현재 소비량을 기준으로 추정했다. 천연 가스 매장량은 그 동안 252% 증가했다(BP 1999).

905. WRI 1996a:279; Botkin and Keller 1998:336.

906. Hargreaves et al. 1994:373.

907. EIA 1997c:67.

908. Jespersen and Brendstrup 1994:58-9; NERI 1998A:169.

909. Cohen 1995:579. 미국에서는 석탄 채굴과 관련된 사고로 매년 50명 이상의 광부들이 목숨을 잃는다(Craig et al. 1996:119). 오염을 다루는 장에서 살펴보겠지만 총 사망자 수를 추정하기는 매우 어렵다. Cunningham and Saigo 1997:468-9는 미국의 추가 사망자가 5,000명에 육박하는 것으로 추정한다. 밀러(Miller 1998:441)는 매년 6만 5,000~20만 명이 추가로 목숨을 잃는다는 의견을 내놓았다. 이에 비해서 세계은행은 오염이 훨씬 더 심한 개도국에서 매년 30만~70만 명이 추가로 목숨을 잃는다고 추정한다

(인구가 13억 명이므로 이 추정치는 밀러의 것보다 훨씬 낮은 것이다. World Bank 1992:52).

910. WEC 2000:제1장.

911. Craig et al. 1996:159는 전세계의 석탄 자원을 7.8e12톤으로 추정한다. EIA(1995a:8)는 미국의 자원만도 대략 4e12톤이라고 추정하고 있다.

912. 미국 지질 조사국의 메탄 가스 매장량 추정치는 85~262e12입방미터인 반면, 천연 가스 매장량 추정치는 119e12입방미터이다(Craig et al. 1996:150; USGS 1997d).

913. 에너지 자원에 대한 추가 자료는 International Energy Annuals, 개인 서신, 해리엇 매클레인(Harriet McLaine), EIA, 무연탄 FOB 광산 가격(Price of Bituminous Coal FOB Mines) 등에서 찾아볼 수 있다.

914. 그러나 감가 상각 기간이 끝나서 생산 시설이 장부에서 지워진 것도 한 가지 원인임에 주목하라(EIA 1997c:37).

915. EIA 1997c:37. 역시 USGS 1997b도 참조.

916. Craig et al. 1996:159. 이 수치가 매장량이 아니라 자원을 가리키고 있음에 주목하라. 석탄 자원의 양은 약 7.8e9톤, 즉 현재의 소비 수준으로 1,700년 이상 쓸 수 있을 것으로 추정된다.

917. 셰일유에 들어 있는 총 에너지는 2.11e24J로 추정되는데, 1999년의 에너지 소비량은 4e20J이었다(도표 63 참조).

918. 재생 불가능한 에너지의 전세계 연간 소비량은 1993년에 3.25e20J, 즉 약 3.09e17BTU였으며, 100만 BTU당 1.85달러인 1996년의 평균 가격(EIA 1997b:표 3.1)으로 산정하면 약 5,700억 달러에 달한다. 연간 29조 6,090억 달러인 전세계 GDP에 비교하면 약 1.9%를 차지한다(IMF 1997:147). 1998년부터 2030년까지 전세계 연간 경제 성장률을 2.7%라고 가정하면(IFPRI의 2020년까지의 추정치, 1997:10) 전세계 GDP는 현재 규모의 2.35배로 늘어나게 된다. 실질 가격으로 따져서 만약 에너지 가격이 그 동안 2배로 상승한다면 2030년에 GDP에서 에너지가 차지하는 비중은 1.6%가 될 것이다. 역사적으로 고찰하더라도 이 비율은 그 동안 감소해왔다(Simon 1996:31).

919. EIA 1997c:75.

920. 새로 건설되는 모든 원자력 발전소의 30%는 아시아에 위치한다(EIA 1997d:13). 정체 현상에 대해서는 EIA 1997d:5를 참조하기 바란다. 1975년부터 1986년까지 원자력 에너지에 호감을 느끼는 미국인의 비율은 65%에서 20%로 크게 감소했다. 반면에 반대자의 비율은 19%에서 78%로 폭발적으로 늘어났다(Cunningham and Saigo 1997:482; Craig et al. 1996:172-3).

921. Craig et al. 1996:164.

922. 석탄에는 미량의 방사성 물질이 들어 있어 연소 중에 방출되기 때문이다(Chiras 1998:266 ; Cunningham and Saigo 1997:467; USGS 1997c).

923. 이 수치는 우라늄의 가격에 따라 크게 달라질 수 있다(WEC 2000:제6장). 원자력 에너지는 2.266e12킬로와트시(EIA 2000a:93), 즉 8.16e18J의 에너지를 생산했다. 전통적인 우라늄 235로 약 8e20J을 생산할 수 있는 것으로 생각된다. 즉 100년분인 셈이다(Craig et al. 1996:181).

924. 일례로 Craig et al. 1996:170 참조.

925. 그 양을 모두 합하면 약 1,140e20J이 된다(Craig et al. 1996:181).

926. Cunningham and Saigo 1997:477–9.

927. Miller 1998:452.

928. 2000년의 중위 가격은 7.7센트로 원자력 에너지를 지지하는 학자(Cohen 1995: 표 29.2)가 인용한 1987년 기준 가격(=10.99센트)이다. 한편, 원자력 에너지를 반대하는 학자가 인용한 가격은 13.5센트였다(Miller 1998:452).

929. 1999년 평균 가격은 동년 기준 달러 가치로 6.63센트이다(EIA 2000c:128). 상업적 가격에는 판매 비용도 포함되어 있는데, 원자력 에너지의 가격을 비교하기 전에 이 비용을 공제해야 한다. 이 비용은 대개 0.4센트 내외다(EIA 1996:108).

930. 여기에는 수소의 두 동위 원소인 중수소와 3중수소가 이용된다. 중수소는 바닷물에서 경제적인 비용으로 추출할 수 있고, 3중수소는 핵융합 과정에서 리튬과의 반응에서 추출할 수 있다(Botkin and Keller 1998:371).

931. Cunningham and Saigo 1997:484.

932. Miller 1998:454.

933. CRS 1998.

934. 필자 불명 1998d.

935. EIA 1993:1.

936. WRI 1996a:286; Botkin and Keller 1998:264.

937. 생물 자원은 나무, 나무 폐기물, 나무 추출액, 이탄, 철도 침목, 나무 찌꺼기, 사용하고 남은 아황산 침출액, 농업 폐기물, 밀짚, 타이어, 생선 기름, 톨유(tall oil), 슬러지 폐기물, 폐알코올, 도시의 고체 쓰레기, 매립지 가스, 기타 폐기물, 에탄올 함유 자동차 연료 등에서 에너지를 추출해내는 것을 말한다(EIA 1999a:249 ; EIA 1998c도 참조).

938. 풍력 발전량을 별도로 추정할 수도 있다. 세계적으로 판매되는 풍력 에너지는 1만 153메가와트로 추정되는데(http://www.windpower.dk/stat/tab19.htm, 2000년 4월 23

일에 접속), 연간 최대 생산량은 8.9e10킬로와트시에 달한다. 전세계 풍력 발전기의 20%를 보유하고 있는 캘리포니아 주에서는 실제 전력 생산량이 최대 생산량의 약 21%인 것으로 추정된다(1985년 이후에는 26%, CEC 1995:12). 바람이 항상 부는 것이 아니기 때문이다. 풍력 발전의 효율이 26%라면 풍력 발전에 의한 전세계 생산량은 최대 2.3e10킬로와트시, 즉 83.3PJ이다. 1998년 전세계 에너지 생산량은 약 400EJ이었으므로 풍력의 화석연료 회피 요인(fossil-fuel-avoided)이 3 대 1의 비율로 산정된다는 점을 감안하면 풍력 발전량은 전체 에너지 생산의 약 0.062%가 된다. 상업적으로 판매된 태양 전지의 총 설비 용량은 960.7메가와트인데(WI 1999a:55), 이것은 현재 설치된 용량의 최대 추정치라고 할 수 있다. 만약 태양 전지가 하루에 12시간씩 100% 효율로 작동한다면 연간 15.2PJ, 즉 전체 에너지 생산의 0.011%를 생산할 수 있을 것이다.

939. 전세계 전기 생산량은 48EJ(화석연료 회피 요인을 감안하면 약 144EJ, EIA 2000a:93)인데, 여기서 풍력 발전은 0.045EJ, 태양 에너지는 0.01EJ을 차지한다.

940. 화석연료 회피 요인을 감안하지 않은 실질적인 에너지량으로 1997년부터 추정했다(EU 2000a:21, 64).

941. 1998년의 자료에 의거해 생물 자원, 지열 에너지, 태양 에너지, 풍력 발전 등에서 생산된 전력량을 제시했다. 이 자료는 마이클 그릴로(Michael Grillot), EIA, 개인 서신, 에너지 정보국(Energy Information Administration), 국제 에너지 데이터베이스(International Energy Database) 등에서 1999년 12월에 얻었다. 원자력 에너지, 수력, 생물 자원, 지열, 태양 에너지, 풍력 발전 등을 통해 생산된 전력량 자료는 화석연료 회피 요인을 감안한 결과이다. 1킬로와트시의 전기를 생산한다고 가정하면, 석유를 사용한다고 할 때, 원래 필요한 에너지보다 3배의 에너지가 더 들기 때문에 직접적인 에너지 생산량에 3을 곱해야 한다(미국에서는 65.6%, EIA 1997b:도표 5). 미국 이외의 지역에서는 전기 생산에 사용된 생물 자원, 지열, 태양 에너지, 풍력 에너지만이 계산되어 있다. 전통적인 연료의 자료는 1995년의 것이며 과거의 증가 추세를 바탕으로 1998년까지의 증가 추세를 전망한 것이다. 지열 · 태양 에너지 · 풍력 발전 등을 통해서 생산된 총 전력량은 56.8테라와트시인데, IEA의 추정치 57.6테라와트시와 좋은 비교가 된다(IEA 1999:II, 18). WRI(2000:292)가 지열에서는 이 요인을 10배로 크게 잡아야 한다고 결론을 내렸는데, 그것은 지열 에너지의 10%를 전기 에너지로 이용하는 것뿐만 아니라 나머지 90%는 열로 사용할 수 있다고 가정했기 때문이다(p.347).

942. WI 1999b:16-17. p.48, 54 참조; 1997b:54, 2000a:17.

943. 0.045EJ의 22% 대비 159.7EJ의 2%.

944. .045EJ×1.22^45.7=159.7EJ×1.02^45.7.

945. EIA 1997c:85.

946. 미국에서는 풍력 발전에 대한 보조금이 1킬로와트시당 약 1.5센트이다(CRS 1998). 덴마크 농무부 산하의 생물자원기술센터(Center for Biomass Technology)가 다음과 같이 상당히 정직한 발언을 했다. "생물자원기술센터에 방문한 외국 방문객들이 주로 제기하는 의문은 '이렇게 작은 나라에 어떻게 그렇게 많은 발전소와 기술을 보유할 수 있는가?' 하는 것이다. 그 대답은 '수지타산이 맞기 때문!'이다. 수지타산이 맞는다는 것은 설비 투자에 대한 보조금과 전기 생산에 대한 보조금, 그리고 화석연료에 대한 세금 때문이다. 보조금은 생물 자원의 이용을 용이하게 하며 세금은 화석연료의 값을 더 비싸게 만든다"(CBT 2000).

947. WEC 2000:제7장.

948. EIA 1997c:88.

949. Hille 1995:193.

950. Craig et al. 1996:191.

951. DOE 1997:3–1ff.

952. 주요 도표와 추정치는 DOE 1997:7–3에 요약되어 있다. 풍력에 대해서는(풍속 5.8m/s일 때를 가정했다) EIA 1997c:85, 1993:11, 1996:55 등을 참조하고, 태양 에너지와 지열 에너지에 대해서는 EIA 1993:11, Ahmed 1994:39, 광전지 시스템에 대해서는 Ahmed 1994:77을 참조하기 바란다. 다른 많은 자료들이 약간은 비교가 불가능한 가격을 제시하고 있다. 그 중에는 DOE 1995:9, WI 1991:27, 1995:70, EU 1994b, DOE 1996:11, Andersen 1998, 그린피스(http://www.greenpeace.org/~comms/no.nukes/nenstcc.html), Cunningham and Saigo 1997:496 등이 포함된다.

953. DOE 1997:7–3.

954. EIA(2000e:75)는 풍력 발전의 단가가 2005년에는 1킬로와트시당 6센트, 2020년에는 4.5센트일 것으로 추정한다. 이는 석탄으로 생산되는 전력 단가(1킬로와트시당 4.3센트와 4.2센트)나 가스 연소 복합 화력에 의한 전력 단가(1킬로와트시당 4.2센트와 3.8센트)보다 여전히 비싼 가격이다. 하지만 전력 생산 단가를 비교하는 연구마다 자본 회수 기간뿐만 아니라 전체 비용 추정 방법이 상당히 다르기 때문에 일률적인 가격 비교가 어렵다는 점을 감안해야 할 것이다.

955. EIA 1996:108.

956. EIA 1997a:53.

957. McVeigh 2000:237–8.

958. Hohmeyer 1993. 물론 풍력 발전기의 가동으로 발생하는 모든 사회적 비용도

계산에 포함시켜야 한다. 그러나 이 비용은 상당히 적을 것이다.

959. Krupnick and Burtraw 1996. 이 세 연구는 다음과 같다. US Department of Energy(Oak Ridge National Laboratories/Resources for the Future, Lee et al. 1995), EU(DG XII 1995), Empire State Electric and NY State Energy Research and Development Authority(1995).

960. Krupnick and Burtraw 1996:24. 여기서는 유럽연합의 아황산가스 추정치를 무시했다. 우리가 원하는 것은 '현재'의 사회적 가격에 대한 비용 추정치(즉 현재의 기술로 현재의 전기 소비량 중 일부를 대체하는 데 드는 비용)이기 때문이다. 유럽연합의 자체 추정치는 1킬로와트시당 1.56센트이다.

961. Krupnick and Burtraw 1996:38. 이산화탄소 발생으로 인한 악영향뿐만 아니라 고용 및 세수 증대와 같은 긍정적인 결과까지를 고려한다면, 석탄은 가스보다 더 나은 연료이며 긍정적인 사회적 가치를 가지고 있는 것으로 판단된다.

962. Cunningham and Saigo 1997:496. McVeigh et al. 2000 참조.

963. 이것은 10외러(ør er, 덴마크의 유로 이전 화폐 단위 – 옮긴이)와 17외러(8외러가 1센트)의 직접 보조금과 1킬로와트시당 12.2~22외러의 세금 감면을 통한 간접 보조금을 합한 결과이다(Ministries of Finance et al. 1995:35, 51).

964. CRS 1998.

965. 이런 지적은 로빈스(Lovins)와 같은 사람이 상당 부분의 에너지가 '나쁜 에너지'를 생산하는 데 사용되고 있기 때문에 에너지를 절약해야 한다고 주장하는 것(Miller 1998:426-7에서 인용)이 문제가 될 수도 있음을 의미한다. 로빈스는 전기가 사실상 아주 비싼 에너지이기 때문에 건물의 냉난방에 사용해서는 안 된다고 주장한다. 대신 건물의 단열 처리를 강화하고 슈퍼 창문(방음과 단열 효과가 탁월한 신소재 창문 – 옮긴이)을 설치하며 나무를 많이 심는 등의 조치를 취해야 한다고 주장한다. 하지만 여기에서 중요한 점은 만약 소비자들이 그런 사회적 비용을 잘 인식한 후에도 여전히 슈퍼 창문을 설치하는 대신 전기를 사용하는 편을 더 좋아한다면 전기 등의 공익 시설을 가장 효율적으로 이용하는 방법에 대해 소비자보다 사회 개혁가들이 더 잘 알고 있을 거라고 주장하는 것이 위험하다는 점이다. Wirl 2000의 내용 참조.

966. Craig et al. 1996:183.

967. 지표면에 도달하는 평균 에너지량은 1평방미터당 180와트이며 지구 표면적의 총량은 5.1e8평방킬로미터이므로 연간 2,895e24J, 즉 1997년의 에너지 소비량보다 6,951배 많은 에너지가 태양으로부터 공급된다.

968. 태양 에너지 유입량이 1평방미터당 300와트이고 에너지 전환 효율이 20%라면

21만 9,961평방킬로미터의 태양 전지판을 설치할 때 정확하게 연간 416EJ의 전기를 생산할 수 있다. 21만 9,961평방킬로미터는 지구의 육지 총 면적 1.495e8평방킬로미터에서 0.147%를 차지한다.

969. 사하라 사막의 면적은 약 8.6e6평방킬로미터이다. "Sahara", *Encyclopaedia Britannica Online*, http://www.britannica.com/bcom/eb/article/5/0,5716,66425+1+64749,00.html?query=sahara.

970. EIA 1993:13; Ahmed 1994:80.

971. Cunningham and Saigo 1997:487-8.

972. 다른 추정치를 보려면 IPCC 2000a:134, 136을 참조하기 바란다. 여기에서는 '기술 발전으로 회수 가능한' 에너지원을 석유 9ZJ, 가스 20ZJ, 석탄 80ZJ, 원자력 에너지 11ZJ 이상으로 추정하였다. 장기적 기술 잠재력'을 감안할 때 재생 가능한 에너지원은 연간 수력 130EJ 이상, 풍력 130EJ 이상, 태양 에너지 2,600EJ 이상, 생물 자원 1,300EJ 이상으로 추정하였다.

973. *Danmarks Energifremtider* 1995:137.

974. Smil 1999.

975. Ahmed 1994:10-11.

976. 2만 7,746헥타르의 부지에 태양으로부터 1평방미터당 100와트의 에너지가 공급되고 전기 전환 효율이 20%라면 연간 전기 에너지 생산량은 175PJ이다.

977. Radetzki 1997:552-3.

978. DOE 1997:7-3은 생물 자원의 경우 1킬로와트시당 8.7센트, 태양 전지의 경우 1킬로와트시당 49.1센트로 추정하고 있다.

979. Miller 1998:420.

980. EIA 1993:3.

981. IEA/OECD 1996.

982. IEA/OECD 1998.

983. 다음의 내용은 Andersen 1998에 근거한 것이다.

984. http://www.windpower.dk/present/produke.pdf.

985. Hille 1995:195-6.

986. http://www.windpower.dk/stat/tab14.htm, 2000년 4월 26일에 접속. Windpower Note 1998a:7 참조.

987. EIA 2000a:211.

988. 효율이 51% 더 높다(Windpower Note 1997:11). 가격은 1킬로와트시당 49외

러(약 7센트)로 추정된다(http://www.caddet-re.org/html/article2.htm).

989. 일례로 Bradley 1997.

990. Windpower Note 1997:8은 풍차의 사용 기간 20년 동안 풍차를 만드는 데 든 에너지의 80배를 생산할 수 있다고 추정했다. 이것은 평균 91일 이내에 풍차를 만드는 데 든 에너지를 모두 회수할 수 있다는 의미다.

991. Andersen 1998. 4,000개의 바람개비가 있다고 상정해서 계산했다. 1997년의 정확한 바람개비 수는 4,700개였다(Windpower Note 1998a:7).

992. 덴마크 보통 풍차의 발전 능력은 276킬로와트시다(Windpower Note 1998a). 미국의 경우도 대략 비슷하다고 가정하면 전체 풍력 발전 능력은 2,500메가와트시가 된다(AWEA 2000b). 바람개비 4,000개당 3만 마리의 새가 목숨을 잃는다고 가정하면 (Andersen 1998), 매년 6만 7,000마리의 새가 목숨을 잃는 셈이다. 그러나 캘리포니아 주에서 목숨을 잃는 새는 500마리밖에 되지 않는다는 AWEA(2000a:2)의 주장은 옳지 않다. 여기서 500마리는 모든 새가 아니라 단지 맹금류만을 따진 수치다(Kenetech 1994:3).

993. NERI 1995.

994. Andersen 1998; NWCC 1994:부록 2.

995. Kenetech 1994:3; AWEA 2000a.

996. 애완용 고양이는 총 900만 마리로 추정된다(이 조사는 약 80만 마리의 길 잃은 고양이들이 죽이는 동물의 수를 측정하지 않았다). 따라서 고양이 1마리가 1년에 약 30마리의 동물을 잡아 죽이는 셈이다(Mammal Society 2001a&b, Wark 2001).

997. 일례로 DOE 1997:부록 1 참조.

998. Miller 1998:423ff.

999. EIA 1999d:23.

1000. Meadows et al. 1972:56ff.

1001. Simon 1996:35-6.

1002. WRI 1996a:170.

1003. 여기 계산되어 있는 사용 가능한 햇수는 주로 매장량을 현재의 생산량으로 나눈 수치를 근거로 한 것이다.

1004. Leon and Soto 1995:16(1900~1992년의 가격 지수)은 24개 품목 중에서 15개 품목의 가격이 떨어졌으며 6개 품목의 가격은 안정세를 유지했고, 나머지 3개 품목의 가격만이 상승했음을 발견했다.

1005. 이것은 미국 지질 조사국 자료에 나온 93개 원자재의 가격과 생산량을 가지고

계산한 것이다. 표 2에는 그 중에서 가장 앞부분을 차지하는 24개 원자재가 열거되어 있다. 이는 Goeller and Zucker 1984:457에서 제시된 것처럼 1.2%에 해당한다. 표에 열거된 원자재 중 일부가 서로 중복되기 때문에 GDP의 1.1%라는 수치는 최대 추정치임이 틀림없다.

1006. 필자 불명 2000c. 산업 원료 물가 지수(industrials price index)는 금속류와 비식량품목(nfas, non-food agricultural commodities, 식량이 아닌 농업 소비재)으로 구성되어 있다. 각각의 품목에 1994~1996년의 교역량을 기초로 가중치의 비율을 준다. 금속류:알루미늄 47.0, 구리 32.4, 니켈 8.2, 아연 6.7, 주석 2.9, 납 2.8. 비식량품목: 면 30.7, 목재 19.4, 생가죽 15.4, 고무 15.4, 모직 64s 6.5, 모직 48s 6.5, 야자 기름 2.9, 코코넛 기름 1.5.

1007. 놀랍게도 예전에는 원자재의 무게에 초점을 두었는데, 왜 이런 결정을 내렸는지는 쉽게 이해하기 어렵다(Ågerup 1998:83, Simon 1996:48; Kahn et al. 1976:101ff).

1008. 여기서는 전세계가 포틀랜드 시멘트에 미국 현지 가격을 지불한다고 가정했다. 이 수치가 최대치라는 것은 분명하다.

1009. Craig et al. 1996:339.

1010. Craig et al. 1996:340; Hille 1995:299.

1011. WRI 1998a:344.

1012. Craig et al. 1996:232ff.

1013. Craig et al. 1996:43.

1014. 1999년의 기초 매장량/전세계 보크사이트 생산량.

1015. Craig et al. 1996:212.

1016. Craig et al. 1996:221.

1017. 이렇게 생산된 강철의 총액은 약 2,000억~2,700억 달러에 이를 것이다. 다만 어떤 가격을 선택하느냐에 따라서 총액이 달라질 수 있다. 전세계적으로 연간 약 7억 7,300만 톤의 강철이 생산된다. 톤당 가격이 352.2달러라면(World Bank steel rods 1998, http://www.worldbank.org/html/ieccp/pkjan98.html) 총액은 2,720억 달러가 될 것이다. 세계금속정보네트워크(World Metals Information Network)가 밝힌 철판 가격 250달러(http://www.amm.com/inside/wsdanal/ws012998.htm)를 선택하면 총액은 1,930억 달러가 된다. 여기서 철광석 가격을 살펴본 것은 (앞에서 언급했듯이 에너지 가격과는 상관없이) 희소성 때문에 가격이 상승할 가능성이 있기 때문이다.

1018. Craig et al. 1996:212.

1019. Craig et al. 1996:210.

1020. Craig et al. 1996:221에서 재인용.

1021. Craig et al. 1996:266.

1022. 지각에서 구리가 차지하는 비중을 수천 개의 시료(試料)에 대한 화학 분석과 상대적인 출현 빈도를 감안하여 계산했으므로, 이 비율은 양을 나타내는 것이 아니라 무게를 나타내는 것으로 보아야 한다(아연의 경우도 마찬가지다).

1023. Craig et al. 1996:266; Hille 1995:279.

1024. Craig et al. 1996:273.

1025. Craig et al. 1996:273.

1026. Amey 1996:1.

1027. Craig et al. 1996:284; Amey 1996:1. 금의 무게는 19kg/dm^3이다.

1028. Amey 1996:1.

1029. Craig et al. 1996:280.

1030. Craig et al. 1996:287.

1031. Craig et al. 1996:288.

1032. Craig et al. 1996:288.

1033. Craig et al. 1996:291.

1034. Craig et al 1996:304–5. 질소는 공기 중에서 합성할 수 있기 때문에 새로운 매장지를 찾을 필요가 없다. 따라서 현재의 가채 매장량은 약 반 년 정도 쓸 수 있는 양밖에 되지 않는다.

1035. Craig et al. 1996:307–10.

1036. USGS 1998a. http://minerals.er.usgs.gov/minerals/pubs/commodity/potash/560398.pdf.

1037. 지각에서 아연이 차지하는 비중을 수천 개의 시료에 대한 화학 분석과 상대적인 출현 빈도를 감안하여 계산했으므로 이 비율은 양을 나내는 것이 아니라 무게를 나타내는 것으로 보아야 한다(구리의 경우도 마찬가지다).

1038. Hille 1995:279.

1039. 심해의 단괴에는 구리보다 니켈이 더 많이 들어 있다. 구리의 함량은 10억 톤이 넘는 것으로 추정된다(Craig et al. 1996:231, 273). 연간 니켈 사용량이 100만 톤이므로 이는 적어도 1,000년 동안 쓸 수 있는 니켈이 포함되어 있다는 의미다.

1040. "탄탈 대신 다른 물질을 사용하는 대부분의 경우에 성능 저하나 경제적인 손실 가능성이 발생한다"(http://minerals.er.usgs.gov/minerals/pubs/commodity/niobium/230496.pdf, p1).

1041. http://minerals.er.usgs.gov/minerals/pubs/commodity/mercury/430398.pdf.

1042. Kuck and Platchy 1996:6.

1043. Pearce and Turner 1990:293–4.

1044. Meadows et al. 1992:83.

1045. Hille 1995:239–30.

1046. Ausubel 1996은 불과 몇 장의 CD에 미국의 모든 가정과 기업의 전화번호를 담을 수 있다고 지적했다. 예전 같으면 이 정보를 담은 전화번호부의 무게가 5톤에 이르렀을 것이다.

1047. 1인당 소득은 1985년 기준 실질 PPP$로 1972년에는 1만 3,747달러였고, 1992년에는 1만 7,945달러였다(WRI 1996a). 이 기간 동안 목재, 금속류, 플라스틱 등의 소비량은 감소했다(CEQ 1996:75).

1048. Hille 1995:322.

1049. Baumol 1986. 이것은 모범적인 가정임이 분명하다. 예를 들어 효율이 매년 2%씩 영원히 증가하리라고 믿는 사람은 거의 없을 것이다. 그러나 이런 증가세를 오랫동안 지속시키는 것은 현실적으로 가능하며, 이는 자원을 보통 생각하는 것보다 훨씬 더 오래 사용할 수 있다는 것을 의미한다.

1050. Goeller and Zucker 1984:456–7.

1051. Tietenberg 2000:326.

1052. Meadows et al. 1992:82.

1053. 강물의 유입량을 비롯해 이용 가능한 물의 양. 인구는 UN 1996년 통계 개정판의 수치로 2000년의 신개정판과 거의 일치한다.

1054. WRI 1996a:301.

1055. GEUS 1997b:4.

1056. UNEP 2000:362. http://www.grida.no/geo2000/english/0236.htm.

1057. WWF 1998a:18.

1058. Population Reports 1998:3.

1059. Couzin 1998; Johnson 1998; Time 1997:17. "물 위기가 하루하루 가까이 다가오고 있는 것 같다" (UNESCO Courier 1999).

1060. WMO/UNESCO 2000:20.

1061. 일례로 Bridgland 1999.

1062. http://www.worldwatch.org/pubs/ea/lo.html; Engelman and LeRoy 1993도 참조.

1063. Craig et al. 1996:366ff.

1064. Craig et al. 1996:374.

1065. Craig et al. 1996:366–7.

1066. 3만 7,400입방킬로미터에서 4만 7,000입방킬로미터까지 여러 추정치가 존재한다(Shiklomanov 1993 and Gleick 1993b:120–1 참조).

1067. Postel et al. 1996:786.

1068. Postel et al. 1996:786. 인도에서는 한 해 강우량의 대부분이 약 100시간 가량의 집중호우 때 쏟아진다(Shah 2000:9).

1069. Postel et al. 1996:786.

1070. EEA(1999:159)는 유럽연합이 한 해에 77입방킬로미터의 물을 사용한다고 말한다. 유럽연합의 인구는 3억 7,200만 명이다(Krinner et al.1999:21).

1071. EEA 1999:157, 인출량으로는 16%에 달한다. 이 비율은 환경에 피해를 입히지 않고 계속 사용 가능한 양이라고 할 수 있다(Krinner et al.1999).

1072. USGS(1998b:63)는 소비자들이 민물에서 끌어와 사용하는 소비량을 하루에 100e9갤런으로 추정한다.

1073. IWMI 2000:24.

1074. 비율을 나타내는 Y축에서 사람들이 이용할 수 있는 빗물의 양을 항상 일정하다고 가정했지만 이것은 사실이 아니다. 이용 가능한 빗물의 양은 9,000입방킬로미터의 기본량에다 댐에 가둘 수 있는 저수량을 합한 것으로 결정되는데, 댐 저수량은 지난 1세기 동안 거의 0에서 오늘날의 2,500입방킬로미터 수준으로 증가했으며 2025년에는 약 3,700입방킬로미터에 달할 것이다(Postel et al. 1996:787). 그러나 이런 점을 감안하더라도 오류는 그리 크지 않다. 1900년에 전세계 빗물 사용량은 2.6%가 아니라 3.7%였으며, 2025년의 최고 사용량은 22%가 아니라 20.2%가 될 것이다.

1075. EEA 1999:158–9; USGS 1998b:63; 1,900억/4,020억 갤런=47%.

1076. IWMI 2000:24.

1077. 1967년부터 1990년대 초까지는 1995년의 수자원 인출량은 3,788입방킬로미터이지만, 2000년에는 4,300~8,400입방킬로미터라고 예상하였다(Gleick 1999b). Shiklomanov 1993:20는 2000년의 전세계 인출량을 5,190입방킬로미터로 추정했다(Rasking et al. 1997:21에서 인용).

1078. 물 소비량은 수자원 인출량으로 측정했다. 발전소가 발전 목적으로 강에서 끌어 사용하는 물은 다시 회수할 수 없는 양이 아니기 때문이다.

1079. Shiklomanov 2000:22; EEA 1999:161; USGS 1998b.

1080. Wolf 1999:251.

1081. World Bank 1992:48; Wallensteen and Swain 1997:9–12; Engelman and LeRoy 1993, http://www.cnie.org/pop/pai/water-25.html.

1082. World Water Council 2000:xxvii; CSD 1997:8.

1083. 이 문제가 World Water Council 2000:xx에서 첫 번째 문제로 언급되었다. CSD 1997:100.

1084. "그러나 수십 억의 사람들이 (1일 1인당) 50리터라는 기본적인 물 필요량도 구하지 못하고 있다.……이용 가능한 물의 절대치는 그리 중요하지 않다"(Gleick 1999b:9).

1085. Arnell 1999:S43–4.

1086. WRI 1996a:306.

1087. Craig et al. 1996:387; Gleick 1999b.

1088. Engelman and LeRoy 1993; Gardner-Outlaw and Engelman 1997; GEUS 1997b; WRI 1996a:301ff; Miller 1998:494; Serageldin 1995:1–2; Wallensteen and Swain 1997:8; Chaibi 2000.

1089. Engelman and LeRoy 1993, http://www.cnie.org/pop/pai/water-12.html; Gardner-Outlaw and Engelman 1997:5. 두 건의 연구 모두 Falkenmark and Widstrand 1992:14를 언급하는데, 이 연구에는 100리터 이상의 한계치가 언급되어 있지 않다. Falkenmark and Lindh 1993에서도 마찬가지였다.

1090. 각각 연간 1,700입방미터, 1,000입방미터, 500입방미터에 해당한다 (Wallensteen and Swain 1997:8).

1091. Engelman and LeRoy가 1990년에 제시한 20개국(WRI 1996a:302)보다 적은 수라는 점에 주목하라. WRI의 수치는 상당히 높은 편인데, 강물의 유입량을 전체 수자원에 포함시킨 상당히 현명한 처사 때문이다. 이 수치는 나중에 엥겔만이 다시 사용했다 (Gardner-Outlaw and Engelman 1997).

1092. Craig et al. 1996:396–8; Al-Rashed and Sherif 2000.

1093. Gleick 1993b:381.

1094. Semiat 2000:54, 62.

1095. 오늘날 민물 1입방미터를 생산하는 데 6킬로와트시 정도의 전기를 사용한다 (이론적인 하한치는 1입방미터당 0.78킬로와트시) (Hille 1995:242; Gleick 1993b:372; Aly 1999). 따라서 2,073입방킬로미터에 달하는 전세계 물 사용량을 모두 충당하려면 $6 \times 3{,}6e6J/m^3 \times 2073e9m^3 = 45EJ$, 즉 현재 에너지 소비량의 양 11%가 필요하다. 이만한 양의 에너지는 에너지 유입량이 300와트이고 효율이 20%라고 가정할 때, 사하라 사막의

0.27%에 태양 전지판을 설치해 얻을 수 있다. 물론 이런 시설을 하나 달랑 만들어서 물 문제를 모두 해결하겠다는 것은 틀림없이 우스꽝스러운 일이다. 무엇보다도 생산한 물의 운반이 문제가 될 것이기 때문이다. 여기에서는 다만 이해를 돕기 위해 예를 제시했다.

1096. 1998년의 1일 생산량은 2,273만 5,000입방미터이다(http://www.ida.bm/html/inventory.htm). Semiat 2000:61 참조. 1년으로 따지면 8.3입방킬로미터가 된다. 이에 비해 전체 물 소비량과 도시의 물 소비량은 각각 3,788입방킬로미터와 344입방킬로미터에 달한다.

1097. 물 가격이 1입방미터당 50센트이고 소비량이 344입방킬로미터이므로 전체 비용은 1,720억 달러이다. 이 금액은 32조 1,100억 달러인 전세계 GDP의 0.5%에 해당한다(IMF 2000a:113).

1098. WI 1993:28.

1099. Shuval 1997:37.

1100. EEA 1998b:182–3.

1101. Teknologirådet 1997.

1102. Lindegaard 1998.

1103. WRI 1996a:306.

1104. Postel 1999:130.

1105. Postel 1998:표 1 ; Shuval 1997:38.

1106. Postel 1999:130.

1107. Engelman and LeRoy 1993 ; http://www.cnie.org/pop/pai/water-29.html.

1108. WRI 1996a:303; Falkenmark and Widstrand 1992:15. 그러나 IWMI(2000:23-4)는 낭비되는 물의 일부가 대수층과 민물로 흘러들어 다시 사용되기 때문에 수자원 이용의 효율을 60% 높인다고 해서 반드시 60%의 물을 모두 절약할 수 있는 것은 아니라는 점을 지적한다.

1109. Postel 1999:174.

1110. WI 1993:34.

1111. EEA 1999:160.

1112. Dinar et al. 1997:12.

1113. World Bank 1992:16.

1114. World Bank 1992:16.

1115. IWMI 2000.

1116. World Bank 1992:16, 1994:47.

1117. Andersen 1995:430 ; Krinner et al. 1999:68–70. 영국의 물 사용량은 계량기를 설치하면서 10%가 감소했다(p.71). 덴마크에서도 마찬가지였던 것 같다. 덴마크에서는 물 사용에 대해 세금을 계속 높이자 소비량이 점점 줄어들었다(일례로 Danish Ministry of Finance 1997:19). 상관 관계가 그리 분명하지 않은 것은 1993년에 세금 제도가 처음 도입된 반면, 소비량 감소는 이미 1987년부터 시작되었기 때문이다.

1118. Dinar et al. 1997:20 ; Cunningham and Saigo 1997:431.

1119. World Bank 1994:121–2 ; de Moor 1998:제5장.

1120. 필자 불명 1995c ; World Bank 1995b ; MEWREW 1995.

1121. Wolf 1999:255. International Crisis Behavior dataset(Brecher and Wilkenfeld 1997)는 네 건의 분쟁밖에 찾아내지 못했는데, 여기에 세 건이 더 보충되었다.

1122. Wolf 1999.

1123. Wolf 1999:256.

1124. Wolf 1999:256–7. 1980년대 중반, 미국 정보 기관들이 물 때문에 전쟁이 일어날 수도 있는 지역을 전세계에서 적어도 10여 군데를 지적했다. "아직 심각한 분쟁이 발생한 적은 없다"는 Wallensteen and Swain 1997:12의 연구 결과와 비교해보라.

1125. Wolf 1999:259–60.

1126. Wolf 1999:261에서 재인용.

1127. Wolf 1999:260.

1128. Wolf 1999:261.

1129. Gardner–Outlaw and Engelman 1997:7 ; Wallensteen and Swain 1997:20–2.

1130. Saeijs and van Berkel 1995.

1131. CSD 1997 ;1.

1132. World Water Council 2000:xix.

1133. Craig et al. 1996:416.

1134. Postel 1999:80. 그러나 사우디아라비아의 경우에는 대수층의 규모가 대단히 크기 때문에 지하수를 일부 끌어올려도 문제가 되지 않을 것 같다. Al–Rashed and Sherif 2000:66 참조.

1135. IWMI 2000:8.

1136. Postel et al. 1996:787.

1137. Anderson 1995:432.

1138. WI 1998a:14.

1139. 유엔 사무총장이 지속가능발전위원회(Commission on Sustainable Development)에서 얘기한 내용의 요점도 이것이었다. "1970년대에 화석연료와 기타 필수적인 원료들이 곧 '고갈'될 것이라는 예측이 쏟아져나왔다. 그러나 이후 시장의 힘과 기술 발전 덕분에 새로운 매장지가 발견되고 자원의 대체 이용이 가능해지면서 점점 늘어나는 수요가 대체로 충족되었다. 이제 사람들의 관심은 자원의 고갈보다 개발도상국에 적절한 에너지를 공급하는 일, 전통적인 에너지와 자원 사용법이 환경과 건강에 미치는 영향을 줄이는 일 등 더 광범위하고 복잡한 이슈들로 옮겨갔다"(Anan 1997:42-3). 이런 관심사의 변화는 제5부에서 살펴볼 것이다.

1140. Hille 1995:279; Goeller and Weinberg 1976.

1141. World Bank 1992:34.

1142. 미국 환경보호청이 관할하는 주요 분야들을 고려하였다(예를 들어, Luken 1990:7 참조). EPA의 추정치를 기반으로 Hahn 1996a. 222은 EPA의 규제로 얻는 총 3,251억 달러의 사회적 혜택 중에서 청정 공기법의 시행으로 기대되는 이익이 2,806억 달러, 즉 전체 추정 이익의 86%에 이른다는 사실을 발견했다. 미국 의회 산하 예산관리국(Office of Management and Budget)은 새로 나온 EPA 분석 결과(특히 EPA 1997d)를 바탕으로 EPA가 일구어낸 전체 이득 1조 5,100억 달러 중에서 환경 이득이 1조 4,500억 달러, 즉 96%임을 밝혀냈다(OMB 2000:11. OMB 1997, 1999의 결과도 비슷하다). 이득을 추정해봄으로써 전체를 더 잘 조망해볼 수 있다는 점에 주목하라. 문제 해결을 위해 어떤 해결책을 제시하는가에 상관없이 오염으로 인한 총 비용을 추정할 수 있기 때문이다. 그러나 (실내 공기 오염처럼) EPA의 영역 밖에 있는 분야가 많고, 적절하게 규제할 수 없는 분야도 많기 때문에 전체 상황을 대략적으로 보여주는 정도로만 이용해야 한다.

1143. "실내 공기 오염과 실외 대기 오염은 인간의 건강에 가장 심각한 위협이 되는 문제로서 가장 자주 언급되는 환경 문제로 반복해서 등장한다"(Konisky 1992:21).

1144. 북극에서 채취한 얼음 코어에서 측정한 수치(Weiss et al. 1999:264).

1145. Miller 1998:466.

1146. Brimblecombe 1977:1, 158; Elsom 1995:476.

1147. Brimblecombe 1987:9. 1300년 직후에 한 런던 시민이 석탄을 사용했다는 죄목으로 처형된 적도 있다(Baumol and Oates 1995:447).

1148. "템스 강의 오염을 금지하는 국왕의 포고문." Henry Thomas Riley (ed.), 1,868:367-8, *Memories of London and London Life in the XIIIth, XIVth and XVth Centuries, being a Series of Extracts, Local Social and Political, from the Early Archives of the City of London*, London: Longmans, Green and Co., Baumol and Oats 1995:447-8에서 재인용.

1149. Elsom 1995:476에서 재인용.

1150. Stone 1979:62.

1151. Stone 1979:62–3.

1152. Miller 1998:446.

1153. Brimblecombe 1977:1,158; Elsom 1995:476.

1154. Brimblecombe 1977:1,158.

1155. Brimblecombe 1987:64. Baumol and Oates 1995:448에 인용된 다음의 구절 참조. "현재 건축 중인 세인트 폴 성당의 찬란한 건물은 너무도 장엄하고 아름답지만, 한 두 세대 후에는 미처 완공되기도 전에 낡고 변색되어버릴 것이며, 예전의 성당이 화재로 피해를 입은 것처럼 스모크로 인해 커다란 피해를 입게 될 것이다."

1156. Brimblecombe 1977:1,162.

1157. Baumol and Oats 1995:448에서 재인용. 1861년의 코펜하겐에 대한 비슷한 발언과 비교해보자. "바람이 세게 불지 않을 때 (도시는) 항상 연기에 가득 차 있었다. 도시를 짓누르고 있는 거대한 스모그는 육지나 바다를 통해 도시로 들어올 때 가장 잘 볼 수 있다. ……대체로 심각했으며, 때로는 도저히 참을 수 없는 지경에까지 이르기도 했다. 이 상황은 점점 더 악화될 것이다." 1908년 의사인 포울 헤르츠(Poul Hertz)는 이렇게 말했다. "고요한 여름날 오후 브뢴스회(Brønshøj) 언덕에서 코펜하겐을 내려다보면 도시는 윤곽만 흐릿하고 시야를 가리는 희끄무레한 구름으로 덮여 있다. 그것은 대기 중으로 방출되는 석탄 연기 때문이다. 거의 대부분 공장에서 배출되는 이 시기의 연기는 수많은 굴뚝에서 뿜어져 나온다. 이처럼 항상 연기를 뿜어내는 굴뚝의 행렬이 현대 도시의 특징이다"(Jensen 1996:171에서 재인용). 덴마크 국립환경연구소의 예스 펭에르(Jes Fenger)는 1850년에서 1970년 사이 코펜하겐의 아황산가스 농도는 오늘날의 10여 배는 되었을 것으로 추정한다. '석탄 구름(Stenkulsskyer)', 〈폴리티켄〉 1995년 5월 9일자의 특집 기사.

1158. Brimblecombe 1977:1,159.

1159. Elsom 1995:480.

1160. Brimblecombe 1977:1,159.

1161. Elsom 1995:477.

1162. Botkin and Keller 1998:466.

1163. 이 때문에 브림블콤의 자료를 약 4배로 상향 조정해야 한다. 그러나 이 데이터가 런던 전체의 평균이므로, 실질적인 측정 결과와 마찬가지로 런던 중심부의 대기 오염도는 훨씬 더 높았을 것으로 간주해야 한다(Brimblecombe 1977:1,159; Elsom 1995:

477). 또한 이 곡선의 끝 부분에서 나타나는 하향 추세는 약간 과장된 것으로 생각해야 한다. 지난 수세기 동안 석탄 외에도 수많은 오염원이 등장했기 때문이다. 마지막으로, 이 모델은 도시의 경계를 규정하는 데 문제가 있다(Brimblecombe 1977:1,161). 1933~1980년의 아황산가스 자료는 런던 시청의 농도를 이용하여 Laxen and Thompson 1987:106에서 인용한 것이다. 이 자료들은 서로 다른 시기에 다양한 방법으로 작성된 것임을 염두에 두어야 한다.

1164. EPA 1998c:7ff.

1165. World Bank 1992; OECD 1999; WHO 1999b; EU 1994a; HLU 1997:128ff.

1166. 이 그래프는 여러 다양한 추정치를 인용하였다. PM_{10}이 미국에서 1988년 이전에는 체계적으로 측정되지 않았기 때문에, 1982년의 수치는 대개 약 50% 더 높은 TPS를 바탕으로 추정한 것이다(데이터 비교. 1998년 6월 10일 덴마크 국립환경연구소의 카레 켐프(Kåre Kemp)와 개인적으로 정보 교환). 오존 농도는 8시간 평균 농도 중에서 네 번째로 높은 수치를 채택했다. 연평균 오존 농도는 측정 빈도가 90% 이상이었던 연도를 대상으로 EPA 2000b의 자료를 바탕으로 하였고 그렇지 못한 해는 단순히 추정치를 산출해서 인용하였다. 납의 농도는 4분기의 최대 평균치이지만, 연평균으로 간주하였다.

1167. Krupnick and Burtraw 1996:22. 건강과 관련된 비용은 대기 오염으로 인한 총비용 중에서 99.3%를 차지하며(EPA 1997d:52-3), 전체 오염으로 인한 사망자의 81%를 차지한다["이번 분석에서 가장 중요한 것은 사망률일 것이다"(EPA 1997d:D-16)]. 이에 비해 미국에서 발생하는, 건강과 별로 상관이 없는 오염 관련 비용은 모두 합해도 연간 1인당 '겨우' 약 30달러에 불과하며, 영국에서는 약 10파운드 정도이다(EPA 1997d:52; IGCB 1999:표 5.6).

1168. 질소산화물 1톤이 사망률에 미치는 영향은 아황산가스 1톤의 약 15%로 추정되며, 비용으로 따지면 463달러 대 3,102달러가 된다(Burtraw et al. 1997:14-15). "일산화탄소는 농도가 높을 때는 분명히 치명적이지만, 보통 주변의 대기 농도 수준일 때는 건강과 관련해서 (특히 심혈관 시스템과 관련해서) 훨씬 제한적인 영향을 미칠 뿐이다" (Burtraw and Toman 1997:3). EU의 다음 결론(AEA 1999:18) 참조. "(일산화탄소 문제의) 주요 원인은 대기 중의 일산화탄소에 노출되는 것이 아니라 흡연이나 가정용 연소기기의 결함, 잘못된 식단, 대기질과 상관없는 다른 요인에서 비롯되는 듯하다. 이런 점들을 모두 감안할 때 대기 중의 일산화탄소에 노출되는 것 정도로는 기껏해야 병원에 입원할 정도이거나 죽음을 며칠 정도 앞당기는 것에 지나지 않을 것이다."

1169. COMEAP 1998, Stedman et al. 1999; IGCB 1999. 사망률에 가장 큰 영향을 미치는 대기 오염 물질은 PM_{10}이며, 그 다음으로 아황산가스와 오존 순이다(오염 물질이

역치를 보이지 않는다고 가정할 경우)(COMEAP 1998:표 1.2). 그러나 이 연구 결과는 급성 독성으로 인한 사망률만을 고려한 것이며, 장기적인 사망률을 검토한 미국의 연구는 "우리가 지금까지 조사할 수 있었던 것보다 악영향이 전체적으로 훨씬 더 클 수도 있다"고 제안했다(COMEAP 1998:1.14). 이 때문에 건강과 관련된 전체적인 비용을 평가하는 데 있어 연구 결과들이 다소 빛을 잃는다.

1170. 1960~1976년의 납 농도 추정치는 EPA(2000:3-19-20)와 Graney(1995:1,722)의 자료에 근거한 것이다.

1171. 이런 물질이 미치는 영향은 사실상 상대적이다. 기준이 되는 오염 물질의 문제가 덜 심각할수록, 나머지 문제들이 상대적으로 더 심각해진다.

1172. EPA 2000e:73.

1173. EPA 2000e:78.

1174. EPA 2000e:77.

1175. EPA 2000e:85.

1176. UK EA 2000, http://www.environment-agency.gov.uk/s-enviro/viewpoints/3compliance/1air-quality/3-1j.html.

1177. EPA 1996a:1.12.

1178. 특히 다음과 같은 연구들이 유용했다. Dockery et al. 1993는 미국 동부 지역의 6개 대도시에서 14세 이상 성인 8,111명을 조사했으며, Pope et al. 1995는 미국 암학회(American Cancer Society)의 지원을 받아 1982~1989년까지 미국 151개 대도시와 소도시에서 55만 명을 조사했다(EPA 1996b:V, 14-15).

1179. EPA(1996b:V-47ff)는 오염의 여러 원인에 대한 연구 기록들을 많이 확보하고 있다. 전체적인 검토 결과는 분진을 연구할 때 다른 오염 물질의 파라미터 추정치가 그리 중요하지 않은 경우가 많다는 것인 듯하다. "서로 다른 연구 모두에서 PM과 건강에 미치는 영향이 일관되게 연결되어 있음이 관찰되었지만, 아황산가스와 건강의 관계를 보고하는 연구는 변화의 폭이 크다"(p.49). 오존의 경우에도, 분진이 "사망률을 추정하는 데 오존보다 훨씬 더 큰 영향력을 발휘했다"(p.50). 일산화탄소의 경우에도 마찬가지였으며(pp.51~52), 질소산화물에 대한 EPA의 연구 결과는 "일산화질소와 건강에 미치는 영향 사이의 관계가 일관되게 발견되지 않았지만, PM과 건강에 미치는 영향 사이의 관계는 연구 대상이 되었던 모든 지역에서 질소산화물의 농도가 다를 때나 모델에서 질소산화물의 양을 통제한 후에도 모두 확실하고 일관되게 나타났다"(p.53).

1180. EPA 1997d:34. 이런 결정이 내려진 것은 대기 오염 물질과 그것이 건강에 미치는 영향의 인과 관계에 아직도 불확실성이 존재하기 때문이다. 따라서 분진이 "여러 지

표 오염 물질을 대표하는 유일한 오염 물질로 결정된 것이다"(p.34, 주 48번).

1181. EPA 1996a:1-21. "역학 연구 결과들은 주위 환경 속의 PM에 노출되는 것과 사망률 및 질병률 등 건강에 미치는 영향 사이에 일관되고 확실한 관계가 있다는 것을 보여준다. ……그러나 구체적인 생물학적 메커니즘에 대한 확실한 이해는 아직 확립되지 않았다." 그런데 텍사스 대학교의 연구 결과가 한 가지 가능성 있는 설명을 해주었다. 이 대학교의 연구자들은 지나치게 강력한 면역 반응에 맞서 생물체를 보호해주는 역할을 하는 억제형 대식세포(repressive macrophage)가 인공적인 분진의 영향으로 죽어버리는 반면, 홍분성 대식세포들은 살아남는다는 것을 보여주었다. 이는 허파가 오염에 대해 '과잉 보호'를 받아 염증성 상처를 입게 된다는 의미일 수 있다(Raloff 1998).

1182. Fenger 1985:167ff; Cunningham and Saigo 1997:397ff.

1183. EPA 1996b:V-4; Fenger 1985:167. 게다가 수용성이 강한 먼지들은 코 · 입 · 목을 통과하면서 점액에 의해 용해될 수 있지만, 수용성이 약한 먼지들은 폐 깊숙이 더 쉽게 도달할 수 있다(Fenger 1985:166).

1184. EPA 1997b:34.

1185. EPA 1997b:32. 사실 분진의 대다수는 화산 폭발, 삼림 화재, 모래 폭풍, 바람에 날려온 바닷물의 포말 등에서 비롯된다. 포말은 바다 표면에 있는 작은 공기 거품으로 구성되어 있는데, 이 거품이 공기 중에서 터지면서 아주 작은 물방울을 방출하고, 이 물방울이 급속히 건조되면서 염분만 남게 되어 바람에 실려 운반된다(Brimblecombe 1996:59-61, Fenger and Tjell 1994:55).

1186. 이 수치는 대략적인 계산을 거듭하여 내린 거의 정확한 추정치이다. 현재 미국의 분진 오염도는 평균 23.7㎍/m³(PM_{10} EPA 2000e:119)이며, 이 중 56%는 극미세 분진($PM_{2.5}$)이다(EPA 1997d:D-16. 영국의 경우에는 60%, QUARG 1996:82). 즉 약 13.3㎍/m³를 차지하는 것이다. $PM_{2.5}$를 25㎍/m³만큼 감소시키면 사망률이 14.5% 감소할 것으로 추정된다〔또는 그 반대로 17%의 상대적인 증가가 있을 것이다(EPA 1996b:VI-12)〕. 이는 사망률이 주로 최대치가 아니라 평균치의 영향을 받는다는 가정에 따른 것이다). 만약 사망률의 변화가 선형적이고 역치가 존재하지 않는다고 가정한다면 이는 13.3㎍/m³의 $PM_{2.5}$를 제거했을 때 사망률이 상대적으로 7.7% 감소할 것임을 의미한다〔하지만 이런 가정은 아직 확실하지 않으며 따라서 가정이 틀릴 경우에는 추정 결과에 심대한 영향을 미칠 수 있다. EPA는 대기 오염 물질에 의한 건강 피해가 발생하는 하한선이 현재 수준의 대기 오염 농도 근처일 가능성이 있다고 지적한다(EPA 1996b:VI-18)〕. 미국에서 매년 약 230만 명이 사망하는데(USBC 1999a:75) 이 중 약 76%가 도시 지역에 살고 그곳에서 사망하므로(UNPD 1998a:87) 이는 추가 사망자 수가 약 13만 4,596명에 이를 수 있음을

시사한다. $PM_{2.5}$의 오염도가 약간 높은 편이었던 1990년에 만약 실제 오염도가 이보다 2배를 조금 더 넘는 수준에 이르렀다면 18만 4,000명이 사망했을 것이라는 EPA의 연구 결과와 이 수치를 비교해볼 수 있다(EPA 1997d:37, D-45, "절반을 조금 넘는(just over half)" p.23).

1187. USBC 1999a:99.

1188. 1997~1998년 영국의 매연 농도는 9.4㎍/m³였다(Loader et al. 1999:4.3). $PM_{2.5}$로 따지면 이는 약 19.6㎍/m³에 해당한다(QUARG 1996:84). 사망률의 증가가 선형적이고 역치가 존재하지 않는다고 가정할 때 이는 11.35%의 사망률 감소를 의미한다. 영국에서 매년 63만 2,500명이 사망하고, 이 중 89%가 도시 지역에 살고 있으므로(UNPD 1998a:85) 이는 대기 오염으로 인한 추가 사망자 수가 6만 3,892명임을 시사한다. 덴마크의 경우 대기 오염도 추정치는 약 50㎍/m³(TSP), 33㎍/m³(PM_{10}), 18.5㎍/m³($PM_{2.5}$)이며, 상대적인 사망률 감소폭은 10.7%이다. 덴마크에서 매년 6만 명이 사망하고 이 중 약 절반이 도시 지역에 살고 그곳에서 사망하므로 이는 추가 사망자가 약 3,210명임을 시사한다(만약 분진 농도를 현재의 3분의 1 수준으로 낮추면 도시 거주자 중에서 사망자 수가 매년 300~400명 감소할 것이라는 Larsen et al. 1997:11의 평가를 참조할 것).

1189. EC-ET 2000:87; GB의 3,137, DETR 1998c:18.

1190. http://cnn.com/world/asiapcf/9805/29/AP000628.ap.html.

1191. EPA 1996b:V-18.

1192. EPA 1996b:V-19.

1193. 미국의 경우, 대기 오염 측정 장소가 각기 달랐던(80~2,350곳) 자료를 종합해서 재조정한 결과라는 점을 염두에 두어야 한다. 자료 중에는 순수하게 도시에서만 조사된 것도 있고, 도시와 지방이 혼합된 것도 있다. 영국의 자료는 1962~1980년의 전국적인 조사 결과와 1981~1997년에 수행된 도시 네트워크 기본 조사의 결과를 인용하였다.

1194. EPA 1997d:37. EPA는 자체 간행물인 《기준(Criteria)》과 《스태프 기록(Staff Document)》에서 "대기 오염으로 잃게 되는 수명이 얼마나 되는지 정량적으로 분명하게 추정하는 일은 불가능하다"는 사실을 지적하였다(EPA 1996b:V-20). 이런 점에서 이 수치는 네덜란드의 수치보다 약간 낮게 책정됐을 가능성이 크다. 네덜란드의 조사는 $PM_{2.5}$의 농도가 10㎍/m³씩 낮아질 때마다 젊은 네덜란드인이 잃게 되는 수명이 약 1.11년이라는 것을 보여주었다(Larsen et al. 1997:11; EPA 1997d:D-17). 이는 이 자료가 위험도 추정계수(risk evaluation factor), 즉 포프의 7%와 도커리의 14%의 평균치를 바탕으로 하였기 때문이다(포프가 훨씬 더 많은 자료를 바탕으로 하고 있기 때문에 EPA는 도커리의 연구 결과를 인정하지 않았다).

1195. 미국의 경우 매년 13만 5,000명이 14.24년씩을 잃고 있는 셈인데, 이는 도시 거주자 2억 1,400만 명이 자신의 평균 수명 76.7세에서 각자 0.69년씩을 잃게 된다는 의미다. 영국의 경우에는 매년 6만 4,000명이 14.24년씩을 잃게 되는데, 이는 도시 거주자 5,200만 명이 평균 수명 77.1세 중에서 1.35년씩을 잃어버린다는 것을 의미한다. 이런 추정은 대기 오염도가 감소할 경우 사망률 감소가 모든 연령대에서 고르게 나타날 것이라는 가정 하에서 이루어졌다.

1196. 사망률 변화가 선형적이지 않고 역치가 존재하지 않는다는 EPA 1997d:38의 가정과 1998년의 평균 분진 농도보다 실제로 약간 더 높았다는 추정치(EPA 1997d:23)를 바탕으로 한 것이다.

1197. 당연히 상당히 넓은 범위에 걸친 선형적 사망률 변화를 전제로 한 것이다. 하지만 역치가 더 이상 필요치 않게 되는데 그것은 계산된 수치들이 포프가 작성한 자료의 범위에 대부분 포함되기 때문이다. 그러나 1960년대에는 전체적으로 인구가 지금보다 더 적었을 뿐만 아니라 도시 거주자의 비율도 낮았다는 점에 유의해야 한다.

1198. QUARG 1996:75-6; Fenger and Tjell 1994:206 참조.

1199. Davidson 1979:1,040, 1,037.

1200. DETR 1999:27.

1201. EPA 1999e:14; QUARG 1996:50.

1202. OECD 1985a:28, 1987:31, 1999:57.

1203. OECD 1985a:28, 1987:31, 1999:57.

1204. OECD 1985a:28, 1987:31, 1999:57.

1205. NERI 1998A:49; EPA 2000c:3-19-20.

1206. Burtraw et al. 1997; Burtraw and Krupnick 1998, 이 밖에 그리 명쾌하지는 않지만 EPA(1995)의 자료도 산성비를 줄이는 데 필요한 총 비용이 산성비를 줄임으로써 얻을 수 있는 전체적인 혜택보다 상당히 적을 수 있다는 것을 보여준다. 혜택 부분의 수치가 압도적으로 크게 잡힌 것은 건강에 대한 영향이 강조되었기 때문이다. 아황산가스의 농도를 감소시키고자 했던 정책은 바람직했지만(아황산가스 농도를 낮춤으로써 훨씬 위험한 분진 농도도 낮출 수 있었기 때문이다) 오로지 분진 농도를 낮추는 데 총력을 집중했더라면 훨씬 적은 비용으로 분진 농도를 감소시킬 수 있었을 것이라는 점을 강조할 필요가 있다.

1207. QUARG 1996:75.

1208. NERI 1998A:59. 지역 난방 시스템은 수증기와 뜨거운 물을 여러 건물에 제공한다. http://www.energy.rochester.edu/dh 참조.

1209. HLU 1997:120.

1210. QUARG 1993:1.

1211. 만약 디젤 자동차의 비율이 2005년에 50%가 되더라도(조금은 비현실적인 가정이다), 오염 물질 배출 수준은 1993년보다 아주 조금밖에 낮아지지 않을 것이다(QUARG 1993:1).

1212. Powell 1997에서 언급한 문헌을 참조할 것.

1213. Auliciems and Burton 1973:1,069.

1214. Powell 1997:15.

1215. Botkin and Keller 1998:286. plumbing(수도관이나 가스관의 부설 혹은 수리를 뜻하는 단어 – 옮긴이)이라는 영어 단어는 납을 의미하는 라틴어 plumbum에서 유래했다.

1216. Eisinger 1996.

1217. Craig et al. 1996:274. 옥탄가를 높이는 것은 너무 일찍 시동이 걸리는 것, 즉 엔진의 노킹을 피하기 위해서이다(Fenger 1985:116). 실질적으로 휘발유에 첨가되는 것은 납이 아니라 유기성 납 화합물(테트라에틸 납이나 테트라메틸 납)이다.

1218. Chiras 1998:348.

1219. EPA 1997d:G-1.

1220. Chiras 1998:348; EPA 1997d:G-8.

1221. Miller 1998:585.

1222. Tong et al. 1998; EPAQS 1998:23; Chiras 1998:348.

1223. EPA 1997d:G-9.

1224. Gemmel 1995.

1225. WRI 1998a:60. 납을 배출하는 다른 요인에는 오염된 음식과 물(수도관, 저수탱크 등의 제조에 납을 사용했거나 납땜을 한 곳에서 유출된다)이 있다(EPAQS 1998:9; Chiras 1998:349).

1226. Chiras 1998:349; Kitman 2000.

1227. DETR 1998a:2.53.

1228. DETR 1998a:표 2.17.

1229. EPA는 0.04㎍/m³를 "기계로 감지할 수 있는 최저 수준에 근접하는 농도"라고 밝히고 있다(EPA 1997b:14).

1230. WRI 1998a:60. 1976~1992년에 1~5세 어린이들을 대상으로 실시한 연구(Miller 1998:586). 소득과 인종에 따른 납 농도의 차이를 보려면 CEQ 1996:112ff를 참

조할 것.

1231. EPA(2000e:118)가 납 농도를 ppm 단위로 표시한 것은 실수였다고 생각한다. NAAQS, EPA 2000e:18, EPA 1997b:88을 비롯해 유사한 다른 자료들은 모두 ㎍/m³ 단위를 사용했다.

1232. EPA 1997d:37.

1233. EPA 1997d:37.

1234. 평균 수명이 77세인 전체 인구 2억 5,000만 명이 2만 2,000명으로부터 각각 38년씩의 남은 수명을 얻게 될 때 계산된 수치이다.

1235. EPA 1997d:38. IQ가 3포인트 상승한다. 미국의 10세 이하 어린이의 수는 약 3,600만 명이다(Keyfiz and Flieger 1990:349). EPA는 매년 어린이들이 약 1,040만 IQ 포인트를 잃는다고 추정한다. 따라서 유년기 10년 동안 약 2.9 IQ 포인트가 되는 셈이다.

1236. 응결핵은 대개 석탄 사용에서 미처 연소되지 못한 미세 입자나 자동차 엔진에서 방출되는 미연소 연료와 열분해된 연료이다(Fenger 1985:59; QUARG 1996:7).

1237. 대리석의 탄산칼슘염이 석고로 변환되는데, 이것이 빗물에 씻겨나가거나 조각조각 떨어져나간다(Fenger 1985:1977-8, 180-1).

1238. NAPAP의 포괄적인 조사는 부식 문제가 '부수적인'이라는 것을 보여주었다(NAPAP 회장의 발언. Kulp 1995:531). 미국에서 발생하는 총 손실액은 1억 달러 이하이며, 대리석 조각과 기타 석조 건물과 관련된 손실액은 총 복구 비용의 10% 이하이다(NAPAP 1990:질문 1, 3-1). 영국에서는 연간 8억 파운드의 비용이 발생한다는 연구 결과(IGCB 1999:표 5.2)와 유럽 전체의 손실액이 100억~135억 유로라는 연구 결과(EEA 1995:33, 1999:152)도 참조할 것.

1239. 주로 분진과 아황산가스가 만들어내는 안개와 회색 스모그는 습기가 많은 날씨에는 팽창하면서 대기층을 통과하는 태양 빛을 차단한다(Chiras 1998:362; Fenger and Tjell 1994:205, 1985:61). 아황산가스는 일조량 감소 원인의 15~60%를 차지하고, 일반적으로 질소산화물보다 상당히 큰 영향을 미치는 것으로 추정된다(NAPAP 1990:질문 1, 4-16).

1240. Burtraw et al. 1997:14는 1990년에 아황산가스의 양을 상당히 감소시킨 덕분에 1990년의 달러 가치로 1인당 약 9달러, 오늘날의 가치로는 약 11.5달러의 이득이 생겼음을 발견했다.

1241. 1990년의 달러 가치로 4억 달러(NAPAP 1990:질문 1, 2-17; Kulp 1995:533).

1242. Fenger and Tjell 1994:183.

1243. CLTAP 1979; EEA 1995:544-5.

1244. Fenger and Tjell 1994:32.

1245. Burtraw et al. 1997; Botkin and Keller 1998:487-8. 아황산가스의 총 배출량은 거의 40% 감소했다(EPA 1995:1-1).

1246. 그 동안 미국 대기 오염도 관측소의 수가 변화했음을 염두에 둘 것. 1962~1969년 21개, 1974~1976년 188개, 1977~1986년 278개, 1987~1996년 479개.

1247. EPAQS 1995b:도표 1 참조.

1248. EPA 1995:표 S-2. 이 연구는 아황산가스 배출이 조금 증가했던 상황과 비교된다. 따라서 실제로 목숨을 건진 사람의 수는 약간 더 많은 편이라고 생각해야 할 것이다. 한편 이 연구에서는 미국 동부의 32개 주만이 모델에 포함되었다.

1249. 아황산가스가 단독으로 건강에 유해한 영향을 얼마나 미치는지에 대해서는 아직도 논란이 진행되고 있다. 하지만 현재까지는 분진이 건강에 가장 커다란 영향을 미치는 것으로 알려져 있다.

1250. Chiras 1998:362; HLU 1997:123.

1251. Fenger and Tjell 1994:49.

1252. EPA 1997b:21; Chiras 1998:362; Botkin and Keller 1998:476-7.

1253. EPA 1996b:V-49-51. "오존 농도의 증가가 건강에 단기적인 영향을 미치기는 하지만, 인구 대부분에 대해 오존이 만성적 질병을 유발하거나 때 이른 죽음 등을 야기한다는 증거는 거의 없다." (Burtraw and Toman 1997:3).

1254. EPAQS 1994b:15.

1255. Fenger and Tjell 1994:167-8; Burtraw and Toman 1997:3.

1256. Fenger and Tjell 1994:184.

1257. 런던의 그래프는 도시 오염도 측정의 기준관측소인 런던 도심의 자료(1976~1990)와 런던 브리지 관측소의 자료(1990~1998)를 합친 것이다.

1258. PORG 1997:ii. "오존 최고치는 인간의 건강 및 식물과 관련이 있다."

1259. PORG 1997:53. 그러나 시골 지역의 '평균치'는 약간의 증가세를 보여주는 것 같다(p.52).

1260. 런던의 그래프는 도시 오염도 측정의 기준관측소인 런던 도심의 자료(1976~1990)와 런던 브리지 관측소의 자료(1990~1998)를 합친 것이다.

1261. EEA 1999:149.

1262. EPA 1997b:17; Fenger and Tjell 1994:212, 1985:174.

1263. EPA 1996b:V-53; Burtraw et al. 1997:11. EPAQS(1996:22)는 이 문제가 아직 '해결되지 않고 있다'는 결론을 내렸다.

1264. NERI 1998A:48, 109-13 ; EPA 1997b:17.

1265. Fenger and Tjell 1994:183.

1266. DETR 1999:27.

1267. HLU 1997:121.

1268. OECD 1999:58-9.

1269. 런던의 그래프는 도시 오염도 측정의 기준관측소인 런던 도심의 자료(1976~1990)와 런던 브리지 관측소의 자료(1990~1998)를 합친 것이다.

1270. EPA 1996b:V-51-2.

1271. HLU 1997:122.

1272. EPAQS 1994a:11. "휴식을 취하는 동안 25~52ppm(29~57_g/m³)의 일산화탄소 농도에 노출된 비흡연자는 몇 시간이 지나면 일산화탄소혈색소(일산화탄소와 헤모글로빈의 화합물로서 체내에서 질식제의 역할을 한다 - 옮긴이) 농도가 2~3% 증가할 것으로 예상할 수 있다. ……흡연자의 일산화탄소혈색소 수준은 담배를 몇 개비나 피웠는가에 따라 4%에서 무려 15%까지 나타날 수 있다."

1273. HLU 1997:122. 도시의 일산화탄소 중 무려 95%가 자동차에서 나온 것이다(EPA 1997b:9).

1274. HLU 1997:122.

1275. Fenger and Tjell 1994:212.

1276. OECD의 한 연구는 1970년 이후 납 농도가 거의 100%, 분진이 60%, 아황산가스가 38% 감소했음을 보여주었다. 유일하게 농도가 증가한 항목은 질소산화물로, 독일 · 이탈리아 · 네덜란드 · 영국 · 미국 등을 묶어서 생각할 때 증가율은 약 12%이다(World Bank 1992:40).

1277. UNEP와 WHO 1992:16, 21, 32.

1278. WRI 1996a:3.

1279. Dasgupta et al. 1997:3.

1280. 다음의 주장은 World Bank 1992:38-41과 Shafik 1994에 바탕을 둔 것이다. 샤픽은 세계은행을 위해 예비 보고서를 썼다. 나중에 발표된 여러 연구들이 샤픽의 접근방법을 논의하며 의문을 던졌지만, 아황산가스나 분진 같은 국지적 오염 문제와 관련해서는 U자를 뒤집어놓은 것 같은 모양이 재확인되었다(Grossman and Kruger 1995 ; Torras and Boyce 1998 ; List and Gallet 1999).

1281. 변화가 일어나는 것은 국민소득이 3,280달러에 이르는 수준, 즉 현재 개도국의 평균치보다 약 36% 높은 수준이다(Shafik 1994:765. 도표 32 참조).

1282. EPA 1998c:9.

1283. EPA 1998c:9. 미국의 경우 1987년에는 적어도 한 가지 오염 물질이 국가 대기 환경기준(National Ambient Air Quality Standard)을 넘어서는 지역에 사는 사람이 1억 200만 명이었는데, 1996년에는 그 수가 4,700만 명에 불과했다(CEQ 1997:292).

1284. World Bank 1992:25.

1285. World Bank 1992:25.

1286. Park 1987.

1287. Claudi 1988:249.

1288. WCED 1987:2.

1289. "Forest die-back," Christensen 2000:3; "killing forests," Burne 1999:142.

1290. Albert 1989:4. 1980년대에 이와 비슷한 책이 많이 출판되었다. 노르웨이에서 나온 책의 제목은 《만약 나무들이 울 수 있다면(If Trees Could Cry)》(Roll-Hansen 1994)이었다.

1291. Fenger 1985:67; Kulp 1995:523-4.

1292. EU 1983:23.

1293. EU 1983:23; Abrahamsen et al. 1994a:298.

1294. Abrahamsen et al. 1994a:298.

1295. NAPAP 1990:2-43.

1296. 알루미늄의 파괴 속성에 대한 울리히(Ulich)의 가설은 특히 이런 실험에 초점을 맞춘 것이었다(Abrahamsen et al. 1994a:321).

1297. Kulp 1995:528-9에서 재인용.

1298. NAPAP 1990:Q1, 1-30, 1-65ff.

1299. NAPAP 1990:Q1, 1-1.

1300. EEA 1998b:75.

1301. NAPAP 1990:Q3, 5-1.

1302. NAPAP 1990:Q3, 5-1.

1303. UNECE/EU 1996.

1304. FAO 1997c:21.

1305. Kauppi et al. 1992:71.

1306. Gundersen et al. 1998.

1307. EEA 1999:143.

1308. NAPAP 1990:Q1, 2-15.

1309. van Dobben 1995:295.

1310. van Dobben 1995:295.

1311. Gundersen et al. 1998, Abrahamsen et al. 1994a:320.

1312. 75% 이하에서 그런 현상이 나타난다(UNECE/EU 1997:22).

1313. 예를 들어, Gundersen et al. 1998 ; UNECE/EU 1997:104-5.

1314. UNECE/EU 1997:105 ; Abrahamsen et al. 1994a:323.

1315. EEA 1998b:74.

1316. EEA 1998b:74.

1317. Abrahamsen et al. 1994a:322에서 재인용.

1318. Abrahamsen et al. 1994a:322에서 재인용.

1319. Rosner and Markowitz 1999.

1320. *Politiken*, 1993년 6월 28일자, 섹션 3, p.3.

1321. WRI 1998a:65.

1322. WRI 1998a:66 ; Cunningham and Saigo 1997:391 ; WHO 2000a:73.

1323. 이런 측정은 지금도 상당히 산발적으로만 이루어진다. 따라서 이런 수치를 고려할 때는 어느 정도 유보적인 입장을 취해야 한다. WRI 1998a:66 ; World Bank 1992:52 ; UNEP 1993:103 ; WHO 2000a:80-1 등을 참조할 것.

1324. WHO는 분진의 평균 실내 오염도를 1,300~1만 8,400㎍/m³로 측정했다(UNEP 1993:103). 이에 비해 베이징의 분진 농도 평균치는 250~410㎍/m³이고 멕시코시티는 100~500㎍/m³였다(UNEP 1993:26).

1325. WRI 1998a:66.

1326. World Bank 1992:52.

1327. WRI 1998a:67.

1328. WRI 1998a:67.

1329. WRI 1998a:119.

1330. 전세계의 연간 총 사망자 수는 약 5,000만 명으로 추정된다(WRI 1998a:10).

1331. WRI 1998a:66.

1332. WRI 1998a:67.

1333. Ott and Roberts 1998 ; WHO 2000a:81.

1334. EPA 1994a. "식물이 실내 공기 오염을 조절할 수 있는가?(Can plants control indoor air pollution?)"

1335. Miller 1998:475.

1336. 라돈이 붕괴될 때 만들어지는 폴로늄 218이 발암물질로 추정된다(Botkin and Keller 1998:502-3).

1337. 나머지 방사능 중 16%는 우주와 지구로부터, 11%는 우리 몸에서, 14%는 의료용 X-레이 등에서, 3%는 일상적인 소비재에서, 나머지 1%는 '기타 원인'으로 발생한다(Miller 1998:267).

1338. 1993년의 추정치(BEIR 1998). 이 수치는 보통보다 훨씬 많은 라돈에 노출된 광부(남성 6만 8,000명)를 대상으로 한 대규모 암 발생 추적 연구를 바탕으로 추정한 것이며, 역치나 선형적인 피해 발생 상황을 가정하지 않은 결과이다. 대부분의 광부들이 라돈뿐만 아니라 분진에도 노출되기 때문에 이 결과를 이용해서 모든 사람들에게 미치는 피해를 추정하는 것에는 상당한 문제가 따른다. 또한 광부들은 거의 모두 담배를 피웠으며 남성이었다.

1339. EEA 1995:303. 덴마크에서는 폐암 관련 사망자 5,000명 중 약 300명이 라돈 노출과 관련된 사망자였다(Andersen et al., 1997:2; Storm et al. 1996:91).

1340. 베크렐(Bequerel)은 방사능의 양을 측정하는 단위이다. 국제 통일 단위로서 프랑스의 과학자 A. H. 베크렐의 이름을 따서 만들었다. 1베크렐은 1초당 하나의 핵이 변환 또는 붕괴되는 양을 말한다(efunda 2001).

1341. NAS 1998.

1342. Andersen et al. 1997은 다양한 방법과 효율성을 자세히 살펴보았다.

1343. WHO 2000a:74.

1344. EPA 1994b.

1345. Tobaksskadesrådet 1993.

1346. EPA 1999c.

1347. EPA 1999a.

1348. Miller 1998:476. 덴마크에서는 1980년부터 석면 사용이 금지되었다(Riiskjær 1988:146).

1349. http://www.lungusa.org/air/envasbestos.html.

1350. Miller 1998:476.

1351. Miller 1998:480. 불행히도 참고 자료가 밝혀져 있지 않다.

1352. CDC 1999d:994; CDC 1997a:8; 1996:section 8 참조.

1353. 예를 들어, WWF는 다른 무엇보다도 환경 파괴를 천식과 연결시키고 있다. "환경의 질 - 훼손 도시의 공기 질과 천식, 식품 위생과 BSE, 식수의 질, 지방의 쇠퇴, 정원의 새들이 사라진 것, 새로운 도로 등을 만들기 위해 자연보호 지역을 파괴하는 행위

등이 그렇다." http://www.wwf-uk.org/news/news15.htm.

1354. McLoughlin and Nall 1994. 여기에 대한 해석을 보려면 Discover 1998을 참조할 것.

1355. 과민성 쇼크는 벌이나 말벌, 음식, 약품 등에 대한 알레르기 반응의 결과로 생길 수 있다.

1356. UCB 1999; Watson 1997.

1357. Meggs and Dunn 1996은 미국에서 스스로를 알레르기 환자로 여기는 사람이 약 35%이며, 이들 중 3분의 2가 한 달에 한 번 이상 증세를 보인다고 보고했다. 알레르기 관련 질병으로 고생하는 미국인은 5,000만 명으로 추정된다(AAAAI 2000:i). 미국의 전체 인구는 2억 7,000만 명이다(USBC 1999:8).

1358. AAAAI 2000:i.

1359. NCHS(1998:78)는 만성적인 천식 환자가 5.68%, 즉 1995년의 인구 2억 6,300만 중에서 1,490만 명이라고 보고했다(USBC 1999a:8).

1360. UCB 1999.

1361. Taylor 1998. 그러나 천식이 심한 사람은 만성적으로 기도가 좁아지는 증세에 시달린다. 이런 증세는 염증을 가라앉히는 약을 대량으로 사용해도 부분적으로만 치료될 뿐이다.

1362. Javis and Burney 1998.

1363. UCB 1999. http://theucbinstituteofallegy.ucb.be/WhitePaper/Page Epidemiology.htm.

1364. "증세만으로 천식을 규정하는 것이 많은 역학적 연구의 바탕이 되었다. 그러나 기도를 통과하는 공기의 양을 측정하는 방법이 다르고, 그 변이에 대한 객관적인 측정법이 없는 상태에서 그런 식의 천식 규정은 문제점을 내포하고 있다." (NHLBI and WHO 1995:17)

1365. UCB 1999; Bindslev-Jensen 1998. 어린이의 경우는 이와 대조적이어서 5~7%는 음식 알레르기를 갖고 있다.

1366. Magnus and Jaakkola 1997.

1367. Javis and Burney 1998:607; Høst 1997.

1368. Bates 1995.

1369. Beasley et al. 1998; Javis and Burney 1998:607.

1370. NHLBI와 WHO 1995:27; Javis and Burney 1998:607.

1371. Javis and Burney 1998:607; Kembell et al. 1997.

1372. 미국의 경우 천식의 예방과 치료에 사용되는 비용은 1990년의 달러 가치로 62억 달러(1999년의 달러 가치로는 79억 달러. Weiss et al. 1992; NIAID 2000을 참조할 것), 혹은 1994년의 달러 가치로 58억 달러(1999년의 달러 가치로는 65억 달러. Smith et al. 1997:789)이다. EU의 자료는 UCB 1997; Watson 1997 등에서 찾아볼 수 있다. 참고로 스웨덴의 천식 관련 비용은 약 30억 스웨덴 마르크이다(약 5억 유로. Jacobson et al. 2000).

1373. Sears 1997a. 비용에 대한 더 많은 추정치를 보려면 블레이스(Blaiss 1997)를 참조할 것.

1374. 이런 견해에 대해 NHLBI and WHO 1995:37-50; Javis and Burney 1998; WRI 1998:31-2의 의견을 따랐다. .

1375. Holgate 1997. Sears 1997b는 5,864명의 쌍둥이를 대상으로 한 노르웨이의 연구에서 천식 성향의 약 75%가 유전자에 의해 결정된다는 것을 보여주었다.

1376. Sears 1997b. 남자아이가 여자아이보다 자주 천식에 걸리는 것은 어렸을 때 남자아이의 기도가 더 좁기 때문일 수 있다(NHLBI and WHO 1995:29).

1377. 이것은 집단 실험을 기반으로 한 결론이다(Sears 1997). 다른 시각에서 보면 이것은 천식 발생률이 증가한다는 증거라고 볼 수도 있다(현재의 성인이 더 일찍 태어났으므로 천식에 걸릴 가능성이 높았기 때문이다. Javis and Burney 1998:609).

1378. Newman-Taylor 1995; Yemaneberhan and Bekele 1997.

1379. Becklake and Ernst 1997.

1380. Newman-Taylor 1995; Yemaneberhan and Bekele 1997; Sears 1997b; WRI 1998a:30.

1381. Al-Khalaf 1998. 필자불명 1994c의 잘못된 논리 참조.

1382. COMEAP 1995:1.19. 1998년 영국에서 12~14세의 어린이 2만 7,000명 이상을 대상으로 실시한 대규모 연구의 결과도 이런 결론을 뒷받침하고 있다. 이 연구에서 과학자들은 시골의 10대와 도시의 10대 사이에서 천식 발생률의 차이를 거의 발견하지 못했다. 결론적으로 그들은 이 연구가 "영국에서 지리적으로 크게 달라질 수 있는 요인, 즉 기후, 음식, 야외 환경 등이 천식의 발병을 결정하는 데 중요한 요인이 될 수 없다는 것을 시사한다"고 말했다(Kaur 1998:123).

1383. Sears 1997a.

1384. WRI 1998a:30; Newman-Taylor 1995.

1385. Sears 1997b.

1386. Platts-Mills and Carter 1997.

1387. Newman-Taylor 1995.

1388. Newman-Taylor 1995; Rosenstreich et al. 1997; Celedon 1999; Plaschke et al. 1999a, 1999b.

1389. Woodcock and Custovic 1998:1,075.

1390. Woodcock and Custovic 1998:1,075.

1391. Woodcock and Custovic 1998:1,075.

1392. Platts-Mills and Woodfolk 1997; WRI 1998a:31에서 재인용.

1393. Woodcock and Custovic 1998; http://www.alaw.org/liscapih.html.

1394. Martinez and Holt 1999; Carpenter 1999.

1395. Javis and Burney 1998.

1396. Matricardi et al. 2000.

1397. Clark 1998; Anon. 1997e.

1398. Carpenter 1999.

1399. Illi et al. 2001.

1400. Becklake and Ernst 1997.

1401. WRI 1998a:31.

1402. Shaheen et al. 1999. "과체중이 천식으로 이어질 수 있다." *Tufts University Health and Nutrition Letter*, June 1998, 16(4):2.

1403. WRI 1998a:31.

1404. 정확히는 각각 70.8%, 0.4%, 0.24%이며, 강의 최소 평균 수심을 1미터라고 가정하면 강이 차지하는 부피는 0.0004%가 된다(Shiklomanov 1993:12).

1405. 세계 인구의 약 60%가 바다에서 100킬로미터 이내에 살고 있다(UNEP 1997; http://www-cger.nies.go.jp/geo1/exsum/ex3.htm). 바다와 호수가 가지는 부피의 관계는 당연히 훨씬 더 크다. 호수는 바다 부피의 0.013%이다(Shiklomanov 1993:12). 오염 물질의 혼합이라는 문제와 관련해 부피는 중요한 문제가 된다.

1406. Time 1997:36에서 재인용; Jickells et al. 1990:313; Porritt 1991:143.

1407. 1.338e9㎦(Shiklomanov 1993:12; Jickells et al. 1990:313 참조).

1408. GESAMP 1990:1. 영국의 1998년 해양 수질 평가 참조. "넓은 관점에서, 굴의 배아를 관찰한 결과와 다른 여러 생물학적 독성 실험 결과에서 드러난 것처럼 연근해 해양 수질과 해저 퇴적물의 질은 아직은 전반적으로 좋은 편이다." (MPM 1998:24).

1409. 유출되는 원유의 약 2.5%는 시추선에서 기인한다. 하지만 이런 수치는 상당히 불확실하다(NRC 1985:82). 바다에서 1년에 약 200만 톤씩 유출되는 기름 외에도 도시

와 산업 폐기물, 빗물 등에서도 연간 120만 톤이 유출되고 있다.

1410. 이런 기술을 LOT(Load on Top, 꼭대기 싣기), COW(Crude Oil Washing, 원유 세척)라 한다(NRC 1985). MARPOL(2000)도 참조. LOT: "이 방법은 정상적인 탱크 세척 과정에서 생긴 기름 혼합물을 특수한 혼합 탱크로 보내는 것에서 시작한다. 유조선이 적재 터미널로 돌아오는 항해 중에 혼합물이 스스로 분리된다. 기름은 물보다 가볍기 때문에 수면으로 떠오르고 물은 바닥에 남는 것이다. 그러면 아래의 물을 바다로 빼내고 탱크 안에는 원유만 남는다. 적재 터미널에서는 새 원유를 그 위에 주입한다." COW: "물로 세척하는 것이 아니라 원유를 사용해서 탱크를 씻어내는 것. 탱크의 벽에 달라붙어 있는 침전물에 원유를 분사하면, 침전물이 분해되어 다시 원래의 원유 형태로 변화한다. 그러면 이 원유를 함께 밖으로 빼낼 수 있다. 이 방법을 이용하면 기름 찌꺼기가 사실상 전혀 남지 않으므로 별도의 혼합 탱크를 사용할 필요가 없다." http://www.imo.org/imo/news/197/tankers.htm.

1411. Goudie 1993:232-3.

1412. 통계 자료에는 7톤 이하의 원유 유출은 포함되어 있지 않다. 하지만 이 점은 사실상 별로 의미가 없다. 원유 유출 사고의 83%(8,688건)가 7톤 이하의 유출이라는 것을 보여주는 현재의 통계로도 이런 사고에서 유출되는 원유량은 최대 6만 800톤, 즉 전체 유출 사고의 1.1%밖에 되지 않기 때문이다. 또한 7~700톤 규모의 유출 사고 비율도 최대 14%에 지나지 않는다(어쩌면 이보다 약간 더 적을 가능성이 크다). 여기에서 대형 원유 유출 사고에 초점을 맞추는 것도 이런 이유 때문이다.

1413. 규모가 가장 큰 세 건의 사고를 제외한다면 원유 유출은 28만 9,000톤에서 8만 8,000톤으로 크게 감소한다.

1414. CEQ 1996:250. 덴마크의 경우에는 상황이 약간 더 불분명하다. 원유 유출 사고 등록을 시작한 초기(1988~1991년)에는 보고되는 사건의 수가 증가했는데, 덴마크의 국립환경연구소는 이런 현상을 유출 사고에 대한 사람들의 의식이 증가했기 때문이라고 보고 있다(NERI 1998a:118). 이런 점을 제외한다면 기름 오염 때문에 죽는 새의 수는 점차 줄고 있음을 알 수 있다. 따라서 기름 오염이 덜 심각한 문제가 되고 있다고 말할 수 있다(NERI 1998a:119).

1415. Holden 1990.

1416. DOT(1999)도 1982~1998년의 원유 유출 사고 자료(표 4-47)를 제시하고 있으나, 1994년의 자료는 미국 해안경비대의 수치와 거의 10 대 1의 비율로 어긋난다.

1417. "Oil in the ocean: the short-and long-term impacts of a spill," 90-356 SPR, CRS에서. 여기서는 Holden 1990에서 재인용.

1418. 그 영향은 "비교적 크지 않았다." CRS. 여기서는 Holden 1990에서 재인용.

1419. 프랑스의 포스 만에서는 석유 폐기물로 인한 심각한 오염에도 불구하고 "연안 이외 해역의 퇴적물은 거의 오염되지 않았으며, ……석유 유출이 끝나고 2년이 지나자 정유소에서 배출된 폐기물의 영향은 거의 찾아보기 어려웠다."

1420. MPM 1998:25.

1421. Holden 1990.

1422. Abdulaziz and Krupp 1997. 810개의 유정에서 유출된 약 2,200만 배럴의 원유로 인한 내륙 오염도 있었음을 참조할 것(Dobson et al. 1997).

1423. Greenpeace 1992:9와 8.

1424. Greenpeace 1992:8.

1425. Jones et al. 1998a:472.

1426. Thomas 1991:49.

1427. Jones et al. 1998a:472; Abdulaziz and Krupp 1997.

1428. Abdulaziz and Krupp 1997. "조간대 및 그 주변 지역의 해저 생물 서식지에 대한 피해는 매우 제한적이었다."

1429. Abdulaziz and Krupp 1997. "조간대 아랫부분과 연안 지역 주변부에서도 대부분 회복되었다."

1430. Abdulaziz and Krupp 1997.

1431. PAH의 농도로 측정한 것(Readman et al. 1992:662, 664). *Science News* 29 August 1992, 142(9):143도 참조.

1432. Readman et al. 1996.

1433. Jones et al. 1998a:487.

1434. http://www.oilspill.state.ak.us/history/history.htm, ITOPF 2000.

1435. Anon. 1998a.

1436. 조사자의 62%가 '엑손 발데즈' 라는 이름을 기억했고, 66%는 해변과 바닷물이 "대부분 청소되었다"고 생각하지 않았다(Gillespie 1999).

1437. EVOSTC 2000a; Romano 1999.

1438. 이 원유 유출 사건은 여러 가지 의미에서 프린스 윌리엄 해협을 가장 연구가 많이 된 지역 중 하나로 만들었다(Kaiser 1999).

1439. "환경 복원, 환경 복구, 그리고 천연 자원의 대체" 등을 통해 우리가 이해하게 된 것이 무엇인지는 아직도 불분명하다. 대부분의 돈이 과학적 조사, 관광 프로젝트, 삼림 구입 등에 쓰였기 때문이다(Hedges 1993).

1440. Holloway 1996:84. "위원회 의원들은 …… 장기적인 부정적 영향이 나타날 것이라는 확신을 갖고, 그런 영향이 나타나기를 기다리며 지금도 지켜보고 있다."

1441. EVOSTC 2000a.

1442. EVOSTC 2000a.

1443. AWEA(2000)는 매년 9,750만 마리, 매일 약 26만 7,000마리의 새가 목숨을 잃는다고 추정한다. 포유류 학회는 매년 5,500만 마리, 즉 이틀에 30만 마리의 새가 목숨을 잃는다고 추정한다(Mammal Society 2001a&b). 참고로, 덴마크에서는 매년 약 100만 마리의 새가 차량에 의해 목숨을 잃는다(Andersen 1998).

1444. EVOSTC 2000b:29.

1445. EVOSTC 2000b:29.

1446. EVOSTC 1997, 2000b:28.

1447. EVOSTC 2000b:28.

1448. Grisanzio 1993:33.

1449. EVOSTC 1997: Recovery Status.

1450. Holloway 1996:84.

1451. http://response.restoration.noaa.gov/bat2/recovery.html.

1452. Wiens 1996는 비록 엑손 사의 지원은 받았지만, 자신은 독립적으로 연구를 실시했으며 연구 결과의 해석 역시 독립적이었다는 말을 덧붙이고 있다.

1453. Holloway 1996:84.

1454. Knickerbocker 1999.

1455. Raloff 1993; Holloway 1996:85-6.

1456. Hoke 1991:24; Raloff 1993.

1457. Holloway 1996:85.

1458. Holloway 1996:88.

1459. Anon. 1993a.

1460. Walker 1998.

1461. EPA 1998a:2.

1462. EPA 1997c:2.

1463. EPA 1997a; NRDC 1999.

1464. 유럽연합의 평균은 관련 국가 10~12개국의 평균치에 불과하다(프랑스는 1999년에 보고를 하지 않아 EU 2000b에 포함되지 않았으며, 스웨덴과 핀란드는 1995년 이후에야 참가했고, 오스트리아와 룩셈부르크에는 바다와 면한 지역이 없다). 단순한 평

균치를 선택한 것은 조사 지점의 해변 길이가 각기 다르기 때문이었다. 영국의 2000년 자료를 보려면 http://www.environment-agency.gov.uk/senviro/viewpoints/3compliance/5bathing/3-5a.txtand 3-5.txt를 참조할 것.

1465. NRDC 1999.

1466. CEQ 1996:255.

1467. NRDC 1999.

1468. NRDC 1997. 그러나 이 구절은 불분명한 이유로 1999년부터 덜 명확한 표현으로 바뀌었다. "주에 따라서, 그리고 시기에 따라서 해변을 조사하는 방법이 다르고 또 해변 폐쇄의 관행이 일정하지 않기 때문에 각 주의 경우를 일괄해서 비교하거나 해변 폐쇄 자료에 의존해서 오랜 기간에 걸친 경향을 평가하기는 쉽지 않다" (NRDC 1999).

1469. MPM 2000:5. 그 반면에 MPM(1998)은 공간적인 변화 경향을 설명하고 있다.

1470. 1983년에서 1996년까지 PCB는 72% 감소했고, DDT는 50% 감소했다(DETR 1998a:표 4.18).

1471. NOAA 1998; CEQ 1996:252 참조. 현재 구할 수 있는 전국적인 자료 중 이 두 가지가 가장 뛰어나다(Turgeon and Robertson 1995).

1472. NOAA 1998.

1473. NOAA 1998.

1474. Vitousek et al. 1997:11; Smil 1997; Socolow 1999:6,004; Beardsley 1997.

1475. NERI 1998A:109; EEA 1998b:210.

1476. EEA 1998b:210 참조. "해양 환경에서 당면한 가장 큰 걱정거리 중 하나."

1477. GESAMP 1990:2.

1478. Vitousek et al. 1997:13.

1479. UNEP 2000:29. "질소 순환 사이클 파괴의 규모가 탄소 순환 사이클 파괴로 인해 야기되는 범지구적인 규모의 영향력에 비유될 수 있을 만큼 클지도 모른다는 생각이 연구자들 사이에서 점점 공감대를 넓혀가고 있다." http://www.grida.no/geo2000/english/0036.htm.

1480. 1920~1961년의 자료는 생산에 대한 것이며, 성장은 양끝을 제외하고는 7년 이동 평균값으로 표기되어 있다.

1481. Smil 1990:424.

1482. Frink et al. 1999:1,175.

1483. Frink et al. 1999:1,175.

1484. Smil 1997.

1485. Frink et al. 1999:1,180.

1486. 각각 80Tg, 40Tg, 20Tg에 해당한다. Vitousek et al. 1997:5-6.

1487. Vitousek et al. 1997.

1488. Smil 1997에서 재인용.

1489. Smil 1990:423; Frink et al. 1999:1,175.

1490. 단백질의 총량은 곡물의 총량보다 적다. 인간이 섭취하는 단백질의 25%가 방목에서 생산되는 육류와 낙농 제품, 생선 등에서 나오기 때문이다(Smil 1998).

1491. Goklany 1998. FAO(2000a)는 1961년부터 1998년까지 경작 가능한 땅과 계속 농사를 짓고 있는 농경지 면적이 13억 4,600만 헥타르에서 15억 1,200만 헥타르로 늘었음을 보여주었다.

1492. 1700년의 농경지가 2억 6,500만 헥타르였던 데 비해(Richards 1990:164) 1961년의 농경지는 13억 4,600만 헥타르였다(FAO 2000a).

1493. 곡식에 들어 있는 질소의 40%가 합성 비료에서 비롯되며(Smil 1997) 1960년에는 질소 비료를 오늘날 수준의 8분의 1밖에 사용하지 않았으므로 1960년의 비료 사용 수준으로는 현재의 면적으로 65%밖에 생산할 수 없을 것이다[100%-(40%×7/8)]. 따라서 지금처럼 단백질을 생산하기 위해서는 약 53%의 땅이 더 필요해진다. 참고로, Frink et al. 1999:1,179에 제시된 계산은 대기 중에서 침전되는 질소에만 의존하면 생산량이 47% 감소한다고 지적한다(위의 계산과 맥을 같이한다). 그러나 그렇게 되기 위해서는 윤작을 해야 한다는 점을 감안할 때 토지의 실질 생산성은 약 80%나 감소한다. 따라서 지금보다 약 4배 더 많은 땅이 필요한 셈이다.

1494. 전체 34억 5,400만 헥타르의 삼림(FAO 1997c:10) 중에서 15억 1,200만 헥타르로 약 50%에 이른다(FAO 2000a).

1495. Frink et al. 1999:1,179.

1496. HWG 1998, http://www.nos.noaa.gov/products/pubs_hypox.html.

1497. Rabalais et al. 1999:117ff.

1498. Rabalais et al. 1999:1.

1499. Rabalais et al. 1999:1, 117ff.

1500. Rabalais et al. 1999:xv, 93ff.

1501. Rabalais et al. 1999:xiv.

1502. 1988년에는 겨우 40평방킬로미터 정도가 영향을 받았다. 그러나 최근 몇 년 동안에는 1만 5,000~1만 8,000평방킬로미터로 그 면적이 확대되었다(Rabalais et al. 1999:7).

1503. "퇴적물에 대한 지구 화학적 분석은 20세기 초에 이미 루이지애나 주 대륙붕에 어느 정도 산소 결핍 현상이 있었을 가능성이 크며, 대략 1940년대와 1950년대 무렵부터 산소 결핍 현상이 놀라울 정도로 증가했음을 보여준다"(HWG 1999:19. Rabalais et al. 1999:103 참조).

1504. Rabalais et al. 1999:106ff. 덴마크에서도 같은 상황이 관찰되고 있다. 산소 고갈은 덴마크 해역에서 항상 반복적으로 재발하는 문제였다. 이로 인한 가장 큰 재앙은 이미 900년 전에 일어났던 것으로 보인다. 이때 푸넨 섬 근해의 해저는 약 40년 동안 지속적으로 죽어 있었다〔덴마크 공과대학교 열처리학과의 플레밍 올센(Flemming Olsen) 학과장, *Ingeniøren*, 1997(41):12. 참고 문헌은 Gerlach, *Nitrogen, Phosphorous, Plankron and Oxygen Deficiency in the German Bight and in Kiel Bay*, Sonderheft 1990:7. Kieler Meeresforschungen〕. 산소 부족 때문에 사람들이 먹고살 수 있을 만큼 물고기를 잡는 것이 지극히 어려워졌으며, 그 때문에 올루프(Oluf) 국왕은 '기근' 이라는 별명을 얻었고, 바로 '기근' 때문에 퇴위당했다. 20세기 초반에도 산소 고갈이 발생했음을 분명하게 시사하는 기록이 존재한다. 특히 1937년과 1947년에는 해저 생물이 크게 감소했으며 마리아게르 피오르드, 플렌스부르 피오르드, 오벤로 피오르드처럼 만 입구가 좁은 해역에서는 산소 고갈의 영향이 심각하였다〔수질 연구소 반드크발리테친스티튜트(Vandkvalitetsinstitutet)의 수석 화학 연구원 Flemming Møhlenberg, *Ingeniøren*, 1997(45):10〕. 불행히도 그 시기의 통계 자료는 존재하지 않는다. 한편, 1980년 초 이후로 산소 고갈 현상의 발생 빈도가 계속 증가해왔다. 그러나 이것은 그리 놀랄 일이 아니다. 그 동안 관측 활동 역시 지속적으로 증가했기 때문이다〔*Ingeniøren*, 1997(45):10〕. 그러나 모든 사정을 감안할 때 산소 고갈 현상이 지난 20년 동안 더 자주, 더 널리 발생하게 되었다고 생각할 만한 훌륭한 근거가 있다.

1505. Diaz and Solow 1999:8.

1506. Diaz and Solow 1999:28ff.

1507. Diaz and Solow 1999:29.

1508. "그러나 어획고를 바탕으로 한 경제적 평가는 저산소증 때문이라고 볼 수 있는 현상을 감지해내지 못했다. 전체적으로 보았을 때, 적어도 지난 수십 년 동안 어획고 통계는 비교적 한결같았다. 하지만 어업 관련 통계에서 저산소증의 영향을 분명히 밝혀내지 못했다고 해서 그런 영향이 아예 없다는 뜻은 아니다"(Diaz and Solow 1999:8-9).

1509. Diaz and Solow 1999:8.

1510. Diaz and Solow 1999:23.

1511. 이 수치는 질소가 원천에서 얼마나 사용되었는가가 아니라 실질적으로 바다에

유입된 질소의 양을 보여주고 있는데, 이것이 더 의미가 있다(Smith and Alexander 2000:1).

1512. 다른 원천으로는 플라스틱 제조공장과 질소 비료 제조공장, 쓰레기 처리 시설, 소 사육장, 젖은 옥수수 제분소, 철강공장, 정유공장 등이 있다(Goolsby et al. 1999:52).

1513. 공기 중에서 직접 침전되는 양은 약 1%에 불과하다(Goolsby et al. 1999:15, 77).

1514. Goolsby et al. 1999:14–15.

1515. 비료업계가 이런 결론에 냉소적인 것은 그리 놀랄 일이 아니다(Carey et al. 1999).

1516. HWG 1999:8.

1517. HWG 1999:8.

1518. Brezonik et al. 1999:xv–xvi.

1519. Mitsch et al. 1999:xii.

1520. Mitsch et al. 1999:27–9.

1521. Doering et al. 1999:33.

1522. Doering et al. 1999:33. 실제로는 21.8%(p.114).

1523. Doering et al. 1999:112.

1524. Doering et al. 1999:33.

1525. Doering et al. 1999:40ff.

1526. 실제로는 18.8%(Doering et al. 1999:114).

1527. Doering et al. 1999:112, 114, 40.

1528. Doering et al. 1999:133.

1529. Doering et al. 1999:132, 133. 그것이 그곳에 있음을 아는 것에서 유발되는 가치, 전문적으로 말하면 불사용의 가치(non–use value)가 존재한다고 가정하는 것은 꽤나 합리적이다. 티텐버그는 이런 예를 들고 있다. 만약 연방 정부가 그랜드캐니언을 양계업자에게 팔아 닭의 배설물과 깃털, 창자 등을 저장하는 장소로 사용하게 한다면 그랜드캐니언에 한 번도 간 적이 없고 앞으로 갈 계획이 없던 시민들조차 크게 분노할 것이다(Tietenberg 2000:37–8). 물론 문제는 더 많은 습지를 확보하는 데 그런 불사용의 가치를 어떻게 책정할 것인가 하는 점이다.

1530. Brezonik et al. 1999:xv-xvi.

1531. Doering et al. 1999:57.

1532. Doering et al. 1999:128.

1533. Keneteck 1994:3.

1534. 제3세계에서 1년간 한 사람의 생명을 유지하는 평균 비용 62달러를 기준으로 한 계산이다(Hahn 1996:236).

1535. Beardsley 1997.

1536. UNEP 2000:363, http://www.grida.no/geo2000/english/0237.htm.

1537. Vitousek and Mooney 1997.

1538. 생태 농업이 질소 문제를 완화시키지 못할 것이라는 점을 지적해야 할 것 같다. 생태 농업은 오히려 더 많은 질소를 유출한다(IFA and UNEP 2000:38). 하천으로 유출되는 질소의 양을 줄이는 방법은 비료 사용을 줄이는 것뿐인데, 이를 위해서는 더 많은 땅을 농지로 개간해야 한다(물론 이런 주장은 도표 107에서처럼 도시 하수 처리장이 질소를 거의 흘려보내지 않는다는 전제 하에서나 성립한다).

1539. Socolow 1999:6,004.

1540. Socolow 1999:6,004; Vitousek et al. 1997:6.

1541. Socolow 1999:6,004.

1542. EU 1980; EU 1999:175. 유럽연합에서는 구속력이 없는 지침 수준도 25mg/l로 더 낮다. 미국의 기준치는 10mg/l이지만, 질소의 양만 따지면 질산염 44mg/l와 맞먹는다(IRIS 1991).

1543. 어떤 문헌에서는 지금도 여전히 이 문제가 불거진다. Christensen 2000:3을 참조할 것.

1544. *Jyllands-Posten*, 9 October 1986, section 1, p.9.

1545. Wolfson and D'Itri 1993; L'hirondel 1999:120.

1546. 이 문장과 다음의 내용은 EPA의 자료와 문헌을 바탕으로 한 것이다(IRIS 1991). 미국인이 두 수치, 즉 질산염 수치와 질산염 속의 질소 수치를 번갈아 사용하고 있다는 점을 염두에 두기 바란다. WHO의 허용치는 50mg/l인데 이는 질소 성분만을 따지면 11mg/l와 같다. 미국의 허용치는 10mg/l이다.

1547. Poul Bonnevie, *Jyllands-Posten*, 3 December 1986, section 1, p.9.

1548. Lack 1999:1,681. 인구 10만 명당 발생률은 헝가리 0.26, 슬로바키아 0.56, 루마니아 0.74, 알바니아 1.26으로 보고되었다.

1549. L'hirondel 1999:124.

1550. IRIS(1991)은 Cornblath and Hartmann 1948, Simon et al. 1964, Toussaint and Selenka 1970 등을 인용하고 있다.

1551. Poul Bonnevie, *Jyllands-Posten*, 3 December 1986, section 1, p.9.

1552. Cantor 1997:296.

1553. Cantor 1997:292.

1554. IRIS(1991)는 질산염을 정상적인 수준보다 1,000배나 더 섭취해도 발달이나 생식 능력에 아무런 영향이 없음을 보여주는 여러 실험에 대해 보고하고 있다.

1555. 또한 EEA는 용혈 현상이 50mg/l보다 훨씬 더 높은 수준에서만 발생하며, 암과의 연관성은 기껏해야 "의심스러운 수준"에 불과하다는 사실을 받아들이고 있다. EEA의 결론은 이렇다. "그런데도 이 두 가지 요인은 질산염 규제에 대한 신중한 조치를 정당화해준다"(1999:175). 그리고 최근의 한 연구(Yang et al. 1997)에서 질산염은 위암 발생과 관계가 없지만 식수의 경도(硬度)는 관련이 있다는 사실이 발견되었음도 지적해야 할 것 같다. 경도가 낮을수록 위암 발생의 위험이 높아진다. 그렇다면 앞으로 많은 비용을 들여 물의 경도를 낮추고자 노력해야 할까, 아니면 이 연구 결과를 확실하게 입증하려는 노력을 먼저 기울여야 할까. 만약 또 다른 연구에서 같은 결과가 나오지 않는다면, 더 급박한 문제에 관심을 돌려야 하지 않을까.

1556. Shiklomanov 1993:15, 18.

1557. 이 연구 결과는 Grossman and Krueger 1995:364의 내용과 대체적으로 비슷하다. 그러나 Shafik 1994:765은 자신의 연구 결과가 편향되어 있을 가능성이 있음을 지적한다. 부유한 나라의 가장 오염된 강만 측정 대상으로 삼았을 가능성이 있기 때문이다.

1558. Smith et al. 1993a; DEP 1998:5.

1559. 또한 DEP(1998:7)는 1998년의 경우 용존 산소량이 "일관되게 증가했다"고 얘기하고 있지만, DEP(1997:38)와 다른 더 짧은 기간 동안의 조사 결과를 제시하고 있다.

1560. EEA 1999:173; Gillfillan 1995:도표 43.

1561. DEP 1998:7.

1562. DEP 1998:7, 1997:55.

1563. 이것은 Grossman and Krueger 1995:364의 조사 결과이며, Torras and Boyce 1998:157의 연구 결과이기도 하다. 반면 Shafik 1994:764은 그런 효과를 낮춰보고 있다.

1564. DEP 1997:11; Gillfillan 1995:도표 42.

1565. EEA 1995:84; 1999:172.

1566. 물 속에 들어 있는 유기 물질의 양을 생물학적 산소 요구량, 즉 BOD 값으로 측정한 것(EEA 1995:87, 82).

1567. UK EA 2000, http://www.environmentagency.gov.uk/s-enviro/viewpoints/3compliance/2fwater-qual/3-2-1.html.

1568. DETR 1998b:4.

1569. Smith et al. 1993a.

1570. 라인 강도 1970년 이후 비슷하게 개선되었다. 구리, 아연, 카드뮴, 납이 4~8배 감소한 것이다(Scholten et al. 1998:832). 그리고 템스 강에서는 은, 카드뮴, 구리, 납, 아연 등이 30~50% 감소했으며, 수은은 70% 감소했다(Wiese et al. 1997).

1571. NCBP의 자료는 3년 이동 평균이다. 1987년의 자료가 없는 것은 (총 3,839회의 조사 중에서) 관찰된 사례가 17회뿐이었기 때문이다. 오대호의 자료는 5개 호수 모두의 평균치이다.

1572. 디엘드린은 여기 나타나 있지 않은데, 약 78% 감소했다.

1573. SOLEC 1995.

1574. Schmitt and Bunck 1995:413.

1575. "화학적 지표로서 재갈매기의 가치는 그대로 유지될 것이며, 물, 물고기, 퇴적물 안에 있는 오염 물질의 양을 측정하기가 더 어려워짐에 따라 가치가 더욱 상승할 가능성이 크다" (SOLEC 1999:18).

1576. 이 연구 결과는 물고기에 대한 조사에서도 그대로 재현되었다(Hesselberg and Gannon 1995).

1577. Gore 1992:145. 또한 고어는 "거대한 쓰레기 산맥" (p.147)에 대해서도 얘기하고 있다.

1578. Gore 1992:145.

1579. Gore 1992:151.

1580. Asimov and Pohl 1991:144. 마찬가지로 《생태학을 잡아라(Get a grip on Ecology)》도 "매립지 공간이 고갈되고 있다"고 말한다(Burne 1999:137).

1581. Chertow 1998.

1582. 이 자료는 EPA 1999b, 2000c에서 얻은 것이다.

1583. Simon 1996:277.

1584. Simon 1996:277.

1585. 100년 동안 매년 1억 1,000만 톤의 쓰레기를 처리한다고 가정하면, 그 양은 1.1e10톤이 된다. 쓰레기 1톤이 약 1.43입방미터를 차지하므로(Ågerup 1998:110) 전체 부피는 1.573e10m3가 된다. 30미터×22,898미터×22,898미터=1.573e10m3, 즉 한 면의 길이가 14.23마일인 정사각형을 100피트 높이로 쌓은 모양이 된다.

1586. USBC 2000c.

1587. 1990~2005년의 1인당 전체 쓰레기 누진 증가율(0.07%)과 USBC(2000c)의 중간 인구 증가 전망치를 이용하면, 전체 쓰레기 생산량은 1.727e10톤이 된다. 1톤이

1.43입방미터를 차지하므로(Ågerup 1998:110) 쓰레기가 차지하는 전체 부피는 2.469e10m3가 된다. 30미터×28,688미터×28,688미터=2.469e10m3, 즉 한 면의 길이가 17.83마일인 정사각형을 100피트 높이로 쌓은 모양이 된다.

1588. 우드워드 카운티의 면적은 1,242평방마일(USBC 1998b)이므로, 17.83마일×17.83마일=318평방마일이다. 즉 전체의 25.6%를 차지한다.

1589. 오클라호마 주의 면적이 6만 9,903평방마일(USBC 2001b:227)이므로 이 면적의 0.45%.

1590. 미국의 면적은 371만 7,796평방마일이다(USBC 2001b:227).

1591. 318평방마일/50=5.36평방마일, 2.52마일×2.52마일=6.35평방마일.

1592. Wernick et al. 1996.

1593. Wernick et al. 1996.

1594. Rathje and Murphy 1992:109.

1595. Goodstein 1995.

1596. ACS 1999:4. 음식에 들어가는 양념 때문에 죽는 사람에 대해서는 Scheuplein 1991:도표 128, p. 236의 설명을 참조할 것.

1597. OECD 1999:164.

1598. "잉글랜드와 웨일스의 쓰레기 통계를 쉽게 구할 수 없다" UK EA 2000: http://www.environment-agency.gov.uk//s-enviro/stresses/5waste-arisings/2disposal/5-2.html; OECD 1999:164.

1599. 영국의 연간 쓰레기 매립량은 21.8e6톤으로 미국의 20.185%이다. 따라서 여기에 필요한 총 면적은 318평방마일×20.185%=64평방마일이 된다. 한 면의 길이가 8마일인 정사각형이 되는 것이다. 맨 섬의 면적은 227평방마일이다(http://www.gov.im/geography.html).

1600. EPA 1999b:33ff.

1601. Wernick et al. 1996:도표 5.

1602. Wernick et al. 1996:도표 5.

1603. 덴마크의 한 주류파 정치인은 "어떤 형태로든 다시 이용될 수 있는 모든 쓰레기는 자원으로 간주해야 한다. 따라서 덴마크의 쓰레기와 재활용 정책을 더욱 보강할 것인지의 여부가 경제학 원칙에 좌우되어서는 안 된다. 이 결정은 원료와 자원 소비만을 고려해서 내려야 할 것이다. 공기, 물, 지구를 보호할 수 있도록 말이다"고 주장한다(http://www.radikale.dk/meninger/251.html).

1604. Pearce 1997.

1605. 예를 들어, Hanley and Slark 1994 ; Ackerman 1997. 재활용하는 사람들이 물건을 구매해줄 사람을 찾지 못해 공적인 지원을 원하고 있다는 고어의 이야기와 비교해 보라(Gore, 1992:159).

1606. 가장 좋은 재활용 아이디어는 이미 이용되고 있으며, 따라서 재활용에서 얻는 이익은 더 낮을 것이라고 간주해야 한다. 재활용을 늘리면 사회적 이윤도 감소할 것이다.

1607. 덴마크 여성의 모유에 들어 있는 DDE(DDT가 분해되어 생긴 물질)의 농도가 1982년 1.05mg/kg에서 1993년에는 0.2mg/kg으로 감소했음을 참조할 것(Hilbert et al. 1996:125).

1608. 미국 전역에서 찌르레기를 조사한 국가 오염 물질 생물 감시 프로그램은 DDT가 75% 감소하는 등 지속성 오염 물질이 전반적으로 분명하게 감소하고 있음을 발견했다(CEQ 1982:242 ; Schmitt and Bunck 1995:413 ; NCBP 2000b).

1609. PCB>1ppm(CEQ 1989:417).

1610. Jacobson and Jacobson 1997.

1611. EC-E 1999 ; Summary Report, p.2.

1612. Anon. 1999e. 그리고 Golden 2000에서도 20세기 '영웅'의 한 사람으로 선정되었다.

1613. "그녀가 현대 환경주의의 어머니라는 찬사를 받는 것은 당연하다"(Golden, 2000).

1614. Carson 1962:2.

1615. Carson 1962:15.

1616. Matthiessen 1999.

1617. 실제로, 미국의 수질에 대한 미국 지질 조사국의 최신 평가 보고서에서도 카슨의 저작을 첫 번째 참고 문헌으로 꼽았다(USGS, 1999:59).

1618. Carson 1962:15.

1619. 약식이긴 하지만 이해하기 쉬운 개괄적 설명을 보려면 Lieberman and Kwon 1998을 참조할 것.

1620. 1992년 의학전문 잡지 〈랜싯〉의 한 사설은 러브 커널 사건을 다음과 같이 설명했다. "러브 커널은 20년이 넘도록 유기 농약을 버리는 장소로 이용되다가 1950년대에 주택지로 개발되었다. 이 폐기물 매립지에서는 무려 200종 이상의 화학물질이 발견되었는데, 그 중에는 벤젠 · 트리클로로에틸렌 · 다이옥신 등이 포함되어 있다. 이 세 물질은 동물 실험에서 모두 발암 물질로 확인된 것들이다. 이 지역에서 태어난 아이들에게서는 출산시 저체중과 성장 부진의 발생 빈도가 더 높은 것으로 알려졌지만, 20년이 지난 후에

도 총 사망률이나 암 사망률은 전혀 증가하지 않았으며 유전적 피해가 발생한 증거도 없다"(Anon. 1992b; Brijheid 2000 참조). 러브 커널은 슈퍼펀드(화학 폐기물에 의한 환경 오염을 방지하기 위한 미국의 특별 기금)법이 입법화하는 데 직접적인 계기가 되었다. 마찬가지로 타임스 비치(Times Beach) 사례도 나중에 〈뉴욕 타임스〉에 실린 버논 후크(Vernon Houk) 박사의 글에 의해 사실이 아닌 것으로 밝혀졌다. 후크 박사는 타임스 비치가 문제화되었을 때 주민들의 이주를 촉구한 담당관이었다. 그는 "이 화학물질의 독성과 이것이 인간의 건강에 미치는 영향에 대해 지금 우리가 알고 있는 바에 따르면, 당시 이주는 불필요했던 것 같다"고 지적하면서 "타임스 비치 사건은 과잉 반응이었다. …… 그 사건은 당시 우리가 갖고 있던 최고의 과학적 정보를 근거로 삼았다. 그런데 알고 보니 우리의 지식이 잘못된 것이었다"고 말했다(Schneider 1991:A1, D23).

1621. Carson 1962:219ff.

1622. Colborn et al. 1996:202.

1623. LCVEF 2000:8. 다섯 항목의 응답자 비율은 각각 75~81%였으며, 6위를 차지한 항목(바다/해변 보호)의 비율 66%와는 커다란 격차를 보였다.

1624. Gillespie 1999.

1625. 《브리태니커 백과사전》은 유행병을 "일시적으로 높은 발병률을 보이는 질병"이라 정의한다. 또한 "20세기 말이 되면서 유행병에 대한 정의가 확대되어 환경에 영향을 받아서 발생하는 모든 만성 질병(예를 들어 심장병이나 암)을 포함하게 되었다"고 밝히고 있다. http://www.britannica.com/bcom/eb/article/printable/1/0,5722,33361,00.html.

1626. Kidd 2000.

1627. Rosner and Markowitz 1999.

1628. Brundtland 1999.

1629. Anon. 1997d.

1630. Anon. 1999a.

1631. Anon. 1997d.

1632. Baret 1998. "식물체의 영양분 함량은 일차적으로 유전에 의해 결정된다. 미네랄 함량은 토양 속의 미네랄 함량에 영향받을 수 있으나, 전체적인 식단에서는 아무런 의미도 없다." Ovesen 1995:71도 전체적인 미네랄 함량에서 전혀 차이점을 찾지 못했다.

1633. Bogo 1999.

1634. Pimentel et al. 1998:817.

1635. Gifford 2000.

1636. Anon. 1998b.

1637. Dunlap 1991b:15.

1638. 21%는 이 두 가지가 똑같이 중요하다고 답변했다.

1639. Dunlap 1991b:15. 그러나 공적으로는 환경이 건강 문제와 암을 유발한다고 믿지만, 실제로 암에 걸린 사례에 대해서는 훨씬 더 냉철한 태도를 보이는 듯하다는 점을 염두에 두어야 한다. 실제로 암에 걸리는 이유가 무엇이라고 생각하느냐는 질문에 대부분의 사람들은 유전, 생리학적 특징, 개인의 행동 등을 꼽은 반면, "환경 요인을 꼽은 응답자는 거의 없었다"(Vernon 1999).

1640. Colborn et al. 1998:218.

1641. 인구는 1억 5,100만 명에서 2억 7,050만 명으로 79% 증가했다(USBC 1999a:8).

1642. USBC 1975:I. 58.

1643. HHS 1997:136 참조.

1644. USBC 1975:I, 15, 1999a:15. 구간 중앙점을 바탕으로 계산한 것. 중위 연령은 23세에서 35세로 높아졌다(USBC 1999a:14).

1645. Peto et al. 1992. 폐암 발생률의 지리적 차이를 살펴보아도 같은 결론을 내릴 수 있다(Devesa et al. 1999).

1646. Peto et al. 1994:535.

1647. Peto et al. 1992:1,273에 근거해서 추정. 1965년 흡연과 관련된 폐암은 (남녀 모두) 흡연과 관련된 모든 암의 68%를 차지했는데, 1995년의 세계 인구를 기준으로 환산하면 72.3%가 된다. 이는 Peto et al. 1994:534–5에 제시된 미국의 실제 추정치와 잘 맞아떨어진다.

1648. Peto et al. 1994:532–3.

1649. Peto et al. 1994:232–3. 1955년의 모든 암 관련 추정치가 여기 나와 있다.

1650. Carson 1962:227.

1651. 카슨은 백혈병만을 다룬 수치와 모든 임파선암 및 혈액 질병이 포함된 수치 사이에서 오락가락하였다. 그러나 이 책에서는 기록 시스템이 좋아지고 논지가 더 분명해진 덕분에 백혈병에만 초점을 맞추었다.

1652. Carson 1962:227.

1653. Kinlen and John 1994; Stiller and Boyle 1996; Kinlen et al. 1995; Ross et al. 1999; McCann 1998; Reynolds 1998a.

1654. Reynolds 1998a.

1655. Ross et al. 1999.

1656. Kinlen and John 1994; Stiller and Boyle 1996 참조.

1657. UNPD 1998a:94.

1658. Peto et al. 1992:1,278.

1659. ACS 1999:1, 12. 흡연 남성의 폐암 사망률은 비흡연 남성에 비해 23배나 높으며, 여성의 경우에는 비흡연 여성에 비해 13배 높다(ACS 1999:25).

1660. CDC 1999d:986, 988 ; 1997a:5.

1661. CDC 1999d:988.

1662. 흡연 비율의 차이를 근거로 남녀의 담배 소비량을 대충 추정했다. 불행히도 1955년(남성 54%, 여성 24%, CDC 1997a:35) 이전의 수치는 존재하지 않는다. 따라서 1900년부터 1955년까지를 어림잡아 이 비율을 이용했다. 또한 1987~1991년에 남자는 여자보다 담배를 약 10% 더 소비했는데(CDC 1997a:21), 이 수치를 전체 기간에 대한 추정치로 조금 과감하게 이용하였다.

1663. Anon. 1997d.

1664. 1만 8,734건에서 1998년에는 4만 1,737건으로. WHO 2000d, CDC 2001a.

1665. ACS 1999:8 ; Byrne 2000.

1666. Fraser and Shavlik 1997 참조.

1667. Byrne 2000.

1668. Byrne 2000.

1669. Byrne 2000. Velie et al. 2000은 이전에 양성 유방 질환을 앓은 경험이 없는 여성에게서 이런 사실을 발견했다.

1670. 1976~1980년부터 1988~1991년까지 백인 여성의 평균 체중은 3.9킬로그램 증가한 반면, 평균 신장은 1센티미터밖에 증가하지 않았다(Kuczmarski et al. 1994:208). 영국 여성 역시 뚱뚱해졌다. 1980년에 7%이던 비만 성인의 비율이 1998년에는 20%로 증가했다(Holmes 2000:28).

1671. Byrne 2000. 알코올 소비량은 1935년부터 1980년까지 증가하다가 그 후 약간 감소했으며, 음주 여성의 비율은 그 동안 약간 증가했다(NIAAA 1997:6–7, http://silk.nih.gov/silk/niaaa1/database/dkpat1.txt ; Newport 1999).

1672. Protheroe et al. 1999.

1673. Ekbom et al. 2000.

1674. Byrne 2000.

1675. Chu et al. 1996.

1676. Chu et al. 1996.

1677. Hayes 2000.

1678. Hayes 2000.

1679. Hayes 2000.

1680. Feuer et al. 1999:1,030.

1681. "PSA 검사는 전립선암 사망률의 꾸준한 감소를 이끌어낼지 모른다" (Hankey et al. 1999:1,024).

1682. Devesa et al. 1995.

1683. "비호지킨성(non-Hodgkin) 임파종과 여성의 폐암을 제외한 10대 암 사망률이 모두 감소하고 있다" (Wingo et al. 1999:678).

1684. Ames and Gold 1998:206에서 재인용.

1685. Carson 1962:227.

1686. 잠재성 자궁경부암(여성 생식기암의 일종)은 23년 동안 꽤 안정세를 유지하다가 1996~1997년의 2년 사이에 약 74% 감소했다. 이것은 컴퓨터 자료 입력 과정의 실수였을 가능성이 높기 때문에 두 해의 자료를 배제했다.

1687. Wingo et al. 1999:678.

1688. 1973~1997년까지 5개 부위의 잠재암과 악성 종양 발생 건수(156만 6,880)를 총 보고 건수(245만 3,706)와 비교한 것(SEER 2000b). 이 비율(63.9%)은 1973년(62.6%)과 1997년(63.0%)에도 거의 같았다.

1689. ACS 2000.

1690. Ries et al. 2000.

1691. ACS 2000; Chu et al. 1996.

1692. ACS 2000.

1693. SEER 2000b.

1694. ACS 2000.

1695. ACS 2000.

1696. Doll and Peto 1981:1,276.

1697. Walsh 1996:67; Merrill et al. 1999:179, 185-86; Feuer et al. 1993.

1698. 예를 들어, Walsh 1996:68; Bunker et al. 1998:1309 참조.

1699. Feuer et al. 1993:896.

1700. Anon. 1997a.

1701. SEER 2000:I-18.

1702. Feuer et al. 1993:894; Merrill et al. 1999:188의 표에서 30세 백인 여성의 비율은 명백한 오자이다. 같은 연령의 흑인 여성 비율에 비해 너무 높기 때문이다.

1703. 영국 여성의 자료. Bunker et al. 1998:1308.

1704. Anon. 1997a.

1705. Marino and Gerlach 1999.

1706. 중위 연령(Marino and Gerlach 1999).

1707. 평생 동안 부상을 당할 위험은 연간 부상률을 근거로 추정했으며, 평생 동안 심장병으로 죽을 위험은 현재의 사망자 수치를 근거로 추정했다.

1708. Devesa et al. 1995; Hayes 2000.

1709. Hankey et al. 1999; Hayes 2000. "전립선암의 경우 1980년대 말과 1990년대 초에 발생률이 놀라울 정도로 증가했다. 이런 증가 추세는 전립선 특이 항원(PSA) 검사의 도입과 함께 발생한 것이다. 코네티컷 주에서는 다른 특정 암 기록과 마찬가지로 전립선암 발생률이 1992년 절정에 이르렀다가 그 후에는 대부분의 연령대에서 감소했다" (CTR 1999:3).

1710. Doll and Peto 1981:1,277.

1711. SEER 2000b.

1712. Reynolds 1998a; Cushman 1997.

1713. Reynolds 1998b에서 재인용.

1714. Linet et al. 1999:1,051.

1715. Linet et al. 1999:1,051.

1716. SEER 2000a:XVI, 3.

1717. Devesa et al. 1995.

1718. Devesa et al. 1995.

1719. EEA 1999:264, 268-9.

1720. LCVEF 2000:8. 마찬가지로 미국 지질 조사국도 "농약의 뜻하지 않은 영향에 대한 걱정이 오늘날까지 계속되고 있다"고 지적했다(USGS 1999:59). 한 저명한 암 전문가는 "대중은 인간의 암 발생에서 환경 오염 물질의 역할을 크게 걱정하고 있으며, 잠재적인 오염 물질 중 농약만큼 커다란 우려의 대상이 되는 것은 없다"고 지적했다(Heath 1997).

1721. Larsen 1992:116에서 재인용. Cheeseman and Machuga 1997:296 참조.

1722. 물론 이것은 지극히 복잡한 문제를 믿을 수 없을 정도로 간단하게 요약해놓은 것에 불과하다. 인체를 대상으로 한 실험이 불가능할 때(대개는 이렇지 않다) 우선 동물 실험을 실시한다. Larsen 1992:116ff와 EAP 1993 참조.

1723. Benford and Tennant 1997:24ff.

1724. Benford and Tennant 1997:34-6.

1725. Larsen 1992:117-18; Poulsen 1992:41ff; EPA 1993:2.1.2 등을 참조할 것. 그러나 인간에 대한 훌륭한 데이터를 구할 수 있다면 이 허용치가 1까지 높아질 수도 있다(즉 ADI=NOEL).

1726. 10이라는 계수 자체는 '과학적' 근거가 전혀 없음을 염두에 두어야 한다. 이 수치는 대충 어림잡은 것에 불과하다(Rodricks 1992:194).

1727. 예를 들어, EEA 1998b:187-91를 참조할 것.

1728. Dunlap and Beus 1992.

1729. "덴마크 독물학 센터(Danish Toxicology Centre)는 물론 덴마크 환경청과 수의학 및 식품국 산하의 식품 안전성 및 독물학 연구소(Institute for Food Safety and Toxicology of the Veterinary and Foods Directorate)도 농약 허용치가 이전에 분석 가능했던 수준인 0.1㎍/l에서 정치적으로 결정되었다는 것을 인정하였다. 식품 안전성 및 독물학 연구소의 생화학 및 분자 독물학부의 존 크리스티안 라르센 부장에 따르면, 건강과 관련해서 농약 허용치를 정한다면 그 수치는 현재의 정치적 허용치보다 훨씬 더 높아질 것이라고 한다"(*Ingeniøren*, http://www.ing.dk/arkiv/pesti5.html). Poulsen 1992:40-1도 참조할 것.

1730. *MiljøDanmark*, 1 January 1998의 머리 기사; http://mstex03.mst.dk/fagomr/02040000.htm.

1731. *Ingeniøren*, http://www.ing.dk/arkiv/pesti5.html.

1732. EEA 1998b:188.

1733. EEA 1998b:190.

1734. 이것은 어림잡은 추정치다. 원래 수치는 0.6%와 2.9% 사이를 오간다. DK VFA 1996b:58; 1997:3; CEQ 1997:339 참조.

1735. Putnam and Gerrior 1999:148.

1736. 1996년에 1,273개의 조사 시료 중 14건의 위반 사례가 있었는데, 그 총량은 9,528mg/kg이었으며 전체 평균으로는 약 75㎍/kg이었다. 따라서 711파운드, 즉 한 사람이 322.5킬로그램의 과일과 채소를 소비한다면 농약 섭취량이 1년에 24.19밀리그램이라는 계산이 나온다. 물론 이것은 대략적인 추정치에 불과하다. 여러 농약의 독성 정도가 크게 다른 데다가 잔류 농약 중 일부는 껍질에 묻어 있기 때문에 사람들이 직접 섭취하지 않는다. 그러나 위반 사례만을 계산에 포함시킨다면 과소 평가하는 결과를 낳을 수도 있다는 점을 감안해야 한다. 덴마크 수의학 및 식품국은 인구 1인당 연간 농약 섭취량을 0~5밀리그램으로 추정한다(DK VFA 1998).

1737. Ames et al. 1987:272는 하루에 물 2리터로 섭취하는 최대량, 즉 0.2㎍과 비교하면서 식품을 통한 농약 하루 섭취량을 45㎍으로 보고 있다(여기에 발암성이 없는 3개 농약 성분 105㎍이 더해진다).

1738. EPA는 "식수를 통한 농약 노출은 음식을 섭취하거나 농약 제품을 취급하는 데서 노출되는 것보다 대체로 훨씬 더 낮은 수준이다"고 말한다(EPA 1990:6). 1994년 EPA는 식수가 농약 노출도 측면에서 가장 중요한 비중을 차지하지 않는다고 추정했다(Ritter 1997에서 재인용). Toppari et al. 1996:782, "식사는 일반 대중의 주요 노출 경로이다"도 참조.

1739. 대부분 화학 물질의 독성 곡선이 'S자를 옆으로 늘린 것과 같은 시그모이드형'을 나타낸다는 사실이 널리 인정되고 있다. 만약 농약 섭취량을 X축에 놓고 인구 집단의 사망률을 Y축으로 놓는다면 섭취량이 매우 적은 경우에는 사망률이 0%에 가까운 반면, 매우 높을 경우에는 거의 100%로 포화 상태에 이를 것이다. 이는 매우 적은 섭취량보다 더 적은 양이나 매우 많은 섭취량보다 더 많은 양은 사망률에 거의 아무런 영향을 미치지 못한다는 뜻이다(Dragsted 1992:78).

1740. "암은 환경에 존재하는 화학적 오염 물질이 인간의 건강에 어떤 영향을 미치는지를 조사하는 과학 연구 프로그램의 주류를 이루어왔다"(Colborn et al. 1998:202).

1741. 미국에서는 23%를 차지하며(Ames and Gold 1997), 덴마크에서는 25%를 차지한다(Middellevetidsudvalget 1994b:34). 서구 세계에서는 1992년에 총 1,143만 6,000명의 사망자 중 21%인 242만 1,000명이 암으로 사망했다(WHO 1992:29).

1742. Doll and Peto 1981, 미국 의회를 위해 만든 자료. 이 연구는 자주 인용되며, 대체로 타당하다고 받아들여지고 있다. WCRF 1997:75, "특히 이 분석은 미국에서 진행되었지만 다른 나라에서도 역시 유효하다고 할 수 있을 것이다." Ritter et al. 1997; Rodricks 1992:118도 참조.

1743. Peto et al. 1992:1,277-8.

1744. 이 수치에는 상당한 불확실성이 존재한다. 돌과 페토는 10%와 70% 사이의 간격이 있다고 추정한다. Willett 1995은 그 비율을 32%로 보고 있다.

1745. 다양한 종류의 암이 그 발생률에 있어서 상당한 지리적 차이를 보이고 있음에도 불구하고, 이민자들은 대체로 한두 세대 안에 자신들이 합류한 인구 집단과 유사한 암 발생률을 나타낸다(WCRF 1997:75).

1746. 관찰력이 좋은 독자들은 이 비율을 모두 합해도 95%밖에 되지 않는다는 점을 알아차렸을 것이다. 이는 각 요인의 분포에 불확실성이 내재하기 때문이다. 더욱이 기여도가 1% 이하인 공산품에 의한 암 추정치도 제외되었다. 여기에서 제시한 '최선의 추정

치' 와는 별도로 돌과 페토는 '납득 가능한 추정치' 의 범위를 제시하고 있는데, 이에 대해서는 각 요인별로 따로 설명하겠다.

1747. Ames et al. 1987:271.

1748. WCRF 1997:24; Mintz 1985:chapter 3.

1749. WCRF 1997:542; Ames and Gold 1997.

1750. WCRF 1997:436; Ames and Gold 1997.

1751. WCRF 1997:540; Doll and Peto 1981:1,235.

1752. Ames and Gold 1997은 만성적인 감염이 모든 암 발생 사례 중 무려 3분의 1의 원인일 수 있다고 추정한다.

1753. Doll and Peto 1981:1,237-8.

1754. Devesa et al. 1995:표 1과 2; Doll and Peto 1981:1,253-4.

1755. Doll and Peto 1981:1,224-5; Ames et al. 1987:273; WCRF 1997:398ff.

1756. Doll and Peto 1981:1,252-3.

1757. Doll and Peto 1981:1,249.

1758. Doll and Peto 1981:1,250.

1759. Dunlap 1991b:15.

1760. LCVEF 2000:8.

1761. Wynder and Gori 1977.

1762. Wynder and Gori 1977는 암 발생 요인 중 40~60%가 음식물, 9~30%가 흡연(9%는 여성, 30%는 남성), 9%가 방사능 · 태양 · 의학적 요인, 0.8~5%가 알코올, 여성의 암 중 4%는 에스트로겐 제품, 2~5%가 직업에 의한 것으로 보았다.

1763. McGinnis and Foege 1993. 하지만 여기에서 설명하고 있는 사망자 비율을 모두 합해도 50%밖에 되지 않는다는 점에 유의할 것.

1764. McGinnis and Foege 1993:2,208. 여기에서 설명한 사망자 백분율을 모두 합해도 50%밖에 되지 않으므로, 개인적 원인이 40%를 차지한다고 할 수 있다(담배 19%, 음식 14%, 알코올 5%, 자동차 1%). 같은 맥락에서 맥기니스와 포이지는 독성 물질의 비중을 겨우 3%로 보았는데, 이는 여기에서 설명한 사망자의 6%를 차지한다.

1765. McGinnis and Foege 1993:2,209.

1766. Gough 1989:929.

1767. Gough 1989:929.

1768. Gough 1989:928에서 재인용. EPA는 암 발생 건수에 대해 이 수치(1.03%까지)를 분명히 밝히고 있으며 암 사망률은 50%에서 100% 사이를 오가고 있다고 말했다.

EPA는 각주에서 위험도 분석에 선형 모델을 사용했으며, 특히 농약 섭취량과 암 발생의 상관 관계를 가장 높게 잡고 있는 모델을 채용했음을 분명히 했다. 상관 관계를 가장 낮게 잡고 있는 모델은 일상적인 농약 섭취가 암 발생에 아무런 영향을 미치지 않는다고 가정하고 있다는 점을 덧붙이기도 했다(p. 929).

1769. NRC 1996:5.

1770. WCRF 1997:475.

1771. WCRF 1997:477.

1772. Ritter et al. 1997:2,019.

1773. Ritter et al. 1997:2,029.

1774. Viel et al. 1998.

1775. 많은 연구에서 흥미로운 사실이 전혀 발견되지 않아 이 연구 결과들이 발표되지 않았으므로 '파일박스 문제'가 야기될 수 있는 가능성이 있다.

1776. 통계학적 의미에서 이는 전후 관계와 인과 관계를 혼동하는 오류를 의미하거나 심각하게는 제1형 오류(가설 검정에 있어 가설이 옳은 데도 불구하고 이를 기각하는 일)를 범하는 것을 말한다.

1777. Acquavella et al. 1998:73. 아카벨라가 다른 사람들과 함께 이 논문을 썼고, 이 논문을 다른 학자들이 검토했지만 그가 농약회사와 관계를 맺고 있었다는 점을 염두에 두어야 한다. 국립암연구소 소속의 통계학자 아론 블레어(Aron Blair)는 이 연구가 "농부들이 입술 외의 다른 암에 걸릴 위험 역시 약간 높다는 사실을 가려버렸다"고 지적했다(Saphir 1998).

1778. 예를 들어, Grandjean 1998:45에 제시된 발암 물질에 대한 개괄적인 내용을 참조할 것.

1779. EPA 1998b.

1780. Acquavella et al. 1998:73. 앞에 언급된 것과 같다. 또한 농부들의 생활 방식이 도시인과 크게 다르다는 점이 암에 걸려 사망할 가능성에 어떻게 영향을 미칠지도 의문의 여지가 있다. 이 점에서는 연구를 위한 통제가 사실상 불가능하다.

1781. Rodricks 1992:69–70.

1782. Rodricks 1992:70. 단 한 번의 연구를 위해 거의 4만 개의 조직 표본을 분석해야 한다(p.131).

1783. 최대 허용치(MTD, Maximum Tolerable Dose)는 보통 더 짧은 기간 동안의 실험을 통해 결정된다(Rodricks 1992:72).

1784. 인간에게 암을 일으키는 것으로 증명된 모든 물질은 적어도 한 종의 동물에게

도 발암 물질로 작용한다는 사실이 이미 알려져 있다. 하지만 대량으로 섭취했을 때 일부 동물이 암을 일으킨다고 해서 그 물질을 인간이 극미량 섭취했을 때에도 발암성을 띤다고 볼 수는 없다(Rodricks 1992:138).

1785. 이른바 섭취량-독성 곡선이 선형적이고 역치가 존재하지 않는다는 가정이다. 아래의 설명 참조.

1786. Rodricks 1992:188-9 ; Grandjean 1998:97.

1787. Rodricks 1992:39.

1788. Rodricks 1992:174ff ; Grandjean 1998:94-6.

1789. 원칙적으로는 실험에서 얻은 결과를 그래프에 표시하고, 그 점을 연결해서 곡선을 그린다. 그런 다음 95% 신뢰도 구간을 삽입하고, 10% 이상의 종양을 발생시키는 섭취량을 찾아낸다(설명을 위해 사용한 수치는 12%, 약 125pm ETU). 그리고 그 아래로(0, 영향이 전혀 없는 지점까지) 직선을 긋는다. EPA 1996c. 이 방법은 아직 공식적인 것은 아니지만 이렇게 하는 편이 설명하기가 훨씬 더 쉬울 뿐만 아니라 그 결과 역시 다단계 모델에서 얻는 것과 대체로 비슷하다(EPA 1996c:8).

1790. Rodricks 1992:167 ; Gough 1989:929. DNA에 영향을 미치는 방식으로 암을 유발하지 않는 물질(비유전자성 독성 물질)에 대해서는 증가 곡선 작성이 잘못된 방법일 가능성이 크며, 또 유전자 독성 물질에 대해서도 아직은 확실한 결론을 내리기가 이르다(Rodricks 1992:167-9 ; Grandjean 1998:46, 97).

1791. Rodricks 1992:166ff.

1792. Ames et al. 1987, 1990a, 1990b ; Gold et al. 1992 ; Ames et al. 1993 ; Ames and Gold 1990, 1997, 1998, 2000.

1793. 엄격히 말해서, 이것은 화학물질의 유전자 독성을 알아보기 위한 테스트이다(Rodricks 1992:152). 에임즈도 1970년대에 많은 유독성 합성 물질의 사용 금지 조치를 이끌어내는 데 기여했다(Postrel 1991).

1794. NRC 1996:306ff.

1795. 레이첼 카슨의 《침묵의 봄》(1962)은 "절정을 향해 치닫던 대중의 불안을 포착해 그 물결을 타고 베스트셀러 1위에 올랐다"(Colborn et al. 1998:65; Rodricks 1992:43).

1796. Carson 1962:15.

1797. Ames and Gold 1998:212.

1798. Rodricks 1992:43 ; NRC 1996:306, 308ff.

1799. Atkins and Norman 1998:260.

1800. Ritter et al. 1997:2,021.

1801. Ames et al. 1987:272.

1802. Ames et al. 1990a; Gold et al. 1992:261; Ames and Gold 2000:5.

1803. 99.99%라는 수치가 에임즈의 주장에서 가장 중요한 대목이 아닌 것이 분명한데도, 그의 견해에 찬성하는 사람이나 반대하는 사람 모두가 에임즈의 말 중에서 이 수치를 가장 자주 인용한다는 사실은 흔히 놀라울 정도로 피상적인 수준에 머무르는 환경 논쟁의 특징을 여실히 보여준다.

1804. 카페인에 대해서는 아직도 불확실하다. Ames and Gold 2000:6. 또한 커피 한 잔에 적어도 10밀리그램의 천연 농약이 들어 있다는 사실도 자주 지적된다. 이는 미국인이 1년 동안 평균적으로 섭취하는 합성 농약의 양을 모두 합한 것보다도 많은 양이다(Gold et al. 1992:262). 이것이 수사학적으로 훌륭할지 모르지만 현실적으로는 별로 의미가 없다. 실제로 가장 중요한 것은 이런 물질의 총 발암성을 비교하는 것이다.

1805. Ames et al. 1987:272.

1806. Gold et al. 1992:263.

1807. Ames et al. 1987:272. 만약 생쥐와 쥐에 대한 자료가 모두 확보된다면 가장 민감한 종의 자료가 EPA 지침에 따라 사용된다(Gold et al. 1992:263).

1808. 커피 세 잔에는 카테콜(catechol), 퍼푸랄(furfural), 히드로퀴논(hydroquinone)이 들어 있는데, 위험도는 각각 0.02%, 0.02%, 0.006%이다(Ames and Gold 1998:214). 여기에서는 위험도가 가장 큰 것만 제시했다.

1809. Ames and Gold 1998:214; Gold et al. 1992:264.

1810. Ames and Gold 2000:41; Gold et al. 1992:262.

1811. Gold et al. 1992:264.

1812. 불행히도, 모든 농약의 HERP를 파악할 수 있을 만큼 아직 충분한 조사가 진행되지 못했다.

1813. Ames and Gold 1998:214; Ames et al. 1987:273. ETU 계산에는 정확한 평균치인 0.0017197%가 사용되었음을 주목하라.

1814. 평균적인 미국인은 1년에 2.18갤런의 에탄올을 섭취한다. 하루에 0.0226 리터인 셈이다(http://silk.nih.gov/silk/niaaa1/database/consum01.txt).

1815. Ames and Gold 1998:214; Ames et al. 1987:273. 알코올도 역시 명백한 발암물질이다(WCRF 1997:398ff).

1816. WCRF 1997:469.

1817. Ames et al. 1990; Ames and Gold 1997.

1818. 이는 주로 돌연변이를 유발하지 않는 물질에 적용된다. DNA의 수리 메커니즘

에 과도한 부담을 지우는 돌연변이에 대해서도 비슷한 주장을 할 수 있다. Ames and Gold(1997)를 참조할 것.

1819. Ames and Gold 1997.

1820. Ames et al. 1990b.

1821. 여기에서 나는 가장 중요한 증거만 다룰 것이다. 나머지는 Ames et al. 1990b: 7,782ff에서 찾아볼 수 있다.

1822. Ames et al. 1990b:7,782.

1823. Ames and Gold 2000:7.

1824. Ames and Gold 2000:7.

1825. Ames et al. 1990b:7,782–3.

1826. Ames et al. 1990b:7,783.

1827. Ames and Gold 2000:7.

1828. Ames et al. 1987:277.

1829. 이는 아이스크림과 기타 섬유질이 적은 식품은 물론 지방과 육류 등에 주로 초점을 맞춘 돌과 페토의 35%가 아니라 커피, 바질, 양상추 각각의 위험도와 비교해서 그렇다는 말이다. NRC 1996:309 참조.

1830. Ames and Gold 1998:205.

1831. Scheuplein 1991. 이 수치들이 경험과 통상적인 과학 지식에 근거한 일반적인 '인상' 을 표현했다는 점을 지적할 필요가 있다. 통계학적 도구로는 정확한 수치가 0.005%인지 0.02%인지 알아내기가 거의 불가능하기 때문이다. 그렇지만 나는 독자들의 이해를 돕기 위해 '최소치' 니 '최악의 상황을 가정한 평가' 니 하는 표현보다는 어느 정도 절대적인 수치를 제시해야 한다고 믿는다.

1832. 슈플라인의 '사례 I' . 그는 이것이 "정부와 같은 방식으로 이루어진 위험도 평가" 라고 말한다(Scheuplein 1991).

1833. ACS 1999:4.

1834. Colborn et al. 1996.

1835. WI 1999a:14. "화학물질의 가장 심각한 위험은 아마도 '호르몬 흉내내기' 일 것이다" (Christensen 2000:48 참조).

1836. Colborn et al. 1996:31–4.

1837. Toppari et al. 1996:756ff.

1838. Toppari et al. 1996:753.

1839. Toppari et al. 1996:753; Golden et al. 1998:118–20.

1840. Toppari et al. 1996:756-7.

1841. Toppari et al. 1996:791, 794.

1842. Colborn et al. 1996:73.

1843. Colborn et al. 1996:76ff.

1844. Toppari et al. 1996:758.

1845. Colborn et al. 1996:76; Toppari et al. 1996:758.

1846. Colborn et al. 1996:79.

1847. Toppari et al. 1996:759.

1848. 콜본(Colborn et al. 1996:95)도 우리가 진화 과정에서 천연 에스트로겐에 제대로 적응할 수 있었는지를 논의하고 있는데, 본문과 같은 주장은 천연 농약에 대한 적응이 이루어질 수 없었음을 시사하는 듯하다.

1849. Safe 1995:349; Golden et al. 1998.

1850. Colborn et al. 1996:136.

1851. Toppari et al. 1996:769.

1852. Toppari et al. 1996:768.

1853. Colborn et al.1996:172.

1854. Christensen 2000:3.

1855. 100명 이상의 남성을 대상으로 실시한 연구(n=1,500). 100명 이상의 남성을 대상으로 실시한 연구는 카를센(Carlsen)이 분석한 연구 61건 중 20건이지만, 모든 관찰 사례의 90% 이상을 차지한다(Fisch and Goluboff 1996:1,045). 사실 미국이 1970년까지 모든 관찰 사례의 94%를 차지했다(Fisch et al. 1996:1,013).

1856. Carlsen et al. 1992:610.

1857. Carlsen et al. 1992:612.

1858. Fannin 2000. 스카케베크와 샤프는 이 광고에 공개적으로 반대 의사를 밝혔다(스카케베크의 개인 서신, 1998년 7월 8일).

1859. Sharpe and Skakkebæk 1993.

1860. 고환암 발생의 증가폭이 상당했으며, 특히 덴마크에서는 급격한 증가 추세가 나타났다(1959년 이후 2배로 증가, Toppari et al. 1997:774). 그러나 이 문제에 대한 의문은 정치적 관심에 비해 턱없이 모자랐다. 고환암과 정자의 질 사이의 상관 관계가 분명하지는 않지만, 관계가 있을 가능성은 존재한다. 올센(Olsen et al. 1996:452)은 1970년부터 1990년까지 고환암 발생률이 크게 증가한 것으로 보고되었음을 지적한다. 그런데 이 기간 동안에는 정자 수에 변화가 있었다는 사실을 증명하기가 불가능하다(본문의 아

래 내용 참조). 더욱이 고환암 발병의 증가에는 다른 많은 원인이 있을 수 있다. 예를 들어 흡연(Clemmesen 1997), 철분 부족(Crawford 1998), 기름진 음식 위주의 식단 변화(Sigurdson et al. 1999), 10대 중반부터의 적당하거나 격렬한 여가 활동(Srivastava and Kreiger 2000) 등이다. 더욱이 고환암 발병이 증가하는 것처럼 보이는 것은, 다른 암의 발병과 마찬가지로 조기 진단이 증가했기 때문이라는 지적도 있다(Sonneveld et al. 1999). 정치적 관심과 문제의 소지가 있는 상관 관계 때문에 여기서는 정자의 질 하락이라는 문제에만 초점을 맞췄다.

1861. Bromwich et al. 1994; Sherins 1995; Auger et al. 1995; Irvine et al. 1996; Paulsen et al. 1996; Fisch et al. 1996; Fisch and Goluboff 1996; Swan et al. 1997.

1862. Auger et al. 1995; Bujan et al. 1996.

1863. Irvine et al. 1996; Suominen and Vierula 1993.

1864. Van Waeleghem et al. 1996; Ginsburg and Hardiman 1992; Fisch et al. 1996; Paulsen et al. 1996.

1865. Colborn et al. 1996:174-5. 그러나 Toppari et al. 1996는 연구에서 발견된 사실들을 모두 설명하고 있다.

1866. Colborn et al. 1996:173.

1867. 원래 수치를 잘못 인용했음에 주의하라. 그러나 여기서는 표로 작성된, Toppari et al. 1997:742와 같은 데이터 수치를 인용했다.

1868. Fisch and Goluboff 1996.

1869. Fisch et al. 1996:1,011. 뉴욕의 수치가 그토록 높은 이유는 알려져 있지 않다.

1870. Fisch et al. 1997; Calsen et al. 1992:612.

1871. 1970년 이전에는 뉴욕이 전체 1,500건의 조사 사례 중에서 1,400건을 차지했지만, 그 이후에는 1만 2,040건 중 1,300건에 불과했다(Fisch and Goluboff 1996:1,045).

1872. Fisch et al. 1996. 이 메타 연구(Swan et al. 1997)가 뉴욕의 문제를 그토록 철저하게 거부해버렸다는 것을 도무지 이해할 수 없다(Becker and Berhane 1996을 참조할 것). 지리적 차이가 있을 수도 있다는 점은 확실하다. 그들은 미국 '전역'이라는 '넓은 지리적 영역'을 구축한 뒤 뉴욕(밀리리터당 1억 3,100만 마리)과 캘리포니아(7,200만 마리)의 차이가 Calsen et al.의 연구에서 밝힌 45년 동안의 감소폭과 맞아떨어진다는 사실을 확인했다. 그들이 뉴욕과 캘리포니아를 따로 분석하지 않기로 했다는 사실은 정말이지 너무나 비합리적으로 보인다. 스카케베크는 개인 서신(1998년 7월 8일)에서, 칼센의 자료에 뉴욕의 연구 결과 하나가 포함되어 있는데 이 연구 결과에 의하면 1975년의 정자 수가 밀리리터당 7,900만 마리였으며, 따라서 정자 수가 1억 3,100만이라고 밝힌 피시의 연

구에 의문을 제기해야 한다고 말했다. 스카케베크가 칼센의 자료에서 맨 처음 시기의 뉴욕을 대상으로 한 이전의 연구 4건에 대해 아무런 문제를 발견하지 못했다는 것은 놀라운 일이다. 연구 4건은 정자의 수가 정액 1밀리리터당 각각 1억 2,000만, 1억 3,400만, 1억, 1억 700만 마리라고 밝히고 있다. 스카케베크 자신은 영국의 연구 결과 2건을 이용하고 있는데, 이 연구들에서 같은 해(1989년)의 정자 수는 각각 9,130만과 6,450만 마리였다 (Calsen et al. 1992:610).

1873. 아직도 남성 1만 2,247명에 대한 조사 자료와 56건의 연구 결과가 분석을 기다리고 있다. 가중 회귀분석(weighted regression analysis) 결과는 정자 수가 지난 50년 동안 20% 감소했지만, 이것이 통계적으로 의미 있는 것은 아니라는 것을 보여준다(정확한 감소폭이 0이라는 가설을 거부할 수 없다). 스카케베크가 내게 직접 알려준 바에 따르면, 이 경우 문제가 되는 것은 사실상 자료의 통계적 분석이 아니며 과연 누가 피시에게 연구 자금을 대주었는지 하는 것이라고 했다(1998년 7월 8일). 단도직입적으로 질문을 던져보았지만 스카케베크는 이해의 상충을 암시하는 징후가 있는지 전혀 모른다고 했다. 또한 스카케베크는 피시의 논문에 나오는 정보의 사실 여부에 대해서 반박하지 않았으며, "피시의 데이터가 매우 중요하다" 고만 말했다(Bauman 1996). 해리 피시는 뉴욕의 콜럼비아 장로교 메디컬 센터 출신이다. 나는 피시의 의도나 자금 출처에 대해 인터넷에서 어떤 고발도 찾아내지 못했다. 그는 자신의 연구 결과에 스스로도 놀라움을 금치 못했으며, 정자의 질이 떨어졌다는 연구 결과를 기대했었다고 〈월스트리트 저널〉에 말한 것으로 알려져 있다(http://pw2.netcom.com/~malkin1/future.html, 1998년 7월 20일에 접속. 지금은 접속이 불가능하다. 그러나 이곳에 씌어 있는 얘기를 전부 믿을 수는 없다).

1874. 개인 서신, 1998년 7월 9일.

1875. Olsen et al. 1995.

1876. Keiding and Skakkebæk 1996:450. 만약 1971~1990년에 유럽에서만 조사를 실시했다면 분명히 감소 추세를 감지했을 것이다. 그러나 이런 추세 역시 별로 의미 있는 것은 아니다.

1877. Saidi et al. 1999:460.

1878. 이것이 Keiding and Skakkebæk 1996의 본질인 것 같다.

1879. 시료 수집 방법에도 문제가 있다. 나중에 실시된 여러 건의 연구에서는 자위행위를 통해 정액을 수집한 반면, 초창기 연구에서는 다른 방법(실제의 성 행위)을 더 자주 사용하였다. 후자의 방법이 정자의 수가 더 많은 정액을 만들어내는 것은 틀림없는 사실이다(Swan et al. 1997:1,230). 그러나 이것이 심각한 문제가 되는 것 같지는 않다.

1880. Swan et al. 1997:1,229.

1881. Swan et al. 1997:1,229. 조사 대상자들이 3~5일 동안 금욕을 해야 하는 연구에서는 66%만이 지시에 따랐다는 점도 여기에 명시되어 있다(대상자들에게 질문을 해서 얻은 결과이다. 66% 중에 거짓말을 한 사람이 몇 명인가는 또 다른 문제이다). Calsen et al. 1992:609는 대상자들이 금욕을 했는지 확인하기가 불가능했다고 밝혔다.

1882. Calsen et al. 1992:611.

1883. Hunt 1974:85, 87. 자위 행위의 평균치가 증가했을 뿐만 아니라 자위 행위를 하는 사람들이 많이 늘었다. 특히 기혼 남성들이 많아졌다. 스카케베크의 연구에서 정액을 제공한 사람들의 평균 연령은 30.8세였다(Calsen et al. 1992:609). 여기에서 30대 남성의 수치를 이용한 것은 이 때문이다(그러나 다른 연령 집단에서도 똑같은 추세를 보여준다).

1884. Hunt 1974:189.

1885. 이 문맥에서 아마도 가장 중요한 수치는 중위값이다. 주당 성 행위의 평균치는 2.5에서 2.8로 증가했을 뿐이다(Hunt 1974:190).

1886. Blumstein and Schwartz 1983:196; Sprecher and McKinney 1993:70.

1887. Westoff 1974:137. 17% 증가라는 수치는 1970년의 응답자 중 나이가 어린 집단에 맞춰 통계적으로 수정한 것이다. 직접적인 조사 결과는 21%의 증가를 보여주었다.

1888. Sprecher and McKinney 1993:70–1.

1889. Swan et al. 1997:1,229. 참고 문헌을 Bendvold 1989라고 잘못 밝혔다. 올바른 참고 문헌은 논문 번호 47번이다(스원과의 개인 서신, 1998년 7월 24일).

1890. Swon et al. 1997:1,229.

1891. James 1980:385.

1892. Carlson et al. 1992:610.

1893. 예를 들어, Anon. 1994a, 1994b; BSAEM/BSNM 1995; Gallia and Althoff 1999.

1894. Abell et al. 1994; Jensen et al. 1996. 여기에서는 놀랍게도 생태주의자들을 '평범한 사람' 이라고 보기 어려운 덴마크 항공사 직원들과 비교했다.

1895. Christensen 2000:4.

1896. Jensen et al. 1996:1,844. 엔센은 나와 얘기하면서 이런 평가 결과에 동의했다(1998년 7월 3일). 이 사실은 이 연구의 어디에도 밝혀져 있지 않지만, 그녀는 놀랍게도 생태주의자들과 대립되는 집단인 덴마크 항공사 직원들의 음주 및 흡연 습관 사이에 아무런 차이가 없었다고 말해주었다.

1897. DK EPA 1997b. 그러나 온실 농사를 짓는 사람들의 정자 수는 생태주의자들

에 비해 20% 떨어졌다.

1898. Juhler et al. 1999.

1899. Juler et al. 1999:415.

1900. James 1980:385.

1901. 유럽을 따로 살펴보면 감소 추세가 발견되지만, 통계적으로 의미 있는 정도는 아니다.

1902. Sherins 1995.

1903. Joffe 2000.

1904. Fisch et al. 1997. 이런 감소가 훨씬 더 많은 성 행위 횟수 때문이라고 생각할 수도 있다. 그러나 1940년대부터 1970년대까지의 일반적인 성 행위 횟수 변화만큼은 아닐 가능성이 크다.

1905. Macleod and Wang 1979도 이런 변화가 더 오래 전부터 발생했음을 보여준다. 그러나 이 연구를 얼마나 일반화할 수 있는지는 분명하지 않다.

1906. 이것은 스티븐 세이프의 주장(1995)이기도 하다. Arnold et al. 1996:1,489-90에서도 이런 주장을 찾아볼 수 있다.

1907. Arnold et al. 1996.

1908. 대개 2~10배의 시너지 효과를 찾아볼 수 있기는 하다. 하지만 진정한 걱정거리는 주로 여기에서 설명하고 있는 대단히 큰 시너지 효과를 말한다(Raloff 1997).

1909. *Ingeniøren*, 30, 1996, section 1, p.4.

1910. 덴마크에서 농약의 완전 금지를 계획하는 외코반스파이레트(ØkoVandspejlet) 같은 환경 단체가 주장하는 가장 중요한 근거가 바로 이것이었다(Teknologirådet 1997).

1911. Raloff 1997.

1912. McLachlan 1997.

1913. *Ingeniøren*, 1997, 47, http://www.ing.dk/arkiv/hormon5.html.

1914. 1997년, EPA Online에 인용된 린 골드먼(Lynn Goldman) 박사의 말. "루이지애나 주 뉴올리언스의 영향력 있는 툴레인 대학교가 최근 에스트로겐성 화학물질의 시너지 효과에 대한 연구 결과를 철회했음에도 미국 환경보호청(EPA)은 내분비 장애와 관련된 연구나 정책을 바꾸지 않을 것이라고 밝혔다" (Key and Marble 1997b).

1915. Wolff et al. 1993.

1916. Wolff et al. 1993:648.

1917. 미국 의회는 롱아일랜드와 미국 북동부 지역의 대규모 유방암 연구 프로젝트에 자금을 배정했다(Safe 1997b).

1918. Anon. 1993b.

1919. Anon. 1993c에 요약된 내용.

1920. Davis and Bradlow 1995.

1921. Greene and Ratner 1994.

1922. Greene and Ratner 1994.

1923. Colborn et al. 1996:182. 이 책을 읽으면서 "(환경 오염 물질과 유방암 사이의) 매우 미약하고 한심한 상관 관계를 가급적 설명하고자 했다"는 테오 콜본의 단언을 믿기가 얄궂기도 하고 어렵기도 했다(PBS Frontline 1998).

1924. Colborn et al. 1996:182. 그러나 유방암을 논하는 부분 전체에 걸쳐 사망률과 발병률을 혼동하고 있는 것처럼 보인다.

1925. ACS 1999; CDC 2001a.

1926. Hulka and Stark 1995.

1927. Hulka and Stark 1995.

1928. Safe 1997a, 1998; Davidson and Yager 1997.

1929. NRC 1999:243-4.

1930. NCR 1999:258ff.

1931. Crisp et al. 1998:23; NRC 1999:263도 참조.

1932. NCR 1999:263.

1933. Tarone et al. 1997:251.

1934. Krieger et al. 1994:589.

1935. "전체적으로 봤을 때, 1995년 이전에 발표된 이런 연구들은 DDT 대사 부산물이나 PCB와 유방암 위험도 사이의 연관성을 적절히 뒷받침해주지 못한다"(NCR 1999:250).

1936. 대규모 연구: Lopez-Carrillo et al. 1997; Hunter et al. 1997; Veer et al. 1997; Hoyer et al. 1998; Olaya-Conteras et al. 1998; Moyish et al. 1998; Dorgan et al. 1999. 소규모 연구: Sutherland et al. 1996; Schecter et al. 1997; Liljegren et al. 1998; Guttes et al. 1998; COC 1999:5; NRC 1999:251-5 참조.

1937. Veer et al. 1997; NRC 1999:256 참조.

1938. COC 1999:6.

1939. COC 1999:5. 이른바 제1형 오류(제1장의 파일 박스 문제에서 설명했던 문제점이 바로 이것이다). NRC(1999:257-8)도 똑같은 조사 결과를 내놓았다.

1940. COC 1999:2; NRC 1999:258.

1941. NRC 1999:258.

1942. COC 1999:6.

1943. COC 1999:6.

1944. NRC 1999.

1945. NRC 1999:6.

1946. NRC 1999:272.

1947. NRC 1999:266-8.

1948. NRC 1999:272.

1949. NRC 1999:272.

1950. Crisp et al. 1998.

1951. Crisp et al. 1998:26.

1952. "거의 모든 자료의 한계 때문에, 결론이 빈약해 보일 것이다"(Crisp et al. 1998:26).

1953. Crisp et al. 1998:14.

1954. Marshall 1991:20.

1955. Ames and Gold 1998:214.

1956. Marshall 1991:20.

1957. Meyerhoff 1993.

1958. Anon. 1999c.

1959. Anon. 1999c.

1960. Dunlap and Beus 1992.

1961. Dunlap and Beus 1992.

1962. NRC 1996:303; EPA database 1998b도 참조.

1963. NSC 1999:16.

1964. Pimentel et al. 1992은 농약 사용에 따르는 직접 이득이 160억 달러, 직접 비용은 40억 달러이며, 추가로 80억 달러가 더 든다고 발표했다. 직접 비용과 이득을 서로 비교하거나 또는 총 비용과 총 이득을 비교하는 것은 의미 있는 일이지만, 직접 비용과 온갖 간접 비용, 총 지출, 소득 등을 마구 비교하면 왜곡된 결과를 얻게 된다. 직접 소득을 총 지출과 비교하는 것은 의미가 없다. 그런데 피멘텔이 바로 이렇게 비교하고 있다(그들은 온갖 간접 지출 목록을 작성해놓았지만 간접적인 이득, 특히 과일과 채소의 가격이 낮아져서 소비량이 늘어났을 때 암 발생률이 줄어드는 이득에 대해서는 결코 평가하지 않았다). 게다가 피멘텔의 가정 중에서 많은 부분이 미심쩍다. 새의 가치에 대한 연구를 제

대로 참고했는지 밝히지도 않은 채 죽은 새 한 마리의 가치를 30달러로 간주해서, 새의 죽음으로 인한 비용을 전체 손실액 80억 달러 중 무려 20억 달러로 평가한 것이 한 예다.

1965. 이 방법은 경제적 비용과 이득만을 평가하지만(따라서 이 두 가지를 서로 비교할 수 있다), 대개는 일반적인 균형 모델을 채용함으로써 부차적인 경제 효과까지도 설명해준다.

1966. Knutson and Smith 1999:114; Gray and Hammit 2000. 이전의 추정치를 보려면 Knutson et al. 1990a, 1990b, 1994 참조.

1967. Gray and Hammit 2000.

1968. Socialdemokratiet 1996; Det radikale Venstre 2000; SF(Gade 1997), Enhedslisten(Kolstrup) 1999.

1969. http://mstex03.mst.dk/fagomr/02050000.htm.

1970. Ayer and Conklin 1990; Smith 1994.

1971. Bichel Committee 1999a:7 참조.

1972. Bichel Committee 1999a–g.

1973. 자유로운 최선의 선택과 농약 사용 억제라는 최선의 선택을 가정했을 때 모델의 비용 추정치(Bichel Committee 1999c:78). "대수롭지 않다"라는 말은 Bichel Committee 1999a:134–5에서 인용.

1974. 예를 들어, Bichel Committee 1999c:78 참조.

1975. Bichel Committee 1999c:78. 살포 횟수는 농약 사용량을 알 수 있는 최고의 지표로 간주한다. 결론의 핵심은 43% 감소임을 주목하라(Bichel Committee 1999a:134). 그러나 여기서는 최적화되지 않은 현재의 농업 생산량과 최적화된 미래의 생산량을 비교하고 있다. 따라서 어떤 작물이 가장 효율적인지 농부들에게 알려주는 모델에 추가 이득이 있을 것이라는 가정이 포함되어 있다. 만약 이것이 가능하다면(단순히 모델 안의 제한된 정보가 낳은 결과가 아니라, 모델이 농부들보다 더 많은 것을 안다고 가정한다면) 그러한 정보와 거기에 따른 작물 선택의 변화는 농약 문제와는 별도의 것이다.

1976. Bichel Committee 1999a:132ff.

1977. Bichel Committee 1999c:78.

1978. Bichel Committee 1999a:133. 1992년의 통화로 31억 덴마크 크로네(Krone). 9%는 총 농업 생산량 추정치인 350억 크로네의 9%라는 뜻이다(Statistics Denmark 1997a:436).

1979. 만약 농약 사용량 감소로 1998년과 같은 비율, 즉 9%에 해당하는 1,252억 달러(USBC 2001b:452) 상당의 농업 생산이 감소한다면, 총 GNP 9조 2,360억 달러

(USBC 2001b:456)에서 이 감소분을 계산하면 370억 달러가 된다. 물론, 기후, 생산, 시장, 기술 등에서 커다란 차이가 있다는 것을 감안하면 추정치는 거의 정확하다고 볼 수 있다.

1980. Bichel Committee 1999a:130.

1981. 농업 생산의 비율을 고려하면 230억 달러(18%)가 되고, GNP 중에서는 740억 달러(0.8%)가 된다.

1982. Bichel Committee 1999a:129.

1983. Bichel Committee 1999a:129; 1999g:69.

1984. 농업 생산의 비율을 고려하면 930억 달러(74%. 물론 이 비용이 농업 생산의 감소 때문만은 아니라는 점을 주목하라. 그러나 이 수치는 여기에서 대리 지표로 사용되었다)가 되고, GNP 중에서는 2,770억 달러(3%)가 된다.

1985. 그러나 농약 사용의 최적화는 오직 최선의 상황만을 가정한 추정치라는 점을 염두에 두어야 한다.

1986. Ford et al. 1999.

1987. 여기서는 제3세계에서 농약을 금지시킬 경우의 결과는 분석하지 않겠다. 제3세계에서 만약 농약 사용이 금지된다면 물가가 훨씬 더 크게 오를 것이고, 정치적 불안, 기근 등이 이어질 가능성이 크다.

1988. Bichel Committee 1999b:155ff; Knutson et al. 1994; Zilbermann et al. 1991 참조.

1989. Ritter et al. 1997:2,027. 유기농법으로 경작하는 밭 주위에 새들이 더 많다는 얘기(Bichel Committee 1999d:188)가 자주 들려오는 것은 다소 역설적이다. 유기농법이 숲과 삼림 지대를 얼마나 더 많이 잠식하는지를 밝히지 않는 이상 이런 정보는 아무 쓸모가 없기 때문이다.

1990. Zilbermann 1991:520; Ritter et al. 1997:2,027. 덴마크의 전체 예산 중 식량에 사용되는 몫은 16%이며, 미국에서는 약 8%이다(Meade and Rosen 1996).

1991. Edgerton et al. 1996:108-10; Knutson and Smith 1999:109; Lutz and Smallwood 1995. Patterson and Block 1988:284은 소득이 증가함에 따라 과일과 채소의 상대적인 섭취량도 늘어난다는 것을 보여준다.

1992. Lutz and Smallwood 1995. 다른 사람들보다 감자를 더 많이 섭취하는 것 역시 전분의 주된 공급원이라는 점에 주목하라. 그러나 감자는 암의 발생 빈도를 줄이는 데는 도움이 되지 않는다(WCRF 1997:540).

1993. Ritter et al. 1997:2,027.

1994. 7%와 31% 사이에서 최선의 추정치(WCRF 1997:540).

1995. 과일 169그램과 채소 128그램(감자 189그램은 빠져 있다. 감자는 WCRF 1997:540에서 제외되어 있다)(ERS 1998:표 9-2, 9-3).

1996. 선형적 관계를 고려한 추정과 유사하다. 원래 추정치는 WCRF(1997:540)에도 나와 있는데, 59만 3,100명 중 4.6%이다(ACS 1999:4). 과일과 채소의 가격 상승이 일반적으로 고기의 가격 상승으로 이어지지는 않을 것이다. 사료를 자유롭게 수입할 수 있기 때문이다(Bichel Committee 1999c:68). 따라서 소득 효과가 고기와 지방의 섭취량 감소로는 이어지지 않을 가능성이 크다. 게다가 이처럼 섭취량이 낮아진다면 섬유질의 섭취량 역시 줄어들 것이다(Patterson and Block 1988:284).

1997. Gillman 1996.

1998. WCRF 1997:512 외 여러 곳.

1999. NRC 1996.

2000. Ritter et al. 1997:2,030.

2001. Ritter et al. 1997:2,030.

2002. Abelson 1994.

2003. 만약 어떤 한 나라에서 농약만 규제하고 수입 농산물은 규제를 하지 않을 경우, 해외에서 농약을 사용해 재배한 과일과 야채를 수입하게 될 것이다. 그러면 소비자들은 여전히 싼값으로 그것을 살 수 있고, 농산물 가격은 사실상 조금밖에 오르지 않을 것이다(야채의 소비량이 2%만 감소해도 매년 암에 걸려 목숨을 잃는 미국인이 거의 2,000명이나 늘어나리라는 점에 주목하라). 이런 방법을 통해 과일과 야채의 값이 크게 오르는 것을 피하면서도 농약에 오염되지 않은 지하수를 쓸 수 있게 될지도 모른다. 그러나 농약으로 인한 위험 중에서 식수가 차지하는 비중이 매우 낮기 때문에 이것이 건강에 분명한 영향을 미치지는 못할 것이다(도표 124). 결국은 심미적인 이익(깨끗한 식수)을 위해 200억 달러의 돈을 지출하게 되는 셈이다. 따라서 위의 내용에서는 사람들이 총체적이고 일관된 해결책을 선택할 것이라고 가정했다.

2004. 이 장에서는 생물 종의 수를 생물 다양성의 정의로 사용했다. 그러나 생물 다양성이라는 말에는 일정 부분 겹치는 다른 의미도 당연히 포함되어 있다. 서식지의 수나 유전적 변이의 규모 등이 그런 예다. UNEP 1995 참조.

2005. Myers 1979:4-5.

2006. Lovejoy 1980.

2007. Gore 1992:28.

2008. Diamond 1990:55.

2009. Wilson 1992:280; Regis 1997:196; Mann 1991:737.

2010. 마이어스의 연구에서처럼 1,000만 종을 근거로 삼은 것. Stork(1997:62)에서 재인용.

2011. 울프스트랜드(Ulfstrand)는 생물 다양성에 대한 내용을 요약하는 장에서 앞으로 50년 안에 그 수가 절반으로 줄어들 것이라는 마이어스의 단언을 인용하면서 "생태학자와 진화생물학자들은 이런 추정치에 대체적으로 동의하고 있다"고 기술했다(1992:3). 브룬트란트 보고서는 만약 새로운 자연 관리 시스템이 시급히 제도화되지 않는다면 "더 장기적인 관점에서 오늘날 존재하는 생물 중 적어도 4분의 1, 혹은 3분의 1, 아니 어쩌면 이보다 훨씬 더 많은 종이 사라질 수 있다"고 말한다(WCED 1987:152). 인터넷 사이트인 Web of Life는 매년 5만 종의 생물이 죽고 있다고 말한다(http://www.weboflife.co.uk/weboflife/press_centre/pr_0006006.html). 〈유엔 크로니클(UN Chronicle)〉에는 "UNEP가 현재 살아 있는 생물 종 중에서 최고 25%가 인간의 한 생애에 해당하는 기간 동안 멸종될지도 모른다고 예언했다"는 내용의 기사가 실렸다(Anon. 1992a:52). 그린피스는 자신들의 웹사이트에서 "지구상에 살고 있는 생물 종의 절반이 앞으로 75년 안에 사라질 가능성이 큰 것으로 전망된다"고 주장했다. 내가 덴마크의 일간지 〈폴리티켄〉에서 이 내용을 비판한 뒤, 이 문서는 그린피스 덴마크 의장의 요청으로 삭제되었다(1998년 2월 18일, www.greenpeace.org/~comms/cbio/bdfact.html). 이 장의 내용은 대부분 Simon and Wildawsky 1995에 근거한 것이다.

2012. Botkin and Keller 1998:235.

2013. UNEP 1995:204–5.

2014. UNEP 1995:208.

2015. Stork 1997:50.

2016. Stork 1997:56–8.

2017. 이것은 에를리히의 주장이기도 하다(Ehrlich 1995:224). "여론은 카리스마적인 대형 포유동물이 감소했다는 발표에 흔들리지만, 멸종과 관련된 이슈는 과학적인 연구에 의해 그 만큼 흔들릴 가능성은 사실상 별로 없다……. 평범한 사람들은 판다나 고래에게 쉽게 친근감을 느낀다."

2018. 예를 들어, WCED 1987:155ff.

2019. Myers 1983.

2020. Pimentel et al. 1997; Constanza et al. 1997. 콘스탄차 등이 언급한 전세계 GDP의 180%라는 수치가 틀린 것으로 보인다는 점을 주목하라(Pearce 1998; IMF 2000a:113).

2021. 예를 들어, Pimentel and Pimentel 1999:423; Janetos 1997. 브룬트란트 보고서(WCED 1987:155)는 "생물의 유전 물질 속에 내재되어 있는 경제적 가치만으로도 생물 종의 보존을 정당화하기에 충분하다"고 주장한다.

2022. 예를 들어, Pearce 1998; Pimm 1997; Sagoff 1997 참조.

2023. Simpson and Sedjo 1996; Simpson and Craft 1996. 심슨과 세지오는 500만 종 중 최종 종의 가치가 10~37달러에 불과하다는 사실을 밝혀냈는데, 이는 어처구니없을 정도로 작은 수치다(1996:24). 따라서 두 사람은 "생물 다양성이라는 기대에서 생겨난, 종의 보존에 대한 경제적 유인 효과는 무시할 만한 수준"이라는 결론을 내렸다(1996:31). 심슨과 크래프트도 전세계 모든 종 중 25%의 가치를 1,110억 달러, 즉 전세계 연간 GDP의 0.4%로 추정했다(1996:16–17).

2024. Kaplan 1998; Cambell 1993. 브룬트란트 보고서도 잎에서 발생하는 곰팡이 때문에 1970년 미국의 옥수수 생산이 커다란 타격을 입었으나 멕시코 산 옥수수에서 추출한 유전 물질에 의해 구원받았다는 비슷한 사례를 제시한 바 있다(WCED 1987:155).

2025. De Quattro 1994.

2026. UNEP 1995:202.

2027. May et al. 1995:3.

2028. Ehrlich and Wilson 1991:759.

2029. Botkin and Keller 1998:235–6.

2030. Steadman 1995; Goudie 1993:115ff를 참조할 것.

2031. Diamond 1990:56.

2032. Reid 1992:55.

2033. Myers 1979:4–5.

2034. Myers 1979:4는 자신이 유일하게 참고한 문헌의 내용 "현재까지 전세계의 멸종률은 1세기마다 약 1만 종으로 추정된다"(Holden 1974:646)로 보아 이 수치가 100이 되어야 하는데 1,000이라고 썼다.

2035. Myers 1979:4.

2036. Myers 1979:5.

2037. Lovejoy(1980:331)는 563e3/3e6=18.75%, 또는 1,875e3/1e7=18.75%라고 썼다.

2038. Lovejoy 1980:330, 그래프 D 사용.

2039. 여기에는 "서식지 상실, 유독성 물질, 부영양화, 사막화, 온대 지역 삼림의 단순화, 산성비 등"으로 인한 감소 추정치 8%도 포함된다(Lovejoy 1980:331, note E).

2040. 삼림을 다룬 장에서 이미 살펴본 내용. Broecker 1970 참조.

2041. 예를 들어, Stork 1997:57 참조.

2042. 이번에도 역시 에를리히의 지적이 생각난다. "여론은 카리스마적인 대형 포유동물이 감소했다는 발표에 흔들리지만, 멸종과 관련된 이슈는 과학적인 연구에 의해 그만큼 흔들릴 가능성은 사실상 별로 없다……. 평범한 사람들은 판다나 고래에게 쉽게 친근감을 느낀다."(Ehrlich 1995:224)

2043. 예를 들어, Simberloff 1992.

2044. 이는 1970년대 말 래퍼(Laffer)가 로널드 레이건에게 쉽게 설명하기 위해 냅킨에 그린 경제 그래프인 래퍼 다이어그램과 비슷하다. 이 도표는 레이거노믹스의 지적인 배경이 되었다.

2045. Mann 1991:737.

2046. Simberloff 1992:85. 심버로프는 3종의 새가 멸종되었지만 그 중 2종은 삼림 벌채 때문이 아닐 가능성이 크다고 설명했다.

2047. Lugo 1988:66.

2048. 만약 생물이 서식할 수 있는 공간이 좀더 다양해진다면 더 많은 새가 살 수 있게 될 것은 명백하다. 따라서 이 사실에 그리 놀랄 필요는 없다. 가장 의미 있는 연구 결과는 멸종된 새가 7종밖에 안 된다는 사실이다.

2049. Lugo 1988:60.

2050. Myers 1979:43.

2051. Colinvaux 1989:68.

2052. Mann 1991:737에서 재인용.

2053. Mann 1991:736에서 재인용.

2054. Mann 1991:736에서 재인용.

2055. Mann 1991:736에서 재인용.

2056. Mann 1991:736에서 재인용.

2057. 국제자연보존연맹(IUCN), http://www.iucn.org.

2058. Heywood and Stuart 1992:93.

2059. Heywood and Stuart 1992:94.

2060. Heywood and Stuart 1992:96, 고딕체는 필자가 덧붙인 것.

2061. Gentry 1986.

2062. Diamond 1990:56; Heywood and Stuart 1992:96.

2063. Mann 1991:738에서 재인용.

2064. Heywood and Stuart 1992:96.

2065. Brown and Brown 1992:121.

2066. Brown and Brown 1992:127, 고딕체는 필자가 덧붙인 것. 그러나 지상에서 과일을 먹고 살아가는 대형 조류로 브라질 북동부의 알라고아스 해안 저지대의 몇몇 숲에서만 사는 것으로 알려진 미투미투(Mitumitu)가 지금은 개인이 키우는 소수를 제외하고는 야생에서 멸종했을 가능성이 크다는 점에 주목하라(Baillie and Groombridge 1997, http://www.wcmc.org.uk/species/data/red_note/18610.htm, Fog 1999:133).

2067. Brown and Brown 1992:127.

2068. Brown and Brown 1992:127. 포그는 그때 이후로 식물 10종이 멸종된 것으로 발표되었다고 밝혔다(Fog 1999:133).

2069. Brown and Brown 1992:128.

2070. Heywood and Stuart 1992:98.

2071. Heywood and Stuart 1992:102. 여기서 문제는 이 놀라운 수치들을 실증하는 데 필요한 경험적인 자료들이 있는지, 아니면 대규모 멸종률이 미래에 현실화될 것이라고 연구자들이 그저 걱정하고 있을 뿐인지이다.

2072. Holden 1992:xvii.

2073. Stork 1997:60–1.

2074. Smith et al. 1993.

2075. Stork 1997:61은 800만 종의 곤충 중에서 10만~50만 종이 앞으로 300년 안에 멸종될 것이라고 추정한다. 이는 10년마다 최대 0.208%에 해당하며, 평균치인 35만 종을 감안한다면 50년마다 0.729%가 감소하는 것에 해당한다. 이 수치는 이 장의 첫머리에서 언급했다.

2076. 현재 무척추동물이 생물의 대부분을 차지하고 있고 이들의 평균 생존 기간이 11e6년(May et al. 1995:3)으로 추정되므로 50년 동안 멸종률이 1,540배 더 높아진다면 1500×(1/11e6)×50=0.7%가 될 것이다. 오늘날 대부분의 환경 단체가 더 이상 퍼센트를 들먹이지 않고, 현재의 멸종률이 자연적인 멸종률의 몇 배나 되는지만 언급하기 시작했다는 점도 생각해볼 가치가 있다. 하지만 정보라는 측면에서 본다면 후자의 수치는 훨씬 더 쓸모가 없다. 환경 단체의 이야기가 이처럼 바뀌는 데는 후자의 수치가 더 불길하게 들린다는 점이 적지 않은 역할을 했을 가능성이 큰 것 같다.

2077. Stork 1997:62–3의 개요 참조.

2078. Sagoff 1995; FAO 2000d:207; Victor and Ausubel 2000.

2079. UNDP 1995:12.

2080. UNDP 1995:244.

2081. 무척추동물의 평균 생존 기간 11e6년(May et al. 1995:3)을 계산에 적용하고, 위의 인용에서 멸종률을 자연적인 멸종률의 200~2,000배로 해석하면("수천 배는 되지 않을망정"이라는 것은 9,999배까지는 아니더라도 말 그대로 수천 배는 될 수 있음을 의미한다), 200×(1/11e6)×50=0.09%와 2000×(1/11e6)×50=0.9%가 된다. UN 보고서의 저자들은 자연적인 멸종률의 1,000배를 50년마다 2%(UNDP 1995:235)와 대조할 때, 생물 종의 평균 생존 기간을 비교적 짧게 잡아서 앞으로 50년 동안 멸종률이 0.4~4%라는 결론을 내리는 등 그리 일관적인 태도를 보여주지 못했다.

2082. 그들은 열대림의 멸종률이 "하루 50~150종이며, 계속 증가하고 있다"고 주장한다(Myers and Lanting 1999).

2083. Western and Pearl 1989:xi.

2084. Ehrlich and Ehrlich 1996:112-13.

2085. Diamond 1989:41.

2086. Diamond 1989:41.

2087. http://www.biodiv.org/conv/background.html.

2088. CBD 1992:제10조.

2089. Mann and Plummer 1993.

2090. 한 야생생물 보전 프로젝트 참가자는 "가히 미친 소리처럼 들리겠지만 이것이 바로 과학이 지향하는 바이다"고 정확하게 지적했다(Mann and Plummer 1993:1868).

2091. WCED 1987:152.

2092. http://www.weboflife.co.uk/weboflife/press_centre/pr_0006006.html.

2093. WI 1999a:19, 앨 고어도 같은 말을 했다(1992:92).

2094. 지구 온난화는 지구의 기온이 온실 효과 때문에 상승할 것이라는 우려를 말한다. IPCC가 사용하는 전문적인 정의는 인간 활동에서 기인하는 좀더 포괄적인 기후 변화이다(IPCC 2001a:용어 해설). 이는 모든 기후 인자의 상태나 변이에서 변화가 초래되는 것을 의미한다.

2095. 다소 역설적으로 보이겠지만, 20~30년 전만 해도 거의 모든 사람들이 빙하시대가 다가온다고 걱정했다(Bray 1991).

2096. PCSD 1999:10.

2097. WI 2000a:16.

2098. UNDP 1998b:4.

2099. DiCaprio 2000. 앨 고어는 지구 온난화를 가리켜 "우리 문명이 직면하고 있는

가장 심각한 문제"라고 말했다. Carrel 1994에서 재인용.

2100. Chumley 2001.

2101. Greenpeace 2000.

2102. WI 2000a:17.

2103. Greenpeace 2000. IPCC의 다음과 같은 발언 참조. "적어도 전세계적인 차원에서 본다면, 화석연료의 부족은 기후 변화를 진정시킨다는 입장에서 별로 중요한 문제가 아니다"(IPCC 2001c:TS.3.2).

2104. Greenpeace 2000.

2105. WI 1999a:35.

2106. WI 1999a:35; Hoffert et al. 1998:884.

2107. 예를 들어, Michaels and Balling 2000:7-9을 참조할 것.

2108. DiCaprio 2000. 다른 발언과 매우 흡사하다. 예를 들어, Clinton 1999. 2000.

2109. http://www.ipcc.ch. 따라서 이 장에서 IPCC가 얼마나 진실을 매도하고 있는지에 대해서는 별로 비판하려 하지 않을 것이다. IPCC의 보고서는 흔히 언론에서 과학자 2,000명의 연구 결과로 언급되지만, 그 수를 세어보면 주요 집필자가 약 80명에 불과하다. 그리고 기후 모델을 이용해서 실제로 연구를 수행하는 사람은 이보다 더 적다. 그러나 그 연구 결과가 직접적으로든 간접적으로든 거의 2,000명의 과학자와 관리의 승인을 받고 있는 것은 사실이다. 그러나 이 문제에 관심을 가진 과학자 대부분은 기후 연구 중에서 다소 주변적인 분야에서 일하고 있음을 인식해야 한다. 어떤 사람이 대서양 해저의 선사 시대 조개류에 대해 전문적인 지식을 갖고 있다는 이유만으로 기후 모델에 판단을 내리고 기후를 예측할 수 있는 자격을 갖게 된다면 그것은 결코 바람직한 일이 아닐 것이다. 그러나 인류에 대한 이산화탄소의 위협이 어느 수준을 유지하지 못한다면 어떤 분야는 연구비를 받기가 더욱 어려워질 것임은 분명하다. 따라서 IPCC의 컴퓨터 모델 연구 결과에 반대 의견을 내놓으려면 상당한 용기와 대단히 강한 신념이 필요하다. 어느 한 사람의 연구비뿐만 아니라 다른 모든 사람의 연구비도 여기에 달려있기 때문이다(Laut 1997:41-2도 참조).

2110. 예를 들어, Ross and Blackmore 1996; Mahlman 1997; Karl and Trenberth 1999 참조.

2111. 2100년에 이산화탄소는 지구 온난화에 미치는 전체 영향력의 68%(A2 시나리오)에서 97%(B1 시나리오)를 차지할 것으로 전망된다(IPCC 2001a:표 6.14). IPCC 1996a:24; 1997a:8도 참조할 것.

2112. IPCC 2001a:1.2.1; Ross and Blackmore 1996:135; IPCC 1996a:57.

2113. 1980년대의 수치를 보려면 IPCC 1996a:79를 찾아볼 것. 1990년대의 수치는 아직 입수되지 않았다. IPCC 2001a:표 3.3.

2114. IPCC 2001a:3.2.2.4, 1996a:79.

2115. IPCC 2001a:3.1.

2116. Met Office 2001.

2117. IPCC 2001a:2.3.2.

2118. NOAA의 고기후학 프로그램(Paleoclimatology Program)에서 제시하는 다른 많은 지표들을 참조할 것(NOAA 2001).

2119. Jäger and Barry 1990:335.

2120. 1만 5,000~6,000년 전부터 매년 약 1센티미터씩 해수면이 높아졌다. IPCC 2001a:TS:B4, 11.2.4.1, 도표 11.4.

2121. "충적세 초기는 전반적으로 20세기보다 더 따뜻했다." IPCC 2001a:2.4.2, 표 2.4; Jäger and Baerry 1990:337 참조.

2122. IPCC 2001a:2.4.2.

2123. IPCC 2001a:2.4.2 ; Petit et al. 1999.

2124. IPCC 2001d:도표 1.

2125. 예를 들어, NAST 2000:13 ; Hileman 1999:16.

2126. Mann et al. 1999:762.

2127. IPCC 2001a:2.3.5.

2128. 예를 들어, Kerr 1999.

2129. Reiter 2000는 유빙(流氷)이 남쪽으로 멀리까지 이동하여 에스키모들이 카약을 타고 스코틀랜드에 상륙했다는 여섯 건의 기록을 밝히고 있다.

2130. Burroughs 1997:109 참조.

2131. Reiter 2000.

2132. Mann et al. 1999:762.

2133. Jäger and Barry 1990:335; *Encyclopedia Britanica*:충적세.

2134. Dillin 2000, *Encyclopedia Britanica*:충적세.

2135. *Encyclopedia Britanica*:충적세.

2136. Jäger and Barry 1990:337; IPCC 1990:202.

2137. IPCC 2001a:2.3.3.

2138. Mann et al. 1999:760, 761.

2139. IPCC 2001a:2.3.2.1.

2140. IPCC 2001a:2.3.2.1. Mann et al. 1999:760은 1400년부터의 다른 자료를 이용해서 나무의 나이테 자료에 혹시 있을 수도 있는 방해 흔적을 제외시키려고 노력했다.

2141. 예를 들어, Barnet et al. 1999:2,636의 리뷰 참조.

2142. 이 수치가 20세기 기온보다 낮은 것은 1881~1960년의 기온 자료에 근거하여 재조정했기 때문이다. 이 기간 동안 측정된 기록은 1961~1990년의 기온보다 0.17℃ 낮았다.

2143. Barnett et al. 1999:2,635.

2144. IPCC 2001a:2.4.2; Kerr 1999; Broecker 2001.

2145. IPCC 2001a:2.4.2; Cowen 1996. 기후 변화가 별로 나타나지 않은 것은 (대규모 기후 변화가 서로 다른 시기에 지역적으로만 발생해서) 결국 평균치 작성에 함몰되어 버렸기 때문이라고 할 수도 있을 것이다. 그러나 앞에서 이미 보았듯이 1000~1400년에는 그런 설명이 들어맞지 않는다. 이 시기의 기록은 주로 북아메리카의 나무 나이테 자료를 바탕으로 하고 있으며, 그보다 나중의 기록은 Jones et al. 1998과 Pollack et al. 2000에 상반되는 것처럼 보인다.

2146. 도시의 열기를 감안해서 기온 자료를 어떻게 조정(거의 모든 온도 측정 장비가 대도시 가까운 곳에 설치되어 있는데, 대도시는 시간이 흐를수록 점점 더 비대해져서 더 많은 열기를 발산하고 끌어들인다)할 것인가에 대해 폭넓은 논의가 있었지만 여기에서는 이런 논의를 다루지 않을 것이다(예를 들어, Burroughs 1997:114 참조). 오류의 범위가 그리 크지 않은 것 같기 때문이다. Peterson et al. 1999은 오랜 시간에 걸쳐 시골의 측정 기지 자료만으로도 기본적으로 똑같은 전세계 기온 변화를 보여주었다. IPCC는 지난 1세기 동안의 기온 측정 오류가 0.05℃ 이하일 것으로 추정한다(IPCC 2001a:2.2.2.1).

2147. IPCC 2001a:2.2.2.3.

2148. Barnett et al. 1999:2,637; IPCC 2001a:2.2.2.4.

2149. Tett et al. 1999은 "20세기 초엽의 온난화 원인을 밝히기가 더 까다롭다는 사실이 증명되었다"고 밝혔고, Delworth and Knotson 2000은 기온 변화 곡선의 모델을 작성하려면 '대단히 큰' 자연적 변화가 있어야 한다고 밝힌 바 있다. 대체로 시뮬레이션으로는 1910~1945년의 기온 상승을 제대로 구현할 수 없다(예를 들어, Barnett et al. 1992:2,634; IPCC 1997c:30 참조). 기온 자료를 이런 식으로 해석하는 것에 대해 비판과 회의를 표현하는 사람들이 생겨났다. 기상학 명예교수이며 유엔 세계기상기구의 전 사무총장 악셀 윈 닐센(Aksel Wiin-Nielsen)은 20세기 초기의 기온 변화가 자연적인 것이므로 후기의 기후 변화가 자연적인 것일 리 없다는 주장을 받아들이기 어렵다고 주장한다(Christensen and Wiin-Nielsen 1996:58-9).

2150. IPCC 2001a:6.15.1, 12.2.3.1, 도표 12.7, 8.6.4. IPCC 2001a:6.11.1.1.2에는 과거의 태양 복사량 변화에 대한 과학적인 이해 수준이 "매우 낮다"고 밝혀져 있다.

2151. IPCC 1990:xvii-xviii.

2152. IPCC 1992:75. IPCC 1995 참조.

2153. IPCC 2000a&b, 2000a:27.

2154. IPCC 2000a:46. 기준 시나리오 4개와 A1에서 제시된 예증적 시나리오 2개.

2155. IPCC 2000a:169ff.

2156. 한번도 명시적으로 언급된 적은 없지만 시나리오 중 유독 하나를 이처럼 특별 취급하는 것은 A1 시나리오가 '현재 추세'를 가장 잘 반영하고 있는 시나리오이기 때문인 듯하다. 비록 A1 시나리오를 더 쪼개다보면 이런 이점이 바로 사라져버리기는 하지만 말이다.

2157. IPCC 2000a:3.

2158. IPCC 2000a:46.

2159. IPCC 1996a:323.

2160. IPCC 1996a:364.

2161. IPCC 1996a:5.

2162. IPCC 2001d:6.

2163. 요소 사이의 역학 관계에 대한 기본적인 설명을 보려면 IPCC 2001:TS:박스 3, 1997c를 참조할 것.

2164. IPCC 2001:TS: 박스 3 참조.

2165. Kerr 1997a.

2166. 모수화로는 (지극히 비선형적인) 실제의 상호 작용을 모델화하기 어렵고 다만 기능적인 관계만을 제공할 따름이다. IPCC 1997c:2 외 여러 곳; Christensen and Wiin-Nielsen 1996:23 참조.

2167. "기후 모델을 이용해서 미래의 기후를 전망하고 있다"(IPCC 1996a:31). 참고로 컴퓨터 모델은 "인간의 활동이 기후에 어떤 영향을 미치는지 측정할 수 있는 유일한 방법"이다(Burroughs 1997:148).

2168. IPCC 2001a:TS:D1, 1.3.1, 7.2.1.

2169. IPCC 1996a:295.

2170. Shine et al. 1999:212-13; Hansen et al. 1998:12,757-8.

2171. Mitchell et al. 1995.

2172. 앞에서 지적했듯이, 기온 상승분 중 일부는 태양 복사량의 증가로 설명될 수

있을지도 모른다. 비록 자료가 매우 불확실하기는 하지만 말이다. IPCC 2001a:6.15.1, 12.2.3.1, 도표 12.7, 8.6.4.

2173. IPCC 2001a:5.4.3.

2174. IPCC 2001a:도표 6.6, 5.executive summary.

2175. IPCC 2001a:1.3.1.

2176. 박스와 불확실도의 일부(예를 들어, 비행운과 권운)가 표 6.11에서보다 도표 6.6에서 더 크다는 점을 주목하라. 이 경우에는 표로 작성된 값을 이용했다.

2177. Hansen et al. 2000:9,876.

2178. "1990~2100년까지 온실 가스 농도와 황 에어로솔 부하에 변화를 준 여러 시나리오에 근거하여 기후 변화 시뮬레이션을 평가했다(직접적인 영향만을 고려했다). 일부 AOGCM 시뮬레이션에는 오존층의 효과와 에어로솔의 간접적인 효과가 포함되어 있다(자세한 사항을 보려면 표 9.1 참조). 대부분의 통합 모델에서는 토지 사용의 변화, 광물질 입자, 블랙카본 등 주요하지 않거나 잘 알려지지 않은 인자는 포함되지 않았다." IPCC 2001a:9. executive summary, cf. 9.1.2.

2179. 이런 문제들은 Harvey 2000, Rodhe et al. 2000, Weaver and Zwiers 2000: 572에서 논의되고 있다.

2180. 대부분의 대규모 예측 모델들이 점점 더 일관된 결과들을 내놓기 시작했다는 지적은 사실이다. 그러나 모델을 연구하는 여러 학자들이 지적했듯이, 이는 대형 모델들이 더 정확해졌거나 아니면 모두 똑같은 오류를 저지르기 시작했기 때문일 수 있다(Kerr 1997).

2181. Shine and Forster 1999:220.

2182. IPCC 2001d:5.

2183. Shine and Forster 1999:220.

2184. Hansen et al. 1997.

2185. Jacobson 2001:695; Andreae 2001 참조.

2186. "수증기 피드백은 이산화탄소의 2배 증가에 대응해 대순환 모델들이 제시하는 대규모 온난화 예측에서 일관되게 가장 중요한 역할을 담당하고 있다"(IPCC 2001a: 7.2.1.1).

2187. IPCC 2001a:II.2.1은 현재의 이산화탄소 농도인 367ppm이 2070년 혹은 2200년 이후까지 2배로 늘어날 것임을 보여준다.

2188. Hall and Manabe 1999:2,333; IPCC 1997c:11-12, 2001a:1.3.1; Ross and Blackmore 1996:137.

2189. 2001a:7.2.1.

2190. IPCC 2001a:9.3.4.1.4.

2191. "수증기 피드백의 강도는 지표면의 온도 이상이 대류권으로 어느 정도까지 뚫고 들어가느냐에 따라서 결정된다. 온도 이상이 더 많이 뚫고 들어갈수록 수증기 피드백이 더 강해진다"(Hall and Manabe 1999:2,342).

2192. IPCC 2001a:7.2.1.1.

2193. 예를 들어, Bengtsson et al. 1999.

2194. NRC 2000:41.

2195. IPCC는 2001a:12 실행요약(executive summary)에서 모델과 관찰 결과의 대류권 온도가 서로 다르다는 문제를 중요한 불확실성 중 첫 번째로 인정했다.

2196. Hansen et al. 1995; Hurrell and 1997. 극초단파 측정 자료 역시 상당한 문제를 일으켰다. 기후 변화를 연구하는 NASA 지구 탐사 프로그램에 소속된 한 직원은 극초단파를 연구하는 과학자인 존 크리스티(John Christy)에게 "나는 벽돌과 방망이를 들고 당신을 공격하는 대가로 사람들에게 돈을 지불하고 있습니다"고 말하기도 했다(Royte and Benson 2001c).

2197. Wentz and Schabel 1998은 이른바 궤도 붕괴로 알려져 있는 문제점을 밝혀냈다. 인공위성의 궤도가 지구와 가까워지면 인공위성의 속도가 내려가고 온도가 소폭 낮아지는 듯한 거짓 자료가 만들어지는 것이다. 웬츠와 샤벨에 따르면, 이런 문제로 해서 실제 기온의 변화 추세가 10년마다 −0.05℃가 아니라 +0.07℃로 나타난다는 것이다. 그러나 위성 궤도의 다른 변화(동에서 서로 변화하는 것과 하루 중 시간대에 따른 변화)도 역시 배제되었다가 지금은 계산에 포함되었으므로, 1979~1996년의 진정한 기온 변화 추세는 10년마다 −0.01가 된다. Christy et al. 2000a, 2000b 참조.

2198. NRC 2000; Santer et al. 2000; Gaffen et al. 2000; Parker 2000; IPCC 2001a:2. executive summary. "지표면과 대류권 하부 사이의 추세 차이가 단순히 인위적인 측정의 왜곡에서 비롯된 것이 아니라 실제로 나타나는 현상일 가능성이 매우 크다."

2199. IPCC(2001a:7.2.2.4)는 NCAR 대기권 대순환 모델에서 구름의 영향을 포함시킨 결과, 열대 지역 동부 태평양상에서 커다란 기후 변화가 초래되고 온실 가스 증가에 대한 모델의 반응이 완전히 바뀌었음을 설명하고 있다.

2200. 이 두 부분의 변화는 서로 다른 유형의 구름에서 강수가 떨어지는 속도와 햇빛 및 복사열과 구름의 상호 작용과 관련된 것이었다. Kerr 1997a.

2201. IPCC 2001a:TS:D1.

2202. 2100년에 이르면 4~6.7W/m²인 이산화탄소 효과에 비해 구름의 효과는 약

3W/m²에 이를 것으로 추정된다. IPCC 2001a:7.2.2.4.1, 표 II.3.1.

2203. Lindzen et al. 2001.

2204. Lindzen et al. 2001:도표 5d.

2205. 상층부 구름은 전체적으로 지구를 덥히는 역할을 한다. Svensmark and Friis-Christensen 1997:1,226.

2206. 네거티브 피드백 메커니즘은 〈사이언스〉에 실린 AOGCM 검토 연구에서 추구하고자 했던 것의 하나이다. "매우 장기적인 관점에서 세계의 기후 변화를 조망하면, 대규모 빙하기를 거쳤음에도 지구의 대륙 대부분에서 빙상이 거의 없던 시기가 있으며, 그 동안 태양의 밝기가 지속적으로 증가했고, 대기 중의 이산화탄소 농도가 10배의 변화를 보였는데도 지표면의 온도는 현재의 평균치와 비교할 때 상대적으로 좁은 범위인 약 5℃의 범위 안에 머물러 있었다는 데 가히 놀랄 만하다. 따라서 우리는 그처럼 기후를 안정시켜 지구를 살아 있는 행성으로 유지해준 네거티브 피드백에 대해 더 잘 이해해야 할 필요가 있다" (Grassl 2000).

2207. Lindzen et al. 2001:417.

2208. Lindzen et al. 2001:430.

2209. Lindzen et al. 2001:430.

2210. IPCC 1990:135, 1996a:34, 2001A:9.3.4.1.4. 하버드 대학교의 브라이언 퍼렐 (Brian Farrell)이 다음과 같은 말을 한 것으로 인용되어 있다. "IPCC는 이산화탄소의 2배 증가로 인한 온난화 추정치를 1.5℃에서 4.5℃ 범위에 그대로 남겨두었다. 이 수치는 20년 동안 변하지 않았다" (Kerr 1997a).

2211. '현재 추세' 시나리오는 하나밖에 없고, 이산화탄소가 감소하는 시나리오는 3개가 마련되었다. 따라서 현재 추세 시나리오의 가운데 수치만이 보고되었다(IPCC 1990:xxii, 336).

2212. IPCC 1996a:5–6, 289, 324.

2213. IPCC 1996a:324.

2214. IPCC 2001a:9.3.2.1, 2001d:8.

2215. IPCC 2001a:9. executive summary, 2000a:41.

2216. IPCC 2001a:9.3.1.3.

2217. IPCC 2001a:9.3.2.1.

2218. 그 이유는 단순한 모델이 다른 AOGCM 모델로 조정되었기 때문인 듯하다. 이 모델 중 일부는 놀랍게도 새로운 시나리오들을 돌려보지도 않았다(예를 들어, GFDL_R15_a와 HadCM2; IPCC 2001a:표 9.A1, 표 9.1).

2219. IPCC 2001a:9.3.1.3.

2220. 이 범위가 IPCC의 단순한 모델에 의해서만 결정되었고, A2와 B2 시나리오의 온난화 효과를 약 20% 정도(각각 18%와 23%) 과대 평가한 듯하기 때문이다 .

2221. 대부분의 모델 연구자들은 "오늘날 기후 모델이 적어도 10년 동안은 지구 온난화와 인간의 행동을 서로 연결시킬 수 없을 것이라는 데 동의한다"(Kerr 1997a). "약 10년 후면 지구 관측 시스템이 (대양의 내부를 포함해서) 실시간 근접 자료를 모델에 바로 입력하는 대기-바다-육지 복합 대순환 모델(CGCMs, coupled atmosphere-ocean-land models) 덕분에 실제 기후 변화의 원인이 자연적인 것인지 혹은 인위적인 것인지를 밝히는 것이 가능해질 것이다"(Grassl 2000).

2222. Farman et al. 1985.

2223. 오존층은 15~35킬로미터 높이의 성층권 대부분에 분포되어 있다는 점에서 사실상 '얇다'고 할 수는 없다. 그러나 이 두터운 오존층 전체를 지상으로 가져오면 겨우 약 3밀리미터 두께의 얇은 막을 형성하는 데 불과할 것이다(Blackmore 1996:72).

2224. Blackmore 1996:106.

2225. "오존층 감소는 기후 변화의 주요 원인이 아니다"(WMO/UNEP 1998:31). 도표 139의 성층권 오존 참조.

2226. UNEP 1999c 참조. 이 논문은 약간 다른 측정 방법을 사용했으며, 마지막 기간(1995~1996년)의 수치들은 WI 1999c의 수치와 약간 어긋난다. 그러나 1996~1997년의 생산량에 대해서는 약 5%의 소폭 증가를 가리키는 듯하다. 이러한 증가세가 나타난 것은 주로 중국의 생산량 증가 때문이었다.

2227. WMO/UNEP 1998:18; UNEP 1999b:23.

2228. 구름의 증가와 대기 오염이 대기권을 통과하는 UV-B 복사의 증가 효과를 상쇄할 수 있기 때문에 사람들은 UV-B가 지난 10년 동안 실제로 증가했는지를 증명하는 데 관심을 보였다. 그러나 관측 기기의 불안정함으로 인해 이 사실을 증명하기는 대단히 어려운 것으로 판명되었다(UNEP 1999b:99; Madronich et al. 1998).

2229. UNEP 1999b:9, 13, 108-9.

2230. 자연적인 오존 평형은 천연적으로 생성되는 이산화질소와 메탄에 의해 이루어진다. 그러나 1990년대에 '추가로' 성층권에 진입한 활성 라디칼(active radicals)의 80%는 인간들에 의해 생긴 것이다(Blackwell 1996:83; WMO/UNEP 1998:25).

2231. Molina and Rowland 1974.

2232. 예를 들어, WMO/UNEP 1998:24.

2233. Blackmore 1996:83-5; WMO/UNEP 1998:23.

2234. Blackmore 1996:92.

2235. 협정의 내용은 http://www.unep.org/ozone/treaties.htm에서 구할 수 있다.

2236. UNEP 1999b:11, 90.

2237. UNEP 1999b:11, 23.

2238. UNEP 1999b:24.

2239. UNEP 1999b:103.

2240. "오존층 파괴를 완화시키기 위해 현재 및 가까운 미래에 우리가 취할 수 있는 수단은 대단히 제한되어" 있으며, "장기적으로도 오존층 회복을 강화하기 위해 사용할 수 있는 정책적 방법이 거의 없다"(UNEP 1999b:25).

2241. 예를 들어, Blackmore 1996:115-23 참조.

2242. Smith et al. 1997b, http://www.ec.gc.ca/ozone/choices/index_e.html.

2243. Smith et al. 1997b, http://www.ec.gc.ca/ozone/choices/sect3_e.html.

2244. Smith et al. 1997b, http://www.ec.gc.ca/ozone/choices/sect2_e.html.

2245. 1/1.06으로 추정. 남반구에서는 6%, 북반구에서는 4~7%인 UV-B 복사의 증가 예상치 평균은 6%이다(UNEP 1999b:23).

2246. 남반구에서는 6%, 북반구에서는 4~7%인 UV-B 복사의 증가 예상치(UNEP 1999b:23; UNEP/WMO 1998:18).

2247. Garvin and Eyles 1997:49; Boyes and Stanisstreet 1998.

2248. Anon. 1997c.

2249. ESRC 1997:3.

2250. Kane 1998.

2251. 예를 들어, Ortonne 1997.

2252. ACS 1999:15, 4.

2253. 99% 이상의 기저세포암 환자들이 완치되고 있으며, 편평상피세포암도 97% 이상 완치된다(de Gruijl 1992:2,004).

2254. Longstreth et al. 1998:33; UNEP 1999b:22.

2255. 이것은 해당 지역의 모든 경도를 포함한 평균치이다.

2256. 캘리포니아 주 프레즈노는 북위 36도 47분에 위치하며 캘리포니아 주 베이커스필드는 북위 35도 22분에 위치한다.

2257. 이것은 북위 30~75도, 남위 30~55도에 해당한다.

2258. 남북의 거리만을 잰 것.

2259. IPCC(2001a:12.2.3.2)는 간접적인 태양의 영향을 "관찰 자료의 한계와 짧은

연구 기간 때문에 평가하기가 어렵다"고 지적하면서 "태양의 영향력 증폭에 대한 메커니즘이 잘 확립되지 않았다"고 결론내리고 있다(IPCC 2001a:6.11.2.2). IPCC 1996a:115-17, 424 참조.

2260. IPCC 1996a:117; Wilson 1997. 또한 윌슨은 태양 조사량의 1% 증가가 기온을 1℃ 상승시킨다고 추정한다.

2261. Cubasch et al. 1997:765. Svensmark and Friis-Christensen 1997:1,225은 태양 조사량의 변화가 중요한 요인이 되기에는 너무 미미하다고 밝혔다.

2262. Friis-Christensen and Lassen 1991; Friis-Christensen 1993; Lassen and Friis-Christensen 1995; Svensmark and Friis-Christensen 1997. Calder 1997에서 이에 대한 설명을 볼 수 있다.

2263. Lassen and Friis-Christensen 1995. 이 논문이 2개의 기온 그래프를 결합하는 데 약간의 문제를 보이고 있는 점을 염두에 두어야 한다. Laut and Gundermann 1998 참조.

2264. Zhou and Butler 1998; Burtler and Johnston 1996.

2265. Rossow and Schiffer 1999:2,270.

2266. 실제 영향의 규모에 대해서는 아직도 논쟁이 진행중이다(Svensmark and Friis-Christensen 1997:1,226).

2267. 조사 기간이 훨씬 짧았지만 기본적으로 똑같은 관계를 보여준, 이보다 전에 쓰인 논문(Svensmark and Friis-Christensen 1997:128)이 비판을 받았음을 염두에 두어야 한다. 상층부와 중간부의 구름에 대해 상관 관계도 성립되지 않았고, 관측 자료가 빈약했기 때문이다(Kristjansson and Kristiansen 2000). 이 문제는 Marsh and Svensmark 2000에 제시된 그래프에서 정정되었다. 국제 위성 기후학 프로젝트(International Satellite Cloud Climatology Project)에서 발간한 구름 관측 자료는 Rossow and Schiffer 1999에 가장 잘 제시되어 있다. IPCC가 "우주선 복사가 구름의 양에 영향을 미친다는 증거가 아직 입증되지 않았다"는 입장을 여전히 고수하고 있음에 주목하라(2001a:6.11.2.2).

2268. Svensmark and Friis-Christensen 1997:1,230.

2269. Svensmark and Friis-Christensen 1997:1,226.

2270. Laut 1997:5, 16-17.

2271. Laut and Gundermann 1998. 이 비판적인 논문의 제목 '태양 주기 가설은 지구 온난화에 대해 IPCC를 지지하는 듯하다(Solar Cycle length hypothesis appears to support the IPCC on global warming)'는 얄궂게도 내용과 잘 맞지 않는 듯하다.

2272. Walter 1992는 1893년 세계 콜럼비안 박람회로부터 100년 후의 세상을 예언한, 미국에서 가장 유명한 시사비평가 74명의 이름을 제시하고 있다. 윌리엄 A. 페퍼

(William A. Peffer)는 "인간이 공중을 항해할 것이며 매연이 억제될 것"(p.68)이라는 올바른 예측을 했던 반면, 에라스투스 위먼(Erastus Wiman)은 식량 생산과 토양 침식에 대해 크게 걱정했으며(p.118) 미래의 세계에서는 "군대 유지 비용이 필요하지 않으므로 세금이 최소한으로 줄어들" 가능성이 크다고 생각했다(p.117).

2273. IPCC 시나리오 연구자들은 일부 예언(원자력이 "너무 싸서 계량할 필요조차 없을 것")이 실현 가능성이 높아 보였는데도 사실은 그렇지 않았다는 점, 그리고 일부 예언(19세기 말에는 휘발유를 동력원으로 사용하는 자동차들의 시장 전망이 비관적이라는 것)은 거의 고려 대상이 되지 않았는데도 결국 엄청난 결과를 몰고온 것으로 판명되었다는 점을 강조한다(IPCC 2000a:216).

2274. Ausubel 1995:411.

2275. 기후 모델을 이용해서 훌륭한 예측을 얻고자 한다면, 물론 모델에 정확한 정보를 입력하는 것이 대단히 중요하다. 그렇지 않으면 그저 쓰레기가 입력되고, 쓰레기가 출력되는 것에 지나지 않을 것이다.

2276. "화석연료의 연소로 인한 이산화탄소 배출이 21세기 동안 대기 중의 이산화탄소 농도 변화 추세에 지배적인 영향을 미칠 것이 거의 확실하다"(IPCC 2001d:7).

2277. IPCC 1992:chapter A3, especially p.77.

2278. 이것은 1990년의 원래 시나리오(SA90)와 매우 흡사하다. 이 시나리오는 미래에 "에너지 공급이 석탄에 집중될 것이며, 수요 측면에서 효율성은 그저 그런 정도로만 개선될 것이다. 일산화탄소도 그리 크게 통제되지 않을 것이며, 삼림 벌채가 계속되어 결국 열대림이 고갈되고, 농업에서 배출되는 메탄과 아산화질소의 양을 통제할 수 없게 될 것이다"고 묘사하고 있다(IPCC 1990:xxxiv).

2279. IS92에 대한 전체적인 비평을 보려면 Gray 1998 참조.

2280. IPCC 1992:78.

2281. IPCC 1992:78.

2282. IPCC(1992:80)는 1990년부터 2100년까지 열대림 중 벌채되는 면적을 14억 4,700만 헥타르로 보고, 이것을 1990년의 열대림 총면적인 17억 5,600만 헥타르(FAO 1997c:12)와 비교했다. IPCC는 이것이 73%밖에 되지 않는다고 주장한다(1992:88).

2283. 메탄은 다양한 곳에서 배출되는데, 주로 습지, 석탄의 채굴과 사용, 유정에서의 가스 누출, 논 등이다. 전체 배출량 중 약 5분의 1은 '장(腸)의 발효 작용', 특히 소의 트림에서 배출된다(IPCC 1992:91). 도표 132에 나타나 있듯이, 메탄은 온실 효과로 인한 지구 온난화의 약 5분의 1의 책임이 있으며 대기 중의 농도는 1850년 791ppb에서 2000년에는 1,752ppb로 2배 이상 늘었다(Hansen and Sato 2000; Dlugokencky et al.

1998; 기타 최신 자료 획득을 위한 개인 서신). IPCC IS92a 시나리오는 2100년 메탄의 농도가 또 다시 2배 이상 늘어나서 3,616ppb가 될 것으로 전망하고 있으며, 이에 따라 메탄의 온난화 잠재력도 2배 이상 늘어난다고 가정하고 있다(IPCC 1996a:97, 321).

2284. 모든 시나리오는 21세기 전반부 동안 메탄 농도가 증가하며, 다만 B1 시나리오에서만 후반기에 들어 감소한다고 가정한다(IPCC 2001a:II.2.2).

2285. "대기 중 메탄 증가 속도의 감소는 메탄의 대기 중 수명을 고려할 때 현재 배출량이 안정적인 상태에 접근하고 있다는 것을 반영한다"(Dlugokencky et al. 1998).

2286. 이렇게 되면 메탄의 지구 온난화 기여율은 0.6W/㎡, 즉 7% 높게 평가된다(IPCC 1996a:321).

2287. 0.6388%. 이것은 도표 2.3(IPCC 1996a:83)에서 암시된 지속적이고 누진적인 증가율로, 1990년의 355ppmv에서 2100년의 710ppmv로 증가하는 것을 의미한다.

2288. 하와이 마우나 로아 관측소에서 측정(Marland et al. 1999). 지난 38년 동안 연간 증가율이 0.64%를 넘은 것은 1973, 1988, 1998년뿐이었다.

2289. 1980~1998년의 증가율 0.45065%를 이용한 계산. 그런데도 IPCC는 이 전망에 대해 상당히 만족하는 것 같다. 'IS92a 시나리오가 전망한 배출량 추세에 비하면 최근의 배출량이 낮다는 점을 지적해야겠다. 비록 증가율의 둔화가 일시적인 현상일 수도 있지만 말이다"고 간결하게 밝히고 있기 때문이다(IPCC 1996a:83).

2290. "이산화탄소와 다른 온실 가스를 모두 고려해서, 그것들이 지구 온난화에 미칠 수 있는 영향 모두가 이산화탄소에 의해 발휘된다고 가정할 때의 이산화탄소 농도"(IPCC 1997c:45).

2291. IPCC/DDC 2000c. IPCC는 1%가 이 수준(즉 0.833%, IPCC 1996a:297)보다 20%나 많다는 점을 인정하면서도 에어로솔의 영향까지를 고려한 이산화탄소 증가율과 이 수치를 혼동해서 결국 전체 이산화탄소 증가율을 0.7%로 만들었다는 점에 주목하라(p.313). 그러나 이것을 현재의 증가율과 비교하려면 추가 에어로솔에 의한 냉각 효과를 공제해야 할 것이다. 따라서 실제 이산화탄소 증가율에 총 이산화탄소 증가율을 직접 비교하는 편이 더 쉽다.

2292. 사실, 이산화탄소 증가율이 0.85%를 넘은 것은 1973, 1988, 1998년뿐이었다(이 사실은 도표 148에 나타나 있지 않다. 이 도표에 제시된 것은 평균치이기 때문이다. 게다가 이 세 해의 상황은 극단적이었다).

2293. 1990~1998년의 증가율 0.599%를 이용했다.

2294. IPCC/DDC 2000c.

2295. "(컴퓨터) 모델에 사용된 온실 가스 배출 시나리오들은 미래 세계에 대한 조리

있는 시각을 반영하는 것이 아니다. 그것들은 미래에 온실 가스 농도가 연간 1%씩 증가할 것이라고 임의적으로 부과한 것에 불과하다. 사실, IS92 배출량 시나리오 중에서 이런 임의적인 증가율을 가장 잘 반영하고 있는 것은 IS92a 시나리오이다(IPCC 1996은 IS92a 시나리오의 연간 농도 증가율이 사실은 약 0.85%일 것이라고 계산했다)"(IPCC/DDC 2000c). 연간 1%의 "복사 강제력 증가는 SRES 시나리오 중 높은 쪽에 속한다"(IPCC 2001a:9. executive summary).

2296. 시나리오의 현실성에 느슨한 태도를 보이는 원인은 IPCC 자체에서 찾아볼 수 있다. IPCC는 이산화탄소 증가율을 각각 다르게 설정한 시나리오들이 정말로 중요한지 자문해보았다. 그들의 다소 느슨한 결론은 "IPCC 시나리오 IS92a에 대한 모델 반응과 …… 이산화탄소 연간 증가율 1%를 가정한 모델링 결과가, 이산화탄소 농도가 2배로 늘어나는 시기에 별 차이가 없었다"는 것이었다(IPCC 1996a:313). IPCC는 여기에서 IS92a 시나리오의 이산화탄소 연간 증가율이 0.7%라는 틀린 주장을 하고 있다(여기서 이 수치는 그들의 주장을 약화시킬 뿐이다). 기본적으로 그들의 주장은 4%를 0.25%에 비교하는 것에 불과하다. 이산화탄소 증가율이 16배가 될 때 실제 온난화는 겨우 2배 정도 증가한다는 점에 주목하라. 그러나 중요한 문제는 당연히 이 차이가 실제 증가율과 얼마나 흡사한가 하는 점인데, 여기에서는 그것이 훨씬 더 선형적인 것처럼 보인다. IPCC 1996a:도표 6.13, p.312 참조.

2297. IPCC는 이산화탄소의 농도가 2배로 늘어나는 시간이 각각 달라질 때의 결과를 비교한 유익한 자료를 갖고 있다(1996a:312. IPCC 1997c:35에 재수록). 온난화가 평형에 도달하는 데는 시간이 필요한데 0.5%의 증가율은 1%의 증가율보다 평형에 더 쉽게 도달한다. 어느 주어진 기간에서 본다면 50% 이상의 열이 추가되는 것이다. 도표 138에서 1%와 0.5% 증가의 경우를 참조할 것.

2298. Karl et al. 1997:56.

2299. IPCC 2000a:46–7, 2001a:1.3.2.

2300. B1 기준 시나리오를 책임진 IMAGE 그룹, de Vries et al. 2000:138.

2301. IPCC 2000a:170.

2302. "가장 어려운 점은 배출량을 좌우하는 주요 요인이 각 시기마다 어떻게 변화할 것인지를 계산하는 데 필요한 자료가 절대적으로 부족하다는 것이었다. 따라서 ASF 모델을 비롯한 대다수 모델들은 인과 관계를 따져 온실 가스 배출량을 결정하는 대신 여러 사람의 동의나 모델링 연구팀이 독자적으로 결정한 인구, 1인당 GNP, 에너지 강도 프로필 등을 임의로 사용할 수밖에 없었다." Sankovski et al. 2000:285.

2303. 6개 모델은 일본 국립환경연구소가 만든 아시아 태평양 통합 모델(AIM,

Asian Pacific Integrated Model), 미국 ICF 카이저 연구팀이 만든 대기안정화 기본 모델(ASF, Atmospheric Stabilization Framework Model), 네덜란드의 RIVM 연구팀의 온실 효과 평가를 위한 통합 모델(IMAGE, Integrated Model to Assess the Greenhouse Effect), 일본 도쿄 대학교에서 작성한 자원과 산업 할당 다지역적 접근 모델(MARIA, Multiregional Approach for Resource and Industry Allocation), 오스트리아 IIASA 연구소의 에너지 공급 전략 대안과 일반 환경 영향 모델(MESSAGE, Model for Energy Supply Strategy Alternatives and their General Environmental Impact), 미국의 PNNL이 개발한 미니 기후 평가 모델(MiniCAM, Mini Climate Assessment Model) 등이다(Kram et al. 2000:337).

2304. 어떤 시나리오가 어떤 인구 증가 유형을 따르게 될 것인지에 대한 결정은 사전 결정 사항으로 제시되었지만, 추가 정보는 제공되지 않았다.

2305. IPCC 2000a:149ff 참조.

2306. 이것은 농도 측정의 결과이고, 아황산가스 농도를 낮추기 위한 첫 번째 해법은 아마도 굴뚝을 더 높이는 것이 될 것이다. 하지만 구조적 변화(석탄 대신 가스와 전기로 대체하는 것)와 유황 제거 조치(예를 들어, 세정 작업) 등으로도 실제 배출량이 감소된다(IPCC 2000a:150).

2307. 제2차 유럽 황 의정서(Second European Sulfur Protocol)와 청정 공기법 수정안 덕분이다.

2308. IPCC 2000a:151에서 재인용.

2309. IPCC 2001a:9. executive summary.

2310. UNPD 2001a:1; IPCC 2000a:114 참조.

2311. IPCC 2000a:46.

2312. "다음은 내가 예측하는 장기적 추세를 간결하게 요약한 것이다. 삶의 물질적 여건은 대부분 사람과 대부분 국가에서 대부분의 경우, 언제까지나 더욱 개선될 것이다. 앞으로 한두 세기 안에 모든 국가와 인류는 오늘날 서구 사회의 생활 수준과 같거나 더 높은 수준에 도달할 것이다"(Regis 1997:198). 그러나 자료는 모든 개도국의 평균치에 불과한 반면, 사이몬은 '모든' 국가와 '대부분의' 인류를 언급하고 있음을 주목하라. 따라서 여기 인용한 사이먼의 말이 진실이 되려면 개발도상국의 평균 소득이 2000년의 선진국 수준보다 상당히 높아져야 할 것 같다. 우리에게 운이 없어 A2 시나리오의 경제 부분이 현실화된다고 해도, 앞으로 150~200년 안에 이런 수준에 도달할 수 있을 것 같다. A1과 B1 시나리오의 경우에는 사이먼의 말이 2100년에 이미 현실이 될 가능성이 큰 것 같다(심지어 B1 시나리오에서도 가장 가난한 지역인 인도와 남아시아가 2100년 무렵에는

2000년의 평균적인 미국인만큼 부유해져 있을 것이다. de Vries et al. 2000:156).

2313. MESSAGE의 A1G(A1FI) 참조. MESSAGE는 이와 똑같은 OECD 1인당 소득을 가지고 A1T를 만들었다(IPCC 2000a:432, 447).

2314. 전세계의 GDP와 인구가 외부적 원인에 의해 결정되었기 때문이다.

2315. MESSAGE의 수치(A1T 혹은 A1FI 시나리오의 수치) vs. B1 시나리오를 이용한 계산.

2316. Kram et al. 2000:369. B2 시나리오는 '중간' 등급을 얻었는데, 솔직히 말해서 이것이 '좋음'보다 더 좋은 것인지 혹은 나쁜 것인지 이해하기 어렵다.

2317. 이것은 10년 중간 구간 근사치인 2,000 달러와 7%의 할인율을 바탕으로 추정했다.

2318. 2000년부터 약 0.7%.

2319. de Vries et al. 2000:163, 141.

2320. 경작지는 1990~2050년 사이에 기본적으로 14억 헥타르 수준을 유지하다가 2100년에 10억 3,800만 헥타르로 줄어든다고 가정했다. IPCC 2000b. de Vries et al. 2000:167을 참조할 것.

2321. IPCC 2000b.

2322. 1975년 이후 계속 기하급수적 증가 추세에 있다.

2323. 모두 1990~2100년 사이를 기하급수적 증가 추세로 추정했다.

2324. 모든 지표는 어떤 경우에도 에너지 효율이 어느 정도 개선될 것임을 보여주는 듯하다. 이는 비물질화와 에너지 가격이 항상 같은 수준을 유지할 때조차 효율 개선이 상당 부분 이루어질 것이라는 전망에서 기인한다. 따라서 문제는 효율 증가의 수준이다.

2325. Chapman and Khanna 2000:227에서도 이 점이 문제가 되었다. 두 사람은 에너지 효율 개선의 가능성이 희박하다고 주장하는데, 그것은 1980~1996년 동안의 전세계 에너지 효율에 의존해 검토했기 때문이다. 이 시기의 에너지 가격은 거의 최대 수준에서 거의 최저 수준으로 떨어졌으며, 그 결과 에너지 효율 증진이 낮을 수밖에 없었다(도표 65 참조).

2326. IPCC 2000a:204. "B1-ASF 시나리오의 연료 가격이 가장 낮은데, 이 시나리오의 에너지 수요가 낮은 것이 한 가지 이유이다"(Sankovski et al. 2000:272).

2327. 그 어떤 시나리오에서도 원자력 에너지가 0~15% 이상을 차지하지는 않을 것이다. 이것이 그래프의 추세를 크게 변화시키지는 않으므로, 여기서는 화석연료와 재생 가능 에너지에 대해서만 얘기하겠다.

2328. 1990년조차 재생 에너지 비율의 수치가 크게 다르다는 점에 주목하라. 사정이

이런 것은 총 에너지와 재생 에너지를 어떻게 정의할 것인지 아직 의견의 일치를 보지 못했고, 그 결과 각 시나리오에서 각기 다른 정의를 채용하고 있기 때문이다.

2329. Mori 2000:300; de Vries et al. 2000:161; IPCC 2000a:204. 석탄 가격은 2000년에 배럴당 약 16달러(잘못된 수치!), 2100년에는 약 40달러로 가정. 석탄 1 TOE(석유환산 톤-옮긴이)당 6.7배럴, 즉 배럴당 약 6GJ 에너지 비율로 환산. Craig et al. 1996, efunda 2001.

2330. IPCC 2000a:138-9, 218; de Vries et al. 2000:161.

2331. de Vries et al. 2000:161는 1킬로와트시당 3~5센트, Sankovski et al. 2000:270는 1킬로와트시당 2센트로 추정했다.

2332. 1995년의 경우 전체 전력 생산 비용 중 겨우 16%를 차지했다. EIA 1996: 108.

2333. 예를 들어, 복합 사이클 가스 터빈을 사용하는 경우가 그렇다(IPCC 2000a: 137 참조).

2334. "A1 시나리오에서 화석연료 사용이 감소하는 것은 주로 기술적 진보 때문인 반면, B 시나리오에서는 화석연료에 반대하는 정치적 정서 때문이다"(Kram et al. 2000:364).

2335. "석탄의 경쟁력 감소는 산성비를 줄이려는 강력한 전략과 더불어 사용이 불편하고 더럽다는 인식이 널리 퍼져 있기 때문일 수 있다. 다른 한 가지 해석은 석탄의 탈황(desulphurization), 액화/가스화 등 청정 석탄 기술을 도입해서 오염 문제를 개선하고자 할 경우에 그 가격이 상승하게 된다는 것이다. 하지만 이 시나리오들에서 이런 개선책들을 별로 고려하지 않았다"(de Vries et al. 2000:161).

2336. B 시나리오는 "공평하고 번영하는 녹색 세계"로 요약된다(de Vries et al. 2000:139). 경제의 끊임없는 변화가 다음과 같은 연유로 촉진될 것이라는 것이다. "점점 더 많은 사람들이 자가 고용에 나서고 스스로 급여를 결정하게 된다. 세계화 추세에 대한 거부 반응과 실업률 상승, 환경의 과잉 개발에 따르는 부작용에 대한 인식의 일환으로, 시민들의 자가 소득 획득과 '지역적 물물 교환 시스템'에 대한 지지가 늘어난다"(de Vries et al. 2000:140). 이러한 변화는 평화와 화해로 이어질 것이다. "부유한 지역은 가난한 지역의 지속 가능한 발전을 지원하기 위해 일관적이고 효과적인 방법을 도입할 것이며, 기술 이전 협정은 그 방법 중 하나이다. 그 결과 확실하게 이룩된 상호 신뢰 속에서, 가장 개발이 덜 된 지역도 사회적, 경제적 긴장을 그럭저럭 통제할 수 있게 된다. 부패는 점진적으로 사라지고 지역적인 분쟁은 협상에 의해 해결될 것이다. 양측이 이처럼 성실성을 보이는 분위기 속에서, 국제 기구들은 설립자가 희망했던 권위와 효율성을 어느 정도 확보할 수 있게 될 것이다"(de Vries et al. 2000:140). 경제 부문에서는 "산업의 '녹색화'가 예

기치 못한 호응을 받게 될 것이다"(de Vries et al. 2000:140). 교통 부문에서는 "환경 문제와 교통 혼잡을 해결하기 위해 대도시에서는 지하철, 자전거, 전기 버스 각각을 위한 별도의 차선이 설치되는 등 사회 기반시설 투자가 정책적으로 활발하게 이루어질 것이다"(de Vries et al. 2000:141). 그리고 농업 부문에서는, 앞에서 이미 설명한 것처럼 사람들이 육류를 멀리하게 된다. 또한 "비료 사용을 비롯해서 농업 투입량이 감소하기 시작한다. 농부들이 자원 투입을 더욱 선별적으로 사용하는 법을 배우거나, 지속 가능한 영농방식으로 완전히 전환할 것이기 때문이다. 지역적으로 재배된 작물과 전통적인 농사 방법의 장점이 재발견된다"(de Vries et al. 2000:141). 이렇게 해서 자원의 사용이 감소한다. "사람들의 활동 · 가치관 · 생활 방식이 변화하고, 서비스와 정보 중심 경제로 옮겨가며, 비공식적 경제의 포함 등으로 단위 산출량당 에너지와 원료의 수요는 결정적으로 낮아진다('탈물질화', 생태학적 구조조정, '인수 10' 등)"(de Vries et al. 2000:141).

2337. 인용문의 전체 내용은 다음과 같다. "표준 시나리오는 사람들이 희망하는 상황과 조건을 묘사하고 있다. 탐구를 위한 시나리오는 표준 시나리오에서 출발하지만 제한조건과 역작용을 일으키는 조건을 고려함으로써 더 현실성 있는 미래를 묘사하고자 한다. 이런 점에서 우리의 시나리오는 대체로 표준적이다"(de Vries et al. 2000:170).

2338. Mori 2000:299; Sankovski et al. 2000:266 참조.

2339. 2100년 석탄 가스화 복합 사이클(IGCC, integrated coal gassification combined cycle)의 전기 생산 단가는 1킬로와트시당 2.77~2.80센트(7.7~7.8$/GJ), 태양 전지 단가는 1킬로와트시당 5.8~8.5센트(16.2~23.6$/GJ)로 각각 추정된다. IPCC 2000a:218-9, 시나리오 A1C를 이용한 것.

2340. 2100년 IGCC의 전기 생산 단가는 1킬로와트시당 2.6~2.7센트(7.2~7.5$/GJ), 태양 전지 단가는 1킬로와트시당 0.5~0.8센트(1.4~2.3$/GJ)로 각각 추정된다. IPCC 2000a:218-19, 시나리오 A1T를 이용한 것.

2341. 물론, 그런 방향 전환의 추가 이득과 추가 비용이 얼마인지 물어야 할 것이다.

2342. 재생 가능한 에너지의 가격이 계속 낮아지고 화석연료는 더욱 비싸진다는 추세를 반영함으로써 IS92a 시나리오가 문제가 되도 했다. IS92a 시나리오는 에너지 생산과 소비가 1990년(344EJ)에서 2100년(1453EJ)까지 4배 늘어날 것이라고 예측한다(IPCC 1992:84). 이렇게 되면 화석연료는 2025년에 에너지 생산의 약 85%를 담당하게 되며(놀랍게도 오늘날의 80%보다 더 많다. 도표 63 참조), 2100년에도 여전히 약 57%를 차지하게 될 것이다. 총 에너지 생산이 4배로 늘어난다고 예측하고 있으므로 이는 화석연료 생산이 1세기 동안 3배로 늘어난다는 것을 의미한다. 이와 동시에 IPCC는 화석연료를 이렇게 소비하는 데 엄청난 가격표가 붙게 될 것이라고 전망했다. 석유 1배럴의 가격이

미화 10~30달러인 현재 수준에서 2025년에는 55달러로, 2100년에는 70달러로 상승한다는 것이다. 마지막으로, IPCC는 "비화석연료를 공급하는 비용이 앞으로 100년 동안 크게 하락할 것으로 생각한다. 예를 들어, 태양 전기의 가격은 IS92a 시나리오에서 1킬로와트시당 0.075달러로 낮아질 것이다. ……전체적으로 봤을 때, 1990년에는 재생 가능 에너지가 화석연료에 대해 그리 경쟁력을 갖지 못하지만, 전력 생산 단가가 지속적으로 떨어지고 화석연료의 가격이 2025년경에 급속히 상승하면서 재생 가능 에너지의 시장 침투에 가속도가 붙을 것이다"(IPCC 1992:84).

그러나 화석연료 가격이 엄청나게 상승하는데도 IPCC는 비화석연료의 시장 점유율이 2025년에는 더 낮아질 것이며, 2100년에 이르러서야 다소 개선될 것으로 전망한다. 이런 논리는 아무래도 좀 이상해 보인다.

2343. 도표 72를 볼 것; Anon. 1999f; Hasek 2000; Bucci 1999; Carts-Powell 1997; Hoagland; 1995 등 참조.

2344. Chakravorty et al. 1997.

2345. 태양 전기 생산 비용만 논의하고 있음을 염두에 두어야 한다. 하지만 당연히 전환 비용(태양 에너지에서 전기를 생산해 최종적으로 자동차용 수소를 생산한다고 할 때, 수소 생산 비용이 전환 비용이다)도 포함해야 할 것이다. 여기 모델에는 이런 부분도 포함되었다(Chakravorty et al. 1997:1,218-19).

2346. IPCC 2000a:216.

2347. Chakravorty et al. 1997:1,208. 핵융합에 대해서는 Aria 2000; Yonas 1998 참조.

2348. Chakravorty et al. 1997:1,220.

2349. IPCC 2001a:표 II.1.1, 2000a:218-19.

2350. Chakravorty et al. 1997:1,217.

2351. Chakravorty et al. 1997:1,221.

2352. Chakravorty et al. 1997:1,224-5.

2353. IPCC 2000a:137.

2354. Chakravorty et al. 1997:1,223.

2355. Chakravorty et al. 1997:1,224.

2356. 이는 어쩌면 IS92 시나리오에서 황 에어로솔의 영향을 고려했기 때문일 수 있다. 그렇지만 우리는 아래에서 Chakravorty et al. 1997의 상대적인 결론만을 이용할 것이다.

2357. Chakravorty et al. 1997:1,223.

2358. Chakravorty et al. 1997:1,203.

2359. 사실, Chakravorty et al. 1997:1,225-7는 모든 에너지원에서 전환 비용이 일률적으로 낮아질 것이기 때문에 태양 에너지로의 전환이 연기될 것임을 보여주었다. 화석 연료의 가격이 아주 싸질 것이라는 단순한 이유 때문이다.

2360. 이것은 Tsur and Zemel 2000의 결론이기도 하다.

2361. Margolis and Kammen 1999:582.

2362. Chakravorty et al. 1997:1,224; Tsur and Zemel 2000:391.

2363. Asimov and Pohl 1991:34.

2364. Asimov and Pohl 1991:34.

2365. Rosenzweig and Parry 1994:133. 이것은 IPCC 1996b:451의 참고 문헌이다.

2366. 여기에 제시된 기본적인 연구 결과들은 가장 최근의 연구 결과와도 일치한다. Reilly and Schimmelpfennig 1999; Parry et al. 1999 참조. 게다가 IPCC 2001b:5.3.1.ff는 더 나은 연구 결과를 제시하지 못했다.

2367. IPCC 1996b:429; Crosson 1997b:1.

2368. Crosson 1997b:1; IPCC 1996a:4-5.

2369. 거의 일관되게 가장 비관적인 모델은 영국 기상청의 것이다(UK Met Office 1997).

2370. 지구 온난화가 없다고 가정할 때 2080년의 식량 생산은 40억 1,200만 톤으로(Parry et al. 1999:S60) 지구 온난화가 있을 때보다 1억 톤 정도 낮아질 것으로 추정된다(Parry et al. 1999:S62. 식량 생산이 약 1억 6,000만 톤 정도 낮아질 것이라는 HadCM3의 결론은 대단히 이상하게 보인다. 아래의 내용 참조). 이에 비해 1999년의 생산량은 20억 6,400만 톤이었다(FAO 2000a). UK Met Office 1997:12-13 참조.

2371. 이것은 잘 알려진 현상으로 수없이 많은 연구에 기록되어 있다. 예를 들어, Rötter and van de Geijn 1999:653ff에 나와 있는 최근의 논평 참조.

2372. IPCC 2001b:5.3.3.1. 그러나 이런 효과는 당연히 기온이 그리 많이 상승하지 않았을 때에만 기대할 수 있다. 쌀의 경우에는 평균 기온 26℃ 이상에서 해로운 효과가 나타나기 시작한다. IPCC 2001b:TS:4.2도 참조.

2373. IPCC 1996b:431, 2001b:박스 5-4.

2374. Crosson 1997b:2.

2375. 지구 온난화가 농업에 미치는 영향을 파악할 때 이런 변화들이 분명히 중요한데도, IPCC는 1996년 이후 이런 영농법의 적응을 모델에 반영하는 데 거의 아무런 발전도 없었다는 결론을 내리고 있다(IPCC 2001b:5.3.4).

2376. IPCC 2001b: executive summary. 2001b:5.3.5 참조. "총체적인 복지에 미치

는 영향은 국내 총생산에서 비교적 적은 비율을 차지하며 긍정적인 경향일 가능성이 크다. 이산화탄소의 비료 효과가 통합된다면 특히 더 그렇다." IPCC는 기온이 2.5℃ 이상 상승하면 식량 가격이 상승할 수 있다는 것을 알고 있었지만 "여기에 대한 신뢰성은 낮다"고 밝혔음을 주목하라(IPCC 2001b:5.3.6).

2377. Crosson 1997b:3; Reilly and Schimmelpfennig 1999:762ff.

2378. IPCC 2001b:5.3.5. "개발도상국은 선진국에 비해 덜 긍정적인, 혹은 더 부정적인 복지의 영향을 받을 가능성이 크다"는 것을 보여주는 다른 연구 결과들도 인용하고 있다.

2379. Crosson 1997b:3.

2380. Crosson 1997b:2.

2381. *Newsweek*, 22 January 1996, Kaplan 1996.

2382. Shute et al. 2001. 〈US 뉴스&월드 리포트〉가 걱정하는 '물 전쟁'이 제13장에서 논의한 것과 정확히 똑같다는 점에 주목하라. 또한 IPCC는 그런 변화가 일어날 가능성은 있지만, 정확히 제13장에서 언급한 문제점들 때문에 그런 일이 일어날 것이라는 점에 대해서는 '신뢰성이 낮다'는 평가를 하고 있다고 밝혔다(IPCC는 심지어 울프가 1998년에 쓴 다른 논문까지 언급하고 있다. IPCC 2001b:7.2.2.3).

2383. Shute et al. 2001.

2384. Laut 1997:23; World Bank 1992, Box 8.2.

2385. Agarwal and Narian 1998.

2386. Yohe and Neumann 1997:250.

2387. IPCC 1996a:4, 6, 2001a:표 11.10, II.5.1.

2388. IPCC 2001a:표 II.5.2&3.

2389. IPCC 2001a:표 II.5.4&5.

2390. UK Met Office 1997:14.

2391. IPCC 2001e:3.6, 2001b:7.2.1.2; Nicholls et al. 1999의 결과 이용.

2392. Nicholls et al. 1999:S78.

2393. Nicholls et al. 1999:S78.

2394. Nicholls et al. 1999:S78; IPCC 2001e:3.6.

2395. Nicholls et al. 1999:S78.

2396. Nicholls et al. 1999:S75.

2397. IPCC 1998:7.

2398. IPCC 2001e:3.6. El-Raey 1997와 Zeidler 1997를 언급하고 있는 2001b:

7.2.1.2도 참조.

2399. "결과에 대한 분석은 아무런 조치가 취해지지 않는 경우, 해수면이 0.5미터 상승할 때 도시 면적의 약 30%가 바다의 범람으로 사라져버릴 것임을 보여준다"(El-Raey 1997:31). 고딕체는 필자가 덧붙인 것.

2400. 손실 가치(280억 달러)와 위험 가치(180억 달러)를 합한 것이다. Zeidler 1997:165; IPCC 2001b:7.2.1.2에서 재인용.

2401. Zeidler 1997:165.

2402. Zeidler 1997:164, 165. 2030년에 해수면이 30센티미터 상승하는 경우(SLR2) 그로 인한 피해를 예방하는 데 드는 비용이 12억 달러라는 점을 감안해서, 2100년에 해수면이 30센티미터 상승할 경우 최대 추정 비용으로 이용한 것. 2100년의 비용은 돈으로 환산되어 있지 않다. 또한 장래를 대비한 비용이 포함된 미국의 추정액과 비교하면 이 비용이 지나치게 많아 보인다는 점에 주목하라(Yohe and Neumann 1997, IPCC 2001b: 7.2.1.2).

2403. IPCC 2001b:7. executive summary.

2404. Shute et al. 2001.

2405. IPCC는 과거 100년 동안 해수면이 10~20센티미터 상승했다고 추정한다(2001a:표 11.10).

2406. Matthews 2000.

2407. IPCC 2001b:7.2.1.2; Yohe and Neumann 1997.

2408. IPCC 2001b:7.2.1.2.

2409. Miami EDD 2001b.

2410. Miami EDD 2001a.

2411. 〈US 뉴스&월드 리포트〉. "북반구의 도시들이 더 더워져서 시카고나 상하이 같은 도시에서 일사병으로 인한 사망자가 늘어날 가능성이 크다"(Shute et al. 2001).

2412. IPCC 1996b:563, 2001b:9. executive summary, 9.4.1.

2413. IPCC 2001b:9.4.2.

2414. NSC 1990:10, 1999:16; IPCC 1996b:570.

2415. IPCC 2001b:9.4.1-2.

2416. Keatinge et al. 2000:671.

2417. Keatinge et al. 2000:672.

2418. Keatinge et al. 2000:673.

2419. IPCC 1996b:571ff; Martens et al. 1999.

2420. IPCC 1996a:571; Reiter 2000:1.

2421. Reiter 2000:9.

2422. Reiter 2000:9.

2423. IPCC 1996b:572; Morgan and Dowlatabadi 1996:357.

2424. Longstreth 1999:172.

2425. Shute et al. 2001.

2426. IPCC 2001b:9.7.1.1.

2427. IPCC 2001b:9.7.1.1.

2428. Rogers and Randolph 2000. 이 글은 IPCC 2001b:9.7.1.1에 인용했다.

2429. Cook 1998.

2430. Anon. 1999e.

2431. Fedorov and Philander 2000:2000; Latif and Grotzner 2000; Elsner and Kocher 2000; Qian et al. 2000.

2432. Fedorov and Philander 2000:1,997.

2433. Sandweiss et al. 1996.

2434. Fedorov and Philander 2000:1,997.

2435. Grove 1998:318.

2436. Sandweiss et al. 1996; de Vries et al. 1997; Wells and Noller 1997; Sandweiss et al. 1997의 논쟁도 참조.

2437. Mantua et al. 1997.

2438. Timmermann et al. 1999와 Collins 2000은 이산화탄소 농도의 4배 증가만을 보았다.

2439. Fedorov and Philander 2000:2,001.

2440. IPCC 2001a:9.3.6.5. 또한 IPCC는 연도별 변화가 모델마다 다르며 현재로서는 모델의 한계 때문에 상당한 불확실성이 존재한다는 것을 발견했다(2001a:9.executive summary).

2441. Bove 1998; Pielke and Landsea 1999.

2442. 함께 미국 의회도 이런 주장을 한 적이 있다(Pielke and Landsea 1998 참조). 또한 Asimov and Pohl 1991:19의 다음과 같은 발언도 참조할 것. "지구 온난화로 인해 허리케인의 수와 강도가 현저하게 증가할 가능성이 상당히 크다. 어쩌면 이미 증가하기 시작했는지도 모른다."

2443. Kaplan 1996.

2444. Begley and Glick 1996.

2445. Pope 1998.

2446. Smith 2000.

2447. UNEP 2000:31.

2448. IPCC 1996a:168ff. 사이클론을 개괄적으로 살펴본 온라인 자료를 보려면 Landsea 2000나 Swiss Re 1997을 참조할 것.

2449. IPCC 1996a:173. IPCC 1996b:547이 "많은 보험회사들은 극단적인 사건의 빈도 역시 증가했다고 느끼고 있다"고 지적하고 있어 이 발언과 어긋난다는 점에 주목하라. 이런 '느낌'을 피력하는 주장이 과학적인 보고서에 다소 어울리지 않는 것처럼 보이는데, 아래에서 다룬 Henderson-Sellers et al. 1998:22와도 대비된다. 왜 이런 시각이 문제가 되는지는 아래에서 밝히겠다.

2450. IPCC 2001a:2. executive summary.

2451. IPCC 2001a:2. executive summary.

2452. IPCC 2001a:2. executive summary.

2453. Mahlman 1997.

2454. Landsea 2000; Henderson-Sellers et al. 1998:20. 예를 들어, 지진은 훨씬 더 많은 비용을 발생시킨다. 1995년의 고베 지진으로 발생한 비용은 1,000억 달러가 넘었다(Munich Re 1998:29, 2000).

2455. IPCC 1996a:334.

2456. Bengtsson et al. 1996; Knutson and Tuleya 1999; Druyan et al. 1999; Yoshimura 1999(Meehl 2000:433에서 재인용).

2457. Meehl et al. 2000:431.

2458. 예를 들어, Druyan et al. 1999.

2459. Henderson-Sellers et al. 1998:35.

2460. IPCC 1996a:334.

2461. Karl et al. 1997:59. 참고로, "심각한 피해를 발생시키는 광풍이 정말로 증가했음을 시사하는 증거는 거의 없다"(Karl 1999:2).

2462. Henderson-Sellers et al. 1998:19.

2463. IPCC 2001a:9.3.6.6. 이 뒤의 문장은 다음과 같이 이어진다. "앞으로 예상되는 이런 변화들을 살펴본 연구가 현재 다수 존재하지만, 그 중 일부는 중위도 지방에서 바람이 약해지면서 그 빈도는 늘었다고 보고하였다. 전체적으로는 사이클론의 발생 건수가 줄었다는 뜻이 된다."

2464. IPCC 2001a:9.3.6.6. 이 뒤의 문장은 이러하다. "그러나 바람 강도에 대한 일부 측정치들은 증가세를 보여주고 있으며, 일부 이론과 모델링 연구들은 최대 풍속이 더 증가할 수 있음을 시사하고 있다." 이런 지적은 다음과 같은 IPCC의 결론에 부합된다. "열역학적 분석은 이산화탄소가 2배로 증가하면 기후에서 MPI(maximum potential intensity, 최대 잠재 강도)가 10~20% 증가할 것이라고 예측한다. 그러나 지금까지 누락되었다고 알려진 요소들(바다의 물보라, 모멘텀 제한, 그리고 해수표면에서의 300hPa 기압 변화 등)이 모두 이러한 증가세를 감소시키는 역할을 할 것이다"(Henderson-Sellers et al. 1998:35).

2465. Karl et al. 1997:59.

2466. Landsea 2000.

2467. Karl et al. 1997:59.

2468. Landsea et al. 1996, 1997, 1999:108; Bove et al. 1998:1,327. 심지어 Smith 1999a도 1998년에 보고를 갱신하면서 1970년대와 비교해 상승 추세를 보고했다. 하지만 그 수준은 여전히 1940년대와 1950년대보다 낮다는 점에 주목하라.

2469. Easterling et al. 2000:422.

2470. Landsea et al. 1999:108.

2471. WI 1997b:17. 월드워치연구소의 선임 연구원 Abramovitz 1999는 "기온 상승은 많은 지역에서 더욱 맹렬한 폭풍, 홍수, 가뭄으로 이어질 것이다"고 단정했다.

2472. WI 2000b:20. 참고로, "날씨와 관련된 재해의 상승 추세는 지표면 평균 기온의 상승과 함께 생겨났다"(WI 1999a:74). 이런 주장을 하는 것은 비단 월드워치연구소뿐만이 아니다. Nicholson-Lord 2000와 Unsworth 2000도 이런 주장을 내놓은 바 있다.

2473. 2000년에 이 비용은 약 310억 달러였다. 그러나 Munich Re 2001:4는 "전체적인 수지 균형이 2000년에 유리한 편인데도, 추세의 변화는 고사하고 약화를 입에 담는 것조차 정당화될 수 없다"고 일부러 지적했다.

2474. 월드워치연구소는 1999년까지 인플레이션을 감안해 수치를 조정하지 않은 채, 달러 액수를 그대로 발표문에 사용하는 설명할 수 없는 행동을 했다(WI 1997b:70-1, 1998b:80-1).

2475. 2000년 60억 5,500만 달러 대 1960년 30억 2,200만 달러(UNPD 1999A:8). 1인당 평균 소득은 1999년 6,757달러, 1960년 3,262달러(WI 2000b:71). 소득의 증가와 함께 더 많은 부를 축적할 수 있으므로 재산이 소득보다 더 빠르게 증가해 해안 지역으로 옮겨가게 된다. Swiss Re 1999:8; Pielke 1999 참조.

2476. Pielke and Landsea 1998.

2477. Pielke and Landsea 1998:도표 3.

2478. Pielke 1999:419 ; Munich Re 1997:37-8 참조.

2479. Munich Re 1999:3.

2480. WI 1998b:74 ; Abramovtz 1999.

2481. Pielke and Landsea 1998.

2482. 수치를 조정하는 데는 당시와 지금의 인구는 물론, 그들이 지니는 부의 수준도 고려했다(Herman 2000:21에서 인용). Pielke and Landsea 1998.

2483. 도표 154에서 1926년의 허리케인으로 발생한 비용은 10년에 걸쳐 분산되어 있는 반면, 앤드루의 비용은 겨우 6년에 걸쳐 분산되어 있다. 이 때문에 그래프가 거의 흡사하게 보인다. 더욱이 1926년의 허리케인은 제3 범주의 폭풍으로서 플로리다와 앨라배마 만 해안에 두 번이나 상륙해서 약 100억 달러의 피해를 추가로 입혔다(Pielke and Landsea 1998).

2484. Pielke and Landsea 1998.

2485. IPCC는 "재난으로 인한 피해가 역사적으로 상승 추세에 있다고 보이는 것은 인구의 증가, 부의 증가, 취약 지역의 도시화 등 사회 · 경제적 요인과 일부 관련되어 있으며, 또 강우량과 홍수의 변화 등 기후 요인과도 일부 관련되어 있다. 그 원인에 대해서 정확하게 인과 관계를 밝히는 것은 대단히 복잡한 작업이며, 이 두 가지 원인은 지역과 재난의 종류에 따라 각각 다른 비중을 차지한다"는 사실을 밝혀냈다(IPCC 2001b:TS4.6, 8.2.2 참조). 따라서 재난으로 인한 피해의 증가가 홍수와 강수량에 기인하는 것일 수는 있다고 해도(아래에서 논의하겠지만, 지구 온난화와 실제로 관련된 것은 이 두 가지밖에 없다) 허리케인과 폭풍이 더 커다란 피해를 입힐 수도 있다는 주장을 뒷받침하는 증거는 거의 없는 것 같다. IPCC의 보고서 중 보험 비용을 다룬 장에서 "열대성 폭풍과 초열대성 폭풍"을 언급한 부분은 그런 지역의 폭풍이 미래에 더 많이 발생할 수 있는 가능성에 대해 전혀 의견 일치가 이루어지지 않았지만 그것들이 "피해를 야기할 수 있는 커다란 능력을" 갖고 있다고 지적하였다(IPCC 2001b:8.2.3).

2486. Munich Re 1999:2.

2487. WI 1999b:74.

2488. Munich Re 1999:2. 자연 환경의 악화란 삼림 벌채와 습지의 전환 등을 의미하는 것으로 보이며, 그것들이 홍수 위험을 증가시킨다는 의미인 듯하다.

2489. 월드워치연구소가 편집한 글에서 그의 이름이 저자로 밝혀져 있다. 예를 들어, WI 1998b:81.

2490. Berz 1993.

2491. Berz 1997.

2492. Henderson-Sellers et al. 1998:19.

2493. Swiss re 2000:8.

2494. Changnon and Changnon 1999:287.

2495. Changnon and Changnon 1999:287.

2496. Changnon et al. 2000, 그리고 Kunkel et 1999:1,094의 결론. "일반적으로, 이 검토 연구의 결과는 극단적인 날씨로 인한 재정적 손실의 증가가 주로 다양한 사회적 변화에 기인한다는 것을 강력히 시사하고 있다. 여기에는 해안 지역과 대도시의 인구 증가, 전체적인 인구 증가, 피해를 입을 수 있는 재산과 값비싼 소유물의 증가, 생명과 재산을 더 커다란 위험에 노출시키는 생활 방식의 변화와 인구 통계학적 변화 등이 포함된다."

2497. Easterling et al. 1997:364.

2498. Easterling et al. 1997, 1999; Balling et al. 1998; Michaels et al. 1998, 2000; Jones et al. 1999a, 1999b; Heino et al. 1999; Zhai et al. 1999; Gruza et al. 1999.

2499. IPCC 2001a:2.2.2.1.

2500. Easterling et al. 2000:419; Zhai et al. 1999; Jones et al. 1999a; Heino et al. 1999.

2501. Michaels et al. 1998, 2000; Balling et al. 1999.

2502. 남반구의 경우에는 온난화 효과의 대부분이 겨울(6월부터 8월)에 발생했다.

2503. Michaels et al. 2000; Balling et al. 1998.

2504. Easterling et al. 2000:419.

2505. Plummer et al. 1999.

2506. Easterling et al. 2000:419.

2507. Jones et al. 1999a:137.

2508. Kalkstein and Davis 1989:52.

2509. Kalkstein and Davis 1989:61.

2510. Easterling et al. 2000:419-20. 이것이 Gaffen and Ross 1998와 다소 차이가 있다는 점에 주목하라. 그러나 이는 '온도'를 측정하는 과정에서 습도의 영향을 포함시켰기 때문인 것으로 생각된다. 습도는 증가 추세에 있다.

2511. 낮과 밤의 기온 차이가 계속 줄어들 것인지에 대해서는 아직도 일부 논쟁이 벌어지고 있다. 예를 들어, Hansen et al. 1995; IPCC 1996a:6.

2512. Rosenzweig and Parry 1994; Dhakhwa and Campbell 1998:661.

2513. Dhakhwa and Campbell 1998:661-2. 이것이 낮과 밤이 똑같이 따뜻해지는 모

델에 대한 상대적인 증가라는 점에 주목하라. 이 연구는 아무런 가벼운 조정이나 적당한 조정도 거치지 않았기 때문에 밤과 낮의 기온이 다른 상황에서 모델에 의해 산출된 수확량의 일부가 오늘날의 수확량보다 훨씬 낮게 되었다.

2514. IPCC 1996a:7.

2515. Easterling et al. 2000:422.

2516. Easterling et al. 2000:420–1.

2517. Karl et al. 1995 ; Karl and Knight 1998.

2518. Pielke 1999:419.

2519. Kunket et al. 1999:1,081.

2520. "수문학적으로 이 결과는 미국의 산하가 점점 더 습해지고는 있지만, 덜 극단적이 되고 있다는 것을 보여준다"(Lins and Slack 1999).

2521. Dai et al. 1998.

2522. Dai et al. 1998:3,367.

2523. 탄소 양으로 측정하면 지금으로부터 약 6,000년 전에는 80억 톤, 1850년에는 70억 톤, 1985년에는 56억 톤이 사라졌다(Houghton and Skole 1990:404).

2524. 6개 모델 모두 NPP의 상당한 증가에 어느 정도 동의했다(Cramer et al. 2000). 이산화탄소의 증가만으로도 생물 자원이 증가하는 반면, 기온 상승만으로는 생물 자원이 다소 줄어든다는 점에 주목하라. 이산화탄소 증가와 기온 상승의 전반적인 효과는 생물 자원의 증가이다(Cramer et al. 2000).

2525. Vitousek et al. 1986:372.

2526. 탄소 무게에 2.2를 곱해서 건조 유기물 무게로 환산하였다(Vitousek et al. 1986:368 ; Houghton and Skole 1990:393).

2527. Meehl et al. 2000:431.

2528. IPCC 1996c:188 ; 1996a:34 ; 1997a:31.

2529. 전세계 GDP의 1.5~2%에 대해 이야기하면서, "이는 이산화탄소가 지금 바로 2배로 증가한다면 현재의 세계 경제가 이만한 피해를 입을 것이라는 뜻"이라고 밝혔다(IPCC 1996c:183).

2530. IPCC 2001a:9. executive summary.

2531. 도표 137 참조.

2532. 이른바 IPCC 전체 회의에서 그런 결정이 내려졌다(Mentzel 1999).

2533. IPCC 2001c:TS.1.1. "1998년 제3차 평가 보고서(TAR, Third Assessment Report)를 위한 IPCC 전체 회의는 기후 변화 완화의 과학적 · 기술적 · 환경적 · 경제

적 · 사회적 측면에 대한 평가 업무를 제3 작업 그룹(WG III, Working Group III)에 맡겼다. 따라서 이 작업 그룹의 임무는 제2차 평가 보고서(SAR)에서 주로 기후 변화의 경제적 · 사회적 측면을 학문적으로 평가하던 것에서(조정 업무까지를 포함해서), 온실 가스의 배출량을 통제하고 온실 가스의 처리 방법을 강화하는 방법에 대한 학제간 평가로 바뀌었다."

2534. IPCC 1996c:189.

2535. IPCC 1996c:184는 자신들의 분석 결과가 비교적 정교하지 못하다고 평가하였다.

2536. IPCC 1996c:187.

2537. 2000년의 전세계 GDP는 32조 1,100억 달러였다(IMF 2000b:113). 어떤 부문의 비용은 증가하고 또 어떤 부문의 비용은 감소할 것이 분명한데 과연 어떻게 앞으로 50년 혹은 100년 후의 지구 온난화 관련 비용 비율을 평가할 수 있을지 자못 의심스럽다(IPCC 1996c:189). 중요 비용 항목의 많은 부분, 특히 해안 지역의 보호와 농업 부문 보호에 필요한 비용은 다른 경제 부문과 밀접하게 관련되어 있다는 점을 반드시 고려해야 한다.

2538. 1993년의 대략적인 분포는 선진국에 23조 달러, 개도국에 50억 달러 정도였다(WI 1997a:116).

2539. IPCC 1996c:183; 1997a:31. 선진국은 사회 기반시설이 더 좋고 자원이 더 풍부해서 악화되는 상황에 비교적 쉽게 대처할 수 있을 것이라는 사실이 이러한 비용 차이가 나타나는 원인 중 하나이다.

2540. 이 인용문은 나중에 정치적으로 승인을 받는 과정에서 삭제되었으며, 최종《요약문》에는 실리지 않았다. 그러나 이 글은 전체 보고서의 내용을 상당히 적절하게 표현하고 있다. 예를 들어, IPCC 2001b:TS.2.4 참조. IPCC의 정치적 통제에 대한 논의를 보려면 아래의 내용 참조.

2541. IPCC 2001b: Summary for Policymakers, original government draft, 2.6. 모든 문장의 신뢰성은 중간 정도로 평가되었다. 이 글은 최종판에서 다음과 같이 바뀌었다. "발표된 일부 추정치를 바탕으로 했을 때, 지구 평균 기온의 상승은 온난화 규모의 크기에 상관없이 대부분 개도국에서 순수한 경제적 손실을 초래할 것이며(낮은 신뢰도), 온난화 규모가 커질수록 손실의 규모 역시 더 클 것으로 판단되었다(중간 신뢰도). 이와는 대조적으로, 지구 평균 기온이 섭씨 몇 도쯤 상승하는 경우에는 선진국에서 경제적 이득과 손실이 혼합된 결과를 낳을 것으로 예상되었다(낮은 신뢰도). 그리고 기온 상승폭이 커질수록 그 경제적 손실은 증가할 것이다(중간 신뢰도). 경제적 충격은 선진국과 개도국의

복지 수준 차이를 더 확장시키는 방향으로 나타날 것으로 전망되며, 기온 상승폭이 클수록 그 차이도 점점 더 커질 것이다(중간 신뢰도). 개도국이 더 많은 피해를 입을 것으로 추정된다는 사실은, 선진국에 비해 적응 능력이 떨어진다는 점을 부분적으로 반영하고 있다"(IPCC 2001e:6).

2542. 이 개요의 표현을 빌리면, "자원이 가장 적은 사람들은 적응력 역시 가장 낮으며, 가장 취약하다"(IPCC 2001e:5.a).

2543. Hansen et al. 2000은 중기적 관점에서, 온난화 효과를 유발하는 블랙카본 배출을 감소시키는 것이 더 값싼 해결책일 수도 있음을 지적한다(도표 139, p.268 참조). 그러나 장기적인 관점에서 가장 중요한 온실 가스는 이산화탄소가 될 것이다.

2544. 이것은 IPCC가 이산화탄소를 흡수하기 위해 나무를 심는 것 외에 제시한 거의 유일한 해결책이다. 다른 기술적 해결책은 Laut 1997:30-1; Schelling 1996; NAS 1992 등을 참조할 것.

2545. 이 협정에는 다양한 국가에 대한 서로 다른 요구 조건이 포함되어 있으며(Kyoto 1997), 힘겨운 환산 절차를 통해 모든 온실 가스 배출량을 이산화탄소 배출량으로 바꾸도록 요구하고 있다. 5.2%라는 수치는 이산화탄소 배출량과 대등한 온실 가스의 전체적인 감축량을 가리킨다(Masood 1997). '부속서 I'이라는 이름이 원래 1992년에 열린 유엔 기후변화협약(FCCC, Framework Convention on Climate Change)에서 나온 것인 반면, 교토 의정서에서는 이른바 '부속서 B'에 속하는 국가들에 대해 온실 가스 배출 한계치를 설정했다는 점에 주목하라(Weyant and Hill 1999:xi). 이 두 문서의 국가 목록에는 대부분의 주요 국가가 다 포함되어 있으므로(B 부속서에는 슬로바키아 · 슬로베니아 · 리히텐슈타인 · 모나코가 추가된 반면, 벨로루시와 터키가 제외되었다), 여기에서는 '부속서 I'이라는 용어만을 사용하겠다(Weyant and Hill 1999:xi).

2546. Masood 1997; Kyoto 1997; IPCC 1997b:19-20.

2547. 도표 157에서는 이런 가정을 사용했다. Wigley 1998의 'B 상수.'

2548. 여러 모델에 따르면 각각 0.15℃(Parry et al. 1998:286), 0.15℃(WEC 1998), 0.13℃(Nordhaus and Boyer 1999:104) 정도이다.

2549. Wigley 1998:2,288.

2550. Benedick 1998. 이후에 덴마크에서 벌어진 논쟁에서 그린피스 회장은 내가 교토 의정서의 영향이 미미할 것이라는 주장에 대한 증인으로 베네딕 씨를 내세웠다는 이유로 나의 신뢰성을 공격했다(*Aktuelt*, 23 October 1998). 그린피스 회장은 이 인용문이 정확하다는 것을 인정하면서도, 베네딕이 논문에서 이산화탄소 배출량을 더 많이 줄여야 한다고 주장했음을 밝히지 않고 그의 주장을 이용하는 것은 교활한 행동이라고 주장했

다. 이 말은 옳지만 요점을 벗어난 것이다. 여기서 논쟁의 대상이 된 것은 교토 의정서가 어떤 영향을 미칠 것인가(이것은 과학적 질문이다)이지, 그 영향이 더 커야 하는가(이것은 가치관이 개입된 정치적 질문이다)가 아니다.

2551. Science 19 December 1997, 278:2,048.

2552. 사실 감소분은 6년을 미루는 것에 조금 못 미친다. 2094년의 기온 상승이 1.913℃가 될 것이기 때문이다.

2553. *Jyllands-Posten*, 19 December 1997, section 1, p.10.

2554. *Science*, 19 December 1997, 278:2,048.

2555. Kyoto 1997.

2556. Weyant and Hill 1999:xii. 배출권 거래와 이보다 더 불분명한 청정 개발 메커니즘을 모두 포함한다. 교토 1997:제3조와 12조 참조.

2557. Weyant and Hill 1999:x.

2558. Gusbin et al. 1999:833. 배출권 거래에는 뜨거운 논쟁거리가 내포되어 있다. (러시아를 비롯한 몇몇 국가는 이산화탄소 배출권을 팔아넘기려 한다. 사실 이 국가들은 경제 성장 속도가 더디기 때문에 애당초 이 권리를 사용할 생각이 없었다. Böhringer 2000 참조). 그런데 유럽연합은 이렇게 하는 것이 잘못된 일이라고 생각한다. 러시아의 배출권 판매를 허용해도 교토 의정서의 총 배출량 감축분을 성취할 수 있겠지만, 배출권 판매를 막는다면 배출량은 훨씬 더 적어질 것이기 때문이다. 사실 이것이 미국과 유럽연합의 핵심적인 차이점인 것 같다. 유럽연합은 미국보다 더 엄격한 조약 준수를 원한다.

2559. Weyant and Hill 1999; Manne and Richels 1999; MacCracken et al. 1999; Jacoby and Wing 1999; Nordhaus and Boyer 1999; Tol 1999; Kurosawa et al. 1999; Bollen et al. 1999; Kainuma et al. 1999; Bernstein et al. 1999; Tulpule et al. 1999; McKibbin et al. 1999; Cooper et al. 1999; Peck and Teisberg 1999 등 참조. 미국에 대해 이보다 훨씬 더 높게 비용을 추정한 문헌을 보려면, EIA 1998a 참조. 또한 이 모델들은 IPCC가 사용했던 것이기도 하다. 2001c:표 TS.4.

2560. 일반적으로 불확실성 계수는 약 2이다. 즉, 진정한 비용은 여기에서 제시한 비용의 2배가 될 수도 있고, 절반이 될 수도 있다. 그러나 상대적인 수는 훨씬 더 명확하다.

2561. 23조 달러 중에서(World Bank 2000b).

2562. Radetzki 1999:373; OECD 1994:42, 44 참조.

2563. OECD 1994:42, 44.

2564. OECD(1994:45)는 2050년 OECD의 비용을 1.9%로 보고 있고, Weyant 1993는 2100년의 비용을 약 4%로 잡고 있다. 성장 속도의 감소로 인한 추가적인 피해를 평가

할 필요는 없다. 대략 1990년의 수준에서 경제 성장을 묶어두어도 성장 속도가 2.3%에서 2.25%로 떨어지는 데 지나지 않을 것으로(즉 100년 동안 고작 약 5% 정도로) 추정된다 (Gaskins and Weyant 1993:320).

2565. 1985년의 달러 가치로 따져서 32조 2,940억 달러인 OECD GDP 중에서 약 2%(OECD 1994:38)를 1999년의 달러 가치로 갱신한 것(BEA 2001b).

2566. 이 수치의 상당 부분이 매우 모호하다는 점에 주목하라. 2%라는 수치는 현재의 GDP를 토대로 계산한 것이며, 아마도 미래의 GDP 증가 수준에 완전히 맞추기 위해 고쳐야 할 필요는 없을 것 같다. 한편 이 2%라는 수치는 OECD 내부의 거래만을 토대로 산출한 것인데, 전세계적으로 배출권 거래가 이루어진다면 비용이 더 줄어들 것이다.

2567. Weyant 1993. 이른바 탄소 유출 현상이다(Manne and Richels 1999:12ff).

2568. US Senate 1997.

2569. Sagoff 1999에서 재인용. 이런 맥락의 주장을 훌륭하게 펼친 글을 원하는 사람도 역시 Sagoff 1999를 참조할 것.

2570. Nordhaus and Boyer 2000:VIII, 6–7.

2571. 이상하게도 뮌헨 리는 이 경우에 대해 극단적인 입장을 취하는 것 같다. "그 어떤 대가를 치르더라도 인위적인 기후 변화를 억제해야 한다"(2000:4).

2572. 먼저 우리는 어떤 해결책이 세계적으로, 그리고 집단적으로 가장 좋은지를 생각해볼 것이다. 그 다음에는 서로 다른 정부와 다양한 인센티브가 존재하는 현실 세계에서 그런 해결책을 실행하는 문제에 대해 논의하겠다.

2573. 일반적으로, 어떤 안정화 목표가 주어질 때 가장 비용이 적게 드는 해결책은 가능한 나중까지 감축을 연기하는 것이다. 이를 통해 자본 적응 비용(capital adaptation cost)을 쉽게 줄일 수 있을 것이기 때문이다(IPCC 1996c:386–7).

2574. Parson and Fisher–Vanden 1997도 참조.

2575. Nordhaus 1991d, 1991a–c, 1993, 1994.

2576. IPCC 1996c:385.

2577. Nordhaus and Boyer 2000, DICE 1999.

2578. 개별 모델의 결론은 이 장의 마지막 부분에서 인용할 것이다. Peck and Teisberg 1992; Maddison 1995b:345; Parson and Fisher–Vanden 1997:614; Nordhaus 1998:18; Hamaide and Boland 2000 등 참조. 다음은 이 주제에 대한 대단히 진지한 비판적 논문의 결론이기도 하다. "기후 변화에 대한 경제학 문헌들은 진지한 기후 정책이 급박하게 필요하지 않다고 암시하고 있다." Chapman and Khanna 2000:225. 2001년도 IPCC 보고서가 이산화탄소 농도 안정화에 대해 2쪽 분량을 할애하고 있는데(IPCC

2001C:8.4.1.2), 여기에 필요한 비용은 평균적으로 약간 마이너스에서(다시 말해, 순수하게 이득이 있다) GDP 3% 감소 사이였다는 것을 밝혔다. 더욱이 그들은 450, 550, 650, 750ppm으로 이산화탄소 농도를 각각 안정시켰을 때 모든 시나리오의 평균을 낸 결과 1세기 동안 GDP 약 1~1.5% 감소라는 수치가 나왔다고 설명했다. 그러나 그들이 최적 방안을 살펴본 것은 아니기 때문에 이것은 통합적인 평가가 아니며, 경제적 모델들도 최적화되어 있지 않았던 것 같다. 적어도 (A1T 시나리오처럼) 낮은 이산화탄소 배출량을 가정한 일부 모델은 더 많은 경제적 규제가 '이득'이 된다는 결과를 보여주고 있기 때문이다. IPCC 보고서는 이 점에 대해 "기술 발전과 기술 이전이 갖는 명백한 양의 경제 피드백"이라고 설명한다(IPCC 2001c:8.4.1.2). 아래의 최소 투자 방안에서 논의하는 것처럼, 경제 모델의 이런 특징은 기본적인 시나리오에 아직 실현되지 않은 최적화 잠재력이 존재한다고 기본적으로 지적하고 있어 다소 비현실적으로 보인다. 그리고 이런 최적화의 이득은 환경 규제로 인한 이득으로 치부되는 것이 아니라 시나리오의 적절한 기본 설명에 포함되어야 할 것이다.

2579. 유럽에서는 비용을 이산화탄소 1톤 단위로 표기하는 것이 관례인데, 그렇게 하면 이 수치는 약 4분의 1로 줄어들어 28.4달러가 된다. 탄소 1킬로그램이 이산화탄소 3.7킬로그램에 해당하기 때문이다(IPCC 1990:364).

2580. 1톤의 탄소를 감축함으로써 얻는 이득에 추가적인 환경 이득을 더하는 것이 더 적절할 것이다. 그러나 여기서는 비용을 주로 따지고 있기 때문에 비용이 증가한다는 것은 그만큼 추가 이득이 감소한다는 것을 뜻한다.

2581. Nordhaus and Boyer 2000:제4장.

2582. Nordhaus and Boyer 2000:VII, 28, 2000년의 달러 가치. 7.33달러 참조. Nordhaus 1991d:927.

2583. IPCC 2001f:7, 2001c:7.3.3, 8.2.3.

2584. Burtraw et al. 1999:7-8. 1996년 달러로 제시된 세금과 이득을 2000년 달러 가치로 조정하였다(BEA 2001b-c).

2585. 3.8$/tC가 최대 추정치이므로(사실은 2.6$/tC에 더 가까울 수도 있다) 이것이 최대 추정치이다.

2586. IPCC 2001c:8.2.4.4; Radetzki 1997:552-3.

2587. Weyant and Hill 1999:xxxvii-xl.

2588. 도표 160에는 DICE 모델에서 얻은 비용이 제시되어 있지만, 모든 계산은 RICE 모델을 바탕으로 한 것임을 염두에 두어야 한다.

2589. 사실 피해는 기온의 4제곱에 비례해서 증가하는 것으로 간주된다(Nordhaus

and Boyer 2000:IV, 30).

2590. 이상하게도 Nordhaus and Boyer 2000는 위에서 언급한 것처럼 태양 에너지와 같은 지원군을 포함시키지 않기로 결정했다(Chakravorty et al. 1997). 이는 그들의 이산화탄소 배출 전망이 최악의 경우를 상정하고 있다는 것을 의미한다.

2591. Nordhaus and Boyer 2000:VII, 7는 최적의 해결책이 "환경의 최고 권위자가 어느 날 갑자기 등장해서 완전 무결한 정책 규범을 제시할 것이고 모든 사람들은 그 규범을 세심하게 따를 것이라는 확신에서 제시된 것이 아니다. 오히려 최적의 정책은 대안적인 접근 방법들이 얼마나 효과적일지 정책적으로 판단하기 위한 기준으로서 제시되었다"고 지적했다.

2592. Nordhaus 1992a:1317; Nordhaus and Boyer 2000:VII, 14; Morgan and Dowlatabadi 1996:349 참조.

2593. Nordhaus 1992a:1317.

2594. Pezzey and Park 1998:541ff; Bovenberg 1999:421–2.

2595. Pierce 1991이 그런 전례로 꼽힐 수 있을 것이다. 오늘날에도 이 논문과 같은 주장들이 되풀이되고 있다. Bernow et al. 1998을 참조할 것(다음 인용문의 고딕체는 필자가 덧붙인 것). "최근의 분석 결과들은 공해세가 공해를 억제할 뿐만 아니라 다른 세금도 낮춰주어 **경제와 환경에 모두 이득이** 될 것이라는 기대를 불러일으키고 있음을 강조해주었다. ……최근 그런 '일석이조'의 가능성을 다룬 연구가 진행중이다."

2596. Pezzey and Park 1998:542.

2597. Bovenberg and de Mooij 1994; Fullerton and Metcalf 1997; Goulder et al. 1998; Parry and Oates 1998.

2598. Parry and Oates 1998:3ff 참조.

2599. 이것이 이른바 최선의 분석으로 소위 피구세(Pigouvian tax)를 낳았다.

2600. IPCC 2001c:8.2.2.1.2&3.

2601. Bovenberg and de Mooij 1994; Fullerton and Metcalf 1997; Goulder et al. 1998; Parry and Oates 1998; Bovenberg 1999.

2602. IPCC 1996c:308–9.

2603. IPCC 2001f:7, 2001c:7.3.3.1, 8.2.2, 9.2.1 참조.

2604. IPCC 2001c:7.3.3.1, footnote 11. "'강력한 일석이조'라는 용어는 세수 환원 효과가 상호 작용 효과뿐만 아니라 배출량 감축의 직접적인 (GDP) 비용도 능가함으로써 세수를 창출하는 환경 정책의 비용을 완전히 없애주는 경우에 대해 사용되었다. 이 정도 규모의 세수 환원 효과가 나타나려면 원래의 세금 구조가 대단히 비효율적이어야 한다

(예를 들어 노동에 비해 자본에 대한 세금이 크게 과도한 경우). 이것은 그 자체로서 세제 개혁을 불러오는데, 세수를 창출하는 환경 정책의 도입 덕분에 그런 이득이 생겼다고 보아서는 안 된다. 이 두 가지가 똑같은 시기에 실행되었다 하더라도 말이다." "그러나 일반적으로 모델 연구의 결과들은 탄소세나 경매에 붙은 배출권의 정(正)적인 세수 환원 효과와 부(負)적인 세금 상호 작용 효과의 총합이 대략 0임을 보여준다."(IPCC 2001c: 8.2.2.2.5).

2605. IPCC 2001f:7. "어떤 상황에서는 경제적 이득이 오염 완화의 비용을 능가하는 것도 가능하다."

2606. Parry and Oates 1998:6.

2607. Pezzey and Park 1998:552 참조. "일석이조 논쟁은 더 많은 환경 통제를 옹호하는 주장을 전반적으로 약화시켰다."

2608. Brett and Keen 2000.

2609. Nordhaus and Boyer 2000:VIII, 9. 도표 157의 교토 의정서 계산에는 이런 효과가 포함되지 않았다.

2610. 수많은 가정과 근사치가 동원되었다는 점을 감안해서 이 수치들을 모두 지나치게 믿어서는 안 될 것이다. 그러나 여기서 중요한 것은 이 결과를 다른 시나리오들과 비교하는 것이다. 그러면 상대적인 비용이 훨씬 더 분명해진다.

2611. OECD(2000:270)는 1998년의 공식적인 개발 원조금이 모두 합해서 미화 500억 달러인 것으로 추정한다.

2612. IMF(2000b:113)는 2000년의 전세계 생산량을 32조 달러로 추정하고 있다.

2613. 이 비용은 우리가 화석연료를 기반으로 현대 문명을 건설한 결과물이라 할 수 있다. 그러나 이런 주장을 펼칠 때는, 여러 면에서 화석연료를 기반으로 하고 있는 이 세상이 제2부에서 자세히 설명한 삶의 질을 가져다주었다는 점 역시 기억해야 한다. 우리가 다른 길을 선택해서 화석연료를 사용하지 않고도 지금과 대략 비슷한 수준의 복지를 이룩할 수 있었을지는 분명하지 않다. 게다가 우리가 실제로 이런 세상을 건설했으므로, 화석연료에 손가락질을 해대는 주장은 사후약방문격의 지적일 뿐이다.

2614. IPCC 1997a:6, 또는 1997a:47. "어쨌든 실행해볼 만한 가치가 있는 대안이다."

2615. IPCC 1996c:309–10; Lovins and Lovins 1997.

2616. 덴마크는 비교적 규모가 큰 감축을 하겠다는 약속과 관련해서, 이런 대안이 비효율적인 면이 대단히 크다고 추정했다(IPCC 1996c:318).

2617. IPCC 1996c:318.

2618. UNEP 1994:II, 22, *Danmarks Energifremtider*(덴마크 에너지의 미래)

1995:185.

2619. *Danmarks Energifremtider* 1995:184; DK EA 1996:118. 〈Energi 21〉은 이 기간 동안 에너지 가격이 상승할 것이라는 추정 때문에 이보다 훨씬 더 낮은 수치를 얻었다(*Energi 21*:68-9 참조).

2620. 재생 가능한 에너지에 상당한 몫이 걸려 있다는 점도 포함되었다.

2621. *Danmarks Energifremtider* 1995:70.

2622. *Danmarks Energifremtider* 1995:72.

2623. *Danmarks Energifremtider* 1995:18.

2624. *Danmarks Energifremtider* 1995:20.

2625. *Danmarks Energifremtider* 1995:163. UNEP의 문서 중 덴마크를 다룬 부분에 이 점이 상당히 직설적으로 표현되어 있다. "중요한 문제는, 이런 방법들을 찾아내서 실행하는 데 드는 비용을 크게 상승시키지 않고, 복지를 심각하게 손상시키지도 않은 상태에서 이 (이산화탄소 감축) 잠재력이 얼마나 실현될 수 있을까 하는 점이다. 직접 비용을 기반으로 한 다음의 계산에는 이러한 비용이 전혀 포함되지 않았다"(UNEP 1994:II, 21).

2626. *Danmarks Energifremtider* 1995:19.

2627. *Danmarks Energifremtider* 1995:72.

2628. *Danmarks Energifremtider* 1995:18.

2629. *Danmarks Energifremtider* 1995:99.

2630. *Danmarks Energifremtider* 1995:175.

2631. *Danmarks Energifremtider* 1995:166. 사실 교통 부문에는 추가 투자가 필요할 것이라고 알려져 있다. 교통 부문의 연료 감축은 "에너지 절약 시나리오에 묘사된 추가 투자와 관련해서 살펴보아야 한다. 그러나 이 점은 계산에 포함되지 않았다"(*Danmarks Energifremtider* 1995:167).

2632. *Danmarks Energifremtider* 1995:113.

2633. *Energi 21*:64.

2634. DK EPA 1996a:118.

2635. IPCC 1996b:267. 셸링은 이것을 가리켜 "계량경제학적 추정치와 완전히 모순된다"(1992)고 말한다. 만약 실행 가능성이 있고 이윤도 올릴 수 있는 대규모의 구조 조정 방안이 정말로 아직 실현되지 않고 있다면, 그것은 아마 구조적인 장벽 때문일 것이다. 그리고 상당한 비용을 들이지 않고 이 장벽을 극복할 수 있는지는 불확실하다. Halsnæs et al. 1995:81ff도 이런 주장의 일부를 다루고 있다.

2636. Nordhaus 1991a.

2637. Morgan and Dowlatabadi 1996:359–60.

2638. Metcalf and Hassett 1997.

2639. IPCC 1996c: chapter 4, 125ff의 훌륭한 설명과 Nordhaus 1997a ; Toman 1998 ; Portney and Weyant 1996b 등을 읽어볼 것.

2640. 또한 우리는 세금도 무시하였는데, 사실 세금이 더 문젯거리이다. 개인의 행동에 정말로 영향을 미치기 때문이다. 그러나 기후 변화와 관련된 할인이 주로 사회적 비용과 이득에 초점을 맞추고 있기 때문에, 설명을 용이하게 하기 위해 세금을 무시하는 것이 좋겠다.

2641. Portney and Weyant 1996a:6-7는 한 명을 제외한 모든 기고자들이 미래의 이득과 비용을 어느 정도의 실용적인 비율로 할인하는 것이 적절하다는 의견을 내놓고 있으며, 심지어 반드시 필요하다고 주장하는 사람도 있음을 지적했다.

2642. Jespersen and Brendstrup 1994:94. 참고로, Chapman and Khanna 2000:230가 던진 수사학적인 질문은 "우리 아이들의 행복과 안전이 정말로 우리의 행복과 안전보다 가치가 없는가?"였다.

2643. IPCC 1996c:133.

2644. Nordhaus 1997a:317.

2645. 예를 들어, OECD 1994:38.

2646. Nordhaus 1997a:317.

2647. Wildavsky. IPCC 1996c:133에서 재인용.

2648. IPCC 1996c:132.

2649. 셸링(Schelling 1999)은 이것이 일차적인 분배 갈등이라는 설득력 있는 주장을 내놓았다.

2650. IPCC 1996c:133.

2651. IPCC 2001c:TS.7.2.3.

2652. 물론 이것은 실제로 투자 가능한 잠재력을 16%로 가정한 단순한 주장이다. 그러나 이 주장은 단지 우리의 주장을 뒷받침하기 위한 것에 불과하다. 1,500억 달러를 60년 동안 16%의 수익률로 투자했을 경우, 현재의 가치로 할인하면 약 59조 달러가 될 것이다.

2653. 현재 약 11억 명이 깨끗한 식수를 이용하지 못하고 있다(Anan 2000:5). 세계은행은 상수도 시설 비용이 1인당 약 150달러가 될 것으로 추정한다. 모든 사람들에게 깨끗한 물을 공급해주는 비용이 1,650억 달러라는 뜻이다(World Bank 1994:11). 또한 약 25억 명이 위생적인 하수도 시설을 이용하지 못하고 있다(Anan 2000:5). 하수도 시설의 비용은 가구당 50달러가 채 되지 않을 것으로 추정된다(World Bank 1994:83). 1가구 4

인을 기준으로 잡는다면 약 300억 달러가 든다는 얘기다. 따라서 상하수도 시설을 완전히 제공해주는 총 비용은 2,000억 달러도 되지 않는다. 미국이 교토 의정서를 실행하는 비용(제1 부속서 국가들 사이에서 거래가 이루어질 때)은 3,250억 달러이다(Nordhaus and Boyer 2000:VIII, 27).

2654. USAID와 WHO의 추정치(World Bank 1992:49).

2655. IPCC 1996a:42–3.

2656. IPCC 2001a:11.5.4.3.

2657. Woodward 1998b.

2658. IPCC 2001a:TS.B.7.

2659. IPCC 2001a:11.3.1. Conway and Hall 1999 참조. "우리는 현대의 접지선(grounding line, 얼음 층이 바다 밑바닥에 닿아 있는 지역과 얼음이 물에 떠다니는 지역과의 경계선 – 옮긴이) 후퇴가 충적세 초기 내지 중기부터 계속 진행된 자연적인 후퇴의 일부라고 주장한다. 그것은 인위적인 온난화나 최근의 해수면 상승의 결과가 아니다. 다시 말해, WAIS의 미래는 충적세 초기에 접지선 후퇴가 촉발되었을 때 이미 결정되었는지도 모른다는 얘기다. 현재의 간빙기 동안 계속 후퇴가 이루어지는 것, 그리고 어쩌면 WAIS가 아예 완전하게 해체되는 것은 불가피한 일일 수도 있다."

2660. IPCC 2001a:TS.B.7, 11. executive summary. "지상에 고정된 빙하의 대규모 손실과 해수면 상승의 가속이 21세기 동안 일어날 수 있는 가능성이 극히 적다는 데에 지금은 많은 사람들이 동의하고 있다."

2661. IPCC 2001a:11. executive summary. IPCC 1996b:251; Fankhauser 1998 참조.

2662. Pearce 2000.

2663. Pearce 2000:5.

2664. IPCC 2001d:10–1.

2665. IPCC 2001a:도표 11.16.

2666. Fankhauser 1998; IPCC 1996b:271–2; Broecker 1997, 1999; Perry 2000:64.

2667. IPCC 2001d:10. 2001a:9.3.4.3 참조.

2668. Perry 2000:64; IPCC 2001d:10.

2669. IPCC 2001d:10. 여기서 충분히 오랫동안이란 기간은 100년 동안 적어도 연간 1%의 이산화탄소 증가를 말하는 것 같다(2001a:9.3.2.3). 앞에서도 설명했듯이, 이는 경험적인 증가율 연간 0.6%보다 훨씬 높은 것이다(도표 148). 이는 중요한 사실이다. 밀도차 순환이 중단되는 것은 장기적인 기온 상승에 의해서가 아니라 시스템에 영향을 미치는 강제력 증가의 속도에 일차적으로 의존하고 있기 때문이다(같은 자료).

2670. Marotzke 2000.

2671. Schelling 1992.

2672. Fankhauser 1998. 멕시코 만류가 방해를 받을 경우의 비용을 조사한 연구 결과를 전혀 찾아볼 수 없었다.

2673. "중위도 대서양 THC(밀도차 순환)는 상당히 꾸준하게 진행되는 것 같다"(Marotzke 2001:1,349). http://www.theatlantic.com/issues/98may/9805lett.htm에 실린 대기권과 해양 연구를 위한 미국 합동 연구소(US Joint Institute for the Study of Atmosphere and Oceans)의 Doherty et al. 1998. "과학 문헌에 실린 모든 증거들은 인위적으로 유발된 기후 변화가 감지되었으며, 이런 변화에는 북대서양 순환 패턴의 강화가 포함된다는 사실을 시사하고 있다."

2674. Latif et al. 2000. 2000년 〈사이언스〉에 실린 복합 대순환 모델(Coupled GCMs)에 대한 개괄적인 논문에서 이 새로운 연구를 다음과 같이 묘사하고 있다. "대기 중의 온실 효과가 강화되면 북대서양 고위도 지역의 심해 해류가 축소되거나 심지어 멈춰버리기까지 한다는 사실이 CGCM 운용 결과 관찰되면서 과거에 있던 밀도차 순환 변화에 대해 강렬한 관심이 생겨나게 되었다. 그러나 이 모델에 포함되지 않은 어떤 새로운 메커니즘이 논의 전체의 기를 꺾어버릴 수도 있다"(Grassl 2000).

2675. 성과 예상치를 최대로 잡는다면 그렇다. Fankhauser 1998; Schellnhüber and Yohe 1997:part 3.

2676. 엄밀히 말해서, 우리는 위험 부담을 싫어하는 것이다.

2677. IPCC 1996c:133.

2678. IPCC 2000a:170; Sankovski et al. 2000:285.

2679. de Vries et al. 2000:138.

2680. 이 부분을 모두 인용하면 다음과 같다. "표준 시나리오는 사람들이 희망하는 상황과 조건을 묘사하고 있다. 탐구를 위한 시나리오는 표준 시나리오에서 출발하지만 제한 조건과 역작용을 일으키는 조건을 고려함으로써 더 현실성 있는 미래를 묘사하고자 한다. 이런 점에서 우리의 시나리오는 대체로 표준적이다"(de Vries et al. 2000:170).

2681. IPCC 2001c:SPM.12는 "대부분의 선진국에서 현재 연간 환경 지출은 GDP의 1~2% 수준이다"고 추정한다. 이 문장이 《정책 입안자를 위한 요약서》 최종판에서 삭제되었음에 주목하라.

2682. 107조 달러와 마찬가지로 A1T 시나리오의 GDP 수치를 모두 7%로 할인한 것.

2683. "이제까지 발표된 추정에 의하면, 전세계적인 평균 기온 상승의 규모에 상관없이 대다수 개발도상국이 순수한 경제적 손실을 경험하게 될 것이다. 또 온난화의 정도가

커질수록 손실 규모도 커질 것이다. 많은 선진국은 지구의 평균 기온이 대략 2℃ 상승할 때까지는 확실한 경제적 이득을 얻을 수 있을 것으로 전망된다. 또한 기온이 약 2~3℃ 상승하는 경우에는 좋은 점과 나쁜 점이 혼합된, 혹은 중립적인 순(純)영향을 받게 될 것이며, 기온이 그보다 더 상승하면 확실히 손실을 경험하게 될 것으로 전망된다. 경제적 영향이 이런 식으로 분포되기 때문에 선진국과 개도국의 복지 수준은 점점 더 벌어질 것이며, 기온이 높아질수록 그 차이 역시 더 커질 것이다. 개도국이 더 많은 피해를 입을 것으로 추정된다는 것은 그들의 적응력이 상대적으로 떨어진다는 사실이 어느 정도 반영되어 있다"(IPCC 2001b: Summary for Policymakers, original government draft, 2.6).

2684. Peck and Teisberg 1992.

2685. Maddison 1995b:345.

2686. Parson and Fisher-Vanden 1997:614.

2687. Nordhaus 1998:18.

2688. 거시 경제 모델의 금전적 손실을 제시하기가 더 어렵기는 하겠지만 말이다.

2689. IPCC 1996a:5.

2690. Kerr 2000.

2691. IPCC 2001a:SPM:5.

2692. IPCC 2001d:6.

2693. Pearce 2001:5.

2694. IPCC 21001b:SPM:4.

2695. IPCC 2001e:6. 게다가 신뢰도도 중간 수준에서 낮은 수준으로 변경되었다.

2696. IPCC 2001c:TS.1.1. endnote 2,531 참조.

2697. 최종적인 WG III 분석의 일부는 뻔한 사실을 표현하는 데 그치고 있다. 예를 들어, '대응책이 어떤 목표를 겨냥해야 할 것인가? 높은 안정화 수준 대 낮은 안정화 수준 오염 완화에 대한 견해'라는 제목의 장은 다음과 같은 결론을 내리고 있다. "안정화 수준을 낮게 잡으면 오염 완화 비용이 기하 급수적으로 늘어나며, 단기적으로는 상대적으로 더 야심차게 배출량을 줄일 수 있다. 그러나 WG II에 보고된 것처럼 목표치를 낮게 잡으면 생물학적, 지구 물리학적 효과가 현저히 적어지기 때문에 피해도 적어지고 적응 비용도 적어진다"(IPCC 2001c:10.4.6).

2698. IPCC 2001c:1.4.1.

2699. '대안적 발전 경로(Altenative Development Pathways)'는 IPCC 2001c:1.4.1의 제목이다.

2700. IPCC 2001c:1.4.2.1.

2701. IPCC 2001c:1.4.3.

2702. IPCC 2001c:1.4.3.1.

2703. IPCC 2001c:1.4.3.1.

2704. IPCC 2001c:1.4.3.1.

2705. IPCC 2001c:1.4.3.2.

2706. IPCC 2001c:1.4.3.3.

2707. IPCC 2001c:1.4.3.3.

2708. IPCC 2001c:1.4.3.3; IPCC 2001c:TS.5.2, 'Adoption of more sustainable consumption patterns' 참조.

2709. IPCC 2001c:1.4.3.

2710. IPCC 2001c:1.5.1.2.

2711. IPCC 2001c:5.3.8.4.

2712. IPCC 2001c:5.3.8.4.

2713. IPCC는 우리의 생활 방식이 "경제적으로는 그리 합리적이지 않지만, 문화적으로는 합리적"이라고 말한다. 이는 서구적 소비주의가 다른 사람들과 관계를 맺는 또 하나의 방법에 불과하다는 뜻이다(IPCC 2001c:10.3.2.3.1). 우리는 소비를 통해 관계를 맺지만, 사실은 "자아의 완성을 목표로 한 문화적 프로젝트"에 참여하는 것이다〔IPCC 2001c:10.3.2.3.1. 따옴표 속의 인용문은 매크라켄(McCracken)의 말인데, IPCC는 이 말에 동의하는 태도를 취했다〕.

2714. IPCC 2001c:1.4.3.

2715. IPCC 2001c:10.3.2.3.2. 참고 문헌으로는 UNDP 1998b만이 밝혀져 있지만, 이 문장은 4쪽에서 나온 것이다.

2716. 여기에 인용된 문헌에서도, 미국인은 가장 행복한 순간으로 과거를 회상하지 않았다. "미국인 중 스스로 행복하다고 생각하는 비율이 가장 높았던 해는 1957년이었다. 그 후로 소비가 2배 이상 늘었는데도 말이다"(UNDP 1998b:4).

2717. 스스로 '매우 행복하다'고 생각하는 응답자의 비율이 변화한 것은 행복과는 별개인 다른 많은 요인들 때문일 수 있다. 시간이 흐르면서 정직하지 못한 대답을 하는 경향(행복한 척 가장하는 것)이 줄어들 수도 있고, 설문 조사의 양식이 변할 수도 있다. 이 연구의 원래 참고 문헌인 Smith 1979를 참조하라. Simon 1995b:6은 1950년대 말 이후 '나라의 형편'에 대한 미국인들의 평가 역시 비슷하게 하향 곡선을 그렸음을 발견했다. 그러나 여기에서 응답자들의 답변을 또 다른 질문으로 확인해볼 필요가 있다. 즉, 응답자들에게 자기 자신의 삶에 대한 견해를 묻는 것이다. 이 질문에 대한 평균적인 응답은 시

간이 흘러도 항상 똑같았는데, 이는 '나라의 형편'이 나빠진 것이 절대적인 악화가 아니라 인식의 변화에 따른 악화임을 의미한다.

2718. Smith 1979:22 참조. 이 문헌에서 SRC/GSS는 34.7%가 '매우 행복하다'고 생각하고 있음을 보여주었는데, 1988년에는 36.1%, 1990년에는 35.7%로 모두 이때의 비율을 능가했다(GSS 2001). 1998년의 결과는 33.3%였다.

2719. 자세한 내용을 보려면 Argyle 1987:91ff 참조.

2720. IPCC 2001c:1.5.3.

2721. Hartill 1998.

2722. Bishop 1993.

2723. Ciotti 1989.

2724. Ciotti 1989. 요약하자면, 리프킨은 "진보의 시대는 사실 환상이다. 오늘날 역사상 그 어느 때보다 훨씬 더 많은 8억 명이 굶주린 배를 움켜쥐고 잠자리에 든다"고 생각했다. 하지만 도표 7에서 볼 수 있듯이, 이 말은 틀린 것이다.

2725. Ciotti 1989. 이 문장은 원래 "……인류가 더 유복해질 것이라고 단순하게 생각해버린다. 그리고 ……"이지만, 의미 전달상 그리고를 그러나로 바꿨다.

2726. Ciotti 1989.

2727. Ciotti 1989.

2728. Kram et al. 2000:369.

2729. 물론 IPCC는 대중 매체를 통제하지 않지만, 그들의 《정책 입안자를 위한 요약서》가 위에서 언급한 정책 요점을 딱히 분명하게 밝히고 있지는 않다(IPCC 2001f).

2730. Pearce 2001:5.

2731. Pearce 2001:5.

2732. CNN.com 2001a, b(WGI 개요가 발표되고 거의 1개월 만에 CNN에서 보도한 최초의 기사라는 점에 주목하라), Hawkes 2001, CBSnews.com 2001, Karon 2001.

2733. 이것이 Schelling 1999 주장의 기본적인 요점이다.

2734. UNICEF 2000:37.

2735. NAS 1992; Herzog et al. 2000 참조.

2736. Schelling 1992.

2737. 1996년 군사비는 7,000억 달러였다(전세계 GDP의 2.4%). WI 1998b:114-15.

2738. 이것이 노드하우스의 추정치 945조 달러와 약간 다르다는 점에 주목하라. 할인율과 소득 수준에 대해 각각의 시나리오가 다소 다른 가정을 하고 있기 때문이다. 여기서 사용한 할인율은 7%이다. 계산은 모두 대략적인 것이며, 2005~2095년 시작되는 10

년간의 평균 소득은 중위 구간 할인율로 할인했다.

2739. 378조 달러에서 291조 달러로(IPCC 2000b).

2740. Gore 1992:269.

2741. Gore 1992:273.

2742. Gore 1992:222.

2743. Gore 1992:232.

2744. Gore 1992:232.

2745. Gore 1992:275.

2746. Gore 1992:269.

2747. Gore 1992:230ff.

2748. Herman 1997:400ff.

2749. Gore 1992:236.

2750. Knudsen 1997.

2751. 각각 0.96%, 0.87%, 0.81%, 0.77%이다(WI 1997b:108).

2752. Slovic 1987:280에서 재인용.

2753. 돌과 페토(Doll and Peto 1981:1,246-8)는 오염과 관련된 모든 암 발생률 중 절반(2% 중 1%)이 대기 오염으로 인한 것이라고 추정한다. 분진 오염에 대한 최근의 평가 결과를 감안한다면 이 수치가 상향조정될 수밖에 없다.

2754. Ågerup 1998:14.

2755. 질문은 "환경 문제가 (a) 지금 당신의 건강에, (b) 과거, 이를테면 10년 전 당신의 건강에, (c) 이를테면 앞으로 25년 동안 우리 아이들과 손자들의 건강에 얼마나 영향을 미친다고 생각합니까? 아주 많이, 상당히, 그리 크지 않게, 전혀 중에서 선택해 대답하십시오"였다.

2756. Beck 1986; Rasborg 1997.

2757. Adams 1995:179-81. "그럼에도 불구하고 기본적인 삶의 안전이라는 측면에서, 위험을 감소시키는 요소들이 새로운 위험들을 크게 능가하는 것 같다"(Giddens 1991:116).

2758. 예를 들어, Zeckhauser and Viscusi 1990.

2759. WWF 1997a:18.

2760. Ågerup 1998:15.

2761. "환경이 가장 중요하다"(Dunlap 1991b:291):국가의 '가장 중요한 문제' 중 하나로 환경 문제를 기꺼이 꼽은 사람의 비율.

"정부의 지출이 너무 적다": "우리가 환경 개선과 보호에 너무 많이, 혹은 너무 적게, 혹은 알맞게 돈을 지출하고 있습니까?" 너무 적다고 대답한 사람의 비율로 측정.

"성장보다 환경이 우선이다"(실선, Dunlap 1991:294, 300): "다음의 두 문장 중 어떤 것이 당신의 의견과 더 가깝습니까? (1)경제적 성장을 위해 환경의 질을 희생할 각오를 해야 한다. (2)환경을 보존하고 보호하기 위해 경제적 성장을 희생해야 한다." 후자를 선택한 사람의 비율로 측정.

"성장보다 환경이 우선이다"(점선, Gallup 2000a):" 때로 사람들은 환경과 경제 성장을 논할 때 다음과 같은 두 가지 얘기를 합니다. 둘 중 어떤 것이 당신의 견해와 더 가깝습니까? (1) 경제 성장을 억제할 위험이 있더라도 환경 보호에 우선순위를 주어야 한다. (2) 환경이 어느 정도 피해를 입더라도 경제 성장에 우선순위를 주어야 한다." 두 번째 문장을 선택한 사람들의 비율로 측정.

"환경 보호 조치가 너무 적다" 1973~1980(Dunlap 1991b:294): "환경 보호를 위한 법률과 규제의 강도에 대해서도 사람들의 의견이 다릅니다. 현재 당신은 환경 보호를 위한 법률과 규제가 지나치다고 생각하십니까, 충분하지 않다고 생각하십니까, 아니면 딱 맞게 균형을 이뤘다고 생각하십니까?" '충분하지 않다'를 선택한 사람의 비율로 측정. 1982~1990(Dunlap 1991a:13): "일반적으로, 당신은 환경 보호와 관련해 정부의 규제와 개입이 너무 많다고 생각하십니까, 너무 적다고 생각하십니까, 아니면 딱 맞는다고 생각하십니까?" '너무 적다'고 대답한 사람의 비율로 측정. 1992~2000(Saad and Dunlap 2000): "미국 정부가 환경 보호라는 측면에서 너무 나선다고 생각하십니까, 너무 나서지 않는다고 생각하십니까, 아니면 딱 맞게 행동하고 있다고 생각하십니까?" '너무 나서지 않는다'고 대답한 사람의 비율로 측정.

"비용과 상관없이 환경 보호" 1981~1990(Dunlap 1991b:300): "다음의 문장에 동의하십니까, 아니면 동의하지 않으십니까? 환경 보호는 매우 중요한 문제이므로 요건과 기준을 아무리 높이 정해도 지나치지 않으며, 환경 개선 노력은 비용과 상관없이 계속 이루어져야 한다." 동의한다고 대답한 사람의 비율로 측정. 1992, 1997(Anon. 1997b. 이 참고 문헌은 다른 자료들만큼 믿을 만하지 않다. 미국 공화당을 위한 '여론 전략' 연구에 참고 자료로 쓰인 웹페이지의 내용이기 때문이다. 그러나 여기에 이해 관계가 걸려 있을지도 모른다는 가능성 때문에 수치가 부풀려진 것 같지는 않다): "환경 보호는 매우 중요한 문제이므로 요건과 기준을 아무리 높이 정해도 지나치지 않으며, 환경 개선 노력은 비용과 상관없이 계속 이루어져야 한다." 동의한다고 대답한 사람의 비율로 측정.

2762. Gallup 2000b.

2763. Saad 1999.

2764. 천연 자원, 공원 및 여가 시설, 하수도 등에 들어가는 비용에는 지방 정부, 주 정부, 연방 정부가 지출하는 비용만 포함된 반면, 고형폐기물, 공기, 물 등의 분야에는 민간 부문과 기업이 지출하는 비용도 포함되었다. 여기에 언급된 기간 전체에 걸쳐 자료를 구할 수 있는 것은 연방 정부의 비용뿐이었고, 주 정부와 지방 정부 비용에 대한 자료는 1955~1996년의 것만, 총 비용에 대한 자료는 1972~1994년의 것만 구할 수 있었으므로 1962~1971년 및 1994/6~1999년의 비용은 당시의 추세에 대한 자료를 근거로 추정한 것이다. 1972~1994년의 환경 관련 총 비용 자료는 불행히도 중간에 끊겨 있다. Blodgett 1997 참조.

2765. 우리가 환경에 더 많은 돈을 지출하고 있다는 사실이 환경 문제가 악화되었음을 뜻하지는 않는다. 오히려 우리가 환경 문제를 더욱 의식하게 되었다고 볼 수 있다(같은 맥락에서, 보건 의료에 더 많은 돈을 지출한다는 사실이 환자의 증가를 의미하지는 않는다).

2766. Dunlap 1991b:300.

2767. Finkel and Golding 1994.

2768. WHO는 '완전히 확립된 시장 경제'라는 용어를 사용한다. 그러나 OECD를 제외하면 이 용어에 포함되는 것은 바티칸, 버뮤다, 채널 군도 등 작은 국가들뿐이다.

2769. Meyerhoff 1993.

2770. Putnam and Wiener 1995:147.

2771. Putnam and Wiener 1995.

2772. Graham and Wiener 1995:2.

2773. 문헌들은 사람들이 어떤 위험의 환상에 굴복하는지를 보여주는 수많은 사례를 다루고 있다. 여기에서는 그 중의 일부만 살펴보도록 하겠다. Magolis 1996; Slovic 1986, 1990; Zeckhauser and Viscusi 1990; Wilson 1979; Slovic et al. 1986; Fischhoff et al. 1979; Grandjean 1998:106ff도 참조.

2774. Combs and Slovic 1979.

2775. Combs and Slovic 1979:841.

2776. Sandman 1996.

2777. Sandman 1996.

2778. Slovic et al. 1979; Singer and Endreny 1993:61ff.

2779. Grandjean 1998:108.

2780. Slovic et al. 1986:116.

2781. Slovic et al. 1986:116; Combs and Slovic 1979.

2782. Slovic et al. 1986:117.

2783. Grandjean 1998:151.

2784. 미국에서 농약으로 1년에 약 20명이 사망하고 그 중에서 식수로 사망하는 사람은 0.4%에 불과하다고 예상한다면(Ames et al. 1987:272), 이는 인구 2억 7,000만 명인 나라에서 한 사람의 일생(70년) 동안 식수로 인한 사망자가 5.6명이 된다는 뜻이다. 즉 평생에 걸친 위험은 1:100만의 2%(2e-8)인 셈이다. 따라서 사망자가 1,500~3,000명이라는, EPA의 극단적인 가정을 받아들이더라도 평생에 걸친 위험도는 100명 중 1.5~3(1.5e-6에서 3e-6) 수준이 될 것이다.

2785. Grandjean 1998:110.

2786. Fischhoff et al. 1979:32.

2787. 분노도 합리적인 평가 요인이 될 수 있다는 의견이 제시되기도 했다. 만약 어떤 사람이 오염자와 그런 오염을 허용하는 사회 체제에 분노하거나 혐오감을 느낀다면, 그 사람에게는 원인 제거를 요구할 권리가 있다는 것이다. 오염으로 인한 객관적인 위험이 지극히 낮더라도 말이다(Grandjean 1998:107의 설명). 그러나 여기에서 우리는 근본적인 문제와 직면하게 된다. 만약 사회의 자원이 객관적으로 지극히 작은 위험을 제거하는 데 사용된다면, 그것은 사람들이 더 커다란 위험을 제거하는 데 같은 자원을 사용하지 않겠다고 결정을 내렸다는 의미가 된다. 문제의 인물이 이것을 얼마나 용인할 수 있느냐는 당연히 도덕적 문제다. 그러나 내가 보기에는 그들이 (객관적으로 위험성이 낮은) 자기들만의 위험을 (객관적으로 위험성이 높은) 다른 사람의 위험보다 더 중요하다고 주장하는 것에 지나지 않는다. 좀더 거칠게 표현한다면, 내 목숨이 당신 목숨보다 더 중요하다고 주장하는 것이나 마찬가지다. (분노를 기반으로 한 주장이 점점 심해진다는 점에서도 역시 불균형이 생겨난다. 내가 사는 거리에서 개발이 이루어지는 것에 내가 '매우' 분노하고 있다고 말하는 것은 내게 유리한 일이며, 다른 사람이 이웃집 정원에서 나오는 귀찮은 매연 때문에 '지극히' 분개하고 있다고 말하는 것은 그 사람에게 유리한 일이다. 그렇다면 나중에 나는 내가 '정말로 지독하게' 분개하고 있다고 말해야 할 것이다…….)

2788. Margolis 1996:38.

2789. Margolis 1996:38.

2790. Taylor 2000.

2791. 멘델로프의 표현(Margolis 1996:161에서 재인용)을 빌리면, (이슈가 되고 있는 문제에 대한) 과도한 규제는 (그 결과로 이슈에서 배제된 많은 것들에 대한) 규제의 부족을 낳는다.

2792. Tengs et al. 1995; Tengs 1997; Tengs and Graham 1996; Graham 1995.

2793. Tengs 1997:표 II.

2794. Tengs 1997.

2795. 건강과 관련된 조치들의 중위 비용이란 모든 조치가 똑같이 2개로 나뉘는 지점의 비용을 말한다. 이 지점에서 보면 절반은 중위 비용보다 싸고, 절반은 더 비싸다. 중위의 이점은 대단히 불규칙한 (높은) 비용이 발생했을 때 그 영향을 받지 않는다는 점이다. 만약 어떤 질병의 치료에 5명의 환자가 각각 5달러, 10달러, 70달러, 100달러, 1,000달러의 비용을 지불했다면 중위 치료비는 70달러가 되겠지만 평균을 따지면 237달러가 될 것이다. 1,000달러라는 단 하나의 수가 평균값에 큰 영향을 주기 때문이다.

2796. Graham 1995; Tengs 1997.

2797. Graham 1995에서 설명한 의약품과 유독 물질 통제는 지금까지 잘못 해석되었다. 이곳에서는 Graham 1995의 내용을 올바로 해석하여, 그레이엄 논문에서 언급된 중위수가 그 수치와 일치한다고 보았다.

2798. Tengs 1997.

2799. 예를 들어, MTV에서 방영된 그린피스의 광고(2001a). 이 광고에서 문자로 전달된 메시지는 왠지 불길한 느낌이 드는 '프랑켄 식품(Frankenfood)'뿐이었다.

2800. 의료용 GMO들은 대개 폐쇄적인 생산 방식을 이용하며 생명을 구하는 생산품을 내놓는다. 의료용 GMO가 더 쉽게 받아들여진 것은 바로 이 덕분이었다(ESRC 1999:9; Dixon 1999:547). 유로바로미터의 조사에서는 생명공학을 의료에 사용하는 것을 걱정하는 사람의 비율이 40%였던 데 비해, 유전자 변형 식품과 관련된 위험을 걱정하는 사람은 60%였다(EU 2001b:55).

2801. James 1999, 2000. 전세계 경작지는 약 15억 1,000만 헥타르이다(WRI 2000c:272).

2802. James 2000; WRI 2000c:272-3.

2803. James 2000.

2804. Anon. 2000d.

2805. Hoisington et al. 1999.

2806. Evenson 1999:5,925.

2807. Nash and Robinson 2000.

2808. Greenpeace 2001b.

2809. House of Commons 1999:13.

2810. McHughen 2000:255.

2811. McHughen 2000:255.

2812. Levy and Newell 2000; EU 2001b:50ff. 편견이 작용했을 가능성은 있지만 오랜 기간을 다루고 있는 개괄적인 연구를 보려면 CFS 2001 참조.

2813. 각각 57%, 63%, 69%. EU 2000d:36-8.

2814. Hennessy 2000.

2815. Anon. 1999i; Margaronis 1999.

2816. EU 2001b:56, 2000d:36-8.

2817. "유럽의 GMO 반대 운동에 정보를 제공하고 이 운동을 이끌어온 것은 그린피스나 '지구의 친구들' 같은 환경 단체들이다"(Margaronis 1999; EU 2001b:51).

2818. FotE 2001.

2819. Greenpeace 1996; Orogan and Long 2000; OCE 2001; UCS 2001; AS 2000의 답변도 참조. House of Lords 1998:73-4; House of Commons 1999:15-20.

2820. FotE 2001.

2821. 그린피스의 근심거리 목록 중 첫 번째 자리를 차지한 것이 '유독성과 알레르기 유발 효과'이다(Greenpeace 1996).

2822. Enserink 1999; Reuters 1998.

2823. BBC 1998. 덧붙여서 그는 "우리 시민들을 실험용 동물로 이용하는 것은 매우, 매우 부당하다"고 말했음이 명백하다(Anon. 1999j).

2824. 자유민주당의 환경 문제 대변인인 노먼 베이커(Norman Baker)의 말이다. "지금으로서는 모든 식품에서 유전자가 조작된 성분을 금지시키는 것만이 적절한 행동이다"(BBC 1998).

2825. RRI 1998.

2826. "일부 결과들은 아직 예비적인 것이지만 푸스타이 박사의 무고함을 입증하기에는 충분하다." van Driessche and Bøg-Hansen 1999. 영국 하원 의원들은 유전자 변형 식품에 대한 일시적인 금지 조치를 또 다시 촉구했다(Enserink 1999).

2827. Royal Society 1999:4.

2828. Ewen and Pusztai 1999.

2829. Kuiper et al. 1999.

2830. 메모랜덤(van Driessche and Bøg-Hansen 1999)이 발표된 후 정부나 생명공학 업계가 자료의 은폐에 가담했다는 주장이 여러 번 제기되었다(Enserink 1999).

2831. OCE 2001:2.

2832. "렉틴이 유독성을 띨 수 있다는 사실은 잘 알려져 있으며, 사람들이 콩을 충분히 익히지 않는 바람에 전혀 익지 않거나 충분히 익지 않은 콩에 활성 렉틴이 남아 있어

매년 '급성 용혈성 빈혈' 환자가 여러 명 발생한다"(Bøg-Hansen 1999).

2833. Coghlan and Kleiner 1998.

2834. "푸스타이 박사의 실험에 사용된 것처럼 형질 전환 렉틴이 든 감자는 가장 엄격한 통제 하에서 동물 실험 연구을 위해서만 만들 수 있다. 그렇게 유전자가 조작된 감자가 인간의 식용으로 만들어졌다는 얘기는 들은 적이 없다. 그런 감자가 인간의 식용으로 사용된다는 얘기는 더욱 더 말이 되지 않는다"(Bøg-Hansen).

2835. Ewen and Pusztai 1999.

2836. 큐비트의 말은 원래 연구 결과에서 발표된 것처럼, 작두콩 유전자에서 나온 렉틴인 콘카나발린 A(concanavalin A)를 가리킨 것이었다(Enserink 1998).

2837. Coghlan and Kleiner 1998;. McHugen 2000:118 참조.

2838. Bøg-Hansen 1999.

2839. Ewen and Pusztai 1999.

2840. "유전자 변형 구축, 혹은 변환의 다른 부분이 전반적인 효과에 기여했을 가능성이 있다"(Ewen and Pusztai 1999).

2841. Kuiper et al. 1999.

2842. Kuiper et al. 1999; Royal Society 1999:3.

2843. NRC 2000b:68; Kuiper et al. 1999. 사실 메모랜덤에서 유전자가 조작된 두 계통이 상당히 다르다는 것을 발견했다(van Driessche and Bøg-Hansen 1999). 이는 감자의 계통이 유전적으로 그리 안정적이지 않다는 쪽에 더 무게를 실어준다.

2844. Royal Society 1999:3.

2845. NRC 2000b:68.

2846. NRC 2000b:68.

2847. OCE 2001:2.

2848. 그러나 모든 사람이 그렇게 격렬한 표현을 사용하는 것은 아니다. FotE 2001; Greenpeace 1996; Orogan and Long 2000; Montague 1999; UCS 2001.

2849. FotE 2001.

2850. 다음의 내용은 McHugen 2000:119–21에 근거한 것이다.

2851. Nestle 1996.

2852. Nordlee et al. 1996.

2853. Jones 1999:583.

2854. 이것은 자주 인용되는(예를 들어, Orogan and Long 2000) 문장으로 "다음 번에는 상황이 그처럼 좋지 않을 수도 있고, 따라서 사람들에게 그런 운이 따르지 않을 수

도 있다"는 말이다(Nestle 1996).

2855. Nestls 1996; UCS 2001.

2856. McInnis and Sinha 2000.

2857. FDA의 수장인 제인 헤시(Jane Henney)의 말. McInnis and Sinha 2000에서 재인용.

2858. Dixon 1999:547.

2859. Orogan and Long 2000; OCE 2001.

2860. Yoon 1999; BBC 1999.

2861. Milius 1999.

2862. Trewavas 1999:231.

2863. Orogan and Long 2000; Nottingham 1998:47.

2864. Nottingham 1998:47.

2865. Nottingham 1998:49, USDA 2001b:4.

2866. Nottingham 1998:49.

2867. McHugen 2000:178.

2868. James 2000.

2869. Losey et al. 1999, Hansen and Obrycki 2000의 비슷한 연구 결과도 참조.

2870. Guynup 2000.

2871. Losey et al. 1999.

2872. Guynup 1999.

2873. Yoon 1999.

2874. Nash and Robinson 2000.

2875. Anon. 2000d.

2876. Anon. 2000e.

2877. Levidow 1999.

2878. McHugen 2000:178. 〈뉴욕 타임스〉도 다음과 같이 보도했다. "Bt 독소 자체가 여러 종류의 나비와 나방들에게 치명적이라는 사실은 이미 알려져 있다"(Yoon 1999).

2879. Losey et al. 1999.

2880. 이 주장은 McHugen 2000:178에서 나온 것이다.

2881. Milius 2000.

2882. EPA 2000g.

2883. EPA 2000g:IIC57.

2884. EPA 2000g:IIC57, 58.

2885. EPA 2000g:IIC57.

2886. Sadar 2000.

2887. Bailey 2001.

2888. EU 2000d:15.

2889. 응답자의 35%가 사실이라고 대답했고, 35%는 거짓이라고 답했으며, 30%는 모르겠다고 답했다(EU 2000d:25).

2890. "만약 어떤 사람이 유전자가 조작된 과일을 먹는다면, 그 결과로 그 사람의 유전자가 바뀔 수 있다." 이 말이 거짓이라는 올바른 대답을 한 사람은 42%였고, 사실이라고 답한 사람은 24%였다. 34%는 잘 모르겠다고 대답했다(EU 2000d:16, 25).

2891. Freivalds and Natz 1999는 미국인 중 45%가 "유전적으로 조작된 토마토에는 유전자가 있지만 평범한 토마토에는 유전자가 없다"는 말을 사실이라고 잘못 생각하고 있다고 보고했다.

2892. 하지만 허구라고 알려진 일들이 모두 허구인 것만은 아니다. McHugen 2000: 14-16은 토마토에 물고기 유전자가 들어 있다는 이야기가 사실이 아니라고 주장한다. "토마토에 물고기 유전자가 있다는 이야기는 도시 사람들이 지어내는 허구의 모든 표준적인 특징을 다 가지고 있다. 소름이 끼치는 이야기이며 '너무 근사해서 사실이라고 믿기 어려운' 이야기처럼 들린다는 점이 그것이다." 그러나 동식물 건강 검진 서비스(Animal and Plant Health Inspection Service)의 데이터베이스(APHIS 1991)에서 찾아볼 수 있듯이, 겨울 도다리(winter flounder)의 부동(不凍) 유전자(antifreeze gene, 이 유전자가 주입된 토마토는 추운 날씨에도 잘 얼지 않는다 – 옮긴이)가 들어 있는 토마토 재배가 1991년 실제로 허가되었다. 그러나 이 이야기는 사람들의 논쟁에 그리 널리 언급되지 않았으며, 여기서 언급된 세 가지 주요 허구들처럼 그렇게 두렵고 파괴적인 이미지를 갖고 있지 않다.

2893. FotE 2001.

2894. UCS 2001.

2895. Jones 1999:583-4.

2896. Orogan and Long 2000; Greenpeace 1996.

2897. 이 모든 예는 UCS 2001에서 뽑았다.

2898. McHugen 2001:161.

2899. 영국의 환경 방출 자문위원회(UK Advisory Committee on Releases to the Environment) 의장. Beringer 1999.

2900. Schiermeier 2000 ; Jones 1999:584 ; House of Commons 1999:17.

2901. McHugen 2000:162–3.

2902. Crswley et al. 2001:683. "우리의 연구 결과는…… (유전자 변형) 농작물이 인간 재배의 손길을 벗어나서는 오랫동안 살아남을 가능성이 거의 없다는 것을 보여준다."

2903. NRC 2000b:68.

2904. Ames and Gold 1993 ; Zimberoff and Mosely 1991 ; Edelson 1990.

2905. Ames and Gold 1993.

2906. NRC 2000b:9 ; McHugen 2000:113.

2907. Trewavas 1999:231.

2908. McHugen 2000:259.

2909. McHugen 2000:162–4.

2910. McHugen 2000:164.

2911. House of Lords 1998:110.

2912. NRC 2000b:6.

2913. House of Commons 1999:12.

2914. 인류가 주로 "나중에 후회하는 것보다 안전한 것이 낫다"는 태도보다는 차라리 위험을 무릅쓰는 태도를 취함으로써 발전을 이룩해왔다고 말해도 될 것이다(Esty 1999). 그러나 사람들의 부가 점점 증가하면서 선택에 따른 추가 위험을 싫어하는 쪽으로 기울어지고 있다.

2915. EU(2000c:26)에서 재인용.

2916. Weale 1992:79ff 참조.

2917. Lundmark 1997.

2918. DK EPA 1995a ; http://www.mem.dk/publikationer/RED/2.htm.

2919. IPCC 2001c:10.1.2에 잘 나타나 있다.

2920. 예를 들어, 탈리도마이드(thalidomide)는 임신한 여성에게 기적의 약이 될 것으로 기대를 모았지만 결국은 선천적인 청각 장애, 시각 장애, 기형, 구개 파열, 기타 내적인 장애를 지닌 아이가 태어나는 결과를 낳았다. Muggleton 1999.

2921. 프리드먼(Friedman 2000)은 일본에서 "미래를 언뜻 보았다"고 말한다. 일본의 10대들이 휴대 전화기이자 인터넷 접속기인 이른바 도코모(DoCoMo)로 통신하는 것을 가리킨 말이다. 도코모 전파의 '사회적 의미'는 사람들이 대화방에서 서로를 처음 만나게 되고 나중에 우정이 생겨난 다음에야 '오프카이', 즉 오프라인에서의 만남을 약속하게 될 것이라는 점이다. "그렇다. 지금은 온라인에서 사람을 만나는 것이 정상이고 오프

라인에서의 만남, 즉 직접 만나는 것에는 나름의 한계가 있다." 한 10대 청소년은 전에는 저녁 식탁에서 가족들이 함께 시간을 보내는 경우가 많았다고 말했다. "지금은 식사를 마친 후 도코모와 인터넷이 있는 자기 방으로 돌아간다. 그래서 가족과 보내는 시간이 적어졌다. 사람들은 세상과 접촉할 수 있는 자기들만의 연결 통로를 갖고 있다. 따라서 예전처럼 뒤를 돌아보며 가족에게 의지하지 않는다."

한 어머니는 이런 현상을 매우 걱정스러워하고 있었다. "부모로서 나는 이 상황을 크게 개탄하고 있다. 내 아들은 지금 17세인데 여자 친구가 있는 것 같다. 하지만 확실히는 모르겠다. 그 아이들이 그렇게 자주 만나는 것 같지 않기 때문이다. 아이들은 대개 전자우편을 통해 이야기를 주고받는다. 사람들과 직접 접촉하면서 배울 수 있는 것들이 아주 많은데도 젊은 세대는 그런 대인 관계 기술을 잃어버리고 있다."

2922. 자원이 이런 식으로 이용되는 경우가 많다는 사실을 가장 잘 표현한 것은 아마도 덴마크 환경부 장관일 것이다. 그는 사전 예방 원칙에 대해 이렇게 말했다. 환경부 내에 "그것이 올바른 원칙임을 의심하는 사람은 많지 않다. 그러나 우리가 그 원칙에 대해 이론적으로 토론을 한 적은 별로 없다. 우린 그냥 그 원칙을 사용할 뿐이며, 그 원칙에 상당히 만족하고 있다"(DK EPA 1998b).

2923. 예를 들어, 팀 오리오단(Tim O'Riordan)은 사전 예방 원칙이 다음과 같은 경우에 적용되어야 한다고 주장했다. "자연의 생명 유지 기능이 돌이킬 수 없는 피해를 입게 될 가능성이 있을 때, 기왕의 이득을 **무시하고** 사전 예방적인 조치를 취해야 한다"(ESRC 1999:17에서 재인용. 고딕체는 필자가 덧붙인 것). 물론 이는 비록 민주적인 위험 평가 과정을 거칠 때 이득이 비용을 훨씬 능가한다는 결과가 나오는 경우라고 할지라도(예를 들어, 자연의 생명 유지 기능을 상당 부분 파괴하는 것이 분명한 습지의 포장을 들 수 있다) 사전 예방 원칙에 의거해서 그런 선택의 여지를 선험적으로 배제해야 된다는 의미다.

2924. 덴마크의 고위 환경 자문인 페데르 아게르(Peder Agger)도 이런 주장을 했다(Agger 1997:10).

2925. 더 정확히 말한다면, 가장 목소리가 크고 가장 조직적인 로비스트의 이해 관계에 따라 우선순위가 정해지고 자원이 분배될 것이다.

2926. Anderson 1991.

2927. WRI 1998a:22.

2928. Ehrlich 1967:655.

2929. FAO 2001a.

2930. 예를 들어, 〈타임〉지의 환경 부록 첫 페이지를 보자. 이곳에는 환경이 파괴된

미래로 간 평범한 소년의 아침이 묘사되어 있다. "미래의 아이들:덥고 숨이 막힐 것 같은 어느 날 아침, 소년은 잠에서 깨어났다. 학교에 가는 날이 아니었으므로 소년은 좋아하는 이야기책을 들고 한동안 누워서 뒹굴 수 있었다. 그 책에는 커다란 숲의 그림이 있었다. 높다란 나무, 야생 동물, 깨끗한 개울 등으로 가득 차 있는 삼림이었다. 마법 같은 모습이어서 소년은 믿을 수 없었다. 그런 놀라운 것들이 한때 정말로 존재했다고 부모님이 말해주었는데도 말이다. 책을 덮은 소년은 그날 하루 동안 즐거운 일이 있을 것이라는 생각을 할 수 없었다. 에어컨이 고장나지 않았더라면 좋았을 거라는 생각이 들었다. 냉장고에 음식이 더 들어 있었으면 좋겠다는 생각도 들었다. 커다란 숲을 볼 수 있다면 좋을 텐데. 그러나 지금 그런 생각을 해봤자 아무 소용이 없었다. 그냥 살아 있는 것만으로도 충분히 힘이 들었다. 특히 아이들에게." *Time* 1997:1.

참고 문헌

AAAAI 2000 *Allergy Report vols. I – III.* The American Academy of Allergy, Asthma and Immunology, in partnership with the National Institute of Allergy and Infectious Diseases (NIAID). http://www.theallergyreport.org/.

Abdulaziz, Abuzinda and Fridhelm Krupp 1997 "What happened to the Gulf: two years after the world's greatest oil-slick." *Arabian Wildlife* 2:1. http://www.arabianwildlife.com/past_arw/vol2.1/oilglf.htm.

Abell, Annette, Erik Ernst and Jens Peter Bonde 1994 "High sperm density among members of organic farmers' association." *The Lancet* 343:1,498.

Abelson, Philip H. 1994 "Editorial: adequate supplies of fruits and vegetables." *Science* 266:1,303.

Abrahamsen, Gunnar, Arne O. Stuames and Bjørn Tveite 1994a "Discussion and synthesis." In Abrahamsen *et al.* 1994c:297 – 331.

1994b: "Summary and conclusions." In Abrahamsen *et al.* 1994c:332 – 5.

Abrahamsen, Gunnar, Arne O. Stuames and Bjørn Tveite (eds.) 1994c: *Long-Term Experiments with Acid Rain in Norwegian Forest Ecosystems.* New York: Springer-Verlag.

Abramovitz, Janet N. 1999 "Unnatural disasters." *World Watch* 12(4):30 – 5.

ACC/SCN 2000 *Fourth Report on the World Nutrition Situation: Nutrition throughout the Lift Cycle.* January 2000. United Nations Administrative Committee on Coordination, Sub-Committee on Nutrition, in collaboration with the International Food Policy Research Institute. http://www.unsystem.org/accscn/Publications/4RWNS.html.

Ackerman, Frank 1997 "Recycling: looking beyond the bottom line." *BioCycle* 38(5):67 – 70.

Acquavella, John, Geary Olsen, Philip Cole, Belinda Ireland, Johan Kaneene, Stanely Schuman and Larry Holden 1998: "Cancer among farmers: a meta-analysis." *Annals of Epidemiology* 8:64 – 74.

ACS 1999 *Cancer Facts and Figures – 1999.* Atlanta, GA: American Cancer Society.

2000 "How has the occurrence of breast cancer changed over time?" Atlanta, GA: American Cancer Society. http://www.cancer.org/statistics/99bcff/occurrence.html.

Acsadi, George and J. Nemeskeri 1970 *History of Human Life Span and Mortality.* Budapest: Akademiai Kiado.

Adams, John 1995 *Risk.* London: University College London Press.

Adams, W. C. 1986 "Whose lives count? TV coverage of natural disasters." *Journal of Communication* 36(2):113 – 22.

Adleman, Morris A. 1995 "Trends in the price and supply of oil." In Simon 1995b:287 – 93.

AEA 1999 *Economic Evaluation of Air Quality Targets for CO and Benzene.* By AEA Technology for European Commission DGXI. http://europa.eu.int/comm/environment/enveco/studies2.htm.

Agarwal, Anil and Sunita Narian 1998 "The greenhouse gas trade." *UNESCO Courier* 10:10 – 13.

Ågerup, Martin 1998 *Dommedag er aflyst: velstand og fremgang i det 21. Århundrede*. [Doomsday canceled: wealth and prosperity in the twenty-first century.] Copenhagen: Gyldendal.

Agger, Peder, Lennart Emborg and Jørgen S. Nørgård 1997 *Livet i drivhuset – En debatbog om miljø og samfund*. [Life in the greenhouse – a debate book on the environment and the society.] Copenhagen: Mellemfolkeligt Samvirke.

AGU 1995 *U.S. National Report to International Union of Geodesy and Geophysics 1991 – 1994*. American Geophysical Union, supplement to *Reviews of Geophysic*, 33. http://earth.agu.org/ revgeophys/contents.html.

Ahmed, Kulsum 1994 *Renewable Energy Technologies: A Review of the Status and Costs of Selected Technologies*. Washington, DC: World Bank Technical Paper 240.

Ainsworth, Martha and Waranya Teokul 2000 "Breaking the silence: setting realistic priorities for AIDS control in less-developed countries." *The Lancet* 356(9223):55 – 60.

Albert, Jørn E. 1989 *Syreregn: trusler mod livet*. [Acid rain: threats against life.] Copenhagen: Forum.

Alexander, Bruce H., Harvey Checkoway, Chris van Netten, Charles H. Muller, Timothy G. Ewers, Joel D. Kaufman, Beth A. Mueller, Thomas L. Vaughan and Elaine M. Faustman 1996 "Semen quality of men employed at a lead smelter." *Occupational and Environmental Medicine* 53:411 – 16.

Alexandratos, Nikos 1997 "FAO's Cereals Projections to 2010 and Recent Developments: Response to Lester Brown." Chief of Global Perspective Studies Unit, FAO, Rome, unpublished manuscript; received from John Lupien, Director of Food and Nutrition Division.

1998 *World Food and Agriculture: Outlook to 2010*. Downloaded (but no longer available) at http://www.fao.org/waicentfaoinfo/economic/esd/at2010.pdf.

1999 "World food and agriculture: outlook for the medium and longer term." *Proceedings of the National Academy of Sciences* 96:5,908 – 14. http://www.pnas.org.

Alhajji, A.F. and David Huettner 2000 "OPEC and World Crude Oil Markets from 1973 to 1994: Cartel, Oligopoly, or Competitive?" *Energy Journal* 21(3):31 – 60.

Al-Khalaf, Bader 1998 "Pilot study: the onset of asthma among the Kuwaiti population during the burning of oil wells after the GulfWar." *Environment International* 24(1 – 2):221 – 5.

Allen, Ruth H., Michelle Gottlieb, Eva Clute, Montira J. Pongsiri, Janette Sherman and G. Iris Obrams 1997 "Breast cancer and pesticides in Hawaii: the need for further study." *Environmental Health Perspectives Supplements* 105:679 – 83.

Al-Rashed, Muhammad F. and Mohsen M. Sherif 2000 "Water resources in the GCC countries: an overview." Water Resources Management 14:59 – 75.

Alter, George and James C. Riley 1998 "Sickness, recovery, and sickness redux: transitions into and out of sickness in nineteenth-century britain." Working Paper 98 – 2, Department of History, Indiana University. http://www.indiana.edu/~pirt/wp98 – 2.html.

Altheide, David L. and R. Sam Michalowski 1999 "Fear in the news: a discourse of control." *Sociological Quarterly* 40(3):475 – 503.

Aly, S. E. 1999 "Gas turbine total energy vapour compression desalination system." *Energy*

Conversion and Management 40(7):729 – 41.

Ames, Bruce N. and Lois Swirsky Gold 1990 "Chemical carcinogenesis: too many rodent carcinogens." *Proceedings of the National Academy of Sciences* 87:7,772 – 6. http://www.pnas.org.

1993 "Another perspective... nature's way." *Consumers' Research Magazine* 76(8):22 – 3.

1997 "The causes and prevention of cancer: gaining perspective." *Environmental Health Perspectives Supplements* 105(4):865 – 73.

1998 "The causes and prevention of cancer: the role of environment." *Biotherapy* 11:205 – 20.

2000 "Paracelsus to parascience: the environmental cancer distraction." *Mutation Research* 447:3 – 13 http://socrates.berkeley.edu/mutagen/Paracelsus.pdf.

Ames, Bruce N., Renae Magaw and Lois Swirsky Gold 1987 "Ranking possible carcinogenic hazards." *Science* 236:271 – 80.

Ames, Bruce N., Margie Profet and Lois Swirsky Gold 1990a "Dietary pesticides (99.99 percent all natural)." *Proceedings of the National Academy of Sciences* 87:7,787 – 81.

1990b "Nature's chemicals and synthetic chemicals: comparative toxicology." *Proceedings of the National Academy of Sciences* 87:7,782 – 6.

Ames, Bruce N., Mark K. Shigenaga and Tory M. Hagen 1993 "Oxidants, antioxidants, and the degenerative diseases of aging." *Proceedings of the National Academy of Sciences* 90:7,915 – 22.

Amey, Earle B. 1996 *Gold*, US Geological Surveys. http://minerals.er.usgs.gov/minerals/pubs/commodity/gold/300496.pdf and *Natural Resources* 4:285 – 312.

Andersen, Claus E., Niels C. Bergsøe, Jens Brendstrup, Anders Damkjær, Peter Gravesen and Kaare Ulbak 1997 *Radon-95: en undersøgelse af metoder til reduktion af radonkoncentrationen i danske enfamiliehuse*. [Radon-95: an investigation of methods for reduction of the radon concentration in Danish single-family houses.] Risø-R-979. http://www.risoe.dk/rispubl/NUK/ris-r-979.htm.

Andersen, Mikael Skou 1998 "Lomborgs fejl." [Lomborg's errors]. *Politiken*, 22 February 1998, section 2, p. 1.

Andersen, Per Dannemand 1998 *Review of Historical and Modern Utilization of Wind Power*. http://www.risoe.dk/vea-wind/history.htm.

Anderson, Christopher 1991 "Cholera epidemic traced to risk miscalculation." *Nature* 354:255.

Anderson, Terry L. 1995 "Water, water everywhere but not a drop to sell." In Simon 1995b:425 – 33.

Andreae, Meinrat O. 1991 "Biomass burning: its history, use and distribution and its impact on environmental quality and global climate." In Levine 1991:3 – 21.

2001 "The dark side of aerosols." *Nature* 409(6821):671 – 2.

Angell, J. K. 1999 "Global, hemispheric, and zonal temperature deviations derived from radiosonde records." In *Trends Online: A Compendium of Data on Global Change*. Carbon Dioxide Information Analysis Center, Oak Ridge National Laboratory, US Department of Energy, Oak Ridge, Tennessee. http://cdiac.esd.ornl.gov/trends/temp/angell/angell.html.

Annaert, Jan and Marc J. K. de Ceuster 1997 "The big mac: more than a junk asset allocator?" *International Review of Financial Analysis* 6(3):179 – 92.

Annan, Kofi 1997 "Global change and sustainable development: critical trends." Report of the Secretary-General to the Commission on Sustainable Development. E/CN.17/1997/3. gopher://gopher.un.org/00/esc/cn17/1997/off/97 – 3.EN%09%9%2 B.

1998 *The causes of conflict and the Promotion of Durable Peace and Sustainable Development in Africa*. S/1998/318, 13 April 1998. http://www.un.org/Docs/sc/reports/1998/s1998318.htm.

1999 *Concise report of the Secretary-General on world population monitoring, 2000: population, gender and development*. Commission on Population and Development, 33rd session. E/CN.9/2000/3. http://www.undp.org/popin/unpopcom/33rdsess/official/3e1.pdf.

2000 *Progress Made in Providing Safe Water Supply and Sanitation for all During the 1990s. Report of the Secretary-General*. Economic and Social Council, Commission on Sustainable Development, 8th session. http://www.un.org/esa/sustdev/csd8/wss4rep.pdf.

Anon. 1992a "Biodiversity: variety is the spice of life." *UN Chronicle* 29:52 – 3.

1992b "Editorial: environmental pollution: it kills trees, but does it kill people?" *The Lancet* 340(8823):821 – 2.

1993a "Powerboat pollution." *Environment* 35:10:23.

1993b: "Relentless DDT." *Time* 141(18):24 – 5.

1993c "Breast cancer linked to chlorine." *Earth Island Journal* 8(2):23.

1994a "Farmer sperm count puzzle." *Earth Garden* 89:8.

1994b "Organic farmers have more sperm density." *Nutrition Health Review* 71:6.

1994c "Respiratory ailments linked to GulfWar fires?" *Earth Island Journal* 9(3):18.

1995a "Generation why?" *Psychology Today* 28(1):18.

1995b "Scrubber myths and realities." *Power Engineering* 99:(1):35 – 8.

1995c "Flowing uphill." *Economist*, 8/12/95, 336(7927):36.

1997a "Assessing the odds." *The Lancet* 350(9091):1563.

1997b "Eye on Washington." The National Grassroots Organization of Republicans for Environmental Protection. http://www.repamerica.org/news/ge3_eye.htm.

1997c "Tan now, pay later." *Earth Island Journal* 12(3):3.

1997d "Turning the tides – creating a cancer-free environment now." *MidLife Woman* 6(1):3 – 7.

1997e "Asthma epidemic: A link to moving or childhood vaccinations?" *Science News* 151(4):60.

1998a "Disney blames El Niño, ABC for stock fall." *Electronic Media* 17(11):22.

1998b "Pollution and degradation causes 40 percent of deaths worldwide." *Health Letter on the CDC*. 10/12/98, P. 3 – 4. Can be read at http://www.news.cornell.edu/releases/Sept98/ecodisease. hrs.html (uncredited)

1998c "Weird weather." *Junior Scholastic* 100(15):8.

1998d "When virtue pays a premium." *Economist* 04/18/98, 346(8064):57 – 8.

1999a "Cancer country." *Sierra* 84(5):17.

1999b "El Niño disasters may typify impack of global warming, NWF says." *International Wildlife* 29(1):6.

1999c "Group calls for moratorium on pesticides to reduce risk of breast cancer." *Natural Life*

69:12.

1999d "Nasty, brutish, and dirty." *Discover* 20(2):30.

1999e "Persons of the century." *Time*. 14 June 1999, 153(23):8.

1999f "Solar ready to compete with fossil fuels." *Natural Life* 70:13.

1999g "Fuel cells meet big business." *Economist* 07/24/99, 352(8129):59 – 60.

1999h "Indicators: Millenium issue." *Economist* 31/12/99, 353(8151):147 – 8.

1999i "Food for thought." *Economist*, 06/19/99 351(81):24 – 42.

1999j "Health risks of genetically modified foods." *Lancet* 353(9167):1,811.

2000a "Recycle your toothbrush." *Environment* 42(4):5.

2000b "Spectrum." *Environment* 42(6):6 – 9.

2000c "Market indicators." *Economist*, 15/1/00, 354(8153):89.

2000d "Poisoned monarchs." *Discover* 21(1):62.

2000e "Environmental Coalition to Sue EPA Over Registrations of Bt Crops." *Chemical Market Reporter*, 11/06/2000, 258(19):15.

2000d "GM Crops: More Food, or Thought?" *Chemical Market Reporter*, 3/20/2000, 257(12): FR10–2.

2001a "Will the oil run out?" *Economist* 02/10/2001, 358(8208):special section 13 – 15.

2001b "The Year in NATURE." Special Edition of Time Magazine, Winter2000/2001, 156(27):58 – 63.

APHIS 1991 "Permit Number 91 – 079 – 01: Tomato; antifreeze gene; staphylococcal Protein A." *Animal and Plant Health Inspection Service*. http://www.nbiap.vt.edu/biomon/relea/9107901r.eaa.

Argyle, Michael 1987 *The Psychology of Happiness*. London: Routledge.

Ariza, Luis Miguel 2000 "Burning times for hot fusion." *Scientific American* 282(3):19 – 20.

Arkes, Hal R. and Kenneth R. Hammond (eds.) 1986 *Judgment and Decision Making: An Interdisciplinary Reader*. Cambridge: Cambridge University Press.

Armknecht, Paul A., Walter F. Lane and Kenneth J. Stewart 1997 New products and the U.S. Consumer Price Index. In Bresnahan and Gordon 1997:375 – 91.

Armstrong, Gregory L., Laura A. Conn and Robert W. Pinner 1999 "Trends in infectious disease mortality in the United States during the 20th century." *Journal of the American Medical Association* 281(1):61 – 6.

Arnell, Nigel W. 1999 "Climate change and global water resources." *Global Environmental Change* 9:S31 – S49.

Arnold, Steven F., Diane M. Klotz, Bridgette M. Collins, Peter M. Vonier, Louis J. Guillette Jr. and John A. McLachlan 1996 "Synergistic activation of estrogen receptor with combinations of environmental chemicals." *Science* 272:1,489 – 92.

AS 2000 "Transgenic Plants and World Agriculture." Prepared by the Royal Society of London, the US National Academy of Sciences, the Brazilian Academy of Sciences, the Chinese Academy of Sciences, the Indian National Science Academy, the Mixican Academy of Sciences and the Third World Academy of Sciences. http://www.nap.edu/catalog/9889.html.

Ashworth, Steven D., John C. Callender and Kristin A. Boyle 1992 "The effects of unrepresented studies on the robustness of validity generalization results." *Personnel Psychology* 45(2): 341 – 61.

Asimov, Isaac and Frederik Pohl 1991 *Our Angry Earth*. New York: Tom Doherty Associates.

ATA 2001a *Traffic Summary 1960 – 1999: U.S. Scheduled Airlines Air Transport Data and Statistics*. Air Transport Association. http://www.air-transport.org/public/industry/1624.asp.

2001b *Safety Record of U.S. Airlines*. Air Transport Association. http://www.airtransport.org/public/industry/28.asp.

Atkins, David and Julie Norman 1998 "Mycotoxins and food safety." *Nutrition and Food Science* 5:260 – 6.

Atkinson, A. B. and F. Bourguignon (eds.) 2000 *Handbook of Income Distribution*. Amsterdam: Elsevier Science.

ATV 1992 *Risk Management and Risk Assessment in Different Sectors in Denmark*. Proceedings from a conference by the Danish Academy of Technical Sciences on "Risk Management, Hazard and Risk Assessment in Connection with the Setting of Limit Values for Chemicals." Lyngby, Denmark: Danish Academy of Technical Sciences.

Auger, Jaques, Jean Marie Kunstmann, Françoise Czyglik and Pierre Jouannet 1995 "Decline in semen quality among fertile men in Paris during the past 20 years." *New England Journal of Medicine* 332(5):281 – 5.

Auken, Svend 1998 "Planetens sande tilstand?" [The true state of the planet?] *Politiken*, 3 February 1998, section 2, p. 5 – 6.

Auliciems, Andris and Ian Burton 1973 "Trends in smoke concentrations before and after the Clean Air Act of 1956." *Atmospheric Environment* 7:1,063 – 70.

Ausubel, Jesse H. 1995 "Technical Progress and Climatic Change." *Energy Policy* 23(4/5):411 – 6. http://phe.rockefeller.edu/tech_prog.

1996 "Real numbers." *Issues in Science and Technology* 13(2):78 – 81.

Ausubel, Jesse H. and Arnulf Grübler 1995 "Working less and living longer: long-term trends in working time and time budgets." *Technological Forecasting and Social Change* 50:113 – 31. http://phe.rockefeller.edu/work_less.

Avery, Dennis 1995 "The world's rising food productivity." In Simon 1995b:376 – 91.

AWEA 2000a *Facts about Wind Energy and Birds*. American Wind Energy Association. http://www.awea.org/pubs/factsheets/avianfs.pdf http://www.awea.org/pubs/factsheets.html.

AWEA 2000b *Global Wind Energy Market Report*. American Wind Energy Association. http://www. awea.org/faq/global99.html.

Ayer, Harry and Neilson Conklin 1990 "Economics of Ag chemicals." *Choices: The Magazine of Food, Farm and Resource Issues* 5(4):24 – 7.

Bailey, Ronald (ed.) 1995 *The True State of the Planet*. New York: Free Press.

2000 Earth Report 2000: Revisiting the True State of the Planet. New York: McGraw-Hill.

Bailie, Jonathan and Brian Groombridge (eds.) 1997 *1996 IUCN Red List of Threatened Animals*. Compiled by the World Conservation Monitoring Centre. Gland, Switzerland: IUCN – The World Conservation Union. Searchable database at http://www.wcmc.org.uk/species/

animals/animal_redlist.html.

Balassa, Bela 1964 "The purchasing-power parity doctrine: a reappraisal." *The Journal of Political Economy*. 72(6):584 – 96.

Balling, Robert C. Jn., Patrick J. Michaels and Paul C. Knappenberger 1998 "Analysis of winter and summer warming rates in gridded temperature time series." *Climate Research* 9(3):175 – 82.

Barclay, George, Ansley Coalle, Michael Stoto and James Trussel 1976 "A reassessment of the demography of traditional rural China." *Population Index* 42(4):606 – 35.

Barnett, T. P., K. Hasselmann, M. Chelliah, T. Delworth, G. Hegerl, P. Jones, E. Rasmusson, E. Roeckner, C. Ropelewski, B. Santer and S. Tett 1999 "Detection and attribution of recent climate change: a status report." *Bulletin of the American Meteorological Society* 80(12):2, 631 – 60. http://ams.allenpress.com.

Barney, Gerald O. (ed.) 1980 *The Global 2000 Report to the President of the U.S.: Entering the twenty-first Century*, vols. I – III. New York: Pergamon Press.

Barrett, Stephen 1998 "The truth about organic certification." *Nutrition Forum* 15(2)9 – 12.

Barro, Robert J. and Jong-Wha Lee 1996 "International measures of schooling years and schooling quality." *American Economic Review, Papers and Proceedings* 86(2):218 – 23. Datase from http://www.worldbank.org/research/growth/ddbarle2.htm.

Bates, David V. 1995 "Observations on asthma." *Environmental Health Perspectives Supplements* 103(6):243 – 8.

Bauman, Norman 1996 "Panic over falling sperm counts may be premature." *New Scientist* 11 May:10.

Baumol, William J. 1986 "On the possibility of continuing expansion of finite resources." *Kyklos* 39:167 – 79.

Baumol, William J., Richard R. Nelson and Edward N. Wolff 1994 *Convergence of Productivity: Cross-National Studies and Historical Evidence*. Oxford: Oxford University Press.

Baumol, William J. and Wallace E. Oates 1995 "Long-run trends in environmental quality." In Simon 1995b:444 – 75.

Baxter, William F. 1974 *People or Penguins: The Case for Optimal Pollution*. New York: Columbia University Press.

BBC 1998 "Experiment fuels modified food concern" Monday, August 10, 1998. http://news.bbc.co. uk/hi/english/sci/tech/newsid_148000/148267.stm

1999 "GM pollen 'can kill butterflies'." http://news.bbc.co.uk/hi/english/sci/tech/newsid_347000/347638.stm.

BEA 2000 *National Income and Product Accounts*. Accessed 2000. Bureau of Economic Analysis. http://www.bea.doc.gov/bea/dn/gdplev.htm.

2001 *National Income and Product Accounts*. Accessed 2001. Bureau of Economic Analysis. http://www.bea.doc.gov/bea/dn/gdplev.htm.

2001b *Price Indexes for Gross Domestic Product and Gross Domestic Purchases*. Bureau of Economic Analysis. http://www.bea.doc.gov/bea/dn/st3.csv.

2001c *Selected NIPA Tables showing advance estimates for the fourth quarter of 2000*. Bureau of Economic Analysis. http://www.bea.doc.gov/bea/dn/dpga.txt.

Beardsley, Tim 1997 "Death in the deep: 'dead zone' in the Gulf of Mexico challenges regulators." *Scientific American* 277(5):17 – 18.

Beasley, R., S. Nishima, N. Pearce and J. Crane 1998 "Beta-agonist therapy and asthma mortality in Japan." *The Lancet* 351(9,113):1,406 – 7.

Beck, Ulrich 1986 *Risk Society: Towards a New Modernity*. Translation 1992. London: Sage.

Becker, Stan and Kiros Berhane 1996 "A meta-analysis of 61 sperm count studies revisited." *Fertility and Sterility*. 67(6):1,103 – 8.

Becklake, Maargret R. and Pierre Ernst 1997 "Environmental factors." *The Lancet*, supplement *Asthma*, 350(9,085):10 – 13.

Begley, Sharon and Daniel Glick 1996 "He's not full of hot air." *Newsweek*. 22 January, 127(4):24 – 9.

BEIR 1998 *The Health Effects Of Exposure to Indoor Radon*. Biological Effects of Ionizing Radiation (BEIR) VI Report. Executive summary: http://www.epa.gov/iedweb00/radon/beirvi1.html.Public summary: http;//www.epa.gov/iedweb00/radon//public.html.

Bell, M. A., R. A. Fischer, D. Byerlee and K. Sayre 1995 "Genetic and agronomic contributions to yield gains: a case study for wheat." *Field Crops Research* 44(2 – 3):55 – 65.

Bendvold, Erik 1989 "Semen quality in Norwegian men over a 20-year period." *International Journal of Fertility* 34(6):401 – 4.

Benedick, Richard 1998: "How workable is the Kyoto Protocol?" *Weathervane*. http://www.weathervane.rff.org/pop/pop5/benedick.html.

Benford, D. J. and D. R. Tennant 1997 "Food chemical risk assessment." In Tennant 1997:21 – 56.

Bengtsson, L., M. Botzet and M. Esch 1996 "Will greenhouse gas-induced warming over the next 50 years lead to higher frequency and greater intensity of hurricanes? *Tellus* 48A(1):57 – 73.

Bengtsson, L., E. Roeckner and M. Stendel 1999 "Why is the global warming proceeding much slower than expected?" *Journal of Geophysical Research-Atmospheres* 104(D4):3,865 – 76.

Beringer, John 1999 "Keeping watch over genetically modified crops and foods." *Lancet* 353(9,153): 605 – 6.

Bernow, Steve, Robert Costanza, Herman Daly, Ralph DeGennaro, Dawn Erlandson, Deeohn Ferris, Paul Hawken, J. Andrew Hoerner, Jill Lancelot, Thomas Marx, Douglas Norland, Irene Peters, David Roodman, Claudine Schneider, Priya Shyamsundar and John Woodwell 1998 "Ecological tax reform." *Bioscience* 48(3):193 – 6.

Bernstam, Mikhail S. 1995 "Comparative trend in resource use and pollution in market and socialist economies." In Simon 1995b:502 – 22.

Bernstein, Paul M. and W. David Montgomery 1998 *How Much Could Kyoto Really Cost? A Reconstruction and Reconciliation of Administration Estimates*. Washington, DC: Charles River Associates.

Bernstein, Paul, David Montgomery, Thomas Rutherford and Gui-Fang Yang 1999 "Effects of restrictions on international permit trading: the MS-MRT model." *The Energy Journal*, Kyoto Special Issue:221 – 56.

Berry, Albert, François Bourguignon and Christian Morrisson 1983 "Changes in the world distribution of income between 1950 and 1977." *The Economic Journal* 93:331 – 50.

1991: "Global economic inequality and its trends since 1950." In Osberg 1991:60 – 91.

Berry, Brian J. L., Edgar C. Conkling and D. Michael Ray 1993 *The Global Economy: Resource Use, Locational Choice and International Trade*. Englewood Cliffs, NJ: Prentice Hall.

Berz, Gerhart A. 1993 "Global warming and the insurance industry." *Interdisciplinary Science Reviews* 18(2):120 – 5.

1997 "Catastrophes and climate change: risks and (re-)actions from the viewpoint of an international reinsurer." *Eclogae Geologicae Helvetiae* 90(3):375 – 9.

Bichel Committee 1999a *Rapport fra hovedudvalget*. [Main conclusions.] The Committee to evaluate the full consequences of a total or partial phase-out of pesticide use. Copenhagen: Danish Environmental Protection Agency. http://mstex03.mst.dk/199903publikat/87-7909-296-9/Default.htm.

1999b *Rapport fra udvalget om jordbrugsdyrkning*. [Agricultural production consequences.] The Committee to evaluate the full consequences of a total or partial phase-out of pesticide use. Copenhagen: Danish Environmental Protection Agency. http://mstex03.mst.dk/199903 publikat/ 87-7909-289-6/Default.htm.

1999c *Rapport fra underudvalget om produktion, økonomi og beskæftigelse*. [Consequences for production, economy and employment.] The Committee to evaluate the full consequences of a total or partial phase-out of pesticide use. Copenhagen: Danish Environmental Protection Agency. http://mstex03.mst.dk/199903publikat/87-7909-295-0/Default.htm.

1999d *Rapport fra underudvalget for miljø og sundhed*. [Consequences for environment and health.] The Committee to evaluate the full consequences of a total or partial phase-out of pesticide use. Copenhagen: Danish Environmental Protection Agency. http://mstex03.mst.dk/199903publikat/87-7909-291-8/Default.htm.

1999e *Rapport fra underudvalget om lovgivning: juridiske spørgsmål vedrørende afvikling af pesticidanvendelsen i jordbrugserhvervene*. [Legal considerations in pesticide reductions.] The Committee to evaluate the full consequences of a total or partial phase-out of pesticide use. Copenhagen: Danish Environmental Protection Agency. http://mstex03.mst.dk/199903publikat/87-7909-293-4/Default.htm.

1999f *Rapport fra underudvalget om lovgivning: tillægsrapport*. [Legal considerations in pesticide reductions, addendum.] The Committee to evaluate the full consequences of a total or partial phase-out of pesticide use. Copenhagen: Danish Environmental Protection Agency. http://mstex03.mst.dk/199903publikat/87-7909-294-2/Default.htm.

1999g *Rapport fra den tværfaglige økologigruppe: økologiske scenarier for Danmark*. [Organic scenarios for Denmark.] The Committee to evaluate the full consequences of a total or partial phase-out of pesticide use. Copenhagen: Danish Environmental Protection Agency. http://mstex03.mst.dk/199903publikat/87-7909-292-6/Default.htm.

Bindslev-Jensen, Carsten 1998 "Food allergy." *British Medical Journal* 316(7,240):1,299. http://www.bmj.com/cgi/content/full/316/7140/1299.

Birnbaum, Jeffrey H. and Natasha Graves 1999 "How to buy clout in the capital." *Fortune* 140:(11) 207 – 8.

Bishop, Jerry E. 1993 "It Ain't Over Till It's Over... Cold Fusion: The controversial dream of cheap, abundant energy from room-temperature fusion refuses to die." *Popular Science* 243(2): 47 – 52.

Bittman, Michael 1999 "The land of the lost long weekend? Trends in free time among working age Australians, 1974 – 1992." *Society and Leisure* 21(2):353 – 79. http://www.sprc.unsw.edu.au/dp/dp083.pdf.

Blackmore, Roger 1996 "Damage to the ozone layer." In Blackmore and Reddish 1996:70 – 128.

Blackmore, Roger and Alan Reddish 1996 *Global Environmental Issues*. London: Hodder and Stoughton.

Blaiss, Michael S. 1997 "Outcomes analysis in asthma." *Journal of the American Medical Organization* 278:1,874 – 80. http://www.ama-assn.org/special/asthma/library/readroom/pr7003.htm.

Blodgett, John E. 1997 *Environmental Protection: How Much It Costs and Who Pays*. Congressional Research Service. http://cnie.org/nle/rsk-10.html

Blumstein, Philip and Pepper Schwartz 1983 *American Couples: Money, Work, Sex*. New York: Morrow and Co.

Boardman, Joan 1998 "An average soil erosion rate for Europe: myth or reality?" *Journal of Soil and Water Conservation* 53(1):46 – 50.

Bobbink, Roland and Jan G. M. Roelofs 1995 "Ecological effects of atmospheric deposition on non-forest ecosystems in Western Europe." In Heij and Erisman 1995.

Bøg-Hansen, Thorkild C. 1999 "Comments to GM food." http://plab.ku.dk/tcbh/RowettvsPusztai.htm.

Bogo, Jennifer 1999 "The diet-cancer connection." *E Magazine: The Environmental Magazine* 10(3):42 – 3.

Böhringer, Christoph 2000 "Cooling down hot air: a global CGE analysis of post-Kyoto carbon abatement strategies." *Energy Policy*. 28:779 – 89.

Bollen, Johannes, Arjen Gielen and Hans Timmer 1999 "Clubs, ceilings and CDM: macroeconomics of compliance with the Kyoto Protocol." *The Energy Journal*, Kyoto Special Issue:177 – 206.

Boskin, Michael J., Ellen R. Dulberger, Robert J. Gordon, Zvi Griliches, and Dale W. Jorgenson 1996 *Toward a More Accurate Measure of the Cost of Living*. Final report to the Senate Finance Committee from the Advisory Commission to Study the Consumer Price Index, 4 December, 1996. http://www.ssa.gov/history/reports/boskinrpt.html.

1997 "The CPI Commission: findings and recommendations." *AEA Papers and Proceedings* 87(2):78 – 83.

1998 "Consumer prices, the Consumer Price Index, and the cost of living." *Journal of Economic Perspectives* 12(1):3 – 26.

Boskin, Michael J. and Dale W. Jorgenson 1997 "Implications of overstating inflation for indexing government programs and understanding economic progress." *AEA Papers and Proceedings* 87(2):89 – 93.

Botkin, Daniel B. and Edward A. Keller 1998 *Environmental Science: Earth is a Living Planet*. New York: John Wiley and Sons.

Bourgeois-Pichat, J. 1989 "From the 20th to the 21st century: Europe and its population after the year 2000." *Population*, English Selection 1:57 – 90.

Bove, Mark C., James B. Elsner, Chris W. Landsea, Xufeng Niu and James J. O'Brien 1998 "Effect of El Niño on U.S. landfalling hurricanes, revisited." *Bulletin of the American Meteorological Society* 79(11):2,477 – 82. http://ams.allenpress.com/.

Bove, Mark C., David F. Zierden and James J. O'Brien 1998 "Are gulf landfalling hurricanes getting stronger?" *Bulletin of the American Meteorological Society*. 79(7):1,327 – 8. http://ams.allenpress.com/.

Bovenberg, A. Lans and Ruud A. de Mooij 1994 "Environmental levies and distortionary taxation." *American Economic Review* 84(4):1,085 – 9.

Boyd, Helle Buchardt 1998 "Hvor farligt er drikkevand med indhold af miljøfremmede stoffer?" [How dangerous is drinking water with chemical pollutants?] *Vandteknik* 2:62 – 4.

Boyes, Edward and Martin Stanisstreet 1998 "High school students' perceptions of how major global environmental effects might cause skin cancer." *Journal of Environmental Education* 29(2):31 – 6.

BP 1998 *BP Statistical Review of World Energy 1997*.

1999 *BP Statistical Review of World Energy 1998* (Latest statistics available at http://www.bp.com/worldenergy/ http://www.bpamoco.com/worldenergy/.)

Bradley, Robert L. Jn., 1997 "Renewable energy: not cheap, not 'green'." *Policy Analysis* 280. http:// cato.org/pubs/pas/pa-280.html.

Brady, Stephanie 1998 "El Niño dampens area tourist trade." *Business Journal: Serving Greater Tampa Bay* 18(12):1 – 2.

Brander, James A. and M. Scott Taylor 1998 "The simple economics of Easter Island: a Ricardo-Malthus model of renewable resource use." *American Economic Review*. 88(1):119 – 38.

Bray, Anna J. 1991 "The Ice Age cometh." *Policy Review* Fall 82 – 4

Brecher, Michael and Jonathan Wilkenfeld 1997: *A Study of Crisis*. Ann Arbor: University of Michigan Press.

Bresnahan, Timothy F. and Robert J. Gordon (eds.) 1997 *The Economics of New Goods*. Chicago: University of Chicago Press.

Brett, Craig and Michael Keen 2000 "Political uncertainty and the earmarking of environmental taxes." *Journal of Public Economics* 75:315 – 40.

Brezonik, Patrick L., Victor J. Bierman, Richard Alexander, James Anderson, John Barko, Mark Dortch, Lorin Hatch, Dennis Keeney, David Mulla, Val Smith, Clive Walker, Terry Whitledge and William Wiseman Jn. 1999 *Gulf of Mexico Hypoxia Assessment: Topic #4. Effects of Reducing Nutrient Loads to Surface Waters within the Mississippi River Basin and the Gulf of Mexico*. Hypoxia Work Group, White House Office of Science and Technology Policy, Committee on Environment and Natural Resources for the EPA Mississippi River/Gulf of Mexico Watershed Nutrient Task Force. NOAA Coastal Ocean Program. http://www.nos.noaa.gov/products/pubs_hypox.html.

Bridgland, Fred 1999 "Looming water wars." *World Press Review*, 46(12):16 – 17.

Briffa, K. R., P. D. Jones, F. H. Schweingruber and T. J. Osborn 1998a "Influence of volcanic eruptions on northern hemisphere summer temperature over the past 600 years." *Nature* 393(6684):450 – 5.

1998b *Northern Hemisphere Temperature Reconstructions*. ftp://medias.meteo.fr/paleo/treering/reconstructions/n_hem_temp or ftp://ftp.ngdc.noaa.gov/paleo/treering/reconstructions/n_hem_temp/NHemTemp.data.txt.

Brimblecombe, Peter 1977 "London air pollution, 1500 – 1900." *Atmospheric Environment* 11:1,157 – 62.

1987 *The Big Smoke: A History of Air Pollution in London since Medieval Times*. London: Methuen.

1996 *Air Composition and Chemistry*. Second edition. Cambridge: Cambridge University Press.

Brimblecombe, Peter and H. Rodhe 1988 "Air pollution – historical trends." *Durability of Building Materials*, 5:291 – 308.

Brodersen, Søren 1990 "The historical analysis of the consumption surveys." In Viby Mogensen 1990:291 – 332.

Broecker, Wallace S. 1970 "Man's oxygen reserves." *Science* 168(3,939):1,537 – 8.

1997 "Thermohaline circulation, the Achilles heel of our climate system: will man-made CO_2 upset the current balance?" *Science* 278(5,343):1,582 – 8.

1999 "What if the conveyor were to shut down? Reflections on a possible outcome of the great global experiment." *GSA Today* 9(1):1 – 7. http://www.geosociety.org/pubs/gsatoday/gsat9901.htm.

2001 "Was the Medieval Warm Period Global?" *Science* 291(5,508):1497 – 9.

Bromwich P., J. Cohen, I. Stewart and A. Walker 1994 "Decline in sperm counts: an artefact of changed reference range of 'normal'?" *British Medical Journal* 309:19 – 22.

Brown, K. S. and G. G. Brown 1992 "Habitat alteration and species loss in Brazilian forests." In Whitmore and Sayer 1992:119 – 42.

Brown, Lester R. 1965 "Population growth, food needs, and production problems." *World Population and Food Supplies* 1980, ASA special publication 6: 17 – 20. Madison, WI: American Society of Agronomy.

1981 "The worldwide loss of cropland." In Woods 1981:57 – 98.

1995 *Who Will Feed China: Wake-up Call for a Small Planet*. London: Earthscan Publications.

1996a *Tough Choices: Facing the Challenge of Food Scarcity*. New York: W. W. Norton and company.

1996b "Who will feed China?" *Futurist*. 30(1):14 – 18.

Brown, Lester R. and Hal Kane 1994 *Full House: Reassessing the Earth's Carrying Capacity*. New York: W. W. Norton and Company.

Brown, Lester R. and Edward C. Wolf 1984 *Soil Erosion: Quiet Crisis in the World Economy*. Worldwatch Paper 60. Washington, DC: Worldwatch Institute.

Brundtland, Gro Harlem 1997 "The Scientific underpinning of policy." *Science* 277:457.

1999 "Investing in global health." *Presidents and Prime Ministers* 8(6):31 – 3.

Burne, David 1999 *Get a Grip on ECOLOGY*. London, Weidenfeld and Nicolson.

Bryant, Jennings and Dolf Zillmann 1994 *Media Effects: Advances in Theory and Research*.

Hillsdale, NJ: Lawrence Erlbaum Associates.

BSAEM/BSNM 1995 "Evidence of adverse effects of pesticides." British Society for Allergy and Environmental Medicine/British Society for Nutritional Medicine. *Journal of Nutritional and Environmental Medicine* 5(4):352 – 63.

Bucci, Pete 1999 "Solar energy now in demand as a low-cost power option." *Business First – Columbus* 16(9):49.

Bujan, L., A. Mansat, F. Pontonnier and R. Mieusset 1996 "Time series analysis of sperm concentration in fertile men in Toulouse, France between 1977 and 1992." *British Medical Journal* 312:471 – 2.

Bulatao, Rodolfo A. 1993 "Mortality by cause, 1970 to 2015." In NAS 1993:42 – 68.

Bunker, John P., Joan Houghton and Michael Baum 1998 "Putting the risk of breast cancer in perspective." *British Medical Journal* 317:1,307 – 9.

Buol, S. W. 1994 "Soils." In Meyer and Turner II 1994:211 – 29.

Burnette, Joyce and Joel Mokyr 1995 "The standard of living through the ages." In Simon 1995b:135 – 48.

Burroughs, William James 1997 *Does the Weather Really Matter? The Social Implications of Climate Change*. Cambridge: Cambridge University Press.

Burtraw, Dallas and Alan Krupnick 1996 "The social costs of electricity: Do the numbers add up?" *Resource And Energy Economic* 18(4):423 – 66.

1998 "Costs and benefits of reducing air pollutants related to acid rain." *Contemporary Economic Policy* 16(4):379 – 400.

Burtraw, Dallas, Alan J. Krupnick, Erin Mansur, David Austin, and Deirdre Farrell 1997 *The Costs and Benefits of Reducing Acid Rain*. Discussion Paper 97 – 31 – REV. Washington, DC: Resources for the Future. http://www.rff.org/disc_papers/summaries/9731.htm.

Burtraw, Dallas and Michael Toman 1997 *The Benefits of Reduced Air Pollutants in the U.S. from Greenhouse Gas Mitigation Policies*. Discussion Paper 98 – 01 – REV. Washington, DC: Resources for the Future. http://www.rff.org/disc_papers/summaries/9801.htm.

Burtraw, Dallas, Alan Krupnick, Karen Palmer, Anthony Paul, Michael Toman and Cary Bloyd 1999 *Ancillary Benefits of Reduced Air Pollution in the U.S. from Moderate Greenhouse Gas Mitigation Policies in the Electricity Sector*. Discussion Paper 99 – 51. Washington, DC: Resources for the Future. http://www.rff.org/CFDOCS/disc_papers/PDF_files/9951.pdf.

Butler, C. J. and D. J. Johnston 1996 "A provisional long mean air temperature series for Armagh Observatory." *Journal of Atmospheric and Terrestrial Physics* 58(15):1,657 – 72.

Byrne, Celia 2000 *Risk Factors: Breast*. National Institutes of Health, National Cancer Institute. http://rex.nci.nih.gov/NCI_Pub_Interface/raterisk/risks120.html.

Calder, Nigel 1997 *The Manic Sun*. Yelvertoft Manor, UK: Pilkington Press.

Caldwell, John C. 2000 "Rethinking the African AIDS epidemic." *Population and Development Review*. 26(1):117 – 35.

Camino, Elena and Carla Calcagno 1995 "An interactive methodology for 'empowering' students to deal with controversial environmental problems." *Environmental Education Research* 1(1):59 – 64.

Campbell, C. J. 1997 "Depletion patterns show change due for production of conventional oil." *Oil and Gas Journal, OGJ Special,* 29 December 1997:33 – 7.

Campbell, John 1993 "Setting environmental priorities." *Regional Review* 3(2):6 – 12.

Campbell, M. J., G. R. Cogman, S. T. Holgate and S. L. Johnston 1997 "Age specific trends in asthma mortality in England and Wales, 1983 – 95: results of an observational study." *British Medical Journal* 314:1,439. http://www.bmj.com/cgi/content/full/314/7092/1439.

Cantor, Kenneth P. 1997 "Drinking water and cancer." *Cancer Causes and Control* 8:292 – 308.

Carey, Anne E., Jonathan R. Pennock, John C. Lehrter, W. Berry Lyons, William W. Schroeder and Jean-Claude Bonzongo 1999 *The Role of the Mississippi River in Gulf of Mexico Hypoxia.* Environmental Institute, University of Alabama. Sponsored by the Fertilizer Institute, Washington, DC. http://www.tfi.org/hypoxia%20report.pdf.

Carlsen, Elisabeth, Aleksander Giwercman, Niels Keiding and Niels E. Skakkebæk 1992 "Evidence for decreasing quality of semen during past 50 years." *British Medical Journal* 305:609 – 13.

1995 "Declining semen quality and increasing incidence of testicular cancer: is there a common cause." *Environmental Health Perspectives Supplements* 103(7):137 – 9.

Carlsen, E., A. Giwercman and N. E. Skakkebæk 1993: "Decreasing quality of semen [letter]." *British Medical Journal* 306:461.

Carpenter, Siri 1999 "Modern hygiene's dirty tricks." *Science News* 156(7):108 – 10.

Carpenter, Will D. 1991 "Insignificant risk must be balanced against great benefits." *Chemical and Engineering News* 69 (Jan.7):37 – 9.

Carrel, Chris 1994 "Greenhouse plan is in trouble." *Earth Island Journal* 9(4):10.

Carson, Rachel 1962 *Silent Spring*. Boston, MA: Houghton Mifflin.

Carts-Powell, Yvonne 1997 "Solar energy closes in on cost-effective electricity." *Laser Focus World*. 33(12):67 – 74.

CBD 1992 *Convention on Biological Diversity*. http://www.biodiv.org/chm/conv/default.htm.

CBSnews.com 2001: "Double-Digit Global Warming?" January 22nd 2001. http://www.cbsnews.com/now/story/0,1597,266129-412,00.shtml.

CBT 2000 *Subsidies, Taxes and Duties on Energy in Denmark*. Centre for Biomass Technology. Download from http://www.videncenter.dk/samlet2.htm.

CDC 1995 "Summary of notifiable diseases, United States, 1994." *MMWR* 43(53):i-xvi, 1 – 80. ftp://ftp.cdc.gov/pub/Publications/mmwr/wk/mm4753.pdf.

1996 *1995 National Household Survey on Drug Abuse*. Centers for Disease Control and Prevention under US Department of health and Human Services. http://www.samhsa.gov/oas/nhsda/ar18ttoc.htm.

1997a "Pespectives in disease prevention and health promotion smoking-attributable mortality and years of potential life lost – United States, 1984." *MMWR*. 46(20):444 – 51. http://www. cdc.gov/epo/mmwr/preview/mmwrhtml/00047690.htm.

1997b: *Surveillance for Selected Tobacco-Use Behaviors – United States, 1900 – 1994*. Centers for Disease Control and Prevention under US Department of Health and Human Services. http://www.cdc.gov/epo/mmwr/preview/mmwrhtml/00033881.htm.

1999a "Achievements in public health, 1900 – 1999: control of infectious diseases." *MMWR* 48(29):621 – 9. http://www.cdc.gov/epo/mmwr/preview/mmwrhtml/mm4829a1.htm.

1999b "Achievements in public health, 1900 – 1999: changes in the public health system." *MMWR* 48(50):1,141 – 7. http://www.cdc.gov/epo/mmwr/preview/mmwrhtml/mm4850a1.htm.

1999c "Achievements in public health, 1900 – 1999: decline in deaths from heart disease and stroke – United States, 1900 – 1999." *MMWR* 48(30):649 – 56. http://www.cdc.gov/epo/mmwr/preview/mmwrhtml/mm4830a1.htm.

1999d "Achievements in public health, 1900 – 1999: tobacco use – United States, 1900 – 1999." *MMWR* 48(43):986 – 93. http://www.cdc.gov/epo/mmwr/preview/mmwrhtml/mm4843a2.htm.

1999e "Achievements in public health, 1900 – 1999: motor-vehicle safety: a 20th century public health achievement." *MMWR* 48(18):369 – 74. http://www.cdc.gov/epo/mmwr/preview/mmwrhtml/mm4818a1.htm.

1999f "Achievements in public health, 1900 – 1999: improvements in workplace safety – United States, 1990 – 1999," *MMWR* 48(22):461 – 9. http://www.cdc.gov/epo/mmwr/preview/mmwrhtml/mm4822a1.htm.

1999g "Summary of notifiable diseases, United States, 1998." *MMWR* 47(53):i – xvi, 1 – 92. ftp://ftp.cdc.gov/pub/Publications/mmwr/wk/mm4753.pdf.

2000a "Final 1999 Reports of Notifiable Diseases 1999." *MMWR* 49(37):851 – 8. http://www.cdc. gov/mmwr/PDF/wk/mm4937.pdf.

2000b *Compressed Mortality File*. Accessed in 2000. Office of Analysis and Epidemiology, National Center for Health Statistics, Centers for Disease Control and Prevention. http://wonder.cdc.gov/.

2000c *HIV/AIDS Surveillance Report*. 12(1). http://www.cdc.gov/hiv/stats/hasr1201.htm.

2001a *Compressed Mortality File*. Accessed in 2001. Office of Analysis and Epidemiology, National Center for Health Statistics, Centers for Disease Control and Prevention. http://wonder.cdc.gov/.

CEC 1995 *Wind Project Performance 1995 Summary*. California Energy Commission, Research and Development Office. http://www.energy.ca.gov/wind/wind-html/95_wind_report.html.

Celedon, Juan C., Augusto A. Litonjua, Scott T. Weiss and Diane R. Gold 1999 "Day care attendance in the first year of life and illnesses of the upper and lower respiratory tract in children with a familial history of atopy." *Pediatrics*. 104(3):495 – 500.

CEQ 1972 *Environmental Quality 1971*. The President's Council on Environmental Quality. Washington, DC: US Government Printing Office.

1975 *Environmental Quality 1974*. The President's Council on Environmental Quality. Washington, DC: US Government Printing Office.

1981 *Environmental Quality 1980*. The President's Council on Environmental Quality. Washington, DC: US Government Printing Office.

1982 *Environmental Quality 1981*. The President's Council on Environmental Quality. Washington, DC: US Government Printing Office.

1989 *Environmental Quality 1987 – 1988*. The President's Council on Environmental Quality. Washington, DC: US Government Printing Office.

1993 *Environmental Quality 1992*. The President's Council on Environmental Quality. Washington, DC: US Government Printing Office.

1996 *Environmental Quality 1994 – 1995: 25th Anniversary Report of the Council on Environmental Quality*. The President's Council on Environmental Quality. http://ceq.eh.doe.gov/reports/1994 – 95/rep_toc.htm.

1997 *Environmental Quality 1996*. The President's Council on Environmental Quality. http://www.whitehouse.gov/CEQ/reports/1996/toc.html.

CES 2000 *Current Employment Statistics*. US Bureau of Labor Statistics. http://www.bls.gov/ceshome.htm.

CFS 2001 *Compilation and Analysis of Public Opinion Polls on Genetically Engineered (GE) Foods*. The Center for Food Safety. http://www.centerforfoodsafety.org/facts&issues/polls.html.

CGIAR 1996 Editorial. *CGIAR News*. 3:1. http://www.worldbank.org/html/cgiar/newsletter/Mar96/4edit.htm.

Chaibi, MT. 2000 "An overview of solar desalination for domestic and agriculture water needs in remote arid areas." *Desalination* 127(2):119 – 33.

Chakravorty, Ujjayant, James Roumasset and Kinping Tse 1997 "Endogenous substitution among energy resources and global warming." *Journal of Political Economy*. 105(6):1,201 – 34.

Changnon, David and Stanley A. Changnon Jr. 1998 "Evaluation of weather catastrophe data for use in climate change investigations." *Climatic Change* 38(4):435 – 45.

Changnon, Stanley A. 1999 "Impacts of 1997 – 98 El Niño-generated weather in the United States." *Bulletin of the American Meteorological Society* 80(9):1,819 – 27. http://ams.allenpress.com/.

Changnon, Stanley A. and David Changnon 1999 "Record-high losses for weather disasters in the United States during the 1990s: how excessive and why?" *Natural Hazards* 18(3):287 – 300.

Changnon, Stanley A., Roger A. Pielke Jr., David Changnon, Richard T. Sylves and Roger Pulwarty 2000 "Human factors explain the increased losses from weather and climate extremes." *Bulletin of the American Meteorological Society* 81(3):437 – 42. http://ams.allenpress.com/.

Chaoon, Donald R. Jr., Joel S. Levine, Wesley R. Cofer III, James E. Miller, Patrick Minnis, Geoffrey M. Tennille, Tommy W. Yip, Brian J. Stocks and Patrick W. Heck 1991 "The great Chinese fire of 1987: a view from space." In Levine 1991:61 – 6. See also http://asd-www.larc.nasa. gov/biomass_burn/sat_anal.html.

Chapman, Duane and Neha Khanna 2000 "Crying no wolf: Why economists don't worry about climate change, and should." *Climatic Change* 47(3):225 – 32.

Cheeseman, M. A. and E. J. Machuga 1997 "Threshold of regulation." In Tennant 1997:296 – 316.

Chertow, Marian R. 1998 "Waste, industrial ecology, and sustainability." *Social Research*. 65(1):31 – 53.

Chiras, Daniel D. 1998 *Environmental Science: A Systems Approach to Sustainable Development*. Belmont, CA: Wadsworth Publishing Company.

Chotikapahich, Duangkamon, Rebecca Valenzuela and D. S. Prasada Rao 1997 "Global and regional inequality in the distribution of income: estimation with limited and incomplete data." *Empirical Economics* 22:533 – 46.

Chrispeels, Maaten J. 1999: "Statement on Pusztai." http://plab.ku.dk/tcbh/Pusztaimjc.htm.

Christensen, Charlotte Wiin and Aksel Wiin-Nielsen 1996 *Klimaproblemer*. [Climate problems.] Copenhagen: Teknisk Forlag.

Christensen, Karen 2000 *Eco Living: A handbook for the 21st Century*. London: Piatkus.

Christy, J. R., R. W. Spencer and W. D. Braswell 2000a *MSU temperature data*. http://vortex.atmos.uah.edu/essl/msu/.

2000b "MSU tropospheric temperatures: dataset construction and radiosonde comparisons." *Journal of Atmospheric and Oceanic Technology* 17:(9) 1153 – 70(in press).

2001 *MSU temperature data*. http://vortex.atmos.uah.edu/essl/msu/.

Chu, K. C., R. E. Tarone, L. G. Kessler, L. A. Ries, B. F. Hankey, B. A. Miller and B. K. Edwards 1996 "Recent trends in U.S. breast cancer incidence, survival, and mortality rates." *Journal of the National Cancer Institute* 88(21):1,571 – 9.

Chumley, Cheryl K. 2001 "Evidence Mounts: Bush May Support Global Warming Treaty." *CNS News* March 09, 2001, http://www.cnsnews.com/ViewPolitics.asp?Page=\\Politics\\archive\\ 200103\\POL20010309a.html.

CIA 1998 *Handbook of International Economic Statistics, 1997*. http://www.odci.gov/cia/publications/hies97/toc.htm.

CIMMYT 1999 *A Sampling of CIMMYT Impacts, 1999: New Global and Regional Studies*. International Maize and Wheat Improvement Center. Mexico City: CIMMYT. http://www.cimmyt.cgiar.org/about/pdf/CIM-Imp99.pdf. (no longer available).

Ciotti, Paul 1989 "Fear of Fusion: What if It Works?" *Los Angeles Times*, April 19, 1989, A5.

Cipolla, Carlo M (ed) 1978 *The Fontana economic history of Europe*. Six volumes. Glasgow: Collins.

Clark, Mike 1997 "Increase in asthma correlates with less childhood infection." *The Lancet* 349(9,045):107.

Claudi, Erik 1988 *Greenpeace, Bind 1: Regnbuens krigere*. [Greenpeace: The Rainbow Warriors.] Copenhagen: Tiderne Skifter.

Clemmesen, J. 1997 "Is smoking during pregnancy a cause of testicular cancer?" [in Danish]. *Ugeskrift for Læger* 159(46):6,815 – 19.

Clinton, Bill 1999 "Remarks to the people of New Zealand in Christchurch, New Zealand, September 15, 1999." *Weekly Compilation of Presidential Documents* 35(37):1,744 – 7.

2000 "Commencement address at Eastern Michigan University in Ypsilanti, Michigan." *Weekly Compilation of Presidential Documents* 36(18):948 – 53.

CLTAP 1979 *Convention on Long-Range Transboundary Air Pollution*. http://www.unece.org/env/lrtap/welcome.html.

CNN.com 2001a: " Conflicts over global warming theory." February 19th 2001. http://www.cnn.com/ 2001/WORLD/europe/02/19/environment.report/index.html.

2001b: "Climate report prompts action call." February 19th 2001. http://www.cnn.com/2001/

WORLD/europe/02/19/emissions.world/index.html.

COC 1999 *Breast Cancer Risk and Exposure to Organochlorine Insecticides: Consideration of the Epidemiology Data on Dieldrin, DDT and Certain Hexachlorocyclohexane Isomers*. Committee on the Carcinogenicity of Chemicals in Food, Consumer Products and the Environment. Advisory Committee of the UK Department of Health. http://www.doh.gov.uk/pub/docs/doh/ocbreast.pdf.

Coghlan, Andy and Kurt Kleiner 1998 "Spud U dislike." *New Scientist* 159(2,147):5. http://www.newscientist.com/ns/980815/nspuds.html.

Cohen, Bernard L. 1995 "The hazards of nuclear power." In Simon 1995b:576 – 87.

Colborn, Theo, Dianne Dumanoski and John Peterson Myers 1996 *Our Stolen Future: Are We Threatening Our Fertility, Intelligence, and Survival? – A Scientific Detective Story*. New York: Dutton.

Colinvaux, Paul Alain. 1989 "The past and future Amazon." *Scientific American*, May 1989:102 – 8.

Collier, Paul and Jan Willem Gunning 1999: "Why has Africa grown slowly?" *Journal of Economic Perspectives* 13(3): 3 – 22.

Collins, M. 2000 "The El Niño-Southern Oscillation in the second Hadley Centre coupled model and its response to greenhouse warming." *Journal of Climate* 13(7):1,299 – 1,312.

Combs, B. and P. Slovic 1979 "Newspaper coverage of causes of death." *Journalism Quarterly* 56:837 – 43.

COMEAP 1995 *Asthma and Outdoor Air Pollution*. Department of Health, Committee on the Medical Effects of Air Pollutants. London: HMSO. http://www.doh.gov.uk/hef/airpol/airpol2.htm

1998: *The Quantification of the Effects of Air Pollution on Health in the United Kingdom*. Deparment of Health, Committee on the Medical Effects of Air Pollutants. London: HMSO. http://www.doh.gov.uk/hef/airpol/airpol7.htm

Common, Michael 1996 "Background Paper." *Consumption and the Environment*. Department of the Enviornment, Sport and Territories. http://www.environment.gov.au/epcg/eeu/consumption/bgpaper.htm.

Conard, Susan G. and Galina A. Ivanova 1997 "Wildfire in Russian boreal forests – potential impacts of fire regime characteristics on emissions and global carbon balance estimates." *Environmental Pollution* 98(3):305 – 13.

Conway, Gordon 2000 "Food for all in the 21st century." *Environment* 42:1 – 18.

Conway, H. and B. L. Hall 1999 "Past and future grounding-line retreat of the west Antarctic ice sheet." *Science* 286(5,438):280 – 3.

Cook, William J. 1998 "The force of El Niño." *U.S. News and World Report* 124(24):58.

Cooper, Adrian S. Livermore, V. Rossi, A. Wilson and J. Walker 1999 "The economic implications of reducing carbon emissions: a cross-country quantitative investigation using the oxford global macroeconomic and energy model." *The Energy Journal*, Kyoto Special Issue:335 – 66.

Costanza, Robert, Herman Daly, Carl Folke, Paul Hawken, C. S. Holling, Anthony J. McMichael, David Pimentel and David Rapport 2000 "Managing our environmental portfolio."

Bioscience 50(2):149 – 55.

Costanza, Robert, Ralph d'Arge, Rudolf de Groot, Stephen Farber, Monica Grasso, Bruce Hannon, Karin Limburg, Shahid Naeem, Robert V. O'Neill, José Paruelo, Robert G. Raskin, Paul Sutton and Marjan van den Belt 1997 "The value of the world's ecosystem services and natural capital." *Nature* 387(6,630):253 – 60.

Couzin, Jennifer 1998 "Forecast for global water shortage." *Science* 281(5,384):1,795.

Cowen, Robert C. 1996 "Is earth still gripped by little Ice Age?" *Christian Science Monitor* 88(147):12.

Cowling. Ellis B. 1995 "Lessons learned in acidification research: implications for future environmental research and assessements." In Heij and Erisman 1995: 307 – 19.

CPI 2000 *Consumer Price Index 1913 – May 2000*; Washington, DC: Bureau of Labor. ftp://ftp.bls.gov/pub/special.requests/cpi/cpiai.txt.

CPI 2001 *Consumer Price Index 1913 – February 2001*; Washington, DC: Bureau of Labor. ftp://ftp. bls.gov/pub/special.requests/cpi/cpiai.txt.

Crafts, Nicholas 1998 *East Asian Growth before and after the Crisis*. IMF Working Paper WP/98/137. http://www.imf.org/external/pubs/ft/wp/wp98137.pdf.

2000 *Globalization and Growth in the Twentieth Century*. IMF Working Paper WP/00/44. http://www.imf.org/external/pubs/ft/wp/2000/wp0044.pdf.

Craig, James R., David J. Vaughan and Brian J. Skinner 1996 *Resources of the Earth: Origin, Use and Environmental Impact*. Upper Saddle River, NJ: Prentice Hall.

Cramer, Wolfgang, Alberte Bondeau, F. Ian Woodward, I. Colin Prentice, Richard A. Betts, Victor Brovkin, Peter M. Cox, Veronica Fisher, Jonathan A. Foley, Andrew D. Friend, Chris Kucharik, Mark R. Lomas, Navin Ramankutty, Stephen Sitch, Benjamin Smith, Andrew White and Christine Young-Molling 2000 "Global response of terrestrial ecosystem structure and function to CO_2 and climate change: results from six dynamic global vegetation models." *Global Change Biology* (in press).

Crawford, R. D. 1998 "The case for iron repletion as a promoter in testicular cancer." *Medical Hypotheses* 51(2):129 – 32.

Crawley, M. J., S. L. Brown, R. S. Hails, D. D. Kohn and M. Rees 2001 "Biotechnology: Transgenic crops in natural habitats." *Nature* 409(6,821):682 – 3.

Crimmins, Eileen M. and Dominique G. Ingegneri 1995 "Trends in health of the US population: 1957 – 89." In Simon 1995b:72 – 84.

Crimmins, Eileen M., Yasuhiko Saito and Dominique Ingegneri 1989 "Changes in life expectancy and disability-free life expectancy in the United States." *Population and Development Review* 15(2):235 – 67.

Crisp, Thoman M., Eric D. Clegg, Ralph L. Cooper, Willian P. Wood, David G. Anderson, Karl P. Baetcke, Jennifer L. Hoffmann, Melba S. Morrow, Donald J. Rodier, John E. Schaeffer, Leslie W. Touart, Maurice G. Zeeman and Yogendra M. Patel 1998 "Environmental endocrine disruption: an effects assessment and analysis." *Environmental Health Perspectives Supplement* 106(1):11 – 56.

Crosson, Pierre 1995 "Soil erosion estimates and costs." *Science* 269:461 – 4.

1996 *Who Will Feed China*. Federation of American Scientists; Long-Term Global Food Project; Issue 2, Spring 1996.

1996a *Resource Degradation*. Federation of American Scientists; Long-Term Global Food Project; Issue 3, Summer 1996.

1997a *Impacts of Climate Change on Agriculture*. Washington, DC: Resources for the Future. http://www.rff.org/issue_briefs/PDF_files/ccbrf4.pdf.

1997b *Lester Brown*. Federation of American Scientists; Long-Term Global Food Project; Issue 3, Fall 1997. http://www.fas.org/cusp/food/fall97.htm.

1997c "Soil erosion." [Comment on Pimentel 1997.] *Environment* 39(10):5.

1997d "Will erosion threaten agricultural productivity?" *Environment* 39(8):4 – 12.

CRS 1992 *The Delaney Clause: The Dilemma of Regulating Health Risk for Pesticide Residues*. Donna U. Vogt, Analyst in Life Sciences, Science Policy Research Division. Congressional Research Service, Report for Congress. http://www.cnie.org/nle/pest-3.html.

1995a *The Delaney Clause Effects on Pesticide Policy*. Donna U. Vogt, Analyst in Life Sciences, Science Policy Research Division. Congressional Research Service, Report for Congress. http://www.cnie.org/nle/pest-1.html.

1995b *World Oil Production after Year 2000: Business as Usual or Crises?* Joseph P. Riva, Jn., Specialist in Earth Sciences, Science Policy Research Division, 18 August, 1995. Congressional Research Service, Report for Congress. http://www.cnie.org/nle/eng-3.html.

1998 *Renewable Energy: Key to Sustainable Energy Supply*. Fred Sissine, Science Policy Research Division, 7 January 1998. Congressional Research Service, Report for Congress. http://www.cnie.org/nle/eng-29.html.

CSD 1997 *Comprehensive Assessment of the Freshwater Resources of the World*. Report (E/CN.17/1997/9) prepared for the UN Commission for Sustainable Development by UN/DPCSD, FAO, UNEP, WMO, UNESCO, WHO, UNDP, UNIDO, the World Bank, and Stockholm Environment Institute. http://www.un.org/esa/sustdev/freshwat.htm or gopher://gopher.un.org/00/esc/cn17/1997/off/97 – 9.EN.

CTR 1999 *Cancer Incidence in Connecticut 1980 – 1996*. State of Connecticut, Department of Public Health, Connecticut Tumor Registry. http://www.state.ct.us/dph/OPPE/hptr.htm.

Cubasch, U., R. Voss, G. C. Hegerl, J. Waszkewitz and T. J. Crowley 1997 "Simulation of the influence of solar radiation variations on the global climate with an ocean-atmosphere general circulation model." *Climate Dynamics* Vol 13(11):757 – 67.

Cunningham, William P. and Barbara Woodworth Saigo 1997 *Environmental Science: A Global Concern*. Dubuque, IA: Wm C. Brown Publishers.

Cushman, John H. Jn 1997 "US reshaping cancer strategy as incidence in children rises: increase may be tied to new chemicals in environment." *New York Times*, 29 September 1997, 148:A1, A14.

Dai, Aiguo, Kevin E. Trenberth and Thomas R. Karl 1998 "Global variations in droughts and wet spells: 1900 – 1995." *Geophysical Research Letters* 25(17):3,367 – 70. http://www.agu.org/GRL/articles/98GL52511/GL382W01.pdf.

Daly, Herman 1996 *Beyond Growth: The Economics of Sustainable Development*. Boston, MA:

Beacon Press.

Danish Ministry of Finance 1997 Miljøvurdering af finanslovforslaget for 1998. [Environmental evaluation of the budget 1998.] Copenhagen: Finansministeriet.

Danish Transport Ministry 1993 Kortlægning af vejtrafikstøj i Danmark. [Survey on road traffic noise in Denmark.] Copenhagen: Trafikministeriet.

Danmarks Energifremtider 1995. [Danish energy futures.] Published by the Ministry of Environment and Energy, December 1995. Obtainable at http://www.ens.dk/pub/enspub.htm.

Darnton-Hill, I. 1999 "The challenge to eliminate micronutrient malnutrition." *Australian and New Zealand Journal of Public Health* 23(3):309 – 14.

Dasgupta, Partha 1995 "The population problem: theory and evidence." *Journal of Economic Literature*. 33(4):1,879 – 1,902.

Dasgupta, Partha and Martin Weale 1992 "On measuring the quality of life." *World Development* 20:119 – 31.

Dasgupta, Susmita, Hua Wang and David Wheeler 1997 *Surviving Success: Policy Reform and the Future of Industrial Pollution in China*. Policy Research Working Paper 1,856, World Bank Development Group, November 1997.

Davidson, Cliff I. 1979 "Air pollution in Pittsburgh: a historical perspective." *Journal of the Air Pollution Control Association* 29(10):1,035 – 41.

Davidson, Nancy E. and James D. Yager 1997 "Pesticides and breast cancer: fact or fad?" *Jouranal of the National Cancer Institute* 89(23):1,743 – 5.

Davis, Devra Lee and H. Leon Bradlow 1995 "Can environmental estrogens cause breast cancer?" *Scientific American* 273(4):166 – 71.

De Broeck, Mark and Vincent R. Koen 2000 *The Great Contractions in Russia, the Baltics and the Other Countries of the Former Soviet Union – a View from the Supply Side*. International Monetary Fund, Working Paper WP/00/32. http://www.imf.org/external/pubs/ft/wp/2000/wp0032.pdf.

de Gruijl, F. R. 1999 "Skin cancer and solar UV radiation." *European Journal of Cancer Part A*. Vol.35(14):2,003 – 9.

de Moor, A. P. G. 1998 *Perverse Incentives. Subsidies and Sustainable Development: Key Issues and Reform Strategies*. http://www.ecouncil.ac.cr/rio/focus/report/english/subsidies/.

De Quattro, Jim 1994 "With soybeans and wheat – good breeding has made all the difference." *Agricultural Research* 42(10):12 – 13.

De Vries, W., E. E. J. M Leeters, C.M.A. Hendriks, H. van Dobben, J. van den Brug and L. J. M. Boumans 1995 "Large scale impacts of acid deposition on forest and forest soils in the Netherlands." In Heij and Erisman 1995:261 – 77.

de Vries, Bert, Johannes Bollen, Lex Bouwman, Michel den Elzen, Marco Janssen and Eric Kreileman 2000 "Greenhouse Gas Emissions in an Equity-, Environment- and Service-Oriented World: An IMAGE-Based Scenario for the 21st Century." *Technological Forecasting and Social Change* 63:137 – 74.

DeLong, J. Bradford 2000a "Estimating world GDP, one million B.C. – Present." http://econ161.berkeley.edu/tceh/2000/world_gdp/estimating_world_gdp.html.

2000b "The Economic History of the Twenty-First Century." http://econ161.berkeley.edu/Econ_Articles/21st/EH_21st_century.html.

Delworth, T. L. and T. R. Knutson 2000 "Simulation of early 20th century global warming." *Science* 287(5,461):2,246 – 50.

DEP 1997 *1997 New York Harbor Water Quality Survey*. New York City, Department of Environmental Protection. Bureau of Wastewater Pollution Control, Marine Sciences Section. http://www.ci. nyc.ny.us/html/dep/html/news/pdf/hwqs1997.html.

1998 *1998 New York Harbor Water Quality Survey*. New York City. Department of Environmental Protection. Bureau of Wastewater Pollution Control, Marine Sciences Section. http://www.ci.nyc.ny.us/html/dep/pdf/hwqs1998.pdf.

Desmond, Anabelle 1975 "How many people have ever lived on Earth?" *Population Bulletin* 18:1 – 19. Reprinted in Kenneth C. W. Kammeyer (ed). 1975, *Population Studies: Selected Essays and Research*, p. 18 – 32 Chicago: Rand McNally.

Det radikale Venstre 2000 *Målsætninger for miljø og udvikling*. [Goals for environment and development.] http://www.radikale.dk/program/miljø.html

DETR 1998a *Digest of Environmental Statistics*. No. 20. Department of the Environment, Transport and the Regions. http://www.detr.gov.uk/environment/des20/index.htm.

1998b *Economic Instruments for Water Pollution*. Department of the Environment, Transport and the Regions. http://www.environment.detr.gov.uk/wqd/eiwp/eiwp01.htm.

1998c *Highways Economics Note No.1: 1998*. Department of the Environment, Transport and the Regions. http://www.detr.gov.uk/roads/roadsafety/hen198/index.htm.

1999 *The Environmental Impacts of Road Vehicles in Use Air Quality, Climate Change and Noise Pollution*. The Cleaner Vehicles Task Force. Department of the Environment, Transport and the Regions. http://www.detr.gov.uk/roads/cvtf/impact/index.htm.

2000 *The UK National Air Quality Information Archive*. http://www.aeat.co.uk/netcen/airqual/.

Devesa, Susan S., William J. Blot, B. J. Stone, B. A. Miller, R. E. Tarone and J. F. Fraumeni, Jn 1995 "Recent cancer trends in the United States." *Journal of the National Cancer Institute* 87(3):175 – 82.

Devesa, Susan S., Dan J. Grauman, William J. Blot and Joseph F. Fraumeni, Jr. 1999 "Cancer surveillance series: changing geographic patterns of lung cancer mortality in the United States, 1950 through 1994." *Journal of the National Cancer Institute* 91(12):1,040 – 50.

DeVries, T. J., L. Ortlieb and A. Diaz 1997 "Determining the early history of El Niño." *Science* 276:965 – 6.

Dhakhwa, Gyanendra B. and C. Lee Campbell 1998 "Potential effects of differential day – night warming in global climate change on crop production." *Climatic Change*. 40(3 – 4):647 – 67.

Diamond, Jared 1989 "Overview of recent extinctions." In Western and Pearl 1989:37 – 41.

1990 "Playing dice with megadeath." *Discover* April:54 – 9.

1999 *Guns, Germs, and Steel: The Fates of Human Societies*. Paperback edition. New York: W. W. Norton.

Diaz, Robert and Andrew Solow 1999 *Gulf of Mexico Hypoxia Assessment: Topic #2. Ecological and Economic Consequences of Hypoxia*. Hypoxia Work Group, White House Office of Science and Technology Policy, Committee on Environment and Natural Resources for the EPA Mississippi River/Gulf of Mexico Watershed Nutrient Task Force. NOAA Coastal Ocean Program. http://www.nos.noaa.gov/products/pubs_hypox.html.

DiCaprio, Leonardo 2000 "Interview with Bill Clinton for ABC News' *Planet Earth 2000*." *Weekly Compilation of Presidential Documents* 36(17):907 – 12.

DICE 1999 *Dynamic Integrated Climate-Economy*. Model can be downloaded as a spreadsheet from http://www.econ.yale.edu/~ nordhaus/homepage/dicemodels.htm.

Dillin, John 2000 "Global cooling – mini-ice age." *Christian Science Monitor* 92(191):16.

Dinar, Ariel, Mark W. Rosegrant and Ruth Meinzen-Dick 1997 *Water Allocation Mechanisms: Principles and Examples*. World Bank and International Food Policy Research Institute. http://www.worldbank.org/html/dec/Publications/Workpapers/wps1700series/wps1779/wps1779.pdf.

Discover 1998 "Allergy and immunity." Special supplement for *Discover* 19(3):8 – 10.

Dixon, Bernard 1999 "The paradoxes of genetically modified foods: A climate of mistrust is obscuring the many different facets of genetic modification." *British Medical Journal* 318(7183):547 – 8.

DK EA 1995 *Klimaproblemer og drivhuseffekten*. [Problems of the climate and the greenhouse effect.] Danish Energy Agency. Copenhagen: Miljø-og Energiministeriet, Energistyrelsen.

DK EPA 1994 *Tal om Natur og miljø 1994*. [Statistics on *nature* and environment 1994.] Danish Environmental Protection Agency. Publiceret sammen med Statistics Denmark. Copenhagen: Statistics Denmark.

1995a *Natur og Miljøredegørelsen*. [Nature and Environment Status Report.] Danish Environmental Protection Agency. Copenhagen: Miljø-og Energiministeriet. http://www.mem.dk/publikationer/RED/index.htm.

1995b *Vandmiljø-95: Grundvandets miljøtilstand samt status for det øvrige vandmiljøs tilstand i 1994*. [Water environments – 95: the groundwater's and other water environment's status in 1994.] Danish Environment Agency. Redegørelse fra Miljøstyrelsen 3. Copenhagen: Miljø-og Energiministeriet.

1996a *Drivhuseffekt og klimaæ ndringer: Betydningen for Danmark set i lyset af IPPCC's 1996 – rapporter*. [Greenhouse effect and climate changes: the impact for Denmark in the light of IPPCC's 1996 reports.] Danish Environment Agency. Jes Fenger, Anne Mette K. Jjørgensen and Kristen Halsnæs (eds.). Copenhagen: Miljø-og Energiministeriet, Miljøstyrelsen.

1996b *Miljøindikatorer 1995*. [Environmental indications 1995.] Danish Environmental Protection Agency. Copenhagen: Miljø-og Energiministeriet.

1996c *Energi 21: Regeringens energihandlingsplan 1996*: Copenhagen: Miljø-og Energiministeriet 1996. http://www.ens.dk/e21/e21dk/energi21.pdf.

1997a *Bekæmpelsesmiddelforskning fra Miljøstyrelsen: Sædkvalitet og kromosomskader hos pesticideksponerede væksthusgartnere*. [Pesticide research at the DK EPA: semen quality and chromosome damage of greenhouse gardeners exposed to pesticides.] Danish Environment Agency. Annette Abell, Jens Peter Bonde, Erik Ernst, Flemming Lander,

Lisbeth Ehlert Knudsen and Hannu Norppa. Copenhagen: Miljø-og Energiministeriet, Miljøstyrelsen.

1997b *Miljøindikatorer 1996*. [Environmental indicators 1996.] Danish Environmental Protection Agency. http://www.mem.dk/publikationer/indikatorer96/indhold.htm.

1998a *Drikkevandsudvalgets betænkning*. [Comments from the Committee on Drinking Water.] Danish Environment Agency. Betænkning fra Miljøstyrelsen 1. Copenhagen: Miljø-og Energiministeriet.

1998b *Forsigtighedsprincippet. Udskrift og resumé fra Miljø styrelsens konference om forsigtighedsprincippet*. [The precautionary principle. Text from the Danish Envionment Agency's conference on the precautionary principle.] http://www.mst.dk/199811publikat/87 – 7909 – 088 – 5/helepubl.htm.

1998c *Miljøindikatorer 1997*. [Environmental indiators 1997.] Danish Environmental Protection Agency. http://www.sns.dk/U&U/N&M97/indhold.htm (no longer available).

1998d *Energy Statistics 1998*. Copenhagen: Miljø-og Energiminster: et. http://www.ens.dk/statistik/98.

1999 *Badevandskort 1999*. [Bathing water map 1999.] Danish Environmental Protection Agency. http://www.mst.dk/fagomr/03020000.htm.

2000 *Badevandskort 2000*. [Bathing water map 2000.] Danish Environmental Protection Agency. http://www.mst.dk/fagomr/03050100.htm.

DK VFA 1994 *Pesticidrester I danske levnedsmidler 1993*. [Pesticide residues in Danish food 1993.] The Danish Veterinary and Food Administration. Copenhagen.

1996a *Danskernes kostvaner 1995: Hovedresultater*. [Eating habits of Danes 1995: main conclusions.] The Danish Veterinary and Food Administration. Copenhagen.

1996b *Pesticidrester i danske levnedsmidler 1995*. [Pesticide residues in Danish food 1995.] The Danish Veterinary and Food Administration. Copenhagen.

1997 *Pesticidrester i danske levnedsmidler 1996*. [Pesticide residues in Danish food 1996.] The Danish Veterinary and Food Administration. Copenhagen.

1998 *Forureninger i Maden: Pesticidrester*. [Contamination of food: pesticide residues.] Danish Veterinary and Food Administration. Copenhagen. http://1st.min.dk/publikationer/publikationer/pjecer/pesticid2.htm.

Dlugokencky, E. J., K. A. Masarie, P. M. Lang and P. P. Tans 1998 "Continuing decline in the growth rate of the atmospheric methane burden." *Nature* 393:447 – 50.

Dobson, Andrew P. and E. Robin Carper 1996 "Infectious diseases and human population history." *BioScience* 46(2):115 – 26.

Dobson, M. C.; A. Y. Kwarteng and F. T. Ulaby 1997 "Use of SIR-C/X-SAR to monitor environmental damages of the 1991 GulfWar in Kuwait." *IGARSS'97. 1997 International Geoscience and Remote Sensing Symposium. Remote Sensing – A Scientific Vision for Sustainable Development* (Cat. No. 97CH36042), vol.1. pp. 119 – 21.

Dockery, D. W., C. A. Pope III, X. Xu, J. D. Spengler, J. H. Ware, M. E. Fay, B. G. Ferris, F. E. Speizer 1993 "An association between air pollution and mortality in six US cities." *New England Journal of Medicine*. 329(24):1,753 – 9.

DOE 1995 *Photovoltaics: The Power of Choice. The National Photovoltaics Program Plan for 1996 – 2000.* US Department of Energy. http://www.osti.gov/bridge/home.html.

1996 *Wind Energy Information Guide.* US Department of Energy. http://www.osti.gov/bridge/home.html.

1997 *Renewable Energy Technology Characterizations.* US Department of Energy and Office of Utility Technologies, December 1997. http://www.eren.dog.gov/power/pdfs/techchar.pdf.

Doering, Otto C., Fransisco Diaz-Hermelo, Crystal Howard, Ralph Heimlich, Fred Hitzhusen, Richard Kazmierczak, John Lee, Larry Libby, Walter Milon, Tony Prato and Marc Ribaudo 1999 *Gulf of Mexico Hypoxia Assessment: Topic #6. Evaluation of Economic Costs and Benefits of Methods for Reducing Nutrient Loads to the Gulf Of Mexico.* Hypoxia Work Group, White House Office of Science and Technology Policy, Committee on Environment and Natural Resources for the EPA Mississippi River/Gulf of Mexico Watershed Nutrient Task Force. NOAA Coastal Ocean Program. http://www.nos.noaa.gov/products/pubs_hypox.html.

Doll, Richard and Richard Peto 1981 "The causes of cancer: quantitative estimates of avoidable risks of cancer in the United States today." *Journal of the National Cancer Institute* 66(6): 1,191 – 1,308.

Dorgan, J. F., J. W. Brock, N. Roltman, L. L. Neddleman, R. Miller, H. E. Stephensen Jn, N. Schussler and P. R. Taylor 1999 "Serum organochlorine pesticides and PCBs and breast cancer risk: results from a prospective analysis (USA)." *Cancer Causes and Control* 10(1):1 – 11.

DOT 1997 *Transportation in the United States: A Review.* US Department of Transportation, Bureau of Transportation Statistics. Washington, DC. http://www.bts.gov/programs/transtu/titus/titus97t.pdf.

1999 *National Transportation Statistics 1999.* US Department of Transportation. http://www.bts. gov/btsprod/nts/.

Dowrick, Steve and John Quiggin 1997 "True measures of GDP and convergence." *American Economic Review* 87(1):41 – 63.

Dragsted, Lars 1992 "Low dose extrapolation of data from animal bioassays: applied in the setting of limit values in Denmark and internationally." In ATV 1992:77 – 107.

Druyan, L. M., P. Lonergan and T. Eichler 1999 "A GCM investigation of global warming impacts relevant to tropical cyclone genesis." *International Journal of Climatology* 19(6):607 – 17.

Dumond, D. E. 1975 "The limitation of human population: a natural history." *Science* 187:713 – 21.

Dunlap, Riley E. 1991a "Public opinion in the 1980s. Clear consensus, ambiguous commitment." *Environment* 33(8):10 – 15.

1991b "Trends in public opinion toward environmental issues: 1965 – 1990." *Society and Natural Resources* 4(3):285 – 312.

2000 "Americans have positive image of the environmental movement: majorities agree with movement's goals, and trust it to protect the nation's environment." *Gallup Poll Releases* 18 April, 2000. http://www.gallup.com//poll/releases/pr000418.asp.

Dunlap, Riley E. and Curtis E. Beus 1992 "Understanding public concerns about pesticides: an

empirical examination." *Journal of Consumer Affairs* 26(2):418 – 38.
Dunlap, Riley E., George H. Gallup and Alec M. Gallup 1993 "Of Global Concern: Results of the Planetary Survey." *Environment* 35(9):7 – 39.
Dunlap, Riley E. and Angela G. Mertig 1995 "Global concern for the environment: is affluence a prerequisite?" *Journal of Social Issues* 51(4):121 – 37.
Dunlap, Riley E. and Lydia Saad 2001 "Only one in four Americans are anxious about the environment." *Gallup Poll Releases* 16 April 2001. http://www.gallup.com/poll/releases/pr010416.asp.
Dunlap, Riley E. and Rik Scarce 1991 "The polls – poll trends. Environmental problems and protection." *Public Opinion Quarterly* 55:651 – 72.
Dunn, Seth 1998 "Looking past El Niño." *World Watch* 11(5):2.
Easterlin, Richard A. 2000 "The globalization of human development." *Annals of the American Academy of Political and Social Science* 570:32 – 48.
Easterling, David R., Henry F. Diaz, Arthur V. Douglas, William D. Hogg, Kenneth E. Kunkel, Jeffry C. Rogers and Jaime F. Wilkinson 1999 "Long-term observations for monitoring extremes in the Americas." *Climatic Change* 42(1):285 – 308.
Easterling, D. R., J. L. Evans, P. Ya. Groisman, T. R. Karl, K. E. Kunkel and P. Ambenje 2000 "Observed variability and trends in extreme climate events: a brief review." *Bulletin of the American Meteorological Society* 81(3):417 – 25. http://ams.allenpress.com/.
Easterling, David R., Briony Horton, Philip D. Jones, Thomas C. Peterson, Thomas R. Karl, David E. Parker, M. James Salinger, Vyacheslav Razuvayev, Neil Plummer, Paul Jamason and Christopher K. Folland 1997 "Maximum and minimum temperature trends for the globe." *Science*. 277:364 – 7.
EC-E 1999 *Compilation of EU Dioxin Exposure and Health Data Summary Report*. Report produced for European Commission DG Environment, UK Department of the Environment Transport and the Regions (DETR).
EC-ET 2000 *EU Transport in Figures*. European Commission, Directorate-General for Energy and Transport in co-operation with Eurostat. http://europa.eu.int/en/comm/dg07/tif/index.htm.
Eckstein, Zvi, Pedro Mira and Kenneth I. Wolpin 1999 "A quantitative analysis of Swedish fertility dynamics: 1751 – 1990." *Review of Economic Dynamics* 2:137 – 65.
Edelson, E. 1990 "The man who upset the apple cart." *Popular Science* 236(2):64 – 7.
Edgerton, David L., Bengt Assarsson, Anders Hummelmose, Ilkka P. Laurila, Kyrre Rickertsen and Per Halvor Vale 1996 *The Econometrics of Demand Systems: With Applications to Food Demand in the Nordic Countries*. Advanced Studies in Theoretical and Applied Econometrics. Dordrecht: Kluwer Academic Publishers
EEA 1994 *European Rivers and Lakes: Assessment of their Environmental State*. Peter Kristensen and Hans Ole Hansen (eds.). Copenhagen: European Environement Agency.
1995 *Europe's Environement: The Dobris Assessment*. David Stanners and Philippe Bourdeau (eds.): Copenhagen: European Environment Agency. http://themes.eea.eu.int/fulldoc.php/state/water?fn=92-826-5409-5&1=en.
1998a *Europe's Environment: Statistical Compendium for the Second Assessment*. Copenhagen:

European Environment Agency.

1998b *Europe's Environment: The Second Assessment*. Preliminary version for press conference. Copenhagen: European Environment Agency. http://themes.eea.eu.int/fulldoc.php/state/water?fn=92-828-3351-8&1=en.

1999 *Environment in the European Union at the Turn of the Century*. Copenhagen: European Environment Agency. http://themes.eea.eu.int/fulldoc.php/state/water?fn=92-9157-202-0&1=en.

2000: *Data Service*. http://warehouse.eea.eu.int.

EEPSEA/WWF 1998: *The Indonesian Fires and Haze of 1997: The Economic Toll*. Economy and Environment Program for SE Asia and World Wide Fund for Nature. http://www.eepsea.org/specialrept/specreptIndofire.htm (no longer available).

efunda 2001 *Engineering Fundamentals*. www.efunda.com.

Ehrlich, Anne H. and Paul R. Ehrlich 1987 *Earth*. London: Methuen.

Ehrlich, Paul R. 1967 "Paying the piper." *New Scientist* 14, December:652 – 5.

1968 *The Population Bomb*. New York: Ballantine Books.

1970 "Looking back from 2000 A.D." *The Progressive* April:23 – 5.

1995 "The scale of the human enterprise and biodiversity loss." In Lawton and May 1995:214 – 26.

1997 *A World of Wounds: Ecologists and the Human Dilemma*. Oldendorf: Ecology Institute.

Ehrlich, Paul R. and Anne H. Ehrlich 1974 *The End of Affluence: A Blueprint for Your Future*. New York: Ballantine Books.

1991 *Healing the Planet: Strategies for Resolving the Environmental Crisis*. Reading, MA: Addison-Wesley Publishing Company.

1996 *Betrayal of Science and Reason: How Anti-Environmental Rhetoric Threatens Our Future*. Washington, DC: Island Press.

Ehrlich, Paul R., Anne H. Ehrlich and Gretchen C. Daily 1995 *The Stork and the Plow: The Equity Answer to the Human Dilemma*. New York: G. P. Putnam.

Ehrlich, Paul R. and Edward O. Wilson 1991 "Biodiversity studies: science and policy." *Science* 253:758 – 62.

EIA 1993 *Renewable Resources in the U.S. Electricity Supply*. Energy Information Agency under US Department of Energy. http://www.eia.doe.gov/cneaf/electricity/pub_summaries/renew_es.html.

1995a *Coal Data – A Reference*. Energy Information Agency under US Department of Energy. ftp://ftp.eia.doe.gov/pub/coal/coallast.pdf.

1995b *Housing Characteristics 1993*. Energy Information Agency under US Department of Energy. http://www.eia.doe.gov/emeu/recs/recs2f.html.

1996 *Annual Energy Outlook 1997*. Energy Information Agency under US Department of Energy. http://www.eia.doe.gov/emeu/plugs/plaeo97.html.

1997a *Annual Energy Outlook 1998*. Energy Information Agency under US Department of Energy. http://www.eia.doe.gov/pub/forecasting/aeo98.

1997b *Annual Energy Review 1996*. Energy Information Agency under US Department of

Energy. http://www.eia.doe.gov/emeu/aer/contents.html.

1997c *International Energy Outlook 1997*. Energy Information Agency under US Department of Energy. http://www.eia.doe.gov/oiaf/ieo97/home.html.

1997d *Nuclear Power Generation and Fuel Cycle Report 1997*. Energy Information Agency under US Department of Energy. http://www.eia.doe.gov/cneaf/nuclear/n_pwr_fc/npgfcr97.pdf.

1998a *Impacts of the Kyoto Protocol on U.S. Energy Markets and Economic Activity*. Energy Information Agency under US Department of Energy. SR/OIAF/98-03. http://www.eia.doe.gov/oiaf/kyoto/kyotorpt.html.

1998b *International Energy Annual 1996*. Energy Information Agency under US Department of Energy. Data at http://www.eia.doe.gov/pub/international/iea96/.

1998c *Renewable Energy Annual 1998 with Data For 1997*. Energy Information Agency under US Department of Energy. http://www.eia.doe.gov/cneaf/solar.renewables/rea_data/html/front-1.html.

1999a *A Look at Residential Energy Consumption in 1997*. Energy Information Agency under US Department of Energy. http://www.eia.doe.gov/emeu/recs/.

1999b *Annual Energy Outlook 2000*. Energy Information Agency under US Department of Energy.

1999c *Annual Energy Review 1998*. Energy Information Agency under US Department of Energy. http://www.eia.doe.gov/emeu/aer/contents.html.

1999d *International Energy Outlook 1999*. Energy Information Agency under US Department of Energy.

2000a *International Energy Annual 1998*. Energy Information Agency under US Department of Energy. Data at http://www.eia.doe.gov/pub/international/iea98/.

2000b *International Energy Outlook 2000*. Energy Information Agency under US Department of Energy. http://www.eia.doe.gov/oiaf/ieo/index.html.

2000c *Monthly Energy Review March 2000*. Energy Information Agency under US Department of Energy.

2000d *Annual Energy Review 1999*. Energy Information Agency under US Department of Energy. ftp://ftp.eia.doe.gov/pub/pdf/multi.fuel/038499.pdf.

2000e *Annual Energy Outlook 2001*. Energy Information Agency under US Department of Energy. http://www.eia.doe.gov/oiaf/aeo/pdf/0383(2001).pdf.

2001a *Monthly Energy Review January 2001*. Energy Information Agency under US Department of Energy. http://www.eia.doe.gov/pub/pdf/multi.fuel/00350101.pdf.

2001b *International Energy Annual 1999*. Energy Information Agency under US Department of Energy. http://www.eia.doe.gov/pub/pdf/international/021999.pdf.

2001c *Short-Term Energy Outlook – February 2001*. Energy Information Agency under US Department of Energy. http://www.eia.doe.gov/emeu/steo/pub/pdf/feb01.pdf.

Eisinger, Josef 1996 "Sweet poison." *Natural History* 105(7):48 – 543.

Ekbom, Anders, Gunnar Erlandsson, Chung-cheng Hsieh, Dimitrios Trichopoulos, Hans-Olov Adami and Sven Cnattingius 2000 "Risk of breast cancer in prematurely born women."

Journal of the National Cancer Institute. 92(10):840 – 1.

El-Raey, M. 1997 "Vulnerability assessment of the coastal zone of the Nile delta of Egypt, to the impacts of sea level rise." *Ocean and Coastal Management*.37(1):29 – 40.

Elsner, J. B. and B. Kocher 2000 "Global tropical cyclone activity: link to the North Atlantic oscillation." *Geophysical Research Letters* 27(1):129 – 32.

Elsom, Derek M. 1995 "Atmospheric pollution trends in the United Kingdom." In Simon 1995b:476 – 90.

EM-DAT 2000 *The OFDA/CRED International Disaster Database*. Emergency Events Database by WHO Collaborating Centre for Research on the Epidemiology of Disasters (CRED), with the US Committee for Refugees (USCR), the Organisation for Economic Co-operation and Development's (OECD), Development Assistance Committee (DAC), and INTERFAIS, a World Food Programme (WFP) information system. http://www.cred.be/emdat/intro.html.

EMEP 2000 Data on European air pollution emissions. http://www.emep.int/.

Engeland, A., T. Haldorsen, S. Treli, T. Hakulinen, L. G. Hörte, T. Luostarinen, G. Schou, H. Sigvaldason, H. H. Storm, H. Tulinius and P. Vaittinen 1995 "Prediction of cancer mortality in the Nordic countries up to the years 2000 and 2010, on the basis of relative survival analysis: a collaborative study of the five Nordic cancer registries." *APMIS* suppl. 49, 103.

Engelman, Robert and Pamela LeRoy 1993 *Sustaining Water: Population and the Future of Renewable Water Supplies*. Washington, DC: Population Action International. http://www.cnie.org/pop/pai/h2o-toc.html.

Enserink, Martin 1998 "Institute copes with genetic hot potato." *Science* 281(5380):1,124 – 5.

Enserink, Martin 1999 "Preliminary Data Touch Off Genetic Food Fight." *Science* 283(5405): 1094 – 5.

EPA 1990 *Pesticides in Drinking-Water Wells*. US Environmental Protection Agency, Pesticides and Toxic Substances, H-7506C. http://www.epa.gov/epahome/epadocs/drink1.pdf.

1993 *Reference Dose (RfD): Description and Use in Health Risk Assessments*. Background Document 1A. http://www.epa.gov/ngispgm3/iris/rfd.htm.

1994a *Indoor Air Pollution: An Introduction for Health Professionals*. Co-sponsored by: The American Lung Association (ALA), The Environmental Protection Agency (EPA), The Consumer Product Safety Commission (CPSC), and The American Medical Association (AMA). US Government Printing Office Publication no. 1994 – 523 – 217/81322. http://www.epa.gov/iaq/pubs/hpguide.html.

1994b Setting the record straight: secondhand smoke is a preventable health risk. EPA 402 – F – 94 – 005. http://www.epa.gov/iaq/pubs/strsfs.html.

1995 *Human Health Benefits from Sulfate Reductions under Title IV of the 1990 Clean Air Act Amendments: Final Report*. US Environmental Protection Agency, EPA Document Number 68 – D3 – 0005 November 10, 1995. http://www.epa.gov/acidrain/effects/healthx.html.

1996a *Air Quality Criteria for Pariculate Matter*. US Environmental Protection Agency. http://www.epa.gov/ttn/caaa/t1cd.html.

1996b *Review of the National Ambient Air Quality Standards for Particulate Matter: Policy*

Assessment of Scientific and Technical Information. OAQPS Staff Paper, US Environmental Protection Agency, EPA – 452\R-96 – 013, July 1996. http://www.epa.gov/ttn/oarpg/tlsp.html.

1996c "Proposed guidelines for carcinogen risk assessment." *Federal Register* 61:17,959 – 18,011. http://www.epa.gov/ordntrnt/ORD/WebPubs/carcinogen/index.html.

1997a *Beach Program*. US Environmental Protection Agency, Office of Water, EPA Document Number EPA – 820 – F – 97 – 002. http://www.epa.gov/OST/beaches/BeachPro.pdf.

1997b *National Air Quality and Emissions Trends Report 1996*. US Environmental Protection Agency, EPA Document Number 454/R – 97 – 013. http://www.epa.gov/oar/aqtrnd96/toc.html

1997c *National Ambient Air Quality Standards for Particulate Matter; Final Rule 18/7 1997*. US Environmental Protection Agency, 40 CFR Part 50. http://www.epa.gov/ttn/caaa/tlpfpr.html.

1997d *The Benefits and Costs of the Clean Air Act, 1970 to 1990*. US Environmental Protection Agency. http://www.epa.gov/oar/sect812/copy.html.

1998a *Bacterial Water Quality Standards Status Report* Standards and Applied Science Division, Office of Science and Technology, Office of Water, US Environmental Protection Agency.

1998b *Pesticidal Chemicals Classified as Known, Probable or Possible Human Carcinogens*. Office of Pesticide Programs, US Environmental Protection Agency. http://www.epa.gov/pesticides/carlist/table.htm (but presently removed).

1998c *National Air Quality and Emissions Trends Report 1997*. US Environmental Protection Agency. http://www.epa.gov/oar/aqtrnd97/.

1998d *National Air Pollutant Emission Trends Update*: 1970 – 1997. http://www.epa.gov/ttn/chief/trends97/browse.html.

1999a *Asbestos*. Sources of information on indoor air quality. http://www.epa.gov/iaq/asbestos.html.

1999b *Characterization of Municipal Solid Waste in the United States: 1998 Update*. Franklin Associates. http://www.epa.gov/epaoswer/non-hw/muncpl/msw98.htm.

1999c *Formaldehyde*. Sources of information on indoor air quality. http://www.epa.gov/iaq/formalde.html.

1999d *Part 141 – National Primary Drinking Water Regulations*. http://www.epa.gov/safewater/regs/cfr141.pdf.

1999e *The Benefits and Costs of the Clean Air Act, 1990 to 2010*. US Environmental Protection Agency. http://www.epa.gov/airprogm/oar/sect812/copy99.html.

2000a *A Guide to Selected National Environmental Statistics in the U.S. Government*. http://www.epa.gov/ceisweb1/ceishome/ceisdocs/usguide/contents.htm.

2000b *AIRS*. Air Quality Database. http://www.epa.gov/airs/aewin/.

2000c *Municipal Solid Waste Generation, Recycling and Disposal in the United States: Facts and Figures for 1998*. EPA530 – F – 00 – 024. http://www.epa.gov/epaoswer/non-hw/muncpl/ msw99.htm.

2000d *National Air Pollutant Emission Trends: 1900 – 1998*. http://www.epa.gov/ttn/chief/trends/trends98/http://www.epa.gov/ttn/chief/trends98/emtrnd.html.

2000e *National Air Quality and Emissions Trends Report 1998*. US Environmental Protection Agency. http://www.epa.gov/oar/aqtrnd98/.

2000f *Latest Findings on National Air Quality: 1999 Status and Trends* US Environmental Protection Agency. EPA-454/F-00-002. http://www.epa.gov/oar/aqtrnd99/brochure/brochure.pdf.

2000g *Biopesticides Registration Action Document: Preliminary Risks and Benefits Sections: Bacillus thuringiensis Plant-Pesticides*. http://www.epa.gov/scipoly/sap/2000/october.

EPAQS 1994a *Carbon Monoxide*. Expert Panel on Air Quality Standards, Department of the Environment, Transport and the Regions, the Scottish Executive, the National Assembly for Wales, and the Department of the Environment for Northern Ireland. http://www.detr.gov.uk/environment/airq/aqs/co/index.htm.

1994b *Ozone*. Expert Panel on Air Quality Standards, Department of the Environment, Transport and the Regions, the Scottish Executive, the National Assembly for Wales, and the Department of the Environment for Northern Ireland. http://www.detr.gov.uk/environment/airq/aqs/ozone/index.htm.

1995a *Particles*. Expert Panel on Air Quality Standards, Department of the Environment, Transport and the Regions, the Scottish Executive, the National Assembly for Wales, and the Department of the Environment for Northern Ireland. http://www.detr.gov.uk/environment/airq/aqs/particle/index.htm.

1995b *Sulphur Dioxide*. Expert Panel on Air Quality Standards, Department of the Environment, Transport and the Regions, the Scottish Executive, the National Assemly for Wales, and the Department of the Environment for Northern Ireland. http://www.detr.gov.uk/environment/airq/aqs/so2/index.htm.

1996 *Nitrogen Dioxide*. Expert Panel on Air Quality Standards, Department of the Environment, Transport and the Regions, the Scottish Executive, the National Assembly for Wales, and the Department of the Environment for Northern Ireland. http://www.detr.gov.uk/environment/airq/aqs/no2/index.htm.

1998 *Lead*. Expert Panel on Air Quality Standards, Department of the Environment, Transport and the Regions, the Scottish Executive, the National Assembly for Wales, and the Department of the Environment for Northern Ireland. http://www.detr.gov.uk/environment/airq/aqs/lead/index.htm.

ERS 1995 "World agriculture: trends and indicators." Database from ERS, USDA. World.wk1 from http://usda.mannlib.cornell.edu/data-sets/international/89024/14/(file world.wk1).

1996 *The Future of China's Grain Market*. Agricultural Economic Report no. 750. Frederick W. Crook and W. Hunter Colby, Economic Research Service, US Department of Agriculture. http://www.ers.usda.gov/epubs/pdf/aib730/index.htm.

1997 *International Agricultural Baseline Projections to 2005*. Economic Research Service under US Department of Agriculture. http://www.ers.usda.gov/epubs/pdf/aer750/.

1998 "Food and nutrient intake by individuals in the United States by sex and age, 1994 – 96."

NFS Report no. 96 – 2, NTIS Order Number PB99 – 117251INZ. http://www.barc.usda.gov/bhnrc/foodsurvey/Products9496.html.

1999a *Rice Situation and Outlook Yearbook 1999.* RCS 1999. Economic Research Service, US Department of Agriculture. http://usda.mannlib.cornell.edu/reports/erssor/field/rcs-bby/.

1999b *Wheat Situation and Outlook Yearbook 1999.* WHS 1999. Economic Research Service, US Department of Agriculture. http://usda.mannlib.cornell.edu/reports/erssor/field/whs-bby/.

2000a *International Agriculture and Trade (China).* WRS-99 – 4 Economic Research Service, US Department of Agriculture. http://usda.mannlib.cornell.edu/reports/erssor/international/wrs-bb/1999/china/wrs99.pdf.

2000b *Tobacco Situation and Outlook Report.* Market and Trade Economics Division, Economic Research Service, US Department of Agriculture, April 2000, TBS – 246. http://usda.mannlib.cornell.edu/reports/erssor/specialty/tbs-bb/2000/tbs246.pdf.

2000c *Agricultural Outlook: August 2000.* Economic Research Service, US Department of Agriculture. http://www.ers.usda.gov/publications/agoutlook/aug2000/contents.htm.

ESRC 1997 *Learning to be Green: the Future of Environmental Education* ESRC Global Environmental Change Programme, Special Briefing No. 2, University of Sussex. http://www.susx.ac.uk/Units/gec/pubs/briefing/sbrief2.pdf.

1999 *The Politics of GM Food: Risk, Science and Public Trust.* ESRC Global Environmental Change Programme, Special Briefing No. 5, University of Sussex. http://www.susx.ac.uk/Units/gec/gecko/gec-gm-f.pdf.

Esty, Dan 1999 "Feeding Frankenstein." *WorldLink*, Sept/Oct99:12 – 3.

Etheridge, D. M., L. P. Steele, R. L. Langenfelds, R. J. Francey, J.-M. Barnola and V. I. Morgan 1998 "Historical CO_2 records from the Law Dome DE08, DE08 – 2, and DSS ice cores." In *Trends: A Compendium of Data on Global Change.* Carbon Dioxide Information Analysis Center, Oak Ridge National Laboratory, US Department of Energy, Oak Ridge, Tennesee. http://cdiac.esd.ornl.gov/trends/co2/lawdome.html.

EU 1975 *Council Directive of 8 December 1975 concerning the Quality of Bathing Water.* 76/160/EEC. http://www.europa.eu.int/water/water-bathing/directiv.html.

1980 *Council Directive 80/778/EEC of 15 July 1980 relating to the Quality of Water Intended for Human Consumption.* http://europa.eu.int/eur-lex/en/lif/dat/1980/en_380L0778.html.

1983 *Acid Rain: A Review of the Phenomenon in the EEC and Europe.* London: Graham and Trotman.

1994a *15.10.20.30 – Monitoring of Atmospheric Pollution. Consolidated Legislation.* http://www.europa.eu.int/eur-lex/en/consleg/reg/en_register_15102030.html.

1994b *The European Renewable Energy Study: Prospects for Renewable Energy in the European Community and Eastern Europe up to 2010.* Main Report, Luxembourg: Office for Offical Publications of the European Communities.

2000a *1999 Annual Energy Review.* European Union DG 17. http://www.europa.eu.int/en/comm/dg17/aerhome.htm.

2000b *Bathing Water Quality: Annual Report, 1999 Bathing Season.* http://europa.eu.int/water/

water-bathing/report.html.

2000c *Communication from the Commission on the Precautionary Principle*. COM (2000) 1. 2/2/2000. http://europa.eu.int/comm/off/com/health_consumer/precaution_en.pdf.

2000d *Eurobarometer 52.1-The Europeans and Biotechnology*. http://europa.eu.int/comm/research/pdf/eurobarometer-en.pdf.

2000e *White Paper On Food Safety*. COM (1999) 719 final. http://europa.eu.int/comm/dgs/health_consumer/library/pub/pub06_en.pdf.

2001a *Genetics and the Future of Europe*. http://europa.eu.int/comm/research/quality-of-life/genetics/pdf/genetics_en.pdf.

2001b *Economic Impacts of Genetically Modified Crops on the Agri-Food Sector – a First Review*. http://europa.eu.int/comm/agriculture/publi/gmo/full_en.pdf.

Eurostat 1999 *Yearbook 1998/99: A Statistical Eye on Europe*. Luxemburg: Eurostat.

Evenson, Robert E. 1999 "Global and local implications of biotechnology and climate change for future food supplies." *Proceedings of the National Academy of Sciences* 96:5,921 – 8.

EVOSTC 1997 *Status Report 1997*. Exxon Valdez Oil Spill Trustee Council.

2000a *Exxon Valdez Oil Spill Trustee Council website*. http://www.oilspill.state.ak.us.

2000b *2000 Status Report*. Exxon Valdez Oil Spill Trustee Council. http://oilspill.state.ak.us/publications/2000AnRpt.pdf.

Ewen, Stanley W.B. and Arpad Pusztai 1999 "Effect of diets containing genetically modified potatoes expressing Galanthus nivalis lectin on rat small intestine." *Lancet* 354(9187):1,353 – 4.

Fairhead, James and Melissa Leach 1998 *Reframing Deforestation: Global Analysis and Local Realities: Studies in West Africa*. London: Routledge.

Falkenmark, Malin and Gunnar Lindh 1993 "Water and economic development." In Gleick 1993b:80 – 91.

Falmenmark, Malin and Jan Lundqvist 1997 "World freshwater problems – call for a new realism." Background document for CSD 1997. Stockholm: Stockholm Environment Institute.

Falkenmark, Malin and Carl Widstrand 1992 "Population and water resources: a delicate balance." *Population Bulletin* 47(3):2 – 36.

Faminow, Merle 1997 "The disappearing Amazon rainforest problem." *International Association of Agricultural Economists, Canadian Newsletter*. http://www.oac.uoguelph.ca/www/Agec/IAAE/Art_Faminow01.htm.

Fan, Shenggen and Mercedita Agcaoili-Sombilla 1997 *Why Do Projections on China's Future Food Supply and Demand Differ?* Environment and Production Technology Division discussion paper 22. International Food Policy Research Institute. http://www.cgiar.org/ifpri/divs/eptd/dp/dp22.htm.

Fankhauser, Samuel 1998 *Economic Estimates of Global Environment Facility*. Sustainable Development and Global Climate Change Conference. http://www.gcrio.org/USGCRP/sustain/fankhaus.html.

Fannin, Penny 2000 "Is the duck dangerous?" *The Age* 20 January. http://theage.com.au/news/20000120/A34128-2000Jan19.html.

FAO 1949-95 *FAO Production Yearbook*. Rome: Food and Agriculture Organization of the United Nations.

FAO 1995a *Forest Resources Assessment 1990*. Rome: Food and Agriculture Organization of the United Nations. Data from gopher://faov02.fao.org/00Gopher_root:[fao.worldfo.T34FF] T34FF.TXT (no longer available).

1995b *World Agriculture: Towards 2010. An FAO Study*. Nikos Alexandratos (ed.). Rome: Food and Agriculture Organization of the United Nations. Online version at http://www.fao.org/ docrep/v4200e/v4200e00.htm.

1996a *Food Supply Situation and Crop Prospects in Sub-Saharan Africa*. Africa report 2/96. http://www.fao.org/giews/english/eaf/eaf9605/af9605tm.htm.

1996b *The Sixth World Food Survey*. Rome: Food and Agriculture Organization of the United Nations.

1997a *Review of the State of World Fishery Resources: Marine Fisheries*. http://www.fao.org/ waicent/faoinfo/fishery/publ/circular/c920/c920-1.htm.

1997b *State of World Fisheries and Aquaculture:1996*. http://www.fao.org/waicent/faoinfo/ fishery/publ/sofia/sofiaef.htm.

1997c *State of The World's Forests 1997*. Rome: Food and Agriculture Organization of the United Nations. http://www.fao.org/montes/fo/sofo/SOFO97/97toc-e.stm.

1997d *Telefood Profiles: In Eritrea, 140 Farmers Lead the Way to a Future of Abundant Harvests*. http://www.fao.org/food/tf97/docs/eritre-e.pdf.

1997e *The State of Food and Agriculture*. Rome: Food and Agriculture Organization of the United Nations. Incl. disk database.

1999a *State of The World's Forests 1999*. Rome: Food and Agriculture Organization of the United Nations. http://www.fao.org/forestry/FO/SOFO/SOFO99/sofo99-e.stm.

1999b *The Forest Resources Assessment Programme*. http://www.fao.org/docrep/field/ 385901.htm.

1999c *The State of Food Insecurity in the World 1999*. Rome: Food and Agriculture Organization of the United Nations. http://www.fao.org/FOCUS/E/SOFI/home-e.htm.

2000a Database, accessed in 2000: http://apps.fao.org/.

2000b Fisheries update. http://www.fao.org/fi/statist/summtab/default.asp.

2000c *The State of Food Insecurity in the World 2000*. Rome: Food and Agriculture Organization of the United Nations. http://www.fao.org/news/2000/001002-e.htm

2000d *Agriculture: Towards 2015/30*. Technical Interim Report, April 2000. Rome: Food and Agriculture Organization of the United Nations. http://www.fao.org//es/esd/at2015/toc-e.htm.

2000e *Food Outlook*. November, No. 5. Global Information and Early Warning System on Food and Agriculture. Rome: Food and Agriculture Organization of the United Nations. http://www.fao.org/giews/english/fo/fotoc.htm.

2000f *The State of Food and Agriculture 2000*. Rome: Food and Agriculture Organization of the United Nations. http://www.fao.org/docrep/x4400e/x4400e00.htm.

2001a Database, accessed in 2001: http://www.apps.fao.org/.

2001b *The state of world fisheries and aquaculture 2000*. Rome: Food and Agriculture Organization of the United Nations. http://www.fao.org/docrep/003/x8002e/x8002e00.htm.

2001c *The Global Forest Resources Assessment 2000: Summary Report*. Food and Agriculture Organization of the United Nations. ftp://ftp.fao.org/unfao/bodies/cofo/cofo15/X9835e.pdf.

Farman, J. C., B. G. Gardiner and J. D. Shanklin 1985 "Large losses of total ozone in Antarctica reveal seasonal ClOx/NOx interaction." *Nature* 315:207 – 10. http://www.ciesin.org/docs/011 – 430/011 – 430.html.

Fearnside, Philip M. 1991 "Greenhouse gas contributions from deforestation in Brazilian Amazonia." In Levine 1991:92 – 105.

Fedorov, Alexey V. and S. George Philander 2000 "Is El Niño changing?" *Science* 288:1,97 – 2,002.

Feldman J. 1983 "Work ability of the aged under conditions of improving mortality." *Millbank Memorial Fund Quarterly/Health and Society* 61:430 – 44.

Fenger, Jes 1985 *Luftforurening – en introduktion*. [Air Pollution – an introduction.] Lyngby: Teknisk Forlag A/S.

Fenger, Jes and Jens Chr. Tjell (eds.) 1994 *Luftforurening*. [Air pollution.] Lyngby: Polyteknisk Forlag.

Feuer, Eric J., Ray M. Merrill and Benjamin F. Hankey 1999 "Cancer surveillance series: interpreting trends in prostate cancer – part II: cause of death misclassification and the recent rise and fall in prostate cancer mortality." *Journal of the National Cancer Institute* 91(12):1,025 – 32.

Feuer, Eric J., Lap-Ming Wun, Catherine C. Boring, W. Dana Flanders, Marilytl J. Timmel and Tolly Tong 1993 "The lifetime risk of developing breast cancer." *Journal of the National Cancer Institute* 85(11):892 – 7.

FHWA 1996 *Highway Statistics Summary to 1995*. Federal Highway Administration. http://www.fhwa.dot.gov/ohim/summary95/index.html.

1997 *Highway Statistics 1996*. Federal Highway Administration. http://www.fhwa.dot.gov/ohim/1996/index.html.

1998 *Highway Statistics 1997*. Federal Highway Administration. http://www.fhwa.dot.gov/ohim/hs97/hs97page.htm.

1999 *Highway Statistics 1998*. Federal Highway Administration. http://www.fhwa.dot.gov/ohim/hs98/hs98page.htm.

Finkel, Adam M. 1996 "Comparing risks thoughtfully." *Risk: Health, Safety and Environment* 7:325. http://www.fple.edu/RISK/vol7/fall/finkel.htm.

Finkel, Adam M. and Dominic Golding 1994 *Worst Things First? The Debate over Risk-Based National Envionmental Priorities*. Washington, DC: Resources for the Future.

Fisch, Harry, H. Andrews, J. Hendriks, E. T. Gouboff, J. H. Olson and C. A. Olsson 1997 "The relationship of sperm counts to birth rates: a population based study." *Journal of Urology* 157:840 – 3.

Fisch, Harry and Erik T. Goluboff 1996 "Geographic variations in sperm counts: a potential cause of bias in studies of semen quality." *Fertility and Sterility* 65(5):1,044 – 6.

Fisch, Harry, Erik T. Goluboff, John H. Olson, Joseph Feldshuh, Stephen J. Broder and David H. Barad 1996 "Semen analyses in 1,283 men from the United States over a 25-year period: no decline in quality." *Fertility and Sterility* 65(5):1,009 – 14.

Fischhoff, Baruch, Paul Slovic and Sarah Lichtenstein 1979 "Which risks are acceptable?" *Environment* 21(4):17 – 38.

Flora, Peter, Franz Pfenning Kraus and Jens Winfried Alber 1983 *State, Economy, and Society in Western Europe 1815 – 1975. 1: The Growth of Mass Democracies and Welfare States.* Frankfurt: Campus Verlag.

1987 *State, Economy, and Society in Western Europe 1815 – 1975. 2: The Growth of Industrial Societies and capitalist Economies.* Frankfurt: Campus Verlag.

Floud, Roderick and Bernard Harris 1996 *Health, Height and Welfare: Britain 1700 – 1980.* NBER Working Paper H0087. http://papers.nber.org/papers/h0087.

Fog, Kåre 1999 "Hvor mange arter uddør der." [How many species go extinct.] Schroll *et al.* 1999: 119 – 42.

Fogel, Robert William 1989 *Second Thoughts on the European Escape from Hunger: Famines, Price Elasticities, Entitlements, Chronic Malnutrition and Mortality Rates.* NBER Working Paper 1 on Historical Factors in Long Run Growth. http://www.nber.org/papers/h0001.pdf.

1995 "The contribution of improved nutrition to the decline in mortality rates in Europe and America." In Simon 1995b:61 – 71.

Ford, Earl S., Alison E. Kelly, Steven M. Teutsch, Stephen B. Thacker and Paul L. Garbe 1999 "Radon and lung cancer: a cost-effectiveness analysis." *American Journal of Public Health* 89(3):351 – 7.

Forslund, Janne 1994 *Prices of Drinking Water: The Choice between "Growing" Water and Treating Water.* Revised version of a background paper for EC Conference on Drinking Water, Brussels, 23 – 24 September 1993, DK EPA.

FotE 2001 "What's wrong with genetic modification?" Friends of the Earth, http://www.foe.co.uk/campaigns/food_and_biot echnology/gm_food.

Fouquet, Roger and Peter J. G. Pearson 1998 "A thousand years of energy use in the United Kingdom." *Energy Jouranl* 19(4):1 – 42.

Frankel, Jeffrey A. 1997 *Determinants of Long Term Growth.* Background Paper for the Morning Session of the Meeting of the Asia-Pacific Economic Cooperation of Economic Advisers, Vancouver, Canada. Published as "Why economies grow the way they do." *Canadian Business Economics*, Spring/Summer 1998. http://www.ksg.harvard.edu/fs/jfrankel/Apecgrow.pdf.

Fraser, Gary E. and David Shavlik 1997 "Risk factors, lifetime risk, and age at onset of breast cancer." *Annals of Epidemiology* 7(6):375 – 82.

Fraser, S. A. Barsotti and D. Rogich 1988 "Sorting out material issues." *Resources Policy*, March:3 – 20.

Frazão, Elizabeth (ed.) 1999 *America's Eating Habits: Changes and Consequences*. Food and Rural Economics Division, Economic Research Service, US Department of Agriculture. Agriculture Information Bulletin No. 750 (AIB-750). http://www.econ.ag.gov/epubs/pdf/aib750/.

Freivalds, John and Daryl Natz 1999 "Overcoming phood phobia." *Communication World* 16(6): 26 – 8.

Freme F. L. and B. D. Hong 2000 *U.S. Coal Supply and Demand: 1999 Review*. U.S. Energy Information Administration. http://www.eia.doe.gov/cneaf/coal/cia/99_special/coal99.pdf

Friedeman, Thomas L. 2000 "Brave New World." *New York Times* September 22, pA27.

Fries, J. F. 1980 "Aging, natural death, and the compression of morbidity." *New England Journal of Medicine*. 303:130 – 5.

1988 "Aging, illness and health policy: implications of the compression of morbidity." *Perspectives of Biological Medicine* 31:407 – 28.

2000 "Compression of morbidity in the elderly." *Vaccine* 18(16):1,584.

Friis-Christensen, Eigil 1993 "Solar activity variations and global temperature." *Energy* 18(12):1, 273 – 84.

Friis-Christensen, E. and K. Lassen 1991 "Length of the solar cycle: an indicator of solar activity closely associated with climate." *Science* 254:698 – 700.

Frink, Charles R., Paul E. Waggoner and Jesse H. Ausubel 1999 "Nitrogen fertilizer: retrospect and prospect." *Proceedings of the National Academy of Science*. 96:1,175 – 80. http://www.pnas.org.

Fuller, Theodore D., John N. Edwards, Sairudee Vorakitphokatorn and Santhat Sermsri 1996 "Chronic stress and psychological well-being: evidence from Thailand on household crowding." *Social Science and Medicine* 42(2):265 – 80.

Fullerton, Don and Gilbert E. Metcalf 1997 *Environmental Taxes and the Double-Dividend Hypothesis: Did You Really Expect Something for Nothing?* NBER Working Paper 6,199. http://papers.nber.org/papers/W6199.

Fullerton Jn., Howard N. 1999 "Labor force participation: 75 years of change, 1950 – 98 and 1998 – 2025." *Monthly Labor Review*. 122(12):2 – 12. http://www.bls.gov/opub/mlr/1999/12/art1full.pdf.

Gade, Steen 1997 "Pesticidfrit Danmark, ja tak." [Pesticide-free Denmark, yes please.] Editorial in *Folkesocialisten*, May 1997. http://www1.hotlips.sf.dk/Alt/Avisartikler/%2326390.

Gaffen, D. and R. Ross 1998 "Increased summertime heat stress in the U.S." *Nature* 396:529 – 30.

Gaffen, D. J., B. D. Santer, J. S. Boyle, J. R. Christy, N. E. Graham and R. J. Ross 2000 "Multidecadal changes in the vertical temperature structure of the tropical troposphere." *Science* 287(5456):1,242 – 5.

Gallagher, Sally K. and Randall G. Stokes 1996 "Economic disarticulation and fertility in less developed nations." *Sociological Quarterly* 37(2):227 – 44.

Gallia, Katherine and Susanne Althoff 1999 "Real men eat organic." *Natural Health* 29(4):31.

Gallup 2000a "Environment." *Gallup Poll Topics: A – Z*. http://www.gallup.com/poll/indicators/indenvironment.asp.

Gallup 2000b "Most important problem." *Gallup Poll Topics: A – Z.* http://www.gallup.com/poll/indicators/indmip.asp.

Gardner-Outlaw, Tom and Robert Engelman 1997 *Sustaining Water, Easing Scarcity: A Second Update.* Revised Data for the Population Action International Report 1993: *Sustaining Water: Population and the Future of Renewable Water Supplies.* Population Action International. http://www.populationaction.org/why_pop/water/water-toc.htm and http://www.populationaction.org/why_pop/water/water97.pdf.

Garvin, Theresa and John Eyles 1997 "The sun safety metanarrative: translating science into public health discourse." *Policy Sciences* 30(2):47 – 70.

Gaskins, Darius W. Jn. and John P. Weyant 1993 "Model comparisons of the costs of reducing CO_2 emissions." *American Economic Review Papers and Proceedings* 83(2):318 – 23. http://sedac.ciesin.org/mva/EMF/GW1993.html.

Gatto, Marino and Giulio A. De Leon 2000 "Pricing biodiversity and ecosystem services: the never-ending story." *BioScience* 50(4):347 – 55.

Geertz, Armin W. 1992 "Høvding Seattle: nutidens håb, urtidens profet?" [Chief Seattle: the future now, prophet earlier?] *Religion* 3:6 – 19.

Gemmel, D. 1995 "Association of housing age and condition with blood lead levels." In *Proceedings of the 25th Public Health Conference on Records and Statistics.* http://www.cdc.gov/nceh/ lead/research/pub.htm.

Gentry, A. H. 1986 "Endemism in tropical versus temperate plant communities." In M. E. Soule (ed.), *Conservation Biology*, Sunderland, MA: Sinauer Associates, pp. 153 – 81.

GESAMP 1990 *The State of the Marine Environment.* IMO/FAO/UNESCO/WMO/WHO/ IAEA/ UN/UNEP Joint Group of Experts on the Scientific Aspects of Marine Pollution. Oxford: Blackwell Scientific Publications.

GEUS 1997a *Grundvandsovervågning 1997* [Ground-water surveillance 1997]. Danmarks og Grønlands Geologiske Undersøgelse. Copenhagen: Miljø-og Energiministeriet.

1997b "Vandressourcer: Ferskvand! Det 21. århundredes hovedproblem?" [Water resources: fresh water! The main problem of the twenty-first century.] *Geologi: Nyt fra GEUS.* Danmarks og Grønlands Geologiske Undersøgelse, en forsknings-og rådgivningsinstitution i Miljø-og Energiministeriet 2, October 1997. http://www.geus.dk/publications/geo-nyt-geus/gi97 – 2.htm.

Giddens, Anthony 1991 *Modernity and Self-Identity.* Cambridge: Polity Press.

Gifford, Robert 2000 "Why we're destroying the Earth." *Psychology Today* 33(2):68 – 9.

Gillespie, Mark 1999 "U.S. public worries about toxic waste, air and water pollution as key environmental threats." *Gallup Poll Releases*, 25 March 1999. http://www.gallup.com/poll/ releases/pr990325.asp.

Gillfillan, Edward S. 1995 *Impacts of Human Activities on Marine Ecosystems.* Bowdoin College. http://www.bowdoin.edu/dept/es/200/guide/.

Gillman, Matthew W. 1996 "Enjoy your fruits and vegetables." *British Medical Journal* 313:765 – 6.

Ginsburg, J. and P. Hardiman 1992 "Decreasing quality of semen." *British Medical Journal* 305:1,229.

Ginsburg, J., S. Okolo, G. Prelevis and P. Hardiman 1994 "Residence in the London area and sperm density." *The Lancet* 343:230.

Glantz, Michael H., Amara Tandy Brook and Patricia Parisi 1997 *Rates and Processes of Amazon Deforestation*. Environmental and Societal Impacts Group/NCAR. http://www.pik-potsdam.de/mirror/bahc/lba/rates/rates.html.

Glasgow Media Group 1976 *Bad News*. London: Routledge and Kegan Paul.

1980 *More Bad News*. London: Routledge and Kegan Paul.

Gleick, Peter H. 1993a "Water and conflict: fresh water resources and international security." *International Security* 18(1):79 – 112.

1993b *Water in Crisis: A Guide to the World's Fresh Water Resources*. New York: Oxford University Press.

1998a *The World's Water 1998 – 1999. The Biennial Report on Freshwater Resources*. Washington, DC: Island Press.

1998b "The world's water." *Issues in Science and Technology* 14(4):80 – 2.

1999a "The human right to water." *Water Policy* 5(1):487 – 503. Download workingpaper from http://www.pacinst.org/gleickrw.pdf.

1999b "Water futures: a review of global water resources projections." Study for WWC 2000: *World Water Vision*. http://www.watervision.org/clients/wv/water.nsf/WebAdmin/wUnderConstruction/$file/GlobalWaterResourcesProjections.pdf.

Global Financial Data 2000 *Metal and Commodity Price Data*. http://www.globalfindata.com/freecom.htm.

Goeller, H. E. and Alvin M. Weinberg 1976 "The age of substitutability: what do we do when the mercury runs out?" *Science* 191:683 – 9.

Goeller, H. E. and A. Zucker 1984 "Infinite resources: the ultimate strategy" *Science* 223:456 – 62.

Goklany, Indur M. 1998 "Saving habitat and conserving biodiversity on a crowded planet." *BioScience* 48(11):941 – 52.

Gold, Lois Swirsky, Thomas H. Slone, Bonnie R. Stern, Neela B. Manley and Bruce N. Ames 1992 "Rodent carcinogens: setting priorities." *Science* 258:261 – 5.

Golddammer, Johann Georg 1991 "Tropical wild-land fires and global changes: prehistoric evidence, present fire regimes, and future trends." In Levine 1991:83 – 91.

Golden, Frederic 2000 "A century of heroes." *Time* 155(17):54 – 7.

Golden, Robert J., Kenneth L. Noller, Linda Titus-Ernstoff, Raymond H. Kaufman, Robert Mittendorf, Roberts Stillman and Elizabeth A. Reese 1998 "Environmental endocrine modulators and human health: an assessment of the biological evidence." *Critical Reviews in Toxicology* 28(2):109 – 226.

Gonick, Larry and Alice Outwater 1996 *The Cartoon Guide to the Environment*. New York: HarperPerennial.

Goodstein, Eban 1995 "Benefit-cost analysis at the EPA." *Journal of Socio-Economics* 24(2):375 – 89.

Goolsby, Donald A., William A. Battaglin, Gregory B. Lawrence, Richard S. Artz, Brent T. Aulenbach, Richard P. Hooper, Dennis R. Keeney and Gary J. Stensland 1999 *Gulf of*

Mexico Hypoxia Assessment: Topic #3. Flux and Sources of Nutrients in the Mississippi-Atchafalaya River Basin. Hypoxia Work Group, White House Office of Science and Technology Policy, Committee on Environment and Natural Resources for the EPA Mississippi River/Gulf of Mexico Watershed Nutrient Task Force. NOAA Coastal Ocean Program. http://www.nos.noaa.gov/products/pubs_hypox.html.

Gore, Al 1992 *Earth in the Balance: Ecology and the Human Spirit*. Boston, MA: Houghton Mifflin.

Gorman, Christine 1998 "El Niño's (achoo!) allergies." *Time* 151(11):73.

Goudie, Andrew 1993 *The Human Impact on the Natural Environment*. Oxford: Blackwell.

Gough, Michael 1989 "Estimating cancer mortality: epidemiological and toxicological methods produce similar assessments." *Environmental Science and Technology* 23(8):925 – 30.

Goulder. Lawrence H., Ian W. H. Perry, Roberton C. Williams III and Dallas Burtraw 1998 *The cost-effectiveness of alternative insturments for environmental protection in a second-best setting*. Resources For the Future, Discussion Paper 98 – 22.

Graham, John D. 1995 "Comparing opportunities to reduce health risks: toxin control, medicine, and injury prevention." *NCPA Policy Report* 192. http://www.ncpa.org/studies/s192/s192.html.

Graham, John D. and Jonathan Baert Wiener 1997a "Confronting risk tradeoffs." In Graham and Wiener 1997b:1 – 41.

Graham, John D. and Jonathan Baert Wiener (eds.) 1997b *Risk vs. Risk: Tradeoffs in Proctecting Health and the Environment*. Cambridge, MA: Harvard University Press.

Grandjean, Philippe 1998 *Farlig Forurening*. [Dangerous pollution.] Copenhagen: Nyt Nordisk Forlag Arnold Busck.

Graney, J. R., A. N. Halliday, G. J. Keeler, J. O. Nriagu, J. A. Robbins and S. A. Norton 1995 "Isotopic record of lead pollution in lake sediments from the northeastern United States." *Geochimica et Cosmochimica Acta* 59(9):1,715 – 28.

Grassl, Hartmut 2000 "Status and improvements of coupled general circulation models." *Science* 288:1,991 – 7.

Gray, George M. and John D. Graham 1997 "Regulating pesticides." In Graham and Wiener 1997b:173 – 92.

Gray, George M. and James K. Hammitt 2000 "Risk/risk tradeoffs in pesticide regulation: an exploratory analysis of the public health effects of a ban on organophosphate and carbamate pesticides." Forthcoming in *Risk Analysis*.

Gray, Vincent 1998 "The IPCC future projections: are they plausible?" *Climate Research* 10:155 – 62.

Greaves, Emma and Martin Stanisstreet 1993 "Children's ideas about rainforests." *Journal of Biological Education* 27(3):189 – 94.

Greene, David L. 1997 "Economic scarcity." *Harvard International Review* 19(3):16 – 21.

Greene, Gayle and Vicki Ratner 1994 "A toxic link to breast cancer?" *Nation* 258(24):866 – 9.

Greenland, D. J. and I. Szabolcs 1994 *Soil Resilience and Sustainable Land Use*. Wallingford, UK: CAB International.

Greenpeace 1992 *The Environmental Legacy of the Gulf War*. A Greenpeace Report. http://www.greenpeace.org/gopher/campaigns/military/1992/gulfwar3.txt.

1996 *Perils Amid Promises of Genetically Modified Foods*. Dr. Mae-Wan Ho on behalf of Greenpeace International. http://www.greenpeace.org/~geneng/reports/food/food002.htm

1999 *True Cost of Food*. True Food Campaign, Greenpeace, and the Soil Association. http://www.greenpeace.org.uk/Multimedia/Live/FullReport/1141.pdf.

2000 *Greenpeace's International Campaign to Save the Climate*. http://www.greenpeace.org/~climate/.

2001a *Greenpeace MTV spot "Frankenfood."* http://www.tappedintogreenpeace.org/ram/react-apple.ram.

2001b "GE rice is fool's gold." *Press Release* 9 February 2001. http://www.greenpeace.org/%7Egeneng/highlights/food/goldenrice.htm.

Greider, William 2000 "Oil on Political Waters." *Nation*, 10/23/2000 271(12):5 – 6.

Griffith, Ted 1998 "All downhill." *Boston Business Journal* 18(3):1 – 2.

Grigg, David 1993 *The World Food Problem 1950 – 1980*. Oxford: Basil Blackwell.

Grisanzio, James A. 1993 "Exxon Valdez: the oil remains." *Animals* 126(6):33.

Groisman, Pavel Ya., Thomas R. Karl, David R. Easterling, Richard W. Knight, Paul F. Jamason, Kevin J. Hennessy, Ramasamy Suppiah, Cher M. Page, Joanna Wibig, Krzysztof Foruniak, Vyacheslav N. Razuvaev, Arthur Douglas, Eirik Førland and Pan-Mao Zhai 1999 "Changes in the probability of heavy precipitation: important indicators of climatic change." *Climatic Change* 42(1):243 – 83.

Grossman, Gene M. and Alan B. Krueger 1995 "Economic growth and the environment." *Quarterly Journal of Economics* 110(2):353 – 77.

Grove, Richard H. 1998 "Global impact of the 1789 – 93 El Niño." *Nature* 393:318 – 19.

Grubler, Arnulf, Michael Jefferson and Nebojsa Nakicenovic 1996 "Global energy perspectives: a summary of the joint study by the International Institute for Applied Systems Analysis and World Energy Council." *Technological Forecasting and Social Change* 51(3):237 – 64.

Gruenberg, E. M. 1977 "The failures of success." *Millbank Memorial Fund Quarterly/Health and Society* 55:3 – 24.

Gruza, G., E. Rankova, V. Razuvaev and O. Bulygina 1999 "Indicators of climate change for the Russian Federation." *Climatic Change* 42(1):219 – 42.

GSS 2000 *US General Social Survey 1972 – 1996*. Online access to the Cumulative Datafile. http://csa.berkeley.edu:7502/cgi-bin12/hsda?harcsda+gss96.

2001 *US General Social Survey 1972 – 1996*. Online access to the Cumulative Datafile. http://www.icpsr.umich.edu/GSS.

Gundersen, Per, J. Bo Larsen, Lars Bo Pedersen and Karsten Raulund Rasmussen 1998 "Syreregn er ikke en myte: det er et kompliceret miljø-og formidlingsproblem." [Acid rain is not a myth: it is a complicated environmental and communication problem.] Unpublished paper, partially published in *Jyllands-Posten*, 3 February 1998.

Gusbin, Dominique, Ger Klaassen and Nikos Kouvaritakis 1999 "Costs of a ceiling on Kyoto flexibility." *Energy Policy* 27(14):833 – 44.

Guttes, S., K. Failing, K. Neumann, J. Kleinstein, S. Georgii and H. Brunn 1998 "Chlorogenic pesticides and polychlorinated biphenyls in breast tissue of women with benign and malignant breast disease." *Archives of Environmental Contamination and Toxicology* 35:140 – 7.

Guynup, Sharon 1999 "Killer Corn." *Science World* 56(2):4.

Gwynne, Peter 1975 "The cooling world." *Newsweek* 28 April 1975, p. 64.

Haddad, Lawrence, Marie T. Ruel and James L. Garrett 1999 *Are Urban Poverty and Undernutrition Growing? Some Newly Assembled Evidence*. Discussion Paper 63. International Food Policy Research Institute, Food Consumption and Nutrition Division. http://www.cgiar.org/ifpri/divs/fcnd/dp/dp63.htm.

Hahn, Robert W. 1996a "Regulatory reform: what do the government's numbers tell us?" In Hahn 1996b:208 – 53.

Hahn, Robert W. (ed.) 1996b *Risks, Costs, and Lives Saved: Getting Better Results form Regulation.* New York: Oxford University Press.

Haines, Michael R. 1995 "Disease and health through the ages." In Simon 1995b:51 – 60.

Hall, Alex and Syukuro Manabe 1999 "The role of water vapor feedback in unperturbed climate variability and global warming." *Journal of Climate* 12(8):2,327 – 46.

Halsnæs, Kirsten, Henrik Meyer, Peter Stephensen and Lene Sørensen 1995 *Nordens intersesser i principper for internationale drivhusgasaftaler.* [The Nordic interest in the principles for international Greenhouse Gas Agreements.] Risø-R-794(DA). Roskilde: Forskningscenter Risø.

Hamaide, Bertrand and John J. Boland 2000 "Benefits, Costs, and Cooperation in Greenhouse Gas Abatement." *Climatic Change* 47(3):239 – 58

Hammel, E. A. 1998 *History of Human Population.* http://demog.berkeley.edu/~gene/193/lectures/hpophist.htm (no longer available).

Hankey, Benjamin F., Eric J. Feuer, Limin X. Clegg, Richard B. Hayes, Julie M. Legler, Phillip C. Prorok, Lynn A. Ries, Ray M. Merrill and Richard S. Kaplan 1999 "Cancer surveillance series: interpreting trends in prostate cancer – part I: evidence of the effects of screening in recent prostate cancer incidence, mortality, and survival rates." *Journal of the National Cancer Institute* 91(12):1,017 – 24.

Hanley, Nick and Rick Slark 1994 "Cost-benefit analysis of paper recycling: a case study and some general points." *Journal of Environmental Planning and Management* 37(2):189 – 97.

Hanbury-Tenison, Robin 1992 "Tribal peoples: honouring wisdom." In Porritt 1992:137 – 41.

Hansen, James and Makiko Sato 2000 *Data for Well-Mixed Anthropogenic Greenhouse Gases.* http://www.giss.nasa.gov/data/si99/ghgases/.

Hansen, J., M. Sato and R. Ruedy 1995 "Long-term changes of the diurnal temperature cycle – implications about mechanisms of global climate-change." *Atmospheric Research* 37(1 – 3):175 – 209.

1997 "Radiative forcing and climate response." *Journal of Geophysical Research-Atmospheres.* 102(D6):6,831 – 64.

Hansen, James E., Makiko Sato, Andrew Lacis, Reto Ruedy, Ina Tegen and Elain Matthews 1998 "Climate forcings in the industrial era." *Proceedings of the National Academy of Sciences* 95:12,753 – 8. http://www.pnasp.org.

Hansen, James, Makiko Sato, Reto Ruedy, Andrew Lacis and Valdar Oinas 2000a "Global warming in the twenty-first century: An alternative scenario." *Proceedings of the National Academy of Sciences* 97(18):9,875 – 80. http://www.pnas.org.

Hansen, James, Helene Wilson, Makiko Sato, Reto Ruedy, Kathy Shah and Erik Hansen 1995 "Satellite and surface temperature data at odds?" *Climatic Change* 30:103 – 17.

Hansen, Jesse, Laura C. and John.J. Obrycki 2000b "Field deposition of Bt transgenic corn pollen: lethal effects on the monarch butterfly." *Oecologia*. http://ecophys.biology.utah.edu/oecologia.html.

Hansen, Larry G. and Frederick S. vom Saal 1998 "Organochlorine residues and breast cancer." *New England Journal of Medicine* 338:14. http://www.nejm.org/content/1998/0338/0014/0988.asp.

Hardin, Garret 1968 "The tragedy of the commons." *Science* 162:1,243 – 8.

Hargreaves, David, Monica Eden-Green and Joan Devaney 1994 *World Index of Resources and Population*. Aldershot, UK: Dartmouth.

Hartill, Lane 1998 "Cold fusion." *Christian Science Monitor* 90(211):9.

Harvey, L. D. Danny 2000 "Constraining the Aerosol Radiative Forcing and Climate Sensitivity." *Climatic Change* 44:413 – 8.

Hasek, Glen 2000 "Powering the future." *Industry Week* 249(9):45 – 8.

Haskins, Jack B. 1981 "The trouble with bad news." *Newspaper Research Journal* 2(2):3 – 16.

Haslebo, Gitte 1982 *Fordeling af tid og arbejde i velfærdsstaten*. [Distribution of time and work in the Welfare State.] Copenhagen: Miljøministeriet, Planstyrelsen.

Hausman, Jerry 1999 "Cellular telephone, new products and the CPI." *Journal of Business and Economic Statistics* 17(2):188 – 94. Previous version as National Bureau of Economic Research, Working Paper no. W5982.

Hausman, William J. 1995 "Long-term trends in energy prices." In Simon 1995b:280 – 6.

Hawkes, Nigel 2001: "Global warming 'will be twice as bad'". The Times.com. January 22nd 2001. http://www.thetimes.co.uk/article/0,,2-71643,00.html.

Hayes, Richard B. 2000 *Risk Factors: Prostate*. National Institutes of Helath, National Cancer Institute. http://rex.nci.nih.gov/NCI_Pub_Interface/raterisk/risks185.html.

Heath, Clark W. 1997 "Pesticides and cancer risk." *Cancer* 80:1,887 – 8.

Hedges, Stephen J. 1993 "The cost of cleaning up." *U.S. News and World Report* 115(9):26 – 9.

Heij, G. J. and J. W. Erisman (eds.) 1995 *Acid Rain Research: Do We Have Enough Answers?* Amsterdam: Elsevier.

Heilig, Gerhard K. 1996 *World Population Prospects: Analyzing the 1996 UN Population Projections*. Working Paper WP-96-146 IIASA-LUC. http://www.iiasa.ac.at/Research/LUC/Papers/gkh1/index.html.

1999 *Can China Feed Itself? A System for Evaluation of Policy Options*. Online version at International Institute of Applied Systems Analysis, http://www.iiasa.ac.at/Research/LUC/ChinaFood/.

Heino, R., R. Brázdil, E. Førland, H. Tuomenvirta, H. Alexandersson, M. Beniston, C. Pfister, M. Rebetez, G. Rosenhagen, S. Rösner and J. Wibig 1999 "Progress in the study of climatic extremes in Northern and Central Europe." *Climatic Change* 42(1):183 – 202.

Heinrichs, E. A. 1998 *Management of Rice Insect Pests*. Department of Entomology, University of Nebraska. http://ipmworld.umn.edu/chapters/heinrich.htm.

Henao, Julio and Carlos Baanante 1999 "Nutrient depletion in the agricultural soils of Africa." *2020 Vision Brief 62*. http://www.cgiar.org/ifpri/2020/briefs/number62.htm.

Henderson, C. W. 2000 "Death by global warming? Climate change, pollution, and malnutrition." *World Disease Weekly* 12 March 2000, pp. 13 – 14. Can be read at http://www.news.cornell.edu/releases/Feb00/AAAS.Pimentel.hrs.html (uncredited).

Henderson-Sellers, A., H. Zhang, G. Berz, K. Emanuel, W. Gray, C. Landsea, G. Holland, J. Lighthill, S.-L. Shieh, P. Webster and K. McGuffie 1998 "Tropical cyclones and global climate change: a post-IPCC assessment." *Bulletin of the American Meteorological Society* 79(1):19 – 38. http://ams.allenpress.com/.

Hennessy, Terry 2000 "Produce in progress." *Progressive Grocer* 79(12):69 – 72.

Herman, Arthur, 1997 *The Idea of Decline in Western History*. New York: The Free Press.

Herman, shelby W. 2000 "Fixed assets and consumer durable goods." *Survey of Current Business* 2000(4):17 – 30. Bureau of Economic Analysis. http://www.bea.doc.gov/bea/pub/0400cont.htm.

Hertsgaard, Mark 2000 "A global green deal." *Time* 155(17):84 – 5.

Herzog, Howard, Baldur Eliasson and Olav Kaarstad 2000 "Capturing greenhouse gases." *Scientific American* 282(2):72 – 9.

Hesselberg, Robert J. and John E. Gannon 1995 "Contaminant trends in Great Lakes fish." In NBS 1995:242 – 4.

Heston, Alan and Robert Summers 1996 "International price and quantity comparisons: potentials and pitfalls." *AEA Papers and Proceedings* 86(2):20 – 4.

Heywood, V. H. and S. N. Stuart 1992 "Species extinctions in tropical forests." In Whitmore and Sayer 1992:91 – 118.

HHS 1997 *Health, United States, 1996 – 97 and Injury Chartbook*. US Human Health Service, Warner M. Fingerhut (ed.). Hyattsville, MD: National Center for Health Statistics. http://www.cdc.gov/nchswww/releases/97news/97news/hus96rel.htm.

Hilbert, Gudrun, Tommy Cederberg and Arne Büchert 1996 "Time Trend Studies of Chlorinated Pesticides, PCBs and Dioxins in Danish Human Milk." *Organohalogen Compounds* 30:123 – 6.

Hileman, Bette 1999 "Case Grows for Climate Change: New evidence leads to increasing concern that human-induced global warming from CO_2 emissions is already here." *Chemical and Engineering News* 77(32):16 – 23.

Hill, Kenneth 1995 "The decline of childhood mortality." In Simon 1995b:37 – 50.

Hille, John 1995 *Sustainable Norway: Probing the Limits and Equity of Environmental Space*. Oslo: The Project for an Alternative Future.

HLU1997 *Luftkvalitet i Hovedstadsregionen 1996*. [Air quality in the capital region 1996.] Hovedstadens Luftovervågningsenhed.

HM Treasury 2000 *Pocket Data Bank UK Tables*. http://www.hm-treasury.gov.uk/e_info/overview/

pdb160600.pdf.

2001 *Pocket Data Bank*. http://www.hm-treasury.gov.uk/e_info/overview/pdb300101.pdf.

Hoagland, William 1995 "Solar energy." *Scientific American* 273(3):170 – 3.

Hoffert, M. I., K. Caldeira, A. K. Jain, E. F. Haites, L. D. D. Harvey, S. D. Potter, M. E. Schlesinger, S. H. Schneider, R. G. Watts, T. M. L. Wigley and D. J. Wuebbles 1998 "Energy implications of future stabilization of atmospheric CO_2 content." *Nature* 395(6,705):881 – 4.

Hohmeyer, Olav 1993 "Renewables and the full costs of energy." Seminar on *External Effects in the Utilisation of Renewable Energy*. Risø National Laboratory, pp. 31 – 41.

Hoisington, David, Mireille Khairallah, Timothy Reeves, Jean-Marcel Ribaut, Bent Skovmand, Suketoshi Taba and Marilyn Warburton 1999 "Plant genetic resources: What can they contribute toward increased crop productivity?" *Proceedings of the National Academy of Sciences* 96:5,937 – 43.

Hoke, F. 1991 "Valdez cleanup a washout." *Environment* 33(5):24.

Holden, Constance 1974 "Scientists talk of the need for conservation and an ethic of biotic diversity to slow species extinction." *Science* 184:646 – 7.

1990 "Spilled oil looks worse on TV." *Science* 250:371.

Holdgate, Martin W. 1992 "Foreword." In Whitmore and Sayer 1992:xv – xix.

Holen, Arlene 1995 "The history of accident rates in the United States." In Simon 1995b:98 – 105.

Holgate, Stephen T. 1997 "The cellular and mediator basis of asthma in relation to natural history." *The Lancet*, supplement *Asthma* 350:5 – 9.

Holloway, Marguerite 1996 "Sounding out science: Prince William Sound is recovering, seven years after the Exxon Valdez disaster, but the spill's scientific legacy remains a mess." *Scientific American* 275(4)82 – 8.

Holmes, Robert 2000 "The obesity bug." *New Scientist* 167:2,250:26 – 31.

Høst, Arne 1997 "Development of atopy in childhood." *Allergy* 52:695 – 7.

Houghton, R. A. and David L. Skole 1990 "Carbon." In Turner *et al.* 1990:393 – 408.

House of Commons 1999 *Science and Technology – First Report*. http://www.parliament.the-stationery-office.co.uk/pa/cm199899/cmselect/cmsctech/286/28602.htm.

House of Lords 1998 *European Communities – Second Report*. http://www.parliament.the-stationery-office.co.uk/pa/ld199899/ldselect/ldeucom/11/8121501/.htm.

Høyer, Annette Pernille, Phillippe Grandjean, Torben Jørgensen, John W. Brock and Helle Bøggild Hartvig 1998 "Organochlorine exposure and risk of breast cancer." *The Lancet* 352:1,816 – 20.

HSDB 2000 *Hazardous Substances Data Bank*. http://toxnet.nlm.nih.gov/cgi-bin/sis/htmlgen?HSDB.

Hu, Zuliu and Mohsin S. Khan 1997 *Why Is China Growing So Fast?* IMF Economic Issues 8. http://www.imf.org/external/pubs/ft/issues8/issue8.pdf.

Huang, S., H. N. Pollack and P. Y. Shen 2000 "Temperature trends over the past five centuries reconstructed from borehole temperatures." *Nature* 403:756 – 8.

Hudson, Eric 2000 *Recycling Is Your Business*. http://www.recycline.com/recissue.html.

Hulka, Barbara S. and Azadeh T. Stark 1995 "Breast cancer: cause and prevention." *The Lancet*

346:883 – 7.

Hulten, Charles R. 1997 "Comment [on Nordhaus 1997a]." In Bresnahan and Gordon 1997:66 – 70.

Hume, David 1739, 1740 *A Treatise of Human Nature*. L. A. Selby-Bigge and P. H. Nidditch (eds.). Oxford: Oxford University Press.

1754 "Of the populousness of ancient nations." In David Hume, *Essays: Moral, Political and Literary*, 1985. Indianapolis: Liberty Classics.

Hunt, Morton 1974 *Sexual Behavior in the 1970s*. Chicago: Playboy Press.

Hunter, David J., Susan E. Hankinson, Francine Laden, Graham A. Colditz, JoAnn E. Manson, Walter C. Willett, Frank E. Speizer and Mary S. Wolff 1997 "Plasma organochlorine levels and the risk of breast cancer." *New England Journal of Medicine* 337(18):1,253 – 8.

Hunter, David J. and Karl T. Kelsey 1993 "Pesticide residues and breast cancer: the harvest of a silent spring?" *Journal of the National Cancer Institute* 85(8):598 – 9.

Hurrell, J. W. and K. E. Trenberth 1997 "Spurious trends in satellite MSU temperatures from merging different satellite records." *Nature* 386:164 – 7.

HWG 1998 *Gulf of Mexico Hypoxia Assessment Plan*. Hypoxia Work Group and Committee on Environment and Natural Resources, for the Mississippi River/Gulf of Mexico Watershed Nutrient Task Force. http://www.cop.noaa.gov/HypoxiaPlan.html.

1999 *Integrated Assessment of Hypoxia in the Northern Gulf of Mexico. Draft for Public Comment*. Hypoxia Work Group, White House Office of Science and Technology Policy, Committee on Environment and Natural Resources for the EPA Mississippi River/Gulf of Mexico Watershed Nutrient Task Force. NOAA Coastal Ocean Program. http://www.nos.noaa.gov/ products/pubs_hypox.html.

IEA 1999 *Energy Balances of Non-OECD Countries, 1996 – 1997*. Paris: OECD/International Energy Agency.

IEA/OECD 1996 "Integrating PV Modules with Building Materials." *CADDET Renewable Energy* September. http://www.caddet-re.org/html/septart3.htm

IEA/OECD 1998 "Large-scale Photovoltaic-integrated Roof at a Visitor Centre." CADDET Centre for Renewable Energy Technical Brochure No.71. http://www.caddet-re.org/assets/no71.pdf.

IFA 2000 *Fertilizer Statistical Database*. International Fertilizer Industry Association. http://www.fertilizer.org/stats.htm.

IFA and UNEP 2000 *Mineral Fertilizer Use and the Environment*. By K. F. Isherwood, International Fertilizer Industry Association and United Nations Environment Programme. http://www.fertilizer.org/publish/pubenv/fertuse.htm.

IFPRI 1997 *The World Food Situation: Recent Developments, Emerging Issues, and Long-Term Prospects*. By Per Pinstrup-Andersen, Rajul Pandya-Lorch and Mark W. Rosegrant. December. Washington, DC. http://www.cgiar.org/ifpri/pubs/2catalog.htm.

1999 *World Food Prospects: Critical Issues for the Early Twenty-First Century*. By Per Pinstrup-Andersen, Rajul Pandya-Lorch and Mark W. Rosegrant. October. http://www.cgiar.org/ ifpri/pubs/2fdpolrp.htm.

IGCB 1999 *An Economic Analysis of the National Air Quality Strategy Objectives: An Interim*

Report. Interdepartmental Group on Costs and Benefits, Department of the Environment, Transport and the Regions. http://www.detr.gov.uk/environment/airq/naqs/ea/.

Illi, Sabina, Erika von Mutius, Susanne Lau, Renate Bergmann, Bodo Niggemann, Christine Sommerfeld and Ulrich Wahn 2001 "Early childhood infectious diseases and the development of asthma up to school age: a birth cohort study." *British Medical Journal* 322:390 – 395.

ILO 2000 *LABORSTA: Labor Statistics Database*. International Labor Organization, Bureau of Statistics. http://laborsta.ilo.org.

IMF 1997 *World Economic Outlook: October 1997*. Washington, DC: International Monetary Fund. http://www.imf.org/external/pubs/ft/weo/weo1097/weocon97.htm.

1998 *World Economic Outlook*. May. Washington, DC. http://www.imf.org/external/pubs/ft/weo/weo0598/index.htm.

1999a: *World Economic Outlook; October 1999*. Washington, DC: International Monetary Fund. http://www.imf.org/external/pubs/ft/weo/1999/02/index.htm.

1999b *World Economic Outlook Database*, September. http://www.imf.org/external/pubs/ft/weo/1999/02/data/index.htm.

2000a Data from *International Statistical Yearbook*. Updates at http://www.imf.org/external/np/res/commod/index.htm.

2000b *World Economic Outlook; April 2000*. Washington, DC: International Monetary Fund. http://www.imf.org/external/pubs/ft/weo/2000/01/index.htm.

2000c *World Economic Outlook Database*, April. http://www.imf.org/external/pubs/ft/weo/2000/01/data/index.htm.

2000d *World Economic Outlook: Focus on Transition Economies*. October 2000. http://www.imf. org/external/pubs/ft/weo/2000/02/index.htm.

2000e *World Economic Outlook Database*, September. http://www.imf.org/external/pubs/ft/weo/2000/02/data/index.htm.

2001a 2001 updates from *International Statistical Yearbook*. http://www.imf.org/external/np/res/commod/index.htm.

INPE 2000 *Monitoring of the Brazilian Amazonian Forest by Satellite*. The Brazilian National Institute for Space Research. http://www.inpe.br/informacoes_Eventos/amz1998_1999/PDF/amz1999.pdf.

IPAM 1998 *Fire in the Amazon*. Brazil's Institute for Environmental Research in the Amazon. http://www.ipam.org.br/fogo/fogoen.htm.

IPCC 1990 *Climate Change – The IPCC Scientific Assessment*. Report of IPCC Working Group I. Cambridge: Cambridge University Press.

1992 *Climate Change 1992: The Supplementary Report to the IPCC Scientific Assessment*. Cambridge: Cambridge University Press.

1995 *Climate Change 1994: Radiative Forcing of Climate Change and An Evaluation of the IPCC IS92 Emission Scenarios*. Reports of Working Groups I and III of the Intergovernmental Panel on Climate Change, forming part of the IPCC Special Report to the first session of the Conference of the Parties to the UN Framework Convention on

Climate Change. Cambridge: Cambridge University Press.
1996a *Climate Change 1995 – The Science of Climate Change*. Report of IPCC Working Group I. Cambridge: Cambridge University Press.
1996b *Climate Change 1995 – Scientific-Technical Analyses of Impacts, Adaptations and Mitigations of Climate Change*. Report of IPCC Working Group II. Cambridge: Cambridge University Press.
1996c *Climate Change 1995 – The Economic and Social Dimensions of Climate Change*. Report of IPCC Working Group III. Cambridge: Cambridge University Press.
1997a *Stabilization of Atmospheric Greenhouse Gases: Physical, Biological and Socio-economic Implications*. John T. Houghton, L. Gylvan Meira Filho, David J. Griggs and Kathy Maskell (eds.). Technical Paper 3. http://www.ipcc.ch/pub/IPCCTP.III(E).pdf.
1997b *Implications of Proposed* CO_2 *Emissions Limitations*. Tom M. L. Wigley, Atul K. Jain, Fortunat Joos, Buruhani S. Nyenzi and P. R. Shukla (eds.). Technical Paper 4. http://www.ipcc.ch/pub/IPCCTP.IV(E).pdf.
1997c *An Introduction to Simple Climate Models used in the IPCC Second Assessment Report*. John T. Houghton, L. Gylvan Meira Filho, David J. Griggs and Kathy Maskell (eds.). Technical Paper 2. http://www.ipcc.ch.
1998 *The Regional Impacts of Climate Change: An Assessment of Vulnerability*. A Special Report of IPCC Working group II. R. T. Watson, M. C. Zinyowera, R. H. Moss (eds). Cambridge: Cambridge University Press. Summary at http://www.ipcc.ch/pub/regional(E).pdf.
2000a *Special Report on Emission Scenarios*. A Special Report of Working Group III of the Intergovernmental Panel on Climate Change. http://www.grida.no/climate/ipcc/emission/index.htm, with a summary at http://www.ipcc.ch/pub/SPM_SRES.pdf.
2000b *Emission Scenarios Database*. SRES Scenarios, version 1.1, July 2000. http://sres.ciesin.org/final_data.html.
2001a *Climate Change 2001: The Scientific Basis*. Contribution of Working Group I to the Third Assessment Report of the Intergovernmental Panel on Climate Change. J. T. Houghton, Y. Ding, D. J. Griggs, M. Noguer, P. J. van der Linden and D. Xiaosu (eds.). Cambridge: Cambridge University Press.
2001b *Climate Change 2001: Impacts, Adaptation, and Vulnerability*. Contribution of Working Group II to the Third Assessment Report of the Intergovernmental Panel on Climate Change. J. J. McCarthy, O. F. Canziani, N. A. Leary, D. J. Dokken and K. S. White (eds.). Cambridge: Cambridge University Press.
2001c *Climate Change 2001: Climate Change 2001: Mitigation*. Contribution of Working Group III to the Third Assessment Report of the Intergovernmental Panel on Climate Change. B. Metz, O. Davidson, R. Swart and J. Pan (eds.). Cambridge: Cambridge University Press.
2001d *Summary for Policymakers*. Working Group I. Shanghai Draft 21 – 01 – 2001 20:00. http://www.meto.gov.uk/sec5/CR_div/ipcc/wg1/WGI-SPM.pdf.
2001e *Summary for Policymakers*. Working Group II. Geneva Draft 19 – 02 – 2001.

http://www.meto.gov.uk/sec5/CR_div/ipcc/wg1/WGII-SPM.pdf.

2001f *Summary for Policymakers*. Working Group III. Accra Draft, 03 – 03 – 2001 http://www.meto.gov.uk/sec5/CR_div/ipcc/wg1/WGIII-SPM.pdf.

IPCC/DDC 2000a *The Intergovernmental Panel on Climate Change/Data Distribution Centre: Providing Climate Change and Related Scenarios for Impacts Assessments*. http://ipcc-ddc.cru.uea.ac.uk/index.html.

2000b *The IPCC Data Distribution Centre: HadCM2*. http://ipcc-ddc.cru.uea.ac.uk/cru_data/examine/HadCM2_info.html.

2000c *The IPCC Data Distribution Centre: Frequently Asked Questions (FAQs)*. http://ipcc-ddc.cru.uea.ac.uk/cru_data/support/faqs.html.

2001 *The IPCC Data Distribution Centre: Emissions Scenarios*. http://ipcc-ddc.cru.uea.ac.uk/cru_data/examine/emissions/emissions.html.

IRIS 1991 *Nitrate*. Integrated Risk Information System, US Environmental Protection Agency, CASRN 14797 – 55 – 8. http://www.epa.gov/ngispgm3/iris/subst/0076.htm.

Irvine, Stewart, Elizabeth Cawood, David Richardson, Eileen MacDonald and John Aitken 1996 "Evidence of deteriorating semen quality in the United Kingdom: birth cohort study in 577 men in Scotland over 11 years." *British Medical Journal* 312:467 – 41.

ITA 1999 *Forecast of International Travel – October 1999*. International Trade Administration and US Department of Commerce. http://tinet.ita.doc.gov/view/f-1999-99-002/index.html.

ITOPF 2000 *Tanker Oil Spill Statistics*. The International Tanker Owners Pollution Federation Limited. http://www.itopf.com/datapack%202000.pdf.

Ivanhoe, L. F. 1995 "Future world oil supplies: there is a finite limit." *World Oil*, October:77 – 88.

IWMI 2000 *World Water Supply and Demand: 1995 to 2025*. Colombo, Sri Lanka: International Water Management Institute. http://www.cgiar.org/iwmi/pubs/wwvisn/wwwsdhtml.htm.

Jacobs, Jerry A. 1998 "Measuring time at work: are self-reports accurate?" *Monthly Labor Review* 121(12)42 – 53. http://www.bls.gov/opub/mlr/1998/12/art3full.pdf.

Jacobson, Joseph L. and Sandra W. Jacobson 1997 "PCBs and IQs." *Harvard Mental Health Letter* 13(8):7.

Jacobson, L., P. Hertzman, C. G. Lofdahl, B. E. Skoogh and B. Lindgren 2000 "The economic impact of asthma and chronic obstructive pulmonary disease (COPD) in Sweden in 1980 and 1991." *Respiratory Medicine* 94(3):247 – 55.

Jacobson, Mark Z. 2001 "Strong radiative heating due to the mixing state of black carbon in atmospheric aerosols." *Nature* 409(6821):695 – 7.

Jacoby, Henry and Ian Sue Wing 1999 "Adjustment time, capital malleability and policy cost." *The Energy Journal*, Kyoto Special Issue:73 – 92.

Jäger, Jill and Roger G. Barry 1990 "Climate." In Turner *et al*. 1990:335 – 51.

James, W. H. 1980 "Secular trend in reported sperm counts." *Andrologia* 12(4):381 – 8.

James, Clive 1999 "Preview: Global Review of Commercialized Transgenic Crops: 1999." The International Service for the Acquisition of Agri-biotech Applications *ISAAA Briefs* 12-1999.

2000 "Preview: Global Review of Commercialized Transgenic Crops: 2000." The International

Service for the Acquisition of Agri-biotech Applications. *ISAAA Briefs* 21 – 2000.

Janetos, Anthony C. 1997 "Do we still need nature? The importance of biological diversity." *CONSEQUENCES* 3(1). http://www.gcrio.org/CONSEQUENCES/vol3no1/biodiversity.html.

Jarvis, Claire and Anthea Tinker 1999 "Trends in old age morbidity and disability in Britain." *Ageing and Society* 19:603 – 27.

Jarvis, D. and P. Burney 1998 "The epidemiology of allergic disease." *British Medical 316:607 – 10.* http://www.bmj.com/cgi/content/full/316/7131/607.

Jensen, Bent 1991 *Danskernes dagligdag: træk of udviklingen I Danmark fra 1960erne til 1990erne.* [Danish everyday life: trends in Denmark from the 1960s to the 1990s.] Copenhagen: Spektrum.

1996 *Træk af miljødebatten i seks danske aviser fra 1870'erne til 1970'erne.* [Outlines of the environmental debate in six Danish newspapers from the 1870s to the 1970s.] Copenhagen: Rockwool Fondens Forskningsenhed.

Jensen, Peter Rørmose 1995 *En velfærdsindikator for Danmark 1970 – 1990. Forbrug, miljø, husholdningsarbejde og fritid.* [A Welfare Indicator for Denmark, 1970 – 1990. Consumption, the environment, household work and leisure time.] Rockwool Foundation Research Unit Working Paper 8. Copenhagen: Statistics Denmark.

Jensen, Tina Kold, Alexander Giwercman, Elisabeth Carlsen, Thomas Scheike and Niels E. Skakkebæk 1996 "Semen quality among members of organic food associations in Zelaland, Denmark." *The Lancet* 347:1,844.

Jespersen, Jesper and Stefan Brendstrup 1994 *Grøn økonomi: en introduktion til Miljø-, ressoruce- og samfundsøkonomi.* [Green economics: an introduction to environment, resource and social economics.] Copenhagen: Jurist- og Økonomforbundets Forlag.

Jickells, Timothy D., Roy Carpenter and Peter S. Liss 1990 "Marine environment." In Turner *et al.* 1990:313 – 34.

Joffe, Michael 2000 "Time trends in biological fertility in Britain." *The Lancet* 355:1,961 – 5.

Johansen, Hans Chr. 1985 *Dansk historisk statistik 1814 – 1980.* [Danish historical statisties 1814 – 1980.] Copenhagen: Gyldendal.

Johansson, S. Ryan 1991 "The health transition: the cultural inflation of morbidity during the decline of mortality." *Health Transition Review* 1:39 – 68. http://www-nceph.anu.edu.au/htc/htrall.htm.

1992 "Measuring the cultural inflation of morbidity during the decline of mortality." *Health Transition Review* 2:78 – 89. http://www-nceph.anu.edu.au/htc/htrall.htm.

Johns, T. C., R. E. Carnell, J. F. Crossley, J. M. Gregory, J. F. B. Mitchell, C. A. Senior, S. F. B. Tett and R. A. Wood 1997 "The second Hadley Centre coupled ocean-atmosphere GCM: model description, spinup and validation." *Climate Dynamics* 13:103 – 34.

Johnson, D. Gale 1999 "The growth of demand will limit output growth for food over the next quarter century." *Proceedings of the National Academy of Sciences* 96:5,915 – 20. http://www. pnas.org.

Johnson, Dan 1998 "Environment: averting a water crisis." *The Futurist* 32(2):7.

Jones, D. A., J. Plaza, I. Watt and M. Al Sanei 1998a "Long-term (1991 – 1995) monitoring of the intertidal biota of Saudi Arabia after the 1991 Gulf War oil spill." *Marine Pollution Bulletin* 36(6):472 – 89.

Jones, Leighton 1999 "Genetically modified foods." *British Medical Journal* 318(7183):581 – 4.

Jones, P. D., K. R. Briffa, T. P. Barnett and S. F. B. Tett 1998b "High-resolution palaeoclimatic records for the last millennium: interpretation, intergration and comparison with general circulation model control-run temperatures." *The Holocene* 8:455 – 71.

1998c *Multi-proxy hemispherical temperature data 1000 – 1991.* ftp://medias.meteo.fr/paleo/contributions_by_author/jones1998 or ftp://ftp.ngdc.noaa.gov/paleo/contributions_by_author/jones1998.

Jones, P. D., E. B. Horton, C. K. Folland, M. Hulme, D. E. Parker and T. A. Basnett 1999a "The use of indices to identify changes in climatic extremes." *Climatic Change* 42(1):131 – 49.

Jones, P. D., M. New, D. E. Parker, S. Martin and I. G. Rigor 1999b "Surface air temperature and its changes over the past 150 years." *Reviews of Geophysics* 37(2):173 – 99.

Jones, P. D., D. E. Parker, T. J. Osborn and K. R. Briffa 2000 "Global and hemispheric temperature anomalies – land and marine instrumental records." In *Trends: A Compendium of Data on Global Change*. Carbon Dioxide Information Analysis Center, Oak Ridge National Laboratory, US Department of Energy, Oak Ridge, Tennesee. http://cdiac.esd.ornl.gov/trends/temp/jonescru/jones.html.

2001 "Global and hemispheric temperature anomalies – land and marine instrumental records." http://www.cru.uea.ac.uk/cru/data/temperature/.

Juhler, R. K., S. B. Larsen, O. Meyer, N. D. Jensen, M. Spanò, A. Giwercman and J. P. Bonde 1999 "Human semen quality in relation to dietary pesticide exposure and organic diet." *Archives of Environmental Contamination and Toxicology* 37:415 – 23.

Kahn, Herman, William Brown and Leon Martel 1976 *The Next 200 Years: A Scenario for America and the World*. New York: William Morrow and Company.

Kainuma, Mikiko, Yuzuru Matsuoka and Tsuneyuki Morita 1999 "Analysis of post-Kyoto scenarios: the Asian-Pacific integrated model." *The Energy Journal*, Kyoto Special Issue:207 – 20.

Kaiser, Jocelyn 1999 "The Exxon Valdez's scientific gold rush." *Science* 284:247 – 9.

Kalkstein, Laurence S. and Robert E. Davis 1989 "Weather and human mortality: an evaluation of demographic and interregional responses in the United States." *Annals of the Association of American Geographers* 79(1):44 – 64.

Kane, R. P. 1998 "Ozone depletion, related UVB changes and increased skin cancer incidence." *International Journal of Climatology* 18(4):457 – 72.

Kaplan, David A. 1996 "This is global warming?" *Newsweek* 127(4):20 – 3.

Kaplan, J. Kim 1998 "Conserving the world's plants." *Agricultural Research* 46(9):4 – 9. http://www. ars.usda.gov/is/AR/archive/sep98/cons0998.htm.

Karl, Thomas R. 1999 "Overview." *Climatic Change* 42:1 – 2.

Karl, Thomas R. and Richard W. Knight 1998 "Secular trends of precipitation amount, frequency, and intensity in the United States." *Bulletin of the American Meteorological Society* 79(2):

231 – 41. http://ams.allenpress.com/.

Karl, Thomas R., Richard W. Knight and Neil Plummer 1995 "Trends in high-frequency climate variability in the twentieth century." *Nature* 377:217 – 20.

Karl, Thomas R., Neville Nicholls and Jonathan Gregory 1997 "The coming climate." *Scientific American* 276(5):54 – 9. http://www.sciam.com/0597issue/0597karl.html.

Karl, Thomas R. and Kevin E. Trenberth 1999 "The human impact on climate." *Scientific American* 281(6):100 – 5.

Karon, Tony 2001: "Global Warming Challenge for Bush". Time.com. January 22nd 2001. http://www.time.com/time/world/article/0,8599,96299,00.html.

Kauppi, Pekka E., Kari Mielikäinen and Kullervo Kuusela 1992 "Biomass and carbon budget of European forests, 1971 to 1990." *Science* 256:70 – 4.

Kaur, Balvinder, H. Ross Anderson, Jane Austin, Michael Burr, Leigh S. Harkins, David P. Strachan and John O. Warner 1998 "Prevalence of asthma symptoms, diagnosis, and theatment in 12 – 14 year old children across Great Britain (international study of asthma and allergies in childhood, ISAAC UK)." *British Medical Journal* 316:118 – 24. http://www.bmj.com/cgi/ content/full/316/7125/118.

Keatinge, W. R., G. C. Donaldson, Elvira Cordioli, M. Martinelli, A. E. Kunst, J. P. Mackenbach, S. Nayha and I. Vuori 2000 "Heat related mortality in warm and cold regions of Europe: observational study." *British Medical Journal*.321(7262):670 – 3. http://www.bmj.org/cgi/reprint/321/7262/670.pdf.

Keeling, C. D. and T. P. Whorf 1999 "Atmospheric CO_2 records from sites in the SIO air sampling network". In *Trends: A Compendium of Data on Global Change*. Carbon Dioxide Information Analysis Center, Oak Ridge National Laboratory, US Department of Energy, Oak Ridge, Tennesee. http://cdiac.esd.ornl.gov/trends/co2/sio-mlo.htm.

Keiding, N., A. Giwercman, E. Carlsen and N. E. Skakkebæk 1994 "Importance of empirical evidence [commentary]." *British Medical Journal* 309:22.

Keiding, Niels and Niels E. Skakkebæk 1996 "Sperm decline – real or artifact." *Fertility and Sterility* 65(2):450 – 51.

1998 "To the editor." *Journal of Urology* 159(6):2103.

Keigwin, Lloyd D. 1996 "The Little Ice Age and medieval warm period in the Sargasso Sea." *Science* 274:1,504 – 8.

Kenetech 1994 *Avian Research Program Update*. Kenetech Windpower, November 1994.

Kerr, Richard A. 1997a "Climate change: greenhouse forecasting still cloudy." *Science* 276:1,040 – 2.

1997b "Model gets it right – without fudge factors." *Science* 276:1,041.

1999 "The Little Ice Age – Only the Latest Big Chill." *Science* 284(5423):2,069.

2000 "U.N. to blame global warming on humans." *Science Now*, 25 April:1.

Key, Sandra W. and Michelle Marble 1997a "EPA endocrine program unlikely to change despite retraction of synergy study." *Cancer Weekly Plus*, 24 November: 9 – 11.

1997b "Increased rates in Hawaii may be linked to pesticides." *Cancer Weekly Plus* 18 August: 5 – 6.

Keyfitz, Nathan and Wilhelm Flieger 1968 *World Population: An Analysis of Vital Data.* Chicago: University of Chicago Press.

1990 *World Population Growth and Aging*. Chicago: University of Chicago Press.

Kidd, Parris M. 2000 "At last, a breakthrough against cancer: the Gonzalez-Isaacs program." *Total Health* 22(1):19 – 21.

Kinlen, L. J., M. Dickson and C. A. Stiller 1995 "Childhood leukaemia and non-Hodgkin's lymphoma near large rural construction sites, with a comparison with Sellafield nuclear site." *British Medical Journal* 310:763 – 8. http://www.bmj.com/cgi/content/full/310/6982/763.

Kinlen, L. J. and S. M. John 1994 "Wartime evacuation and mortality from childhood leukaemia in England and Wales in 1945 – 9." *British Medical Journal* 309:1,197 – 1,202. http://www.bmj.com/cgi/content/full/309/6963/1197.

Kitman, Jamie Lincoln 2000 "The secret history of lead." *Nation* 270(11):11 – 40.

Knickerbocker, Brad 1999 "The big spill." *Christian Science Monitor* 91(79).

Körmendi, Eszter 1990 "Time use trends in Denmark." In Viby Mogensen 1990:51 – 74.

Knudsen, Jørgen 1997 "Den store fortælling om synd og straf." [The great story of sin and punishment.] In Agger *et al.* 1997:36 – 47.

Knutson, Ronald D. 1999 *Economic Impacts of Reduced Pesticide Use in The United States: Measurement of Costs and Benefits.* Agricultural and Food Policy Center, Department of Agricultural Economics, Texas A&M University. AFPC Policy Issues Paper 99 – 2. http://afpc.tamu.edu/.

Knutson, Ronald D., Charles Hall, Edward G. Smith, Sam Cotner and John W. Miller 1994 "Yield and cost impacts of reduced pesticide use on fruits and vegetables." *Choices: The Magazine of Food, Farm and Resource Issues* 9(1):15 – 18.

Knutson, Ronald D. and Edward G. Smith 1999 *Impacts of Eliminating Organophosphates and Carbamates from Crop Production.* Agricultural and Food Policy Center, Department of Agricultural Economics, Texas A&M University AFPC Policy Working Paper 99 – 2. http://afpc.tamu.edu/.

Knutson, Ronald D., C. Robert Taylor, John B. Penson Jn., Edward G. Smith and Roy B. Davis 1990a "Pesticide-free equals higher food prices." *Consumers' Research Magazine* 73(11):33 – 5.

Knutson, Ronald D., C. Robert Taylor, John B. Penson Jn. and Edward G. Smith 1990b "Economic impacts of reduced chemical use." *Choices: The Magazine of Food, Farm and Resource Issues* 5(4):25 – 8.

Knutson, T. R. and R. E. Tuleya 1999 "Increased hurricane intensities with CO_2-induced warming as simulated using the GFDL hurricane prediction system." *Climate Dynamics* 15(7):503 – 19.

Kolstrup, Søren 1999 *Pesticider skal helt afskaffes.* [Pesticides should be banned entirely.] http://www.enhedslisten.dk/elhp4/12miljoe/pesticid.htm.

Kominski, Robert and Eric Newburger 1999 "Access denied: changes in computer ownership and use: 1984 – 1997." Population Division, US Census Bureau. http://www.census.gov/population/socdemo/computer/confpap99.pdf.

Konisky, David M. 1999 *Comparative Risk Projects: A Methodology for Cross-Project Analysis of Human Health Risk Rankings*. Discussion Paper 99 – 46. Resources for the Future. http://www.rff.org/disc_papers/abstracts/9946.htm.

Korzeniewicz, Roberto Patricio and Timothy Patrick Moran 1997 "World-economic trends in the distribution of income, 1965 – 1992." *American Journal of Sociology* 102(4):1,000 – 39.

Kram, Tom, Tsuneyuki Morita, Keywan Riahi, R. Alexander Roehrl, Sascha van Rooijen, Alexei Sankovski and Bert de Vries 2000 "Global and Regional Greenhouse Gas Emissions Scenarios." *Technological Forecasting and Social Change* 63:335 – 71.

Kramer M. 1980 "The rising pandemic of mental disorders and associated chronic diseases and disabilities." *Acta Psychiatrica Scandinavia* 62(suppl. 285):282 – 97.

Kravis, Irving B., Alan W. Heston and Robert Summers 1978 "Real GDP per capita for more than one hundred countries" *The Economic Journal* 88(350):215 – 42.

Krieger, Nancy, Mary S. Wolff, Robert A. Hiatt, Marilyn Rivera, Joseph Vogelman and Norman Orentrich 1994 "Breast cancer and serum organochlorines: a prospective study among white, black, and asian women." *Journal of the International Cancer Institute* 86(8):589 – 99.

Krinner, W., C. Lallana, T. Estrela, S. Nixon, T. Zabel, L. Laffon, G. Rees and G. Cole 1999 *Sustainable Water Use in Europe, part 1: Sectoral Use of Water*. http://themes.eea.eu.int/binary/e/enviasses01.pdf.

Kristjansson J. E. and J. Kristiansen 2000 "Is there a cosmic ray signal in recent variations in global cloudiness and cloud radiative forcing?" *Journal of Geophysical Research-Atmospheres* 105(D9):11,851 – 63.

Krupnick, Alan J. and Dallas Burtraw 1996 *The Social Cost of Electricity: Do the Numbers Add Up?* Resources for the Future Discussion Paper 96 – 30. http://www.rff.org/disc_papers/pdf_files/9630.pdf.

Kuck, Peter H. and Jozef Plachy 1996 *Cadmium*. US Geological Surveys. http://minerals.er.usgs.gov/minerals/pubs/commodity/cadmium/140496.pdf.

Kuczmarski, Robert J., Katherine M. Flegal, Stephen M. Campbell and Clifford L. Johnson 1994 "Increasing prevalence of overweight among US adults." *Journal of the American Medical Association* 272(3):205 – 11.

Kuiper, Harry A., Hub P. J. M. Noteborn and Ad A. C. M. Peijnenburg 1999: "Adequacy of methods for testing the safety of genetically modified foods." *Lancet* 354(9187):1,315 – 6.

Kulp, J. Laurence 1995 "Acid rain." In Simon 1995b:523 – 35.

Kunkel, Kenneth E., Roger A. Pielke Jn. and Stanley A. Changnon 1999 "Temporal fluctuations in weather and climate extremes that cause economic and human health impacts: a review." *Bulletin of the American Meteorological Society* 80(6):1,077 – 98. http://ams.allenpress.com/.

Kurosawa, Atsushi, H. Yagita, Z. Weisheng, K. Tokimatsu and Y. Yanagisawa 1999 "Analysis of carbon emission stabilization targets and adaptation by integrated assessment model." *The Energy Journal*, Kyoto Special Issue:157 – 76.

Kyoto 1997 *Kyoto Protocol to the United Nations Framwork Convention on Climate Change*. http://www.cnn.com/SPECIALS/1997/global.warming/stories/treaty.

Lack, Tim 1999 "Water and health in Europe: an overview." *British Medical Journal* 318:1,678 –

82. http://www.bmj.com/cgi/content/full/318/7199/1678.

LaFranchi, Howard 1997 "Is burning of Amazon all smoke?" *Christian Science Monitor* 89:247.

Landes, David 1998 *The Wealth and Poverty of Nations*. London: Abacus.

Landsea, Christopher W. 1993 "A climatology of intense (or major) Atlantic hurricanes." *Monthly Weather Review* 121:1,703 – 13. http://www.aoml.noaa.gov/hrd/Landsea/climo/index.html.

2000 "Climate variability of tropical cyclones: past, present and future." In Pielke and Pielke 2000:220 – 41. http://www.aoml.noaa.gov/hrd/Landsea/climvari/index.html.

Landsea, Christopher W., Neville Nicholls, William M. Gray and Lixion A. Avila 1996 "Downward trends in the frequency of intense Atlantic hurricanes during the past five decardes." *Geophysical Research Letters* 23:1,697 – 1,700. http://www.aoml.noaa.gov/hrd/Landsea/downward/index.html.

1997 "Reply to comment on 'Downward trends in the frequency of intense Atlantic hurricanes during the past five decades'." *Geophysical Research Letters* 24:2,205. http://www.aoml.noaa.gov/hrd/Landsea/downtrend/index.html.

Landsea, Christopher W., Roger A. Pielke Jr., Alberto M. Mestas-Nuñez and John A. Knaff 1999 "Atlantic basin hurricanes: indices of climatic changes." *Climatic Change* 42(1):89 – 129. http://www.aoml.noaa.gov/hrd/Landsea/atlantic/index.html.

Larsen, John Christian 1992 "Food additives, positive list: philosophy, regulation, special conditions." In ATV 1992:109 – 24.

Larsen, Poul Bo, Steen Solvang Jensen and Jes Fenger 1997 "Sundhedsskader fra små partikler i byluft." [Health damage by small particles in city air.] *Miljø og Sundhed* SMF Formidlingsblad 6, August 1997:7 – 12.

Lassen, K. and E. Friis-Christensen 1995 "Variability of the solar cycle length during the past five centuries and the apparent association with terrestrial climate." *Journal of Atmospheric and Terrestrial Physics* 57(8):835 – 45.

Latif, M. and A. Grotzner 2000 "The equatorial Atlantic oscillation and its response to ENSO." *Climate Dynamics* 16(2 – 3):213 – 18.

Latif, M., E. Roeckner, U. Mikolajewicz and R. Voss 2000 "Tropical stabilization of the thermohaline circulation in a greenhouse warming simulation." Journal of Climate 13(11):1,809 – 13.

Laudan, Larry 1994 *The Book of Risks*. New York: Wiley.

Laut, Peter 1997 "Drivhuseffekten og globale klimaændringer: Videnskabelig Status Januar 1997." [Greenhouse effect and global climate changes: a scientific status, January 1997.] EFP-961. *Udredningsprojekt: journalnr.* 151/96-0013.

Laut, Peter and Jesper Gundermann 1998 "Solar cycle length hypothesis appears to support the IPCC on global warming." *Journal of Atmospheric and Solar-Terrestrial Physics* 60(18):1,719 – 28.

Lawrie, S. M., H. Whalley, J. N. Kestelman, S. S. Abukmeil, M. Byrne, A. Hodges, J. E. Rimmington, J. J. Best, D. G. Owens and E. C. Johnstone 1999 "Magnetic resonance imaging of brain in people at high risk of developing schizophrenia." *The Lancet* 353:30 – 3.

Lawton, John H. and Robert M. May 1995 *Extinction Rates*. Oxford: Oxford University Press.

Laxen, Duncan P. H. and Mark A. Thompson 1987 "Sulphur dioxide in Greater London, 1931–1985." *Environmental Pollution* 43:103–14.

LCVEF 2000 *Environment: Top Tier Voting Issue*. Greenberg Quinlan Research for League of Conservation Voters Education Fund. http://www.lcvedfund.org/poll/index.htm.

Leach, Melissa and James Fairhead 1999 "Challenging environmental orthodoxies: the case of West African deforestation." *Renewable Energy for Development* 11(1):1, 8–10.

Lebergott, Stanley 1976 *The American Economy: Income, Wealth, and Want*. Princeton, NJ: Princeton University Press.

1993 *Pursuing Happiness: American Consumers in the Twentieth Century*. Princeton, NJ: Princeton University Press.

1995 "Long-term trends in the US standard of living." In Simon 1995b:149–60.

Le Dreau, Yveline, Frederic Jacquot, Pierre Doumenq, Michel Guiliano, Jean Claude Bertrand and Gilbert Mille 1997 "Hydrocarbon balance of a site which had been highly and chronically contaminated by petroleum wastes of a refinery (form 1956 to 1992)." *Marine Pollution Bulletin* 34(6):456–68.

Leon, Javier and Raimundo Soto 1995 *Structural Breaks and Long-Run Trends in Commodity Prices*. Policy Research Working Paper. World Bank, January 1995, no. 1,406.

Levidow, Les 1999 "Regulating Bt Maize in the United States and Europe." *Environment* 41(10):10–21.

Levine, Joel S. 1991 *Global Biomass Burning: Atmospheric, Climatic, and Biospheric Implications*. Cambridge, MA: MIT Press.

Levine, Joel S., Wesley R. Cofer III, Donald R. Cahoon Jr. and Edward L. Winstead 1995 "Biomass burning: a driver for global change." *Environmental Science and Technology*, March 1995. http://asd-www.larc.nasa.gov/biomass_burn/globe_impact.html.

Levy, David L. and Peter Newell 2000 "Oceans Apart?" *Environment* 42(9):8–20., 13p

L'hirondel, Jean-Louis 1999 "Dietary nitrates pose no threat to human health." In Mooney and Bate 1999:119–28.

Lidstone, John 1997 "Global patterns of natural disasters." *Geodate* 10(4):1–4.

Lieberman, Adam J. and Simona C. Kwon 1998 *Facts versus Fears: A Review of the Greatest Unfounded Health Scares of Recent Times*. American Council on Science and Health. http://www.acsh.org/publications/reports/factsfears.html.

Liljegren, G., L. Hardell, G. Lindstrom, P. Dahl and A. Magnuson 1998 "Case-control study on breast cancer and adipose tissue concentrations of congener specific polychlorinated biphenyls, DDE and hexachlorobenzene." *European Journal of Cancer prevention* 7(2):135–40.

Lindegaard, Erik 1998 "Grundvand og bekæmpelsesmidler. Hvad kan vi forvente af godkendelsesordningen?" [Groundwater and pesticides.] MiljøDanmark 1998(1):6.

Linden, Eugene 2000 "Condition critical." *Time* 155(17):18–22.

Lindert, Peter H. 1999 "The bad earth? China's soils and agricultural development since the 1930s." *Economic Development and Cultural Change* 47(4):701–36.

2000a "Three centuries of inequality in Britain and America." In Atkinson and Bourguignon

2000:167 – 216.

2000b *Shifting Ground: The Changing Agricultural Soils of China and Indonesia.* Cambridge, MA: MIT Press (forthcoming).

Lindert, Peter H. and Jeffrey G. Williamson 1995 "The long-term course of American inequality: 1647 – 1969." In Simon 1995b:188 – 95.

Lindzen, Richard S., Ming-Dah Chou and Arthur Y. Hou 2001 "Does the Earth Have an Adaptive Infrared Iris?" *Bulletin of the American Meteorological Society* 82(3):417 – 32. http://ams.allenpress.com.

Linet, Martha S., Lynn A. G. Ries, Malcolm A. Smith, Robert E. Tarone and Susan S. Devesa 1999 "Cancer surveillance series: recent trends in childhood cancer incidence and mortality in the United States." *Journal of the National Cancer Institute* 91(12):1,051 – 8. http://jnci.oupjournals.org/cgi/content/full/91/12/1051.

Lins, Harry F. and James R. Slack 1999 "Streamflow trends in the United States." *Geophysical Research Letters* 26:227 – 30. http://water.usgs.gov/osw/lins/streamflowtrends.html.

List, John A. and Craig A. Gallet 1999 "The environmental Kuznets curve: does one size fit all?" *Ecological Economics* 31:409 – 23.

Lloyd-Jones, Donald M., Martin G. Larson, A. Beiser and D. Levy 1999 "Lifetime risk of developing coronary heart disease." *The Lancet* 353:89 – 92.

Loader, A., D. Mooney and R. Lucas 1999 *UK Smoke and Sulphur Dioxide Monitoring Network – Summary Tables for April 1997 – March 1998.* Prepared by the National Environmental Technology Centre as part of the Department of the Environment, Transport and the Regions Air Quality Research Programme. http://www.aeat.co.uk/netcen/airqual/reports/smkso2/head.html.

Longstreth, Janice 1999 "Public health consequences of global climate change in the United States – some regions may suffer disproportionately." *Environmental Health Perspectives Supplements* 107(1):169 – 79.

Longstreth, J., F. R. de Gruijl, M. L. Kripke, S. Abseck, F. Arnold, H. I. Slaper, G. Velders, Y. Takizawa and J. C. van der Leun 1998 "Health risks." *Journal of Photochemistry and Photobiology B: Biology* 46(1 – 3):20 – 39.

Lopez-Carrillo, L., A. Blaie, M. Lopez-Cervantes, M. Cebrian, C. Rueda, R. Reyes, A. Mohar and J. Bravo 1997 "Dichlorodiphenyltrichloroethane serum levels and breast cancer risk: a case-control study from Mexico." *Cancer Research* 57:3,728 – 32.

Losey, J.E., I. S. Rayor and M. E. Carter 1999 "Transgenic pollen harms monarch larvae." *Nature* 399(6,733): 214.

Lovejoy, Thomas E. 1980 "A projection of species extinctions." In Barney 1980:II, 328 – 31.

Lovins, Amory B. and L. Hunter Lovins 1997 *Climate: Making Sense and Making Money.* Old Snowmass, CO: Rocky Mountain Institute. http://www.rmi.org/images/other/C-ClimateMSMM.pdf.

Ludwig, John H., George B. Morgan and Thomas B. McMullen 1970 "Trends in urban air quality." *Transactions American Geophysical Union* 51(5):468 – 75.

Lugo, Ariel E. 1988 "Estimating reductions in the diversity of tropical forest species." In Wilson and

Peter 1988:58 – 70.

Luken, Ralph A. 1990 *Efficiency in Environmental Regulation: A Benefit – Cost Analysis of Alternative Approaches*. Boston, MA: Kluwer.

Lundmark, Thomas 1997 "Principles and instruments of German environmental law." *Journal of Environmental Law and Practice* 4(4):43 – 4.

Lundqvist, J. and P. Gleick 1997 "Sustaining our waters into 21st century." Background document for CSD 1997. Stockholm: Stockholm Environment Institute.

Lutz, Steven M. and David M. Smallwood 1995 "Limited financial resources constrain food choices." *Food Review* 18(1):13 – 7.

McCann, Jean 1998 "Infections and cancer: viruses are still prime suspects." *Journal of the National Cancer Institute* 90(6):418 – 20.

McCombs, Maxwell 1994 "News influence on our pictures of the world." In Bryant and Zillmann 1994:1 – 16.

MacCracken, Christopher, James Edmonds, S. Kim and R. Sands 1999 "The economics of the Kyoto Protocol." *The Energy Journal*, Kyoto Special Issue:25 – 72.

McGinnis, J. Michael and William H. Foege 1993 "Actual causes of death in the United States." *Journal of the American Medical Association* 270(18):2,207 – 12.

McHughen, Alan 2000 *A consumer's guide to GM food: From green genes to red herrings*. Oxford: Oxford University Press.

McInnis, Doug and Gunjan Sinha 2000 "Genes." *Popular Science* 256(4):64 – 8.

McKibbin, W., M. Ross, R. Shakleton and P. Wilcoxen 1999 "Emissions trading, capital flows and the Kyoto Protocol." *The Energy Journal*, Kyoto Special Issue:287 – 334.

McLachlan, John A. 1997 "Synergistic effect of environmental estrogens: report withdrawn." *Science* 227:462 – 3.

Macleod, John, and Ying Wang 1979 "Male fertility potential in terms of semen quality: a review of the past, a study of the present." *Fertility and Sterility* 31(2):103 – 16.

McLoughlin, James A. and Micahel Nall 1994 "Allergies and learning/behavioral disorders." *Intervention in School and Clinic* 29(4):198 – 207.

McMichael, Anthony J. 1999 "From hazard to habitat: rethinking environment and health." *Epidemiology* 10(4):460 – 4. http://www.epidem.com/.

McQuail, Denis 1983 *Mass Communication Theory*, 1st edition. London: Sage Publications.

1994 *Mass Communication Theory*, 3rd edition. London: Sage Publications.

McVeigh, James J., Dallas Burtraw, Joel Darmstadter and Karen Palmer 2000 "Winner, loser, or innocent victim? Has renewable energy performed as expected?" *Solar Energy* 68(3):237 – 55.

Maddison, Angus 1991 *Dynamic Forces in Capitalist Development: A Long-Run Comparative View*. Oxford: Oxford University Press.

1994 "Explaining the economic performance of nations, 1820 – 1989." In Baumol *et al.* 1994:20 – 61.

1995a *Monitoring the World Economy 1820 – 1992*. Development Centre Studies, OECD. Paris: OECD.

Maddison, David 1995b "A cost-benefit analysis of slowing climate change." *Energy Policy* 23(4/5):337 – 46.

Madronich, S., R. L. McKenzie, L. O. Bjorn and M. M. Caldwell 1998 "Changes in biologically active ultraviolet radiation reaching the Earth's surface." *Journal of Photochemistry and Photobiology B: Biology* 46(1 – 3):5 – 19.

MAFF 2000 *Agriculture in the United Kingdom 1999.* London: Ministry of Agriculture, Fisheries and Food. http://www.maff.gov.uk/esg/Work_htm/publications/cf/auk/for_auk99/auk.pdf.

2001 *Agriculture in the United Kingdom 2000.* London: Ministry of Agriculture, Fisheries and Food. http://www.maff.gov.uk/esg/Work_htm/publications/cf/auk/current/complete.pdf.

Magnus, Per and Jouni J. K. Jaakkola 1997 "Secular trend in the occurrence of asthma among children and young adults: critical appaisal of repeated cross sectional surveys." *British Medical Journal* 314:1,795 – 1,800. http://www.bmj.com/cgi/content/full/314/7097/1795.

Mahlman, J. D. 1997 "Uncertainties in projections of human-caused climate warming." *Science* 278:1,416 – 17.

Malakoff, David 1997 "Thirty Kyotos needed to control warming." *Science* 278:2,048.

Malthus, Thomas 1798 *An Essay on the Principle of Population.* Harmondsworth: Penguin.

Mammal Society 2001a "Look what the cat's brought in! The survey." http://www.abdn.ac.uk/mammal/catkills1.htm

2001b "Look What the Cat Brought In! Press Release." http://www.abdn.ac.uk/mammal/catspress.htm.

Mann, Charles C. 1991 "Extinction: are ecologists crying wolf?" *Science* 253:736 – 8.

Mann, Charles C. and Mark L. Plummer 1993 "The high cost of biodiversity." *Science* 260:1,868 – 71.

Mann, M. E., R. S. Bradley and M. K. Hughes 1998 "Global-scale temperature patterns and climate forcing over the past six centuries." Science *Nature* 392(6,678):779 – 827. http://www.umass.edu/newsoffice/archive/1998/042298climate.pdf.

1999a "Northern hemisphere temperatures during the past millennium: inferences, uncertainties, and limitations." *Geophysical Research Letters* 26(6):759 – 62.

1999b Data for northern hemisphere temperatures 1000 – 1980. http://www.ngdc.noaa.gov/paleo/pubs/mann_99.html or http://medias.meteo.fr/paleo/globalwarming/medieval.html.

Manne, Alan S. and Richard Richels 1999 "The Kyoto Protocol: a cost-effective strategy for meeting environmental objectives?" *The Energy Journal*, Kyoto Special Issue:1 – 24.

Mantua, Nathan J., Steven R. Hare, Yuan Zhang, John M. Wallace and Robert C. Francis 1997 "A Pacific interdecadal climate oscillation with impacts on salmon production." *Bulletin of the American Meteorological Society* 78(6):1069 – 79. http://ams.allenpress.com/.

Margaronis, Maria 1999 "The politics of food." *Nation*, 12/27/99, 269(22):11 – 4.

Margolis, Howard 1996 *Dealing with Risk: Why the Public and the Experts Disagree on Environmental Issues.* Chicago: University of Chicago Press.

Margolis, Robert M. and Daniel M. Kammen 1999 "Evidence of under-investment in energy R&D in the United States and the impact of Federal policy – basic science and technological innovation." *Energy Policy* 27(10):575 – 84.

Marino, C. and K. K. Gerlach 1999 "An analysis of breast cancer coverage in selected women's magazines, 1987 – 1995." *American Journal of Health Promotion* 13(3):163 – 70.

Marland, G., T. A. Boden, R. J. Andres, A. L. Brenkert and C. Johnston 1999 "Global, regional, and national CO_2 emissions." In *Trends: A Compendium of Data on Global Change*. Carbon Dioxide Information Analysis Center, Oak Ridge National Laboratory, US Department of Energy, Oak Ridge, Tennesee. http://cdiac.esd.ornl.gov/trends/emis/tre_glob.htm.

Marotzke, Jochem 2000 "Abrupt climate change and thermohaline circulation: mechanisms and predictability." *Proceedings of the National Academy of Sciences* 97(4):1,347 – 50. http://www.pnap.org.

MARPOL 2000 *The International Convention for the Prevention of Pollution from Ships*. International Maritime Organization. http://www.imo.org/imo/convent/pollute.htm.

Marsh, Nigel and Henrik Svensmark 2000 "Cosmic rays, clouds, and climate." *Space Science Reviews*. In press.

Marshall, Eliot 1991 "A is for apple, alar, and . . . alarmist?" *Science* 254:20 – 2.

Martens, P., R. S. Kovats, S. Nijhof, P. de Vries, M. T. J. Livermore, D. J. Bradley, J. Cox and A. J. McMichael 1999 "Climate change and future populations at risk of malaria." *Global Environmental Change* 9:S89 – S107.

Martin, A. and F. R. Barber "Two long term air pollution surveys around power stations." *Clean Air* 18(2):61 – 73.

Martin, Joyce A., Betty L. Smith, T. J. Mathews and Stephanie J. Ventura 1999 "Births and deaths: preliminary data for 1998." *National Vital Statistics Reports* 47:25. Hyattsville, MD: National Center for Health Statistics. http://www.cdc.gov/nchs/data/nvs47_25.pdf.

Martinez, Fernando D. and Patrick G. Holt 1999 "Role of microbial burden in aetiology of allergy and asthma." *The Lancet*. Supplement Paediatrics, 354:supplement II:12 – 15. http://www.thelancet.com/newlancet/sub/supplements/vol354s2/article3.html.

Mattingly, David 1996 "Future oil crisis: Will demand outrun supply?" *CNN* May 11, 1996. http://www.cnn.com/EARTH/9605/11/oil.supply/index.html

Masood, Ehsan 1997 "Kyoto agreement creates new agenda for climate research." *Nature* 390:649 – 50.

Matricardi, Paolo M., Francesco Rosmini, Silvia Riondino, Michele Fortini, Luigina Ferrigno, Maria Rapicetta and Sergio Bonini 2000 "Exposure to foodborne and orofecal microbes versus airborne viruses in relation to atopy and allergic asthma: epidemiological study." *British Medical Journal* 320:412 – 17. http://www.bmj.com/cgi/content/full/320/7232/412.

Matthews, Neal 2000 "The Attack of the Killer Architects." *Travel Holiday* 183(7):80 – 8.

Matthiessen, Peter 1999 "Rachel Carson." *Time* 29 March 1999, 153(12):187 – 9.

May, Robert M., John H. Lawton and Nigel E. Stork 1995 "Assessing extinction rates." In Lawton and May 1995:1 – 24.

MDPH 2000 Advance Data: Births 1998. Massachusetts Department of Public Health. http://www.state.ma.us/dph/pdf/birth98d.pdf.

Meade, Birgit and Stacey Rosen 1996 "Income and diet differences greatly affect food spending around the globe." *Food Review* 19(3):39 – 45.

Meadows, Donella H., Dennis L. Meadows and Jørgen Randers 1992 *Beyond the Limits*. London: Earthscan Publications Limited.

Meadows, Donella H., Dennis L. Meadows, Jørgen Randers and William W. Behrens III 1972 *Limits to Growth*. London: Potomac Associates Book.

Meehl, Gerald A., Francis Zwiers, Jenni Evans, Thomas Knutson, Linda Mearns and Peter Whetton 2000 "Trends in extreme weather and climate events: issues related to modeling extremes in projections of future climate change." *Bulletin of the American Meteorological Society* 81(3):427 – 36. http://ams.allenpress.com/.

Meggs, William J., Kathleen A. Dunn, Richard M. Bloch, Peggy E. Goodman and Ann L. Davidoff 1996 "Prevalence and nature of allergy and chemical sensitivity in a general population." *Archives of Environmental Health* 51(4):275 – 82.

Meilby, Mogens 1996 *Journalistikkens grundtrin: fra idé til artikel*. [The basics of journalism.] Aarhus: Forlaget Ajour.

Mentzel, Maarten 1999 "Climate' for Social Assessment: Experts, Uncertainty and Policy Development." *Innovation: The European Journal of Social Sciences* 12(2):221 – 34.

Merrill, Ray M., Larry G. Kessler, Joshua M. Udler, Gloria C. Rasband and Eric J. Feuer 1999 "Comparison of risk estimates for selected diseases and causes of death." *Preventive Medicine* 28:179 – 93.

Met Office 1997 *Climate Change and Its Impacts: A Global Perspective*. London: Department of the Environment, Transport, and the Regions. http://www.meto.gov.uk/sec5/CR_div/Brochure97/climate.pdf.

2001 *Historical Central England Temperature Data 1659 – 2001*. http://www.badc.rl.ac.uk/data/cet.

Metcalf, Gilbert E. and Kevin A. Hassett 1997 *Measuring the Energy Savings from Home Improvement Investments: Evidence from Monthly Billing Data*. NBER Working Paper W6074. http://papers.nber.org/papers/W6074.

MEWREW 1995 "Review of Serageldin: 'Water supply, sanitation and environmental sustainability: financing the challenge.'" *Middle East and African Water Review* 4. http://www.soas.ac.uk/ Geography/WaterIssues/Reviews/0401.html.

Meyer, William B. and B. I. Turner II (eds.) 1994 *Changes in Land Use and Land Cover: A Global Perspective*. Cambridge: Cambridge University Press.

Meyerhoff, Al 1993 "We must get rid of pesticides in the food supply." *USA Today Magazine* 122(2,582):51 – 53.

Miami EDD 2001a: "Tourism Overview." *City of Miami Beach Economic Development Division*. http://www.ci.miami-beach.fl.us/newcity/depts/econdev/visitors%20Profile.htm.

2001b: "Real Estate and Development." *City of Miami Beach Economic Development Division*. http://www.ci.miami-beach.fl.us/newcity/depts/econdev/Real%20Estate%20and%20Development.htm.

Michalels, Patrick J. 1995 "The greenhouse effect and global change: review and reappraisal." In Simon 1995b:544 – 64.

1998 "The consequences of Kyoto." *Policy Analysis*, May 1998, 307. Http://www.cato.org/pubs/pas/pa-307.html.

Michaels, Patrick J. and Robert C. Balling Jr. 2000 *The Satanic Gases: Clearing the Air about Global Warming*. Washington, DC: Cato.

Michaels, Patrick J., Robert C. Balling Jr., Russel S. Vose and Paul C. Knappenberger 1998 "Analysis of trends in the variability of daily and monthly historical temperature measurements." *Climate Research* 10(1):27 – 34.

Michaels, Patrick J., Paul C. Knappenberger, Robert C. Balling Jr. and Robert E. Davis 2000 "Observed warming in cold anticyclones." *Climate Research* 14(1):1 – 6.

Middellevetidsudvalget under Sundhedsministeriet [Life Expectancy Committee] 1994a *Udviklingen i selvmordsdødelighed i Danmark 1955 – 1991*. [Trends in suicide mortality in Denmark 1955 – 1991.] Copenhagen: Sundhedsministeriet.

1994b *Levetiden i Danmark*. [Life expectancy in Denmark.] Copenhagen: Sundhedsministeriet.

1994c *Hjertesygdom i Danmark*. [Heart disease in Danmark.] Copenhagen: Sundhedsministeriet.

Milius, S. 1999 "New studies clarify monarch worries." *Science* News 156(25/26):391.

2000 "Bt corn variety OK for black swallowtails." *Science News* 157(24):372 – 3.

Miller, G. Tyler Jr. 1998 *Living in the Environment: Principles, Connections, and Solutions*. Belmont, CA: Wadsworth Publishing Company.

Ministries of Finance, Agriculture, Fisheries, Environment, Energy, Taxes and General Economics 1995 [Finansministeriet, Landbrugs- og Fiskeriministeriet, Miljø-og Energiministeriet, Skatteministeriet and Økonomiministeriet] 1995 *Budgetanalyse om vedvarende energi*. [Budget analysis of renewable energy.] Copenhagen.

Mintz, Sidney W. 1985 *Sweetness and Power: The Place of Sugar in Modern History*. New York: Penguin.

Mitchell, B. R. 1975 *European Historical Statistics 1750 – 1970*. London: Macmillan.

1988 *British Historical Statistics*. Cambridge: Cambridge University Press.

1993 *International Historical Statistics: The Americas, 1750 – 1988*. London: Macmillan.

1995 *International Historical Statistics: Africa, Asia and Oceania 1750 – 1988*, 2nd rev. edn. New York: Stockton.

Mitchell, Donald O., Merlinda D. Ingco and Ronald C. Duncan 1997 *The World Food Outlook*. Cambridge: Cambridge University Press.

Mitchell, J. F. B., T. C. Johns, J. M. Gregory and S. F. B. Tett 1995 "Climate response to increasing levels of greenhouse gases and sulphate aerosols." *Nature* 376:501 – 4.

Mitsch, William J., John W. Day Jr., J. Wendell Gilliam, Peter M. Groffman, Donald L. Hey, Gyles W. Randall and Naiming Wang 1999 *Gulf of Mexico Hypoxia Assessment: Topic #5. Reducing Nutrient Loads, Especially Nitrate-Nitrogen, to Surface Water, Groundwater, and the Gulf of Mexico*. Hypoxia Work Group, White House Office of Science and Technology Policy, Committee on Environment and Natural Resources for the EPA Mississippi River/Gulf of Mexico Watershed Nutrient Task Force. NOAA Coastal Ocean Program. http://www.nos.noaa.gov/products/pubs_hypox.html.

Moisan, François, Didier Bosseboeuf, Bertrand Château and Bruno Lapillonne 1998 *Energy Efficiency Policies and Indicators*. Study for World Energy Council. http://www.worldenergy.org/wec-geis/global/downloads/1998report.pdf.

Molina, Mario J. and F. S. Rowland 1974 "Stratospheric sink for chlorofluoromethanes: chlorine atom-catalyzed destruction of ozone." *Nature* 249:810 – 12. http://www.unep.org/ozone/pdf/stratopheric.pdf.

Montague, Peter 1999 "Against the Grain." *Rachel's Environment and Health Weekly* #637. Environmental Research Foundation. http://www.biotech-info.net/grain.html.

Mooney, Lorraine and Roger Bate 1999 *Environmental Health: Third World Problems – First World Preoccupations*. Oxford: Butterworth-Heinemann.

Moore, Thomas Gale 1998 "Health and amenity effects of global warming." *Economic Inquiry* 36(3):471 – 98.

Morgan, M. Granger and Hadi Dowlatabadi 1996 "Learning from integrated assessment of climate change." *Climatic Change* 34:337 – 68.

Mori, Shunsuke 2000 "The Development of Greenhouse Gas Emissions Scenarios Using an Extension of the MARIA Model for the Assessment of Resource and Energy Technologies." *Technological Forecasting and Social Change* 63:289 – 311.

Motavalli, Jim 2000 "Running on EMPTY." *E Magazine: The Environmental Magazine* 11(4):34 – 9.

Moysich, K. B., C. B. Ambrosone, J. E. Vena, P. G. Shields, P. Mendola, P. Kostyniak, H. Greizerstein, S. Graham, J. R. Marshall, E. F. Schisterman and J. L. Freudenheim 1998 "Environmental organochlorine exposure and postmenopausal breast cancer risk." *Cancer Epidemiology, Biomarkers and Prevention* 7(3):181 – 8.

MPM 1998 *Survey of the Quality of UK Coastal Waters*. Marine Pollution Monitoring, National Monitoring Programme. Aberdeen: Marine Pollution Monitoring Management Group. http://www.marlab.ac.uk/NMPR/NMP.htm.

2000 *Green Book*. Version 5. http://www.marlab.ac.uk/greenbook/GREEN.htm.

Muggleton, Ellis 1999 "Thalidomide – a regret of the past, but a hope for the future?" *Student BMJ* 7:368 – 9.

Munich Re 1998 *World Map of Natural Hazards*. Order number 2658-V-e. Münchener Rückversicherungs-Gesellschaft.

1999 *Topics: Annual Review of Natural Catastrophes 1998*. Order number 2821-M-e. Münchener Rückversicherungs-Gesellschaft.

2000 "A year, a century, and a millennium of natural catastrophes are all nearing their end – 1999 is completely in line with the catastrophe trend – Munich Re publishes a millennium review." Press release, 20 December 1999. Münchener Rückversicherungs-Gesellschaft. http://www.munichre.com/.

2001 *Topics: Annual Review of Natural Catastrophes 2000*. Münchener Rückversicherungs-Gesellschaft. http://www.munichre.com/.

Murray, Christopher J. L. and Alan D. Lopez 1996a "Quantifying the burden of disease and injury attributable to ten major risk factors." In Murray and Lopez 1996c:295 – 324.

1996b "Alternative visions of the future: projecting mortality and disability, 1990 – 2020." In

Murray and Lopez 1996c:325 – 95.

(eds.) 1996c *The Global Burden of Disease: A Comprehensive Assessment of Morality and Disability from Diseases, Injuries, and Risk Factors in 1990 and projected to 2020.* Cambridge, MA: Harvard University Press. Published by Harvard School of Public Health on behalf of the World Health Organization and the World Bank. Summary at http://www.hsph.harvard.edu/organizations/bdu/summary.html (summary).

1997a "Mortality by cause for eight regions of the world: global burden of disease study." *The Lancet* 349:1,269 – 76.

1997b "Regional patterns of disability-free life expectancy and disability-adjusted life expectancy: global burden of disease study." *The Lancet* 349:1,347 – 52.

1997c "Global mortality, disability, and the contribution of risk factors: global burden of disease study." *The Lancet* 349:1,436 – 42. http://www.healthnet.org/programs/procor/gbd3.htm.

1997d "Alternative projections of mortality and disability by cause 1990 – 2020: global burden of disease study." *The Lancet* 349:1,498 – 1,504.

Murray, Christopher J.L. and Lincoln C. Chen 1992 "Understanding morbidity change." *Population and Development Review* 18(3):481 – 503.

1993 "Understanding morbidity change: reply to Riley." *Population and Development Review* 19(4):812 – 15.

Myers, John G., Stephen Moore and Julian L. Simon 1995. "Trends in availability of non-fuel minerals." In Simon 1995b:303 – 21.

Myers, Norman 1979 *The Sinking Ark: A New Look at the Problem of Disappearing Species.* Oxford: Pergamon Press.

1983 *A Wealth of Wild Species: Storehouse for Human Welfare.* Boulder, CO: Westview Press.

1991 "The disappearing forests." In Porritt 1991:46 – 55.

Myers, Norman and Frans Lanting 1999 "What we must do to counter the biotic holocaust." *International Wildlife* 29(2):30 – 9.

NAPAP 1990 *Integrated Assessment*, vols. 1 – 3. The National Acid Precipitation Assessment Program, External Review Draft, August 1990.

NAS 1992 *Policy Implications of Greenhouse Warming: Mitigation, Adaptation, and the Science Base*. National Academy of Sciences, Committee on Science, Engineering, and Public Policy. Washington, DC: National Academy Press. http://www.nap.edu/readingroom/books/greenhouse.

1993 *The Epidemiological Transition: Policy and Planning Implications for Developing Countries.* National Academy of Sciences. Washington, DC: National Academy Press. http://www.nap.edu/books/0309048397/html/.

NASA/GISS 2000 *Atmosphere-Ocean Model Simulations: Future Climate Projections.* NASA and Goddard Institute for Space Studies. http://aom.giss.nasa.gov/.

Nash, J. Madeleine and Simon Robinson 2000 "Grains of Hope." *Time*, 07/31/2000, 156(5):38 – 46.

Nash, J. Madeleine and Susan Horsburgh 1998 "The fury of El Niño." *Time South Pacific* 2 March 1998, pp. 44 – 51.

NAST 2000 *Climate Change Impacts on the United States: The Potential Consequences of Climate*

Variability and Change. National Assessment Synthesis Team, US Global Change Research Program. http://www.gcrio.org/NationalAssessment.

Naylor, Rosamond L. and Walter P. Falcon 1995 "Is the locus of poverty changing?" *Food Policy* 20(6):501 – 18.

NBS 1995 *Our Living Resources: A Report to the Nation on the Distribution, Abundance, and Health of U.S. Plants, Animals, and Ecosystems*. Edward T. LaRoe, Gaye S. Farris, Catherine E. Puckett, Peter D. Doran and Michael J. Mac (eds.), National Biological Service, US Department of the Interior. Washington, DC: US Government Printing Office. http://biology.usgs.gov/s+t/index.htm.

NCBP 2000a: *NCBP Fish Database*. National Contaminant Biomonitoring Program. http://www.cerc. usgs.gov/data/ncbp/fish.htm.

2000b: *NCBP Starling Database*. National Contaminant Biomonitoring Program. http://www.cerc.usgs.gov/data/ncbp/starling/starling.htm.

NCHS *1998 Current Estimates from the National Health Interview Survey, 1995*. Vital and Health Statistics Series 10 no. 199, From the Centers for Disease Control and Prevention/National Center for Health Statistics. http://www.cdc.gov/nchs/data/10_199_1.pdf.

1999a: *Health, United States, 1999, with Health and Aging Chartbook*. US Human Health Service, E. Kramarow, H. Lentzner, R. Rooks, J. Weeks, and Saydah S. Warner (eds). Hyattsville, MD: National Center for Health Statistics. http://www.cdc.gov/nchs/data/hus99.pdf.

1999b: *Vital Statistics of the United States 1993: Volume I – Natality*. Hyattsville, MD: National Center for Health Statistics.

NERI *1995 Mindmøllers indvirkning på fugle: status over viden og perspektiver*. [The effect of windmills on birds: state of knowledge and perspectives.] Roskilde: National Environmental Research Institute of Denmark, Report no. 147, Ib Calusager and Henning Høhr.

1998a *Natur og Miljø 1997: påvirkninger og tilstand*. [Nature and environment 1997: effects and state.] Roskilde: National Environmental Research Institute of Denmark. http://www.dmu.dk/news/Natur/.

1998b *Air Quality Data*. http://www.dmu.dk/atmosphericenvironment/aq_aar/aovers.htm. (no longer available).

Nestle, Marion 1996 "Allergies to transgenic foods – questions of policy." *New England Journal of Medicine* 334 (11):726 – 7. http://www.nejm.org/content/1996/0334/0011/0726.asp.

NETC 1999 *UK Air Pollution*. National Environmental Technology Centre on behalf of the UK Department of the Environment, Transport and the Regions. http://www.aeat.co.uk/netcen/airqual/reports/brochure/head.html.

New Scientist 2001 *Judgement Day: There Are Only Angels and Devils*. Global environment supplement to *New Scientist* 170 (2,288).

Newman-Taylor, Anthony 1995 "Environmental determinants of asthma." *The Lancet* 45:296 – 9.

Newport, Frank, David W. Moore and Lydia Saad 1999 "Long-term gallup poll trends: a portrait of American public opinion through the century." Gallup Poll release, 20 December 1999.

http://www.gallup.com/poll/releases/pr991220.asp.

Newton, Robert and Jacques Ferlay 1996 "Effect of ambient solar ultraviolet radiation on incidence of squamous-cell carcinoma of the eye." *The Lancet* 347:,1,450 – 1.

NHLBI and WHO 1995 *Global Initiative For Asthma: Global Strategy for Asthma Management and Prevention*. NHLBI/WHO Workshop Report; National Institutes of Health; National Heart, Lung and Blood Institute; Publication no. 95 – 3659. http://www.ginasthma.com/workshop/workshop.pdf.

NIAAA 1997 U.S. *Apparent Consumption of Alcoholic Beverages Based on State Sales, Taxation, or Receipt Data. U.S. Alcohol Epidemiologic Data Reference Manual, Volume 1*. 3rd edn. National Institute on Alcohol Abuse and Alcoholism, NIH Publication no. 97 – 4263. http://silk.nih.gov/silk/niaaa1/publication/manual.htm.

NIAID 2000 "Asthma and allergy statistics." Fact Sheet. National Institute of Allergy and Infectious Diseases. National Institutes of Health. http://www.niaid.nih.gov/factsheets/allergystat.htm.

Nicholls, Robert J., Frank M.J. Hoozemans and Marcel Marchand 1999 "Increasing flood risk and wetland losses due to global sea-level rise: regional and global analyses." *Global Environmental Change* 9:S69-S87

Nicholson-Lord, David 2000 "The drowning of the Earth." *New Statesman* 129(4,476):8 – 9.

NIEHS 1999 *Health Effects from Exposure to Power-Line Frequency Electric and Magnetic Fields*. National Institute of Environmental Health Sciences. NIH Publication no. 99-4493. http://www.niehs.nih.gov/emfrapid/.

NOAA 1998 *State of the Coastal Environment: Chemical Contaminants in Oysters and Mussels*. By Tom O'Connor, National Oceanic and Atmospheric Administration. Silver Spring, MD: NOAA. http://state-of-coast.noaa.gov/bulletins/html/ccom_05/ccom.html.

2001 *Paleoclimatology Program*. http://www.ngdc.noaa.gov/paleo.

Nordhaus, William D. 1991a: "The cost of slowing climate change: a survey." *Energy Journal* 12(1):37 – 65.

1991b "Economic approaches to greenhouse warming." In *Global Warming: Economic Policy Approaches*. R. D. Dornbush and J. M. Poterba (eds.), pp. 33 – 68. Cambridge, MA: MIT Press.

1991c "A sketch of the greenhouse effect." *Greenhouse Warming* 81(1):146 – 50.

1991d "To slow or not to slow: the economics of the greenhouse effect." *Economic Journal* 101:920 – 37.

1992a "An optimal transition path for controlling greenhouse gases." *Science* 258:1,315 – 19. http://www.econ.yale.edu/~nordhaus/homepage/Optimal.science.1192.pdf.

1992b "Lethal model 2: the limits to growth revisited." *Brookings Papers on Economic Activity* 2:1 – 43.

1993 "Optimal greenhouse-gas reductions and tax policy in the 'DICE' Model." *Economic Modeling of Greenhouse Warming* 83(2):313 – 17.

1994 *Managing the Global Commons: The Economics of Climate Change*. Cambridge, MA: MIT Press.

1997a "Discounting in economics and climate change." *Climatic Change* 37:315 – 28.

1997b "Do real-output and real-wage measures capture reality? The history of lighting suggests not." In Bresnahan and Gordon 1997:29 – 66.

(ed.) 1998 *Economics and Policy Issues in Climate Change*. Washington, DC: Resources for the Future.

Nordhaus, William and Joseph Boyer 1999 "Requiem for Kyoto: an economic analysis of the Kyoto Protocol." *The Energy Journal*, Kyoto Special Issue:93 – 130.

2000 *Roll the DICE Again: Economic Models of Global Warming*. Cambridge, MA: MIT Press. In press. http://www.econ.yale.edu/~nordhaus/homepage/web%20table%20of%20contents%20102599.htm.

Nordhaus, William D. and Zili Yang 1996 "A regional dynamic general-equilibrium model of alternative climate-change strategies." *American Economic Review* 86(4):741 – 65.

Nordlee, Julie A., Steve L. Taylor, Jeffrey A. Townsend, Laurie A. Thomas and Robert K. Bush 1996 "Identification of a Brazil-Nut Allergen in Transgenic Soybeans." *New England Journal of Medicine* 334(11):688 – 92.

Norwood, Janet L. 1995 "The consumer price index, the deficit, and politics." *Policy Bites* 22, The Urban Institute. http://www.facsnet.org/cgi-bin/rt_back.cgi?rownumber=5&query=cpi.

Nottingham, Stephen 1998 *Eat Your Genes: How Genetically Modified Foodd is Entering Our Diet*. London: Zed Books.

NRC 1985 *Oil in the Sea: Inputs, Fates, and Effects*. National Research Council. Washington, DC: National Academy Press. http://books.nap.edu/books/0309034795/html/index.html.

1996 *Carcinogens and Anticarcinogens in the Human Diet: A Comparison of Naturally Occurring and Synthetic Substances*. National Research Council. Washington, DC: National Academy Press. http://books.nap.edu/books/0309053919/html/index.html, http://stills.nap.edu/html/ diet/summary.html.

1999: *Hormonally Active Agents in Environment*. Committee on Hormonally Active Agents in the Environment. Board on Environmental Studies and Toxicology, Commission on Life Sciences. National Research Council. Washington, DC: National Academy Press. http://books.nap.edu/html/hormonal_agents/.

2000 *Reconciling Observations of Global Temperature Change*. Washington, DC: National Academy Press. http://www.nap.edu.

2000b *Genetically Modified Pest-Protected Plants: Science and Regulation*. Committee on Genetically Modified Pest-Protected Plants, National Research Council. Washington, DC: National Academy Press. http://www.nap.edu/books/0309069300/html.

NRDC 1997 *Testing the Waters VII: How Does Your Vacation Beach Rate*. Natural Resources Defense Council.

1999 *Testing the Waters – 1999 A Guide to Water Quality at Vacation Beaches*. Natural Resources Defense Council. http://www.nrdc.org/water/oceans/ttw/titinx.asp.

NSC 1990 *Accident Facts, 1990 Edition*. Chicago: National Safety Council.

1999 *Injury Facts, 1999 Edition*. Chicago: National Safety Council.

NSTC 1996 *Interagency Assessment of Potential Health Risks Associated with Oxygenated*

Gasoline. National Science and Technology Council; Committee on Environment and Natural Resources; Interagency Oxygenated Fuels Assessment Steering Committee. http://www1.whitehouse.gov/WH/EOP/OSTP/NSTC/html/MTBE/mtbe-top.html.

NTIA 1999 *Falling through the Net: Defining the Digital Divide*. National Telecommunications and Information Administration. http://www.ntia.doc.gov/ntiahome/fttn99/FTTN.pdf.

2000 *Falling Through the Net: Toward Digital Inclusion. A Report on Americans' Access to Technology Tools*. National Telecommunications and Information Administration. http://search.ntia.doc.gov/pdf/fttn00.pdf.

NWCC 1994 *1994 National Avian – Wind Power Planning Meeting Proceedings*. National Wind Coordinating Committee. http://www.nationalwind.org/pubs/avian94/TOC.htm.

OCE 2001 "Hazards of Genetically Engineered Foods and Crops: Why We Need A Global Moratorium." GE-Fact Sheet &Guidelines for Grassroots Action. By Ronnie Cummins, Organic Consumers Association. http://www.purefood.org/ge/gefacts.pdf.

OECD 1985a *OECD Environmental Data Compendium 1985*. Paris: Organization for Economic Co-operation and Development.

1985b *The State of the Environment 1985*. Paris: Organization for Economic Co-operation and Development.

1987 *OECD Environmental Data Compendium 1987*. Paris: Organizatrion for Economic Co-operation and Development.

1994 *The OECD Green Model: An Updated Overview*. By Hiro Lee, Joaquim Oliveira Martins and Dominique van der Mensbrugghe. Technical Paper no. 97. http://www.oecd.org/dev/PUBLICATION/tp/tp97.pdf.

1999 *OECD Environmental Data Compendium 1999*. Paris: Organization for Economic Co-operation and Development.

2000 *Geographical Distribution of Financial Flows to Aid Recipients: Disbursements, Commitments, Country Indicators, 1994 – 1998*. Paris: Organization For Economic Co-operation and Development.

Okolo, Abraham 1999 "The Nigerian Census: Problems and Prospects." *American Statistician* 53(4):321 – 4.

Økologisk Jordbrug 1998 *Danske Forbrugeres Informationsadfærd i forbindelse med valg af fødevarer – herunder Økologiske Fødevarer*. [The Danes information habits concerning the choice of food – including ecological food.] Tina V. Møller and Teo Geer.

Olaya-Conteras, P., J. Rodriguez-Villamil, H. J. Posso-Valencia and J. E. Cortez 1998 "Organochlorine exposure and breast cancer risk in Colombian women." *Cad. Saude Publica*, Rio de Janeiro, 14(suppl. 3):125 – 32.

Oldeman, L. R. 1994 "The global extent of soil degradation." In Greenland and Szabolcs 1994:99 – 118.

Oldeman, L. R., R. T. A. Hakkeling and W. G. Sombroek 1990 *World Map of the Status of Human-Induced Soil Degradation: An Explanatory Note*. Global Assessment of Soil Degradation; International Soil Reference and Information Centre. Nairobi: UNEP.

1991 *World Map of the Status of Human-Induced Soil Degradation: A Brief Explanatory Note*.

Global Assessment of Soil Degradation; International Soil Reference and Information Centre. Nairobi: UNEP.

Olsen, Geary W., Kenneth M. Bodner, Jonathan M. Romlow, Charles E. Ross and Larry I. Lipshultz 1995 "Have sperm counts been reduced 50 percent in 50 years? A statistical model revisited." *Fertility and Sterility* 63(4):887 – 93.

1996 "Reply of the authors." *Fertility and Sterility* 65(2):451 – 3. Reply to Keiding and Skakkebæk 1996.

Olshansky S. J., S. Jay, Mark A. Rudeberg, Bruce A. Carnes, Christine K. Cassel and Jacob A. Brody 1991 "Trading off longer life for worsening health: the expansion of morbidity hypothesis." *Journal of Aging Health* 3:194 – 216.

Olshansky, S. Jay, Bruce Carnes, Richard G. Rogers and Len Smith 1997 *Infectious Diseases – New and Ancient Threats to World Health.* Washington, DC: Population Reference Bureau. http://www.prb.org/pubs/bulletin/bu52 – 2.htm.

OMB 1997 *Report to Congress on the Costs and Benefits of Federal Regulations.* 30 September 1997, Office of Management and Budget; Office of Information and Regulatory Affairs. http://www.whitehouse.gov/omb/inforeg/rcongress.html.

1999 *Report to Congress on the Costs and Benefits of Federal Regulations 1998.* http://www.whitehouse.gov/omb/inforeg/costbenefitreport1998.pdf.

2000a *Draft Report to Congress on the Costs and Benefits of Federal Regulations 1999.* January 2000. http://www.whitehouse.gov/omb/inforeg/3stevensdraft.pdf.

2000b: *Budget of the United States Government, Fiscal Year 2001: Historical Tables.* Washington, DC: US Government Printing Office. http://w3.access.gpo.gov/usbudget/fy2001/maindown. html.

Online 1997 "Toxic cocktail? Is a toxic mix more deadly than its parts?" Online NewsHour's editors ask. http://www.pbs.org/newshour/forum/april97/toxic3.html.

ONS 1999 *Social Trends 29.* The Office for National Statistics, Jil Matheson and and John Pullinger (eds.). London: The Stationery Office.

2000a: *Social Trends 30.* The Office for National Statistics, Jil Matheson and and John Pullinger (eds.). London: The Stationery Office.

2000b *Population Trends 102-Winter 2000.* The Office for National Statistics, http://www.statistics.gov.uk/products/p2295.asp.

2001a *Social Trends 31.* The Office for National Statistics, Jil Matheson and Carol Summerfield (eds.). London: The Stationery Office. http://www.statistics.gov.uk/products/p5748.asp

2001b *UK Retail Price Index: index numbers of retail prices 1948-2000.* Available on-line, dataset rpi1. http://www.statistics.gov.uk/statbase.

2001c *Population: age and sex, 1971 onwards for the constituent countries of the United Kingdom.* Available on-line, dataset PT10215. http://www.statistics.gov.uk/statbase.

2001d *Gross domestic product. Preliminary estimate-4th quarter 2000.* 26 January 2001. http://www.statistics.gov.uk/pdfdir/gdpr0101.pdf.

OPP 2000 *USEPA/OPP Pesticide Products Database.* Office of Pesticide Programs, US Environmental Protection Agency. http://www.cdpr.ca.gov/docs/epa/m2.htm.

Oram, Peter 1995 "The potential of technology to meet world food needs in 2020." *2020 Vision Brief* 13. http://www.cgiar.org/ifpri/2020/briefs/number13.htm.

Orogan, John Cheryl Long 2000 "The Problem with Genetic Engineering." *Organic Gardening* 47(1):42 – 6.

Ortonne, J.-P. 1997 "The ozone depletion and the skin." *Journal of the European Academy of Dermatology and Venereology* 9 (1,001):S17.

Osberg, Lars (ed.) 1991: *Economic Inequality and Poverty: International Perspectives*. Armonk, NY: M. E. Sharpe.

Ott, Wayne R. and John W. Roberts 1998 "Everyday exposure to toxic pollutants." *Scientific American* 278(2):86 – 91.

Ovesen, Lars 1995 "Effekten af øget indtagelse af økologiske landbrugsprodukter på folkesundheden." [The effect on national health from increased intake of organic farm products.] from the Danish Veterinary and Food Administration. In SID 1995:61 – 74.

Park, Chris C. 1987 *Acid Rain – Rhetoric and Reality*. London and New York: Methuen.

Park, Donghyun 1997 "An alternative examination of intercountry income inequality and convergence." *Comparative Economic Studies* 39(3/4):53 – 65.

1999 "Intercountry income inequality: an expansion and an update." *Comparative Economic Studies* 41(4):103 – 8.

Parker, David E. 2000 "Temperatures high and low." *Science* 287:1,216 – 17.

Parry, Ian W. H. and Wallace E. Oates 1998 "Policy Analysis in a Second-Best World." Discussion Paper 98 – 48. Washington, D.C.: Resources for the Future. http://www.rff.org/CFDOCS/disc_papers/PDF_files/9848.pdf.

Parry, Martin, Nigel Arnell, Mike Hulme, Robert Nicholls and Matthew Livermore 1998 "Buenos Aires and Kyoto targets do little to reduce climate change impacts." *Global Environmental Change* 8(4):285 – 9.

Parry, Martin, Cynthia Rosenzweig, Ana Iglesias, Günther Fischer and Matthew Livermore 1999 "Climate change and world food security: a new assessment." *Global Environmental Change* 9:S51 – S67.

Parry, Martin (ed) 2000 *Assessment of Potential Effects and Adaptations for Climate Change in Europe: The Europe ACACIA Project*. Jackson Environment Institute, University of East Anglia, UK.

Parson, Edward A. and Karen Fisher-Vanden 1997 "Integrated assessment models of global climate change." *Annual Review of Energy and Environment* 22:589 – 628.

Patterson, Blossom H. and Gladys Block 1988 "Food choices and the cancer guidelines." *American Journal of Public Health* 78(3):282 – 6.

Paulsen, C. Alvin, Nancy G. Berman and Christina Wang 1996 "Data from men in greater Seattle area reveals no downward trend in semen quality: further evidence that deterioration of semen quality is not geographically uniform." Fertility and Sterility 65(5):1,015 – 20.

PBS Frontline 1998 "Fooling with nature: interview with Theo Colborn." http://www.pbs.org/wgbh/pages/frontline/shows/nature/interviews/colborn.html.

PCSD 1999 *Towards a Sustainable America: Advancing Prosperity, Opportunity, and a Healthy*

Environment for the 21st Century. May 1999. President's Council on Sustainable Development. http://www.whitehouse.gov/PCSD/Publications/tsa.pdf (no longer available).

Pearce, David 1991 "The Role of Carbon Taxes in Adjusting to Global Warming." *The Economic Journal* 101(407):938 – 48.

1998 "Auditing the Earth." *Environment* 40(2):23 – 9.

Pearce, David W. and R. Kerry Turner 1990 *Economics of Natural Resources and the Environment.* Baltimore: Johns Hopkins University Press.

Pearce, Fred 1997 "Burn me." *New Scientist*, 156(2,109):22 November. 1997, 2,109:30 – 4.

2000 "Washed off the map: Better get that ark ready, because the sea levels are gonna rise." *New Scientist* 168(2,266):5. http://www.newscientist.com/news/news.jsp?id=ns22664

2001 "We are all guilty! It's official, people are to blame for global warming." *New Scientist* 169(2275):5. http://archive.newscientist.com/archive.jsp?id=22750300.

Peck, Stephen C. and Thomas J. Teisberg 1992 "CETA: a model for carbon emissions trajectory assessment." *Energy Journal* 13(1):55 – 77.

1999 "CO_2 emissions control agreements: incentives for regional participation." *The Energy Journal*, Kyoto Special Issue:367 – 90.

Percival, Val and Thomas Homer-Dixon 1998 "Environmental scarcity and violent conflict: the case of South Africa." *Journal of Peace Research* 35(3):279 – 98.

Persson, Torsten and Guido Tabellini 1994 "Is inequality harmful for growth?" *American Economic Review* 84(3):600 – 20.

Peterson, T. C., K. P. Gallo, J. Lawrimore, T. W. Owen, A. Huang and D. A. McKittrick 1999 "Global rural temperature trends." *Geophysical Research Letters* 26(3):329 – 32.

Petit, J. R., J. Jouzel, D. Raynaud, N. I. Barkov, J.-M. Barnola, I. Basile, M. Bender, J. Chappellaz, M. Davis, G. Delaygue, M. Delmotte, V. M. Kotlyakov, M. Legrand, V. Y. Lipenkov, C. Lorius, L. Pépin, C. Ritz, E. Saltzman and M. Stievenard 1999 "Climate and atmospheric history of the past 420,000 years from the Vostok ice core, Antarctica." *Nature* 299(6735):429 – 36.

Peto, Richard, Alan D. Lopez, Jillian Boreham, Michael Thun and Clark Heath Jn. 1992 "Mortality from tobacco in developed countries: indirect estimation from national vital statistics." *The Lancet* 229:1,268 – 78.

1994 *Mortality from Smoking in Developed Countries* 1950 – 2000. Oxford: Oxford University Press.

Pezzey, John C.V., and Andrew Park 1998 "Reflections on the Double Dividend Debate: The Importance of Interest Groups and Information Costs." *Environmental and Resource Economics* 11(3 – 4):539 – 55.

Pielke, Roger A. 1999 "Nine fallacies of floods." *Climatic Change* 42:413 – 38.

Pielke, Roger A. Jn. and Christopher W. Landsea 1998 "Normalized hurricane damages in the United States: 1925 – 1995." *Weather and Forecasting* 13(3):621 – 31. http://www.aoml.noaa.gov/hrd/Landsea/USdmg/index.html.

1999 "La Niña, El Niño, and Atlantic hurricane damages in the United States." *Bulletin of the*

American Meteorological Society 80(10):2,027 – 33. http://ams.allenpress.com/.

Pielke, R. A. Sn. and R. A Pielke Jn. 2000 *Storms*. New York: Routledge.

Pimentel, David 1997 "Soil erosion." *Environment* 39(10):4 – 5.

Pimentel, David, H. Acquay, M. Biltonen, P. Rice, M. Silva, J. Nelson, V. Lipner, S. Giordano, A. Horowitz and M. D'Amore 1992 "Environmental and economic costs of pesticide use." *BioScience* 42(10):750 – 60.

Pimentel, D., C. Harvey, P. Resosudarmo, K. Sinclair, D. Kurtz, M. McNair, S. Crist, L. Spritz, L. Fitton, R. Saffouri and R. Blair 1995a "Environmental and economic costs of soil erosion and conservation benefits." *Science* 267:1,117 – 23.

1995b: "Response" [to Crosson 1995]. *Science* 269:465 – 6.

Pimentel, David and Marcia Pimentel 1995 *Land, Energy and Water: The Constraints Governing Ideal U.S. Population Size*. NPG Forum Series. http://www.npg.org/forums/land_energy&water.htm.

1999: "The future: prospects for the global availability of food and ways to increase it." *Social Research* 66(1):417 – 28.

Pimentel, David, Maria Tort, Linda D'Anna, Anne Krawic, Joshua Berger, Jessica Rossman, Fridah Mugo, Nancy Doon, Michael Shriberg, Erica Howard, Susan Lee and Jonathan Talbot 1998 "Ecology of increasing disease: population growth and environmental degradation." *BioScience* 48(10):817 – 26.

Pimentel, David, Christa Wilson, Christine McCullum, Rachel Huang, Paulette Dwen, Jessica Flack, Quynh Tran, Tamara Saltman and Barbara Cliff 1997 "Economic and environmental benefits of biodiversity." *BioScience* 47(11):747 – 57.

Pimm, Stuart L. 1997 "The value of everthing." *Nature* 387:231 – 2.

Pingali, Prabhu L. (ed.) 1999 *CIMMYT 1998 – 99 World Wheat Facts and Trends. Global Wheat Research in a Changing World: Challenges and Achievements*. International Maize and wheat Improvement Center. Mexico City: CIMMYT. http://www.cimmyt.cgiar.org/research/Economics/wheatft9899.htm (no longer available).

Pingali, Prabhu L. and Paul W. Heisey 1999 *Cereal Crop Productivity in Developing Countries: Past Trends and Future Prospects*. International Maize and Wheat Improvement Center. Economics Working Paper 99 – 03. http://www.cimmyt.cgiar.org/Research/Economics/PDFs/EWP%2099_03.pdf (no longer available).

Plaschke, P., C. Janson, B. Balder, O. Lowhagen and B. Jarvholm 1999b "Adult asthmatics sensitized to cats and dogs: symptoms, severity, and bronchial hyperresponsiveness in patients with furred animals at home and patients without these animals." *Allergy* 54(8):843 – 50.

Plaschke, P., C. Janson, E. Norrman, E. Bjornsson, S. Ellbjar and B. Jarvholm 1999a "Association between atopic sensitization and asthma and bronchial hyperresponsiveness in Swedish adults: pets, and not mites, are the most important allergens." *The Journal of Allergy and Clinical Immunology* 104(1):58 – 65.

Plato 1961 *The Collected Dialogues*. Princeton, NJ: Princeton University Press.

Platts-Mills, Thomas A. E. and Melody C. Carter 1997 "Asthma and indoor exposure to allergens."

The New England Journal of Medicine 336(19):1,382 – 4. http://www.nejm.org/content/1997/0336/0019/1382.asp.

Platts-Mills, Thomas A. E. and Judith A. Woodfolk 1997 "Rise in asthma cases." *Science* 278:1,001.

Pollack, H.N. and S. Huang 2001 "Global Borehole Temperature Database for Climate Reconstruction." ftp://ftp.ngdc.noaa.gov/paleo/borehole/global.composite.txt.

Pope, CA, III, M. J. Thun, M. M. Namboodiri, D. W. Dockery, J. S. Evans, F. E. Speizer and C. W. Heath Jr. 1995 "Particulate air pollution as a predictor of mortality in a prospective study of U.S. adults." *American Journal of Respiratory and Critical Care Medicine* 151:669 – 74.

Pope, Charles 1998 "A year after Kyoto pact's completion, the political heat is unabated." *CQ Weekly* 56(46):3,175 – 7.

Population Reports 1998 "The coming water crisis." *Population Reports* 26(1):3 – 4.

PORG 1997 *Ozone in the United Kingdom: Fourth Report of the Photochemical Oxidants Review Group, 1997.* Prepared at the request of the Air and Environment Quality Division, Department of the Environment, Transport and the Regions. http://www.aeat.co.uk/netcen/airqual/reports/porg/fourth1.html.

Porritt, Jonathon 1991 *Save the Earth.* London: Dorling Kindersley.

Porter, Roy 1997 *The Greatest Benefit to Mankind: A Medical History of Humanity from Antiquity to the Present.* London: Fontana Press.

Portney, Paul R. and John P. Weyant 1999a "Introduction." In Portney and Weyant 1999b:1 – 11. http://www.rff.org/books/summaries/Discounting%20ch01.pdf.

Portney, Paul R. and John P. Weyant (eds.) 1999b *Discounting and Intergenerational Equity.* Washington, DC: Resources for the Future.

Postel, Sandra L. 1998 "Water for food production: will there be enough in 2025?" *BioScience* 48(8):629 – 38.

1999 *Pillar of Sand: Can the Irrigation Miracle Last?* New York: Norton.

Postel, Sandra L., Gretchen C. Daily and Paul R. Ehrlich 1996 "Human appropriation of renewable fresh water." *Science* 271:785 – 8.

Postrel, Virginia 1991 "Of mice and men: an interview with Bruce Ames." *Reason Magazine.* December 1991. http://reason.com/amesint.html.

Poulsen, Emil 1992 "Setting of limit values for chemicals and chemical compounds." In ATV 1992:37 – 47.

Poulsen, Jørgen 1998 "Dissidentens stemme." [The voice of the dissident.] *Politiken.* 13 March 1998, section 2, pp. 3 – 4.

Powell, Mark R. 1997 *Three-City Air Study.* Discussion Paper 97 – 29; Resources for the Future.

Proboth, Monica 2000 "Clinical review of recent findings on the awareness, diagnosis and treatment of depression." *American Family Physician* 61(10):3,158 – 61.

Preston, Samuel 1976 *Mortality Patterns in National Populations.* New York: Academic Press.

1995 "Human mortality throughout history and prehistory." In Simon 1995b:30 – 6.

Preston, Samuel H., Nathan Keyfitz and Robert Schoen 1972 *Causes of Death: Life Tables for National Populations.* New York: Seminar Press.

Pritchett, Lant 1997 "Divergence, big time." *Journal of Ecomomic Perspectives* 11(3):3 – 17.

Pritchett, Lant and Lawrence H. Summers 1996 "Wealthier is healthier." *Journal of Human Resources* 31(4):842 – 68.

Protheroe, David, Kim Turvey, Kieran Horgan, Eddie Benson, David Bowers and Allan House 1999 "Stressful life events and difficulties and onset of breast cancer: case-control study." *British Medical Journal* 319:1,027 – 30.

Putman, Susan W. and Jonathan Baert Wiener 1997 "Seeking safe drinking water." In Graham and Wiener 1997:124 – 48.

Putnam, Judith Jones and Jane E. Allshouse 1999 *Food Consumption, Prices, and Expenditures, 1970 – 97*. Food and Rural Economics Division, Economic Research Service, US Department of Agriculture. Statistical Bulletin 965. http://www.ers.usda.gov/epubs/pdf/sb965.

Putnam, Judy and Shirley Gerrior 1999 "Trends in the U.S. food supply, 1970 – 97." In Frazão 1999:133 – 60.

Qian, B. D., J. Corte-Real and H. Xu 2000 "Is the North Atlantic Oscillation the most important atmospheric pattern for precipitation in Europe?" *Journal of Geophysical Research – Atmospheres*. 105(D9):11,901 – 10.

QUARG 1993 *Diesel Vehicle Emissions and Urban Air Quality*. Second Report of the Quality of Urban Air Review Group. http://www.aeat.co.uk/netcen/airqual/reports/quarg/q2intro.html.

1996 *Airborne Particle Matter in the United Kingdom*. Third Report of the Quality of Urban Air Review Group. http://www.aeat.co.uk/netcen/airqual/reports/quarg/q3intro.html.

Quinn, Niall 1995 "Parkinsonism – recognition and differential diagnosis." *British Medical Journal* 310:447 – 52.

Rabalais, Nancy N., R. Eugene Turner, Dubravko Justić, Quay Dortch and William J. Wiseman Jn. 1999 *Gulf of Mexico Hypoxia Assessment: Topic #1. Characterization of Hypoxia*. Hypoxia Work Group, White House Office of Science and Technology Policy, Committee on Environment and Natural Resources for the EPA Mississippi River/Gulf of Mexico Watershed Nutrient Task Force. NOAA Coastal Ocean Program. http://www.nos.noaa.gov/products/pubs_hypox.html.

Radetzki, Marian 1997 "The economics of biomass in industrialized countries: an overview." *Energy Policy* 25(6):545 – 54.

1999 "Taxation of greenhouse gases: why Kyoto will not be implemented." *International Journal of Global Energy Issues* 12(7 – 8):372 – 6.

Raloff, J. 1993 "Valdez spill leaves lasting oil impacts." *Science News* 143(7):103 – 4.

1997 "Is synergy of estrogen mimics an illusion?" *Science News* 152(5):69.

1998 "How inhaled dust harms the lungs." *Science News* 153(5):68.

Rasborg, Klaus 1997 "Refleksiv modernisering i risikosamfundet." [Reflexive modernization in the risk society.] *Dansk Sociologi* 2(8):7 – 20.

Raskin, P., P. Gleick, P. Kirshen, R. G. Pontius Jn. and K. Strzepek 1997 "Water futures: assessment of long-range patterns and problems." Background document for CSD 1997. Stockholm: Stockholm Environment Institute.

Rathje, William and Cullen Murphy 1992 *Rubbish! What Our Garbage Tells Us about Ourselves.*

New York: HarperPerennial.

Rauber, Paul and Reed McManus 1994 "Down on the farm bureau." *Sierra* 79(6):32 – 3.

Rave, Peter and Ghillean Prance 1991 "The richness of life." In Porritt 1991:70 – 3.

Rawls, John 1972 *A Theory of Justice*. Oxford: Oxford University Press.

Reader, M. C. and G. J. Boer 1998 "The modification of greenhouse gas warming by the direct effect of sulphate aerosols." *Climate Dynamics* 14:593 – 607.

Readman, J. W., J. Bartocci, I. Tolosa, S. W. Fowler, B. Oregioni and M. Y. Abdulraheem 1996 "Recovery of the coastal marine environment in the Gulf following the 1991 war-related oil spills." *Marine Pollution Bulletin* 32(6):493 – 8.

Readman, J. W., S. W. Fowler, J.-P. Villeneuve, C. Cattini, B. Orgioni and L. D. Mee 1992 "Oil and combustion-product contamination of the Gulf marine environment following the war." *Nature* 358:662 – 5.

Reaka-Kudla, Marjorie, Don E. Wilson and Edward O. Wilson (eds.) 1997 *Biodiversity II*. Washington, DC: Joseph Henry Press.

Rector, Robert 1995 "How 'poor' are America's poor?" In Simon 1995b:241 – 56.

Red Cross 1998 *World Disasters Report*. International Federation of Red Cross and Red Crescent Societies. Oxford: Oxford University Press.

Reeves, Timothy G., Sanjaya Rajaram, Maarten van Ginkel, Richard Trethowan, Hans-Joachim Braun and Kelly Cassaday 1999 *New Wheats for a Secure, Sustainable Future*. Mexico City: CIMMYT. http://www.cimmyt.cgiar.org/about/pdf/New%20Wheats.pdf (no longer available).

Regis, Ed 1997 "The environment is going to hell, . . ." *Wired* 5(2):136 – 40, 193 – 8.

Reid, W. V. 1992 "How many species will there be?" In Whitmore and Sayer 1992:55 – 74.

Reilly, J. M. and D. Schimmelpfennig 1999 "Agricultural impact assessment, vulnerability, and the scope for adaptation." *Climatic Change* 43(4):745 – 88.

Reisner, Barbara S. 1996 "Plague – past and present." *Clinical Microbiology Newsletter* 18(20): 153 – 6.

Reiter, Paul 2000 "From Shakepeare to Defoe: malaria in England in the Little Ice Age." *Emerging Infectious Diseases* 6(1):1 – 10. http://www.cdc.gov/ncidod/eid/vol6no1/reiter.htm.

Rejesus, Roderick M., Paul W. Heisey and Melinda Smale 1999 *Sources of Productivity Growth in Wheat: A Review of Recent Performance and Medium- to Long-Term Prospects*. International Maize and Wheat Improvement Center. Economics Working Paper 99 – 05. http://www.cimmyt.cgiar.org/Research/Economics/PDFs/EWP%2099_05.pdf (no longer available).

Reuters 1998 "Altered-gene potatoes hurt rats, report says. Scientist urges more study prior to use by humans." Monday, August 10, 1998. http://www.desnews.com/cgi-bin/libstory_reg?dn98&9808100179.

Reynolds, Tom 1998a "Causes of childhood leukemia beginning to emerge." *Journal of the National Cancer Institute* 90(1):8 – 10.

Reynolds, Tom 1998b "Researchers hunt for elusive environmental causes of leukemia." *Journal of the National Cancer Institute* 90(2):90 – 2.

Richards, John F. 1990 "Land transformation." In Turner *et al.* 1990:163 – 80.

Ridnouer, Nathan M. 1998 "Cities bracing for 'climate event of the century'." *Nation's Cities Weekly* 21(12):14.

Ries, Lynn A. G., Phyllis A. Wingo, Daniel S. Miller, Holly L. Howe, Hannah K. Weir, Harry M. Rosenberg, Sally W. Vernon, Kathleen Cronin and Brenda K. Edwards 2000 "The annual report to the nation on the status of cancer, 1973 – 1997, with a special section on colorectal cancer." *Cancer* 88(10):2,398 – 424. http://www3.interscience.wiley.com/cgi-bin/abstract/ 72502069/START.

Riiskjær, Erik 1988 *Når lofterne drysser i kommunen: en historie fra den lokalpolitiske virkelighed.* [Story of the local politics of asbstos ceilings.] Århus: Politica.

Riley, James C. 1990 "The risk of being sick: morbidity trends in four countries." *Population and Development Review* 16:403 – 42.

1992 "From a high mortality regime to a high morbidity regime: is culture everything in sickness?" *Health Transition Review* 2:71 – 8. http://www-nceph.anu.edu.au/htc/htrall.htm.

1993 "Understanding morbidity change: comment on an article by Murray and Chen." *Population and Development Review* 19(4):807 – 11.

1997 *Why are Morbidity and Mortality Rarely Parallel?* Working Paper 97 – 10, Department of History, Indiana University. http://www.indiana.edu/~pirt/wp97 – 10.html.

Riley, James C. and George Alter 1996: "The sick and the well: adult health in Britain during the health transition." *Health Transition Review* Supplement 6:19 – 44. http://www-nceph.anu.edu.au/htc/htrall.htm.

Ritter, Len, Clark Heath Jn., Elizabeth Kaegi, Howard Morrison and Susan Sieber 1997 "Report of a panel on the relationship between public exposure to pesticides and cancer." *Cancer* 80:2,019 – 33.

Robinson, John P. 1995 "Trends in free time." In Simon 1995b:224 – 30.

Robinson, John P. and Ann Bostrom 1994 "The overestimated workweek? What time diary measures suggest." *Monthly Labor Review* 117(8)11 – 23. http://stats.bls.gov/opub/mlr/1994/08/art2full.pdf.

Robinson, John P. and Geoffrey Godbey 1997 *Time for Life: The Surprising Ways Americans Use Their Time*. University Park: Pennsylvania State University Press.

1999 *Time for Life: The Surprising Ways Americans Use Their Time.* 2nd edn. University Park: Pennsylvania State University Press.

Rodhe, H., R. J. Charlson and T. L. Anderson 2000 "Avoiding Circular Logic in Climate Modeling." *Climatic Change* 44:419 – 22.

Rodricks, Joseph V. 1992 *Calculated Risks: Understanding the Toxicity and Human Health Risks of Chemicals in Our Environment*. Cambridge: Cambridge University Press.

Rogers, David J. and Sarah E. Randolph 2000 "The Global Spread of Malaria in a Future, Warmer World." *Science* 289(5485):1763 – 6.

Rogoff, Kenneth 1996 "The purchasing power parity puzzle." *Journal of Economic Literature* 34(2):647 – 68.

Roll-Hansen, Nils 1994 "Science, politics, and the mass media: on biased communication of environmental issues." *Science, Technology and Human Values* 19(3):324 – 41.

Romano, Mike 1999 "A questionable verdict." *U.S. News and World Report* 126(19):28.

Rones, Philip L., Randy E. Ilg and Jennifer M. Gardner 1997 "Trends in hours of work since the mid-1970s." *Monthly Labor Review* 120(4):3 – 14. http://www.bls.gov/opub/mlr/1997/04/art1full.pdf.

Rosenstreich, David L., Peyton Eggleston, Meyer Kattan, Dean Baker, Raymond G. Slavin, Peter Gergen, Herman Mitchell, Kathleen McNiff-Mortimer, Henry Lynn, Dennis Ownby and Floyd Malveaux 1997 "The role of cockroach allergy and exposure to cockroach allergen in causing morbidity among inner-city children with asthma." *The New England Journal of Medicine* 336(19):1,356 – 63. http://www.nejm.org/content/1997/0336/0019/1356.asp.

Rosenzweig, Cynthia and Martin L. Parry 1994 "Potential impact of climate change on world food supply." *Nature* 367:133 – 8.

Rosner, David and Gerald Markowitz 1999 "Labor day and the war on workers." *American Journal of Public Health* 89(9):1,319 – 21.

Ross, Julie A., Max J. Coppes and Leslie L. Robison 1999 "Population density and risk of childhood acute lymphoblastic leukaemia." *The Lancet* 354:532.

Ross, Shelagh and Roger Blackmore 1996 "Atmospheres and climatic change." In Blackmore and Reddish 1996:129 – 91.

Rossow, William B. and Robert A. Schiffer 1999 "Advances in understanding clouds from ISCCP." *Bulletin of the American Meteorological Society* 80(11):2,261 – 87. http://ams.allenpress.com.

Rötter, R. and S. C. van de Geijn 1999 "Climate change effects on plant growth, crop yield and livestock." *Climatic Change* 43(4):651 – 81.

Royal Society 1999 *Review of data on possible toxicity of GM potatoes*. 11/99. http://www.royalsoc.ac.uk/files/statfiles/document-29.pdf.

Royte, Elizabeth and Harry Benson 2001 "The Gospel According to John." *Discover* 22(2):66 – 73.

Rozanov, Boris G., Viktor Targulian and D. S. Orlov 1990 "Soils." In Turner *et al.* 1990:203 – 14.

RRI 1998 "Audit Report of Rowett Research on Lectins. Genetically Modified Organisms." Rowett Research Institute. http://www.rri.sari.ac.uk/press/pr04.98.html [no longer available].

Russell, Josiah Cox 1978 "Population in Europe 500 – 1500." In Cipolla 1978:1:25 – 71.

Saad, Lydia 1999 "Environmental concern wanes in 1999 Earth Day poll: Americans still care, but more likely to see progress." *Poll Releases*, 22 April 1999. http://www.gallup.com/poll/releases/pr990422.asp.

Saad, Lydia and Riley E. Dunlap 2000 "Americans are environmentally friendly, but issue not seen as urgent problem: concern has dropped somewhat over past decade." *Poll Releases* 17 April 2000. http://www.gallup.com/poll/releases/pr000417.asp.

Sabziparvar, Ali-Akbar 1997 "A model derived surface climatology of surface daily ultraviolet irradiance including an estimate of trends due to changes in atmospheric composition." PhD thesis, University of Reading. Data can be downloaded from http://www.met.rdg.ac.uk/~piers/ali/ali.html (temporarily unavailable).

Sabziparvar, Ali-Akbar, Keith P. Shine and Piers M. de F. Forster 1999 "Environmental photobiology and UVR effects – a model-derived global climatology of UV irradiation at the earth's surface." *Photochemistry and Photobiology* 69(2):193 – 202.

Sadar, Ziauddin 2000 "Put blame for BSE where it belongs." *New Statesman*, 10/23/2000, p17.

Saeijs, H. L. F. and M. J. van Berkel 1995 "Global water crisis: the major issue of the 21st century, a growing and explosive problem." *European Water Pollution Control* 5(4):26 – 40.

Safe, Stephen H. 1995 "Environmental and dietary estrogens and human health: is there a problem?" *Environmental Health Perspectives* 103(4):346 – 51.

1997a "Is there an association between exposure to environmental estrogens and breast cancer." *Environmental Health perspectives Supplements* 105(3):675 – 8.

1997b "Xenoestrogens and breast cancer." *New England Journal of Medicine* 337(18):1,303 – 4.

1998 "Interactions between hormones and chemicals in breast cancer." *Annual Review of Pharmacological Toxicology* 38:121 – 58.

Sagoff, Mark 1995 "Carrying capacity and ecological economics." *BioScience* 45(9):610 – 20.

1997 "Can we put a price on nature's services?" *Report from the Institute for Philosophy and Public Policy* 17:3. http://www.puaf.umd.edu/ippp/nature.htm.

1999 "Controlling global climate: the debate over pollution trading." *Report from the Institute for Philosophy and Public Policy* 19:1. http://www.puaf.umd.edu/ippp/winter99/controlling_global_climate.htm.

Sahagian, Dork L., Frank W. Schwartz and David K. Jacobs 1994 "Direct anthropogenic contributions to sea level rise in the twentieth century." *Nature* 367:54 – 7.

Saidi, James A., David T. Chang, Erik T. Goluboff, Emilia Bagiella, Geary Olsen and Harry Fisch 1999 "Declining sperm counts in the United States? A critical review." *The Journal of Urology* 161:460 – 2.

Sandman, Peter M. 1996 "Mass media and environmental risk: seven principles" *Risk: Health, Safety and Environment* 5. http://www.fplc.edu/risk/vol5/summer/sandman.htm

Sandweiss, Daniel H., James B. Richardson III, Elizabeth J. Reitz, Harold B. Rollins and Kirk A. Maasch 1996a "Geoarchaeological evidence from Peru for a 5000 years B.P. onset of El Niño." *Science* 273:1,531 – 3.

1996b "Determining the early history of El Niño." *Science* 276:966 – 7.

Sankovski, Alexei, Wiley Barbour and William Pepper 2000 "Quantification of the IS99 Emission Scenario Storylines Using the Atmospheric Stabilization Framework." *Technological Forecasting and Social Change* 63: 263 – 87.

Santer, B. D., T. M. L. Wigley, D. J. Gaffen, L. Bengtsson, C. Doutriaux, J. S. Boyleft, M. Esch, J. J. Hnilo, P. D. Jones, G. A. Meehl, E. Roeckner, K. E. Taylor and M. F. Wehner 2000 "Interpreting differential temperature trends at the surface and in the lower troposphere." *Science* 287:1,227 – 32.

Saphir, Ann 1998 "Farmers and cancer: old crop of data gets new scrutiny." *Journal of the National Cancer Institute* 90(9):651 – 3.

Sarkar, Prabirjit 1999 "Theory of convergence and real income divergence 1950 – 92." *Economic and Politcal Weekly*, 20 February 1999:500 – 4.

Schade, G. and B. Heinzow 1998 "Organochlorine pesticides and polychlorinated biphenyls in human milk of mothers living in northern Gemany: current extent of contamination, time trend from 1986 to 1997 and factors that influence the levels of contamination." *The Science of the Total Environment* 215(1 – 2):31 – 9.

Schecter, A., P. Toniolo, L. C. Dai, L. T. B. Thuy and M. S. Wolff 1997 "Blood levels of DDT and breast cancer risk among women living in the north of Vietnam." *Archives of Environmental Contamination and Toxicology* 33:453 – 6.

Schelling, Thomas C. 1992 "Some economics of global warming." *American Economic Review* 82(1):1. http://sedac.ciesin.org/mva/iamcc.tg/articles/SC1992/SC1992.html.

1996 "The economic diplomacy of geoengineering." *Climatic Change* 33:303 – 7.

1999 "Intergenerational Discounting." In Portney and Weyant 1999:99 – 102.

Schellnhüber, Hans Joachim and Gary Wynn Yohe 1997 *Comprehending the Economic and Social Dimensions of Climate Change by Integrated Assessment.* Potsdam: Potsdam Institute for Climate Impact Research. http://www.pik-potsdam.de/portrait/schellnh/home/hjs_talk/hjs_ge_1.htm.

Scherr, Sara J. 1999 "Soil degradation: a threat to developing-country food security by 2020?" Food, Agriculture, and the Environment Discussion Paper 27, International Food Policy Research Institute. http://www.cgiar.org/ifpri/pubs/catalog.htm#dp.

Scheuplein, Robert 1991 "Do pesticides cause cancer?" *Consumers' Research Magazine* 74(12):30 – 3.

Schiermeier, Quirin 2000 "Novartis pins hopes for GM seeds on new marker system." *Nature* 406(6,799):924.

Schipper, L. J., R. Haas and C. Sheinbaum 1996 "Recent trends in residential energy use in OECD countries and their impact on carbon dioxide emissions: a comparative analysis of the period 1973 – 1992." *Mitigation and Adaptation Strategies for Global Change* 1(2):167 – 96.

Schmitt, C. J. and C. M. Bunck 1995 "Persistent environmental contaminants in fish and wildlife." In NBS 1995:413 – 16.

Schneider, Friedrich and Dominik Enste 2000 "Shadow economies around the world – size, causes, and consequences." *Journal of Economic Literature* 38(1):77 – 114. Working Paper Can be downloaded from http://www.lrz-muenchen.de/~u5121aw/ceswww/c02.htm.

Schneider, Keith 1991 "U.S. backing away from saying dioxin is a deadly peril: a new assessment begins." *New York Times*, 15 August, 140(48,693):A1, D23.

Scholten, M. C. Th., K. J. M. Kramer and R. W. P. M. Laane 1998 "Trends and variation in concentration of dissolved metals (Cd, Cu, Pb, and Zn) in the North Sea (1980 – 1989)." *ICES Journal of Marine Science* 55(5):825 – 34.

Schor, J. 1991 *The Overworked American.* New York: Basic Books.

Schroll, Henning, Kåre Fog, Christian Ege and Jaenne Line Christiansen (eds.) 1999 *Fremtidens Pris: Talmagi i Miljøpolitikken.* [The Price of the Future: Statistics and Magic in Environmental Policy.] Copenhagen: Det Økologiske Råd and Mellemfolkeligt Samvirke.

Schultz, T. Paul 1998 "Inequality in the distribution of personal income in the world: how it is changing and why." *Journal of Population Economics* 11:307 – 44.

Scott, Michael 1994 *The Young Oxford Book of Ecology.* Oxford: Oxford University Press.

Sears, Malcolm R. 1997a "Descriptive epidemiology of asthma." *The Lancet*, supplement *Asthma*

350(9,085):1 – 4.

1997b "Epidemiology of childhood asthma." *The Lancet* 350:9,083:1,015 – 20.

Sedjo, Roger A. and Marion Clawson 1995 "Global forests revisited." In Simon 1995b:328 – 45.

SEER 2000a *SEER Cancer Statistics Review, 1973 – 1997*. NCI (National Cancer Institute) Surveillance, Epidemiology, and End Results program. http://seer.cancer.gov/Publications/CSR1973_1997/

2000b *SEER *Stat 3.0*. Statistical system for the analysis of SEER incidence database, August 1999 submission, 1973 – 1997 diagnoses. CD-ROM from http://seer.cancer.gov/ScientificSystems/SEERStat/.

Semiat, Raphael 2000 "Desalination: present and future." *Water International* 25(1):54 – 65.

Serageldin, Ismail 1995 *Toward Sustainable Management of Water Resources*. World Bank, Directions in Development 14,910.

Shafik, Nemat 1994 "Economic development and environmental quality: an econometric analysis." *Oxford Economic Papers* 46:757 – 73.

Shah, Tushaar, David Molden, R. Sakthivadivel and David Seckler 2000 *The Global Groundwater Situation: Overview of Opportunities and Challenges*. Colombo, Sri Lanka: International Water Management Institute. http://www.cgiar.org/iwmi/pubs/WWVisn/GrWater.pdf.

Shaheen, S. O., J. A. Sterne, S. M. Montgomery and H. Azima 1999 "Birth weight, body mass index and asthma in young adults." *Thorax* 54(5):396 – 402.

Shammas, Carole 1993 "A new look at long-term trends in wealth inequality in the United States." *The American Historical Review* 98(2):412 – 31.

Sharma, Dinesh C. 1999 "Alarming amounts of lead found in Indian children." *The Lancet* 353:647.

Sharpe, J. A. 1987 *Early Modern England: A Social History 1550 – 1760*. London: Arnold.

Sharpe, Richard M. 1995 "On the importance of being Earnest." *Human and Experimental Toxicology* 14:462 – 6.

Sharpe, Richard M. and Niels E. Skakkebæk 1993 "Are oestrogens involved in falling sperm counts and disorders of the male reproductive tract?" *The Lancet* 341:1,392 – 5.

Sherins, Richard J. 1995 "Are semen quality and male fertility changing?" *New England Journal of Medicine* 332(5):327 – 8. http://www.nejm.org/content/1995/0332/0005/0327.asp.

Shiklomanov, Igor A. 1993 "World fresh water resources." In Gleick 1993:13 – 24.

2000 "Appraisal and assessment of world water resources." *Water International* 25(1):11 – 32. http://www.iwra.siu.edu/win/win90s.html#251.

Shine, Keith P. and Piers M. de F. Forster 1999 "The effect of human activity on radiative forcing of climate change: a review of recent developments." *Global and Planetary Change* 20:205 – 25.

Shute, Nancy, Thomas Hayden, Charles W. Petit, Rachel K. Sobel, Kevin Whitelaw and David Whitman 2001 "The Weather Turns Wild." *U.S. News and World Report*, February 5, 130(5):44 – 50.

Shuval, Hille "Israel: national water resources conservation planning and policies for rapid economic development and conditions of severe scarcity." In Lundqvist and Gleick 1997:37 – 9.

SID 1995 *Rapport om økologisk jordbrugsreform*. [Report on organic agricultural reform.]

Copenhagen: Specialarbejderforbundet i Danmark.

Sigurdson, A. J., S. Chang, J. F. Annegers, C. M. Duphorne, P. C. Pillow, R. J. Amato, L. P. Hutchinson, A. M. Sweeney and S. S. Strom 1999 "A case-control study of diet and testicular carcinoma." *Nutrition and Cancer* 34(1):20 – 6.

Simberloff, D. 1992 "Do species-area curves predict extinction in fragmented forest?" In Whitmore and Sayer 1992:75 – 90.

Simon, Julian 1995a "Why do we hear prophecies of doom from every side?" *Futurist* 29(1):19 – 24.

(ed.) 1995b: *The State of Humanity*. Oxford: Blackwell.

1996 *The Ultimate Resource 2*. Princeton, NJ: Princeton University Press.

Simon, Julian and Rebecca Boggs 1995 "Trends in the quantities of education – USA and elsewhere." In Simon 1995b:208 – 23.

Simon, Julian L., G. Weinrauch and S. Moore 1994 "The reserves of extracted resources: historical data." *Non-Renewable Resources* 325 – 40. Text from http://www.inform.umd.edu/EdRes/Colleges/BMGT/.Faculty/JSimon/Articles/RESOURCE.txt.

Simon, Julian L. and Aaron Wildavsky 1995 "Species loss revisited." In Simon 1995b:346 – 62.

Simons Jn., S. Stoney 1996 "Environmental estrogens: can two 'alrights' make a wrong?" *Science* 272:1,451.

Simpson, David R. and Amy B. Craft 1996 *The Social Value of Using Biodiversity in New Pharmaceutical Product Research*. Discussion Paper 96 – 23. Washington, DC: Resources for the Future. http://www.rff.org/disc_papers/PDF_files/9633.pdf.

Simpson, David R. and Roger A. Sedjo 1996 *Valuation of Biodiversity for Use in New Product Research in a Model of Sequential Search*. Discussion Paper 96 – 27. Washington, DC: Resources for the Future. http://www.rff.org/disc_papers/PDF_files/9627.pdf.

Singer, Elanor and Phyllis Endreny 1993 *Reporting on Risk: How the Mass Media Portray Accidents, Diseases, Disasters, and Other Hazards*. New York: Russel Sage Foundation.

Singer, Peter 1977 *Animal Liberation*. New York: Avon Books.

Siwar, Chamhuri and Mohd. Yusof Kasim 1997 "Urban development and urban poverty in Malaysia." *International Journal of Social Economics* 24(12):1,524 – 35.

Skakkebæk, Niels E. 1997 "Mandlig infertilitet." [Male infertility.] *Ugeskrift for Læger* 159(25): 3,922 – 3.

Skole, David and Compton Tucker 1993 "Tropical deforestation and habitat fragmentation in the Amazon: satellite data from 1978 to 1988." *Science* 260:1,905 – 10.

Skou Andersen, Michael and Michael W. Hansen 1991 *Vandmiljøplanen: fra symbol til handling*. [The water environment action plan – from symbol to action.] Herlev: Niche.

Slovic, P., B. Fischhoff and S. Lichtenstein 1979 "Weighing the risks." *Environment* 21:14 – 20, 36 – 9.

1986 "Informing the public about the risks from ionizing." In Arkes and Hammond 1986:114 – 26.

Slovik, P. 1987 "Perception of risk." *Science* 236:280 – 5.

Smil, Vaclav 1990 "Nitrogen and phosphorus." In Turner *et al*. 1990:423 – 36.

1997 "Global population and the nitrogen cycle." *Scientific American* 277(1):76 – 81.

1999 "Crop residues: agriculture's largest harvest." *BioScience* 49(4):299 – 308.

Smith, Daniel 1999a "Worldwide trends in DDT levels in human breast milk." *International Journal of Epidemiology* 28:179 – 88.

Smith, David H., Daniel C. Malone, Kenneth A. Lawson, Lynn J. Okamoto, Carmelina Battista and William B. Saunders 1997a "A national estimate of the economic costs of asthma." *American Journal of Respiratory and Critical Care Medicine* 156(3):787 – 93. http://ajrccm. atsjournals.org/cgi/content/full/156/3/787.

Smith, Douglas A., Keith Vodden, Leon Rucker and Rose Cunningham 1997b *Global Benefits and Costs of the Montreal Protocol on Substances that Deplete the Ozone Layer.* Report made for Environment Canada by ARC, Applied Research Consultants. http://www.ec.gc.ca/ozone/choices/index_e.html.

Smith, Eddie 1999b "Atlantic and East Coast hurricanes 1900 – 98: a frequency and intensity study for the twenty-first century." *Bulletin of the American Meteorological Society* 80(12):2,717 – 20. http://ams.allenpress.com/.

Smith, F. D. M, R. M. May, R. Pellew, T. H. Johnson AND K. R. Walter 1993a "Estimating extinction rates." *Nature* 364:494 – 6.

Smith, Gar 2000 "W2K: the extreme weather era." *Earth Island Journal* 15(2):36 – 8.

Smith, Katherine Reich 1994 "Science and social advocacy: a dilemma for policy analysts." *Choices: The Magazine of Food, Farm and Resource Issues* 9(1):19 – 22.

Smith, Richard A. and Richard B. Alexander 2000 "Sources of nutrients in the nation's watersheds." US Geological Survey. Proceedings from the Natural Resource, Agriculture, and Engineering Service Conference *Managing Nutrients and Pathogens from Animal Agriculture*, 28 – 30 March 2000, Camp Hill, Pennsylvania. http://water.usgs.gov/nawqa/sparrow/nut_sources/nut_sources.htm.

Smith, Richard A., Richard B. Alexander and Kenneth J. Lanfear 1993b *Stream Water Quality in the Conterminous United States: Status and Trends of Selected Indicators During the 1980's.* US Geological Survey Water Supply Paper 2400. http://water.usgs.gov/nwsum/sal/index.html.

Smith, Tom W. 1979 "Happiness: Time Trends, Seasonal Variations, Intersurvey Differences, and Other Mysteries." *Social Psychology Quarterly* 42(1):18 – 30.

Socialdemokratiet 1996 *Socialdemokratiets arbejdsprogram 1996 – 2000.* [The Social-Democratic Working Program 1996 – 2000.] http://www.socialdemokratiet.dk/main/om/arbejd.shtml.

Socolow, Robert H. 1999 "Nitrogen management and the future of food: lessons from the management of energy and carbon." *Proceedings of the National Academy of Science* 96:6,001 – 8. http://www.pnas.org.

SOLEC 1995 *State of the Great Lakes 1995.* State of the Lakes Ecosystem Conference. http://www.on.ec.gc.ca/glimr/data/sogl-final-report/.

1999 *State of the Great Lakes 1999.* State of the Lakes Ecosystem Conference. http://www.on.ec.gc.ca/glimr/data/state-of-the-lakes/99/.

Solenergiudvalget 1998 *Solenergi: Handlingsplan 1998 – 2000.* [Solar Energy: action plan 1998 – 2000.] Energistyrelsens Solenergi Udvalg, January 1998.

Solow, Robert M. 1986 "On the intergenerational allocation of natural resources." *Scandinavian*

Journal of Economics 88:141 – 9.

Sonneveld, D. J., H. J. Hoekstra, W. T. Van der Graaf, W. J. Sluiter, H. Schraffordt Koops and D. T. Sleijfer 1999 "The changing distribution of stage in nonseminomatous testicular germ cell tumours, from 1977 to 1996." *BJU International* 84(1):68 – 74.

Sprecher, Susan and Kathleen McKinney 1993 *Sexuality*. London: Sage Publications.

Srivastava, A. and N. Kreiger 2000 "Relation of physical activity to risk of testicular cancer." *American Journal of Epidemiology* 151(1):78 – 87.

Statistics Denmark 1975a *Statistisk Årbog 1975*. [Statistical yearbook for Denmark.] Copenhagen: Statistics Denmark.

1975b *Statistisk Tiårsoversigt 1975*. Copenhagen: Statistics Denmark.

1985 *Statistisk Tiårsoversigt 1985*. Copenhagen: Statistics Denmark.

1992 *Statistisk Tiårsoversigt 1992*. Copenhagen: Statistics Denmark.

1995 *50-års Oversigten*. [Denmark through 50 years.] Copenhagen: Statistics Denmark.

1997a *Statistisk Årbog1997*. Copenhagen: Statistics Denmark.

1997b *Statistisk Tiårsoversigt 1997*. Copenhagen: Statistics Denmark.

Steadman, David W. 1995 "Prehistoric extinctions of Pacific island birds: biodiversity meets zooarchaeology." *Science* 267:1,123 – 31.

Stedman, John R., Emma Linehan, Sarah Espenhahn, Beth Conlan, Tony Bush and Trevor Davies 1998 *Predicting PM10 concentrations in the UK*. AEAT 4630. A report produced for the Department of the Environment, Transport and the Regions. http://www.aeat.co.uk/netcen/airqual/reports/pm10rep/pconts.htm.

Stedman, John R., Emma Linehan and Katie King 1999 *Quantification of the Health Effects of Air Pollution in the UK for the Review of the National Air Quality Strategy*. A report produced for the Department of the Environment, Transport and the Regions. http://www.aeat.co.uk/netcen/airqual/reports/health/health.html.

Stiefel, Chana 1997 "Plastic's brand new spin." *Science World* 54(7):17 – 19.

Stiller, C. A. and P. J. Boyle 1996 "Effect of population mixing and socioeconomic status in England and Wales, 1979 – 85, on lymphoblastic leukaemia in children." *British Medical Journal* 313:1,297 – 1,300. http://www.bmj.com/cgi/content/full/313/7068/1297.

Stocks, Brian J. 1991 "The extent and impact of forest fires in northern circumpolar countries." In Levine 1991:197 – 202.

Stone, Lawrence 1979 *The Family, Sex and Marriage in England 1500 – 1800*. London: Penguin.

Stone, Mark and Kalpana Kochar 1998 *The East Asian Crisis: Macroeconomic Developments and Policy Lessons*. International Monetary Fund, Working Paper WP/98/128. http://www.imf.org/external/pubs/ft/wp/wp98128.pdf.

Stork, Nigel E. 1997 "Measuring global biodiversity and its decline." In Reaka-Kudla et al. 1997: 41:68

Storm, H. H., J. Pihl, E. Michelsen and A. L. Nielsen 1996 *Cancer Incidence in Denmark 1993*. Copenhagen: Kræftens Bekæmpelse.

Subak, S., J. P. Palutikof, M. D. Agnew, S. J. Watson, C. G. Bentham, M. G. R. Cannell, M. Hulme, S. McNally, J. E. Thornes, D. Waughray and J. C. Woods 2000 "The impact of the anomalous weather of 1995 on the U.K. economy." *Climatic Change* 44:1 – 26.

Summers, Robert and Alan Heston 1991 "The Penn World Table (Mark 5): an expanded set of international comparisons, 1950 – 1988." *The Quarterly Journal of Economics* 106(9): 327 – 68.

1995 *Penn World Tables Version 5.6.* Downloadable at http://datacentre.chass.utoronto.ca/pwt/indes.html.

Suominen, Jyrki and Matti Vierula 1993 "Semen quality of Finnish men." *British Medical Journal* 306:1,579.

Sutherland, Ronald J. 2000 " 'No Cost' Efforts to Reduce Carbon Emissions in the U.S.: An Economic Perspective." *Energy Journal* 21(3):89 – 112.

Sutherland, S. E., V. B. Benard, J. E. Keil, H. Austin and D. G. Hoel 1996 "Pesticides and twenty year risk of breast cancer." 29th Annual Meeting of the Society for Epidemiological Research, Boston, MA, 12 – 15 June 1996. *American Journal of Epidemiology*, SER Abstracts 143(11):133.

Svensmark, Henrik and Eigil Friis-Christensen 1997 "Variation of cosmic ray flux and global cloud coverage – a missing link in solar-climate relationships." *Journal of Atmospheric and Solar-Terrestrial Physics* 59(11):1,225 – 32.

Svensson, Ola 1981 "Are we all less risky and more skillful than our fellow drivers?" *Acta Psychologica* 47:143 – 8.

Swan, Shanna H., Eric P. Elkin and Laura Fenster 1997 "Have sperm densities declined? A reanalysis of global trend data." *Environmental Health Perspectives* 105(11):1,228 – 32.

Swiss Re 1997 *Tropical cyclones.* Swiss Reinsurance Company. http://www.swissre.com.

1999 "Natural catastrophes and man-made disasters 1998: storms, hail and ice cause billion-dollar losses." *Sigma* 1/1999. Swiss Reinsurance Company. http://www.swissre.com/e/publications/publications/sigma1/sigma9901.html.

2000 "Natural catastrophes and man-made disasters 1999: storms and earthquakes lead to the second-highest losses in insurance history." *Sigma* 2/2000. Swiss Reinsurance Company. http://www.swissre.com/e/publications/publications/sigma1/sigma060300.html.

Tangcharoensathien, Viroj, Piya Harnvoravongchai, Siriwan Pitayarangsarit & Vijj Kasemsup 2000 "Health impacts of rapid economic changes in Thailand." *Social Science and Medicine* 51:789 – 807.

Tarone, Robert E., Kenneth C. Chu and Leslie A. Gaudette 1997 "Birth cohort and calendar period trends in breast cancer mortality in the United States and Canada." *Journal of the National Cancer Institute* 89:251 – 6.

Taylor, A. J. Newman 1998 "Asthma and allergy definitions and distinctions." *British Medical Journal* 316:997 – 9.

Taylor, David 1988 *Mastering Economic and Social History.* London: Macmillan.

Taylor, Dorceta E. 2000 "The rise of the environmental justice paradigm." *American Behavioral Scientist* 43(4):508 – 80.

Teknologirådet 1997 *Drikkevand – rent vand, men hvordan?* [Drinking water – clean water, but how?] The Danish Technology Assessment Council on Drinking Water.

http://www.ing.dk/ tekraad/udgiv/945/p97drik/p97drik.htm.

Tenenbaum, Dave 1995 "Beyond the green revolution." *World and I* 10(8):168 – 74.

Tengs, Tammy O. 1997 "Dying too soon: how cost-effectiveness analysis can save lives." *NCPA Policy Report* 204. http://www.public-policy.org/~ncpa/studies/s204/s204.html.

Tengs, Tammy O., Miriam E. Adams, Joseph S. Pliskin, Dana Gelb Safran, Joanna E. Siegel, Milton C. Weinstein and John D. Graham 1995 "Five-hundred life-saving interventions and their cost-effectiveness." *Risk Analysis* 15(3):369 – 90.

Tengs, Tammy O. and John D. Graham 1996 "The opportunity costs of haphazard social investments in life-saving." In Hahn 1996:167 – 82.

Tennant, David R. (ed.) 1997 *Food Chemical Risk Analysis*. London: Blackie Academic and Professional.

Tessmer, Joseph M. 1999 "Comparing international crash statistics." *Journal of Transportation and Statistics* 2(2):159 – 66. http://www.bts.gov/jts/V2N2/05tess.pdf.

Tett, S. F. B., P. A. Stott, M. R. Allen, W. J. Ingram and J. F. B. Mitchell 1999 "Causes of twentieth-century temperature change near the Earth's surface." *Nature* 399:569 – 72.

Thejll, Peter and Knud Lassen 2000 "Solar forcing of the Northern Hemisphere land air temperature: new data." *Journal of Atmospheric and Solar-Terrestrial Physics*, 62(13):1,207 – 13..

Thobani, Mateen 1995 *Tradable Property Rights to Water*. Finance and Private Sector Development Note 34. http://www.worldbank.org/html/fpd/notes/34/34summary.html.

Thomas, Randy 1991 "Eco war." *Earth Island Journal* 6(2):49.

Thorsen, Michael and Hans-Georg Møller 1995 *TV-journalistik*. [TV Journalism.] Copenhagen: Forlaget Ajour.

Tietenberg, Tom 2000 *Environmental and Natural Resource Economics*. 5th edn. Reading, MA: Addison-Wesley.

Time 1997 *Our Precious Planet*. Special issue, supplement to *Time* Magazine, 27 October 1997.

Timmermann, A., J. Oberhuber, A. Bacher, M. Esch, M. Latif and E. Roeckner 1999 "Increased El Niño frequency in a climate model forced by future greenhouse warming." *Nature* 398:694 – 7.

Tobaksskadesrådet 1993 *Passiv rygning og overfølsomhed*. [Passive smoking and hypersensitivity.] http://www.tobaksskaderaadet.dk/fakta/over.html.

Tol, Richard 1999 "Kyoto, efficiency, and cost-effectiveness: applications of FUND." *The Energy Journal*, Kyoto Special Issue:131 – 56.

Toman, Michael 1998 "Research frontiers in the economics of climate change." *Environmental and Resource Economics* 11(3 – 4):603 – 21.

Tong, Shilu, Peter A. Baghurst, Michael G. Sawyer, Jane Burns and Anthony J. McMichael 1998 "Declining blood lead levels and changes in cognitive function during childhood: the Port Pirie Cohort study." *Journal of the American Medical Association* 280(22):1,915 – 19.

Toppari, Jorma, John Chr. Larsen, Peter Christiansen, Aleksander Giwercman, Philippe Grandjean, Louis J. Guillette Jn., Bernard Jégou, Tina K. Jensen, Pierre Jouannet, Niels Keiding, Henrik Leffers, John A. McLachlan, Otto Meyer, Jørn Müller, Ewa Rajpert-De Meyts, Thomas Scheike, Richard Sharpe, John Sumpter and Niels E. Skakkebæk 1996 "Male reproductive health and environmental xenoestrogens" *Environmental Health Perspectives Supplements* 104, Supplement 4:741 – 803.

Torras, Mariano and James K. Boyce 1998 "Income, inequality, and pollution: a reassessment of the environmental Kuznets Curve." *Ecological Economics* 25:147 – 60.

Trefil, James 1995 "How the body defends itself from the risky business of living." *Smithsonian* 26(9):42 – 9.

Trewavas, Anthony 1999 "Much food, many problems." *Nature* 402(6,759):231 – 2.

Tsur, Yacov and Amos Zemel 2000 "Long-term perspective on the development of solar energy." *Solar Energy* 68(5):379 – 92.

Tulpule, Vivek, Stephen Brown, J. Lim, C. Polidano, H. Pant and B. Fisher 1999 "The Kyoto Protocol: an economic analysis using GTEM." *The Energy Journal*, Kyoto Special Issue:257 – 86.

Tummon, Is and David Mortimer 1992 "Decreasing quality of semen." *British Medical Journal* 305:1,228 – 9.

Turgeon, Donna and Andrew Robertson 1995 "Contaminants in coastal fish and mollusks." In NBS 1995:408 – 12.

Turner, B. L. and Karl W. Butzer 1992 "The Columbian encounter and land-use change." *Environment* 34(8):16 – 20, 37 – 44.

Turner, B. L. II, William C. Clark, Robert W. Kates, John F. Richards, Jessica T. Mathews and William B. Meyer 1990 *The Earth as Transformed by Human Action*. Cambridge: Cambridge University Press.

Turner, R. Kerry, David Pearce and Ian Bateman 1994 *Environmental Economics: An Elementary Introduction*. New York: Harvester/Wheatsheaf.

UCB 1999 *European Allergy White Paper*. Executive summary, http://theucbinstituteofallergy.ucb.be/WhitePaper/WhitePaper.htm.

UCS 1999 "Toxic Pollen Threatens Monarchs." Union of Concerned Scientists. http://www.ucsusa.org/Gene/may99.pollen.html

2001 "Risks of Genetic Engineering." Union of Concerned Scientists. http://www.ucsusa.org/food/gen.risks.html.

UK CPI 2000 *English Consumer Prices, 1264 – 1999*. Global Financial Data, download at http://www.globalfindata.com/freeinf.htm [no longer available].

2001: *English Consumer Prices, 1900 – 2000*. Global Financial Data, download at http://www.globalfindata.com/.

UK EA 2000 *State of the Environment*. http://www.environment-agency.gov.uk/state_of_enviro/index3+.html.

Ulfstrand, Staffan 1992 "Biodiversity – how to reduce its decline." *OIKOS* 63(1):3 – 5.

UNAIDS 1998 *AIDS in Africa*. http://www.unaids.org/publications/documents/epidemiology/determinants/saepap98.html.

1999 *AIDS Epidemic Update: December 1999*. Joint United Nations Programme on HIV/AIDS with World Health Organization. http://www.unaids.org/publications/documents/epidemiology/surveillance/wad1999/embaee.pdf (no longer available).

2000 *Report on the Global HIV/AIDS Epidemic*. http://www.unaids.org/epidemic_update/report/Epi_report.pdf.

Underwood, Barbara A. and Suttilak Smitasiri 1999 "Micronutrient malnutrition: policies and programs for control and their implications." *Annual Reviews Nutrition* 19:303 – 24.

UNDP 1995 *Human Development Report 1995*. UN Development Program. http://www.undp.org/hdro/95.htm.

1996a *Human Development Report 1996*. UN Development Program. http://www.undp.org/hdro/ 96.htm.

1996b *Russian Federation Human Development Report 1996*. UN Development Program. http://www.undp.ru/NHDR/summary_1996.htm.

1997 *Human Development Report 1997*. UN Development Program. http://www.undp.org/hdro/97.htm.

1998a *Analytical Tools for Human Development*. http://www.undp.org/hdro/anatools.htm.

1998b *Human Development Report 1999*. UN Development Program. New York: Oxford University Press.

1999a *Human Development Report 1999*. UN Development Program. http://www.undp.org/hdro/99.htm.

1999b *Russian Federation Human Development Report 1999*. UN Development Program. http://www.undp.ru/NHDR/summary_1999.htm.

2000 *Analytical Tools for Human Development*. UN Development Program. http://www.undp.org/hdro/anatools.htm.

2000b *Human Development Report 2000*. UN Development Program. http://www.undp.org/hdr2000/english/HDR2000.html.

UNECE 1996 *Long-Term Historical Changes in the Forest Resource*. United Nations Economic Commision for Europe and FAO, Timber Section, Geneva, Switzerland. Geneva Timber and Forest Study Papers 10, ECE/TIM/SP/10.

UNECE/EU 1996 *Forest Condition in Europa – Result of the 1995 Crown Condition Survey, 1996 Technical Report*. Prepared by Federal Research Centre for Forestry and Forest Products (BFH) for UN Economic Commision for Europe and the European Commision.

1997 *Forest Condition in Europa – Result of the 1996 Crown Condition Survey, 1997 Technical Report*. Prepared by Federal Research Centre for Forestry and Forest Products (BFH) for UN Economic Commision for Europe and the European Commision.

UNEP 1993 *Environmental Data Report 1993 – 94*. UN Environment Programme. Oxford: Blackwell.

1994 *UNEP Greenhouse Gas Abatement Costing Studies* vols. I-III. Roskilde: Forskningscenter Risø.

1995 *Global Biodiversity Assessment*. V. H. Heywood (ed.). United Nations Environment Programme. Cambridge: Cambridge University Press.

1997 *Global Environment Outlook 1: United Nations Environment Programme Global State of the Environment Report 1997*. http://www-cger.nies.go.jp/geo1/ch/toc.htm.

1999a *Wildland Fires and the Environment: A Global Synthesis*. By J. S. Levine, T. Bobbe, N.

Ray, A. Singh, and R. G. Witt. UNEP/DEIAEW/TR.99-1. http://www.grid.unep.ch/fires/htm/wildland.html.

1999b *Synthesis of the Reports of the Scientific, Environmental Effects, and Technology and Economic Assessment Panels of the Montreal Protocol. A Decade of Assessments for Decision Makers Regarding the Protection of the Ozone Layer: 1988 – 1999*. United Nations Environment Programme, Ozone Secretariat. http://www.unep.org/ozone/pdf/Synthesis-Complete.pdf.

1999c *Production and Consumption of Ozone Depleting Substance, 1986 – 1998*. United Nations Environment Programme, Ozone Secretariat. http://www.unep.org/ozone/DataReport99.htm.

2000 *Global Environment Outlook 2000*. London: Earthscan Publications. http://www.grida.no/geo2000/english/index.htm.

UNEP and WHO 1992 *Urban Air Pollution in Megacities of the World*. Oxford: Blackwell.

UNESCO 1990 *Compendium of Statistics on Illiteracy – 1990 Edition*. Statistical Reports and Studies 31. Paris: United Nations Educational, Scientific and Cultural Organization, Office of Statistics.

1995 *Compendium of Statistics on Illiteracy – 1995 Edition*. Statistical Reports and Studies 35. Paris: United Nations Educational, Scientific and Cultural Organization, Office of Statistics.

1997 *Statistical Yearbook 1996*. Paris: UNESCO Publishing.

1998 *Gender-Sensitive Education Statistics and Indicators*. http://unescostat.unesco.org/en/pub/pub0.htm.

2000 *On-line Statistics*. Accessed in 2000. http://unescostat.unesco.org/en/stats/stats0.htm.

2001 *On-line Statistics*. Accessed in 2001. http://unescostat.unesco.org/en/stats/stats0.htm.

UNESCO Courier 1999 "What price water?" *UNESCO Courier*, February 1999, 52(2):17.

UNFPA 1996 *The State of World Population 1996: Changing Places: Population, Development and the Urban Future. New York: United Nations Population Fund*. http://www.unfpa.org/swp/1996/SWP96MN.htm.

1996 *The Progress of Nations 1996*. http://www.unicef.org/pon96/contents.htm.

1997 *The Progress of Nations 1997*. http://www.unicef.org/pon97/.

1998 *The State of the World's Children 1998*. http://www.unicef.org/sowc98/pdf.htm.

1999 *12 October 1999: The day of 6 billion*. http://web.unfpa.org/modules/6billion/index.htm.

2000 *The State of the World's Children 2000*. http://www.unicef.org/sowc00/.

UNPD 1998a *World Urbanization Prospects: The 1996 Revision*. United Nations Department of Economic and Social Affairs, Population Division. New York: United Nations Publications.

1998b *World Population Projections to 2150*. United Nations Department of Economic and Social Affairs, Population Division. New York: United Nations Publications. http://www.undp.org/ popin/wdtrends/execsum.htm.

1998c *Historic World Population Figures*. United Nations Department of Economic and Social Affairs, Population Division. Gopher://gopher.undp.org/00/ungophers/popin/wdtrends/histor. [No longer available]

1999a *World Population Prospects: The 1998 Revision. Volume I: Comprehensive Tables; Volume II: Sex and Age*. United Nations Department of Economic and Social Affairs, Population Division. New York: United Nations Publications.

1999b *World Urbanization Prospects: The 1999 Revision.* Key findings. http://www.undp.org/popin/wdtrends/urbanization.pdf.

2001a *World Population Prospects: The 2000 Revision. Key findings.* http://www.un.org/esa/population/wpp2000h.pdf.

2001b *World Population Prospects: The 2000 Revision. Annex Tables.* http://www.un.org/esa/population/wpp2000at.pdf.

2001c *World Population Prospects: The 2000 Revision. Additional Data.* http://www.un.org/esa/population/wpp2000at.xls.

Unsworth, Edwin 2000 "Global warming risk rising, speaker says." *Business Insurance* 34(8):39.

US Senate 1997 "A resolution expressing the sense of the Senate regarding the conditions for the United States becoming a signatory to any international agreement on greenhouse gas emissions under the United Nations Framework Convention on Climate Change." 105th Congress, 1st Session, S. RES. 98. http://thomas.loc.gov/cgi-bin/bdquery/z?d105:s.res.00098:.

US State Department 1998a *1997 Country Reports: Brazil.* http://www.state.gov/www/issues/economic/trade_reports/latin_america97/brazil97.html.

1998b *1997 Country Reports: Mexico.* http://www.state.gov/www/issues/economic/trade_reports/latin_america97/mexico97.html.

1998c *1997 Country Reports: Russia.* http://www.state.gov/www/issues/economic/trade_reports/russia_nis97/russia97.html.

2000a *1999 Country Reports: Brazil.* http://www.state.gov/www/issues/economic/trade_reports/1999/brazil.pdf.

2000b *1999 Country Reports: Mexico.* http://www.state.gov/www/issues/economic/trade_reports/1999/mexico.pdf.

2000c *1999 Country Reports: Russia.* http://www.state.gov/www/issues/economic/trade_reports/1999/russia.pdf.

USBC 1975 *Historical Statistics of the United States: Colonial Times to 1970.* Bicentennial edition, two volumes. Washington, DC: US Government Printing Office.

1996 *World Population Profile: 1996.* US Bureau of the Census, Report WP/96 by Thomas M. McDevitt. Washington, DC: US Government Printing Office. http://www.census.gov/ipc/www/wp96.html.

1997 *Statistical Abstract of the United States 1997.* US Bureau of the Census. http://www.census. gov/prod/www/statistical-abstract-us.html.

1998 *World Population Profile: 1998.* US Bureau of the Census, Report WP/98 by Thomas M. McDevitt. Washington, DC: US Government Printing Office. http://www.census.gov/ipc/www/wp98.html.

1998b *USA Counties 1998.* US Bureau of the Census Database. http://tier2.census.gov/usac/index.html-ssi.

1999a *Statistical Abstract of the United States 1999.* US Bureau of the Census.

http://www.census.gov/prod/www/statistical-abstract-us.html.

1999b *Money Income in the United States: 1998.* US Bureau of the Census. Current Population Reports, P60-206. Washington, DC: US Government Printing Office. http://www.census.gov/prod/99pubs/p60-206.pdf.

1999c *US Historical National Population Estimates: July 1, 1900 to July 1, 1998.* http://www.census.gov/population/estimates/nation/popclockest.txt.

1999d *State and Local Government Finance Estimates, by State.* http://www.census.gov/govs/www/estimate.html.

2000a *International Data Base.* Accessed in 2000. US Bureau of the Census. http://www.census.gov/ipc/www/idbnew.html.

2000b *Household and Housing Estimates.* http://www.census.gov/population/www/estimates/housing.html.

2000c *National Population Projections.* http://www.census.gov/population/www/projections/natsum-T1.html.

2000d *US Historical National Population Estimates: July 1, 1900 to July 1, 1999.* http://www.census.gov/population/estimates/nation/popclockest.txt.

2001a *International Data Base.* Accessed in 2001. US Bureau of the Census. http://www.census.gov/ipc/www/idbnew.html.

2001b *Statistical Abstract of the United States 2000.* US Bureau of the Census. http://www.census.gov/prod/www/statistical-abstract-us.html.

USCG 1999 *Pollution Incidents in and around US Waters: A Spill/Release Compendium: 1969 – 1998.* Commandant (G-MOA), Office of Investigations and Analysis, US Coast Guard, Department of Transportation. http://www.uscg.mil/hq/g%2Dm/nmc/response/stats/aa.htm.

USDA 1998 United States Agricultural Department: Production database from March 1998. http://usda.mannlib.cornell.edu/data-sets/international/91017/.

2000a United States Agricultural Department: Production database from March 2000. http://usda.mannlib.cornell.edu/data-sets/international/93002.

2000b *USDA Agricultural Baseline Projections to 2009.* US Department of Agriculture. WAOB-2000-1. Report and data, http://usda.mannlib.cornell.edu/data-sets/baseline/2000/.

2001a United States Agricultural Department: Production database from February 2001. http://usda.mannlib.cornell.edu/data-sets/international/93002.

2001b *Crop Production 2000 Summary.* Agricultural Statistics Board. http://usda.mannlib.cornell.edu/reports/nassr/field/pcp-bban/cropan01.pdf.

USGS 1997a *Changing Perceptions of World Oil and Gas Resources as Shown by Recent USGS Petroleum Assessments.* USGS Fact Sheet FS-145-97. http://greenwood.cr.usgs.gov/pub/fact-sheets/fs-0145-97/fs-0145-97.html.

1997b *Describing Petroleum Reservoirs of the Future.* USGS Fact Sheet FS-020-97. http://energy.usgs.gov/factsheets/Petroleum/reservoir.html.

1997c *Radioactive Elements in Coal and Fly Ash: Abundance, Forms, and Environmental Significance.* USGS Fact Sheet FS-163-97. http://energy.cr.usgs.gov:8080/energy/factshts/163-97/FS-163-97.pdf.

1997d *Coalbed Methane – An Untapped Energy Resource and an Environmental Concern*. USGS Fact Sheet FS-019-97. http://energy.usgs.gov/factsheets/Coalbed/coalmeth.html.

1998a *Database*. 93 minerals, US Geological Survey (accessed 1998).

1998b *Estimated Use of Water in the United States in 1995*. Edited by Wayne B. Solley, Robert R. Pierce and Howard A. Perlman. US Geological Survey Circular 1200. http://water.usgs.gov/watuse/pdf1995/html.

1999 *The Quality of Our Nation's Waters – Nutrients and Pesticides*. US Geological Survey Circular 1,225. Denver, CO: US Geological Survey. http://water.usgs.gov/pubs/circ/circ1225/pdf/index.html.

2000a *Database*. 93 minerals, US Geological Survey, accessed in 2000. http://minerals.er.usgs.gov/energy/minerals.

2000b *USGS World Petroleum Assessment 2000*. http://greenwood.cr.usgs.gov/WorldEnergy/DDS-60/. Download US Geological Survey Fact Sheet 0070-00. http://greenwood.cr.usgs.gov/pub/fact-sheets/fs-0070-00/fs-0070-00.pdf., and http://energy.cr.usgs.gov/energy/WorldEnergy/weptotal.htm.

2001a *Database*. 93 minerals, US Geological Survey, accessed in 2001. http://minerals.er.usgs.gov/minerals.

Van Dobben, H. F. 1995 "Evalution, integration." In Heij and Erisman 1995:293 – 303.

van Driessche, Edilbert and Thorkild C. Bøg-Hansen 1999: "Memorandum Published On 12 February 1999." http://plab.ku.dk/tcbh/Pusztaimemorandum.htm.

van Lynden, G. W. J. and L. R. Oldeman 1997 *The Assessment of the Status of Human-Induced Soil Degradation in South and Southeast Asia*. International Soil Reference and Information Centre. http://www.isric.nl/ASSOD.htm.

Van Waeleghem, K., N. De Clercq, L. Vermeulen, F. Schoonjans and F. Comhaire 1996 "Deterioration of sperm quality in young healthy Belgian men." *Human Reproduction* 11:325 – 9.

Veer, Pieter van't, Irene E. Lobbezoo, José M. Martín-Moreno, Eliseo Guallar, Jorge Gómez-Aracena, Frans J. Kok, Alwine F. M. Kardinaal, Lenore Kohlmeier, Blaise C. Martin, John J. Strain, Michael Thamm, Piet van Zoonen. Bert A. Baumann and Jussi K. Huttunen 1997 "DDT (dicophane) and postmenopausal breast cancer in Europe: case-control study." *British Medical Journal* 315:81 – 5.

Velie, Ellen, Martin Kulldorff, Catherine Schairer, Gladys Block, Demetrius Albanes and Arthur Schatzkin 2000 "Dietary fat, fat subtypes, and breast cancer in postmenopausal women: a prospective cohort study." *Journal of the National Cancer Institute* 92(10):833 – 9.

Ventura, Stephanie J., Robert N. Anderson, Joyce A. Martin and Betty L. Smith 1998 *Births and Deaths: Preliminary Data for 1997*. National Vital Statistics Reports 47:4. http://www.cdc.gov/nchs/data/nvsr47_4.pdf.

Ventura, Stephanie J., Joyce A. Martin, Sally C. Curtin, T. J. Mathews and Melissa M. Park 2000 *Births: Final Data for 1998*. National Vital Statistics Reports 48:3. http://www.cdc.gov/nchs/ data/nvs48_3.pdf.

Verheij, Robert A. 1996 "Explaining urban-rural variations in health: a review of interactions between individual and environment." *Social Science and Medicine* 42(6):923 – 35.

Vernon, Sally W. 1999 "Risk perception and risk communication for cancer screening behaviors: a review." *Journal of the National Cancer Institute*, Special Issue 25:101 – 19.

Viby Mogensen, Gunnar 1990 *Time and Consumption: Time Use and Consumption in Denmark in Recent Decades*. Copenhagen: Statistics Denmark.

Victor, David G. and Jesse H. Ausubel 2000 "Restoring the Forests." *Foreign Affairs* 79(6):127 – 34.

Viel, Jean-François Bruno Challier *et al.* 1998 "Brain cancer mortality among French farmers: the vineyard pesticide hypothesis." *Archives of Environmental Health* 53(1):65 – 70.

Vitousek, Peter M., John Aber, Robert W. Howarth, Gene E. Likens, Pamela A. Matson, David W. Schindler, William H. Schlesinger and G. David Tilman 1997 "Human alteration of the global nitrogen cycle: causes and consequences." *Issues in Ecology* 1: 3 – 16. http://www.sdsc.edu/~ESA/issues.htm.

Vitousek, Peter M., Paul R. Ehrlich, Anne H. Ehrlich and Pamela A. Matson 1986 "Human appropriation of the products of photosynthesis" *BioScience* 36(6):368 – 73. http://www.dieoff.org/page83.htm.

Vitousek, Peter M. and Harold A. Mooney 1997 "Human domination of Earth's ecosystems." *Science* 277:494 – 9.

Vonier, Peter M. D., Andrew Crain, John, A. McLachlan, Louis J. Guillette Jn. and Steven F. Arnold 1996 "Interactions of environmental chemicals with the estrogen and progesterone perceptors from the oviduct of the american alligator." *Environmental Health Perspectives* 104:1,318 – 22.

Vrijheid, Martine 2000 "Health effects of residence near hazardous waste landfill sites: a review of epidemiologic literature." *Environmental Health Perspectives Supplements* 108(1):101 – 12.

Walker, Jesse 1998 "Slick characters." *Reason* 29(11):65 – 8.

Wallensteen, P. and A. Swain 1997 "International freshwater resources: sources of conflicts or cooperation." Background document for CSD 1997. Stockholm: Stockholm Environment Institute.

Walsh, B. Timothy and Michael J. Devlin 1998 "Eating disorders: progress and problems." *Science* 280:1,387 – 90.

Walsh, James 1996 *True Odds: How Risk Affects Your Everyday Life*. Santa Monica, CA: Merrit Publishing.

Walter, Dave (ed.) 1992 *Today Then: America's Best Minds Look 100 Years into the Future on the Occasion of the 1893 World's Columbian Exposition*. Helena, MT: American and World Geographic Publishing.

Walter, K. S. and H. J. Gillett (eds.) 1998 *1997 IUCN Red List of Threatened Plants*. Compiled by the World Conservation Monitoring Centre. Gland, Switzerland: IUCN – The World Conservation Union. Searchable database at http://www.wcmc.org.uk/species/plants/plants-by-taxon.htm.

Watson, Rory 1997 "Europe urged to tackle rise in allergies." *British Medical Journal* Vol 314:1,641. http://www.bmj.com/cgi/content/full/314/7095/1641/f.

Wark, Penny 2001 "How to foil the cuddly killer." *The Times*, February 1 2001, http://www.thetimes. co.uk/article/0,,7-76804,00.html.

WCED 1987 *Our Common Future*. ("The Brundtland report.") The World Commission on Environment and Development for the General Assembly of the United Nations. Oxford: Oxford University Press.

WCMC 1998 *Forest Information Service*. World Conservation Monitoring Centre's forest database at http://www.wcmc.org.uk/forest/data/.

WCRF 1997 *Food, Nutrition and the Prevention of Cancer: A Global Perspective*. World Cancer Research Fund and American Institute for Cancer Research. Washington, DC: American Institute for Cancer Research.

Weale, Albert 1992 *The New Politics of Pollution*. Manchester: Manchester University Press.

Weaver, Andrew J. and Francis W. Zwiers 2000 "Uncertainty in climate change." *Nature* 407:6804):571 – 2.

WEC 1998 "A keynote address to the 30st Conference of the Japan Atomic Industrial Forum, Inc." by Michael Jefferson. *Global Warming and Global Energy after Kyoto*. http://www.wec.co.uk/ documents/toyko2.htm (no longer available).

2000 *Survey of Energy Resources 1998*. http://www.worldenergy.org/wec-geis/publications/ open.plx?file=default/current_ser.htm.

WEF 2001a *2001 Environmental Sustainability Index*. World Economic Forum, Yale Center for Environmental Law and Policy, Yale University and Center for International Earth Science Information Network, Columbia University. http://www.ciesin.org/indicators/ESI/ ESI_01_tot.pdf.

2001b *2001 Environmental Sustainability Index, Data*. World Economic Forum, Yale Center for Environmental Law and Policy, Yale University and Center for International Earth Science Information Network, Columbia University. http://alpha.ciesin/indicators/ESI/esi.xls.

Weinstein, Niel D. 1980 "Unrealistic optimism about future life events." *Journal of Personality and Social Psychology* 39(5):806 – 20.

Weiss, Dominik, William Shotyk and Oliver Kempf 1999 "Archives of atmospheric lead pollution." *Naturwissenschaften* 86:262 – 75.

Weiss, K. B., P. J. Gergen and T. A. Hodgson 1992 "An economic evaluation of asthma in the United States." *New England Journal of Medicine* 326(13):862 – 6.

Wells, Lisa E. and Jay S. Noller 1997 "Determining the early history of El Niño." *Science* 276:966.

Wentz, Frank J. and Matthias Schabel 1998 "Effects of orbital decay on satellite-derived lower-tropospheric temperature trends." *Nature* 394:661 – 4.

Werner, Alex (ed.) 1998 *London Bodies: The Changing Shape of Londoners from Prehistoric Times to The Present Day*. London: Museum of London.

Wernick, Iddo K., Robert Herman, Shekhar Govind and Jesse H. Ausubel 1996 "Materialization and dematerialization: measures and trends." *Daedalus* 125(3):171 – 98. http://phe.rockefeller. edu/Daedalus/Demat/.

Western, David and Mary C. Pearl (eds.) 1989 *Conservation for the Twenty-First Century*. New York: Oxford University Press.

Westoff, Charles F. 1974 "Coital frequency and contraception." *Family Planning Perspectives*

6(3):136 – 41.

Weyant, John P. 1993 "Costs of reducing global carbon emissions." *Journal of Economic Perspectives* 7(4):27 – 46. http://sedac.ciesin.org/mva/EMF/JW1993.html.

Weyant, John P. and Jennifer N. Hill 1999 "Introduction and overview." *The Energy Journal*, Kyoto Special Issue:vii-xliv.

WFS 1996 *World Food Summit: Technical Background Documents*, vols. I-XV. http://www.fao.org/wfs/final/e/list-e.htm.

White, Andrew, Melvin G. R. Cannell and Andrew D. Friend 1999 "Climate change impacts on ecosystems and the terrestrial carbon sink: a new assessment." *Global Environmental Change* 9:S21 – 30.

Whitmore, T. C. and J. A. Sayer 1992 *Tropical Deforestation and Species Extinction*. London: Chapman and Hall.

WHO 1986 *The International Drinking Water Supply and Sanitation Decade: Review of Regional And Global Data (as at 31 December 1983)*. Geneva: World Health Organization.

1992 *Global Health Situation and Projections Estimates*. http://www.who.ch/whosis/globest/globest.htm (no longer available).

1997 *Health and Environment in Sustainable Development: Five Years after the Earth Summit. Executive Summary*. Programmes on Health and Environment. World Health Organization. Geneva: World Health Organization. http://www.who.int/environmental_information/Information_resources/htmdocs/execsum.htm.

1998 *The World Health Report 1998: Life in the 21st Century – A Vision for All*. Executive summary. Geneva: World Health Organization. http://www.who.int/whr/1998/exsum98e.htm.

1999a "Malaria, 1982 – 1997." *Weekly Epidemiological Record* 74:265 – 71. http://www.who.int/wer.

1999b *The World Health Report 1999: Making a Difference*. Geneva: World Health Organization. http://www.who.int/whr/1999/.

2000a *Air Quality Guidelines*. Geneva: World Health Organization. http://www.who.int/peh/air/Airqualitygd.htm.

2000b *The World Health Report 2000 Health Systems: Improving Performance*. Geneva: World Health Organization. http://www.who.int/whr/2000/index.htm.

2000c *Malnutrition – The Global Picture*. http://www.who.int/nut/malnutrition_worldwide.htm.

2000d *World Health Organization Databank*. http://www-dep.iarc.fr/cgi-bin/cgisql/who.idc.

WI 1984 Worldwatch Institute, Lester Brown *et al.* (eds.), *State of the World 1984*. New York: W. W. Norton.

1991 Worldwatch Institute, Lester Brown *et al.* (eds.), *State of the World 1991*. New York: W. W. Norton.

1993 Worldwatch Institute, Lester Brown *et al.* (eds.), *State of the World 1993*. New York: W. W. Norton.

1994 Worldwatch Institute, Lester Brown *et al.* (eds.), *State of the World 1994*. New York: W. W. Norton.

1995 Worldwatch Institute, Lester Brown *et al.* (eds.), *State of the World 1995*. New York: W.

W. Norton.

1997a Worldwatch Institute, Lester Brown *et al.* (eds.), *State of the World 1997*. New York: W. W. Norton.

1997b Worldwatch Institute, Lester Brown *et al.* (eds.), *Vital Signs 1997*. New York: W. W. Norton.

1998a Worldwatch Institute, Lester Brown *et al.* (eds.), *State of the World 1998*. New York: W. W. Norton.

1998b Worldwatch Institute, Lester Brown *et al.* (eds.), *Vital Signs 1998*. New York: W. W. Norton.

1998c Worldwatch Institute. Electronic database.

1998d *Report Calls for Rapid Scaling Up of Efforts to Preserve Health of Forests and Provide Economic Benefits*. Press release, Saturday, 4 April 1998: http://www.worldwatch.org/alerts/pr980402.html.

1999a Worldwatch Institute, Lester Brown *et al.* (eds.): *State of the World 1999*. New York: W. W. Norton.

1999b Worldwatch Institute, Lester Brown *et al.* (eds.): *Vital Signs 1999*. New York: W. W. Norton.

1999c Worldwatch Institute. Electronic database.

2000a Worldwatch Institute, Lester Brown *et al.* (eds.): *State of the World 2000*. New York: W. W. Norton.

2000b Worldwatch Institute, Lester Brown *et al.* (eds.): *Vital Signs 2000*. New York: W. W. Norton.

2000c Worldwatch Institute. Electronic database.

2001a Worldwatch Institute, Lester Brown *et al.* (eds.): *State of the World 2001*. New York: W. W. Norton.

Wiens, John A. 1996 "Oil, seabinds, and science: the effect of the Exxon Valdez oil spill." *BioScience* 46(8):587 – 97.

Wiese, S. B. O., W. C. L. MacLeod and J. N. Lester 1997 "A recent history of metal accumulation in the sediments of the Thames Estuary, United Kingdom." *Oceanographic Literature Review* 44(12):1558.

Wigley, T. M. L. 1998 "The Kyoto Protocol: CO_2, CH_4 and climate implications." *Geophysical Research Letters* 25(13):2,285 – 8.

Wigley, T. M. L., P. D. Jones and S. C. B. Raper 1997 "The observed global warming record: what does it tell us?" *Proceedings of the National Academy of Sciences* 94:8,314 – 20. http://www.pnap.org.

Willett, Walter C. 1995 "Diet, nutrition, and avoidable cancer." *Environmental Health Perspectives Supplements* 103(8):165 – 70.

Williams, Michael 1990 "Forests." In Turner *et al.* 1990:179 – 201.

1994 "Forests and tree cover." In Meyer and Turner II 1994:97 – 124.

Williams, Michael R., Thomas R. Fisher and John M. Melack 1997 "Solute dynamics in soil water and groundwater in a central Amazon catchment undergoing deforestation."

Biogeochemistry 38(3):303 – 35.

Wilson, Edward O. 1992 *The Diversity of Life*. London: Allen Lane.

Wilson, Edward O. and Frances M. Peter (eds.) 1988 *Biodiversity*. Washington, DC: National Academy Press.

Wilson, James D. 1996 *Thresholds for Carcinogens: A Review of the Relevant Science and Its Implications for Regulatory Policy*. Discussion Paper 96 – 21. Washington, DC: Resources for the Future.

Wilson, Richard 1979 "Analyzing the daily risks of life." *Technology Review* 81(1):41 – 6.

Wilson, Richard C. 1997 "Total solar irradiance trend during solar cycles 21 and 22." *Science* 277:1,963 – 5.

Windpower Note 1997 *The Energy Balance of Modern Wind Turbines*. Danish Wind Turbine Manufactures Association, 5th December 1997. http://www.windpower.dk/publ/enbal.pdf.

1998a *Danish Wind Energy 4th Quarter 1997*. Danish Wind Turbine Manufactures Association, 5th February 1998. http://www.windpower.dk/publ/stat9704.pdf.

1998b *Total Installation of Danish Wind Turbines Worldwide 1980 – 1988*. Danish Wind Turbine Manufactures Association. http://www.windpower.dk/stat/tab11.htm.

Wingo, Phyllis A., Lynn A. G. Ries, Gary A. Giovino, Daniel S. Miller, Harry M. Rosenberg, Donald R. Shopland, Michael J. Thun and Brenda K. Edwards 1999 "Annual report to the nation on the status of cnacer, 1973 – 1996, with a special section on lung cancer and tobacco smoking." *Journal of the National Cancer Institute* 91(8):675 – 90. http://jnci.oupjournals. org/cgi/reprint/91/8/675.pdf.

Wirl, Franz 2000 "Lessons from Utility Conservation Programs." *Energy Journal* 21(1):87 – 108.

WMO/UNEP 1994 *Scientific Assessment of Ozone Depletion: 1994 Executive Summary*. World Meteorological Organization Global Ozone Research and Monitoring Project, Report No. 37. United Nations Environment Programme, World Meterological Organization, National Oceanic and Atmospheric Administration, National Aeronautics and Space Administration. http://www.al.noaa.gov/WWWHD/pubdocs/assessment94.html.

1998 *Scientific Assessment of Ozone Depletion: 1998 Executive Summary*. World Meteorological Organization, National Oceanic and Atmospheric Administration, National Aeronautics and Space Administration, United Nations Environment Programme, European Commission. Global Ozone Research and Monitoring Project, Report No. 44. Download at http://www.unep.org/ozone/report2.htm or http://www.al.noaa.gov/WWWHD/pubdocs/assessment98.html.

WMO/UNESCO 2000 *The World's Water: Is There Enough?* World Meteorological Organization/ United Nations Educational, Scientific and Cultural Organization. http://www.unesco.org/ science/waterday2000/Brochure.htm.

Wolf, Aaron T. 199. " 'Water wars' and water reality." In Steve Lonergan (ed.), *Environmental Change, Adaptation, and Human Security*. Dordrecht: Kluwer Academic, pp. 251 – 65.

Wolff, Mary S., Paolo G. Toniolo, Eric W. Lee, Marilyn Rivera and Neil Dubin 1993 "Blood levels of organochlorine residues and risk of breast cancer." *Journal of the International Cancer Institute* 85(8):648 – 52.

Wolfson, Lois and Frank M. D'Itri 1993 *Nitrate – A Drinking Water Concern*. Michigan State University, Institute of Water Research, Extension Bulletin WQ -19. http://www.gem.msu.edu/pubs/msue/wq19p1.html.

Woodard, Colin 1998a "Lessons from 'the Year the Earth Caught Fire'." *Christian Science Monitor,* 4 February 1998. http://www.csmonitor.com/durable/1998/02/04/us/us.4.html.

1998b "Glacial ice is slip-sliding away." *Christian Science Monitor,* 12 October 1998, 91(11):11.

Woodcock, Ashley and Adnan Custovic 1998 "Avoiding exposure to indoor allergens." *British Medical Journal* 316:1,075 – 8. http://www.bmj.com/cgi/content/full/316/7137/1075.

Woods, Richard G. (ed.) 1981 *Future Dimensions of World Food and Population*. Boulder, CO: Westview Press.

World Bank 1992 *World Development Report 1992 Development and the Environment*. Oxford: Oxford University Press.

1993 *World Development Report 1994: Investing in Health*. Oxford: Oxford University Press.

1994 *World Development Report 1994: Infrastructure for Development*. Oxford: Oxford University Press.

1995a *Trends in Developing Economies 1995*. http;//www.ciesin.org/IC/wbank/tde-home.html.

1995b "Press release: earth faces water crisis: worldwide, 40 percent suffer chronic water shortages." Press release of Serageldin 1995.

1996 *Poverty Reduction and the World Bank: Progress and Challenges in the 1990*. Washington, DC: World Bank. Executive Summary.

1997a *World Development Report 1997: The State in a Changing World*. Selected World Development Indicators 1997.

1997b *Monitoring Environmental Progress*; http://www-esd.worldbank.org/html/esd/env/publicat/mep/meptoc.htm (no longer available).

1997c *Annual Report 1997*. http://www.worldbank.org/html/extpb/annrep97/index.htm.

1997d *At China's Table*. Washington, DC: World Bank.

1998a *Poverty Reduction and the World Bank: Progress in Fiscal 1996 and 1997*. http://www.worldbank.org/html/extdr/pov_red/default.htm.

1998b *World Development Indicators 1998*. Selected World Development Indicators 1998. Tables from http://www.worldbank.org/data/archive/wdi/wdi.htm.

1999a *World Development Indicators 1999*. Much of the publication is available at http://www.worldbank.org/data/wdi/home.html.

1999b *World Development Indicators CDROM 1999*.

1999c *Poverty Trends and Voices of the Poor*. http://www.worldbank.org/poverty/data/trends/trends.pdf.

1999d *Annual Report 1999*. http://www.worldbank.org/html/extpb/annrep/content.htm.

1999e *Global Economic Prospects and the Developing Countries: Beyond Financial Crisis*. Washington, DC: World Bank. http://www.worldbank.org/prospects/gep98 – 99/full.htm.

2000a *World Development Report 1999/2000: Entering the 21st Century*. New York: Oxford University Press. Available at http://www.worldbank.org/wdr/2000/fullreport.html.

2000b *Global Economic Prospects and the Developing Countries*. Washington, DC: World Bank. http://www.worldbank.org/prospects/gep2000/full.htm.

2000c *The 2000 World Development Indicators CDROM*. Some data available at http://sima-ext.worldbank.org/data-query.

2000d *The 2000 World Development Indicators*. Washington, DC: World Bank.

2000e *Global Development Finance 2000. Volume I, Analysis and Summary Tables; Volume II, Country Tables*. Washington, DC: World Bank. http://www.worldbank.org/prospects/gdf2000/.

2000f *Annual Report 2000*. http://www.worldbank.org/html/extpb/annrep/down.htm.

2001a *World Development Report 2000/2001: Attacking Poverty*. Washington, DC: World Bank. http://www.worldbank.org/poverty/wdrpoverty/report/index.htm.

World Water Council 2000 *World Water Vision: Making Water Everybody's Business*. Edited by William J. Cosgrove and Frank R. Rijsberman. London: Earthscan Publications. http://www.watervision.org/clients/wv/water.nsf/dc13a18fccc63f4ac1256767003cc50b/cce1f838f03d073dc125688c0063870f?Open Document.

WRI 1996a *World Resources 1996 – 97*. In collaboration with UNEP, UNDP and the World Bank. New York: Oxford University Press. http://www.wri.org/wri/wr-96-97.

1996b *World Resources 1996 – 97 Database Diskettes.*

1998a *World Resources 1998 – 99: A Guide to the Global Environment.* In collaboration with UNEP, UNDP and the World Bank. New York: Oxford University Press. Data tables can be found at http://www.wri.org/facts/data-tables.html.

1998b *World Resources 1998 – 99 Database CD-ROM.*

2000a *Deforestation: The Global Assault Continues*. http://www.wri.org/wri/trends/deforest.html.

2000b *The Problem of Forest Loss*. http://www.wri.org/wri/biodiv/intl-ii.html.

2000c *World Resources 2000 – 2001: People and Ecosystems: The Fraying Web of Life*. In collaboration with UNEP, UNDP and the World Bank. New York: Oxford University Press.

2000d *World Resources 2000 – 2001 Database CD-ROM.*

Wright, Albert M. 1997 *Toward a Strategic Sanitation Approach: Improving the Sustainability of Urban Sanitation in Developing Countries*. UNDP-World Bank, Water and Sanitation Program. http://www.wsp.org/English/urban-ssa.html

Wrigley, E. A. and R. S. Schofield 1981 *The Population History of England 1541 – 1871: A reconstruction.* London: Edward Arnold.

WTO 2000 *International trade statistics 2000.* World Trade Organization. http://www.wto.org/english/res_e/statis_e/statis_e.htm.

WWF 1997a *Global Annual Forest Report 1997.* http://www.panda.org/resources/publications/forest/report97/index.htm.

1997b *The Year the World Caught Fire.* By Nigel Dudley, WWF International, Discussion paper, December 1997.

1997c *Eleventh Hour for World's Forests.* Press release, 26 February 1997. http://www.wwf-uk.org/news/news10.htm.

1997d *1997: The Year the World Caught Fire.* Press release, 16 December 1997. http://www.panda.org/forests4life/news/161297_yearfire.cfm.

1997e *Two-Thirds of The World's Forests Lost Forever.* http://www.panda.org/forests4life/news/081097_lostfor.cfm.

1998a *Living Planet Report 1998: Overconsumption is Driving the Rapid Decline of the World's Natural Environments.* Gland: WWF International. http://www.panda.org/livingplanet/lpr/index.htm.

1998b *Protected Forest Area Triples in Brazil's Amazon; Decree Signed by Brazilian President.* Press release, 29 April 1998. http://www.panda.org/forests4life/news/290498_brazprot.cfm.

1998c *The Year the World Caught Fire.* Featured story. http://www.panda.org/news/features/01-98/story3.htm.

1998d *Living Planet Report 1998.* Gland: WWF International. http://panda.org/livingplanet/lpr/index.htm.

1999 *Living Planet Report 1999.* Gland: WWF International. http://www.panda.org/livingplanet/lpr99/.

WWF/IUCN 1996 *Forests for Life.* Gland: WWF International.

Wynder, Enst L. and Gio B. Gori 1977 "Contribution of the environment to cancer incidence: an epidemiologic exercise." *Journal of the National Cancer Institute* 58(4):825 – 32.

Yang, C.-Y., H.-F. Chiu, J.-F. Chiu, M.-F. Cheng and W.-Y. Kao 1997 "Gastric cancer mortality and drinking water qualities in Taiwan." *Archives of Environmental Contamination and Toxicology* 33:336 – 40.

Yemaneberhan, Haile and Zegaye Bekele 1997 "Prevalence of wheeze and asthma and relation to Atopy in Urban and Rural Ethiopia." *The Lancet* 350:85 – 9.

Yohe, Gary and James Neuman 1997 "Planning for sea level rise and shore protection under climate uncertainty." *Climatic Change* 37:243 – 70.

Yonas, Gerold 1998 "Fusion and the Z pinch." *Scientific American* 279(2):40 – 5.

Yoon, Carol Kaesuk 1999 "Altered Corn May Imperil Butterfly, Researchers Say." *New York Times,* 05/20/99, 148 (51,528):A1. Text at http://www.connectotel.com/gmfood/ny200599.txt

Zeckhauser, Richard J. and W. Kip Viscusi 1990 "Risk within reason." *Science* 248:559 – 64.

Zeidler, Ryszard B. 1997 "Climate Change Vulnerability and Response Strategies for the Coastal Zone of Poland." *Climatic Change* 36:151 – 73.

Zhai, Panmao, Anjian Sun, Fumin Ren, Xiaonin Liu, Bo Gao and Qiang Zhang 1999 "Changes of climate extremes in China." *Climatic Change* 42(1):203 – 18.

Zhou, Keqian and C. J. Butler 1998 "A statistical study of the relationship between the solar cycle length and tree-ring index values." *Journal of Atmospheric and Terrestrial Physics* 60:1,711 – 18.

Zilberman, David, Andrew Schmitz, Gary Casterline, Erik Lichtenberg and Jerome B. Siebert 1991 "The economics of pesticide use and regulation." *Science* 253:518 – 22.

Zillmann, Dolf and Bryant Jennings 1994 "Entertainment as media effect." In Bryant and Zillmann 1994:437 – 61.

Zimberoff, T. and B. Mosely 1991 "Bruce Ames." *Omni* 13(5):74 – 81.

찾아보기

ㅇ

ㅍ

ㅎ

A